中华人民共和国地方志丛书

郴州市志

（1989—2005）

郴州市地方志编纂委员会　编

（下卷）

方志出版社
Publishing House of Local Records

图书在版编目（CIP）数据

郴州市志：1989-2005 / 郴州市地方志编纂委员会编. --北京：方志出版社，2019.1
ISBN 978-7-5144-3610-5

Ⅰ. ①郴… Ⅱ. ①郴… Ⅲ. ①郴州—地方志—1989-2005 Ⅳ. ①K296.43

中国版本图书馆CIP数据核字（2019）第028117号

郴州市志（1989—2005）

编　　者：郴州市地方志编纂委员会
责任编辑：齐　笑
出 版 人：冀祥德
出 版 者：方志出版社
　　　　　地址　北京市朝阳区潘家园东里9号（国家方志馆4层）
　　　　　邮编　100021
　　　　　网址　http://www.fzph.org
发　　行：方志出版社图书经销中心
　　　　　电话（010）67110500
经　　销：各地新华书店
印　　刷：郴州市天虹彩色印刷有限责任公司
开　　本：889×1194　　1/16
印　　张：143
字　　数：3850千字
版　　次：2019年1月第1版　　2019年1月第1次印刷
印　　数：0001～1500册
ISBN 978-7-5144-3610-5　　定价：896.00元

总 目 录

第二十篇　交通运输

第二十一篇　邮政·通信

第二十二篇 城乡建设·环境保护

第二十三篇　教育·科技

第二十四篇　文化·传媒

第二十五篇　卫生·体育

第二十六篇 社会生活

第二十七篇　县（市、区）概况

人　物

附　录

郴州市志（1989—2005）

第二十篇

交通运输

郴州自古以来为中原通往华南沿海的“咽喉”，交通区位重要。自20世纪90年代始，郴州境内交通建设发展迅速，高速公路从无到有，公路等级不断提升，铁路电气化建设快速发展。

1989年以来，境内交通部门转变职能，深化交通改革，交通建设实行政府投资与社会融资、引进外资相结合。在融资方式上，实行贷款修路、收费还贷、滚动发展多元化聚资。1989—2005年，全市（地区）共融资15.59亿元投入公路建设，其中市县两级政府投入资金0.64亿元，争取上级政府补助5.6亿元，集纳社会资金1.5亿元，交通系统筹资1亿元，引进外资4.72亿元，银行贷款2.13亿元。1989—2002年，全市新修公路2025.03千米，改扩建公路1932.18千米，形成以106国道、107国道和京珠高速公路为纵线，以郴资桂高等级公路为横线，辅之以省县道、乡村道，纵贯南北、横穿东西的公路网络。2005年，全市公路里程6861千米，其中等级公路4164千米，水泥路面1675.38公里，柏油路面1179.44千米。全市99.8%的行政村通公路。水泥路面、沥青路面、等级面路占全市公路里程的48.64%。全市民用汽车7.73万辆，其中客运汽车3.3万辆，比1989年增长9.66倍；货运汽车4.07万辆，比1989年增加2.48倍；其他汽车3686辆。全年社会客运周转量35.78亿人千米，比1989年增长1.67倍；社会货运周转量76.08亿吨千米，比1989年增长4.9倍。

铁路建设长足发展。1988年11月，郴州境内京广铁路衡阳至广州复线全线竣工通车，并开通京广铁路中南地区第一条电气化铁路（郴州至韶关段），郴（州）韶（关）段的年货运能力由1989年的1100万吨提高到2005年的3000万吨。同时，郴州至嘉禾的地方窄轨铁路全线建成通车运营。2005年，郴州境内国家和地方铁路线长275千米，其中国家铁路199千米。然而，在交通运输业激烈竞争的市场条件下，铁路运输受到严重挑战。2003年4月，郴嘉铁路因货源不足，连年亏损，被迫停运；8月，经省政府同意，全线关闭拆除。郴州境内国家铁路客货运量也连年呈下降趋势。2005年，全年发送旅客250万人，比1988年下降16.25%；货物发送量509万吨，比1988年仅增加8.3%，比1990年下降26.1%。

1989—2005年，由于公路、铁路运输事业的快速发展，加上水路资源有限，境内水路运输逐渐减少。1986年，东江水库关闸蓄水形成东江湖内150千米“黄金水道”，库区客货运输迅速发展起来，但其他河流因拦河筑坝，通航里程逐渐缩短。2005年，市内水路通航里程450千米，全年客运量154万人次，是1989年3.01倍；货运量41万吨，是1989年6.8倍。

第一章 公路

“七五”时期（1986—1990年），郴州地区主要对境内主要干线和城镇出入口路段进行改造，完善连通县乡公路网络。1988—1900年，以新建油路为主，“三南公路”（又称“界木线”）动工兴建，境内除桂东县外，基本实现县县通油路目标。

“八五”时期（1991—1995年），对国省道进行升级改造，开辟“贷款修路，收费还贷”融资渠道，加快升级改造步伐。1995年，国道107线郴州段146.78千米全部建成水泥路。郴州完成1994—1995年湖南省交通建设第一个承包期投入产出目标任务。

“九五”时期（1996—2000年），郴州撤地建市后，大力发展交通运输事业，完善南北，拓展东西，搞好公路网络建设。1996年10月，郴资高等级公路动工。1998年，耒宜高速公路、郴桂高等级公路和普永二级公路相继开工。其间，继续实施省交通建设第二个投入产出承包期目标任务。全市先后新建二级水泥路35.61千米、沥青路82.35千米；新建县乡公路1241千米，改建1222千米；新建桥梁12座3503.5延米。

“十五”时期（2001—2005年），郴资桂高等级公路、鲁永二级公路、耒宜高速公路先后竣工通车；启动改造市县二级公路连接省道油路、县乡村等级公路砂改油（砼）路面工程。2001—2002年，全市新建二级水泥路29.8千米、油路68.2千米。2003—2005年，制定和落实县际及农村公路改造工程建设计划。2005年，全市公路通车里程6861千米，其中等级公路4164千米、水泥路1675.38千米、油路1179.44千米。全市99.8%的行政村通公路，通达率居全省前茅。郴州已形成以京珠高速公路，国道106、国道107线和资郴桂嘉高等级公路为骨干，9条省道和4235条县乡村道相连接，纵横交错的交通网络。

第一节 公路建设

一、国道

1989—2005年，郴州有过境国道106、国道107线、京珠高速（耒宜段）3条国道，共378.74千米，均为高等级路面。按技术等级分：高速公路102.16千米，二级公路176.58千米，三级公路100千米。

京珠（北京至珠海）高速公路（G30线）耒宜（耒阳至宜章）段 该路段2001年12月竣工通车。北起耒阳市陈家坪，南下至永兴县马田镇明星村进入郴州，止于湘粤两省交界的宜章县小塘村，途经耒阳市、永兴县、苏仙区、北湖区、宜章县5县（市、区）21个乡镇95个行政村（居民委员会），全长 135.37 千米，其中郴州境内 102.16 千米。耒宜高速公路全线采用重丘区双向四车道高速公路标准建设，路基宽 27 米，全立交全封闭控制出入，设计行车时速 100 千米。该路段建马田、永兴、郴州、良田、宜章 5 条出口联络线，总长 12.38 千米，采用二级公路标准建设。全路段完成路基土方 2277.49 万立方米，石方 1576.48 万立方米，防护工程 71.53 万立方米，特殊路基处理 32.7 千米；水泥路面 2474.51/90.37 平方千米 / 千米，沥青路面 1112.20/45 平方千米 / 千米，其他面层 142.72/14 平方千米 / 千米。全线互通式立交 7 处，大桥 2059.57 米 /10 座，中桥 1240.91 米 /20 座，小桥 756.35 米 /30 座，人行天桥 1475.94 米 /27 座，分离式立交桥 1086.8 米 /30 座，涵洞 25957.82 米，通道 5942.17 米。耒宜高速公路管理处下设服务区 2 处、停车场 3 处、收费站 8 个、路政中队 3 个、施救队 2 个以及监控中心 1 处。耒宜高速公路投资 38.81 亿元，加上划入的潭耒宜高速公路 3.55 千米投资 4622 万元，总投资 39.27 亿元。耒宜高速公路自 1998 年 11 月正式开工兴建，2001 年 6 月完成路基工程，2001 年 10 月完成路面工程，12 月完成交通安全设施工程并通过竣工验收，12 月建成通车。2002 年，耒宜高速公路入口车辆总流量 156.95 万台，日均 4400 台；出口车辆总流量 160.07 万台，日均 4484 台。2003 年 4 月，京珠高速宜章小塘—广东韶关甘塘段正式开通，至此京珠高速公路全线贯通。2005 年，耒宜高速公路日均入口车流量 11 万台，日均出口车流量 11.12 万台。

京广线（G106 线） G106 线即北京至广州线，郴州境内 129.79 千米，其中桂东县 65.2 千米、汝城县 64.6 千米。全线分段分期按山岭重丘二、三级公路技术标准改建，总投资 8124 万元。其中桂东县沙田至汝城县银岭脚 29.81 千米，耗资 1470 万元，路基宽 9 米，达到二级公路标准；其余路段为三级公路技术标准，路基宽 7.5 米，路面宽 6 米。路面为双层表处，全部铺装成沥青路。**G106 线桂东段**：1989—1991 年，以新建沥青路为主，通过截弯、降坡、拓宽，改建井水头至凤凹 24 千米为沥青路。1991—1995 年，进行路基改造，完成沥青路配套 35.57 千米。后被列入国家"九五"（1996—2000 年）交通规划和国家、省、市"扶贫工程"。1996—1999 年，湖南省下拨扶贫经费 1215 万元，完成沙田至开山段 9.66 千米路基改造。2000 年，耗资 338.79 万元，完成沥青路配套及新增附属工程。耗资 2105 万元，完成桂东县城三里桥至高桥 3.42 千米路段改线工程，采用山岭重丘二级公路标准设计施工，路基宽 12 米，路面宽 9 米，2002 年 5 月动工，2003 年，完成路基工程，2005 年 8 月竣工通车。**G106 线汝城段**：1998 年，耗资 240.09 万元完成田庄至白沟山段路基改造。1999 年 11 月，完成沥青路配套及新增附属工程，总计 8.72 千米。该路段以山岭重丘三级公路标准进行改造，路基宽 7.5 米，路面宽 6 米。2000—2001 年，汝城县城、三星两地共铺筑水泥路 1.36 千米，路基宽 7.5 米，路面宽 6 米，达到三级公路技术标准。2005 年年末，国道 106 线郴州境内线路技术状况：二级公路 29.74 千米，三级公路 100.06 千米；高级路面 4.78 千米，次高级路面 125.02 千米；桥梁 23 座 741.6 延米。年末，路面完好率 84.14%。

京深线（G107 线） G107 线即北京至深圳线，郴州境内全长 146.78 千米，途经永兴县、苏仙区、北湖区、宜章县。1990 年，进行二级沥青路改造，完成路面、路缘石、边沟和绿化工程。路面为双层表处，经过截弯、降坡，缩短里程 8.6 千米。沥青路改造后，日车流量由 2638 次提高到 1.3 万次。由于超限超载车辆多，路面损坏严重。1991 年，全线实施水泥路改造工程。1995 年 10 月，郴州段全部改建为二级水泥路。1996 年，市公路局按照《国家干线公路文明建设样板路实施标准》整修 G107 线，完成路肩、水沟、一低三化、标志标线等 GBM 工程。1997 年 9 月，G107 线郴州段文明路建设验收合格，为全省第一条被交通部确认的文明路。从 2000 年 4 月开始，G107 线全面实施"畅安工程"，开展"作业手段机械化、施工工艺快速化、工程管理规范化、交通维护标准化"达标活动。省公路局投资 1.06 亿元，在国道 107 线郴州段的水泥路面上加铺 26~32 厘米厚的钢筋水泥混凝土，加铺里程 66.35 千米。截至 2005 年，G107 线郴州段 146.78 千米全部为二级公路，高等级路面，路面完好率 90.94%.

二、省 道

1989 年，经过郴州境内的省道有 10 条，总里程为 743.53 千米。按技术等级分：二级公路 2.75 千米、三级公路 264.62 千米、四级公路 326.86 千米，等外公路 149.3 千米；按路面等级分：高级次高级路面 465.97 千米、中级路面 277.56 千米。

2002 年，通过全国第二次公路普查，湖南省交通厅认定郴州境内有省道 9 条，总里程为 837.85 千米。按技术等级分：二级公路 252.39 千米、三级公路 447.48 千米、四级公路 90.99 千米，等外公路 46.99 千米。按路面等级分：高级路面 204 千米、次高级路面 531.85 千米、中级路面 102 千米。2005 年末，郴州境内命名的省道 9 条，即莱鲁线（S212）、青资线（S213）、衡同线（S214）、柏嘉线（S215）、安衡线（S316）、界木线（S320）、车总线（S322）、岔永线（S323）、丰车线（S324）；暂未命名的 1 条，即临嘉公路。总里程 856.66 千米。按技术等级分：二级公路 308.80 千米、三级公路 449.8 千米、四级公路 98.06 千米。

莱鲁线（S212 线） 从攸县莱花坪进入安仁县军山，途经双排山、灵官、黄泥坳，过永兴县城，至永兴县鲁塘坳与国道 107 线相接，全长 109.23 千米，其中安仁县 42.45 千米，永兴县 66.78 千米。1989 年投资 690 万元，对永兴县城至鲁塘坳 21 千米实施砂改油工程；1989—1998 年，对军山地段 20.48 千米砂路实施三级油路新建；1999 年，投资 185 万元对永兴县城至沙子江 2 千米进行二级水泥路改建。2000 年 7 月，郴州市公路局组建鲁永公路管理处实施鲁永公路改建工程。此路段全长 21.22 千米，按平原微丘二级公路技术标准建设，路基宽 15 米，路面宽 14 米，设计时速 80 千米。该工程征用土地 35.4 公顷，拆迁房屋 1.01 万平方米；完成路基土石方 77.05 万立方米，进行特殊路基处理和清淤泥 23.84 万立方米；铺筑高等级水泥路面 34.24 万平方米，架设桥梁两座 175.75 延米，修筑涵洞 83 道计 1730.84 米，建筑防护工程砌体 2.37 万立方米。2001 年 9 月，工程全面竣工，总投资 1.38 亿元。

青资线（S213 线） 从永兴县青界山起，经鲤鱼塘、三都至资兴市凉树湾止，全长 58.54 千米，其中永兴段 32.4 千米，资兴段 26.14 千米。1995 年 11 月，郴州市公路局将资兴市高坡至宇字煤矿 11 千米路段改造成四级沥青路。1999 年，又改造资兴市天桥至三都 9.7 千米路段。2001 年，完成鲤鱼江煤矿至三都 7.2 千米的砼路面工程。2002 年，改建宇字煤矿至凉树弯 19.84 千米二级水泥砼路面工程。2004 年，永兴青界山至鲤鱼塘按四级公路标准砂改砼路面，2005 年年底竣工。2005 年末，该线路技术状况：二级公路 19.84 千米，四级公路 38.70 千米；高级路面 37.90 千米，次高级路面 13.83 千米，中级路面 6.8 千米，桥梁 13 座 283.5 延米。

衡同线（S214 线） 从衡阳市常宁县庙前镇进入桂阳县莲塘镇，沿欧阳海、敖泉、仁义、桂阳城关、北湖区鲁塘、临武县金江、汾市至临武县同益乡止，全长 124.26 千米。**S214 线临武段** 1989 年，将水东至桐尾段 9.4 千米砂石路面改造成沥青路面。1993—1995 年，两路口至同益圩 23.47 千米建成沥青路面。1994 年 6 月 16 日，临武遭受特大洪灾，汾市大桥被冲垮，中断交通 45 天后，在老桥下游 300 米处新建一座长 88.3 米、宽 12 米的两孔石拱桥，于 1998 年 12 月竣工通车。桂阳县至临武县路段砼路面严重破损，2002 年 8 月，郴州市公路局对该路段进行水泥路面加铺沥青处理，10 月修复完工。**S214 线桂阳段** 1991 年，欧阳海至下山 14.57 千米、莲塘至两路口 10 千米改成沥青路；1996年，太和、荷叶、仁义、敖泉、欧阳海、莲塘地段分别改建成水泥砼路面。1997年，黄腊塘至两路口30.8千米公路按山岭重丘二级公路标准改建。2000年，衡桂公路建设有限责任公司贷款444万元修建桂阳至金山5.2千米砼路面。2004年，该路段改造工程竣工，总投资1548万元。是年，郴州捷高公路有限公司投资8.85亿元，改造S214桂阳黄腊塘至临武同益段。公路等级为一级公路，设计速度每小时80千米，路基宽245/21.5米，采用新型改性沥青路面，全长51.87千米。2005年，S214线郴州市境内有二级公路58.05千米，三级公路56.43千米，四级公路9.78千米；高级路面64.10千米，次高级路面60.17千米，桥梁24座641.7延米。

柏嘉线（S215线） 起于宁远县柏家坪，途经新田县进入嘉禾县广发乡金鸡岭，过莲荷、县城至车头桥，郴州境内总长23.15千米。1993年5月，动工兴建该线嘉禾县城南广场金田路段4.1千米，路基宽12米，路面宽7米，1996年12月建成。1998年8月，该路段进行第二期道路硬化工程，是年年底竣工。1994年，郴州公路总段将金鸡岭至莲荷9.71千米砂石路改为三级沥青路面。1998—1999年，将嘉禾县城至车头路段3.44千米铺成二级水泥路面。2000年，将莲荷至乔麦塘3.01千米路段铺装成水泥路。2002年，嘉禾车头新桥经县城、金田路口、钟水大山里、粪箕窝至桂嘉二级公路连接线工程动工，全长7.2千米，路基宽12米，路面宽9米，以平原微丘二级公路标准修建，于2005年竣工。是年，柏嘉线技术状况：二级公路3.44千米，三级公路19.71千米；高级路面6.44千米，次高级路面16.70千米。

安衡线（S316线） 自安仁县城起，途经军山、禾市、渡口至衡南县樟树脚通往衡阳市，郴州境内全长22.78千米。2001年公路普查，由乡道升为省道。2003年8月，安衡公路改造工程开工，总投资2734万元。禾市至九寨坳路段13.77千米，由安仁县交通局负责改建，2004年9月竣工；禾市至安仁县城路段9.02千米，由安仁县公路局负责改建，2004年11月竣工。该线路按山岭重丘区四级公路技术标准改建为水泥路面，路基宽7.5米，路面宽6米，最大纵坡7.22%，最小平曲线半径15米。2005年，安衡线全部为四级公路、砼路面，有桥梁2座188.4延米。

界木线（S320线） 又称“三南公路”。东起福建省厦门市，途经江西省赣州进入湖南省茶陵县界化垄，再经郴州地区的安仁县，西接祁阳县茅山唐家岭322国道，全长1056千米。该线路郴州段从茶陵界道与安仁县樟桥接线，经安仁县牌楼、安平、平背、灵官、华王5个乡镇，与耒阳市观音阁相接，全长23.03千米。三南公路安仁段属平原微丘二级公路，路基宽12米，路面宽9米，桥涵荷载汽-20、挂-100，最大平曲线半径为400米，最小平曲线半径为300米，最大纵坡为4.83%。1988年6月，三南公路破土动工。1990年12月，安仁段路基工程竣工，共完成土石方59.58万立方米，涵洞156道2790米，浆砌片石防护工程11005立方米，桥梁3座268.1延米，渡槽1处32米。1993年，全线改建为二级沥青路面。2005年，该线路全程为二级公路，次高级路面。

车总线（S322线） 该线路自江西省遂川进入桂东县车头坳，途经寒口、桂东县城与G106线相接后，在炎陵县红星桥脱离G106线，过资兴彭市、兴宁、东江与资郴桂高等级公路相接到桂阳县黄腊塘，再经桂阳县黄沙坪、燕塘、嘉禾县行廊、钟水、嘉禾县城进入永州市蓝山、宁远至道县。郴州境内全长207.87千米。1992—1999年，资兴坪石、西岔、何家山、响水坳路段30千米相继修建成油路。1997—2000年，桂阳至嘉禾部分路段进行二级公路砼路面改建。1998—2000年，桂东县城至寒口段12.9千米砂路改建为三级油路。2002年2月—2003年9月，资兴市州门司至丹坳段21.36千米实施山岭重丘二级公路砂改油工程。**S322线资郴桂段** 又称资郴桂高等级公路，是郴州东西方向的重要交通枢纽。与107国道、京珠高速公路构成“卄”字形交通网络，是S322线一段黄金线路，全长66.35千米。郴资段西起苏仙区白鹿洞镇铁炉冲耒宜高速公路入口处，东至资兴鲤鱼江大桥南，长 25.58 千米；郴桂段东起 107 国道城前岭柏树下，西至桂阳县城郊黄腊塘，长 32.74 千米。1996 年 3 月，郴州市一届人大二次会议审议批准兴建资郴桂高等级公路。7 月 23 日，市委、市政府作出《关于兴建资郴桂高等级公路的决定》，同时，成立郴资桂高等公路建设总指挥部。是年 12 月，郴资高等级公路正式开工，2000 年 8 月底完工。1998 年 10 月，郴桂高等级公路动工，2001 年 6 月完工。2001 年 6 月，资郴桂公路全线通车。这是湖南省第一条地方高等级公路，开全省地方筹资建设高等级公路之先河。资郴桂高等级公路全线按平原微丘区超二级公路标准建设，采用双向四车道，设计行车时速 80 千米，路基宽 18 米，路面宽 15.5 米，最大纵坡 4%，工程总投资 4.26 亿元。资郴桂高等级公路全线建成通车后日车流量，2003 年为 1.2 万车次，2004 年为 1.52 万车次，2015 年为 1.74 万车次。**S322 线桂嘉段** 即桂阳至嘉禾新建的桂嘉公路。该路段是郴资桂高等级公路的延伸线，是郴州通往永州和广西的重要交通干线，是省道 322 线的重要路段。该路段东起桂阳县城郊黄腊塘，途经桂阳县城郊乡、黄沙坪镇、共和农场、方元镇、燕塘乡和嘉禾县行廊镇、钟水乡，至嘉禾县城坦塘，全长 40.71 千米。全线采用平原微丘二级公路设计，路基宽 17 米，路面宽 15.5 米，设计行车时速 80 千米，设计车辆荷载为汽 -20，挂 -100，最大纵坡 5%，曲线最小半径 250 米，平曲线最小半径 400 米，平曲线不超过 2500 米，缓和曲线最小长度 70 米，停车视距 110 米，洪水频率大中桥按 100 年一遇，小桥、涵洞按 50 年一遇设计。2002 年 9 月，桂嘉公路开工，2005 年 1 月，主体工程完工，3 月 27 日，提前 6 个月竣工通车。总投资 3.3 亿元。2005 年，车总线技术状况：二级公路 111.13 千米，三级公路 88.64 千米，四级公路 8.1 千米；砼路面 111.13 千米，沥青路面 96.74 千米；桥梁 32 座 982.7 延米。

岔永线（S323 线） 东起桂阳县岔路口，途经桂阳县流峰、板桥、塘市进入永州市新田县赵家山下，西至永州市永安，全长 158.46 千米，郴州境内 27.28 千米，是郴州市通往永州市的主干线。2005 年，该线路技术等级：三级公路，高级路面 2.6 千米，次高级路面 24.67 千米，桥梁 7 座 172.2 延米。

丰车线（S324 线） 自汝城县与江西崇义县交界的丰洲坳起，途经汝城县的集龙、益将、永丰、文明，宜章县的上渡、里田、白石渡、梅田、太平墟，临武县的同益、花塘、楚江，蓝山县的新墟，嘉禾县的塘村墟至车头桥止，全长 241.71 千米。1989 年，郴州地区公路管理部门将文明、山田铺、界牌岭之间 26.21 千米改建成三级油路。1990—1994 年，又将牛头坳、岭秀、东山桥、文明之间的 24.73 千米改建成三级油路。1996 年，将宜章县城、梅田、杉树山、临武同益、嘉禾塘村路段 20.25 千米改建为二级水泥路。2000 年，将宜章梅田、迎春、驴子山、太平山，临武太和、大刘家、花塘、楚江之间的 27.4 千米路段改建成三级油路。2002 年，将汝城永丰至益将 16.4 千米改建成二级沥青路。2004 年，将益将至丰洲坳 19 千米改建成砼路面。2005 年，丰车线技术状况：二级公路 52.72 千米、三级公路 170.29 千米、四级公路 18.7 千米，水泥砼路面 38.15 千米、沥青路面 193.56 千米，桥梁 27 座 1005.4 延米。

临嘉公路 南起临武与宜章县交界处的同益乡石桥头（驴子山），北接嘉禾县行廊茶场。一期工程 18.86 千米，采用平微二级公路标准设计，设计时速 80 千米，设计荷载为汽车 -20、挂车 -100。设计洪水频率路基为 50 年一遇，桥梁为百年一遇。同益至石桥头 4.16 千米路基宽 12 米，路面宽 9 米，同益至临武县城段路基宽 17 米，路面宽 15 米。2003 年 12 月，临嘉二级公路一期工程开工，2005 年 10 月竣工通车。一期工程完成路基土石方 156 万立方米，处理特殊路基 26.4 万立方米，架设桥梁 3 座 188.94 延米，修建涵洞 101 道 2220 米，修筑防护工程 4.2 万立方米，铺 24 厘米厚砼路面 24 万平方米，总投资 1.31 亿元。

三、县乡道

1989年，境内有县道80条1647.2千米，乡（镇）道824条4187千米，其中地区养护1553千米，其余由乡（镇）或发动村组自修自养。1995年，撤地建市后，全市采取“政府牵头、地方筹资、群众投劳、民办公助、部门实施、上下联动”修路方略，加快县乡公路建设步伐，但由于在新建和改建县乡道时一般都会将弯道拉直，所以县乡道通车里程增加幅度不大。2005年，县道增加到92条，比1989年增加12条，通车里程2262千米，比1989年增加615千米；乡（镇）道增加到4627千米，比1989年增加440千米。

临连公路（X87线） 是临武县直通广东连州市的一条省际公路，全长42千米。临武段起于县城陶家，止于临武与连州交界的毛吉岭，长21.41千米。1991年冬，临武县开工修建岚桥至山塘5.6千米断头路，1992年12月竣工通车，直达连州，使临武到连州的距离缩短24千米。建成通车后，因货运车辆超载超重运输，路面损坏严重。1994年5月，临武县交通实业总公司与广东省番禺市公路建设工程公司联合成立“番临公路建设发展公司”，合作修建经营临连公路。该工程于1994年7月动工，1995年10月全线竣工通车，总投资2649万元。由于公路建设工作管理混乱，施工队伍偷工减料，违规操作，致使水泥路面质量差，通车不到半年，就出现大面积碎裂，成为一起一级重大公路工程质量事故。1997年7月，公路管理部门进行砼路面病害处理，加强路基底层，全面铺设20公分（压实厚度）5%水泥稳定砂垫层和3公分沥青碎石封面，整个工程于1998年10月底完工，耗资970万元。2005年，该线路技术状况：二级公路2.72千米、三级公路18.68千米，均为沥青路面；桥梁4座，涵洞47处。

三塘公路（X10线） 南起汝城县三江口镇接106国道进入广东，东止汝城县热水镇塘口，与江西省崇义县文关镇公路相连，是贯通湘粤赣一条边境公路，全长39.42千米。1995年5月至9月，三塘公路按山岭重丘四级公路标准进行测设、预算。1996年4月开工，1997年年底三江口至轮子坳段竣工。1998年10月至2000年年底，完成轮子坳至官溪坑段工程。官溪坑至塘口段按大修标准改造，于2001年年底全线贯通交付使用。2002年4月，经省交通厅验收为优良工程。2003年6月，三塘公路砂石砼工程开工，12月底竣工，投资1860万元。2005年，该线路技术状况：四级公路30.23千米、等外公路9.19千米、高级路面32.14千米、中级路面7.28千米；桥梁10座、涵洞123处。

清长公路（X23线） 起自资兴市清江乡，至宜章县长策乡上坪村，与省道324线相接，长13.2千米，其中资兴市境内9.98千米，宜章县境内3.22千米。1996年4月，资兴市按山岭重丘四级砂石路标准动工修建，当年完成路基土方工程8.1千米。1999年8月，全面完成路基路面工程。2000年元月竣工交付使用。该路路基宽6.5米，路面宽4米，永久性桥梁9座170.7延米，涵洞215处1237米。该线路建成后，资兴经宜章去广东路程缩短20千米。

雷复公路（X52线） 北起永兴县复和乡高泉塘，南至永兴县油市镇燕尾雷塘村，全长11.6千米。复和至雷塘8.9千米为四级公路，1992年2月竣工。高泉塘至复和段2.7千米为简易公路，按山岭重丘四级公路砂石路标准测设。1995年，将复和至燕尾公路改造为砼路面，1998年竣工。该路段竣工后，成为郴州市第一条县乡道水泥路。

盈九公路（X20线） 自汝城县盈洞瑶族乡至广东省乐昌市九峰镇，是连接粤北、湘南两地的交通要道，全长21.9千米（汝城段9.4千米，乐昌段12.5千米）。1993年9月，湖南省计委批准为以工代赈扶贫公路，是年12月开工，1995年12月竣工，为山岭重丘四级公路，经省市验收评为优良工程。后因年久失修，损坏严重。2004年11月，当地乡政府组织村民筹资，改建盈九公路。

栏莽公路（X88线） 起于宜章县一六镇栏杆岭接国道107线，经天塘乡至莽山乡丛树坝止，全长32.2千米。原为林业专用公路，由莽山林场管养。2003年，郴州市政府将该路列入首批通乡公路改造计划，投入2325万元，由宜章县组织施工，改建为山岭重丘四级公路砼路，迎接中国郴州莽山生态旅游节。2004年12月竣工通车，路基宽6.5米，路面宽6米。

桂浩公路（X70线） 即桂阳经浩塘至长垄公路，全长34.55千米。2003年3月，郴州市政府决定将该线路作为全市首条县乡公路水泥路改造示范样板路工程，按山岭重丘四级公路技术标准改造，路基宽6.5米，路面宽5米，由市公路管理局承建施工，是年6月竣工通车。

关岭公路（X19线） 起于资兴市关塘，止于汝城县岭秀，全长104.69千米，是汝城县陆路通往东江湖区的交通主干线。1993—1994年，公路管理部门按山岭重丘四级公路标准对资兴黄草镇至汝城县岭秀间的32千米路面进行改建。1995—1997年，又新修资兴厚玉乡竹洞村至龙溪乡中洞村公路15千米。1997年，为迎接郴州市山水旅游节暨经贸洽谈会召开，又将资兴黄草至汝城岭秀间的28.7千米砂石路改建为沥青路面。

四、村道、专用公路

1989—2001年，郴州实施交通扶贫，新修通村公路1698.38千米，桥梁72座4320.2延米。2002年，境内有宽4.5米以上村道838条3224千米，按技术等级分，二级公路0.8千米、三级公路1.35千米、四级千米64.74千米、等外公路3157千米。是年年末，全市2967个行政村完全不通公路的村有17个。2003年，郴州市委、市政府启动农村公路建设。至2005年，共投资6.12亿元，累计完成通乡公路919千米、通村公路1489千米。全市250个乡镇有214个通水泥（油）路；2967个行政村有2664个村通公路，其中有1050个行政村通水泥路。是年，全市村级公路通车里程9469.51千米；其中等级公路953千米、等外公路8517千米，高级路面230.51千米、次高级路面18.62千米、中级路面4540.24千米、低级路面4680.14千米；桥梁468座6272.1延米。

专用公路是由企业或单位建设、养护、管理的公路，专为或主要为本企业或本单位提供运输服务的道路。1989年，境内有84条专用公路，总里程935.6千米。2001年，第二次全国公路普查，境内有10条专用公路，通车里程120千米。

2002年郴州市专用公路路线统计表

表20-1-1-1

路线编号	路线名称	路线起讫点	公路里程（千米）	按技术等级分			按路面等级分				养护里程	已绿化里程	隧道		桥梁（米/座）		涵洞（处）
				三级	四级	等外	高级水泥	次高级	中级	低级			处	米	中桥	小桥	
2001431026	简砖线	简水—砖头坳	10.0	—	—	10.0	—	—	—	10.0	—	—	—	—	40/1	32/3	30
2002431081	三宝线	三都—宝源	3.35	—	2.9	0.45	2.9	—	0.45	—	3.35	—	—	—	—	34/1	9
2003431081	东方线	东江大桥—方石	11.78	11.78	—	—	11.78	—	—	—	11.77	1.35	1	150	185/3	96.7/2	21
2004431081	老中线	老虎垅—中塘	21.85	—	21.9	—	—	—	21.85	—	21.85	—	—	—	—	37.5/2	65
2005431003	槐玛线	李家湾—玛瑙山	11.0	—	11.0	—	—	—	11.0	—	11.0	10.0	—	—	68/1	—	39
2006431021	桂茶线	桂阳—茶场	3.8	—	—	3.8	—	—	3.8	—	3.8	2.0	—	—	—	—	10
2007431021	桂苗线	桂阳—苗圃	6.5	—	6.5	—	3.5	2.0	1.0	—	6.5	6.5	—	—	—	—	15

续表 20-1-1-1

路线编号	路线名称	路线起讫点	公路里程（千米）	按技术等级分			按路面等级分				养护里程	已绿化里程	隧道		桥梁（米/座）		涵洞（处）
				三级	四级	等外	高级水泥	次高级	中级	低级			处	米	中桥	小桥	
2009431022	鱼兑线	鱼塘—兑子冲	10.2	—	10.2	—	—	—	10.2	—	10.2	—	—	—	103/2	19.4/1	32
2010431022	莽泽线	莽山—泽子坪	29.8	—	—	29.8	—	—	29.8	—	29.8	29.0	—	—	—	49.1/4	81
201143025	深安线	深度—羊头岭	11.41	—	6.91	4.5	2.25	—	9.16	—	11.41	10.5	—	—	—	22.1/2	12
总计	—	—	119.69	11.78	59.36	48.55	20.43	2.0	87.26	10.0	109.69	59.35	—	—	396/7	301.8/15	314

五、桥梁

1989年，郴州地区有公路桥梁778座2.03万延米。其中，国道公路桥2070.1延米；省道公路桥3663.8延米；县道公路桥5913.1延米；乡道公路桥8686.5延米。全区公路桥梁，属永久性桥梁764座2.2万延米；属半永久性桥梁14座399.09延米。截至2005年，郴州市有公路桥梁1543座4.76万延米（其中大桥69座9701.77延米，中桥316座1.82万延米，小桥1158座1.97万延米），比1989年增加765座2.73万延米。列入省交通厅统计养护的桥梁1005座3.32万延米。其中，国道公路桥梁138座6710延米；省道公路桥梁143座5579延米；县道公路桥梁394座1.11万延米；乡道公路桥梁330座9030延米。按桥梁跨径长度分类：大桥51座7061延米，中桥222座1.28万延米，小桥751座1.33万延米。按建筑材料和使用年限分类，均属永久性公路桥梁，其中有危桥30座1372延米。

（一）大型桥梁

1989年以来，特别是郴州撤地设市后，郴州公路和公路桥梁建设步入快车道。至2005年底，全市新建公路大桥30座4775.39延米，其中水毁重建公路桥梁3座327.2延米。

西河大桥 位于耒宜高速公路永兴县境内，跨越西河。由交通部第二勘察设计院设计，湖南省建工集团施工。1998年11月开工，2001年8月竣工。该桥与水流方向交角90°，平面位于R=7200米的圆曲线上；纵面位于R=14000米的凹形竖曲线及+2.5%的直线段上。上部构造采用14×20米预应力钢筋砼组合T形梁，下部构造采用柱式桥墩和钻孔灌注桩，U形桥台及扩大基础。主河槽桥墩局部冲刷深自岩面下为3米，河滩桥墩局部冲刷深度为1.5～2.5米，嵌岩桩深度在局部冲刷线下不小于2.7米。0#、3#、7#、11#墩台处设伸缩缝，其余墩处与桥面连续。设计时速100千米，设计荷载为汽车超20级。该桥全长289.62延米，桥面宽24.5米，总投资2500万元。

天池地高架桥 位于耒宜高速公路郴州市北湖区，跨越天池地水库。交通部第二勘察设计院设计，中国水利水电第八工程局施工。1998年12月开工，2001年7月竣工，耗资812.5万元。该桥全长186.3延米，桥面宽24.5米。平面处于R=4000米的圆曲线上，纵面位于R=1000米的凹形竖曲线上。上部构造为6×30米的预应力砼T形组合梁，桥面连续，前三孔一联，后三孔一联；下部构造为柱式墩台钻孔灌注桩基础。设计荷载汽车超20级。

苏仙桥 位于郴州市城区东门口，原为市区民用桥，1965年，改建为公路桥，1999年8月13日，被特大洪水冲垮后重建，由湖南省交通规划勘察设计院设计，湖南省公路桥梁建设总公司和郴州市公路桥梁建设总公司承建。1999年11月动工，2000年7月竣工通车。桥长104.16延米，桥面宽21米，耗资1132万元。苏仙桥处在南北向地质断层附近，地质结构复杂，页岩溶蚀现象严重，有发育大小不等的溶洞、溶槽，施工难度和灌桩处理技术创郴州建桥纪录。桩基深洞处理注入水泥浆1441.5吨，0#桥台注水泥浆368.55吨。两个桥台因地基软弱，经省交通设计院修改设计，由C15片石砼变更为C20钢筋砼，建安费耗资286.47万元。上部构造为24+40+24米变截预应力砼连续箱梁，设计荷载等级为汽-20、挂-100，设计洪水频率1/100，地震烈度≥6。2001年4月，湖南省公路管理局、省交通勘察设计院、省公路工程咨询监理公司、长沙交通学院、省公路桥梁建设总公司对苏仙桥重建工程进行验收，评定为优良工程。

永兴北大桥 位于永兴县城，横跨便江，连接省道212线，由湖南省交通设计院设计。为三墩四跨钢筋砼结构肋拱桥，桥长235.3延米，桥面宽15米，行车道12米，净空高10米，工程总投资1255万元。1993年8月动工，1995年12月竣工，1996年5月正式通车。

安仁北大桥 位于安仁县城永乐大桥下游1千米处。1995年3月动工，1997年元月竣工，耗资1100万元。该桥为钢筋混凝土双曲拱桥，两墩两台，中间设单向推力墩，全长210延米，桥面宽18米，跨径组合40×4（米），荷载（T）汽-20、挂-100，桥高11米，过水净孔160米，最大洪水频率1/100。由省公路设计公司设计，省水利水电建设总公司承建。

暖水大桥 位于汝城县暖水乡沤、淇两水相汇处。传说三国时期蜀国将领黄盖到此饮马渡江，故称将军渡。1987年，当地苍头村村民集资建三拱石砌100米大桥，结束千百年来乘船渡河的历史。1996年8月2日，当地暴发山洪，大桥被毁，交通中断，市、县两级政府决定重修大桥。是年11月正式开工，次年6月竣工通车。新桥全长118延米，跨径组合50×2（米），桥面宽8.5米，桥高15米，耗资300万元。

东江大桥 位于资兴市东江古渡口，属省道322线改造项目。全长203延米，为5孔变截式预应力砼连续箱桥梁，桥面宽18米。2002年6月正式开工，2004年10月竣工通车，总投资1775万元。由湖南省路桥总公司第七分公司承建。

五百洞大桥 位于桂嘉高等级公路嘉禾县行廊镇五百洞村北，跨泮溪河。湖南省华罡交通规划设计研究院设计，湖南省公路桥梁建设总公司施工。桥上部结构为5孔40米预应力混凝土T形梁，下部结构为重力式桥台，1号、3号、4号墩为柱式配桩基础，2号墩为柱式墩配扩大基础。桥全长211.02延米，净宽17米，两边设防撞拦杆。设计行车时速80千米，荷载汽-20、挂-100，洪水频率1/100，抗地震强度小于6度。该桥2002年10月动工，2004年6月竣工，2005年3月正式通车，总投资657.6万元。

1989—2005年郴州市（地区）新建公路桥梁（大型）一览表

表20-1-1-2

线路编号	桥梁名称	跨河流峡谷线路名称	中心桩号	桥长（米）			桥面宽（米）	结构与式样		建成投产年月
				全长	孔数（个）	跨径总长		上部	下部	
S212	湘阴渡大桥	西 河	118+843	130.5	6	120.0	17.5	空心板梁	桩（柱）式墩台	1999/12
S320	安平大桥	永乐江	78+288	205.82	6	180.0	12.0	双曲拱	重力式墩台	1990/06
S322	白溪大桥	白溪河	143+854	150.0	7	112	17.0	空心板梁	柱式墩台	1997/05
S322	郴江大桥	郴 江	164+602	160.5	7	140	20.4	T形梁	柱式墩台	2001/07
S322	城前岭大桥	G107	172+209	146.2	7	1740	18.0	空心板梁	柱式墩台	2000/05
S322	西水大桥	西水河	192+621	153.0	9	140	18.0	空心板梁	柱式墩台	2000/05

续表 20-1-1-2

线路编号	桥梁名称	跨河流峡谷线路名称	中心桩号	桥长（米）			桥面宽（米）	结构与式样		建成投产年月
				全长	孔数（个）	跨径总长		上部	下部	
S322	车头桥	春陵水	—	146.04	7	140.0	12.8	空心板梁	桩（柱）式墩台	2003/12
S322	无利河大桥	无利河	23+888	74.5	1	40	17.0	预应力空心板梁	重力式 U 形墩台	2004/06
S322	五百洞大桥	泮溪河	32+000	211.02	5	200	17.0	预应力混凝土 T 形梁桥	重力式 U 形墩台	2004/06
S322	钟水河大桥	钟水河	36+363	131.68	4	100	17.0	预应力混凝土 T 形梁桥	桩（柱）式墩台	2004/06
S324	白石渡大桥	京广铁路	138+75	222.5	6	96	21.0	空心板梁	桩（柱）式墩台	1995/10
S212	永兴北大桥	便 江	—	235	4		15.0	肋拱桥	桩（柱）式墩台	1995/02
S212	安仁新大桥	永乐江	—	210.0	4	160	18.0	钢管拱桥	单向推力墩	1997/01
△ X09	暖水大桥	沤 江	0+400	118.0	2	100	8.5	肋 拱	重力式墩台	1997/12
△ X46	联盟桥	郴 江	5+200	105.0	6	101	9.0	T 形梁	桩（柱）式墩台	2000/08
△ X91	苏仙桥	郴 江	2+597	104.2	3	80	21.0	T 形梁	桩（柱）式墩台	2000/08
Y309	石门桥	永乐江	2+092	144.0	4	125	5.3	肋 拱	重力式墩台	1990/12
Y441	中渡大桥	西 河	3+870	155.7	15	138.8	4.3	板 拱	重力式墩台	1997/10
Y503	黄泥滩大桥	耒 水	6+777	154.4	4	120.0	5.6	板 拱	重力式墩台	2003/12
C010	埠头大桥	沤 江	2+780	66	1	50	4	双曲拱	重力式墩台	1993/12
C011	联兴大桥	沤 江	0+540	67	1	50	6.5	双曲拱	重力式墩台	1999/05
G030	郴江大桥	郴 江	—	155.76	7	140	24.5	预应力砼简支板	桩（柱）式墩台	2000/06
G030	谢家湾一号桥	峡 谷	466+866	138.04	6	120	24.5	预应力砼简支板	双柱式墩台	2001/04
G030	谢家湾二号桥	峡 谷	467+124	左 :223.79 右 :161.39	12	170	24.5	预应力连续空心板	桩（柱）式墩台	2001/04
G030	铁山里大桥	峡 谷	505+515	左 :141.123 右 :104.824	4	120	24.5	预应力 T 形组合板	桩（柱）式墩台	2000/08
G030	江波头大桥	玉溪谷	527+556	左 :186.0 右 :167.86	9	180	24.5	简支组合梁	肋板式轻型桥台	2001/08
G030	郴州互通式立体交叉 4 号桥	郴江河	1+522	160.7	7	140	29.0	预应力 T 形组合梁	桩（柱）式墩台	2001/08
G030	西河大桥	西 河	449+625	289.62	14	280	24.5	预应力钢筋砼组合 T 形梁	桩（柱）式墩台	2001/08
G030	天池地高架桥	天池地水库	495+766	186.3	6	180	24.5	预应力 T 形组合梁	桩（柱）式墩台	2001/07
S322	东江大桥	东 江	—	203	5	200	18.0	预应力砼连续箱梁	—	2004/10

说明：△表示属水毁重建桥

（二）中型桥梁

1989—2005 年，郴州市（地区）新建公路中型桥梁 107 座 5614.13 延米，其中工程较大的有 64 座。

1989—2005年郴州市（地区）部分新建公路桥梁（中型）一览表

表20-1-1-3

线路编号	桥梁名称	跨河流线路名称	中心桩号	桥长（米）			桥面宽（米）	结构与式样		建成投运年月
				全长	孔数（个）	跨径总长		上部	下部	
G107	官桥	红桥河	2034+181	29.93	1	20.0	12.9	T形梁	重力式桥台	1989/07
G107	万安寺桥	长乐水	2053+040	83.2	4	72.0	12.7	T形梁	重力式桥台	1989/07
S212	清溪桥	清桥港	29+929	32.0	1	20.0	12.0	空心板梁	重力式桥台	2003/12
S212	鲁塘坳桥	九山河	125+484	45.0	2	40.0	17.5	空心板梁	薄壁墩台	1999/12
S213	柏树桥	柏树河	36+961	48.76	3	44.0	10.0	空心板梁	桩（柱）式墩台	2001/06
S214	汾市桥	武水河	225+332	88.3	2	72.0	12.0	双曲拱	重力式桥台	1998/01
S320	樟桥	潭头江	71+645	46.6	2	32.0	12.0	T形梁	重力式桥台	1990/11
S322	东河桥	白露塘河	154+766	60.5	3	48.0	17.7	空心板梁	重力式桥台	1997/12
S322	珠江桥	珠江河	157+832	95.2	5	80.0	17.7	空心板梁	重力式桥台	1997/12
S322	雷大桥	溪流	175+844	34.0	1	20.0	18.0	板拱	重力式桥台	2000/05
S322	湖里桥	湖里河	191+590	70.3	3	48.0	18.0	板拱	重力式桥台	2000/05
S322	石破头桥	石破头河	227+105	38.4	1	20.0	10.6	板拱	重力式桥台	2002/10
S324	牛屎墩桥	人民河	206+560	103.04	3	96.0	9.0	T形梁	重力式桥台	2005/10
S324	临东桥	武水河	209+777	43.0	1	30.0	18.0	双曲拱	重力式桥台	2005/10
S324	同益桥	大溶沟	—	42.0	1	30.0	17.0	板拱	重力式桥台	2005/10
X04	深坑宫桥	沟壑	26+162	29.5	1	26.0	4.5	石拱	重力式桥台	1991/08
X04	龙潭桥	沟壑	28+438	60.0	2	48.0	4.0	石拱	重力式桥台	1991/04
X10	富泉桥	热水河	29+478	59.0	2	40.0	8.6	板拱	重力式桥台	2002/01
X18	青腰二桥	青腰河	10+707	73.0	4	64.0	9.4	空心桥梁	桩（柱）式墩台	2001/07
X39	洞口桥	洞口水溪	8+603	26.0	1	20.0	7.5	板拱	重力式桥台	1989/09
X49	电站桥	地下河流	11+264	62.0	1	30.0	6.6	石拱	重力式桥台	1991/09
X51	分水立交桥	耒宜高速	0+300	72.0	4	56.0	7.0	T形梁	桩（柱）式墩台	2000/12
X52	石塘桥	雷复小溪	21+305	30.0	1	20.0	8.2	板拱	重力式桥台	1991/05
X57	月峰桥	郴江支流	21+055	45.9	2	32.0	9.3	板拱	重力式桥台	2000/
X57	南溪桥	南溪河	60+095	34.0	1	20.0	10.0	板拱	重力式桥台	2001/
X66	岑水桥	武水河	18+203	104.0	3	75.0	8.5	板拱	重力式桥台	1993/12
X72	杨柳桥	杨柳桥	36+300	38.4	1	25.3	6.0	板拱	重力式桥台	1997/05
X81	将军桥	泮溪河	5+508	32.1	1	20.0	8.5	板拱	重力式桥台	1998/10
X87	临武桥	武水河	0+034	78.1	3	63.5	12.3	双曲拱	桩（柱）式墩台	1995/12
X87	高安水桥	人民河	11+929	36.0	1	25.0	10.0	石拱	轻型桥台	1995/12

续表 20-1-1-3

线路编号	桥梁名称	跨河流线路名称	中心桩号	桥长（米）			桥面宽（米）	结构与式样		建成投运年月
				全长	孔数（个）	跨径总长		上部	下部	
Y001	白米下锅桥	泓江支流	6+050	29.0	1	26.0	6.8	石 拱	重力式桥台	1998/07
Y004	牛江桥	泓 江	7+473	30.0	1	25.0	7.2	石 拱	重力式桥台	1989/11
Y021	石磨岭桥	泓 江	3+600	54.0	2	40.0	5.24	石 拱	重力式桥台	2004/12
Y117	民兵桥	高楼下江	0+035	32.0	1	20.0	5.3	板 拱	重力式桥台	1988/12
Y117	曹家坪老桥	曹家江	0+600	30.7	1	24.5	6.0	双曲拱	重力式桥台	1990/12
Y117	曹家坪新桥	曹家江	6+020	48.8	1	27.0	5.0	T 形梁	重力式桥台	2003/12
Y212	桃源桥	桃源河	1+049	32.0	1	22.0	6.2	双曲拱	重力式桥台	1990/07
Y410	黄土州桥	永乐江	6+400	68.6	3	63.0	4.2	板 拱	重力式桥台	1995/07
Y443	扯渡桥	扯渡河	3+840	73.4	3	61.4	7.6	板 拱	重力式桥台	2001/01
Y501	瓦灶桥	西 河	0+610	89.7	4	86.4	6.7	箱形拱	重力式桥台	2002/11
Y530	七洲桥	七洲桥	3+100	56.0	1	30.0	4.5	双曲拱	重力式桥台	2004/09
Y574	石头山桥	溪 流	1+500	44.5	1	30.0	5.0	石 拱	轻型桥台	2004/
Y705	五四桥	渔溪河	17+180	34.37	1	20.71	5.0	石 拱	轻型桥台	2005/11
Y710	中厦桥	章水河	6+485	44.0	1	25.0	7.5	板 拱	重力式桥台	1996/12
Y821	泮头桥	泮头水库	3+036	68.06	1	40.0	4.5	板 拱	重力式桥台	2005/
Y845	金岔桥	无为河	1+200	56.0	2	40.0	4.0	板 拱	重力式桥台	2004/12
Y902	金鹤桥	金 江	3+060	37.3	1	20.0	8.5	板 拱	重力式桥台	1988/10
Y939	张家桥	腊水河	4+960	47.0	3	37.5	5.0	板 拱	重力式桥台	2004/08
C005	高滩桥	高滩河	0+350	34.0	1	20.0	4.5	板 拱	重力式桥台	1996/12
C005	泉江桥	泉 江	0+060	44.9	3	33.0	8.8	石 拱	重力式桥台	1992/11
C006	先锋桥	武 水	2+639	36.3	5	32.4	4.4	T 形梁	桩（柱）式墩台	1998/12
C006	顺义桥	泉 江	0+220	46.0	2	37.0	5.0	石 拱	重力式桥台	1993/07
C008	双 桥	泉 江	2+570	26.0	1	20.0	5.0	石 拱	重力式桥台	1997/09
C009	武江桥	人民河	0+015	40.0	1	29.0	7.7	双曲桥	轻型桥台	1993/05
C010	清水塘桥	清水塘小溪	1+350	29.0	1	21.0	4.5	板 拱	重力式桥台	1994/12
C021	明星桥	乐水河	2+900	80.0	8	67.5	6.5	板 拱	重力式桥台	1996/12
1C027	下黄桥	泓 江	0+060	54.0	3	47.0	5.4	石 拱	重力式桥台	1997/08
C031	下仁工水一号桥	长乐河	1+000	46.0	4	40.0	4.6	板 拱	重力式桥台	1998/12
C041	世纪桥		0+900	36.5	1	20.0	9.3	石 拱	轻型桥台	2000/10
C085	曹家桥	曹家河	6+000	38.0	1	30.0	5.0	双曲拱	重力式桥台	1990/12
C085	高楼下桥	高楼下江	0+035	32.7	1	20.0	5.0	石 拱	重力式桥台	1989/12

续表 20-1-1-3

线路编号	桥梁名称	跨河流线路名称	中心桩号	桥长（米）			桥面宽（米）	结构与式样		建成投运年月
				全长	孔数（个）	跨径总长		上部	下部	
C143	松林桥	莲花港	1+300	60.0	8	55.0	5.6	空心板梁	重力式桥台	1989/12
C145	亮下桥	莲花港	1+900	51.6	4	41.5	5.9	空心板梁	重力式桥台	1997/12
C183	源潭桥	春陵水	0+500	132.0	3	84.0	8.0	板 拱	重力式桥台	1995/12

（三）小桥

1989—2005年，郴州市（地区）新建或改建小型公路桥梁628座1.46万延米，主要分布在乡村公路及部分县道上。

六、汽车站

1989年，郴州地区有14个县级汽车站、23个乡镇汽车站。1990年后，乡镇汽车站先后被撤销。尔后，陆续新建郴州、桂阳、临武、汝城、永兴、嘉禾和郴州汽车总站及郴州天龙汽车站。同时，郴州市（地区）交通局利用客运附加费兴建资兴、嘉禾、桂东、安仁等公用型社会客运站。各县市交通局和运输企业筹资建成一批客货运输停车场。2005年，全市共有客运站23个、货运站1个，其中一级客运站2个、二级客运站9个、三级客运站4个。

郴州汽车总站 位于郴州市国庆北路17号。1998年3月开工，1999年4月竣工，5月1日正式营运。该站占地面积2.81万平方米，建筑面积1.64万平方米，站前广场面积1200平方米，停车场面积1.1万平方米、发车位32个，候车厅面积1440平方米。站内设有售票房、行包房、仓库、广播室、办公室、洗手间、商业摊点等，实行微机售票，备有“三品”检测仪器。主要经营郴州市西北方向、本省跨市和跨省广东方向客运业务。进站营运客车350辆，日均发送旅客2万人次。2000年11月，交通部核定为一级车站。

天龙汽车站 位于郴州市经济技术开发区内107国道与万华路交会处。郴州市交通局、郴州汽车集团与香港国明运输有限公司合资兴建，是湖南省首家内地与香港合资开发建设的客运站，2000年3月动工，2003年3月竣工，8月正式投入营运。车站分为站前区、客运区、停车区，占地面积5.33万平方米。站房主体为多功能四层框架结构，建筑面积7200平方米。站内全部实现现代化电子管理。进站营运客车300多辆。主要经营郴州市往南和往西方向客运业务，日均发送旅客2万人次。属一级车站。

永兴汽车站 位于永兴县城大桥路省道212线旁。1993年5月动工，拆除旧车站改建新车站，占地面积2.73万平方米，总建筑面积6832.48平方米，站前广场720平方米，车库位10个375平方米，候车室1324.5平方米，停车坪4754平方米，可同时容纳营运客车300辆，1994年10月竣工投入使用，日均发送旅客8000人次，属二级乙等汽车客运站。

嘉禾县公用型汽车站 位于嘉禾县城东珠泉东路，与县交通局相连处。1992年9月奠基兴建，1994年12月主体工程竣工，1996年1月投入使用。占地面积1.74万平方米，建筑面积3750平方米，主站房为2800平方米的五层大楼，站内水泥地面停车坪8000平方米，小修车间352.8平方米，总投资 574.87 万元。主要担负广州、大朗、常平、樟木头、江门、中山、陈江等跨省直达客班车和本省长沙、郴州方向的直达快客班车营运业务。2005 年，客运高峰日发送旅客 8000 人次。

资兴市汽车站 位于资兴市区东江中路侧。1990 年 5 月破土动工，1991 年 9 月竣工，1994 年 8 月投入使用。总建筑面积 2300 平方米，其中停车场 2200 平方米，候车室 800 平方米，车库 10 个。投资 230 万元。1999 年 5 月，交郴汽集团资兴分公司经营，日均发送旅客 7000 人次。

桂东县新汽车站 位于桂东县城南兴桂路沤江河畔。1997 年 4 月动工兴建，1999 年 9 月竣工，11 月 8 日正式营运。投资 740 万元，占地面积 7640 平方米，建筑面积 4159 平方米，主站房 1265.4 平方米，停车场 4995 平方米。主要担负至江西、广东跨省客运，桂东至炎陵、茶陵、株洲、长沙和郴州客运业务。2005 年，日均发送旅客 5500 人次。

安仁县社会客运汽车站 位于安仁县五一北路。占地面积 3924 平方米，主站房 6 层，面积 3293 平方米，附属工程 631 平方米。1996 年 1 月动工，12 月基本完工。因资金短缺，设施不配套，1998 年 2 月春运时才开始试营业。该站主要担负安仁至攸县、郴州和安仁境内客运业务。2005 年，进站营运客车 150 辆，日均发送旅客 4500 人次。

第二节 公路运输

一、公路客运

1978 年以前，公路客运由湖南省汽车运输公司郴州公司独家经营。20 世纪 90 年代以后，境内客运市场改变独家经营状况，出现国有企业、厂矿、私营个体户多家经营的局面，形成公平竞争的市场营运机制。

（一）营运车辆

1989 年年底，郴州地区有公路客运车辆 3091 辆，其中交通企业 451 辆。是年，全区完成客运量 3369 万人次，旅客周转量 13.36 亿人千米。

1990—1995 年，营运企业不断增多，营运车型不断换代，营运市场比较活跃。境内营运客车主要使用衡山 661 型、长沙 662 型、641 型、天津 620 型大客车。郴州和桂阳个体客运经营业主开始使用湖南三湘、四星、湘麓和万华、华西等 6500、6600、6700 系列的中型客车（即中巴车）；嘉禾县个体客运经营业主则购置广西柳州生产的微型客车在县内营运。至 1991 年 4 月，安仁县客运公司、郴县（苏仙区）运输公司、嘉禾县搬运公司和桂东县运输公司陆续购买客车参加营运。1994 年，郴州地区有各类客车 6070 辆，其中交通企业 376 辆。是年，全地区完成公路客运量 6962 万人次、旅客周转量 17.74 亿人千米。1995 年，郴州市营运客车车型以东风 662 型、663 型和解放 660 型、662 型汽油车为主，柴油车为辅。曾风靡一时，具有功率大、体积大、座位多的 680 型黄河牌大客车逐步被功率小、座位少、价廉快速的各类中巴客车所替代。同时，卧铺客车开始进入客运市场，进行长途客运。

郴州撤地建市以后，1996 年，营运车辆数量增多，质量提高，运力增强。1997 年，郴州营运客车开始使用造型美观、驾驶轻便、乘坐舒适、运行平稳的三乐、亚星、宇通、依维柯等豪华空调客车。郴州市汽车运输总公司投资 730 万元，购置 51 辆客车，投放郴州至宜章和桂阳的客运市场。

5月，资兴市成立工商联永顺客车有限责任公司，实行个体参股、产权不变、捆绑经营、统一协调、自负盈亏、监督服务的管理模式，1998年，该公司拥有61辆各类营运客车。随后，郴州、桂东、临武、永兴、嘉禾、宜章等地民营运输企业购买352辆营运客车参加营运。1999年，郴州市汽车运输总公司投资1153万元，购买“依维柯”等一批高档豪华客车，稳定和扩大客运市场占有率，并取得嘉禾县汽车站和桂东县客运站的经营许可权。2000年，全市各类客车发展到16107辆，其中交通企业1209辆，完成客运量8696万人次，旅客周转量43.71亿人千米。

2001年，郴汽集团投资1526万元，新购50辆高档豪华空调客车，组建天马高速客运公司。2002年，又购进9辆德国产的豪华大巴客车投入高速公路客运。尔后，全市客运车辆更新步伐加快，档次越来越高，“短途中巴化，长途豪华化，超长途卧铺化”成为郴州客运市场地方特色。

2005年，市道路运输行业拥有各类客车32960辆，是1989年的9.66倍；其中交通企业1709辆。是年，全市完成公路客运量8426万人次、旅客周转量35.78亿人千米。其中个体户营运客车完成客运2440万人次、旅客周转量7.64亿人千米，分别占总客运市场的30.42%和21.59%。

（二）营运线路

1989年，郴州地区公路客运线路586条，日均开行1726班次。其中，地区汽车运输公司经营276条线路，日均开行1073班次；机关厂矿企业和个体户营运客车经营线路310条，日均开行653班次。地区汽车运输公司经营跨省客运线路19条，日均开行68班次，主要有桂东至遂川、丰州，汝城至崇义、仁化、韶关、乐昌，宜章至坪石，临武至连州，嘉禾至连州，郴州至贺县、桂林等线路；跨区客运线路40条，日均开行146班次，主要有郴州至宁运、兰山、新田、道县、江华、零陵、茶陵、酃县、祁东、耒阳、邵阳和毗邻地区县与县之间的跨区客运线路。机关厂矿企业和个体户客车营运区内和县内的客运线路。

1990—1995年，随着市场经济的发展，商品交换流通渠道广、速度快，境内营运线路不断拓展。1990年，嘉禾县坦坪乡坦坪村农民黄道勇购置三湘牌大客车，开通嘉禾至广东东莞客运班车，成为境内个体客车经营跨省长途客运的首创者。1991年1月，郴州地区汽车运输公司开通嘉禾至东莞汽车客运班车，次月，开通至广州直达客运班车。1992年，嘉禾县卫生防疫站留职停薪职工雷柏生创办益嘉汽车客运公司，购置4辆三湘牌大客车，专营嘉禾至广东客运线路，有效缓解了嘉禾5万农民工往返广东乘车困难，是境内第一家民营客运企业。1993年11月，境内第一条跨省客运卧铺线路临武至广州客班车开通。1995年年末，全市客运线路691条，全年日均开行3904班次。其中，郴州及各县（市）跨省客运线路辐射至广东的深圳、珠海、从化、中山、佛山、新会、揭阳、虎门、南海、陆丰，江西的赣州、大余、上犹、吉安、萍乡、井冈洲，广西的南宁、桂林、灌阳等地；跨地（市）客运线路辐射至永州、衡阳、长沙、湘潭、株洲、娄底、邵阳、益阳、怀化、常德等地市。

1997年以后，在扶持个体私营运输企业发展的同时，发挥国有企业在营运市场的主体优势。地方政府按照交通部有关规定，取消对国有企业营运线路限制。1997年3月，经省人民政府批准，郴州至嘉禾、临武、宜章、汝城、桂东、资兴、永兴、安仁等市内18条主要公路客运线路实行有偿使用，后因郴州汽车运输集团公司不需实行有偿使用，对其他运输企业和个体联户有失公平，1998年8月，取消客运线路有偿使用制度。2000年，按照交通部《道路旅客运输企业经营资质管理规定》，郴州公路客运业实行企业分级、线路分类、经营分工原则。郴州汽车运输集团公司核定为二级客运企业，成为全市唯一可经营所有种类客运线路、客运线路长度不限的客运企业。其余客运企业经营资质等级低，个体运输户不评定等级，经营分工上受到严格限制。郴汽集团抓住这一机遇，先后兼并嘉禾县交通实业公司、资兴市第一、二运输公司、桂东县运输公司、安仁县客运公司、苏仙区运输公司等县市客运企业。一批个体客运户也投资入股，挂靠郴汽集团各分公司从事经营活动。2005年，郴州市公路营运客车32960辆，经营线路840条，日均开行6201班次。其中跨省线路139条174班次，跨市线路133条214班次，市内线路568条5813班次。跨省线路均由郴汽集团独家经营，跨市线路郴汽集团经营85%，剩余市内线路和班次由个体和民营运输企业经营。

（三）出租车营运

郴州境内出租车客运始于1984年，由郴州市民张国文、张安林、谢建安三人同时从广州各购置一辆淘汰的日本“实力牌”右舵柴油车搞客运出租。是年，郴州中心城区有出租车11台，起步价为10元。1989年，郴州中心地区有个体出租车40辆，以波兰产菲亚特车型为主，同时，一批老爷车（三轮改装自行车）和摩托车也开始在城内载客营运。

1991—1996年，郴州中心城区除个体出租车外，国有单位、企业，也组建小汽车出租公司，逐渐形成规模集团式经营。1993年7月，境内首家国营小汽车出租公司——郴州三江口实业发展有限公司出租车公司成立营运，公司拥有22辆微型面包车。随后，郴州顺安客运车出租公司组建营运。是年底，城区有100辆出租汽车从事出租营运。1994年9月，郴州地区汽车运输公司出租汽车分公司挂牌成立。1995年10月，郴州市中旅出租汽车公司成立；12月，郴州顺达出租汽车公司挂牌营运。1996年5月，市交通运输管理处设立郴州市出租汽车客运管理办公室，对城区出租车营运实施行业管理。同时，根据市政府要求，市交通主管部门采取措施取缔老爷车，让面的车退出汽车出租市场。是年8月、9月，郴州市三和汽车出租公司和郴州民生汽车出租公司成立。

1998—1999年，郴州出租车市场一度出现管理失控，无序竞争的现象，多次发生出租车司机集体停运罢市事件，市民反映强烈。2000年1月，市委、市政府联席会议决定，郴州市出租车客运管理工作由市政管理局移交给市交通局所属市交通运输管理处管理。市交通运政部门迅速成立城市客运管理所，全面整顿和规范客运市场，统一收费标准，统一换发标志灯，统一安装计程器，查处非法出租车786辆。开展优质服务竞赛活动，组织360名出租车司机，进行职业道德教育和职业技能培训。

2002年，市城区新增两家出租汽车公司——大众出租车公司、腾龙出租车公司。至此，市城区有8家出租汽车公司，拥有出租车1032辆，其中顺达公司226辆、中旅公司119辆、民生公司79辆、汽运公司142辆、兴达公司226辆、运输服务中心125辆、大众公司27辆、腾龙公司88辆。年末，资兴、桂阳、宜章、永兴、安仁等县（市）一批个体户相继经营出租车业务，共有出租车225辆。

2003年6月，境内首家港资出租车公司——郴州永昌兴出租车有限公司在永兴县城挂牌营运，拥有56辆出租车。11月，资兴市东江湖出租车客运公司成立，拥有80辆出租车；安仁、桂阳、汝城等县也陆续成立出租车客运公司。

2005年，全市共有出租车1427辆，其中郴州市城区1086辆，各县（市）有341辆。

二、公路货运

（一）普通货物运输

1989年，境内有各类货运汽车11686辆，其中国营交通企业341辆。全年完成公路货物周转量12.89亿吨千米，其中国营交通企业完成3.7%，社会和个体货车完成96.3%。社会和个体货运以其优质低廉、方便快捷的服务占优势。

1991—1995年，全市（区）个体货运如雨后春笋不断涌现，活跃在货运市场。1991年，嘉禾县个体货运司机组建汽车运输服务公司，嘉禾县广发乡白觉村107户个体货车司机组织成立境内第一家村级汽车运输队。1992年5月，嘉禾县广发乡以村级汽车运输队为基础，组建"汽车运输服务公司"。6月，嘉禾县个体货运司机成立汽车联合运输集团公司，拥有各种型号的个体货车200余辆，长期在广东、广西省从事货物运输，年货运量达40万吨。1993年开始，郴州、宜章和临武等地筹建香港至湖南内地货物运输直通车队，运输进出口物资。1995年，嘉禾县莲荷乡、坦坪乡、石桥乡先后成立汽车运输公司，组织个体货运车辆到广东省各开发区从事公路货物运输。是年年末，全市个体营运货车9970辆，是1989年的1.8倍。

20世纪90年代中后期，全区公路运输下滑，出现运力大于运量、单边货多、实载率低等问题。国有交通运输企业车辆老化、设备陈旧、负担沉重，无法与个体联户运输大军竞争，不得不自动退出公路货物运输市场。如桂阳县、永兴县、桂东县汽车队等地方国有运输企业先后停业解体。一度称雄郴州的货运主力军——湘运郴州分公司也受到强烈冲击，只好放弃货运保客运。一直是郴州地区公路运输骨干力量的湘林车队、粮运车队、供销车队、外贸车队、商业车队、冶金车队、物资车队、化工车队以及黄沙坪矿、宝山矿、香花岭矿、鲁塘石墨矿、七一一矿、柿竹园矿、瑶岗仙矿、小垣钨矿、梅田矿务局、资兴矿务局、湘永煤矿、马田煤矿、街洞煤矿、莽山林场等国有汽车运输队也先后改制或解体。至此，国有货物运输企业和厂矿企业货运车队基本退出货运市场。

1997年后，郴州市公路货运车以大型货车（5吨以上）为主。柳州生产的乘龙五子5吨柴油货车因"大吨小标"（行驶证核定为1.95～2吨），可少缴公路养路费、车辆通行费、运管费等，加上快捷方便、成本低，大量进入运输市场。此外，可装载18～19吨的红岩牌，装载20.5～31吨的斯达、斯太尔牌1130系列重型载重汽车开始投入货运市场，主要用于煤炭和矿石运输。还有5090、5110、5120和5130系列50吨及其以上的厢式货运汽车，也开始投入货物运输。

1998年起，全市先后出现一批汽车运输致富村。宜章县麻田镇上洞村和迎春镇奇石村、嘉禾县广发乡白觉村和坦坪乡山塘村、临武县水东乡深度村和金江镇幕冲村、北湖区鲁塘镇鲁塘村、桂阳县荷叶镇新市村、老铺村、新塘村、两路村，都是有规模、有档次的汽车运输致富村。临武县水东乡深度村村民1200人有200辆东风大货车，2002年，全村从事公路货物运输收入1152万元，人均纯收入8300元。

2000—2005年，全市公路货运市场个体户逐年增加，成为货物运输的主力军。2000年，境内有各类货车2.64万辆，其中个体营运货车占90%。全年完成公路货物周转量32.97亿吨千米，比1989年增长1.55倍。是年，嘉禾县平均5.4个家庭就有一辆机动车，平均32.4户家庭中就有一户是汽车运输专业户。2002年，全市各类货车3.32万辆，汽车货物运输专业户2351户，从业人员2.72万人。2005年，全市各类货车4.07万辆，全年完成公路货运量9371万吨、货物周转量76.08亿吨千米，其中个体货运输户占95%。

（二）危险化学品货物运输

1989年，郴州地区石油公司、湘运郴州公司、湘林车队二中队等少数国营单位货运车辆从事雷管、炸药、农药、压缩气体和石油产品（汽油、煤油、柴油）等易燃、易爆、有毒、有腐蚀、放射性危险物品的运输。1990年后，郴州城区部分工业企业生产硫酸、烧碱、甲醛、糊树脂、合成氨、高压氧、农药等产品，加上居民开始使用石油液化气，危险货物运输量逐年上升。1996年，全市危化品运输量141.09万吨。2000年，境内有27家担负危险货物运输单位的105辆运输车从事危化品货物运输，其中个体户7辆。2001年，市交通运输主管部门整顿治理危化品货物运输市场，从事危化品货物运输的个体户退出运输市场，只保留郴州运输服务中心、华湘化工有限责任公司、市石油公司、郴州化工集团、资兴矿业集团、柿竹园矿6户企业符合条件的车队从事危化品货物运输，共有162辆危化品运输车辆，年运输量722吨。2005年，市交通运输管理部门对176名无上岗资格的危化品运输从业人员进行培训，经考试合格，发给危化品运输操作证。是年，全市6户危化品运输企业，有143辆危化品运输车辆758吨位，其中133辆714吨位安装了全球卫星定位系统。

（三）零担货物运输

1989年，湘运郴州地区运输公司零担货运站有10辆固定零担货车，开辟辖区内和郴州至宁远、蓝山、新田等14条零担货物运输线路（其中跨省2条），线路里程2597千米（其中跨省771千米），开行班次67个（其中跨省8班），零担货运站点10个，仓储面积255平方米。1992年，湘运郴州地区运输公司零担货运站有货车8辆43吨位，年零担货运量2万吨。1996年，郴州市汽车运输总公司组建零担货运分公司，有51辆营运车，其中零担车13辆，258个吨位，仓储面积400平方米。1997年开始，社会和个体运输以其灵活快捷的经营方式占领零担货物运输市场，实行定点、定线、定班、定时零担货物运输，随时到点取货，送货上门，深受货主欢迎。1999年，因受社会和个体运输挤压，郴州市汽车运输总公司零担货运陷入困境，货运车被迫出卖或转让。2000年，郴州市交通运输管理处批准郴州运输服务中心、宜章县金轮运输公司、临武万顺运输公司为零担货物运输企业，经营郴州辖区内和郴州至株洲、临武至邵东的零担货运线路。2002年，郴州市汽车运输集团有限公司再次组建零担货运公司，配备零担货车14辆73吨位，经营郴州至新田、宁远、道县、蓝山、邵东、长沙等地的零担货运线路，月均运量2500吨。2005年，郴州零担货运车辆和零担货物运输继续增多，个体户的零担货运更为活跃。

（四）联合运输

郴州公路与铁路联合运输始于1974年。1988年成立“郴州下湄桥联运公司”，1991年3月，公司更名为郴州地区联运公司。1992年4月，该公司在107国道旁狮马洞征地0.99公顷，筹建集装箱中转站。是年，公司完成进发货运量45.87万吨。1994年7月，郴州地区联运公司更名为郴州联运总公司，并与广州铁路集团公司郴州车站联合开办5吨～10吨集装箱联运业务。11月，集装箱中转站竣工投入营运。集装箱中转站总投资550万元，占地1.1万平方米，有综合大楼1320平方米，货场7200平方米，仓库1000平方米，货运汽车6辆、14吨专用叉车1台，设计年吞吐量10万吨。1995年，集装箱中转站进发货物6050箱，计4.1万吨。1996年，郴州联运总公司建设铁路专用线396米、散装货场8000平方米、仓库1500平方米，有集装箱专用叉车2台、大货车10辆，固定资产830万元。当年完成货物联运量：整车6372车共37.31万吨，集装箱8440箱共4.9万吨。1998年5月，郴州联运总公司在郴州火车北站沿郴江东岸一侧（潘家湾村）新建郴州联北铁路货站，1999年11月竣工。该站占地面积2.91万平方米，有两条双轨并行的铁路装卸专用线（529米+395米）、装卸货位33个，货物堆积场2.04万平方米，停车坪2952平方米，有消防、供水、供电、过磅、办公等设备设施，总投资1615万元。2001年，郴州联运总公司联北铁路货站开通后，联运业务大增，全年完成进发货运量62.52万吨，集装箱中转4662箱。

2002年，郴州市全面整顿小煤窑，煤炭运输量急剧下降，货运企业经营滑坡，全年仅完成进发货运量7303吨，为历年最低货运量。2003年11月，郴州联运总公司将联北铁路货站固定资产和土地作价1001万元，转让给郴州市郴北储运有限公司，首付501万元后，因办理“土地使用权证”受阻，导致其余500万元未兑现，郴州联运总公司举步维艰，继连年亏损。

1989—2005年郴州市（地区）公路运输统计表

表 20-1-2-1

年度	机动车拥有量				公路运输量			
	客车（辆）	货车（辆）	其他机动车（辆）	拖拉机（辆）	客运量（万人）	旅客周转量（亿人千米）	货运量（万吨）	货物周转量（亿吨千米）
1989	3091	11686	1203	6738	3369	13.36	3204	12.89
1990	3496	12225	1225	7293	3680	14.26	3179	9.75
1991	3985	13392	1282	15470	3363	15.38	1804	9.05
1992	5005	15235	2132	7251	3354	14.33	6728	29.38
1993	5906	18438	1922	7456	3788	14.26	7404	21.97
1994	6070	18243	4671	4921	6962	17.74	7431	27.20
1995	8880	24665	2508	8464	7092	25.81	7895	53.97
1996	12922	21810	1773	7739	8273	27.99	8365	44.75
1997	14731	21723	2171	7892	8356	33.14	7333	27.73
1998	14388	20990	1944	7672	8523	37.33	8489	28.22
1999	15395	23089	1736	7189	8778	39.57	9243	30.92
2000	16107	26403	1556	7485	8696	43.71	9650	32.97
2001	17697	29314	2067	7689	8496	26.70	8420	48.01
2002	19040	33240	1792	6397	6153	28.70	5318	48.89
2003	22992	37098	4508	6485	6381	29.83	6975	68.37
2004	25287	40375	2381	6578	7455	36.15	8830	77.60
2005	32960	40668	4386	6568	8426	35.78	9371	76.08

第三节　公路管理

一、管理机构

（一）市、县（市、区）交通局

1989—2005年，境内有郴州市（地区）交通局和11个县级交通局，主管本行政区域内的公路工作，制定公路发展规划，组织公路建设和维护，负责路政管理、运政管理、安全管理、交通行业管理和交通规费征收等工作。

（二）市公路管理局（郴州地（市）区公路总段）

1989年，境内有郴州地区公路总段，实行省、地双重领导体制。总段辖11个县（市）公路段及5个直属单位，内设18个科室，共有职工2922人。1992年7月，郴州地区公路总段下设107国道管理处，在107国道下湄桥设公路通行费征收站，之后在区内国省道设6个通行费征收站。1994年，郴州地区公路总段增设路政管理科，与公路公安科合署办公。公路管理职能包括公路建设、养护、管理和征费。郴州撤地设市后，1996年1月，郴州地区公路总段更名为郴州市公路总段，1997年1月，更名为郴州市公路管理局。局内设20个科室，辖11个县（市、区）公路管理局、6个直属单位及7个公路通行费征收站，共有职工3433人。2002年5月，郴州市公路管理局受省交通厅、省公路局和市交通局委托，负责郴州市境内国道、省道以及部分县乡道建设、养护、管理和国道、省道车辆通行费征管工作。2005年，市公路管理局内设15个科室，辖11个县（市、区）公路管理局及6个直属单位，管辖和代管境内14个公路通行费征收站，共有职工3855人，其中管理人员540人、专业技术人员686人（有高级职称的48人、中级职称239人）。

（三）市县乡公路管理处

1989年，境内有郴州地区地方公路管理处，为正科级单位。1993年，更名为郴州地区县乡公路管理处，1995年5月，又更名为郴州市县乡公路管理处。1997年，郴州市县乡公路管理处升格为副处级事业单位，归口市交通局管理，内设7个科室和1个直属单位，共有职工1122人（聘用含农民工），负责境内县乡村公路建设、养护、管理及养护费征收工作。2005年，市县乡公路管理处内设7个科室及1个直属单位，并归口管理11个县（市、区）公路管理站，共有职工1125人（聘用含农民工），其中管理人员251人、工程技术人员97人。管理职能未变。

（四）市交通运输管理处

1989年，境内设郴州地区交通运输管理处，县（市）设交通运输管理所。1995年5月，郴州地区交通运输管理处更名为郴州市交通运输管理处。1995年10月，升格为副处级事业单位，负责贯彻执行和组织实施中央、省有关道路运输管理的政策法规；负责运输行业规划、协调、监督、服务；负责全市道路运输市场管理；负责运输安全生产监管和行业培训管理以及运管费征收工作，直至2005年。

（五）市交通规费征稽处

1994年5月，由郴州地区公路总段直接管理的地区养路费征收办公室和由地区交通局直接管理的地区客运附加费、车辆购置附加费征收管理办公室合并组成郴州地区交通规费征稽处，为副处级事业单位，归口地区交通局管理。1995年6月，该处更名为郴州市交通规费征稽处，辖11个县（市、区）征稽所。其主要职责是：负责全市公路养路费（不含拖拉机、摩托车养路费）、客运附加费、货运附加费征收管理；负责征收（代征）车辆购置附加费（税）等，直至2005年。

1989—2005年郴州市（地区）交通局主要负责人名录

表 20-1-3-1

单位	姓名	职务	任职时间
郴州地区（市）交通局	唐建雄	局长	1987—1996.03
郴州市交通局	邓中元	局长	1996.03—2001.08
郴州市交通局	杨文	局长	2001.08—2003.12
郴州市交通局	刘和芬	党组书记	2001.08—
郴州市交通局	张湘鄘	局长	2003.12—

二、路政管理

（一）公路维护

1989年开始，郴州地区交通主管部门和公路管理部门以国道107线为重点，实施“畅安工程”，清理整治公路水沟外侧国道10米、省道7米、县道5米、乡道3米以内的违章建筑，维护路产路权，确保公路畅通。

1992年12月，郴州地区行署下发《关于加强国省道公路交通管理有关问题的通知》后，公路管理部门组织力量治理公路两旁乱挖、乱占、堆物和以马路为市场等行为，维护公路畅通。1993—1995年，郴州地区公路总段会同郴州市（北湖区）、郴县（苏仙区）、宜章县、永兴县法院、公安、国土、工商部门及107国道沿线乡镇政府联合行动，对公路两侧违章建筑进行清理整顿。1993年，强行拆除国道省道两侧违章房屋1169栋3.31万平方米，拆除临时厂棚1216平方米，拆除围墙545米，捣毁砖瓦石灰窑155座，取缔公路两侧售煤、洗车摊点2807处。1995年，市公路总段和各县（市、区）公路段路政人员统一行动，拆除国省道两侧非法建筑226处、砖瓦窑115处、摊点2125处、煤场71处，禁止在公路旁开山放炮155处，查处路边洗车场192处、修车店112处。

1997年7月3日，《中华人民共和国公路法》（以下简称《公路法》）颁布，11月，郴州市交通局在《郴州日报》全文刊登《公路法》，并把12月作为全市《公路法》宣传月，组织《公路法》知识竞赛，举办大型文娱晚会，开展群众性的“爱路、护路”活动。1998年1月1日，《公路法》实施后，市、县交通主管部门和公路管理部门重点整顿并规范107国道马田圩、栖凤渡、良田、岩泉马路市场，清除路障，实行“宅路分家”，确保公路畅通。1999年，市政府组织交通、公安、工商、交警等部门开展畅通工程活动，创建平安大道。市公路局先后投入3000万元，全面实施“一低三化”（公路沿线店铺门前路面低于公路，门前硬化、绿化、水沟石砌化）工程，完善公路标志，提高国道安全通行能力。

2000年8月，郴州市政府《关于加强郴资桂高等级公路路政管理的通告》发布后，市公路路政人员查处各类违章1185起，整治马路市场28个，搬迁马路市场12个，设置永久性固定标语6550条，竖立路政宣传牌1285块，拆除违章建筑65处计2500平方米。2001年，市公路局和市高等级公路路政管理处与公路沿线单位和群众签订《公路维护协议》，建立临时占用、开挖公路报批制度，建设单位临时占用挖掘公路要事先提出申请，经公路管养部门批准后方可施工。同时，大力整治公路两旁煤炭、木材、汽车、建材市场和砖瓦石灰窑，清除路障，确保公路畅通。2003年7月，市政府先后发布《关于禁止在城区及公路主干道两边山岭挖山取土和烧制砖瓦的通告》《关于加强郴资桂高等级公路两侧用地规划管理的通知》，全市公路管理部门按照通告和通知精神，对国道省道进行清理整治，完成大中修53.6千米，新改建80.1千米，处治断板4.3万平方米，开挖、整修标准水沟1613千米，石砌水沟23千米，清除塌方8.5万立方米，恢复水毁公路65.2千米，国道省道一级养护完好率92.79%，干线养护完好率85.16%，支线养护完好率67.07%，综合养护完好率76.26%。是年，县乡公路完成大中修117.43千米，县道养护完好率73.9%，乡道养护完好率65.5%。市公路局连续8年获全省公路雨季养护竞赛一等奖和全省公路系统公路养护质量第一名。2005年，境内国道省道完成油路大中修52.86千米，处治油路病害20.6万平方米，处治断板7862平方米，完成灌缝100余千米，路面划线44.3千米，加铺路面13.2千米。是年，全市公路安保工程投资679.2万元，设置警示桩2746个，修建防护墩4283个、防撞墙2588米、挡土墙21.28万立方米。国道省道干线完好率84.32%，支线完好率71.38%，综合完好率77.9%；县乡道综合完好率年平、年末分别为70%、76%。

（二）治理公路“三乱”

20世纪90年代初，境内有的村组或单位在公路上乱设卡、乱收费、乱罚款，群众称之为“三乱”。1994年7月，国务院《关于禁止在公路上乱设站卡、乱罚款、乱收费的通知》下达后，地委、行署召开整顿交通秩序紧急会议，拉开治理公路“三乱”序幕。1995年5月，市政府成立整治公路“三乱”领导小组，市委办公室下发《关于制止公路“三乱”的紧急通知》，市交通局、公路局和各县（市、区）政府以及107国道沿线乡镇政府相继成立整治公路“三乱”领导小组，全市配备工作人员475人开展“三乱”治理。全市清理撤除未经省政府批准擅自设立的公路站卡55个，取缔非法上路稽查队9个，清理乱收费、乱罚款686.5万元，查处公路“三乱”案件11起，25人分别受到拘留、记过、辞退、撤职等处分。6月，市政府在宜章县召开全市治理公路“三乱”现场经验交流会暨107国道文明路建设工作会，市委办公室、市政府办公室印发《107国道郴州市文明路建设实施方案》，计划用3年时间把107国道建成文明样板路。永兴、苏仙、北湖、宜章县（区）政府与市政府签订《107国道文明路建设目标管理责任书》。7月，交通部部长黄镇东率领国务院治理公路“三乱”检查组到郴州检查，对郴州市治理公路“三乱”和文明路建设取得的成绩给予高度评价。11月，市政府和郴州军分区将107国道文明路建设列入驻郴部队创建“双拥”模范城的内容。1997年9月，湖南省107国道文明建设领导小组按照交通部颁发的《国家干线公路文明建设样板路实施标准》，对107国道郴州段文明路建设进行验收，确认为全省首批文明路。12月，省治理公路“三乱”督查组深入107国道郴州段明察暗访，未发现“三乱”现象。1999年，为创建平安大道，市交通、工商、国土、公安、交警、公路等相关部门通力协作，重点治理公路“三乱”，在市区国道省道上设立82块公路“三乱”举报电话牌。9月，郴州市被湖南省政府认定为全省第二批基本实现公路无“三乱”市。

2000—2002年，为巩固治理公路“三乱”成果，市、县（市、区）、乡各级政府和交通主管部门建立治理公路“三乱”常设领导班子和办事机构，工作人员不减，治理力度不降，治理工作常抓不懈。2003年6月，市政府统一组织对公路“三乱”明察暗访8次，查处8起典型案件，6人受到党纪处分，2人给予经济处罚。2004—2005年，市、县（市、区）政府和相关部门继续治理公路“三乱”，防止“三乱”反弹。

（三）超限车辆治理

1998年3月，桂阳县10余位政协委员提出议案，要求市交通主管部门采取措施，制止超限超载货运车辆严重损坏郴桂公路（省道1806线），影响公路安全畅通的行为。郴州市政协和市交通局进行专题调研，向市委、市政府提交调研报告，提出治理方案。尔后，市政府加强对超限车辆的治理。2000年2月，为营造治理超限运输车辆的舆论环境和社会氛围，市交通管理部门翻印交通部颁发的《超限运输车辆行驶公路管理规定》2万份，免费发放给汽车驾驶员学习。2001年5月，市政府发布《关于超限运输车辆行驶公路强行卸载的通告》，并组织有关部门上路治理汽车超限运输行为。2002年，全市公路管理部门和路政人员对车辆超限运输违法违规行为“只教育不处罚”，导致超限运输屡禁不止，上路货车超载超限率达95%，有的车载超重是限载量的5倍，全市公路因超载损坏路面年均损失价值2亿元。2003年4—6月，市公路管理局大力开展治理超限运输法律法规的宣传教育活动，发放宣传资料2万份，并在郴州电视台播放《治理超限运输刻不容缓》系列专题片，在《郴州日报》刊登评论文章，形成强有力的舆论攻势。2004年7月，省政府办公厅批复市公路局在宜章黄沙堡（G107线）、永兴鲁塘坳（S212线）、临武桐尾（S214线）和桂阳黄腊塘（S322线）设置超限超载检测站，按照“源头封堵、科学检测、依法处理、卸载放行”原则，严禁以罚代纠、收费放行。7月，市政府批转市交通局、公安局、计委、质监局、安监局、工商局、物价局、法制办联合制定的《郴州市开展车辆超限超载治理工作实施方案》，部门联合组织治理超限超载，布设治超站点10个，纠正超载超限车辆9319台次，检测“小标大吨”货车1100台，治安拘留13人，整治超限运输工作取得阶段性成果。2005年1月，经省车辆超限超载治理工作领导小组同意，市公路局在郴州北湖区万华岩、汝城县三江口、嘉禾县车头桥、宜章县城西、资兴市东江设置临时检测点，检测各类运输车辆7400车（次）。耒宜高速宜章小塘治超检测站，检测车辆1.36万台，查处超限车辆1.17万台、超载车辆1.34万台，当场处罚违法违规司机3505人次。

三、运政管理

（一）运输市场治理整顿

1989年，郴州行署成立治理整顿运输市场工作领导小组，全面开展公路、水路运输市场整治工作。在至1991年为期3年的整治工作中，清查1.1万个运输专业户和528家汽车维修厂，查处“私挂公”车辆551台、非法经营94户，查处大要案49起，罚没款16.05万元；中意汽修厂等11个厂家超范围维修非法改装车辆，其中4家被吊销经营许可证；拘留收审12名欺行霸市的运输业主。1993年，交通部授予郴州地区交通局“交通运政管理先进单位”称号。

1996—1999年，全市交通主管部门继续开展道路客运市场经营秩序整顿，先后制定下发《整顿道路客运市场秩序实施方案》，发布《关于集中整治城乡客运市场的通告》等文件，运政管理向规范化、法制化轨道迈进。普遍推行对客运车辆实行“统一调度、统一票价、统一售票、统一结算”管理。

2000年，交通部下发《关于开展道路运输市场管理年活动的紧急通知》，市政府制定《郴州市城区道路货物运输市场整治方案》，市公安局、交通局联合发布《关于整治郴州市城区道路交通秩序的通告》，层层宣传发动，道路运输市场管理年活动开展得有声有色。2003年，全市交通运输管理部门清理整顿汽车维修市场，查处无证经营维修企业129家、超范围经营53家、买卖车辆维修出厂合格证7起，责令20家维修企业限期整改。

2004年，市交通、公安、工商、物价局联合制定《郴州市机动车驾驶员培训市场整治活动实施方案》，经过3个月的整治，规范驾校违反经营许可、开业标准和培训收费、签订驾培合同中的违规行为。6月，市交通局印发《郴州市汽车维修市场整顿工作实施方案》后，组织力量对全市1084户汽车维修经营企业进行汽车维修市场专项检查，通过检查，被定为一类汽车维修企业35户、二类130户、三类696户，其余223户责令限期整改。

2005年，全市开展道路危险化学品运输安全专项整治，检查运输企业8户运输车182辆，查处非法经营危化品运输车8辆、无危化品运输操作证的押运员16人，对存在隐患的3户危化运输企业下达限期整改通知书，整改率100%。对8户危化运输企业的驾驶员、装卸工、押运员进行培训，176名无上岗资格的从业人员经过培训考试合格，核发危化品运输操作证。

（二）行业规范

1989—2005年，全市（区）交通运管部门建立年检年审制度、审批公示制度、实施运输车辆技术性能检测和对驾驶员进行轮训等措施，规范行业行为。1989年，县（市）交通主管部门和运政管理部门对从事客货运输和车辆维修的经营户实行免费年度审验，将经营者经营资质和经营行为作为年审主要内容。对全区客货运输企业和车辆维修企业建立台账和图卡，统一制定并公示各工种作业操作规程，接受用户监督。1990年，为规范本地区与零陵地区蓝山、新田、宁远、道县相邻县客货运输行为，建立毗邻县、市运政联席会议制度，两地区轮流每年召开一次运政联席会议，总结交流运政情况，协同监管运政行为。1991年，郴州地区交通局制定《关于新增营运车辆、客运线路审批的暂行规定》，坚持交通运输企业优先、面向偏远山区营运客车优先、夜宿农村班车优先、更新客车优先、遵纪守法户优先的审批制度。此外，地区交通运输市场治理整顿领导小组在资兴市召开现场会，推广鲤鱼江车站向社会客车开放的经验。是年，全区营运客车全部实行“三定”（定线路、定站点、定班次）、“两挂”（一律悬挂客运线路标志牌、公路里程客运票价表）公示制度。1995年，宜章县建立首家运输综合性能检测站（C级站）。1997年，市交通局投资470万元建成郴州市汽车综合性能检测站（A级站），推进运政市场车辆技术性能检测实现现代化。1998年，永兴县率先实行统一客运班线、统一行车调度、统一指导、统一售票、统一结算的运政新模式。1999年，桂东县也对客运车辆实行统一管理、统一调度、统一票价、统一售票、统一结算，规范行业行为。2001年，市交通局、公安局、交通运输管理处、公安交警支队联合对机动车驾驶员进行轮训及考试发证工作。2004年，市交通局、公安局、工商局、物价局联合制定《郴州市机动车驾驶员培训市场整治活动实施方案》，要求各驾校统一执行交通部的《中华人民共和国机动车驾驶员培训教学大纲》，统一使用交通部的《机动车驾驶员培训教材》，统一收费标准，统一考试考核标准。2005年3月，省政府办公厅将出租汽车行业定为“公共交通”，归城建部门管理，交通运政管理部门只办理“道路运输证”，停止征收运管费。是年4月，湖南省汽车维修行业管理办公室授予在郴州经营的广州本田汽车郴州特约销售服务部、上海大众汽车郴州销售服务有限公司、郴州市兴华汽车服务有限公司、郴州永健汽车维修服务有限公司、郴州市福安达汽车维修中心“文明经营、诚信服务”荣誉称号。

四、交通安全管理

（一）交通安全管理制度

1989年，郴州地区交通局与县（市）交通局、地区直属交通运输企事业单位签订安全工作目标管理责任书，明确县（市）交通局和地直运输企事业单位主要领导和企业法人代表为交通安全第一责任人，实行安全生产一票否决制。1995年，郴州撤地设市后，市交通局、县（市、区）交通局和市直单位均设立安全监管机构，大、中型以上交通运输企业设立安全科（室），小型企业和客货汽车队、汽车站设立专职安全员，所有交通运输企业均确定一名副职领导主管安全工作。交通运输企业几经改革改制，仍坚持安全机构不撤、人员不减、力度不降、监管不停。每季度召开一次安全例会，每半年开展一次安全大检查。1996年，在全市开展的“安全年”活动中，市交通局进一步健全安全规章制度，建立“谁主管，谁负责”的安全保障机制。是年，为加强春节期间公路客货运安全，市政府和县（市、区）分别成立春运领导小组和办事机构，对运输企业相关人员进行安全教育，对营运车辆实行严格检测，防止“病车”上路，对公路桥梁加强维护保养，杜绝重大安全事故发生。1997年，市政府提前20天部署春运工作，明确县（市、区）政府、县（市、区）交通局和运输企业行政主要负责人为春运安全第一责任人，市交通局印发《给参加春运车船驾驶员的公开信》2万份，人手1份，要求人人成为“安全保护员”。2001年，贯彻落实国务院《关于特大安全事故行政责任追究的规定》和《湖南省重大安全事故行政责任追究规定》，市交通局结合本地实际情况，制定郴州市重大安全事故责任追究实施方案，建立安全事故责任追究制度。2004年8月，市交通局、市运管处联合市安全生产监督局，对全市15家道路运输企业和13个客运站安全工作目标责任制落实情况和安全生产状况进行为期2个月的考核评估，考核结果基本达标。

（二）交通安全生产活动

1990年5月，郴州地区交通局组织开展第一个“安全周”活动。此后，每年开展一次，从不间断。1994年1月，地区交通局在全区交通系统开展安全生产总结评比表彰活动，表彰奖励陈明政、彭福昌、胡振龙、陈友金、龚永环5名安全行驶100万千米以上的优秀驾驶员，文己福等41名安全行驶60万千米以上的驾驶员以及罗祥国等34名安全管理先进工作者。5月，全区交通系统在开展“安全周”活动的同时，开展“反三违月”（违反劳动纪律、违规指挥、违章操作）活动，尔后，每年坚持开展此项活动。1999—2005年，郴州市交通局联合中国人寿保险公司郴州分公司，每年坚持开展“安全周”“反三违月”活动的同时，在全市交通运输企业开展“双迎百日（保险杯百日安全竞赛、百日安全无事故）安全生产竞赛”活动。2002年，全市交通运输企业继续开展“双迎百日安全生产竞赛”活动。2005年6月，市交通局开展第三个“安全生产月”活动，在市城区五岭广场开展“安全生产月”宣传，发放宣传资料3000份，现场回答130名市民提出的关于客运、春运安全问题。

（三）交通执法检查

1990—2005年，郴州市（地区）县两级交通监管部门每逢节假日、汛期和重大活动期间，坚持交通运输安全执法检查，杜绝和减少安全事故发生。1992年，春运期间开展为期40天的安全生产执法检查，例行检查旅客409万人次，查获一大批鞭炮、烟花、汽油、炸药、导火线等易燃、易爆危险物品。1993年，地、县（市）两级交通主管部门每季度开展一次安全事故大检查，重点检查35个客运企业、120辆营运车辆，查处安全隐患65起。1996年，市交通局组织检查123户基层交通企业、575辆营运车辆、12个石油燃料库，查处隐患146处，当场监督整改120处，责令整改26处。1997年，组织检查80个运输生产单位，查出安全隐患600处，下达整改通知书214处。1999年“五一”“十一”、春节、“两会”期间及学生高考期间和汛期，市交通局均事先发出通知，并联合运政、路政、港航执法人员深入车站、港口、码头、渡口、旅游景区景点、集贸市场，实行拉网式安全大检查，共检查客运车辆3.8万辆，其中超载1.3万辆12.6万人，分载车辆449驾次、分流11.39万人。2003年7月15日，郴汽集团宜章分公司核定载客35人的卧铺客车，从广东东莞返回宜章时实际载客102人，超载76人，途经广清高速公路银盏收费站被公安交警查获，驾驶员邓某被治安拘留7天、吊扣驾驶证6个月、罚款500元。7月16日，此案在中央电视台“新闻30分”栏目曝光后，18日，省交通厅行文通报全省。市交通局决定从7月19日起，在全市交通系统开展安全大检查、大整顿，对涉案的宜章分公司经理李某、分管生产和安全的副经理吴某、李某分别给予党纪政纪处分。2004年6月，市交通局成立安全生产委员会，指导、督促、检查交通系统各单位的安全生产工作，制定下发《郴州市交通系统特大安全事故应急处理预案》，形成“政府统一领导、部门依法监督、企业全面负责、群众监督参与、社会广泛支持”的安全生产格局。

（四）交通事故处置

1997年2月14日，衡山籍客车司机陆某驾驶“戌44-1679”假军牌大客车，从广东省南海市运送安仁籍57名农民工回家过年，途经永兴县黄泥乡东泽村时翻车起火燃烧，25名乘客遇难。事故发生后，市委书记梅克保、市长龙定鼎带领市交通部门有关负责人第一时间赶赴现场进行善后处理工作。1998年2月，郴州市汽车运输总公司102车队一中巴车由于超载、疲劳驾驶，在炎陵县106国道翻车，造成7人死亡、30人受伤。事故发生后，市交通局领导第一时间赶赴事故现场，及时处置死亡和受伤的司乘人员，责成总公司对肇事相关人员依法严肃处理；同时，向各县（市、区）交通局发出紧急通知，要求强化安全生产管理措施和责任，严防此类事故再次发生。2000年1月23日，广东省东莞市汽车总站一辆春运大客车，运载42名桂东县籍农民工回家过春节，途经汝城县境106国道2108千米处翻入120米的深山沟，造成14人死亡、20多人受伤的特大交通事故。事故发生后，市政府、市交管部门领导及时赶往现场组织抢救受伤人员，妥善处理善后事宜。

五、交通规费征稽

（一）公路养路费

1989年，郴州地区公路总段负责征收汽车养路费，各县（市）交通局运输管理所负责征收拖拉机养路费。汽车营运企业按营业额的15%计征，个体客车和货车每吨每月按150元和130元征收。从1993年1月起，个体客车每吨每月按180元、货车（小四轮、六轮）每吨每月按160元征收，二、三轮摩托车每月每辆分别按8元和10元征收。1994年5月，郴州地区交通规费征稽处成立，负责征收公路养路费。1995年，调整养路费征收标准：个体客车每月每吨200元，货车每月每吨180元，拖拉机参照货车缴费标准计征，三轮摩托车每台每月按15元、两轮摩托每台每月按10元计征。1996年，征收养路费1019.5万元，完成年计划的102%。从1997年2月开始，按照《湖南省交通规费征收管理条例》有关规定，县级以上人民政府交通行政管理部门只负责本辖区内的交通规费征收管理工作，交通规费征收统一由交通规费征稽机构负责。1998年1月，市交通局再次将拖拉机、摩托车、小四轮、小三轮养路费委托给市县乡公路管理处征收。是年，全市共征收养路费1203.5万元，同比增长18.1%。2000年元月，市政府印发《关于继续做好公路养路费等交通规费征收工作的通知》，市交通规费征稽处进一步加强公路养路费的征收工作。是年，征收小六轮养路费301.48万元，为计划的100%；征收拖拉机养路费1251万元，为年计划的104%；2005年，全市交通征稽部门在费源减少、征收难度大的情况下改革征收方式，强化征收措施，全年共征收小六轮（四轮）农用车养路费2350万元，为年计划的191%；征收拖拉机、摩托车养路费894万元，为年计划的163%。

（二）车辆通行费

按照国家规定，采取"贷款修路，收费还贷"的办法，征收车辆通行费。1992年7月，经省政府批准，郴州地区公路总段在107国道下湄桥设立收费站，开始收取车辆通行费。1993年，郴港路桥工程有限公司投资3542万元将107国道宜章大水洞至小塘24.5千米改建成水泥混凝土路面，为收费还贷，省政府批准在宜章县城设立车辆通行费收费站。此后，黄沙堡、鲁永公路、桐尾、新汾、车头桥、坦塘、三星等9个还贷型收费站和太和、仁义2个经营型收费站相继设立，皆由市公路管理局管理。这些收费站的设立和收费时限，经省政府批准，短期为2年，长期为28年。1999年12月，宜章收费站收费时限已满，但贷款还未还清，省政府批准收费期限延长至2016年12月。1998年，全市共征收通行费1.04亿元，完成年计划的108%。2001年2月，经省政府批准成立郴州市高等级公路通行费管理处，辖白露塘、锁石桥、万华岩、华塘4个收费站，收费期限至2031年1月。是年12月，京珠高速公路耒宜郴州段建成通车，经省人民政府批准设立马田、永兴、五里牌、郴州、良田、宜章、小塘7个收费站，收费期限至2031年12月。2002年4月26日，省物价局、省财政厅、省交通厅联合行文，同意调整郴资桂和鲁永公路收费标准，执行与107国道一致的收费标准。2003年5月，省政府办公厅发布《关于进一步规范车辆通行费征收工作的通知》，取消"湘0"牌照机动车免缴通行费的规定，取消交通、水利系统内部所有免费通行证。6月28日，市政府办发布《关于停止执行外来投资者车辆免费通行凭证和年票的通知》。7月，市规范车辆通行费征收督查组在《郴州日报》发布湘L01893、湘LB0203等91辆拒缴车辆通行费车主的通报，要求在公告发布之日起，5日内主动到收费站补缴通行费并接收处罚。7月31日，市纪委、市监察局召开新闻发布会，通报拒缴车辆通行费、情节恶劣的10名党政机关和事业单位的工作人员，并分别下达给予党纪政纪处分的决定。9月1日，湖南华龙郴资桂公路管理有限公司接管郴资桂高等级公路收费经营权。11月，撤销嘉禾坦塘（S215线）、宜章金钗坪（S324线）两个收费站。12月，省政府批准省道213线资兴唐洞设立机动车辆收费站，收费期限为2003年12月—2013年12月。2004年12月16日，省政府办公厅同意在省道324线临嘉公路K208+500处和桂嘉公路（S322）K2+160、K35+100处设立临东、共和、钟水机动车辆通行费收费站，收费期限均为2005年1月1日—2024年12月21日。

2005年5月，市委、市政府组织纪检监察部门就北湖区保和乡政府部分干部拒缴通行费、冲击万华岩收费站的违纪违法行为作出处理。给予保和乡党委书记陈某党内严重警告处分，免去其党委书记职务；给予保和乡副乡长黄某党内严重警告处分，撤销副乡长职务；给予乡干部谭某、肖某、刘某党内警告处分；责成相关人员向收费站赔礼道歉，并赔偿医疗和受损设施费用。10月，郴州各通行费收费站开始执行《湖南省车辆通行费车型分类及收费标准》。是年，全市完成通行费征收1.08亿元。

（三）车辆购置附加费（税）

1985年4月，国务院颁发《车辆购置附加费征收办法》，从5月1日开始在全国范围内征收车辆购置附加费，征费对象为所有购置机动车辆的单位与个人，每车从落籍到报废只征一次，征收标准为车辆购置费的10%，由机动车生产厂家代征。征缴收入全部作为公路建设专项资金，由交通部统一安排使用。1993年11月，车辆购置附加费改由车辆落籍地交通征管部门征收，费率统一为机动车售价的10%。郴州地区开始征收车辆购置费附加。1995年，市交通规费征稽处负责征收车辆购置附加费。1998年，车辆购置附加费征收319万元，完成年计划的93.87%。2000年10月，国务院决定从2001年1月起停止征收车辆购置附加费而改征车辆购置税。是年，完成车辆购置税征收3745万元，为年计划的146%。从2005年1月起，车辆购置税正式由国税部门征收。

（四）客（货）运附加费

陆路客运附加费征收始于1987年省政府办公厅《关于征收客运附加费的通知》下发以后，征收标准在客运票价基础上每千米增加0.3分。1991年7月，由每千米0.3分提高到1分，1994年，又从1分提高到2分。1993年2月，省交通厅、财政厅、物价局联合下发《关于公路附加费计征、解缴有关问题的通知》，将原征收标准改为按座位计征（每月每座为80元～120元）。1994年以前客运附加费由车辆购置附加费办公室征收，1994年以后由市交通规费征稽处征收。

水路客运附加费，境内仅永兴县征收此费。永兴县交通局委托县航管所征收数年后，2003年，因运力大于运量，客运业务不景气，停征水路客运附加费。

货运附加费征收始于1993年1月。省交通厅、财政厅、省物价局下发《关于开征公路货运附加费的通知》，规定凡在本省境内从事公路货物运输的经营企业，除暂定免征的以外，均应缴纳货运附加费。此费为价外征收，每车每月每吨按30元包干。

（五）运输管理费

20世纪80年代中期，汽车运输市场全面放开。1986年，为加强运输市场行业管理，交通部、财政部发布《公路运输管理费征收和使用规定》，对从事营业性公路客货运输、搬运装卸、运输服务的单位和个人按营业收入的1%计征运管费。1987年4月，省政府发布《湖南省公路运输管理办法》，允许“运管费”在成本中列支，郴州地区开始征收运管费。1994 年，为减轻农民负担，按照省物价局文件规定，全省运管费征收标准由营业收入的 1% 降至 0.8%。1997 年，全市共征收运管费 1844 万元，为年计划的 164.6%；1998 年，运管费征收增幅较大，全市共征收 1.04 亿元，为年计划的 108%；2000 年，运管费征收下降为 1796 万元，比 1998 年减收 8604 万元；2005 年，全市运管费征收 2242.7 万元，为年计划的 113.1%。

郴州地区水运管理费开征始于 1988 年。1990 年，交通部、财政部下发《水路运输管理征收和使用办法》。2002 年，省物价局、省财政厅重新核定征收标准。郴州市水运管理费征收归口市交通运输管理处，具体征收由 11 个县（市、区）交管所和直属所负责。由于郴州地处山区，水运欠发达，加之兴修水利影响通航，水运业务萎缩，收费数额较少。

第二章 铁路

第一节 铁路建设

一、铁路线路

京广线 北京至广州铁路郴州段北起永兴县马田镇枣子村，南至宜章县白石渡镇蔬菜村（省界桥边）。京广铁路衡广复线于1982年6月全线动工，1989年11月建成，12月正式通车，1990年1月交付广州铁路局使用。衡广复线开通，结束京广线“南单北双”的历史，衡广段年运输能力由1500万吨提高到3000万吨，远期达到5000万吨以上，大大缓解京广线运力紧张状况。

京广铁路郴州段纵贯境内永兴、苏仙、北湖、宜章等4个县（区）。其线路，左线从K1765+600处起至K1973+000处止，全长197.7千米，右线全长197.5千米；另有站线（车站内的到发线）114.13千米，段管线（各站段内管理线路）9.2千米、岔线（从车站引向各单位转运站的线路）39.95千米，特别用途线（坳上车站开往良田军队仓库专用线）1.34千米。

衡广复线线路等级为I级主干线，正线为双线，线路限制坡度为6‰，最小曲线半径一般为600米，个别站端保留450米。车站到发线有效长度1050米。牵引机车种类和机车牵引定数分别为，客机：长沙到郴州采用内燃机车，郴州至韶关采用电力韶山I型机车；货机：衡阳到郴州采用内燃机车，牵引吨位3500吨，郴州到韶关采用电力I型机车，牵引吨位3500吨，区间采用自动闭塞，间隔时间为8分钟，输送能力5000万吨/年。复线路基宽度：单线地段非渗水路堤6.9米，路堑6.6米，渗水土路堤6米，路堑5.6米；双线地段非渗水路堤11米，路堑10.6米，岩石渗水土路堤10米，路堑9.6米。钢轨正线为50千克/米，长25米，正线用69型或79型预应力钢筋混凝土枕，直线段每千米铺1760根，曲线段每千米铺设1840根。道床厚度：土质路基0.45米、石质路基0.3米。境内的复线区段充分利用原有线路62.55千米，原有桥梁、涵洞、路基及支挡建筑物和原有车站客货运输设备尽量利用或改造。因复线线路改直撤销枣子、油市、大冲、梁家湾、坳上、水塘、水龙、良田、邓家塘、九树下、廖家湾、折岭等12个车站，其他车站均利用原有到发线升为正线。新建马田墟、郴北运转场、槐树下及白石渡等7个新车站。境内复线南部全线路基建在断裂褶皱构造地带，桥梁、涵洞、隧道特别多。新建桥梁35座，改造桥梁1座，利用原有桥梁7座，废弃原有桥梁23座。新建桥梁中，有大桥18座、中桥10座、小桥7座。有隧道30座，单线延长线2.92万米，其中双线隧道22座，单线隧道8座，明洞1座。

京广铁路郴州境内主要桥梁一览表

表 20-2-1-1

序号	桥梁名称	中心里程（施工设计时采用的里程）	桥梁全长（米）	建成年份	附注
1	鹁公咀中桥	1860+645.30	31.20	1985	双线
2	永鲁中桥	1870+223.00	47.90	1983	双线
3	泉水洞大桥	1873+683.80	117.20	1980	单线
4	栖枫渡大桥	1876+739.70	117.20	1979	单线
5	岑下洞中桥	1877+577.2	36.90	1980	单线
6	拓源桥	1885+676.00	29.49	1987	双线
7	许家洞大桥	1894+568.60	112.12	1980	双线
8	河脚井中桥	1896+954.30	99.00	1980	单线
9	新桥大桥	1899+973.70	115.00	1980	双线
10	双脑湾大桥	1904+026.70	115.20	1979	三线
11	原有双脑湾大桥	1904+30.50	111.20	1935	作牵出线用
12	东关中桥	1907+195.18	104.5	1985	单线
13	芳头中桥	1908+075.70	96.63	1985	单线
14	八里牌桥	1910+666.00	28.30	1987	双线
15	玛脑山桥	1913+163.00	32.90	1986	双线
16	周家中桥	1915+386.00	44.38	1982	双线
17	吊楼下桥	1921+937.00	25.42	1983	双线
18	万寿大桥	1924+267.40	293.30	1980	双线
19	海龙口大桥	1929+597.00	155.83	1986	双线
20	良田桥	1930+705.00	8.00	1988	单线
21	廖家湾中桥	1937+980.40	43.20	1986	双线
22	折岭中桥	1938+949.90	89.65	1984	双线
23	漳河 1 号大桥	1940+507.40	311.33	1984	双线
24	漳河 2 号大桥	1940+726.90	275.47	1981	双线
25	太平里桥	1945+990.00	19.80	1987	双线
26	小溪大桥	1949+629.60	176.83	1984	双线
27	里排大桥	1952+370.40	185.90	1980	双线
28	铁山 1 号大桥	1953+349.30	206.09	1984	双线
29	铁山 2 号大桥	1953+644.60	323.91	1984	双线
30	车湾大桥	1954+391.80	353.97	1987	双线
31	白石渡大桥	1956+909.00	274.67	1986	双线
32	白石渡立交桥	1957+260.30	95.50	1984	双线

续表 20-2-1-1

序号	桥梁名称	中心里程（施工设计时采用的里程）	桥梁全长（米）	建成年份	附注
33	燕塘中桥	1958+441.50	106.67	1980	双线
34	省界大桥	1959+736.30	172.40	1984	双线
35	联络线大桥	0+471.00	356.81	1983	白石渡货站联络线

京广铁路郴州境内主要隧道一览表

表 20-2-1-2

序号	中心里程（施工设计时采用的里程）	隧道名称	全长（米）	建成年份	附注
1	1888+665	婆婆崖	472	1988	双线
2	1895+094	三合	352	1987	双线
3	1907+464.5	东关	260	1985	单线
4	1908+484.15	虎形坳	114.9	1935	单线
5	1909+159	新虎形坳 1 号	598	1987	单线
6	1908+842	新虎形坳 2 号	1029	1986	单线
7	1911+005	陈家湾	230	1984	双线
8	1916+167.5	周家	785	1985	双线
9	1921+539	坳上	138	1986	双线
10	1923+259	万寿 1 号	159	1986	双线
11	1923+808	万寿 2 号	416	1986	双线
12	1925+278	万寿明洞	75	1984	双线
13	1929+068	海龙口	213	1985	双线
14	1934+838	南岭	6058	1988	双线
15	1940+282	樟河 1 号	107	1985	双线
16	1942+886	樟河 2 号	1417	1985	双线
17	1949+235	小溪	432	1984	双线
18	1951+955	里排	550	1983	双线
19	1957+941	燕塘 1 号	168	1985	双线
20	1958+221	燕塘 2 号	331	1986	双线
21	1958+600	燕塘 3 号	182	1986	双线
22	1958+995	风吹口 1 号	274.6	1986	双线
23	1959+223	风吹口 2 号	118.3	1985	双线
24	1959+516	省界	197	1984	双线

资（兴）许（家洞）支线 该支线（又称郴三铁路）起于京广线许家洞车站北1893+477.5米处，从许家洞村向东延伸至资兴市三都镇上洞村，全长37.4千米，站线及特别用途线22.4千米，合计运营线路59.9千米。1937年9月开工兴建，1941年建成。1945年1月，侵华日军犯郴，铁路桥梁被毁，全线中断，1952年，修复通车。1982年，建设衡广复线时，由于许家洞车站扩建，资许支线接轨处改址，原许家洞桥废弃，新建下红滩中桥。2000年，资许支线采用机车4台，牵引列车速度增快，可至80千米/小时以上。全线采用半自动闭塞，通行电话34千米，长途电缆1.61千米，新增道岔71组、信号机55架、轨道区段37个。其中鲤鱼江车站采用电气集中式，有生产办公用房9000平方米、公共建筑5673平方米。全线有桥梁16座，长658米。鲤鱼江大桥最长，计7孔179.1米、高16.78米。有涵渠146座2386.1米。还有属矿产岔线涵渠17座125.5米，非路产岔线涵渠24座452.7米。鲤鱼江大桥原为铁路、公路两用桥，后因互相干扰，且不安全，2004年，拆除大桥上的公路设施，专作铁路桥梁使用，在鲤鱼江大桥上游另修建东江公路大桥。

资许支线主要桥梁一览表

表20-2-1-3

序号	桥名	中心里程（施工设计时采用的里程）	全长（米）	建成年份
1	下红滩中桥	0+676	111	1980
2	长河桥	5+392	70.1	1952
3	秧爱桥	7+250	66.6	1952
4	桥口桥	13+455	35.8	1956
5	鲤鱼江桥	19+644	179.1	1943
6	下马桥	30+667	31.8	1947
7	医院桥	32+685	43.5	1947
8	厂前桥	34+915	17.2	1947
9	鹿鸣桥	32+525	15.5	1951
10	青山头桥	36+707	19.9	1951

郴嘉铁路 郴（州）至嘉（禾）铁路属湖南省管地方铁路。东起京广铁路郴州火车站北转运场，往西途经郴州市（北湖区）、桂阳县至嘉禾县行廊镇石凉亭村，全长97.87千米，其中正线81.7千米，站线16.17千米，一级726毫米窄轨线路92.75千米，准轨线路5.13千米。1959年动工，当年完成郴州市至桂阳县黄沙坪段路基。后因国民经济调整而停建。1979年6月，郴州市至桂阳县段复工，1981年11月竣工。1984年，桂阳县至嘉禾县行廊段开工，1987年9月全线竣工，11月，开办客货运输业务。该线路路基准轨宽5.6米、窄轨宽4米，最大纵坡上行14‰，下行12.1‰，最小曲线半径200~300米。有桥梁9座，长1435.26米；隧道2座，长504米；明洞5处。郴嘉铁路从20世纪90年代开始营运，效益每况愈下，2003年4月，全线停运；8月，省人民政府同意关闭郴嘉铁路。

二、铁路车站

郴州站 位于郴州城区解放路1号。原为京广线上二等车站，属长沙铁路分局管理，下设北运转车间、南运转车间、客运车间、货运车间、装卸车间。1989年12月，衡广复线建成通车后，站内有旅客列车到发线3股、上下行正线2股、货物线4股、救援列车存车线1股、段管线4股。办理货物列车编组及技术作业到发线10股、编组线6股、存车线3股、货物线3股、专用线1股。京广铁路与郴嘉铁路车辆交接到发线2股（标准轨距），编组线北端设非机械化驼峰1座，配调车机车2台。客运业务房总面积4733平方米，其中旅客候车室2051平方米，行包房505平方米。站台雨棚面积5056平方米。旅客站台2座，天桥1座。货运仓库12栋，建筑面积5708平方米。货物雨棚2座，建筑面积1011平方米。货物站台1座，建筑面积1900平方米。货物装卸线7股，装卸线长1741米，装卸机械8台。1997年，郴州站信号楼与郴州北运转场信号楼合并，新建信号楼，建筑面积750平方米，上下二层。客运房面积4443平方米，其中旅客候车室2005平方米，行包房517平方米。旅客站台2座，站台雨棚总面积5120平方米。“三品”（易爆、易燃、危险品）检查仪1台，电脑售票系统一套。货物仓库11栋，建筑面积5226平方米。货物雨棚2座，建筑面积1001平方米。货物站台一座，建筑面积1955平方米。货物装卸线7股，长1544米。是年，经铁道部审核批准，郴州站由二等站升格为一等站。

2005年，郴州站有旅客列车到发线3股、上下行正线3股、货物线4股，场内接轨专用线9股，郴州北到发线10股，编组线6股、存车线2股、货物线3股。客运业务房5611平方米，其中候车室2489平方米，行包房605平方米。旅客站台2座，站台雨棚9340平方米，天桥一座，“三品”检查仪3台，电脑售票机一套。货坪2.07万平方米，货物仓库13栋，货物雨棚21座8884平方米，货物站台1955平方米，货物装卸线7股1544米，装卸机械12台。

马田墟站　1989年前，马田墟站有站线五股，线长890米，货物站台1座，露天货场2处，货物仓库5栋。1989年衡广复线建成后，车站从原址南移2千米，位于京广线1860+250处马田镇马田村内，属于中间四等站，办理客货业务。同年11月，高富专用线从新站南头4道开岔接轨，专用线长5.77千米。车站站房1601平方米，站台2座。2000年7月，添置微机联锁设备。2005年，由广铁集团郴州车务段管理，属中间四等站。

栖凤渡站　20世纪80年代，站内有4股道，建有候车室和站台，其中货物装卸线1股道。站内有露天货场和货物站台各1个，有货物仓库3栋。建设衡广复线时，站址北移591米。1989年，新建主体站房577平方米。站内铺设6股道，站台2座，办理客货运业务。1997年5月，原车站候车楼撤除，在原址南侧新建信号楼，面积为370平方米，上下两层。2000年7月，开通微机联锁设备。2005年，由广铁集团郴州车务段管理，属中间四等站。

街洞站　1989年前，站内有2股道、1个站台。后新增第3股道，同时延长各股道有效长度。站内有货场3个。货物站台1座，仓库3栋。1989年，修建衡广复线时另建新站。新站位于京广线1884+070处苏仙区五里牌镇街洞村，占地面积2678平方米，主体站房519平方米，站内有8股道、2座站台，办理客货运业务。2000年5月，添置微机联锁设备。2005年，由广铁集团郴州车务段管理，属中间四等站。

许家洞站　原站位于京广线1998+700处苏仙区许家洞镇许家洞村，是资许支线的始发站。1989年前，站内有一个站台3股道，办理客货运输业务，主要担负资许支线小运转列车的解编作业。后进行多次改造和扩建，新建1个站台，延长1、2股道线路，使有效长度分别达到680米、873米，又扩建4、5股道，修建711矿专用线。1989年，车站所有股道都向北直线延伸，在原站址北端新建主体站房686平方米，站内拥有站线11股道。2000年6月，添置微机联锁设备。2005年，由广铁集团郴州车务段管理，属中间四等站。

槐树下站 位于京广线1912+480处苏仙区郴江镇槐树下村，办理客货运业务。站内原有4股道，主体站房80平方米。后几经改造、扩建，增至8股道，线长850米。1989年，建设衡广复线时，车站向东迁移1000米。新建车站主体站房501平方米，站内建9股道。原老站线路均改造成货物线及货场。2000年8月，添置微机联锁设备。2005年，由广铁集团郴州车务段管理，属中间四等站。

坳上站 位于京广线1920+480处苏仙区坳上乡坳上村，办理客货运业务。站内原铺设2股道和1股安全线，有效线长250米，主体站房148平方米。后股道延长至698米，扩建站线1股。1989年，建设衡广复线时，车站向西北迁移600米。车站主体站房总面积达366平方米，站台2座，站内设5股道。1994年9月，延长股道3千米。2000年9月，添置微机联锁设备。2005年，由广铁集团郴州车务段管理，属中间四等站。

良田站 原站位于苏仙区良田镇东。1989年，建设衡广复线时，在良田镇西堆上村新建良田站。新站主体站房245平方米，有5股道，站台2座。后因铁路运营情况变化，良田站不办理客货业务，只有2股道接发列车通过。2000年5月，添置微机联锁设备。2005年，由广铁集团郴州车务段管理，属中间四等站。

太平里站 位于京广线1950+600处宜章县太平里乡勾背村，办理客货运输业务。站内原有2股道和1股安全线，主体站房199平方米，股道长820～840米，并扩建为3股道，修建第2站台。1989年，在衡广复线建设中，主体站房南移500米，站房建筑面积641平方米，铺设5股道，站台2座。2000年6月，添置微机联锁设备。2005年，由广铁集团郴州车务段管理，属中间四等站。

白石渡站 位于京广线1961+600处宜章县白石渡镇白石渡村，办理客货运输业务。原站内有3股道，站房面积90平方米。后几经改造，站场扩建为10股道，建货物仓库7个，总面积1892.32平方米；其中煤炭、农副产品、木材仓库4个，总面积1084.51平方米；扩建旅客候车室、行包房等站房300平方米。1989年，白石渡车站东迁3千米。新站内设4股道，2座站台，站房总面积3797平方米，其中主体站房755平方米。原老站改为货场。2000年7月，添置微机联锁设备。2005年，由广铁集团郴州车务段管理，属中间四等站。

桥口站 位于资许支线13+996处苏仙区桥口镇桥口村，西南与京广线许家洞车站相距13.9千米。初建时，只有50平方米的主体站房，站内有3股道，一座站台。后经多次扩建，客运、货运设备逐步完备。2005年，有主体站房230平方米，货物仓库4个，下辖鸦市坪、亚家山两个乘降所。2005年，由广铁集团郴州车务段管理，属中间四等站。

鲤鱼江站 位于资许支线20+500处资兴市鲤鱼江镇大兴路11号，办理客货运业务。站内有2股道，主体站房80平方米。后由于鲤鱼江火力发电厂扩建，货运量增加，鲤鱼江站于20世纪70年代后扩建为6股道。1989年，扩建 下河线、磷肥厂、电厂专线和炉渣砖厂线。站内扩建主体站房为232平方米，候车室176平方米，零担仓库220平方米。2005年，由广铁集团郴州车务段管理，属中间四等站。

木根桥站 1967年，为东江水电站建设需要，该站由水电八局承建，位于资许支线22+205处资兴市东江镇木根桥村，办理客货运输业务。站内有4股道，站线有效长度550米。2005年，由广铁集团郴州车务段管理，属中间四等站。

唐洞站 位于资许支线25+405处资兴市唐洞市区内，办理客货运输业务。站内铺设3股道，站台1座，站房50平方米，混合仓库1座，主要外运唐洞煤矿的煤炭。1989年后，修建仓库246平方米，车站主体站房扩建至400多平方米。2005年，由广铁集团郴州车务段管理，属中间四等站。

湘红站 位于资许支线31+216处资兴市程水镇香花村周源山煤矿矿区，办理客货运业务。站内有3股道，站台1座，主体站房124平方米。1976年，修建货运设施，主要外运周源山煤矿煤炭。1989年，主体站房扩建至250平方米。2005年，由广铁集团郴州车务段管理，属中间四等站。

三都站 位于资许支线33+785处资兴市三都镇鹿东村，是资许支线的终点站。办理客货运输业务。站内有4股道，其中机车装备线1股和供机车转向的三角线。站内客货运设施扩建改造后，主体站房292平方米，货物仓库3栋241平方米，混合整车仓库143平方米，货物站台1座681平方米，候车室143平方米。2005年，由广铁集团郴州车务段管理，属中间四等站。

郴嘉铁路车站 郴嘉铁路全线设15个车站。其同心桥、行廊车站为编组站，马头冲车站为换装站，桂阳车站为区段站，大水洞、月形、华塘、塔水、庵子脚、官溪、共和、方元、马巷、燕塘、塘溪11个站为中间站。该铁路线还在京广铁路郴州车站北运转场设立交接站，进行大、小机车转运御接作业。该车站自建成后，从20世纪90年代开始年客货运量逐年减少，效益欠佳，2003年4月，全线停运。

第二节 铁路运输

一、铁路客运

京广线、资许线客运 1989年，衡广复线建成运营后，境内铁路运输能力大大提高。衡阳至郴州境内每月开行客运列车20对，郴州至坪石开行客运列车19对，资许线开行客运列车1对。由于公路汽车客运车辆增多，部分旅客改乘汽车出行。是年，境内铁路发送旅客由上年的300万人次减少为230万人次，减少23.3%。因此，2005年以后，取消马田墟、栖凤渡、街洞等9个中间四等小站的旅客运输业务。

1993—2004年，为满足群众出行需求，铁路部门调整列车运行图，优化列车开行结构，提高列车运载能力。1993年4月1日零时，实行新编列车运行图，衡阳至郴州间每日开行客运列车26对，郴州至坪石间开行客运列车25对，资许线开行客运列车1对。1995年，铁道部采取客运列车“增卧减慢”措施，优化客车开行结构，调整列车运行图，自6月1日零时起，衡阳北至郴州间日开行客车31对、郴州至坪石间日开行客车30对（包括三都至白石渡交通车1对），长沙至郴州间快车改为特快列车。1997年4月1日零时起，实行新的列车运行图，客运列车运行时速提高到65.3公里。衡阳至郴州间日实行客运列车增至38对，郴州至坪石间日实行客运列车增至37对，资许线日开行交通车1对。全年发送旅客208万人次，完成年计划的119%。1999年10月10日，列车运行图进行微调。衡阳北至郴州间日开行旅客列车增至46对，郴州至坪石间日实行客运列车增至43对。衡阳至郴州间允许运行时速105千米，郴州至坪石间允许运行时速120千米。是年，郴州铁路共发送旅客244万人次，完成年计划的108%。2001年9月以后，郴州境内京广铁路全线电气化，运力大大提高，列车运行图再次微调，每日通过郴州车站的旅客列车达到50对，长沙至郴州的客车延长至广州。是年，郴州铁路发送旅客350万人次，完成年计划的95%。2004年4月18日，全国铁路实施调图提速，列车种类、作业标准、列车框架、列车车次和运行时刻都进行调整。直达特快客车时速达120千米，列车停靠车站换乘人员换乘时间为6分钟，经过郴州的列车不换机车，只换乘务人员。是年，郴州铁路发送旅客267万人次，完成年计划的85%。

2005年，衡阳至郴州间每日开行客运列车增至58对，郴州至坪石间每日开行客运列车57对，列车运行时速120千米。资许线每日开行交通车1对，时速80千米。是年，郴州铁路发送旅客330万人次，完成年计划的91%。

郴嘉线客运 郴嘉铁路于1981年11月开通郴州至桂阳段，试办客货运输业务。1987年9月全线竣工，有蒸汽机车7台，客车10辆，货车76辆，11月16日正式开办客货运输业务。1981年12月至1988年年底共发送旅客116万人次。后因公路运输灵活便捷，郴嘉铁路客货运输逐年萎缩，2003年4月全线停运。

二、铁路货运

郴州车站货运 1989年，郴州车站有货物仓库12栋5708平方米、货物雨棚2座1011平方米、货物站台1座1900平方米、货物装卸线7股1741米。衡阳北至郴州，每日开行货运列车38对，郴州至坪石每日开行货运列车33对，平均载重2596吨。是年，郴州站发送货物90多万吨。1992—1994年，郴州铁路货运采取“巧装满载，轻重配装，高堆密码，得空补车”办法，充分利用厂矿自备回送空车进行运输，货物发送量逐年增多。期间，衡阳北至郴州每日平均开行货物列车50对，累计发送货物357万吨；郴州至坪石每日平均开行货物列车46对，累计发送货物308万吨；许家洞至三都每日平均开行货运列车7对，累计发送货物48万吨。郴州车务段3年累计发送货运690万吨。1996年，公路与铁路货运市场竞争激烈，200千米以内的短途货运基本被公路货运抢占。为抢占市场，铁路部门采取均衡运输、简化货运计划审批手续、推行货源责任制、提供优质服务等措施，增加货源，提高货运量。是年，衡阳北至郴州每日开行货物列车增至58对，郴州至坪石开行货物列车增至54对，三都至许家洞开行的货物列车不变。是年，郴州车站、郴州车务段共发送货物1010万吨，运输收入2.5亿元。

1997年，按照铁道部关于优化运输结构、调整营业限制、提高运输效率的货运改革精神，郴州铁路取消郴州车务段管辖的部分中间四等小站，把业务集中到郴州车站办理。衡阳北至郴州日开行货运列车调整为55对，郴州至坪石日开行货运列车调整为54对，三都至许家洞开行小运转列车6对。是年，郴州车站共发送货物768万吨，比1996年减少242万吨。运输收入减少到2.07亿元。1999—2001年，铁路日开行货运列车和货运量呈下降趋势。1999年，衡阳北至郴州每日货运列车调减至44对，运行时速调增至105千米，牵引吨位3500～3600吨；郴州至坪石每日开行货运列车调减至40对，列车运行时速调增至120千米，牵引吨位3500～3600吨。资许线开行小运转列车6对。是年，郴州车站共发送货物797万吨，运输收入2.56亿元。2000年，道路运输市场竞争更趋激烈，铁路货运量严重不足。衡阳北至郴州日货运列车45对，郴州至坪石日货运列车40对，资许支线开行小运转列车6对。是年，郴州车站共发送货物720万吨。2001年，京广铁路实现全线电气化，境内运力有所增长，但仍未扭转货运下滑的势头。郴州站的货运列车每日增至51对，长沙至郴州的541/542次延长至广州，牵引吨位提高到4000吨。资许支线日开行小运转列车6对。是年，郴州车站共发送货物889万吨，运输收入3.78亿。2002年，货物发送649万吨；运输收入2.75亿元。2004年，郴州车站共发送货物645万吨。2005年，衡阳北至郴州日开行货运列车50对，郴州至坪石日开行货运列车45对，列车运行时速120千米，牵引吨位4000吨。资许支线日开行小运转列车6对，运行时速80千米。是年，郴州铁路发送货物509万吨。

郴嘉铁路货运 郴嘉铁路于1981年11月开通郴州至桂阳段，试办客货运输业务。1987年9月全线竣工，形成年50万吨运输能力。1988年，货运量4167吨。1989年5月，准轨换装站开通，正式开办整车货物运输。1993年，窄轨运量达到20.1万吨。1995年，开通八达玻璃股份有限公司、郴州面粉厂、郴州石油公司油库3条铁路专线。1997年8月，换装站扩能改造工程竣工，年运输能力提高到120万吨。1999年4月，开通中央储备粮郴州直属库专线。是年，准轨运量117万吨。2000年后，因郴州公路运输的发展，郴嘉铁路运输逐年萎缩。2001年，窄轨运量降至3.68万吨。2002年，准轨换装站运量降至65万吨，导致企业严重亏损，无法维持正常经营，2003年4月全线停运。2003年8月，省人民政府同意关闭郴嘉铁路。

三、铁路运营管理

铁路运营管理的重点是安全和正点运行。1989年，衡广复线正式通车后，在郴州铁路地区办事处（以下简称郴铁办事处）统一协调下，郴州车站组织安全、质量、效益攻关活动。郴州工务段针对衡广复线新线路基础易下沉、边坡易坍塌以及线路轨距水平常变化的情况，拟订了“新线路养护办法”，开展曲线接头整治，稳定线路基础。轨道检测由机械检测升级为电子轨道车检测，保证轨道处于正常状态。1993年，为加强安全生产，郴铁办事处加强安全监管机构建设，增设安全监察室、联控联网办公室，强化车站和各工作段的安全管理。郴州电务段加强管理范围内232千米通信、信号设备的管理和维修，实现安全生产无事故。1995年春运期间，郴铁办事处派出27名干部担任临时旅客列车列车长和安全员，还组织500名干部职工深入春运第一线，引导旅客安全乘车，查堵危险物品进站上车，保证春运安全有序。郴州电务段狠抓安全生产，至1995年，实现安全生产2305天，保持自1960年6月建段以来无重大伤亡、无火灾爆炸、无重大设备事故的好成绩。1996年，郴州机务段开展“百趟列车安全无事故竞赛活动”，19名机务人员实现安全行车500~900趟；工务段连续几年实现无行车一般事故3392天，无行车危险事故5041天，无职工轻伤事故1739天，无行车重大事故、无职工重伤事故6205天，无职工死亡事故5885天。郴州电务段以创“一流设备、一流管理、一流服务”为目标，深入开展安全优质达标活动，管内京广线建成安全示范线，资许支线建成安全标准线，连续四年被评为“安全优质电务段”。全路17个中间站有16个站安全日超过1000天。1997年，郴州车站狠抓列车安全正点运行，在列车车次增加、车流密度加大的情况下，保持货运列车正点率93.3%，客运列车正点率96.9%。当年接发客运列车7208辆、发送旅客165万人，装卸货运列车4.27万辆、发送货物253万吨，均未发生一例重大安全事故。1999年8月13日，郴州突降特大暴雨，京广线街洞至良田区间线路遭受严重破坏，发生路基病害107处，13座桥梁超警戒水位，中断行车2处，线路慢行6处，资许支线中断行车1处。险情发生后，郴州工务段出动职工317人次，冒雨拉网式排查线桥设施，发现险情57处，紧急调运防洪储备片石60车和碴石数10车，迅速修复被毁线路。在当年的抗洪抢险中，郴州工务段被长沙铁路总公司授予“抗洪抢险先进集体”称号。2003年，郴州铁路深入开展安全年活动，至2005年，实现安全行车992天，无客货运输、职工人身安全事故。2005年，郴州铁路开设救援列车，主要担负辖内京广线衡阳至坪石段以及资许支线列车事故救援任务。救援列车按二等配制，配备救援人员18人，配备吊车、工具车、发电车、宿营车、备品车、枕木车、钢轨车共8辆，还配备电动油泵、液压油镐、柴油发电机组、无线电台和无线电对讲机等。

第三章 水路

2005年，郴州境内有通航航道663千米，其中等级航道349千米，主要分布在资兴、永兴、苏仙、桂阳、汝城等地。永兴县塘门口至耒阳市大河滩航道，经耒水达湘江和长江，其余航道均不能出港。是年，全市拥有营运船舶652艘，载重量1.8万吨位，载客量1.04万客位，载重量和载客量分别比1989年增长6.59倍和4.95倍。

第一节 航道·码头·渡口

一、航道

（一）耒水航道

1. 主流航道

耒水主航道　耒水是湘江主要支流之一，发源于桂东县屏水山烟竹堡，流经桂东、汝城、资兴、苏仙、永兴、耒阳、衡南等县（市、区），全长453千米。郴州境内航道260千米，通航航道122.5千米。总落差348.6米，平均坡降0.77‰。耒水最高水位96.2米，最低水位91.97米，历年最大流量为5770立方米/秒，最小流量为13.6立方米/秒，年平均流量为42.2立方米/秒。1997年6月，郴州航道普查，东江—石面坦和石面坦—永兴（便江电站）区间各为31千米，其回水里程为14千米和16千米，设计最低通航水位118.9米（石面坦）、105.4米（便江电站），通航保证率80%，水深不小于0.5～1.0米，航宽5～30米，弯曲半径80米，定为七级航道。永兴（便江电站）—大河滩16千米，设计最低通航水位91.97米，通航保证率100%，水深大于1米，航宽30米，弯曲半径90米，定为八级航道。2003年，全国第二次内河航道普查，永兴至大河滩16千米河段可常年通行百余吨的船舶。永兴至石面坦31千米河段，属永兴水电站16千米回水区内，常年可通行20～30吨级船舶；其上游15千米航道弯多滩险，河床浅，船舶难以航行。石面坦至东江大坝31千米段，石面坦电站以上14千米回水区，常年可通行20～30吨级船舶，上游17千米航道河床较浅，水流湍急，船舶无法航行。

东江湖区航道　位于耒水上游的东江、资兴江和沤江下游区域内。东江湖总库容91.5亿立方米，正常蓄水位285米时，相应库容为81.2亿立方米，最大水深150米，是湖南省最深通航水域；死水位在237米以下时，相应库容为24.5亿立方米，有效库容为56.7亿立方米；控制流域面积2719平方千米，占耒水流域总面积的40%。蓄水量为洞庭湖的1/2，水域面积为洞庭湖的1/3，被誉为“湘南洞庭”。东江湖航道下起东江湖大坝，上至汝城县暖水凉滩，东西长63千米；北起资兴市的坪石乡、南至资兴市的清江乡，南北最大宽度39千米。航道区域里程150千米。库区内有大坝、长楹头、兜率岩、白廊、旧市、清江、长垅、滁口、黄草、水口、春龟、凉滩、东坪13个船运码头，以其码头为中心，上下左右辐射，形成库区航线30条。1992—1994年，东江湖区航道设立19座塔式方位航标，设标里程170千米。1997年6月，郴州航道普查定级查明东江湖航道技术现状：25条航线，通航里程271千米，设计最低通航水位为285米，通航保证率100%，水深＞5米，航宽100米，弯曲半径＞500米，整个东江湖航道技术等级定为七级。2003年，郴州市第二次内河航道普查，东江湖技术等级评定为五级航道。

2. 支流航道

郴江航道　郴江发源于骑田岭后鼓山，流经北湖区江口、万岁桥、苏仙区坳上、郴州城区、许家洞，在郴江口注入耒水。1989年前，沿河多处修建拦河坝，不能通航。20世纪90年代初，郴县（苏仙区）修建石面坦水电站，筑坝蓄水后回水涌入郴江，许家洞至郴江口（瓦窑坪）6千米河段，正常水位可通行10～20吨机动船舶。1997年，内河航道普查定级，该航道定为Ⅷ（2级）。2003年，第二次内河航道普查，技术等级评定为八级。

注江航道　注江发源于永兴县沙子桐，流经永兴县吴家坪、碧塘、曹家湾、龙山洞，在渣布滩（注江口）注入耒水。1989年后，大江边—注江口29.5千米，可常年通航15～30吨机动船舶。1997年，内河航道普查技术等级评定为八级；是年，便江大坝电站改建后，可常年通行15~50吨的机动船舶。2003年，第二次内河航道普查，技术等级评定为八级。

西河航道　又名湖屯水航道。西河发源于北湖区后鼓山西麓，流经下东溪、清和圩、官溪、招旅、荷叶坪、栖凤渡、湘阴渡，至西河口注入耒水。1989年后，栖凤渡至西河口33千米河道，因闸坝所隔，不能通航；永兴湘阴渡至堡口11千米河道，可常年通航3～5吨的船舶。2003年，第二次内河航道普查，西河技术等级评定为八级。

程江航道　发源于八面山西麓永兴县千冲乡，流经崔家、申明亭、蓼江、高码，至程江口汇入耒水。1995年，蓼市至程江口21千米河段可季节性通航15吨以下船只。2003年，第二次内河航道普查，程江技术等级评定为八级。

（二）春陵水航道

春陵水为湘江上游支流之一，发源于永州市蓝山县，流经郴州嘉禾、桂阳、永州常宁、衡阳衡南等县，在茭河口注入湘江。郴州境内春陵水流域面积3326.5平方千米，河道长158千米，平均坡降0.76‰。春陵水最高水位197.7米，最低水位182.98米；历年最大流量1940立方米/秒，最小流量1.5立方米/秒，年平均流量47.7立方米/秒。1997年6月航道普查，春陵水航道技术现状：源潭坝至飞仙坝和飞仙坝至余田坝，通航和回水里程各为10千米，设计最低通航水位145.4米和135米，航宽均为10～50米，水深大于1米，最小曲度半径80米，常年通行10～30吨机动船，通船保证率为95%。余田坝至七拱桥区间长37千米，航宽3～10米，水深大于0.5米，常年通行5～50吨机动船舶，通船保证率为80%。七拱桥至欧阳海水库大坝区间长53千米，为欧阳海水库死水位，回水里程41千米，航段总库容4.24亿立方米，原险恶的“十八滩”全部淹没在库区中，航行条件得以改善。该段设计最低通航水位130米，水深大于2米，枯水季节航宽80～100米，最小曲度半径250米，可常年通行30吨以内的机动船舶，通航保证率为95%。欧阳海水库大坝至湖溪桥区间3千米，不能通航。2003年，第二次内河航道普查，春陵水技术等级评定为八级航道。

（三）永乐江航道

永乐江又称小江，属湘江水系洣水支流，发源于资兴市太平寨，流经郴州市资兴、永兴、安仁，株洲市攸县，衡阳市衡东等地，在草市注入洣水。该河流经安仁境内27千米，因闸坝阻碍，1989年后，已不能通航。2003年，第二次内河航道普查，技术等级评定为九级。

（四）青山垅水库航道

青山垅水库总库容1.23亿立方米，从永兴县大布江至龙形市形成30千米水库航道，其航宽、水深、曲度半径均可通行50～300吨级船舶，通航保证率为100%。2003年，第二次内河航道普查，该航道技术等级被评定为八级。

（五）武水航道

武水发源于临武县武源乡三峰岭，流经临武、宜章、广东坪石汇入北江，郴州境内98千米。1989年，临武汾市至宜章岑水32千米河道，有4座低水头河坝，无通航设施，造成断航。2003年，第二次内河航道普查，武水航道技术等级评定为八级航道。

二、码头

（一）东江湖区码头

1989年年初，东江湖区已建成白廊、旧市、长楹头等6处码头，至2005年年底，又陆续新建客货码头29处。

东江客货码头 始建于1988年，码头行道长693米，宽7.5米，厚20厘米，最大纵坡9%，为钢筋混凝土结构。起点高程246.91米，顶点高程285米，投资35万元。该码头因离电站大坝太近，场地狭小，不安全因素多，1995年7月，在水口溪出口处重建码头，1996年5月，基础工程完工。1997年，郴州市交通局投资60万元在东江码头建造趸船一艘，是年6月，东江码头竣工投入使用，工程总投资587.7万元，安装麻石阶梯815平方米，硬化客运码头1548.3平方米，可同时停泊客船100余艘。码头和趸船建成后，由资兴市交通局管理使用。2001年12月，资兴市政府决定将东江客货码头和趸船交资兴旅游集团经营。

凉滩客货码头 1998年，汝城县交通局兴建的暖水春龟航运码头，因东江湖区水位不断上涨被淹没。1999年，汝城县交通局择暖水凉滩新建码头，2001年12月竣工，2002年正式投入使用。码头占地2.67万平方米，货运码头引道长200米、宽9米，纵坡9%；客运码头引道长70米、宽7米，均为混凝土阶梯路面；货场占地1000平方米，办公楼建筑面积600平方米，设有商贸区、生活区，另有30吨地磅一座。码头总投资296万元。

湖区其他码头 1990—1995年，东江湖区新建滁口、清江、东坪、长活、林泉、高田、大江、杨林8个客货码头，引道共长780米，投资132.88万元。1996—1999年，新建金腊、林场、送塘、船厂、大芬、水垅和东江大坝港口码头7处，引道总长1120米，投资444.2万元。2000—2002年，新建横坳、丰林、前程、朝光、杭溪、水口、布田、太玉8处码头，引道总长1053米，投资114.86万元。

（二）潘园码头

位于永兴县便江大坝上游，水深16.5米，码头高程103.03米，码头长度280米，货物堆场1000平方米，停车坪600平方米，有16个泊位，停泊能力70吨级。2000年建成，2001年正式投入使用。2002年后，随着便江旅游开发，该码头已成为永兴县繁华的客运码头。

（三）永兴码头

原为便江自然岸坡装卸码头，由永兴县运输公司使用。1991年，按客运码头进行改造，占地

4400平方米，建房一栋，货物堆场和停车坪3000平方米。1992年，竣工投入使用。1994年后，因永兴至耒阳灶市旅客航运中断，该码头变成河砂场，只有短途客船在此停靠。

三、渡口

（一）行人渡口

1989年，郴州地区有行人渡口127处，因生产生活需要，以后又相继增加一些渡口。1991年12月，汝城县暖凉公路竣工通车，暖水乡凉滩渡口自然废弃。1993年6月，桂阳县仁义乡新设江界渡口。1995年，桂阳县飞仙镇源潭村民自筹资金新建石拱桥竣工后，源潭千年古渡口废除。桂阳县樟市乡增设水盘渡口。1998年，宜章县取消梅田镇栗坪渡口、麻田镇泗溪和黄梅村渡口。桂阳县雷坪乡新增林里渡口。2001年，汝城县濠头乡壕头、下河和扶竹洲渡口因建桥梁和电站而废除。2003年，嘉禾县春陵水上新建5座混凝土石肋板复拱桥，原有的荆林、新麻地、癸山、仙江、白石渡口先后废除。2004年，随着东江湖区移民开发和旅游业的崛起，资兴市先后开辟滁口、清江、东坪、长活、林泉、高田、大江、杨林、金腊、送塘、大芬、水垅、黄坳、丰林、前程、朝光、杭溪、水口、布田、太玉20个行人渡口。至年底，又新增东江镇泉水、团结瑶族乡涂坳、香花乡程江、上芬、镜塘，坪石乡沙田、朝光，黄草乡丰林、金腊、坦头、横坳，高码乡曹家、文家、峡口、大塘角15处行人渡口。2005年，资兴市有渡口和渡运点59处，分布在12个乡镇、2个林场、98个行政村，涉及11.5万人口出行，年渡运量131.5万人次。2005年，永兴县碧塘石岩下渡口自然废弃；湘阴渡的油塘和毛家渡口因建公路桥而废除。是年，境内有122处行人渡口，钢质渡船106艘，木质渡船16艘。24处渡口收费，98处渡口为义渡。

（二）汽车渡口

白廊汽车渡口 1989年，资兴市交通局一艘78马力的拖轮在白廊渡口横渡东江湖至旧市的车辆。后资兴市移民办在白廊造船厂新造一艘平板船投入车渡业务。1995年，资兴市造船厂又造一艘渡船参加渡运，导致运力大于运量。1997年12月，东江湖区中竹公路竣工通车。从2001年4月起，白廊渡口停渡。是年12月，资兴市厚玉乡收购白廊渡口所有渡船及其设施，重新开渡。

黄草汽车渡口 1989年，资兴市移民办购置机动拖轮和平板船各一艘，由黄草镇组织、管理在黄草渡口从事车渡，年渡2000台车（次），延续至2005年。

滁口汽车渡口 1990年，资兴市滁口乡正式设渡，有机动拖轮和平板渡船各一艘，年渡600台车次。延续至2005年。

第二节 水路运输

一、水路货运

1989年，境内水路运输有货运船舶449艘2726吨位。资兴、永兴、苏仙、桂阳、汝城等县（市）多为木质小货船，一般只有5马力，载重3～6吨。少量大货船有12马力，载重20～30吨，航速每小时10～20千米。全年完成货运量6万吨166万吨千米。全区只有永兴、安仁县两家国营水路运输企业从事货运，其余均为个体运输经营户。1990—1994年，全区货船数量和载重量下降，但货运量却稳中有升。1995年，全市有货运船舶241艘6802吨位2033千瓦功率。安仁县运输公司将5艘机动货船（60吨位100马力）折价归职工个人所有，公司不再经营水路运输。是年，永兴港口码头完成货物吞吐量20万吨710万吨千米；资兴东江湖区完成货运量45.3万吨1511万吨千米；舂陵水完成货运量22.5万吨135万吨千米；永兴便江货运线完成货运量44万吨3840万吨千米。从是年起，资兴市东江湖木质船逐步改为钢质船，船长20米，船宽3 ~ 3.6米，船深1.1米，动力40~60马力不等，航速20千米/时，载重吨位30吨以上。其间，永兴县便江的钢质货运船舶向大马力大吨位发展，一般配备40马力柴油机作动力，载货吨位达70吨以上。2000年起，桂阳县舂陵水上有挖砂船30艘，运砂船60艘，年产河砂40万吨。永兴县便江货运继续发展大吨位大马力船舶，一般使用6105柴油机作动力，载重吨位均在100吨以上，最大载重达200吨。2005年，境内从事水路货物运输经营户194户，除永兴县航运公司外，其他全为个体户，从业人员678人。全市有货运船舶313艘、7079千瓦、1.8万吨位，拖船5艘、179千瓦。其中个体经营业户有货船293艘、6499千瓦、1.68万吨位和拖船5艘，货船总数量不及1989年，但货船载重量比1989年增加11.46倍。是年，全市完成水路货运量41万吨、货物周转量1.12亿吨千米，分别是1989年的6.8倍和67.3倍。

二、水路客运

1989—2000年，境内除永兴县航运公司为国营水路客运企业外，其余水路客运均由乡镇或个体户经营。1989年，全区有各类客船59艘2094客位，客运量51万人，旅客周转量783万人千米。永兴县航运公司有6艘客船774客位，经营永兴至耒阳灶市航线客运。其间，客运船舶多为木质结构，每只船40座以内，动力15 ~ 20马力，航速每小时15千米以内。1990年，桂阳县舂陵水沿岸11个乡镇，村民造船自发开办5条短途客运航线。1994年，永兴县航运公司将6艘客船出售给耒阳县个体户，经营永兴至耒阳灶市航线客运，境内独此一家国营水路客运企业到此终结。1995年，全市有各类型客船123艘2946客位，完成客运量99万人次、旅客周转量1707万人千米。有“中国生态旅游第一漂”美称的东江浙水漂流开漂，全程28千米，有橡皮游艇40艘，每年5—10月为漂流旺季。东江浙水漂流因其滩多、浪急、落差大、水碧、石怪、鱼奇、有惊无险而闻名。

1998—2001年，随着旅游业的发展，东江湖水路客运异常火爆。1998年，湖区共有游船112艘，航班客船68艘，渡船80艘，当年客运量58万人次。2000—2001年，资兴市东江湖的旅游船由钢质船发展为玻璃钢船体，船舶动力由非环保型向环保型发展，动力燃料由柴油向汽油、液化气发展，旅游快艇的发动机由2冲程改为4冲程舷外机，发动机马力为80~250马力，旅游船航时速由20千米提高到80千米，累计客运量129万人次。2001年12月，为加强个体客运管理，集约经营，提高经济效益，永兴县政府组织交通、航港、旅游、公安等部门，将县内分散的66艘个体客船和15艘旅游船转入县航运公司，产权不变，实行集约委托经营管理。

2002—2003年，资兴、苏仙、汝城、桂阳等县（市、区）水上客运较为活跃。资兴市东江湖水上客运公司成立，公司有普通客船64艘2560客位，高速客船108艘2960客位，旅游客船26艘780客位，当年旅游客运88万人次；是年，苏仙区翠江航运中心成立，有14艘旅游客船420客位，基本满足飞天山风景区客运需要；汝城县有个体经营的机动客船4艘119客位，开通暖水至东坪、黄草、大坝3条航线，年客运量4万人次；桂阳县舂陵水上个体小客船新开5条3~8千米短途客运线，年客运量76万人次。2003年，东江湖新增一批环保旅游船、豪华游艇和快速客船，新增船舶均向舒适、快速、环保发展。25座以上的船舱均安装空调、影视设备和卫生间，大型钢质游轮设置厨房、餐厅和观光顶甲板，淘汰5～7人乘员的非环保型及其他不符合环保要求的客运船舶。

2005年10月，资兴市黄草镇丰林村村民何如意兄弟俩投资30万元，新建丰林渡口候船厅，为郴州市私人投资建造的第一个渡口候船厅。是年，全市通航航道663千米，其中等级航道349千米，主要分布在资兴市、苏仙区、永兴县、桂阳县、汝城县。全年完成水路客运154万人次，旅客周转量3957万人千米。

1989—2005年郴州市（地区）水路运输统计表

表20-3-2-1

年份	运输业户		货船		货运		客船		客运	
	户	从业人员（人）	艘	载重吨	万吨	万吨千米	艘	载客位（个）	万人次	万人千米
1989	—	—	499	2726	6.0	166.0	59	2094	51.0	783.0
1990	—	—	98	1964	6.3	212.3	56	1994	46.5	718.3
1991	—	—	87	1745	9.3	108.0	56	1960	41.0	636.0
1992	—	—	87	1745	39.0	384.0	56	960	40.2	576.0
1993	—	—	118	2374	123.0	1365.0	58	1975	64.0	948.0
1994	330	867	263	7742	201.0	3776.0	120	2871	101.0	143.0
1995	370	952	241	6802	197.0	6061.0	123	2946	99.0	1707.0
1996	439	913	175	3905	157.0	4629.0	167	4065	113.0	1927.0
1997	468	1178	305	3906	170.0	5740.0	167	3855	127.0	2023.0
1998	438	1242	229	4336	97.0	2813.0	223	5762	83.0	1157.0
1999	538	1405	233	6020	109.0	3161.0	230	5296	123.0	1715.0
2000	464	1131	252	6073	123.0	3581.0	229	6952	130.0	1823.0
2001	490	1382	258	6580	39.0	2613.0	232	7647	82.0	1146.0
2002	597	1586	381	14555	49.0	3795.0	298	8887	148.0	2250.0
2003	286	1134	—	—	35.0	3150.0	—	—	160.0	4169.0
2004	318	1442	263	7959	46.0	6497	339	10356	209.0	5968.0
2005	539	1774	313	17952	41.0	11173.0	339	10356	154.0	3957.0

第三节　水路管理

一、管理机构

1989—1994年，境内水路管理机构有郴州地区交通局归口管理的郴州地区港航监督所、郴州地区船舶检验所和郴州地区航道养护管理站，分别承担港航监督、船舶检验、航道养护、水上安全、规费征收等管理职责。水路运输管理由郴州地区交通运输管理处负责。1995年，郴州地区航道养护管理站更名为郴州市航道管理站，核定事业编制6名；郴州市港航监督处、市船舶检验处，核定事业编制16名，分别负责市内航道管理、港航监督、船舶检验、规费征收等工作。郴州市交通运输管理处负责水路运输行业管理。1999年8月，市交通局将市航道管理站并入港航监督处和船舶检验处，对内称“航务处”，对外保留3个机构的名称。2002年，郴州市航务处（郴州市港航监督处、船舶检验处）一个机构、两块牌子，为正科级事业单位，核定事业编制18名，差额拨款14名，自收自支4名；核定郴州市航道管理站（正科级事业单位）事业编制9名，其中差额拨款7名，自收自支2名。是年，两处一站实有32人，其中处机关8人、资兴站4人、永兴站2人、桂阳站2人、苏仙站12人、汝城站5人（桂阳、苏仙、汝城三站人员不在市处编制内）。

2005年4月，市编委根据省编委《关于湖南省水上安全监督管理体制改革有关问题的意见》，下达《关于组建郴州市、县市区地方海事机构的通知》，将市港航监督处、市船舶检验处和市航道管理站合并组建郴州市地方海事局，副处级事业单位，主要负责全市水上交通安全监督、船舶检验、航道养护、水上运输、船舶修造、港口行政管理和水上交通规费征收等工作。资兴、永兴、苏仙、桂阳、汝城5个县（市、区）设地方海事处，其中资兴市、永兴县地方海事处是郴州市地方海事局直属正科级事业单位，其余为当地交通局管理的事业单位。

二、船舶检验

从1989年起，省船检部门负责载货40吨以上和大型客船的审图、制造检验。郴州船舶检验处负责本辖区营运船舶和小机挂桨及民间渡口船舶检验工作。永兴县港航监督所在塘门口码头设立签证点，坚持船舶进出港口签证手续。境内其他水域港口码头未实行船舶进出港签证制度。

1992年2月，国务院颁布《中华人民共和国船舶和海上设施检验条例》后，郴州船舶检验机构逐步加大船舶检验力度，改进检验手段，建立健全船舶档案，实行船舶检验标准化、管理规范化。2000年，市港航监督处坚持“谁检查，谁负责”制度，对不符合技术标准的船舶不发证、不放行，对技术状况严重老化的船舶强制报废。是年，资兴东江湖60艘漂流艇通过检验合格后发给证书。2001年，全市共检验各类船舶1867艘次。2002年，市港航监督部门建立船检人员错检责任追究制，推行“不准不检验就发证、不准改变检验种类、不准放宽检验标准、不准数据失实”的“四不准”规定，并成立检测考核小组，通过考核对违反规定者视情节轻重给予行政处分直至追究刑事责任。是年，全市检验船舶754艘次，其中建造检验7艘，营运检验747艘，下达整改意见书29份，确保船舶安全航行的技术性能。2005年，全市完成营运船舶检验登记717艘2.75万吨位、2.34万功率、1.14万客位，营运船舶检验率100%。

三、港航监管

（一）水上安全宣传教育

1993年5月至7月，郴州地区交通局、港航监督部门联合资兴市政府在东江湖开展水上交通畅安工程宣传教育活动，发放宣传资料5000份，张贴标语100张，广播宣传55次，召开各种会议45次，直接受教育人数上万人次。1995—1996年，郴州市政府和资兴市政府以及市交通主管部门联合开展水上船舶安全大检查、水上安全专项整顿和春运检查等一系列活动，向船员和乘客宣传水上交通安全有关法律、法规，进行水上交通安全教育。东江湖区交通安全宣传教育工作富有成效，资兴市副市长熊奇能应邀出席1996年11月在杭州召开的全国水上安全会议，并作典型发言。1997—2002年，为提高港航人员的安全生产意识和安全生产技能，市港航监管部门举办各类学习班教育培训港航人员。2002年，全市培训漂流艇操作工198人、各类船员288人、快艇驾驶员52人、船长23人、轮机长28人。2003年6月，全国“安全生产月”活动期间，市交通局组织水上执法人员在郴州城区和东江大坝开展《中华人民共和国安全生产法》、国务院《内河安全管理条例》宣传咨询活动，发放单行本1000册，各县（市、区）悬挂宣传横幅26条。2005年11月，市交通局制定下发《郴州市实施水上交通安全宣传“四进”工作方案》，要求水上交通安全宣传进企业、进学校、进农村、进船户。

（二）水上安全监管

1989—1994年，郴州地区各级政府和交通主管部门继续贯彻国务院《关于加强内河乡镇运输船舶安全管理的通知》，大力开展水上交通安全和乡（镇）船舶大检查，严把“五关”，即把好现场监督关，严厉打击船舶违章行为；把好船舶检验关，确保安全航行；把好船员培训关，提高安全意识，做到文明驾驶；把好船舶修造关，整顿关闭非法船舶修造厂点；把好安全责任落实关，理顺乡镇船舶管理体制。并在每年5月开展“安全周”“反三违月”活动。

1995年2月春运期间，资兴市东江湖区域清江乡发生特大恶性翻船事故，死亡16人，其中学生15人。事故发生后，郴州地区、资兴市领导第一时间赶赴现场做好善后工作。各级政府和交通管理部门吸取资兴市翻船事故的惨痛教训，加大安全监管力度，加大经费投人，添置学生专用渡船，建立监管机构和监管网络，加强水上运管安全监管。1996年，资兴市解决民桥民渡经费16万元，设立乡镇船舶管理站；投资72万元，新建6艘学生专用钢质渡船，并配齐救生器具；建立安全网络，把乡、村、学校、船员、船员家属及学生家长、教师纳入安全管理网络，形成群抓群管体系。各乡（镇）政府专门为船管站解决办公场所，资兴滁口镇投入40万元建立全市第一个水上安全指挥中心。是年，永兴、苏仙、桂阳、宜章、嘉禾、汝城、安仁等县（市、区）对老旧船舶进行更新改造，杜绝船舶带“病”行驶。1998年，全市开展渡口渡船清理整顿，认定合格渡口117个、渡船102艘，核发107个义渡渡运证，撤销7个不合格渡口。1999年，全市出动水上检查人员240人次，检查船舶310艘次，查处无牌、无证、无救生设备等违章船只45艘。是年8月13日，永兴县塘门口新湾村坳上组船主曹某驾驶核定载客18人的木质客船冒着大雨开船，在将要停靠水口码头时，因螺旋桨故障无法靠岸被洪水冲至下游与河边大树相撞，船主与乘客15人全部落水，死亡8人。事发后，永兴县有关部门领导第一时间赶到现场处理事故和做好善后工作。2002年春运前，郴州港航监督处组织执法人员学习水上安全管理法规，把好春运市场准入关。郴州交通部门出动船艇197艘次，检查船舶895艘、码头56处、船舶修造厂（点）9处，纠正违章150次，滞留船舶30艘次，取缔非法造船厂4家，查处非法载客船12艘。2003年6月，市交通局和市安全监督局联合发出《关于认真做好乡镇船舶安全管理工作的紧急通知》，全市开展水上交通安全专项整治活动。7月，资兴市白廊乡政府制定《农用船舶管理办法》，为郴州市乡镇制定的第一个船舶管理规范性文件。2004年9—11月，市交通局、市港航监督处对全市110处渡口、99艘船舶开展清理整顿工作，责令6艘证照不齐的渡船限期整改，并依法取缔资兴市香花、程江口3处不合格渡口。

2005年4月，郴州市交通局发出《关于继续开展渡口渡船清理整顿活动的通知》。桂阳县交通局检查渡口25处、船舶80艘，发出整改通知书14份、纠正违章20起；永兴县交通局检查35

艘船舶，查处安全隐患 22 处。全市交通和地方海事部门组织行政执法人员 810 人次，出动车船 320 台航次，检查渡口 99 处、渡船 99 艘，查处 3 处不规范渡口和 2 艘证照不齐的渡船，查处安全隐患 34 起，发出整改通知书 22 份。

郴州市志（1989—2005）

第二十一篇

邮政·通信

邮政、通信是推进经济社会发展的重要保障。1989—2005年，郴州始终坚持邮政、通信重点发展，加强改革改制、创新事业发展水平，有力地促进了郴州经济社会的稳步健康发展。

1989年后，随着科技水平的不断提高，现代邮政网络逐步取代传统邮政业务。邮政实物运递网、计算机综合信息网和邮政金融网络“三网”合流，以其便捷的实物递送功能、迅达的信息传递功能和安全可靠的资金收付功能，推进邮政事业现代化建设。2005年，全市邮路总长4260千米，邮政局所213处，邮政储蓄网点138处，信筒信箱528处，通邮网点210个，邮政业务收入1.59亿元，比1997年增长1倍，比2000年增长1.13倍。

1989—2005年，从传统电话到程控电话，从程控电话到无线寻呼和移动电话，再到数字传输网、无线寻呼网、移动电话网、语音信息网、数字通信网、可视电话会议网和互联网宽带城域网等“信息高速公路”的建成，通信手段日趋现代化。2005年，全市有长途电话交换机容量1.68万路端，局用电话交换机容量85.3万门，用户交换机容量6.8万门。固定电话用户74.67万户，基础数据业务用户端口124.16万户，ASDL端口（即集线器、交换机、路由器用于连接其他网络设备的接口）4.33万个，无线电话基站2653个，信道1.33万个。全市“乡乡通电话”，94%的行政村通电话，90%的乡镇开通了宽带上网业务；全市移动电话交换机容量116万户，移动机站1074个；移动电话年末用户91.13万户，国际互联网用户8.05万户；拥有4.12万条通信信道，通信设备容量108万门，移动网络覆盖全市城镇和95%的行政村。

第一章　邮　政

20世纪80年代，郴州地区邮电局管理全区11个县（市）邮政通信工作。1991—1994年，地区邮电局投资900余万元，自办邮路，大客户段投递改为汽车投递；邮政营业网点部分实现微机管理；报刊发行、邮件挂号抄登全部实现微机处理。

1995年5月，郴州撤地设市，湖南省邮电管理局批复撤销郴州地区邮电局，设立郴州市邮电局，撤销郴县邮电局，设立郴州市郊区邮电局，其隶属关系、企业性质、职权范围、经营体制不变。

1998年，实行邮政电信分营，9月，辖内10个县（市、区）邮政局相继挂牌。10月，市邮政局和市电信局正式挂牌成立。市邮政局管理全市11个县（市、区）邮政通信工作。全市邮政系统固定资产1.02亿元，流动资产8655万元，无形资产1427万元，企业亏损3534万元，负债7684万元。11个县级邮政局办公、生产场地简陋，邮政通信能力受到制约。

1999—2001年，湖南省邮电管理局实施“323”计划，即到2001年年底，建成邮政实物运递网、邮政综合业务网和邮政金融业务网三大网络；在邮政通信服务时限上实现省际、市际主要收投点之间快递邮件，省、市党报当日收寄次日投递，郴州市邮政局提出力争三年实现邮政扭亏为盈科技兴邮战略，开始郴州邮政第二次创业。2001年，全市邮政累计完成固定资产投资9418万元，用于邮政生产能力“三网”建设取得初步成效，通信能力和科技水平大大提高，企业经济效益大幅上升，三年业务收入平均递增25%，实现利润305.7万元，职工人均收益增长3000元。企业整体实力由全省第9位上升到第4位，邮件时限规格位于全省第一，服务满意度居全省第二，进入全省邮政先进企业行列。

2005年10月，位于五岭广场的郴州市邮政办公大楼竣工，办公设施、营业条件基本实现电脑信息化。年末，全市邮政系统有固定资产1.57亿元，其中房屋、建筑物1.09亿元，机器设备2563.9万元，运输工具970.8万元；有流动资产4163万元，无形资产1436.5万元，资产总值2.13亿元，负债1.02亿元。

第一节　邮路（网）

一、实物运递网

（一）省内干线汽车邮路

1989年11月，衡阳—郴州自办汽车邮路停开。1990年4月，长沙—郴州汽车邮路停开。邮件全部改由火车带运。1993年4月，长（沙）—郴（州）汽车邮路恢复，每日对开，单程365千米。

1999年，衡（阳）—郴（州）汽车邮路恢复，每日运行，全程往返340千米。2002年1月，衡（阳）—郴（州）临时邮路调整为逐日班正式邮路。2002年6月以后，长（沙）—郴（州）邮路调整为每日往返邮路，全程730千米。2004年7月，衡（阳）—郴（州）邮路沿途设停靠点6个。

（二）区内干线汽车邮路

1989年，自办汽车干线邮路2条：一条是郴州—桂阳—嘉禾—兰山—宁远—道县邮路，全程462千米，次日从道县返回，往返停靠18个点；一条是郴州—宜章—汝城—桂东—资兴—郴州邮路，全程405千米，去程停靠13个点，次日从桂东返回，停靠5个点。委办（委托郴州地区运输公司）汽车邮路6条，即郴州—临武，108千米；郴州—永兴，55千米；郴州—新田，111千米；郴州—资兴，59千米；宜章—郴州，51千米；桂东—汝城80千米。1990年4月，委办汽车邮路调整为3条：郴州—临武，郴州—永兴，郴州—新田。1991年4月，自办汽车干线邮路增加郴州—资兴—安仁—永兴—郴州邮路，全程326千米，当日往返，去程停靠11个点，回程停靠9个点。同时，撤销郴州—零陵地区所辖蓝山、宁远、道县的省内邮路。撤销郴州—临武、郴州—永兴、郴州—新田委办汽车邮路。2001年1月，郊区邮政局合并到市邮政局，新开郴州—五里牌自办汽车干线邮路，沿途停靠6个点，负责原郊区邮政分局至各支局、所的邮件运送。郴州—汝城邮路返程增加坳上和石盖塘交接点。2003年12月，调整恢复郴州—资兴—桂东邮路，全程340千米，当日返回，去程停5个点，回程停靠6个点。撤销桂东—汝城的区内干线邮路。郴州—五里牌调整为环行邮路延伸至东坡，沿途停靠10个点。郴州—临武邮路调整为郴州—桂阳—嘉禾—临武—桂阳—郴州邮路，全程258千米，当日返回，沿途停靠18个点。2004年8月，新开郴州—资兴、郴州—永兴、郴州—宜章、郴州—桂阳、郴州—嘉禾委办（委托郴汽集团）汽车快递邮路。

2005年，境内自办汽车干线邮路5条，总里程1422千米，即郴州—临武全程256千米，停靠12个点；郴州—汝城全程347千米，停靠16个点；郴州—桂东全程340千米，停靠13个点；郴州—安仁全程276千米，停靠12个点；郴州—五里牌全程203千米，停靠11个点。委办汽车邮路5条，总里程247千米，即郴州—桂阳全程30千米；郴州—永兴全程50千米；郴州—宜章全程51千米；郴州—资兴全程36千米；郴州—嘉禾全程80千米。

（三）县（市）办汽车邮路

1991年，资兴市邮电局在郴州地区率先开通农村自办汽车邮路。1993年，桂阳、宜章、嘉禾、临武、安仁等县邮电局购置邮运车辆8台实现自办邮路。1994年4月，永兴县邮电局开通至马田自办邮路，全程217千米。1995年1月，各县（市）邮电局全部开通自办汽车邮路，与区内干线邮路相互衔接，形成邮运网络。1997年10月，县（市、区）以内邮件全部实现自运。1999年4月，随着郴州邮区中心局体制变化，各县（市）、郊区邮政局除市局的自办汽车干线邮路沿途部分局的邮件由市局邮车承运外，其余支局（所）由各县（市）邮政局、郊区邮政局根据湖南省邮政局的要求，自办或委办邮路，实现快递邮件省会至郴州市局和市局至各主要收投点之间次日投递，省、市党报省至市当日投递和省至县内各主要单位次日投递。2002年，临武、桂阳邮政局和郊区邮政分局等部分支局（所）能耗较大的自办邮路改委办邮路。2005年，各县（市）邮政局自办接力邮路15条，总里程1484千米；委办邮路60条，总里程2165千米。

1989—2005 年郴州市（地区）邮路情况统计表

表 21-1-1-1

年份	邮路总数（条）	邮路总长度（千米）	其中：二级邮路（条）	邮路长度（千米）	市内邮路（千米）	邮路长度（千米）	摩托车邮路（千米）	自行车邮路（千米）	步班邮路（千米）	农村邮路（条）	邮路长度（千米）	摩托车邮路（千米）	自行车邮路（千米）	步班邮路（千米）	机动船邮路（千米）	城市投递段道（条）	农村投递路线（条、千米）	其中：摩托车投递（千米）	自行车投递（千米）	步班投递（千米）
1989	163	5286	9	1156	13	34	9	10	1	141	4096	103	307	82	2 条/80	45	16592		10573	5963
1990	157	5070	9	1156	13	39	9	10	1	135	3875	103	307	75	2 条/80	45	16641	56	10637	5948
1991	125	4237	4	870	25	279	9	247	1	96	3088	93	118	69	2 条/79	63	702 条/17305	56	11986	5263
1992	124	4058	5	748	24	276	8	247	1	95	3034	90	118	71	2 条/79	66	700 条/17202	56	12012	5134
1993	108	3937	5	753	10	36	1 条/2	4 条/9	—	93	3148	7 条/146	6 条/131	6 条/65	2 条/79	69	693 条/17567	—	12725	4843
1994		3889	4	839	自办汽车邮路 2455 千米，委办汽车邮路 966 千米，其他邮路 468 千米											—	17753	—	—	—
1995	94	4006	4	854	自办汽车邮路 2500 千米，委办汽车邮路 1181 千米，机动船邮路 79 千米，其他邮路 246 千米											—	17475	—	—	—
1996	83	3688	4	823	自办汽车邮路 2405 千米，委办汽车邮路 958 千米，机动船邮路 79 千米，其他邮路 247 千米											—	17475	—	—	—
1997	85	3754	4	700	自办汽车邮路 2256 千米，委办汽车邮路 1247 千米，机动船邮路 79 千米，其他邮路 172 千米											—	17513	—	—	—
1998	85	3892	4	823	自办汽车邮路 27 条 2422 千米，委办汽车邮路 37 条 1251 千米，机动船邮路 79 千米，其他邮路 4 条 140 千米											—	17492	—	—	—
1999	70	3553	5	663	自办汽车邮路 27 条 2255 千米，委办汽车邮路 37 条 1181 千米，水路邮路 79 千米，其他邮路 4 条 38 千米											—	16502	—	450 条/12638	134 条/2915
2000	79	3606	4	789	自办汽车邮路 2359 千米，委办汽车邮路 1160 千米，机动船邮路 79 千米，其他邮路 38 千米											94	16502	—	—	—
2001	62	3649	4	1296	自办汽车邮路 21 条 2290 千米，委办汽车邮路 43 条 1237 千米，机动船邮路 1 条 62 千米，其他邮路 1 条 60 千米											99	16712	—	—	—
2002	62	3799	4	1296	自办汽车邮路 19 条 2517 千米，委办汽车邮路 42 条 1220 千米，机动船邮路 1 条 62 千米											145	16712	—	—	—
2003	64	3778	6	1275	自办汽车邮路 21 条 2496 千米，委办汽车邮路 42 条 1220 千米，机动船邮路 1 条 62 千米											132	17719	—	—	—
2004	63	3628	5	1125	自办汽车邮路 20 条 2346 千米，委办汽车邮路 42 条 1220 千米，机动船邮路 1 条 62 千米											152	18048	—	—	—
2005	69	4260	5	1422	自办汽车邮路 20 条 2643 千米，委办汽车邮路 48 条 1555 千米，机动船邮路 1 条 62 千米											133 条/2444	545 条/15757	—	476 条/13885	69 条/1874

说明：自办汽车邮路千米数含二级邮路千米数；
委办邮路是邮政自办运能不足的情况下，予以辅助的一种运邮方式

（四）铁道邮路

1989 年，郴州地区邮电局有派押（派 1 名职工押运邮件）二级干线郴州—三都火车邮路 1 条，全程 46 千米，承担沿途各支局（所）的邮件运输任务。1991 年 4 月，停止该邮路。

（五）水上邮路

1986年8月，东江大坝关闸蓄水，资兴市兴宁镇通往旧市、清江、龙溪、滁口、黄草、东坪等乡镇陆路邮路被水淹没后，开辟水上邮路1条，即白廊—旧市—水垅（龙溪）—清江—滁口—黄草，班期为每周七班。资兴市邮电局派一名职工押运邮件搭乘资兴市移民办的客运船执行邮件运送任务。1987年4月，调整为两条水上邮路：即白廊—水垅—旧市—清江邮路，班期为每周二、四、六；白廊—滁口—黄草邮路，班期为每周一、三、五、日。1989—1991年，资兴市邮电局邮件分拣封发中心两度搬迁，水路邮件仍从兴宁支局转至白廊。2000年5月，取消白廊—水垅—清江水上邮路，保留白廊—旧市和白廊—滁口—黄草的水上邮路。8月，郴州市第一艘标识为“中国邮政”的邮船在资兴市东江大坝码头下水营运。2002年6月起，白廊—滁口—黄草邮路改为大坝—滁口—黄草邮路，共62千米，班期为每周六班。

（六）自行车、摩托车邮路

1989—2005年，自行车、摩托车取代步行邮路成为全区城乡投递末端的交通工具，除高山区仍为步班（绝大多数为代办步班邮路）外，基本实现自行车和摩托车投递。

（七）邮件转运

郴州地区邮政中心局是邮件转运接发和邮政实物运递运行的核心。1989年，日接发火车邮件10趟。1990年4月，境内有转趟邮路1条，日运行134千米，日接发火车邮件12趟。10月，进出转口平挂信函实行按邮政编码分拣，承担全区11个县（市）和零陵地区3个县邮件经转业务，有邮运汽车18辆，其中站台牵引车4辆。日均邮件转运量4800袋/捆，日均给据邮件（含快件）分拣封发量8500件，日均普通函件分拣封发量4.48万件，日均包裹分拣封发量350件。1991年4月，取消零陵地区所属蓝山、宁远、道县的邮件经转业务。9月，地区邮局出口国际特快专递邮件按《国际专递邮件发运计划》直接向互换局封发，未开通国际特快专递业务的特快邮件均按安邦快件收寄，发长沙市邮政局国际台经转。1992年12月，地区邮件处理中心实现给据邮件微机抄登自动化，转运班实现微机制路单。1994年，邮件处理全部实现微机扫描抄登。同年，地区邮电局投资410万元，对地区邮件处理中心进行技术改造。

1996年7月，郴州市邮件处理中心枢纽建成投产，主要设备有包刷分拣机1套（2002年4月停用）、信函分拣机1套、推式悬挂输送机1套（2004年7月停用）及内部传送设备。生产场地3586平方米，实现机械化分拣和微机操作处理，提高了邮件处理速度和准确率。1998年5月，国家邮政局确定郴州市邮电局为三级中心局，邮区范围包括郴州市11个县（市、区）。市内转趟邮路1条，每日3趟，日运行35千米。自3月始，改国内特快专递由开办局直封出口为集中到中心局封发。4月，中心局体制在资兴市邮政局试运行，快递邮件和重点党报实行次日投递。同月，中心局体制在全市铺开，实现快递邮件省会至市邮政局各主要收投点之间次日投递，省市党报省至市当日投递和省至县内各主要单位次日投递，加快了邮件投递速度。

2001年，郴州邮政业务实行挂函分拣、包裹抄登、报刊分发等出口清单的光盘存盘和档案无纸化管理，邮件处理由传统方式向“三状化”（信函状、包状、扁平状）过渡，实行包裹、挂刷混封。是年，共接发火车5049趟（次）、汽车5367趟（次），接发邮件254.04万袋/捆，分拣处理特快邮件23.48万件，普挂邮件176.96万件，普通函件4680万件，包裹邮件19.45万件。2002年7月，市内普邮、特快转趟业务全部划归投递公司，结合社区邮路组成综合性邮路。自2003年9月始，对平信、挂信、平刷、挂刷和普包5种普通邮件出口封发由原来直封改为发往长沙、怀化和衡阳中转，到郴州的进口邮件由衡阳直封到省内干线邮路上的支局（所）外，其他邮件由郴州处理经转。

中心局负责本埠、区内、省内互寄邮件的处理经转。是年，推行邮政“生产作业标准化”，信函状邮件上机率和包状邮件上机率分别提高到60%和95%。2004年3月，为提高邮政报刊投递速度，实行邮路与报刊投递点调整相结合，市内转趟邮路调整为3条，每日10趟85个停靠点（次）。7月，投资580余万元、建成建筑面积5000平方米的新“中心”，新组建火车站至开发区局站邮路一条，每日运行13趟，日运行286千米。7月，中心局建成生产作业系统和邮运指挥调度系统工程，实现管理、发运、生产、交接全程信息化操作，总包邮件处理条码化。

2005年，郴州市邮电局年接发火车5840趟次，汽车5110趟次、处理各类总包邮件196万袋/捆、各类信函370万件、各类包裹3.7万件，分发报纸2600万份、杂志184万份，处理、投递机要邮件4.46万件。设有市内普通邮件格口163个，特快邮件直封格口167个，邮件直封151个乡（镇）、8个厂（矿）、4个校园（社区），其他乡（镇）邮件按就近原则由所处中心支局（所）负责经转。

（八）邮政投递

邮政投递是邮件到达用户手中的最后一段邮路。1990年，郴州城区共设27个投递段，其中2个摩托车大户段、17个城市段、8个郊区段、125个信筒（箱）。农村投递路线里程231千米。1993年8月，地区邮政投递服务公司成立，依法经营郴州地区邮电局允许代办的邮政业务。邮政投递服务公司除代收订和代送报纸杂志、各类邮件及报刊零售业务外，还开拓了新的服务项目：代送广告、请柬、鲜花和礼品，代购邮票，代寄包裹、信函，代农户存取款以及受理其他家政服务等。1999年，实施“信箱入户，户户通邮”工程，全市安装信报箱9736个，市邮政投递段由25个增加到30个。

2000年，邮件传递时限实行“1235”目标管理。“1”即郴州市城区党报当日投递，城区及周边县（市）特快邮件当日出口；“2”即县（市）城区和乡镇党报第二天投递，市内互寄的特快邮件二日内投递；“3”即市区内平挂信函第三日投递；“5”即县城和农村主要投递段不低于周五班，并紧密衔接邮运频次。7月，对高考录取通知书直投到户。10月始，各县（市）邮政局对城区范围包裹实行按址投递到户。2001年，包裹及快包妥投率100%，账单邮件妥投率98%，对已交信箱款单位和个人邮件、报刊做到100%妥投到户。当年投递大专院校特快录取通知书2361件，妥投率100%。2002年4月，全面推行邮政投递“三进”工作（即进机关、进厂矿、进居民住宅区）。7月，实行邮政投递社区化服务改革，原30个投递段5800个投递点和一个投递班划分为56个邮政投递社区服务站、4个大户段。9月，全市村邮站2162个，实现邮件报刊直投到户。2003年1月，市邮政局56个邮政投递社区服务站合并，成立火车站、统一合众市场、南塔岭三个社区服务中心，便于邮件分拣和业务查询。

2005年，全市设邮政信报箱（群）37处、信报箱格口3.04万个，邮政妥投点1.7万个（其中直投1.55万个），与用户签订妥投协议1502个。有投递段道678条，总里程1.82万千米，其中城投段道133条，里程2444千米；乡、镇投段道545条，里程1.58万千米。全市有自行车段道609条，步班段道69条，投递人员682人，行政村通邮率100%。

二、综合计算机信息网

1998年9月，国家邮政局启动邮政综合计算机信息网建设。1999年1月，郴州市邮政局成立邮政综合计算机信息网工程领导小组。5月，“一台清”创发版本升级，所有台席均能接受和处理用户交办的邮政业务。6月，市城区所有营业网点（含邮政储蓄）全面开办相关邮政业务。自9月始，先后投资400万元建设邮政综合计算机信息平台，投资122.18万元建设邮政“185”客户服务系统。

2001年，郴州启动电子化支局系统（新纪元版本），先后开通报刊发行、电子邮政“185”电话接入平台、特快专递跟踪查询、电子汇兑业务等。8月，直递邮件配送及车辆调度信息管理系统上线运行。在全省率先建成覆盖全市连接全国的邮政综合计算机信息网，邮政业务从过去单一的实物运递网向集信息传递、物品投送和资金流通三项功能为一体的综合业务方向发展，传统邮政向现代化邮政发展迈出实质性一步。2002年，郴州特快专递邮件跟踪查询系统并入省网，郴州“185”与全省“185”系统联网。邮政中间业务（代字号业务）平台开通。9月，完成邮政综合计算机信息网市、县（市、区）联网工程。2003年8月，开通市、县（市、区）邮政局电视电话会议直播系统，实现从中央、省到市、县两级邮政局电视电话会议互联互通。2004年4月，郴州完成综合网速递子系统工程改造。5月，郴州邮政电子化支局工程升级。10月，邮政邮资票品管理系统上线运行，实现全国、省、市销售一体化联网。同月，全省电子化支局系统710个网点全面启用，除办理现行各业邮政业务外，亦可对营业窗口所收寄的国际特快邮件、国际航空包裹等收寄信息适时上网发送。是年，邮政机要通信生产管理系统上线运行。2005年8月，郴州速递分公司速递邮件查验平台应用系统正式运行。11月，电子化支局系统（国家邮政局版本）实现全省、全国联网。郴州邮政配合省局完成省、市、县三级邮政物流信息系统工程。是年，全市邮政综合计算机信息网络有服务器8台、网络交换机8台、网络路由器10台，建成电子化支局（所）106个。

三、金融计算机网

1986年8月，郴州城区邮政储蓄首个网点在国庆北路综合营业厅开办。1987年，全区邮政储蓄网点增加到20处。1992年8月，郴州地区邮电局和郴县（苏仙区）邮电局在全区率先使用邮政储蓄会计电算化微机系统处理业务。1993年1月，郴州城区人民东路邮政储蓄网点率先在全区应用计算机处理柜台存取款业务。宜章、桂阳县邮电局各有一个网点。同年3—9月，地区邮电局投资36万元，在地区和各县（市）邮电局分别实现邮政储蓄事后监督操作程序自动化，是全省第一个实现此项程序自动化地区。1994年2月，地区邮电局研发出邮政储蓄前台处理系统（单机版），在全区微机网点投入使用。1996年4月，市邮电局投资2642万元，实施邮政储蓄绿卡一期工程，工程包括郴州邮政储蓄交易中心、清算中心及相关业务终端。1997年年底，全市开通邮政储蓄网点188处，开办邮政储蓄业务的乡镇130个，占乡镇总数的51.8%。1999年，郴州邮政储蓄作为全省试点单位联入长沙邮政储蓄绿卡交易中心。2000年3月，10个县（市、区）投资1200万元实施绿卡二期工程建设，除汝城、桂东、郊区三县（区）外的106处邮政储蓄网点在全省率先汇入全国邮政绿卡网，实现全省、全国联网网点通存通兑。2001年，市郊区、桂东和汝城县44处邮政储蓄网点移入全国大网，建成覆盖全市连接全国的金融绿卡网，全市联网网点152处。2002年10月，郴州邮政“绿卡”并入“银联”系统运行。2005年4月，境内省、市、县邮政保险代理系统开通运行。年末，全市邮政储蓄网点154处，其中城市71处、农村83处；自动柜员机12台，邮政储蓄计算机网络服务器16台，网络交换机12台，网络路由器10台。

第二节 邮政业务

一、函 件

函件业务主要包括各类信函、明信片、印刷品、盲人读物、商业信函、邮送广告等。1988年3月，湖南省恢复办理国际快递函件业务，其资费在正常收取各项函件资费外，按每件收取快递费0.8元收取。4月，开办区内各县（市）快件互寄业务。5月，开办全国县城以上邮政快件业务。1989年4月，交寄邮政快件启用标准信封。7月，启用国际信函标准信封。1991年12月，中国邮政（有奖）明信片首次发行，至1992年2月，全区共销售（有奖）明信片62万张。1993年7月后，全区邮政收寄给据函件一律使用“条形码标签”。1997年2月，郴州开办回音卡业务（即用户在收到给据邮件时使用回音卡回复寄件人的明信片业务）。1998年7月，停办国内邮政快件业务。2000年1月，国内邮件回执业务扩大到个人交寄的给据邮件。9—12月，开办企业金卡明信卡业务，有25户企业印刷企业卡23万枚。2001年6月，全市发行“2008奥运会举办城市“中国电信杯”郴州有奖竞猜邮资明信片”30万枚，首次利用自己的品牌开发商函业务。是年9月，发行宣传“郴州风光邮资信封”1套8枚。2002—2003年，先后开发苏仙岭、万华岩和王仙岭风景名胜区邮资明信片。2004年9月，开发宜章莽山国家森林公园旅游景点明信片2万枚。2005年12月，发行以郴州福文化为主题的“福城祝福大拜年”拜年卡。

1989—2005年郴州市（地区）邮政函件业务量、业务收入统计表

表21-1-2-1

年份	国内函件		国际及港澳台函件		邮政快件	
	业务量（件）	业务收入（元）	业务量（件）	业务收入（元）	业务量（件）	业务收入（元）
1989	10775515	899953	43960	7855	1130807	625857
1990	8866980	1007393	56047	31359	1603781	101383
1991	8627992	1590021	67189	37573	1649000	1327373
1992	10118794	1928036	55682	17725	1743857	1480503
1993	11921106	2196785	74632	43275	1700357	1677001
1994	18185465	4264689	78624	14484	1984355	2062245
1995	21671534	6766581	77944	39963	2374809	2587246
1996	22497026	9215199	46070	74231	2004096	2335148
1997	22288871	13535160	39988	111877	1888555	4536244
1998	20498639	19831584	30694	178553	601890	2867150
1999	22996032	15342815	29631	164550	—	—
2000	19365130	15519005	21460	138716	—	—
2001	13576798	20509290	15422	45182	—	—

表 21-1-2-1

年份	国内函件		国际及港澳台函件		邮政快件	
	业务量（件）	业务收入（元）	业务量（件）	业务收入（元）	业务量（件）	业务收入（元）
2002	19992630	7565420	15591	123609	—	—
2003	23247455	7900187	12550	96724	—	—
2004	7630725	4804121	11185	22750	—	—
2005	4719910	3680679	6299	29512	—	—

二、包 件

包件业务与函件业务同时开办。包件业务分为民用包件和商品包件两种。1990 年 7 月，包裹又分为民用包裹、商品包裹和纸质包裹，取消快递小包、用户专用袋包裹、附寄回执、代收货价等业务。1992 年 7 月，开办中国台湾地区包裹快件业务。1993 年 7 月，纸质包裹业务按印刷品处理。2001 年 8 月，开办国内快递包裹业务，形成普通包裹、快递包裹、特快专递包裹寄递体系。包裹均按给据邮件处理，可作航空寄递、保价和存局候领办理。由于铁路、公路等运输部门包件业务的发展，邮政包件业务从 2004 年开始呈下降趋势。

1989—2005 年郴州市（地区）邮政包件业务量、业务收入统计表

表 21-1-2-2

年份	国内包件		国际及港澳台包件	
	业务量（件）	业务收入（元）	业务量（件）	业务收入（元）
1989	169138	525848	25	834
1990	156197	565134	38	2359
1991	128100	552933	50	3227
1992	138817	568177	67	6914
1993	192015	664042	61	5375
1994	201255	8443920	121	29421
1995	349384	1982940	77	23852
1996	220569	3050749	65	18218
1997	200513	3569906	74	18282
1998	220902	4331903	469	117082
1999	215332	5950432	780	75325
2000	175951	4896969	123	33426
2001	159289	6891834	141	44562
2002	123724	1883054	130	73380
2003	159299	1951520	293	153093
2004	124618	1794482	242	71065
2005	111893	1752435	234	72672

三、邮政储蓄

邮政储蓄是邮政兼营的主要业务。1986年8月，郴州地区邮电局在郴州城区国庆北路综合营业厅率先开办邮政储蓄业务。1987年10月，全区各县（市）也开办邮政储蓄业务。1989年后，地区邮电局利用邮政网络点多面广的优势，把邮政储蓄作为邮政支柱业务发展。1989年12月，在省邮电管理局举办"大干四十天"短程邮政储蓄竞赛中，安仁县邮政储蓄余额净增90.91万元，人平揽储6269元。1990年1月，邮政储蓄业务从代办转为自办。5月，全区邮政储蓄首次参加中国银行等五家国有专业银行储蓄竞赛活动，邮政储蓄揽储1210万元，居全区各专业银行之首，超额完成行署分配的300万元筹资任务。1992年3月，地区邮电局首次在全区发行有奖有息储蓄业务券，发行额为400万元。1993年6月，地区邮电局在全省率先开办区内各县（市）储蓄所异地存取款（电传式）业务。1994年2月。地区邮电局储汇科邮政储蓄余额达1.01亿元，首次突破亿元大关。9月，全区邮政储蓄余额达4.81亿元，邮政储蓄收入946万元，是邮政业务收入的42.82%，占全区邮电业务总收入的15.37%。1994年10月，全省开展邮政储蓄"百亿工程"竞赛，郊区邮电局邮政当月储蓄余额达1.05亿元，是全区第一个过亿元的县（市）邮电局。1998年，全市邮政储蓄市场占金融市场的10.78%，高出全省邮政储蓄市场占有率1.98个百分点。2001年2月，市邮政储蓄网点开办邮政汇兑业务。2002年，全市邮政储蓄152处网点全部开通邮政电子汇兑业务，联网率76.26%。2003年6月，市城区国庆北路邮政储蓄所率先进入全市亿元存款邮政储蓄所行列，邮政储蓄余额1.05亿元。2004年，全市邮政储蓄网点启用"邮讯通"电子汇兑短信回执业务、"邮讯通"绿卡短信存取款通知服务和邮政"网汇通"业务。2005年6—12月，市邮政局办理短信回执汇款业务1.24万张，金额1981万元；办理入账汇款业务1019张，金额269.99万元；办理礼仪汇款149张，金额16.73万元。是年，全市邮政储蓄余额54.48亿元，是1989年的180.7倍；邮政储蓄收入1.19亿元，占当年邮政业务收入的84.84%。

1989—2005年郴州市（地区）邮政储蓄期末余额、业务收入统计表

表21-1-2-3

年份	邮政储蓄期末余额（万元）	邮政储蓄收入（元）	年份	邮政储蓄期末余额（万元）	邮政储蓄收入（元）
1989	3015	474023	1998	109796	20451051
1990	11533	2600800	1999	141566	38198386
1991	19433	4196602	2000	175529	41696022
1992	24304	4619713	2001	220063	51108335
1993	31599	6996201	2002	277153	75731129
1994	54241	13073314	2003	359306	76669764
1995	75806	22278134	2004	441945	96961091
1996	84420	25911036	2005	544843	119068192
1997	93728	32852519	—	—	—

四、邮政汇兑

1988年5月，郴州地区邮电局开办邮政快汇业务。1990年后，快汇率不断提升。1995年，郴州城区国庆北路邮政综合营业厅、火车站、东街、下湄桥、苏仙岭支局使用微机处理汇兑业务。1996年7月，停办县内电报汇款和电话汇款业务。1998年7月，停办邮政快汇业务，开办电报入账汇款业务。2001年10月，郴州邮政第一批9个邮政汇兑网点开通电子汇兑。2002年1月，全市邮政汇兑网点全部开通邮政电子汇兑，停办传统手工汇兑业务。7月，全市188处邮政电子汇兑网点实现联网。8月，电子汇兑实现与全省联网。10月，开办电子汇兑自行通知24小时汇款、省内2小时加急汇款、电子汇兑自行通知业务。12月，开通省际2小时到账电子汇兑加急汇款业务，邮政电子汇总全国联网，省内通兑。2002年，全市邮政办理收汇37.62万笔，金额3.11亿元，累计兑付58.43万笔，金额5.53亿元。2003年5月，市邮政局开办电子汇兑“实时特急汇款”和“回音卡汇款”业务。7月，市国庆北路邮政营业厅开办西联汇款业务和“一汇通”国际银邮汇款业务，结束郴州邮政不办理外汇汇款的历史。是年，市邮局办理2小时加急汇款业务404万元，办理实时特急汇款业务147万元，回音卡汇款业务1648万元。2004年3月，市县（市、区）邮政储蓄开通西联汇款业务。年末，电子汇兑联网网点（不含邮政储蓄联网网点）43个，非联网网点1个。全年收汇11.84万笔，金额8508.79万元；兑付汇款5.58万笔，金额4619.3万元；回音卡汇款6723笔，金额804万元；大宗汇款3.57万笔，金额1518.57万元。2005年，全市邮政储蓄新增77个网点开办西联汇款业务。3月，全省实现西联国际汇款、国际银邮汇款和国际邮政汇款在同一业务终端办理。6月，邮政储蓄电子汇兑和邮政综合计算机网的电子汇兑两网互通，取消汇兑银行账户，实现邮政储蓄、汇兑资金综合利用，降低业务成本。全市邮政储蓄网点以外的邮政营业网点不再办理电子汇兑业务。同时，取消投单通知汇款业务。是年6—12月，市邮局办理投单回执汇款1198笔，金额28.07万元，办理投单通知汇款88笔，金额66.69万元。

1989—2005年郴州市（地区）邮政储蓄汇兑业务量、业务收入统计表

表21-1-2-4

年份	邮政汇兑业务量（笔）	汇兑金额（万元）	汇兑收入（元）	年份	邮政汇兑业务量（笔）	汇兑金额（万元）	汇兑收入（元）
1989	626443	—	740906	1998	615423	—	2887207
1990	600463	—	802183	1999	1195249	122402	3012369
1991	577781	—	784636	2000	1249543	114715	3122231
1992	608575	—	1113431	2001	1132501	121397	3698374
1993	623293	—	1472078	2002	1049897	93090	2652050
1994	691597	—	1785354	2003	1018482	92259	2508601
1995	710593	—	2408908	2004	902996	85688	2495197
1996	759099	—	2647312	2005	755521	81031	2395272
1997	661638	—	2581751	—	—	—	—

五、邮政中间业务

（一）代收代付业务

1989年1月，邮政储蓄开始代发本系统职工工资。1992年，人民东路邮政储蓄所在全区率先实行电话用户预存、代扣电话费业务。实行邮政储蓄代缴移动话费业务。1998年年末，全市9个县（市）邮政储蓄网点开办代缴话费业务。代发单位工资增加到25个，月代发金额274万元。1999年4月，开发和安装全市代缴移动话费系统，实现全市代缴话费复话数据及时传输，保证用户实时复话，提高网络传输速度。2001年7月，利用邮政储蓄点多、面广、功能齐全的优势，开办全市代发社保养老金业务。2003年1月，移动电信全面放开话费现收工作，邮政储蓄代扣全部改为现收缴费模式。5月，开办代收联通话费业务。11月，全市邮政储蓄网点受理全省行业养老金代发工作，第一批代发养老金客户8万户，其中郴州邮政代发近5万户。2005年，全市邮政储蓄代发工资4.11亿元，代发养老金4.71亿元，代发粮食直补用户22万户金额1100万元，代发计生扶贫奖励金958户金额84.3万元，代收移动话费8050万元，代收电信话费3521万元，代收联通话费651万元。

（二）代理代缴保险业务

1990年1月，安仁邮电局在全区率先代办保险业务，在全县5个邮电所设立保险代办点，代办人身、农村家庭财产保险等5个险种。1999年7月，郴州邮政与中国平安保险郴州寿险、郴州财险分公司签订保险代理合同，开办代理保险业务22种。1999年12月—2000年3月，全市邮政开展“千禧龙年开门红”揽保（陪）竞赛，完成揽保任务额76万元。2002年，全市代收保费2790万元。2005年，全市代收保费3232.41万元，其中寿险保费2110.87万元，财险保费26.47万元。

（三）代理证券业务

2003年4月，资兴市邮政局在全市率先开办“邮证通”业务，开通“邮证通”用户223户，网上交易量4546.64万元。2004年，一些邮政局相继开办此项业务。2005年，全市“邮证通”业务成交量5233.07万元。

（四）银行卡业务

1999年12月，郴州火车站邮政储蓄所发行邮政绿卡储蓄卡。2000年7月，郴州城区国庆北路邮政储蓄所安装使用全市第一台自动柜员机，持卡用户可自己取款。是年，全市108个邮政储蓄网点开办邮政储蓄绿卡异地清算业务。2002年2月，邮政储蓄绿卡实现全国联网，能与31个省（市）50多个大中城市900多个县（市）的7300多个网点办理绿卡存取款业务。8月，郴州市城区和部分县城主要商场开办持邮政绿卡消费业务。10月，开办移动手机支付定制绿卡付费业务，全市手机支付定制用户1.73万户。是年，全市邮政储蓄完成绿卡（银联）发卡7.01万张，自动柜员机日均交易量达6000笔，邮政绿卡消费金额50万元。2004年3月，绿卡（银联卡）实现跨行交易（自动柜员机和邮政绿卡消费两种跨行交易）。全年手机支付定制用户9358户，中间业务收入136万元，占邮政储蓄业务收入的1.4%。2005年11月，全国停止受理非“银联”标识邮政储蓄绿卡和非“银联”标识绿卡跨行交易。是年，郴州邮政储蓄邮政绿卡业务累计交易金额2.85亿元，仅次于长沙市邮政局排全省第二名。全市邮政储蓄异地清算业务实现手续费收入534.83万元。

六、报刊发行

1989年前，境内邮电系统启动开办报刊零售、报刊批销业务。1990年，报刊发行实行单独核算。1992年10月，郴州地区邮电局生产系统率先实行报刊发行微机处理业务。1993年9月，各县（市）邮电局实现报刊发行数据抄登自动化，成为全省第一个实现操作程序自动化的地区。1995年11月，全省邮电报刊发行实现微机系统联网。2001年1月，调整报刊发行业务流程，全市报刊集中在“中心局”分发。2月，省邮政局规定《湖南日报》等17种报纸、《半月谈》等5种杂志直封到各县（市）邮政局。7月，增加《经济日报》共12种报刊直封到各县（市）邮政局，加快报刊流转。此后，私费订阅报刊的比重逐年递增。2005年，全市邮局报刊发行中自费订阅报刊份数占31%。

1989—2005年郴州市（地区）报刊发行量、发行业务收入统计表

表21-1-2-5

年份	报纸期发数（份）	杂志期发数（份）	报纸累计份数（份）	杂志累计份数（份）	报刊流转额（元）	报刊发行业务收入（元）
1989	306470	330711	42130370	4151361	9898015	2264404
1990	329268	270456	44666454	4071408	10114503	2566000
1991	372278	313172	49221037	4624127	12847476	2779302
1992	1053314	776752	56680745	5482081	24042005	3422813
1993	994909	777761	72895181	6468539	16764567	3580798
1994	522968	429913	85701985	6214426	23255857	4564695
1995	588378	423033	92323862	6243882	22960339	5422873
1996	486778	384404	67570429	4117067	32135844	6955074
1997	453219	295574	63792501	3905014	32800934	6796005
1998	399444	248380	58143833	3475425	69411680	7574310
1999	739096	189564	51928264	3734905	23544148	9199807
2000	444573	236975	48240257	5010019	29786876	10718982
2001	263204	349230	41653129	4939226	27341098	14745979
2002	242828	177210	39714084	3889845	31096826	9413730
2003	273610	292860	39786325	4317315	36436000	9717257
2004	258265	312066	38119524	4601016	29537432	11355892
2005	252665	209574	37293141	3089916	30844531	10459752

七、机要邮件

1989年前，郴州地区邮电部门接办机要通信业务，对机要邮件实行专人投送。1989年，增办机要快件业务，平均单价由每件0.9元提高到1.25元。1992年8月，地区邮电局使用北京吉普车取代摩托车投递机要邮件。1996年6月，地区邮电局开展创“三优”（通信质量优秀、生产场地优化、装备及服务优良）机要室竞赛活动。1997年1月，正式启用微机处理机要业务。1998年，经检查评估，郴州所有县（市、区）邮政局机要工作均达到“三优”目标。1999年6月，邮政机要通信实现计算机数字化管理。2003年9月，市邮政局正式启用“机要邮资已付”专用戳处理机要邮件，县（市、区）邮政局处理机要邮件仍采用粘贴邮票方式。2005年，全市完成机要通信业务量8339件，实现业务收入4.28万元，为年计划的53.38%。机要邮件历来为亏损业务。

1989—2005年郴州市（地区）机要通信业务量、业务收入统计表

表21-1-2-6

年份	机要通信业务量（件）	机要收入（元）	年份	机要通信业务量（件）	机要收入（元）
1989	22062	25200	1998	14216	54428
1990	21713	27669	1999	13977	79096
1991	19303	26740	2000	15820	94181
1992	22858	27244	2001	14194	99092
1993	16966	24155	2002	12369	92825
1994	16195	26331	2003	12887	76970
1995	17336	32207	2004	11214	82538
1996	14541	28237	2005	8339	42830
1997	15255	74356	—	—	—

八、集 邮

1987年10月，郴州地区邮电局办理邮票预订业务。1989年，全区集邮网点24个，开办集邮业务的县（市）邮电局9个，全区集邮业务收入67.22万元。1990年，集邮业务已成为仅次于长话、市话、邮政储蓄后的第四大业务。1992年10月，郴州地区邮票公司信托部开业，主营代售邮票、纪念邮票、纪念币、集邮品、集邮用具、书刊等。11月，桂阳县邮电局在全区县（市）率先成立集邮公司。1993年1月，资兴市集邮业务首次实行承包经营，促进集邮业务快速发展。1994年5月，资兴市集邮信托公司开业。10月，《邓中夏诞生100周年纪念封》在宜章县向国内外发行。1997年，集邮网点接连增多，全市集邮收入2916万元，比前7年累计集邮收入2718元还多198万元，占邮电业务总收入的14.84%。是年，资兴市的集邮业务收入1016万元，在全省县（市）邮电系统名列第一。1999年，全市集邮收入3060万元，成为邮政业务收入大户。2001年，是集邮收入最高的一年，为3192万元。2002年以后，由于国家邮政局邮票发行量不断增加，供大于求，集邮业务量和集邮收入一路下滑。2004年12月，郴州市邮政局上交省邮政局销毁1992—2001年纪特邮票面值466.89万元。2005年度，全市完成集邮业务收入143.46万元，为年计划的25.57%。

1989—2005年郴州市（地区）集邮业务量、业务收入统计表

表 21-1-2-7

年份	集邮业务量（枚）	集邮品（册）	集邮收入（元）	年份	集邮业务量（枚）	集邮品（册）	集邮收入（元）
1989	666193	—	672189	1998	12701760	—	19695412
1990	1020898	—	1030926	1999	17695135	49245	30596807
1991	3550267	—	1986754	2000	15144481	42637	21072272
1992	3874718	—	2218670	2001	18103960	253810	31922233
1993	6241806	—	3066512	2002	10889834	225946	10520442
1994	10090616	—	4152863	2003	4019773	33487	8633032
1995	1153249	—	3829195	2004	3981363	36337	7920078
1996	19674248	—	10261315	2005	340842	10444	1434600
1997	21458440	—	29061968	—	—	—	—

九、特快专递

1986年8月，郴州城区国庆北路邮电营业厅开办国内城市间邮件特快专递业务。1989年5月，增办国际及中国港澳台地区邮件特快专递业务。1990年1月，郴州火车站邮局增开收寄国际、国内特快邮件业务。1991—2004年，境内特快邮件和特快专递发展迅速，方便快捷，颇受欢迎。1991年8月，郴州地区邮电局成立邮电速递站，揽收封发投递国际国内特快邮件和进口国际邮件。1992年9月，开办部分专业银行凭证账务同城寄递业务和用户电话预约上门收取特快邮件服务。1993年，先后有桂东、临武、资兴、永兴、宜章、嘉禾、汝城、安仁、桂阳县（市）邮电局开办特快专递收寄业务。郴州城区增设下湄桥、苏仙岭、东街三个特快专递收寄业务点。3月，郴州地区邮电局开办铁路提货通知单特快专递业务同城寄递。城区内部分用邮大户及邮电代办所开办特快专递代办业务。6月，各国际特快专递业务收寄局可收寄台湾信函和文件资料类特快专递邮件。9月，郴州城区开办“日可达”特快鲜花礼仪业务，专人专车按客户要求投递到人。1993年，郴州地区邮电局收寄同城特快专递1.05万件。1994年5月，各县（市）自办邮车直达邮路沿途支局，并陆续开办国际、国内特快专递、安邦快件和台湾快件包裹业务；市邮电局开通“185”电话上门收寄特快邮件服务。1998年6月，郴州市邮政局开办国内特快专递代收货款业务。7月，按省邮政局要求，开办大中专院校毕业生档案、学生毕业证、新生录取通知书特快专递收寄业务。2001年4月，郴州市邮政局与苏仙区法院率先开办区内法律文书特快邮件寄递业务。6月，开通特快专递跟踪查询系统，提供特快专递邮件信息反馈和接收查询。2002年11月，开办大陆、台湾两岸民间机构互寄快件业务。2004年8月，郴州市跻身于全国27个省（自治区、直辖市）特快专递进口邮件 “次日递”136个大中城市行列。2005年6月，郴州寄往北京、上海、广州等86个大中城市特快邮件开通“全夜航”封发，加快特快出口邮件传递速度。

1989—2005年郴州市（地区）特快专递业务量、业务收入统计表

表 21-1-2-8

年份	国内特快		同城特快		国际及港澳台特快		邮政礼仪业务量（件）
	业务量（件）	业务收（元）	业务量（件）	业务收入（元）	业务量（件）	业务收入（元）	
1989	384	3718	—	—	4	746	—
1990	852	6163	—	—	16	1057	—
1991	1617	14064	—	—	37	2679	—
1992	4946	51039	—	—	168	8774	—
1993	28912	302493	10503	79864	187	11562	—
1994	81836	843501	10417	79176	203	33722	—
1995	118533	1189493	23139	175860	268	51434	—
1996	146828	1614939	11735	89186	348	79297	—
1997	91999	2115703	8969	68167	214	225481	—
1998	80712	1914731	4186	31819	190	38099	—
1999	80712	1914731	204	1634	490	70117	33044
2000	121731	2592919	1662	13824	497	98204	32312
2001	132639	5469264	3243	25945	640	151285	28701
2002	141414	3247108	455	3644	707	169924	1764
2003	177585	3623192	73071	606134	453	179104	260
2004	特快业务收入508.97万元（包括国内特快、同城特快、国际及港澳台特快收入）						
2005	特快专递业务量29.77万件，特快专递业务收入60.16万元。						

十、电子邮政

2000年8月，郴州邮政首次开通电子邮政业务，开始使用“183”网站电子商务系统，开通商品邮购、网上集邮、报刊订阅、鲜花礼仪及绿卡银行等业务。2001年3月，开办中国福利彩票电脑投注、中国体育彩票业务（2004年11月停办）。2002年，开办“185”电话“湖南风采”福彩投注业务（2005年12月停办）。9月，全市90个邮政储蓄网点开办福彩投注业务。2003年，全市开办“185”特快专递火车票订送业务，当年订送火车票5000余张。2004年7月3日零时，中国邮政客户服务中心系统特服号码“185”升位为“11185”，不再局限于特快专递领域，服务范围扩展到用户投诉、业务咨询、信息查询和业务受理。2005年，通过“11185”为外出务工回乡的农民工订送春运火车票1.51万张，缓解农民工“购票难”的问题。

十一、邮政物流

1996年6月，郴州开办商包点对点上门收寄运递业务。1997年5月，开办邮政直递包裹业务。2000年6月，开办区内零担业务，直递零担单价市内0.65元/吨千米；省内0.55元/吨千米；省际0.45

元/吨千米。2002年4月，全省省至县邮政物流配送业务全面开展。2003年4月，长沙至衡阳邮政物流快速邮路延伸至郴州。6月，郴州邮政物流分局开办代收货款业务。9月，郴州开通至长沙快速物流邮路（2005年3月收归省邮政物流公司）。12月，中邮物流南方集散网正式开通（郴州同步开通），开办“中邮物流快货”业务，业务覆盖江西、福建、湖北、湖南、广东、广西、海南7省（区）。

十二、邮政委托代办

1991年，委托代办业务邮政业务网向农村延伸。全区农村邮电代办所42处，邮票代售处172处。1993年，省局大力发展农村 邮政委托代办，全区新增邮政委托代办所10个，63.45%的乡镇设有自办或代办邮政机构。1996年3月，郴州市邮电代办管理站（1997年更名为邮电代办管理科）成立。4月，市邮电局颁发《郴州市邮电局业务代办管理暂行办法》，全市各代办网点换发省局统一制发的“湖南省邮电通信业务代办证”，规范代办业务市场。是年，全市邮电系统实现邮电代办业务收入2869万元。代办业务有：出售邮票、邮资信封、明信片；收寄国内、国际平挂信函、特快专递邮件和包裹；办理普通汇兑；收订报刊，投递邮件；办理邮政储蓄和部分电信业务。1998年，全市形成以农村为重点、市镇幅射农村的委托代办业务网络，实现寄信、存款不出村。全市代办协储8003.66万元，收订报刊金额1155.9万元，收寄给据函件99.17万件、包件33.74万件，投递给据函件147.05万件、包件23.89万件，代售邮票290.56万枚，开发汇票7.59万张，兑付汇票19.02万张，实现代办收入2156.97万元。1999年，省邮政局对全省邮政代办网点进行全面清理、整顿，撤销所有的邮票代售处，实现邮政代办网点管理和业务规范化。全市社会邮政代办网点调整为644个，其中城市代办点46个，农村代办网点598个。2000年8月，省邮政局下发《湖南省邮政代办管理办法》。是年，全市邮政代办寻呼机1.25万台、手机2598台、电话卡180万张。2001年4月，宜章、永兴、安仁、市郊区邮政分局试行邮政代办“1555”工程，即农村“每个农户订一份报纸，购买5千克种子，在邮政储蓄所存款500元，一年使用5元钱邮资”。5月，“1555”工程在全市铺开，县（市）邮政局与效益较好的村级邮政服务代办点签订《邮政业务代办合同》，明确代办人员由邮政部门按月核发固定工资30元，另加计件提成。是年，全市委托代办邮政业务收入140.73万元。2002年，全市开办联通寻呼机代办业务。2004年4月，郴州市邮政局推行委（代）办经营新机制，郴州城区中心8个营业网点和市城区下湄桥、七里洞邮政营业点均实行委（代）办管理机制。邮政企业从事邮件转运、接发、投递的人员全部实行委（代）办管理。2005年，全市邮政代办网点投送报刊1253.42万份，代理联通移动电话179户，中国移动电话1.92万户，中国电信放号78户，代销中国移动电话卡2856张。

1989—2005年郴州市（地区）邮政企业业务总量、业务收入、收支差额（利润）统计表

表21-1-2-9

项目 年份	邮政业务总量（万元）	邮政业务收入（万元）	企业收支差额（万元）	项目 年份	邮政业务总量（万元）	邮政业务收入（万元）	企业收支差额（万元）
1989	467.68	625.98	65.61	1992	1814.58	1559.3	-162.54
1990	1162.86	976.69	183.08	1993	2280.15	2052.7	-299.55
1991	1503.29	1331.27	154.74	1994	3155.3	3207.94	-48.87

续表 21-1-2-9

项目 年份	邮政业务总量（万元）	邮政业务收入（万元）	企业收支差额（万元）	项目 年份	邮政业务总量（万元）	邮政业务收入（万元）	企业收支差额（万元）
1995	4184.15	4691.11	−525.25	2001	13888.86	13728.3	305
1996	4329.77	6239.02	−746.23	2002	14398.83	11592.5	619.6
1997	4832.56	9572.7	−371.49	2003	17050.56	11876	1277.7
1998	4758.36	7999.9	−3534.1	2004	15414.54	13061.7	1057
1999	6467.61	10465.6	−1699.8	2005	15914.02	13908.6	1284.9
2000	7465.61	10203.7	−607.77	—	—	—	—

第三节　邮政管理

一、邮政经营管理

1989年，郴州地区邮电局对县（市）邮电局实行为期三年的第一轮企业经营承包责任制，围绕“增量、增收、增效益”工作目标，实行工资与业务总量、业务收入增长挂钩，职工实行计件计酬、联产计酬、目标管理、定额承包等多种经营和分配形式。1990年，郴州地区邮电局报刊发行公司、邮票公司实行内部承包，其他生产科实行工资、奖金与效益挂钩；各县（市）局部分生产班组、农村支局实行承包经营。1991年，继续推行内部经营承包责任制，由于考核指标不完善，也诱发企业的短期行为，企业缺乏长远规划，虚增利润，忽视基础设施建设，生产条件得不到改善。1993年，全区10个县（市）邮电企业实行投入和产出大承包，全区92个邮政储蓄网点有74个实行储蓄承包。双方以合同形式明确责、权、利，一定三年不变，工资总额分别与企业业务总量、企业收入增长率挂钩。1994年，调整经营责任制和工效挂钩考核办法，以收入为主要考核指标，力争增量、增收、增效益。1996年，邮电企业从行政管理模式向企业管理模式转化，推行专业公司化经营。1999年，全市邮政企业分别实行计件工资制、百元含量工资制、利润承包制，重点推行企业工资向科技人员、营销人员、重体力劳动人员倾斜。生产经营采取“抓大、促小、育新”举措，推行“一业为主，多元经营”模式，发展邮购、广告、直运及音像制品租赁等业务。2000年，全市邮政系统全方位开展企业经营机制综合配套改革，建立面向市场和适应企业发展的生产运行体制，激活企业活力。2002年，郴州市邮政局总结推广安仁县邮政局经营承包经验，在全市邮政系统推行以收定支为核心内容的经营承包，实行经营决策自主权、人力资源组合权、劳动报酬分配权“三权下放”，责利挂钩，以岗定薪。2003年，市邮政局推行重点业务“一县多品”发展战略，各县（市区）根据省邮政局推出的13项重点业务，结合实际，找准突破口，发挥各自优势，发展1~2项重点业务。是年，市邮政系统在13项重点业务16项考核指标中，12项指标提前一个月完成省局下达的全年计划，综合排名居全省前列。2004年4月，郴州市邮政局颁布《郴州市邮政局关于加强经营工作的暂行规定》，对专业分局职责、专业管理、经营机制、经营评价与奖罚等内容进行详细规定。同时，出台《专业一体化管理办法》，对函件、速递、物流、储汇、报刊收订、零售、集邮等13项业务实施市与县（市、区）一体化管理，赋予专业局绩效考核权和营销考评权。

二、邮政行业管理

自1989年，郴州市（地区）邮政行业管理主要是进一步改善服务态度，提高服务质量，树立良好的企业形象。1989年，地区邮政管理重点抓“收寄、分拣封发、邮运、报刊零售、邮件时限和规格”等项整治工作，规范邮政经营行为。1992年，全区开展邮政优化作业管理，召开现场会，组织参观桂阳县和郴县栖凤渡支局生产工作现场。郴州地区邮电局在全省邮电企业中率先开展企业标准制，共制定企业标准247项，其中管理标准26类81项，工作标准34类166项。同步制定部门标准、岗位标准以及考核办法。各县（市）邮电局制定企业标准76项，其中管理标准20类32项，工作标准19类44项，基本覆盖各类工作岗位，工作标准纳入目标管理。1996年，成立客户投诉值班室，受理客户投诉21起；并按照团中央和邮政部要求，在全市邮政系统开展争当“青年岗位能手”、创建“青年文明者”活动；开通“180”投诉台（邮电分营后改为“185”投诉台），改变营业窗口“脏、乱、差”现象和营业员“冷、硬、顶”态度。

2000年，郴州市邮政局对市城区23个自（代）办网点实施执法检查，依法封存违规经营邮票1291枚，取缔擅自销售邮票点2处，查处违规代办点11处。对代办邮政业务的网点颁发“代办许可证”。2001年，市邮政局向89个农村村级邮政业务代办点颁发“邮政业务代办许可证”，保障农村邮政服务。全市邮件捎、转、代投点实行合同管理。市局行管执法大队对社会速递公司违法经营信件、违法收寄文件资料、跨区无证经营等违法经营行为予以取缔，取缔非法速递经营者飞马运通有限公司郴州业务处和正在筹建的中国迅达国际货运代理有限公司郴州分公司业务部。

2003年，全市邮政企业启用条码防伪标准信封，市城区达标率100%，农村达标率为90%。2004年，市邮政局出台《郴州市邮政局本级行业管理考核办法》，从行业管理、服务质量督查、储汇稽核等方面作出明确规定。全市共核发邮政业务代办许可证71家，速递业务经营许可证3家，防伪标准信封经销证31家，居民住宅信报箱（群）960户。2005年，全市邮政企业实行邮政服务首问责任制。年内，核发防伪标准信封经销证31家，生产通信用信封印刷厂3家，通信用条码防伪标准信封183万个，居民住宅楼信报箱（群）600户。

三、邮政质量管理

1989年，郴州地区邮电局成立全面质量管理办公室。各县（市）邮电局、地区邮电局各科室、公司均设兼职全面质量管理员，班组、支局设立质量检查员，在通信生产程序的关键部位、主要工序都设置质量管理控制点。全区共有134个班组开展QC活动[①]。是年，全区邮件处理综合合格率82.7%，排全省第五；省内快件准时率95.8%，排全省第九。邮件科机要班QC小组坚持开展QC活动，保持机要通信九年无一件延误、失密、丢损，被评为湖南省邮电系统QC成果一等奖，被省邮电局授予“先进集体”称号。1990年，全区邮电系统质量管理普及率67.81%，成果率51.85%。地区邮电局被省经委、省质协授予“质量管理小组活动先进企业”称号，出席全省QC成果发布会并介绍经验。郴州地区邮电局54个QC小组中，5个获省优秀QC小组，1个出席中南协作区成果发布会，2个获邮电部先进QC小组。是年，全区总包邮件损失率、给据邮件损失率、机要文件的失密丢损率均低于全国地州市邮电局平均水平，邮件规格综合合格率接近全国先进水平。1991年，全区邮电

① 为达到品质要求所采取的作业技术和活动。

系统开展“质量、品种、效益年”活动。地区邮电局分拣科设立邮件全程时限及处理规格监督岗，负责检查全区以及省内各邮件指定转口局的各类邮件，全年总包邮件损失率、给据邮件损失率、机要文件失密丢损率三项指标均为零。1994年，郴州地区邮电局机要班获“省质量信得过班组”，该班QC小组获“省优秀QC成果奖”，邓杰雄被评为“省优秀QC小组长”；地区邮政局邮件科转运班在火车邮件接发环节设置质量管理，实现邮件转运质量全部达标，被省邮电管理局、武汉调度局评为文明转运站，1996年，被邮电部评为全国文明转运站。1999年，全市开展邮政通信服务质量“满意工程”活动，在省邮政局随机调查中，郴州邮政客户服务综合满意度为81.49%，列全省第二。2001年，全市开展创建邮政服务星级窗口、文明投递员活动，有13个窗口、16名投递员经省局验收合格。2002年，郴州邮政开展“服务效益年”活动，实施“185”服务效益工程，全面推行服务质量责任追究制，向社会公开13项邮政服务承诺，市民满意度评分为85.21分，涌现资兴市鲤鱼江支局等49个星级支局。郴州市邮政局被省消费者协会授予“2002年度维护消费者权益先进企业”称号，成为全省邮政行业中唯一获此殊荣的单位。2003年9月，市邮政局在全省率先发起“服务质量千里行”活动，行程1600多千米，局领导成员明察暗访64个营业网点，切实解决一批邮政服务中的热点和难点问题。2004年，市邮政局执行《湖南省邮政局规范服务三十条禁令》，组织对违规经营开展专项整治，营造诚信邮政良好发展环境，经抽样调查客户综合满意度88%。2005年，推行《湖南省邮政营业服务规范标准》，国家邮政局对郴州市民进行抽样调查，服务质量满意度评分90.24分，列全省第三名。全市评选出一星级营业员68名，二星级营业员28名。

1989—2005年郴州市（地区）邮（电）政局主要负责人名录

表21-1-3-1

单位	姓名	职务	任职时间
郴州地区邮电局	易飞根	局长	1989.07—1991.12
郴州地区（市）邮电（政）局	谢成波	局长	1992.12—1998.10
郴州市邮政局	陈文书	局长	1998.10—2002.02
郴州市邮政局	秦建国	局长	2002.02—2004.06
郴州市邮政局	谭雄鸠	局长	2004.09—2005.12

第二章 通 信

第一节 通信机构

一、郴州市电信分公司

1989年以前，境内电信业只有郴州地区邮电局一家，辖11个县（市）邮电局。1995年5月，郴州撤地设市，郴州地区邮电局更名为郴州市邮电局。1997年7月，根据信息产业部《关于组建中国移动通信集团公司指导意见的通知》精神，湖南省邮电管理局移动通信与固定电话业务分离，成立湖南省移动通信公司，郴州设移动通信分公司，下设桂阳、嘉禾、临武、宜章、汝城、资兴、永兴、安仁、桂东9个营业部。1998年10月，根据湖南省邮电管理局《湖南省邮电分营实施方案》，郴州成立郴州市邮政局和郴州市电信局。市电信局下设10个县（市、区）电信局。1999年7月，根据湖南省移动通信公司《湖南省移动通信业务分离实施方案》，郴州移动通信分公司从郴州市电信局析出。2000年9月，郴州市电信局完成政企分开和公司化重组，成立湖南省电信公司郴州市分公司（简称郴州市电信分公司），主营市话、农话、公用电话、数据通信、电子商务以及200、201、300、800系列智能卡等业务。2005年，郴州市电信分公司固定资产原值16.56亿元，主干电缆7331.35波长千米，配线电缆2.46万波长千米，交换机容量80.54万门，年末，固定电话用户74.6万户，基础数据业务用户端口4.16万户，端口4.33万个，设无线市话基站2653个，信道1.33万个。全市实现“乡乡通电话”，94%的行政村通电话，90%的乡镇开通宽带上网业务。

二、郴州移动通信分公司

1999年7月，郴州移动通信分公司从郴州市电信局析出，正式挂牌营业，隶属湖南省移动通信公司。2002年7月，湖南省移动通信公司完成资产重组，成立湖南移动通信有限责任公司［中国移动（香港）有限公司在湖南省设立的全资子公司］，为湖南省第一家在香港上市的企业，郴州移动通信分公司因此成为郴州市第一家在香港上市的子公司。公司参与经营的中国移动全球通数字移动电话网，是全国网络容量最大的国家公众数字移动电话网，也是世界最大的“全球通”网，拥有135、136、137、138、139全球通全部网络。公司下设5个管理部室，6个生产中心，9个县（市）营业部。2005年底，公司建成3台交换机、611个基站，拥有4.12万条通信信道，通信设备容量达到108万门，移动网络覆盖全市城镇和95%的行政村，拥有用户67万户。2005年，实现营业收入5.70亿元，上缴利税4174万元，成为郴州市移动通信市场的主导运营商。1999年7月至2001年3月，张跃明任郴州移动通信分公司总经理；2001年3月至2006年4月，周晓春任总经理。

三、中国联通郴州市分公司

该公司1999年4月筹建，11月8日正式对外营业，是中国联通在郴州的分支机构，主营“全球通”130、131移动网、133移动网、126/127/198/199无线寻呼、宽带或网络电话、193数据长途、国际互联网等电信业务。2005年年底，公司建成“全球通”基站272个，单载波基站135个，交换机容量60万门，网络覆盖郴州市城区及全市大部分乡镇，在网用户25万户。1999年8月至2003年12月，吴宇凡任该公司总经理；2004年1月至2007年3月，熊星继任。

四、中国铁通郴州市分公司

该公司2001年8月成立，隶属中国铁通湖南分公司，是继中国电信、湖南移动、中国联通之后新建的国有电信运营企业，经营范围覆盖郴州市各县（市、区）。公司为社会公众提供本地电话、国际国内长途电话、17990/17991、宽带或网络电话、互联网、视讯业务、数据业务、网络资源出租、代理95828/95829无线寻呼、电报及其他非话业务。2005年，公司大力开展各类增值业务、他网业务营销，在197业务、17995/17996、企业联名卡、主机托管、办公室网络电话等增值及他网业务上取得良好效益，全年新增固定电话1.3万余台，新增宽带3200余台，实现营业收入2100万元。

第二节　通信网络

一、电报网络

随着有线自动转报系统和程控自动电话的发展以及光纤在通信线路的普及应用，有线电传逐渐代替无线电报。1986年5月，省邮电管理局开通64路有线电报自动转报系统，郴州地区邮电局率先进入自动转报网，用户传真电报业务在郴州面世。1989年，全区除汝城县邮电局外，其余8个县（市）局电报业务都进入省局256路自动转报中心网。全区有业务报路51路，载报机4部，插报机15部，电传打字机64部，短波发信机31部，短波收信机3部，实现自动收发电报、自动译码、自动编制、自动储存。1990年，郴州更新电报设备，地区邮电局使用“翰林”中英文电传机，各县（市）局使用“桑达”中英文电传机等当时最先进的多功能电报智能终端设备。1991年8月，全区开通邮电系统传真网，汝城县邮电局进入256路自动转报中心网。1992年，全区发信机输出功率270瓦，无线通信发信60千瓦小时，收信2367千瓦小时。1993年，郴州地区邮电局安装公众电报分集器，容量16线。全区有业务报路总数47路，载报机3部，插报机15部，电传打字机62部，短波发信机20部。1995年，郴州市邮电局有郴州至长沙、至市内各县（市）局电报电路10条。5月，市邮电局购置9部日产100兆短波单边带无线电台，在长途通信发生全阻、汛期、灾害等应急情况下提供应急通信，沟通市与县（市）局之间的通信联络。8月2日，桂东县暴发山洪，通信中断，市邮电局及时开通无线电台恢复与桂东县通信联系，保证了政府指挥抗洪救灾需要。1997年12月，全市改革传统的电报处理方式，开办“1648”话传庆贺电报业务。1997年，郴州建成对长沙二级省内有线数字自动报路1路。全市有业务报路总数37路，公众电报分集容量16线，电传打字机37部。1999年，全市完成本地网电报技术改造工作，撤销各县（市）邮政局报房。全市有业务报路12路，公众电报分集器容量16线。2000年，公众电报业务用电路12路全部拆除，有线电报业务终止。

二、长途电话网络

1988年，长途全自动电话、长途自动终端和程控设备应用以及光缆长途传输数字网络建成，全区有长途电话电路216条。1989年5月，郴州长途全自动电话开通使用，增开省内郴州至长沙人工电路7条。郴州是继湘潭之后，全省第二家拥有长途全自动电话的地区，可直拨全省各地州市和全国各省会城市的电话，并自动计时、计费。1989年，新开区内音终拨号去话电路5条，省内半自动来话电路2条，省际转接电路4条。郴州地区邮政局与所属县（市）的长途通信仍采用人工和半自动接续方式。年末，业务话路总数279路，电缆120路，长途人工交换机容量740门，12路载波电话增音机7部，1800路载波电话增音机2架，各种载话端机设备69部（架）。1990年10月，汝城县史端乔2000门自动电话开通，长途全自动电话也相继开通，在全区县（市）中率先实现国内、国际长途直拨。1991年6月，新开通长途390线，长话接通率大大提高。继京、汉、广中同轴电缆（5502工程）载波扩容，全区净增省内载波电路52路，省际载波电路8路，一级干线使用了300、600、1800路载波增音设备。1992年1月，全区实现市话自动化，汝城、宜章、资兴、桂阳等县（市）邮电局，宜章县梅田、白石渡等乡镇相继进入长话全直拨。7月，开通郴州至广州长途直达自动去话电路5条。9月，桂东县开通长途电话直拨。至此，各县（市）全部开通长途全自动国内国际直拨电话，实现长途电话直拨自动化。11月，全区全部进入全国长途自动网，可与186个国家和地区及国内1034个城市直拨通话。1993年6月，京、汉、广光缆工程全线开通。光缆线在郴州地区的马田、郴州、良田、宜章四处下截电路路口，通信能力骤增，四个局（站）配置长途电路840路，设光缆415千米，增开载波电路329路（1992年为48路），实现县以上光缆长途传输数字网络现代化。1993年，全区业务话路总数2236路，电缆2067路，长途人工交换机容量650门，12路载波电话增音机8部，60路载波电话增音机2部，1800路载波电话增音机5部，各种载话端机设备59部（架）。

1994年10月，郴州地区邮电局拆除省、地、县间通信明线载波设备，停开半自动拨号去话电路，新启动光纤电路1290条，增加长途通信电路7.4倍。郴州地区电话业务从此告别明线载波通信历史，迈入速度快、用途广、容量大、抗干扰的光纤数字通信新时代。1994年，京、汉、广地埋光缆管道竣工投产。全区增开长话电路798条，其中省际电路72条，业务电路2509条，为本地网的开通打下基础。1995年2月，郴州地区邮电局新建长途S1240~5000线程控电话开通，首期开通长途电路1690条。从4月30日零时起，全区电话网升至七位数，组成郴州本地电话网（区号0735），实现长话、市话、农话并网。年末，有公众网话路1481路，移动通信网话路150路。郴州市5000线长途局是全市本地网、国际、国内长途电话业务中心，人工长途网仅作为辅助网络而暂时存在。1996年8月，市邮电局在全省地市局中率先开通07信令电路，来、去话接通率提高近10个百分点。全市省际电路增加204路，省内长话电路增加2334路。年末，业务话路总数6545路。1997年，市到县、县到乡建成光缆通信线路，增加郴州至珠海、惠州省际长话业务电路各30路，省内长话电路净增726路。120路人工长途电话全部停用，撤销长途人工113挂号台。大通路设备改由光纤设备开电路后，增加长途同步数字终端复用设备容量3540路，可同时提供356路语音服务。1999年，郴州市电信局长途业务电路总数9574路，长途电话交换机容量1.26万路端，长途数字终端复用设备总容量5.9万路，长途同步时钟端口容量45个。2003年，市电信分公司新建长途交换端口3300个，有长途电话交换机容量13051路端，长途传输端口470个，长途155传输端口1个，长途2.5传输端口1个。主干电缆长度1.88万波长千米，主干电缆181.66万对千米，主干电缆线76.86万对。长途电路161条，郴州至衡阳2.5电路1条，省际长途电路76条。2005年，市电信分公司长途电话交换机容量1.68万路端，长途传输端口470个，长途155传输端口1个，长途2.5传输端口1个。

三、市内电话网络

1989年，郴州地区邮电局对市话电缆线路进行扩容，市话交换机容量达到5000门，且进入全国大网。全区市话交换机容量8680门，长途市话中继线307对。1990年7月，地区邮电局自行设计、安装的纵横制市机扩容1000门投入使用。10月，汝城县2000门自动电话开通，是全区第一个开通步进制自动电话的县局。地区至所辖县（市）直达电路107路。1991年6月，地区邮电局在全省地州市中第一个开通5000门程控电话，实现程控自动化和长途直拨。全区完成市话扩容、改制、改型工程，交换机总容量达到2.87万门。1992年，全区市内电话容量增加到3.1万门。9个县（市）都开通自动电话，结束了使用“摇把子”电话机时代，是全省最早实现市话自动化的地区，且实现国内国际长途电话直拨。地区邮电局还对5000门市话增加特服汇接、音频例测、双音频等功能，开发声讯功能。

1993年9月，程控电话二期工程扩容，郴州城区市话容量达1.7万门。10月，资兴市开通6000程控电话，郴州至资兴44千米长途光缆、资兴市内40千米光缆同时开通。资兴市是全区第一个开通程控电话的县（市）邮电局。随后开通的有桂阳县5500门。资兴市和桂阳县电话号码由五位升至六位。全区开通程控电话2.4万门，交换机总容量5.86万门。1994年1月，开通“168”电话语音信息系统网。5月，郴县邮电局开通数字程控电话，同时增加“127”自动寻呼、“126”、“128”人工寻呼、“185”音乐台、“168”信息台以及缩位拨号、热线电话、转移呼叫、遇忙回叫、闹钟服务等新业务。10月，桂阳、永兴、郴县邮电局“168”台先行纳入地区“168”台并网运行。12月，桂东县邮电局开通3000门程控电话。至此，全区县（市）长话、市话均实现县以上电话程控数字化，市话网设备由机电制更换为数字电话程控模块，电信装备发生质的变化。全区新扩建程控电话3.4万门，市程控电话总容量达6.9万门。1995年7月，168自动讯息台联网开通。年末，全市交换机总容量12.03万门，电话机总数达11.6万部，电话普及率2.71部/百人。1997年，市话扩容2.3万门。电话交换机总容量达35万门，其中程控电话交换机容量已达26万门。城乡电话主线用户15.38万户，电话普及率4.07部/百人。2002年，全市电话交换机总容量61.3万门，市话普及率41.57部/百人。2005年年末，郴州市电话交换机总容量达80.5万门，配线电缆长度2.46万波长千米，配线电缆102.59万对。

四、农村电话网络

1989年1月，资兴市厚玉乡、郴县良田水泥厂两台28门自动电话交换机开通，郴州地区农村自动电话实现零的突破。7月，郴县栖凤渡邮电支局开通120门农村自动电话交换机，实现与郴州地区邮电局市话联网直拨。资兴市邮电局开通兴宁镇至唐洞市区12路载波，鲤鱼江至唐洞

7路特高频，解决了三地交换点电话拥挤、接通率低的问题。年末，全区农话交换机总容量1.24万门，载波电话终端机110部，环路载波主机8部，环路载波分机44部，特高频收发信机13套。1991年，全区农村电话改制步伐加快。249个乡镇已装农话交换机的乡镇215个，其中有自动交换机的乡镇20个，已装载话端机的乡镇53个，与县（市）有直达电路的乡镇128个。县至乡镇的直达中继电路342路。1992年，全区邮电部门狠抓农话设备更新换代，采用先进的时分程控设备，完成改制点23处3372门。28个改制的农村支局进入全国长途直拨网。年末，全区有农话交换机总容量1.57万门，载波电话终端机94部，环路载波主机16部，环路载波分机66部，特高频收发信机15套。

1993—1995年，全区（市）完成17个农话支局的9534门数字程控电话改制，农话传输光缆铺设159千米。与县（市）有直达电路的乡镇115个，农话交换点213处，农话装载话端机的乡镇59个，实现了农话自动化。“八五”（1990—1995年）期间，全地区投资7505.44万元用于农话建设。其中，1995年，投资900万元完成117个交换点的改制。1997年，全市有乡镇电话微波站9个，农话传输光缆3706千米，光缆传输系统316端。随着光纤数字电路的发展，微波逐渐退出农话通信网。1998年，省电信局实施农村电话“155”工程，全市农村完成电话放号1.52万户，创建电话村43个，电话乡镇2个，行政村通话面达53%（不含移动电话），农话普及率达1.82部/百人。1999年，全市累计创建电话村406个，电话乡（镇）35个。资兴市成为郴州市第一个农村电话市。2000年，农话普及率达6部/百人。2002年，北湖区获全省“电话县”称号。2003年，市电信分公司投资120万元，开通桂阳县杨柳乡通信工程，至此郴州“乡乡通”电话目标全部实现。

五、移动通信网络

1992年，郴州地区邮电局根据省邮电管理局“165”规划，制定“7293”电信发展计划，即在“八五”计划期末的1995年，实现全区市话容量7万门，农话容量2万门，无线寻呼用户9000户，移动电话用户3000户。1993年10月，郴州地区邮电局移动电话交换局和郴州市（北湖区）、宜章、桂阳、资兴、永兴等县（市）五个模拟电话基站建成投入使用，共48个信道，1万门容量。全市有移动电话电路570路，其中漫游电话90路，与异地基站间的中继电路480路。1995年11月，移动通信四期工程完工，新建模拟电话基站5个，信道增加到216个，总容量增加到5.34万门，移动电话实现省内和全国部分省市自动联网漫游，基本实现“165”规划、“7293”电信发展计划。1996年，移动电话第五期完工后，移动电话交换局开通“全球通”数字移动电话。全市有模拟基站14个，信道384个；数字基站12个，信道192个；实现移动电话全国自动联网漫游。1997年，市邮电局新建、扩容模拟基站10个，信道增加218个；新建数字基站25个，信道增加到329个；新建无线寻呼发射基站30个；建成郴州信息港多媒体网络平台。1998年，郴州邮政与电信分营，分别成立郴州市邮政局和郴州市电信局。市电信局加大投入，将原有通信设施逐步改造成现代化通信网络。对数字基站进行扩容，完善配套设施；完成本地网一体化设备安装调试、寻呼机与169信息港互联以及市局数字卫星接受设备安装工程。年末，有模拟基站21个，信道629个；数字基站52个，信道984个。1999年，市电信局完成各县市450兆无线接入网一期工程，新增载频22个，完成无线市话一期工程和新蓉园寻呼网一期工程。4月，中国联通郴州市分公司成立后，进行“全球通”两期工程建设，建成15个无线基站，交换容量1万门。7月，移动通信分公司从郴州市电信局分离出来以后，进行“全球通”五期工程建设，新建基站69个。

2000年，移动通信分公司先后完成“全球通”六期和七期A段扩容工程，基站总数达到242个，并于2001年开通2.5代GPRS网络。中国联通郴州分公司采用当时世界先进的网络技术和设备，“全球通”130装机容量10万门，无线寻呼系统容量50万户，网络信号覆盖全市县（市、区）城区和大部分乡镇。同时开通了“1001”免费全国统一特服号，无线寻呼“126”“127”“191”“192”“198”“199”全国统一特服号。经国务院批准，中国联通公司公用计算机互联网直接进行国际联网，向全国公众提供互联网服务。2001年，中国联通郴州分公司继续开展“全球通”基站建设和交换局扩容、寻呼卫星传输、城域网和网络之间互联的协议（简称“网协”）承载网建设，“全球通”130实现2.5万门扩容，网络覆盖全市县（市、区）城区和大部分乡镇。同时，中国联通公司开始兴建新一代移动通信网码分多址“133”网络，2002年1月8日开通，网络覆盖全国330座城市，总容量达到1515万户。8月，中国铁通郴州分公司成立以后，以住宅电话为发展主线，投资近亿元，建成覆盖范围广、网络完整的城域通信网，为公众提供本地电话、国际国内长途电话、17990/17991、IP电话、互联网、视讯、数据业务以及代理95828/95829无线寻呼、电报及其他非话业务。2002年，郴州移动通信分公司经信息产业部批准，于1月1日关闭移动模拟网，原模拟网用户转入“全球通”数字通信网，并新建一批基站，年末基站总数达到242个。中国联通郴州市分公司充分利用中国联通建成的世界最大最好的自动柜员机骨干数据网，为用户提供光纤同轴电缆、数字数据电路、帧中继等电路出租业务。2003年，郴州电信分公司开通小灵通新网络，取代原试验网络，并将网络延伸到全市县（市、区）城镇。郴州移动通信分公司完成“全球通”七期B阶段和八期A阶段工程，交换容量达到67万户，新建基站37座，搬迁基站14座，基站总数达到374个，载频总数达到2706个。中国联通郴州市分公司传输网络快速发展，完成“全球通”网络九期工程，新建15个基站，交换机软件版本由“全球通”12升级至“全球通”15个，交换机处理能力随之提高，由1主用1备用增至3主用1备用，并实现主用设备扩容。完成码分多址网络二期工程，新建35个基站，交换机软件版本由10升级至11，并全面完成上网工程、覆盖107国道、京珠高速、交通干线、主要风景区。网络覆盖面积和通信质量明显提高。2004年，郴州市电信分公司狠抓宽带网专项整治和无线市话网络维护和优化工作。郴州移动通信分公司加快网络建设，巩固领先优势，完成核心网络设备搬迁和扩容工程，及“全球通”八期B阶段和九期A、B阶段扩容工程，有基站482个，新载频数3960个。公司在全省煤炭开采行业率先实施通用分组无线服务技术通信取得成功。年内，中国联通郴州分公司新建“全球通”基站24个，码分多址基站60个，新建综合关口局的割接入网工程，与电信、移动、铁通公司协商，共同确定网间互联割接方案。

2005年，郴州市电信分公司加大新兴业务投资建设力度，建设宽带网、无线市话网，无线市话新增4.11万线，数据存取路径扩容3.09万线，计算机组新增1.59万个端口，本地网交换扩容4.04万个端口。郴州移动通信分公司实施“全球通”9C、“全球通”10A及村通第一、二、三期工程，网络通信能力不断提升，新增交换容量10万户，交换总容量达到108万户；新增“村村通”基站71个，载频146个，解决95个自然村通信难的问题。中国联通郴州市分公司加大网络建设投入，“全球通”、扩频技术和多址技术的通信系统两网新建基站62个，G网网络乡镇覆盖率82.61%、行政村覆盖率63.34%；C网网络乡镇覆盖率84.86%、行政村覆盖率63.87%。中国铁通郴州市分公司完成交换机新建及扩容工程项目6个、宽带新建及扩容局点12个、缆线工程8项，新建管道3.41管孔千米，新建光缆110.4芯孔千米，以满足经济社会发展对通信的需要。

六、数据通信网络

邮电分组交换数据网是继电话、电报之后发展起来的第三种世界范围通信网络，用以实现通信资源与计算机资源共享，为全社会信息交流服务。1993 年 2 月，郴州地区邮电局引进香港恒德公司分组交换设备安装投入使用后，电脑开始进入郴州人生活。首期工程建一个交换点，设 32 个端口，30 个用户端口，并开通郴州对衡阳、长沙分组交换电路 31 路。1994 年，增开郴州对冷水滩（零陵地区）分组交换电路 30 路，全区分组交换电路增加到 60 路，数据专线用户 41 对。

1995 年 4 月，以地区邮电局为中心，连通所辖九个县、市和苏仙岭分局的数字数据传输网首期工程开通运行，通信规模为 363 个用户端口，其中市邮电局 144 个，可与省内各地数字数据传输网互通，并通达国内、国际数字数据网。数字数据网向用户提供各类计算机网用话路 630 路。1996 年，中国农业银行郴州市支行利用邮电交换数据网组建银行汇兑业务计算机网络投入运行。该网连接各县（市）农行 18 个营业网点，是全国农行电子汇兑系统网络的一部分。1997 年 2 月，市邮电局计算机互联网开通运行，可向用户提供 24 个拨入端口。10 月，郴州市金融、证券、保险、税务系统租用公众数据网组建专用网络。至此，郴州邮电信息产业拥有网上数据用户 471 户。这些用户通过公众数据网进入各省信息港、电子公告牌系统站及因特网查阅资料。11 月，郴州信息港（“968”工程）正式开通，用户通过信息港获取文字、声音、图像等多媒体信息。全市新增数字数据网节点机端口 392 个，分组交换网用话路 62 路全部停用。

2000 年 4 月，市本地网帧中继自动柜员机宽带业务网络一期工程通过验收。10 月底，“163”计算机互联网接入端口 3810 个（在用 1800 个），用户达 2 万余户。互联信息网已覆盖全市城乡，通达全国，连接全世界。2001 年 4 月，郴州宽带非对称数字用户环路投入使用。2002 年 11 月，郴州宽带数字用户线路工程、以太网工程、网络优化工程、基础数据本地网网络扩容完工投入使用。2003 年 6 月，省干网郴州市电信分公司本地网网络扩容及优化工程正式交付使用，全市宽、窄带两网合并，完成宽带城域网扩容工程。2004 年 12 月，郴州市电信分公司投资建设的郴州市人民政府与 11 个县（市、区）政府数字电路高速宽带专线并网开通。

2005 年 7—9 月，郴州非对称数字用户环路专网工程和非对称数字用户环路扩容工程、以太网扩容工程先后交付使用。10 月 23 日，郴州“农村中小学现代远程教育”工程正式施工，12 月 5 日全部完工。年末，全市互联网宽带非对称数字用户环路端口容量 4.34 万个，实占容量 3.43 万个；超高速数字用户线路端口容量 961 个，实占容量 691 个。某区域由多台计算机互联成的计算机组端口容量 3.74 万个，实占容量 1.33 万个。

第三节 通信业务

一、电 报

1989 年 8 月，郴州地区邮电局开办用户公众电报和快速传真电报业务，各银行间逐步开通使用传真结算，传统电报业务逐年减少。是年，全区电报业务量 175.63 万份，业务收入 144.77 万元。

1991年8月，郴州邮电系统传真网受理用户发往国内、国际传真电报业务，电话、电信传真及数据通信取代传统电报。1994年，全区传真电报业务量99.19万份，电报收入198.02万元。1998年初，开办“1648”话传庆贺电报业务。1999年，又增开市内以上城镇鲜花礼仪电报业务，全市传真电报业务量13.89万份，业务收入106.15万元。2002年，全市电报业务量降至4.15万份，业务收入降至27.95万元。2005年，全市电报业务量6639份，仅为1989年的3.78%；业务收入6.25万元，仅为1989年的4.32%。

二、长途电话

1989年6月，郴州地区邮电局开办长途有权电话业务，当年发展长途有权用户159户。全区长话业务量228.07万张，长话业务收入361.59万元。1990年，长途有权用户355户。1991年6月，开办国际直拨电话业务。随着地区邮电局程控电话及桂阳、桂东、临武、安仁、嘉禾、资兴等县（市）史端乔自动电话开通，全区长途有权直拨用户增加到2202户，长话业务量309.4万次，长话业务收入491.38万元。1992年，全区长话去话业务量335.15万次，其中长途有权用户业务量占68.36%。1993年5月，全区所有长途直拨用户全部开放国际直拨功能。1993年，全区长话业务量1325.96万次，业务收入1231.5万元。

1995年6月，电信营业台停止受理客户“不开长途有权”申请，所有计费用户全部免费开放国内直拨功能。是年，全市长话总业务量3640.78万次，业务收入3742.85万元；长途直拨国际、港澳有权用户68251户，其中农话直拨国际、港澳有权用户2.01万户。2001年8月，郴州市电信分公司推出200充值电话卡新业务。200电话卡可拨打本地电话、国内、国际长途电话、IP电话及163/169上网。2003年，全市长话业务量3541.51万次，长话业务收入6000.39万元。其中，国际长途通话2.74万次，港澳台长途通话9.4万次。

2004年，市电信分公司开办虚拟专用拨号网业务，业务用户276户，用户拨打1.56万次，拨打时长286.19万分钟。2005年，全市国内长途用户51.73万户，长话业务量4545万次，长话业务收入5853.52万元。其中，国际及港澳台长途有权用户2.54万户，国际长途通话3.47万次，港澳台长途通话9.22万次；与1989年比，业务量增长19.9倍，业务收入增长16.2倍。

1989—2005年郴州市（地区）长途电话业务量、业务收入统计表

表21-2-3-1

项目 年份	长途电话总业务量（张、次）	长途电话业务总收入（元）	国内长途电话业务量（张）	国内长途电话业务收入（元）	IP国内长途电话通话次数（次）	IP卡通话费收入（元）	记账式电话卡通话费收入（元）	电话卡收入（元）
1989	2280724	3615930	2279788	2775427	—	—	—	—
1990	2279599	3985868	2278217	3216149	—	—	—	—
1991	3093947	4913765	3091064	4178464	—	—	—	—
1992	6578451	7983752	6564015	6812173	—	—	—	—
1993	13259577	12315004	13223945	9879902	—	—	—	—
1994	27847189	21817827	27797177	20046749	—	—	—	—
1995	36407752	37428494	36005836	31837426	—	—	—	—
1996	21742764	45743250	21696122	39923504	—	—	—	—

续表 21-2-3-1

项目 / 年份	长途电话总业务量（张、次）	长途电话业务总收入（元）	国内长途电话业务量（张）	国内长途电话业务收入（元）	IP 国内长途电话通话次数（次）	IP 卡通话费收入（元）	记账式电话卡通话费收入（元）	电话卡收入（元）
1997	20174222	45461914	20123592	38807061	—	—	—	—
1998	24090046	44398985	24032329	43775462	—	—	—	—
1999	28416951	45983600	27196841	44956065	—	—	—	—
2000	33751525	60789911	33092696	44672303	33387	16465	1389295	247744
2001	34592972	72059061	27251473	49968956	7259400	77334	8173113	8250447
2002	38992505	60576347	38911637	39300341	17052726	137770	3180366	9788746
2003	35415137	60003941	35303716	51113173	17631115	18292032	—	—
2004	42747541	62404477	42565506	56699280	17801142	258365482	—	—
2005	45450061	58535202	45323259	57599846	18432403	22895194	—	—

项目 / 年份	会议电话收入（元）	国际及港澳台电话业务量（份、次）	国际及港澳台电话业务收入（元）	出租电路收入（元）	出租设备及代维费收入（元）	网间结算收入（元）	过线费收入（元）	其他收入（元）	备注
1989	787	1067	53231	586989	8447	—	21351	169698	含出口、进口、转口电话
1990	631	1382	89999	602534	5386	—	24195	46975	
1991	459	2883	136224	557091	5386	—	—	36141	
1992	858	14436	574097	541681	4039	—	—	50904	
1993	501	35632	1497902	595665	188054	—	—	152980	含电报
1994	1071	50012	1771078	585930	408447	—	—	728317	
1995	2785	401916	2441951	398957	705278			2016142	
1996	81474	46642	2134122	606151	510638	—	—	2313734	
1997	8358	50270	1714018	324514	350498	—	—	65276	
1998	1787	57717	1670681	421120	94003	—	—	106614	
1999	2827	64783	1246462	620932	50274	—	—	353503	
2000	—	79102	1176865	5686116	19200	2000000	—	17410	
2001	—	82099	916061	3061957	136890	9008804	—	45735	
2002	—	80868	969863	2510206	105683	3344466	—	74059	
2003	—	111421	1024395	2930537	58816	5953031	—	41480	
2004	79878	182035	2129551	1163617	11949	4443301	—	6451	
2005	—	126802	935356	1107171	1572	4163208	—	—	

三、市内电话

1989 年，全区市话用户 6156 户，通话 432.02 万次，话费收入 185.93 万元。1991 年 10 月，地区邮电局开通“185”音乐电话市话新业务。1992 年 12 月，地区电话用户全部开放双音频功能，开设音乐台20路、曲艺台20路、报时台4路、天气预报台4路、火车时刻表预告20路。是年，全区市话用户1.51万户，通话2331.35万次，话费收入697.22万元。1994年1月，开通“168”电话信息服务业务。是年，全区市话用户发展到4.64万户，通话1.07亿次，话费收入3242.26万元。

1995年6月，郴州市邮电局开通道路交通事故报警“122”特服号。1995年，全市市话用户6.93万户，通话1.48亿次，话费收入6294.08万元。1996年，市邮电局组织开展市内电话营销活动，推出租赁电话业务，开通“160”人工咨询服务业务，发展专家热线13条，网员单位15个，向用户提供法律、医疗、教育及股市行情咨询等服务。1997年，全国“185”电话特服专号开通试运行。全市开通“120”急救电话业务。市邮电局设立“189”业务受理台，专门受理市内电话业务。开通被叫智能网800电话业务。全市市话用户10.53万户，通话2.12亿次，话费收入1.94亿元。1998年6月，市电信局开通“121”气象服务台业务、“密码记账”呼叫300电话卡和800智能网业务。

2000年，市城区先后开通“95518”市保险公司、“95588”中国工商银行、“95533”中国建设银行客户服务中心和“17911”中国联通“网协”电话并接入专用特服号。全市城乡电话用户20.82万户，通话2.95亿次，话费收入2.14亿元。2001年，先后开通“12315”工商行政管理局消费者投诉举报中心、“17999”海关口岸电子执法系统、“95519”中国人寿保险公司客户服务中心、“12345”市政府市长公开电话、“95511”平安保险公司客户服务中心和“1000”中国电信综合客户服务中心专用电话特服号。并开通集中用房交换机电话业务，发展用房3070户。2002年，先后开通本地电话网湖南铁通“95868”国际互联网业务、“068”国内长途通信业务、“95599”中国农业银行客服中心、“95522”泰康人寿保险公司客服中心、“17987”全省足球彩票业务特服号；启用“12365”全国质量技术监督系统举报热线、“96305”公安户证核查专用特服号。2003年，又先后开通大陆至台湾地区付费“800”业务、全省“118168”电话聊天业务，本地电话网开通“17970、17971”“网协”卫星通信电话业务。全市城乡电话用户59.19万户，通话12.86亿次，话费收入2.62亿元。2004年1月，全市本地网开放中国网通家庭被叫付费业务、电话会议、电话聊天、电话商务、电子政务、企业客服、公众信息等多种业务。

2005年，全市开通“96122”湖南高速公路统一报警服务专用号码。全市电话用户71.07万户，通话13.89亿次，话费收入22.04亿元；与1989年比，市话总户数增长115.5倍，通话量增长321.5倍，话费收入增长118.5倍。

四、农村固定电话

1989年，全区农话用户3198户，通话246.16万次，话费收入333.33万元。其间，农话发展缓慢，一些县农话处于亏损状态。1990年，桂东县农话扭亏为盈，成为全区唯一超额完成年计划的县局。1991年，全区农话改制工作会议在宜章县召开，会议要求大力开展农话管理改革。是年，全区农话总户仍然只有4044户，通话量296.11万次，比1989年增长20.33%；话费收入518.47万元，比1989年增长55.55%。此后三年，随着农村经济发展和农话改革的深入，全区农话有所发展。1995年，全市农话改制工作全面完成，实现本地、国内、国际直拨，撤销农话人工台“118”特服号。全市农话总数2.09万户，通话业务量1383.04万次，话费收入2089.02万元。从1996年开始，随着经济的不断发展，农话通信网络升级，农话业务不断发展。1999年，全市农话总数9.6万户，通话量7830.32万次，话费收入7169.81万元；比1989年农话总数、通话量、业务收入分别增长30.1倍、31.8倍、21.5倍。2005年，全市农话31.14万户，是1989年的94.2倍。

五、无线寻呼

境内无线寻呼业务始于1989年9月，郴州开通无线寻呼业务，建立无线寻呼“126”人工服务台，有无线寻呼发射机2部，中继机2部。无线寻呼用户65户，业务收入1.13万元。1991年，郴州无线寻呼与长沙、衡阳、株洲、益阳、常德、岳阳、邵阳、大庸等地市联网，形成远距离传呼功能。无线寻呼用户626户，业务收入14.59万元。1992年，郴州地区邮电局购进无线寻呼系统软件，在省内地（市）级城市中第一个开通数汉兼容自动寻呼系统，开通“127”自动台和“128”中文台。有无线寻呼发射机10部，操作终端机13部，用户3422户，业务收入62.08万元。1994年4月，地区邮电局引进127大自动无线寻呼交换系统，除提供常规寻呼外，还增设定时寻呼、联网登陆、数字信箱、修改密码、留言呼、特别呼以及催费寻呼等服务功能。9月，实现与全省地级以上城市自动联网无线寻呼大自动漫游。1994年，全区无线寻呼系统容量6万户，基站12个，用户2.63万户，业务收入477.97万元。1996年12月，全市无线寻呼同频同播网在郴州市城区、永兴、桂阳、资兴等县（市）完成第一步割接，无线寻呼网话路72路。郴州无线寻呼在全省率先改为主叫付费模式，用户数量大大增加，全市无线寻呼系统容量19.2万户，有无线寻呼用户6.18万户，业务收入922.97万元。1997年，市邮电局建成直接接收卫星信号股票寻呼机收发系统，开通股票寻呼机业务。桂阳、嘉禾、临武、安仁县无线寻呼同频同播网开通，无线寻呼进入全省同频同播网。1998年上半年，在五盖山（由良田基站迁移）、苏仙岭、女仙山等高山更换和新建大容量发射设备，扩大寻呼信号覆盖范围。1998年，全市无线寻呼系统容量25.6万户，基站38个，用户11.73万户，业务收入814.11万元。1999—2002年，市内先后建立综合郴州市电信分公司新时代网络公司、郴铁电务段综合贸易服务公司、郴州电力、郴州润迅等无线寻呼台。2002年，郴州市电信分公司城乡无线寻呼用户12.24万户，近似于1998年的水平。以后，随着中国移动通信和中国联通的发展，无线寻呼用户迅速减少，2005年，停运无线寻呼业务。

六、移动电话

境内移动通信业务始于1993年，以后不断发展。1993年10月，郴州地区邮电局移动电话交换局和宜章、桂阳、资兴、永兴县（市）5个移动电话基站建成投入运营后，开通模拟移动电话，年末，有移动电话用户301户，当年营业收入17.54万元。1995年，模拟移动电话用户发展到6607户，营业收入965万元。1996年，市邮电局完成五期移动通信工程扩容，开通“全球通”数字移动电话。市话交换机、农话交换机、用户小交换机、公用电话全部开放900~902号码段及139735×××××等4个局号的所有号码。年末，移动用户发展到1.25万户，业务收入增加到1466万元。1997年，全市邮电系统开展服务社会、服务客户、兑现承诺的行业争优创先活动，以优质服务赢得市场。年末，有移动通信用户2.36万户。1999年，是全国第二个“邮电服务年”，全市电信企业全面推行服务承诺制、客户联系制和客户导向服务。移动电话放号1.26万个，年末用户3.7万户。1999年，实行电信、移动分营。郴州移动通信分公司建成5万门容量的模拟移动通信系统和5万门容量的数字移动通信系统，网络信号覆盖全市。8—11月，公司连续开展庆祝国庆五十周年“移动杯”业务发展竞赛和“迎新世纪，贺千禧年，迎澳门回归”为主题的“世纪杯”业务发展竞赛。12月，开设“1860”热线服务台，及时处理用户投诉。年末，移动通信用户达到7.6万户，全年营业收入5869万元。此外，中国联通郴州分公司（以下简称“联通分公司”）开通移动电话业务，至年底就发展“全球通”130号段用户6000多户，营业收入270万元。

2000年，郴州移动分公司制定各项服务规范制度，建立客服质量信息反馈系统，聘请新闻媒体和各界人士112人担任服务质量社会监督员。大力推销移动“网协”电话“神州行”品牌、短消息、手机上网、1258/1259中文台，经营业务快速发展，年末，通信用户达到12.5万户，全年业务收入达到1.63亿元。联通分公司引进当时世界先进新技术和设备，使通信语言更清晰、话费更优惠。为方便用户，开通1001全国统一免费特服号、人工服务热线0735-2263130和无线寻呼特服号，业务量加速增长。年末，用户达到6.1万户。2001年，移动分公司移动用户达到27万户，同比增长1.16倍；全年业务收入2.06亿元；实现利润5178万元，上缴税金712万元，在全省移动通信业务综合考评中名列市州第三名，获得“湖南省移动通信先进企业”称号。联通分公司积极发展“网协”卡、193卡、193选网业务，强化内部管理，实现企业高效、良性运作。年末，通信用户达到7.62万户。2002年，移动分公司聘请外资公司专业技术人员帮助提升网络质量，推出语音、数据、多媒体多项服务。年末，通信用户32.25万户。联通分公司面对挑战，迎难而上，在开发“全球通”130、131通信网络的基础上，又开通代表绿色、先进、时尚的133通信网络，推出特色服务——“网中网”“一单清”“一台清”服务和“一号通”交费卡，均取得成效。年末，“全球通”用户达到11.2万户，全年业务收入7000万元；133网用户2万户，全年业务收入500万元。2003年，移动分公司在激烈的市场竞争中，努力提升服务水平，打造优质通信网络，缓解高话务量带来的网络冲击和干扰，保持业务发展高速度，全年新增用户16.32万户，年末，在网用户达到48.58万户，全年营业收入4.19亿元，成为郴州移动通信市场的主力军。当年郴州联通分公司开展“服务质量年”活动，在职工中推开以“服务主动性、准确性、技巧性”为内容的服务创优活动，提高用户满意度。2004年，移动分公司推行技术、设备精细化管理，通信业务实行个性化、人性化服务。在营业厅设立导购服务员、多媒体查询终端、自助打印机、医药箱、雨伞架等便民措施，营造温馨舒适的消费环境。2004年，移动通信用户净增14万多户，用户达到62.5万户，全年业务收入5.4亿元，在全省市州移动通信公司中排名第二。联通分公司实施“用户满意在联通”工程，推出“超灵通”、市话王、长话王等品牌，推出“掌用宽带”“上传新势力”“如意夜话卡”等增值业务，实行客户服务工作制度化、系统化，服务资料信息化、档案化。年末用户达到21万多户。

2005年，郴州移动分公司对内以“抓人、抓规章、抓发展”为主线，对外以“强品牌，树形象”为着力点，开展“工商管理硕士精英论坛”“卓越领导力在中国——长沙论坛”“美丽之约——女性特色搭配沙龙”“全球通客户关爱到家”等一系列促销活动。开发车辆定位系统，建立郴州电力系统应用示范基地，开发煤矿安全网络监控系统及市、县、矿三级联网，深受用户好评。年末，用户达67万户，全年营业收入5.7亿元，上缴利税4174万元。郴州联通分公司坚持“外树品牌，内抓精准，拓展市场，强化执行”的经营方针，积极发展增值业务，开展“亲子教育讲座”“金秋送健康——大客户体检”活动，在所有营业厅设立双屏显示器、密码小键盘、电子填单服务，年末，公司用户增到25万户。中国铁通郴州分公司外闯市场抓营销、内抓管理转机制，对重点用户、高端用户群开展“差异性”特色服务，大力开展各类增值业务和他网业务，197业务、17995/17996、企业联名卡、主机托管、模拟信号数字化等业务取得实效。全年新增固定电话1.30万台，实现营业收入2100万元。

七、其他通信业务

（一）可视电话会议

1989年，郴州地区电话会议不多，话费收入仅787元。1993年，地区邮电局可视会议电话与长沙联网开通，年底建成全地区可视电话会议网，电话会议收入501元。1996年8月，市邮电局开通数字会议系统，郴州市委、市政府利用数字会议系统召开会议增多，是年，会议电话收入8.15万元。1997年12月，郴州市邮电局开通市至县的单向可视电话会议系统。1999年，市电信局通过光纤扩容先后建成郴州、桂阳、永兴、临武、资兴、宜章、嘉禾、汝城、安仁光缆图像传输环路，并引入国际先进的同步数字传输系统传输设备，与原有光纤网络形成现代化多媒体传输网，开通市至县间双向可视电话会议系统，全年会议电话收入2827元。2001年2月，郴州市电信分公司启用多媒体公共传输网可视电话会议系统。2003年8月，完成省会议电视网络郴州会场改造工程，开通中兴公司生产的宽带光纤系统。2004年，完成市政府电视会议系统工程。2005年，全市会议电话收入7.99万元，为1989年的101.5倍。

（二）数字数据

1993年2月，郴州地区邮电局开通分组交换数字数据业务。1994年，分组交换用户5户。1995年6月，市邮电局开通县市数字数据业务，全市长途分组交换用户16户，长途数字数据用户14户，数据业务收入2.6万元。此后，数字数据业务迅速发展，1997年用户352户；1999年，用户达到3300多户，业务收入273.59万元。2001年，全市数据业务总收入1160.39万元。2003年，全市帧中继（系一种用连接计算机系统面向分组的通信方法）国内长途用户11户，帧中继本地网用户184户，分组交换拨号用户94户，分组交换专线用户105户，“一线通”用户55户，数据业务收入3586.7万元。2005年，分组交换拨号用户44户，分组交换专线用户27户，数据业务收入425.45万元。

（三）互联网

1997年2月，郴州市邮电局开办计算机互联网业务。7月，市邮电局计算机互联网通过省多媒体通信网络进行首例远程医疗会诊取得成功。是年，计算机互联网用户91户。1998年7月，市邮电局与市科委联合开办因特网技术培训班，首期招生15名上网培训。开通帧中继和自动柜员机宽带业务，发展帧中继业务用户16户。开办电话拨号上网“169”“163”信息业务。在全省率先开通电子商务、电子证券营业网等因特网电信新业务。2000年4月，市电信局在全市开启网吧业务，用户利用数字数据网专线、电话拨号、一线通上网，当年发展因特网上网用户11.99万户。因特网用户业务量227.41万次，使用时长9844.19万分钟。2001年1月，市电信分公司在郴州市委大院率先开通郴州市宽带城域网。4月，在全市开通互联网宽带虚拟拨号业务，解决上网速度慢问题。强力推进政府、企业、家庭“三上网工程”。全年，政府上网单位184个、企业上网247户，全市互联网用户17.63万户，互联网收入1160.41万元。2003年7月，郴州在全省率先开通中国电信“天翼通”无线上网宽带业务，全市互联网用户38.42万户；其中，互联网注册拨号用户7.98万户，互联网主叫电话计费用户3526户，互联网专线用户45户，终端用户折算总数1.71万户，互联网接入收入2878.8万元。2005年，市电信分公司开办互联网绿色上网业务、互联网星空业务，发展绿色上网574户。是年，互联网用户50.31万户，互联网接入收入5158.75万元。

第四节　通信管理

一、通信综合管理

（一）通信管理机构

1989年，郴州地区邮电局设电信管理科，承担全区电信业务管理，电信生产机构有长话科、市话科、电报科。全区邮电干部职工525人，其中专业技术人员344人。1991年至1994年7月，随着电信业务发展，地区邮电局生产机构先后成立程控电话室、电信营业科、农话设备维护中心、电话安装公司、移动通信公司、公用电话公司、重点客户科、长途报话科、市内电话号线科等。1993年，地区邮电局撤销电信管理科，成立电信业务管理科，农村电话科与电信业务管理科合署办公，实行“一门两牌”。1994年9月，随着电信业网络数字化，地区邮电局成立数据通信分局、网络管理维护中心、移动通信分局。1996年，成立计算机信息中心、移动通信分局、数据通信分局、图像通信局。全市邮电干部职工815人，其中专业技术人员558人。1997年，市邮电局成立电信重点用户服务部、乡镇电话办公室，将语音信息服务局、数据通信分局、图像通信局合并成“郴州市邮电局信息产业局”。1998年10月，邮政与电信分营后，市电信局机关设置综合办公室、人力资源部、市场经营部、计划财务部、通信建设部、电信业务管理科、行政科、物资管理部、技术拓展部。全市电信干部职工515人，其中专业技术干部431人。2004年8月，郴州电信重组上市后，市电信分公司内设前端、后端、管控三大架构，机构设置更趋完善。2005年，郴州电信生产机构不变，电信管理人员441人，其中专业技术人员390人。

（二）邮电网点

1989年，全区有84个农村邮电支局（所），承担代收寄、代投递、代营销、代收费、代维护业务。1995年，全市开办邮电代办所521个，代办点1936处。1997年，对全市城乡邮电代办所开展创建达标活动，要求有固定营业场地、固定经营责任人、“代办证”、信筒（箱）、日戳、计量器（精确到克）、铁皮柜或保险柜、业务图章、业务单式、资费标准、原始台账报表、公用电话等。1998年，郴州农村邮电代办所1250个，城市代办所85个，城乡邮电代办点1.2万个。2002年，市电信分公司明确代办网点代办普通拨号上网、宽带上网、政府上网、企业（含学校）上网、远程教育等业务。2003年，全市实行农村电信代办统包营销责任制，农村统包网点486个，农村用户30.18万户，从业人员546人，其中正式员工102人，委托代办人员444人。2004年4月，城市代办网点开放话费代收业务。这一年，全市电信业务代办点223个，营销人员626人。2005年，全市开展“农村网点30优”竞赛活动，126个网点参赛。资兴东江支局、鲤鱼江网点、州门司网点，郊区分局的鲁塘网点、宜章的梅田网点被评为一档网点；宜章县的瑶岗仙网点、一六网点，永兴县的樟树网点，临武县的南强网点，桂阳的荷叶网点、黄沙坪网点等被评为二档网点；郊区分局的石盖塘网点等15个网点被评为三档网点。桔井路营业厅评为本年度社会代办四星级网点，家润多专营厅、人民西路营业厅为三星级网点，五岭营业厅、国庆南路营业厅为二星级网点，香雪路、下湄桥、电脑城营业厅为一星级网点。

二、通信行业管理

1990年，为规范电话机使用行为，郴州地区邮电局制定《用户通信终端设备进网管理暂行办法》，电话机使用实施进网许可证制度；并抽查2924部网上运行的电话机及附属设备，对县（市）局无证入网现象进行查处，妥善处置无证入网事件，无证入网现象得到有效控制。1992年10月，地区邮电局成立邮电局通信行业管理办公室，受理专用电信网及用户交换机的设点、改制、扩容、设备选型审核和办证等，共审核办证110件。1993年，协助省邮电局对县市申报电话信息服务、计算机信息服务、电子信箱、电子数据交换、可视图文业务进行初审调查。1994年，对邮电设备实行粘贴本地推优选型入网标志，对进入国家公用移动通信网的移动电话机和无线寻呼实行进网许可证和进网标志制度。查处各类非标准设备200多件，查处黑户微机、传真机56部，发放本地话机入网标志7400张，全年进网设备核审率达100%。1995年7月，市邮电行管办与市技术监督局联手对17家通信终端设备销售维修网点进行突击检查，查处扣押无证无标以及质量低劣的各种话机22部。同时，查处两家大哥大寻呼机盗码制伪的黑窝点。1996年3月，《湖南省通信市场管理办法》颁布施行。市通信市场稽查大队成立，移动通信终端设备实行经营许可证制度和维修许可证制度进入法制规范管理阶段。2000—2005年，郴州市电信局完成政企分开和公司化重组后，按照省电信局要求，电信公司分支机构的行业管理更加规范。

三、通信经营管理

1989—1992年，郴州地区邮电系统实行邮电企业目标管理责任制，包括对通信质量、通信数量、业务收入、经济效益、支柱（重点）业务发展、通信建设等17项目标进行考核。地区邮电局实行省局经营责任制，各科室实行地区局的经济责任制，员工实行部门岗位责任制，县（市）局和生产经营科室实行小承包。实行市话营业一条龙服务，凡有线路的区域，用户申请装机，3～5天内上门安装完毕。实行目标管理责任制，规范行业的经营行为。1991年，郴州地区邮电局获全省实行承包经营责任制优胜奖。从1993年起，省邮电局对地区局、地区局对县（市）局实行投入产出大承包，地区邮电局与9个生产科室和10个县（市）局签订“大承包协议”和“有限承包责任书”，定指标、定任务，把目标任务与工资奖金挂钩。1995年，进一步调整经营体制，实施专业化经营，实现产、销、维护一条龙服务，经营管理更加规范，市邮电局被评为全省邮电系统先进企业。1996—2005年，全市邮电系统建立面向市场的企业经营机制和适应通信发展的生产运行体系，在经营体制方面变行政管理为企业管理，推行专业化、公司化经营；在经营管理方面加强成本费用控制，建立一整套投入产出大承包经营实绩考评体系，进一步强化邮电系统经营管理。1998年，根据省邮电局制订的《湖南省邮电企业资本经营责任制考核办法》，实行全市邮电系统资本经营责任制。2003年，市电信分公司实行计件工资与目标管理考核挂钩。县（市、区）电信局一律以业务收入为指标，与目标管理考核结果挂钩，实行计件工资制度。2004年7月，市电信分公司启动郴州本地网业务流程重组运行模式，改职能管理方式为流程管理体系，有效提高资源配置和内部运作效率。市电信分公司目标管理考核取得满分100分，被省电信公司评为“2004年度目标管理先进单位”。2005年，全市电信系统实行目标管理和绩效考核制度，管理者借助KPI绩效考核工具实施管理，领导与员工风险共担、利益共享。

四、通信质量管理

（一）通信全面质量管理

1989年，全区邮电部门建立质量管理小组，全面开展质量管理活动。在全省第10次质量管理小组评比竞赛活动中，省经委、省总工会、省质协授予郴州地区邮电局长话班QC小组、电报班QC小组、市话测量查号班QC小组、桂阳局农话管理QC小组“湖南省优秀质量管理小组”称号，长话班QC小组获国家优秀质量管理小组荣誉称号，郴州地区邮电局获“1998年度湖南省邮电质量管理奖”“组织开展QC小组活动先进集体”。全区电信考核8项指标，完成率100%。电报班QC小组经过20多个质量循环，电报差错率几乎为零，创全国同行业先进水平。农话考核四项指标完成率100%。电信设备重大通信阻断考核指标为零，达到全国先进水平。1990年，在创建湖南省质量管理优秀企业评比中，郴州地区局电报科电报班QC小组被省邮电局评为1990年度中南地区优秀QC小组。在全省第11次质量管理小组评比中，地区邮电局被评为“1990年度湖南省QC小组活动先进企业”，地区邮电局电报机务班等5个QC小组获省优QC小组称号。郴州邮电系统全面完成省局下达的11项电信通信质量考核指标。1992年，全面完成省邮电局下达的8项电信通信考核指标，全年未发生电信通信事故和设备重大阻断。农话通信质量全面完成考核指标，通信事故为零。县（市）局市话忙时拨号接通率全面超额完成指标。地区邮电局电报班再次获“省优”称号。1994年，全区邮电系统推行设备维护承包责任制，各县（市）局农话线设备全部实行维修承包考核。全境长途自动去话电路可用率、市话用户障碍修复及时率及局数据完整准确率分别达到97%、97.2%和100%。

1999年，郴州市电信局被省质量管理协会评为全省质量管理先进企业，市局维修科装移机QC小组评为省优秀QC小组，市局电营科报话营业班被评为省质量信得过班组。2001年，市电信分公司全面完成14项通信质量指标，数据准确率、长途电路合格率等通信指标质量全部达标；设备有效利用率100%，主要设备完好率100%，重大设备故障次数为零。全年网管质量指标在全省综合考核中排名第一。2002年9月，中国质量管理协会、全国总工会、中国科协、共青团中央授予郴州市电信分公司为“2002年度全国质量管理小组活动优秀企业”称号。12月，市电信分公司举办全面质量管理骨干培训班，各县（市）电信局、分公司各职能部室、生产中心（局）的管理骨干55人参加培训。2004年6月，市电信分公司举办全市电信质量管理成果发布会，推出6个单位的7项成果，评出一类成果奖1项、二类成果奖2项、三类成果奖4项。

（二）通信优质服务

1989年，郴州地区邮电局在电信营业中开展“百日优质服务”竞赛和“双学双争”活动，重点整改市话装、移机中的不正之风，设立举报电话，公开办事制度，加强内外监督，各营业厅营业员实行挂牌服务。1991年，全国邮电系统开展电报投递优质服务竞赛活动。郴州地区邮电局电报科狠抓电报收译投递质量，全年送妥疑难电报720份，投送银行电报3.6万份，银行单位签收盖章率、准确率、及时率均为百分之百，服务质量居全省第一名，被省邮电管理局评为自动转报先进单位。1992年，邮电部门在“质量、品种、效益年”活动中，开展《岗位学雷锋，行业树新风，满意在郴州》优质服务竞赛活动，评选“最佳”“最差”员工。1994年，为提高行业服务质量，全区邮电系统在对外服务窗口和涉外工种开展“树邮电新风，创优质服务”活动，引入社会监督机制，在党政机关、企事业单位聘请社会监督员296名，建立临时监督、定时集体监管制度。监督员每月至少反馈信息一次，全年共开展监管活动6次，杜绝服务窗口和涉外工种不文明行为。1995—1996年，全区邮电部门开展“使用规范用语、杜绝服务忌语110句”活动，地区邮电局制定服务用语、服务态度、行为举止及仪表仪容等一整套言语行为标准，并经常进行暗察暗访，保证优质服务常态化。设置举报电话27部，营业窗口设置举报箱99个，全年收到客户建议和投诉1198人次，处置和答复及时率100%。1997年，全市邮电系统开展争当“规范服务行为，争当服务明星”竞赛活动。郴州城区人民东路电信营业厅被省委宣传部授予“全省邮电行业文明示范窗口”“三星级营业厅”称号，市邮电局移动通信局陆红玉被评为省级服务标兵，市郊区局陈淑华等6人被评为省级服务明星。1998年，市电信局电信营业厅获“全国执行电信营业服务规范先进单位”荣誉称号。2002年，市电信分公司向社会作出《郴州市电信分公司提高行政效率优化发展环境的承诺》，在全市启动服务质量“蓝色通道”工程，组织154名服务人员进行服务质量大比武。年底，评出年度星级服务员123人，其中一星级服务员67人、二星级服务员56人。2004年，继续开展服务质量“蓝色通道”工程，市电信分公司肖艳被省公司评为四星级服务员，资兴、宜章、桂阳、临武县电信局及市电信分公司的公众客户部、商业客户部、大客户部、客户服务部、设备维护安装中心被评为优质服务单位。2005年，在10000号增设宽带预处理台，预处理率60.2%。通过开通网上投诉，畅通投诉渠道，有效控制和化解电信服务中的热点、难点问题，越级投诉在全省处最低水平。

第三章 无线电管理

20世纪90年代，郴州无线电事业从单一的无线报话，发展到移动通信、无线传真、微波、寻呼、遥控遥测、有线无线结合及卫星通信等多种形式的无线电事业，无线电技术被广泛应用于广播、电视、公安、电力、气象、金融、生产调度、交通运输、抢险救灾、个人通信等各个领域。郴州市无线电管理部门有效利用无线电频谱资源，加强无线电电台站管理，维护空中电波秩序，保证各种无线电业务正常使用，推动全市信息化产业健康发展。

第一节 无线电管理机构

1985年以前，无线电通信由中国人民解放军统一管理，主要为军事服务。随着经济社会的快速发展，无线电通信广泛用于经济社会的各个领域。1985年1月，国务院、中央军委指示，无线电管理由军队和地方共同负责。湖南省人民政府和湖南省军区联合成立湖南省无线电管理委员会，下设办公室，军地联合办公。5月，郴州地区行政公署和郴州军分区联合成立郴州地区无线电管理委员会（以下简称地区无委），由行署副专员任主任，军分区副司令员和参谋长、行署办副主任任副主任，地区纪委、地区计委、建委等12个部门的负责人为委员；下设办公室（简称地区无委办），配备专职管理人员。其后，地区无委领导成员分别于1987年、1991年两次调整充实。1993年以后，全区各县（市）也先后成立无线电管理机构。1993年5月31日，经地区编委批复，地区无委下设郴州地区无线电监测站，负责全区电磁环境监测和无线电台（站）设备检测。1995年5月，郴州撤地设市，地区无委及其办公室更名为市无委和市无委办公室（简称市无委办）。市无委办隶属市政府办管理，负责全市除军事以外的无线电管理工作，下设郴州市无线电监测站。1998年1月，根据省政府办《关于调整地州市无线电管理体制的通知》，撤销“郴州市无线电管理委员会办公室”，设立“湖南省无线电管理委员会办公室郴州市管理处”（简称市无线电管理处），为省无委办的派出机构，实行省无委办和市政府办公室双重管理，业务上以省无委办管理为主，人、财、物以市政府办公室管理为主。2002年，郴州市机构改革中，保留市无线电管理处，业务和人财物管理关系不变，副处级建制，核定事业编制4名，下设郴州市无线电监测站，正科级事业单位，核定事业编制6名。

第二节 无线电设施建设

1989年8月，郴州地区无线电管理委员会批复郴县（苏仙区）教委在栖凤渡、华塘、良田、白露塘和桥口中心完小分别设立教育电视台一座，并指配频率，成为全区最早建立的教育电视台。随后郴州市（北湖区）、桂阳、嘉禾、临武、资兴、永兴、安仁、桂东也在县城和部分中小学建立教育电视台。1989年，郴州地区林业系统森林防火实施无线电通信网络建设，全区17个国营林场全部使用短波和超短波对讲机通信联络，使盗伐树木、偷运木材案件大量减少。1991年4月，地区无委为全区县（市）政府系统组建无线电短波通信网络，在行署值班室设立主台和指挥室，以提高行署与县（市）之间的信息沟通和工作联系。1996年，郴州市无委批准新设无线电台站4个，新增无线电设备51台。

2000年，全市各类无线电发射接收设备达34.2万台。5月，省无委办和市无线电管理处为市无线电监测站建立国内领先水平的德国生产无线电监测、测向、定位系统，配备美国惠普公司生产的8563频谱分析仪和德国马可尼公司生产的2967综合测试仪，实现无线频率指配、电磁兼容分析、频率/轨道协调计算、无线电频率干扰监测自动化。2000年，全市有广播电台10座、电视转播台50座、电视发射台10座、教育电视台8座、微波站39座、卫星地面站15座、短波超短波台站25个、电台215个、移动电视基站212个、无线市话站599个、无线寻呼基站219个及无线电接受设备34.16万部。2002年，省无线电管理办公室为市无线电监测站配备价值400万元的移动监测车一辆，建立移动监测站，为及时有效监测、查处无线电干扰创造良好条件。2004年6月，郴州市无线电管理处与郴州市保密局配合郴州市考试院在全市18个高考考场安装手机号屏蔽设备。年末，全市基本建成以光缆为主、微波和卫星通信为辅的公用干线传输网。电信、移动、联通、铁通、网通、广电等部门初步建成以传输交换、多媒体通信为基础的大规模、大容量的信息通道，覆盖全市11个县（市、区），国际互联网用户超过15万户，广播、电视人口覆盖率分别为94%和95%，移动电话用户超过90万户。

2005年，全市有广播发射台6座、电视发射台1座、电视差转台9座、卫星地球站6个。郴州移动分公司有“全球通”基站491个、微波站150个、手机用户67万户。郴州联通分公司有“全球通”基站187个、无线通信技术基站152个、微波站32个，手机用户25万户。电信公司小灵通基站1420个、小灵通用户82万户。450波动频率单位无线电接厂11个、终端站600个。

第三节 无线电频谱资源管理

一、无线电依法管理

1992年3月，为加强无线电的“三防”（防盗、防害、防震）管理，郴州地区无委下发《关于加强无线电管理，认真做好防盗、防害、防震工作的通知》，要求各设台单位认真做好“三防”工作，确保无线电通信安全。地区无委办和县（市）无委会先后建立健全一整套无线电管理规章制度。

1993年9月，国务院、中央军委颁布实施《中华人民共和国无线电管理制度》，无线电管理步入法制化轨道。1994年，郴州地区无委开展电台站、频率、设备普查登记工作，换发国家无委统一印制的无线电使用执照，依法查处未准申请审批的“黑台”2个，协调解决台站之间矛盾纠纷15起。1996年6月，全市开展无线电管理大检查，市无委办抽查设台单位89家，检查设备337台，查处违规设台1个、违章设备6台、乱占频率4对。苏仙岭电视转播台擅自寄挂中转台无线15付，市无委办扣押其无线电设备6台，拆除非法天线1付，堵死泄密漏洞2起。

2000年，郴州市无线电管理处进一步修改《无线电设台审批程序》《办理无线电发射协调程序》《无线电频率使用收费规定》等一系列规章制度，进一步规范无线电管理行为，全年审批新设台站101个。2001年，对原有无线电发射基站进行监护，查处泰丰大酒店、金叶大酒店、长富利超市等6户商业企业的非法设台，处以罚款后依法补办申请登记手续。2002年，市无线电管理处继续加强无线电台站、频率管理，净化电磁场环境。是年初，下发《关于开展无线电台站核查和大功率无线电话清理工作的通知》。2003年3月，信息产业部等4部委联合下发《关于开展保护民用航空无线电专用频率专项整治工作的通知》。市政府办公室、市无线电管理处联合制定实施方案，在全市范围内广泛进行电磁环境监测和电信设备检测，查处云龙大酒店等6户商业企业违规设台，收缴大功率无线电话机104部，对当事人进行教育和处罚。2004年6月，市无线电管理处与市保密局联合制定在涉密场所安装手机号屏蔽设备有关规定，清理郴州市第五监狱、资兴市公安局、资兴市电信局不符合安装条件的手机屏蔽设备。2004年7月1日颁布实施的《中华人民共和国行政许可法》，规定无线电管理11项行政许可项目，为无线电行政执法提供法律依据。市无线电管理处加大行政执法力度，为保护民用航空专用频率安全，开展大功率无线电话的查处工作，查处违规设台16家，补办设台手续6家，发放电台执照4份。查处非法销售无线电设备事件20起，请求人民法院强制执行10起。同时，严格执行监测值班制度，坚持每天开机监测，并利用移动监测车在城区、乡村巡逻监测，重点监测广播电台、电视台，严防“法轮功”邪教干扰破坏。严格监测110波动频率单位——130波动频率单位频段的运行情况，净化电磁环境，确保京广航线飞行器在辖区上空安全飞行。

2005年，根据郴州市政府下发的《关于对城市已建微波通道有影响的高层建筑和可能对无线电台站造成有害干扰的工程实施报建审批规定》，市无线电管理处与有关部门协调，要求在工程规划、报建审批工作中必须有无线电管理机构的审批意见，并审批移动公司报建的基站35个、村口通站111个。在抓好广播、电视、电信、移动、联通等无线电设备大用户的台站、频率检查的前提下，市无线电管理处对全市宾馆、酒楼、娱乐场所等进行检查，查处违规设台54家，对其中6家违规设台拒不整改的单位，按照行政处罚法分别处以5000元罚款。同时，查处无线电干扰事件4起。8月和11月，市无线电管理处查处永兴县大布江乡违规使用大功率无线电话10台，资兴市波水乡大功率无线电话1台，当即收缴主机4台，拆除大功率无线电话天线10付。

二、无线电技术管理

1993年5月，郴州地区无线电监测站成立以后，对全区电磁环境进行严密监测和检测。1996年，市无线电监测站对全市电磁环境监测25次，解决台站无线发射相互干扰的矛盾纠纷4起。1997—1998年，市无线电监测站通过监测，协调解决郴州市公共汽车公司与郴州卷烟厂、市广播电视局与市电信局无线电发射台无线通信相互干扰的矛盾。

2000年，市无线电监测站完成移动公司6期扩容选址及频率指配和市联通公司、市电力系统、市电信公司寻呼基站检测以及全市电磁环境监测和基站设备检测。2001年，市无线电监测站完成市移动公司“全球通”第7期扩容工程新建微波站、市联通公司“全球通”第5期新建微波台站检测。2004年，配合省无委检测中心测试市移动公司和市联通公司新建“全球通”、无线通信技术基站32个、微波基站6个。全年共检测各种无线电发射设备122台，合格率98%。2005年，完成市移动公司、市联通公司新建162个基站的测试和261台载波设备检测。

郴州市志（1989—2005）

第二十二篇

城乡建设·环境保护

1989—2005年，郴州的城乡建设历经旧城改造、新区开发，以及城乡联动、快速发展和完善设施配套、高标准建设三个阶段。城市规划坚持现代化城市取向，科学编修。其间，市规划局会同各县（市、区）规划局根据城市经济社会发展需要，3次编制城市总体规划。城乡建设步伐加快，城市规模快速扩张。郴州市中心城区面积由1989年的18.65平方千米扩大到2005年的37.5平方千米。完成重大市政基础设施项目建设80余项，总投资达41.9亿元；人均道路面积9.44平方米。2005年城市居民人均居住面积达29.1平方米，是1989年的4.07倍。每万人拥有公交车6.24标台。至2005年，市城区人均公共绿地面积9.42平方米，自来水、燃气普及率达95%以上；城区城镇化水平由1994年的41.86%提高到62.2%，全市城镇化水平由1994年的19.7%提高到36.8%。9个县（市）城区建设面积由1989年的37.76平方千米增加到2005年的79.81平方千米。市政建设、公共设施建设、园林绿化均有较大发展。建制镇建设不断加强。新修道路228条，总长814.19千米；改造新建水厂76个，日供水能力30.05万吨，自来水饮用普及率达78.1%。有39个建制镇被授予市级以上文明城镇称号。农村发展速度加快。17年间新建住房208.5万平方米，人均居住面积由1989年的4.37平方米增加到2005年的26.6平方米。至2005年年底，全市94%的行政村通电话，99.8%的行政村通公路，79.2%的农户实现用电，52.8%的农户饮用自来水。

1989—2005年，郴州在加快经济社会发展的同时，依法加强环境保护工作，着力改善污染重点区域和城市的自然生态环境。各地突出污染源治理，遏制污染扩散势头。1990年，郴州行署与11个县（市）政府签订环境保护目标责任状，把限期治理一批工矿老污染源，全面整顿和规范矿业开发秩序列入政府主要工作目标。1996—2000年，郴州市以实现主要污染物排放达标为重点，综合治理重点区域、流域和行业环境污染，全面提升市域生态环境质量。至2000年，全市纳入统计的468家工业污染源工厂有467家治理达标或关停，其中纳入国家、省、市重点考核的24家经治理全部实现污染达标排放。2001—2005年，郴州市环境保护工作坚持规范化、制度化管理，注重生态建设，建立环境保护长效机制。其间，市委、市政府相继颁布《郴州市环境与生态保护发展“十五”规划》《关于进一步做好环境污染综合整治工作的通知》等16个规范性文件；对市内8个重点区域、流域和行业的20个重点污染源，分别建立近期和远期污染防治措施及责任制；严格执行建设项目环境影响评价、主体工程与治污同时设计、同时施工、同时投产制度，以及排污许可证等制度。加强自然生态建设。2005年自然保护区（园）面积达6.47万公顷，比2000年扩大58.7%。全市环境空气质量保持在国家二级标准以内，地表水水质达Ⅰ、Ⅱ、Ⅲ类标准的占87.1%，区域环境噪声年均等效声级控制在55分贝以内。防治农业面源污染、室内污染、辐射污染等工作均日见成效。

第一章　城乡规划

1989年以后，郴州城乡建设总体经历三个发展阶段：1989—1995年，启动旧城改造、新区开发阶段；1996—2000年，以城带乡，城乡联动，进入快速发展阶段；2001—2005年，完善设施配套、美化环境、投入高标准建设阶段。城市规划坚持现代化城市取向，科学编修，具有全局性、综合性、系统性、前瞻性和强制性。城市规划管理更趋程序化、规范化和法制化。其间，郴州市规划局会同各县（市、区）规划局根据城市经济社会发展需要，3次编制城市总体规划。根据城市总体规划，细化城市分区规划、城市详细规划、城市专项规划、风景名胜和旅游区规划，加强县（市）城区总体规划、建制镇规划、乡村规划。城市规划机构从无到有，专业队伍不断壮大；规划管理，规划监督检查不断加强；城市勘测管理、城建档案管理日益规范完善。

第一节　城市规划

一、总体规划

（一）1989年城市总体规划修编

1988年，湖南省建设委员会召开2000年城镇建设发展战略研讨会，根据省政府提出的发展战略目标，城市基础设施建设被列为建设重点。1989年，郴州市（北湖区）政府对《郴州市城市总体规划（1980—2000年）》进行修编，在编制《郴州市城市总体规划（1989—2010年）》中明确城市建成区18.65平方千米。确定城市性质为：湖南省历史文化名城和风景旅游地，湖南门户和郴州区域交通枢纽，着重发展加工业和旅游业的地区中心城市。预测城市人口：2000年发展到28万人左右，2010年发展到40万左右，建设用地控制在40平方千米以内。城市发展方向为郴县（苏仙区）雅市坪地段，着重发展有色金属冶炼加工和化工生产等用水量大的工业，并成为相对独立的新城区。城市布局“一中心多组团”，即以老城区为中心，槐树下、许家洞、柿竹园、雅市坪为组团。城市规划区100平方千米。1991年，湖南省人民政府印发《关于郴州市城市总体规划修编方案的批复》。

（二）1995年城市总体规划编制

1995年，郴州撤地建市，实施市带县体制，市域行政区范围扩大。根据1990年实施的《中华人民共和国城市规划法》，市政府编制《郴州市城市总体规划（1995—2015年）》，城市建成区24.25平方千米。1996年8月，郴州市人民政府邀请中国科学院和中国工程院院士、建设部原副部长周干峙，建设部规划司、清华大学、北京大学、同济大学、武汉城建学院等著名的城市规划专家，以及省直属委、局的领导与专家在长沙湖南宾馆对郴州市城市总体规划方案进行评审，评审认为：“规划基础资料收集翔实，规划层次方法正确，水平较高，达到国家《城市规划编制办法》的深度要求。”

市域城镇体系规划 预测到2015年市域常住人口520万，城镇化水平50%左右。规划强化郴州市中心城市功能；建立资兴、桂阳、永兴、宜章、汝城5个次中心城市职能；完善临武、嘉禾、安仁、桂东县城的县域中心城市功能；形成一批功能各异的小城镇。到2015年市域拥有50万人以上的大城市1座，20万人以上的中等城市1座，人口10万~20万人的小城市4座，人口6万~10万人的县城4座，人口4万~6万人的镇2座，人口2万~4万人的镇8座，人口0.6万~1万人的镇44座，人口0.6万人以下的镇104座。城镇等级为：一级中心城市郴州市区；二级次中心城市资兴、桂阳、永兴、宜章、汝城；三级县城临武、嘉禾、安仁、桂东；四级51个重点镇；五级107个一般镇。并形成以郴州市区为中心，以资兴、桂阳、永兴、宜章4个城区优先发展圈所组成的城市群为核心发展区，沿交通干线向汝城、桂东、临武、嘉禾、安仁等县辐射，各县（市）向其影响范围辐射，形成核心放射型城镇体系布局。

中心城区规划 确定城市性质为：湖南省南部对外门户与历史文化名城，以有色金属、建材、轻化工业为主导，商贸和旅游业发达的湘南地区重要的中心城市。预测城市人口2000年35万人；2015年60万人~65万人，建设用地59.6平方千米。城市发展方向近期向南、远期向东，实施“南延东进”发展战略。城市布局“一市双城多组团”，即以京珠高速公路为界，西面为老城区，东面为新城区。远景到21世纪中叶，城市向雅市坪、桥口方向扩展，板桥、雅市坪、槐树下纳入集中连片的城市核心区，加上城市边缘的桥口、许家洞、石盖塘镇，中心城市建设用地达100平方千米，城市人口达100万人左右。1997年，湖南省人民政府批准《郴州市城市总体规划方案》。同年，市政府公布城市规划区为1313平方千米，辖5个街道办事处、15个乡（镇）和1个国际狩猎场。

（三）2005年城市总体规划修编

2005年，武广高速铁路和客运站在郴州选址，国家级出口加工区在郴州设立。郴州市根据国家重大项目建设的实际，开展城市空间发展战略研究，市政府对《郴州市城市总体规划（1995—2015年）》进行修编，编制《郴州市城市总体规划（2004—2025年）》，城市建成区36.21平方千米。2005年6月市政府听取《郴州市城市空间发展战略研究》汇报，12月市人大常委会主任会议听取《郴州市城市总体规划纲要（2004—2025）》汇报。并将《郴州市城市总体规划纲要（2004—2025）》报省规划委员会专家委进行技术审查。为了与相关规划更好地衔接，省建设厅明确规划期限为2005—2020年。2006年3月，省建设厅召开《郴州市城市总体规划纲要（2005—2020）》评审会，会议原则同意《郴州市城市总体规划纲要》。总体规划纲要的主要内容如下。

郴州市城市空间发展战略 城市发展定位为，珠三角北翼及湖南南部区域中心，形成产业、商贸、环境、文化特色的城镇密集区中心城市。总体战略支持市域经济、社会、环境发展目标的实现，为区域和城市发展提供空间和物质载体。发展战略核心是聚合区域高端职能，提升区域核心竞争力；推进郴资桂一体化进程，加速一体化发展；增强中心城区对市域腹地的辐射、影响作用；支持区域经济与产业结构战略性优化升级；引导市域城镇产业空间整合和资源合理利用；构筑生态环境友好型的区域城镇空间格局。确立合纵连横、非均衡发展、产业集中、可持续发展、特色化五大战略。构筑产业、城镇化、交通、旅游、资源利用与保护和城市特色发展模式。市域城镇空间结构“一脊七轴、一区多点”。“一脊”，即沿京广铁路和京珠高速公路，由永兴县马田镇—郴资桂—宜章县形成的南北向城镇发展脊；“七轴”，即桂东—汝城、安仁—永兴—郴资桂—汝城、桂阳县流峰镇—郴资桂—临武、嘉禾—临武、流峰镇—马田镇—永兴、嘉禾—郴资桂—桂东、临武—宜章—汝城的城镇发展轴。“一区”，即郴资桂一体化区域；“多点”，即永兴、宜章、桂东、安仁、临武、嘉禾、汝城县城。要求郴资桂一体化区域快速打破行政壁垒，积极优化资源配置，逐步实现生产要素的合理流动和优化组合，促进生产力在区域内的合理分布，形成一个快速发展的城镇密集区。中心城区建设用地发展方向为东进优先；发展策略向东梯度推进，向西以点促片，向南拓展延伸，向北优化提质；城市布局结构为“双城多核”；积极构筑城市新空间——东部新城；谋划建设发展时序：先东后西，南北联动。

市域城镇体系规划　预测市域人口2010年475万人，2020年505万人。市域城镇化水平2010年达到42%，2020年达到51%。市域城镇人口2010年达到200万人，2020年达到255万人。郴州市中心城区人口2010年达到48万人，2020年达到65万人。城镇等级结构为：市域中心城市—市域二级中心城市—县域中心城市—重点中心镇—一般镇5个层次。城镇职能结构为综合型、工矿型、工贸型、商贸型、交通枢纽型和旅游型6大类。城镇空间结构为“一主五次，一区多点”：“一主”，即由京珠高速公路、107国道和京广铁路沿线城镇所组成的市域城镇发展主轴（马田—郴州—宜章城镇发展轴）；“五次”，即资兴—郴州—桂阳—嘉禾、嘉禾—临武—宜章—汝城、桂东—汝城、桂阳县莲塘—桂阳—临武县同益、永兴—安仁城镇发展轴；“一区”，即城镇较为密集的郴资桂一体化地区核心区，“多点”，即市域重点发展的县域中心城市。到2020年形成以各级综合型城镇为枢纽，以工矿型和特色型城镇为发展动力，以不同类型城镇相互协作的市域城镇体系。

中心城区规划　确定城市性质为：湘南地区重要的中心城市，湖南省重要的有色金属、能源、电子工业基地和旅游服务基地，省级历史文化名城。预测城市人口2010年达到48万人，建设用地47平方千米；2020年城市人口达到65万人，建设用地65平方千米。城市布局为“双城多核”：“双城”，即以京珠高速公路为轴，西部为老城，东部为新城；“多核”，即旧城、城前岭、槐树下、白水、白露塘—板桥组团。城市发展方向为：南延东进，西优北提，东进优先。

二、分区规划

城市分区规划总用地54.59平方千米。其规划编制情况如下：

（一）郴州市经济技术开发区规划

1988年3月，国务院批准郴州为“改革开放过渡试验区”，湖南省人民政府批准成立郴州市经济技术开发区，为省级经济技术开发区，选址在城前岭，并着手编制该区规划。郴州行署委托同济大学城市规划研究所编制开发区规划，前期建设用地1.2平方千米，后期建设用地0.8平方千米，开发区总用地2平方千米。开发区定位为：以兴办生产型、出口创汇型、劳动密集型与技术密集型相结合的项目为主，实行一定特殊政策，建成相对独立的工业加工区。开发区由内联工业区、开发区中心、居住区、外引工业区组成。1989年，编制该区居住区详细规划，规划用地33公顷，并按居住区级规模配套，设开发区中心，规划采用居住区—组团二级结构，由三大组团构成，平面采用曲、弧、折的住宅布置。

1992年6月，行署将开发区管辖范围扩大到14.79平方千米。8月，编制开发区总体规划，开发区定位是：兴办外向型企业、出口创汇企业和高新技术产业为主的现代化新型卫星城。重点发展劳动密集型和技术密集型项目。规划期限10年，建设用地10.65平方千米。规划布局带状型。1993年，为申报国家级开发区，规划范围再度扩大，将石盖塘、仙岭水库等纳入开发区，规划范围29平方千米，建设用地19平方千米。因未获批准为国家级开发区，规划编制工作终结。1995年，郴州市城市总体规划将开发区纳入城前岭组团，南部以郴桂高等级公路为界，向北发展与老城区相连。1997年，开发区管委会又组织编制开发区总体规划，规划范围22.1平方千米，方案经多次讨论未果。

2001年，市委印发《关于加速市经济技术开发区建设与发展的通知》和《关于加速市科技工业园建设的若干意见》，市政府批准开发区行政管辖范围扩大到22.16平方千米。同年9月，郴州高新技术工业园在开发区内设立，随后组织编制高新技术工业园2.4平方千米控制性详细规划，市政府批准《郴州高新技术工业园控制性详细规划》。2003年，湖南省人民政府批准设立郴州市高新技术产业开发区。为贯彻落实市委、市政府加速市经济技术开发区建设和发展的意见，开发区管委会委托编制《郴州经济技术开发区总体规划（2002—2020年）》，开发区定位是：以新型产业为主，依托老城区，配套建设较为齐备的综合工业园区。规划范围25.1平方千米，建设用地11.24平方千米。规划2010年人口5万人，2020年人口10万人。规划布局为"干道为轴，分散组团式"。

（二）新城区白水组团分区规划

为实施城市"东进"发展战略目标，2003年开始编制《新城区白水组团分区规划》。白水组团是中心城区五大城市功能组团之一，是老城区向新城区发展的过渡地段，处于老城和新城之间的"蜂腰"，是城市交通与对外交通的转换枢纽。规划范围北起梯子岭及山脑上南麓，南至王仙岭及人心岭北麓，东起西河，西至京珠高速公路。规划用地11.35平方千米，居住人口11.4万人。规划定位：以市级高等教育、体育和居住为主要职能、具有相对独立和完整功能的城市组团。规划布局"二中心、三轴线、六区"。"二中心"指市级高等教育和体育中心。"三轴线"指郴资桂快速路及两侧15米宽防护林带构成的交通景观轴、郴资大道城市景观轴和西河滨水绿化景观轴。"六区"指王仙岭居住区、上白水居住区、梯子岭综合区、下白水居住区、观山洞居住区和白水组团公建区。2004年，因城市总体规划修编，白水组团分区规划暂停编制。

为落实市人民政府对下湄桥片区提质的要求，2004年开始编制《下湄桥片区分区规划》。下湄桥片区位于老城区北部，历史上为城市轻纺、化工工业区。规划范围：西面以山体为界，南至同心路北转工业大道东折国庆北路至劳动路，东至京广铁路，北到铜坑湖。规划用地5.91平方千米，其中建设用地4.71平方千米，居住人口5.38万人。规划定位是：建设成为集物流、仓储、专业市场、居住于一体的综合居住区。规划布局"一心、两轴、两带、两路"。"一心"指107国道以东，郴江以西所夹的温泉路两厢，由专业市场、片区中心组成的下湄桥片区综合商业中心。"两轴"指工业大道和温泉路综合发展轴。"两带"指同心河和郴江绿化带。"两路"指郴嘉铁路和京广铁路。规划保留和保护三个山体，形成"绿肺"。2006年，市人民政府批准《郴州市下湄桥片区分区规划》。

（三）郴州柿竹园有色金属科技工业园规划

2003年，郴州市政府报请湖南省人民政府《关于批准设立郴州有色金属科技工业园的请示》，省政府批准"同意设立郴州柿竹园有色金属科技工业园，列为省级开发区系列"。规划总用地22.5平方千米，近期开发5平方千米。3月，委托中国城市规划设计研究院编制《郴州柿竹园有色金属科技工业园规划》。8月，中国社会科学院工业经济研究所提交《郴州市柿竹园有色金属科技工业园产业发展研究》报告，作为工业园区规划的技术支撑。规划园区定位是：立足资源优势，以科技为动力，建成集有色金属加工、研发和商贸服务于一体的科技工业新城。重点发展以钨深加工为中心的钨产业，适当发展铅锌及锡产业，以科技为导向发展铋产业，并预留其他优势产业升级发展的弹性空间。规划研究范围26.09平方千米，规划人口23万人。园区建设用地22.5平方千米，人口14万人。规划布局"两核、两轴、多组团"。"两核"即郴资大道北公共服务中心（城市副中心）、郴资大道南公共服务中心（南片中心）。"两轴"即郴资大道快速交通轴、东河景观轴。"多组团"即环绕两核周围的11个组团，其中4个工业组团、5个居住组团、1个研发组团、1个发展备用组团。

2004年，省政府批准《郴州柿竹园有色金属科技工业园规划》。批复指出：“2015年规划总用地为22.5平方千米，人口规模为14.09万人。”强调“要坚持整体规划、滚动开发的原则，逐步形成‘两核、两轴、多组团’的空间布局”，“重点发展以深加工为中心的钨产业，适当发展铅锌及锡产业，以科技为导向发展铋产业以及相关的机械、电子、轻工业”。

三、详细规划

（一）控制性详细规划

1989年，郴州市（北湖区）规划办首次在郴州地委大院进行规划尝试，规划用地33公顷。1990年，郴州市规划办委托湖南省建筑设计院编制车站小区控制性详细规划，规划用地11.8公顷。1995—2005年，地级郴州市规划局组织编制城南分区、石榴湾新区、七里洞综合区、湘南风情园、梨树山综合区、东湾居住区，以及七里大道、郴州大道、苏园路两厢等10多项控制性详细规划，规划总用地18.51平方千米。城南分区、石榴湾新区控制性详细规划因资金和技术等原因编制未果。

新世纪湘南风情园规划 2002年，委托同济大学编制《郴州新世纪湘南风情园城市设计》和《新世纪湘南风情园控制性详细规划》，规划范围东起锁石路、京珠高速公路，西至京广铁路，南到槐树下王仙桥，北达南环路，规划总用地3.17平方千米。规划以高品质居住为主，兼顾旅游服务与商贸市场多功能生态型的城市综合社区。规划布局“一心、一廊、二轴、四片”，即“一心”指园区中部由中心区与爱莲湖组成的核心区；“一廊”指郴江山水生态走廊；“二轴”指郴州大道和香雪大道形成的两条城市生长轴与街道景观轴；“四片”指上东边江、下东边江及王仙桥三片居住区和堆上物流市场区。路网呈三横一纵的“丰”字形。绿地系统以“一江三山”和爱莲湖以及爱莲广场为主体的南北向绿化主轴，结合高压走廊、居住区绿地、道路绿化向园区东西渗透，形成鱼骨形的绿地网络。规划京珠高速公路防护绿带宽50米，京广铁路防护绿带宽40米。2004年，市政府印发《关于新世纪湘南风情园控制性详细规划的批复》。

东湾居住区规划 2005年，郴州市规划设计院编制《东湾居住区控制性详细规划》。规划范围北起青年大道，南到南部山体绿线，西起五岭大道与冲口路，东到东部山体绿线，规划总用地1.14平方千米，居住人口4万人。规划布局“一心、一轴、一公园、五组团”，“一心”即居住区级公共服务中心；“一轴”即南湖路公建轴和交通轴；“一公园”即五岭阁公园；“五组团”即用地内的4个居住组团和用地南面的1个居住组团。2006年，市政府印发《关于东湾居住区控制性详细规划的批复》。

武广铁路客运专线郴州站片区规划 2005年，郴州市规划设计院编制《武广铁路客运专线郴州站片区控制性详细规划》。郴州站片区位于老城区西南城前岭组团，规划范围东临107国道，南界仙岭水库，西接增湖岭下，北邻郴桂大道。规划定位是：郴州市的交通转换枢纽，向外展示郴州旅游服务、商贸、居住形象的综合区。规划用地面积5.16平方千米，居住人口6.5万人。规划武广铁路客运专线郴州站的旅客发送量0.8万人/日，最高聚集人数2000人。站前广场占地面积5.33公顷。规划布局“二路、五区、六节点”。“二路”指贯穿用地南北和东西的40米主干路。“五区”指东北部的现状工业区、中部的商务区、南部的居住区、高速铁路以西的温泉度假区、东面的综合功能区。“六节点”指东北面与郴桂高等级公路交叉口，西北面与郴桂高等级公路交叉口，东面与107国道交叉口，客运站站前广场，西北面旅游商品市场，铁路西南角休闲度假区。2005年，市政府印发《关于武广铁路客运专线郴州站片区控制性详细规划的批复》。

（二）修建性详细规划

1989—2005年，郴州市规划主管部门组织编制郴州经济技术开发区居住区、犀牛井历史文化街区、南岭山庄居住组团、龙船头新村、涌泉小区、龙门小区、明桂园居住小区，郴州市政府生活区和北湖区政府机关新大院生活区；城市中心商务区，火车站站前广场和五岭广场；市三中、市五中、市九中、郴州师专、湘南学院校园等修建性详细规划。重要地段的修建性详细规划由规划主管部门组织编制，一般性修建性详细规划由建设单位委托编制，市规划局组织专家评审，再按法定程序审批。共编制建设用地面积2公顷以上的修建性详细规划80多项，其中建设用地面积6公顷以上的28项，总建设用地7.25平方千米。

犀牛井历史文化街区保护规划 1991年，郴州市（北湖区）规划办公室会同武汉水利电力学院编制犀牛井历史文化街区修建性详细规划。规划范围东到郴江，西至裕后街，北起东街，南至南关上，用地面积5.7公顷。规划以保护原有旧住区道路格局与街巷空间为理念，对原有旧居住区的道路不作大的调整，尽量保持原有的街巷格局，同时引进现代居住区规划设计方法，以二层至三层的传统住宅沿街巷连体布置，形成5个较大的居住组团，组团中央以现代方法布置多层住宅组群。采取“保护、恢复、改造”的更新模式，即保持历史街巷格局与空间尺度，恢复历史遗迹与景点，改造不适应现代生活的建筑与设施。1992年，湖南省城市规划协会在郴州市召开“湖南省旧城改造与风貌特色规划交流现场会”，对郴州历史文化街区修建性规划给予充分肯定。是年，郴州市政府批准《犀牛井历史文化街区修建性详细规划》。

五岭广场规划与设计 1995年，市委、市政府决定在七里大道与燕泉路交叉口的东面选址建设人民广场。1996年，郴州市规划设计院进行人民广场规划设计。1997年，在全国范围进行广场规划方案招标，收到3个规划方案，同济大学方案为优秀方案，但仍不理想。1999年年初，市规划局总规划师刘元生主持广场规划设计，组建广场规划设计组。广场规划历时8个月，方案反复修改15次，最后定名为五岭广场。五岭广场定位是：供人民休憩、交流、集会、演出和举行各种娱乐活动的市民文化广场。规划总用地13.69公顷，中心广场用地7.13公顷。广场规划构思于“形、意、数”，立意于“精、气、神”，即“取日月之精华，展五岭之神韵”。规划运用重复、渐变、微差、对比、呼应的构图手法，采用规则式对称布局，主轴严谨，次轴明确，对称中有变化。广场总平面“外方内圆”，源于天圆地方之说，广场构图母体取方、圆两种，局部派生其他图形。广场分为中心集会区、休憩集散区、园林绿化区、历史文化区、群众艺术区、交通绿岛区。1999年，市政府印发《关于五岭广场规划与设计的批复》。五岭广场规划获2001年湖南省优秀规划设计二等奖。

湘南学院校园规划 校园位于新城区白水组团郴资桂大道南侧，南靠绿屏王仙岭，东西长1.7千米，南北宽0.5千米，总用地72.5公顷。规划在校学生规模1万人。规划注重节能、节地和生态保护，充分利用地形地貌，以人为本，创造良好的人文环境，塑造校园建筑艺术和景观环境。建筑依山就势，顺其自然，采用对称与自由相结合的布局手法，核心区、广场区和教学区采用对称式布局，生活区、体育活动区采用自由式布局；空间形态依地形退台与山体相呼应，形成台地式山地校园形象；平面形态似“眼镜”，象征知识与智慧。教学区、教工区、学生生活区呈三角形布局，即西为教学区、东为教工生活区、南为学生生活区。建筑单体采用郴州传统的天井加庭院式建筑形式，屋面采用平坡结合，青瓦白墙，并以骑楼连廊与单体建筑相连，适应郴州多雨的气候特征。校园规划获2005年湖南省优秀规划设计三等奖。

四、专项规划

1989—2005年，在城市规划主管部门的综合协调下，各专项主管部门会同规划主管部门组织编制本部门的城市专项规划。委托规划设计院和专业设计院编制完成城市防洪、城市给排水、城市消防、城市园林绿地、历史文化名城、城市环卫设施、城市人防、城市燃气等14项专项规划，用以指导城市专项工程建设。

（一）历史文化名城保护规划

1988年3月，省政府批准郴州为湖南省历史文化名城。1989年修编郴州市城市总体规划，新增"历史文化名城保护"专项内容，重点是恢复郴阳古八景，再现古城风貌。规划将义帝陵、三绝碑、湘南暴动指挥部旧址等历史名胜古迹列为绝对保护区；裕后街、干城街、苏仙岭风景区列为重点保护区；东南西北街列为一般保护区。人民东路以南、国庆南路以东列为古城区，苏仙路以东地区和郴江河两岸列为环境协调区。

1995年，在编制"郴州历史文化名城保护规划"中进一步明确历史文化名城保护的指导思想和基本原则，划定保护的等级层次，即绝对保护区、重点保护地段、一般保护区和环境协调区。强调古城格局保护，即古街巷格局、古城轴线、古居民区；古城空间轮廓线保护，即古城街巷轮廓线、郴江自然水面轮廓线、古城空间轮廓线；古城自然景观体系保护，即苏仙岭风景区、北湖公园等；文物古迹保护，即三绝碑、义帝陵、苏仙观、桔井等。

2004年，市政府再次组织编制《郴州市历史文化名城保护规划》。保护规划以重要文物古迹和历史文化为核心，以历史文化街区为重点，以保护历史文化名城为主线，以建成具有郴州历史文化特色的城市为目标。保护规划分三个层次：第一层次市域，保护市域已查明的文物古迹1989处，其中135处文物列入保护规划；以"山、水、洞、泉、石"为景源特征的景点、景区110处，其中有开发价值的景点20余处。市域以风景名胜资源和文物古迹形成旅游特色，规划14处探幽访古区，2条红色旅游线，若干处古文化遗址保护区；第二层次中心城区，以保护"一湖五水九山、一片四轴九点"。"一湖"指北湖；"五水"指郴江、燕泉河、同心河、东河、西河；"九山"指苏仙岭、南塔岭—东塔岭、骆仙岭—流星岭—奎门岭、木子岭—宁家岭—东坡岭、王仙岭后营山麻田山青山岭—刘仙岭；"一片"指裕后街历史文化街区；"四轴"指郴江自然人文景观轴、国庆路—燕泉路老城历史景观轴、京珠高速公路城市风貌展示轴、郴资大道新城发展轴；"九点"指苏仙观、三绝碑、东塔、南塔、北湖水月、义帝陵（祠碑）、骡迹古道、湘南起义农7师旧址、博物馆。构成"汉越要塞、千年古郡、林中之城、湘南胜地"的保护框架，体现郴州历史文化名城内涵，延续历史文化风貌。第三层次老城区，以重点保护苏仙观、三绝碑、东塔、南塔、北湖水月、义帝陵（祠碑）、骡马古道、五岭阁、白水奇清崖刻构成的历史文化景观。保护犀牛井历史文化街区，即东街、郴江西岸、南关上、裕后街西侧30米所围合的范围，街区9.7公顷。控制区为街区外100米围合区域，控制区20公顷；协调区为人民东路、京广铁路、东塔公园、南塔公园所围合区域，协调区100公顷。2007年，湖南省规委专家委员会对《郴州历史文化名城保护规划》进行了技术审查。2008年，湖南省人民政府批准《郴州历史文化名城保护规划（2005—2020年）》。

（二）城市绿地系统规划

郴州不同时期的城市总体规划对城市绿地系统都进行规划。为深化完善城市绿地系统规划，2000年，郴州市园林处委托郴州市规划设计院和市园林规划设计室编制《郴州市城市绿地系统规划

（2001—2015年）》。规划范围147.4平方千米，其中，城市规划建设区59.6平方千米，周边生态林地87.8平方千米。规划建立六大绿地系统，即公共绿地、道路广场绿地、单位附属绿地、防护绿地、生产绿地和风景林绿地。绿地系统空间布局“一环、二区、三廊、五带、八园、多点”。“一环”即城市外围生态环；“二区”即苏仙岭和王仙岭风景名胜区；“三廊”即郴江、西河和东河水系廊道；“五带”指京广铁路、京珠高速公路、郴嘉铁路、郴资桂高等级公路、新区高压走廊；“八园”指北湖、东塔、南塔、相山瀑布公园和规划的文化、板桥、体育、白水生物公园；“多点”指主干路交叉口绿地、区级公园、小游园。到规划期末，城市人均公共绿地11平方米，绿地率35%，绿化覆盖率42.5%，规划建设成为生态环境优美的国家园林城市。2002年，市政府批准《郴州市城市绿地系统规划（2001—2015年）》。

（三）城市防洪规划

1999年，市水电设计院着手编制郴州市城市防洪规划。是年8月13日，特大暴雨洪水淹入郴州城区4.57平方千米，洪灾造成巨大损失。继受郴州市人民政府委托，水利部、湖南省、郴州市水利水电勘察设计研究院联合编制《郴州市城市防洪规划报告》，规划近期综合整治郴江、同心河、燕泉河城区段，上游加强水土流失治理，整治病险水库，建立水文预测、预报系统；远期防洪范围扩大到新城区的西河（又称秧溪河）、东河两岸，两河上游规划建设小（一）型与中型防洪水库，郴江上游规划投建中型防洪水库。城市防洪标准按50年一遇、远景按100年一遇，治涝标准按10年一遇24小时暴雨24小时排干，防洪渠按20年一遇标准设计。同时规划建立防洪治涝指挥系统、防洪治涝预案，并绘制《郴州市城区防洪风险图》。2000年，湖南省水利电力厅批准《郴州市城市防洪规划报告》。

（四）城市消防规划

1997年，郴州市消防支队与市规划建设部门共同编制《郴州市城市消防规划（1997—2015年）》送审稿。规划确定消防的原则与目标，进行消防规划布局，明确防火管理与灭火指挥系统，进行近期建设规划，并对消防站进行定位定量布置。2000年，根据湖南省消防会议要求，郴州市消防支队委托郴州市规划设计院在原规划基础上，增加补充新的资料，对规划进行完善，并按照《湖南省城市消防规划编制审批办法》的要求，重新编制郴州市城市消防规划。2001年，市政府批准《郴州市城市消防规划（2000—2015年）》。

（五）城市环境卫生设施规划

1993年，郴州市城市规划设计室会同市环卫处编制《郴州市城市环境卫生设施规划（1993-2010年）》，规划指导思想和目标明确，对城市环境卫生设施、垃圾、粪便处理及收运体系、后勤及基地建设等进行全面系统的规划。1994年11月，湖南省建委主持规划技术评审会，评审认为“编制水平达到省内同级城市领先水平”。1994年，郴州市政府批准《郴州市城市环境卫生设施规划（1993—2010年）》。

1997年，根据已经批准的郴州市城市总体规划，市建委委托郴州市规划设计院编制《郴州市城市环卫设施规划（1997—2015年）》，规划范围40平方千米，人口35万人，规划重点是老城区，新城区做框架规划。规划到2005年，以改建完善现有的环境卫生设施为主，创建省级文明卫生城市；到2015年，以新建配套环卫设施为主，创建国家卫生城市。并对城市垃圾粪便量预测及收运流程、城市环境卫生公共设施与工程设施、垃圾粪便运输与处理等进行规划。规划老城区公厕152座，新建、改造96座；定点小型垃圾站151处，其中新建124处。规划新建香山坪垃圾粪便无害化处理厂，扩建梁家冲垃圾最终处理场，规划建设200万立方米的小水冲垃圾最终处置场和70万立方米的温泉垃圾最终处置场，使用年限不小于10年。2002年，郴州市政府批准《郴州市城市环境卫生设施规划（1997—2015年）》。

（六）城市人防建设规划

郴州市是国家确定的三类重点人防城市。1990年，郴州市人防办、市建委、市规划办联合编制《郴州市人防建设与城市建设相结合规划（1989—2010年）》，规划范围20平方千米，人口30万人。规划形成市级统一指挥、6个街道与镇独立防护、57个基层居委会协同配合的三层立体布局，构成以街道为基础配套的区片独立防护和连环配套的总体防护工程，提高城市总体防护能力。同年7月，组织专家评审通过。1991年，郴州市政府批准《郴州市人防建设与城市建设相结合规划（1989—2010年）》。同年，获湖南省人防建设规划三等奖。1999年，郴州市人防办依据已经批准的郴州市城市总体规划，编制《郴州市人防建设与城市建设相结合规划图》。

第二节　县城规划

一、总体规划

（一）资兴市城市总体规划

1984年，资兴撤县设市，市治所在地唐洞。随即编制《资兴市城市总体规划（1985—2005年）》。1999年，资兴市对首版城市总体规划进行调整，确定城市性质是：以基础型工业和旅游业为主导的生态园林城市。预测城市人口与用地规模：2005年15万人，建设用地15平方千米；2020年22万人，建设用地22平方千米。城市发展方向"南延西进"，2020年以后向北部扩展。城市布局为"一城四组团"，即唐洞、鲤鱼江、东江、三都组团。城市规划区149平方千米。规划强调加强自然资源和生态环境保护，以东江湖为"龙头"，加强旅游业的发展。2002年，湖南省人民政府批准《资兴市城市总体规划（1999—2020年）》。

（二）桂阳县县城总体规划

1989年，桂阳县修编县城总体规划。1995年，郴州市人民政府批准修编的《桂阳县县城总体规划(1990—2010)》。1997年，桂阳县再次修编县城总体规划，确定城市性质是：以发展商贸为主导，适当发展矿产品，农副产品加工业与旅游业的现代化城市。预测县城人口规模：2005年为11.5万人，2015年为18万人。县城发展方向为向南、北、西扩展。城市布局"三片一中心"。县城规划区42平方千米。1999年，郴州市人民政府批准修编的《桂阳县县城总体规划（1997—2015）》。2004年，桂阳县县城总体规划调整，确定城市性质是：郴州市域次中心城市、郴资桂一体化发展的极核，全县政治、经济、文化中心，以商业贸易、采掘业、加工制造业为主，适当发展交通运输及旅游业的现代小城市。预测县城人口与用地规模：2015年18万人，建设用地17.1平方千米。县城近期重点发展城北新区，远期利用桂嘉、桂临高等级公路等交通优势向南发展，形成"一城三镇"的城市格局。县城规划区218平方千米。2005年，郴州市人民政府批准修编调整的《桂阳县县城总体规划（2005—2015）》。

（三）宜章县县城总体规划

1990年，宜章县修编县城总体规划。1997年依据郴州市城市总体规划，再次修编宜章县县城总体规划，确定城市性质是：郴州市域的次中心城市，全县的政治、经济、文化中心及交通枢纽，以发展建材商贸为主导，适当发展矿产品与农副产品加工的现代化城市。预测城市人口 2015 年 13 万人，建设用地 13 平方千米。城市布局“一城两区”，即以城关为主体、白石渡为组团、山城为特色。县城发展方向为向东扩展，控制南北沿 107 国道延伸发展。县城规划区 98 平方千米。2003 年，郴州市人民政府批准修编的《宜章县县城总体规划（1997—2015 年）》。

（四）永兴县县城总体规划

1991 年，永兴县修编县城总体规划。1996 年，永兴县委托清华大学城市规划设计研究院编制《永兴县县城总体规划（1996—2015）》，确定城市性质是：郴州市域的次中心城市，全县的政治、经济、文化中心，以能源、冶炼深加工产业为主导，山水旅游为特色的地方性小城市。预测县城人口与用地规模：2000 年 6.3 万人；2015 年 10 万人，建设用地 9.96 平方千米。城市布局“分散组团式”，即老城、水南、湘永、康诸组团与便江风景旅游区。县城发展方向近期跨过便江向南发展，建设水南新区，远期向便江北岸丘陵地带发展。县城规划区 32 平方千米。1997 年，郴州市人民政府批准《永兴县县城总体规划（1996—2015 年）》。

（五）嘉禾县县城总体规划

1994 年，嘉禾县修编县城总体规划，确定城市性质是：以发展商贸、轻工业为主的小城市。预测城市人口：2000 年 4.5 万人，2015 年 8 万人。城市布局“集中式”。县城发展方向为向南、东扩展。1996 年，郴州市人民政府批准修编的《嘉禾县县城总体规划（1994 — 2015 年）》。2003 年，嘉禾县再次修编县城总体规划，确定城市性质是：全县政治、经济、文化中心，以发展加工制造业、商贸、流通为主的现代化园林城市。预测城市人口与用地规模：2010 年 8 万人，建设用地 7.2 平方千米；2020 年 12 万人，建设用地 12 平方千米；城市远景 18 万人，建设用地 18 平方千米。城市布局“一轴、两中心、多组团”。县城规划区 42.6 平方千米。2007 年，市人民政府批准修编的《嘉禾县县城总体规划（2003—2020 年）》。

（六）临武县县城总体规划

1993 年，临武县修编县城总体规划，确定城市性质是：以发展农林产品加工工业和矿产品加工业为主的湖南边境城镇。预测县城人口与用地规模：2000 年 4 万人，2010 年 5.5 万人。城市布局“两区两中心”，即老城区与新陶家新区。县城发展方向沿武水河轴向发展。1996 年，郴州市人民政府批准修编的《临武县县城总体规划（1995—2010 年）》。2000 年，临武县再次修编县城总体规划，确定城市性质是：以种植业、养殖业、水果、小有色矿为主导的边境贸易县城。预测 2020 年城市人口按 10 万人控制，建设用地 10 平方千米。县城规划区 27 平方千米。2004 年，市人民政府批准修编的《临武县县城总体规划（2000—2020 年）》。

（七）汝城县县城总体规划

1998 年，汝城县修编县城总体规划，确定城市性质是：郴州市域的次中心城市，全县的政治、经济、文化中心，以发展边境贸易为主导、旅游疗养为特色、农林产品加工为重点的山水城市。预测县城人口与用地规模：2015 年 8 万人，建设用地 7.6 平方千米。城市布局“单中心”。县城近期向城北、东北方向发展；远期向南发展新区；远景向南面的县林科所方向发展，形成县城新中心。县城规划区 32.37 平方千米。1999 年，郴州市人民政府批准修编的《汝城县县城总体规划（1998—2015 年）》。2005 年，汝城县再次修编县城总体规划，确定城市性质是：郴州市域次中心城市，汝城县的政治、经济、文化中心，以发展商贸为主导、旅游休闲疗养为特色、农林产品加工为重点的生态山水城市。预测县城人口与用地规模：2010 年 5 万人，建设用地 7.43 平方千米；2015 年 8

万人，建设用地 11.83 平方千米。县城规划区 32.37 平方千米。

（八）桂东县县城总体规划

1999 年，桂东县编制县城总体规划，确定城市性质是：革命老区和湖南爱国主义教育基地，以发展商贸业为主导，农林副产品加工为辅的山水城市。预测县城人口与用地规模：2005 年 3 万人；2020 年 5 万人，建设用地 4.75 平方千米。城市布局“一城两区”。县城发展方向向西北、东北、北、南四个方向扩展。县城规划区 31.05 平方千米。2000 年，郴州市人民政府批准《桂东县县城总体规划（1998—2020 年）》。

（九）安仁县县城总体规划

1995 年，安仁县修编县城总体规划，但未完成规划成果。1999 年，安仁县再次编修县城总体规划，中途更换多个编制单位依然未果。2004 年，编制完成《安仁县县城总体规划（2001—2020 年）》，确定城市性质是：以生态农业为基础，以农副产品加工业和郴衡株边境物流基地为主导，以药材生产加工为特色的生态型小城市。预测城市人口与用地规模：2020 年 10 万人，建设用地 10 平方千米。县城近期向西、适当向西南沿江发展；远期向西北、适当向南发展，避免沿省道两侧发展。城市布局“一带一轴两心两片”。县城规划区 105 平方千米。2004 年，郴州市人民政府批准《安仁县县城总体规划（2001—2020 年）》。

二、详细规划与专项规划

1989—1999 年，各县（市）均未编制控制性详细规划和专项规划。自 2000 年始，资兴市、宜章县、临武县、安仁县、桂东县开展编制控制性详细规划。2002 年，资兴市编制东江开发区控制性详细规划 3.82 平方千米；临武县编制东塔小区、南平新区、城南工业园区控制性详细规划 3.2 平方千米。2003 年，宜章县编制城南乡中心区控制性详细规划 4.3 平方千米。2004 年，宜章县编制南京洞开发区长冲工业小区控制性详细规划 2.65 平方千米；资兴市编制东江两厢控制性详细规划 1.8 平方千米。2005 年，安仁县编制中心城区、滨江南岸片区、白衣庵片区控制性详细规划 3.3 平方千米；桂东县编制县城中心控制性详细规划 3.15 平方千米。桂阳县、汝城县、永兴县、嘉禾县尚未编制控制性详细规划。各县（市）编制的修建性详细规划均未达到国家规定的深度要求，大多数的修建性详细规划只是有总平面规划图，图纸和说明书都不完整。各县（市）的专项规划尚未进行编制。

第三节　旅游景区规划

一、东江湖风景名胜区总体规划

1986 年 8 月，东江 158 米高的双曲拱坝关闸蓄水，湖区水面面积 160 平方千米，常年蓄水量 81.2 亿立方米，东江湖享有“湘南洞庭”美名。1990 年，资兴市人民政府委托武汉城建学院编制《东江湖风景名胜区总体规划》纲要。1991 年，湖南省人民政府批准东江湖为省级风景名胜区。1996 年 5 月，资兴市政府委托湖南省城市规划研究设计院编制《东江湖风景名胜区总体规划（1996—

2015年）》，东江湖风景名胜区定位为以山水交融的东江湖为主体，以浙水急流险漂、兜率岛灵岩神境为特色，融湘南文化为一体，可供游览观光、休闲度假、水上活动的湖岛型省级风景名胜区。1997年11月，湖南省建委在资兴市主持评审会，原则通过该规划。1999年，湖南省人民政府批准《东江湖风景名胜区总体规划（1996—2015年）》。

二、苏仙岭—万华岩风景名胜区总体规划

1987年，湖南省人民政府批准苏仙岭为省级风景名胜区。1988年，郴州市建委委托湖南省建筑设计院编制《苏仙岭—万华岩风景名胜区总体规划（1988—2010年）》。风景名胜区由苏仙岭、万华岩、仙岭水库、东塔岭4个景区组成，是以山岳为重点、溶洞和湖泊为特色、近代革命纪念地为一体的综合性省级风景名胜区。苏仙岭为山岳型景区，万华岩为溶洞型景区，仙岭水库属湖泊型景区，东塔岭为近代革命纪念性景区。风景名胜区总面积10.4平方千米，其中苏仙岭景区5.33平方千米，万华岩景区1.22平方千米，仙岭景区3.46平方千米，东塔岭景区0.39平方千米。苏仙岭景区以秀丽的自然景观和人文景观及丰富的民间传说为特色，万华岩景区以喀斯特溶洞景观为特色，仙岭湖景区以恬静的水面和山丘构成湖光山色景观，东塔岭景区以"湘南起义纪念塔"为标志和象征。1995年3月，湖南省人民政府批准《苏仙岭—万华岩风景名胜区总体规划（1988—2010年）》。

2003年，苏仙岭、万华岩风景名胜区管理处联合委托湖南千府城市设计有限公司进行《苏仙岭—万华岩风景名胜区总体规划（2003—2020年）》修编。2005年，市城管局邀请省内风景园林、城市规划、文物保护、旅游、地质、林业等专家学者对总体规划修编成果预审。是年4月19日，湖南省建设厅主持召开评审会，原则通过总体规划修编方案。规划苏仙岭—万华岩风景名胜区是以自然秀美的山、水、洞为基础，以悠久的历史文化为内涵，可供观光游览、科普考察、康复休闲、祈福朝拜，兼具城市绿地功能的综合性省级风景名胜区。风景区面积13.03平方千米，由苏仙岭景区、万华岩景区、仙岭湖景区和东塔岭景区组成。2005年，湖南省人民政府批准《苏仙岭—万华岩风景名胜区总体规划（修编）》。

三、飞天山风景旅游区总体规划

1999年，省计委、省旅游局将飞天山列为省级旅游度假区。2000年，苏仙区人民政府委托化工部长沙设计研究院编制《飞天山风景旅游区总体规划(2000—2020年)》，规划区范围42平方千米。是年年底，苏仙区政府邀请省内专家在郴州对总体规划进行评审，原则通过该总体规划。2002年，郴州市人民政府批准《飞天山风景旅游区总体规划（2000—2020年）》。

四、汝城温泉旅游度假区总体规划

2000年，根据湖南省委书记杨正午提出的"北有张家界，南有汝城温泉"的指示精神，郴州市人民政府组织编制《郴州汝城温泉旅游度假区总体规划（2001—2015年）》。规划范围17平方千米，规划用地5.1平方千米，建设用地3.6平方千米。规划以灵泉赐浴、休闲度假、浴疗康复为主题，地热综合开发利用为目标，自然与人文景观为补充的具有地域特色的生态型温泉旅

游度假区。规划区分为热水温泉景区与南国天山景区。规划重点是热水温泉景区，突出地热资源特色，远景在发展的基础上开发南国天山景区，体现自然景观特色。规划近期2005年发展目标：湘南乃至湘粤赣边境有吸引力的温泉旅游度假区。远期2015年发展目标：湖南省乃至湘粤赣边境有特色的市级旅游度假区。远景2015年以后发展目标：湘粤赣桂四省乃至国内国际有知名度的省级温泉旅游度假区。2001年，湖南省发改委批准其规划。2003年该规划获湖南省城市规划优秀设计表扬奖。

五、龙女湖旅游区总体规划

2003年，北湖区旅游局委托广东省旅游发展中心编制《龙女湖旅游区总体规划》。龙女湖旅游区是一个由农田、坡地、古村舍、水塘、低温泉构成的丘陵谷地，区内有龙女温泉、柳毅山庄、龙女寺、龙女梳头、陷池塘、官马大道等自然和历史文化资源。规划范围面积3平方千米，规划期限为2003—2015年，主题定位以民俗文化、历史文化和休闲文化为特色的文化度假旅游区。功能分区为生态休闲区、娱乐度假区、文化观光区。2003年3月17日，郴州市人民政府主持召开有市、区、乡镇领导参加的《郴州龙女湖旅游区总体规划》初步评审会，会议原则通过总体规划初步方案。至2005年，总体规划初步方案修改后尚未报批。

六、王仙岭风景名胜区总体规划

2003年，郴州市规划局委托湖南省城乡规划设计咨询中心编制《王仙岭风景名胜区总体规划（2003—2020年）》。规划范围包括大王仙岭、小王仙岭主峰及其延续山体，北面自郴资桂高等级公路—后营大道；南面至郴县天字号锰矿—土地塘工区—岩石垄（王仙岭南麓山脚）；西起湘南风情园；东至观山洞村—青家湾村—桃花垄，规划范围18平方千米。规划定位是以原生植物群落、瀑布、峡谷、峰岭等森林与地貌景观为特色的具有游览观光、休闲度假、科普考察等功能的市级郊野型风景名胜区。规划分为风景游览区、风景复育区、外围保护地带三大功能区；确定一级、二级和三级保护景观单元。分类保护为文物建筑、古树名木、水域、生物多样性和林地恢复等五个保护专项。2004年，郴州市人民政府批准《王仙岭风景名胜区总体规划（2003—2020年）》。

第四节 建制镇规划

一、市域建制镇总体规划

1994年6月，国务院《村镇规划标准》(GB 50188-93)发布施行，明确“本标准适用于全国的村庄和集镇的规划，县城以外的建制镇的规划亦按标准执行”。此前郴州编制的建制镇总体规划多数只编制镇区规划（主要是道路、建筑、绿化、管线的规划布置），大部分建制镇没有编制镇总体规划。至20世纪90年代末，编制建制镇总体规划的58个。截至2005年年底，郴州市有86个建制镇（北湖区5个、苏仙区8个、资兴市10个、桂阳县14个、宜章县11个、永兴县8个、嘉禾县8个、临武县5个、汝城县8个、桂东县3个、安仁县6个），其中有17个建制镇在城市和县城规划区内，城市或县城总体规划将其已纳入统一规划，全市实际需要编制镇总体规划的有69个，至年末完成编制的有61个，占总数的88.4%。两次修编镇总体规划的有7个镇，即市区的石盖塘、华塘、栖凤渡、桥口、坳上镇，资兴市的兴宁镇，永兴县的塘门口镇。尚有8个镇未编制镇总体规划。

二、市区建制镇总体规划

（一）编制概况

1989—1994年，郴县所属6个建制镇（良田、鲁塘、华塘、栖风渡、白露塘、桥口镇）总体规划，由郴县城乡规划办公室组织编制，报郴县人民政府批准。1996年，郴州市规划设计院编制鲁塘镇总体规划，1998年修编石盖塘镇总体规划，1999年、2000年、2004年分别对桥口镇、良田镇、栖风渡镇的总体规划进行修编。2005年湖南省城乡规划设计咨询中心对坳上镇总体规划进行修编。

（二）规划选介

许家洞镇总体规划 1990年，郴州市城市规划办公室会同武汉城建学院编制《许家洞镇总体规划（1990—2010年）》。规划分为镇域和镇区两部分，镇域规划以点带面，形成网络，强化优势，加强辐射作用。规划四级村镇体系，即镇区、中心村（黄草、焦冲、天堂）、基层村（袁家、何家、清泉、联盟）、居民小组（5组、6组、7组）。规划三级道路系统，加强风景旅游区建设，促进全镇经济社会全面发展。确定城镇性质是：以化工、采掘、轻工为主的工矿型城镇。预测镇区城镇人口：1995年1.3万人；2010年2万人，建设用地2平方千米。城镇布局“两区、两中心、四片”。

桥口镇总体规划 2000年，苏仙区桥口镇人民政府组织编制《苏仙区桥口镇总体规划（2000—2020年）》。规划分为镇域村镇体系、镇区建设、中心村规划三个层次。确定城镇性质是：郴州市农业科研基地和化工冶炼基地，以发展商贸和旅游业为主导，以农副产品加工为辅的城郊型小城镇。预测城镇人口：2005年4800人，2020年8000人。规划布局“一心、两区、三轴、多组团”。城镇建设用地向东南方向发展。同时，对白溪中心村进行详细规划，确定中心村规划建设用地范围、发展定位、村庄规模与布局、配套公共服务设施，以及土地使用兼容等。

第五节 村镇规划

一、市域集镇规划与村庄规划

郴州的集镇规划编制相对滞后。1989年，行署为促进村镇经济的发展，决定由地区建委管理全地区村镇建设，协助指导各县（市）编制村镇建设规划。20世纪90年代，农村居民私人建房发展较快，郴州开始编制村庄规划。至2005年，全市（地区）共编制乡集镇总体规划66个（苏仙区、宜章县、嘉禾县、安仁县资料缺失）；郴州市区、资兴市、嘉禾县、汝城县共编制村庄规划364个。其他县未能提供村庄规划编制的资料。

二、市区村镇规划

（一）市区集镇规划

1989年，郴州地区治所所在地有郴州市和郴县两个县级行政区治所。郴州市辖3个乡，郴县辖20个乡，至1994年，所辖乡虽编制集镇规划，但欠规范，规划资料很少，也基本未按照编制的规划实施。1995年，郴州撤地建市，撤消郴州市、郴县，新设立北湖区、苏仙区。北湖区辖12个乡（镇），苏仙区辖11个乡（镇）。至2005年，北湖区的永春、芙蓉、大塘、南溪、月峰5个乡编制出乡集镇总体规划。

（二）市区村庄规划

1990年，郴州市规划办公室编制4个村庄规划，用地面积4.1公顷。1994年，市规划办委托测量队进行32个村庄的1:500地形图测绘，其中郴江乡2个，市郊乡12个，安和乡10个，许家洞镇8个，测绘地形图2.32平方千米。随后，市规划办组织编制郴江乡的铜坑湖三组等6个村庄规划，市郊乡的长冲等10个村庄规划，安和乡的板头岭等10个村庄规划，许家洞镇的早禾田等6个村庄规划。截至1994年年末，共编制村庄规划32个。1995年起，郴州市规划建设局组织陆续编制城市规划区范围内的郴江镇等17个村庄规划，规划建设用地63.81公顷。市规划局还委托湖南省建筑设计院设计低层、多层具有湘南民居特色的建筑标准图集（包括建施图、结施图、给排水图、电气图），共16种户型图纸（户型面积分别为90平方米、100平方米、110平方米、120平方米），供村民建房时选用。

第六节　规划机构与管理

一、规划机构

（一）市级规划机构

1989年，郴州行署未设置城市规划管理机构，城市规划工作由郴州市建委管理（郴州市建委、郴州市规划办两块牌子一套人马）。1989年5月，市规划办从市建委析出。1991年7月，郴州市明确郴州市城市规划办公室为副科级事业单位，城市规划主管部门，归口市建委。是年，成立郴州市城市规划设计室，与市规划办两块牌子一套班子合署办公，在编16人。

1995年5月，郴州撤地建市，设立郴州市规划建设局，正处级行政单位，归口市建委。市规划建设局内设办公室、规划编制科、规划管理科、法规科（与规划监察室合署办公）。核定编制18人（行政编制17人，后勤服务事业编制1人）。局所属事业单位：郴州市城镇规划管理站，正科级事业单位，定编8人；郴州市规划监察室，正科级事业单位（与法规科合署办公，一门二牌），定编10人；郴州市城市规划设计院（由原地区规划设计室改名），正科级事业单位性质不变，人员编制由15名增加到20名，经费自收自支；郴州建筑设计研究院（由地区建筑勘察设计院和原郴州市建筑规划勘察设计院合并组建），副处级、自收自支，事业单位企业管理，编制90名，在职人员86名。

2002年1月，机构改革，郴州市规划建设局改为郴州市规划局，是市政府主管全市城市规划的工作部门。内设机构：办公室（加挂政策法规科牌子）、用地规划科、建筑规划科、城镇规划科。核定编制15名（行政编制14名，后勤服务事业编制1名）。局直属正科级事业单位4个：郴州市城镇规划管理站（与城镇规划科合署办公，一门二牌），定编7名，经费全额拨款；市规划法规监察室，定编10名，经费全额拨款；郴州市城市建设档案馆（加挂城市建设档案科牌子），定事业编制9名，经费全额拨款；郴州市规划技术服务中心，自收自支事业单位，定编8名。

原归口事业单位2个：郴州建筑设计研究院，副处级事业单位，编制不变；郴州市城市规划设计院，正科级单位，编制不变。截至2005年，以上机构、编制未变。

1995—2005年市规划建设局、市规划局局长由卢少林担任。

（二）县市规划机构

1987年，郴州市、嘉禾县分别设立规划设计处（副科级单位），其他县（市）没有设立规划设计单位。1991年，资兴市设立城市规划管理处，副科级单位，隶属资兴市建委。

1995年，郴州撤地建市，原郴州市和原郴县的规划机构自动撤销，人员上收市规划建设局。尔后各县（市）规划设计室相继成立，并不断充实与加强。1999年，桂东县规划建设办公室设立，股级单位，隶属县建设局。2001年机构改革，各级政府重视城市规划。是年，桂阳县设立城乡规划局，正科级单位；2002年，宜章县设立城乡规划局，副科级单位；2003年永兴县、临武县设立规划局，副科级单位；2005年，汝城县规划局和安仁县城乡规划局分别设立，正科级单位；均隶属县人民政府。

（三）乡（镇）规划机构

1988年，郴州市区所辖乡（镇、街道办事处）设城建规划助理员，协助市规划办进行城市规划管理工作。20世纪90年代，各县（市）陆续设立乡（镇）规划管理机构，配备人员，负责规划管理工作。1995年，宜章县建制镇设立城镇管理站。1999年，桂阳县太和镇、流峰镇设立规划管理站。2003年，永兴县城关镇、马田镇、油市镇、湘阴渡镇、塘门口镇、柏林镇、金龟镇、鲤鱼塘镇等建制镇设城建办，规划与建设工作合署办理。临武县金江镇和香花岭镇设立建设规划管理站。嘉禾县塘村镇和车头镇设立规划站，为县建设局派出机构，规划与建设工作合署办理，其他乡镇规划与国土合署办公。桂东县城关镇、沙田镇、清泉镇设城镇建设管理站，寨前乡、大塘乡、四都乡设集镇建设管理站，均为县建设局派出机构，规划与建设工作合署办理。汝城县、安仁县的乡镇均未设立规划管理机构。至2005年，乡（镇）规划机构无变化。

二、规划管理

（一）城市规划管理

1989年，建筑工程实行“建筑许可执照”制度。1990年4月，郴州市（北湖区）政府根据省建委“一书两证”制度（建设项目选址意见书，建设用地规划许可证、建设工程规划许可证），统一规划管理表格与建设部制定的“两证”。市规划办制定规划管理“十项工作职责”“七项审批规程”以及四类规划许可办证指南，实行项目负责、主管领导负责与集体研究决定相结合的审批程序。其间，城市规划编制基本是委托市规划办组织专家评审，报郴州市政府审批。加强对建设项目规划选址、放线、验收。市规划办将规划审批与实施监督检查相对分离，由规划执法人员监督检查。同年10月，郴州市城市管理监察大队成立，下设规划监察中队。负责查处违法用地和违法建设。1991年，建设部、国家计委联合下发《建设项目选址规划管理办法》，加强规划管理。城管监察大队配合市规划办共查处规划管理案件455起，无证建房（门面）72起，面积10多万平方米，其中教育说服单位和个人自行拆除房屋面积3万平方米，依法强拆乱搭乱建棚架987处，计11855平方米；协同原郴州市法院强行拆除违法建筑94处，计1806平方米。1992年6月，建设部颁布《城建监察规定》，城监执法开始实现由受委托执法向独立行使城市监察权，郴州地区规划建设由自由模式向目标管理模式转变。1992年10月，市规划办报请郴州市人民法院同意，设立郴州市人民法院城市规划法规执行室，强化城市规划行政案件的执行。1994年，健全完善执法体系，开始对建设市场的建设施工企业资质和房地产开发企业进行监察管理。是年，市城建监察大队查处城市规划违章789起，无证施工26处，野蛮施工778处，违规建筑面积7.89万平方米，按法定程序申请法院强行拆除违章建筑的临时门面86间，1199.32平方米，查处违章乱倒基建渣土单位52个。

1995年郴州撤地建市，市规划建设局组织在全市范围内宣传“城市规划法”及相关法规。市政府确定每年4月为“城市规划宣传月”。是年，市规划建设局内设法规科，下设“郴州市规划监察室”，法规科与规划监察室合署办公，对规划实施监督检查，以及受理县（市）规划行政复议。原郴州市城市管理监察大队改为郴州市城市管理综合执法支队，下设规划执法大队。规划执法大队，加大查处违法建筑力度。1996年，实行建设项目选址与建设用地同步监管制度。1997年4月，郴州市政府印发《关于进一步理顺市区内建筑市场管理工作的通知》。6月，印发《批转市规划建设局关于进一步加强城市规划工作意见的通知》，要求提高执法水平，加强执法力度。同时组织强行拆除市供销社违法违规建设的住宅楼。是年，市人大常委会、市政府联合印发《关于开展全市〈中华人民共和国城市规划法〉执法检查的通知》，市规划建设局会同市人大城环委、市建委等部门开展对各县（市）城市规划实施大检查，在执法中逐步建立和完善规划实施监督检查机制。

1998年，市规划部门实行“建设工程规划许可证（代用证）”制度，须凭“代用证”方可开工建设，待项目竣工验收合格后，再换发“建设工程规划许可证”。并逐步规范“一书两证”行政许可程序，实行专家评审制、业务例会制、项目会签制、岗位责任制、政务公开制、首问责任制、限时办结制、服务承诺制、延期审批申请制、绩效考核制、效能告诫制、责任追究制等28项制度。同年7月，市政府颁布《郴州市城市规划管理细则》；8月印发《郴州市城市规划管理细则》；10月，市城监大队配合市规划局对市区在建工程进行全面清理，共检查141家建设单位和个人建房户，查处违法建筑单位和个人建房户62家，违法建筑面积17.78万平方米，工程造价1515.63万元。立案138件，至年底，处理132件，查处违法建筑面积23.5万平方米，结案率95.6%，拆除违法建筑24起、面积3478平方米，罚没40万元。次年，市政府颁布《郴州市城市规划管理技术规定》，并重点清理郴州涌泉坝安居工程及郴江乡食品加工城的违法建筑，按程序补办有关手续。

自2000年始，随着房地产开发建设项目增多，出让建设用地增加，规划用地管理更加严格规范。2001—2002年，加强规划建设工程的报建审批。在2001年“百日攻坚”活动中，组织5次拆除违法建筑行动，拆除违章建筑面积856平方米，两年共组织拆除违法建筑行动18次，查处违法建筑面积28.44万平方米，立案428起，结案414起，结案率96.7%。自2002年始，城市测绘基础工作不断完善，城市1∶500地形图覆盖规划建设区，规划总平面图采用统一的城市坐标系，市规划局制作《规划放线通知单》，测绘单位依据批准图件进行现场坐标放线，并反馈到市规划局。规划验线实行现场检查核实，竣工验收对照审批规划图件核实。是年4月，市规划局开设规划报建“窗口”，实行“一窗受理，内部运行、限时办结、政务中心统一收费”工作机制。

2005年1月，郴州市政府印发《关于推进城市管理行政处罚权归市城管执法局的通知》，加大对违法建设行为的查处力度。下半年，组织开展对白露塘下白水村32户村民违法建房专项整治行动，查处违法建筑案件609件，面积38.78万平方米，组织14次拆除违法建筑行动，拆除面积1.2

万平方米，收缴罚没款12.8万元。是年，对未依法办理规划审批手续进行违法建设行为的行政处罚权，集中由郴州市城市管理行政执法局行使。市规划局负责已审批建设用地和建设工程违法行为的查处。1989—2005年，查处违法建筑1665起，面积133.3万平方米；拆除违法建筑5.5万平方米；共核发《建设项目选址意见书》75份；核发“建设用地规划许可证”6836件，建设用地面积累计37.98平方千米；核发“建设工程规划许可证”6.92万件，总建筑面积1721万平方米。

（二）城市勘测管理

1986年，市建委编制《郴州市城市导线测量技术设计书》，控制建成区测区面积30平方千米，布设城市一级导线控制点106个，构成5个环组成的导线网。“导线测量”为城市地形图测绘、建设工程放样定线提供控制依据，并获1991年湖南省建设委员会优秀勘察三等奖。

1993年，郴州市规划办公室编制《郴州市工程地质图》，编图（城区）范围57.48平方千米。工程地质共划分3个区（即低山丘陵砂页岩区，丘陵红粘土覆盖灰岩岩溶区，河流阶地砂卵石区），四个亚区（即A、B、C、D），73个块段。提交郴州市工程地质图（主图）和6个工程地质剖面图，以及工程地质说明书。1994年10月，市规划办邀请地矿部岩溶研究所教授级高级工程师于浩然等省内外专家进行验收评审。评审认为：“图件和说明书资料可靠，结论可信，适用性强，在郴州市城市建设中将会产生较大社会效益和经济效益。省内作为城市规划用工程地质图尚属首次，突出实用，有创新，达到省内领先水平。”

1995年年初，市规划办对城区32.5平方千米1∶1000地形图进行修测和补测。1996年，受郴州市规划建设局委托，湖南省第一测绘院承担《郴州市城市控制测量和航空摄影测量工程》任务，采用全球卫星定位测量方法布设D级（三等）GPS平面控制网，控制面积500平方千米，航空彩红外摄影面积300平方千米。布设D级GPS控制点57个。D级网以6个国家二等三角大地点为平面起算点。E级（四等）GPS网布设在城市规划发展区，控制面积150平方千米，布设E级GPS控制点89个，以8个D级GPS点为平面起算点。高程控制测量布设三等水准路线4条，埋设水准标石9座，路线长58.9千米；四等水准路线10条，埋设水准标石10座，联测GPS点23个，路线长86.5千米。1997年，委托该院采用航空彩红外摄影，航测新城区1∶2000地形图85平方千米、1∶5000地形图50平方千米；1∶2000地形图编绘1∶5000地形图85平方千米。内业成图由湖南省第三测绘院完成。平面坐标系统采用1954年北京坐标系，高斯正形投影任意分带，以经度113°30′作为本测区中央子午线，简称“郴州坐标系”。高程起算数据采用国家统一平差、正式出版的1985国家高程基准。

1999年，市规划建设局委托湖南省第一测绘院对老城区与规划发展区多尺度地形图进行内业数字化和地形图缩编工作，完成建成区39.2平方千米1∶1000地形图内业数字化、1∶1000地形图缩编1∶2000地形图、1∶2000地形图缩编1∶5000地形图；完成新城区1∶2000地形图内业数字化85平方千米，建成区外围补充1∶2000地形图内业数字化14平方千米，1∶5000地形图内业数字化135平方千米，1∶2000地形图缩编1∶5000地形图14平方千米。平面坐标系统为1954年北京坐标系，高斯正形投影任意分带，中央子午线113°30′，简称“郴州坐标系”；高程系统为1985年国家高程基准。经验收评定：“完全能满足城市规划和建设需要，质量可靠。”至此，郴州城市多尺度地形图全部统一平面与高程系统，实现计算机存储、输出、网上传递。

2003年，市规划局委托湖南省第一测绘院进行郴州市老城区1∶500数字化地形图修测、补测。补测建成区5平方千米1∶500数字化地形图，老城区布设E级GPS点20个，施测四等水准150千米；按照《城市用地分类与规划建设用地标准》进行调查，采用大类、中类和小类三级，准确反映各类建设用地，计算出任何地块的建筑容积率、建筑密度、绿地率等规划指标。并在 MAPGIS 系统平台建立《郴州市城市基础地理信息数据库》。

2004 年，郴州市政府办公室转发市规划局《关于建立市中心城区地下综合管网信息管理系统意见的通知》，成立市中心城区地下综合管网信息建设工作领导小组。是年 12 月，市规划局委托保定金迪地下管线探测工程有限公司对郴州市城市地下综合管线进行普查，普查工作于 2005 年 9 月完成，通过管线探测、外业验收、内业数据处理、内业验收等，查明城市 15 种地下管线，总长度 1069.8 千米。采用 GDInfo 信息管理系统平台建立《郴州市城市地下综合管网信息系统》。

2005 年 10 月 31 日，市规划局邀请中国测绘科学研究院研究员张军、建设部综合勘察研究设计院教授级高级工程师汪祖进以及湖南省、郴州市等专家进行验收评审。评审认为：《郴州市城市基础地理信息系统》符合技术要求，在全国同类项目建设中具有借鉴作用，是城市基础地理信息系统建设的成功范例。专家组一致认为：该项目各项成果符合项目总体设计的要求，总体上达到国内先进水平。

（三）城建档案管理

1989—1994 年，城市建设档案由郴州市城市建设档案馆管理。该馆为股级事业单位，隶属郴州市建设委员会。1995 年撤地建市，市城市建设档案馆人、财、物全部上收地级郴州市建设委员会管理，为正科级事业单位（加挂城市建设档案管理科牌子）。1996 年，撤销城市建设档案管理科，设立郴州市城建档案管理处，与郴州市城市建设档案馆实行馆处合一，两块牌子一套人马。

2001 年，郴州市机构改革，郴州市城市建设档案馆划归市规划局，加挂城市建设档案科牌子。编制 9 名，内设办公室、业务指导室、档案管理室、电脑信息室，负责全市城市建设档案管理。其主要职责是：依法对城市规划区范围内城建档案资料进行统一管理；对全市各县（市、区）城建档案工作进行指导、监督、检查；对市内重点建设工程竣工档案进行指导、监督、检查，并参加建设工程竣工验收工作；对不按规定编制和报送竣工档案的部门和单位，依法实施查处；做好城建档案收集、接收、整理、保管、统计及开发利用档案信息资源，为城市规划、建设、管理提供档案信息服务。

市城建档案馆按照《郴州市城建档案分类大纲》，把档案分为 13 个类，38 个属类，即城市勘测、城市基础、城市规划、城市管理、市政水利工程、公用设施、交通运输、工民建筑、园林绿化等。档案馆建筑面积 530 平方米，其中办公用房 144 平方米，库房 386 平方米。截至 2005 年，馆藏档案由 1988 年 736 卷增加到 2.04 万卷，馆藏底图 902 张、模型 10 个、录像 54 盒、相片 2348 张。库房设备齐全，采用红外线防盗报警。档案资料收集基本完整，但尚有 22 幢高层建筑的档案资料未报市城建档案馆，29 幢底商住宅楼和居住建筑未收集到档案资料。1989—2005 年，市城建档案馆接待查阅人员 5768 人次，调卷 7324 卷（册）。

第二章 市城区城市建设

郴州是湖南省历史古城。1989年，中心城区面积18.65平方千米。1995年，郴州撤地建市，城市建设突飞猛进，至2005年，中心城区面积扩大到37.5平方千米，是1989年的2倍多。市中心城区完成市政基础设施项目建设80余项，总投资达41.9亿元。城市道路、园林道路形成科学纵横网状格局，人均道路面积9.44平方米，每万人拥有公交车6.24标台；城市居民人均居住面积9.1平方米；城市防洪排涝工程设施健全；供电供水系统完善配套；城区绿化覆盖率39.7%，城市绿地率33.8%，人均公共绿地面积9.42平方米；自来水、燃气普及率达95%；城区城镇化水平62.2%。9个县（市）城区建设面积79.81平方千米，是1989年的2.11倍，全市城镇化水平36.8%。郴州成为中国优秀旅游城市。

第一节 市政工程

一、城市道路

1989年，郴州中心城区已定名街巷有97条，总长56.96千米，面积72.6万平方米，其中主干道11条，总长25.5千米，面积47.35万平方米。水泥路面1条，沥青路面10条，有次干道15条，总长10.33千米，面积15.68万平方米。城区道路多数按20世纪60—70年代交通水平设计和施工。随着交通流量日益增大，道路路面破损，配套设施不全。1995年，郴州撤地建市，市政府投入大量资金用于中心城区道路建设和提质改造。至1997年，先后对苏仙北路、苏仙南路、燕泉南路、环城南路、劳动路、广场西路、国庆路、人民路、北湖路等主要街道及人行道进行改造。1998—2001年间，先后改扩建五岭大道、苏园西路、苏园东路、龙泉路、骆仙路、国庆南路延伸段、香雪大道、体育路、107国道（一期）、骆仙东路、燕泉路、城区107国道（二期和三期工程），桔井南路、苏石路。新建万华东路、五里堆路、民权路（一期工程）等城市道路。2002年，为创建中国优秀旅游城市，市政府投资3980万元对人民路、国庆路、苏仙北路（市委党校至环城桥）、健康路和南塔路进行路面、人行道、下水道、路灯等全面改造；同时，扩建城区107国道（四期工程）、环城南路、苏仙岭路、万华路；新建郴州大道、顺通路、梨树山路。2003年，全面改造解放路、北湖路、文化路、东街、西街、南街、北街、燕泉北路罗家井段、苏仙南路和苏仙北路。2005年，郴州市中心城区共有主干道60条，街巷道路570余条，道路总面积179.7万平方米；市开发区、柿竹园工业园、市出口加工区等园区共有道路31条，总面积92.4万平方米。

人民路 东起苏石路，西至工业大道，郴州市城区主干道之一，横贯城区中心，是沟通东西走向的交通纽带，全长2918米。该路段分为人民西路、人民中路、人民东路。人民东路（苏石路至文化路段）路段总长1217米，路面扩宽16米至35米。汽车、火车上下分流，解决人民东路和京广铁路复线平面交叉问题。设置路灯80盏、下水道为φ800涵管。人民中路（国庆路至文化路段），属人民路中段，长201米，宽37米，安装路灯14盏，下水道为盖板沟涵，宽1米，深1.4米。人民西路（人民中路至工业大道段），长1492米，全路高差35米（东端海拔157米，西端海拔192米），是市区高差最大的道路。该路段沥青路面，设置路灯76盏，道路北侧为盖板沟涵，沟宽1米，深1.4米，南侧为砼拱涵，宽1米。2005年，人民路全路段安装景观灯、喷泉，设置园林小品，成为全市标志性道路之一。

国庆路　南起国庆南路延伸段北湖区工业园路口，北至工业大道。郴州市中心城区主干道之一，贯穿市区南北，与人民路纵横交叉，是城区交通流量最大，商业最繁荣的城区路段。分为国庆北路、国庆南路、国庆南路延伸段，以人民路口为界，以南为国庆南路，以北为国庆北路。全长4734米。全路自南而北分别与燕泉路、人民路、东风路、健康路、同心路、建设里路、升平路、劳动路相交。1995年，国庆北路修建奎门岭至工业大道水泥路面。国庆南路延伸段于2000年5月动工，2002年9月竣工，路段长1197米，路幅宽40米，安装鲨鱼路灯61盏；排水采用雨污合流，铺设φ700涵管823米、φ1000涵管148米。国庆南路延伸段穿越市区南面樟树岭，樟树岭隧道于2002年10月开工，2005年9月26日竣工，连拱双面四车道，长508米，单洞宽10.5米，高7.2米。是年，国庆北路（人民西路至工业大道）长2655米，路幅宽30~35米；国庆南路（人民西路至南塔路）长883米，路幅宽34米。

燕泉路　位于城区西南部，北起国庆路口，南至七里大道接口处，中与五里堆路、骆仙路相接，以五里堆路三岔口为界，南面方向为燕泉南路、北面方向为燕泉北路，全长2720米，属城区主干道之一。该路北段原是和平路和老燕泉路，属旧街道。1989年开始按规划红线拓宽，设为三块板，水泥路面。因车流量大，1991—1993年，燕泉路二期改造工程开工，对主干道、慢车道和人行道工程进行改造，并在绿化带安装郴州第一代汞灯。1995—2001年，对燕泉路进行第三期改造，到2005年，路幅宽50米，快车道为水泥路面，慢车道为沥青路面。

107国道城区段　位于城区西部，南北向，南起郴资桂高等级公路（后改为郴州大道），北至梁马公路。该路段具有过境交通与城市交通双重功能。全长13.4千米。以人民西路终点为界，往南至郴资桂高等级公路，称七里大道，长6.4千米；往北至梁马公路，称工业大道，长7千米。七里大道路幅规划60米，已建成车行道14米；工业大道路幅宽40米，车行道宽15米；非机动车道宽各4.5米，机动车道之间与非机动车道之间各设置绿化带2条。全路路幅26米，沥青路面。1992年曾铺设9至15米的水泥路面。随着交通运输的迅速发展，市委、市政府策划对整个路段拓宽改造，同时进行道路绿化、照明、管线等配套建设。整个工程分为四期：第一期（人民西路至五岭广场）长3.1千米，1999—2000年，水泥路面加宽成50米，安装金属杆单壁挑灯112杆、五火庭院灯124杆；下水道为φ600至φ1000涵管，布置在慢车道下，采用雨污合流制；第二期（五岭广场至郴资桂高等级公路），长3.3千米，2001年5月动工，年底完工，水泥路面宽50米，安装金属杆单臂挑灯136杆，三火庭院灯48杆；排水管为φ600至φ1000涵管，采用雨污合流制；第三期（人民西路至下湄桥加油站）全长2.5千米，沥青路面。以同心立交桥为界，桥以南拓宽至40米，桥以北拓宽至22米。安装单臂挑灯80杆、三火装饰性庭院灯30杆；道路两侧布置φ800至φ1000的排水管；第四期（下湄桥加油站至梁马公路）长4.5千米。2003年2月动工，年底完工。路幅扩宽至40米，快车道为水泥路面，慢车道为沥青路面，并安装单臂挑灯10杆，双臂挑灯319杆，慢车

道下布置 φ600 至 φ800 涵管。

青年大道 原名环城南路，全长 5375 米，路幅宽 50 米。是城南新区新开辟的城市主干道，省道 1813 线（郴州至鄢县）过境路段。1993 年 8 月动工，1994 年 3 月至 1995 年 8 月，因资金问题，工程进展缓慢。1995 年撤地建市，环城南路建设速度加快。1996 年 11 月 1 日竣工通车，缓解市中心交通紧张状况。2002 年此路段再次扩建，改名为青年大道。

郴江路 郴江路原名郴州大道，北接苏仙路，南至郴资桂高等级公路（郴州大道段），全长 3500 米，路幅宽 50 米，沥青路面，2000 年 7 月动工，2003 年 9 月竣工。路灯采用双臂式悬挑灯，下水道为 800 管道，检查井 484 座，与郴资桂高等级公路交会处建有中国优秀旅游城市标志“马踏飞燕”雕塑。此路是郴州新城区南北走向标志性道路，是城区连接京珠高速公路和郴资桂高等级公路（郴州大道）之主要道路。

2005 年郴州市中心城区主干道一览表

表 22-2-1-1　　　　单位：米

编号	名称	起止地点	宽度	车道	人行道	长度	面积（万平方米）	修扩建时间
1	人民东路	苏石路口至文化路口	40	24	8×2	1217	4.868	1951 年建，1959 年、1962 年、1997 年、2002 年扩建
2	人民中路	文化路口至国庆路	40	24	8×2	201	0.800	1960 年建，1997 年、2002 年扩建
3	人民西路	人民中路至工业大道	37.5	20	8×2	1492	5.595	1961 年建，1988 年、1995 年、2002 年扩建
4	国庆北路	人民西路至工业大道	36	24	6×2	2655	9.558	1959 年建，1975 年、1987 年、1995 年、2002 年扩建
5	国庆南路	人民西路至南塔路口	34	24	5×2	883	0.3002	1959 年建，1975 年、1987 年、1995 年、2002 年扩建
6	国庆南路延伸段	南塔路口至樟树岭隧道	40	24	5×2	1197	4.788	2000—2002 年建
7	苏仙南路	苏仙桥至苏仙岭公园	36	20	8×2	1460	5.256	1988 年改建，1996 年、2003 年扩建
8	苏仙北路	苏仙岭公园至环城桥	36	20	8×2	1785	6.426	1988 年建，1996 年、
9	燕泉北路	国庆路口至五里堆路口	50	38	6×2	1072	5.360	1989 年改建，1993 年、2001 年扩建
10	燕泉南路	五里堆路口至七里大道	50	38	6×2	1648	8.240	1989 年改建，1993 年、2001 年扩建
11	飞虹路	解放路至苏仙路	26	14	6×2	1148	2.9848	1987 年、2001 年、2004 年扩建
12	青年大道	燕泉路至石榴湾大桥	50	38	6×2	5375	26.875	2002 年 7 月—2003 年 9 月建
13	郴江路	苏仙南路至郴资桂高等路	50	38	6×2	3500	17.50	2002 年 7 月—2003 年 9 月建
14	同心路	马家坪至同心桥	32	22	5×2	930	2.976	1959 年始建，1998 年扩建
15	桔井北路	苏园路至飞虹路	24	14	5×2	540	1.296	1964 年始建，1980 年、1998 年扩建

续表 21-2-1-1

编号	名称	起止地点	宽度	车道	人行道	长度	面积（万平方米）	修扩建时间
16	桔井南路	苏园路至苏仙桥	24	14	5×2	879	2.1096	1999 年扩建
17	升平路	晶阳大酒店至火车站	28	14	6×2	413	1.1564	1911 年建，1929 年、1998 年扩建
18	北湖路	人民路至北湖桥	25	13	6×2	600	1.500	1958 年、1988 年、2003 年扩建
19	解放路	火车站至北湖桥	24	12	6×2	790	1.896	1958 年、1988 年、2003 年扩建
20	劳动路	协作路至国庆北路	30	18	6×2	430	1.290	1964 年建、1995 年、2004 年扩建
21	苏石路	苏仙桥头至市民政局	30	18	6×2	760	2.280	1965 年建
22	香雪路	香雪大道至107 国道	30	18	6×2	1642	4.926	1999 年开工，2003 年 8 月竣工
23	香雪大道	香雪路至青年大道	42	30	6×2	1186	4.9812	2000 年 5 月开工，2003 年 5 月竣工
24	骆仙路	燕泉路至 107 国道	24	14	5×2	548	1.3152	2000 年 7 月开工，2003 年 5 月竣工
25	香花路	燕泉路至南环路	24	14	5×2	1800	4.320	1982 年改建，1992 年扩建
26	工业大道	人民西路口至梁马公路	40	22	6×2	7000	28.00	1988 年改建成 107 国道、1990 年、1999 年、2003 年扩建
27	七里大道	人民西路至郴资桂高等路	50	34	8×2	6400	32.00	1988 年建 1990 年、1999 年、2003 年扩建
28	南塔路	裕后街至国庆南路	24	14	5×2	664	1.5936	1985 年建，2002 年扩建
29	苏园东路	苏仙南路至桔井路	22	14	4×2	491	1.080	2001 年 8 月至 2002 年 3 月建
30	苏园西路	北湖路至桔井路	22	14	4×2	640	1.408	1997—1998 年建

二、园区道路

自 1988 年 3 月郴州地区经济技术开发区成立，经过 10 多年建设，经济技术开发区共投入基础设施建设资金 3 亿多元，建成道路 14 条，总长 13.21 千米，面积 39.58 万平方米。构成较为完善的道路交通系统。主要道路有五岭大道、万华大道等共 12 条。柿竹园有色金属科技工业园道路从 2003 年开始建设，到 2005 年，已建成福城大道、福源大道、福鑫大道等道路 14 条，总长 12.9 千米，面积 42.4 万平方米。苏仙区工业园建成 3 条大道。郴州出口加工区园区于 2004 年开工建设，至 2005 年开工道路 4 条，计划修建共 14 条，排水采用雨污分流方式。至 2005 年大部分路段只完成路面、下水道和部分绿化工程。

2005年郴州市经济技术开发区主次道路一览表

表 22-2-1-2　　单位：米

编号	名称	起止地点	宽度	车道	人行道	长度	面积（万平方米）	修扩建时间
1	五岭大道	郴资桂路至环城南路	42	30	6×2	3120	13.10	1998年7月—2001年12月建
2	万华大道	107国道至郴资桂路	36	20	4×2	1800	6.48	1990年建，2002年扩建
3	万华中路	五岭大道至107国道	36	23	4×2	231	0.83	2001年建
4	万华东路	五岭大道至冲口路	24	14	5×2	520	1.25	一期2004年11月至2005年6月；二期2005年7月至2006年
5	柏树路	107国道至市水利局	15	8	3.5×2	580	0.87	2003—2006年建（分两期）
6	涌泉路（市场路）	107国道至五岭大道	27	14	6×2	218	0.59	2001年5月—2002年10月建
7	科园北路	郴资桂路至科园南路	40	28	6×2	200	0.80	2002年7月—2003年2月建
8	科园东路	科园西路至新科路	27	15	6×2	312	0.84	2002年6月—2003年5月建
9	科园西路	科园大道至新科路	27	15	6×2	1050	2.84	2002年8月—2005年7月建
10	科园南路	科园大道至增湖村五组	27	15	6×2	200	0.54	2002年7月—2003年12月建
11	新科路	科园东路至郴资桂路	15	8	3.5×2	257	0.39	2001年2月—2002年12月建
12	裕湘路	万华中路至煤炭公司	12	8	2×2	500	0.60	1992年12月—1994年4月建
13	旭辉路	万华路至丰利公司	15	8	3.5×2	1200	1.80	1992年12月—1994年2月建
14	冲口路	五岭大道至郴资桂路	24	14	5×2	2745	8.24	2003年3月—2005年7月（分三期建）

三、市城区桥梁

郴州城区桥梁大多始建于20世纪50—60年代，立交桥始建于80年代。90年代对部分桥梁进行改建。1997年，城区有桥梁24座，面积1万余平方米，从结构上分为拱桥和梁桥两类，拱桥分双曲拱、板拱。1998年新建苏园西路铁路桥。1999年“8·13”洪灾，使郴州城内郴江沿河白鹿洞桥、雅石桥、东街桥、黄金桥等不同程度受损，苏仙桥被冲垮，环城桥主体结构遭破坏成危桥。灾后，根据省建委专家组意见。郴州市政府规划新建苏园东路苏园桥、重建水毁的东街桥，燕泉河青淑桥、黄金桥、五通庙桥、罗家井桥等。2000—2005年，新建振兴桥、香雪桥、龙泉桥、骆仙东桥、香雪东桥、郴州大道桥、环城南路人行道桥、石油大桥。至2005年，市城区有桥梁36座，总面积3.8万平方米。

四、排水防洪

1989—1994年，郴州城区排水按分合水线可划分为南干渠、北干渠、下湄桥、苏仙岭4个自然排水区，在排水区内由干渠、下水道、涵洞等排水设施组成。多采用明沟和暗沟排水，且暗沟多为箱形板涵，排放水全部是雨污合流式。

1995年撤地建市后，对城区排水设施进行改造，将原来的暗沟、明沟改建成管涵，改建后中心城区下水道总长119.62千米。其中管涵103.92千米，暗沟13.676千米，明沟2.016千米。1998年开始，在旧城区改造的道路仍采用雨污合流式排水，在城南新区新建的五岭大道、香雪路、骆仙路等开始采用雨污分流式排水。

1999年“8·13”洪灾引起市委、市政府的重视，决定对郴江河进行综合整治，城区治理段全长15.8千米。包括河道清障、疏浚，防洪堤护砌、病险水库处理和上游水土保护，以及兴建上游防洪水库；城市污水处理工程：包括兴建日处理污水能力24万吨的污水处理厂一座，其中一期工程为日处理污水能力12万吨，敷设截污干管29.98千米；沿江风光带建设工程：包括新（改）建跨河桥梁、沿江道路、园林绿化及市政公用配套设施。项目总投资6.95亿元，其中城市防洪工程投资3.43亿元，污水处理工程投资1.89亿元，沿江风光带建设投资1.64亿元。工程计划用5年时间完成。

2002年，郴州市组织实施市城区污水处理截污干管工程。该工程是郴江河城区段综合治理工程的主要项目之一。建设总规模为日处理城市污水12万吨，采用连续式一体化活性处理工艺。配套管网工程包括城区原有排水管渠的改造、沿江截污干管敷设29.7千米，新建排渍站。管网工程按24万吨/日规模一次建成。概算总投资1.95亿元，其中污水处理厂工程投资9655万元，排水管网工程投资9837万元。2003年底，苏仙桥至环城段沿江截污干管敷设基本贯通，全长1830米，并被列为湖南省政府为民办8件实事之一。

燕泉河城区段是郴州市城区的排水主干渠，长7153米，河床平均宽度6.5米，局部宽度不足3米，河道平均深度2.5米。由于河道狭窄、淤积严重、违章建筑多，燕泉河从20世纪90年代末开始，水患连年不断，进而发展到逢雨必灾的地步，燕泉河流域成为郴州市遭受水灾最严重、最频繁的区域之一。2004年，市委、市政府对燕泉河进行改造治理，工程起于香雪路，止于郴江河，长约2036米，预算总投资1.4亿元，设计防洪标准为近期50年一遇、远期100年一遇。是年12月，燕泉河改造全线贯通试水成功。2005年10月15日郴州河段治理一期工程284米竣工；第二期国庆南路至南街段长530米工程于是年10月中旬动工。至2005年12月，郴江河综合整治工程累计完成土方开挖、清淤、清障128.85万立方米，防洪堤护砌14.65万立方米，折除沿江违章建筑物面积2.2万平方米，完成河道改造6.3千米，完成桥梁建设4座，截污干管铺设1.32万米，累计完成投资3.5亿元。

第二节　城区公共交通

一、公　交

1989年，郴州中心城区有公共汽车41辆，公交线路15条，运营线路长度220.5千米，营运里程112万千米，客运量886万人次，营运收入158万元。1991年，郴州市公共汽车公司（简称公汽公司）首次购入中巴车6辆投入营运。1992年底，市内公共汽车票价调整为一票制，每人次1元。1993年，市公汽公司拥有中巴车20辆。城内公共汽车增加到63辆，但由于社会营运和摩托车不断增多，挤占客运市场，市公汽公司停止客源较少的市郊线路，运营线路减少到11条，运营线路长度缩减到165千米，全年营运里程161万千米，客运量遽减到528万人次，营运收入319万元。

1996年，市公汽公司在负债246万元的情况下分批赊购新车70台投入营运，新开18路、19路、20路三条线路，恢复营运2路、14路两条线路，增加营运线路和密度。市内公共汽车总数143辆，营运线路16条，运营线路长度193千米，营运里程467万千米，客运量1392万人次，营运收入1333万元。1997年，投资401万元，购新车42辆（首次购置无人售票车34辆），市内公共汽车177辆，增开线路1条，营运线路共17条，其中在郴州城内首次开通3条无人售票车线路。运营线路长度197千米，营运里程800万千米，客运量2093万人次，营运收入2044万元，首次突破2000万元大关。1999年5月起对65岁以上老年人实行免费乘车。是年，编制《郴州市城市公共汽车线网及设施规划》。

2000年，市公汽公司增开26路无人售票新线，并投资350万元购进21辆空调巴士。公司开展“优质服务，安全生产”等竞赛活动，取得较好的经济效益和社会效益。全年完成营运收入3300万元，完成客运量3500万人次，营运里程1496万千米，市公汽公司分别获省政府授予的“春运安全先进单位”、省建委授予的“世纪杯”春运安全竞赛“优秀组织奖”和“优胜集体”称号。2002年，首次购买3辆双层大巴，开通1条旅游观光专线。2003年，市公汽公司投资1100万元用于城南公交中转站工程建设，投资1000万元增购新型豪华公交车辆62台，公共汽车达345辆，增开2条公交车线路，延长4条公交车线路。营运线路达28条，运营路线长度282.6千米，年营运额达5045万元，营运里程2183万千米，客运量5600万人次。次年，新增开13路公交车和22路晚班车，延伸3路、20路、29路、32路等4条线路公交车。从是年12月起，对所有公交无人售票车实行智能IC卡管理。

2005年，加大交通协调力度。市公汽公司多次召开专题协调会，调整规范公交停靠站点和治理公路客运秩序，解决因城区不断外延扩大引发市民乘车难的问题。公司投资2079万元，购车90辆，拥有各种公交营运车辆396辆，万人公交车拥有量9.9辆。投入营运线路33条，其中，有双层观光巴士线路1条，空调线路2条，公交旅游线路3条，晚班车线路12条，营运线路长度401.3千米；营运里程达2965万千米，客运量8947万人次，营运收入达7597万元。公司发展成为拥有员工1370人，固定资产7427万元的中一型服务企业。至2005年年底，累计投资930多万元征购土地兴建公交站场。公司有公交停车场5处，调度室3处，大修厂1个，保养场2个。

二、出租客运

1989年，郴州地区中心城区有出租小汽车132辆。1992年，中心城区内成立三江、顺安2家客运出租公司。采取公司与承担人联营办法购置22台微型面包车（俗称“面的”），租金3000元/月，公司代交规费，起步价5元。但由于“面的”车况不好，维修费用高，效益低，至1995年三江客运出租公司倒闭。

1996年，面包车退出出租客运市场。郴州市中心城区相继成立三合、兴达、汽运、运管处服务中心、中膂、郴汽集团6家出租公司，出租车发展到975台。是年，市政府成立郴州市出租车管理办公室，对从事客运出租车发专用号牌，加强对出租车经营许可证和道路运输证的管理。是年5月，郴州市出租车管理办公室联合郴州市交通运输管理处推行对出租客运实施登记、发证、监管等制度，举办出租车驾驶员培训班，经考试合格持证上岗。建立经营业户档案、台账，发放出租车标示灯、“服务质量监督卡”，并与物价部门共同制定出租车价格，出租客运市场管理和客运市场秩序逐步好转。

1997年6月，市城市客运管理职能由郴州市交通局调整给市政管理局。2001年1月，出租客运管理工作又由市政管理局移交市运管处，8月成立郴州市城区客运管理所。年内，开展“做文明使者，树郴州形象”百日优质服务竞赛活动；重新建立、完善基础台账和经营户档案，换发出租标志灯999个；举办出租汽车司机培训班7期，培训1360人；发放服务监督卡999份，安装计程车计费器；向社会公布监督电话，并大力查处出租“黑的”，共查处非法出租车786台次。是年12月，市政府办公室颁发《郴州市城区客运出租汽车经营权有偿出让工作实施方案》，规定所有出租汽车有偿使用期限8年，数量限1100辆，车型排气量1.6升以上三箱型轿车，实行公开拍卖与定向拍卖相结合，中标出租车车辆由原“X”牌更换为“Y”牌（湘LY001~湘LY1100）。新增大众、腾龙2家出租客运公司出租公司，城区共有客运出租公司8家，拥有出租车1032台。

2005年，郴州市运政管理处对出租客运只办证，不收费。5月，出租汽车经营资格证、车辆运营证、驾驶员服务资格证均由市城管局核发。

第三节　供水供电供气

一、供　水

1989年前，郴州中心城区供水主要由北湖、南湖、白鹿洞、温泉、金艮冲、花根冲、海泉、同心8座水厂提供，日供水能力9.11万立方米。因地质及地下水源枯竭等原因，白鹿洞、温泉、金艮冲、花根冲等水厂先后停产。1989年，为解决郴州城区供水不足的难题，市政府加大供水基础设施建设，兴建郴州东江水厂，该工程由省建筑设计院设计，总投资6000万元，1990年12月建成投产，日供水能力20万吨。郴州城区供水能力较1989年增加2倍。为解决东江水厂年度维修或事故状态下市城区正常供水问题，市自来水公司投资484万元兴建石榴湾备用水厂，建设规模为日供水能力5万吨。该水厂1992年8月动工兴建，1993年12月竣工投产。市区供水管网长150千米，日供水能力200万吨。

1995年，市自来水公司下设5个分公司，7个水厂，供水管网总长200千米，日供水能力285万吨，供水普及率96%，水质综合合格率、压力合格率、抢修及时率等指标均达到或超过国家标准，市区内的供水设施基本能满足人们生产生活需要。1996年6月，投资581.3万元建设日产2万吨的仙岭水厂，于1997年3月建成，向市技术开发区和市区107国道沿线供水，缓解开发区片区供水紧张局面。

1999年初，省、市重点工程山河水厂工程破土动工。山河水厂厂址位于苏仙区白露塘白水村地界，占地2.9万平方米，设计供水规模一期13万吨/日，二期20万吨/日，总投资2.4亿元。2001年4月，三河水厂工程竣工投产。

2005年2月，根据城区建设“南延东进”方略，南方水务有限公司（原市自来水公司）自筹资金修建柿竹园水厂，总投资700万元，日供水能力1.25万吨/日，是年9月，水厂建成通水，基本解决柿竹园矿工业企业生产生活和周边居民饮用水问题。

二、供电

（一）城区供电

1989年，郴州城区供电分别由郴州电业局、郴州地区供电公司两家承担。次年，郴州电业局城前岭220千伏变电站和湖南鲤鱼江电厂（110千伏鲤下线）向市城区供电。郴州地区供电公司在城区只有10千伏供电线路，并经下湄桥100千伏变电站的10千伏开关趸售郴州电业局。

1991年3月，郴州地委、行署印发《关于加快建设郴州小水电区域电网联席会议纪要》，启动郴州地方电网建设。4月，郴州地方电网第一座两江口110千伏变电站开工。是年，郴州电业局天堂110千伏变电站投产。

1992年，高湾110千伏变电站增容，投运主变压器1台，变电容量3.15万千伏安；新建110千伏天堂—高湾线投产，向城区供电。12月，郴州地区供电公司的郴州地方电网第一座两江口110千伏变电站投入营运，向城区供电变电容量6.3万千伏安，地区电业局小东江水电站向城区供电，增加城区110千伏双端电源环形供电网络。

2005年，郴州电业局在中心城区有220千伏变电站2座（城前岭、塘溪），可供电220千伏，最大负荷20万千瓦；110千伏变电站5座，变电容量20.4万伏安，可供电110千伏，最大负荷23.39千瓦；10千伏配变压器628台，配电容量22.27万千伏安，线路长度326.58千米；低压配网0.4/0.23千伏线路450千米。郴电国际（地区供电公司）在中心城区有110千伏变电站2座（两江口、南部），变电容量12.6万千伏安，可供电110千伏，最大负荷9.57万千瓦；有35千伏变电站2座（城前岭、高山背）。但仍难以满足城区用电需求。

（二）城市照明

1989年前，郴州城区路灯约1000盏，路灯线路76.35千米。主要街道大部分采用汞灯，部分采用亮度高、省电的高压钠灯；1994年，有路灯1073盏。

1995年，郴州中心城区包括路灯设施在内的城市建设提速。1996年，在改造燕泉南路、苏仙路，新建环城南路时安装路灯347盏。1997年，在国庆路中心花坛、苏仙岭、五里堆三处首次安装高杆灯。1998年，为改变城区路灯“老、缺、散、暗”的状况，对国庆路、人民路、健康路、解放路、北湖路、升平路进行彻底改造，将架空线改为地埋电缆，寄杆改为专杆，水泥杆改为金属杆，汞灯改为纳灯、节能灯，手动控制改为自动控制，新增路灯（装饰灯）4351盏。其中郴州火车站广场扩建工程安装各式华灯110盏，高杆灯两柱。1999年，五岭广场建成，安装各式华灯、庭院灯、草皮灯524盏，中杆灯两盏。2000年，107国道一期改造工程完工，安装五火华灯625盏，单臂灯121盏，三臂灯36盏。2005年，全市路灯盏数为2.93万盏，总杆数4617杆，总用电负荷1900千瓦，线路总长163千米。主要街道基本实现经纬仪时钟控制亮灯时间。

三、供气

1987年，液化石油气开始进入郴州市场。郴州煤气大楼在郴县（苏仙区）栖凤渡设立液化气站。

1989年，郴州楚南贸易公司投资20万元在城郊卜里坪建楚南液化气充装站，用地0.4公顷，拥有2个50立方米储气罐、1个10立方米残液罐。郴州市（北湖区）生资公司投资50万元建供销社气站，用地0.27公顷，拥有2个50立方米储气罐、1个25立方米残液罐，1998年，增加1个100立方米储气罐。

1998年，郴州煤气大楼被香港上市公司百江公司收购，改名为郴州百江燃气公司。同时为规范燃气市场，保障燃气市场安全供应，成立郴州市燃气管理站，负责市区内燃具发展规划，经营网点布局，以及燃气、燃具经营单位资质审查等工作。

2000年，楚南商场破产改制，气站被四海公司收购，改名郴州四海燃气公司。2004年5月20日，万华冲气站与生资公司气站合并组建长城气站。

2004年，市政府召开专题会议，拟引进外地有资质企业来郴发展城市管道燃气。9月，市政府正式授予湖南新华联在郴州市行政区域内经营管道燃气的特许经营权，并授权市城管局与湖南省新华联于2004年11月26日签订《管道燃气特许经营协议》。之后，由湖南新华联的子公司郴州新华联燃气有限公司负责郴州市城区内的管道天然气建设。至2005年底，市区内有6座液化气储配站，2座中转储运站，2座管道燃气站，年供气总量达1.1万吨，年用气量为6825吨。用气户数8.48万户，用气人口22.71万人，居民使用燃气户率60%。

第四节 园林绿化

一、绿 化

1989年，郴州中心城区园林绿化主要由郴州市（北湖区）组织实施，由园林绿化队施工，每年安排计划项目，对主要街道和北湖公园进行绿化。1993年，郴州市被湖南省建设委员会、湖南省绿化委员会评为“城市绿化达标城市”“城市绿化达标竞赛十佳城市”，获城市绿化达标竞赛总分第一名；1994年被建设部评为“园林绿化先进城市”。

从1995年开始，郴州市以创建国家“园林城市”为目标，依托环城11个郁闭成林山头构筑绿色屏障，建设城市公园、沿江风光带、城市广场、城市道路街头绿地，开展城市园林绿化建设。1997年，郴州市被省委、省政府评为“基本实现全面绿化先进单位”。至2000年，建成苏仙桥小游园、郴州师专桥头小游园。2000年底五岭广场、火车站广场竣工后面积绿化，五岭广场绿地面积3.79万平方米、绿地率达48%，绿化覆盖率50%，绿化园林景观和休闲娱乐园林式建筑为一体，成为郴州园林建设标志性景观。进入21世纪，郴州城市提质改造步伐加快，在中心城区及工业园区50余条主次干道和京珠高速公路路口注重绿化和园林景观建设，建成一批有档次、有品位，乔、灌、花、草相结合，假山、喷泉、雕塑等小品点缀其中的绿化带，形成层次丰富的道路绿化景观。通过城市公共绿地建设，王仙岭生态园成为市民游览绿色之地。到2002年，郴州城区道路绿化普及率达98.5%，道路绿化覆盖面积达83.38公顷。2002年，郴州市被评为湖南省“文明城市和园林城市”，2003年，被建设部评为“全国园林绿化先进城市”。2004年，石榴湾小游园及爱莲湖景区相继建成。2005年，郴州中心城区绿地面积1089公顷，城区绿化覆盖率、绿地率和人均公共绿地面积分别达到39.7%、33.8%、9.42平方米。

二、游园建设

郴州城区游园建设从1997年起步。是年，修建苏仙桥游园。该园位于苏仙桥江东北侧，为城市园林绿化建设重点工程。东侧为苏仙南路，西侧为郴江，南邻苏仙桥，用地呈不规则三角形，南北长为395米，东西最宽为43米，平均宽度为30米，总面积1.19万平方米，与苏仙桥路面标高高差为3.6米，总投资1380万元。游园规划设计文化上体现“苏仙遗韵”，与苏仙岭风景名胜区遥相呼应，结构上体现开放性。在满足防洪要求下，最大限度利用“滨江”地形条件，结合河岸处理，创造亲水环境，达到物我合一、情景一体效果。2000年12月29日，苏仙桥游园竣工剪彩。

1999年，修建郴州师专桥头小游园。该园位于苏仙北路交接处，建成于2000年底，是郴江河风光带中的主要小游园之一。全园绿化面积900平方米。设计上突出“以人为本”理念，考虑市民生活需求，空间构图上吸取中国古典园林疏密幽朗设计手法，使园林空间彼此呼应，虚实对比，富于变化。国内乔、灌、花、草相结合，布置假山、喷泉、景石等园林小品，以“精”“巧”取胜。

爱莲湖湘南风情园2004年施工，2005年9月竣工。位于郴江河以南，郴州大道与香雪大道交汇处，占地9.67公顷，其中爱莲湖湖面4公顷。由“莲花岛”“濂溪书院”“九曲桥”“清风桥”等几十个景点组成。总投资9262万元，其中绿化建设投资1300余万元，由郴州市新世纪建设发展有限责任公司承建。爱莲湖景区，以宋代理学家周敦颐的《爱莲说》为主题，以“濂溪书院”为中心，挖掘郴州历史文化，构成湘南民俗文化长廊，弘扬宋代理学鼻祖周敦颐开创的“出淤泥而不染、濯清涟而不妖、不蔓不枝中通外直”的理学文化内涵。景区中的清风桥是全省体量最大的青石桥，爱莲坊是全国较大的纯青石牌坊，濂溪书院是全国纪念周敦颐的最大建筑群。整个项目从建筑结构、建筑材料到建筑工艺均采用湘南民居传统元素和施工工艺，具有浓厚的湘南民俗文化底蕴和郴州本土文化特色。

第三章 市城区城市管理

郴州市中心城区城市管理，经历了一个逐步规范步入有序管理的过程。1989年，为整顿市容市貌，郴州市城管监察大队制定“城管工作综合治理工作规划”，对中心（大型）市场、主要街道脏、乱、差现象进行重点整治。1995年，郴州撤地建市，城市管理进入新时期，市城市规划建设监察和市容环境监察，会同规划、公安、交警等有关部门联合执法；依法查处建筑市场规划报建、招投标、施工许可、质量安全等方面的违法违规行为；依法查处占道经营、乱吊乱挂、乱丢乱吐、乱设殡葬灵堂等方面的违法违规行为。2001年，郴州创建全国优秀旅游城市，在中心城区开展全民爱国卫生活动；坚持改革创新对城区主要街道市容实行属地管理，组织开展城市文明卫生“进社区、进学校、进单位”活动，消除城市管理死角。不断加强城管执法队伍建设，郴州市城市管理水平不断提高。

第一节 市容治理

一、综合治理

1989—1990年，郴州市（地区）城区市容市貌和环境卫生综合治理，按照《郴州市城市管理工作规划》，具体落实“门前三包”（包卫生、包绿化、包秩序）达标工作。市城管监察大队、各中队配合街道办事处实施“门前三包”责任制，责任书签订率达100%。地区城管监察大队对城区国庆路、人民路等14条主要街道实行重点管理，对火车站、汽车站等窗口地段，实行路段管理责任到人，分片包干，并进行定期检查。经两年综合整治，城区主要街道无乱摆、乱吊、乱挂、乱堆和不围挡建筑等现象得到遏制。1991年，综合治理城区市容市貌、环境卫生，加强对建筑施工、园林绿化、市政设施、交通秩序、市容卫生、摊贩摆卖、社会文化市场的综合管理。在争创省级文明卫生城市活动中，1992年郴州市获“湖南省文明卫生城市”称号。

1994年，市城区人民路为创建文明卫生模范街，市城管大队印发《创建文明卫生街通告》《文明卫生规划》各600份，发送到各临街单位、经营户和居民手中，做到家喻户晓。地区领导和地区建委领导坚持节假日上街打扫街道、清理卫生死角；借用消防车冲洗街道路面5次，清运垃圾9车，粉刷临街树木1518棵，划定单车停放点47处；多次组织大规模全面整治行动，规劝制止违规占道经营行为，保持门前人行道清洁卫生。市城管大队还成立文明街道管理办公室，派专人负责人民路街道文明卫生创建工作，人民路街道市容和卫生状况显著改观，违法违章行为得到有效遏制，成为城区文明卫生示范街。被省卫生检查团誉为郴州市最美一条街。

1995年，郴州撤地建市，郴州市政府加大中心城区管理力度，市政管理局、市城管监察大队实施《郴州市市容市貌大整顿方案》。对重点、难点路段，下发整顿通知书1000份，对违章行为限期整改。特别对“三路”（人民路、北湖路、解放路）、“三场”（马家坪、郴师桥、广场西路菜市场）、“两站”（火车站、汽车站）进行重点整治，对城区基建场地重大违章行为和严重影响市容市貌者予以严管重罚。

1996年，市政管理系统把日常监察管理工作同迎省检、创卫生城市和开展集中整治活动有机结合，协同相关部门在城区先后开展清理乱摆摊设点、乱运乱倒基建渣土垃圾、乱吊乱贴户外广告，对单车、人力车、占道摊点实行定点定位和整顿马路市场的“三清两定一整顿”综合整治活动。查处各类城建违章9506起，予以罚没120多万元。

1997年，郴州市城市建设管理监察支队（简称“市城管支队”）分别与市政府、市政局签订目标管理责任状（书），将目标管理任务量化，层层落实。发放责任牌4500块，印制责任书6000份。全年查处各类违法违章案件8160起，上缴行政罚没款110万元。次年，围绕创建省文明卫生城市和郴州市首届“商交会”等活动。市城管支队从规范执法入手，狠抓严格执法，全年查处各类违法违章案件4187起，一般程序案件结案率达95%，总案件办结合格率达98%。市城区绿化、亮化、净化、美化整体工作上台阶，在省城市文明卫生检查中获满分。

1999年，市城管支队实行集中整治与日常整治相结合，先后进行4次综合整治行动，着重在治理脏、乱、差、劣下功夫，实施“三改”工程：改革路段管理，突出重点，高标准管理好人民路、国庆路、苏仙菜市场、湘南地质队菜市场、北湖市场、马家坪市场、郴江商贸城7个重点地段；改革执法办案方法，实行执法办案、立案处罚和行政执法三分离；改革人事用工安排，将执法人员分成路段管理组与执法办案组。全年处以行政处罚4873件，行政处罚案合理率为99.8%，立案结案率为98.9%，一般程序案立案率为100%，无行政复议和行政诉讼案件。次年，围绕举办中国·郴州生态旅游节暨经贸洽谈会，全年进行七次环境综合整治活动，出动7000余人次、车辆1040台次，纠正违章2万余次，整治滥占道经营摊点300个、流动摊点580个。其中与公安、工商、交通、交警等部门联合开展大规模整治行动3次，共查处各类违章案件5880件，规范夜市经营环境，取缔马路市场，重点净化五岭广场周边的市容环境。

2001年9月至12月，为创建中国优秀旅游城市，市委、市政府组织开展市城区市容管理“百日攻坚”活动，对城市管理中的突出问题进行重点整治。市城管监察支队转变管理方式，由严管重罚型管理向文明执法型管理转变，倡导“以服务促管理，以管理促市容”。同时落实路段管理责任制和责任追究制，坚持守点管理、徒步执法与机械化巡查纠案结合，对责任路段实行全方位、综合式管理。发挥人民路管理示范作用，重点抓好郴桂路、马家坪、罗家井、北湖市场、郴江商贸城的违章占道经营整治和户外广告管理，城区主要街道基本上取缔流动摊点，中心城区市容市貌焕然一新。

2002年，为克服相关职能部门多头执法、执法扰民的问题，成立郴州市城市管理综合执法支队。该支队提出“市容市貌创精品”口号，制定管理科学化、责任明确化、制度严格化、模式多样化、工作效率化的“五化目标”。对中心城区38条主要街道实行定人、定岗、定责、定费“四定”承包管理方法，实行全天候、全方位、高标准管理，对影响市容的“老大难”“钉子户”集中力量重点整治。同时开放几条街道作为下岗职工、孤寡老人及伤残人员的摊点销售场地，安置沿街擦皮鞋摊点。高标准设置单车停放点，规范非机动车辆和摩托车有序停放，在主要街道设置汽车停靠点。完成人民西路门店招牌整治改造，严格控制条幅广告审批。为切实规范中心城区环境卫生、垃圾渣土及三轮车管理，综合执法支队重新组成一支10余人的机动巡查小组，昼夜巡查。

2003 年，市城管综合执法支队进一步理顺管理体制，将所属部门分为市容管理、监督管理、后勤保障、兴业管理四大管理体系，实行管、撤、罚相分离，提高执法效率。全年共查处违反市容卫生行为 600 余起，清理占道摊点（担）1.9 万余起，收缴违章广告横幅 150 余条，拆除违章广告招牌、灯箱 200 余块（个），清除城市“牛皮癣”（乱贴小广告）5.1 万余块，查处张贴非法小广告者 50 余人次，纠正超门面经营 1.2 万余次。城管“110”全年接警 1200 余起，全部得到及时妥善处理。市占破办全年审批占破道项目 1435 项，发证 943 个，强制整改 507 次，督促施工围挡 240 处。纠正违章案件 5.8 万起，办理行政处罚案件 2848 件，未出现一例行政复议、行政诉讼案件。是年，该支队被建设部评为“全国城建管理监察行业先进集体”。

2004 年，市城管综合执法支队全面推行和完善“一点两线”（即定点管理、机动巡查与徒步巡查相结合）的市容管理模式，和城管行政执法“三分制”（即在执法管理中实行管理、办案、执行相分离），增强执法透明度。执法实行疏堵结合、教育与处罚相结合、管理与服务相结合的管理模式。在城乡结合部和城区小街小巷合理设置部分临时经营摊点，缓解中心城区主要街道管理压力，瓜果上市季节布置农产品集中销售点。加强户外广告管理和施工现场管理。依法行政、文明执法，执法水平和办案质量不断提高，全年办理行政执法案件 3804 件，其中简易程序案件 2433 件，一般程序案件 1371 件，一般程序案立案率达 100%，结案率达 99%，无行政诉讼案，案件合格率 100%。2004 年，支队被省依法治理领导小组评为全省首批“依法办事示范窗口单位”。

2005 年，新组建的市城管行政执法局与有关部门协调一致，将城区主要街道划为 10 个网格，每个网格责任到人，按绩效考核，形成管理的无缝化覆盖；组织开展城市管理“进社区、进学校、进单位”活动，消除城市管理死角；会同规划局、城管局、交警巡警支队等部门联合执法，特别是市公安城市管理支队的成立，一线城管执法人员人身安全得到保障。全年调处城管执法纠纷 102 起，办理各类行政执法案件 3572 件（其中简易程序案件 1190 件，一般程序案件 2382 件），罚款 160 万元，一般程序案件立案率 100%，结案率 98.5%。案件合格率 100%。

二、市容环境监察

1989—1990 年，郴州地区无专门市容环境监察机构。1991 年 8 月，郴州市城管监察大队正式成立。监察大队会同市城管局、市城镇街道工委、市建委，依据城市市容、环卫相关法律法规，对园林绿化、市政设施、交通秩序、市容卫生、摊贩摆卖、社会治安、社会文化市场等进行管理监督。至 1994 年，共查处违章和乱摆摊点行为 2.03 万起，乱堆乱放、乱吊乱挂 7789 起。其间，连续 30 余次集中进行夜市整顿，查处无证乱摆摊点 1035 起。查处汽车违章 1.14 万起，摩托车违章 3226 起，自行车违章 6570 起，查处拖拉机违章进城 2879 起，马车违章进城 514 起，查处三轮车、板车乱摆乱放 1590 起。会同公安部门维护社会治安，抓捕扒手 59 起，调解斗殴 109 起。

1995 年，市政府加大市容环境整治力度，加强市政设施、公共事业、市容市貌等监察管理，严格依法依规查处影响或破坏市容环境违法行为。1998 年，稽查出租汽车违章 725 台次，出租摩托车违章 2680 台次。此外，还加强城市燃放烟花爆竹和丧葬品经营市场的专项整治。1999—2000 年，重点整治城区主要街道的违章早、夜市摊点和占道经营行为，取缔马路市场 300 个，流动摊点 580 个，查处市容环卫违章 2.93 万起，违章占道和门面违章 3074 起。基本实现临街店面占道者入场归店经营。

2001 年，市城管局开展市城区管理百日攻坚活动，整治占道和超门面经营、车辆乱停乱放等违章行为，在主要街道人行道安排205处不锈钢单车（摩托车）停放围栏，划定汽车停放区26个，实现人行道机动车辆和非机动车辆规范有序停放。取缔城区违规农贸市场和一些繁华路段的马路市场。至2004年，共查处违章占道或门面违章经营7.67万起。

2005年，市城市管理行政执法局成立，城市管理进一步加强。是年，组织开展专项整治行动13次，纠正占道经营、乱吊乱挂、乱丢乱吐等违章行为2.1万余起，在依法组织开展原有的市容环境、市政公用、园林绿化、户外广告（占破道）等方面执法监督的同时，还探索和尝试环境保护、水务管理、公安交通、殡葬等方面的执法监察活动，全年办理行政执法案件3572件。

第二节 环境卫生管理

一、环卫作业

（一）街道保洁

1989年，郴州市环卫处负责清扫保洁的主要街道有人民东路、人民中路、人民西路、国庆南路、国庆北路等，面积为27.58万平方米；并接管工业大道、飞虹路、东门口路立交桥、中医院、三完小路段、马家坪至玻璃厂路段和城区的农贸市场等13处共计6.29万平方米。日清扫保洁的街道及人行道增加到29条，面积33.87万平方米。日街道冲洒水面积16万平方米。1994年，主要街道清扫保洁面积增加11.87万平方米，日清扫保洁面积达45.74万平方米。1989—1994年，市城区主要街道清扫保洁仍采取清扫人员按班组分街道用竹扫帚沿街打扫。每日街道冲洒水两次，小街小巷每天白班日常清扫保洁。清扫保洁要求做到街道人行道净、沟眼净、树穴净、边角净。

1995年，郴州撤地建市。市环卫处日清扫保洁街道32条，面积为49.55万平方米。日冲洒水里程32千米。购买吸、洒水车2台，道路清扫车1台。1996—2000年，新购置机械化道路清扫车4台、洒水车2台，道路清洗车1台。在城区人民路、国庆路、苏仙路等主要道路每日进行机械化清扫作业。

2001年，城市扩容提质，日清扫保洁主要街道增至36条，面积121万平方米，日冲洒水100.55千米。2002年，改革街道清扫保洁体制和模式，将车行道与人行道清扫保洁捆绑在一起，把原只负责车行道保洁清扫大队和原只负责人行道保洁卫生监督大队合并后，划分为清扫一大队和清扫二大队，以人民路为界，按南北划片进行作业与管理。同时，调整清扫保洁时间，将原每天凌晨一普扫、白天两保洁，改为从凌晨2点至晚上12点，分三班对城区街道进行全天候清扫保洁。街道冲洒水由原每天2次增加到3~4次。机械化清扫由原每天1次增加到2~3次。保洁方式也由原集中清扫改为单人单车（手推车）分路段保洁。同时对不同气候、不同时段、不同区域街道清扫保洁提出不同要求，实施每半月冲洗一次街道制度。小街小巷在加强白天日常保洁基础上，实施定期或不定期冲洒水。

2005年，市环卫处成立机械化清扫班，作业路段为人民路、国庆路、苏仙路、苏园路、燕泉路等主要街道，面积为26.88万平方米，机械化清扫率达15%。是年，街道清扫保洁质量由“四净”提升到“五无五净”，即无堆积物、无果皮纸屑、无砖块土石、无污泥积水、无痰迹和路边净、沟眼净、树穴净、边角净、花台净。日清扫保洁主要街道达42条，面积179.26万平方米，日冲水200千米，日机械化清扫率达15%。北湖、苏仙两区环卫所及开发区环卫处负责清扫保洁小街小巷及辖区街道共598条，面积150.1万平方米。

（二）公厕保洁

1989年，郴州城区有公厕51座，主要分布在干城街、裕后街、龙骨井等居民集居地以及东南西北街，均为砖木结构旱厕。有公厕保洁员10名，负责郴州市城区51座公厕的清洗保洁。按公厕大小、蹲位数，实行分片定额包干。每名保洁员负责5~8座公厕冲洗保洁，每天就近挑井水或郴江河水冲洗，要求达到“六无六净”（即无痰迹纸屑、无屎尿堵塞、无蛆蝇、无污泥积水、无积尘蛛网、无恶臭和墙壁净、蹲位净、地面净、隔板净、取粪口净、门窗净）。环卫部门设专人负责检查、考核。粪便由吸粪车清运送至龙门池，三里田、七里洞等肥库进行处理后，供市郊农民作肥料使用。

1992年，市区旱厕逐步改为水厕，粪便清运逐渐减少。采用化粪池处理粪便。是年，国庆南路汽车站和燕泉路两座水冲式公厕实行专人承包收费管理。随后，逐步对所有水厕实行承包制专人收费管理，“以厕养厕”。1994年，市环卫处先后新建公共厕所17座，并配有吸粪车1台。

2002年，为创建中国优秀旅游城市，国庆北路劳动广场、国庆南路汽车站、东风广场、燕泉路与和平路口、人民东路立交桥、三完小、桔井路四医院、健康路二医院8座公厕改建为旅游公厕。同时，新建公厕7座。改建、重建公共厕所16座。

2005年，市城区建有公厕47座，其中旅游公厕8座、二类公厕12座，三类公厕27座，建筑面积2770.67平方米。

二、环卫清运

（一）垃圾清运

1989年，采用分散布点办法设置垃圾桶（垃圾箱）收集垃圾。在裕后街、干城街、栏杆塘、龙骨井等居民区建有6个垃圾围挡供居民倾倒垃圾；市区文化路、燕泉路、人民路、北湖路、健康路、解放路、升平路、国庆路8条街道设置收集垃圾垃圾箱86个、垃圾桶70个；部分街道和居民点摆有多功能垃圾斗37个收集垃圾。垃圾清运分别雇请农用车和环卫处的密封车、多功能车清运垃圾送往骆仙岭垃圾场处理。骆仙岭生活垃圾填埋场，位于城郊骆仙岭，占地面积1.76公顷、库容量30万立方米，采用简易填埋处理。是年，市环卫处在107国道、工业大道、国庆南路、劳动路、协作路、南关上等处设置多功能垃圾斗16个收集垃圾。针对部分企事业单位雇请农用车清运垃圾，在城郊接合部或偏僻处乱倒垃圾现象，市环卫处与企事业单位，签订垃圾清运有偿服务协议，即由环卫处收取垃圾清运费负责清运，当年增加瓷厂、火柴厂、汽车修配厂、石油公司等有偿清运垃圾点13处，并接管罗家井、火车站、下湄桥等7个农贸市场的垃圾清运任务。市区内有果皮箱370个，分布在人民路、国庆路、解放路、东南西北街等路段。分别为砖混铸铁、木质等结构。是年，在飞虹路建高台式垃圾站1座。

1991年，取消文化路、燕泉路、人民路、北湖路、健康路、解放路、升平路、国庆路8条主要街道的垃圾箱（桶）86个，设立24个垃圾投放点，由垃圾收集人员每天早、中、晚定时定点摇铃收集垃圾。雇用6台农用车将垃圾送往骆仙岭垃圾填埋场。1992年，取消裕后街、干城街、栏杆塘、龙骨井等居民区6个垃圾围档，改为摆放多功能垃圾斗12个，用130个多功能车清运垃圾。是年7月建成梁家冲垃圾填埋场，占地5.14公顷，库容84万立方米，采用简易填埋处理。1994年，郴州地区物价部门对单位垃圾代运、经营门店、临街作业污染清洗清扫、装饰维修工程、停车场、洗车场等40多个环卫服务收费项目的标准作规定，使收费工作更加规范。

1995年，新建燕泉新村、北湖路二完小、杨家坪、文化路、栏杆塘、北街张家巷、国庆北路劳动广场、青少年宫8座高台式垃圾站，用密封车清运垃圾。是年，在摆放多功能斗的地点实行早吊晚摆，即晚上7点后垃圾斗摆放到原位供居民倾倒垃圾，早上及时把垃圾吊走，运到南塔路垃圾中转站，再用密封车运往梁家坪垃圾场。是年，市环卫处有多功能垃圾车2台、自卸车6台。1998年，在桔井路、苏仙北路、国庆北路、广场东路东风广场、苏园路高山背、飞虹路鳌头湾、人民西路、苏园路等新建双斗型集装箱式垃圾站8座。至2000年，市环卫处有推土机1台、密闭式自卸车2台、后装式垃圾车1台、多功能垃圾车7台、铲车1台、后压式垃圾车1台。

2001年，取消文化路、燕泉路、人民路等8条街道的24个垃圾投放点，安排36台手推车专人每天早晚推斗车摇铃上门收集垃圾，运至南塔路中转站或就近垃圾站，再用垃圾清运车运至梁家冲垃圾销纳场。2002年4月，市环卫处成立有偿服务收费办公室，为市环卫处直属科级机构。根据市物价局《环卫服务收费项目和标准》对环卫服务收费项目和标准重新进行核定。6月，国家计委、财政部、建设部、国家环保总局联合下发《关于实行城市生活垃圾处理收费制度促进垃圾处理产业化的通知》，郴州市政府于2003年10月制订《郴州市城市生活垃圾处理费征收管理暂行办法》，市物价部门会同市财政局、城管局、法制办以及市民代表召开价格听证会，制订《郴州市城区生活垃圾处理费征收标准》，原有偿服务收费项目和标准停止执行。2004年1月，郴州市率先在全省开征城市生活垃圾处理费，有偿服务收费办公室更名为城市生活垃圾处理费收缴中心。收费方式采取委托征收和直接征收。

2005年，市环卫处委托社区代征城市居民和暂住人口生活垃圾处理费，与北湖、苏仙两区的6个街道办事处签订委托征收协议，但效果欠佳。尔后委托市财政、北湖区财政、苏仙区财政部门代征城市生活垃圾处理费，分别完成代征收入45.9万元、17.1万元、14.3万元，委托市交警支队完成代征收入24.8万元，供水代征69.9万元，市环卫处收缴中心直收收入210.39万元，全年城市生活垃圾处理费征收收入382.39万元。累计有偿服务收费收入4362.21万元，全部上缴市财政。是年，市城区主要街道果皮箱有不锈钢、广告式玻璃钢、铸铁三种类型，总数527个。按片划分责任区，安排专人负责清扫。是年，基本取消沿街摆放垃圾斗，对沿街门店和居民垃圾，由专人用手推车摇铃上门收集，倒入垃圾站。部分偏僻地和居民点仍设有多功能垃圾斗17个。市环卫处有高台式垃圾站9座，集装箱垃圾站13座，清运垃圾有多功能车6台，密闭车4台，集装箱6台。是年，新建南塔路、国庆北路、北湖市场、苏石路、国庆南路振兴桥下、陈家巷等环保型垃圾站5座，市城区有垃圾站22座。至2005年，市城区用于道路保洁、垃圾清运等生产性用车计39台。并建成投入使用倒窝里生活垃圾无害化处理场。该处理场占地21公顷，库容量315万立方米，日处理垃圾能力为500吨。按垃圾无害化处理设计建设，采用卫生填埋工艺。

（二）渣土清运

1989年，为加强市城区环境卫生和渣土管理，郴州市环卫处市容环卫监察队，重点管理市城区“两站四路”（即汽车站、火车站；人民路、国庆路、解放路、北湖路）市容和卫生，查处乱丢果皮纸屑、乱倒垃圾、损坏环卫设施等行为，并配合有关部门开展市容环境卫生整顿。

1994年，国务院颁布《城市市容和环境卫生管理条例》，郴州市制定《城市市容和环境卫生管理暂行办法》。郴州城区环卫监察队伍得以加强，队员由原13人增加到19人，配置标志服装、机动车辆（两轮、三轮摩托车）和通信设备（对讲机、BB机），监察队员严格依法处理各类有损市容环境卫生行为，同时督促检查“门前三包”责任制落实。并加强基建工地、基建渣土对街道、市容环境卫生污染的监督管理。1995年，市容环卫监察队增加环卫有偿服务收费的职能，对市容环卫执法、渣土管理实行有偿服务收费，年有偿服务收费 141.86 万元。1996 年，渣土清运有偿服务收费 257.92 万元。

2001 年，郴州市政府发布《关于加强城区渣土管理的通告》，市环卫处召集基建单位负责人和施工单位专题研究城区渣土管理办法，明确要求必须硬化基建工地出口通道，安装高压水龙头冲洗车轮胎，严禁超高运输渣土，严禁渣土沿途撒漏污染街道。2002 年 7 月，市环卫处市容环境卫生监察中队变更为郴州市基建渣土管理办公室和市环卫有偿服务收费办公室，分别定编 40 人、20 人，均为市环卫处副科级机构。新渣土管理专门机构对城区基建工地进行调查摸底，绘制城区基建工地分布图，随时掌握城区基建工地渣土运输情况，严格控制渣土污染源。对渣土运输实行"三定"（定时间、定线路、定消纳倾倒场地）管理。是年，根据市政府《关于规范市城区洗车场（点）管理的通告》精神，基建渣土管理办公室负责对城区洗车场（点）实行统一规范管理。

2005 年，基建渣土管理办公室坚持以社会效益，环境效益为主，经济效益为辅原则，克服点多、面广、人力不足等困难，强化对基建渣土和洗车场（点）跟踪管理，采取"堵源节流、治防并举、规范管理、严格审批"措施，有效地控制渣土污染源。

第三节 城市管理机构

一、市政管理机构

1989 年至 1994 年，郴州地区尚未成立全地区性的市政管理机构，郴州地区治所（中心城区）的市政管理工作由郴州市城市管理监察大队负责。

1995 年 5 月郴州撤地建市，7 月成立郴州市市政管理局，归属市建委。内设办公室、政工科、纪检监察室、法规科、公用事业管理科、工程管理科、计财科。有干部 19 人，职工 2 人。有郴州市占破道路管理办公室、郴州市燃气管理站、郴州市城市客运管理办公室 3 个自收自支正科级直属事业单位。下属单位 6 个，即郴州自来水公司、郴州市公共汽车公司、郴州市市政公司、郴州市城市建设管理监察支队、郴州市环境卫生管理处、郴州市园林管理处。

2001 年，根据《郴州市机构改革方案的实施意见》，撤销郴州市市政管理局、市城镇管理工作委员会办公室，组建城市管理委员会办公室（与郴州市城市管理局两块牌子合署办公），原市政局、城管办行政职能由市城管办（局）承担。

2002 年，市党政机关再次进行机构改革，根据市委、市政府改革方案，市城管局内设综合科、政工科、法规监督管理科、计划财务审计科、基础设施建设科、公用事业管理科、爱卫管理科、城市社区建设指导科。行政编制 26 名，机关后勤服务事业编制 3 名，保留市城市资金筹集管理办公室全额拨款事业编制 2 名。直属事业单位有郴州市燃气管理办公室、郴州市城市水务管理办公室、郴州市占破道管理办公室。撤销郴州市城市客运管理办公室。

2004 年 12 月，市委、市政府决定组建郴州市城市管理局和行政执法局，集中行使城市管理工作和行政执法工作。2005 年 1 月 18 日，市编委《关于郴州市殡葬管理处职能编制调整的通知》将"负责市城区乱葬、乱停乱摆、大操大办等违法违纪行为的查处"职能，调整划归市城市管理行政执法局承担；并按照"人随事走"的原则，承担该职能的 5 名差额拨款事业编制划入郴州市城市管理行政执法局。是年1月23日，郴州市城市管理和行政执法局正式挂牌成立。是年5月11日，市编委通知市城市管理和行政执法局下设4个直属机构：郴州市城市管理行政执法局机动督察执法支队，核定全额拨款事业编制20名；郴州市城市管理行政执法局市容环境执法支队，核定全额拨款事业编制50名；郴州市城市管理行政执法局规划建设执法支队，核定全额拨款事业编制30名；郴州市城市管理行政执法局市政公用执法支队，核定全额拨款事业编制30名。组建市城管行政执法局北湖区分局、市城管行政执法局苏仙区分局、市城管行政执法局经济技术开发区分局（简称“三区”分局）。三区分局均由市城管行政执法局分别与北湖区人民政府、苏仙区人民政府、市经济开发区管委会双重管理，行政执法工作接受市城管行政执法局统一领导和监督，对外统一以市城管行政执法局名义执法。

二、城管监察机构

1987年3月，郴州市政府批准成立郴州市城市管理监察大队，属临时性机构，隶属市城市管理委员会。大队下辖一、二、三、直属四个中队。队员共计50名，大队设大队长1名、副大队长3名、政治教导员1名。

1991年，市编委发文成立郴州市城市管理监察大队，正科级事业单位，定编10名，下设环境保护监察中队、规划管理监察中队、许家洞城管中队及四、五、六中队，归口市建委管理。是年，大队定编20名，11月，大队更名为郴州市城市建设管理监察大队，由原差额拨款改为全额拨款事业单位。增设渣土管理办公室、市容环境卫生管理监察中队、市政工程建设管理监察中队、城建法规宣传股等。12月，郴州市经济技术开发区城建监察大队成立，隶属于市经济开发区建委管理。1994年6月至10月间，郴州市城建监察大队又陆续增加30名事业编制。

1995年，撤地建市，郴州市城建管理监察大队升格为副处级事业单位，隶属郴州市市政管理局。城关大队由原郴州市上收到地级郴州市管理，在编51人，合同借调15人，共66人。1996年5月，市编委明确市城管监察大队是具有行政区域管理职能的副处级事业单位。大队下辖机动中队、市容环卫中队、基建渣土中队、城市园林绿化管理监察中队、城市规划管理监察中队等7个中队（副科级）。全队职工增加到91人，其中干部38名、工人53名、大专以上学历29人，平均年龄28.5岁。大队有工作用机动车辆20台。1998年9月，郴州市城市建设管理监察大队更名为郴州市城市建设管理监察支队，定编104人。原基建渣土管理办公室撤销，其业务划归市环卫处。

2000年12月，市政府发文决定上收重组市城建管理监察支队，由郴州市建委直接领导。市政管理局的占破道管理办公室、市城区户外广告业务划归市城建管理监察大队。成立市公安局治安巡警支队城建管理大队，原有各专业监察大队行政隶属关系不变，业务上由市城建管理监察支队指导。

2002年5月，按照市编委的规定，市城建管理监察支队更名为市城市管理综合执法支队，实行一支队伍统一执法。支队为副处级事业单位，由市城管局管理。支队下设市容环卫大队、规划大队、园林大队、市政公用大队、机动巡察大队，在编人员共154名。承担市中心城区综合执法工作，即对市容环境卫生、市政工程设施、城市规划、公用事业、建筑工地、环境污染、园林绿化、风景名胜区等实施综合性的监督管理和监察执法。9月，市政府组建“10不准”①督查队，重点查处在

① 不准随地吐痰、不准乱扔乱倒垃圾、不准损坏公共设施、不准乱贴乱画乱挂、不准乱停放车辆、不准违反交通规则、不准乱摆设摊点、不准燃放烟花爆竹、不准在中心城区饲养家畜家禽、不准从事封建迷信活动。

城区燃放鞭炮、饲养家禽家畜、从事封建迷信活动等行为。

2004年12月，市委决定撤销市城市管理综合执法支队，组建郴州市城市管理和行政执法局，将分散在各个执法主体的有关城市管理的行政处罚权集中由市城市管理和行政执法局依法独立行使，以解决城市管理多头执法、职权交叉、执法扰民和执法机构膨胀等问题。市城市管理和行政执法局下设4个直属机构：机动督察执法支队（核定全额拨款事业编制20名）、市容环境执法支队（核定全额拨款事业编制50名）、规划建设执法支队（核定全额拨款事业编制30名）。并组建市城市管理和行政执法局北湖分局、苏仙分局、经济开发区分局。2005年机构人员无变动。

1995-2005年郴州市城市（市政）管理和行政执法局负责人名录

表22-3-3-1

单 位	姓 名	职 务	任职时间
郴州市市政管理局	何同生	局 长	1995.07—2001.07
郴州市城市管理局	刘志伟	局 长	2001.08—2005.01
郴州市城市管理局	赵 宇	局 长	2005.02—
郴州市城市管理和行政执法局	李成贵	局 长	2004.12—

说明：2004年城市管理与城市执法管理局分设

三、环卫管理机构

1989年至1994年，郴州中心环境卫生工作由郴州市环卫部门负责。1995年撤地建市，原郴州市环卫处升格为副处级全额拨款事业单位，原有股室、队均升为科级机构，另设市容环境卫生监察中队履行市容环卫执法、环卫有偿服务收费及渣土管理职责。市环卫处原有职责不变，归口市政管理局。

2002年，市政管理局被撤销，成立郴州市城市管理局，市环卫处隶属市城市管理局，职责不变。由于城市管理实行统一综合执法，环境卫生监察执法职能上收到市城管局，市环卫处环境卫生监察中队更改为市环卫有偿服务收费办公室和市基建渣土管理办公室，为市环卫处下属机构。7月，北湖区、苏仙区成立区环卫所，负责各区小街小巷清扫保洁。随着城市环境卫生管理任务逐年加重，环卫职工队伍由1989年的239人增加到1996年539人，其中正式职工232人，临时工307人。2005年职工人数达696人，其中正式职工302人，临时工394人。

第四章 县市城市、村镇建设

1989年始，郴州县（市）城市建设实行“人民城市人民建”，采取政府投入、社会筹集、市场运作的方式投入建设资金，发展公共交通，以新农村建设为契机，促进小康村镇建设。39个建制镇被郴州市及市以上领导机关授予文明城镇称号。至2005年底，全市农村新建住房208.5万平方米，人均居住面积由1989年的4.37平方米增加到26.6平方米。100%的村通公路；79.2%的农户用电；52.8%农户饮用自来水。城镇乡村人们居住环境得到很大改善。

第一节 县市城区建设

一、建设概况

1989年，郴州地区有8个县城，郴县（苏仙区）和郴州市（北湖区）城关镇政区治所均在郴州市区，无单独县城。1995年撤地建市，北湖区、苏仙区治所仍在市中心城区，其他县城均为县级政府治所，是所在县（市）政治、经济、文化中心。9个县（市）城城区面积共37.76平方千米。各县（市）加强旧城改造，增加城市维护建设资金，加宽整修道路（街道）95条，总长95.07千米。至2004年，各县（市、区）新修“四纵五横”或“五纵六横”道路共126条，总长度189.99千米，总面积438.72万平方米；原有木桥、石墩水泥板平桥均改建为钢筋水泥拱桥；县（市）城路灯档次逐渐升级；资兴市率先开通城区公交。县（市）环卫工具逐步实现机械化，街道设有垃圾箱、垃圾屋（中转站），各县（市）城区都有水冲式公共厕所，对街道每日清扫保洁。城区园林绿化覆盖率扩大。至2005年，全市县（市）城区面积增加到79.81平方千米，是1989年的2.11倍。共有道路231条，总长度294.44千米，总面积603.76万平方米。改建和新修道路均由水泥砼结构路面取代原沙石或沥青路面。路灯逐步发展到弧形灯、宫庭灯、高杆双挑灯、彩色射灯。供水条件逐渐改善。县（市）城有水厂11个，日供水能力25.6万吨，供水管道总长510.01千米，自来水饮用普及率达98%，9县（市）城排水管道总长311.38千米，管网密度为3.68千米/平方千米，基本形成科学排水系统。除桂东县城外，其余8县（市）城均开通公交车，共有车辆237台，营运线路总长555.3千米，年运客总量1330.17万人次；是年，县城区开始出现小汽车参与市场营运。城区绿化率由1989年25.1%提高到32.3%，公共绿地人均达6.97公顷；共有各类房屋3285.79万平方米，其中公房面积1251.81万平方米，居民人均住宅面积26.6平方米。同时新建学校、医院、广播电视大楼、移动通信接收站等公共设施，改造扩建农贸市场，县（市）城区建设全面发展。区内桥梁增加至78座，与1989年34座比增加了44座。

二、房屋建设

1989年年初，资兴市治所由兴宁迁入唐洞，设唐洞新区（简称“唐洞市区”）。当年，建房建设面积累计28.05万平方米。是年，县城房屋建设力度较大的有临武县、宜章县、永兴县、汝城县。临武县依据县城总体规划，集中连片建设生活区，县城区共有住宅面积7.83万平方米；宜章县南京洞开发区初具规模；永兴县东正街按城镇规划拆旧建新；汝城县投资843万元，在县城建房2.86万平方米，还采用多形式多渠道筹备资金投入3149万元建成经济适用房4.23万平方米。桂阳、嘉禾、安仁、桂东等县加强对国有公房和城镇居民私人建房的管理。人均住房面积少则7平方米（临武县），多则22.8平方米（宜章县），其他各县人均在10~20平方米。安仁县出现私人建房热。各县城房屋多为低层砖木结构，7层以上建筑几乎没有。

1990年至1994年，各县（市）逐渐加大治所旧城和房屋改造力度。临武县先后对汽车站、东云路进行改造折旧建新，县建行在东云路建成12层高金融大厦。桂阳县以改造旧城为主，新建房屋多为砖混结构，广播电视大厦高12层。嘉禾县按县城建设总体规划，沿人民路、禾仓路延伸，112个单位新建办公楼、住宅，累计完成建筑面积26.5万平方米。宜章县兴中大厦、县人民医院大楼、县电力调度大楼，均为10层以上高层建筑，农村信用联社大厦高15层。永兴、安仁等县政府办公、科教、金融、电力通讯、交通公路运输等高层大楼相继兴建。

1995年至2000年，各县（市）加快城区住宅房屋建设。因政策调整，政府对城镇居民私人建房不再供应用地，住宅主要由单位集资建房，商品房建设有长足发展。各县（市）开发出成片多功能住宅小区，使城区建成区面积不断扩大。资兴唐洞工人新区、临武城东住宅小区、宜章教职员工新区、永兴城南新区、汝城发塘江住宅小区、桂东新桂小区，为城镇居民提供生活设施配套的新居。2001年后，郴州市市、县两级政府加强对房地产开发、商品房建设的管理和调控，县城房屋建设进一步规范。据资兴、临武、桂东、嘉禾、宜章、安仁、汝城统计，至2005年年底，其7县（市）有房屋建筑面积1398.03万平方米；人均住房面积最少14.3平方米（永兴县），最多58平方米（安仁），其他各县人均住房面积在22~38平方米之间；增幅最大的是临武县，2005年人均住房面积38.2平方米，为1989年7平方米的5.46倍。

三、市政街道建设

1989年，各县（市）共有主要街道81条，街道主要桥梁20座。街道路面主要分为混凝土路面、沙石路，还有少量的裸石路。古代桥梁2座，即宜章县的三星桥、福星桥；其余各桥多为公路性质桥梁，上可通车、下可行船。

1990—2000年，各县（市）投入大量基础设施建设资金新建街区道路，并对原先建成的街道（道路）、桥梁进行全面提质改造。街道沙石路面全铺水泥或柏油，安装或置换路灯，装修拓宽人行道；铺设排水（污）管道，排水明沟改暗沟；道路两侧输电、通讯杆线，逐步由空架式改为地埋式。各县（市）城区基本形成功能完整的街区道路网络。期间共新修道路46条、桥梁15座，临武县新建的临武大道全长710米，路幅宽42米。嘉禾县在人民路两侧进行整体装饰，安装彩色护栏4000米、霓虹灯箱32盏，人民路成为嘉禾县最美一条街。永兴县1998年投入1.8亿元新建人民路、永兴大道共2986米，路幅宽30米。安仁县通过新建和改造，使城区道路建设形成一环（环城路）、二纵

（五一路、军山大道）、二横（七一路、八一路）总体布局。永兴县先后拆除工农兵等4座老旧危桥，新建干劲路三墩双曲拱型城市用桥。汝城先后新建6座桥梁。桂东县新建5座桥梁。

2001—2005年，各县（市）继续加大城市基础设施提质，对城市街区小街小巷进行改造。其建设力度较大的有临武县、永兴县、安仁县。2003年，安仁县委、县政府启动县城扩容提质工程，组织百日攻坚活动，围绕18个建设项目，以永乐江城区两岸为轴心，抓一线（新大桥连接线）、一场（七一交通广场）、一街（五一路最美一条街）、一堤（城区永乐江防洪堤）、两道（永乐江南、北两岸宾江大道）、两园（烈士公园、县工业园）建设。至2005年底，各县（市）城区共有主要干道194条、总长约162.75千米；城区桥梁共36座；下水道275.29千米，是1989年39.26千米的7.01倍。2005年县（市）城区路灯增加到6265盏、路灯线路总长度为1129.65千米，分别是1989年的5.14倍和8.31倍。

四、公用设施

（一）交通

1989年，郴州地区内县级客运比较发达的县（市）有资兴市、桂阳县、临武县、嘉禾县。资兴市内有客运汽车127台，桂阳县开通县城至郴州、嘉禾、临武、新田等县（市）及县内39个乡镇的客运专线。嘉禾县有国营客运车辆65辆，还有14辆社会车辆参加营运。是年，开通城区内公共汽车的有资兴市、临武县。至1994年，社会（私营）车辆日益进入客运市场，汝城县土桥镇农用三轮车很快占领城乡客运市场，短短两年载客三轮农用车发展到600多辆，虽然方便了群众生产、生活，但存在许多安全隐患，公安、交通、农机部门联合进行过多次整顿。

1995年至2000年，各县（市）扩建改造汽车客运站（点），并加强对个体客运车辆的管理，一些个体中巴车纷纷挂靠国营汽车运输公司。1997年，汝城县汽车总站调剂两台中巴，开辟第一条公交线路，从交通广场经环城西路至县水泥厂，全程2千米。1998年临武湘运汽车站筹资108万元，购置6辆高档豪华客车投入县城公交运营。桂阳县湘运公司共添置客车47辆，其中10辆空调中巴车，增开5条公交线路。嘉禾县征地1.4公顷新建城南、城北两处停车场。当年安仁县首次开通公共汽车，营运线路9千米，当年运量1.98万人次。资兴市组建永顺客运有限公司、东江运输出租有限公司。全市拥有客运车辆200余台，其中个体经营50余台。

2001年3月，郴汽集团组建资兴分公司，购置16台豪华空调大巴车，开通资兴至郴州直达线路；2002年，又投资250万元，购置12台豪华空调无人售票车，开通三都—新区—东江线路。是年6月，临武县城西停车场建成启用。9月，安仁县成立泰安汽车出租有限公司，投入出租小汽车30辆运营。10月，汝城县民营“9县地汽车出租公司”成立，购进吉利牌轿车12台，由个体户司机承租运营。2003年，安仁县新增出租小汽车15辆，当年投入营运汽车45辆。2004年，郴汽集团临武分公司更新城内营运的全部公交车辆。

2005年，资兴市有客运车辆249台，客运量289万人次，旅客周转量6092万人千米；桂阳县城区29台公交车不仅全部换成新车，而且实现无人售票，“的士”拥有量100台；嘉禾县客运量50万人次。

（二）供水

1989年，各县（市）城区用水除桂东县外，均实现自来水供应。资兴市有日产2万吨木根桥水厂一座，水管总长27.78万米，向唐洞新区供水；临武县皇龙坝自来水厂，日供水量1000吨；桂阳县从肖家山水库取水，日供水500吨；嘉禾由珠泉水厂向城区供水；宜章县自来水公司向城区日供水3000立方米，供水管线长7000米，自来水入户率为80%，该县自来水公司投资108万元，建成城西百子桥水厂，日供水30000立方米；永兴县有日供水5000吨自来水厂1个；安仁县自来水公司供水区域2平方千米，年供水能力140万吨。

1991年3月，永兴县扩建自来水生产线，新增日供水量1万吨。次年该县架设直径400毫米水管向南区供水。1993年，临武县东方山水厂日供水6000吨，嘉禾县建晋屏水厂日供水能力3000吨，宜章县北门岭水厂日供水30000吨，安仁县凤凰山供水工程相继建成。1994年，桂阳县政府投资2900万元兴建县第二座水厂——黄土岭水厂。至1999年，各县相继扩建虹吸滤池、平流沉淀池，铺设供水管道，建加压泵站，使供水管网形成环状和网状布局，满足人们生活需要。至2005年，据不完全统计（缺桂阳县、永兴县、安仁县、桂东县数据），其余与县（市）自来水厂和供水工程30个，供水管线长1022.2千米。县（市）城镇居民自来水平均用水率达到99%，其中资兴市、临武县、桂阳县、嘉禾县、永兴县、安仁县、汝城县自来水入户率100%。

（三）燃气供应

郴州县（市）城区最先使用石油液化气的是汝城县，1988年，该县木材公司在县城东部教场坪兴建液化气站，用户100户；11月，县煤炭公司在城郊106国道边兴建第二座液化气站，此后又有富刚、家家乐液化气站相继建成。

1992年，资兴市开始使用液化气，在城区建成2座气站；安仁县、桂东县城区居民也开始使用液化气。1993年，永兴县私营企业建立液化气供应网点，外购气源供应城区居民。1995年、1997年，临武县、嘉禾县液化气站相继建成向城区居民供气。

在液化气推广初期，政府允许供应商向用户每户收取200元开户费，以支持液化气站建设。液化气源多由中国西北调运，也有经衡阳中转购买的。自2000年始，消防、质检计量、工商部门加强对液化气站安全生产经营的管理，逐步完善液化气容器安全检测制度，确保生产、生活安全。至2005年年底，居民用气户率：资兴市95%、临武99%、宜章99%；用气户数：嘉禾1万户、安仁3万户、汝城5000户、桂东1万户。

（四）环境卫生

1989年，各县（市）均没有环境卫生管理处，负责城区主要街道的卫生清理工作，并有一定数量环卫设施。临武县设垃圾箱27个，有北京牌130多功能垃圾车2台；嘉禾有县城垃圾清运小四轮翻斗车1台；宜章县环卫所有多功能垃圾车2台、洒水车1台；安仁县环卫管理所有手扶拖拉机1台；桂东县环境卫生管理所有小四轮车辆2台。时各县（市）环卫设施简陋，配套设施不全，环卫清扫大多靠人力，清运用手推车。

1990—1994年，各县（市）发动群众开展爱国卫生运动，实行“门前三包”卫生责任制。临武县继续加大环卫投入，先后共投资上百万元建成占地4公顷的虎山垃圾消纳场，增设城区垃圾箱；嘉禾县新增1台5吨洒水车；安仁县增配洒水车1台、垃圾运输车2台；汝城县建成占地0.67公顷冲头兴垃圾消纳场。但县（市）城区环卫设施设备、环卫作业手段没有大的改观，而环卫所保洁清扫面积均有较大增长。

1995—2000年，郴州撤地建市，市县两级加大城市建设管理力度，环卫工作迎来发展机遇。至2000年，各县（市）加大环卫建设投入，新增各式车辆17台，城区街道普遍增设垃圾箱，新建垃圾消纳场2个；清扫垃圾和清运机械化作业水平达到60%；资兴市、嘉禾县、桂阳县、宜章县、永兴县建设推广使用水冲式厕所。

2000年，资兴市为创办国家优秀旅游城市，对市区6座公厕全部提质改造，使其达到国家旅游城市标准，其中达到三星级和二星级的公厕各1个；临武县对城区主要街道卫生管理实行部门责任制，并投资250万元建成武水李家4.47公顷消纳场；嘉禾县环卫所有10吨洒水车1台、5吨东风牌多功能自卸垃圾车1台、5吨东风牌垃圾平板车1台、130多功能自卸垃圾车3台、小四轮自卸翻斗车1台、双轮手推翻斗车14台，该县县城环卫公共设施有垃圾房150间、垃圾中转站10处、铁皮垃圾斗210个、不锈钢果皮箱180个、水冲式公厕19座、垃圾消纳场1座，日清扫面积50万平方米，年清理垃圾4000吨；永兴县环卫所购封闭式垃圾收集车2辆。

2002年，永兴县为创建省级文明卫生城，实行专业队伍与群众运动相结合办法，划分卫生责任区，发动机关干部、职工上街清扫垃圾，是年6月，该县在新路下征地0.9公顷扩建垃圾消纳场，城区共设置垃圾中转站12个，果皮箱624个，垃圾转运车4台；安仁县环卫所配有洒水车1辆，环卫车8辆，城区建有公厕13所、垃圾处理场1个，垃圾中转站7座，社区密闭式垃圾房（斗）70个，果皮箱200个，垃圾和粪便基本做到无害化处理。桂东县将垃圾场搬迁至増口乡南木屯。至2005年，各县（市）城区环境卫生面貌明显改观。

（五）绿化

20世纪80年代末90年代初，各县（市）在街区两旁植树形成风气，多植樟树、苦楝树、法国梧桐树，路两旁花池种植花草。以种植樟树为主的有资兴市、安仁县、汝城县；种植法国梧桐树为主的有临武县、嘉禾县、宜章县、永兴县、桂东县。资兴市还对部分街道巷道种植玉兰、桂花、杜草、国外松、水杉、杨树，形成一街一景；桂阳、永兴县部分街道种植苦楝树。各县（市）城区绿化率在10%左右，庭院绿化率在15%左右。

1995年至2000年，各县（市）加强城区绿化工作。资兴市完成街道绿化16千米，植树近10万株，植绿篱3000平方米，绿化率27%。临武县建花池、花道共9300平方米，植树33种计8332株，铺设草皮1.26万平方米，全城街区绿化面积98%。桂阳县全城植树近2万株，绿化道路67.8千米，面积398公顷，绿化率40%。嘉禾县植树8600株，道路两侧建花坛花池271个，街道绿化率96%。宜章县积极开展创建省级园林式单位活动，城区街道绿化率31%，机关庭院绿化率35%。永兴县将城区主要街道落叶树更换为四季常青树，创建大桥路最美一条街，城市绿化率38.8%。安仁县在三条主干街道两侧修筑1.5米宽花池绿化带，又投资250万元将绿化带扩宽至2.4~3米，城区绿化覆盖面积1.6平方千米，绿化率28.3%。汝城县在环城西路建花池，绿化面积1828.8平方米，兴建园林绿化区即濂溪文化风景区。桂东县城区主要街道改种四季常青的桂花、白玉兰、香樟，形成街区新景观。至2005年底，资兴市有省级园林式单位30个，郴州市级园林式单位42个。临武县县城绿化面积39.76万平方米，绿化覆盖率33%，城市居民人均绿地面积6.5平方米，是1989年的13.8倍。桂阳县通过城区补栽、换栽和新植人行道树680株，绿化带、花坛的绿化补苗共计1080平方米，城区绿化覆盖率41%，绿地率40%，人均公共绿地面积8平方米。嘉禾县城区公共绿化面积43.88公顷，人均公共绿地13.71平方米。县城有6个省级园林式单位，21个市级园林式单位，57个县级园林式单位。宜章县各机关单位实行门前绿化责任制，城区两旁道路共有树4500株。永兴县城区52个单位庭院，有28个单位分别获得省、市园林单位称号，庭院绿化率95.8%。安仁县居住小区人均绿化面积4.2平方米，庭院绿化率32%，3个单位成为省级园林式单位。汝城县城区绿地320公顷，绿化率57%，人均公共绿地45平方米。桂东县城区绿化面积191.7公顷，绿化率38.8%，人均公共绿地16.85平方米。

第二节 建制镇建设

一、概况

郴州境内原有的建制镇大都由墟场、集市发展而成，多设于交通要道或一乡一地中心区域。至1989年，全区建制镇39个。随着经济社会发展，政府投建公共设施增多，商贸、邮政、通信、金融、工商、税务、房地产行业快速向集镇延伸，促使集镇规模不断扩大。至1995年，市有以下建制镇66个，比1989年增加27个。

1995年，郴州撤地建市，郴州市委、市人民政府认真贯彻湖南省委、省人民政府《关于进一步加快发展小城镇的决定》，提出“把增强城市意识，增强城市功能作为筑巢引凤扩大开放的战略之举”，建制镇建设赢来新的发展契机。至2005年，全市建制镇发展到86个，其中北湖区5个、苏仙区8个、资兴市10个、桂阳县14个、临武县5个、嘉禾县8个、宜章县11个、永兴县8个、汝城县8个、桂东县3个、安仁县6个。建制镇人均居住面积达到32.6平方米，新修道路228条，总长度814.19千米，改造、新建水厂76个，日供水能力30.05万吨，自来水普及率达78.1%。街道绿化水平提高。镇区中小学教育办学和卫生院办医水平不断提升，大多镇还建有电影院、文化站、广播站、图书馆。

二、建设

房屋 20世纪80年代后期，郴州地区各集镇房屋从选址、布局、用材、结构、风格等都因环境影响和经济条件制约形式各异。集镇机关和单位办公楼一般是2层的砖木结构，干部人住10多平方米的单间。居民住房多数为三壁两间平房。经商开店的则前厅是门店，后间作睡房，走道作厨房。1989年，区内集镇房屋建设开始学习县城房屋建筑风格。至2005年，各个集镇新建的学校、卫生院、镇办公楼、计生服务楼、电信楼、财政所、工商所、税务所等多采用三层以上砖混或钢混结构。单位院内道路地面硬化，建有花池、绿化带。学校教师和卫生院医务人员、镇干部住房多由单间变成两室一厅或三室一厅带卫生间套房。居民私人住宅多数为砖混结构、红砖青瓦、外墙贴瓷片，房前屋后栽花种草，房屋结构布局、室内外装饰体现湘南民宅古朴典雅的风格。

道路 1990年，全区所有建制镇和部分乡集镇通公路，有的开通客班车。1995—2005年，各集镇对镇区内旧街道进行整治，截弯取直，铺上水泥或沙石路面，路幅拓宽至6米以上。

供水 至2005年，郴州市86个建制镇，改造新建水厂76个，占建置镇的88.37%，日供水能力30.05万吨，自来水进户饮用普及率达78.1%。

供电 20世纪80年代，建制镇多数居民、农户家中照明依旧是点煤油灯，少数乡镇机关靠柴油机发电用上电灯。1989年后，在小城镇建设中，兴建一批小水电站、镇区居民逐步用电照明、烧水煮饭。至2005年，全市建制镇用电覆盖率100%。

通信 电视 20世纪80年代后期，乡、镇机关单位使用的电话机多数是“摇把子”，居民农户安装电话极少。1992年，集镇逐步设立邮政所，实现通信现代化。1993年，开始兴建程控电话，住宅电话、无线寻呼逐步普及；移动电话也开始使用，并逐年增多。1995年，郴州市建制镇逐步建立电信、移动、联通发射台，开通移动电话。其间，乡（镇）广播电视迅速发展，普及彩色电视机，2000年，宽屏幕液晶电视机进入农家，2005年，通信信号覆盖率达100%。

环境卫生、绿化 20世纪80年代末期，县城以下集镇环境卫生尚差。20世纪90年代初，随着城乡一体化建设和新农村建设的不断深入，集镇环境卫生不断改善。1995年，乡镇在创建卫生城镇活动中加强环境卫生管理。至2005年，集镇建成区普遍设立环卫所，聘请专人清扫街道，部分集镇添置洒水车、垃圾车，主要街道设立垃圾桶、果皮箱，建垃圾房或垃圾中转站、水冲式公厕，镇区临街单位实行“门前五保”责任制，环境卫生面貌大为改观。同时集镇绿化也有所加强，镇内机关单位、学校院内大都建有花池、绿化带，居民房前屋后普遍栽树种花，环境日益净化、绿化、美化。

第三节 乡村建设

一、住宅与公共设施建设

1989—2005年，改革开放和商品经济发展给农村带来了生机与活力，乡村建设发生巨大变化。在加强乡村建设中突出旧村改造，带动村级水、电、路、通信等基础设施建设的全面发展。

乡村新建房屋规格、档次不断提高。过去的砖木结构被砖混结构取代。房屋外墙普遍贴瓷砖，安装防盗门、铝合金窗。屋内多为会客、住宿、餐饮等多功能家居结构。屋前屋后栽花种草。有的在自家庭院开辟别致的小憩之处。100%行政村通公路，79.2%的农户用电照明、煮饭烧水，52.8%的农户饮用自来水。全市村级小学新建校舍1394栋，建筑面积73.63万平方米。程控电话、有线电视入户普及率均达50%以上。

二、重点小康村建设

（一）概况

从1992年开始，按照中共中央、国务院和湖南省委、省政府的要求，郴州各地开展小康村建设。郴州市（地）、县两级党委、政府每年派出工作组到农村开展这一工作。1998年，农村奔小康突出小康乡（镇）建设，在重点乡（镇）中又选择重点村为小康示范村，编制村级发展规划。2005年，湖南省小城镇建设办公室确定：资兴市东江镇田心村、廖江镇龙虎村，安仁县坪上乡岸下村，永兴县碧塘乡碧塘村，汝城县城郊乡云善村，苏仙区塘溪乡龙塘村、桥口镇白溪村，嘉禾县袁家镇张家村，桂阳县城郊乡火田村，宜章县城南乡西门村，桂东县城关镇敖山村等11个村为湖南省农村全面奔小康示范村。明确资兴市东江镇田心村为省级示范村。建设中，进行旧村改造，新建村民住宅，改善水、电、路等公共设施，村容村貌发生明显改观。各示范村依靠自然优势，兴办村办企业，组织村民发展种植业和养殖业，涌现一批专业户、专业村。

（二）小康村建设选介

嘉禾县塘村镇英花村 下辖14个村民小组，760户。1996年被郴州市政府评定为小康村。1997

年被湖南省委、省政府授予“湖南省红旗村”称号。1995—1996年筹资100万元，拆除村内旧房162间，修筑一条长500米，宽12米，横贯全村的工贸大道水泥路。推平村东坡地4公顷多，开辟工业小区，建起2700平方米的钢材市场。其间，又延伸工贸大道800米。新建将军南路与东溪村相接。新建一条长450米宽6米的大道直通塘村镇政府。村内主要巷道全部改造为水泥路面。全村从事锻造铸造的511家，其中年产值100万~500万元的15家，1996年，村级年工业总产值1.26亿元。全村有600户村民新建房屋615栋，其中三层以上482栋。村里有货车300辆，移动电话500部。村里建有党员活动室、电脑室、法制学校、计划生育办公室以及明善堂、锦安公馆、私荣公馆、永胜公馆等公共建筑设施。1999年，中共中央精神文明建设指导委员会授予英花村“全国创建文明村镇工作先进单位”称号。

宜章县麻田镇上洞村 下辖18个村民小组，723户。村办煤矿1家，个体煤矿20家，从业人员1100人，年产煤48万吨，产值4320万元；从事汽车运输业34家，年收入2032万元。1996年村民人均纯收入5980元，被郴州市政府评为小康村。至2005年，全村新建砖混结构住房496户，户户有电视机，安装程控电话452部，有手机106部，建有3266平方米中心完小1所，医疗卫生诊所5家。村办有计生学校、文化技术夜校、法治培训学校。全村社会稳定，人民富裕。

2005年郴州市乡村建设情况统计表

表22-4-3-1

县（市、区）	村庄			已通公路		人均居住面积（平方米）	住房总面积（万平方米）
	自然村总数（个）	行政村（个）	农村人口（万人）	自然村（个）	公路总长（千米）		
资兴市	1730	266	16.17	158	1122.7	20.16	530.43
永兴县	4318	343	45.08	351	1329.0	39.53	990.22
安仁县	3012	217	29.17	216	1042.1	43.6	1078.23
桂阳县	4990	491	51.85	506	1505.0	28.22	1162.7
嘉禾县	899	244	25.11	569	488.0	26.6	723.6
临武县	523	289	22.35	289	305.2	28.9	599.1
宜章县	3572	348	39.33	349	1146.85	19.6	933.7
汝城县	2756	309	26.11	308	1510.4	—	—
桂东县	149	145	12.40	149	537	—	—
北湖区	838	128	7.97	138	1245.0	48.0	346.6
苏仙区	168	170	15.92	168	1600	26.0	156.0
合计	22955	2950	291.46	3201	11831.25	3627.81	8079

县（市、区）	整修村巷道			饮用自来水			村级学校		
	条数	总长度（千米）	其中水泥路（千米）	自然村（个）	户数（万户）	饮用率（%）	学校总数（所）	新建校舍（栋）	新建面积（万平方米）
资兴市	12	277.6	12.54	143	2.25	64	68	24	1.13
永兴县	3400	320.0	10.2	242	1.21	70	240	217	54.21
安仁县	193	69.48	2.39	27	0.143	1.53	114	163	13.0
桂阳县	350	525.0	1.52	234	23.51	35.0	426	400	12.0

续表 22-4-3-1

县（市、区）	整修村巷道			饮用自来水			村级学校		
	条数	总长度（千米）	其中水泥路（千米）	自然村（个）	户数（万户）	饮用率（%）	学校总数（所）	新建校舍（栋）	新建面积（万平方米）
嘉禾县	2439	122.0	0.2	102	0.76	75.0	178	256	16.2
临武县	789	370.8	9.6	202	3.1	83	179	17	0.9
宜章县	690	710.0	12.0	110	1.32	32	342	32	1.99
汝城县	179	150.08	4.78	274	5.54	71	128	16	1.18
桂东县	5	23.0	1.0	24	0.16	30	—	—	—
北湖区	—	—	—	69	—	78.9	139	53	5.36
苏仙区	22	150.0	6.8	108	3.0	42	109	420	20.5
合计	8079	2717.96	61.03	40.993	1535	40.99	1923	1598	126.47

第五章　建筑业

20世纪80年代末，郴州境内建筑行业打破“大锅饭”，逐步推行承包责任制，实行股份制改造、资产重组、企业转制转体等一系列改革；加强勘察设计机构和建筑企业的注册登记、整顿升级和质量监督管理，促进建筑业市场的发展。1989年，全区建筑企业149户，勘察设计机构21户，专业技术人员800人，技术装备率1252元/人，固定资产（质值）3000万元。至2005年，全市建筑企业为205户，勘察设计机构33户，专业技术人员6000人，技术装备率7833元/人、固定资产（质值）1.4亿元，比1989年分别增长37.58%、57.14%、7.5倍、6.26倍、4.67倍。

在建筑施工中，郴州先后推广钻孔灌桩、沉管灌桩、夯扩柱、冲孔桩、GFG桩填土等新技术新工艺和先进的无粘结预应力技术，成功解决高层建筑及复杂地质的基础、道路高边坡安全等建筑难题，勘察设计、施工建筑水平不断提高。1989—2005年，郴州市中心城区建成高层建筑89幢，其中：建筑高度大于24米不超过50米的二类高层公共建筑51幢，高层商住综合楼29幢，建筑高度大于50米不超过100米的一类高层公共建筑9幢。

第一节　建筑业体制改革

一、管理与勘察设计机构改革

1989年，郴州地区建设委员会（简称地区建委）是郴州行署的组成单位，对全区建筑行业实施行政管理。地区建委机关实有干部职工39人。内设办公室、人教科、城乡建设科、工程管理科、科技设计管理科、房产管理科、机关工会；另设党组、纪检组和战线分工委。地区建委直属企事业单位11个，即支援铁路建设办公室（与科技设计管理科合署办公）、预算定额管理站、建筑学校、建筑勘察设计院、工程质量监测站、规划设计室、建筑企业劳保基金统筹管理办公室、建筑机械供应站、工程公司（国营企业）、第二建筑工程公司（集体企业）。地区建委主要工作职能是贯彻执行国家城乡建设规划的管理政策；负责基本建设、城乡规划、房地产市场、环境保护、重点工程的协调管理等工作。

1994年，建设部、国家计委出台《关于工程设计改革的几点意见》，要求具备条件的工程设计单位可改为自主经营、独立核算、自负盈亏、照章纳税的企业法人。同时制定相关配套政策，实行注册建筑师和注册结构工程师制度。郴州境内21家勘察设计单位，逐步改为事业单位；实行院长负责制，将财政差额拔款事业单位改为自收自支的企业化管理。

1995年，郴州撤地建市，郴州地区建委更名为郴州市建设委员会（简称市建委），为市人民政府组成单位。根据郴州市市直机关机构改革“三定”方案，市建委主要行政管理职能：研究制定和组织实施全市建设事业的发展和年度计划；积极推进本市行业的改革和发展；加强工程建设，特别是重点工程建设的管理；加强城市（特别是郴州市市区）街道、风景名胜区、经济开发区的建设规划和管理；加强建筑行业的法制工作和行政执法监督，指导和推进全市城镇住宅建设。将企业的用工权、内部机构设置及人事任免权、调配权、经营权、经营合同审核权、劳动工资审批权等归还企业。市建委机关内设办公室、政工科、城建科、工程科、财务科5个科室和资金统筹办、房地产开发管理办公室，另设有党的分工委、机关工会等党群组织。市建委直属单位有城市管理监察支队、市建筑学校、市城市建设综合开发公司、郴州市新世纪建设发展有限责任公司（国营企业）、城市建设档案馆（事业单位）、市工程造价定额管理站（事业单位）、市节约用水管理办公室（事业单位）。归口市建委管理的单位有市规划建设局、市政管理局、市建筑工程管理局、市房产管理局。是年，郴州地区建筑勘察设计院和郴州市建筑勘察规划设计院合并，组建湖南郴州建筑设计研究院，为副处级事业单位，实行企业化管理，隶属于郴州市规划局。郴州建筑设计研究院具有乙级工程设计、乙级工程勘察、丙级城市规划和工程测绘资质。配有建筑、结构、给排水、电气、暖通、规划、电脑应用等各类专业设备。2005年，有职工53人，其中高级、中级、初级职称者分别为7人、31人、15人；一级、二级注册建筑师分别为1人、8人；一级、二级注册结构工程师分别为2人、1人。

2002年，市直机关再次进行机构改革，不再保留市建设委员会、市建筑工程管理局。组建市建设局，为市政府建设行政主管部门，不再承担城市市政、城市规划和房地产管理职能；将城市规划区地下水资源的管理和城市防洪职能移交市水利局。局机关内设科室增加建设市场管理科、勘察设计科技管理科、住房办公室；局直属单位14个；归口管理县（市、区）建设局以及15个开发区、工业园。2005年，市建设局有干部职工45人。

1989—2005年郴州市（地区）建委、工程管理局、建设局主要负责人名录

表22-5-1-1

单 位	姓 名	职 务	任职时间
郴州地区建设委员会	陈焕全	主 任	1989.01—1994.12
郴州市（地区）建设委员会	张成城	主 任	1995.01—2001.12
郴州市建筑工程管理局	周传荣	局 长	1995.07—1998.11
郴州市建筑工程管理局	肖民生	局 长	1998.12—2001.08
郴州市建设局	张成城	局 长	2002.01—2003.07
郴州市建设局	张扬平	局 长	2003.07—2005.12

二、建筑企业改革

1989年，郴州地区有建筑企业149户（包括等级企业和非等级企业），其中国营企业7户，县属以上集体企业10户，乡镇企业（队）132户；从业人员3万余人，其中县属以上企业职工700人。

1991年，地委、行署印发《关于加快国营企业股份制改造的意见》。由于条件尚未成熟，国营建筑企业股份制改造工作未按计划开展。

1993年，全区各建筑企业，转换经营机制，实行工程项目包干负责制和公司经理负责制的目标管理责任制。改革工资分配制度，实行岗位工资加年奖（工人实行计件工资、日定额工资）的工资制度，强化按劳分配，按贡献计酬，打破计划经济的“大锅饭”劳动工资制度，逐步建立市场经济运行机制。

1995年，郴州市加强企业资质监管，促进企业改革发展和升级。郴州工程公司晋升为郴州唯一的1户国家1级建筑施工企业。随后几年，郴州市一建、二建、三建、扬生公司4户企业资质，从三级晋升为二级。

1998年12月，郴州工程公司更名为郴州建设工程集团有限公司。根据国家规定建筑企业只保留一级至三级的资质等级，取消四级资质等级的有关精神，对市内各县（市、区）的集体企业和乡镇企业采取联合重组，转换经营机制，提高企业综合实力，提升企业资质等级等改革措施，保留了一批乡镇企业。原大部分乡镇建筑队被撤销或重组，并入大中型建筑企业的劳务民工队。

2001年4月，建设部颁发《建筑业企业资质管理规定》。6月，建设部和省、市建委实行建筑市场准入制度，严格建筑企业资质审查，经审查合格后发放施工许可证。

2002年，在股份制改造中，郴州市建设系统7户直属国营企业，拍卖2户，即资兴市建筑工程公司和桂阳县第一建筑公司；保留5户，即郴建集团、郴州市一建、三建、四建、永兴县建筑公司。这5家建筑工程公司是郴州市中心城区建筑业中的主力，在施工中推行总承包责任制。

2005年，郴州市注册登记建筑企业205户，其中等级企业106户，非等级企业99户。等级企业中一级企业2户、二级企业16户，三级企业88户。属股份制（公司）企业64户，改制重组企业36户，国有企业由原来的29户减少为17户，106户等级企业中完成改制、改组的33户。年末全市建筑行业从业人员2.62万人，其中农民工1.76万人，管理人员2609人，技术人员6000人。

2005年郴州市建筑施工总承包企业基本情况统计表

表22-5-1-2

序号	企业名称	地址	企业性质	注册资金（万元）	资质等级	
					主项	增项
1	湖南省郴州建设工程集团有限公司	郴州市北湖区人民西路27号	股份	8000	房建一级	装饰二级、公路路基二级、消防二级、市政二级、机电设备安装二级、超重设备安装三级
2	郴州市第二建筑工程公司	郴州市工业大道	集体	2000	房建二级	装饰二级
3	郴州市宏发建设公司	郴州市飞虹路30号	国有	2088	房建二级	市政工程三级、土石方工程三级
4	郴州市第一建筑工程公司	郴州市人民西路38号	国有	2000	房建二级	装修装饰三级、构件三级
5	郴州市第三建筑工程公司	郴州市燕泉北路26号	国有	2321	房建二级	地基与基础二级、建筑装修装饰二级、构件三级
6	郴州市第四建筑工程公司	郴州市燕泉北路22号	国有	2050	房建二级	—
7	郴州市住宅建设公司	郴州市南塔路6号	集体	1019	房建三级	—
8	郴州市江口建筑工程公司	郴州市桔井路6号	集体	650	房建三级	—

续表 22-5-1-2

序号	企业名称	地 址	企业性质	注册资金（万元）	资质等级	
					主项	增项
9	郴州市郴江建筑工程有限公司	郴州市燕泉路36号	股份	768.5	房建三级	构件三级
10	郴州市北湖第一建筑工程公司	郴州市人民东路北门巷5号	集体	750	房建三级	构件三级
11	郴州市永升建筑有限公司	郴州市苏仙区望仙住宅小区	股份	600	房建三级	—
12	苏仙区良田镇建筑公司	良田镇	集体	610	房建三级	—
13	郴州市苏仙市政建设有限公司	郴州市苏园路11号	股份	610	房建三级	房建三级
14	资兴市第一建筑安装有限公司	资兴市东江南路	股份	2168	房建二级	—
15	资兴市东江建筑发展有限公司	资兴市东江南路	股份	626	房建三级	—
16	资兴市第三建筑安装有限责任公司	资兴市鲤鱼江大兴东路	集体	622	房建三级	—
17	资兴市长信建设工程公司	资兴市晋宁路	股份	2306.5	房建二级	—
18	资兴市丽景物业建筑工程有限责任公司	资兴市三都镇	国有	810	房建三级	构件三级
19	资兴市市政工程公司	资兴市唐洞新区	国有	583	市政三级	房建三级
20	资兴市东电安达建筑装修装饰工程有限公司	资兴市东江水电路1号	集体	600	建筑装饰三级	—
21	安仁县平背建筑工程公司	郴州市奎门岭	个体	2114	房建二级	—
22	安仁县承坪建筑工程公司	安仁县承坪乡新坪村	个体	850	房建三级	—
23	安仁县建筑工程公司	安仁县城关镇七一西路	个体	880	房建三级	—
24	郴州市湘安建筑工程公司	安仁县城关镇五一南路168号	个体	810	房建三级	—
25	郴州安平扬生建筑有限公司	安仁县安平镇	个体	2188	房建二级	市政公用二级、机电设备安装三级
26	永兴县建筑工程公司	永兴县城关大桥路27号	国有	2516	房建二级	构件三级
27	永兴县复合建筑工程公司	永兴县复合乡曹家村	集体	630	房建三级	—
28	永兴县高亭建筑工程公司	永兴县高亭乡	集体	690	房建三级	—
29	永兴县湘阴建筑公司	永兴县湘阴渡镇	集体	707	房建三级	—

续表 22-5-1-2

序号	企业名称	地 址	企业性质	注册资金（万元）	资质等级	
					主项	增项
30	永兴县城关镇建筑工程公司	永兴县城关镇县正街108号	集体	726	房建三级	—
31	桂阳县第一建筑工程公司	桂阳县城关镇园艺路1号	国有	680	房建三级	构件三级
32	桂阳县第二建筑工程公司	桂阳县向阳中街3号	集体	668	房建三级	—
33	桂阳县春陵建筑工程有限公司	桂阳县城关镇向阳路21号	股份	640	房建三级	构件三级
34	桂阳县现代建筑工程有限公司	桂阳县城关镇龙潭路3号	股份	618	房建三级	构件三级
35	嘉禾县建筑工程公司	嘉禾县城关镇城钟路1号	集体	964	房建三级	—
36	嘉禾县钟水建筑工程公司	嘉禾县城关镇禾仓路8号	集体	660	房建三级	—
37	湖南省嘉禾县南丰建设有限公司	嘉禾县城关镇建设路1号	集体	1421	房建三级	—
38	嘉禾永丰泰建筑工程有限公司	嘉禾县城关镇人民西路21号	集体	1068	房建三级	—
39	嘉禾县金殿建筑工程有限公司	嘉禾县城关镇	集体	987	房建三级	—
40	临武县建筑工程公司	临武县城关镇新建路8号	集体	627	房建三级	—
41	临武县城关镇建筑工程公司	临武县城关镇文昌开发区	集体	650	房建三级	—
42	临武县武水建筑工程公司	临武县城东镇南郊	集体	636	房建三级	—
43	宜章县建筑工程公司	宜章县城关镇民主西路10号	集体	2021	房建二级	—
44	宜章县泰鑫建设有限公司	宜章县城关镇宜兴路	股份	600	房建三级	—
45	宜章县城建工程有限公司	宜章县城关镇宜兴路	股份	638	房建三级	—
46	汝城县建筑工程有限公司	汝城县南正街29号	股份	600	房建三级	—
47	汝城县城郊建筑公司	汝城县城北路107号	个体	713	房建三级	—
48	汝城县城关建筑有限公司	汝城县南正街28号	股份	609	房建三级	—
49	汝城县文昌市政工程有限公司	汝城县新建东路	股份	680	房建三级	房建三级
50	汝城县市政建设工程公司	汝城县城关环城西路	国有	608	房建三级	—

续表 22-5-1-2

序号	企业名称	地址	企业性质	注册资金（万元）	资质等级	
					主项	增项
51	桂东县建筑工程公司	桂东县城关镇汝桂路10号	集体	634	房建三级	—
52	桂东县第二建筑工程公司	桂东县城关镇观前路2号	集体	623	房建三级	混凝土预制构件专业三级
53	桂东县华厦建筑工程有限公司	桂东县城关镇湘赣路13号	集体	631	房建三级	—
54	郴州金欧建筑有限公司	郴州市五岭大道（府前华厦五楼）	股份	2200	房建二级	市政公用工程三级、建筑装修装饰工程三级、园林古建筑工程三级
55	郴州市中铿建设工程有限公司	郴州市经济技术开发区万华路	股份	633	房建三级	地基与基础三级、构件三级
56	郴州市顺兴建筑工程有限公司	郴州市开发招商广场大楼409室	股份	616	房建三级（暂）	—
57	郴州天兴建筑有限公司	郴州市体育路5号	个体	2024.8	房建二级	市政三级
58	郴州市宏兴建筑工程有限公司	郴州市苏仙区桔井路6号	股份	2030.88	房建二级	市政公用工程三级、建筑装修装饰工程三级
59	郴州市宏日建筑工程有限公司	郴州市同心路	集体	828	房建三级	—
60	郴州建筑装饰有限公司	郴州市郴桂路26号	股份	650	房建三级	建筑装饰三级
61	郴州市俊锋建筑安装工程有限公司	郴州市升平路50号B座二楼	个体	630	房建三级	
62	郴州市安康建筑工程有限责任公司	郴州市国庆南路4号	股份	684	房建三级	—
63	郴州市中天建筑工程有限公司	郴州市五岭大道	股份	606	房建三级（暂）	—
64	郴州市竹山建筑有限公司	安仁县城关镇东方红路	个体	2010	房建二级	
65	郴州市新达建筑市政园林工程有限公司	郴州市北湖区工业大道25号	股份	618	房建三级（暂）	—

第二节 勘察设计

一、企业资质

1989年，郴州地区有勘察设计机构21个，职工1583人，其中技术人员329人。这些勘察设计单位在高层、大跨度房屋建筑设计、边坡处理、大跨度预应力等的勘察设计一般能达到或接近国内先进水平。是年，区内勘察设计单位全部实现微机管理，各设计院（室）应用计算机，用掉图板和手工计算。成立于1990年的湖南省湘南工程勘察院，是以岩土工程勘察、地基与基础工程施工、地质灾害治理为主的国有综合性勘察设计和施工企业，注册资金1932万元，有各类技术人员106人，其中高级职称者16人，中级职称者42人。有配套齐全的各种设备，持有岩土工程勘察甲级资质、地基与基础工程施工一级资质、地质灾害治理工程勘察乙级资质、地质灾害治理设计及施工甲级资质，2000年通过ISO9001质量管理体系认证。2002年8月，苏仙区建筑设计院改制，组建郴州联创建筑规划设计有限公司（简称联创公司）。改制后，联创公司引进一批工程技术人才，各专业设备配备齐全，设计资质由丙级升为乙级。有一级注册建筑师2人、一级注册结构工程师2人，二级注册建筑师8人、二级注册结构工程师6人，高级工程师3人，工程师18人，助理工程师4人。至2005年，郴州市有勘察设计单位33家，具有甲级资质的1家，乙级资质7家，丙级资质25家。共有职工1279人，其中技术人员936人。技术人员中国家一级注册建筑师5人，国家一级注册工程师17人，国家注册设计师3人，注册岩土工程师9人。当年勘察设计营业总收入6409万元。2005年，勘察设计单位增加12个，人员减少19.3%，工程技术人员增加2.8倍，营业总收入翻3番。

2005年郴州市甲级、乙级勘察设计单位情况一览表

表22-5-2-1

单位名称	资质等级	企业性质（家）			员工人数（人）	其中技术人员（人）			专业技术结构（人）		
		国有	集体	股份		高级	中级	初级	建筑	结构	其他
总 计		16	4	13	1279	161	526	249	153	152	400
核工业郴州工程勘察院	甲	√	—	—	354	32	53	36	10	—	110
湖南郴州建筑设计研究院	乙	√	—	—	53	7	31	15	20	15	18
郴州联创建筑规划设计有限公司	乙	—	—	√	35	1	22	12	10	13	12
郴州市楚天建筑规划设计有限责任公司	乙	—	—	√	24	5	17	2	6	7	11
郴州湘地工程勘察院	乙	√	—	—	81	15	31	9	—	—	—
湖南省湘南工程勘察院	乙	√	—	—	65	13	21	13	6	—	41
郴州市水利水电勘察设计研究院	乙	√	—	—	41	5	21	11	1	3	33
郴州新星建设工程有限公司	乙	—	—	√	19	3	8	—	3	—	—

二、勘察、设计

（一）勘察

1989年，郴州城区商业大厦首次采用钻孔灌注桩施工，解决岩溶地区复土起伏变化大，不能建高层的问题。1993年，郴州市纺织器材厂住宅楼经地质勘察，采用沉管灌注桩，打破岩溶地区不宜采用沉管灌注桩的难题，沉管灌注桩得以在多层住宅楼建设中被广泛应用。1994年，中国建设银行郴州支行大厦基坑开挖，采用高压旋喷桩技术围护，防渗作用好，有效保护地质环境，使周边建筑免遭破坏。1999年，郴州涌泉小区建设首次采用夯扩桩，大大提高单桩承载力，降低了工程造价。2001年，郴州火车站土特产大厦基础施工过程中，引进冲孔桩，解决因多层溶洞无法穿过而造成停工的难题，冲孔桩在郴州迅速推广。2005年，郴州碧水云天大厦投建经地基勘察，采用CFG桩对填土进行加固处理，采用筏板基础，利用土层做地基持力层，为高层建筑基础提供了新的选择。是年，境内90%的施工地质勘察工程都由郴州市地质勘察队伍承担，未发现一桩因地质勘察技术资料不准而影响工程质量的问题。湘南工程勘察设计院建院以来，先后完成房屋建筑工程勘察、道路桥涵勘察、地质灾害治理勘察、武广客运专线大瑶山隧道勘察、广东惠来电厂桩基工程和郴州市北湖区政府住宅小区边坡治理工程等300多项勘察项目，积累岩土工程勘察及施工经验。

（二）设计

1989年，郴州地区建筑设计院与地区工程公司合作，成功设计19层的郴州商业大厦，标志着郴州市高层建筑设计水平获得跨越式进步。1990年，建筑物挡土技术在建筑边坡处理设计中得到广泛成功的运用。1999年，郴州市第五中学悬臂跨度达17.5米的运动场看台雨蓬，设计采用先进的无黏结预应力技术，成为郴州市自行设计的全省同类结构最大跨度的建筑。2000年，在107国道扩建中，铁五局路段创新采用土钉加预应力锚杆设计技术，成功解决道路高边坡坡顶建筑物的安全问题。郴州联创建筑规划设计有限公司自组建以来至2005年，共承接600余项工程设计，其中王仙岭风景区设计项目获湖南省2004年度优秀设计奖。其他优秀代表作有：郴州湘南学院学生宿舍、多功能食堂、音乐、美术、医学教学楼，郴州望仙花园，郴州中皇城综合楼，郴州御景城市花园，郴州义帝文化广场。1989—2005年，郴州市依靠自己的勘察设计力量，建成市商业大厦、金叶大厦、公路大厦、国际大酒店、市博物馆、市建设局住宅小区等房屋建筑工程，以及青年大道、香雪路、龙泉路、石榴湾大桥、清风桥、百神桥等道路桥梁工程。在全国勘察设计“四优”评选活动中，评选出优秀工程设计21项，优秀工程勘察10项。

1989—2003年郴州市勘察设计获省、部级奖项统计表

表22-5-2-2

获奖单位名称	获奖项目名称	获奖级别	获奖时间
湖南郴州建筑设计研究院	郴州体育训练基地宾馆	省级银奖	1989.06
	郴州地区人事局培训中心	省级铜奖	1989.08
	郴州体育基地女排住宅	省级铜奖	1989.10
	城市导线	省级铜奖	1989.05
核工业郴州工程勘察院	郴州一运公司地基处理	部级优秀工程勘察三等奖	1998.06
	郴州师专教学楼工程地质勘察	部级优秀工程勘察三等奖	1992.04
	郴州师范附小危房处理	部级优秀工程勘察三等奖	1994.05
	郴州地区人民医院内科大楼	部级优秀工程勘察三等奖	1994.10
	郴州市公路大厦岩土工程勘察	部级优秀工程勘察三等奖	1995.11
	郴州饲料厂工程地质勘察	部级优秀工程勘察三等奖	1998.08
	郴州建行金融大厦工程地质勘察	部级优秀工程勘察二等奖	2000.08
	郴州四清水库治理工程	部级优秀工程勘察二等奖	2001.12
	郴州广播电视新闻中心岩土工程初步勘察	部级优秀工程勘察二等奖	2001.12
	郴州市银光大厦岩土工程勘察	部级优秀工程勘察二等奖	2003.12

三、施工图审查

1989—1999年，郴州建筑施工图主要由建设行政主管部门审查，审查中重视规模建筑施工图的审查，忽略了零星建筑和民间（私有）建筑施工图的审查。2000年1月，国务院《建设工程质量管理条例》颁布实施，规定“建设单位应将施工图设计文件报县级以上人民政府建设行政主管部门和其他有关部门审查。施工图设计文件未经审查批准的，不得使用”。2001年8月，郴州市施工图审查中心成立，属房屋建筑、市政（道路）二类审查机构。依法对施工图设计文件涉及安全和强制性标准执行情况进行审查，承担郴州市各县（市、区）施工图设计文件的审查工作。是年9月，市建设局召开新闻发布会，启动施工图审查工作。1989—2005年，全市累计审查房屋建筑项目761个，总建筑面积679.44万平方米；累计审查市政道路项目26个，总长度21.02千米，共查处违反强制性条文4067条（次），消除安全隐患98项。

第三节　建筑施工

一、基础工程

（一）土方开挖

自1989年始，郴州建设土方开挖除浅表基础和量少零星土方采用人工挖掘外，其余均采用机械开挖。对土方量大且较深的基础土方开挖采取“三级接力挖土法”开挖。针对建筑施工坡地建房，常因土方滑坡而造成建筑物开裂、倾斜、滑移、倒塌的安全质量事故，郴州地区建筑科学研究所曹剑三、曹西凌采用刚性方案混合结构的建筑物，当作空心挡土墙式“档土建筑物”直接挡土，该成果获郴州地区1993年科技进步一等奖，被纳入《中国技术成果大全》。是年，全区推广“挡土建筑物”新技术，确保地质结构复杂、岩土松散、深基础的岩土开挖安全可靠，既省去常规的重力式挡土墙，又节约用地，充分利用空间，节省人力、物力、财力，且施工方便，工期缩短20%~30%。1994年以来，逐步淘汰传统的大体积重力式片石砌体档土墙的施工方法。“档土建筑物”技术在郴州飞虹路、国庆北路、国庆南路、解放路、香雪路、郴州商校、湘南学院等以及资兴市、宜章县广泛使用。1993—2005年，采用此法档土施工面积达90万平方米，节约资金1亿元以上，避免坡顶坡脚的建筑物面临滑坡倒塌的危险和损失。飞虹路坡顶建筑群、商校教学楼、香雪路电讯楼（仅仪器设备就价值亿元以上）的空心挖土坪交付使用后，经暴风雨和特大洪灾的考验系安全可靠。该“档土建筑物”新技术也因此于1997年纳入《世界优秀专利技术精选》，1999年，被世界华人重大科技评审委员会授予世界华人重大科学技术成果奖，并获1999年第二届欧共体尤里卡世界发明博览会“国际最高金奖”等9项荣誉奖项。2000年，在郴州城区五岭大市场建设中，首次运用夯扩桩基础处理深基础新技术取得成功，确保高层建设深基础牢固，同时提高工效20%，节约施工成本30%。1989—2005年，基础工程推行从砂石垫层发展到块石灌浆垫层再到桩基础整体混凝土基础的新技术、新工艺，工程质量明显提升。

（二）渗水处理与基坑支护

20世纪90年代，市建筑施工企业逐步推广深井泵加真空泵组合降水技术。2000年始，随着城市化进程的加快，高层、超高层建筑和大中型地下市政设施日益增多，深基坑支护技术得到广泛应用和发展，先后推广地下连续墙、预应力锚杆和土钉墙、基坑止水帷幕、基坑监测技术等新的支护形式和监测技术。2003年至2004年，郴州城区健康路财富广场建筑施工，在超高层（25层），大中型地下停在场（6000平方米），深基础（15~20米），又遇地下阴河的情况下，综合采用以上新技术，以确保安全顺利施工和工程质量。

二、墙体工程

自1989年始，郴州境内建筑墙体全面推广采用混凝土墙、大模板墙、GRC轻质隔板墙、夹心钢板墙、玻璃和铝合金幕墙等新技术、新材料。从2000年起，市政府办公大楼、华天大酒店采用的玻璃幕墙效果良好。新型墙体材料生产企业有郴州市郴兰新型建材有限公司、郴州深科新型建材有限公司、郴州石宝新型建材有限公司、郴州挺力新型建材有限公司、郴州苏仙区永安空心砖厂、嘉禾县创新建材厂、临武县环宇建材有限公司、宜章县奔腾新型建材有限公司等百余户企业。年生产能力达6亿标砖左右。2003年始，轻型煤矸石混合空心砖节能轻型新建材的生产和使用在全市范围内快速发展。以板（GRC墙板、混凝土轻质隔墙板、金属面夹芯板、钢筋网架夹芯板、硅镁混凝土板等）、块（加气混凝土砌块、普通混凝土小型空心砌块、轻集料混凝土小型空心砌块等）、砖（煤矸石烧结普通砖、页岩烧结普通砖、烧结多孔砖、混凝土多孔砖、混凝土砖、煤渣砖等）形成的三大类承重和非承重墙体材料系列产品，在全市广泛推广应用。

三、构架工程

从1989年开始，郴州境内房屋构架形式多样，主要有木石结构、砖混结构、钢筋混凝土框架结构和钢架结构等。低层民用建筑常采用砖混结构，高层建筑常采用钢筋混凝土框架结构。预应力混凝土结构（构件）在建筑中也经常出现，它具有抗裂性高、变形小和节约钢材的优点。同时，也比一般钢筋凝土构件轻20%，可节约钢材20%~30%。2000年，建成后的苏园桥采用（后张法）预应力混凝土结构，抗拉、抗压牢固效果好，至2005年多次遭遇和抵御洪水冲击。在外墙墙体施工中，钢管脚手架代替了传统的竹木脚手架，塔吊、龙门架、井字架等吊装提升机具代替过去的简易吊装设备和人工肩挑肩抬，全市墙体施工基本实现建筑施工机械化或半机械化作业。

四、装饰工程

1989年后，郴州装饰工程既注重运用新材料，又传承郴州传统的木雕、石雕、玻璃砖瓦、彩绘、堆塑、雕塑等装饰技术。现代塑钢门窗、不锈钢及铝合金门窗、花岗岩、大理石、彩色地板砖、彩色玻璃瓦、彩色水泥、新型复合板材、胶合板材等在房屋内外装修装饰中被广泛使用。桂东县生产的竹胶板材，不仅在郴州建筑企业中得到普遍应用，还推广到广东、广西、江西、湖北、上海等省（区、市）。郴州玉兰科技开发有限公司高级工程师尹玉兰研究开发的“排水止回阀”，具有自动阻止所排污水回流功能，1997年，在中国专利技术博览会获奖。1999年，苏仙区马头岭乡农民肖顺之发明创造“平拉推开折叠窗”获国家专利证书，在全国第十三届专利发明展览会上获发明金牌奖和优秀产品奖，在世界发明学会上获铜牌奖。此种折叠窗帘有平推平拉和固定锁扣特点，具有保障人身安全和防盗功能。2001年，市建材企业发明生产的“排水止回阀”，经国家经济贸易委员会专家评审认定为国家重点新产品，在2003年湖南省新技术新产品展示交易会上，又被评为科技创新金奖并发给获奖证书。2004年，该科研成果分别被编入《建筑给水排水设计规范》和《排水系统水封保护设计规程》，产品在全国各类建筑排水中得到广泛应用。2005年，全市建筑市场共有三级或三级以上资质的建筑装饰装潢公司20多家，基本能满足建筑装饰装潢市场的需要。1989年至2005年，郴州市装修装饰企业累计完成产值192.94亿元，其中装修产值2.58亿元，创税14.07亿元。

第四节 建筑业管理

一、工程报建

1989—1995年，工程报建许可实行计划经济管理时的分级负责制。1989年8月，省计委、省经委、省建委印发《关于加强新开工项目审批管理的通知》，明确新开工项目的审批权限。是年10月，地区计委、地区经委、地区建委转发省此文件，并规定从当年10月1日起执行。1991年，郴州地区建委向省建委呈“关于理顺地市建设工程审批权限的请示”，省建委于是年12月10日复函郴州建委，明确：“凡国家和省审批的建设项目由省管理，其余工程由地、州、市（含计划单列市）建设主管部门管理。”凡国家和省审批的建设工程由省建委管理，凡建设项目计划由郴州市（北湖区）审批下达的工程由郴州市建委管理施工招标投标和委托施工审批，其余工程由地区建委管理施工招标投标和委托施工审批。

1995—2001年，计划经济向市场经济转换，建筑市场报建管理经历从逐步规范到有序的过程。1995年7月，郴州市建筑工程管理局成立，全市建筑工程管理归口该局负责。1997年11月1日《中华人民共和国建筑法》颁布实施，1999年10月15日国务院颁布的《建筑工程施工许可管理办法》，明确建筑工程施工许可证由国务院建设行政主管部门制定，由各省、自治区、直辖市人民政府建设行政主管部门统一印制施工许可证，进一步规范施工管理。郴州施工许可证由郴州市建设工程管理局统一管理和发放，郴州市城东建筑工程管理站负责北湖区所属乡镇工程项目的施工许可证发放，郴州市城西建筑工程管理站负责苏仙区所属乡镇工程项目的施工许可证发放。

2001—2005年，郴州市建筑市场管理日渐成熟。2001年，郴州市建委和郴州市建筑工程管理局合并为郴州市建设局，负责全市施工许可证的管理。2004年郴州市政务服务中心成立，建筑工程施工许可证的发放由郴州市建设局移交市建设局驻市政务中心窗口，实现窗口式“一站式”服务，沿用至2005年无变动。

二、工程招投标

自1989年始，郴州地区、县（市）分别成立建设工程招投标领导小组，着手在建筑领域试行工程招标投标制度。起步较早的有郴州市和嘉禾县。1993年，地区纪委、建委、监察局、计委、建行联合制定《郴州地区建设工程招标投标管理的若干规定》，时市城区和部分市、县的招标投标工作仍处于起步探索阶段，并没有引起建筑行业和施工单位的重视。

1995 年 9 月，成立郴州市建设工程招标投标管理办公室（以下简称市招标办），全面推行建筑工程招投标工作。1996 年，市政府成立郴州市招投标委员会，建立评委（专家）库。1999 年，设立建设工程交易中心，参与招投标工作，郴州市逐步建立和完善了招投标工作平台。

2000 年，郴州市招标办与市建设工程交易中心职能职责在全省率先分离。2001 年，依法推行工程招投标代理制，市内陆续有 3 家代理机构获得招投标代理资格。从 2002 年起，市政府按照国家相关法律法规要求，对历年来出台的有关“招标投标管理规定”和“评标定标管理办法”进行清理，废止 4 个招投标与上级政策相悖，带有明显地方保护、行业垄断等内容的文件。2003 年，按照市政府发布《郴州市招标投标暂行办法》，市建设局印发《郴州市房屋建筑和市政基础设施工程施工招标评标管理办法（暂行）》，针对招标评审中明招暗定等问题，强力推行工程量清单招标和合理低价中标制度。市监察局会同市建设局、市招标办在调查研究、走访、座谈，搞好试点的基础上，试行“合理定价评审抽取法”，此办法试行后获得较好效果。

2005 年，“合理定价评审抽取法”在全省建设工程招标投标工作会议上推广。是年，市湘南郴州建设招标代理公司、世纪建设招标代理公司、方信建设招标代理公司、红华建设招标代理公司取得乙级资格证书。2001 年至 2005 年，郴州市招标代理机构承接项目超过 1000 项。市招标办获全省“2005 年度建筑市场管理先进单位”称号。1989 年至 2005 年全市参与招投标项目 1700 项，总造价 84 亿元。

三、工程造价

1989 年，城市建设工程造价的确定，按单一的定额计价方式办理。建设工程定额门类包括“湖南省建筑工程预算定额”“湖南省统一安装工程单位基价表”“湖南省仿古建筑及园林工程单位估价表”“湖南省房屋修缮工程预算定额”及“费用定额”等。实行社会主义计划经济条件下工程造价（定额）的静态管理模式。1990 年，省建委颁发《湖南省建筑工程预算定额》，首次采用全省统一材料取费基价，统一取费标准，统一定额工资标准，解决过去按企业等级和隶属关系取费，从而规避县以上企业和农建队工资标准及与全省各地取费基数不等的问题。是年，郴州在执行全省统一定额时，又根据本地区的具体情况调整材料价格。为此，市工程造价管理站每季度开展一次调查，编制、测算发布市场建筑工程材料预算价格，反映不同时期建筑工程产品价格。1996 年，按照建设部印发的《关于工程造价咨询单位资质管理办法的通知（试行）》，全市成立 17 家造价咨询中介机构。1999 年，全市造价咨询单位发展到 20 家，其中乙级资质单位 3 家，丙级资质单位 9 家，非等级单位 8 家。是年，省建委印发《湖南省建筑工程预算定额》，该定额是在执行《全国统一建筑工程基础定额》的基础上进行修编的，比 1994 年《湖南省建筑工程定额》造价水平提高 5% 左右。安装工程执行 1997 年颁发的《湖南省统一安装工程基价表》；园林仿古工程执行 1997 年颁发的《湖南省仿古建筑及园林工程单位估价表》；市政工程执行 1995 年《湖南省市政工程单位估价表》。2003 年，工程造价管理进行改革，省建设厅颁发《关于湖南省建设工程计价暂行办法的通知》，首次在郴州推行工程量清单计价，有自主确定单位工程报价的自由，打破过去定额计价方式中的政府指令性内容多，政府包办企业事情多的问题。是年 5 月起，郴州市的建设工程项目造价确定采用清单计价与定额计价并存的两种计价方式，对全部使用国有资金投资或国有资金为主的大中型建设工程必须执行工程量清单计价方式，对执行有困难的小型项目和非国有资金投资项目，可以按定额计价方式确定工程造价。郴州市招标项目87%以上采用清单计价，占总投资额90%以上。通过3年多对工程量清单计价的推广，清单计价模式已被社会所接受，并在全市普及。2004年11月26日，省政府颁发《湖南省建设工程造价管理办法》，依据该管理办法，郴州市实行工程竣工结算审核报告备案制度、施工合同备案制度，并严格要求造价咨询机构在审核工程造价时执行审核时限，避免拖延竣工结算致使施工企业无法及时收回工程款的问题。为规范维修工程计价，省建委于2005年印发《湖南省房屋修缮工程预算定额》，明确施工企业取费标准均按照工程不同类别计取费用。是年，市建筑行政管理部门，按省《关于对工程造价咨询单位资质达标情况进行复核的通知》要求，对全市造价咨询机构进行清理，将造价咨询机构精简至11家，均为乙级资质，从业人员共139人，其中全国注册造价师67名，省注册造价师13名，造价员59名。1996—2005年，全市造价咨询单位累计编审916个工程项目，审查基建投资金额23.63亿元，为国家和建设单位节省资金4.71亿元。

四、工程质量

1989年以后，郴州地区地、县两级相继成立建筑工程质监站，改变了原来质量管理由建设、设计、施工各方管理，安全生产由地区建委工程管理科兼管多头分散管理的做法。1992年10月，地区建委查处良田水泥厂二期扩建工程9死2重伤的特大安全责任事故。1993年，地区建委成立郴州地区建筑工程安全监督站与地区建设工程管理站合署办公。地改市后更名为郴州市建设工程安全监督站。是年，郴州工程安全监理工作得到加强。郴州市建设行政主管部门，根据上级的有关文件精神，并结合本市实际，先后出台《郴州市工程建设监理管理办法》等7个法规性文件，促进市建设监理工作开展。1995年，郴州中心城区工程质量由市建设工程质量监督站统一管理。质监站检验工程的质量等级和建筑构件质量，参与重大质量事故处理等。在对工程建设监督过程中具体把好“五关”（地基验槽、基础隐蔽、主体工程中间检查验收、屋面工程、装饰工程），坚持“五不准”（无证或越级设计的工程不准施工、无合格证的建筑材料不准使用、不合格的建筑构配件不准进入施工现场、工程验收不准降低标准、质量不合格的工程不准投入使用），“三不放过”（事故原因不查清不放过、事故责任不处理不放过、无整改措施不放过）。不定期组织本地区质量检查，查出的质量安全隐患及时处理，督促施工单位限期整改。根据建设部建设工程监理的有关文件和《湖南省建设工程监理条例》的规定要求，郴州市于1996年10月成立第一家监理企业——郴州市工程建设监理公司，资质等级为丙级。是年，首次对市环城南路改扩建工程实施监理。是年，市建设局先后出台《关于印发核定“优良工程”质量等级规定的通知》《关于工程桩基检测的规定》《工程竣工验收制度》《郴州市城市规划区私房建设施工许可证管理暂行办法》等文件，逐步使全市质量监督和安全工作制度化、规范化。当年，全市开展“安全年”活动，查处各种安全隐患512起。2000年8月，市政府查处市建造住宅工地施工人员4死4伤重大安全事故。2002年6月，在全市范围内开展《中华人民共和国安全生产法》的宣传活动。2003年，查处多起无资质施工企业非法承包建筑工程的案件。从2004年1月起，市建设局开始实行施工企业安全生产许可证审核发放制度。报省建设厅核准，2005年，全市已有68户施工企业取得安全生产许可证。全市共有监理企业8户，其中乙级两户、丙级6户。从业监理人员292人，其中高级职称29人，中级职称174人，国家监理工程师（资质）89人。是年，市建设行政主管部门对工程监理进行抽查，发现问题督促及时整改。2005年全市受监项目101项，监理面积30多万平方米，受监率达98%以上，有效促进工程质量提高，确保安全生产。

五、执法监察

1989—1994年，郴州建筑工程执法监察工作力量比较薄弱。全区工程质量监督站对项目进行监督管理，没有专门的安全监督机构和建筑市场专门执法稽查机构。1995年，建筑工程的执法监察开始纳入建筑管理的议事日程。市、县两级建设局成立建筑市场执法稽查队，加强建筑市场执法监察。1997年，市政府成立建设专项治理工作领导小组，市本级执法监察工作由市建设局委托所属城东、城西建管站管理。2001年，全市逐步改进监管方式。在市中心城区和工作开展较好的县（市、区），将整顿规范的重点由原来的大兵团作战，转为日常监管，将监管制度化、规范化。严肃查处建筑行业的违规违纪行为，对一些重点项目进行重点跟踪查处。2003年下半年，在全市范围内逐步推行《湖南省建筑市场责任主体不良行为公示制度（试行）》，市建设局对违反法定建设程序弄虚作假、规避招标和假招标、逃避监管等行为的市场主体予以曝光。是年10月，撤消郴州市城区、城西建筑管理站，设立郴州市建设工程监察大队。统一对市中心城区建设市场各方主体依法进行监督。桂阳、临武、宜章、安仁、资兴、苏仙等县（市、区）先后成立建设工程执法监察机构。2005年，全市组织工程造价执法检查。检查显示85%以上的工程均能认真执行工程造价管理办法，强化预结算制度，尤其是强化竣工结算审核时限和竣工结算审核报告备案制度。全市建筑监察队自1995年成立以来共稽查在建项目2480个（次），建安造价15.41亿元，立案查处案件902件，其中市本级稽查在建项目1401个（次），建安造价6.9亿元，立案查处案件337件。

第五节 建筑企业与建筑工程选介

一、建筑企业

郴州建设工程集团有限公司 企业成立于1952年，原称郴州工程公司。1987年，该公司率先在全市建筑业进行改革，推行经营承包责任制。1995年，晋升为国家一级建筑资质企业。1998年12月，郴州工程公司改制组建为郴州建设工程集团有限公司（简称郴建集团），全市建筑企业中首家通过ISO9001国际质量体系认证，获得国外经营技术合作及进口经营权。2001年，率先在全市完成企业股份制改造，改变企业产权制度和职工身份。同年获建设部颁发的房屋建筑施工总承包一级施工企业资质。2002年，郴建集团协同郴州市政府采取“政企共建”运作模式，成立郴州市人民政府驻南非办事处（商务处）。公司注重企业文化建设，坚持“团结拼博、开拓创新”的企业精神，17年来由一个单一建筑企业，发展成为一个拥有一级建筑资质、市政公用工程总承包二级、公路路基二级、消防工程二级、机电设备安装二级、建筑装修装饰二级、超重设备安装三级多元化企业集团。集团公司6大产业21个子公司和直属生产经营系统，总资产由1989年不足1000万元增至2005年4.84亿元，净资产达1.82亿元，负债率约64.6%；产值由1989年800余万元增至2005年3亿元；1989年实现利税50万元，2005年增至1000万元（2001年首次突破1000万元）。职工人均收入自1995年首次超万元之后，每年增长10%以上，

98%以上的职工住上标准新房，人均住房面积30平方米左右。公司正式员工2001年改制前为1000余人，改制后为700余人。2005年，企业有各类专业技术人员350余人，中高级以上技术人员260余人，常年安排社会就业人员3000人以上。郴建集团工程优良品75%以上，工程合格率100%，创国优、省优、市优工程共295项。先后获全国、省、市“精神文明建设先进单位”、“重合同守信用企业”等17项荣誉称号。

郴州市第二建筑公司 前身是马田建筑工程队。1976年9月，地区建工局将其上收改建为郴州地区建筑工程队，为集体所有制企业。1985年，改称为郴州地区第二建筑工程公司。1995年，改称为郴州市第二建筑公司。2001年，晋升为国家二级企业。至2005年，公司职工1000余人，其中固定职工218人，合同工782人，有各类专业技术人员205人。公司注重企业管理，连续11年被评为省级“重合同守信用企业”。施工项目中有3个得省样板工程，2个获省优质工程荣誉证书。1989年产值3000万元，竣工面积2万平方米，2005年产值突破1个亿，竣工面积18万平方米；全员劳动生产率1989年1.5万元/人，2005年10万元/人。工程优良率1989年不足10%，2005年达60%以上。

郴州市安平扬生建筑有限公司 前身为安仁县安平建筑工程公司，属安平镇镇办集体企业。组建于1985年。1994年，成为郴州境内最早取得二级资质的乡镇建筑企业。公司对施工项目推行“风险抵押”承包经营责任制。2002年3月，公司产权改革，将集体企业改制成私营企业，组建郴州安平扬生建筑有限公司。公司总部设郴州市城区，下辖建筑、房地产、市政路桥、物业管理、装修5家分公司。公司历年工程优良率达95%以上，先后被评为湖南省样板工程12项。公司曾获湖南省百强施工企业、郴州市乡镇明星企业及经济效益20强企业奖项。董事长张扬生先后获湖南省乡镇企业家、郴州市优秀乡镇企业家及“十佳”民营企业家称号。2005年，企业有技术职称员工168人，其中高级5人，中级68人；拥有固定资产4560万元，创产值1.3亿多元。

二、现代建筑

郴州国际大酒店 由郴建集团独家设计，投资1.8亿元，是郴州首家四星级旅游涉外商务型酒店，坐落于郴州市人民西路17号。总建筑面积5.8万平方米，1998年3月，建成营业，有各类客房265间。酒店大堂宽敞宏大，客房高雅华贵、温馨安然，宴会厅和各式包厢可同时容纳400多人就餐，拥有设施齐全、风格各异的会议厅10个，酒店汇集富丽堂皇的演艺中心、齐全的健身休闲设施，是郴州市最早的现代建筑和休闲场所。

郴州市政府新办公楼 位于五岭广场东侧东湾小区。2001年5月26日奠基，2003年3月竣工。建筑平面呈“U”字形，长99.7米，宽47.4米，工程投资8500余万元。大楼主体建筑面积3.04万平方米，地下室设有五级人防工程、停车库。被省政府列为全省的科技示范工程。北京世标质量认证中心3位专家评价此建筑造型：“简洁、庄重、气魄、新颖。”大楼由省建筑设计院设计，郴建集团公司承建。

安仁县交通广场 位于县城新大桥（安仁大楼）北端，为4条道路交叉的环形交叉口，中心直径68米，环形车道宽16米，绿化带花池宽3米，非机动车道宽4.5米，人行道宽8.5米，总面积933.3公顷。广场的4个交通岛上各设1根中杆灯，四周人行道口安装不锈钢杆豪华路灯。广场中心雕塑“构筑辉煌”大型雕塑和灯光喷泉。雕塑高24米，寄寓永乐江孕育着安仁的未来，预示安仁人胸怀全球，放眼世界，像一只充满活力的凤凰一鸣。雕塑周围的灯光喷泉，装有万向水帘208

个，水下彩灯208盏，喷泉的彩色水帘高达5~6米。广场1998年规划，2002年开始施工，2003年10月1日竣工。由县国土资源局融资900万元兴建。

三、住宅小区选介

南岭山庄小区 1992年开发，2002年峻工，是郴州市引进外资开发的第一个商品房小区。小区位于郴州市苏仙南路，占地8公顷，建筑面积5万平方米，居住户数749户，加上门面共820多户。绿化率28%，总投资1.2亿元。小区交房后因勤兴公司未按时足额缴纳土地出让金而迟迟办不了土地使用权证，引起市委、市人大常委会、市政府的高度重视。2011年，市政府以“历史遗留问题”予以特事特办，市国土部门分批次全部为住户办理土地使用权证，解除小区居民后顾之忧。

明桂园小区 地处五岭广场东侧，占地8.93公顷，总建筑面积12万平方米，2001年开工，2006年竣工。有23栋公寓、77栋豪华别墅和临街门面。绿化率42%，园内异域风情景观、假山、瀑布、溪涧鹅卵石、喷泉、碧水营造出高品味家居园林。总投资2.8亿元，投资商为郴州市民生房地产开发公司，由郴州市时代建筑工程设计公司设计，郴建集团施工。

湘南学院新校区 新校区位于郴州市王仙岭，总建筑面积49万平方米，建设总投资7.5亿元。2002年7月开工，2004年9月竣工。新校区建设按照“高起点规划、高水平设计、高质量建设、高效率管理”的原则。突出教学楼群建设与自然环境的和谐统一，建设风格力求在湘南传统建筑形式的基础上提炼创新。家属区和学生生活区建设依山就势，注重人文与自然和谐。昔日荒山，今日校园，结束了郴州无本科院校的历史。新校区由郴州市政府投资，郴建集团设计公司设计，郴建集团承建施工。

汝城福泉山庄 位于汝城县热水镇。2003年4月9日破土动工，至2003年12月28日正式营业，总投资6000万元，总占地面积8.67公顷，总建筑面积1.8万平方米。建有33个露天水疗池（竹海水疗中心）、800平方米温泉池及小岛区别墅群、贵宾楼、会议商务中心、美食府、网吧、歌舞、棋牌、钓鱼等设施设备。由郴建集团、山河集团、郴州市电力有限公司、郴州市福城高新技术投资有限公司、郴州金叶商贸有限公司和汝城温泉旅游开发有限公司6家单位合资开发，深圳市华蓝设计有限公司设计，郴建集团承建，郴州国际大酒店经营。

第六章　房地产业

20世纪80年代末至90年代，郴州房地产开发公司只有26家，企业规模小，固定资产（原值）总计仅3075万元，开发资质低。地区没有统一的房产管理部门，郴州中心城区公房由郴州市房产局管理。1995年前；郴州地区中心城区房屋产权产籍大多为单位（国家）所有，管理工作由各单位和房管部门承担，人们对房屋产权管理意识比较淡薄。随着房改、房屋上市交易，人们日趋重视关注房屋产权产籍。1995年，由郴州市房产局统一管理房屋产权产籍。是年，郴州市委、市政府提出“南延东进西扩北提”的总体规划，郴州房产开发获得黄金发展时期。房地产开发企业发展到52户。是年，国务院发布《城市房地产开发经营管理条例》，郴州市成立市房地产管理局，加强对房地产开发的统一管理。房地产开发逐步走向制度化、规范化和法制化。郴州市在开发中既抓商品房等经营性房屋，又抓“安居工程”保障性住房、廉租房建设，并配合规划、建设部门加强对私人建房管理。至2005年，郴州房地产企业发展到174户。

1989—2005年，全市（地区）累计完成房地产投资79.43亿元，施工面积总计808.94万平方米，竣工面积429.74万平方米，销售面积412.57万平方米；境内私人建房面积1367.63万平方米。郴州房地产业已成为拉动郴州经济增长的支柱性产业和改善人们居住环境、条件的光明工程。在规范郴州房地产市场工作中，郴州市政府以及市房产局综合运用房屋维修基金、房屋拆迁、房屋测绘、房屋档案、房屋物业及中介服务等手段，全面加强房屋产权产籍管理。

第一节　房地产开发

一、房地产开发企业

（一）资质认定

郴州地区第一家房地产企业是郴州市（北湖区）城建综合开发实业总公司，成立于1984年5月，属自收自支国有企业。1989年，该公司经省建委批准为3级开发资质。是年，全地区有房地产开发企业26户，其中全民企业7户、县级以上集体企业10户、城镇集体企业9户，固定资产（原值）3075万元，建筑业产值7343万元，上缴利税235万元。1992年7月，郴州市第一家外商投资房地产开发企业是港商注册的“湖南勤兴置业有限责任公司”。

1995年，郴州撤地建市，市委、市政府制定中心城区建设“南延东进、西扩北提”的总体规划。各县（市、区）强力推进旧城提质改造，兴建工业园区，拉动房地产业的发展。郴州市房地产开发企业增加到52户，开发投资达1.4亿元。部分国有企业（郴建集团公司、郴州湘运公司、郴州烟厂）

和个别破产改制企业（郴州市水泥厂、郴州市罐头厂）也注册房地产开发公司。

1996年5月，郴州市政府成立郴州市城市建设综合开发管理办公室。根据建设部制定的《房产开发企业资质管理规定》，房地产管理部门每年的1至3月对辖区内房地产企业开展资质年检年审工作。按照一、二、三、四级资质标准对房地产开发企业审查定级；对未参加年检的房地产开发企业作歇业处理，或给予降级处理；对连续3年未从事房地产开发的企业，取消其开发资质；对开发建设中发生重大事故的企业，给予降级或取消其开发资质处理。年检结束，房产管理部门给年检合格企业颁发资质证书并将年检结果向社会公布。是年，全市有房地产开发企业60户，接受年检的40户全部合格，其中：二级资质2户，三级资质13户，四级资质25户。

2000年，郴州市房地产企业增加到90户，房地产开发投资4.07亿元，比1995年增长2.16倍。是年，全市有85户房地产开发企业参加年检，年检合格66户，合格率为77.65%；16户降级，占年检企业的18.8%；3户被取消开发资质。自2002年始，外商来郴投资郴州房地产业，注册登记的有华鹤、高宝添、振鹏等一批实力雄厚、管理先进的房地产开发有限公司。

2004年，全市有159户房地产企业参加年检，年检合格132户，占参检企业的83%；降级和取消开发资质的27户，占参检企业的16.98%。2005年，全市有房地产企业174户，资质年检年审合格企业151户，占应参检企业的86.78%；降低等级企业14户，占8.04%；取消资质企业9户，占5.10%。全市房地产企业比2000年增长93.33%，房地产开发投资达20.28亿元，是2000年的4.98倍。涌现出华鹤、中天、民生、湘南、振兴、市城建开发总公司等一批房地产企业。

（二）行业监管

1989—1994年，郴州地区房地产开发企业处于自我生存、自我发展阶段，政府部门缺乏具体监管。房地产市场行业监管始于1996年。是年，郴州市房产管理局会同市开发办、规划、工商、物价、城管和建设部门组成联合检查组，对郴州市房地产企业进行检查。检查内容主要是：无开发资质或超越开发资质等级从事开发经营的、在集体土地上进行房地产开发经营的、擅自变更规划进行开发建设的、未取得施工许可证擅自开工建设的、未取得预售许可证擅自销售商品房的、一房多售或面积“缺斤短两”的、未经综合验收或验收不合格擅自交付使用的、发布虚假广告欺诈消费者的、不按规定发放“两书”或不按“两书”内容承担保修费责任的、配套设施不完善，配套设施建设质量不合格等违法违规等行为。一经查出，分别给予黄牌警告、媒体曝光、限期整改、取消开发资质或移送行政执法部门处理的处置。是年，全市检查房地产企业26户，未发现违法违规行为。

2000年8月，市政府对66户房地产开发企业进行为期3个半月的检查，通过检查，保留二级资质企业2户，保留三级资质企业34户，保留四级资质企业26户，资质降级企业4户。2001年9月，郴州市成立房地产虚假广告专项治理工作领导小组，组织有关部门开展“打虚假”房地产广告专项治理活动，全市查处虚假房地产广告12起，按规定分别作出处理。2002年下半年，按照省政府统一部署，市政府成立整顿规范房地产市场秩序工作领导小组，对全市房地产企业和开发项目进行全面检查。检查内容包括房屋建设、房地产广告、房地产销售、房屋拆迁、产权登记、维修基金管理、物业管理等内容。通过三个月检查，下达整改通知书14份，其中对郴州市树鑫房地产开发有限公司、涌泉小区、统一合众市场、火车站站前商业步行街、泰宝商都、桂阳县芙蓉园等建筑问题较为突出的单位和项目进行重点查处，分别取消5户开发企业、3户物管企业资质，降低10户开发企业和2户物管企业的资质等级。

2005年，市房管局会同市发改委、建设局、规划局、国土资源局、城管局等有关部门对市城区所有房地产开发企业的在建工程进行全面执法大检查，共检查开发项目63个，查处违规开发项目5个，其中手续不全开发项目3个，未办理预售许可证擅自销售房屋项目1个，未经验收擅自交付使用项目1个。是年，检查拆迁项目45个、发现和纠正违规拆迁行为为12起。

二、商品房开发建设

（一）住宅开发建设

郴州地区最早住宅开发项目是城建综合开发实业总公司开发兴建的燕泉花园，1987年开工，1988年建成向社会发售。1989年，全区住宅施工面积8.57万平方米，竣工面积4.46万平方米。城镇人均住宅面积7.86平方米。1990—1993年，全区开发燕泉花园、南国花园、南岭山庄、白鹿新村、天和广场等一批住宅项目。

1995年，郴州市商品房开发投资1.06亿元，住宅施工面积21.84万平方米，竣工面积11.07万平方米。其间，城镇人均住宅面积上升到14.95平方米，是1989年的1.9倍。

2000—2002年，全市房地产开发投资连续3年快速增长，年均增长50%。并出现一些高档楼盘，如全市第一个别墅小区“明桂园”。此后，紫云山庄、龙庭别墅、龙腾广场、华宁花园等一批精品楼盘陆续建成。

2004年，全市住宅建筑面积219.58万平方米，是1995年的10.05倍；竣工面积88.97万平方米，是1995年的8.04倍；城镇人均住宅面积增加到25.45平方米，是1995年的1.64倍。

2005年，郴州市住宅开发投资20.3亿元，施工面积247.56万平方米，与上年同期相比，增加27.98万平方米，增长12.74%；竣工面积26.91万平方米。

1995—2005年郴州市（地区）住宅开发情况统计表

表22-6-1-1

年份	住宅				别墅高档公寓			
	施工面积（平方米）	新开工面积（平方米）	竣工面积（平方米）	竣工房屋价值（万元）	施工面积（平方米）	新开工面积（平方米）	竣工面积（平方米）	竣工房屋价值（万元）
1995	218371	126434	110689	6115	13888	1200	13083	1132
1996	212499	69382	102358	6566	—	—	—	—
1997	158588	45584	93915	5902	—	—	—	—
1998	274625	177116	85525	5678	—	—	—	—
1999	370881	91606	132794	8164	—	—	—	—
2000	582473	327791	250723	18261	—	—	—	—
2001	666279	245636	268925	17639	—	—	—	—
2002	785204	440525	292661	23570	54876	5060	31176	3400
2003	1583286	601401	538404	40927	38680	20800	—	—
2004	2195823	1200272	889737	67151	245322	110004	134579	10195
2005	2475617	861661	269090	95692	189181	69000	83713	7901

说明：数据来源于《郴州统计年鉴》

（二）办公用房开发建设

1989年，郴州地区办公用房施工面积1.5万平方米，竣工面积3295平方米；商品营业用房施工面积 1.1 万平方米，竣工面积 6594 平方米。1992 年，全区办公用房施工面积 11.46 万平方米，商品营业用房施工面积 4.24 万平方米、竣工面积 2.01 万平方米。1995 年，全市办公用房施工面积 1.55 万平方米，营业用房施工面积 8.73 万平方米。2000 年，全市办公用房开发下滑，面积与 1995 年比较减少 5215 平方米，降幅为 33.7%。2005 年，郴州市办公用房开发增幅较大，施工面积 2.91 万平方米，比 2000 年 1.89 万平方米增加 1.02 万平方米，增长 54%；营业用房建设开发快速增长，施工面积 92.44 万平方米，是 2000 年的 4.88 倍，比 2000 年 18.95 万平方米增加 73.49 万平方米。

1995—2005 年郴州市办公用房、商业营业用房开发情况统计表

表 22-6-1-2

年份	办公楼				商业营业用房			
	施工面积（平方米）	新开工面积（平方米）	竣工面积（平方米）	竣工房屋价值（万元）	施工面积（平方米）	新开工面积（平方米）	竣工面积（平方米）	竣工房屋价值（万元）
1995	15484	3990	2720	182	87270	30917	13990	810
1996	20677	5937	12937	1108	76304	18111	12233	1012
1997	11032	1566	6632	431	107400	36917	31374	2230
1998	7200	3260	3000	171	126668	13541	25661	7962
1999	4648	1200	—	—	103298	21035	13577	884
2000	10269	3371	7298	493	189520	75229	70687	10179
2001	24231	8240	19591	1523	185282	54101	45764	4197
2002	14780	7389	4647	434	222868	139617	56309	5153
2003	34900	7109	12520	879	553840	202039	275670	41884
2004	37475	17880	—	—	520803	259668	154048	18220
2005	29121	7349	11142	1329	924441	59160	197685	17871

说明：数据来源于《郴州统计年鉴》

（三）保障性住房开发建设

1994 年 4 月，建设部印发《城镇廉租房管理办法》，规定由国家向具有城镇常住居民户口的最低收入家庭提供租金相对低廉的普通住房。根据这一政策，郴州市房产局继续利用原有直管公房向城镇居民无房户出租廉租房。

1995 年，郴州市开始实施城镇最低收入家庭“安居工程”。全市安居工程施工面积 7870 平方米，竣工面积 5620 平方米。

2000 年，安居工程施工面积 21.84 万平方米，是 1995 年施工面积的 27.75 倍，以年均 5.55 倍的幅度增长；竣工面积 13.19 万平方米，是 1995 年的 23.47 倍，以年均 4.69 倍幅度增长，较好地解决了低收入家庭的住房问题。

2004 年，在廉租住房建设中，市政府筹资 2100 万元，兴建廉租住房 3 万平方米，解决 500 户城镇居民无房户的住房问题。并把廉租住房建设列为为民办 9 件实事之一，采取“新建一批”或“改造一批”或“腾空一批”或“收购一批”或“核减一批”等办法，加强廉租房建设和供应。是年，全市完成廉租住房投资 2780.2 万元（其中市本级 1523.98 万元），建设廉租住房 4.88 万平方米，其中市本级 3.24 万平方米；配租 1036 户家庭，其中市本级 726 户。

2005年，全市完成廉租房投资638.74万元，其中市本级498.74万元，各县（市）140万元，兴建廉租房1万平方米，配租166户家庭，为年计划的102.2%，较好地完成省下达的0.98万平方米廉租住房建设任务。

1995—2005年郴州市安居工程住房施工竣工情况统计表

表22-6-1-3

年份	施工面积（平方米）	新开工面积（平方米）	竣工面积（平方米）	竣工房屋价值（万元）
1995	7870	7870	5620	371
1996	15450	7850	13600	999
1997	3696	3696	3696	200
1998	90029	90029	3800	195
1999	144019	13491	79766	4457
2000	218448	86336	131912	8328
2001	283315	129670	153324	8967
2002	223424	94425	84336	5640
2003	535986	259332	909314	20145
2004	281724	123598	158535	11031
2005	102946	—	102946	7217
合计	1906907	816297	1646849	67550

（四）私人建房

1989—2005年，郴州先后有1235个城镇工矿区的城镇居民（包括少数干部职工）和一部分厂矿干部职工7.88万户兴建私房，建房总面积1367.63万平方米，其中住宅面积1165.58万平方米。

1989—2005年郴州市（地区）城镇和工矿区私人建房情况统计表

表22-6-1-4

年份	城镇工矿区（个数）	建房户数（户）	本年度竣工房屋			
			面积（万平方米）	住宅面积（万平方米）	价值（万元）	住宅价值（万元）
1989	59	764	8.42	7.11	1188	924
1990	59	761	24.12	8.63	4825	882
1991	59	1089	10.18	8.24	1218	1043
1992	59	957	10.06	8.88	1680	1332
1993	60	2553	28.72	23.69	6675	5227
1994	60	3517	32.09	31.53	8040	7679
1995	62	3483	45.03	38.33	13530	11535
1996	66	6831	72.14	62.79	20585	18162
1997	66	6831	72.14	62.79	20585	18162

续表 22-6-1-4

年份	城镇工矿区（个数）	建房户数（户）	本年度竣工房屋			
			面积（万平方米）	住宅面积（万平方米）	价值（万元）	住宅价值（万元）
1998	87	4404	71.90	62.27	26312	34412
1999	82	5359	83.56	75.95	33524	30565
2000	77	4917	81.92	75.75	35772	33124
2001	89	6123	117.73	102.32	46632	41148
2002	67	6478	158.32	140.30	59130	51393
2003	93	8152	188.82	154.24	92580	77877
2004	95	8260	176.98	149.46	86294	75414
2005	95	8310	185.5	153.3	90185	76843
合计	1235	78789	1367.63	1165.58	548755	485722

说明：数据来源于《郴州统计年鉴》

第二节 房地产交易

一、存量房转让

1989年，郴州地区房地产交易市场开始起步，管理还没到位。1991年，郴州行署颁发《关于加强房地产市场管理的若干规定》，房产转让开始进入规范管理。1989—1994年，中心城区存量房转让登记仅为473起，交易额为3058万元。存在许多存量房未登记和房产私自转让现象。

1995年，随着住房制度改革的深入，存量房准入市场全面放开，房地产转让市场快速发展，成交量增大。是年，中心城区存量房转让609起，转让面积32.83万平方米，成交金额6549万元。

2000年，存量房交易1174起，转让面积34.45万平方米，成交金额2.6亿元，分别比1995年增长92.8%、33.3%和2.97倍。2001—2002年，受金融危机影响，存量房转让市场冷淡，存量房交易萎缩。2003年，存量房转让市场回暖，交易活跃，房产转让达5034起，转让面积44.53万平方米，成交金额4.88亿元，比2000年分别增长3.29倍、1.76%和87.69%。

2005年，存量房转让市场走向成熟。全市办理各类转让手续8611起，转让面积80.6万平方米，交易额8.79亿元，分别比上年增长2.49%、2.10%和2.16%；办理各类房屋抵押手续5820起，抵押面积144.79万平方米，抵押值6.57亿元。

1995—2005年郴州市本级存量房转让情况统计表

表 22-6-2-1

年份	转让起数（起）	转让面积（万平方米）	成交金额（万元）
1995	609	32.83	6549
1996	2019	162.48	7932

续表 22-6-2-1

年份	转让起数（起）	转让面积（万平方米）	成交金额（万元）
1997	1028	86.09	4570
1998	1930	106.47	5367
1999	1032	59.06	23000
2000	1174	43.76	26000
2001	1007	34.45	9920
2002	2186	40.85	43954
2003	5034	44.53	48800
2004	8402	78.94	86000
2005	8611	80.60	87854

二、商品房销售①

（一）住宅销售

郴州市商品房销售起始于 1996 年。是年，郴州市现房销售面积 8.59 万平方米，销售金额 8152 万元；普通住房销售面积 7.71 万平方米，销售金额 7561 万元；安居工程房屋面积 1.05 万平方米，销售金额 825 万元。

1997 年，住宅销售普遍下降。住宅销售面积 6.76 万平方米，销售金额 5733 万元；其中普通住房销售面积 3.56 万平方米，销售金额 2968 万元。是年，郴州市销售的第一套别墅高档公寓面积 434 平方米，销售金额 153 万元。期后两年别墅高档公寓销售为“零”。

2000 年，住宅销售走高，销售面积 14.23 万平方米，比 1997 年增加 7.46 万平方米，增长 1.1 倍；销售金额 1.08 亿元，比 1997 年增加 5038 万元，增长 87.9%。普通住宅销售面积 13.82 万平方米，是 1997 年的 3.88 倍；销售金额 1.07 亿元，是 1997 年的 3.6 倍。安居工程住房销售 1.48 万平方米，是 1997 年的 2.13 倍；销售额 967 万元，比 1997 年增长 62.8%。高档别墅公寓销售面积 5.63 万平方米，是 1997 年的 129.79 倍；销售金额 3530 万元，是 1997 年的 23.07 倍。

2005 年，住宅销售面积 56.43 万平方米，是 2000 年的 3.96 倍；普通住房销售 11.61 万平方米，比 2000 年下降 0.16 个百分点。安居工程住房销售为“零”； 高档别墅公寓销售 31890 平方米，比 2000 年下降 43.4%。

（二）办公楼和营业用房销售

1996 年前，郴州无办公楼和营业用房销售原始记录。1996 年，办公楼销售面积 1167 平方米，销售金额 157 万元；商品营业用房销售 9199 平方米，销售金额 1953 万元。1998—1999 年，没有办公楼销售。1999 年商业营业用房销售 3726 平方米，比 1996 年相比减少 5724 平方米，下降 60.57%。2001 年，办公楼销售面积 752 平方米，销售金额 71 万元；营业用房销售 1.91 万平方米，销售金额 4327 万元。2005 年，办公楼销售 5372 平方米，是 2001 年的 7.14 倍；销售金额 789 万元，是 2001 年的 11.11 倍。商品营业用房销售 5.48 万平方米，是 2001 年的 2.88 倍；销售金额 1.47 亿元，

① 商品房销售主要包括住宅、普通住房、安居工程房、别墅高档公寓等。

是2001年的3.4倍。

1996—2005年郴州市住宅销售统计表

表22-6-2-2

年份	住宅			普通住房			安居工程			别墅、高档公寓		
	现房销售面积（平方米）	期房销售面积（平方米）	现房销售金额（万元）	现房销售面积（平方米）	期房销售面积（平方米）	现房销售金额（万元）	现房销售面积（平方米）	期房销售面积（平方米）	现房销售金额（万元）	现房销售面积（平方米）	期房销售面积（平方米）	现房销售金额（万元）
1996	85875	6767	8152	77126	1340	7561	10450	—	825	—	—	—
1997	67613	12180	5733	35603	7898	2968	6942	2628	594	434		153
1998	83765	24868	7487	—	—	—	4797	2892	250	—	—	—
1999	80493	51944	7967	80493	5517	7967	11981	1204	1070	—	—	—
2000	142253	43457	10771	138217	40303	10685	14815	6659	967	56330	—	3530
2001	185840	156635	14225	185840	121177	14225	106507	34086	7199	—	—	—
2002	276917	187328	27322	—	—	—	64075	51391	6475	26033	56330	3530
2003	395198	566235	30323	—	—	—	142454	159532	6660	45293	—	5388
2004	734310	252625	68663	—	—	—	155005	11410	10882	53465	23088	7042
2005	564255	637767	49089	116080	109521	10858	—	—	—	31890	37972	3678
合计	2616519	1939806	229732	633359	285756	54264	517026	269802	34922	213445	117390	23321

说明：数据来源于《郴州统计年鉴》

1996—2005年郴州市办公用房和商业营业用房销售统计表

表22-6-2-3

年份	办公楼销售			商业营业用房销售		
	现房销售面积（平方米）	期房销售面积（平方米）	现房销售金额（万元）	现房销售面积（平方米）	期房销售面积（平方米）	现房销售金额（万元）
合计	9362	20597	1321	436034	370340	108520
1996	1167	167	157	9199	762	1953
1997	400	788	20	20091	4334	3977
1998	—	1756	—	9450	11392	2137
1999	—	—	—	3726	2590	1015
2000	—	7912	142	18509	5950	5415
2001	752	2886	71	19051	28371	4327
2002	1671	200	142	34585	73937	8034
2003	—	1500	—	145783	142521	35777
2004	—	—	—	120804	50106	31161
2005	5372	5388	789	54836	50377	14724

第三节　房产管理

一、国有直管公房管理

1989年前，郴州地区国有直管公房管理沿用计划经济时代的管理模式，干部职工住房由政府和单位统建、统分、统管。国有直管公房主要为城镇低收入家庭居民和困难企业无房职工解决住房，实行福利制，低租金，不以盈利为目的，大多“租不养房”，靠政府补贴。

1989年，郴州中心城区各单位自管公房总面积472万平方米，占城区房屋面积的88.38%。有效地缓解了城区居民和职工住房紧张状况，国有直管公房管理由郴州市房产管理局管理，以租养房。

1995年，中心城区单位自管公房为471万平方米。继而，住房制度改革，有150万平方米公有住房出售给职工。又因火车站广场改造、城隍庙商贸小区等省、市重点工程建设和文化路、东南西北街地段旧城改建，郴州市中心城区内大量直管公房被拆除或用来作拆迁补偿安置，直管公房逐年减少。2004年，为逐步满足廉租住房建设需要，将一些危旧直管公房改造成廉租住房。至年末，郴州城区直管公房仅剩17.56万平方米，至2005年，国有直管公房管理开始向市场化过渡，转由物业公司管理。

1989—2005年郴州中心城区国有直管公房统计表

表22-6-3-1　　单位：万平方米、%

年份	城区房屋面积	国有直管公房		单位自管公房	
		面积	占城区房屋总面积比重	面积	占城区房屋总面积比重
1989	534	31	5.81	472	88.38
1990	555	31	5.59	488	87.92
1994	621.2	28.2	4.54	537	86.45
1995	713.6	30.6	4.29	471	66
1999	1068.92	24.92	2.33	477	44.62
2000	1117.92	24.92	2.23	520.8	46.54
2001	1228.06	18.11	1.47	560.36	45.63
2002	1429.04	18.14	1.27	578.34	40.47
2003	1533.2	17.32	1.13	639.97	41.74
2004	1708.46	17.56	1.03	672.45	39.36
2005	—	—	—	—	—

说明：以上资料不含军队、宗教团体的房产；2005年国有直管公房转由物业公司管理，数据不详

二、产权产籍管理

（一）登记发证

1989—1994年，郴州市（北湖区）和郴县（苏仙区）累计完成1.26万栋577.44万平方米的私房和1455栋504.25万平方米的公房确权发证。

1995年，市房管部门在郴州城区范围内首次开展统一的房屋清查登记、验收、审核、换证工作，启用换发全国统一的房屋权属证书。在房屋清查办证工作中，对年代久远、建房手续不全的房屋实行完善手续确权，主要审核用地手续和城市规划手续，国有单位公房得以确权发证。是年，登记发证224个单位、793户、1490栋，发证面积81.33万平方米。1998年，国务院要求2000年前结束福利分房，大批单位为赶“末班车”，突击开展集资建房，市城区住房办证量大幅度增加，至2004年，累计房屋登记9.64万套，面积1202.23万平方米，发放房屋权属证书93125本。2005年，产权产籍登记发证1.46万本。

（二）验证换证

1997年3月，郴州市政府发布《关于开展郴州市城镇住房清查登记验证换证的通告》（简称“通告”），按照“通告”精神，郴州市房产局对郴州市城市规划范围内的公、私房产和房改时出售给个人的私有房屋，进行全面的清查、验证、换证工作。是年，共验证、换证1.75万本，其中，公房换证2815本，私房换证1560本，房改房换证1.31万本。至2005年年底，全市共换发新证5.67万本。

1995—2005年郴州市本级房屋产权登记情况表

表22-6-3-2

年份	产权登记（栋户）	登记面积（万平方米）	征收登记规费（万元）	协助征税（万元）
1995	4092	169.3	116	238
1996	20533	23.58	138	370
1997	11571	166.75	160	300
1998	13456	204.47	195	560
1999	7174	127.47	175	412
2000	5921	135.93	100	449
2001	4756	80.33	77.3	400
2002	11200	66.65	193.1	489
2003	9025	108.11	228.45	689
2004	12772	78.94	255.15	2000
2005	—	—	—	—

说明：数据来源于《郴州房产志》

三、维修基金征管

2000年前，郴州市房产局未征集房屋维修基金。是年12月，郴州市政府制发《郴州市住宅共同部位共同设施设备维修基金管理使用办法》，规定从2001年3月起，对城市规划区、建制镇和独立工矿区、新建商住房（包括经济适用住房）和已售公有住房均征收维修基金，用于共有部位，共用设备设施的维修。是年，郴州市本级征收维修基金 109.74 万元。至 2005 年年底，郴州市本级累计征收维修基金 2398.22 万元。

2001—2005 年郴州市本级房屋维修基金征收情况表

表 22-6-3-3　　单位：万元

年份	当年征收基金	累计征收基金	年份	当年征收基金	累计征收基金
2001	109.74	109.74	2004	682.22	1571.81
2002	123.02	232.76	2005	827	2398.22
2003	656.24	889	—	—	—

说明：2005 年以前其费只收取未使用

四、物业管理

20 世纪 90 年代郴州物业管理开始起步。1996 年 12 月，成立的郴州市飞虹物业公司是郴州首家物业管理公司。为规范物业管理行业行为，郴州市政府先后印发 9 个规范性文件，推行物业管理资质证书管理制度，提高物业管理企业的管理水平。

2002 年，市房产局对郴州市 28 户物业管理企业的物业服务、财务状况及企业诚信经营情况进行年检年审，年审合格者 11 户，4 户物业公司由临时资质升为三级资质，3 户物业公司由三级降为临时资质。

2003 年，对全市 34 户物业管理企业进行年检年审，合格者 15 户、由临时资质升为三级资质 10 户、暂定临时资质的 5 户；暂缓年检年审需整改的 3 户、取消资质的 1 户。

2005 年年底，郴州市共有资质物业管理企业 44 户，其中二级资质 4 户，三级资质 40 户，开展物业管理项目 129 个，管理面积共 487.17 万平方米，其中住宅项目 81 个，办公及写字楼项目 19 个，分别管理的面积为 261.91 万平方米、33.1 万平方米。物业管理人员 2000 人，其中安置下岗职工 900 人。有 9 户物业管理企业获“省级物业管理优秀企业”，9 个小区项目获“省级物业管理优秀小区”。

五、房屋拆迁管理

1989 年，郴州地区城区危旧房大多采用修缮处理，房屋拆迁量小，确需拆迁的房屋拆迁项目管理由政府牵头成立临时拆迁管理机构（如拆迁建设指挥部等），拆迁完工后临时机构自行解散。郴州地区成立房屋安全鉴定办公室。是年，全市房屋总面积 510 万平方米，有 31 个单位接受房屋安全鉴定，房屋鉴定 71 栋，鉴定面积 2.42 万平方米。11 月，建设部关于《城市危险房屋管理规定》实施，危房鉴定和拆迁管理进一步加强。当年，因危房和改扩建拆迁房屋 39 栋、面积 4078 平方米，住宅 43 户、面积 3408.33 平方米，拆除公房面积 2296.8 平方米。

1991 年，旧城改造拆迁任务加大，郴州市房屋拆迁管理办公室成立，负责拆迁房屋的鉴定、审批、行政裁定、申请法院强制拆迁和对违法拆迁行为的查处。是年，房屋拆迁面积 5.89 万平方米。

1995 年 12 月，市房产局内设房屋拆迁管理科，加挂市房屋拆迁管理办公室与房屋安全鉴定办公室的牌子。是年，全市有 301 栋房屋接受了危房鉴定，鉴定面积 11.54 万平方米，危房拆除 280 栋，拆除面积 10.32 万平方米。另因旧城改造批准房屋拆迁 39 起，拆迁面积 4.45 万平方米，其中由法院裁决拆迁 3 起。

2002 年 3 月，撤销市房产局房屋拆迁管理科，组建市房屋拆迁管理办公室，加挂房屋安全鉴定办公室的牌子，拆迁管理职能进一步加强。是年，颁发拆迁许可证 16 起，拆迁面积 14.8 万平方米。2003 年受理危房安全鉴定 21 栋，鉴定面积 7.11 万平方米；2005 年，受理危房鉴定 34 栋，鉴定面积 12.24 万平方米。是年，共颁发房屋拆迁许可证 14 起，拆迁面积 9.61 万平方米。

1989—2005 年郴州市本级房屋拆迁情况统计表

表 22-6-3-4 单位：平方米

年份	拆迁面积	年份	拆迁面积
1989	4078	1998	109100
1990	22920	1999	84000
1991	58900	2000	144000
1992	128300	2001	81000
1993	54500	2002	148000
1994	28200	2003	112000
1995	44500	2004	93000
1996	107000	2005	96100
1997	155300	—	—

六、房屋测绘管理

1984 年 12 月，全国第一次城镇房屋普查工作会议召开，根据会议精神，郴州地区成立地区房屋普查办公室，开展比例为 1:500 的城区房产图测绘工作。至 1996 年，共测绘房屋产籍平面图 323 幅，面积 19.84 平方千米，测量房屋 1.18 万幢，建筑面积 468.72 万平方米，按照省标逐一绘制房屋分幢平面图，填写房屋普查表，建立一套完整的房屋普查资料。

1998 年 5 月，郴州市房屋普查办按照《房产测绘规范（H5001–917）》的要求，开展覆盖郴州中心城区规划区 1:500 数字化房产图的测绘。此次测绘范围东起苏石路，西至同心桥，南起城前岭开发区，北达市第一造纸厂，测绘面积 32.2 平方千米，绘制 1 : 500 标准聚脂薄膜分幅图 760 幅，房产分丘图 2165 幅，填写房屋调查表 2 万余份，实地测绘房屋 1.72 万幢，建筑面积 1100 余万平方米，建立起一整套数字化房产测绘资料。2000 年 11 月通过专家鉴定为合格。

2001 年 1 月，郴州市房屋测绘大队成立，负责市城区房产发证面积的测量，组织市城区房产调查和房屋变更测量，建立房产测绘档案，有偿向社会提供测绘结果和测绘服务。是年，测绘大队完成商品房预售面积测绘 267 幢，建筑面积 91 万平方米。2001 年、2003 年两次开展数字化房产图的修改、补测工作，增加测绘面积 8 平方千米。至 2005 年年底，共完成新建、改建、扩建房屋面积测绘 2259 幢，建筑面积 384.15 万平方米，提供测量成果利用资料 2 万余份次。

七、房地产中介服务

（一）房地产价格评估

1990 年 5 月，郴州地区首家房地产评估机构即郴州市房地产估价事务所成立，主要从事房地产抵押、司法诉讼、拆迁补偿等方面的价格评估工作。尔后，市城区相继成立4家房地产估价机构，各县（市）也陆续成立房地产评估机构。房地产评估机构根据建设部、中国人民银行、国家计委制定的有关房地产低押和评估管理工作以及房地产中介服务收费等一系列政策法规开展评估业务。1996年，省建设厅确认郴州市房地产估价事务所为二级资质，其余均为三级资质。1997年1月，郴州市发生房地产评估300起，评估金额6500万元。2000年，郴州市政府印发《关于清理整顿经济鉴定类社会中介机构的通知》，隶属或挂靠郴州市政府的5家房地产评估机构全部与政府脱钩，改制为房地产估价师出资的有限责任公司。郴州市价格事务所和苏仙区价格事务所予以注销。是年，全市发生房地产评估520起，评估金额3.7亿元。至2005年，郴州远航房地产评估有限公司、郴州建兴房地产评估有限公司、郴州银发房地产评估有限公司、郴州联众房地产评估有限公司等评估机构，取得评估师执业资格证。是年，郴州市房地产评估金额累计7.1亿元。

（二）房地产经纪

2000年以前，郴州市未开展正常房地产经纪活动。2002年，郴州市开始出现在政府指导下的房地产经纪服务，大部分是个体从业者，通常与婚姻介绍、职业介绍、房屋租赁等业务结合在一起，由于缺乏管理，服务欠规范。2001年12月，人事部、建设部颁发《房地产经纪人职业资格制度暂行规定》和《房地产经纪人执业资格考试实施办法》等文件，为房地产经纪机构和执业人员的管理提供政策依据。次年，郴州市王平路等6人参加全国房地产经纪人执业资格考试，取得房地产经纪人执业资格。至2004年，郴州市共有15人取得房地产经纪人执业资格，依法依规开展规范经纪活动。2005年，市房地产经纪公司主要开展的业务有：房地产信息咨询服务、房地产营销策划、商品房销售处理、二手房出租出售等。

八、房地产档案管理

1986年，郴州市房产局设立档案室。1990年，档案室并入房产局产权监管股。1995年，市房产档案室档案移交郴州市房产管理局。2001年10月，市房产局设立房屋产权管理处时，加挂“市房产档案馆”的牌子，配备5名专业档案管理人员。2003年8月，产权管理处更名为房产交易权属登记管理处，内设房产档案管理科（加挂市房产档案馆牌子）。档案室有收集房产拆迁档案资料626卷，征地档案908卷，清产普查档案4204卷；另有部分未经整理的公有房产出租信息卡册和房产情况登记表以及部份产权发证存根；1988—1996年，房屋登记发证档案14000卷；接收郴县移交房产档案7410卷，共计27148卷。2005年，增加职工购买公房档案、单位房改档案、商品房交易档案、二级市场放开后多类产权档案。馆藏房屋产籍图纸1246幅、房屋普查资料719册，征地档案935卷、拆迁档案656卷、产权历史档案5302卷、产权交易档案628卷、老产权属档案2万卷、新房权属档案4.72万卷、房改房部分产权档案4313卷、房改房全产权档案5.27万卷，档案接收1.07万卷，累计档案资料14.7万卷。1995—2005年，市房产档案馆向社会开放，查阅利用档案资料累计14.27万卷（次）。

第四节 房地产管理机构

一、局级机构

1989年至1994年，郴州地区行政公署无房产管理机构。郴州中心城区房屋产权主要由郴州市（北湖区）房地产管理局（正科级）管理。

1995年5月，郴州撤地建市，郴州市房地产管理局改称郴州市北湖区房地产管理局。同年7月，北湖区房地产管理局上收，成立郴州市房产管理局。10月，苏仙区房地产管理局亦上收至郴州市房产管理局。市房产局是管理全市房产业并具有行政职能的正处级事业单位，归口郴州市建设委员会管理。

2002年3月，全市机构改革，保留郴州市房产管理局，为郴州市人民政府直属正处级事业单位，承担部分行政职能，管理全市住宅与房产业。该局职能进行调整，在原有职能基础上划入原郴州市建委承担的房产开发企业资质审核、核发资质等级证书职能，增加郴州市城市规划区原有房屋装饰装修管理职能，将房产价格评估工作职能转交给社会中介组织承担。2005年机构未变。

二、内设机构与直属机构

1989年，郴州市（北湖区）房地产管理局机关内设2室3股，即办公室、产权监理股、工程技术股、政工股、档案室。直属机构4个，即郴州市房地产经营公司、郴州房地产开发公司、郴州市房地产综合服务公司、郴州市房地产交易所。全局干部职工124人。

1995年，撤地建市，郴州市房产管理局机关设1室6科，即办公室、产权监理科（加挂房产法规科牌子），房产综合管理科、房屋拆迁管理科（加挂郴州市房屋拆迁管理办公室、郴州市房屋安全鉴定办公室牌子）、工程技术科、财务劳资审计科、政工科。直属机构5个，即郴州市房屋产权交易所（加挂郴州市房产价格评估所牌子）、郴州市房产经营公司、郴州市白蚁防治研究所、郴州市房产开发公司、郴州市房屋综合服务公司。局机关和直属机构干部职工181名。2002年和2004年，因机构改革和房产管理事业发展需要，机关内设机构和直属机关做了一些调整但无大的变化，干部职工增加到252名。2005年机构设置无变化。

1995—2005年郴州市房产局主要负责人名录

表22-6-4-1

单 位	姓 名	职 务	任职时间
郴州市房产管理局	刘志坚	局 长	1995.07—2002.03
郴州市房产管理局	彭昌良	党组书记	1995.07—2001.08
郴州市房产管理局	袁顺友	党组书记	2002.03—2003.12
郴州市房产管理局	袁顺友	局 长	2004.01—

第七章　环境保护

1989—1995 年，郴州地区从当地实际出发，突出治理工业“三废”（废气、废水、废渣）污染源，遏制环境污染加重势头。1990 年，郴州行署与 11 个县（市）政府签订环境保护目标责任状，把限期治理一批工矿老污染源，全面整顿和规范矿业开发秩序列入政府主要工作目标。至 1995 年，全市 6 年间投入资金 1081.1 万元，完成工矿业污染源治理项目 96 个。同时，地、县两级周密部署，先后对桂阳雷坪矿区、临武香花岭矿区等一批污染严重的矿业污染源，多次进行集中专项整治，依法先后关闭非法矿产开采和冶炼加工点 1543 处。危害百余年的土法烧砷炼砒被取缔。郴州自然环境恶化趋势初步得到遏制。

1996—2000 年，郴州市以实现主要污染物排放达标为重点，对重点区域、流域和行业环境污染综合治理。市政府先后明令关闭 57 户污染物排放不达标的企业，对郴江河、杨家河，东江水库、黄岑水库等重点流（水）域，开展治污保洁综合整治。至 2000 年，全市纳入统计的 468 户企业工业污染源有 467 户企业治理达标或关停，其中纳入国家、省、市重点考核的 24 户企业污染源经治理全部实现污染达标排放。

2001—2005 年，郴州市加强环境保护科学化管理，注重生态建设，建立环境保护长效机制。市委、市政府相继制定《郴州市环境与生态保护发展“十五”规划》《关于进一步做好环境污染综合整治工作的通知》等 16 个规范性文件；对市内 8 个重点区域、流域和行业的 20 个重点污染源，分别建立近期和远期污染防治措施及责任制；严格执行建设项目环境影响评价、主体工程与治污同时设计、同时施工、同时投产（三同时），以及排污许可证等制度。至 2005 年，全市建设项目 801 项，环评执行率 99.2%，332 个竣工建设项目经验收“三同时”执行率达 98%。郴州市自然生态建设，保护区（园）面积达 6.47 万公顷，比 2000 年增加 58.7%。全市环境质量明显好转，空气质量保持在国家二级标准以内，地表水水质达Ⅰ、Ⅱ、Ⅲ类标准的占 87.1%，区域环境噪声年均等效声级控制在 55 分贝以内。防治农业污染、室内污染、辐射污染等工作也日见成效。

第一节　环境污染

一、固体废物及其他污染

（一）固体废物污染

郴州境内固体废物污染主要是工业固体废弃物和生活垃圾。1989 年，郴州地区主要工业固体废物有冶炼废渣、粉煤灰、炉渣、煤矸石、化工废渣、尾矿石等。1990 年，全地区规模工业产生固体废物 415.91 万吨，以尾矿石、煤矸石和粉煤灰居多，其中排放固体废物 10.35 万吨，有 6.41 万吨排入江河和水库。1995 年，郴州市规模工业产生的固体废物由 1990 年的 415.91 万吨减至 332.78 万吨，外排 1.92 万吨，排放率由 1990 年的 2.49% 减为 0.58%。是年，乡镇企业产生固体废物 676.19 吨、外排 223.98 吨，排放率 33.1%，亦为固体废物的主要污染源。2000 年，产生工业固体废物 477.05 万吨，外排 0.02 万吨，呈现工业固体废物虽产生增多，但外排剧减的新态势。到 2005 年，产生工业固体废物 555.97 万吨，全市规模工业固体废物实现零排放，全部转入就地焚烧、贮存和综合利用。

1989—2005 年，郴州市（地区）城区每年生活垃圾清除量 5~12 吨。其间，市区内一些区域散乱推放的生活垃圾产生的有害气体，诱发二次污染。农村生活垃圾大多长期处于乱堆乱扔状态，破坏和污染农村自然生态环境。

（二）其他污染

郴州境内其他污染有酸雨、放射性污染及涉农化工用品污染等。郴州城区、永兴县、桂阳县、汝城县、宜章县等地为酸雨多降区，2005 年，郴州城区降水 pH5.50 ~ pH7.11，酸雨频率 1.6%。全市降水中阴离子主要以硫酸根为主，阳离子以铵离子和钙离子为主，属典型的硫酸型酸雨。放射性污染主要有水泥产品和石材产品其原材料，水泥产品及其及原材料 γ 外照射量均值低于 15 微伦/时的国家建材标准；石材产品中部分花岗岩品种 γ 照射量率 11.9 ~ 41.3 微伦/时，均值 22.9 微伦/时，超过国家建材标准。涉农化工用品污染主要源自农药、化肥的过度施用。郴州多年平均每公顷耕地施用农药约 20.8 千克，接近高农药施用区施用量，同时全市历年为高化肥施用区。农药、化肥的大量施用，严重污染空气、土壤和水体。

二、大气污染

20 世纪 80 年代后期，郴州地区工业企业特别是乡镇企业发展迅速，各种机动车辆以及生活污染源大增，新增废气排放量超过废气治理量，郴州市大气环境污染逐渐加重。

1990 年，郴州地区环境监测站测定，全地区规模工业排放废气 171.98 亿立方米，每万元工业产值排放废气 11.8 万立方米，废气中排放二氧化硫 1.49 万吨、烟尘 3.17 万吨、粉尘 2.21 万吨；1995 年，外排废气 226.4 亿立方米，每万元工业产值排放废气 5.8 万立方米，废气中排放二氧化硫 1.38 万吨，烟尘 6.07 万吨，粉尘 1.11 万吨；2000 年，外排废气 314.3 亿立方米，每万元工业产值排放废气 6.1 立方米，废气中排放二氧化硫 2.34 万吨，烟尘 3.94 万吨，粉尘 1.7 万吨；2005 年，外排废气 490.38 亿立方米，每万元工业总产值外排废气 3.29 万立方米，废气中排放二氧化硫 5.94 万吨，烟尘 4.32 万吨，粉尘 4.99 万吨。鉴定结果表明，2005 年与 1990 年相比，规模工业废气排放量增长 2.8 倍，废气中排放的有害物质二氧化硫、烟尘和粉尘，分别增长 3.8 倍、1.3 倍和 2.4 倍。其间，乡镇（民营）企业废气排放亦重。2005 年，全市乡镇（民营）企业有工业锅炉 16 台、窑炉 118 座，年排放废气 98.5558 亿立方米，每万元产值排放废气 3.12 万立方米，全年废气中排放二氧化硫 7160.06 吨，烟尘 3645.14 吨，粉尘 2.19 万吨。另外，各种机动车辆在行驶中排放的尾气，化工、农药等生产过程中散发的有害气体，以及城市生活垃圾、生活炉灶排放的废气均对大气造成污染。

1989—2005 年，在加强城区环境保护中重点清除一批环境污染源，城市空气中各污染物的浓度大幅下降，至 2005 年，郴州城区空气中二氧化硫、氮氧化物、悬浮微粒含量分别为每立方米 0.029、0.028、0.226 毫克，降尘月均 6.04 吨/平方千米。郴州市（地区）城区城市空气质量除 1995 年超过国家《环境空气质量标准》二级标准外，其余各年度基本保持在二级标准以内。城区各日测值空气质量超二级标准的主要出现在郴州市中心商业居住区，超标多为空气中的降尘量。

三、水污染

1989年，郴州地区工业废水、生活污水排放量1.4亿吨，其中来自造纸、冶炼、化工、制革、煤矿等行业的工业废水1.24亿吨。1990年，全地区295户规模工业废水排放量1.11亿吨，每万元工业产值排放废水760.9吨，排放的主要污染物有汞、镉、六价铬、铅、砷、探发酚及氰化物、石油类、化学需氧量和悬浮物等。各县（市）氮肥厂、采矿、选矿企业，资兴市、梅田矿务局以及各县（市）所属煤矿，均为水污染重点源。

郴州境内承纳废水量的主要有耒水、舂陵江、武水三大流域和东江水库。耒水纳污量82.7%，其中郴江占34%；舂陵江纳污量3.7%，其中永乐江占2.7%；武水纳污量为12.74%。东江水库纳污量为5.4%。

到1995年，工业企业推进排污设施建设取得成效，部份废水污染源得到治理，废水排放量逐年减少。当年，郴州市规模工业企业污水排放由1990年的1.11亿吨减至9079.58万吨，每万元工业产值排放的废水由1990年的760.9吨减至233吨。是年，普查乡镇（村）企业1.02万户，共排放废水2334.77万吨，每万元产值排放废水63.4吨。境内承纳乡镇企业废水排放的流域主要为耒水、舂陵江（占72.03%），次为武水流域（占27.36%），浈水流域（占0.61%）。耒水流域郴江河水污染较为严重。郴江河道下湄桥、梁家湾断面监测水质，均为劣V类水质，水中总磷、氟化物、砷、铅、挥发酚、细菌总数等超过国家规定的地面水水质标准的0.2倍～2.06倍。部分河段水体变黑，鱼虾绝迹。

2000年，郴州市规模工业企业261户，排放废水减至7466.56万吨，每万元工业产值排放废水量由1995年的233吨减至144.9吨，减少62%。年内重点调查乡镇、民营企业80户，每万元工业产值废水排放量由1995年的63.40吨增至71.4吨，增幅12.7%。

2005年，全市规模工业企业294户，排放废水7247.48万吨，每万元工业产值排放废水降至48.68吨，均为1989年以来的最低值。境内湘江水系流域承纳全市废水87.06%，珠江水系流域武水为12.94%。是年，全市有98%的河流径流量综合污染指数小于0.2和0.201～0.400，属清洁和尚清洁的Ⅰ～Ⅲ类水质；1%的径流量综合污染指数为0.401～0.700，属污染的Ⅳ～Ⅴ类水质；1%的径流量综合污染指数大于2.01%，属受到严重污染的Ⅴ类水质。是年，郴州市城区饮用水源水质达标率在100%，资兴市和各县城集中饮用水源水质嘉禾县达Ⅰ类水质，其他县（市区）均达Ⅱ类标准。

四、噪声污染

郴州市城区及各县（市、区）城区噪声来源于交通噪声、社会生活噪声、工业噪声、建筑施工噪声四大类。1989年前，城市交通噪声为涉及面广的主要噪声污染源之一。1990年，郴州地区环境监测站多次对郴州市城区主次交通干线进行噪声监测，测得每小时车流均为346辆，等效声级的平均值为72.5分贝，比国家规定标准70分贝高出2.5分贝；有31个路段（占城区总路段数的79.5%）交通噪声超过70分贝的标准，超标路长23.76千米，占城区主次交通干线里程74.6%。

1995年，在构成郴州城区噪声污染中，社会生活噪声上升占50%，交通噪声占42.5%，工业噪声占5.6%，建筑施工占1.9%。其中交通噪声为72.27分贝，超过国家规定标准2.27分贝。

2000年，郴州市城区文化娱乐、烟花爆竹及商业经营所产生的社会噪声增多。是年，在城市环境噪声源中，社会生活噪声由1995年的50%升占64%，交通噪声降为29.3%，工业噪声和建筑施工噪声各占2.0%，其他噪声占2.1%。2001年3月监测，市城区东风广场、北湖公园、北湖区工人文化宫3处歌舞场所，在营业时段场界噪声超标10分贝～17分贝。市区歌舞厅场界噪声除九龙宫一家达标外，其他均超标。

2005年，郴州市城区社会生活噪声高达72.1%，交通噪声降至14.4%，工业噪声占2.4%，建筑施工噪声占3.4%，其他噪声为7.7%。其城市区域环境噪声53.71分贝，其中1类区环境噪声达标率62.91%，2类区环境噪声达标率97%，3类区环境噪声100%达标。

附：

重大环境污染事故

1989—2005年，全市共发生废水、废气和固体废物污染事故219起，污染损害赔款682.83万元。事故发生后，市（地区）、县两级政府和环保部门均及时组织调查处理，督促做好环境污染治理工作。

矿石塌泻事故 1989年6月14日凌晨，宜章县瑶岗仙镇农民在杨梅岭乱采矿产堆积的大量废矿石，被暴发的山洪冲泻而下，摧毁相近的瑶岗仙钨矿职工疗养所和医院。淹泡淤塞房屋60多间，受损成危房面积700多平方米，造成1人死亡；毁坏医院及周边护坡和道路，淹没一台进口X光机。经济损失200多万元。同时，矿石淤积毒害杨梅岭采矿区周边部分耕地、山塘。即日，郴州行署专员周时昌赶至现场指挥抢险救灾，同当地党政领导研究部署矿产开采整治工作。

尾沙坝崩垮污染事故 1998年2月13日下午2时13分，郴州市玛瑙山锰矿尾砂坝新坝突发崩垮，坝内3万多吨尾砂泄入苏仙区白露塘镇境内西河，河水夹含大量尾砂冲垮河坝9处，毁损河道护坡6处长400米，冲毁公路5千米，淹没毒害耕地46.7公顷及部份山塘水井。白露塘镇被殃及受灾的群众9000余人。玛瑙山锰矿为此支付赔款100万元。市政府即时组织调查处理后，资助该矿修复加固尾砂坝。

废气污染事故 1998年6月8日上午9时18分至10日上午11时许，永兴县三塘乡擅自在桂阳县、永兴县交界处合建年产粗铅2100吨的冶炼厂进行试产，炼粗铅7吨。在生产中直接外排含有高浓度砷、氟、铅和二氧化硫废气，造成周边一些土地和水源受到污染和毒害。市政府随即派出调查组责成永兴县政府关闭三塘乡粗铅冶炼厂，对事故责任人三塘乡乡长予以行政处分。该厂除承担赔偿外并予以环保行政处罚4万元。

砷中毒事故 2000年1月8日，苏仙区邓家塘乡邓家塘村发生村民砷中毒的特大事故。该村另有19.73公顷耕地农作物和部分鱼塘、牲畜均受砷毒污染，计造成经济损失449.59万元。事发后，市政府速派调查组核查认定，苏仙区郴州砷制品有限公司三氧化二砷生产线，违规三次外排含砷废水污染水源，导致村民饮用中毒。市、区两级政府全力救治中毒村民，为邓家塘村提供自来水，将污染耕地改作绿化用地，依法追究事故主要责任人刑事责任，并分别处以民事赔偿。

废气污染事故 2000年4月12日，郴州化工集团郴化分公司生产中外排废气氧化氢、氨的含量超标，造成相邻的北湖区下湄桥村二组一些蔬菜地和种植的葡萄受到严重污染损害。4月下旬至

5月下旬，该组村民代表与公司多次协商赔偿未果后，5月24日，双方争执中发生冲突，造成村民1人死亡，双方受伤18人，事发后，司法机关惩办违法肇事者，经调解郴州化工集团郴化分公司赔偿村民2万元。

废渣慢性砷中毒事故 2003年3月，永兴县柏林镇马桥村谭家组141名村民相继出现不同程度的砷中毒症状，经郴州市职业病防治所确诊慢性中毒者37人，检查治疗费用达80多万元。经省、市政府调查组查明，此为当地金银回收冶炼户擅自将冶炼废渣铺路和铺于池塘边，废渣中的砷渗入地下水，村民饮用砷含量超标的井水而致。永兴县政府随即对全县冶炼企业实行停产治理整顿。

尾砂坝污染事故 2004年7月21日下午2时至4时30分，北湖区芙蓉乡骑牯岭锡矿存有4.3万立方米尾砂的一级坝和存有大量选矿废水的二级坝，先后被山洪冲垮，大量尾砂和废水泻入杨家河和武水河。倾泻而下的尾砂、废水毁淹该乡芙蓉村、羊古岭村稻田1.41公顷，沿河造成临武县接龙乡斗水坪电站和宜章县梅田镇自来水厂因尾砂淤塞停止发电和供水，造成北湖区、临武和宜章县的14个自然村生产、生活用水困难。市政府调查组经查实认定，此次事故既属天灾，然而也有砂坝修建无正规设计和坝库管理技术缺乏等人为因素。因此，由该矿赔偿污染损失11.2万元，并严肃查处相关责任人。

第二节 环境监测

一、水质、水源监测

（一）河流、水库水质监测

1989—1990年，郴州地区地、县两级监测站在耒水上游的沤江桂东城关段、东江鲤鱼江段、永兴便江段和耒水支流郴江、西河、舂陵江段，武水宜章段，耒水永乐江段，以及东江、欧阳海和龙虎洞3座大中型水库，设置21个监测断面（点），定期开展水质常规监测。每个断面设左、中、右3个采样点，在每年平水期（3月）、洪水期（6月）、丰水期（9月）、枯水期进行采样监测。监测水中pH、悬浮物、溶解氧、化学需氧量、生化需氧量、汞、铝、镉、挥发酚、水温、电导率12项的含量。两年间获有效监测数据1.24万个。全地区对河段控断面的监测结果表明，有7个断面水质均保持地面水二级标准，其余均为三级标准和Ⅳ类及劣Ⅴ类水质。水质较好的为安仁县自来水取口断面，水质综合污染指数0.15～0.22，属清洁水域；永兴电站大坝断面水质综合污染指数0.172～0.33，属清洁和尚清洁水域；次为小东江、清江桥、桂阳 拱桥、泗溪、岑水村断面，水质均为清洁、尚清洁或偶有轻度污染水域。其间，监测水质较差的为郴江河，其石榴湾、龙船头、下湄桥、梁家湾4个断面监测，年平均值均为地面水三级、Ⅳ类和劣Ⅴ类标准。超标物多为化学需氧量、砷、铅、挥发酚、高锰酸盐、总磷、石油类8项。1990年，石榴湾断面超标最高值砷为2.36倍，铅为2.23倍；梁家湾断面超标最高值砷为6.12倍。

至1995年，全市纳入地表水水质监测范围的有7条河流8个河段，监测断面增至26个，设址和监测项目均作调整。1989—1995年，获有效监测数据3.09万个。1995年监测显示，龙船头断面超标最高值总磷为1.01倍、铅为2.1倍；石榴湾断面铅为2.79倍、挥发酚为4.4倍；下湄桥断面总磷为2.06倍、挥发酚为2.4倍；梁家湾断面挥发酚超标17倍，总磷超标高达30倍。在1990—1995

年间，大型水库东江湖属尚清洁的Ⅱ类水质；欧阳海水库为清洁Ⅱ类水质，水中超标物为溶解氧、砷、挥发酚。

1996年始，郴州市地表水监测断面调整为31个，由原四期采样改为分枯水期（1月）、丰水期（5月）、平水期（9月）3期采集水样监测。监测项目增加色度、氨氧、全盐量3项。到2000年，共获有效监测数据1.97万个。2001年，监测河段与监测设址渐已稳定，在原31个监测断面又增设5个断面。自2003年10月始，地表水监测项目统一为水温、pH、溶解氧、高锰酸盐指数、硝酸盐、硫酸盐、生化需氧量、氨氮、总磷、总氮、铜、锌、钛、氟化物、锰、硒、砷、汞、镉、六价格、铅、氰化物、挥发酚、石油类、阴离子表面活性剂、硫化物、粪大肠菌群28项。迄2005年，共获有效监测数据3.14万个。

2005年，根据水域断面监测显示，全市地表水质量明显好转。是年，全市河流径流量属清洁和尚清洁的Ⅰ类、Ⅱ类和Ⅲ类水质占98%，有1%的径流量属污染型的Ⅳ～Ⅴ类水质①，有1%的径流量属严重污染、水质受到重度破坏的劣Ⅴ类水质。耒水干流东江段的小东江断面水质2005年由2000年的Ⅱ类转为Ⅰ类，其下渡、清江断面水质由原Ⅲ类转为Ⅱ类，东江水库水质由原Ⅱ类转为Ⅰ类，综合污染指数由1990年的0.28降至2005年0.116。但有一部分工业污染源继续排污，少数河段水质污染仍在趋重，如郴江河下湄桥断面综合污染指数2005年升至0.733，由原轻污染转为中度污染，其梁家湾断面2005年综合污染指数1.114，依旧为重度污染水域。同时，部份流域监测水质存在不稳定性，出现综合污染指数“一年高一年低”的波动现象。

（二）主要饮用水源水质监测

1989—1990年，郴州地区环境监测站对县（市）39口饮用水井，以及郴州市城区的饮用水源东江湖和同心河水质进行监测。监测项目和标准按国家《生活饮用水卫生标准》（GB 5749～85）执行。1991始，全地区在郴州城区同心河水厂、北湖水厂、南湖水厂、海泉水厂、东江水厂、石榴湾水厂，以及桂阳肖家山水库、汝城黑龙谭、安仁城关镇、资兴木根桥、桂东城关镇和永兴大坝，分别设置饮用水水源和饮用水取水监测点12处。每年进行6次17个项目的水质监测分析。

1995年，郴州市城区监测的6个自来水厂水源，有东江、石榴湾、同心桥3个水厂水源大肠菌群超标。1998年6月，石榴湾水厂因水源大肠菌群严重超标被关闭。至2000年，郴州市城市年供水量6624.143万吨，达标水量6601.125万吨，饮用水水质达标率99.65%。

从2003年11月起，饮用水监测项目又在原基础上，减少水温、五日生化需氧量、总氮、硝酸盐、总磷、石油类、氟化物7项，增加硝酸盐氮和亚硝盐氮2项，共23项。从此各县（市、区）饮用水水源监测除永兴便江大坝、汝城浙水黑龙潭为流域监测外，余均为水库水源监测。至2005年，郴州市城区饮用水源水质监测达标率100%，各县（市、区）饮用水源监测有嘉禾县盘江水库水质达国家生活饮用水Ⅰ类标准，其他县（市）集中式生活饮用水源均为Ⅱ类标准。

二、大气监测

1989年，郴州市（北湖区）在城区按工业区、交通稠密区、居民区及清洁区分别设立4个采样点监测大气环境质量。资兴市亦设4个采样点定期监测城区大气环境。每年1月、4月、7月、

① 注：综合污染指数小于0.2属清洁水质，0.201~0.400属尚清洁，0.401~0.700属轻污染，0.701~1.000属中废污染，1.01~2.0属重污染，大于2.01属严重污染。

10月每月连续监测5天，监测项目为二氧化硫、氮氧化物、降尘、总悬浮微粒。

自1991年始，郴州相继又有桂阳、宜章、永兴、汝城、临武和嘉禾县开始监测县城大气环境质量。1997年，郴州市环保局对郴州城区大气监测点进行调整，调整后的监测点分别设市环境监测站（后改为五连冠酒店）、北湖区下湄桥、苏仙区教师进修学校、苏仙岭顶庵。1998年始，郴州市空气质量监测的采样时间、频次改为每月均匀间隔天数采样12天，每天采样18小时以上。2000年11月，开始编发《郴州市环境空气质量日报》，在郴州人民广播电台、郴州电视台公布郴州市环境空气质量日报。2005年3月，郴州市首套城市环境空气地面自动监测系统投入使用。是年底，市、县两级共设环境空气监测点24个。

1989—2005年，郴州城区共获监测日均值数5.16万个，其中氮氧化物6575个，二氧化硫1.9万个，二氧化氮1.2万个，总悬浮颗粒物6806个，可吸入颗粒物7243个。其间，空气中二氧化硫含量最高日测值，出现在1995年1月下湄桥监测点，其含量超三级标准的0.84倍。市中心商业居住区1994年二季度空气中的悬浮微粒含量，最高日测值超过二级标准3.69倍，其中1997年一季度空气中氮氧化物超标1.29倍，其两项均为这一时期空气污染物最高日测超标值。

三、噪声监测

郴州噪声监测始于1990年。郴州市城区环境噪声监测按250米×250米方格划分成108个网格，每网络设1个测点；市城区交通噪声监测则在39条主次干道设置监测点，监测路长共31.83千米。城市噪声每年监测一次。

1991—1995年，桂阳县城、永兴县城、宜章县城、安仁县城、汝城县城先后开展噪声监测。地（市）、县（市）两级城区环境噪声监测按250米×250米和500米×500米网格布点，共设监测点位238个；全市交通噪声监测路段总长51.41千米，设测点65个。其间，共获区域环境噪声监测数据3933个，道路交通噪声监测数据1105个。

至1999年，郴州市除桂东县外，其他各县（市）均开展环境噪声和交通噪声两项监测。2005年，全市共设置城区环境噪声监测网点1186个；城市道路交通干道噪声监测由2000年的113条158.3千米206个测点增加到116条182.13千米213个测点。当年，城区环境噪声监测获有效数据4744个，道路交通噪声监测获有效数据1444个。

四、污染源及辐射污染监测

从1989年起，郴州地、县两级环境监测站对193个“三废”（废气、废水、废渣）环境污染源进行跟踪监视性监测，其中列入地区监测的污染源单位57个。1991年，郴州加大“三废”污染源监测力度。地区和桂阳县、资兴市、永兴县、汝城县环境监测站开展废气监测的厂矿企业89户，废水监测的厂矿企业432户，烟囱林格曼黑度监测的企业155户，并对41家医院的细菌总数和大肠菌群实行监测。至1995年，共获取监测数据7096个。

1993年，郴州地区环境监测站对从事医疗、铀矿和伴生放射性矿物开采等95家单位，进行放射性污染源监测调查，经监测，发现一些放射性矿物作为尾矿或废矿石堆埋在露天环境中。1995年，郴州市环境监测站对民用建筑材料进行放射性核镭、钍、钾及γ照射量率监测，获有效数据581个，发现大户渣砖和黏土砖均有放射性超标样品，特别是花岗岩板材超标严重。1997年，全市开展电磁辐射污染源调查工作，对所有豁免水平以上伴有电磁辐射活动的设备均进行电磁辐射污染普查。

1998年，郴州市进行污染源排放收费监测132家，重点污染源考核单位7家，工程竣工污染达标验收单位9家，环境影响项目评价7项，共报出数据6400多个。2004—2005年，全市开展“清查放射源”专项行动，清查郴州市农科所，湖南良田水泥有限公司等39户企业放射源149枚；普查核工业企业和地方铀矿企业放射性污染状况，其中711矿已关闭，桂东县寨口乡大坪铀矿、桂阳县光明铀矿均停止开采活动。至2005年，郴州市环境监测站开展污染源监测性监测单位100余家，工程竣工污染达标验收49家，环境影响项目评价119项，共报出数据3.67万个。

第三节　污染治理

一、矿业污染专项整治

郴州系湖南省矿产资源富集地。1989年，郴州行政公署将治理矿业环境污染列为环境保护工作的重中之重，明确规定对新上矿产项目除由县级政府申请外，还要经地区环保部门进行环境影响调查论证及郴州行署审批后方可投建。

1990年初，行署专员周时昌与全区11个县（市）的县（市）长签订环境保护管理责任书，限期“关、停、并、转、迁”一批环境污染严重的矿产开采项目（企业），并将此列为评价政府工作业绩的主要内容。

1991—1995年，郴州地委、行署重点开展整治土法烧炼砒砷（俗称砒灰）环境污染专项行动。郴州地委、行署领导分片负责组织整治，至1993年，炸毁土法砒灶砷炉1453座。至1995年年底，郴州行署先后制订下发《关于加强砒砂和砷制品生产经营管理的意见的通知》《批转地区环保局关于暂停审批兴办砷制品厂的意见的通知》《郴州市定点砷制品厂环境管理的有关规定》；先后8次组织有公安、环保、工商、乡镇企业局等部门参与的整治队伍，深入采炼砒砷较严重的临武县香花岭和桂阳县雷坪、桥市等地，宣传环保法律法规，强制摧毁土法炼砒砷炉灶1598台。郴州地区砒砷生产环境污染渐趋遏制，桂阳雷坪矿区二氧化硫1995年后日均值下降到每立方米0.034毫克，低于国家标准。与此同时，经环保部门严格实施环境影响审查，规范砒砷生产，在原郴县、宜章、临武、桂东和汝城县定点建立砷制品厂10家共14条生产线，外排废气、废水中二氧化硫和砷含量均达国家排放标准，废渣堆存于专用渣库不渗漏，有效消除环境污染源。

1996年6月，郴州市政府根据黄岑水库水源地周边的北湖区和宜章县村民非法采选锡矿，严重污染水库水质的情况，责成由北湖区和宜章县政府组织力量整治，取缔水库周边采矿点（井口）21个，及时清除非法矿产开采对水库水质的污染。

2001年8月，市政府组织开展集中整治“惊雷行动”，重点对造成安源区域、杨家河流域严重污染非法采矿点进行清理。市、县两级联合出动整治人员842人次，车辆132台次，在当地干部群众配合下，关闭非法矿井23口，同时对其断水断电，让其无法“反弹”恢复开采。是年11月，市政府召开全市整治重点区域、重点流域、重点行业环境污染工作会议，明确在整治矿业污染源的同时抓好污染区域的环境治理，清源头与治污染同时并举。当年，郴州市在组织继续根治郴江河上游矿产开采污染的同时，发布《关于加强郴江河综合整治和管理的通告》。临武县境内香花岭锡矿矿区外流人员多年在此滥采矿产不止，废水尾砂直接排入甘溪河，造成下游嘉禾、桂阳县14个自然村稻田淤塞，水源受染。2003年，郴州市和临武县对甘溪河流域污染展开全面整治。是年7月15日和10月18日，市政府两次在临武县召开甘溪河污染地域治理现场办公会议。市、县两级执法人员先后在矿区关闭无证开采矿点（井口）44处，选矿点320处；临武县政府对保留的28户有证采矿企业责令污染物限期达标排放。与此同时，市政府成立香花岭甘溪河地域污染治理领导小组，2005年6月，郴州市政府颁布《关于临武三十六湾、香花岭地区环境污染综合整治工作方案》，市、县两级财政投资兴建浸糟尾矿库，开展甘溪河道清淤疏通、护坡固堤工作，对居住环境污染严重的甘溪村新建民房130套，实行全村整体搬迁；由临武县补助85.6万元为甘溪河下游灾区修复生产、生活用水工程。

截至2005年年底，市委、市政府17年间组织重点整治造成环境污染的矿产开采区域13个（处），依法取缔、关闭矿产开采点（片）723处；全市地方财政投入矿产开采污染综合治理经费3.54亿元，完成矿业污染治理项目728项。市、县两级直接监管的矿产开采企业，实现"三废"达标排放企业占95%以上。全市环境污染源逐年减少，环境质量逐步提升。郴江河综合整治投资2.54亿元，重点治理中心城区河段9.2千米，完成河道清淤128.7万立方米，拆除拦河坝7座，建成橡胶拦河坝2座，修筑河堤18.4千米。

二、大气污染治理

1989—1990年，郴州行署将环境空气治理，减少大气污染纳入地、县两级环境保护责任制，全地区突出工业废气污染治理，两年间地、县两级财政和所涉企业投入工业废气治理资金735.74万元，完成废气治理项目131个。至1990年底，规模以上工业企业拥有废气设施402台（套），年处理废气159亿立方米，处理率92.5%；乡镇企业有废气处理设施38台（套），每小时废气处理能力248.82万立方米。

1991年，郴州市（北湖区）政府开始实施城区大气环境保护圈建设。在郴州城区设苏仙片为全区第一个城市烟尘控制区。1992年，郴州着力治理生活、交通气体污染。在中心城区启动燃气工程，减少生活燃煤废气污染。年内，市内建立液化气经营单位5个，供气非农业人口8.21万人，年供气量1634吨，中心城区入户气化率达45.21%。至1993年，郴州城区相继建成3个烟尘控制区，面积7.7平方千米。是年，经郴州行署环境保护委员会验收，郴州城区烟尘控制覆盖合格率32.4%。至1995年，郴州市工业废气治理继续推进，累计投放资金3915.74万元，完成工业废气治理项目181项。这期间，规模工业废气处理设施增至497台（套），年均处理废气196亿立方米，废气处理率升至86.6%，减少二氧化硫、烟尘等有害物36.91万吨；乡镇企业烟尘排放达标18.75%，工业窑炉烟尘排放达标22.53%，年均处理废气23亿立方米，处理率21.6%。1995—2005年，检测机动车尾气10万余台，4000多台超标车安装环保节油净化器。

1996年9月，市政府颁发《郴州市城镇烟尘控制区管理办法》，分片建立城镇烟控小区。1997年，郴州城区相继新建南塔、陈家湾等3个烟控区。至此，郴州城区建立烟尘控制区22.8平方千米，烟尘控制区覆盖率95.8%。是年12月，资兴市在城区15.7平方千米内建立烟尘控制区，覆盖率达100%，为郴州市首个实现烟尘控制的县级城市。至2001年，嘉禾、安仁、桂阳、永兴等县先后建立烟尘控制区，分别为3.7平方千米、2.7平方千米、7.8平方千米、5.14平方千米，4县城烟尘控制区覆盖率均为100%。1998年3月，市环保局组织研究人员详细调查和分析全市地理、气候、生态、经济社会发展各方面的历史和现状，将全市8县2区1市划分一类和二类环境空气质量功能区，分别制定保护目标和采取措施，实行分类监管，保护空气质量。

2000年，郴州市城区烟尘控制区达26.6平方千米，实现烟尘控制区覆盖率100%。2002年，郴州市城区投资1200万元开工建设管道燃气一期工程，至2004年，累计投资1.36亿元建设管道供气，全城基本普及液化气使用。2004年，对郴州市中心城区下湄桥老工业区实施以废气治理为重点的环境综合整治。是年8月，市政府颁发《关于综合整治下湄桥区域环境污染的实施方案》，明确28户企业28个项目3年内整治目标。2005年，市环保局对郴州城区烟控区开展复查显示：城市烟尘控制区面积37.5平方千米，建成区29.7平方千米内烟尘控制覆盖率为100%；烟控区内98.1%的锅炉外排烟气黑度达标，91.25%的燃煤锅炉外排烟尘浓度达标，窑炉外排烟气黑度和烟尘浓度达标100%，茶炉、大灶外排烟气黑度达标排放100%。截至2005年年底，下湄桥区域28个主治废气污染的整治项目完成15项，市城区最后一柱冒黑烟的企业烟囱在这里被拆除。

1989—2005年，郴州市（地区）累计投入工业废气治理资金4.32亿元，完成治理项目599项。到2005年，规模工业和乡镇企业拥有废气处理设施803台（套），废气处理能力分别为每小时823.95万立方米和174.72万立方米。规模工业企业二氧化硫达标排放88.8%，烟尘达标排放93.06%，粉尘达标排放82.32%，工艺废气净化97.6%；乡镇企业和民营企业锅炉、窑炉二氧化硫达标排放分别为100%和88.1%，烟尘达标排放87.5%，粉尘回收率为76.3%。

三、水污染治理

1989—1990年，郴州加强排污设施建设，提高废水处理能力。全区累计投资1157.96万元，完成废水治理项目150项，建成废水处理设施331套（台），日处理废水能力达35.01万吨，外排废水达标率为29.43%。1991年开始，全市（区）重点加强饮用水水源污染治理。是年8月，郴州行署行文批转《郴州地区主要水域功能区划》，颁布《东江水库水质保护管理办法》，确定东江水库饮用水源为一级保护区范围。继后，各县（市）政府相继确立饮用水源保护区。1995年，郴州市全年处理工业废水9312.73万吨，处理率为89.1%；废水中去除镉、六价铬、铅、砷、挥发酚、氰化物、石油类、化学需氧量、悬浮物、硫化物等污染物5.49万吨。1991年至1995年年末，全地区累计投资2204.82万元，完成废水治理项目240项。其间，规模工业企业废水处理设施增至404套（台），外排废水达标率提高到57.8%；乡镇企业有废水处理设施245套（台），年废水处理率9.27%，

到2000年，全市设立饮用水保护区14个。其间，郴州市政府多次组织力量对东江湖饮用水源保护区进行污染整治，否决6家污染性建设项目进入东江水库保护区投建，取缔库区周边的资兴市滁口、彭市、清江、东坪及水源地带桂东县四都金矿区、汝城县延寿流域、宜章县境内瑶岗仙、赤石矿区的非污采选矿点。同时投资2.66亿元，在东江库区植树造林7207.87公顷和一批绿化带。从当年开始，凡进入东江湖的地表水均达Ⅱ、Ⅲ类水质。

2001年11月，省政府颁布《湖南省东江湖水环境保护条例》。资兴市投入130万元，在东江湖景区设置环保厕所、垃圾箱。2002年8月，市政府办公室印发《关于山河水库区域环境污染集中整治实施方案》，本着“谁污染谁负责”的原则，组织整治郴州城区饮用水源山河水库周边矿产开采污染。当月，水库属地苏仙区政府随即出动整治队伍查封库区开采矿井74口，山河水库水质保持地表水Ⅱ类标准。2003年7月，东江湖大坝生活污水处理厂建成投入使用，日处理生活污水200吨。是年，全部关闭郴州城区饮用水源小东江区内休闲农庄和餐饮网点。

2005年2月，投资1.23亿元的郴州市下湄桥城市生活污水处理厂第一期工程竣工启用，出水水质达到国家《城镇污水处理厂污染物排放标准（GB 18918-2007）》一级标准B类要求。年内处理郴州城区生活污水125万吨。同年9月27—30日，郴州市环保局会同北湖、苏仙两区环保、公安、国土、电力等部门，组织200多人在郴江河上游海泉坳拆除非法采矿厂棚31个，取缔非法选矿厂9家，清除郴江河上游矿产开采污染源。郴州城区污水治理取得明显效果。是年，东江湖水质达到国家地面水Ⅰ类水质标准。

1989—2005年，全市共投放工业废水治理资金1.97亿元，先后完成规模工业废水治理项目656项。到2005年，规模工业企业拥有废水治理设施403套（台），日处理废水能力45.89万吨，全年废水排放达标1277.82万吨，达标率82.57%；乡镇企业有废水治理设施184套（台），日处理废水能力12.24万吨，全年废水达标排放1798.4万吨，达标率96.18%。全市13个饮用水源（原14个，后停设1个）设一级保护区面积50.91平方千米，保护区内地表水均达Ⅲ类水质、饮用水源水质达Ⅰ类、Ⅱ类标准。

四、噪声治理

1989年，郴州市城区在过境干道与城市之间设防护林带，降低入城交通噪声，加强对市内社会噪声的管理。至1990年，两年投放城区工业企业噪声治理资金39.02万元，完成治理项目24项。

1995年郴州撤地建市后，市委、市政府在推进城市建设中，先后在郴州城区动工扩宽主次干道25条，新建主次干道8条，实现郴资桂高等级公路与京珠高速公路相贯通，以分流城内车辆，减少城市交通噪声。1996年9月，郴州市政府颁布《郴州市城区环境噪声管理办法》（以下简称“办法”）。依据“办法”，郴州市城市管理办公室、公安局、环保局联合发布《关于综合整治市城区噪声污染的通知》，禁止在城区燃放烟花爆竹，禁止男式摩托车在城区落户和严控营运摩托车数量，查处一批建筑施工、加工制作和文化娱乐噪声的声源单位。1997年，市政府发出《关于禁止“小三轮”车辆在城区营运载客的布告》，当年，禁运清查出城噪声大的“小三轮”车（俗称“打屁车”）800余辆。1998年7月，市环保局、公安局、文化局、教育委员会发出《关于在高考期间严格控制噪声污染的公告》，从当年始，在每年高考期间，市、县城区开通噪声污染举报投诉电话，对城区噪声源进行24小时巡查监控，确保高考期间环境安静。

2001年4月，根据市民对扰民噪声的投诉，市政府办公室发出通知，取缔郴州中心城区北湖公园、东风广场的露天歌舞厅、卡拉OK和旱冰场所。翌年，郴州城区禁止货车、农用车、拖拉机在上午7时至晚上8时入城通行，禁止摩托车在主干道载客营运，禁止机动车辆鸣喇叭，清除城市噪声源。

至2005年，全市累计投入工业企业噪声治理资金647.98万元，完成噪声治理项目98项。全市467户工业企业，有465户企业的厂（矿）界噪声达标，达标率99.58%。郴州市城区和各县（市）城区的交通噪声均达标。郴州城区的交通噪声由20世纪90年代初期的72.5分贝降至68分贝；社会生活噪声污染逐渐减少，城区环境渐趋清静。

五、固体废物污染治理

1989－1990年，郴州地区投资362.99万元，竣工工业固体废物治理项目48项，处置工业固体废物2.03万吨，工业固体废物综合利用60.37万吨，综合利用率14.5%。1991—1995年，投资

1606.23万元，完成工业固体废物治理项目108项。到1995年年底，全年处置工业固体废物73.56万吨，处置率22.1%，综合利用工业固体废物85.65万吨，综合利用率由1990年的14.5%升至25.7%。

1997年，郴州市第一人民医院投资13万元，建立医疗废物无害化焚烧炉，每年焚烧医疗废物27~29吨。到2000年，桂阳县、嘉禾县人民医院相继建立医疗废物无害化焚烧炉，每年焚烧医疗危险废物1吨以上。2005年底，市政府投资2000多万元征地，有偿引资7391.06万元兴建的郴州市倒窝里城市生活垃圾卫生填埋场竣工。该垃圾场占地21公顷，库容320万立方米，每天能填入500吨垃圾进行覆土碾压和生化法处理。至此，郴州城区生活垃圾由20世纪90年代初的简易堆存处理转入无害化填埋式生化处理。全市345个各类医疗机构产生的489.63吨医疗临床废物均作无害化处理，其中综合利用144.05吨，焚烧292.74吨，安全填埋13.77吨，移交市疾控中心一次性医疗用品处理站处理39.07吨。

1989－2005年，郴州市累计投入资金1.63亿元，完成规模工业企业治理固体废物项目225项。此间，全市工业固体废物处置重点转入综合利用开发，2005年末，综合利用率由1995年的25.7%提升至75.16%。

第四节 生态建设

一、水土保持

郴州境内山地面积多。由于矿山开采和工业化建设使地面植被遭人为破坏等原因，全区水土流失严重，造成淤塞冲毁林地良田、水库山塘和河道，破坏生态环境。自20世纪80年代末，郴州地区加强造林绿化，流域治理，推进以水土保持为中心的生态环境建设。1989年4月，中共郴州地委、郴州地区行政公署印发《关于五年消灭宜林荒山，八年绿化郴州的决定》，各县（市）与郴州行署签订实施绿化目标责任状。1991年，国家调整投资政策，对水土保持的投资相应减少。为此，全区各地加强经济林水土保持基地建设，大力在河流水库周边栽培生态经济作物，把根治水土流失和经济开发结合起来，相互促进。桂东县开展以营造药材、果木、茶叶等经济林为主的小规模水土保持基地建设。至1993年底，全区投资1.2亿元，投劳3亿工日。人工造林152万亩，飞播造林151万亩，新增封山育林500万亩，市民义务植树1.5亿株。是年，经湖南省绿化委员会考察验收，郴州实现5年消灭宜林荒山目标。至1994年，桂东县先后在城关镇沤江、大圹乡白沙水库上游、寨前乡和普乐乡小流域周边建立经济林水土保持基地20.91公顷，初步治理小流域面积1620公顷。

从1998年起，全市各县（市）区按国家投入1∶1的比例投入地方配套资金，重点开展以治河改土为主的水土流失整治。境内水土流失易发地的桂东、汝城县和资兴市在国家财力的资助下，至2004年，累计投入地方配套资金1118万元，相继对10余条江河流域周边进行封山育林，筑坝固河，整修山塘、改坡地为梯田的综合治理，治理水土流失面积1.56万公顷。至2005年，全市初步完成小流域治理22条。其间，柿竹园、香花岭、黄沙坪、三都等大型矿区加强植被保护和培育，修建栏沙（矿石）坝和固体废物贮存库等工程，防止地矿废物冲毁造成水土流失。

1989年到2005年，全市营造水土保护林2.11万公顷、种植水土保持经济林1.82万公顷，种草地1431公顷，封山育林3.9万公顷；加上农村改土工程和修建蓄水保土工程，综合治理水土流失面积9.29万公顷，减少土壤流失量194亿吨。水土流失地区经治理累积增加经济收入约1.53亿元，增收粮食约2143万千克；有7.1万农村人口在水土流失治理中解决饮用水问题。

二、自然生态保护与建设

20世纪80年代，郴州地区有宜章莽山和桂东八面山2处省级自然保护区。自90年代始，全区着力自然生态保护和建设，提升整体自然生态环境质量。

1992年7月，林业部批准分别在宜章县莽山、资兴市天鹅山规划建立国家森林公园。郴州地委、郴州行署决定在两地设立森林公园管理办公室，配备专职管理人员，加强园内自然生态资源的保护和建设。1994年，莽山升格为国家级自然保护区，以保护原生性绿阔叶林及其珍稀动植物为主要目的。1995年始，市政府以建设国家、省级自然保护区及森林公园为契机，动员和部署各地创建县级自然保护区（森林公园）。各县（市、区）根据当地自然物种、森林和景观资源，开始规划创办自然保护区（森林公园）。1996—1997年，郴州市组织对拟建的20多处县级森林公园（自然保护区），进行实地考察和规划设计。1998年，嘉禾、桂东、桂阳、资兴、永兴、安仁等县（市）先后启动森林公园（自然保护区）建设。

2000年，市委、市政府作出“保护生态环境，建设生态大市”的工作战略部署，把发展生态产业和绿色食品基地列入其中主要项目之一。是年，经积极筹办和申报，国家环境保护总局批准资兴市为全市首个全国第五批生态示范区建设的试点地区。2003年，相继又有桂东、汝城县被列入全国第七批和第八批全国生态示范区建设试点地区。其间，资兴市和桂东县、汝城县相继完成国家级生态县（市）建设总体规划的编制和评审，并分步实施基地、项目建设。桂东县不断完善与生态县建设相配套的项目体系，至2005年，全县建立无公害蔬菜基地2000多公顷，有机茶叶基地330多公顷；建立无公害养殖基地5个，食用菌大棚1755个。先后培育开发出“玲珑有机茶”“老桂岽茶”“花豆”“金橘”等10多个在省、市获奖的地方名优产品。

自2000年始，郴州在永兴县七甲、北湖区永春和桂东县三宫山等地，建设人工草场和改良草场3.28万公顷。至2005年，全市各类草地总面积达18.47万公顷，占土地总面积的10.4%。

至2005年年底，全市拥有国家、省级自然保护区和森林公园7处，11个县（市、区）建立森林公园（自然保护区）14处，全市自然保护区总面积达4.81万公顷。

第五节 环境管理

一、环保管理制度

（一）污染限期治理制度

1989年，郴州地区对严重污染环境的企事业单位，仍执行由各级人民政府对其实行限期治理的制度。至1996年，市、县两级共完成限期治理项目96项，总投入治理资金1081.1万元。1997年3月，市委、市政府行文明确由市环保局代行市政府监管限期治理的权限。1997年9月，郴州市环保局下达第一批郴州城区环境污染限期治理项目13项，经检查验收，全部项目按期完成治理任务。

1998年4月，市环保局下达第二批限期治理厂矿环境污染项目13项，经检查验收，均在限期内完成项目治理。郴州杨鲁石墨制品有限公司、郴州通达石墨有限公司在石墨生产中，其石墨粉对城前岭变电站造成严重污染。2000年9月，市环保局对两公司下达限期治理的通知后仍然无法实现达标根治，2001年12月15日，市政府下文责令该两公司关闭或搬迁，2002年，两公司选址搬迁完毕。至2005年，市、县两级完成污染限期治理项目253项，投入治理资金7360.3万元。对限期治理难达标的项目，采取“关、停、并、转、迁”的办法予以调整。1989—2005年，全市（地区）限期关、停、转、迁对环境造成严重污染的企业或生产线1859家（条）。其中，关闭的较大企业有郴州市第一造纸厂、永兴造纸厂、汝城热水造纸厂等，实行转产的有郴州市水泥厂、恒辉陶瓷有限公司等，责令搬迁的有杨鲁石墨有限责任公司和通达石墨公司。

（二）县级政府环保目标责任制

自1990年始，由各县（市、区）政府向郴州地区行署（市政府）签订环境保护目标责任书，环保工作目标责任主要是对县（市）政府驻城区环境综合整治，各县（市）环保工作指标执行和环保实事办理进行三大项考核。每期责任书签订时限为3~5年，由行署（市政府）牵头，地区环保部门具体组织实施考核。至1992年经考核第一期环保目标，嘉禾县、汝城县、桂阳县、郴县和资兴市政府获一等奖；1993—1997年第二期，经考核资兴市、嘉禾县、安仁县、北湖区、苏仙区政府获一等奖。1997年，郴州市政府颁布《郴州市环境综合整治定量考核实施方案》，使各项考核目标更加具体量化。1998年始，考核内容改为环境质量目标、环保工作目标、环保实事办理和奖励项目落实4大项。1998—2002年第三期，经考核嘉禾县政府获一等奖。2003年8月，各县（市、区）政府对郴州市政府签订第四期（2003—2007年）政府环境保护目标责任书。

（三）环境影响评价制度

1981年7月提交的柿竹园多金属矿第一期工程环境影响报告书，是全区第一份对工程建设环境影响作出的专题评价。继后郴州市在投建东江饮水工程前，地区环保局组织科研人员实地调查库区周围污染及居民生产、生活状况，全面展开水质监测和获取水库环境动态资料，对东江水库水质的环境影响作出科学评价，并形成《东江水库水质评价与保护对策研究报告》。1990年12月东江饮水工程竣工投运。1991年，郴州地区行政公署根据评价报告制定《东江水库水质保护管理办法》。同年，该项环境影响评价报告获湖南省科学技术进步四等奖。1989—2005年，全市累计设立建设项目1636项，执行环境影响评价项目1593项，执行率为97.2%。

（四）建设项目“三同时”制度

从1989年起，郴州环保部门依法监督各地落实工程建设项目和环境保护设施实行同时设计、同时施工、同时投产的“三同时”制度，严堵新污染源产生。1989—1990年，郴州地区应执行“三同时”建设项目131项，经检查验收，执行“三同时”制度121项，执行率92.36%，合计完成环保工程投资769.67万元，占项目总投资的4.69%。随着依法环保工作力度的加大，“三同时”制度执行率逐渐提高。1991—1995年，在452项建设项目中执行“三同时”制度的402项，执行率88.95%，完成环保工程投资占建设项目投资总额的5.87%；1996—2000年，236项建设项目中执行“三同时”制度223项，执行率升至94.49%，完成环保工程投资占建设项目总投资的3.95%；2001—2005年，337项建设项目中执行“三同时”制度328项，执行率达97.33%，完成环保工程投资占建设项目总投资增至12.56%。1989—2005年，全市“三同时”制度的实行，累计新增废水处理能力57.04万吨/日，新增废气处理能力375.54万标立米/时，新增固体废物处理能力485万吨/年。

（五）排污费征收制度

1989年，郴州地区实行超标排污费征收单位594家，全年缴纳排污费654.18万元。排污费征收纳入地、县两级财政预算，经费主要用于污染防治项目的治理补助，征收办法以企业污染数据为依据计算征收。到1995年，郴州市征收超标准排污费单位增至2064家，年缴纳排污费1978.25万元。2004年，征收超标排污费单位为4477家，为1995年的2.17倍，年缴纳排污费1978.25万元。是年3月，市政府根据国家相关政策出台《郴州市排污费征收使用管理细则》，调整排污费征收范围、标准，并于是年取消排污费20%用于环保部门工作补助金规定。当年排污费征收单位减至1236家，征收费降至1233万元。1989—2005年，市、县（市、区）两级累计征收排污费2.04亿元，除2004年前按比例提取675万元用做补贴环保部门工作经费外，其余1.97亿元均投入污染治理，完成治污项目188项。

二、环保监管执法

1989年，郴州地区执行环境现场检查、监管的执法队伍为地区环保局排污收费监管站。主要查处因防污设施不到位而造成严重影响的污染事故及拒缴、拖欠排污费等违法行为。

1990年7月中旬，地委、行署从中央、省属、地属企业抽调17名负责人，组织对48户地属以上企业和乡镇企业的178台环保设施运行情况进行督查。查处因排污设施停运以致严重污染的企业3户，各处罚款3000元。1993年6月，行署成立郴州地区环保执法检查小组，组织对8户乡（镇）企业、14户地属厂矿企业及部份农贸市场、餐馆和东江水库库区开展环保执法检查，检查组责令41户乡镇企业停办进行排污整改或补办环境影响评价手续，查出整改突出问题26个，现场督促解决12个。翌年6—7月，地、县两级分别组织环保执法检查，检查单位扩大到85个乡镇、285个厂矿企业及所属经济开发区。

1995年3月，郴州地区环保局在湖南省率先成立环境保护执法大队，11个县（市）环保局相继成立环保执法中队。1997年3月，市委、市政府发出《关于进一步加强环境保护工作的意见》，制定全市到2000年环境质量目标及依法监管措施。继后又发出整治黄岑水库区域、临武县香花岭矿区矿产开采和桂阳县方元镇土法炼铁环境污染等督办通知。年底，郴州在全省地（州、市）环境保护目标责任制考核评比中获一等奖。到2000年年底，全市取缔、关停污染大小企业、小生产线2280户（处），基本完成工业主要污染物达标排放工作。

全市在环保监管执法中，强化“以人为本”理念，倾力查处有损公民权益的“老大难”环境污染问题。1998年，北湖区机关事务管理局锅炉投入使用后，鼓风机响声震耳，烟囱灰尘严重超标，给周边居民生活带来不良影响。市民虽多次投诉仍未解决。是年10月，周边居民联名上书时任市长龙定鼎，龙定鼎当即批示“坚决制止，限期治理”。12月11日，市环保局执法大队现场测定其边界噪声超标7.5分贝。据此，市环保局责令锅炉即停使用，并予以罚款4万元。然该局仍未认真执行。1999年2月2日，市环保局申请法院对其强制执行，追缴罚款本金、滞纳金计24万元。终至年底，北湖区机关事务管理局锅炉房整体搬迁。

2003年，郴州市人大常委会加大环保执法专项检查力度，督促政府部门依法做好环保监管工作。6月2—3日，市人大常委会组织市环保、工交部门对永兴、桂阳县贯彻实施《中华人民共和国大气污染防治法》《中华人民共和国固体废物污染防治法》情况进行检查。2005年8月中旬，市人大常委会组织检查临武县、嘉禾县执行《中华人民共和国水污染防治法》情况。市人大常委会将检查情况及时向市、县两级政府通报，对发现的问题提出整改意见。

1989—2005年，市、县两级组织环保专项执法检查500余次，先后立案处罚233件，罚款187.1万元。其间，郴州市（地区）环保局在监管执法办案中，共发生环保行政复议案件7起，经政府审理，维持环保局行政处罚4起，撤销处罚2起，1起未作决定；发生环保诉讼案件14起，环保局胜诉11起，败诉1起，撤销处罚1起，发回重新处罚1起。

三、环保宣传教育

1989年6月，郴州地区出动宣传车14台，举办环保知识讲座25场，办环保宣传栏147个。1991年12月，地区环保局、地区教育委员会联合印发《关于加强全区中小学环境保护教育的意见》。召开全地区中小学环境教育工作会议，部署环保教育工作。次年，全地区创办环境教育试点学校27所，教学班338个。1992年3月，《郴州日报》开辟环境保护知识宣传专栏，每月2期，计刊出24期。在6月5日"世界环境日"，郴州城区组织开展6万余人参与的"保护地球——我们共同的心声"签名活动，地委书记周时昌上街签名并题词，签名簿经国家环境保护委员会遴选送至联合国环保组织。1995年，郴县一中校长邱丽霞被国家环保总局、国家教委授予"全国环境教育先进个人"称号。

1996年始，环境保护教育进入市、县两级党校教学课程。是年，郴州市委党校在干部培训班开设环境保护教学课程，接受环保课程学习的乡镇以上干部178人。1997年，全市11个县（市、区）委党校相继设置环境保护教学课程。随后，市、县两级党校选编环保教材，并建立一支专职与兼职相结合的教学师资队伍。

1998年，宜章县环保局根据当地环境污染的严重现状，联合县有线电视台摄制《杨家河的呼唤》《黄岑水库何日清》《世纪的呼唤》三部环保教育警示片，在城乡播放宣传。是年，市妇联、市环保局联合开展"全国妇女环保百佳"推荐和"妇女·家园·环境"教育活动，举办"妇女与环境"知识竞赛。2000年5月25日，市环保局和市教委印发《关于开展创建"绿色学校"（幼儿园）的通知》，推进校园环保教育和绿化美化。郴州市第九中学、第三完全小学被湖南省"绿色学校"创建办公室评为省级"绿色学校"。

2001年1月，郴州市第九中学92班学生结合环保教育课程学习，自发组织考察郴江河城区段水质污染状况，写成调查报告寄市长，市长批示："学生们对环保工作如此关心，精神难能可贵。"并批转分管市领导落实郴江河污染治理工作。2004年，全市中小学开展以"保护生命之水，珍惜每一寸土地""保护地球，我们能做些什么？"为题的小灵通杯环保征文活动，全市收到参赛作品20.1万件。至2005年年底，郴州市创省级绿色学校14所，市级绿色学校（幼儿园）47所。

四、环保机构

1989年，郴州地区环境保护局是行署主管环境保护的工作机构，内设办公室、工程技术科、自然保护科、人事教育科。局下设环境监测站和排污收费监管站两个事业单位。全局（含两站）有工作人员64人。

1993年11月，郴州地区环境保护科学研究所成立，为局属二级事业单位，负责环境保护、环境污染治理的科学研究及全区新建扩建工程环境影响评价等工作。1995年3月，郴州地区环境保护执法大队成立。5月，郴州撤地建市，郴州地区环境保护局更名为郴州市环境保护局。

2003年5月，市委机构编制委员会下文确定成立的东江湖水环境保护局，为郴州市政府专门负责东江湖水环境保护工作的副处级机构。2003年11月，市环境保护执法大队更名郴州市环境监察大队，市排污收费管理站由市环境监察支队统一管理。同时，成立郴州市室内环境污染检测中心。

2005年3月，根据市委办公室、市人民政府办公室印发的《关于北湖区、苏仙区环保局上收市环保局垂直管理的实施意见》，北湖区、苏仙区环保局分别改设为郴州市环境保护局所辖分局，为市环保局派出机构，实行市环保局与两区政府双重领导，以市环保局管理为主的管理体制。9月，成立郴州市环境工程评估中心。至2005年底，郴州市环境保护局内设办公室和环境管理、自然保护、法制宣教、科技监测、政工、财务6个科，下辖市环境监测站、市环境监测支队，排污收费站、市环境科学研究所4个二级机构，共有干部职工107人。北湖分局、苏仙分局（含所属环境监测站、监察大队）共有干部职工135人。9个县（市）环境保护局和东江湖水环境保护局（含监察执法队伍）共有干部职工503人。

1989—2005年郴州市（地区）环境保护局主要负责人名录

表22-7-5-1

单位	姓名	职务	任职时间
郴州地区环境保护局	欧阳道	局长	1984.04 — 1993.11
郴州地区（市）环境保护局	吴合生	局长	1994.09 — 1999.08
郴州市环境保护局	文八大	局长	1999.08 — 2002.05
郴州市环境保护局	曹元生	局长	2002.05 —

郴州市志（1989—2005）

第二十三篇

教育·科技

一

1989—2005年，是郴州教育事业的快速发展时期。其间，郴州大力推进农村教育体制改革，在巩固和发展普及初等教育的基础上，完成“基本普及九年义务教育、基本扫除青壮年文盲教育”（简称“两基”教育）两大任务。同时，优化教育结构和办学布局，鼓励社会力量办学，推进综合素质教育和教研教改，各级各类教育协调发展，教育质量和水平不断提升。

普及义务教育，农村教育面貌发生深刻变化。1989年10月，国家教委在郴县（苏仙区）召开全国“燎原计划”和农村教育改革实验县现场会议，重点推广郴县改革农村办学体制的经验。1987—1990年，全区县、乡两级财政投入农村教育危房改造经费共1600多万元，全区改造农村学校危房面积由1987年前的12%降至2.6%。1989—1993年，全区教育工作重点从巩固、发展普及小学初等教育阶段转入全面启动普及初中义务教育阶段。1990年，郴县、资兴市、永兴县获全省“普及初等教育先进县市”称号。其间，全区加大教育投入，进一步改善校舍、教学设施、师资力量等办学条件，逐步普及初中义务教育。1992年3月和9月，全区县、乡、村三级分别组织大规模劝学活动，提高初中教育阶段入学率和巩固率。1993年6月，原县级郴州市经省验收评估，成为湖南省第一个普及九年义务教育合格市。1993—1998年，各县（市、区）“两基”教育工作进入攻坚达标阶段。1996年，郴州市11个县（市、区）有7个经国家教委和省政府考察验收相继实现“两基”教育达标。1997年4月，苏仙区被省委、省政府评为全省“两基”教育合格先进县（市、区）。同年5月，市委、市政府针对桂东、汝城、嘉禾、宜章4县还未进行“双基”教育达标验收的实际情况，召开全市“两基”达标攻坚动员会议。会后，4县政府集中人力、物力、财力，动员和组织各部门，乡、村干部采取“分片负责”的办法上下联动推进“两基”教育。1998年10月，经考察验收，4县均达到“两基”教育合格县标准。至此，全市11个县（市、区）比国家规划提前两年实现“两基”教育目标。6年间，全市（区）以财政拨款为主，多渠道筹措教育经费，累计投入农村建校经费1.05亿元，改造学校危房2.1万平方米，新建校舍16.22万平方米。始创于郴州“再穷不穷教育，再苦不苦孩子”的兴办教育精神，曾传遍全省，影响全国。2001年，郴州市获湖南省推进“双基”教育成就奖；桂东县、北湖区教育局被教育部、财政部、国家计委授予“全国‘双基’教育工作先进地区（单位）”称号。

1998年，全市“两基”教育目标达标之后，突出优化学校布局，推进教育资源配置及教育公平，提高整体办学效益，巩固发展“普九”教育成果。至2005年，境内调整中小学（含教学点）363所（处），基本实现撤并“小、散、弱”学校，整合优化教育资源配置和使用，实行相对集中办学的教育体制。城镇学校广泛开展“一对一”支教活动，扶持农村贫困地区学校。全市有13.5万贫困学生享受“两免一补”（免交教科书费、杂费、补助生活费）优惠待遇。是年，郴州市被评为全省中小学“两免一补”工作先进单位。

与此同时，郴州市（地区）着力优化教育结构，促进各类教育事业协调、均衡发展，职业教育、高等教育和成人教育等各类教育日益成熟和完善。2000年，郴州师范专科学校开办三个全日制本科专业，招生400人。2003年，郴州成功创办湘南学院，成为境内有史以来第一所本科全日制高等学校。2005年，全市拥有普通高等学校3所，在校学生达2.04万人，比1988年高校在校生1730人增长近12倍。普通高校不断调整专业结构，加强重点学科建设，教育服务社会、服务经济建设的能力增强。此外，成人职业教育、成人高考、高等教育自学考试日渐拓展。各级职业学校切实转变教育观念和办学模式，面向社会，面向市场，积极培养社会急需的各类人才。2005年，境内拥有普通中等职业学校28所，当年，在校生为历年数量之最，达2.46万人。年内6390名中等职业学校毕业生一次性就业率达98%。

2005年，全市“普及九年义务教育”人口覆盖率达100%，跻身全省前列；青壮年文盲率控制在1%左右；15岁以上人均受教育年限达到9年。

二

1989—2005年，郴州市（地区）科技工作进入转型和振兴发展阶段。各级党委、政府坚持“科学技术是第一生产力”的理念，实施“科技兴郴”战略，深化科技体制改革，逐步建立与完善适应社会主义市场经济的科技事业运行机制；加大多元化科技投入，建立健全科技开发和推广服务体系；引导和扶持科技创新，加强人才队伍、技术市场和产业技术体系建设。全市（区）以工农业为主体的科技进步和科技创新取得明显成效。

1989年，结合实施国务院批准的湘南农业开发计划，实施“科技兴农”战略，全区开展乡镇和企业科技达标活动（此活动始于1987年）。是年，全区有126个乡镇、82个企业通过检查验收成为合格单位。新华社《经济参考》刊登专题调查报告，向全国推介郴州开展科技达标活动做法。

1997年后，郴州市结合实施科技“燎原计划”“星火计划”“丰收计划”，全面开展创建科技工作先进示范乡镇和开展科技推广示范村、示范户活动，推进农业科学技术的应用与转化，提高农业生产效益。1998年，全市85%的乡镇农技推广站得到巩固和发展；90%以上乡镇建立三位一体的“农（业）科（技）教（育）”中心和农民科技培训基地，年均培训农民达35万人次。1999年10月，全国农技推广体系建设经验交流会在郴州召开，突出推介桂阳县健全和完善县、乡两级农业技术推广体系的做法和经验。

全市先后组织开展“科技成果转化年”“科技推广年”“工业科技年”“农村科技建设年”等科技主题活动。市县两级先后组织实施农业科研和农业科技成果推广应用项目380项。其间，全市重点进行超级杂交水稻、果木、烤烟、畜禽、特种水产等新品种的选育、制种、引种研究及种植、养殖技术推广。其中水稻优质香型两核不育系被农业部入选“全国农业科技入户示范工程”，向全国重点推荐；杂交水稻制种基地面积达6600多公顷，年产种子1.5万千克，成为全国杂交水稻高产制种重要基地之一；培育开发的烤烟新品种“湘烟一号”填补全省烤烟品种空白。2001年3月，宜章县经验收合格成为全国100个科普示范县之一。到2005年，全市建立无公害农产品产地认证16.33万公顷，培育、移植无公害产品品种88个，新建沼气池8.5万口。同时，全面开展群众性科普活动。其间，市本级科技计划项目形成的技术成果转化率达55%；“临武鸭提纯复壮技术研究”、“东江湖银鱼增殖技术研究”“湘烟一号新品种选育”等科研成果，经区域内大面积推广应用，均取得提质和增产增收的明显效果。

在此 17 年间，郴州结合开展“引智引技年”“高新技术产业建设年”“工业科技年”“园区科技建设年”活动，组织科研人员开展企业科研攻关，建立高科技项目，开发高新技术产业，厂办科研、民办科研广泛兴起，加快新兴工业化进程。2005 年，全市高新技术产品生产企业由 2000 年的 52 户增至 155 户，其中国家级区外高新技术企业 11 户，年产值过亿元的企业 19 户。高新技术产品由 2000 年的 80 种增至 456 种，其中拥有自主知识产权的产品 257 种。同时，全区已先后成功创建“郴州高新技术产业开发区”“郴州柿竹园有色金属科技工业园”“郴州金海岸生态渔业科技园”“石盖塘民营科技工业园”“市农产品加工示范园”市属科技工业园区 5 家。科技园区集中力量发展高新技术产业，兴建的“中俄（湖南）国际新材料工程技术产业化中心郴州孵化基地”“湖南郴州稀贵金属深加工产业基地”项目，列入省级科技工业基地建设行列。2005 年，郴州境内高新技术产业产值由 2001 年的 16.57 亿元增至 72 亿元，创利税 8.5 亿元，年均利税增长 36%。

2005 年，全市 11 个县（市、区）有 10 个通过全国科技进步县（市、区）的考核。资兴市成为国家级可持续发展实验区。是年，全市先后取得各类科技成果 462 项，其中达到国内先进水平以上的 75 项。科技进步对工农业生产增值的贡献率由 1989 年的 35% 提高到 52.3%。

第一章 教育

第一节 教育体制改革

一、农村教育体制改革

自1989年始，郴州地区全面推行郴县（苏仙区）“三级办学、两级管理”（县、乡、村三级办学，县、乡两级管理）的农村教育体制改革经验。全区在实施“分级办学、分级管理”农村教育管理体制中，打破计划经济时期长期形成的兴办教育由“国家统包统揽”的模式，强化县、乡、村三级办学责任，推动农村教育的发展。1990年，全区教育经费其财政预算外的投入达8100万元，比1986—1989年的年均4000万元增长一倍；80%的农村中小学经改建、修缮，达到“水泥地面白粉墙，油漆上门玻璃窗，室内装上天花板，室外花木排成行”的标准。

郴州在创新农村教育管理体制的同时推进农村教育综合改革，由过去单一的为升学办教育转为基础教育、职业教育和成人教育“三教”统筹发展。1989年，郴县办有县农民中专、农业职业中专、卫生职校、农机职校、教育进修学校各1所；乡镇均办有农民技术学校，组织对回乡初中毕业生进行“绿色证书”实用技术培训；普通中小学增设职业技术教育课程，校校建有学农实习基地。这一农村教育综合改革，基本满足农村建设对人才和科学技术的需求。郴县农村教育综合改革的做法在《人民日报》《中国教育报》《湖南日报》报道后，在全国引起反响。同年10月下旬，国家教委以郴县为主现场召开全国“燎原计划”与农村教育综合改革会议，国务委员兼国家教委主任李铁映参加会议。国家教委副主任王明达在会上称赞“郴县的经验把我国农村教育综合改革提高到新的水平”。1990年1月，郴州地委、行署作出《关于以郴县为榜样，改革和发展全区农村教育工作的决定》。自此，全区兴起农村教育综合改革热潮，重点推进普通中学职业技术教育和农民科学技术培训，一批农村普通高中相继改为职业中学。至1996年，各县（市、区）实现创办中等职业学校1~2所，职业教育招生数占普通高中招生数的66.5%；全市80%以上乡镇办有乡镇农校，年培训农民35万人（次），实现每个青壮年农民至少学到一项新的实用科学技术。永兴县职业中学、资兴市综合职业中学、郴州市综合职业中学华塘分校及郴州职业幼师学校，经省教委评估报国家教委认定为省级重点职业中学（中专）；苏仙区石榴湾职业中学等6所职中被省教委认定为合格职业高中。

从1995年起，全市农村教育综合改革突出创建省、市两级示范性职业学校，带动农村中等教育结构改革。全市强化中等职业教育运行体制，对创办示范性中等职业学校的领导、经费、师资、管理，由市政府统一部署安排，从而调动各方面积极性。1996年，郴州市、资兴市综合职业中专和永兴县职业中学等5所学校，经省教委组织验收认定为郴州市首批省级示范性职业学校，郴州市教委被评为全省“示范性职业学校建设有成效单位”，为全省唯一获此殊荣的单位。至1997年，全市创办市级示范性中等职业学校12所（市直1所，县市区各1所）。1998年4月，市教委与市劳动局联合下发《关于中等职业学校毕（结）业生参加职业技能鉴定的通知》。同年，临武、嘉禾、安仁、桂阳4县职业中专经评估认定为省级示范职业学校。至此，全市有9所职业中专列入省级示范学校。同时，全市加强示范性乡镇农校建设。1999年，资兴市兴宁镇、安仁县牌楼乡、临武县大地乡、苏仙区大坪乡4所乡镇农校，经省教委检查验收认定为示范乡镇农校。2000年5月，教育部下发通知，公布郴州综合职业中专学校为首批国家级重点中等职业中学。

2000年后，城乡经济、人流、物流相互融通，促使改变城乡整体教育结构。境内积极调整农村中等职业学校布局，有计划地进行职业教育资源重组，形成多部门办学、厂矿事业单位办学、社会力量办学的职教新格局，农村教育体制转向多元化发展。至2005年，全市各类中等职业教育学校发展到43所，招生1.92万人。2005年为历年招生人数最多的一年，普通高中与职业高中招生比例为1.4∶1。

二、办学体制改革

郴州市（地区）社会力量办学，源于20世纪80年代中期的社会高考补习学校。1992年8月，地区教委、地区物价局、地区财政局联合制定《郴州地区社会力量办学管理办法》。是年，社会力量办学注册学校、班、站共16个，培训学员4550人。此后，多形式社会力量办学加快发展。1993年，实施《中国教育改革和发展纲要》，除政府办学外，鼓励个人、民间合股、社会团体和招商引资等多渠道投入的社会力量办学。是年，社会力量办学注册学校、班、站达到25个，比1992年增长56.3%，培训学员5568人，比1992年增长22.4%。1993年9月，宜章县经商户姚中顺独资在岩泉圩创办泉溪初级中学。校园面积5336平方米，开设8个教学班，聘请老师21名，招收学生530名，成为区内个人出资办学的创始人。1994年7月，社会力量办学注册学校、班、站达46个，培训学员2890人，在校学生2400余人，办学层次有基础教育、实用技术培训、成年中专与职业中专联办的职业技术教育等。1996年，郴州市开展对社会力量办学单位进行全面评估，对评估合格单位颁发"社会力量办学许可证"，对不合格单位责令停办。全年评定合格办学单位70个，在校学生6600人，其中普通中小学10所，在校学生1300人。

到2000年，个人、企业、社会团体办学积极性高涨。2000年，全市社会力量办学单位107个，在校学生1.71万人，其中幼儿园55个，在园幼儿3198人；小学6所，在校学生1550人；中学24所，在校学生2380人。2001年，全市创办民办教育机构发展到158所，在校学生3.26万人，专兼职教职工1800多人，拥有校园面积28万平方米，固定资产总值8亿元。民办幼儿园、民办小学、民办中学、民办各类成人学校在同类教育机构中所占比例分别达6%、0.38%、1.8%、27%。

2002年9月，市委、市政府在宜章县召开全市民办教育工作会议。会议制定《关于加快发展民办教育的若干意见》，出台进一步扶植民办教育发展的政策措施：民办学校用地按公益事业用地由政府划拨用地；按公办学校同等待遇减免税费；允许教师在公办学校与民办学校之间自主流动；严格民办学校审批手续，注重办学效益。全市社会力量办学主要有"国有民办、民办公助、国有企业办学、民营企业办学、个人投资办学"等形式。2002年后，中小学办学体制改革主要采取"国有民办，民办公助、公办民助"运行机制，各县（市区）均选择1~2所公办高中、初中进行办学体制改革。资兴市鲤鱼江实验初级中学实行民办公助方式办学，其办学资金主要来源于民间捐助、私营企业家投资和学校正常收入。学校聘用的公办教师则保留公职，工资由该市财政部门统一发放，教师档案存市教育局统一管理。这一办学形式灵活地聚集社会资金和利用国家教育资源，学校教学条件改善，办学质量提高，常年在校学生1300人左右。这一时期，全市民办学校多为个人、企业及社会团体联营办学，占民办学校总数90%以上。2002年，全市有社会力量办学单位267个，在校学生5.94万人。此后，逐年递增。2003—2004年，全市有社会力量办学单位332个，年在校学生分别为7.68万人和8万人。

2005年，郴州市先后扶持以养正中学、明星学校、湘粤学校、湘南科技专修学校为龙头的一批有影响、有特点的骨干民办学校。是年，经教育行政部门审批、注册的各级各类社会力量办学机构，由1992年的16所增至378所，占全市教育机构总数的14.8%；拥有在校学生10.57万人。其中学前教育已基本以民办为主，义务教育阶段民办学校42所（初中30所，小学12所）；高中阶段民办学校34所（其中民办职业学校12所）。至此，全市各级各类教育基本形成以政府办学为主、社会力量办学为辅，公办与民办学校相结合的新体制；学前幼儿教育则呈现以民办幼儿园为主体，公办民助共同发展新格局。

三、教育收费制度改革

1989年后，随着教育事业发展，教育投入不足问题日益显现。1992年，郴州地区教委向地委、行署提出转变教育观念，在非义务教育阶段（即普通大专院校、普通高中阶段）逐步地、分层次地推行招收一定比例的收费生。以突破单一由国家投入教育经费的传统机制，增强学校自我发展能力，加快非义务教育发展。当年3月，行署批准实施地区教委提出的改革非义务教育收费制度的方案，是年，经申报批准，全区普通大中专院校按国家下达招生任务30%的比例，招收统招统分（配）的收费生856名，同时还招收不包分配的自费生和单位选送的委培生595名，学校收费总额达800万元。10月，国家教委在南京召开的教育工作会议上，肯定了郴州在非义务教育阶段引入市场运行机制，招收适量收费生的做法。随后，境内对普通高级中学亦允许根据自身办学条件，招收适量的收取一定办学经费的超招生。1994年后，非义务教育阶段各级各类学校实行公费生和自费生并轨运行。普通高校、中专和普通高中在招生计划外，经审批适当降低录取分数线招收一定比例的收费生。全区成人中专、成人高校、职业高中和幼儿园全部改为自费就读。

四、学校内部管理体制改革

郴州市学校内部管理体制改革始于1995年。是年，郴州市教委面对全市工交、商贸等行业事业单位相继进行内部管理体制改革，决定逐步推行以"五制"（校长负责制、教师聘用制、经费包干制、结构工资制、后勤承包制，后同）为主要内容的学校内部管理体制改革，打破长期以来学校领导当"太平官"，员工吃"大锅饭"，教育内部缺乏竞争机制、缺少工作活力的局面。年内，郴州市中小学、中等专业学校率先全部实行校长负责制，大专院校则实行党委领导下的校长负责制，并完成校长负责制的校领导班子组建工作。同时，大中专院校按照国家规定学校教学人员为60%，后勤、教务人员为40%的比例进行调整。

1996年，各县（市区）分城镇、农村两大块，按市属、县属、乡属、村属四类开展学校内部管理改革试点。每个县（市区）分别选择1所城镇学校、乡镇中心小学和初中以及规模较大的村小学的，进行学校内部管理体制改革。1997年始，各县（市区）运用试点单位经验，指导面上分期分批启动学校内部管理体制改革。1998 年 5 月，以宜章县第一中学为现场，召开全市学校内部管理体制改革经验交流暨动员会。会上，推介宜章县民主推荐、公开选拔县属中学、乡镇中学及中心完小校长，桂阳县实行教育行政干部竞聘制及郴州师范等市直学校推行绩效工资的做法和经验。会后，郴州市教委制定出台《郴州市学校内部管理体制改革实施意见》，对学校内部推行“五制”改革作出部署。1999 年，全市 3523 所学校有 2902 所学校实行校长负责制，其中通过公开竞争上岗任职的校长 1867 名，原任校长落聘的 91 名；有 2598 所学校实行教职工聘任制，参加应聘的 3.51 万名教师通过公开教学评比和业绩考核，被聘任教师 3.49 万人，分流转岗 110 人；从城区学校调至农村学校任教 460 人。同时精减乡镇学区和学校行政管理人员 1600 多名充实到教学一线，清退临时聘用人员和代课教师 6536 人。全市学校数由 1995 年前的 3990 所调整为 3523 所。至此，全市学校内部管理改革初步建立“责权明晰，择优上岗，科学管理，充满活力”的新机制。同年 10 月，湖南省中小学人事制度改革和教师队伍建设研讨会在郴州召开，重点推介郴州实施学校内部管理体制改革的经验。

2000 年后，全市所有普通大中专学校和普通中小学，均推行以校长负责制为主要内容的“五制”改革。2005 年，全市 2751 所各级各类学校领导推行竞聘上岗，4.96 万名教职员工均试行聘用制管理，实现向全员聘用转变；学校分类建立新的经费配置和职称工资管理体系。各级各类学校改善内部人员结构，在 2001—2005 年 5 年间，清退代课老师 1941 名，精减乡镇学区工作人员 144 名，先后有 836 名非教学人员分流转岗和充实到教学第一线，有 2500 名正副校长与中层干部走向讲台实行兼课制度。2005 年，桂阳县被评为全省中小学人事制度改革先进单位。

第二节 学前教育

一、幼儿园

郴州地区自 1979 年推广湖南省桃江县普及教育、业余教育、幼儿教育一起抓经验后，将幼儿教育统一纳入教育部门管理。1989 年 9 月，全区贯彻执行国家教委颁布实施的《幼儿园工作章程》和《幼儿园管理条例》，幼儿园的审核、批准登记、注册及日常教育教学均由地、县两级教育行政部门归口办理。当年，幼儿园除政府主办外，一些厂矿、企业，街道和乡村以及退休教师亦相继兴办集体幼儿园或家庭式幼儿班。至年底，全区经审核、批办的幼儿园 89 所，入园幼儿 1.02 万人，3 ~ 6 岁幼儿入园占 24%，5 ~ 6 岁幼儿入园占 38.6%。是年，郴县获“全国幼儿教育先进县”称号。1991 年，根据私立幼儿园日渐增多趋势，郴州地区教育局下发《关于加强幼儿教育管理的通知》《关于部门和私立幼儿园登记注册办园的通知》，对开办幼儿园的园舍、设施、师资等均提出具体要求。年内，还组织抽查全区 19 所幼儿园和 33 个农村学前班，全面评估幼儿教育质量，并表彰热心幼儿教育幼儿教师 35 名。此后，城市幼儿园发展较快。1995 年，郴州市城区幼儿园由 1992 年的 5 所发展至 22 所，其中个人兴办的恒顺幼儿园固定资产达 300 万元，园内配有空调、电脑和游艺室等设施，成为当时规模较大私立幼儿园。1996 年，市、县两级政府根据农村外出务工人员增多情况，为解决留守幼儿入园问题，号召采取“政府拨一点、集体出一点、群众捐一点”（简称“三个一点”）办法发展农村幼儿园。当年，北湖区采取“三个一点”办法筹资兴建乡村幼儿园（班），农村适龄幼儿入园（班）率达70%。是年，该区被评为“全省农村幼儿教育先进县（市、区）。”同时，市、县两级教育行政部门加大对农村幼儿教育的投入。1997年，郴州市教委投入农村幼儿园的幼教经费达289.6万元。1999年，全市农村幼儿园由1989年的75所增至121所，占全市当年幼儿园总数175所的69.1%。

2000年，郴州市组建幼儿园评审委员会，制定《郴州市城乡各类幼儿园现状等级评价方案》，启动幼儿园等级评审工作，推动创办上等级的高标准幼儿园。是年，经组织评审，全市有14所幼儿园认定为一级幼儿园，其中郴州市市直机关幼儿园评定为一级三星幼儿园，北湖区机关幼儿园和湘南烟草集团幼儿园评定为一级二星幼儿园，郴州铁路、恒顺等11所幼儿园为一级一星幼儿园。

进入21世纪，市、县两级根据幼儿教育特别是城区幼儿教育不能满足社会需求的现状，推行“开放办园、严格审批”工作方针，鼓励和扶助社会力量兴办幼儿园，民办幼儿园随之增多。2003年，全市注册民办幼儿园达202所，占全市幼儿园总数的78.2%；民办幼儿园幼儿占全市在园幼儿人数的42.5%，比1999年提高22.6个百分点。2005年，郴州市有注册幼儿园547所，班数1042个，教职工5883人。其中教育部门办幼儿园10所，机关单位、部队、厂矿等其他部门办65所，民办472所，民办幼儿园占全市幼儿园总数86.3%。是年，适龄幼儿在园（班）人数由1989年的1.02万人增至3.13万人，郴州市适龄幼儿接受三年学前教育率为41%，接受一年学前教育率为90%，适龄少儿小学入学率达100%。全市基本构建以民办幼儿园为主，以部门、企事业单位办园为辅，以教育部门办园为示范的幼儿教育发展新格局。其间，郴州市市直机关幼儿园和北湖区机关幼儿园被湖南省教育厅评为“湖南省示范性幼儿园”。

二、学前班

1989年，郴州地区办有学前班1548个，均附设于城乡全日制小学内，由所在学校统一管理。学前班入学对象为5～6岁儿童，学期1年，接受语言、计算、音乐、美术、体育等方面的启蒙教育，开设语言、计算、常识、唱歌、体育、舞蹈、图画、手工、体育、游戏等课程，为进入小学一年级打基础。自20世纪90年代始，学前教育统一纳入全市（地区）学校工作目标管理序列。1990年，在郴县召开全区学前班教育研讨会，推广郴县利用教育资源，在全日制小学基本开设学前班的经验。1991年，组织抽查全区33个农村小学的学前班，对办学条件、教学管理及保育质量进行全面评估。1993年，举办全区学前班教师优秀教案评选活动。1994年，郴州地区教育局根据少数全日制小学以盈利为目的，出现学前班招生严重超员，以致影响教育质量和存在安全隐患现象，下发《关于加强学前班管理的通知》，规定学前班班额不得超过40人。1996年，郴州市基本普及农村一年制学前班教育，当年全市2962所村办小学有2675所附设学前班，学校办班率达90%，5～6岁儿童入班8.47万人，入学率达85%。55%办有学前班的农村小学建有集文化娱乐、体育设施于一体的儿童乐园。其后，随着城镇幼儿园的快速发展和各地办园质量的提高，学前一年制教育（学前班）逐步转至幼儿园实施。加之学前幼儿减少，2005年，全市城乡全日制小学学前班由1996年的2675个减至1725个，5～6岁儿童入班人数由8.47万人降至3.6万人，当时在全日制小学接受一年学龄前教育儿童仍为50%。

1989—2005年郴州市（地区）学前教育发展情况统计表

表 23-1-2-1

年度	幼儿园（班）			学前班		
	所数（所）	班数（班）	在园（班）幼儿数（人）	班数（班）	人数（人）	教职员工总数（人）
1989	89	129	10200	1548	36162	517
1990	174	340	10311	1497	42992	2126
1991	180	403	12219	1751	49673	2867
1992	554	289	8398	2005	61057	2916
1993	112	322	9387	2211	66882	3225
1994	350	216	7906	2429	77242	2932
1995	146	255	10326	2365	91319	3119
1996	324	301	18828	2675	84683	3329
1997	343	368	7653	2439	74947	3987
1998	342	194	6537	1878	35634	2425
1999	145	208	6642	1347	29235	2443
2000	145	296	10481	1743	30935	2443
2001	79	383	7870	1348	25877	1027
2002	234	404	11378	1497	27003	1504
2003	258	546	16653	1298	28760	1936
2004	260	733	19862	1215	28275	2340
2005	547	1042	31284	1725	35956	5883

说明：幼儿班数指单独办班的幼教班

第三节 基础教育

一、普及九年义务教育

1989—1993年，境内进一步实施《中华人民共和国义务教育法》，在普及小学初等教育基础上，全面展开普及初中九年义务教育（简称“普九”）。1993年，郴州行署从实际出发，制定2000年前11个县（市）分期分批完成“普九”教育规划。各地在每年春、秋两季组织大规模上门劝学活动，确保适龄儿童入学和控制小学生流失；同时，致力改善小学办学条件，开展创建合格中小学活动，提升小学毕业合格率。是年，全区建成乡镇合格中心小学248所，占乡镇中心小学的85%以上。在当年春、秋两季开学之际开展劝学活动，仅地、县两级就组织干部1300多人下乡，协同乡、村两级上门劝回返校复学的小学生7812人、初中生2745人。当年，小学适龄儿童入学率、巩固率、普及率分别达98.4%、98%和97.8%；小学毕业生升学率由1989年的70.5%升至

74.6%。1993年6月，郴州市（北湖区）“两基”工作经国家教委和省政府组织评估验收合格，成为全省第一个“双基”达标合格县（市、区）。继后，资兴市“普九”教育工作经国家教委、省政府评估验收合格。其两市成为境内首批完成“普九”任务的县级市。这一年，全区适龄儿童入学率达100%，小学生辍学率为0.1%，初中生辍学率为2.11%。

1995年9月，市委、市政府下发《关于进一步拓宽教育经费渠道，加快普及九年义务教育的若干暂行规定》，从职工基本工资、经商注册资金、城市建设增容费，按一定比例开征地方性教育费附加，以加快中小学建设步伐。市教育局制定《郴州市规范化乡（镇）初中评估细则》。1996年，全市农村学校基本实现“一无两有”（校校无危房，班班有教室，学生人人有课桌板凳）。基本消灭办学条件较差的“四类”学校，当年小学毕业生升学率为90%，初中学生辍学率由1993年的2.11%下降为2%以下。

1996年9月，北湖区选送33名城区教师去乡村薄弱学校支教，加快农村“普九”工作步伐。这一做法在中央电视台、《中国教育报》《湖南教育报》等新闻媒体宣传报道后，在省内外引起强烈反响。12月3日，郴州市政府在北湖区召开全市支教工作现场会，推广北湖区支教工作经验，加快全市农村“普九”工作步伐。

继北湖区、资兴市首批完成“普九”任务后，1997年4月，市委召开专题议教会议，确立“普九”工作全面提速的总体思路，并落实市党政领导成员分工督查县区“普九”工作的责任制。全市县、乡、村三级相继建立党政领导及县（区）直属机关分工包干“普九”工作的责任区，形成“党政主要领导总管，教育部门主管，各部门和社会各界协管”的工作格局。并按照省政府颁发的《普及九年义务教育年度检查评估方案》，对列入第二批完成“普九”任务的苏仙、临武、桂阳、永兴、安仁5县（区）实行年度检查，经检查验收基本合格。1998年10月，对全市列入最后一批完成“普九”任务的汝城、桂东、宜章、嘉禾4县的“普九”工作实施年度检查，经评估验收全部合格。至此，郴州市比原规划提前两年实现“普九”义务教育目标。全市“普九”人口覆盖率达100%。当年，全市适龄儿童小学入学率达100%，年巩固率99.5%；小学生升初中比例99.27%，初中在校生年巩固率为98.35%。

1999—2005年，全市在实现普及九年义务教育的基础上，组织城镇中小学开展“手拉手，校帮校”对口援助农村中小学活动，提升“普九”工作质量。其间，全市先后有280多所城镇学校“一对一”扶助农村薄弱中小学，相继选派1400名教师下乡任教，帮助培训教师7000人次，给予经费与教学物质支援价值690万元，资助在校贫困学生6500人。同时，各县（市、区）继续加大投入，改善办学条件，巩固和发展“普九”成果。2001年，有9个县（市、区）获全省推进“两基”工作成就奖。2002年10月，湖南省人民政府办公厅发出《关于表彰全省中小学危房改造工作先进县市区的通知》，在受表彰的全省7个先进县市中，临武、宜章两县榜上有名。2003年，在全市“普九”年检中达A等的县（市区）由2000年的1个增至5个，其余6县为B等，消灭了C等。

2005年，全市有小学1921所，完全中小学42所，教学点215所，小学在校学生29.64万人，适龄少儿小学入学率和毕业率均达100%；有初级中学238所，初中在校学生23.04万人，初中入学率100%；小学和初中辍学率分别控制在0.3%、2%以内。是年，全市“普九”义务教育工作经复查验收，均达到湖南省人民政府颁布的《普及九年义务教育年度检查评估方案》规定的30项指标要求。同时，小学学制实行六年制。开设的课程有思想品德、语文、数学、自然、地理、体育、音乐、美术、劳动等课程，其中四年级和五年级设自然课，五年级设地理课，六年级设历史课，三年级至五年级增设劳动课，城镇部分小学增开英语和计算机课。初级中学学制为3年，开设思想政治、语文、数学、外语、地理、生物、物理、化学、体育、音乐、美术、劳动技术等课程，其中一年级和二年级设地理、生物课，二年级、三年级设物理课，三年级设化学课，部分中学设有电脑室，开设信息技术课。此间，中小学均按法定节假日安排师生放假休息。

二、普通高中教育

1989年，全区按10万人以上设置一所普通高中学校（简称“普高”）的标准，对凡未达到此标准的，将其超办的普高改为初中或职业中学。各县（市）除在城区办一所重点高中外，乡镇原则上按区域分别进行兼并调整，整合教育资源，提升办学水平。是年，农村高级中学由1983年的75所调整为33所，减少42所，城乡平均为12.13万人口拥有一所高中学校。

1990年，全省普通高中取消始于1980年的高考预选考试，实行毕业生会考制度，考核高中毕业生文化课学习的合格水平。同年，郴州地区高中毕业生参加全省普通高中毕业生会考。1990年9月，郴州市（北湖区）一中在全区始设“科技班”并招生，面向全区选招应届初中毕业生。1991年，省教委批准郴州市一中为省级实验中学。1992年1月，郴州地区教委下发实施《关于开展高中应届毕业生思想品德评价工作的通知》。同时，全区突出开展创建省级重点高级中学活动，以改善中学办学条件和提高教学质量。1993年，省教委授予郴州市一中“湖南省重点中学”匾牌。1995年，宜章县一中经验收被定为省级重点中学。1996年，全市40所普通高中中又有郴州市二中（原郴县一中）和永兴县一中被挂牌列入省级重点中学。继后，各地加大对创办省级重点中学的投入，强化教育教学创新，争创省级重点中学进程加快。1998年11月，临武县一中、安仁县一中、资兴市市立中学、桂阳县三中4所学校经省级重点中学评审委员会评审，全部达到省级重点中学合格标准。至此，全市省级重点中学增至8所，占全省省级重点中学总数的12%。这一年，郴州高中毕业生“会考”“高考”均取得突破性优异成绩。全市高三毕业会考一次性合格率为79.2%，考生人均分数居全省市、州第二，优秀率为全省第一；参加全国普通高校统一招生考试7587人，被普通高校录取本科层次的1622人，录取率21.38%，同比高于全省平均录取率3.58个百分点，仅次于长沙市，居全省市、州第二，其中重点大学录取率居全省市、州第一。2000年2月，郴州市教委印发《郴州市重点中学评估办法（试行）》，启动创办市级重点中学工作。

2000年高考期间，嘉禾县第一中学考点发生严重舞弊事件。嘉禾县一中考点306、307等考室出现考生频频回头偷看他人答卷和部分考生夹带资料、传递纸条、前后交头接耳互对答案等严重违纪现象。此后中央电视台“焦点访谈”披露此事。教育部及省、市领导和相关部门予以高度重视，严厉查处相关责任人和当事人，对涉及舞弊的280名考生分别作出取消当年高校录取资格和单科成绩的处理。经考风考纪整顿，2002年，嘉禾县第一中学恢复高考考点。

2000年以后，面对经济社会发展对人才需求的增长和国家高校招生规模逐年扩大的新形势，全市着力扩大高中阶段教育办学规模。2005年，全市初中毕业生为50%，而升入普通高中的比例则只有23%，比全省平均水平低7个百分点。市、县两级采取在现有高中学校扩容，由重点高中领办或兼并薄弱学校、独立创办分校、联合开办分校等形式，扩大高中教育办学规模。同时，鼓励有条件的社会力量兴办普通高中。2002年，全市普通高中由2001年的57所增至63所，招生2.3万人，有在校生5.78万人，每万人口在校生为128人。年内，启动市级重点中学评审工作，郴州市五中、十二中，桂阳县一中、宜章县六中、永兴县三中和汝城县二中6所高中被授予首批

“郴州市重点中学”匾牌。

2003年，全市创建省级重点高中学校工作取得重大进展。是年，汝城县第一中学、桂东县第一中学通过省评估验收，认定为省级重点高中。至此，全市有省级重点高中10所，占全省同类学校的11.7%。2004年7月，省教育厅确定省重点高中变更为省示范性普通高级中学。继后，全市以创建省级示范性高中为龙头，加强扶持、改造薄弱高中，以提升普通高中整体办学水平。2005年，全市普通高中创“湖南省示范性中学”13所，占全省同类学校的10%，居全省市、州前列。创办市级重点中学21所。境内普通高中调整为21所，招生3.2万人，在校学生达8.4万人，高中招生数、在校学生均为历年最多的一年；高中毕业会考合格率达96%，亦为历年高中毕业会考合格率最高的一年。

其间，普通高中一、二年级设政治、语文、数学、外语、物理、化学、生物、历史、地理、体育、艺术（音乐、美术）等课程，从高中二年级起实行文、理分科，公共课程有政治、语文、数学、体育，其余课程根据文、理分科安排选修课。

1989—2005年郴州市（地区）基础教育基本情况统计表

表23-1-3-1

项目 / 年份	小学			中学（初中、高中，含高级完全中学）		
	学校数（含教学点，个）	在校学生数（人）	教职工数（人）	学校数（个）	在校学生数（人）	教职工数（人）
1989	3936	86844	24312	361	143439	9480
1990	3945	521647	22711	353	150676	10246
1991	3945	521647	24382	353	150676	10246
1992	3919	533289	25017	357	159757	10724
1993	3872	543879	24758	349	167453	10862
1994	3720	557986	23402	327	178400	11479
1995	3605	557986	25225	304	158614	9703
1996	3463	588979	23536	327	217192	12980
1997	3327	611989	23541	359	249995	14028
1998	3274	600991	23996	353	268914	14541
1999	2963	564530	24449	346	279501	14947
2000	2646	483275	23942	355	245422	14947
2001	2597	462811	22841	362	270251	16618
2002	2489	394926	23039	374	335467	21461
2003	2261	332904	21447	375	361698	22648
2004	2003	297433	19998	370	360036	22771
2005	1921	296350	19811	368	320365	22836

三、特殊教育

1989年，资兴市筹办市聋哑学校，1990年秋正式开学，成为境内第一所特殊教育学校。学校占地面积1.54公顷，教学用房1200多平方米，招收7～15岁的盲、聋、哑学生，实行全日制九年制义务教育。学校设有电脑室、微机房、律动室、图书室、阅览室、美术室等配套设施，1996年4月，国家教委、民政部和中国残疾人联合委员会授予资兴市为“特殊教育先进县（市）”称号。

1991年，郴州地区教委将特殊教育纳入“普九”义务教育轨道，要求各地采取建特殊教育学校、办特教班和进普校随班就读的方式，确保残疾儿童少年接受九年义务教育。此后，桂阳县和永兴县兴办特殊教育学校，安仁县办起特殊教育班。境内适龄残疾儿童少年多为在全日制小学随班就读接受九年义务教育。

1996—1997年，全市教育系统开展为义务教育适龄残疾儿童少年献爱心活动，募集资金100万元，其中捐赠给资兴市聋哑学校31.5万元，其余为各县（市、区）建立残疾儿童少年助学基金。1997年1月，全市在特教学校（班）就读生122人，在普通中小学随班就读生1893人，适龄残疾儿童少年入学率为55.1%。2001年，郴州市教育局会同《郴州日报》社、郴州广播电台开展特殊教育宣传活动，募集资金4万元帮助解决桂阳县特殊教育学校在迁址中的资金困难。全市分别1年或2年组织一次特殊教育师生文艺调演、体育比赛或教学比武等活动，为其提供施展才华的舞台。根据国家统一教学大纲，特殊教育学校除开设语文、数学、自然、思想品德、体育、美术、律动、语言训练等基础课外，还增设农艺、养殖、缝纫、打字等课程，增强学生的动手能力。桂阳县特殊教育学校因教学形式生动多样，教学内容贴近社会生活，吸引嘉禾、临武、宜章、北湖等周边县（市、区）的聋哑儿童入校就读。

2005年，全市有聋哑学校1所，特殊教育学校2所，特教班1个，在校（班）就读的聋哑和弱智学生180人；在全日制小学、初中随班就读的残疾儿童少年1200人。境内“三类”（聋、哑、弱智）残疾儿童入学率达84.1%。残疾学生学费全免，并享受生活低保待遇。

四、中小学布局调整

20世纪80年代中期，郴州地区在大兴群众办学，普及小学五年教育（时为小学五年一贯制）的热潮中，普遍出现“村村办小学，一村有多校”和乡镇大办初中现象。办学过于分散，以致有限的教育投入、教育资源难以聚集使用发挥最大效益。同时，也不利于加强学校管理。

从1989年起，郴州地区加大调整中小学布局力度，优化教育资源配置，提高基础教育办学效益。年内，地、县两级本着小学方便就近入学、中学相对集中和校舍建设规范化的原则，重点对“小、散、弱”的中小学进行精简。是年，全区中小学由1988年的4297所调整为3827所，撤减、合并670所。农村小学除村民居住较为分散的山区外，基本上实现一村（行政村）一校，乡镇初中原则上一个乡镇办一所，总人口逾2万人的乡镇可根据自身条件增办一所初中。这一年中小学布局“消肿祛浮”，有限的基础教育资源得到聚集使用，同时辞退、转岗一批不胜任教学的教师，优化中小学师资队伍结构。此后，逐年适量精简一批中小学，基础教育办学布局在调整中趋向合理。

20世纪90年代中期，随着计划生育政策的落实及农村人口大量流入城市，中小学布局结构出现新矛盾，农村一些校舍因生源不足而闲置，而城市校舍则因生源增加而拥挤。据此，1995—2000年，全市撤并农村中小学890所（含教学点）。为利于市、县两级城区学校扩容，市财政逐年增加教育经费，加强学校建设。

1999年4月，省委办、省政府办下发《关于学习推广桂东县教育改革和发展经验的通知》，重点推介该县改革旧的办学模式，调整学校布局，加大投入，优化教育资源配置的做法与经验。2001

年，市教育局编制《郴州市“十五”期间（2001—2005年）农村中小学布局调整规划》。2003年，全市中小学校所数已由1999年的3600所减至2792所，占“十五”期间学校调整计划的66.14%。其间，一些地方将普通中学改为农业中学、林业中学和工贸职业中学等学校，中小学布局调整更适应当地经济社会发展对人才培养的需求。2004年2月，郴州市人大常委会通过市教育局、市规划局编制的《郴州市城区小学布局规划》，同年，市长办公会讨论通过《郴州市城区中小学扩容方案》，并随之组织实施。是年，桂阳县被评为“湖南省中小学布局调整工作先进县市区”。2005年，全市有中小学校2061所。其中，农村中小学由1989年的3827所调整撤并为2250所，精减1577所，精减41.2%，基本形成“村（行政村）办初小，片办高小，乡镇办三校（初中、中心完小、农民技术学校）”的办学结构，初步构建布局适宜，普通教育与成人教育相衔接的教育新框架。至2005年，全市城区新增校园面积10万平方米，其中新建中小学39所，改造、扩建55所，新增学位2万多个，城区就学压力逐步缓解。

第四节　中等职业技术教育

一、职业高中（中专）学校

郴州地区第一所职业中学创办于1983年。当年，郴县将第四中学改制为郴县第一职业中学。之后，围绕经济社会发展对教育的需求，在推进中等普通教育改革中加快普通职业高中发展，形成普通高中与普通职业高中“双轨并存”发展新格局。1989年，全区办有职业高中12所（地属1所，县市区各1所），55个教学班，在校学生6902人。设有农学、林学、畜牧水产、兽医、果林、家用电器、医药、财会、工艺美术、幼师、文书等16个专业。这些职业中学均由普通中学改制而成，学制一般3年。年内，郴州市二中、郴州市四中、郴州市五中及湘运子弟学校、郴州铁路中学等附设职业高中班10个，就读学生413人。

1990年，全区推行“政府统筹，教育主管，部门主办，社会参与”的普通中等职业教育办学体制，呈现出“农、工、贸、医”四大行业参与办学的新局面。同时，重点开展创办合格职业高中和省级重点职业中学活动。1995年，经省教委评估验收，郴州市第一职业中学、郴县第一职业中学和石榴湾职业中学等6所职中被认定为全区首批合格职业高中。这些职业中学当时为推进职业教育摸索出一些好的经验。郴县第一职业中学实行“由县统筹建立教学基地，由部门主办专业技术培训，由乡镇挂钩按需培养人才”的办学模式，激活各方办学积极性。其间，各县（市区）相继兴办职业中专学校，纳入市教委统一招生和直接管理。同年10月，永兴县职业中专、资兴市综合职业中专、北湖区综合职业中专华塘分校经省教委验收评估，被认定为全市首批省级重点职校。

1996年，全市有普通中等职业学校22所，其中职业高中14所，职业中专8所（含郴州幼师）。这一年，全市在宣传贯彻《中华人民共和国职业教育法》活动中，启动争创示范性职业学校工作。当年4月，市长办公会议研究制定1996—1998年县（市区）分批建设示范性职业学校规划，确定全市在1997年前建成12所示范性职业学校，其中市直1所（郴州幼师）。并确定由市、县两级政府主要负责人兼任创建示范性职业学校名誉校长。1996年12月，郴州市综合职业中专、资兴市综合职业中等专业技工学校、永兴县职业中等专业技工学校等5所职中经省教委验收，被认定为全市首批示范性职业学校。当年郴州市教委获全省唯一的“示范性职业学校建设有成效单位”奖。1997年年初，市政府下发《关于每个县（市区）办好一所示范性职业学校的决定》，5月中旬，市委、市政府召开全市职业教育工作会议对创办工作再次进行具体部署。会后，市政府协调各商业银行贷款1000万元用于示范性职业学校建设。当年全市投入普通中等职业教育经费3445.6万元，新建改建校舍面积6.07万平方米，添置教学设施、设备1400多件（台），办学规模随之扩大。1998年，全市投建的12所示范性职业学校的招生数由1996年的6140人增至7815人；秋季在校生由1996年的1.4万人增至1.95万人。当年，在校学生数占高中阶段在校学生总数的61.1%。1996—1998年的三年间，全市12所示范性职业学校有9所经省教委验收合格。2000年5月，郴州综合职业中专被教育部列为首批国家重点职业学校。

2000年，在招生并轨、高校扩招和职业技术培训日趋步入社会市场化等因素影响下，一些职业高中、中专招生生源下滑。市教育局及时总结推广永兴县职中、临武县职中和郴州市综合职中创新的“学校、公司、农户”三位一体联合办学及“向生产一线找专业设置，在田间工地练技能”等作法，引导职校加强横向联系，提高教学质量，拓展生源。2001年，郴州市综合职业中专率先走“校企联办”路子，先后与国内外爱普生、美的、科龙、富士康等知名企业集团签订“校企联合办学协议”，实行“订单式招生”“订单式教学和就业”，招生人数逐年增加。同时，市教育局整顿招生秩序，宣传中等职业学校办学经验，扩大中等职业教育招生影响力。2005年，全市普通中等职业学校招生1.92万人，为历年招生人数之最。

2005年，全市有普通中等职业学校28所，其中职业高中12所，职业中专16所。境内普高与职高在校生比例为1.4∶1。当年全市职业高中（中专）培育毕业生1.01万人，有6390名中等职业学校毕业生就业上岗，一次性就业率达64%。是年，全市有6所职业技术学院被省教育厅确定为农民工培训基地。1989—2005年，全市职业高中（中专）培育毕业生中5300人成为各行各业中级以上专门技术人才。境内职业中学和职业中专均纳入市教育局（教委）统一招生和直接管理。学校招录应届初中毕业生，学制一般为3年。由市教行政部门颁发职业高中（中专）毕业证书。其就业一般由劳动部门（或劳动服务公司）推荐，经用人单位考核，择优录用，也可自谋职业。

二、中等专业、技术学校

（一）普通中等专业学校

1989年，郴州地区有师范学校（2所）、农业技术学校、农业机械化学校、工业学校、卫生学校、商业学校和粮食学校8所普通中等专业学校（简称中专），在校学生7378人。中专学校以招收初中毕业生为主，纳入国家统一招生和分配计划（1996年始不再统一分配，实行自主择业），学制多为3年。1996年起，各学校根据郴州市在创办“改革开放过渡试验区”中优先享有“允许在完成国家公费招生计划的同时，统筹安排招收部分收费生、委培生和自费生”的优惠政策，挖掘办学潜力，扩大学校规模。1992年，7所中专学校以招收收费生、委培生和自费生为主，共筹集办学资金3517万元，扩大校舍建筑面积6.78万平方米，并购置大批教学设施设备。至此，全区普通中等专业学校校舍建筑面积增至19.88万平方米。其间，东江师范学校整体搬迁后期工程的建设资金有三分之一来自扩大招生筹集；地处郴州城区30多千米的郴州地区农业学校通过扩招增收，新建地面卫星接受站、球场、师生文体活动室，购置交通车，办学条件日臻改善。1994年，郴州卫生学校升格为医学高等专科学校。

20 世纪 90 年代中期，各中专学校根据郴州经济社会发展需求，改革专业设置和教学内容，突出实用技术教学，加强横向联系，面向社会联合办学，办学效益提高。全市随之形成“中专热”，热衷上中专的初中毕业生增多。1997 年，全市中专招生增至 9920 人，为历年中专学校招生人数最多的一年。之后，随着招生并轨、高校扩招，自费上学和毕业不包分配及社会亦需高层次人才等新情况的出现，求学“中专热”渐趋降温，随即出现中专“招生难”“办学难”的局面。1999 年，全市普通中专学校招生数由 1977 年的 9920 人减至 6044 人。全市随之采取“撤、转、合、升”方式调整普通中专学校布局，扶植办好重点中专学校。2000 年 5 月，郴州商业学校被教育部列入国家级重点普通中专学校。2005 年，在 7 所普通中专学校中有郴州师范并入湘南学院，郴州农校、东江师范改为综合性中等职业技术学校，郴州商校、工业学校、农机学校转办高等专科职业学校，郴州粮食学校改办普通中学。至此，境内普通中等专业学校全部转入其他教育类型办学序列。

（二）中级技术学校

1989 年，郴州地区办有中级技术学校 10 所，部门办 5 所：郴州中级技工学校、郴州地区化工技校、郴州地区供销技校、郴州建筑学校、郴州中等艺术学校。厂矿企业办 5 所：黄沙坪矿技校、香花岭矿技校、资兴矿务局技校、瑶岗仙矿技校、汝城钨矿技校。当年，在校学生 4165 人。学制 2 ~ 3 年，颁发毕业证和技术等级证书。1993 年前，毕业生主要按计划安排充实到乡镇、厂矿等基层单位技术岗位。1994 年后，不再由国家统一安排就业。1996 年，全市中等技术学校在校生达 3945 人。同年，郴州市中级技工学校经国家教委检查评估，定为国家级重点技校。20 世纪 90 年代末期，因厂矿企业改制重组，加之各类技术培训渐趋社会化、市场化，全市多数中等技术学校生源锐减，处于停办或半停办状态。2002 年，该类学校招生数由 1996 年的 3945 人递减至 1107 人。2005 年，境内 10 所技术学校被撤销、自然消失的 7 所（原 6 所企业技校和郴州化工技校）；转并入郴州技术学院 1 所（郴州技工学校）；保留的 3 所（郴州供销学校、郴州建筑学校、郴州艺校），除郴州中等艺术学校批准加挂郴州职业技术学院艺术系牌子办学外，其他两所均暂停招生办学。

第五节　高等教育

一、高等院校

1989 年，郴州地区普通高等教育有郴州师范专科学校（简称郴州师专）和郴州地区卫生学校大专班。郴州师专以培训中学师资为主，设中文、数学、物理、化学、外语、体育、音乐、美术 8 个学科，在校生 1400 余名。1992 年，根据社会需求，始设非师范专业。1993 年 6 月，国家教委统一规范全国师专名称，郴州师专更名为郴州师范高等专科学校（2003 年，并入湘南学院）。郴州师专建筑面积 13.19 万平方米，教学仪器设备价值 1500 万元，藏书 43 万册；教职工 504 人，其中副高职称以上教师 109 人；在校生 4523 人，开设师范专业 13 个，非师范专业 12 个，本科专业 8 个。1989—2002 年，学校共获省级以上各项奖励 60 余项。并通过教育部高校设置评议专家组评审。

1994 年 2 月，国家教委批准在郴州地区卫生学校的基础上建立郴州医学高等专科学校，始设临床医学、临床护理两个学科。学校建筑面积8.51万平方米，教学仪器设备价值18.54万元，藏书15.6万册；教职工350人，其中副高以上职称93人；在校生3192人，开设临床医学、护理学、医学检验、通科医士等8个专业及成人教育专业3个。至此，郴州境内拥有郴州师专和郴州医专两所普通高等学校。2000年，郴州师专始设三个全日制本科专业，招生400人，郴州高等教育由此实现全日制本科教育“零”突破。2001年，郴州医专开设一个“专升本”班。

2001年8月，省政府下文批复，同意以郴州商业学校和郴州机械电力工程学校为基础合并建立郴州职业技术学院，并正式列入全国普通高等学校序列，面向全省招生。学校由市政府主管，其教育业务由省教育厅管理。该校于2002年正式招生启办，实行以大专教育为主体，中专和本、专科函授及短期培训为补充的多层次办学。2002年，全市普通高等专科院校增至3所，在校生6941人，是1989年专科在校生的7倍。

2003年3月，经全国高校设置委员会评议通过，教育部正式发文批准成立湘南学院。学院由郴州师专、郴州医专、郴州教育学院、郴州师范合并组建。创办湘南学院，结束郴州境内无全日制本科高等院校历史。2005年，郴州市办有湘南学院、郴州职业技术学院和郴州广播电视大学3所普通高等院校，在校学生达2.2万人，比1989年增加2万余人。

二、创办湘南学院

早在20世纪90年代初期，郴州地委、行署就提出以郴州师专为基础创建一所本科院校的构想，填补郴州境内没有本科高等院校的空白。1993年3月，郴州地委、行署向国家教委呈报《关于创办郴州大学的请求》。并相继做一些实际工作，为创办本科高等教育创造条件。

2001年2月，郴州市委、市政府联席会议研究决定，将郴州师专、医专、教育学院和郴州师范四所学校合并创建本科层次的郴州学院，随即向湖南省人民政府申报并组建“郴州学院（后更名为湘南学院）筹建指挥部”。经教育部和省政府审批同意，同年10月，湘南学院正式破土动工。新建主校区位于苏仙区白露塘镇王仙岭南麓，占地98公顷。2003年3月，湘南学院经全国高校设置评议委员会验收评估，获得通过，4月，教育部正式下文批准成立湘南学院，并于9月1日招生开学。

湘南学院从2001年申报筹办到2003年被批准成立开办，历时仅三年。在此期间，郴州市委、市政府为创建湘南学院先后召开党政联席会、各项工作协调会和学校建设专题研讨会60余次，制定出台有关办法和措施。创办湘南学院，秉承“政府投入和盘活合并学校资源为主，争取社会捐助和银行贷款为辅”的原则建设校园。三年间，市级财政先后投入资金2.3亿元，盘活合并学校土地资源6000万元，采用市场运作方式引进社会资金1.4亿元，动员全市干部职工个人捐资计2800万元。有关部门打破常规为湘南学院的选址定点、规划立项、融资筹款、评估申报等工作提供便捷的服务，减免相关收费。2003年，新建主校区一期工程完成建筑面积51万平方米，初步形成生态园林式、现代化的学校布局，可容纳学生4000人。

2005年，湘南学院有教职工1500人，专任教师817人，其中教授、主任医师63人，副教授、副主任医师309人；有在校全日制普通学生（含分校区）1.53万人，成人教育在籍学生3528人。学院是一所面向全国招生，以师范、医学为主，涵盖文、理、医、工、管、法等多学科全日制本科学院，实行省市共建、省管为主。学院建有18个系部和三所附属医院，开设27个专科专业和8个本科专业，其中数学教育、体育教育列入省级重点建设专业。学院自2003年开学至2005年，教职工出版专著19部，学院实施市级以上学科科研课题75项，获省级以上教学科研成果奖9项。

第六节　成人教育

一、农民文化技术教育

（一）农民扫盲教育

自1989年始，郴州地区推进扫除农村青壮年文盲，实现国务院规定的在2000年基本扫除青壮年文盲（即青壮年中非盲率达98%以上）目标。当年，全区村、片和中小学共办扫盲班1056个，参学2.41万人，脱盲9810人。1990年，县、乡两级政府动员组织回乡知青和中小学教师兼任扫盲教师，各地根据农民居住条件，采取“集中办班”“分散设点”“送学上门”等方式，以夜学、冬学为主开展扫盲。是年，全区扫盲班（点）增至1930个，学员3.91万人，经验收全区青壮年脱盲2.83万人。农民结合识字扫盲学习实用生产技术、学文化与学技术相互促进，扫盲班和参学人员逐年增多。1992年，全区共扫除青壮年文盲、半文盲10.82万人，青壮年中的非文盲率达95.6%，接近实现扫盲目标。

从1993年起，基本扫除青壮年文盲与基本普及九年制义务教育一并列入教育工作重点，并接受国家组织的“两基”工作验收。1994年，郴州地区行署组织启动扫盲达标活动，分期分批对11个县（市）扫盲工作进行考核验收。是年，全区扫除青壮年文盲、半文盲2.5万人，其文盲率降至3%以下。至1995年，北湖区、苏仙区、资兴市和桂东县经国家教委组织验收，成为全市首批基本扫除青壮年文盲县（市区）。桂东县被省政府评为“全省扫盲工作先进县”。

1997年，市、县、乡三级将扫除青壮年文盲纳入年度工作目标，打响“扫盲攻坚战”。年内农民文化技术学校（农民夜校）发展到2923所，村级办学面达99.6%，动员5.5万名青壮年文盲、半文盲入学，全年扫除文盲4.46万人。次年，临武、桂阳、永兴、安仁、汝城、宜章、嘉禾7县相继通过国家基本扫除青壮年文盲验收，全市青壮年非文盲率达99%。至此，全市11个县（市、区）提前三年实现国务院规定的在2000年基本扫除青壮年文盲的目标。

1998年后，做好扫盲巩固提高工作。当年，全市组织10余万脱盲人员参加村业余小学学习，防止脱盲后“复盲”。安仁县以多形式办学巩固扫盲成果，当年，获省政府授予的“全省扫盲工作先进县”称号。2005年，11个县（市区）脱盲巩固率均在97%以上，其中资兴市、宜章县达100%。

（二）农民技术教育

1989年，郴州地区农村在开展青壮年扫盲工作的同时，继续办好乡镇农民技术学校（简称农校）和村办文化技术夜校，广泛开展农民技术教育。全区248个乡镇办农校229所，2969个村（居）委员会有农民文化技术夜校2794所。年内，乡镇农校开展落实“七有”达标活动，即有“人员编制、领导班子、专项经费、校舍、教材、专业课教师、实习基地”。乡镇农校主要是对村、组干部，农村技术骨干和生产专业户进行农业初级技术培训；村办文化技术夜校则面向农民群众传授、普及常用生产技术。1990年，经组织验收，全区达到“七有”标准的合格乡农校有38所。

进入20世纪90年代，全市（地区）力推农业生产结构调整，激发农民群众学习、掌握多种农业生产科学技术的热情。地委、行署贯彻实施省委、省政府《关于实行农科教结合，加速农业振兴的决定》，要求创办乡镇农科教中心（可与乡镇农校联办），使之成为当地进行农技服务、培训和科研示范“三位一体”的基地。同时，承担应届初中毕业生回乡前接受一年农技教育的“绿色证书”培训。1993年，全区249个乡镇办有农科教中心235个，占乡镇总数的91.5%，列为省农科教中心试点单位33个。全年乡镇农校（农科教中心）培训学员9.23万人，其中应届初中毕业生参加“绿色证书”农技培训2.79万人；村级农民文化技术夜校农技培训18.3万人次。同年，乡镇农校发展到239所，创“七有”达标农校80所。1997年，仅桂阳县财政就投入450万元用于乡镇农校（农科教中心）建设，对于创“七有”合格达标的乡镇农校（农科教中心）奖励5万元。1998年，全市96%乡镇办有农校（农科教中心），97%行政村开办农民文化技术夜校，全年参加乡、村两级农业技术培训的农民逾35万人，应届农村初中毕业生参加“绿证”培训面达95%。

1999年，郴州市启动创建“省级示范性乡镇农校”活动。当年7月有资兴市兴宁镇、安仁县牌楼乡、临武县土地乡、苏仙区太平乡四所乡镇农校经省教委验收，认定为省级示范性乡镇农校。桂阳县被评为“湖南省农科教结合示范县”。2000年，农村成人技术教育并入当地职业教育实行一体化发展，乡镇农科教中心停办，农校并入乡镇中学，农民技术教育转入当地成人职业中专学校和社会职业教育。

2004年，全市在农村中小学教师中开展学习农业常识和科学技术活动，实行“教师绿色证书”工程，将农业技术教育融入全日制学校日常教学中。同时，在农村教师中开展“一人学一技，一师帮一户”活动，帮助当地村民科学致富。2005年，有2万多名农村中小学教师下村帮助举办农业技术培训班5200期，对口帮扶2万户农民学习生产实用技术。

二、职工文化技术教育

1989年，郴州地区职工教育继续实施“七五”（1986—1990年）计划，对不具备初中、高中（中专）学历和中级技术职称的在职人员进行学历文化补课和岗位技术培训。由地区职工教育办公室（简称职教办）统一组织考核和颁发毕业证书。1989—1990年，在基本完成职工初中文化补课任务的基础上，进而组织企事业单位行政人员进行高中文化补课。两年间，全区有1003名企事业单位行政人员通过文化补课取得高中毕业证书。高中文化补课按文、理分科，政治、语文、数学为公共科目，文科加开历史、地理课程，理科加开物理、化学课程。

1991年，职工教育重点转入岗位技术培训。职工中等文化教育和岗位技术培训工作由地区和各县（市）职教办管理，由地、县两级工交、水电、商业、粮食、供销、税务、卫生等部门和厂矿企业组织实施。1992年4月，地委、行署决定恢复由工交、水电、商业、教育、财政等部门主要领导组成的地区职工教育管理委员会，地本级职工教育经费随之列入财政预算计划。至1995年，地区、县两级工交、水电、商业、财贸等相关部门及企事业单位兴办职工文化技术培训学校28所，重点开展中级工（4～6级工）、班组长和车间主任岗位技术培训。此间，培训干部职工45.65万人次，其中资格性岗位培训8.93万人次，适应性岗位培训18.93万人次，工人技术等级培训4.25万人次，高等教育1.27万人次，中等教育1.42万人次，高中教育2522人次，政治培训6.51万人次。1995年，全市基本完成“八五”（1991—1995年）期间国家规定的职工文化技术教育任务。其间，地区职工教育管委会和地区总工会评选表彰职工教育先进工作者270人。一批职教专干和教师获省级各类荣誉称号，其中身残志坚、无私奉献的郴州红旗造纸厂职教专干刘毅获“全省职工教育先进个人”称号，军工企业7429工厂职工文化技术学校教师曹洪绵被评为“全军职工教育先进工作者”，郴州筑路机械厂培训中心主任黄忠获“全国交通系统职工教育优秀教师”称号。

1995年后，厂矿企业逐步转制改体，职工职业培训转入社会化劳动就业培训。市、县两级职教办在机构改革中相继撤销。其工作职能转入教育行政管理部门。2000年后，全市企事业单位职工教育机构重点开展岗位培训、转岗培训和下岗职工再就业培训，年均培训职工7万人次。

三、成人大中专教育

自20世纪80年代始，经济社会的加速发展对人才需求呈现高层次、多样性、社会化的新趋势，成人大中专教育随之兴旺。1989年，郴州成人高校有中共郴州地委党校、湖南广播电视大学郴州地区分校（简称郴州电大）、郴州地区教师进修学院、资兴矿务局职工大学4所；成人中专学校有郴州地区经济职工中专、财税职工中专、粮食职工中专、公安干部中专、供销职工中专5所以及11个县（市）农民中等专业学校（后相继更名为成人中专）和教师进修学校；另办中央农业广播电视学校郴州地区分校。全区计有各级各类成人中专学校37所。此外，高等教育自学考试，多形式的大中专函授教育覆盖全区。当年，成人招生考试录取大、中专学员5459人；报考人数达1.54万人（次），年内有458人通过学科课程考试获取大专文凭。

20世纪90年代，区域内基本形成以大中专院校为主，自学、函授和社会培训为辅的成人大中专教育框架体系。1992年，郴州地区高等师范专科学校设立成人教育科，并于当年开办成人夜读大学，设文秘、公关、经贸、旅游、英语5个非师范专业，拓展成人高等教育。1994年，郴州教育学院（原郴州地区教师进修学院）经省、国家教委先后检验评估，被评为全省优秀教育学院，常年在该校进行脱产、函授、委培就学的中学教师在600人以上。1995—1996年，市委党校改善办学条件，拓宽办学规模，两年间招收函授本科生1362名，大专生3075名，其招生数连续两年排全省地、州、市委党校第一。1995年，湖南广播电视大学郴州地区分校更名为郴州广播电视大学，学校在招收在职干部职工基础上，招收高中应届毕业生。1998年11月，郴州电大在全省地、州、市电大办学水平评估中获“优良学校”称号。学校自1996年后在县（市、区）下设7个工作站和4个教学点，高等远程教育有“注册视听生”1000余人。市、县两级电大开设文科、理工、农业、医学、师资教育及干部专修科5大门类40多个专业，学员逾5000人。

1995年，郴州市成功开办中专自考学业。1998年，各县（市区）农民中专先后改为成人中专学校，其中苏仙区、桂阳县、资兴市3所成人中专经省教委验收评估达合格标准；苏仙区成人中等专业学校被国家教委评为全国农村成人中专先进单位；全市列入省部级重点成人中专学校2所。苏仙区成人中等专业学校在1994—1998年间坚持教学与生产劳动相结合，校内办农场建工厂年均盈利60万元，先后完成省、市、区下达的科研项目8项，其中一项填补省内空白，其间，有1580名毕业生担任乡、村各类技术员。

1998年后，成人教育与职业教育并轨，全市县（市区）成人中专、卫校、教师进修学校在中等教育改革中，相继改为职业中专或并入当地职业高中。市属粮食、经济、财税、公安、供销5所成人中专先后停办，改为职业技术培训场所或另做它用。

2005年，郴州境内有市委党校、郴州电大2所成人高校；有职业中专学校9所，在校学生4900人。成人全日制高等教育逐渐转入普通高校和高等职院，中等成人学历教育转入县（市、区）职业中专或当地职业高中。是年，全市有合格高等教育函授站11个，有6所职业院校被省教育厅认定为农民工培训基地。

1989—2005年，高教自考和成人高、中等教育报考持续升温，报考人数共计62.39万人，全市通过高教自考获得本科毕业文凭的有7476人、专科1.57万人、中专1536人。

第七节 社会力量办学

一、社会办学概况

郴州社会力量办学，源于20世纪80年代初期，由退休教师或社会团体开办高考补习学校（班）及业余文化补课学校。1989年始，境内社会力量办学尚处于个人、团体自发私办的起步阶段，办学小型分散且缺乏规范管理。1992年8月，地区教委、地区物价局、地区财政局联合制定《郴州地区社会力量办学管理办法》，明确规定社会力量办学应具备的基本办学条件、申报审批手续及招生收费、财务管理制度等。当年，境内注册登记的民办学校、培训辅导中心（站）16所（个），培训学员4550人。1993年8月，由民间集资8000万元建成的湖南郴州明星学校，为郴州地区规模最大的社会力量办学、集幼儿园、小学、初中和高中于一体的私立民办全日制普通学校。校园建筑面积8万平方米，可容纳学生3000余人，教学、生活设施齐全，成为当时带动民办教育向高层次发展的领头雁。生源来自湘、粤等省及港澳地区。1994年7月，注册登记的社会力量办学学校达46所，培训学员5290人。办学内容根据人才市场需求不断拓展，除普通教育文化补习外，还设有家用电器维修、机电维修、电算会计、酒店管理、餐饮、医疗、缝纫、美发、公关、文秘、书法美术等。之后，社会力量办学渐向全日制普通教育延伸。

1996年春，郴州市教委印发《郴州市社会力量办学评估指标》，并对民办学校开展评估检查，按办学方向、办学条件、教育管理、财务管理、办学效益5项指标进行考核评分。经评估，全市社会办量办学学校中合格的70所。1997年，郴州明星学校被评为“湖南省社会力量办学优秀学校”。1998年11月29日，成立郴州市社会力量办学协会，加强对社会力量办学的自我管理和服务。2001年4月，郴州市菁华园中学正式挂牌成立，成为境内第一所民办全日制高级中学。是年，全市社会力量办学学校虽增至158所，在校学生达3.4万人，但在教育事业中所占比重均低于全省平均水平，且发展不平衡。民办学校80%集中于北湖、苏仙、宜章、桂阳、资兴5个县（市、区）。2002年9月25日，市委、市政府在宜章县召开全市民办教育工作会议，会后制定印发《关于加快发展民办教育的若干意见》，对民办学校用地、税费减免、师资配置、毕业生就业等出台一系列扶持政策，促进了民办教育的发展。2003年，全市社会力量办学学校增至332所，在校学生增至7.68万人。尤以民办幼儿教育发展较快，私立幼儿园增至199所，入园幼儿增至1.77万人。

2003年，全市组织对市管民办教育机构进行考评。评选优秀民办学校7所，即郴州明星学校、湘南科技专修学校、郴州群能学校、宜章六中（国有民办）、宜章养正中学、安仁众成中学、宜章湘粤学校，评出优良民办学校20所，合格16所，基本合格3所。2004年，民办学校校园总面积2944.5亩，校舍建筑面积80.7万平方米，固定资产总值4.5亿元。同年，宜章县被评为“湖南省扶持民办教育十佳单位”。

2005年，全市社会力量办学呈学前教育、初等教育、中等教育、高等教育门类齐全的发展态势。

全市当年有各类社会力量办学学校378所，占全市教育办学机构总数的16%，拥有教职工8183人，在校学生10.57万人。民办学校在校生占全市在校学生总数的比例跃居全省中上水平。是年，全市社会力量办学拥有总资产5亿元，校舍面积90万平方米。办学机构中有民办幼儿园302所，学前教育基本实现以民办为主。九年义务教育阶段有民办学校42所，其中初中30所，小学12所；高中阶段民办学校34所，其中民办高中22所，民办中等职业技术学校12所。

二、社会办学体制与管理

（一）办学体制

1989—2005年，郴州市（地区）社会力量办学体制主要有个人投资办学、企业和社会团体办学、国有民办、民办公助四种形式。"个人投资"办学学校实行自主办学，以校养校，自求发展的体制。郴州师专教师张新生辞职后，个人集资办起郴州群能学校（普通初级中学），常年招生300人；国有、民营企业和社会团体投资办学实行"自我筹资办学，统属教育行政部门管理"的办学。在中小学办学体制改革中，有的学校被精简或兼并停办，为利用其闲置的教育资源改制实行"国有民办"办学体制，即学校"国有"属性不变，则实行民办学校机制办学。1999年，原国办东江师范学校被撤并停办后改为郴州兴华实验普通中学后，便实行"国有民办"办学体制，由学校自筹资金办学和发展。对举办义务教育阶段的社会办学，以自我投入办学为主，政府则予以一定扶助，实行"民办公助"办学体制。

（二）办学管理

1989—1991年，地、县两级政府及教育行政管理部门主要采取抽查、普查等方式，对民办学校、幼儿园进行监管。1992年8月，郴州地区教委等部门联合制定《郴州地区社会力量办学管理办法》，开始对社会力量办学进行规范管理。1996年，成立社会力量办学评审委员会，建立学校评估制度，对民办教育机构办学条件、教育教学质量进行一次全面检查评审，对评估不合格且在限期内整改不到位的办学单位令其停办。1997年7月31日，国务院颁布《社会力量办学条例》后，市教育局下发《郴州市社会力量办学评估指标》，细化、量化评审项目。同时，实行"社会力量办学许可证"制度。凡不经审批注册取得办学许可证的民办教育机构坚决予以取缔。1998年11月，成立郴州市社会力量办学协会，强化对社会力量办学工作的监管和协调。2001年1月，市政府办公室下发《关于进一步规范社会力量办学的通知》，突出要求加大对民办学校（幼儿园）收费、办学质量和招生的监管力度，实行亮证收费、收费标准公开等制度。

第八节　教　师

一、教师队伍建设

（一）教师队伍结构

1989年，境内各级各类学校有教职员工5.16万人。其中在职幼儿教师1813名，小学教师2.43万名，中学（含普通职业中学）教师1.7万名，中专教师1192名，大专及本科教师592名，成人教育教师510名，其他教育教师6206名。1989—2005年，根据经济社会发展对人才培养的新需求，全市先后进行三次教育结构大调整，教师队伍结构有所变化。2005年，全市各级各类学校有教职员工4.99万人，其中教育部门办学校4.1万人，其他部门办学校1460人、民办学校7489人。在教师总量中，有幼儿教师3037名，小学教师1.98万名，普通中学（含普通职业中学）教师2.28万名，中专教师463名，大专及本科教师1924名，成人教育教师379名，其他教育教师1479名。是年，教职人员总量由1989年的5.16万人减至4.99万人，减幅3.2%。其中小学教师减幅较大，比1989年减少18.5%；幼儿教师增幅最大，比1989年增长104.5%。

（二）师德建设

1988年12月25日，中共中央发出《关于改革和加强中小学德育工作的通知》，郴州地区教育系统根据通知精神，开展广泛深入的师德教育，坚持把师德建设放在全面加强教师队伍建设首位，以此推进中小学德育工作。1989—1991年，各学校在教师队伍中结合“自尊、自爱、自强”学习教育活动，倾力培育忠诚党的教育事业、乐于奉献、热爱学生、严于治学、为人师表的教师队伍。同时，制定推行一系列规范教师行为的规章制度。全区广大教师在创先争优活动中，受到县级以上各项表彰的教师达6100人。1994年3—6月，地区教委、地区教育工会举办以“无私奉献，为人师表”为主题的师德先进事迹宣讲活动。次年，全市教育系统开展“三讲”（讲学习、讲政治、讲正气）活动和在教职员工中开展争创为人师表模范“形象工程”。1997年，市教委下发《关于认真开展“作表率、献爱心”活动的通知》后，年内全市5万多名教职员工踊跃为灾区捐款捐物价值500万元。

2000始，全市组织开展“学榜样，树师德”系列活动，以教育战线涌现的先进模范人物影响和带动师德建设。2000年12月21日，全国优秀教育工作者、桂东县教育局原局长胡昭程因积劳成疾不幸病逝。27日，郴州市教委作出《关于在全市教育系统开展向胡昭程同志学习的决定》，全市广大教职员工掀起学习胡昭程热潮。翌年，在胡昭程先进事迹的感召下，境内2100多名教师主动申请从城区或条件较好的学校调至边远乡村学校任教。2001年5月，市政府下发《关于进一步加强教师队伍建设和管理的意见》，以加强教师队伍师德建设。年内，教育系统开展学习全国师德先进个人安仁县关王乡中学教师匡妹仔活动。2004年，市教育局组织学习全国十佳师德标兵、苏仙区塘溪乡五马垅瑶族村小学教师盘振玉的活动。2005年，教育系统继而开展“学师德模范，树师德新风”大讨论，并组织师德模范盘振玉、匡妹仔、曾庆祥和胡昭程优秀事迹报告团，在城区学校举办师德报告会。在广泛深入的师德教育中，教育战线先后涌现出忠于教育事业的先进模范人物。邱丽霞、李钢骨被评为全国劳动模范获“五一”劳动奖章；何铺志、刘冠君被评为全国教育系统劳动模范；黄忠英、邓伟元、焦守红、陈碧焕、盘振玉等73人被评为全国优秀教师或先进教育工作者；陈伯淑、罗光汉、陈阳生、李志鹏等242人被评为全省劳动模范、全省优秀教师或全省先进教育工作者；何明琰、郝清流、杨香霖等74人评为特级教师；雷旭辉等8人被评为地（市）劳动模范。

（三）教师培训考核

1989年，郴州地区全面开展教师学历教育。当年，全区小学、初中和高中教师的学历合格率分别为76%、61%和41%，达到或超过全省合格率。全区有1487名在职教师取得大中专文凭，其中本科35人，专科147人，中师1305人。同时启动教师岗位培训，参训179人，还分三批选送145名初中校长到省教育学院培训学习。

1990年，地、县两级办教师进修院校12所（地属1所，各县（市）各1所），设立函授教育高函、中函站20个，乡镇一级设教师培训进修面授点、录像教学和电视函授教学站，形成地、县、乡、校四级教师培训网。此后，在继续开展教师学历培训的同时，相继推开教师岗位、教学基本功和骨干教师、校长等教育培训。1995年，市、县两级教师进修学校共举办教师学历补偿培训95期，教师岗位培训123期，校长培训46期，培训在职中小学教师、校长2.93万人次。是年，郴州高师函授站被省教委评为“全省函授教育先进单位”，郴州市第十三中学、汝城县第四中学和宜章县城关中学被省教委评为“全省教育实践基地建设先进单位”。1989—2005年，经市（地区）统一考核验收，教师学历补偿培训毕业1.76万人。

从1996年开始，全市对小学教师四项教学基本功（普通话、毛笔字、简笔画、电教实验动手能力）普训进行考核验收。1997年，经市统一组织测试，合格1.8万人，占小学教师总数的78.7%。年内还对1.9万名小学教师进行电化教育基本功培训。1998年，小学教师第一轮岗位培训结业总人数达2.08万人，占小学教师总数的88.2%和应训教师的95%；市、县两级对中小学教师教学通用基本功进行等级考核，2.23万名参考教师中合格1.38万名，合格率61.9%。年底，在桂阳县召开全市小学教师第一轮岗位培训总结表彰暨第二轮培训动员大会，继续加强中小学教师计算机应用和校长岗位培训，培训合格后持证上岗。

1999年年初，全省启动中小学教师综合素质等级考核。考核暂定3～4年一周期，设“思想政治素质、文化学识水平、教育教学能力、身体及心理素质”四大考核项目（内含23项细化指标）。考核分为“优秀、良好、合格、不合格”四个等级，按个人述职、学校测评、县（市区）统一测试和师生综合评定四个程序进行。1999—2001年，各县（市、区）先后对3.74万名中小学教师进行综合素质考核。通过考核，定为“优秀”等级的4212名，占考核人数的11.23%；“良好”等级的2.65万名，占70.85%；“合格”等级的6653名，占17.79%；“不合格”等级51名，占0.14%。期间，还举办教师教学比武活动，在教学比武中获奖教师达4.31万人次。开展校级以上教学课题研究1180项，在报刊发表教研文章8450篇。2002年，郴州进行教师综合素质考核的作法获全省教育科研成果二等奖。此后，全市教师综合素质等级考核转为学校年度考核的常规管理，不再分周期统一组织考核。

2000年，为适应基础教育新课程的实施，开始组织骨干教师开展相关业务培训。当年，市级培训骨干教师448名，县级培训3300名，还选送27名中小学教师参与教育部和省教育厅定点院校进修。次年，启动新课程实验和推广师资培训，北湖区被定为全省新课程教学实验单位，普通话培训经市测试点测试参训教师8109名，报省测试中心审批办证4815人。2002年，学历达标培训实行免试进修本科、专科学业，市级招收初中教师进修本科学员653名，小学教师免试进修专科学员862名。2004年，与澳大利亚合作开展教师培训，选派100多名教育管理干部和教师分批赴澳培训，首开跨国教师培训之先河。

2005年，郴州市全面完成教师学历补偿教育，完成第一轮、第二轮教师岗位技能培训及基础教育新课程学科培训等任务。全市高中、初中和小学教师应具备的学历层次达标率分别为89.2%、91.9%和97.5%。新课程教学培训达标率98%，中小学校长（学区主任）岗位培训合格率达100%。

二、教师资格与职称

（一）教师资格认定

20世纪80年代末，郴州地区开始有计划地开展民办教师调整和转为公办教师的工作。到1999年，境内民办教师全部转为公办教师。2002年，郴州市完成首次教师资格认定。当年，按照湖南省《教师资格条例实施细则（试行）》，对1994年1月1日以后进入教师队伍的人员实行教师资格认定。各级各类学校认定对象（高校除外）向所在学校、单位提出认定申请后，由市、县两级教师资格认定机构受理申请并作出认定结果。是年，受理、认定教师资格1.46万人，其中市本级认定中学（含中专、中等职业学校）教师资格1226名，县（市区）认定初中及以下层次（含小学、幼儿教师）教师资格1.33万名。2003年，完成师范类应届毕业生中小学教师资格认定772人，对1996年教师资格过渡的3.2万名教师进行信息微机处理，实现网上管理。同时，启动面向社会人员认定教师资格工作。2005年，全市受理社会人员申请教师资格认定人数达9328名，通过对非师范院校毕业生进行教育教学基本素质和能力测试，经市、县两级专家审查委员会审定，认定取得教师资格人员7754名。至此，全市中小学教师持“教师资格证”上岗率达98.2%。

（二）教师职称评审

境内中小学（含县级教师进修学校，后同）教师职称评审工作始于1987年，由当时组建的郴州地区职称改革领导小组统管这一工作。1991年，全区首批有1629名中小学教师获技术职称聘任资格，其中高级职称586人（中学515名、小学34名、教师进修学校37名），中级职称4917名（中学2495名、小学2301名、教师进修学校121名）。1992年始，教师专业技术职称转入每年评聘一次，严格按照设岗定职、个人申报、绩能考核、评审复查等程序组织实施。1993年，全区建立健全教师专业人员技术职称档案，实行职称分级管理。同时，实行职称聘任以考代评的考试制度。1995年后，教师职称评审突出把好职称申报、岗位职数、资格预审和职称评审“四关”，优化评审质量，教师职称评审工作日臻规范和完善。1987—2005年，全市各级各类学校教师评聘专业技术人员职称2.53万人。其中教授126人、副教授462人；中专高级讲师294人、讲师1037人；中学高级教师2315人、一级教师9035人；小学高级教师1.21万人。

1992—2005年郴州市（地区）中小学（中专）获中级及以上技术职称人员统计表

表23-1-8-1 单位：人

项目 年份	小学		中学	中专	
	一级	高级	高级	讲师	高讲
1992	62	233	344	18	83
1993	53	334	548	18	60
1994	60	292	602	20	46
1995	114	668	1176	34	51
1996	133	655	1059	17	67
1997	116	1317	1692	18	87
1998	124	835	1290	17	420
1999	191	658	1203	28	59
2000	187	703	1116	23	41
2001	237	613	1102	33	44
2002	227	599	747	19	33
2003	253	519	659	15	16

续表 23-1-8-1

项目／年份	小学		中学	中专	
	一级	高级	高级	讲师	高讲
2004	255	731	651	18	19
2005	303	888	880	16	11
合计	2315	9045	13069	1037	294

说明：此表录自郴州市委组织部编印的《郴州市专家名录暨科研成果汇编》；1989—1991 年未分年度评审统计

三、教师待遇

（一）教师政治待遇

20 世纪 80 年代，中共中央、国务院倡导“尊师重教”“科教兴国”，全地区教师政治待遇提高。每逢教师节，各级党政领导深入学校走访慰问教职工，了解其工作、生活情况，为他们排忧解难。进入 90 年代，为加强党的基层组织建设，注重在教师中发展中共党员。1989—2005 年，全市（区）在教师队伍中累计发展党员 4513 人，其中有数百名教师走上各级党委、政府领导岗位；有 2044 名教师先后当选为县及以上各级党代表、人大代表和政协委员。1990 年，桂阳县三中教师李金娥当选中共第十三次全国代表大会代表。90 年代中期，市委、市政府大力宣传、表彰优秀教师和先进教育工作者，营造“尊师重教”的社会氛围。1995 年，开展评选并表彰教育战线地（市）级“十佳廉政勤政领导干部”10 人，“十佳校长”10 人。1998 年，市政府通报表彰“十佳教育公仆”“十佳校长”“十佳教育功臣”“百佳教师”130 人。同年，桂东县教育局局长胡昭程被市委、市政府授予全市“十佳公仆”称号。1999 年教师节前夕，市委、市政府通报表彰“十佳”教育公仆、校长、师德模范、教研能手和“百佳”教师 140 人。继后，市委、市政府在每两年表彰一批“十佳”“百佳”先进教师和教育工作者。2000 年 1 月，首届“萧克教育奖”①颁奖大会在郴州市委人民礼堂举行，全市 15 名优秀教师各获奖金 5000 元。2000 年 11 月，郴州市教育基金会成立，至 2004 年共募集社会资金 5000 万元。此间，市、县两级教育基金先后奖励优秀教师和先进教育工作者 6015 人（市本级奖励 576 人）。截至 2005 年，市教育联合多部门执法，对数十起侮辱、殴打教师的重大事件，及时进行严肃处理。

（二）教师生活待遇

教师工资　1989 年，教师职务工资、教龄津贴、班主任津贴和提高 10% 的原工资标准，大部分县（市）按月发放到位，部分学校还实行超课时酬金制度。1990 年，全区 1 万多名民办教师月工资待遇普遍增加 5 ~ 15 元。桂阳县民办教师可享受公办教师奖金和医药费待遇的一半。民办教师的基本工资由国家补助和县、乡两级统筹解决。1999 年，境内民办小学教师月收入大多接近和相当于当时一般国家干部的月收入。1989—1993 年，全区各类学校依然实行结构工资制，即教师工资由基础工资、职务工资、补贴工资和教龄津贴构成。其间教职工工资较之 1985 年实行结构工资制之前有大幅增长。1993 年 10 月 1 日起，实行新的以技术职称工资为核心的工资制，即教师工资由职务（技术）等级工资（占 70%）和津贴（占 30%）两部分构成。中、小学教师工资套改不含原工

① 萧克，嘉禾县人。1955 年被授予上将军衔，曾任全国政协副主席。1999 年，萧克拿出积蓄和稿费 6 万元，发起在郴州设立“萧克教育奖”。当年筹集教育奖资金数十万元。

资标准提高的10%部分，套改后，在新工资标准基础上提高10%。全地区教师工资再次得到较大幅度增加。同时，教师凡连续两年考核合格者晋升一档职务工资，连续三年考核优秀者提前越级晋升一档职务工资。1989—2005年，境内教师除享受国家规定的粮食、物价、燃料、交通等补贴外，每月还发放改革开放过渡试验区特殊补贴25元。

教师福利 1989—2005年，全市公办教师除基本工资和补助工资外，还享有公费医疗，独生子女保健费、防寒防署费、附加津贴、女职工卫生费、女教师产假等劳保福利。教师可比照国家机关工作人员享受离、退休待遇。凡满30年教龄的退休教师，可领取100%退休金。从2001年起，凡年度工作考核合格的教师，均多领取一个月工资为年终奖金。教师死亡后，其家属可享受一次性怃恤金，其配偶无固定收入者可享受生活补助费。其间，境内民办教师也享有一定福利待遇。教师病假、女教师产假同样享受国家和集体发放的工资和补助，医疗费各地享用金额不一。对达到退休年龄民办教师作退休安置，退休后福利待遇全市无统一规定。广大教师生活待遇随着社会地位的提高不断改善。2005年，全市新建大量教师宿舍，近半数教师家庭住上新房。郴州市城区教师人均住房面积比城区居民人均住房面积多3.7平方米。

第九节 教学研究与改革

一、教育教学研究

1989年，郴州地区地、县两级教委下设教育科学研究室（简称教研室）。县（市区）所属中学一般均专设教研室（组），农村学校则多为分片建立中心教研联组。学校一般配有分管教研的副校长和设立教研组。是年，郴州地区教研室根据国家“全日制普通初中历史、地理、生物教学大纲”要求，编写出版初中历史、地理、生物三科乡土补充教材。其教材经多次补充、修订，不断完善。从1989年启用直至2003年，乡土教材《历史》被全国历史教学研究会评为优秀教材，《生物》《地理》被湖南省教学研究会评为乡土教材二等奖。

自1992年始，全境中小学突出开展教材、教法的研究与推广，至1995年，先后组织开展县级以上科研课题130多项，其中主要有小学“珠算、脑算法”，初中数学“自学辅导法”及“启导法”、初中化学“两部多效”教材实验，中学语文“单元整体教学法”“中小学协同教学与心理发展”以及小学现代数学教材实验与整体改革等课题。同时，教材、教法研究成果广泛推广。1995年，境内部分学校有20个班进行初中化学“两部多效”教材实验，实验面较广，收效明显；年底，全省初中化学“两部多效”教材实验经验交流会在郴州召开。同年，全市小学现代数学教材实验由1个班发展至15个班，郴州市一完小此项实验教研论文被中国科学院心理研究所评为一等奖。

1995年，郴州市教委下发《郴州地区中小学教育科研课题管理办法》，要求教研课题要严格筛选，严格评审，坚持“教学效益第一”的评价标准，并从课题立项到结题实行全过程规范化管理，此后，全市教学研究在全面推进中质量提高。1996年2月，在全省第四次教改经验交流暨成果表彰会上，郴州有9项教改成果获奖，为获奖项目较多的市州之一。1997年，郴州市召开第二次中小学教研教改成果评选暨经验交流会，会议要求加强学校校本部教研机构、队伍和制度建设，广泛开展教研活动。继后，全市以校本部教研为基础，开展教研课题研究逐年增多。1997 年，全市承接国家“九五”（1996—2000 年）教育科研重点课题 1 个，5 个教育科研课题在省立项，9 个在市级立项，45 个在县级立项。1998 年，郴州开展县级以上立项的教研实验课题增至 272 项。是年，中学和小学参加教研的实验班分别为 1441 个和 2556 个。其中郴州市九中开展的《学生心理教育》教研实验课题，在全国心理学年会成果评选中获普通教育组唯一的一等奖。

2001 年 3 月，在广东省汕头市举行的全国首届中学语文教学实践经验交流会上，苏仙区苏园中学和郴州市八中参评的教研课题《加强初中语文听说能力训练》《初中学生语文综合能力的培训与训练》分获国家级单项成果一等奖和综合成果二等奖，并均列入 2001 年国家级教育科研规划项目。1997—1998 年，桂阳县教研室、县三中和人民完小分别承担的国家教育部 3 个重点研究课题子课题研究，分获国家教研成果一、二、三等奖。郴州市教育科学研究院教研室撰写的《郴州市区域校本教研的实践与探索》获 2005 年全省教研成果三等奖。

2005 年，郴州市中小学组织实施省、市、县三级教育科研立项课题 722 项（其中省级 37 项、市级 113 项、县级 572 项），省级科研课题共有 27 项获奖（其中一等奖 13 项、二等奖 12 项、三等奖 2 项）。

二、教改实验与推广

1989 年，郴县第一中学、郴州市第一中学、安仁县实验学校被列为全区教学改革实验县（学校），开展实验项目 17 项，设实验班 222 个。其主要教改实验项目有小学数学“三算（珠算、脑算、笔算）结合”、小学语文“注提（注音识字，提前读写）”和初中数学“自学辅导”等。1992 年，全区教学改革实验班发展至 731 个。一批教改实验成果收效良好，随即推广。资兴市鲤鱼江镇完小教师段绩玲在全省首创“注音识字，童话引路”的教学实验，使学生“读、写、说”能力明显提高，继后，在全区学校普遍推广，有 305 个班推广该项教学改革实验成果。同年 4 月，郴州地区珠算协会对郴州市三完小和永兴县先锋小学“三算结合”实验班进行等级鉴定，学生合格率 100%，达三级等级以上有 30 人。地区珠算协会即为学生颁发珠算等级证书。

1993 年，郴州地区各类教改实验班调整为 358 个。当年，郴州自创的“农村初中英语口语强化训练”教改实验项目，在全省第三次中小学教研成果与教改经验评选中获教研成果一等奖，被省教委确定为向全省推广的三个实验项目之一。年内，这一教改项目在全区范围内推广至 55 个班，应学学生达 3000 人。

2000 年后，全市列入国家、省级的重点教改实验项目逐年增多，教改实验且拓展至各类教育。全市年内开展教改实验 280 多项，其中列入国家级 29 项，省级 35 项。2003 年，中等职业教育学校开展教改实验项目 473 项，其中省级 34 项、市级 113 项。承担省级以上“十五”期间（2001—2005 年）电教科研课题 85 项，获阶段性成果 120 项。其中资兴市、嘉禾县、永兴县职业中专分别开展的“职业学校学生动手能力培养研究”“职业学校学生升学与就业指导研究”“职业学校差生心理障碍与对策”三项教改实验，分获市职业教育科研成果二、三等奖。同时，制定《郴州市基础教育课程改革实验推广工作规划》。是年，郴州市被教育部列为国家基础教育课程改革实验区。2003 年秋季开学后，全市在先行试点，业务培训的基础上，中小学的起始年级全部进入新课程改革实验。次年，有义务教育一、二年级，七、八年级和北湖区、市直属九年级学生相继进入新课程改革实验，全市中小学实验课开课率达 90%。

2003—2005年，结合新课程改革实际，市级举办新课程教学培训班11期，组织开展新课程公开课、观摩课和示范课活动35起，主办新课程改革专题讲座、研讨会和校本教研现场会18次；市、县两级教研机构人员下学校听课、评课1200多节；印发市教研院（原教研室）主编的《新课程、新理念、新实践》等学习辅导资料。2005年，郴州市中小学以新课程改革实验与推广为主题，组织实施省、市、县三级基础教育专项实验课题722项，获省级科研课题奖27项，其中一等奖13项。

三、现代教学技术

在教育教学改革中，郴州地区创新教育教学载体和手段，运用多媒体等现代技术进行教学。1990年，全区有教学幻灯机6199台，教学幻灯片2.84万套，有录像机485台，教学放像点（含巡回点）1766个，教学录像带播时3.8万小时。县、乡两级兴办教育电视收转台32座，普通中学、小学开展电化教育的学校所数分别占98.2%和70%。中等师范和高等师专学校均增设电化教育基础课。当年，郴州地区和桂阳县被评为全省电化教育先进地区（县）。

1991—1997年，郴州重点推进电化教育网络和设备配置达标建设。1991年，桂阳县、郴县（苏仙区）被评为全国电化教育综合实验县。1992年，全区11个县（市）兴建县级教育电视台，启动51个乡镇电视收转台和普通中等学校地面接受站建设。同年，地区电教馆选送的初中物理教学参考片《水能的利用》，经省电教馆、教科所审定向全省发行。1993年，桂阳县提前两年达到国家教委对电教实验县的要求，全县为各级各类学校增加幻灯投影机、录像机、摄录编辑机等电教机械1036台、幻灯银幕1100块；录制、复制录像、录音教材2729小时。嘉禾县教育局教学幻灯制片厂，被省教育厅列为面向全省生产发行幻灯教材片的生产厂家。1995年，全市11所重点中学均实现“三机”（投影机、录音机、电视机）教学到班，其中5所学校还建有“两室”（语音室、微机室）；市教育电视台发射功率由1990年前的50瓦扩大到300瓦，75%的县、乡（镇）政府所在地师生能直接收看到教育电视节目。1997年，全市电教设备有80%的示范学校达到配置标准。达一类配置标准的县（市、区）直属学校为50%，乡镇初中10%，乡镇中心完小20%；达二类标准配置的学校均在50%以上。

1998年，郴州市九完小筹措60多万元建起微机室、语音室、中心电教室等，实现电视教学到班，当年被列为全国现代教育技术实验学校。郴州市被评为“全国电化教育工作先进市”。1999—2001年，全市启动电化教育普及达标活动。2001年，经市教委组织检查测评，11个县（市、区）的电化教育均达到普及标准。此后，全市突出加快普及中小学信息技术教育。当年，投入资金1800万元建成中小学计算机网络教室48间、校园网络系统学校3所、电子监控系统13个，在全省率先实现所有高考考点全程电子监控。

2002年，市、县两级教育部门采用招商引资方式推动教育信息化工程建设，运用市场机制面向社会引资6000万元安装多媒体网络计算机教室360间，装备计算机1万多台，有200多所农村学校通过数字卫星宽带与中国教育科研网实现“校校通”。当年，在全国第三届中小学生电脑作品创作大赛中，郴州市获二等奖1名，三等奖1名。2003年，郴州市一中、五中，安仁县实验小学、桂东县城关中学等一批学校实现多媒体进教室。桂阳县三中的《火山与地震》电教课，在全省信息技术与学科课程整合观摩活动中获一等奖。年内，郴州市教育局建立“郴州教育网站”，并成立“郴州市信息技术教育培训与考试中心”，强化电子网络师资培训。2004年年初，市委办、市政府办下发《关于加快推进教育信息化进程的若干意见》，明确工作目标和经费筹措渠道。

1989—2005年，境内现代教育技术硬件软件投入经费达2亿元。2005年，全市建立市、县两级教育局机关局域网11个，校园网66个，上网学校360所；中小学拥有计算机机房660个，中小学学生拥有计算机比例达20:1；中小学建立多媒体教室1200余间，数字卫星接收系统1600多套；建立电脑室450间，语言室420间，有36所学校实现“班班通”。全市信息技术开课率中学达100%，中心小学为95%，信息技术教育已覆盖中小学各学科，硬软件教育信息化建设初步满足教育教学需求。

第十节　教育管理

一、教育督导管理

1988年，郴州地区教育局设立督导室，为副处级教育教学专门执法监督工作机构，配备专职督学人员，主要负责对各时期重大教育教学工作进行考察、评估和督导。自此，境内教育评估督导管理工作日渐经常化、制度化和规范化。

1990年，全区重点对中小学教育工作开展“五项督查”，即督查中小学德育、教育经费增长政策落实、教师经济待遇、学校危房改造、制止中小学生流失和纠正乱收费五项工作。当年4月，由行署牵头，地区教育督导室具体组织，组建“五查”督导组分赴各县（市）展开工作。在督察评估期间，各地根据督查内容和标准查漏补缺，推进中小学教育工作。翌年，地区教委根据中小学德育督查中发现的问题，制定《关于认真实施中小学生思想品德评价方案的若干意见》。1991年7月至1992年3月，地区教育督导室组织抽查除永兴县外的10个县（市）的26个乡镇教育工作，经评估其中有14个乡镇达到省颁教育工作先进乡镇标准，同时也查出部分乡镇部分教育工作存在的一些问题，随即形成督查评估报告，提出整改意见。1992年4月，组织对全区27所初中和30所小学学生流失情况开展跟踪调查，发现小学生辍学基本得以控制。而受检的27所初中于1989年下期招收的4311名学生，到1992年4月毕业时已辍学1207人，该届期辍学率为27.97%，年辍学率为9.32%，辍学比例大幅超过国家规定范围。督查中，督导人员与当地政府一同剖析辍学原因，制定控制辍学对策。1993—1997年，重点进行落实教师法、增加教育投入、减轻学生课业负担等专项教育督查。1998年11月，成立市政府教育督导室，为政府委派督学机构，与郴州市教委督导室合署办公。

为加强中小学管理，全市从1998年起实行中小学校督导评估制度。当年9月，郴州市教委制定实施《郴州市普通中小学督导评估若干管理制度》，印发《郴州市中小学校评估简明实用手册》《中小学校评估记录手册》。1999年，全市接受督导评估的普通中小学校3027所。

2000年至2002年夏，根据社会反映强烈的教育收费问题，市、县两级督导机构重点组织开展中小学校收费专项督查整治行动。全市在收费督查中先后查处学校违规收费案件114起，处理违规收费责任人77名，教育收费秩序明显好转。2002年秋季开学，初中和小学学生收费比2000年上学期人均分别减少120元和80元。2003年，市、县两级在春、秋开学之际派出教育收费督查组366个，抽查学校2576所，取缔擅立收费项目10个，违规收费办班103个，查处违纪违规收费案件34起，处理有关责任人36人。此外，市、县两级教育系统聘请行风督导员1000名，中小学收费工作实行学校主要领导负责制、收费公示制和收费专项审批制等制度，治理教育乱收费工作成效明显。2003

年，郴州市教育局被评为全省治理教育乱收费先进单位。

2002—2003年，郴州市对县（市、区）普及九年义务教育进行年检督导，评估A类和B类等级县（市、区）。2003年，全市11个县（市、区）有个5个县（市、区）“普九”工作进入A类等级，其余6个县达到B类，全市农村教育办学条件明显改观。2005年，经省危房改造工作验收组检查验收，境内全部完成全年农村中小学危房改造任务，均清除D级危房，其工作质量100%达标。

二、学校等级目标管理

1989—1992年，郴州地区致力创新基础教育管理制度。以郴县（苏仙区）为试点，摸索对中小学办学现状分类定级、实施动态等级目标管理的做法和经验。1992年，地区教委根据试点实际，制定下发《普通中小学现状分类定级评估方案》和《县（市）、乡（镇）基础教育整体量化评估方案》。1993年，地委、行署颁发《郴州地区基础教育等级目标管理实施办法》，将这一目标管理办法纳入农村小康建设考核项目。随之对全区中小学推行基础教育等级目标管理，即对中小学办学条件与学校管理现状进行分类定级，采用分项量化计分的方式评定一、二、三、四级学校。评为一、二等级的学校分别由市、县两级政府挂牌授奖；评为三、四等级的学校则分别予以限期整改和黄牌警告。

1993—1995年，全市（地区）采用乡（镇）自评、县（市、区）初评、地（市）复评的程序，先后对3885所中小学校进行首轮分类定级。其间，当地政府和学校加强学校管理，力争学校达标。1994年4月，全区各乡镇在自评阶段力争消灭四级学校，提升三级学校，累计设资3884.4万元，用于新建改建校舍和添置教学设施。1994年5月，在县（市）初评阶段，境内一、二级学校分别由1993年的107所、626所增至291所和864所；三、四级学校则分别由1862所、1290所减至1753所和593所，其中四级学校减少33.8%。1995年，市政府组织复评验收时，境内投入学校危房改造资金达5868万元，改造危房面积21.73万平方米。一级学校达700所，比初评增加593所；二级学校1064所，比初评增加484所；三、四级学校为1317所和220所，分别比初评减少560所和1065所。1996年，全市基础教育整体水平由1994年初自评阶段的38.88分升至64.52分。当年，市委、市政府召开全市教育工作会议，表彰在学校等级考评中涌现的北湖区鲁塘镇等9个教育明星乡（镇）和北湖区大塘乡等12个教育模范乡（镇）。郴州创造以中小学分类定级管理，推动基础教育发展的做法，被省教委批准为教育教学改革运用性课题。郴州市实行“基础教育等级目标管理”的做法，在湖南省第四次教改经验交流暨成果表彰会上被评为教研教改一等奖。继后，每两年组织一次全市中小学分类定级检查评估活动。

自2000年始，改变工作方式，对中小学分类定级转入经常化规范管理，不再由市统一组织考查评定。对申报升级学校和必须降级的学校，由县（市）组织评定，并实行学校等级有升有降动态管理。

三、校园建设管理

（一）设备设施建设与管理

1989—1996年，郴州市（地区）各级政府将解决校园“一无两有”（无危房，有教室、有课桌板凳）纳入政府对校园建设与管理的主要工作内容，实行年度考核验收目标管理责任制。1995年和1996年，全市投于改善办学条件经费分别为2.4亿元和2.69亿元，减少校园危房面积15.6万平方米，新建校舍面积95.9万平方米。1996年，境内学校基本实现“校校无危房，班班有教室”要求，85%以上学校达到“水泥地面白粉墙，油漆上门玻璃窗，室内装上天花板，室外花木栽成行”的标准，且有配套的教学、生活、文娱体育和卫生等设施。是年，苏仙区、资兴市成为“全省中小学图书馆（室）建设合格县”；桂阳县通过国家“普及电化教育县”验收。1999年，全市用于添置教学仪器、图书资料和音乐、美术、体育、劳动器材的资金达2513.75万元。校舍6.15万平方米、小学学生人均占地23.47平方米。2001年，郴州境内采取“政府统筹、市场运作、公司投资、分期付款”形式，在13个高考考点建成电子监控系统。2002年，全市中小学新建教学实验室1003间、仪器室1259间、电脑室346间、语音室328间。郴州市二中等近百所学校建立校区网站。2005年，全市投入资金3277.6万元，完成远程教育网点建设的学校1642所，全市中小学远程教育覆盖率90%以上。

（二）校园文化建设

自1998年始，郴州市把校园文化建设作为推进学校综合素质教育的一项重要内容，启动校园文化建设工程。1999年5月，市教委下发《关于大力加强校园文化建设 优化学校育人环境的若干意见》，动员和部署在全市开展创建“校园文化建设百校样板工程”活动。是年，全市各级各类学校建文化长廊4800多平方米，德育展室、文艺作品展室1300多个，校园广播站2600多个，新辟园林小区1100多处，举办文体赛事活动1460余次。2000年，编制《郴州市普通中小学和幼儿园校园文化建设评价方案》，提出“八化四有”即：“校园布局合理化、室内布置规范化、建筑风格个性化、设备设施现代化、信息舆论网络化、环境绿化美化、道路硬化亮化，文化长廊知识化”，做到“春有花、夏有荫、秋有果、冬有青”，旨在绿化、美化、亮化校园及完善文体设施的建设目标，营造提高学生综合素质的优美人文环境。市教委还会同市环保局开展创建“绿色学校”活动。次年，在永兴县召开全市校园文化建设现场研讨会，推介该县采用市场运作方式，组建永兴县中小学校校园文化建设股份有限公司的经验。2001年4月，省环保局、省教育厅评定郴州市第九中学、郴州实验小学为全市首批“湖南省绿色学校”。是年，安仁县第一中学、临武县第一中学和资兴市市立中学等8所省重点中学和一批学校实现“教学区、生活区、文体活动区”分片设置，井然有序。

与此同时，市教育行政管理部门注重校园文化建设管理，把素质教育基地（学工学农实践场地）、学校科技、文化、体育设施建设及活动开展，师生日常文明行为规范管理等纳入校园文化建设考查、评估达标项目。2001年12月，经市教育局考察验收，授予郴州市第一中学等90所学校为首批“校园文化建设样板学校”。同月，全省中小学校园文化建设现场观摩会在郴州召开，向全省推广郴州市校园文化建设的经验。为推进校园文化建设，每隔1~2年举办一次全市性中小学科技节、艺术节和运动会。至2005年，全市中小学建立文化、艺术社团1000多个，先后获省级“生物百项”科技项目奖1432项、“三小发明奖”598项，获国家级143项；获中学生数理化奥林匹克赛国家一、二等奖1337人（次）。各类文化艺术活动参赛中获省级奖2660项，国家级奖456项。2005年，全市创建文化建设样板学校485所。市教育部门组织开展“校园文化建设研究成果”获全省教育科研一等奖，并被列为全省“十佳德育实践”项目。

四、教学常规管理

1989年，郴州地区教委两次组织人员深入学校进行教学常规管理调研。1990年，制定《郴州地区全日制普通中小学教学常规》（简称教学常规），并在部分小学、初中和高中学校先行实验。1991年，制定下发中小学《教学常规实施细则》和《教学常规评估方案》。中小学教学常规管理主要从日常的教学计划、备课、授课、听课、批改作业、课外辅导、考试考查、教学改革、教学总结和业务档案9个方面，确立其具体的操作要求和考核准则，以规范全区中小学日常教学工作管理。1992年，全区对教学常规管理情况采用“四个一查一通报”（即学校教研组、学校和学区、县市、地区四级依次按月、季、学期、年度时段进行一查一通报）方式，督促落实。同年3月，地区教委组织69人的督查队伍分赴11个县（市），随机抽样33所小学、33所中学，对教学常规进行检查验收，66所受检的中小学经考评被评为优9所、良好35所、中等20所、差2所。对涉及无教学管理方案、无备课教案，批改作业粗糙等严重违反教学常规8名中小学校长和教师，地区教委责令有关县（市）分别作出调离、降职、撤职处分。此后，市（地区）每年组织一次教学常规检查，及时通报情况，敦促教学常规管理落实到位。

1997年，郴州市教育行政部门结合一年一度的教学常规大检查，推出评先选优活动。1998年5月，召开全市教学常规管理暨教研教改经验交流会，会议表彰执行教学常规成绩突出的100所学校和129名模范教师，以促使日常教学工作转入细化、量化和制度化运作，促使教育教学质量稳步提高。当年，80%以上的校领导每学期听课40节以上，建立听课评议与教师交换意见制度。资兴市青腰镇周塘村小学5位年轻女教师，扎根偏远山区学校，严格执行教学常规促质量，该校1998年两学期期中、期末考试学生合格率均居学区之首。1998年，全市教学考核质量在上年排全省前列基础上，小学、初中和高中的毕业会考一次性合格率分别为93.51%、89.6%和79.2%；高中毕业会考人平分数居全省市、州第二位，优秀率居第一；高考人平分数和本科上线率均居全省市、州第一。

2000—2005年，郴州市中小学教学常规管理纳入中小学教师综合素质等级考核和教育督导考查项目范围，不再进行一年一度的教学常规单项检查和评估。其间，教学常规管理不断推进和完善，成为教学管理中一项基本内容。

1989—2005年郴州市（地区）教育委员会（局）主要负责人名录

表23-1-10-1

单 位	姓 名	职 务	任职时间
郴州地区教育委员会	彭铁干	主 任	1986.04—1992.06
郴州地区教育委员会	廖德著	党组书记	1986.04—1998.03
郴州地区（市）教育委员会	廖德著	主 任	1992.06—1998.03
郴州市教育委员会	邓党雄	主 任	1998.03—2001.08
郴州市教育委员会	王发堂	党组书记	1998.03—2001.08
郴州市教育局	谢新福	党组书记	2001.08—2001.12
郴州市教育局	邓党雄	局 长	2001.08—
郴州市教育局	邓党雄	党组书记	2001.12—

第二章 科 技

第一节 科技改革

一、科技人员管理体制改革

自20世纪80年代末期，随着社会主义市场经济体系的建立和完善，郴州地区启动科技人员管理体制改革。1988年4月，郴州地委、行署制定下发《关于进一步放活科技人员政策的若干规定》，鼓励引进市场竞争机制，让科技人员多方面投身经济建设第一线，发挥科技人员在生产实践中的作用。1990年，地委、行署下发《关于依靠科技进步振兴农业的决定》，明确要求各地加快打破计划经济时期对科技人员“统管过死”旧体制，建立政府调控与市场调节相结合的人才使用机制，促进人才资源开发。自此，地、县两级在推进公益性科技服务的同时，放宽政策，依照相关规定鼓励科技人员合理流动或业余兼职，允许辞职领办、承包、租赁乡镇和民办企业，允许停薪留职自主进行科技创业和开展有偿技术承包等活动。并在职称评定、生活待遇上出台相应扶持政策，做到人尽其才。1992年5月，地委组织部、地区人事局、地区科委联合下发《关于继续组织科技人员下基层的实施意见》。当年，全区4766名科技人员下乡下厂开展科技服务，其中领办、承包和租赁乡镇、民营企业63户，采用承包、技术入股等方式实施农技服务项目214项。继后，地委、行署先后设立“科技进步奖”“科技兴郴”“有突出贡献的专业技术拔尖人才”等奖项，加大放活科技人才激励机制。

1997年，郴州市科委在桂阳县城郊乡试行技术与物质相结合有偿科技服务，摸索放活乡镇农技站科技人员管理经验。当年，指导该县城郊乡农技站以收取每亩8元的技术服务费承包极乐村20公顷优质稻示范基地建设，和以收取每亩26元的技术服务费与该乡三个村委会签订86.7公顷“两系”“三系”杂交稻制种技术服务承包合同。当地村民年内实现增产增收，农技站也因此创收增强自我发展能力。同时，市委、市政府制定实施一系列吸引人才、引进人才政策，建立健全科技人才管理机制，对调入郴州工作的大学本科及本科以上学历的专业人才，优先聘用，并简化办理相关调动手术及免征城市增容费等。2000年起，境内广泛开展“引智引技”活动，推进与高等院校、科研院所的技术合作与交流，全年有100户企业与全国80多所高等院校、科研院所建立技术创新合作关系，并有50余户企业建立技术研究开发机构。

1989—2005年，郴州市通过实施放活科技人员政策，先后有万余名科技人员按照相关政策规定下乡下厂领办、承包、租赁乡镇企业和民营企业，有3500余名科技人员自主创业或采用技术入股的方式创办科技型经济实体。

二、科研机构经营机制改革

1989年后，境内国有独立科研机构体制改革按照“稳住一头，放活一片”方针，在保留稳住一支从事公益性科技活动科研队伍基础上放开搞活，开展技术推广、开发科技项目和兴办经济实体的科研经营机制，由过去单一的“科研型”向多元化科技服务型转化，增强自身发展活力。1990年，郴州地区水产科研所联合境内养殖场引进、养殖国内外渔业新品种，以及面向社会开展鱼病测报有偿服务和兴办鱼饲料生产基地。到2000年，该所除还清旧债外年年有节余。1991年，市属9所科研机构均进行结构调整和人员分流，多形式、多门类地转入科技经济开发。是年，郴州地区农科所面对负债累累的困境，除保留一支70多名科技人员队伍从事公益性科研外，分流130人面向市场创办良种开发公司、农产品供销公司和机砖厂等经济实体，对原柑桔实验基地则实行承包合同制经营。至2005年，该所除还清债务外，还先后自筹资金200万元改善科研条件和开发“金海岸”生态渔业等项目。其间，该所6项农作物品种科研项目申请品种保护，还在全省率先建立国家级农作物品种区试站，并建成国家烟草（郴州）良种繁殖基地。同时，郴州市（地区）水产、蔬菜、生物、农机等差额拨款科研机构，均在开展技术承包、兴办科技开发商品基地等经营活动中焕发生机。郴州市（地区）农机研究所面对科研经费严重缺乏的困境。自1992年始，开展微电脑技术应用开发，在郴州市城区率先设计制作电子显示屏3处。1994年，办班培训电脑操作人员9500多名。1995年，经省农机局批复该所挂牌为“湖南省郴州市电脑技术应用开发中心”。农机研究所在开拓新业中收入逐增，步入农机研究和电脑技术应用开发服务互融互促佳境。1994—1995年，该所研制的“2ZP-400型煤电两用稻种胸催芽机”和完成的“微机应用技术开发”科研项目，分获湖南省农机化科学技术进步二等奖。1999—2005年，该所又先后自行研制微型水田耕整机、小型滚筒式杂交稻种烘干机，还与郴州农夫机电有限公司合作研制出3种小型水稻收割机械。

2005年，郴州市、县两级国有独立科研机构在稳住一支公益性科技队伍的同时，均分流50%以上人员面向市场开展技术服务和兴办科技型经济实体。至此，全市国有独立科研机构基本形成合理的从业分工和多元化创业发展经营机制，自我生存发展活力普遍增强。

三、科技经费投入制度改革

1989年前，郴州地区科技系统的科技事业费、科研经费主要由省财政厅、省科委统一下达，地区科委和地区财政局联合行文安排支出。同时，由地区财政安排部分科技事业经费。由于省下拨和地方财政拨款有限，资金短缺的问题普遍存在。1989年年初，郴州地委、行署制定实施《关于进一步加强县、乡科技工作有关问题的通知》，提出在增加政府投入同时，科技投入制度要日益多元化，形成以政府财政投入为主导、社会筹集投入为主体的多层次科技投入新格局。是年始，地、县两级把科技三项经费（即新产品试制费、中间试验费、科研费，后同）列入正式财政预算计划，其经费比例均占当年财政总支出的0.5%以上。厂矿企业亦从销售总收入中提取1%资金作企业科研、技术开发经费；金融机构优先解决科技项目贷款，并在每年安排一定数额贴息或低息科技贷款。同时，地、县两级和有条件的乡镇成立“科技发展基金委员会”，面向社会各界筹措科技发展资金。此间，地、县两级安排三项费用逐步增加。到1997年，市财政科技三项经费拨款由1989年10万元增至100万元，增长10倍。同时增设高新技术引导资金，当年拨款130万元。2005年，市财政三项经费拨款增至

320万元，高新技术引导资金100万元，并单列拨给科技奖励经费20万元。1989—2005年，市（地）本级财政下拨科技三项经费和高新技术引导资金2075万元。科技拨款机制，打破原来只对国有企业科技项目匹配资金的旧框框，实行不分所有制形式，其科技项目一律实施资金匹配，并对民营科技企业重点倾斜。同时对下拨的三项科技经费实行有偿回收或部分回收，回收后列入科技发展基金，用于科技项目开发。

四、技术转移体系改革

20世纪80年代，随着商品经济的发展，郴州地区技术贸易逐渐打破计划经济时代单一的“行政安排”“计划实施”旧体系，转向通过技术市场交易扩大科技转移。1989年，郴州行署下发《关于加强技术市场管理的通知》，明确地、县两级科技行政部门为技术交易活动管理部门，确定技术商品和技术贸易范畴，审批技术商品贸易机构及技术贸易合同。同时，对技术合同纠纷的仲裁、对技术接受方的税收减免、技术出让方的奖金提取与分配等激励机制作出配套政策规定。1992年，建立郴州地区技术市场发展中心，与全国500多家网点建立技术信息联系。之后，随着技术转移体系、机制的建立和完善，全区技术贸易市场渐趋活跃。

到1995年，郴州市办理注册手续的技术贸易机构发展至275家，有全民、集体及个体从业人员2633人，当年成交总额6849万元。2000年，郴州境内各类技术贸易机构增至380家，比1999年增加12家，技术贸易从业人员6060人，全年鉴订各类技术贸易合同3934项，实现技贸成交额1.84亿元。继后，郴州市多方式、多渠道地开发技贸交易。2001年4月，建成功能齐全，场地面积达2800平方米的郴州市科技情报信息暨技术交易大楼，5月，举行郴州市首届技术交易会，与省内外签订技术合同金额达2000多万元。9月，组织企事业单位参加第四届亚太经济组织技术交易会，展出技术项目37个，签约9个，技术成交额及意向成交额3050万元。2002年，多方筹资建立市科技局网域，当年，组织上网交易技术项目（产品）126个，汇编发布技贸信息139条，签约成交项目19项，技术贸易额达3000万元。举办郴州首届自有新技术、新产品展销会，展示新技术新产品200项（个）。

2003年，郴州市科技局在全省率先与税务部门联合出台关于技术转让、技术开发、技术咨询、技术服务等项目收入免征营业税、所得税的实施意见，将有关扶植技术市场的优惠政策落到实处。同时，市、县两级科技部门组织力量帮助企事业单位筛选科技产品进入技贸市场。2005年，科技部门会同企事业单位为省内外技贸活动提供交易技术产品55项（个），成交额近亿元。还筛选85个高新技术贸易项目在中国技术联播网发布。2005年，全市技贸机构发展为536家，比1989年增加271家，有技贸从业人员7136人。当年签订技贸合同723项，技术合同总成交额3.48亿元，是1989年的4倍。

1989—2005年郴州市（地区）技术贸易机构人员统计表

表23-2-1-1

年 度	技贸机构（家）	从业人员（人）	年 度	技贸机构（家）	从业人员（人）
1989	265	—	1992	235	2610
1990	109	1211	1993	259	3100
1991	134	1391	1994	246	2683

续表 23-2-1-1

年度	技贸机构（家）	从业人员（人）	年度	技贸机构（家）	从业人员（人）
1995	275	2633	2001	399	5187
1996	291	3023	2002	436	6537
1997	305	3361	2003	451	6738
1998	350	5141	2004	470	6983
1999	368	6232	2005	536	7136
2000	380	6660	—	—	—

第二节 科技研究

一、科研实施

自 1989 年始，境内科学技术研究突出实施对经济和社会发展有重大影响的科技攻关和技术创新项目，力求依靠科技进步培育新经济增长点。每年根据郴州科技发展规划及研究项目申报、筛选立项，逐年安排科研项目（课题）。科研项目实施由科技管理部门主持运作，进行技术签定，登记上报，各地按科研项目实行“专项管理、专人主持、分级负责、签订合同”的办法操作。科研经费由地方机动财力安排（后改为正式列入财政预算。系国家、省科研计划项目的，另行安排配套资金）。“八五”计划期间（1991—1995 年），全区重点开发优质高产水稻及旱粮、烟叶、果茶、畜禽、水产等种养业，发展矿产开采、机械、电子、食品、医药、建材等工业支柱产业，安排市级以上科研项目 251 项，科研项目实施颇具成效。资兴市自 1989 年承担省和国家重点科研项目“杂交水稻超高产制种技术研究”，经多次技术攻关，探索出一整套超高产稳产的规范性制种技术。1994 年，资兴市制种面积 1 万亩（666.66 公顷），在遭遇严重自然灾害情况下，每公顷平均产量仍达 4887 千克，高产田亩产创 486.5 千克纪录。当年，该科研成果经著名杂交水稻专家袁隆平组织现场验收，认定资兴市制种科研成果处于国际先进水平。之后，资兴市成为国家级优质高产杂交水稻制种生产经营基地。

1995 年郴州撤地建市后，全市出现以企业为主体，市场为导向，开展产学研相结合的技术研究热潮。1998 年，郴州丰利金刚石股份有限公司研制的“金刚石激光焊接锯片”新产品，被湖南省人民政府确定为科技“百亿工程”项目。1999 年，全市农业科研项目完成国家级 2 项、省级 17 项、市级 91 项，其中一些项目研究取得重大突破。郴州市农业局与湖南师大联合育成的中国第一个临界温度双低两用不育水稻 96-5-2S，为全国两系杂交水稻大面积推广攻克关键技术难点。2000 年，境内预算内 85% 工业企业建立“人、财、物”三具备的科研开发机构。创办年产值过 5000 万元的民营科技企业 16 户。其中有 3 户在与境内外高等院校、科研机构开展技术合作中成效突出，获 2000 年度“湖南省民营科技企业”称号。2005 年，全市有 120 多户企业与省内外 50 所高等院校、科研机构及大型企业建立技术合作开发联合体。当年，实施技术合作研究项目 23 项。

自 2001 年始，突出组织企业推进高新技术产品项目研究与开发。当年，全市选择郴州金箭焊料有限公司、湖南鸿达环保设备有限公司、郴州裕湘面业有限公司、郴州粮油机械有限公司等一批骨干企业和有色金属深加工、电子、食品、建材、能源、机电等行业进行高新技术项目攻关。年内有27项科技项目列入国家、省级科技计划，全年高新技术产品产值达16.3亿元。同年，郴州粮油机械有限公司研制成功的“立式双辊碾米机和双辊抛光机”获2001年度国家科技进步二等奖，首获境内企业界科研成果最高奖。2003年，在全省新技术、新产品交易会上，郴州获创新金奖参展产品19个，居全省获奖地市第二名，项目成交额达4351.8万元。2005年，全市生产高新技术产品由2000年的80种增至456种，其中拥有自主知识产权的产品257种。当年，永兴白银、桂阳金叶、临武舜华鸭、资兴东江鱼等十大品牌产品实现产值81亿元、税收3.9亿元。

1989—2005年，医疗、教育、文化等行业及社会发展软科学研究亦取得重大成效。《胃癌手术一次多途征化疗的临床研究》《化学实验教具的创新研究与应用》《郴州改革开放过渡试验区发展外向型经济研究》《资兴市可持续发展实验建设研究》等104项研究成果获市级科技进步奖项。郴州医专教授周萍所完成的《健脑解毒汤治疗霉菌性肠炎》科研成果，1998年在加拿大医学新进展暨世界知名医家成就颁奖大会上被评为优秀论文并颁发奖金。2000年4月，郴州师范学校党委书记张家文的论文《新世纪教育素质试议》，在泰国新世纪国际教育论坛暨成就颁奖会上被评为优秀论文并获紫荆花科研成果奖。

在此17年间，郴州财政对科研经费的投入逐年增加。2005年，市财政安排科技三项费用共320万元，为1989年10万元的32倍，还安排科学事业费69万元，为科学研究提供资金支撑。据抽样调查，科研经费投入产出比为1∶8.1。

二、科研成果

1989—2005年，郴州市（地区）组织科研项目签定验收428项，其中工业类127项，农业类178项、社会发展科学类123项。经审定，有389项获市级科技进步成果奖（特等奖6项、一等奖81项、二等奖145项、三等奖141项、四等奖16项）；有103项（含与省内外相关单位合作科研项目）获省级科技进步成果奖（二等奖20项、三等奖49项、四等奖34项）；有6项获国家级科技成果奖（科技进步奖3项，技术发明奖3项）。

1989—2005年郴州市（地区）科技项目获国家级科技奖励统计表

表23-2-2-1

序号	年度	获奖项目名称	完成单位	完成人员	奖励等次
1	1991	DJB–1型电子自动搅拌器	湖南省鲤鱼江电厂 郴州市无线电厂	李仁善、谢玉林	国家技术发明四等奖
2	1996	湘白猪新品种选育研究	湖南省畜牧兽医研究所 湖南省畜牧局 长沙市畜牧水产局 长沙市郊区畜牧水产局 郴州市畜牧水产局 桂阳县畜牧水产局	龚克勤、杨仕柳、孙宗炎、盛文亮、浣长兴、李　强、唐煌辉、彭英林、刘美云	国家科技进步二等奖
3	1998	矿浆电解技术	北京矿冶研究总院 湖南柿竹园有色金属矿	邱定蕃、江培海、周基校、张寅生、王成彦、王含渊	国家技术发明二等奖
4	1998	防堵墙型双重管系列变压器油水冷却器	湖南省资兴市东屋机电公司 东江水力发电厂	金捷生、刘月芳、邓建民、罗赤橙、李庚午、李　侠	国家技术发明二等奖

续表 23-2-2-1

序号	年度	获奖项目名称	完成单位	完成人员	奖励等次
5	2000	MNML立式双辊碾米机、MPGL立式双辊抛光机	郴州粮油机械有限公司	陈学秀、谷世斌、曹曦雄、马秉春、欧文生、刘 文、林智勇、王月芳、邹 峰、罗碧军	国家科技进步二等奖
6	2001	钨钼铋复杂多金属矿综合选矿新技术柿园法	柿竹园有色金属矿 广州有色金属研究院 北京矿冶研究总院 长沙有色冶金设计研究院	张传尧、叶志平、曾少雄、李晓东、张忠汉、程新朝、李长根、张先华、彭寿清、童金堂	国家科技进步二等奖

1989—2005年郴州市（地区）科技项目获省级科技奖励统计表

表 23-2-2-2

序号	年度	获奖项目名称	完成单位	完成人员	奖励等次
1	1989	杂交水稻威优 64 配套栽培技术推广	湖南省粮油生产局 怀化地区农业局 常德地区农业局 郴州地区农业局 岳阳市农业局	覃明周、刘彰松、封 晋、陈耀武、陈先柏、熊创亚、唐英正	二等奖
2	1989	优质烤烟生产试验示范推广	永兴县烟草公司	胡子述、陈清江、刘远光、李德清、刘远湖	三等奖
3	1989	采用分散剂防锅炉铁垢的研究	湖南省电力试验研究所 湖南省鲤鱼江电厂	李荫材、王加明、许 文、杨正辉、肖圣县	三等奖
4	1990	垄栽稻萍鱼立体种养技术研究及应用	湖南省土肥研究所 湖南省土肥站 湖南省科协普及部 湖南省水稻研究所 桂东县农业局	杨光立、刘沐生、殷友生、雷逢玉、刘如清、肖庆元、何铁城	二等奖
5	1990	烤烟良种斯佩特 G-80 引种试验	郴州地区烟草所 郴州烟草分公司 宜章县农业局	陈传孟、胡子述、朱列书、戴兴武、陈显俊	三等奖
6	1990	湖南省桉树种源选择研究	湖南省林科所 沅陵县林科所 攸县林科所 郴州地区苗圃	罗勤初、肖国华、罗中圃、周柏林、胡承祖	三等奖
7	1990	应用《可行性研究方法》开发建设项目的研究	郴州地区建设项目前期工作领导小组	卢 诚、向增榆、李显艾、刘慧雄、李志谱	三等奖
8	1991	湖南省山区气候资源及其合理利用研究	湖南省气象科研所怀化地区气象局 邵阳市气象局 株洲市气象局 郴州地区气象局	姚介仁、欧阳惠、龚汉鸿、徐志刚、钟美娜	二等奖
9	1993	湘白猪桂阳系（Ⅲ系）选育研究	湖南省畜牧水产局 桂阳县畜禽良种场	龚克勤、李 强、彭桐生、喻国钧、熊朗清、唐孝安、孙宗炎	三等奖

续表 23-2-2-2

序号	年度	获奖项目名称	完成单位	完成人员	奖励等次
10	1993	TTL-490 型立式停回转版印刷机	郴州地区印刷机械厂	路长银、雷动礼、韩国涛、徐本森、夏利静	三等奖
11	1993	CZL5102GLQSC 型沥青洒布车	交通部郴州筑路机械厂	余　林、李　炯、刘智锋	三等奖
12	1993	集约化猪场暴发伪狂犬病的诊断与防制	郴州地区畜牧水产工作总站	黄志鑫、李　泰、邱建华	三等奖
13	1994	杂交水稻恢复系散粉特点和提高异交地实率研究	资兴市种子公司 零陵地区农校 湖南省种子公司 郴州地区种子公司	曹孟飞、周宗岳、杨文星、李志文	三等奖
14	1994	湖南省烟草施用抑芽敏技术研究与推广	湖南省经济作物局 桂阳县农业局 嘉禾县农业局 郴州地区烟科所	张锡玉、李汉英、刘王青、龙跃平、林秋生	三等奖
15	1994	年产 2000 吨杀虫单（万吨杀虫双）生产工艺计算机控制工程	清华大学计算机科学与技术系 郴县农药化工厂 湘潭机电专科学校 核工业部第二研究设计院 长沙曙光电子管厂	何克忠、杨辛芽、郭木河、何国繁、袁世颐、高俊发、邓运明	二等奖
16	1994	MCCZ80×5、80×7 单臂连杆重力谷糙分离机	郴州地区粮油机械厂	吴杰俊、陈学秀、胡承义、邹　锋、陈选生	三等奖
17	1994	强风化岩基上周边缝薄拱坝的研究	郴县水利水电局	邓维琪、胡晓华、罗谷怀、王文安、邓满生	三等奖
18	1995	湘南第一期农业综合开发	湖南省农业综合开发办 衡阳市、零陵地区、郴州市农业综合开发办	张义泉、徐建凡、陈先柏、关寅生、谭先锦	三等奖
19	1995	湖南省郴县茶树良种繁植示范场良种繁育体系建设及技术研究	湖南省经济作物局 郴县茶树良种示范场 郴州市农业局 苏仙区农业局	胡万选、袁通政、刘开权、刘兆明、刘贵芳、彭文斌、廖汉昌	二等奖
20	1995	DJM50-32 型胶管接头模压机	郴州汽车配件厂	黄义祥、张程勇、徐本森、邱光体	三等奖
21	1995	AR-150 型艾克罗式组合钢桥（梁）	郴州公路工程机械厂	王坑援、李　丹、徐本森、李维恒	二等奖
22	1996	浮法在线镀膜玻璃	郴州晶星玻璃有限公司	李子贤、文　化、苏连生、周建平、李　伟	三等奖
23	1996	东江库区丘岗山地高效橘园基地建设研究	湖南省园艺研究所 资兴市东江库区管理局	唐振陶、刘庚峰、李先信、李　羲、文义书、吕绍雄、张宝轩	二等奖

续表 23-2-2-2

序号	年度	获奖项目名称	完成单位	完成人员	奖励等次
24	1996	湘白猪桂阳系（Ⅲ系）良种猪推广	郴州市畜牧站 安仁县畜牧水产局 永兴县畜牧水产局 宜章县畜牧水产局	唐孝安、彭桐生、李国辉、彭益即、陈　乾	三等奖
25	1997	防堵型重管变压器油水冷却器	资兴市东屋机电公司 东江水力发电厂	余捷生、刘月芳、邓建民、刘建安、李庚午、邱　良、罗赤橙	二等奖
26	1997	康拜克 A 型钢桥	郴州公路工程机械厂	王抗援、徐本森、李维恒	二等奖
27	1997	湖南省名茶综合技术开发	湖南省经济作物局 郴州市农业局经作站 湖南省茶叶研究所 娄底地区农业局经作站 益阳市农业局经作站	肖菊香、雷秉坤、胡耀龙、刘贵芳、伍芬桂、胡松柏、龚巨成	二等奖
28	1997	焦炉煤气在煤矸石沸腾炉上混烧发电研究	资兴矿务局煤电焦化总厂	李铁诚、李国余、张桐生、赵静禅、龙秀德	二等奖
29	1997	电站锅炉汽泡裂纹理方法研究	湖南省电力试验研究所 湖南省金竹山电厂 湖南省鲤鱼江电厂	雷定威、胡波涛、张少康、王铁琦、郑双武	三等奖
30	1997	65 兆瓦汽轮机转子现场直轴	湖南省鲤鱼江电厂 湖南省电力试验研究所	郭大辉、胡介衡、谢月芽、唐圭章、张国忠	三等奖
31	1997	鲤鱼江电厂 65 兆瓦机组汽缸变形的热应力矫正研究	湖南省电力试验研究所 湖南省鲤鱼江电厂	郭大辉、张国忠、刘于正、郑双武、胡波涛	三等奖
32	1997	象草高产栽培试验研究	湖南省经济地理研究所 衡阳市建衡化工厂 安仁县人民政府办公室 道县林业局 郴州市农校	谢庭生、谢树春、易文武、刘庆前、李光萍	三等奖
33	1997	水稻稻瘟病监测与综合治理推广应用	湖南省植保植检站 邵阳市植保植检站 永州市植保植检站 郴州市植保植检站 怀化地区植保植检站	倪宝凤、郭顺贞、罗自康、王金辉、刘自君	三等奖
34	1998	湖南沙田水电厂综合自动化系统	湖南东江水电站厂 沙田电站 湖南长辉电器有限公司 湖南省电力局水电处	侯　坤、张玉屏、熊建文、尹梓槐、罗觉氏、李赐思、凌平琴	二等奖
35	1998	马尾松种源主要经济性状遗传变异与湖南造林区优良种源选择研究	湖南省林科所 绥宁县林业局 郴州市林业局 临武县东山林场	李午平、唐效蓉、黄章华、张愈礼、姜　芸、唐水红、汤玉喜	二等奖

续表 23-2-2-2

序号	年度	获奖项目名称	完成单位	完成人员	奖励等次
36	1998	柑桔优质系列新品种选育及丰产综合配套技术研究	湖南省园艺研究所、湖南农大园艺系、泸溪县农业局柑桔站、吉首市农业局柑桔研究所、湘西自治州农业局经作站、资兴市东江库区管理局	向德明、刘庚峰、陈梦龙、杨胜陶、彭振亚、黄仕杰、唐振陶	二等奖
37	1998	寺山坪双曲砌石拱坝综合优化	湖南省水电科研所 宜章县寺山坪水库工程指挥部	宓维孝、刘红宇、肖贤同、乔杏桥、李玉昆	二等奖
38	1998	水稻光敏核不育系生态实用性研究	湖南省种子管理站 湖南农业大学 湖南安江学校 湖南省贺家原种场 郴州市农科所	郭光荣、易卫平、孙致远、刘武泉、陈学斌	三等奖
39	1998	茶叶新产品的研究与开发	湖南农大茶叶研究所 中南林学院 资兴市东江库区管理局 桂东县茶叶开发办 汝城县红壤办	黎星辉、黄启为、赵思东、唐明德、唐振陶	三等奖
40	1998	高空控测自动化业务系统	湖南省气象局业务发展处 郴州市气象局 湖南省气象局	关淑琴、余后珍、杨小云、尹新环、蔡荣珲	三等奖
41	1999	激光焊接金刚石圆锯片	郴州丰利金刚石股份有限公司	叶宏煜、李兴康、朱 平、叶 飞	三等奖
42	1999	明恢 77 引进配组及系列组合推广应用	湖南省种子集团公司 郴州市种子公司		三等奖
43	1999	新开田、中低产稻田改土培肥技术研究	湖南省土壤肥料研究所 郴州市农业局土肥站	杨光产、刘子勇、吴甫成、张扬珠、李元洪、丁纪祥、黄凤球、厄长宽、曹知德	三等奖
44	1999	湖南丘陵区人工混交林类型优造及混交机理研究	湖南省林科院 桂阳县太和林场	—	三等奖
45	2000	茶树新品种选育与推广	湖南省茶叶研究所 湖南省农业厅经作局 郴州市农业局等	—	二等奖
46	2000	马尾松优良家系定向选择与应用技术体系研究	湖南省林科院 湖南省林木苗站 郴州市林科所 临武县东山林场等	—	二等奖
47	2000	湖南气象信息传输应用系统（MITAS）	湖南省气象台 郴州气象台等	—	三等奖
48	2000	湖南省首次发现新型致泻大肠杆菌——ESIEC实验研究	安仁县卫生防疫站	刘巧突、谭 微、刘小生、李金莲、张曼禾	三等奖

续表 23-2-2-2

序号	年度	获奖项目名称	完成单位	完成人员	奖励等次
49	2000	抗灾、高产品种湘旱籼19号选育及推广	湖南省水稻研究所 安仁县农科所等	—	三等奖
50	2000	"三岩"造林困难地段造林绿化技术研究与示范	湖南省林科院 桂阳县林业局等	—	三等奖
51	2000	新型空中溢流式调压塔研究	资兴市水电勘测设计室	文南廷、欧先平、龚德友、李劲松、曹湘江、普毅文、罗有干	三等奖
52	2000	毛竹枯梢病原、发病规律、防治技术和工程治理研究	湖南省森林资源管理保护局 郴州市林业局 汝城县林业局	—	三等奖
53	2000	运行中大型变电站接地网接地电阻测试与研究	郴州市电业局 华中理工大学	—	三等奖
54	2000	经内镜内支架置放术治疗食管、贲门恶性狭窄临床研究	郴州市第一人民医院	龙秀官、吴志坚、陈亚光、曹　阳、李晓刚	三等奖
55	2000	紧凑型玉米栽培技术推广	湖南省粮油生产局 宜章县农业局等	—	三等奖
56	2001	资兴市可持续发展实验建设研究	资兴市人民政府	李小平、谭德仁、黄国平、盛茂林、黄湘鄂、袁林亲、胡章达	三等奖
57	2001	耐寒赤桉组培工厂化育苗技术研究	郴州市林科所	戴祥光、谭柏韬	三等奖
58	2002	永兴水电站机组增容技术研究	永兴县水电站	刘晓文、廖志华、李豫乡、王爱军、邝辉东	三等奖
59	2002	湖南省郴州市金船塘矿区锡铋矿普查	湘南地质勘察院	许世广、廖兴旺、黄懋鸿、邹昌新、魏绍六、陈荣华、邓松华	三等奖
60	2003	湖南白蚁区系及防治技术研究	湖南省林业科学院 郴州市林科所	童新旺、戴祥光、周　刚、何　振、尹世才、彭建文、钟武洪、杨小平、廖正乾	二等奖
61	2003	湖南省千里山—骑田岭矿集区构造背景研究	湘南地质勘察院	徐惠长、蒋希伟、邓松华、魏绍六、黄革非、罗小亚	二等奖
62	2003	东江湖银鱼移植增殖技术研究	资兴市渔业公司 资兴市科技局 湖南省畜牧水产局 资兴市江库业管理局	李龙球、张锦亮、黄海洋、欧燎原、谭德仁、朱晓春、黎天林	三等奖

续表 23-2-2-2

序号	年度	获奖项目名称	完成单位	完成人员	奖励等次
63	2003	巨桉、巨尾桉耐寒品种选育技术及机理研究	中南林学院 资兴市林业局 湖南省林业厅 蓝山县林业局	李志辉、朱日光、刘友全、左海松、姚先铭、周德明、杨模华	三等奖
64	2003	湖南省第三次农业气候区划试点研究	湖南省气象科学研究所 湖南气候中心 郴州市气象局 娄底市气象局 新化县人民政府	刘品高、汪扩军、林必充、帅细强、黎祖贤、吴齐家、曾小延	三等奖
65	2004	新型压力钢管伸缩节（亚钢华结构伸缩节）	资兴市东屋机电制造有限责任公司 长沙东屋机电有限责任公司	金捷生、宗　波、廖　吉、吴　冰、刘月芳、李庚午	二等奖
66	2004	一种简易筛查肠集聚性大肠杆菌新方法研究	郴州市第一人民医院 安仁县疾病控制中心	刘巧突、陈亚光、熊　波、钟　忠、吴润常、何志娟	三等奖
67	2005	耐寒桉树无性系育种及组培工厂化育苗技术	湖南省森林植物园 郴州市林科所	彭信海、夏晓敏、蒋利媛、谭柏韬、饶红欣、陈　灵、罗先权、刘光芳、何才生	二等奖

说明：1989—2005 年获市级科技进步奖励项目略

第三节　科技推广

一、科普宣传教育

1989—1995 年，郴州市（地区）围绕“科技兴郴”战略，着力推进科学技术普及宣传教育活动，以增强全民科技意识和科技应用能力。全市（地区）结合科技下乡活动，举办工农业科技知识和实用技术专题讲座 780 多次，科技知识流动展览 116 期，组织“科技宣传周（日）”活动 298 次，编印推介科普知识和实用技术书刊、简报 136 种，发放 38.4 万册（份）。1996 年 7 月，市委、市政府制定《关于进一步推动科学技术进步的决定》，明确规定把每年的 11 月 1 日定为全市科普宣传教育“科技日”。年内，全市新培植科技示范户 1628 户，新建科普示范基地 77 处，发展各类专业技术协会 64 个。县、乡、村三级举力农民科普培训班 4025 期，培训人员 21.29 万人次，发放各类科普资料 31.03 万份。是年，资兴市在科技示范户影响和推动下，掀起“户户学技术，村村快致富”热潮，农业先进适用技术覆盖面达 90%，农作物优良品种种植覆盖面达 95%。当年，湖南省社会发展综合试验区暨科普示范基地建设现场会在资兴市召开，资兴市坪石乡被列为湖南省科普示范基地。1997 年，全市建立省、市、县三级科普示范基地 85 个。当年 6 月，市委、市政府召开全市科技下乡动员大会，会后，分管副市长和市科委、市科协领导成员分头率科技人员送技术、送科研物质下乡。1998 年，全市组织科技人员下乡 1.92 万人（次），举办科技讲座和培训 1270 期，培训农民 14.76 万人（次）；举办科普集市 61 场，接受科技咨询服务的农民群众

36.69 万人（次），赠送科普资料 84.6 万份。

2001 年始，市科技主管部门重点抓好每年一度的全市“科技兴郴宣传周”活动，广泛开展科普宣传教育。此活动主要采用建立科普知识宣传一条街（长廊），举办科技论坛、讲座、展览，组织专家、学者、科技人员下乡下厂（矿）开展科技咨询等活动。2002 年 5 月在“科技兴郴活动周”期间，郴州市城区举行“科技兴郴”万人签名活动，在人民西路建立“百米科普宣传长廊”。邀请省内外高等院校、科研单位 26 名专家分赴 56 户企业、23 个乡（镇）展开科技咨询，现场解答生产技术难题，并达成技术合作协议 22 项。2004 年 5 月在“科技兴郴宣传周”期间，相继举办“郴州市科技园区科技论坛”“郴资桂一体化科技协作会”“资兴市国家可持续发展实验区建设座谈会”等科技活动。2005 年的“科技兴郴活动周”，由市、县两级组织科技服务团下乡下企业解决工农业生产技术难题。市城区街道、社区还组织开展健康生活科普知识竞赛，居民参赛交卷率达 95%。全年组织科技下乡活动 50 余次，组织科技培训班 180 班（次），培训人员达 30 万人（次）。是年，郴州市科学技术协会获全国科普日活动先进单位，宜章县科学技术协会获全国农村科普工作先进集体，郴州市农业局陈国发、桂东县科协黄仁亲、安仁县食用菌协会袁王苟获全国农村科普工作先进个人等称号。

2005 年，郴州市完善科技网络，创新科普活动形式。全市 90% 的乡镇实现计算机宽带上网，95% 以上行政村实现科技服务电话连线。通过与郴州电视台经济生活频道信息文艺频道联合，使“郴州科技信息港”日渐成为群众查阅科技信息的主要窗口，郴州科技网站查询、访问量高达 50 万人（次）。

二、科技推广体系建设

自 1989 始，郴州逐步建立以地（市）、县（市、区）、乡（镇）三级农业技术推广站和企事业单位科研开发机构为主体，以农村科普基地、科技型企业为样板，以科技示范户和企业技术为骨干的科技成果推广网络。1994 年，临武、宜章、安仁、永兴四县率先建立县级农技推广中心，全区 249 个乡镇有 244 个乡（镇）恢复建立农技推广站，有乡镇基层农技推广人员 720 人。1997 年，市委办公室、市政府办公室下发《关于加强农业技术推广体系建设的决定》，要求县级建立农技推广中心，乡镇一级建立农技推广站、并做到人员、经费、场地、设施四落实，村级组建农技人员队伍；企业要设立科研开发机构。之后，农技推广体系得到巩固和发展。

到 2002 年，全市 251 个乡镇普遍建立乡镇农技站、畜牧站、农机站“三站合一”的农业技术推广站，计有农技推广人员 1243 人，其中中级职称 75 人，初级职称以下 1168 人。乡镇农村推广站有 153 个建有独立门户站房，面积达 6.16 万平方米。村级以科技示范户为骨干设兼职农技员上万人。全市建立县级以上农村科普基地 95 个。此外，除北湖区外，全市建有市、县两级林业科技站 11 个，林区建有乡（镇）林业科技推广站 28 个，配有专职林技推广员 45 人。

2005 年，全市 11 个县（市、区）和 250 个乡镇建有县、乡两级农技推广站（中心）61 个，其中县级 11 个、乡（镇）级 250 个。是年，全市 85% 的预算内工业企业建立科技开发机构，大中型企业普遍实行工程师技术负责制下的科技推广工作，258 家民营科技型企业中有 179 家骨干企业建立科研机构，有 228 家建立技术开发机构。有企业科技人员和技术骨干 7136 名。

三、科技成果推广应用

1989以后，郴州对各类科技成果推广应用，采取试验示范、政策扶持和号召引导相结合办法组织实施。纳入市（地区）级以上科技计划成果应用项目，由市（地区）级以上科技部门会同行业主管部门组织实施、进行管理和签定验收。1989—1990年，全区重点组织特优水果开发、水稻规范化栽培、中低产田改造和杂交水稻新组合高产栽培等科技成果转化项目40项。

1991—1996年，围绕运用先进技术重点开发优质高效产业。此间，在农业、林业、养殖、水产及机电、化工、建材、矿产加工、食品、电子等行业，先后组织推广应用（包括引进、消化、吸收）市（地区）级以上各类科技成果推广项目400余项，投入与新增产值之比为1∶10.8。农业科技成果突出推广水稻、旱粮、经济作物、水产、畜牧等种、养殖业先进技术和优良品种。培育和推广种植的蔬菜新品种“郴茄一号”被省命名为“湘茄三号”；山羊养殖通过推广优良品种、杂交改良、秸杆氨化、草场改良及羊病防治等配套技术，全市山羊生产渐成产业化和规模化。其6年间年均出栏山羊达10万只，为1990年的4倍。工业领域通过科技成果的推广、转化，初步形成以微电子、电器、新材料、生物工程、机电和矿产品深加工为主的高新技术产业。1996年，全市高新技术产品产值达6亿元。

1997年5月—1998年5月，郴州市开展“科技成果转化年”活动，筛选推广高效、高产、低耗、优质的工农业生产技术78项。1999年1月，市委、市政府下发《关于开展“科技推广年”活动的若干意见》，启动“科技推广年”活动。全市筛选408项科技成果作为推广项目。各县（市、区）政府即与市政府签订科技推广目标责任书。继后，境内相继建立一批科技成果配套转化的基地产业群：苏仙区栖凤渡镇超级杂交中稻示范区、资兴市湘云鲫工程鲤繁育中试基地（年孵化鱼苗600万尾）、临武县鸭产业开发基地、苏仙区栖凤渡镇良种猪养殖基地（建有万头良种猪养殖场）、苏仙区两系法杂交稻高产制种基地（系湖南省四大杂交稻制种示范地之一）、郴州农科所国家烟草繁殖基地等。是年，郴州市推广工厂化育秧6.82万公顷，优质稻种植7.64万公顷，高产杂交玉米种植5.88万公顷。此外，郴州丰利金刚石股份有限公司、郴工集团成为国家级区外高新技术企业和国家重点火炬企业；完成市级科技推广示范带百千米长廊建设，实施科技推广项目80项。1999年，通过科技成果的推广实施，新增产值40.1亿元，新增利税近7亿元。

2000年，苏仙区栖凤渡镇栖凤渡村推广示范种植的超级杂交稻亩产居全国首位。8月，该村采用杂交稻高产种植新技术种植的9.43公顷培矮648/9311组合超级杂交水稻，经全国超级杂交稻验收组验收，平均每公顷产稻11667.15千克，最高顷产12108千克，突破国家“863”高科技规定的顷产10500千克，产量居全国低纬度、低海拔100个示范点之首。是年，郴州市承担各类科技成果推广项目600余项。其间，通过科技成果推广，工农业生产大量采用先进科学技术，使一些产业形成多品种、高效益、集约化发展格局。全市农业科技运用新增产值16.2亿元，科技入户率90%，比1990年分别增长31.9%和25%。

2005年，工业领域突出运用自主开发的高新技术成果改造传统产业，促使产品升级。先后推广提炼贵重金属、电子及玻璃产品制造，以及钻石钨、金刚石热压复合片、变压冷却器、无压热水锅炉等新技术、新工艺。是年，郴州高斯贝尔数码科技有限公司通过引进吸收高新技术研制的新产品，产值达1.5亿元。郴州市钨制品有限责任公司应用高科技生产的钨制品占领国内市场40%的份额，年产值9.5亿元，利税突破1亿元。郴州市农夫机电有限公司，应用新技术研制的“全喂式和半喂式联合收割机”，列入国家“星火计划”项目重点开发。全市科技进步在工农业生产增值中占有贡献份额由1989年的35%提高到52.3%。

四、科技推广项目选介

杂交水稻高产制种技术 1989年，资兴市承担省和国家重点科研项目“杂交水稻超高产制种技术”研究。广大农业科技人员通过3年协作攻关，于1991年成功摸索出“父本小双行、母本高密度、施好穗花肥、轻度割叶、花前振动母本、科学赶粉”等整套超高产稳产的规范化制种技术，使杂交稻制种产量大幅提高。1992年和1993年，该市制种面积在335公顷左右，亩产分别达到250、280.5千克，并涌现亩产达492.4千克的高产田。1993年后，资兴市在220个制种生产基地的2.2万户制种户中，全面推广这一制种先进生产配套技术，使全市3300多公顷制种田常年平均每公顷产种3750千克左右，比常规技术顷产增加2倍和3倍。全市年生产杂交稻制种1250万千克，畅销全国10多个省、100多个县。1994年，著名杂交水稻专家袁隆平为郴州地区种子公司题字：“郴州种业，走向世界”。郴州杂交稻制种技术居全国领先水平，成为基地稳定、技术过硬、优质高产的国家级杂交稻制种生产、经营基地。

水稻控水增产技术 1996—1997年，郴州市水电局水稻控水增产技术推广课题组人员，在安仁县、资兴市等地的39乡镇、421村、16.17万户农户推广零陵灌溉试验站的水稻控水增产技术。推广面积累计8.07万公顷次，经郴州市科委组织验收，两年间总节水6661.7万立方米，增产2525.43万千克，实现增收节支总额3649.5万元。

中低产田改造技术 自1995年始，郴州市普遍推广中低产田改造技术，各地根据不同类型中低产田的致因，推广不同改良技术。对山区和丘陵地带中低产田推行开好“环山沟、排水渠、灌水沟”方法加以改造。2005年，全市开挖排水沟7886条，总长512.6万米。其中片石干砌261.4万米，稻田地下水一般降至60厘米以下，改造低产田2.79万公顷，其粮食单产较之改良前增产22.3%。对土壤结构失调，肥力缺乏的中低产田进行“小面积掺沙，大面积增施有机肥”改造。至2005年，改造此类中低产田2万公顷。对17.29万公顷养分缺乏的中低产田推行“缺素补素，平衡施肥”技术加以改良，土壤氮、磷、钾及微量元素肥转趋均衡。全市年均推广平衡施肥面积稳定在5.33万公顷。至2005年，市、县、乡三级累计投入中低产田改造资金6500万元，采用技术措施改造达标的中低产田3.07万公顷，每公顷平均单产较之改良前增加2250千克以上，全市中低产田改造每年可实现增产8500万千克。

生猪品种改良与良种繁育 境内生猪品种改良及良种推广即由二元、内三元向外三元转变。20世纪80年末期，生猪养殖业以农户散养为主，一般为二元杂交、内三元杂交型猪。根据市场需求，1990年，在桂阳、宜章县完成“瘦肉型良种猪饲养及配套技术推广”项目。1993—1995年，郴州市（地区）开始实施“湘白猪桂阳系（Ⅲ系）良种”推广项目，三年内推广湘白猪桂阳系母猪6790头，出栏优质瘦肉型猪7.96万头。1994年，郴州地区推广生猪人工授精技术，在82个重点乡镇相继建立标准化生猪人工受精站。继后，年均人工配种达8万多胎次，向养殖业提供生长快、体型长、大的外三元杂交猪苗。2002年，郴州市畜牧水产局推广“优质三元杂交瘦肉型猪生产技术”。2005年，全市出栏优质三元杂交瘦肉型猪182.87万头，占全年生猪出栏总数的33%。

耐寒桉树引种造林 该项目属省部级科技推广项目。1992年，为推进郴州形成多林种、多树种、多功能、高效益的林业发展格局，境内从澳大利亚引进耐寒桉树树种，在资兴市、苏仙区、桂阳县等地进行造林试验，先后引进16个桉树品种，试验面积373公顷。经1998年冬季特大霜冻（极端低温-9℃）检验后，发现赤桉、邓恩桉、柳桉等品种较为耐寒，可在郴州推广种植。2000年以后，全市11个县（市、区）开始造林种植赤按、邓恩桉、柳桉，到2005年，推广种植面积达0.233万公顷。

肉牛优良品种改良技术　20世纪90年代末期，为适应市场对高品质牛肉的需求，郴州各县（市、区）相继立项，引进河南南阳牛、西门塔尔公牛等良种肉牛品种，与湘南黄牛进行杂交改良。2000年，主要推广冷配杂交技术对肉牛品种进行改良。2004年，由省畜牧水产局专项投入22万元，建立市级液氮站，实施"肉牛冷配技术"推广，先后引进西门塔尔、短角、夏洛米、利木赞、安格斯、摩拉水牛、德国黄牛等冷精1.3万颗。2005年，建立市级液氮站1个，县级中心品种改良站5个，乡（镇）村品改良站60个。是年，市、县、乡、村四级构成肉牛改良网络，全市肉牛品种逐渐多样化，仔牛繁育基本能满足境内肉牛养殖对种源的需求。

渔业养殖技术　1990年，郴州地区畜牧水产局主推"种草养鱼丰产技术""池塘精养""模式化稻田养鱼""大水面放养""网箱精养"等渔业养殖技术。全区推广"种草养鱼丰产技术"。1991年，种草面积364.2公顷，产鲜草1万余千克；推广大水面"水库养鱼综合技术"。2005年，全市种草池塘养殖1.26万公顷，产鱼5.36万吨。2002年，全市成功实施"冷水性鱼类虹鳟鱼网箱养殖技术"推广项目，其项目推广获湖南省农业丰收计划一等奖。2005年，全市水库围栏、网箱养鱼总水面1.9万公顷。1994—1995年，实施"鱼病综合防治及池塘养鱼丰产配套技术推广"项目，在北湖区、苏仙区、资兴市、永兴县、桂阳县、安仁县推行该项目养鱼1.61万公顷，年产鲜鱼3.6吨，两年间创产值3.6亿元，实现新增收0.8亿元。1997年，在桂阳、临武、桂东、资兴四县（市）实施完成8万亩"模式化鱼田工程技术推广"项目。2005年，全市模式化稻田养鱼3.66万公顷，年产鲜鱼1.17万吨，鱼种1528吨1.26亿尾。

烟叶机烘烤房　1989年，桂阳县农机局技术人员设计建成冷热交换器机械烤房（又称烟叶机烘烤房），既节能，烟叶烤质又好。1990年9月，该项发明获国家专利。1993年，郴州地区将烤烟优质丰产栽培及热交换器系列烤房技术列入农业丰收计划推广项目，并由地区农机局牵头，由桂阳和嘉禾县烟草公司、农机局、农业局分别组织实施。是年，桂阳、嘉禾两县建成烟叶机烘烤房6037座，其每座烤房烤烟一次比普通传统烤房节煤51.6千克，干烟平均价提高0.48元/千克。1994年，全区实施省农机局下达的"郴州地区烤烟优质高产机械化综合技术推广"项目，改建热交换器系列机烘烤房1.28万座，全年烘烤干烟703.56万千克，干烟总增值337.71万元，节煤6396吨（计价63.96万元）。新增财税收入406万元。此后，热交换器系列机烘烤房不断优化和推广应用。

微型水力发电机及其配套设备技术　1990年，利用偏远山区丰富水力资源，推广微型水力发电机及其配套机组技术。当年，全区推广微型水力发电机312台，装机容量432.35千伏，总发电量26.7万千瓦时，受益农民3500多户。地区农机局作为该项目完成单位之一，获1991年湖南省农业机械化科学技术进步一等奖。1994年，全区推广703千伏微型水力发电机567台，使一些具有水力发电条件的5800多户农户基本上实现自己发电，并配套使用微型碾米机、磨浆（粉）机、微型水泵等机械，当地生产、生活条件明显改善。

优质烟生产试验与推广　1988年，郴州地区成立优质烟开发领导小组。1989年，全区展开优质烟生产试验示范。1990年，种植示范面积1866公顷。当年，烟草科研人员陈传孟、赵松义、王崇杰等人主持的科研课题"优质烤烟栽培技术研究"，经中国烟草总公司鉴定予以推广。郴州优质烟在重庆鉴评会上获质量鉴评第二名。1992 年，全区优质烤烟种植推广面积增至 2.39 万公顷，占全区烟叶种植面积的 74.7%，年内优质烟叶收购 5.2 万吨，占年度收购总量的 89.7%。1993—1995 年，郴州进而开展“南岭山区不同海拔烟叶品质研究”，认定南岭山区 500 米～800 米海拔区烤烟种植的质量更优。1995 年，桂阳县在敖泉镇开展调香型主料烟试种植成功。1996 年，全市扩种至 2.95 万亩。嘉禾、永兴、安仁、宜章、桂阳五县所产的此类烟被湖南省烟草公司评为一档烟质。2000 年，全市又拉开国际型优质烤烟开发种植，在桂阳县桥市乡、和平乡和嘉禾县石羔乡种植 4830 亩。同年，所产烟叶在全省国际型优质烟开发综合评档中，桂阳县所产烟叶评为二档烟质。嘉禾县烟叶评为三档烟质。2001 年，桂阳县樟市镇所产的国际型优质烟被评为全省一档烟质。2005 年，全市生产国际型优质烟草 7.2 万吨。

钨冶炼技术研究与应用 2003 年，柿竹园有色金属有限责任公司与株洲硬质合金集团有限公司合资在郴州有色金属工业园兴建郴州钻石钨制品公司（境内原无钨冶炼产业）。该公司组建技术开发中心，先后为钨冶炼技改项目“湖南省十大标志性工程”投入资金 1.4 亿元。该公司研发的钨冶炼“三个小循环技术”均达国际一流技术水平。公司将这一核心技术的创新推广应用于生产流程。其生产的钨制品成本低、品质优，氨耗量由原来的 320 千克 / 吨降至 150 千克 / 吨，年可节约液氨 1360 吨。2005 年，郴州钻石钨制品公司钨制品产量 2.40 万吨，实现销售收入 16.48 亿元。其生产的“钻石”牌氧化钨被评定为“湖南省名牌产品”。

煤炭采掘新技术新设备应用 从 1989 年开始，境内大中型煤矿不断推广煤炭开采科研成果，推进煤炭行业高产、低耗、安全开采。资兴矿务局（省属）所属各煤矿在回采工作面的上、下端头推广使用四对八梁和在上、下安全出口提前 20 米加强支护，基本消灭顶板事故。1990 年，该局相继购进高档普采、综采机组，全局所属矿当年采煤机械化平均率为 54.92%，（其周源山煤矿采煤机械率达 91.9%）。1992 年开始，该局在周源山、宝源矿的薄煤层中推广使用薄煤层采煤机，工作面月产量增加 2000 吨～3000 吨。1993 年，资兴矿业集团公司（原资兴矿务局）所有回采工作面全部使用单体液压支柱，回采工作面实现无重大顶板事故。同时，境内地方国有煤矿采煤根据煤层倾角度普遍推行“倾斜分层走向长壁式短壁式”“滑移顶梁放顶”“金属网下放顶”“单体液压支架配 π 型梁”等采煤法。嘉禾县袁家煤矿 1989 年在高突及自燃发火煤层中成功使用伸移顶梁单体液压支架，回采工效由 3.5 吨 / 工提高到 6.04 吨 / 工；资源回收率由 85% 增至 93%，采区巷道掘进率由 270 米 / 万吨降至 101 米 / 万吨；回采坑木消耗由 110 立方米 / 万吨降至 34.48 立方米 / 万吨，工作面成本由 28.9 元 / 吨减至 24.8/ 吨。1991 年，临武水东煤矿更新使用液压支架，采区回采率由 70% 提高到 85%，被煤炭部授予“部二级质量标准化矿井”。同年，郴州地区鲤鱼江煤矿推广精采细收先进技术，资源回收率升至 88.8%，被湖南省地质矿产局评为“全省矿产资源先进单位”。

计生节育新技术应用 1990—1994 年，郴州地区计划生育节育技术服务普遍推广“结晶天花粉蛋白引产技术”。1993 年，推广“皮下埋植避孕技术”。2005 年，全市实施皮下埋植避孕手术 5128 例，有效率达 99%，为不宜女扎和放置宫内节育器及生殖道畸形的妇女提供一种较好的避孕方法。1989—2005 年，境内还普遍推行“显微技术输卵管再通术”等先进节育技术。

第四节 高新技术产业及科技园区

一、高新技术产业

1989年，郴州地区逐渐淘汰一批劳动力密集、原材料消耗多、污染严重的产业，有计划地开发一批高科技、高效益、环保型的生产项目，使之形成高新技术产业。1990年，通过组织核心技术攻关，相继开发研制“无压热水锅炉”“直燃式溴化锂冷暖空调机”“康拜克A型钢桥”等一批高新技术产品。1995年，全市实现高新技术产业产值5亿元，利税0.48亿元。1996年，郴州公路工程机械总厂“康拜克A型钢桥”生产项目被列入国家火炬科技计划。是年，全市实现高新技术产业产值6亿元，利税8000万元。1997年，郴州市丰利金刚石股份有限公司开发出“金刚石激光焊接片”“金刚石复合锯片”高技术产品。该公司被湖南省科技厅认定为郴州第一家省级高新技术企业。“康拜克A型钢桥“被湖南省科技厅认定为高新技术产品，并被列入首批湖南省“百亿工程”项目。是年，全市生产高新技术产品企业达36户，完成高新技术产值7.2亿元，实现利税8000万元。1999年，郴州公路工程机械总厂研制的“9米水泥混凝土滑模摊铺机”、郴州三利碾米机厂研制的“优质米机成套加工设备”被列为湖南省高新技术产业引导资金项目。宜章华成有限公司研发的“锂离子电池石墨负极材料”、郴州金剑农药化工有限公司生产的“98%杀虫单原粉”、顺兴铁道线路器材厂研制的“可调轨距档板”被列为国家中小企业创新基金项目。是年，全市高新技术产业产值10.6亿元，比1995年增长2.1倍，实现利税1.08亿元。郴州公路工程机械总厂被湖南省科技厅认定为郴州市第二家高新技术企业。丰利金刚石股份有限公司生产的“金刚石复合锯片”被列为湖南省“百亿工程”项目和国家火炬科技计划。

1999年12月，市委、市政府下发《关于加强技术创新加速高新技术产业发展的通知》，要求利用高新技术改造传统产业，增强企业自主创新能力，推动产业转型升级。此后，全市高新技术产业进入优化结构、增加效益新阶段。2000年，设立高新技术产业引导资金100万元，扶持发展材料、有色金属和农产品深加工、能源、资讯、生物、电子等附加价值高、耗能少的技术密集型高新技术产业。2001年，境内企业研制的超声波清洗净化设备、铁道线路器材系列产品被列为湖南省高新技术产业引导资金项目。东屋机电公司生产的防堵型“双重管变压器油水冷却器”被列为国家重点新产品开发计划。至2005年，市内先后培育郴州钻石钨制品有限公司、高斯贝尔数码科技有限公司、郴州金贵有色金属有限公司、金箭焊料有限公司、湘晨高科实业公司、西河铅业有限公司、宇腾化工有限公司、金旺实业有限公司、东屋机电有限公司及郴州大北农饲料科技有限公司、裕湘面业有限公司等一批高新技术骨干企业，开始形成高新技术产业集群。2005年，全市高新技术产业产值72.3亿元，比1995年的5亿元增长14.5倍，实现利税8.5亿元，比1995年的4800万元增长17.9倍。全市生产高新技术产品企业从2000年的52户增加到160户。其中年产值超5000万元的企业39家，过亿元的19家，拥有国家级区外高新技术企业12户。高新技术产品由2000年的80种增至456种，其中拥有自主知识产权产品257种。

2005年，郴州市认定的骨干民营科技企业128户，产值过5000万元的27户，产值过亿元的12户，被认定为省级高新技术企业15户。民营科技企业完成高新技术产值逾50亿元，占全市高新技术产业产值的比重69.2%。民营科技企业郴州钻石钨制品有限公司以自主研发的“白钨矿与黑钨矿联合压煮工艺”为起点，不断技术创新，使仲钨酸铵和氧化钨质量提高，实现高新技术产值9亿元，成为当时世界重要的钨制品加工生产基地。此外，金贵、金旺、金箭、宇腾、湘晨、高斯贝尔、西河、舜华鸭业等民营科技企业，均形成高科技、高效益、环保型的产业化生产基地。

1996—2005年郴州市高新技术产业产值利税统计表

表23-2-4-1

年度	产值（亿元）	比上年增长（%）	利税（亿元）	比上年增长（%）
1996	6.00	20.00	0.60	25.00
1997	7.20	26.00	0.80	33.00
1998	8.00	11.10	0.93	16.30
1999	10.60	32.50	1.08	16.10
2000	13.00	22.60	1.28	18.50
2001	36.53	27.10	1.51	18.00
2002	20.54	24.30	1.96	29.80
2003	28.60	39.20	3.50	78.60
2004	41.00	43.40	4.76	36.00
2005	72.30	76.30	8.50	78.50

1997—2005年郴州市认定为省级高新技术企业

表23-2-4-2

认定年度	企业名称	高新技术产品	备注
1997	郴州丰利金刚石股份有限公司	激光焊接金刚石锯片、金刚石复合片	2002年因未年检被取消
1998	郴州公路工程机械总厂	康拜克A型钢桥、9M混凝土滑摸摊铺机	2002年因未年检被取消
2001	郴州金箭焊料有限公司	新型软钎焊用材料、新型稀土无铅焊料	—
2001	湖南鸿达环保设备制造有限公司	HD集装式多功能水车、HD一体化污水处理成套设备	—
2002	郴州金旺实业有限公司	高纯铋	2004年认定为省级重点高新技术企业
2002	郴州湘晨高科实业有限公司	纳米级片状银粉、高纯铂、高纯钯	—
2002	郴州圣大磁材有限公司	黑色锰锌铁氧体材料	2005年公司迁离郴州
2003	郴州高斯贝尔数码科技有限公司	电视前端设备数字调节器、波段高频头、平板天线	—
2003	永兴雄风有色金属有限公司	高纯铋	—
2004	郴州金贵有色金属有限公司	高纯银、高纯硝酸银、二氧化钛载银改性纳米抗菌剂	—
2004	郴州钻石钨制品有限公司	兰色氧化钨、偏钨酸铵	—
2005	郴州永星有色金属有限公司	高纯铋、高纯银	—

续表 23-2-4-2

认定年度	企业名称	高新技术产品	备 注
2005	郴州诚信印务有限公司	新型防伪商标盒	—
2005	郴州东塘电气有限公司	智能双电源自动切换箱、中央空调冰蓄冷控制器、低压无功自动补偿装置	—
2005	郴电科技有限公司	电子式载波表抄表、电子式预付费电能表	—

说明：省级高新技术企业由湖南省科技厅组织评定，始于1997年

二、科技园区

郴州市科技园区建设始于2000年，至2005年，建立高新技术产业、有色金属、生态渔业、民营科技及农产品加工市属科技园区5家。其中形成产业、基地规模的有3家，即郴州高新技术产业开发区、湖南郴州柿竹园有色金属科技工业园和郴州金海岸生态渔业科技园。3家科技园区总规划开发建设面积达30.9平方千米。期间，市级财政和多方筹资共为3家科技园区倾注开发建设资金8.7亿元，保证科技园区首期配套基础设施工程建设。同时，市委、市政府对于科技园区建设在土地供应、基础设施建设投入、水电供给、科技投入、税收、融资和人才引进等10个方面均出台特殊优惠政策予以扶持。2005年，其3家科技园区除郴州金海岸生态渔业科技园为外商独资项目外，进入市级另两家工业科技园区投资设厂的大中型企业达43户，投建重点科技产业项目126项。是年，140家科技企业落户市科技工业园、市有色科技工业园和石盖塘民营科技工业园。其中市有色科技工业园有钻石钨制品、金贵银业、湘金锡业等40户企业入园，完成固定资产投资2.99亿元，实现年工业总产值11.09亿元，财政收入5720万元。

三、郴州科技园区选介

郴州高新技术产业开发区　创建于2001年，位于郴州市经济技术开发区增湖村，规划区域面积5平方千米。2001年9月5日，原全国人大常委会副委员长费孝通为该园区书写园名“郴州高新技术产业开发区”。2003年1月，湖南省人民政府下函批准该区为省级高新技术产业开发区。郴州高新技术产业开发区旨在引领郴州高新技术产业发展，建成工业生产基地和郴资桂经济一体化带动区。该产业开发区具有市级综合管理权限和高效管理体制，在招商引资中突出高新技术产业发展，以优越的条件和优质服务初步形成集聚效应。2005年，开发区累计投入开发建设资金1.6亿元，投建面积150公顷，已建成66多公顷的项目用地已被入园企业认购。开发区紧邻武（汉）广（州）高铁客运西站和郴资桂高等级公路，交通便利。园区建有绿化、亮化、美化长2600余米的科技大道。水、电、路及通讯、电子成网配套。至2005年，落户该开发区设厂的高新技术企业15户，总投资9.83亿元。深圳博利昌数控切割集团、台湾昆仰电子集团、北京大北农集团、中国路桥集团、南燕汽车制造厂、湖南三九制药集团、湖南东润联合制药公司、湖南鸿达环保设备制造有限公司及郴州金箭焊料有限公司、郴州裕湘面业有限公司、郴州冷环境设备有限公司等大型知名企业均在开发区建立生产和商业基地。该区初步形成新材料、生物制药、机械制造三大高新技术生产项目区。

湖南郴州柿竹园有色金属科技工业园　始建于2003年，位于郴州市东部白露塘区域内，离郴州中心城区9千米，规划建园面积22.5平方千米。建立柿竹园有色金属科技工业园旨在充分利用郴

州有色金属矿产资源优势，促进郴州有色金属产业跨越式发展。4月18日，湖南省人民政府批准该园区为省级科技工业园，命名为湖南郴州柿竹园有色金属科技工业园。园区分为生态工业区、技术服务区、商贸服务区、生活居住区和生态休闲区，致力打造成基础设施一流、环境优美的绿色生态工业新城和知名产业化基地。重点发展钨、锡、铋等有色金属、石墨、萤石等非金属深加工，电子信息、机械制造、化工产品及其它高新技术产业。至2005年4月，园区完成社会固定资产投资6.9亿元，其中基础设施建设2.73亿元。首期工程开发投建面积5平方千米，基本完成供水、供电、道路、通讯管网等配套设施建设。2005年，园内引进落户的重点企业21户，投资上亿元的产业项目11个。当年，园区落户企业实现工业总产值10.83亿元，工业增加值3.47亿元，创税收8200万元。同年7月，郴州设立的首个博士后工作站即湖南大学工商管理学院管理科学与工程博士后工作站在该园挂牌成立。8月，湖南省科技厅批准建立以柿竹园有色金属科技工业园为主体的湖南郴州稀贵金属深加工产业基地。

第五节 科技管理

一、科技计划管理

（一）科技发展规划

1989—2005年 郴州市（地区）科技执行计划与国民经济发展五年计划同步，实行“五年计划”长远发展规划管理。1990年，地区科委在“七五”（1986—1990年）计划执行的基础上，根据经济发展对科技的需求，编制《郴州地区“八五”期间（1991—1996年）科技计划编制纲要》。“八五”期间围绕生物技术、新材料技术、高效节能技术、优质资源综合利用深加工技术，以及种养业、农产品深加工等支柱产业开展科技发展规划管理，安排全市性重大科技计划项目28项。1996年，市科委组织编制《郴州市“九五”期间（1996—2000年）科学技术发展规划》，发展规划围绕科技计划编制纲要，全市安排重大科技计划项目58项，包括实施高新技术发展、东江湖工程鲫（鲤）鱼种繁育、资兴市杂交水稻高产制种配套技术推广、郴资桂经济一体化科技开发、水稻丰产示范、优质水果培育、反季节蔬菜工程和粮油机械新产品、公路工程新设备、提炼加工贵重金属新技术、玻璃制造新工艺及金刚石热压复合片、微型柴油机研制等子规则。2000年11月，市科委制定《郴州市“十五”期间（2001—2005年）科技发展规划》，《规划》将科技的优、劣势进行评估，对科技计划目标、重点、布局作详细阐述。其间，全市安排重点科研项目129项，突出发展“一高三特”产业，即高新技术产业，特色农业、矿业、旅游业，同时，把培育科技先导型企业和民营科技企业列为工作重点。5年间，全市通过执行“九五”科技发展规划倾力扶持民营科技企业发展。2005年，全市经科技部门审定注册的民营科技企业由2000年的127户增至258户，增长1倍有余。其中高新技术产品生产企业有78户，占全市高新技术产品生产企业116户的67.2%。全年完成高新技术产品产值14.12亿元，占全市高新技术产品产值的68.8%。

（二）年度科技计划

年度科技计划由郴州市（地区）科委会同市（地区）计委、工交（经委）、农业、财政等部门，根据上级科技计划和本地五年科技发展规划制订，由市（地区）科委、计委共同下达。重点安排年内科技实施计划项目、科技三项经费（科研经费、中间实验经费、新产品试制经费）和科技物质。自1990年始，省科委逐步对地、市科技计划改指导性切块经费为指导性计划项目经费。1991年，经组织项目申报，郴州列入国家科技计划6项，省级37项，地级70项，计争取国家、省、地三级科技拨款212万元，科技周转资金260万元，科技开发货款1544万元。此后，年度科技计划突出安排重点领域实施项目。农业包括粮食作物、草食动物、水产、水果、菜蓝子工程等项目。工业包括用高新技术改造传统产业，生产核心技术攻关和高新技术产品、产业开发等项目。2000年后，年度科技计划注重处理各科技门类比例关系，合理分配科技经费、物质，规范项目申报程序和组织实施运作程序，实行科技计划项目档案管理、跟踪管理和项目入库管理。2000—2004年，通过年度科技计划的调控和引导作用，全市兴建市、县两级科技园区8个。2005年，列入国家、省级各类各级科技计划项目升至52项，争取专项资金214万元。1989—2005年，全市组织实施年度科技计划项目主要有科研攻关计划、“星火”计划、“火炬”计划、井冈山老区扶贫计划、社会发展、软科学研究计划、科技型中小企业技术创新基金项目国家重点新产品计划项目及湖南省高新技术引导资金计划。在此期间，除国家、省下拨科技计划项目经费外，市本级财政逐年增加对科技的投入，其科技三项经费由1989年的10万元增至320万元。17年间，市财政累计投入科技三项经费和高新技术引导资金2255万元，为年度科技计划的执行提供财力支撑。

1989—2005年郴州市（地区）科技经费投入情况一览表

表23-2-5-1 单位：万元

年份	地（市）本级科技经费投入	金额	上级下拨科技经费	金额	总计
1989	科技三项经费	10	无	—	10
1990	科技三项经费	10	省拨经费	50	60
1991	科技三项经费	12	省科委切块经费	39	51
1992	科技三项经费	15	省科委切块经费	16.9	31.9
1993	科技三项经费	25	省科委切块经费	29	54
1994	科技三项经费	33	国家、省拨经费	295.8	328.8
1995	科技三项经费	30	国家、省拨经费	90	120
1996	科技三项经费	60	国家、省拨经费	116.33	176.33
1997	科技三项经费	100	国家、省拨经费	305	405
1998	科技三项经费	110	国家、省拨经费	341.9	451.9
1999	科技三项经费	150	国家、省拨经费	495	645
2000	科技三项经费	150	国家、省拨经费	455	735
	市高新技术引导资金	130			
2001	科技三项经费	160	国家、省拨经费	445.1	715.1
	市高新技术引导资金	110			
2002	科技三项经费	180	国家、省拨经费	134	314
2003	科技三项经费	200	国家、省拨经费	115	315

续表 23-2-5-1

年份	地（市）本级科技经费投入	金额	上级下拨科技经费	金额	总计
2004	科技三项经费	250	国家、省拨经费	130	480
	市高新技术引导资金	100			
2005	科技三项经费	320	国家、省拨经费	202	622
	市高新技术引导资金	100			
合计	—	2255	—	3260.03	5515.03

说明：科技三项经费即科研经费、中间实验经费、新产品试制经费；切块经费系由省科委每年将一定数量的科技三项费用划分下拨的经费

二、科技目标管理与创建工作考核

（一）县级科技工作目标管理

1991年，郴州地区科委根据地委、行署对科技工作的要求，对各县（市）科技管理部门推行工作目标管理，以年初地区部署的科技工作任务为目标管理内容，分项量化设总考核分100分，年终组织对县（市）科委工作检查考核后评选出一、二、三等奖。在实施县级科技部门工作目标管理的同时，1998年4月，市委组织部、市科委、市人事局下发《关于对县（市、区）科技工作进行考核的通知》，市财政还设立专项经费奖励获一、二、三等奖的县（市、区）。其重点考核县级党政领导科技意识，财政科技投入、科技队伍和工作网格建设及科技成果转化等项内容。郴州在全省率先对县级党委、政府进行科技工作目标考核的做法，被省科委推介。2005年，为简化考核操作程序，将原两项考核并为一套考核方案，同步开展。县级科技部门考核评优结果由市科技局通报表彰，县（市区）科技工作考核评优结果由郴州市政府通报表彰。是年，各县（市区）年投入科技三项经费占财政总支出比由1998年前的不到0.1%升至1%以上，其高新技术产业年产值较之1997年增幅均在25%以上。

（二）创建全国科技工作先进县与科技进步考核

1992年，国家科委针对县（市）科技工作的任务和特点，部署开展创建全国科技工作先进县（市）活动，并制定达标标准和评价指标。地委、行署及时推介郴县自1986年就对科技工作进行指标量化考核的工作经验，以推动这一创建工作开展。各县（市）逐年增加科技投入，健全完善科技网络，倾力实施科技计划，科技工作迈入新的发展阶段。1995年，苏仙区经国家科委组织验收被授予“全国科技工作先进县”称号。2000年，全市11个县（市区）先后有桂阳、资兴、北湖、桂东、嘉禾、永兴、临武和宜章等9个县（市区），跻身全国科技工作先进县（市区）行列。2001年8月，科技部根据中共中央、国务院《关于加速科学技术进步的决定》，确定对评为“全国科技工作先进县（市区）”的单位进行科技进步考核，并评选出一定比例的全国科技进步单位。郴州市科委随即制定下发科技进步考核细则及实施办法。当年，会同省科委对原9个获全国科技工作先进称号的县（市、区）进行复查考核，通过考核，北湖区、资兴市、桂阳县被科技部授予“全国科技进步先进市（县区）”称号。从2002年开始，按照两年一考核，滚动管理的原则，对2002—2003年各县（市区）科技进步工作进行考核。除安仁县外，其余10个县（市、区）均获通过。资兴市、北湖区、苏仙区被评为全国科技进步先进县（市区）。2005年，在组织对2003—2004年年度的全国科技进步考核中，

全市有资兴市、桂阳县和嘉禾县评为全国科技进步先进市（县），考核评估结果居全省前列。

（三）科技达标和创建科技先进、示范乡镇

1989年，境内开展乡镇科技工作达标活动，重点推动乡镇基层科技管理体系、推广网络建设和应用。是年，全区经考评科技工作达标的126个乡（镇）除配备科技副乡（镇）长外，还配置一名科技专干（兼干），村级还配有兼职农技推广员1850名，建立村级科技服务组织510个，乡镇科技推广覆盖面均在95%以上。3年间，126个科技达标乡（镇）工农业总产值年平均增长率比全区工农业总产值年均增长率高6.4个百分点。国家科委向全国推广郴州开展乡镇科技达标的做法，并把郴州地区列为全国科技达标培训基地。1997—2003年，全市进而开展创建科技工作先进乡镇活动。2003年，全市经评审创建科技工作先进乡（镇）94个。2004年，郴州境内在创建科技工作先进乡镇的基础上又拉开创建科技示范乡镇活动，即在复查合格的科技先进乡镇中按一定比例评选出全市科技工作示范乡镇。2005年从上年度复查合格的51个科技工作先进乡（镇）中评选出科技工作示范乡（镇）22个，由市委、市政府行文予以通报表彰。2005年后，创建科技工作示范乡（镇）工作取销评选科技先进乡（镇）活动，并实行动态管理，即对获示范称号乡（镇）以3年为一周期重新进行评审认定。

三、科技成果管理

（一）评议鉴定验收

1989—2000年，郴州市（地区）科委对科技成果的评议鉴定验收依然执行1985年地区科委颁发的《关于科技成果鉴定和科技进步奖励申报工作中的几项暂行规定》的办法。科技成果的评议鉴定主要采取会议或通信的方式，邀请有关专家、学者及专业技术人员进行测试、评定，对科技成果的先进性、实用性及技术水准作出书面鉴定。12年间，市（地区）科委主持技术鉴定236次，组织通信鉴定11次，并给每项科技成果颁发技术鉴定证书或验收证书。2001年，按照湖南省科技厅颁发的《湖南省科技成果鉴定管理规定（试行）》进行科技成果鉴定。2003年6月，市科委制定《郴州市科技成果鉴定与验收工作规则》（以下简称《规则》）。《规则》对科技成果鉴定的范围、条件、形式、要求及申报验收等事项均作出明确规定，并要求凡通过正式技术鉴定的科技成果，须经科技管理部门按隶属关系逐级申报、登记，以便加强成果管理。1989—2005年，市科委依照科技成果鉴定验收办法和程序，组织或主持鉴定、验收技术（或产品）科技成果428项，其中工业类127项，农业类178项，医药卫生和社会发展类123项。

（二）评审奖励

1986年，郴州地区科技成果评奖委员会更名为郴州地区科学技术进步奖评审委员会。同年4月，郴州行署颁发《郴州地区科学技术进步奖励办法》。1995年5月，原评审机构改称郴州市科学技术进步奖评审委员会。评审委员会下设工业组、农业组和医卫社发组3个组，由30位评委组成，负责对全市提交的获科技进步奖的科研成果进行评审、批准和授奖，并面向社会推行科技成果“公示制”（即成果自报刊公告一个月内接受对其异议）。1989—2000年，科技进步奖分为一、二、三、四等4个等级，奖金分别为5000元、3000元、2000元和1000元。重大科技成果另设特等奖。2000年，改设一、二、三等奖3个等级。2004年，奖金额度分别提高到10000元、6000元和3000元。2005年12月，市政府下发《郴州市科学技术奖励试行办法》（以下简称《办法》）。《办法》除沿用原奖励原则和规定外，着重提出要提升科技成果的评审质量，每年度授奖项目不超过35项，其中一等奖一般不超过5项。并第一次提出设立郴州市科学技术进步奖励委员会。当年，科技成果奖还首设2个特等奖，各奖10万元。1989—2005年，评审奖励市级科技成果389项，其中郴州柴油机厂研制的“节能柴油机”、郴州地区及资兴、安仁、永兴、郴县（苏仙区）种子公司合作的“杂交水稻超高产制种技术推广”等6项科研成果分获特等奖。这一时期，全市（地区）获省级科技进步奖励成果90项，获国家科技奖励成果5项。

四、专利与技术市场管理

（一）专利管理

1988年3月，郴州地区专利站更名为郴州地区专利管理处，1996年10月，郴州市专利管理处改为郴州市专利管理局，为郴州市科学技术委员会归口管理的副县级专利工作机构，另设专利事务所，从事专利申请代理。其间，全市60%以上企业设立专利管理机构或配备专职专利管理人员。郴州市专利申请量呈逐年稳步上升态势：“七五”期间（1986—1990年）申请量189件，年均增长11.55%；“八五”期间（1991—1995年）332件，年均增长3.9%；“九五”期间（1996—2000年）559件，年均增长26.5%；到“十五”期间（2001—2005年）速增至1245件，年均增长17.94%。在“七五”至“十五”期间（1986—2005年），全市专利申请2325件，获专利授权1170件。在专利申请中，实用新型专利1475件，发明和外观设计专利850件；申请人中非职务发明专利占78%，职务发明专利占22%。1998年10月，境内湖南东屋机电公司研发的“水电站压力钢管玻纹封套管式伸缩节”技术，获美国、德国、法国、加拿大和俄罗斯等11个国家的国际专利，该公司为郴州首家获国际专利技术的企业。并对专利实施列入科技计划项目进行管理，建立考核评比机制，以促进专利技术的实施。2000年，对大中型企业专利实施调查显示，专利实施率为64.8%。资兴顺兴铁道线路器材厂自主开发的“可调轨距档板”专利产品，销往全国14个铁路局。2000年，这一专利产品销售收入2200万元，创利税300万元。郴州粮油机械设备有限公司的“立式双辊碾米机”“立式双辊白米抛光机”两项专利产品销售额占公司总销售额的86%。

2001年8月，郴州市知识产权局成立后，专利管理工作和专利执法工作进一步加强。1989—2005年，共受理结案专利纠纷58起，检查药店、商场（店）87次，查处假冒专利商品153种，近万件。同时，大力打击生产领域的假冒专利行为。2000年10月，郴州粮油机械有限责任公司向武汉市中级人民法院起诉湖北省安陆市粮油机械设备有限公司侵犯其“立式双辊碾米机”和“立式双辊白米抛光机”技术专利权一案，经郴州市知识产权局全力协助，最终胜诉结案。2001年3月，工商户潘泰煌向郴州市知识产权局起诉四川乐山电机厂侵犯其“自熟榨粉丝机”产品专利权。该局派员与原告潘泰煌赴四川调查取证，后经四川省专利管理局调处，此案胜诉。2001—2005年，全市依法查处专利侵权案153起；成功调处专利纠纷案件3起。2004年1月，郴州市知识产权局被国家专利局评为“全国专利系统先进集体”。

1989—2005年，郴州的专利技术实施率为45%。全市11个县（市、区）累计专利实施项目932项，实现产值27.54亿元，创利税3.79亿元。

1989—2005 年郴州市（地区）科技经费投入情况一览表

表 23-2-5-2　　　　单位：万元

序号	获奖专利项目名称	获奖等级	获奖时间及奖项名称	获奖地点
1	一种节煤烤烟房供热系统	十佳奖	1990 年专利实施十佳项目	长沙
2	一种单细胞蛋白生产方法	铜牌	1990 年第五届发明展览会	天津
3	MGCZ100×10/12 多层单体重力谷糙分离机	二等奖	1990 年度郴州地区科技进步奖	郴州
4	单细胞蛋白生产方法	铜牌	1990 年第二届国际专利及新技术新产品展览会	广州
5	无压热水采暖锅炉供热系统	铜牌	1990 年第五届发明展览会	天津
		金牌	1990 年第二届国际专利及新技术新产品展览会	广州
		银牌	1991 年国际发明展览会	巴黎
		金奖	1991 年国家“七五”星火奖	北京
6	CZ175F 型节能柴油机	特等奖	1991 年度郴州地区科技进步奖	郴州
7	汽缸倾斜式柴油机	金奖	1991 年国家“七五”星火奖	北京
		十佳奖	1991 年度专利实施十佳项目	
8	MMJM100125 型白米分级回转筛	一等奖	1992 年度郴州地区科技进步奖	郴州
9	TQLM100/125 型平面回转振筛	二等奖	1992 年度郴州地区科技进步奖	郴州
10	CZL5102GLQSC 沥青洒布车	二等奖	1992 年度郴州地区科技进步奖	郴州
11	机烘烤烟房	二等奖	1992 年度郴州地区科技进步奖	郴州
12	RM25 型煤粉燃烧装置	四等奖	1992 年度郴州地区科技进步奖	郴州
13	单臂连杆重力谷糙分离机	十佳奖	1993 年度专利实施十佳项目	长沙
14	MGC80×5.80×7 单臂连杆重力谷糙分离机	二等奖	1993 年度郴州地区科技进步奖	郴州
15	自熟榨粉丝机	铜牌	1994 年第九届发明展览会	北京
16	回乐高级洗衣膏	铜牌	1994 年第九届发明展览会	北京
17	DJM50-32 型胶管接头模压机	二等奖	1994 年度郴州地区科技进步奖	郴州
18	CZL5170CLQSJ 沥青洒布车	三等奖	1994 年度郴州地区科技进步奖	郴州
19	防堵型双重管系列变压器油水冷却器	二等奖 二等奖	1997 年湖南省科技进步奖 1998 年度国家技术发明奖	长沙 北京
20	可调轨距档板	二等奖	1998 年度郴州市科技进步奖	郴州
21	HD 一体化污水处理新技术研究开发	二等奖	1999 年度郴州市科技进步奖	郴州
22	汽车尾气净化装置	铜牌	2000 年第十二届发明展览会	宁波
23	JCC 超声波连续式清洁烘干设备	一等奖	2000 年度郴州市科技进步奖	郴州
24	新型软钎焊用材料	二等奖	2000 年度郴州市科技进步奖	郴州
25	LS 轻质高效屋面绝热板	三等奖	2000 年度郴州市科技进步奖	郴州
26	推拉平开折叠窗	发明金牌新产品金奖	2000 年第十二届发明展览会	宁波
		铜牌	2000 年第十六届国际发明博展会	匹兹堡

续表 23-2-5-2

序号	获奖专利项目名称	获奖等级	获奖时间及奖项名称	获奖地点
27	MNML 立式双加强碾米机 MFGL 立式双辊白米抛光机	二等奖	2001 年国家科技进步奖	北京
28	包装纸	优秀奖	2003 年全省专利实施优秀奖评选	长沙

（二）技术市场管理

1989 年，郴州行署颁发《关于加强技术市场管理的通知》，提出对技术市场推行“放开、搞活、扶植、引导”的管理方针，要求拓展技术市场，促进技术向生产力转移，并明确技术市场管理范畴和买、卖、中介三方的合法权益。确定由地、县（市）技术市场管理办公室对技术市场行使行政管理职能，1990 年始，每年举办一次全区（市）技贸经营管理资格培训班，提高技术经营管理人员素质。2000 年，全市获省级技贸经营资格证书的管理人员有 90 人。1992 年，为规范技贸经营秩序和确保经营机构享受应有的优惠政策，境内对技贸经营机构实行“一审查、二发证、三鉴定登记、四进行年检核实”的系统管理制度。即对申办技贸机构的单位须先进行资格审查；资格审查合格的有关部门才予发给准许营业的相关证照，对鉴订技术合同进行鉴证、登记；之后，技贸机构凭相关证件方可办理酬金或税收减免等手续 同时，每年年终对技贸机构逐一进行年检年审。1999 年 7 月，郴州市科委下发《关于检查、清理、整顿技术市场技术贸易机构的通知》。当年，在检查、清理工作中取缔严重违法违规经营的技贸机构 1 家，责成经营不规范须进行整改的技贸机构 4 家，技术市场经营秩序日渐规范有序。2001 年，按照省科技厅的要求，对技术合同登记与技术市场统计实行统计软盘操作。2005 年，全市技贸市场在加强管理中拓展服务渠道，建立技术市场电子网站 8 个，组织 85 个高新技术项目向国际性网站（中国技术联播网站）发布，运用现代高新技术手段拓展技术市场。

五、科技人才管理

20 世纪 80 年代末期，郴州地区在建设改革开放过渡试验区的热潮中，各地为加快发展更加尊重知识，尊重人才。1988 年 4 月，郴州地委、行署制定下发《关于进一步放活科技人员政策的若干规定》，对科技人员的使用、管理和合理流动出台一系列宽松政策。1990 年 12 月，全区完成企事业单位职称改革工作，全区有 6.64 万名科技人员具有技术职务聘任资格，其中高级 1266 人，中级 1.4 万人，助工级 2.65 万人，助理级 2.46 万人。自此，地、县（市）两级建立健全专业技术人员业务档案，实行技术职称等级管理。

自 1991 年始，郴州地区开展评选专业技术拔尖人才和争创“两优一先”（优秀知识分子、优秀知识分子工作者，先进知识分子工作单位）活动，加强优秀知识分子和专业技术拔尖人才队伍建设。1992 年 1 月，地委、行署作出《关于授予王凡等 22 位同志为“地区有突出贡献的专业技术拔尖人才”荣誉称号的决定》；7 月上旬，地委、行署在全区科技兴郴工作大会上为科技兴业中作出突出贡献的王智、刘庆民、曹剑三、候广剑、李汉英、彭克勤 6 名科技人员颁发“科技兴郴”奖，计发奖金 3.25 万元；1993 年 3 月，地委、行署下发通知，授予周和平等 78 名同志为优秀知识分子称号，授予郴州市玻璃厂等 28 个单位为知识分子工作先进单位称号，授予刘湘平等 20 名同志为优秀知识分子工作者称号。2002 年，郴州市委、政府先后 5 批次共选拔专业技术拔尖人才 152 名。其间，市委、市政府还出台《郴州市专业技术拔尖人才选拔与管理办法》，对专业技术拔尖人才推行“重点培养、两级（市、县两级）共管、跟踪考核、重奖重用”的管理方法，并根据考核实绩，对入选的拔尖人才实行可淘汰亦可连选的滚动管理。

1997年8月，市委组织部、市人事局、市科委和市财政局联合下发《关于加强选拔和培养郴州市跨世纪学术和技术带头人及后备人选工作的通知》。2003年10月，市委办公室、市政府办公室转发市委组织部、市人事局、市科委《关于培养选拔郴州市学术和技术带头人的意见的通知》就选拔条件、培养目标、培育方式和管理方法提出具体意见。2005年，经基层单位推荐、有关部门考察和市委审定，先后分三批次确认全市学术和技术带头人及后备人选104人。学术和技术带头人的科技人员享有优先学习深造，优先安排研究项目和经费，优先改善工作生活条件等待遇。其间，在各级党委、政府的关心和奖励下，全市涌现一大批呕心沥血为科技兴郴作贡献的科技人员。郴州市种子公司高级农艺师黄四齐长年扎根于山乡田间研究水稻制种技术。1993年，他在资兴市州门司乡杂交水稻高产制种试验示范基地主持的“优177”制种项目，最高亩产达496.4千克，创国内外杂交水稻制种亩单产之最，得到“杂交水稻之父”袁隆平的赞赏。黄四齐先后获省、市级科技成果奖23项，被评为郴州市第三批专业技术拔尖人才。郴州市第二批专业技术拔尖人才张剑1988年辞职后相继创办郴州温泉采暖设备厂、远大热工研究所。1992年，他先后主持研发出国内第一台无压热水锅炉和溴化锂冷暖空调机，填补国内其两大产品的空白。1993年，张剑因科技创业贡献突出而当选为全国人大代表。

第六节　科技机构与科技队伍

一、科技机构

（一）行政机构

1989年，郴州地区科学技术委员会（简称地区科委），为全区科技工作管理职能部门，内设办公室、人事科、科技计划科、科技成果科、科技管理科，行政编制17人。其直属事业单位有郴州地区技术市场管理办公室、地震办公室、专利管理处、科技器材站、科技与人才开发中心、生物研究所、科技情报研究所和《郴州科技报》社。1995年，撤地建市后，郴州地区科委改称郴州市科学技术委员会（简称市科委）。2001年8月，市科委更名为郴州市科学技术局（简称市科技局），为郴州市人民政府组成单位。后在机构改革中科技局内设机构和直属机构几经变更，至2005年，郴州市科技局内设机构有办公室、政工科、科技计划科、科技成果科、科技管理科，核定行政编制15名。下辖归口管理市知识产权局，直属事业单位有郴州市技术市场管理办公室、市高新技术开发中心（市生产力促进中心）、市地震办公室（与市地震台合署办公）、市科技器材站。所属事业单位有郴州市生物研究所、郴州市科技情报所。

1989—2005年郴州市（地区）科委（科技局）主要负责人名录

表22-2-6-1

单位	姓名	职务	任职时间
郴州地区科学技术委员会	张子朋	主任	1985.10—1989.09

续表 22-2-6-1

单 位	姓 名	职 务	任职时间
郴州地区（市）科学技术委员会	彭传义	主 任	1991.01—1996.07
郴州市科学技术委员会	许永善	主 任	1996.07—2000.06
郴州市科技局	谷表信	局 长	2000.06—

说明：1989.10—1990.12 科委主要负责人缺位

（二）科研机构

2005 年，境内有县以上独立核算国有自然科学研究机构 22 个，其中县级独立核算国有自然科学研究机构 11 个，市以上独立核算国有自然科学研究机构有国家级 2 个：国家（郴州）农作物品种区试站、国家烟草（郴州）良种繁殖基地，均设于郴州市农科所；有市级 9 个：郴州市农业科学研究所、郴州市林业科学研究所、郴州市农机研究所、郴州市水产科学研究所、郴州市科学技术情报研究所、郴州市生物研究所、郴州市蔬菜科学研究所、郴州市建筑材料研究所、郴州市城市规划设计院。

1989—2005 年，境内除国有独立科研机构外，一部分大中型企业和大专院校相继建立非独立的科研机构，规模都不大。2005 年，全市工业企业科研机构有 285 家，60% 民营企业建立科研机构或“技术研发中心”。企业科研机构随着企业的兴衰多有起伏。其间，办得较好的有郴州市裕湘面业有限公司、郴州市钨制品有限责任公司、临武舜华鸭业发展有限责任公司等民办企业的技术研发中心。郴州高等院校有非独立的科研机构 4 个，共有科技人员 21 名。

是年，市内建有面向市场、自主发展的注册民间科研机构 36 所，均开展一些科研活动，并取得一些成效。郴州远大热工研究所在 20 世纪 90 年代初期研制开发的新产品先后在国际新技术、新产品和发明展览会上获金牌奖和银奖，成为郴州首家科研成果走出国门夺大奖的民间科研机构。

二、郴州市主要科研机构简介

郴州市农业科学研究所　位于郴州市苏仙区桥口镇，创建于 1956 年，为郴县专员公署农业试验站。1959 年，定名为郴州地区农科所，并升格为县团级建制。1985 年加挂“郴州地区烟草研究所”牌子。1995 年更名为郴州市农业科学研究所。2005 年有职工 407 名，其中高级专业技术人员 7 名，中级技术人员 32 名。农科所占地面积 139.73 公顷。科研仪器设备价值 110 万元。内设国家（郴州）农作物品种区试站和国家烟草郴州良种繁殖基地（供应全省 40 万公顷烟草生产用种）。该所主要从事水稻、旱粮、烟草、果树、蔬菜、花卉绿化苗等种植物生产技术研究和科技推广。从建所至 2005 年，选育审定的农作物新品种 20 余个；筛选出适宜郴州市及湘南丘陵地区种植的农作物品种 70 余个，有 80 多项科技成果获奖，其中省部级和国家级奖励 32 项。

郴州市林业科学研究所　位于郴州市城区骆仙路，创建于 1963 年，有山林 38.66 公顷。1989 年加挂“郴州市南岭植物园”牌子。2005 年职工人数 105 名，其中专业技术人员 28 名；有固定资产 1000 余万元，其中科研仪器设备价值 100 万元。该所主要从事林木良种选育与丰产栽培、森林植物保存利用、经济林开发及花卉培育等方面的研究和林业技术推广。1989—2005 年，完成国家、省、市下达的科研课题（含涉外合作项目）19 项，取得省级以上科技成果和获市级以上科技进步奖项 12 项，其中获国家科技进步二等奖 1 项，国家发明奖 1 项。

郴州市科学技术情报研究所 位于郴州市人民西路，创建于1976年。2005年，有职工14人，其中高级技术人员1名，中级技术人员5名。该所主要从事情报信息采集、加工与传递和情报调研，为领导决策和科技人员提供科技信息服务，以及为企事业单位提供科技、经济、市场信息及课题调研、项目论证等公益性服务。1993年建成科技情报培训楼，1998年开通郴州市科技信息港，2000年建成科技情报大楼。2005年建立全新的电子查询阅览室。1989—2005年，情报所完成重大情报调研课题13项，为政府部门、企事业单位和社团群体提供专项科技信息240条，有16项科技情报开发产品获省、市科技项目奖励。

郴州市水产科学研究所 位于郴州市苏仙区桥口镇，创建于1989年。2005年有高、中级水产技工13名。该所占地14.2公顷，其中精养鱼池5.56公顷，水库4公顷，各类鱼池与配套设施齐备，其中实验用房及科研仪器设备价值50多万元。该所主要从事水产良种提纯、选育、新产品开发、养殖等方面的研究和试验。2003年经农业部批准加挂"郴州市渔业环境监测站"牌子，为湖南省所设的6个同类站之一。1989—2005年，该所从国内外引进繁殖的10多个鱼种新品已成为郴州市名优特水产养殖的主要品种。

东屋机电制造设计试验研究所 位于资兴市东江水电路，创建于1990年，为民办科研机构。拥有高级技术人员1名，中级技术人员3名，该所主要从事变压器、机电产品冷却装置及压力钢管伸缩节的制造和研发。2005年，该所先后研制、开发类别、各种规格和型式的冷器新产品10个，有的产品填补国内空白，出口至国外。研究所先后获专利20项，其中获国家发明专利3项、国际专利4项。

三、科技队伍

1989年，郴州地区有专业技术人员4.44万人，其中高级技术人员0.11万名，中级技术人员1.2万名，初级技术人员3.13万名。以后随着科技人才培养和引进，科技队伍日益发展壮大。2005年，郴州市共有专业技术人员7.15万人，比1989年增长62.18%。其中专业技术人员分布于企业单位1.36万人、占19.02%，事业单位5.51万人，点77.0%。行政机关0.28万人，占3.9%。同时，专业技术人员构成表现为工程类及农业类科技人员偏少，工程技术人员为9.01%，农业技术人员仅2.85%。专业技术人员主要集中在教育和卫生系统，教学人员占63.38%，卫生技术人员占19.45%。

1989—2005年，境内还培养和涌现一大批拔尖科技人才。选拔的专业技术拔尖人才有152人、学术和技术带头人及后备人选104人。此外，境内科技人员完成的科研项目先后获市级科技进步奖389项，获国家、省级科技进步奖42项；全市享受政府特殊津贴专家先后有49名。

2005年郴州市主要行业各类专业技术人员分布统计表

表23-2-6-2 单位：人

序号	行业类别	专业技术人员	其中女性
1	农、林、牧、渔业	356	82
2	采矿业	2281	463
3	制造业	2574	529
4	电力、燃气及水生产和供应业	2624	784
5	建筑业	1664	278

续表 23-2-6-2

序号	行业类别	专业技术人员	其中女性
6	交通运输、仓储和邮政业	715	241
7	信息传输、计算机服务和软件业	776	223
8	批发和零售业	689	255
9	住宿和餐饮业	106	43
10	金融业	1892	669
11	房地产业	448	98
12	租赁和商务服务业	145	55
13	科学研究、技术服务和地质勘查业	941	254
14	水利、环境和公共设施管理业	719	269
15	居民服务和其他服务业	6	0
16	教育	37219	16279
17	卫生、社会保障和社会福利业	12289	6716
18	文化、体育和娱乐业	625	234
19	公共管理和社会组织	4792	1427
合计		70861	22183

说明：此表资料源自郴州市统计局《郴州统计年鉴》；另有一些零星行业的专业技术人员未做统入

郴州市志（1989—2005）

第二十四篇

文化·传媒

郴州历史悠久，文化灿烂。楚、越、中原文化交融，形成郴州文化历史特色。唐宋时期，著名文人韩愈、刘禹锡、杜甫、罗隐、秦观、苏轼、周敦颐等在郴留下传世名作。明、清两代，乡村大兴祠庙、坊、塔建筑，其画栋雕梁，工艺精美。民间歌舞、花灯、花鼓、龙狮等颇为流行，昆曲自古在桂阳一带盛行。现代文化蓬勃兴起，竞相发展。20世纪50—70年代，文学创作生机勃勃。范平、朱子奇和古华的作品享誉中外。80年代中后期，随着改革开放的深入和社会主义现代化建设的推进，社会文化产业如雨后春笋。歌舞厅、音乐茶座、录像放映厅、桌球、个体书店（摊）、游艺场空前活跃，并融入时代音符。

20世纪90年代后，郴州地区城乡公益文化设施日益改善，群众文化活动渐趋活跃，文化领域呈兴旺发展之势。1989—1990年，地、县两级财政共投入250万元用于乡镇文化基础设施建设，资助兴建万册图书室7个，5000册图书室14个，建立文化活动中心18家。乡镇影剧院、乡村图书室、电影放映队和农民业余剧团、乐队逐年增多。文化部门组织力量深入乡村挖掘本土文化资料，收集、整理出版《民间故事》《民间歌谣》《民间谚语》三套郴州民间文学丛书，计120万字。各地广泛开展送书、送电影、送戏、送科普知识下乡活动。桂阳县组织“文化下乡”，扶助发展“乡村文化”，成效显著，被文化部评为“全国文化模范县”。开展“创建文化先进乡镇”活动，推进农村文化阵地建设和群众文化活动，先后有21乡镇评为全市“文化先进乡镇”。同时一批乡镇相继被评为全省“群众文化艺术之乡”“百强集镇文化站”。城镇广场文化活动兴起，郴州城区五岭广场文化活动内容丰富，形式多样，被湖南省文化厅授予全省“优秀文化广场”称号。各地加强文化工程建设，致力提高城市文化品位。永兴县被定为“全省县城文化建设示范基地”。郴州市委、市人民政府筹资1.2亿元，先后新建、改造郴州博物馆、图书馆、群众文化活动中心和影剧院等群众文化基础设施30多项。文艺创作坚持百花齐放、百家争鸣方针，加强创作队伍建设，重点扶持新生力量创作和重点作品创作。小说、诗歌、散文、剧本、歌曲、曲艺、舞蹈、美术、书法、摄影等文艺作品，获省级和省级以上奖项达2800多件，先后有8件作品获中共中央宣传部、中共湖南省委宣传部颁发的“五个一工程奖”[①]。尤其是郴州本土文学创作喜人，出现一批在省内外有影响的代表作。市域作者出版各类文学体裁著作300部（本）。同期，各专业艺术表演团体采取灵活多样形式送戏上门，整理、改编和创作上演大批优秀传统剧目和新剧目，开拓演出市场，自我发展能力明显增强。全市7个专业剧团上演剧目获全国性奖项34项。市歌舞剧团演员郭卫民和昆剧团演员张富光、傅艺萍先后获中国戏剧最高奖——“梅花奖”。以文化娱乐为主体的文化产业初步形成。各类文化产业经营单位发展至2575家，文化产业逐步成为市域经济发展中新的增长点。在改革开放浪潮中，郴州人以勇于进取、敢为人先的精神品质，改革电影放映、图书发行及文艺表演等体制、机制，与时尚文化融合

① 即一部好戏剧、一部好电视剧、一部好图书（社科类）、一篇好理论文章（社科类）、一首好歌曲作品。

发展，在市场出现萎缩中创新经营（演出），焕发发展生机。电影放映系统多方筹资，盘活资产，改善影院条件，发展壮大农村个体放映队伍，在城乡经常举办形式多样专题放映活动，拓展城乡电影市场。全市有电影发行放映单位136家。举办社会主义思想教育电影汇演活动，掀起电影放映热潮。永兴县长年保持20余个农村电影放映队为群众服务，形成农村普及放映新格局。资兴市大力加强爱国主义教育影片放映工作力度，组织开展为期一个月的暑期百部爱国主义教育影片放映活动，并被评为全国农村电影工作先进集体。图书发行稳步发展。市内图书发行形成以国营新华书店为主，个体书商为辅的发行网络；构成以教材、教辅市场为支撑点，以连锁经营为主体的经营管理新格局。2005年，图书发行部门年销售收入首次突破2亿元。

郴州地区广播、电视台先后建立并快速发展。1997年5月18日，郴州人民广播电台正式开播。其广播节目除《郴州新闻联播》《空中立交桥》《我的故事我的歌》等栏目外，还开设《市民热线》《空中门诊》《路况信息》《平安伴您行》等节目，强化广播宣传服务功能，注重经济和社会效益。广告收入突破百万元大关。郴州电视台《时政综合频道》坚持以新闻宣传为中心，以贴近时代、贴近生活、贴近群众为宗旨，对节目进行全新改版，打造《郴州新闻联播》《市民热线》等名牌栏目。围绕中共郴州市委、市政府中心工作，精心策划，成功组织系列报道、连续报道、特别报道等重大宣传30多次。至2005年，在省电台和中央电台上稿460条。音乐交通频道（城市之声）先后开辟《交通直播室》《车行天下》《城市夜话》等名牌栏目，为中央、省级电台上稿和参与连线600余条（次）。电视作品获省级奖励13次，国家级奖励1次。社教类专题《追忆不死的灵魂》获湖南广播电视一等奖，文艺专题《一曲荆钗品湘昆》获中国广播文艺三等奖，新闻故事《半条棉被一生情》获湖南新闻一等奖。《郴州日报》、郴州电视台先后成功开展郴州撤地建市、香港回归、“8·13”特大洪灾、奥运会申办成功、中国优秀旅游城市创建等重大宣传活动，推出舍己救人海军战士刘志艳、农村致富带头人李常水、舍己救人英雄郭虎平、舍己救人好党员王六秀，宜章县新华乡党委政府、嘉禾县白觉村党支部、“三个代表”重要思想优秀践行者胡昭程等重大典型。先后精心制作《山里水手》《借据》《张秋玉的故事》《湘南起义》《姐姐》《公仆》等电视节目精品，电视专题片《小村艺人》《爷爷、孙子和船》《郴州行》被湖南省外宣办选送到美国和欧洲十国巡回放映。同时，电视与电信融合发展，网络文化异军突起。郴州市（地区）报业和期刊伴随着改革开放和社会主义现代化建设的推进，得到相应恢复发展。面向全国公开发行的报纸有《郴州日报》《郴州科技报》《郴州广播电视报》《湘南学院报》。进入21世纪，郴州报刊业走改革、融合、开放之路，步入健康快速发展轨道。《郴州文学》《郴州通讯》《过渡试验区探索》《郴州政报》《郴州诗词》等期刊，为实现郴州政治、经济、文化、社会建设和生态文明建设的战略发展目标发挥重要引领作用。

厚植历史文化。1989—2005年，党史资料征集，地方志、档案和文物工作在为经济社会发展服务中积极推进，成效丰厚。全市（地区）抢救性征集、整理党史资料1.04万件，形成党史文字资料3000余万字，编纂出版党史读物25部；地方志工作完成第二轮县级志书编纂出版，编纂市（县、区）志和专业、部门志及乡镇志230余部，面向社会服务编印简明实用地情资料读物80余种。郴州市地方志办公室被评为全国地方志先进单位。档案保管和利用工作水平普遍提高，市、县（市区）两级公共档案馆抢救、整理档案资料3.01万卷，入库保存档案资料57.1万余册，面向社会开放接待查档人数176万多人次。市档案馆和资兴、永兴、桂阳3县市档案馆晋升为省一级档案馆。其间，全市文物保护工作切实加强，新查明文物点2648处。湘南年关暴动指挥部旧址被列入国家级重点文物保护单位和全国“爱国主义教育基地”。邓中夏故居、湘南起义纪念塔、唐家大屋、工农红军桂东革命活动纪念馆和“三大纪律、六项注意（后发展为三大纪律、八项注意）”颁布旧址等地，被公布为省级重点保护文物单位和全省“爱国主义教育基地”。此外，在郴中国湖南昆曲艺术被联合国教科文组织宣布为人类口述和非物质文化保护项目。汝城香火龙、嘉禾伴嫁歌、瑶族还盘王愿、安仁赶分社、苏仙传说等文化项目，被批准为省级首批非物质文化遗产保护名录。坚持文物保护与利用并举方针，通过开放博物馆、纪念馆、红色教育基地，吸引广大青少年和文化旅游客人参观，取得明显实效。

第一章　文　化

20世纪80年代至2005年，郴州市（地区）文化事业，坚持“百花齐放、百家争鸣”方针和“三贴近”原则，求真务实，改革创新，走承传精品文化与发展现代文化相结合、国有与民营联营并进之路。市、县（市区）公共文化基础设施普遍建立健全，文化活动日趋丰富、活跃。文学艺术创作融入时代生活，发表于市级、省级、国家级刊物作品特色浓、创意新，鼓舞人、教育人、感染人的价值精神强烈。戏剧在创作和表演两方面成果颇丰，尤以昆、湘剧为最。群众文化活动在文化“三下乡”、群众演出、广场文化发展中，更是形式多样，成效明显。融文化旅游、生态节、招商引资、展览、“红三角”联谊为一体的大型活动，为人民群众提供一次次文化盛宴。文化产业在市场经济发育中逐步发展壮大，在依法治理中以其强大的生命力赢得日益广阔的市场，实现持续发展。电影放映、图书发行、文物保护事业在改革中勇于创新，步入稳步发展轨道。

第一节　文化体制改革

自1989年始，郴州地区文化系统部署和推进文化体制、机制改革，区内文化事业单位先后实行全员聘任制和岗位目标责任制。引入市场机制，在剧团推行“一团一策”、企艺合作、多样经营形式，电影发行和放映量化考核标准，对县（市、区）公司实行工作目标承包制。新华书店实行干部年度目标责任制、用工劳动组合制，分配与业绩挂钩浮动制。郴州文化系统根据郴州地委、地区行署部署，积极推进全区文艺体制改革。是年3月，郴州地区文化局为推行文化事业单位人事制度改革，发出《关于招标聘任郴州地区歌舞剧团团长的公告》，首次向文艺界公开招聘专业剧团团长。此后，全区文化事业单位领导班子逐步改“任命制”为公开招聘制。成立市直专业剧团考核聘任上岗工作领导小组，在45岁以下中青年演职员中推行考核聘任制，实行择优录用和能上能下、竞争上岗用人机制。至2000年，市、县两级7个专业剧团、12家电影公司和国营新华书店等文化事业单位，均先后实行领导班子选聘制、全员岗位聘任制和岗位目标责任制，打破长期以来坐“铁交椅”、吃“大锅饭”局面，激活内在活力。

20世纪90年代，正值计划经济转向建设社会主义市场经济时期，郴州文化艺术事业单位逐步走出单一靠政府“行政管理”“财政包养”管理体制，引入市场机制促发展。90年代初，中共郴州地委、行署为让专业剧团从各自实情出发寻求活力，确立“一团一策”自我发展工作方针，制定各项优惠政策，鼓励文化事业单位采取灵活多样经营方式求发展。1993年，郴州地区歌舞剧团与郴州玻璃厂联合办团，加挂“郴玻艺术团”牌子，寻求“企艺合作”发展新路。同年，该剧团采取面向社会集资入股、贷款等方式，开办“大世界夜总会”歌舞厅。剧团利用演艺优势，上演节目灵活多样，并首开郴州市模特表演先河。当年盈利90多万元。剧团改善排练场所和演出设施。三年后，该“夜总会”以每年20万元租金改由郴州电视台演播中心租用，其收入用于缓解剧团业务经费不足困难。继后，剧团拓展演出市场，与湖南消防总队联合挂牌成立“湖南消防文工团”。其间，地、县两级专业表演团体走出固有演出模式，形式多样地与企业、乡镇、学校挂钩定点拓展演出市场。

自1994年始，郴州文化领域全面深化内部管理体制改革，挖掘内在发展潜力。是年，郴州地区电影公司量化细化电影考核标准，对7县（市）电影公司实行工作目标承包制合同化管理，对8家厂矿俱乐部电影放映推行年度目标管理考核制。1995年，郴州市新华书店系统深化干部、用工和分配三项制度改革，自上而下实行干部年度目标责任制，用工劳动组合制，分配与业绩挂钩浮动制，带来“个个求先进，人人争业绩”新变化。是年，市内图书销售额7934.2万元，比上年增长84.8%。1996年，销售额又比上年增长67.35%。其间，全市5县（市）级专业剧团先后推行思想、业务考核双岗制，聘用合同制，推动剧团“出人才，出精品，出效益”。至2000年，永兴县花鼓戏剧团先后4次获湖南省文化厅授予的全省年度“好剧团”称号。

自2000年始，郴州市文化艺术系统以服务基层民众为中心，创新管理运行机制，增强市场竞争活力。2001年，全市7个专业剧团深入进行内部人事机制和分配制度改革，实行对业务骨干低职高聘，演出任务与工资奖金挂钩制度，促进剧团形成“争一流演出、创民众市场”氛围。是年，市内专业剧团共演出1295场，其中下乡演出1033场，演出收入达104.38万元，各团经费自给率比上年增加8.4%以上。2003年，汝城县电影公司大胆面向社会引进资金3000多万元，入股兴建濂溪文化综合开发项目，致力于打造县域文化产业品牌。郴州市群众艺术馆和各县（市、区）群众文化馆在2005年前，均实行馆长聘任制和全员聘用制。市群众艺术馆实行面向社会公开招录工作人员制度，副馆长在馆内进行民主推荐，竞争上岗，其职位由原3名减至2名。该馆被市委、市政府列为全市深化文化体制改革试点单位。

第二节 文学艺术

一、文学创作

20世纪80年代末期，伴随国民经济迅速恢复和文艺事业的复兴，郴州文学创作步入繁荣新时期。郴州文学创作队伍日益壮大，小说、散文、剧本、诗词、报告文学、杂文和文艺理论等各类作品数量增多，作品质量渐趋提高。1989—2005年，境内作者公开出版创作长篇小说31部，中短篇小说集19部，散文（含报告文学、散文史传、杂文、游记、小品等）集21部，大型剧本36部，诗词、楹联作品集44部。此外，文艺理论工作亦趋活跃，出版文学评论集5部。其间，随着文学创作活动日渐繁兴，先后恢复或成立郴州市作家协会、诗词协会、五岭诗社、民间文艺家协会、青年文学会、戏剧家协会、楹联学会及文学评论家协会。至2005年，拥有市级会（社）员1500多人，其中各社会文艺团体有国家级、省级会员412人。

（一）小说

1989年后，郴州地区（市）涌现陈第雄、李沥青、李晓龙、谢铁云、邓佑宜、袁健民、姜贻伟、曹志平、李性亮、王琼华等一批有一定影响的小说家和作者，陆续创作出版一批长篇、中篇、短篇

（小小说）小说。至2005年，出版长篇小说代表作有陈第雄的人物传记小说《白薇》、李沥青的革命斗争历史小说《湘南起义》、李晓龙的展现法官法坛生涯小说《延期开庭》，谢铁云的反映当代官员精神风貌小说《非典型公仆》《非常公仆》《绝对公仆》，以及谢庆德的《春陵下潇湘》、何悦芙的网络小说《无人倾诉》等。其间，中篇小说发表较多。袁健民先后发表《林场幽灵》《校园魅影》《孽缘奇案》等中篇传奇小说，并出版中篇传奇小说选集《孽缘奇案》。

20世纪90年代中期，随着时代变革和生活节奏加快，郴州短篇小说尤其是小小说创作步入高峰，形成郴州文坛新亮点。其中一些作品敏锐、及时地揭示现实生活中新矛盾和弊端，显示出其“短、平、快”创作优势，产生较大影响。市内以短篇小说（小小说）崭露头角之创作者达40余人。其中曹志平、李性亮、王琼华、黄建国、李熙斌、李友训、刘路一、徐扬等，成为新生作者群中的佼佼者。至2005年，产生较为广泛社会影响的短篇小说有苏家澍的《多情雪》、姜贻伟的《看见》、李性亮的《小城富婆》、曹光雄的《浮世图》、徐堂忠的《玫瑰色的疤痕》等。此间，小小说创作成就凸显。欧植竹1993年发表小小说《一票》，在全国“茅草杯”精短作品大赛中获三等奖；曹志平有3篇小小说被全国性刊物《小小说选刊》选载，其中《夏天的故事》选入2005年国家教委选编的高中二年级阅读版《语文》。李性亮创作的小小说《手机》被多家文学期刊转载，其《七老爷》获中国最佳小小说奖。桂阳县农民谢强发表文学作品多篇，其小说《断指》在全国性文学刊物《青年文学》发表并获三等奖。王琼华2005年被《小小说选刊》和小小说文学网评为“中国小小说十大新闻人物”之一。

这一时期，郴州小说创作在题材、表现手法上彰显重大突破，引人注目。长篇小说《湘南起义》《白薇》填补郴州文学著作反映重大革命历史题材及长篇人物传记空白，因内容真实感人，深受关注。《非典型公仆》《非常公仆》《绝对公仆》等长篇小说真实、深刻地再现当代官场政治生活，凸现一种现实的时代厚重感。《延期开庭》《无人倾诉》打破传统小说叙事形式和格式，创作手法开郴州文学创作之先河。然其间小说作者多为国家公务员、事业单位职员，尤以党政机关部门领导和干部见多，而生活于基层一线工人、农民作者并不多见。这亦折射出城乡基层文学创作力量薄弱和创作条件尚差等问题。

（二）散文

自1989年始，郴州散文创作不仅作者和作品接踵涌现，且题材新颖广泛，作品表现形式和风格多样化，以滴水映日方式多侧面地快速地反映社会主义建设新时期的新风貌、新生活和新成就。1994年，薛豪卓、李湘俊合作的长篇人物纪实散文《峥嵘岁月——邓中夏的故事》，再现中国共产党创始人之一、宜章籍人物邓中夏光辉一生。1999年李宙南出版的散文作品集《东江涛声》，其收录的报告文学作品《英雄的村庄沉没前夕》，如实地再现20世纪80年代东江库区移民大公无私“舍小家为国家”动人场景，获纪念中国共产党建党七十周年全省征文一等奖；其集收入的史传散文《曾希圣罢官始末》，真实地记载了资兴籍党的高层领导干部曾希圣在20世纪60年代，勇于率先推行农村“包工包产”生产责任制史事，其不惧迫害、坚持真理的精神动人心弦。2000年罗范懿报告文学《中国掘井人》获《人民日报》海外版纪学文学征文一等奖，《罗范懿传记文学作品选》2000年由中央文献出版社出版发行。著名森林诗人袁伯霖晚年转向散文创作，2000年前后抱病出版散文专集《情漫东江情》一、二卷，作品紧扣时代脉搏，热情地讴歌改革开放带来的新变化、新风尚。张富遐散文《走失在纳西文字中》抒写一种历史的非物质文化传承断代之民族病，2005年中央电视台将其拍成电视散文在第三频道播出。1999年曹志平创作的散文作品《美丽的音符》被《散文选刊》选载，2005年拍成电视散文在市、省和中央电视台播出。此外，李少华的报告文学《全国十佳青年科学家袁亚湘》获《人民日报》副刊“大地之光”征文一等奖。何永洲与省作协曾祥彪合著之长篇报告文学《大爱无悔——记“人民卫士的卫士”陈福军》获2004年第二届“中国时代新闻人物”优秀报告文学征文一等奖。李晓龙纪实散文《1928：毛泽东在桂东》被改编成电视剧文学剧本。这期间，市内杂文创作亦显活跃，出版杂文著作3部。欧植竹《警惕酒军进攻》等3篇杂文在全国性征文中获奖。刘洪杰杂文《想起了达尔文》《级别·机构及其他》选入1990年湖南文艺出版社出版的《湖南新时期10年优秀文艺作品选（杂文卷）》。

此间郴州散文创作，注重讴歌时代新人和历史巨变足迹，时代气息浓厚。曾广高根据原桂东县教育局局长胡昭程优秀事迹写的报告文学《无弦之歌》，2003年获中国作协和《人民文学》杂志社主办的“‘三个代表’重要思想忠实实践者”全国报告文学征文优秀奖。王爱民、吴桂轩、钟大亮合著报告文学集《迟到的报告》，以及黄红国的《情系大血脉》，曹志平、曾庆福的《财神榜》之散文，均真实、生动地分别描绘当代郴州核工业建设和税务、财贸战线的奋进足迹。

1990—2004年郴州市（地区）文学作品获省以上奖项一览表

表23-1-2-1

序号	作者	作品名称	作品类别	获奖年份	具体获奖情况
1	陈秉安	深圳的斯芬克思之迷	报告文学	1990	获中国文学最高奖项“全国优秀报告文学奖”
2	李宙南	英雄的村庄沉没前夕	报告文学	1991	获中共湖南省委组织部、宣传部、省文联、省文化厅联合主办的“共产党人颂”征文活动“优秀创作奖”（一等奖）
3	邓南国	共产党人的胆气	报告文学	1991	获中共湖南省委组织部、宣传部、省文联、省文化厅联合主办的“共产党人颂”征文活动“优秀创作奖”（一等奖）
4	黄胜发	信念之光	报告文学	1991	获中共湖南省委组织部、宣传部、省文联、省文化厅联合主办的“共产党人颂”征文活动“优秀创作奖”（一等奖）
5	李少华	全国十佳青年科学家袁亚湘	报告文学	1996	获“第二届中华大地之光”征文一等奖（《人民日报》社主办）；湖南省“我是中国人”征文二等奖
6	李性亮	七老爷	小小说	1999	获1999年中国最佳小小说奖（中国文联、中国作协主办）
7	邓佑宜	净土	小说	2002	获第十五届全国青年征文大赛优秀作品奖
8	曾广高	无弦之歌	报告文学	2003	获中国作协《人民文学》杂志社主办的“‘三个代表’重要思想忠实实践者”全国报告文学征文优秀奖
9	何永洲 曾祥彪	大爱无悔——记“人民卫士的卫士”陈福军	报告文学	2004	获中国文学基金会主办的2004年第二届“中国时代新闻人物”优秀报告文学一等奖

（三）剧本

在20世纪80年代末期，戏剧艺术虽受到商品经济大潮和当代文化娱乐时尚冲击，但郴州地区戏剧创作仍保持强劲发展势头，有影响剧作相继涌现。1990年唐桂香创作小品《广告女郎》获“湖南省第二届洞庭之秋艺术节”演出一等奖。1991年，全国性戏剧刊物《剧本》专集发表郴州地区戏剧创作作品。1992年10月冯之编剧的大型歌剧《黎明从血海中升起》，在湖南省“纪念《毛泽东在延安文艺座谈会上的讲话》发表50周年”文艺会演中获优秀剧本奖。同年，舒柯以新表现形式创作诗歌歌剧《诗与我同行》，由中国戏剧出版社出版。桂阳县湘剧团创作湘剧《风雨店》参加湖南省新剧目调演获剧目奖、剧本奖和表演奖。1993年，李大剑的话剧小品《餐厅轶事》获全国“得利斯”小品大赛一等奖，小品《雪地故事》获湖南省戏剧小品创作金奖。1994年，余茂盛与陈健秋合编大型昆剧《雾失楼台》，在湖南省新剧目会演中获优秀剧目奖。

自1995年始，郴州市剧本创作更贴近现实生活，一大批源自生活、讴歌时代变革和时代英雄，以及抨击社会现实问题的剧目相继问世。是年，江波创作反映当代生活变革矛盾的《憨歌潮妹》，被列为全省8个重点现代戏之一。1996年，冯之、舒柯根据永兴籍海军战士刘志艳舍己救人英雄事迹合编歌剧《无手的军礼》，获文化部颁发的剧目奖、优秀编剧奖，和湖南省委宣传部颁发的“五个一工程”戏剧类一等奖。1997年，冯之以当代农村改革为题材，创作展现农村新风采的新编小戏《村女》（上、下集），由湖南省电视剧制作中心摄制电视剧后在中央电视台、湖南省电视台播出。1998年李性亮创作针砭、讽刺社会残余陋习之花鼓小戏《活人坟》，引发社会对农村精神、文化建设的关注，当年获省田汉戏剧奖，全国戏剧奖。冯之以全国优秀教育工作者、原桂东县教育局局长胡昭程为原型创作的歌剧《胡昭程》，在全市县（市、区）演出反响强烈。冯之创作的另一出大型采茶戏《乡里法官》，2003年获中共中央宣传部颁布的“五个一工程奖”。2005年，全市新编历史剧和以革命历史为题材的剧作出现上佳之作。范江新编历史故事剧《大唐遗事》，获中国第八届“映山红”民间戏剧节优秀编剧奖。宜章县“莽山艺术团”根据中国工农红军在宜章革命史事和湘南起义革命斗争史创作的《半条棉被》《五岭红杜鹃》《打蕨根》等剧目，在市内外演出深受好评。

（四）诗词

1989年后，诗词创作成为郴州日益活跃的文学门类。1990年10月，郴州地区（市）楹联学会成立，会员130人。1995年原郴州地区诗词协会改称郴州市诗词协会，会员87人。2002年6月，五岭诗社成立，会员185人。此外，还办有“五岭诗风”“新诗屋”等网站。其间，全市基本形成老年作者以创作旧体诗词为主，青年作者以创作自由体新诗为主两大诗坛阵营。至2005年，郴州市作者出版诗词和楹联著作44部。

1991年，青年女作者张富遐创作出版新诗集《回眸花季》，李沥青出版诗集《绿满楼上吟》。1994年，陆恒玉出版诗集《七点钟的等待》，其中多首诗曾获奖。1996年，谭乐安主编出版《郴江流韵》，收集郴州作者创作的传统诗词875首。刘华寿历经数年收集出版《郴州历代诗文选》。1999年，袁俐勤出版诗集《女贞呓语》。2000年，曹春红、曹剑风合著诗集《穿过幽兰的梦幻》出版后，获毛泽东文学院文学创作一等奖。2001年，欧阳志刚创办《诗屋》网站，对网络原创诗歌作品进行及时传播，其主编年度网站诗选2部，先后出版个人诗集5部。有林中百灵鸟之称的全国著名“森林诗人”袁伯霖其诗作《袁伯霖诗歌选》，在2000年6月，被列入湖南省“文艺湘军百家文库”系列丛书出版，为郴州唯一入选的本土作家。安仁县青年农民作家李铭由中国戏剧出版社出版《成长的声音》诗集2部。2002年李沥青又出版传统诗著《绿满楼诗文集》，陈士洪出版旧体诗集《丹黄集》。2003年张富遐出版诗集《天地之间》。此间郴州楹联诗词创作极为红火，市楹联学会会长艾振民先后主编《郴州对联集成·湖南郴州卷（上、下集）》及楹联选集10部。

在此期间，郴州成就较为突出并成为诗歌队伍骨干的，是一批新成长并擅长写自由体新诗的青年诗人。相继出现有黄建国、张富遐、何大木、许波、周华刚、王国忠、何建成、李治平、李国基、李建坚、袁俐勤、廖新等一批诗坛新人。其诗写作形式和手法多样，作品表现力丰富。老一代诗词作者主要有李沥青、艾振民、钟华一、王邦建、谢久吉、谭乐安、刘华寿、陈士洪、邓存健、张家文、陈敏康、欧阳志刚等。

二、艺术创作

1989—2005年间，郴州市（地区）音乐舞蹈、美术、书法、摄影等艺术门类创作日益兴起，全面繁荣。音乐创作先后在《歌曲》《儿童音乐》《中国音乐》《音乐周报》《音乐生活》《音乐天地》《湘江歌声》《心声歌刊》《歌海》等公开出版发行的音乐报刊发表歌曲、歌词作品2000余首。出版音带专辑2本，出版个人音乐理论专著和歌曲专集9本；在全国性征歌创作比赛中获奖作品46首，在省级征歌创作比赛中获奖作品100首，并先后有3首原创歌曲获湖南省委宣传部颁发的“五个一工程奖”。其间，舞蹈、美术、书法和摄影艺术创作在全国、全省各项演出、参展和比赛中获奖作品190件，举办全市美术、摄影和书法创作作品展览（含个人举办的个人展）130期；先后恢复和成立郴州市音乐家、美术家、书法家、摄影家、舞蹈家协会和吉它协会等社团文艺组织，计有会员930人。

（一）音乐

在1990—1991年全国音乐创作员年度创作比赛中，童媛耕创作曲目《笛子协奏曲》《牡丹亭》《牛背上的歌》先后均获一等奖；歌曲《辣椒伢子》获中央电视台少儿文艺比赛一等奖。1995年，黄兰生作曲歌曲《南燕驾着春风来》；肖建国、袁伯霖作词，龙平作曲歌曲《一杆猎枪收获喜和爱》分别获中国工人歌曲新作征歌评比金奖、银奖；曾庆清、童媛耕创作笛子独奏曲《春满瑶山寨》，在湖南省1995年度“群文音乐作品评奖”中获一等奖。1996年，在中国音协举办的“世纪之声”全国歌曲大赛中，黄兰生谱曲之歌曲《湖南明珠东江水》《我是东江人》分别获金奖、银奖；其作曲之歌曲《火之歌》获中宣部、中央人民广播电台主办的音乐演唱赛金奖。1997年，黄兰生谱曲之歌曲《难忘泼水节》入选中国音乐协会纪念周恩来诞辰100周年征歌活动10首金曲，荣获1997年度湖南省委宣传部颁发的“五个一工程奖”。是年有4件音乐作品入选文化部举办的《民间艺术之乡》精品展；1999年，其谱曲的《又见老将军》，获1999年度湖南省委宣传部颁发的“五个一工程”歌曲类二等奖。2001年，曹玉章作词、陈建华作曲之歌曲《妹是漂来的五彩霞》入选全国征歌“十佳歌曲”；曾庆清作曲歌曲《快乐的农家娃》获文化部、共青团中央等部委举办的全国“光明杯”21世纪少儿歌曲创作银奖。2003年，黄兰生作曲男声四重唱《热流》获“华光杯”中国企业歌曲电视大奖赛金奖；曾庆清作曲之歌曲《大神州》获2003年度湖南省委宣传部“五个一工程”二等奖。由冯之作词、岳瑾作曲的歌曲《郴州从远古走来》获第三届“三湘群星奖”金奖；曾庆清作曲歌曲《黄河边的“花儿手”》获全国第四届“中国之春·中国民族歌曲演创大赛”金奖。2005年，曾庆清、祝亦宜作曲之歌曲《跳春光》和《踩花儿》获第六届“文化之春”中国民族歌曲演创大奖赛精品金奖。其间，还有曾庆清、颜玉香作曲歌曲《甜甜的歌》，刘长美、阳平林作词作曲歌曲《你是好儿郎》在中央电视台播出。

（二）舞蹈

自1989年始，郴州市舞蹈创作十分活跃。1990年，谢丽娜编导的舞蹈《银河落在瑶山寨》，在湖南省社会主义教育青年文艺会演中获编导一等奖。次年，共青团桂阳县委组织编排的《剪彩舞》，参加全省文艺调演获一等奖。1992年，蒋立秋编导的舞蹈《银线七彩梦》《东江行》在省文艺调演中获奖。1996年，蒋立秋编导的舞蹈《染漂》和《鼓颂》获文化部颁发的全国第六届“群星奖”舞蹈演出铜奖。1999年，廖利军编排的舞蹈《红盖头·抛娟》获第七届中国吴桥杂技艺术节“银狮奖”。2001年，陈煜芳编导舞蹈获湖南省大学生会演一等奖。2004年，在湖南省第四届“三湘群星奖”

舞蹈大赛中，郴州市选送舞蹈《湘南烽火》《戴架》获金奖，《砻·女人》获银奖。是年8月，桂阳县文化部门创作的舞蹈《戴架》获“全国少年儿童艺术成果展示大赛”金奖。

（三）美术·书法

1989年，刘向东与朱勇合作的水彩画《窗》，获全国第七届美术展览银奖和省美术展览特等奖。次年，颜复兴与胡洪涛合作版画《瑶家女》入选全国第十届版画展，获省美术展览一等奖，并选送至日本、台湾展出。1991年，郴州地区四套民间拼布服装作品入选国际烟花节，获一等奖、二等奖各1件。1993年，孙国成的国画《毛主席是咱乡里人》，获湖南省“纪念毛泽东诞辰100周年”美术展览银奖。次年蓝文盛书法作品在国际硬笔书法家精品展中获铜奖，其作品入选《中国当代硬笔书法家作品集》。1996年，许长生创作《刨花》获全国首届水彩画参展铜奖；孙纯田油画《门坎》和孙国成国画《外婆家的阳光》，在全省“四风”美术作品展览中分获金奖、银奖；井宗暇美术作品《风光这边独好》获全国书画赛一等奖。1997年，在全国美术作品展览中，刘乐生创作水彩画《古韵》获铜奖，孙国成国画《井岗晨雾》、孙纯田油画《柱》分获银奖和铜奖。1999年，谢晓华硬笔书法获国际“和平杯”书画大赛三等奖及中国汉字书法优秀奖；彭茂平石雕《龟》获文化部举办的“全国民间艺术精品展”金奖。2000年，安仁县农民画家彭泉森举办“百牛图”个人家庭画展。2002年，颜复兴版画《在那白云飘过的地方》、孙纯田《源》、唐云《过道》、邓立衍《归途》，入选全国“纪念毛泽东《在延安文艺座谈会上的讲话》发表60周年”美术展并均获银奖。2005年，颜菲蓉创作国画《井冈山上杜鹃红》入选“中华当代艺术家作品展”并获三等奖。1989—2005年，郴州市美术界组织美术作者开展培训、采风活动120余次，举办美术、书法展（含个人展）300余次；与外省（市）美术界举办艺术交流活动3次，联合举办美术展5次。全市出版个人书法作品集8部，先后有40件作品入选中国书法家协会举办的书法赛、书法展。

1994—2005年郴州市（地区）绘画省以上参展、获奖作品统计表

表24-1-2-2

序号	作者	作品名称	作品类别	获奖（参展）年份	获奖情况
1	刘乐生	藤根系列	绘画	1994	入选中国当代水彩画邀请展
2	何次贤	莽山石	绘画	1994	入选第八届全国美展
3	何次贤	朝 雾	绘画	1995	入选首届中国青年水彩画展
4	许长生	刨 花	绘画	1996	中国首届水彩艺术展“铜奖”
4	何次贤	暖 冬	绘画	1996	入选中国首届水彩艺术展
5	何次贤	秋水无声	绘画	1997	入选新欧亚大陆桥美术作品会展，并获优秀奖
6	刘乐生	古 韵	绘画	1997	获第四届全国水彩、粉画展铜奖
7	刘乐生	仍在叙说的故事	绘画	1998	入选第十三次全国新人新作展；获全国第八届“群星奖”展铜奖
8	刘乐生	透进阳光的老屋	绘画	1998	入选第十三次全国新人新作展
9	何次贤	青色地平线	绘画	1998	入选第四届全国水彩、粉画展览
10	刘乐生	铮铮里程	绘画	1999	入选第九届全国美展
11	何次贤	坳上人家	绘画	1999	入选第九届全国美展
12	刘乐生	初 阳	绘画	2000	入选第五届全国水彩、粉画展

续表 24-1-2-2

序号	作者	作品名称	作品类别	获奖（参展）年份	获奖情况
13	何次贤	绿色呼唤	绘画	2000	入选第五届全国水彩、粉画展
14	刘乐生	龙门	绘画	2003	入选首届全国小幅水彩画展
15	陈一了	生存与空间	绘画	2004	入选第十届全国美展——湖南省展区，湖南省优秀美术作品展览
16	梁锋	大风景	绘画	2004	入选第十届全国美展——湖南省展区，湖南省优秀美术作品展览
17	李春祥	晌午	绘画	2005	入选第七届全国水彩、粉画作品展
18	陈一了	静静的小船	绘画	2005	获第七届全国水彩、粉画作品展铜奖

2000—2005年郴州市书法省以上获奖、参展作品统计表

表 24-1-2-3

序号	作者	作品名称	作品类别	获奖（参展）年份	获奖情况
1	张爱民	书法作品	书法	2000	入展2000年中国美术家协会主办的“亚亨杯全国书画精品展”
2	曹辉	书法作品	书法	2001	获“中国根”全球华人书画大赛二等奖（中国文联、中国书法家协会、《人民日报（海外版）》举办）
3	刘桂成	书法作品	书法	2002	入展第四届全国刻字艺术展（中国书协主办）
4	张爱民	书法作品	书法	2002	入展“全国首届职工书法美术作品展”（中国书协、中国美协主办）
5	曹辉	书法作品	书法	2003	获纪念毛泽东“向雷锋同志学习”题词发表四十周年全国书画大展铜奖（省文联举办）
6	刘桂成	书法作品	书法	2004	入展纪念邓小平诞辰100周年全国书法作品展（中国书协主办）
7	张爱民	书法作品	书法	2004	入展纪念邓小平诞辰100周年全国书法作品展（中国书协主办）
8	唐延臻	书法作品	书法	2004	入展纪念邓小平诞辰100周年全国书法作品展（中国书协主办）
9	曹辉	书法作品	书法	2005	入展“三晋杯”全国首届公务员书法作品展（中国书协主办）
10	唐荣	书法作品	书法	2005	入展纪念邓小平诞辰100周年全国书法作品展（中国书协主办）

（四）摄影

1989年，邓南国所摄《血沃中华肥劲草》，徐晶荣、巫智谦合作的《抒怀》，获全国长征路摄影作品展一等奖。1992年，在“纪念毛泽东《在延安文艺座谈会上的讲话》发表50周年”全省美术、摄影、书法作品展上，尹干良摄影作品《屋外自有明天》获银奖，蒋崇荣的《人与桥》、袁易生的《横向交流》获铜奖。次年，邓南国的《自然·母性》入选西班牙第20届国际摄影沙龙展。1996年，陈卫平摄影作品《俺也潇洒走一回》，在第二届中华“大地之光”征文评奖活动中获一等奖。次年，曹广文的《东江晨雾》获全国风光摄影（月赛）一等奖；1998年，刘衡的《高原人家》入选

中国第八届国际摄影艺术展。2000年，尹干良的《晚渡》入选上海第九届国际摄影展。次年，欧阳彪的《杂交水稻之父——袁隆平》获全国新闻摄影大赛一等奖及全国新闻人物摄影大赛铜奖。2002年，邓中华的《雾锁烟村》获上海第六届国际摄影作品展银奖。此为市摄影界历年获得之最高奖项。次年，朱明辉摄影作品《温副总理与灾区孤儿》《热血军魂护大堤》，分获全国地市州盟报摄影作品金奖、银奖。2004年，曹广文的《诗画东江》入选美国纽约第三十二届国际影展，刘衡的摄影作品《红红火火过大年》在《人民日报》发表。2005年，邓南国的《木狮舞的传人》获"2005年连州国际摄影节"优秀奖。

1989—2005年，是郴州摄影万象更新的时期，也是创作旺盛时期，摄影作品在省以上获奖、参展21次。广大摄影爱好者用镜头真实、形象地记录郴州改革开放巨大变化，为郴州绵绣河山留下倩影。郴州摄影作品先后被市委、市政府及有关部门组织汇编成《开放的郴州》《中国郴州》《林城漫游》《福城郴州》《辉煌十年》等大型画册和图书出版发行，为宣传郴州，推进郴州发展起到积极作用。

三、文艺理论

20世纪80年代，郴州成立文艺评论小组。迄2005年，郴州先后出版文艺理论专著10部。

1989年，分别在宜章、桂阳举办全区戏剧创作讨论会，提交评论文稿29篇，有5个小戏剧本经评析修改后参加湖南省新剧目调演并获得奖项。次年10月，郴州举办全国第三届秦学研讨会，突出对北宋时期秦少游贬谪郴州写下的《踏莎行·郴州旅舍》等10首著名诗词，进行创作个性、风格、思想倾向及艺术价值方面探讨。肖寿康戏剧论文《湘昆音乐唱腔发展的三种形式》在国家级戏剧刊物《剧本》上发表。1991年，市群众艺术馆撰写《伴嫁服饰与舞蹈的关系》一文，入选中国舞蹈研究所主编的《舞蹈生态学》。1996年，冯之的《现实中的英雄与艺术形象》、邓学鹏的《试谈嘉禾花灯剧目的特点》、肖寿康的《湘昆艺术与精神文明建设》等6篇文艺理论文章，先后发表于湖南省艺术类期刊《艺诲》《戏剧春秋》。1997年，邓南国论文《现象与思考》《论艺术摄影与新闻摄影的真实性》被编入全省摄影理论论文集。此间，罗宪敏先后出版《疯狂的享受》《红楼梦的艺术美》等文学评论专著。2002年，吴代芳文学评论集《世说新语》出版。2003年，蒋家国出版对英国著名小说家劳伦斯作品进行研究之理论专著《重建人类的伊甸园》，显示郴州文学理论研究多方位深化。同年11月，郴州市文艺评论家协会成立，有会员65人。之后，艾振民出版《楹联创作概论》，李译忠发表《有情景交融之美，无重复累赘之嫌》之文艺评论文章，分别从历史文化价值评介郴州楹联和湖南省重点保护文物"三绝碑"秦少游名篇《踏莎行》一词，郴州文艺理论研究更趋接近本土文化。

第三节　戏剧艺术

一、戏剧种类

（一）昆曲

亦称昆剧、昆腔。原为元代江苏昆山、苏州一带流行，明万历年间传入郴州。昆剧语言优美、曲调幽雅，但当时词曲亦深奥。郴州艺人遂渐将其与祁剧、湘剧及地方语言、音乐、民俗民情相揉合，使昆剧具有湘南乡土气息，形成具有鲜明地方特色之湖南昆剧（简称湘昆）。湘昆伴奏乐器以曲笛为主，武打戏伴以大锣大鼓，文戏则用低音小锣；大过场吹唢呐，小过场奏曲笛伴以丝弦，极富民间风味。舞台道白不用吴语，用郴州官话（地方普通话）。表演注重动作优美，舞蹈性强，力求粗犷豪放，又不失优美细致传统风格。湘昆溶诗、调、歌、舞剧于一体，表演有固定、独特的程式和基本技巧，是完整规范之综合艺术。1985 年 10 月，文化部发出《关于保护和振兴昆剧的通知》，确定湖南昆剧团（市直昆剧团）为全国 5 个保护的专业昆剧团之一。

湘昆既高雅又纯朴，既细腻又粗犷，既高亢又婉转的表演风格，一直深得国内外艺术界赞誉。2001 年 5 月，联合国科教文组织将中国昆曲艺术列为人类口述和世界非物质文化遗产名录。

湖南省和郴州地区（市）一直关心和重视湘昆艺术发展。1991 年，郴州地区财政拨专款改善湘昆剧团排练、演出条件。1995 年 12 月，市委、市政府召开振兴湖南昆剧座谈会，文化部、省文化厅领导应邀参会。1998 年 4 月，省长助理许云昭在郴州主持召开关于扶持湖南昆剧团专题会议。会后，省财政拨付剧团排练场地改造专项经费 30 万元，1999—2000 年对剧团经费拨款每年增加 20 万元外，省教育委员会安排 50 名中专招生计划指标招录昆曲学员。1999 年 6 月，文化部振兴昆剧指导委员会工作会议在郴州召开。是年，在省、市地方财政资助下，剧团将排练厅改造成档次较高具有古典风格的小剧场。2000 年始，省财政对剧团业务经费补助费由原每年 30 万元增至 40 万元。次年，市财政对剧团职工工资总额拨款比例增至 80%。到 2003 年，湘昆剧团由差额拨款单位定为全额拨款单位。2003 年，省、市财政投入 100 万元用于剧团兴建青年演员集体宿舍。次年 11 月，湖南省人民政府省长周伯华到郴视察工作时专程看望湘昆剧团演职员，当场批示省财政再拨款 180 万元用于青年演员集体宿舍建设。与此同时，市政府在资金上扶持剧团分期分批选送演员到艺术院校进修深造。2005 年，湘昆剧团先后从省内外邀请 14 位名师到团传教 9 出折子戏，同时选送 17 人到上海学戏 15 折。

（二）湘剧

境内湘剧系衡阳湘剧流派。明末，传入永兴，后至资兴、桂阳等地。中华人民共和国成立后，改湘剧戏班为剧团，定点衡阳市的称“衡阳统一湘剧团”；定点郴州的称“湘南前进湘剧团”，后移居桂阳，称“桂阳湘剧团”。湘剧传统剧目十分丰富，在几百年发展过程中历经演变消长。至 2005 年，桂阳湘剧团记录在册剧目仍有 613 出。依不同剧目所用不同声腔划分，有昆腔戏 41 出，高腔戏 97 出，高昆腔间唱戏 47 出，弹腔戏 418 出，杂腔小调戏 10 出；依剧目长短划分，有连台本戏 6 出，整本戏 113 出，散折戏 465 出。

湘剧表演艺术主要有“昆腔、高腔、弹腔”三种表演风格。昆腔有动作细腻、舞蹈性强风格；高腔戏有动作古朴、泥土气息浓，唱、念多风格；弹腔戏则具有动作规范化程度高，多用程式、大段板式变化唱腔或整段念白手段刻划人物风格。

（三）祁剧

祁剧唱高腔、弹腔与昆腔。唱腔以皮黄为主。传统祁剧表演主要分旦角、生角、小生、花脸和丑角；剧目内容生活气息浓，表演形式活泼风趣，为市内流行最广剧种。光绪年间，桂阳县祁剧萧吉曾班闻名于湖南祁剧界。清代，郴州祁剧日趋流行。民国时期，各地先后组建祁剧班 10 余个。民国后期，业余祁剧班社和一些应婚丧寿庆唱祁剧围鼓班，遍及全区。20 世纪 60 年代初期，宜章、临武、汝城、安仁等县建立祁剧团，全区有专业祁剧团 6 个。到 80 年代中、后期，电视、电影、录像、网吧、电子游乐场等文化娱乐形式竞争激烈，戏剧演出出现衰落。汝城、嘉禾、宜章等县祁剧团相继撤销。

至2005年，郴州市专业祁剧团仅保留临武县祁剧团。但境内一些农村祁剧业余演出活动仍为活跃。

（四）花鼓戏

花鼓戏由境内民间歌舞“二小”戏、“花灯”演变而成。中华人民共和国成立后，花鼓戏这一地方民族剧种得到扶持和发展，在20世纪80年代，境内专业花鼓戏剧团多时有5家，城乡业余演出队多时达76支。花鼓戏用语采用郴州地方官话或当地方言，观众喜听易懂；剧目多以农村生活为题材，具有浓郁生活气息。文辞通俗易懂，表演细腻幽默，人物刻画生动形象。音乐源于民歌、小调，曲调粗犷、爽朗、高亢，乡土风味浓，为群众喜闻乐唱。至2005年，郴州市有资兴市、永兴县和安仁县3个县级专业花鼓戏剧团。

（五）歌剧、话剧

1959年，郴州专署文工团组建。1962年冬，更名为郴州地区歌舞剧团。1966年6月后，因“文化大革命”冲击，歌舞剧团解体并停止演出，直至1971年，地区歌舞剧团恢复。自后上演《杜鹃山》《海岛女民兵》《白毛女》《刘三姐》《洪湖赤卫队》《江姐》《草原英雄小姐妹》《壮丽的婚礼》《一双绣花鞋》《救救她》等一大批以讴歌革命武装斗争和时代英雄人物为主的歌剧、话剧。其间，一些厂矿企业和农村业余剧团盛演歌、话剧。1985年，资兴矿务局业余剧团创作演出小歌剧《孤女的心灵》获全国首届“乌金文艺”会演二等奖，湖南省电视台录制成电视片播放。歌剧、话剧这些新剧种，表演比古装传统戏曲艺术简洁，且有歌有舞有剧情，较受百姓欢迎。至2005年，郴州市歌舞剧团为市域唯一表演歌剧、话剧的专业艺术团体。

二、表演团体

湖南省昆剧团 1960年组建“郴州专区湘昆剧团”，1964年更名为湖南昆剧团。2000年4月，湖南省人民政府办公厅下文批准该团称为“湖南省昆剧团”。剧团仍设郴州，由郴州市主管。至2005年，剧团有演职人员（含离退休人员）127人。其中有艺术系列正高职称4人，副高职称24人，中级职称37人。

1989年11月，该团组队参加文化部组织的中国昆剧艺术团赴香港演出昆曲折子戏《武松杀嫂》。1992年5月，张富光获湖南省首届戏剧“芙蓉奖”。1994年6月，剧团进京参加全国首届昆剧青年演员交流演出，张富光获“兰花最佳表演奖”。12月，在湖南省新剧目会演中，剧团创作、编演大型昆曲历史剧《雾失楼台》，获优秀剧目、优秀作曲、优秀表演和优秀导演四个单项奖。次年6月，昆曲名角、剧团团长张富光获第十二届中国戏剧“梅花奖”。1996年5月，罗艳在湖南省第二届青年戏曲演员电视大奖赛中获金奖。1997年，张富光、傅艺萍赴台湾台北表演《抢棍》《猜寄》等4个传统昆曲折子戏。1999年5月下旬，张富光、傅艺萍、伍少娟应邀赴香港演出昆剧折子戏《藏舟》《抢棍》。10月，在湖南省第三届优秀青年演员折子戏大赛决赛中，王艳红获金奖，谢华得银奖。次年，剧团编演《荆钗记》获全省“五个一工程”入选作品奖。同年，张富光被省文化厅授予“湖南省优秀中青年戏剧专家”称号。2000—2001年，张小明、唐飞获湖南戏剧年度“芙蓉奖”，剧团获湖南戏剧年度“芙蓉园丁奖”。2002年，傅艺萍获第19届中国戏剧最高奖“梅花奖”，成为该团获此殊荣第二人。11月，张富光、傅艺萍在文化部、联合国教科文组织主办的全国昆曲优秀中青年演员评比展演中获“促进昆曲艺术奖”；雷子文、余茂盛获文化部颁发的长期潜心昆剧艺术事业“成就显著奖”。2004年2月，优秀青年演员刘礼乐随湖南省“飞燕”艺术团赴英国伦敦演出折子戏《金猴闹春》。当年剧团有18出剧目入选《中国昆曲精选剧目曲谱大全》。2005年4月，剧团首次代表中华人民共和国前往欧洲爱沙尼亚共和国参加东方国际音乐节，获艺术节表演金奖，并顺访拉脱维亚共和国演出。

1989—2005年，剧团先后4次获湖南省年度“芙蓉戏剧园丁奖”。3次被湖南省文化厅授予全省年度“好剧团”称号。先后在全省、全国演出中获各类奖项68项，进京赴台、港和出国演出20多次。

郴州市歌舞剧团 1958年组建郴州专区文工团，1962年冬，更名为郴州地区歌舞剧团。郴州撤地建市后，1995年10月，改称“郴州市歌舞剧团”。至2005年，剧团演职人员88人（含离退休人员14人）；有国家一级演员1人、二级演员6人、三级演员36人；有国家二级作曲家2人、主任舞台技师1人。

自20世纪90年代始，该团直面演出市场萎缩困境，大胆创新，着力歌舞剧创新和发展，曾被文化部誉为“歌剧绿洲之绿洲”。1989—2005年间，其编演代表剧目有《公寓·13》《西部风情》《黎明从血海中升起》《黄河魂》《五岭红杜鹃》《无手的军礼》《胡昭程》《啊，队长》等。1989年2月轻歌剧《公寓·13》参加全国第六届“中国戏剧·梅花奖”演出，主角演员郭卫民荣登第六届中国戏剧“梅花奖”红榜，成为郴州夺取国家戏剧艺术表演最高奖项第一人。1990年11月，文化部为表彰该团为歌剧艺术所做贡献，为之颁发“歌剧绿洲之绿洲”奖状。1992年10月，冯之编剧大型歌剧《黎明从血海中升起》，被选调参加湖南省纪念毛泽东《在延安文艺座谈会上的讲话》发表50周年文艺会演，获优秀演出奖、剧本奖、导演奖等七项单项奖。

20世纪90年代中期后，该剧团注重讴歌当地涌现的时代新人形象，为建设社会主义市场经济提供精神支撑。1996年7月，剧团上演以永兴籍海军战士刘志艳舍身救人而负重伤之英雄事迹为原型创作的大型歌剧《无手的军礼》，在参加1996年全国歌剧观摩演出中，获文化部颁发的剧目奖、优秀编剧奖，并获当年度湖南省委宣传部颁发的“五个一工程”戏剧类一等奖。随后，该剧目被选调进京专场演出。当年，剧团多次被湖南省文化厅授予全省年度“好剧团”称号。1997年，歌剧《无手的军礼》获湖南省田汉新剧目奖。2001年，剧团又上演以全国优秀教育工作者、原桂东县教育局局长胡昭程为原型创作的歌剧《胡昭程》，为践行“三个代表”重要思想起到很好宣传教育作用。2000—2002年，剧团被湖南省文化厅连续3年授予全省年度“好剧团”称号。2003年，该团李丽芬在湖南省第三届“三湘群星奖”评选活动中获金奖。次年，民族舞蹈《戴架》获湖南省第四届“湘群星奖”舞蹈比赛金奖。2005年，剧团创作的歌舞剧《啊，队长》获全国消防系统调演“金盾奖”。

桂阳湘剧团 始建于1950年。自1989年始，剧团坚持“古为今用，推陈出新”文艺发展方针，每年向青年演员传授七八个传统湘剧剧目，注重传承古装传统剧种。该团先后整理改编大型传统剧目40余出，并随着演出市场的需求，增加现代歌舞编排与演出。其间，剧团着力开辟农村演出市场，每年下乡入村演出均在150场以上。至2005年，剧团先后两次获湖南省文化厅授予的年度“好剧团”称号。先后有20个节目在市级汇演中获奖，8个节目在省级演出中获奖。1992年，湘剧《风雨店》参加湖南省新剧目调演，分获剧目奖、剧本奖和表演奖。

资兴市花鼓戏剧团 始建于1958年。自20世纪90年代初始，该团在资兴市财政扶持的同时，发展文化产业，“以文补文”，不断改善排练、演出条件，提高演出质量。1992年，演出花鼓戏《三个媳妇》获湖南省文化厅3000元新剧目扶持奖。1996年，上演花鼓戏《孔繁森》，获省文化厅颁发的“百场演出奖”。次年，剧团被评为全省“好剧团”。现代花鼓戏《活人坟》参加湖南省新剧目会演，获演出奖、导演奖和演员奖。之后该剧目连获全国小戏演出“金狮奖”和小戏小品大赛“优秀演出奖”。1998年，演员陈琳参加湖南省电视台举办的首届戏歌戏曲大赛，获三等奖。2000年后，剧团每年送戏下乡演出180场以上。2003年，演员谢晓燕演唱的歌曲《东江湖之魅》，获湖南省委宣传部颁发的“五个一工程奖”。至2005年，该团先后整理改编传统剧目30多个，恢复编演大型古装戏12台。

永兴县花鼓戏剧团 始建于1957年。自20世纪90年代始，该团采取职员考核上岗制，致力整理传统戏，创作现代戏，曲调（牌）繁多，形式灵活多样，使剧团焕发生机。1991年，现代花鼓戏《嫁娘》参加湖南省现代花鼓戏新剧目调演，获剧目奖、编剧奖、导演奖、主角奖等8项单奖。次年，剧团因演出场次多、效益好，获省文化厅奖励金1万元。1996年，上演的花鼓戏《无手的军礼》获省文化厅颁发的“百场演出奖”。同时，该团加强“送戏下乡”工作力度，1998年后下乡演出年均达200余场。2005年，大型花鼓戏《乡里大亨》参加全国映山红民间戏剧节演出，获“优秀演出奖”。1989—2005年，该团先后编排、移植大型花鼓戏剧目68出，现代歌舞42台，在省级演出中获奖剧目6个，市级演出中获奖剧目13个。其间，先后5次获湖南省文化厅授予的年度“好剧团”称号。

安仁县花鼓戏剧团 1958年组建“安仁县文工团”，1965年改称“安仁县花鼓戏剧团”。该团演出既有长沙花鼓戏风味，又吸收安仁地方小调音乐，形成特色。1991年，大型花鼓戏《雷锋之歌》获湖南省文化厅颁发的“百场演出奖”。1997年，现代花鼓戏《中秋礼》参加湖南省新剧目会演，获田汉演出奖、演员奖。2003年，剧团创作花鼓戏《木乡长》《药都传奇》参加全国第七届“映山红”民间戏剧节调演，因地方特色浓厚，分获银奖和铜奖。剧团年均下乡演出180场以上。1989—2005年，剧团先后编演现代花鼓戏18部，整理改编传统古装戏28部；在省级演出中获奖剧目4个，市级演出中获奖剧目14个，每年编演反映现实生活小戏3台以上。其间，剧团两次被评为湖南省年度“好剧团”和“全国文化工作先进集体”。

临武县祁剧团 前身系临武县花鼓戏剧团。1961年，正式更名为“临武祁剧团”。20世纪80年代末，剧团在新兴文化娱乐形式冲击下，地方传统戏剧受到冲击。该剧团推陈出新，先后整理改编受民间喜爱传统剧目20多出。其中在省级演出中获奖3出，市级演出中获奖12出。1989年祁剧《包公受贿》在湖南省新剧目汇演中，获优秀导演、主角、配角奖。1997年小祁剧《一把茶壶》参加湖南省新剧目会演获田汉演出奖、作曲奖和演员奖。1989—2005年，剧团年均下乡演出逾200场。

1989—2005年郴州市（地区）歌剧、戏曲获全国、湖南省“五个一工程奖”作品统计表

表23-1-3-1

名称	艺术门类	创作者	获奖情况
无手的军礼	歌剧	冯之、舒柯	1996年湖南省委宣传部“五个一工程奖”
难忘的泼水节	歌曲	黄兰生谱曲	1997年湖南省委宣传部“五个一工程奖”
乡里警察	花鼓戏	冯之	1998年湖南省委宣传部“五个一工程奖”
又见老将军	歌曲	黄兰生谱曲	1999年湖南省委宣传部“五个一工程奖”
荆钗记	昆剧	湖南省昆剧团	2000年湖南省委宣传部“五个一工程奖”
乡里法官	采茶戏	冯之	2003年中共中央宣传部“五个一工程奖”
大神州	歌曲	曾庆清谱曲	2003年湖南省委宣传部“五个一工程奖”
东江湖之魅	歌曲	李远红作曲袁晓燕作词	2003年湖南省委宣传部“五个一工程奖”

第四节 群众文化活动

一、“文化下乡”

1989年后，郴州地区（市）各级政府在加强农村文化阵地建设同时，动员组织文化、农业、科技、共青团、妇联等部门和机关、企事业单位，广泛开展“送书、送戏、送电影、送科普知识、送科学技术”下乡的“文化下乡”活动。以活跃农村精神文化生活，适应农村生产力提高和经济社会发展需求。1989—1990年，地、县两级机关、学校和企事业单位相继向农村赠送图书18万余册，帮助农村建立万册图书室7个，5000册图书室14个。各级地方财政资助乡镇（村）兴建影剧院168座，组建农村电影放映队6756个，农村业余剧团18个。同时，各专业剧团年均送戏下乡150场以上，电影队为每个自然村每月放电影一场以上，各县（市）每年均组织1~2次大型“送书、送科学技术资料”下乡活动。

1995年5月，郴州市图书发行部门开展“送书下乡月竞赛活动”，次年9—12月，又开展“迎店庆百日送书下乡竞赛活动”。各书店干部职工组织一大批优秀文艺图书和农业科技书籍，在逢集赶圩日送下乡开展流动摆摊展销。活动中，下乡售书8.9万册。次年，下乡售书68万册。郴州市新华书店和桂阳、资兴、宜章、汝城、安仁、永兴县（市）新华书店先后被评为全市“送书下乡竞赛优胜单位”。

1996年1月，郴州市委、市人民政府在永兴县召开农村文化工作会议，要求各地以开展送“文化下乡”活动，抵制乡村蔓延的赌博、买地下“六合彩”、搞封建迷信活动等恶习，并以此为载体推进农村文化建设，让先进文化在乡村扎根、繁荣。继后，全市涌现一批加强农村文化建设和送文化下乡先进典型。1997—1999年，北湖区投入1500万元，恢复和建立乡镇文化站、广播站、图书室、电影队、农科教中心“五大件”建设。全区建立村级图书室110个、广播室69个、娱乐室54个，农民演出队72个，篮球场86个。精神文化生活健康发展促进农村风貌好转。1998年年初，永兴县和安仁县的花鼓戏剧团各筹资20多万元购置流动演出舞台车，开展送戏下乡活动。永兴县花鼓戏剧团下乡演出158场，安仁县花鼓戏剧团深入50多个偏远自然村巡回演出100余场。1999年，郴州市歌舞剧团配合“婚育新风进万家”活动，移植编排大型话剧《生崽梦》，筹资30万元购置流动舞台车下乡演出53场。在开展“文化下乡”活动中，北湖区北湖、嘉禾县金州、苏仙区百花三个业余艺术团自筹经费，免费送戏下乡演出83场。2004年，郴州市科学技术协会（简称市科协）在“6.29”全国科普日前后，围绕“讲科学文明、反生活陋习”主题，组织科技人员和科普志愿者5000人次下乡宣传普及相关科学知识，展出科普展板、挂图1000余块（张），发放科普资料32万份，推广科学生活知识40多项，受益群众达65万多人次。是年，市科协被中国科协评为“全国科普日活动”组织工作先进单位。2005年春节期间，湖南昆剧团、市歌舞剧团分赴全市8县17个农村演出点开展“情系三农”慰问演出。当年，资兴市电影公司突出组织送科教电影下乡活动，被文化部评为“全国农村电影工作先进单位”。

1989—2005年，郴州先后组织、部署全市（地区）性送文化下乡活动12期，文化、科技、农业等部门和机关，学校等单位向农村捐送各类图书（资料）120万册（份），送戏、送电影下乡演出（放映）5000多场次，开展科普知识宣传和科学技术传授活动612场次。

二、群众演出

自1989年始，郴州各级党委、政府在加强社会主义新时期思想文化建设中，扶持建立民间业余表演团体，组织开展形式多样群众性演出（汇演、调演）活动，丰富群众精神文化生活。是年，郴州举办全区群众性文艺汇演活动“南国郴州艺术节”和第三届“五岭艺术节”，参加两节演出有乡镇、厂矿企业、学校和部队等基层单位代表队21个，演出节目87个。1992年，为纪念毛泽东《在延安文艺座谈会上的讲话》发表50周年，举办全区以城乡民间业余文艺团体参赛为主的“群艺之花”文艺晚会，上演节目18个，并选送2个节目参加全省群众艺术（文化）馆文艺调演。次年，举办有各行各业20支代表队参加郴州地区首届舞蹈大奖赛。1994年，举办第四届南国郴州艺术节活动，内容包括文艺表演和文艺作品展评，活动范围普及到企业、学校、社区、乡村、机关，演出文艺节目25台315个，演出人员达2000余人，观众达6万余人次。有美术、书法、摄影和文学等作品276件参加展评。

1995年撤地建市，郴州始办全市性“五岭戏剧节”“五岭音乐节”群众性文艺演出活动。1996年，郴州市委、市政府决定将“五岭戏剧节”和“五岭音乐节”合并为“郴州艺术节”，每两年举办一次。年内4月下旬举办的艺术节，历时6个月，分期分批在郴州城区和县（市、区）13分会场演出50余场，上演节目800个，多为基层单位群众业余文艺队伍自编自演节目。此外，郴州市文化局与市纪委等单位联合举办反腐倡廉文艺会演，演出戏剧小品、舞蹈13个。宜章县城关镇举办有史以来规模最大“夜故事”活动，演出节目135台，参演人数达4500人，观众有10多万人次。1996年度“北湖之夏”音乐周有19台戏、283个节目，从中挑选节目组织5台晚会集中演出，整个活动参演人数达4800余人次，观众达3万余人次。这些源自基层一线的小戏、小品、舞蹈，声乐等节目，生动地表现郴州人民在改革开放和经济建设中成就和各地神采各异之民俗风情。至2005年，先后举办“郴州艺术节”4期，带动了群众文化活动的兴起。

与此同时，市内各县（市、区）着力扶持、培养乡土文艺演出队伍，活跃城乡文化生活。1997年，素有“南国民歌之县”的嘉禾县在县、乡两级财政资助下，全县农村组建民乐队86支，业余演出队65支，龙灯狮子队35支，常年在各村巡回演出。其自编自演《计划生育好》《送公粮》《禁赌亭》等小戏和演唱节目，被干部群众喻为播撒精神文明“播种机”。2001年，永兴县高亭乡高亭村自筹资金兴建村剧场，次年，村民自编自演20多个节目，四周巡演，喜迎中共十六大召开。至2005年，桂阳县举办“农民艺术节”、资兴市举办“东江艺术节”、永兴县举行大型群众文艺晚会，均带动县（市）、乡、村三级出现一个多层次、全方位的群众参加文艺演出活动的局面。

1989—2005年，郴州市从基屋单位挑选节目举办全市群众性大型文艺会（调）演23期，上演节目3200余个。参演者上至七旬老人，下至4~5岁孩童，有职工、农民和部队官兵，也有机关干部、学生和经商者，呈现一派“社会进步，老少同乐”景象。

2005年郴州市农村文化建设情况统计表

表24-1-4-1　　　　单位：个、人

项目 单位	村民(居民)委员会	文化场地			文艺队伍		农村民间文艺团队				
		图书室	文体活动室	影剧院	业余文艺团队	业余文艺骨干	腰鼓秧歌团队	龙狮队	管弦乐团(队)	地方戏剧团	电影队
北湖区	199	90	90	2	4	28	—	—	—	—	—
苏仙区	255	13	70	10	20	80	5	6	5	2	—
资兴市	348	133	136	22	36	757	29	61	25	7	55
桂阳县	565	4	31	—	182	8	12	26	148	42	12
宜章县	380	50	40	3	68	610	8	14	16	13	—
永兴县	373	25	51	4	10	132	92	89	50	—	—
嘉禾县	282	61	25	27	2	80	3	17	28	2	4
临武县	305	27	98	90	13	184	—	113	15	10	4
汝城县	338	61	124	18	40	326	6	72	15	6	6
桂东县	155	—	36	—	1	20	2	2	1	—	—
安仁县	225	25	20	6	13	165	25	6	33	3	4
全市合计	3425	489	721	182	389	2390	196	420	336	87	85

三、广场文化

自20世纪90年代初始，郴州城镇广场（含游园）日渐兴起群众自发性跳舞、唱歌和乐器演奏等文化活动。2001年，由郴州市委宣传部、市文化局具体组织于郴州城区开展“欢乐广场”文化活动，满足广大城市居民求知求乐新需求。郴州城区广场文化活动主要以“三园”（北湖、东塔、苏仙岭公园）和“三场”（五岭、东风、火车站广场）为阵地，开展文艺演出、电影放映、美术作品展览和歌舞、体育比赛等形式多样文化娱乐体育活动。广场文化活动每月围绕一个主题内容展开。是年，郴州城区在广场、公园先后举办“巾帼英姿”“校园风采”“祖国颂”“金秋时节”“艺苑奇葩”等内容鲜明的主题广场文化活动11场，组织周末欢乐广场电影放映12场，参与市民及观众计20余万人次。同时，还举办何文君钢琴独奏广场音乐会，开郴州市举办个人钢琴独奏音乐会之先河。2002年，郴州城区组织各类主题广场文化活动17场，举办周末广场电影放映20场，参与市民及观众30余万人次。当年，文化活动活跃的五岭广场被湖南省文化厅授予全省“优秀文化广场”称号，市委宣传部、市文化局被评为全省“广场文化活动组织工作先进单位”。2003年，创新广场文化活动组织方式，与市振兴房地产公司联合举办设舞蹈、秧歌和音乐赛事的“今日兴城”广场文化活动，既宣传企业，又创收广场文化活动运作资金。全年组织开展主题广场文化活动13场。此后，广场文化活动多结合大型节、会活动融合开展。至2005年，郴州城区举办广场文化活动56场，组织电影放映48场次。此间，各县（市、区）广场文化活动亦异彩纷呈。北湖区和汝城县以举办郴州生态旅游节为契机，组织气势恢弘广场团体歌舞表演，把广场文化活动推向高潮。桂阳县组织的“欢乐广场”文化活动内容、形式不断创新，将乡村民间文艺表演节目引入广场文化活动，被群众誉为“诱人的文化盛宴”。

四、群众文化辅导

1989年后，郴州地区群众艺术馆（简称群艺馆）和11县（市、区）群众文化馆，普遍推行群众文化辅导、培训工作目标管理责任制。主要采取下基层上门辅导和集中办班培训方式，提高基层文学、音乐、曲艺、美术、摄影等方面业务骨干水平。桂阳县群众文化馆立足基层，服务群众，每个干部均有文化辅导联系点，每人每年下乡辅导时间在三分之一以上，帮助涌现一批乡村文艺骨干进行基层文艺创作。1990年该馆被文化部评为“全国先进文化馆”，馆长邓立衍赴京参加全国文化馆（站）经验交流会。全区经辅导培训，涌现大量优秀节目和艺术拔尖人才。1991年，地区群艺馆和县级文化馆定点辅导基层业余文艺队伍编排节目，参加全区第四届“五岭艺术节”和全省两次大型文艺会（调）演活动，其中有6个节目在全省会（调）演中获奖。1994年，郴州5名演唱选手经辅导参加湖南省“红豆杯”歌手大赛，获单项奖10项。2001年，辅导歌手参加湖南省“蔡伦杯”青年歌手大赛，总成绩名列全省第一。2002—2003年，辅导郴州选手在全省音乐、舞蹈大赛中获金奖3名、银奖8名。1989—2005年，郴州市（地区）群艺馆和县级群众文化馆先后举办文艺骨干培训班2523期，培训音乐骨干287人，文学创作骨干153人，美术骨干379人，民间舞蹈骨干1296人，曲艺演唱骨干197人，书法、摄影骨干656人。

第五节　民间传统文艺

一、民间曲艺

郴州民间长期形成和发展起来的曲艺，主要有临武傩戏、嘉禾花灯戏、跑纸马、宜章夜故事、春牛、高跷。详见后第六节“地域文化遗产”。

二、民间歌舞

郴州民间歌舞主要有伴嫁歌、哭嫁歌、狮舞、长鼓舞、宗教祭祀舞、蚌壳舞、采莲航、花棍等。详见后第六节“地域文化遗产”。

三、民间文学

（一）民间故事

郴州民间故事较多且覆盖面广。到2005年，经搜集整理入选成卷出版有神话类、传说类、故事类、寓言类和笑话类民间故事计300余篇。郴州因历代革命武装斗争不断和文化人士留迹较多，故民间故事尤以革命领袖和革命烈士传说、历代农民起义英雄，和古代文化名人传说为多。如《智取宜章》《毛泽东途经郴州》《朱德濠头历险记》《勇斗镇守使》《中夏度假》《千里找党》《洪宣娇计破重围》《“豆腐帕”立功》《罗隐赠围裙》等。

（二）民间歌谣

境内主要流传有伴嫁歌、哭嫁歌、厉歌（逗歌）、时事政治歌、历史传说歌、劳动歌、生活歌、情歌、儿童歌和仪式歌10类。在20世纪90年代初搜集整理入选成卷郴州民间歌谣达770首，其中汉族歌谣648首、瑶族122首。较有名的歌谣如湘南起义时宜章传唱的《工农、工农》，情歌有《情骂》，生活歌有《脚下无妻总是寒》，劳动歌有《日头好大好长芽》《先插红薯后下灰》等。

（三）民间谚语

郴州地方性谚语流行较广，20世纪80至90年代，经搜集整理入卷有4000余条。有时政类、事理类、修养类、社交类、生活类、生产类、自然类和行业类等。郴州地方谚语具有浓郁湘南乡土味和深遂哲理性，如“走了千里路，舍不得栖凤渡”“苏仙升了天，仙鹤又还乡”“今年盼着明年富，空盼照穿没裆裤”等。

第六节 地域文化遗产

一、非物质文化遗产保护

20世纪80年代末到90年代初，郴州地区行署拨出专项经费，组织一批群众文史工作者、学者、专家历时5年，深入乡村搜集、整理地域民间文化遗产，选编内部出版民间故事、民间歌谣和民间谚语三套四册，计120余万字。继后，郴州群众艺术馆组织力量广泛搜集，整理编印《湖南民族民间舞蹈集·郴州地区资料卷》。至1995年，全市基本完成民族民间文化各项目资料集成汇编。各县（市、区）对地域文化遗产先后进行普查、登记、鉴定、分类，确定保护与传承项目。

自2005年起，市、县（市、区）两级政府成立非物质文化遗产保护工作领导小组和非物质文化遗产保护专家委员会，开展非物质文化遗产普查工作，启动申报郴州首批国家、省、市级非物质文化遗产名录项目工作。经收集、整理论证和层层评选，至2007年5月，郴州首批列入国家级和省、市级非物质文化遗产名录项目，相继由国务院和省、市人民政府批准公布。

其间，因非物质文化遗产生态环境欠佳，继承、保护工作还未普遍受到重视，文化遗产资源流失极为严重。境内一批民族民间非物质文化遗产项目的传承后继无人，一些传统技艺面临失传危险。如瑶族文化遗产中会打长鼓、唱瑶歌、讲瑶话、会还盘王愿传统祭祀礼仪人员已屈指可数。

郴州市首批国家、省、市级非物质文化遗产名录项目一览表

表24-1-6-1

项目类别	项目名称	申报单位	政府公布时间	入项级别
传统戏剧	昆 曲	湖南省（郴州）昆剧团	2006年5月	国家级
传统舞蹈	汝城香火龙	汝城县人民政府	2006年5月	省 级
民间文学	苏仙传说	苏仙区人民政府	2006年5月	
传统音乐	嘉禾伴嫁歌	嘉禾县人民政府	2006年5月	
传统戏剧	衡阳湘剧	桂阳县人民政府	2006年5月	
民 俗	安仁赶分社	安仁县人民政府	2006年5月	

续表 24-1-6-1

项目类别	项目名称	申报单位	政府公布时间	入项级别
民 俗	资兴还盘王愿	资兴市人民政府	2006 年 5 月	省 级
民间文学	龙女和柳毅的传说	北湖区人民政府	2007 年 5 月	市 级
传统美术	元宵米槊	安仁县文化局	2007 年 5 月	
传统音乐	资兴民歌	资兴市文化局	2007 年 5 月	
	桂阳瑶歌	桂阳县人民政府	2007 年 5 月	
	汝城山歌	汝城县文化局	2007 年 5 月	
传统舞蹈	汝城船故事	汝城县文化局	2007 年 5 月	
传统戏剧	桂阳花灯戏曲	桂阳县人民政府	2007 年 5 月	
	嘉禾花灯	嘉禾县人民政府	2007 年 5 月	
	永兴花鼓戏	永兴县人民政府	2007 年 5 月	
	安仁花鼓戏	安仁县花鼓戏剧团	2007 年 5 月	
	临武祁剧	临武县人民政府	2007 年 5 月	
	资兴花鼓戏	资兴市文化局	2007 年 5 月	
	临武傩戏	临武县人民政府	2007 年 5 月	
手工技艺	金山藤编织技艺	汝城县文化局	2007 年 5 月	
	永兴金银传统冶炼技艺	永兴县人民政府	2007 年 5 月	
	玲珑茶制作技艺	桂东县人民政府	2007 年 5 月	
民 俗	宜章夜故事	宜章县人民政府	2007 年 5 月	
	汉《三侯祠》九九重阳庙会	永兴县人民政府	2007 年 5 月	
传统医药	苏仙瑶族医药	苏仙区人民政府	2007 年 5 月	

说明：郴州申报首批国家、省、市级非物质文化遗产项目工作始于 2004—2005 年，公布时间则为 2006—2007 年，故统计表时间下延

二、首批国家、省级非物质文化遗产

（一）国家级非物质文化遗产

昆曲 为湖南地方大戏剧之一，传入郴州以后曾以桂阳为其发展和活动中心，故又称“桂阳昆曲”“湘昆”（详见本篇第一章第三节“戏剧种类”）。2001 年 5 月，昆曲被联合国教科文组织宣布为首批世界非物质文化遗产。（中国首批列入世界非物质遗产仅 4 项：昆曲、中国古琴艺术、新疆维吾尔木卡姆艺术、蒙古族长调民歌。）2006 年 5 月，昆曲被国务院公布列入国家级非物质文化遗产保护项目。

（二）首批省级非物质文化遗产

汝城香火龙 民间族群祭祖祭祀活动，以示庆贺丰收，祈福祛灾之图腾信仰，历史悠久。后借鉴寺庙殿宇内关于龙壁画和雕塑形态，用稻草、棕叶、竹片、竹杆和特制龙香扎制成香火龙，特定于每年农历正月元宵节期间于夜晚举行舞龙盛会，祈求风调雨顺，五谷丰登，国泰民安。汝城香火龙民俗活动其龙造型威武，舞龙队伍浩荡，且擂鼓奏乐，礼仪有序，场面壮观。集美术、音乐、礼仪、

舞蹈于一体，系典型地域标志性文化。千百年来，汝城人民多以村落族群为单位，沿袭民俗举行香火龙祭祀活动。

苏仙传说 此民间传说源于汉初。传说汉时郴城神医苏耽驾鹤升天时，嘱母用桔叶和井水为穷人祛病。这一传说蕴含悬壶济世、母爱子孝、救难行善人文精神，既有早期道教文化瑰丽传奇色彩，又有汉代民间文学细腻写实风格。“橘井泉香”典故传为中国医学佳话。此传说经群体创作，有口头、文本、戏剧等各类艺术表现形式，还散载入道教典籍、医学、史志等书籍。是省内独特而具国际影响之宝贵文化遗产。

嘉禾伴嫁歌 以自然质朴歌词，优美深情曲调，伴之优美舞姿，生动表现嘉禾传统婚嫁民俗（详见本章第二节“民间歌舞”）。歌曲内容多为赞扬人间真善美情愫，痛诉社会丑恶现象。音乐形式不拘一格，灵活多样，音阶独特，曲式结构为羽调式旋律。伴嫁舞与伴嫁歌配为一体，具有古朴、粗犷、风趣、和谐艺术特质。嘉禾伴嫁歌是研究历史、民俗活化石。在已存3000余首嘉禾伴嫁歌中自成曲调1000多首。1999年编集出版的《中国歌谣集成》收录嘉禾伴嫁歌36首。

衡阳湘剧 湖南省地方大戏剧种。中华人民共和国成立初期，衡阳湘剧移居桂阳，并成立“桂阳湘剧团”。湘剧以昆腔为主，空腔和弹腔兼而有之，将高雅昆曲艺术与区域文化融为一体（详见第一章第三节“湘昆剧”）。此剧种移居桂阳后推进了郴州戏曲事业发展。

安仁赶分社 安仁“赶分社”这一传统民间祭祀聚会活动，始于公元1002年，此节会系为纪念神农帝在安仁“制耒耜奠农工基础，尝百草开医药先河”之伟大业绩，而兴起的一种民间祭祀神农活动。民众籍活动求五谷丰登、人身安康和交换草药农具，以备春耕。历年赴会朝拜者络绎不绝。后渐由交易中草药和农具发展为交易农副土特产品及各类商品大型商贸节会。“赶分社”即在每年3月下旬“春分”时节举行。此时来自湖北、广东、广西、河南、河北及江西、四川等10多个省份客商聚集安仁县城，交易中草药、生产资料、农副产品，2000年后每年商贸成交总额上亿元。

资兴还盘王愿 资兴市瑶族民间一直保留着“瑶族还盘王愿祭典仪式”。此仪式历时七天七夜，表演歌谣、舞蹈和技艺等节目。它以戏剧性歌、舞表演形式，诗歌般语言，追溯瑶族族源和迁徙发展史。其中使用在漫长迁徙中吸收越语、闽语、粤语和歌唱语言，反映瑶汉这一游耕民族在历史进程中生活、迁徙、文化艺术等多方面内容。尤是瑶族特有“长鼓舞”扬名中外，它以手持长鼓，模拟祭神、射猎、刀耕火种等动作，栩栩如生地再现瑶民原始生产生活方式。仪式中歌吟使用独特的“七韵大典”“两韵小杂曲”“官商角微羽”等数种乐曲腔调，亦为研究民族音乐好素材。

第七节 电 影

一、电影放映

1989年，郴州地区电影发行放映电影13.04万场，放映总收入632.56万元；人均看电影21次，城乡人均电影消费分别为1.51元和0.65元。年内，厂矿俱乐部皆超额完成电影放映任务，其中资兴矿务局俱乐部放映1243场，上缴片租4万元，创历史最好效益。1991年，全区农村电影放映空白乡、村比率有所下降，556个电影队全年放映12.2万场，收入785.2万元，放映收入比上年增长6.9%。当年，郴州市（北湖区）人民电影院放映收入超100万元。

自1992年始，电视陆续进入家庭，电影放映出现滑坡。郴州农村电影逐步由普及放映转为售票，和集体出资及婚、丧、喜、庆个人包场放映。在收费难困境下，农村放映单位逐年减少。郴州地区放映场次下滑幅度略低于全省平均水平，1992年，全地区放映收入594万元，为上年的89%。郴州城区4家电影院收入比上年略有增加，其中苏仙影剧院增长36%。自1995年始，全市电影放映推行合同承包经营方式，调动放映队伍积极性，基本遏制电影市场滑坡势头，全市电影发行收入过100万元。

自1996年始，郴州市配合专题政治时事教育和中心工作，组织放映相关国产影片，一些部门和单位组织集体观看，电影市场呈现好转。是年，各县（市、区）电影公司会同教育部门结合爱国主义教育，开展"中小学生百部爱国主义教育影片放映"活动。继而各地结合政治时事教育活动，举办"党的建设电影会演"和"纪念中国工农红军长征胜利60周年电影放映"活动，相继推出《孔繁森》《这方水土》等23部国产优秀影片。1997年，推出《离开雷锋的日子》《红河谷》《鸦片战争》《大转折》等国产影片。此外，全年还放映进口影片10部202场，放映收入20.42万元。全年放映场次和收入居全省地（市）级承包放映公司之冠。1998年，重点推出国产大片《大进军——南线大追歼》。1999年，重点组织放映《国歌》《一个不能少》等国产影片，并举办"新中国五十周年电影回顾展映"活动，均取得可喜的社会效益和经济效益。但当时因电影放映还受计划发行束缚，缺乏文化市场竞争力，仍未能根本扭转票房收入整体下降趋势。

2001年，郴州市多方式重点拓展农村电影放映市场。4月，市、县两级电影公司结合揭批"法轮功"邪教组织，组织在农村发行、放映《宇宙与人》《巫师的骗术》等科教片300余场，观众60余万人次，放映收入达40多万元。年内，桂阳县恢复乡镇电影队38个，全县全年放映电影6310场，观众逾百万人次。市电影公司千方百计保证农村电影市场片源供应，当年改由过去每月供应4个影片增至每月供应影片12个。

自2004年始，郴州市推行农村电影放映"2131"工程（即21世纪农民看电影由政府买单，保证每村每月看一场电影）。年内，全市半数以上县（市、区）实现或基本实现农村电影"2131"目标，资兴市电影公司被评为2004年度湖南省农村电影放映实施"2131"工程优秀县级电影公司。2005年，城乡创新电影放映方式，电影放映出现繁兴局面。郴州市电影公司重点发行《信天游》《荔枝红了》《太行山下》等爱国主义影片放映；市人民电影院配合保持共产党员先进性教育，独家买断《张思德》影片在郴州放映发行权，放映发行收入达60余万元，创郴州单片电影发行收入新纪录；资兴市利用学校暑期和农闲时期，组织"百部爱国主义教育影片"和"送科教电影下乡"放映活动，收效明显。是年，该市市电影公司被评为全国"农村电影工作先进集体"；桂阳县从2005年8月始实施"广场电影"工程，每周两晚，每晚放映广场露天电影2场，丰富县城居民夜间文化生活。

二、设施、队伍

20世纪80年代始，郴州地区推行国家、集体、个人兴办电影放映。到1989年，郴州地、县两级城镇拥有国营电影院、影剧院23座，座位2.65万个，职工265人。工矿企业有俱乐部35个，座位3.44万个。同年，农村国营电影队全部撤销，集体和农村个体电影院队相继涌现。有农村电影院（礼堂）132个，座位8.32万个，建立农村放映队866个，有放映员1518人。全区有集体经营个体承包电影队 255 个，放映员 533 人；个体电影经营户 599 个，放映员 926 人。全区农村电影放映队体制改革，给农村电影市场带来活力。1989 年，永兴县樟树乡李友湘夫妻电影队下村入庄放映电影 567 场，观众达 48.2 万人次，上缴片租 6583 元；宜章县黄沙乡大黄家村年近七旬村民黄运牛，兴办个体电影院放映电影 448 场，上缴片租 6800 元。

自 1990 年始，人民文化生活方式日益多样化，电影市场日渐萎缩。郴州各地相继改造电影放映场所设施，更新机型、光源、座椅、音像设备，引进新电影品种，同时扩大经营项目，以赢得观众。是年，郴州地区人民电影院经政府拨款和自筹资金，改造放映大厅，购置美国先进放映设备，建成全区第一家立体声电影院。1992 年始，郴州地区苏仙影剧院改造设施，更新设备，到 1996 年，建成融看电影观戏剧、休闲娱乐于一体综合性文化娱乐中心，成为全市唯一达部（文化部）颁标准甲级剧院。其间，苏仙区电影院投资更新小厅立体声放映设备，桂阳县剧院改造为既能演戏、放映，又能开展文化娱乐多功能影剧院，面积达 6000 多平方米。同年，全市有市、县两级电影放映公司 11 个，有各级放映单位（包括农村放映队）438 个，其中 35 毫米放映单位 37 个，16 毫米放映单位 401 个。共有电影院、影剧院、电影俱乐部 31 个，座位 3.23 万个，其中市城区有电影院、影剧院 4 个，座位 4593 个。全年放映电影 5.26 万场，放映收入 630.72 万元，发行收入 120.5 万元。

2000 年，郴州各地重点加强农村放映员队伍的思想和业务建设，放映员均经培训考核合格后持证放映。是年，全市有电影发行放映单位 136 个，其中市、县两级电影放映公司 11 个，有电影院、影剧院、电影俱乐部 17 个，农村放映队 108 个。各城镇电影院、影剧院拥有固定 35 毫米电影放映机；农村电影队使用移动放映设备提包机和 16 豪米电影放映机。2001 年，全市有电影发行放映单位 184 个，其中市、县两级电影放映公司 11 个，有电影院、影剧院、电影俱乐部 17 个，农村放映队 156 个。同年，市苏仙影剧院多方筹资 100 万元，添置进口数码放映设备。次年，地处偏远山区的桂东县影剧院改建成有商业超市、文体活动中心、影剧大厅和多功能娱乐小厅五层新影剧院。2004 年，市文化部门争取国家和省级电影扶持，发放 8 套国家、省资助农村 16 毫米电影放映设备。至 2005 年，全市电影发行放映单位达 278 个，其中市、县两级电影放映公司 11 个，电影院、影剧院、电影俱乐部 182 个，农村放映队 85 个。

21 世纪初，郴州市涌现出大批优秀农村电影放映员。永兴县柏林镇马恭志常年同妻子肩挑手提放映设备，爬山涉水下村放映电影，放映中及时宣传党的政策和农村新人新事。2004 年、2005 年马恭志连续两年被文化部授予“全国送电影下乡优秀农村电影放映员”称号，2005 年，永兴县张知生被授予“湖南省农村电影工作优秀农村电影放映员” 称号。

第八节 图 书

一、图书发行

20 世纪 80 年代，郴州地区图书发行在以国营、集体为主渠道基础上，开始出现私营售书摊、店，且发展较快。货源主要来自新华书店、邮局、出版社和长沙等地图书批发市场。至 1989 年，全区图书发行销售点有新华书店门市部、供销社发行点、乡镇集体书店、商业图书发行点、社会代销点及私营书店（摊）计462个。其中私营书店点（摊）95个，占图书销售点总数20.6%。当年，全区进销图书2.4万多种，图书销售量达2001.12万册。

到1992年始，郴州地区多数基层供销社改为社有民营或实行家庭、个人承包，供销社售书量因利润低而逐减，农村图书发行严重滑坡。1995年，各级新华书店会同当地政府恢复一批农村供销社图书销售点，自身在乡镇下设发行网点38个，开设由农村学校承办发行代销点710多处。同时，开展“送书下乡”活动。当年，全市农村图书发行达419.1万元，较上年增长60%。桂阳县新华书店被中宣部、新闻出版署、国内贸易部、农业部评为全国“送书下乡先进单位”。是年11月，郴州地区新华书店更名郴州市新华书店，原郴县新华书店撤销并入市新华书店。郴州市新华书店担负市本级及北湖、苏仙两区36乡镇（街道办事处）计61.2万人图书发行任务，承担全市县级书店管理职能及图书发行。图书发行品种主要有政治、经济、文化教育、历史、文学艺术、地理、自然科学、工农业技术、医药卫生、教学辅导等15类。1995—1996年，全市书店重点抓好《邓小平文选》一、二卷，《邓小平建设有中国特色社会主义理论学习纲要》《党的十四届五中全会文件汇编》书籍征订发行工作，发行量达124175套（册）。两年间，全市图书销售额大幅增长。1995年图书销售7934.2万元。比上年增长84.8%；次年销售图书13274.3万元，比上年增长67.3%。1996年郴州市人均购书30.05元，比全省人均购书22.12元多7.9元，为全省人均购书额之首。

1998年，郴州市图书发行面对电子读物和其他文化消遣方式冲击，加强售书门市部建设和农村图书流动发行工作，图书发行呈上升趋势。是年，郴州市中心城区设图书综合门市部4家，市郊设2家；县（市、区）设城区、农村集镇图书门市部42家。全年图书门市部投入固定资产建设300万元，改善书店设施和实施“书架工程”。全市门市经添置书架，10个中心门市部仅湘版图书上架陈列品种就均达1824个，集镇门市部均为340个，皆超过省店考核标准。图书发行行业配齐农村图书发行人员，对农村图书发行实行分片包干区域责任制，变守店“坐商”为送书下乡“行商”，全年农村图书销售达1064万元。1998年，全市图书销售量在全国新华书店门市零销普遍下降情况下，实现利润比上年增长47.3%。郴州市及桂阳、永兴、嘉禾、临武、桂东5县新华书店年图书销售量均创历史最高水平。

2001年以后，市、县两级新华书店均为湖南新华书店集团所属公司。各地以市场为中心，加强对图书市场和出版信息研究，谋求经营多元化发展路子。2002年，郴州市新华书店加强读者俱乐部建设，发展会员至4000多人；在全省率先与市教育装备处签订为期3年合作经营教学配套书协议，扩大经营品种和范围。继后，与商场、酒家合作开发图书经营项目，扩展经营规模。2005年，郴州市新华书店联合供货商，在节假日举办图书展销会，并邀请汪涵、奇志、小玲叮等屏幕名人到场签名售书促销。同时，郴州市图书发行形成以学校教材、教学辅导读物为支撑点，以连锁经营网点为主体，以私营销售为补充新格局。全市图书发行部门年销售收入首次突破2亿元大关，多项经济指标位居全省前列，当年再次荣膺湖南省新华书店系统“文明单位”。

二、图书馆（室）

1989年，郴州地区有县（市）图书馆和机关、学校、厂矿、乡镇图书馆（室）900余家，藏书总量150万册。进入20世纪90年代，全区加快图书馆（室）建设，新建农村5000册以上图书室26个。自1993年始，全区着力改善图书馆条件，增加藏书量，优化服务质量，争创达标先进图书馆。是年，

11县（市）图书馆向财政争取资金175万元，用于改善馆内阅读条件。桂阳县图书馆购书经费由原每年3000元增至每年1.5万元。同时，成立郴州城区图书馆学会。1994年，在全省公共图书馆评估定级中，嘉禾县图书馆评定为达部（文化部）颁标准三级图书馆，安仁县豪山乡和嘉禾县行廊镇图书室分别被评为全省先进图书室。此后，市、县两级扩建、重建图书馆，改变图书事业落后于全省状况。至1996年，全市11县（市、区）均已建立图书馆，有乡镇万册图书馆22个，5000册图书室37个，3000册图书室14个。

1998年，郴州市图书馆、少儿图书馆落实新建选址用地；安仁县新建图书馆主体工程落成；嘉禾县图书馆新建书库交付使用。期间，郴州市教育系统图书馆建设发展较快。是年，全市高等专科学校、中等专业学校和普通中学均建有规模不等图书馆(室),仅大、中专学校图书馆藏书达130万册。其中以郴州师范高等专科学校、郴州师范学校、郴州医学高等专科学校以及郴州市第一、第二中学图书馆藏书规模较大。郴州师范高等专科学校图书馆藏书量35.5万册，郴州医学高等专科学校图书馆藏书16万册。1997年5月，郴州师范学校新建图书馆总建筑面积达5600平方米，内设书库3个，采用集成式书架，可藏书30万册，能同时容纳读者1000人。设有读书报告厅、典籍库和音像资料库等。图书采购、编目、检索、流程等全部实行自动化集成管理。该馆成为当时全省中等师范学校规模最大、设备最先进图书馆（2003年后学校整体搬迁）。

自2000年始，郴州市图书馆（室）建设水平和服务质量愈益提升。地处偏远山区时仅16万多人口的桂东县加大财政投入，至2002年兴建学校、机关企事业单位、乡镇图书馆（室）130个，图书藏量达37.15万册。县图书馆从当年起由原每周5天开馆实行天天开馆。同年汝城县财政向县图书馆拨款9.6万元，购置电脑，开通电子阅览室，建立国家图书网络信息共享工程，图书馆天天开放实行“无闭馆日”。同时该县图书馆在当年开设“汝城县经济名人书屋（架）”项目，与多家企业达成合作发展图书馆协议，借助经济名人力量支助图书馆建设。2003年，安仁县宣传部发动“万人读书竞赛”活动，当年县财政资金扶助增加馆藏图书1.2万册，图书馆固定持证读者增至6000余人。同年11月，湘南学院图书馆挂牌成立，藏书总量80万册，中外文期刊2000种，建有与国际互联网联通的校园网、电子阅览室等（郴州师专、郴州医专图书馆合并为湘南学院图书馆）。2005年，嘉禾县图书馆投资40万元兴建自动化区域网和多媒体电子阅览室，享用全国文化信息资源，其馆藏图书6.4万册，电子图书1.3万册，年接待读者10万人次。嘉禾县图书馆被评为“国家二级图书馆”。

2005年，除郴州市图书馆在重建外，有县（市、区）图书馆11家，学校、机关企事业单位180家，乡镇图书馆（室）489家，全市藏书总量逾300万册。1989—2005年，境内县（市、区）图书馆图书年均流通量达5万余册次，各馆经常举办图书推介、读书竞赛、科技咨询和印发科技资料等，助推图书服务于经济社会发展。

第九节　文化产业

20世纪80年代中期，地方财政对各行业事业单位供养体制进行改革，郴州文化市场初步形成，文化产业相应发展。郴州地区文化事业单位面对下拨事业经费相应减少新形势，引入市场机制，相继开展“以文补文”文化经营活动，增强文化事业生存和发展能力。1989年，郴州地区歌舞剧团开办郴州地区文化用品公司，经营舞台灯光、音响、乐器等文化用品，在全区文化事业单位首作“以文补文”尝试。继后，一些文化事业单位开展录像放映、音乐茶座、桌球、代制美术宣传广告，开办文学艺术讲习班、美术培训班等有偿服务项目。一些文化事业单位通过社会融资，盘活资产，利用闲置场地开办儿童娱乐场、歌舞厅和体艺室等。随后，全市文化事业单位文化产业创收逐年递增。1989年收入200万元，次年收入达212.7万元。1991年，资兴市黄草乡文化站利用地处东江湖旅游区优势，组织开发影视放映、曲艺表演、歌舞体育活动等多项文化经营项目，当年创收6.81万元，居全地区乡级文化站“以文补文”收入之首。

20世纪90年代，郴州文化部门着力发展文化产业项目，坚持走公营与民营合作之路。1992年，郴州地区苏仙影剧院借款20万元兴建“演员之家”，开展集住宿、餐饮、文艺培训为一体之文化经营活动。1993年，宜章、临武、永兴和郴县电影院相继集资，将影院改造为看电影观戏、打桌球、品茶唱歌等多功能文化娱乐场所，自身经营创收能力增强。至1994年，全区已发展到拥有电影放映、音像、书刊、演出娱乐、文化艺术培训和展览等6个门类市场，23项目和480多个经营网点。至1996年，全市兴办文化市场经营网点（含社会办经营网点）2575家。其中经营音像用品597家，歌舞文化娱乐场所898家，印刷、打字和书报刊465家，字画工艺等项目615家。当年，全市文化事业单位“以文补文”收入增至1215.6万元，首次突破千万元大关，纯收入达607.6万元。各文化事业单位将其收入70%以上用于弥补文化事业经费不足，改善文化设施，拓展文化服务功能。

1997—1999年，郴州文化经营市场竞争日趋激烈，一些规模小、效益低经营网点自行退出市场。至2000年，市内有文化市场经营网点（含社会办经营网点）3200余家。其中经营音像用品490家，歌舞文化娱乐场所930家，印刷、打字360家，字画工艺等项目110家，电子游戏163家，“网吧”560家，其他经营项目128家。其间，民营文化产业在改革中兴起。全市文化系统“以文补文”收入逐年递减。总收入从1997年1304.4万元降至1999年1050.85万元，减少253.55万元。

进入2000年，全市创新文化投入和分配机制，在市场竞争中做大做强文化产业，采取财政投资、民间聚资、企业融资、银行贷款等多元渠道发展重点文化产业工程，产业发展实现转型升级。当年12月，郴州市政府在桂阳县召开全市发展文化产业工作座谈会。会议明确提出强化“文化产业”意识这一理念，在市场竞争中做大做强文化产业。2001—2003年，桂阳县制定和完善一整套适合文化产业快速发展政策，实行产业化运作，通过财政投资、民间聚资、企业融资、银行贷款等多元化路子，投入资金8000万元，先后兴建广播电视中心、体艺馆、影剧院、图书馆、图书城等10多项重点文化工程和完善一批乡镇文化基础设施，创办各类文化实体660个，3年间年均创产值6000余万元，实现年税收550多万元。该县文化馆采取资本营运、盘活资产等办法，投入180万元拆除旧馆舍，修建建筑面积3000平方米文化大楼，开展影视、图书、歌舞和文艺培训等多种文化经营创收项目，年纯收入在30万元以上。文化产业繁兴带来文化事业健康发展，推进全县精神文明建设。2002年该县实现创建“湖南省文明县城”。宜章县把文化产业作为重要产业经营。2002年，全县吸引社会资金8000万元，兴建历史人文、民情风俗游览点9处，组建民间文艺表演队6支，发展各类娱乐休闲场所90家。文化市场实现增加值2300万元，上缴税收210万元。同时还安排5000余名下岗职工实现再就业。至2002年，郴州市各类文化市场经营网点上升到2638家。主要经营项目有音像用品、文化娱乐、书报、打字复印、字画工艺、电子游戏等。有艺术表演团体18个，电影发行放映单位186个。

2002年后，全市文化产业覆盖面不断延伸，经营运作方式渐趋灵活多样。2002年，郴州市电影发行放映公司与开发商筹资联营开发七星大市场影视厅，由单一影片发行转向发行、放映并举。

2002—2004年，郴州市演出公司先后联络朝鲜平壤艺术团、中国人民解放军总政交响乐团等中外著名演出团体到郴演出，实现盈利计80余万元。2002—2005年，资兴市文化系统采取合办、联办和股份制等多种方式，筹集文化产业建设资金1300多万元，先后完成明月娱乐城、资兴历史展览馆、东江文化广场、东江门楼生态广场、楚云仙寺等10余个文化产业项目建设。资兴历史展览馆落成后拓展东江三条旅游线路扩张旅游产业，成为文化与旅游结合成功范例。2003年，汝城县图书馆开展“文（化）—企（业）联姻”活动，双方筹资在全市率先创办电子阅览室并接入全国文化信息资源共享工程，年创收15万元。同年，郴州市文学艺术联合会经市编制委员会批准，组建郴州市文艺创作中心，利用自身人才优势面向社会开展文艺创作有偿培训活动。2004年，全市文化产业坚持以项目为核心，创新投资机制，实行引资开发、联合开发，立项兴建一批标志性文化设施。同年春节期间，湖南省昆剧团主动走出国门赴英国伦敦演出26场，既扩大湘昆影响，又取得可观经济效益。2005年，成立全省第一家地市级演艺协会。商业性演出更趋活跃，引入益阳市花鼓戏剧团、北京残疾人艺术团到郴演出。年内，中国郴州国际矿物晶体（奇石）市场及展览馆正式奠基，着力打造郴州文化产业市场。至年底，全市文化市场经营网点发展到2575家。

第十节 文 物

1988年，湖南省人民政府公布郴州为全省首批四大历史文化名城之一。境内文化遗产丰富，遗存大量文物，彰显楚、越文化交汇地域文化特征。1989—2005年，郴州地（市）、县两级建立健全文物管理专门机构，相继出台一系列文物保护行政管理措施，文物保护倍受重视。郴州多次开展大规模文物普查、发掘和登录工作。此间，郴州城区范围内发掘清理古遗址3处、古墓葬637座、古水井19处，出土文物上万件。全市发掘文物大部分为战国和东汉时期文物遗存。其中较为珍稀的有战国和西汉时期大型土坑木椁墓、东汉早期“龙川长墓”、“湞阳丞墓”以及三国吴简、西晋简牍、汉桂阳郡南西两条护城河遗址。西晋简牍之发现，填补全国西晋简牍遗存之空白。境内查明文物点2648处。其中古遗址224处，古墓葬1840处，古建筑382处、古石刻284处、古井89处；近现代重要史迹及代表性建筑653处。其中列为全国重点文物保护单位1处、省级19处、市级15处、县级68处。市内拥有金器、银器、玉器、玻璃器、铜器、瓷器、石器、简牍、文献、名人遗物等文物藏品1.1万余件。

一、文物管理保护

1964年，郴州专员公署文化科设文物工作队，配专职干部1人。1979年，郴州地区文物工作队成独立单位，编制4人。1981年编制增至8人，拨款18万元在苏仙南路建新办公楼。次年搬新办公大楼办工。1988年7月，成立郴州地区文物管理委员会，由行署办公室、地区文化局、公安处、郴州市（今北湖区）政府、地区文物工作队等部门和单位负责人组成。行暑分管文化工作副专员兼主任委员。地区文物管理委员会下设办公室，负责日常事务。到1990年，全区11县（市）均相继成立文物管理委员会和专门管理工作机构。1992年9月，郴州地区文物工作队更名为郴州地区文物事业管理处，编制13人。1995年，更名为郴州市文物事业管理处。同时，各县（市、区）建有文物管理委员会和文物管理所。全市文物系统有在职人员70人。其中大学本科学历13人，大专学历36人，专业技术人员50人（含副研究馆员1人，馆员15人）。市、县两级设立“文物法规审判联络室”或“文物法规执行室”，依法加强文物保护与管理工作。其间，市、县两级人民政府分别组织文物勘探普查，先后下发文件划定和公布省级文物保护单位保护范围。

1995年5月，郴州市人民政府下发《关于进一步加强文物保护工作的通知》，要求各地对境内文物保护单位须做到“四有”（有保护范围、有保护组织和人员、有标志说明、有记录档案）。同年11月，市政府召开全市文物工作管理会议，研究部署文物规范化、法制化管理工作。会议期间，举办郴州出土文物展览。随后，依法加强保护文物工作。1995—1996年，全市文物工作者深入基建工程施工工地，争取施工单位支持和配合，依法开展文物调查勘探和抢救性考古发掘工作。仅两年间，发掘古遗址1处，古墓葬134座，出土文物1666件（其中一级至三级珍贵文物207件）。同时，依法打击破坏、盗窃、走私文物犯罪活动。1996年3月，市文物管理部门配合郴州市公安局破获山西省犯罪分子流窜郴州走私文物案，截获文物11箱计86件（其中三级以上珍贵文物35件）。

1996年11月，国务院公布宜章“湘南年关暴动指挥部旧址”为全国重点文物保护单位。此为郴州市首家列入全国重点文物保护的单位。次年，郴州市一届人大三次会议主席团审议通过《要求地方财政在三年内分期投入资金兴建郴州博物馆》的议案，市政府于同年第九次市长办公会议作出兴建郴州博物馆的决定，2002年，博物馆主体工程完工。安仁、宜章、永兴、资兴4县市被列入全省文物保护“五纳入”（即纳入经济社会发展计划、城乡建设计划、财政预算、体制改革、领导责任制）工作示范县。安仁县获湖南省文物保护“五纳入”工作先进县称号。自1998年始，全市普遍推行将文物保护纳入建设工程审批程序制度，即基建工程须在进行文物调查勘探和在文物管理部门办理基本建设动工许可证后，方可破土施工。当年，在实施这一制度中并按规定收取工程建设文物勘探发掘费10余万元，确保基建工程中文物发掘所需费用。组织开展全市革命历史文物分布和保护情况普查，对“邓中夏故居”“黄克诚故居”等文物单位进行抢救性修缮。郴州市公安局刑侦支队获全省“打击文物走私先进单位”称号。1999年，宜章县争取国家专项拨款500万元，投入湘南年关暴动指挥部旧址维修和配套工程建设。

2000年，郴州市组织开展“革命历史文物”征集活动，征集文物1648件进行集中入库登记保管。其中珍贵文物有土地革命战争时期汝城中共地下党联络印章，1934年红军在郴使用过的木制卫生箱以及1947年征收田赋收据（纸质）等。是年，宜章县被省政府确定为全省文物保护工作“五纳入”示范县。次年9月10日，郴州市人民政府下发《转发市文化局关于加强地下文物保护与管理的意见的通知》，要求依法把文物保护纳入“三建”（基本建设、农田建设、水利建设）规划，从源头上堵住因工程建设造成地下文物破坏损毁的漏洞。随后，安仁、桂阳、苏仙、汝城、桂东等县（区）相继出台相关文件。是年，全市文物工作者进行文物调查勘探“三建”工程50余处，面积达30多万平方米；清理发掘古墓葬41座，出土器物378件，避免地下文物损毁。同时，各地采取政府投入和社会捐助办法，对文物进行抢救性维修。当年桂阳县财政拨款6万元，用于蒙泉亭及蒙泉井、碑修缮；汝城县发动社会各界捐款50万元，抢救性维修濂溪书院。

2003年11月，郴州市人民政府将南塔、萧克故居等15处文物古迹公布为首批市级保护单位，填补郴州市无市级文物保护单位空白。次年，郴州市、县（市、区）两级文物行政管理部门分别成立文物稽查大队、中队，年内文物行政执法人员通过培训学习，均取得文物行政执法资格证。2005年，市文物管理处机构升格为副处级单位。2月6日，文物行政执法人员配合公安人员，查处过境郴州由永州贩往广州的古建筑构件文物贩运案。是年，全市拓展文物资源开发利用，市文物管理处在“纪念中国人民抗日战争胜利暨世界反法西斯战争胜利60周年”之际，举办“勿忘历史，警钟长鸣”大型文物图片展览，观众达8万人次。至2005年，全市90%县、市级文物保护单位做到有保护范围、有保护组织和人员、有标志说明、有记录档案。境内省级及以上文物保护单位“四有”工作全部完成。

2005年郴州市国家、省、市级文物保护单位一览表

表24-1-10-1

文物名称	时(年)代	地　点	保护级别
湘南年关暴动指挥部旧址	1928年	宜章县城关镇	国家级
义帝陵（包括义帝新碑）	汉代	郴州市文化路	省级
秦观“踏莎行”石刻（又名“三绝碑）	宋代	郴州市城区苏仙岭	省级
石佛寺石窟造像	元代	苏仙区桥口镇	省级
轿顶屋	明代	安仁县城关镇	省级
东塔	明代	桂阳县城关镇东塔公园	省级
邓中夏故居	清代	宜章县太平里乡邓家湾村	省级
黄克诚故居	清代	永兴县三塘乡下青村	省级
欧阳氏宗祠	清代	桂阳县泗洲乡朝阳村	省级
颜氏宗祠	清代	桂阳县泗洲乡竹溪村	省级
濂溪书院	清代	汝城县城西	省级
八角楼	清代	汝城县土桥乡广安所李家村	省级
风宪牌坊	清代	嘉禾县车头镇荫溪村	省级
刘氏宗祠	清代	嘉禾县普满乡路下坪村	省级
温溪亭	清代	桂阳县敖泉镇温溪村	省级
张徽岳墓	宋代	安仁县平背乡石陂村	市级
太保第（含朱英墓）	明代	汝城外沙乡外沙村	市级
绣衣坊	明代	汝城县城郊乡益道村	市级
文塔（含《乾坤合德碑》）	明—清	汝城县县城中心	市级
萧克故居	清代	嘉禾县泮头乡小街田村	市级
唐天际故居	清代	安仁县华王乡茶叶村杨柳组	市级
南塔	清代	苏仙区白鹿洞镇山川塘村	市级
兜率观	清代	资兴市东江湖兜率岛	市级
王氏大院	清代	临武县楚江乡鳌塘村	市级
西河寨城墙	清代	桂阳县六合乡境内	市级
盘王庙	清代	资兴市碑记乡茶坪瑶族村	市级
鉴湖书院	清代	桂阳县余田乡下冲村	市级
阳山古民居群	清代	桂阳县正和乡阳山村	市级

续表 24-1-10-1

文物名称	时(年)代	地 点	保护级别
邓华故居	民国	北湖区鲁塘镇陂附村	市级
欧阳氏宗祠	民国	桂阳县城关镇建设街	市级
聚龙居	清代	桂东县贝溪乡贝溪村	省级
张学良被囚禁地旧址——“屈将室”	民国	郴州市城区苏仙岭	省级
毛泽东迎送红军大队旧址——唐家大屋（包括毛泽东革命活动旧址——城隍庙）	1928年	桂东县城关镇红军路	省级
工农革命军活动旧址——万寿宫（包括工农革命军活动旧址——沙田戏台）	1928年	桂东县沙田镇沙田圩	省级
毛泽东颁布《三大纪律、六项注意》旧址	1928年	桂东县沙田镇沙田圩	省级

二、文物保护利用

1989年后，郴州文物工作坚持“有效保护、合理利用、加强管理”的原则，注重文物资源合理利用，发挥其作用。1997年，完成苏仙岭三绝牌及保护亭配套修复工程，提升文物资源利用效益。2001年9月12日，《郴州文博信息》创刊，年内出刊3期，采编稿件50余篇。2002年8月，在永兴县隆重举行黄克诚同志诞辰100周年纪念活动，组织观看黄克诚故居和黄克诚生平业绩陈列展览。2002年，桂东县对“三大纪律、六项注意”颁布旧址进行维修，并开发为爱国主义教育基地和红色旅游景点。同年，成功举办“郴州改革开放重大成就展暨各县（市区）特色精品展，《萧克将军与他的故乡》大型图片展，参观人数达1.2万余人。利用历史文物见证郴州巨变和革命先辈的伟大功绩。

2003年，郴州市文物管理部门注重发挥广博场（馆）教育基地作用。宜章县湘南年关暴动指挥部旧址接待参观者9685人，桂东县纪念馆接待参观者9567人；永兴县博物馆（黄克诚故居）接待参观者2000余人；资兴市历史展览馆9月开馆，接待参观者2500人次。其他县（市、区）坚持文物开发利用与文化旅游、红色旅游相结合，一些革命斗争旧址和革命历史文物点均有不少游客参观。2004年，市文物处加强陈列展览工作。市内各级爱国主义教育基地免费对青少年开放，接纳参观者30余万人次。安仁县文物管理所被评为全省文物工作先进单位，该县文管所所长刘立春荣获一等功。资兴市把历史展览馆列入旅游线路，走出文物保护与合理利用相结合的新路子。

2005年，郴州市文物处围绕“纪念中国人民抗日战争胜利暨世界反法西斯战争胜利60周年”主题，举办《勿忘历史，警钟长鸣》大型文物资料图片展览，接待观众8万余人次。探索文物资源合理利用新路径。抓住湘南年关暴动指挥部旧址纳入全国100个红色旅游经典景区、黄克诚故居、“三大纪律、六项注意”颁布旧址纳入全省30个重点红色景区的契机，着力推动郴州“红色旅游”开发。当年，宜章县湘南暴动纪念馆与19家旅游社签订合作协议，全年接待旅游团队96个，接待观众5.64万人次。该馆先后被省文明办、省军区评为“青少年思想道德教育基地”、“国防教育先进基地”。桂东县依托“三大纪律、六项注意”颁布旧址等革命旧址，开发桂东二日游、井冈山四日游等旅游线路。“三大纪律、六项注意”颁布旧址被纳入第三批全国爱国主义教育基地。

第十一节 郴州市文物选登①

一、古遗址

苏仙桥西晋衙署遗址 位于郴州市苏仙桥原市美术印刷总厂一带，系2003年该厂改建时出土古址遗存。此遗址4号井出土有三国吴“赤乌二年”“赤乌五年”木简，10号井出土有西晋“太安二年七月”“永康元年”等年号木简，2号井出土有唐代大型房屋构件。经考证，此遗址在东汉至两晋时应为当时桂阳郡府衙所在地，晋以后逐渐荒废，后为民居。

西河寨城墙遗址 2005年，在位于桂阳县六合乡源头村与复成村交界之金龙岭上，发现古城垣、寨堡遗址。据清同治《桂阳直隶州志》记载：同治元年（1862）由桂阳籍陈士杰（时任江苏按察使）、魏喻义（时任浙江兵备道）倡导，为防范侵犯，西河周围乡绅集资在此筑建城堡。原古城墙依山势垒石筑砌，砌石为方块风火石，全长5000余米，人工筑砌3000余米。整座古城墙弯延曲折，似长长巨龙，颇为壮观。古城墙宽1~2米，高3~4米。西南有炮台一座。东西南三面城门，紧靠春陵江河，古城墙下悬崖如削，甚为险峻，为一道天然屏障。寨堡内纵横约4平方千米，平坦宽阔，便于练兵跑马。寨堡中清泉、清水塘长年不竭。水塘旁有寨屋两座，东门外建有祭祀与太平军作战而亡兵勇昭忠祠，祠内有积谷仓。部分古城墙保存尚好，寨屋、昭忠祠被毁，仅存遗址。

二、古墓葬

下湄桥大型东汉墓 位于郴州市郴江乡下湄桥观音帽。1991年发掘。墓葬由主室和耳室组成，主室长5.65米，宽2.56米，高3.45米，耳室长1.96米，宽2米，是市城区内发现最大一座砖室墓。墓室外用5厘米木炭覆盖，墓壁及顶部用厚约1厘米石灰粉饰，地面用特制方砖铺砌而成。此墓早期被盗，无出土器物，墓主无从考证。墓葬型制和规模表明，墓主生前地位较高。

临武县马塘职业学校三国墓 位于临武县马塘职业学校。1991年发掘。墓长约4米左右，宽约1.2米。在基建中大部被毁，墓中器物大部分被毁，仅剩两面保存完好铜镜。两枚铜镜纹饰基本相同，都为画像镜，其中一枚铸有纪年铭文“建安廿四年”。“建安”为东汉献帝刘协年号，“建安二十四年”即公元219年，为汉代倒数第二年，墓葬时代很可能为三国时期。

市钢管厂王莽墓 位于原郴州市钢管厂。1992年发掘。墓由主室和侧室组成。主室长3.8米，宽1.9米，侧室长3.5米，宽0.9米。主室葬人，侧室则专放随葬器物。此墓出土随葬器物53件（套），是当时市内出土随葬品最多之古墓葬。随葬器物具有西汉晚期至东汉早期特征。另出土古钱币数十枚，均为王莽时期“大泉五十”铜钱。因当时王莽已废“五铢”，只准使用其发行之钱币。故此墓墓葬年代应为王莽时期。

东汉“龙川长”墓 位于郴州市国庆南路市林机厂家属区。1993年发掘。墓长3.8米，宽4米，

① 本节选介的文物均为1989—2005年新发掘的文物，以及其间列入省、市、县级重点保护的文物，境内其他文物详见《郴州地区志（1840—1988）》。

墓道宽1.38米。出土随葬器物两套，应为夫妻合葬墓。器物有西汉晚期至东汉早期特征。出土一枚“龙川长印”滑石印。龙川，秦汉属南海郡（今为广东省河源市龙川县一带），龙川长即龙川县令，依此可知墓主应为东汉初一位龙川县长及其夫人。

竹叶冲唐墓 位于郴州市竹叶冲市质监站内。1993年发掘。墓长2.76米，宽1.04米。墓中出土器物13件（套）及人骨架一具，经鉴定为女性，时代为唐代中期偏早。出土器物以女性化妆用品居多。随葬器物表明，墓主应为当时具有一定身份地位之女性。同时还出土陶男女侍俑、跪拜俑。

磨心塘战国木椁墓 位于郴州市磨心塘龙门小区。1994年发掘。墓长2.9米，宽2.1米。该墓用白膏泥和木炭密封椁室，椁室平面呈“Ⅱ”形，椁长2.4米，宽1.5米，分为棺室、边箱。棺室内有独木棺一具，大部腐朽。边箱内置随葬器物，有豆、鼎、壶、罐、戈、矛、钵、盘等。棺内有青铜剑一把，放在墓主左侧腰间，足部置陶杯、铜鼎。此墓椁室保存完好。时代为战国晚期，墓主应为一位受楚文化影响较深的越人。

三里田战国楚贵族墓 位于郴州市三里田燕子小区。1994年发掘。墓长2.9米，宽1.86米。出土兵器、玉器、仿铜陶礼器及印章等器物10件。印文“五□之玺”，为战国晚期楚国官印。此墓还出土玉璜2件，为郴州市首次出土。出土器物印证，墓主应为战国晚期楚国一位官吏。

东汉“浈阳丞”墓 位于郴州市磨心塘。1994年发掘。墓长4米，宽3米，墓道宽1.6米。墓中出土文物45件（套），均有东汉早期特征。出土一枚“浈阳丞印”滑石印显示，墓主应为东汉早期一位浈阳丞。浈阳，在今广东省英德县东，汉代为桂阳郡属县。

高山背东汉墓 位于郴州市高山背苏仙区农业局内。1995年发掘。出土文物28件（套），其中大部分为釉陶器，制作精美。此类器物南方少见，墓主可能是中原地区移民或其后代。墓葬年代为东汉早期。

市筑路机械厂西汉墓 位于郴州市筑路机械厂家属区。1996年发掘。为西汉大型土坑木椁墓，棺椁已腐朽。墓葬有四级生土台、墓口长11.2米，宽16.4米，墓底长4.5米，宽3.5米，墓道宽4米。此墓规模较大，墓坑规整，墓壁光滑，填土夯打严实。为市内发现之最大一座墓葬。此墓唐宋时期被盗。盗洞内出土11件青铜器，墓葬年代为西汉早期，墓主应为西汉早期高级贵族，可能为第一代桂阳郡品官。

太保墓 位于汝城县外沙乡外沙村，为明太子太保朱英之墓。墓坐西北朝东南，砖木结构，封土堆高6米，直径20米。墓门高2米，宽7.8米。门旁镌刻明朝翰林检讨陈献章所写祭文。

市筑路机械厂南朝墓 位于郴州市筑路机械厂家属区。1997年发掘。长3.78米，宽1.48米。由甬道、前室、后室组成，两壁置灯台各二处。墓壁和券顶饰白色灰浆，墓底铺垫河沙，用于排水。墓葬结构复杂，砌造精细，出土器物均为湘阴窑产品。墓葬时代为南朝时期。

明何仲方墓 位于郴州市郴江乡三里田李家坝。2000年发掘。为夫妻合葬墓。外椁内棺都由三浆土填封，墓长3.74米，宽3.17米。男棺内盛有芳香酱红色棺液，一具仰卧男尸出土时肌肉尚可辨认。女棺内无棺液，在女绣袍服中有绸包骸骨。男棺内出土器物18件(套)，其中书籍七本，其一册嘉靖七年《湖广乡试录》印有“第三十一名何仲方，郴县人，监生，易”等字样。另一件出土蓝釉瓷盖罐，盖内墨书“何仁、何才、何信、何正”。可认定墓主即为何仲方及其夫人。《万历郴州志》载：何仲方为明吏部左侍郎何孟春之长子。

骆仙岭汉墓群 位于郴州市骆仙岭北湖区政府机关院内。2003年发掘。发掘古墓葬32座，绝大部分为东汉时期墓葬。其第32号墓出土金器、银器、铜器、铁器、玛瑙器、琥珀器、水晶器等文物31件（套），系市内汉墓中出土文物保存最好的一座。此古墓群排列有序，方向统一，应为汉代家族墓地。

锁石桥东晋墓　位于郴州市锁石桥。2004年发掘。发现时墓大部被损毁，残长2.12米，宽1.78米。因施工损毁和早期被盗，墓中器物荡然无存。少量墓砖有铭文“升平四年始安人立”。“升平”为东晋穆帝司马聃年号，“升平四年”即公元360年，“始安”即三国吴置“始安郡”，今广西桂林东。由铭文可知墓主原籍为“始安”，移居桂阳郡。此墓为郴州市城区范围内发现的纪年墓之一。

三、古建筑

（一）书院、祠堂

颜氏宗祠　位于桂阳县泗洲乡竹溪村。建于清道光二十五年（1845），为砖木结构四合院式。呈长方形，面阔15米，进深43.2米，条石铺地，大门有门栏，并有石刻对联及各种花卉图案。分四进：一进为戏楼，台高2米，面阔5.4米。台前围石阳刻双龙戏珠，并有凤凰麒麟，花枝蔓草纹饰。台面4柱，上有青石雕龙环绕，雕工精细。前三面封檐板及斗拱，均为7层木质镂空雕，雕有双龙戏珠、八仙过海等神话故事图案。二进为天井，两侧为厢房，皆为三柱构架。三进为中堂，面阔15米，进深6.5米，石柱4根，高约4.5米，柱础上雕刻花纹。柱上横木牵方架构承托屋面，左右山墙绘有戏曲人物故事。四进为神主堂，正中摆放祖宗灵位，左右有耳房。2002年，湖南省人民政府公布为省级文物保护单位。

欧阳氏宗祠　位于桂阳县泗洲乡下阳村。清顺治十年（1653）兴建，于康熙五年（1676）年竣工。乾隆、嘉庆、道光、光绪年间曾多次维修。宗祠为砖木结构四合院建筑，长方形，面阔14.8米，进深32.7米，建筑面积483.96平方米。地面铺设长形条石。一进为围以砖墙庭院，南北有条石砌筑拱门。二进为戏楼，面阔3间，进深2间。台座两角竖石龙，形状怪异。台前基石和台两侧围石上刻有狮象麒麟花卉虫鸟。台上4柱，顶上有覆盖盆藻井，封檐板及斗拱镂雕双龙戏珠、八仙过海及花卉图案。台中有镂雕花卉窗棂。戏楼四角飞檐，歇山顶小青瓦，顶置宝瓶葫芦。三进为天井，左右为长廊，走廊均以四柱支撑厢房，抬梁前端嵌有仙鹿或麒麟，牵连木柱。四进为中堂，左右两边各有3柱，抱鼓础上刻花草、动物，木柱上横梁前端雕刻龙头，左右两山墙绘有戏曲故事人物。五进为神主堂，此与中堂用木板相隔（1991年维修时改为砖墙），上有“文忠堂”匾额。神龛中置祖宗灵位。宗祠木、石构件上精雕细镂之动物和植物形象，工艺精湛，具有较高历史和艺术价值，为研究清初社会历史和文化艺术提供宝贵实物资料。2002年，湖南省人民政府公布为省级文物保护单位。

刘氏宗祠　位于嘉禾县普满乡路下坪村。始建于清代，清道光十年（1839）修复，建筑面积758平方米，砖木结构，由戏台、中堂、神堂、走廊组成。前后三进，大门由一正门两侧门组成，硬山青瓦顶，大门过梁雕有双狮戏球，正门书“刘氏宗祠”，两侧门左为“穆门”，右为“昭户”。门上绘八仙等图案。石柱镌联“驷马跄跄光世德”“鹿车拥拥振家声”。进正门为戏台，木石结构，戏台前石柱刻有对联一幅，有两只石狮抬一石梁，支撑戏台。戏台面阔6.4米，进深5.3米，高2.2米。台顶有覆盆藻井，四角攒尖之歇山顶，总高11米。中堂单檐硬山瓦顶，脊置葫芦瓶，封火墙上饰蝙蝠、麒麟、太阳和“寿”字，寓意“福禄寿”。中堂6根石柱中有4根刻对联。神主堂单檐硬山顶，脊中置葫芦瓶，封火墙上饰麒麟、蝙蝠和一把利剑，象征宗族威严和权力。神堂4根石柱上亦镌刻对联。2002年，湖南省人民政府公布为省级文物保护单位。

太保第　位于汝城县外沙乡外沙村，为纪念明太子太保、两广总督朱英而建。朱英（1416—1484），字时杰，明正统十年进士（1445），历任陕西左、右布政史，两广总督等职。明成化二十年（1484）加封太子太保。一生平定内乱，推行均徭法，举贤荐能，安抚边疆，民以“五谷神”敬之。此堂始建于明嘉靖元年（1522），坐北朝南，砖木结构，面阔三间，三进，面阔12米，进深28米，占地面积480平方米，建筑面积为336平方米。清乾隆、同治年间进行维修。1991年村民集资修缮。太保第门楼歇山顶，飞檐凌空，中厅内悬挂有明大学士陈献章、清宰相张廷玉等人手书的世臣故家、柱石名家等匾。后厅为享堂，为祭祖之地。2003年，郴州市人民政府公布为市级文物保护单位。

（二）民居、塔亭

聚龙居 位于桂东县贝溪乡境内，聚龙居因山脉走向似群龙聚首而得名，俗名“戏合背”，为清光绪年间（1878—1908）广东海康县清道公司巡检官郭同朝所建。占地18亩，建筑面积2553平方米，坐西南朝东北，砖木结构，硬山顶，有前后两院，东西外大门。计3进8厅18井，大小居室99间半。入东大门，见墙联“贝山气灵钟鸿开甲第，溪水源流远蔚启人文”，概贝溪山水人物神采于此。正厅大门前檐挑梁木雕双龙戏珠，门额上为镀金楷书“聚龙居”。中厅前为天井，檐柱左右上方雕刻刘海砍樵故事，檐前饰花鸟图案，神龛上供奉郭氏代祖先灵位。两边为厢房、耳房、厨房、浴室，往左巷门进入主人居室。从后厅可入左右花厅，设左右厢房。楼上为绣花楼，左右回廊书“富贵花开，长草名科”。巷门上书“宽上步”“省三思”等语句。右偏厅楼上为私塾，供孔子像。照壁上有慈禧御赐楹联“霁月光风况此胸臆，春葩丽藻粲于齿牙”。左右杂屋为马厩、牛栏、猪圈、厕所，楼上为粮仓。聚龙居藻井彩绘，窗棂檐柱精雕细镂；近百副楹联、诗对，有行、草、楷多种书体。楼台亭阁设计精巧，通道蜿蜒曲折，集两湖（湖南、湖北）、两广（广东、广西）民居建筑艺术之精粹，保存较好。2002年，湖南省人民政府公布为省级文物保护单位。

阳山古民居群 位于桂阳县正和乡阳山村。始建于明弘治年间（1488—1505），成于清康乾盛世，盛于道光年间（1821—1850）。占地面积万余平方米，建筑面积5000余平方米。现存明清时期单体建筑60栋，灰墙黛瓦，为徽派建筑风格。整个古民居群依山傍水，环境优美，布局合理，错落有致。民居纵布五巷，横排四阶梯，以宗脉世家分立。古民居为砖木结构，内无木质抬梁，全以砖墙承檩，硬山式屋顶盖小青瓦，造型美观大方。屋檐、桃梁、门窗、柱础、神龛等雕刻形态各异、栩栩如生。家居中保存大量明清时期人文墨迹，其内容均显扬祖德，倡乐善向上之传统美德。在通风、采光、防火、排水建筑布局上独具匠心。2003年，郴州市人民政府公布为市级文物保护单位，2004年，省人民政府公布为湖南省历史文化名村。

文　塔 位于汝城县城关镇中大街大通桥西。旧时为培植文运而建，故名文塔。始建年代不详。明万历年间增建三级，清康熙三十五年（1696）续建。道光三十年（1850）“因科第不利，毁而夷之”，光绪二十一年（1895）再次重建。原有明成化已丑年（1469）大学士李东阳撰碑，圮佚。尚存光绪二十二年（1896）邑贡生保安行撰碑嵌于壁。文塔七级八方，铁葫芦顶，通高45.95米，径深14米，蔚为壮观。塔基及第一级均以长方形青石砌建，壁厚1.3米，余皆青砖结构。塔顶盖黄琉璃瓦。初层仅一门，其上每层每面真假拱券门相间。每层檐牙伸出，斜头砖叠砌，形似斗拱，以挑承滴水，上覆琉璃瓦。塔身中空，内十一层，原为木板，后改为钢筋混凝土楼面。初层为木旋梯，其余架以钢梯。2003年，郴州市人民政府公布为市级文物保护单位。

温溪亭 位于桂阳县敖泉镇温溪村。亭始建于清道光二十年（1840），后曾数次维修。木石结构，通高13.4米，为四层重檐楼阁式建筑。一层呈长方形，由8根方形石柱支撑，三开间，东西长14.9米，南北宽7米。2~4层为八角形，歇山式顶，飞檐翘角，盖小青瓦，瓴铺琉璃瓦，中间4柱上架田字木梁，中心以一圆形雷公柱为支撑点，直达顶层。每层用8根牵梁连8根童柱，使2~4层形成八角形。顶部安置1.3米高攒尖式琉璃宝瓶。温溪亭建筑结构新颖独特，造型美观大方，对于研究湘南地区路亭建筑艺术具有较高价值。2002年，湖南省人民政府公布为省级文物保护单位。

（三）坊表、寺观

绣衣坊 位于汝城县城郊乡益道村三拱门范家村范氏家庙右侧。绣衣坊建于明正德十四年（1520）十二月，由湖广监察御史毛伯温，整饬郴桂兵备副使汪玉，郴州知州沈同鲁、判官司姚佐为监察御史范辂而立。1984年10月，由范家村民集资修缮。坊系白石结构，牌楼式。四柱三门，坐东朝西，分主楼、次楼、边楼，通高6.86米，面宽6.5米。主楼二层，上层两斗拱，下层四斗拱，两侧次楼各二斗拱。石檐微翘，檐下棂窗。桁饰镂雕，中门双狮双鹿双龙，右门双鹤双鹰，左门双狮双马。中门额匾刻“绣衣坊”三大字，且落建坊日期。中门柱脚立浮雕石狮一对。整座石坊布局协调，雕琢工艺精巧，尤显沉稳秀丽，为精美石坊艺术之作。

风宪牌坊 位于嘉禾县车头镇荫溪村。始建于明代，系明代衡州知府李循义、临武知县刘熙于明洪熙元年（1425），为时任上京巡守御吏李裕兴建的功德牌坊。清乾隆十八年（1753）对牌坊进行修葺。牌坊为石质结构，四柱三门。通高7.3米，面阔5.5米，呈“品”字形三楼。正楼题“恩荣”二字，两旁雕三龙，左右各一窗花，匾题“风宪”二字。上下大额枋分别雕“双龙戏珠”、“双狮滚球”图案，均为高浮雕镂孔，中柱雕天宫。左右次楼均有兽形装饰，背面为云中飞鹤等。牌坊上镂孔浮雕或整体建筑结构，既有明代建筑韵味，又有清朝鼎盛时期建筑风格，为湘南少有石构建筑之一。2002年，湖南省人民政府公布为省级文物保护单位。

观音岩寺 位于永兴县城西2.5千米便江北岸。始建于明代。清朝、民国时期续建。观音后倚石峰，面临江水，气宇轩然，是一座风貌独具之古殿阁式寺宇。其殿宇九层，层楼叠阁，造型奇雅。岩口为一扇山门，上门镌有“观音岩”三字。第二层是“佛殿阁”，三层以上殿宇均雕梁画栋，重檐歇山顶，四角兽吻向上翘起，显得富丽堂皇。明崇祯十年（1637），地理学家、旅游家徐霞客曾游此，并将此岩载入《徐霞客游记·楚游日记》中。

四、石刻雕塑

（一）石刻

蒙泉碑 位于桂阳县城关镇八角井旁，刻于南宋绍熙壬子年（1192）。碑青石质，高2.31米，宽1.02米。阳刻正楷“蒙泉”二字，直列，字长1米，宽0.8米。端庄朴雅，笔力遒劲。碑边凿框，框右侧阴刻“绍熙壬子鄱阳张垓书”款。左侧直列两行小字，已风化难辨。

坦山岩劝农记事碑刻 位于郴州市北湖区万华岩镇坦山万华岩洞口盘石上。南宋绍兴十八年（1148）二月十八日镌，安世隆撰文并书。崖刻高3.7米，宽1.73米，厚0.54米。直列二十三行，约630字。横额篆书“坦山岩劝农记”，余皆柳体楷书阴刻。行文流畅，字迹清楚，书法苍劲有力。碑文记南宋郴州知军赵不退承旨劝农，“昭示务农重谷，天下之本”。作为当时官员重农桑之碑刻，全省罕见，全国亦不多见。

侍郎坦摩岩石刻群 位于永兴县县城东15千米碧塘乡湘州村境内，便江岸边，因唐代文学家韩愈经此并留手迹而得名。发现石刻十三方。韩愈手书“昌黎经此”石刻二方，一方阳刻竖排，一方阴刻横排。笔迹相同，苍劲有力。草书，字纵55厘米、横45厘米。南北朝梁武帝时石刻一方。唐代石刻除韩愈手书石刻外还有七方。清代石刻三方。2005年12月经湖南省考古、文史、书法专家考证认定，此为湖南省首次发现的南北朝时期石刻和唐代石刻群及韩愈手迹。

秀岩崖题刻 位于临武县南强乡官溪村，原名“凤岩”。岩口位于山麓石壁。岩旁又有“红石岩”和“新岩”洞，三岩同在一山，皆石灰岩溶洞。南宋嘉定五年（1212），县令王淮将家藏米南宫（米芾）手迹“秀岩”二字，叫人摹勒于岩壁上，字径0.5米，故称“秀岩”。秀岩洞壁镌历代文人学士题刻27处。除“容光必照”字径0.4米外，余为游记，均系阴刻，或楷、或行、或隶三体。另立有《赠封尚书碑》《重修贤殿碑记》等，所立年代分别为明隆庆六年（1572）、清乾隆十五年（1750）。

（二）雕塑

石佛寺石窟造像 位于苏仙区桥口镇瓦窑坪村。此为省内发现的唯一元代佛教摩岩造像。石窟造像凿于元至正六年（1341），相传是为在东江上放排“青山客”祈求菩萨保平安，而在此建石佛寺。造像坐北朝南，背倚神仙砦悬壁，面临东江、郴江两江交汇处。有两窟：一窟高3.3米，宽4.3米，深0.9米，顶部半弧形。窟下排列7小龛，佛像已无。另一窟有佛雕九躯，正中为释迦牟尼坐像，高2米，身围3米，正襟危坐，面相肃穆，衣纹整齐，背有大幅莲花火焰纹背光。两侧为弟子阿难、迦叶立像；再外为文殊、普贤立像。弟子身着袈裟，表情虔诚；菩萨慈眉善目，长裙曳地。脚下皆为莲花宝座。窟上部左右两角各有飞天雕像，背有羽翼，身驾祥云，头朝释氏呈腾飞状，左角飞天雕像保存完整。石佛寺石窟雕塑工艺精湛，像表施彩，人物多，规模大，为省内罕见。窟内顶部崖壁有《募像放财记》崖刻一方，阴刻楷书15行，约200字，有“至正元年立”等款，大部漫漶不清。2002年，湖南省人民政府公布为省级文物保护单位。

五、近现代重要史迹及纪念性建筑

（一）革命史迹旧址

沙田戏台、万寿宫 位于桂东县沙田圩圩场北端，两处仅距20余米。沙田戏台始建于清。土木结构，平面呈“品”字形，建筑面积98平方米。戏台为歇山式，盖小青瓦。雕塑压脊，剔透嵌空，檐牙高啄。内棚圆形藻井，白地绘彩丹凤朝阳。沙田戏台和万寿宫为1928年工农革命军重要活动场址，均被公布为省级文物保护单位。

颁布“三大纪律、六项注意”旧址 位于桂东县沙田圩老虎冲。2002年，湖南省人民政府公布为省级文物保护单位。

轿顶屋 位于安仁县城安康路38号。始建于明崇祯十五年（1642）。砖木结构，硬山顶，小青瓦，马头墙，具有典型湘南民居特点。布局为二层高四合院式建筑，占地面积812平方米。明清时期为县衙所在地。民国15年（1926），北伐先遣部队第四独立团在团长叶挺率领下攻占安仁县城，在轿顶屋设立指挥部，指挥部队在龙家港（今龙市乡）和绿田一带击溃吴佩孚六个团，北伐军首战大捷。民国17年（1928）4月1日，朱德率领湘南起义部队进驻安仁县城，在轿顶屋右边楼办公和居住。4月2日，安仁县苏维埃政府在轿顶屋成立。4月7日，朱德率部由此进军井冈山和毛泽东胜利会师。2002年，湖南省人民政府公布为省级文物保护单位。

湘南年关暴动指挥部旧址 位于宜章县城关镇中夏街西侧。该址始建于清顺治十年（1653），时为守备署。嘉庆十七年（1812）重修。旧址占地4300平方米，系庭院式砖木建筑。原大门在南，入门有两耳房。主体建筑分为前栋、后栋、东栋和西栋。前栋为平房，余皆二层楼房。东、西两栋对称，东面临街有杂屋四间，硬山顶，盖小青瓦。地面平铺青砖，楼面钉铺木板。东、西、后三栋呈“U”形，内设走廊通道。2004年，被列为全国红色旅游景点景区。

苏仙岭“屈将室” 位于郴州市苏仙岭苏仙观东北角，因著名爱国将领张学良曾被幽禁于此，人称“屈将室”。1936年12月12日，张学良与杨虎城发动震惊中外的“西安事变”。西安事变和平解决后，张学良送蒋介石回南京即被蒋囚禁。张学良先后在中国大陆被转移囚禁场所12处，郴州苏仙岭为第六处，时间为1938年1月至2月中旬。屈将室共有房舍3间，呈品字形布局，青砖粉壁，砖木结构，占地约60平方米。南房北墙并开两门，分别连通囚禁室和展览室。北面东间陈列有张学良囚居此室时使用的“宁波”式柱床、书桌、靠椅、灯具等生活用品，北面西间为展览室，四壁陈列有以西安事变和幽禁岁月为主题的张学良生平图照160条幅。陈列柜还存放相关的文史资料。1996年，公布为首批市级爱国主义教育基地。2002年，湖南省人民政府公布为省级文物保护单位。

（二）英烈、将领故居

邓中夏故居 位于宜章县太平里乡邓家湾村。邓中夏（1894—1933），无产阶级革命家，中国共产党早期领导人，杰出工人运动领袖。1894年诞生于此，并在此度过少年时代。故居为砖木结构，东西封火墙，硬山顶，盖小青瓦，青石门框，直棂木窗。占地139平方米。坐南朝北，面阔三间，高二层。民国32年（1943）被国民党反动派焚毁，仅存屋基和前墙垛。1983年和1993年将故居重修，恢复原貌。1995年，湖南省人民政府公布为省级文物保护单位。

欧阳海故居 位于桂阳县城北欧阳海乡凤凰村（原名老鸦窝）。故居原为普通民居，草物顶，1964年翻修为土砖结构，硬山顶，盖小青瓦，直棂木窗，面阔3间，进深6米。欧阳海（1940—1963）。1963年11月18日在部队演练中，欧阳海为保护282次客运列车安全通行英勇献身。中共中央、中央军委随即发出向欧阳海学习号召。

黄克诚故居 位于永兴县三塘乡下青村。建于清咸丰五年（1855）。砖木结构，马头墙。高二层，二进一小天井。故居木构件，上布满精雕细刻手工艺图案，在门楣、窗上刻有蝙蝠、鹿、寿星、喜鹊等图案。神台上木狮威严，凤凰飘逸。故居为典型湘南清代民居。黄克诚1902年9月出生于此，并度过少年时代。1925年离开家乡参加革命，1955年被授予大将军衔。1998年9月28日，永兴县政府拨专款维修故居并正式对外开放。2000年3月，故居被列为湖南省革命传统教育基地。2002年湖南省人民政府公布为省级文物保护单位。

萧克旧居 位于嘉禾县泮头乡小街田村。建于清道光年间。坐南朝北，屋前一口水塘。正门口一对石狮昂首蹲坐，大门镶嵌对联：“门间变大常依日月照映，子孙善昌不愧齐梁正脉。”平面布局有正厅、天井，两旁有厢房。大厅宽敞明亮，厅两边有厢房十间，过道以木板为墙。1907年7月4日萧克出生于此，1925年离开家乡走上革命道路，1955年被授予上将军衔。2003年，萧克旧居被郴州市人民政府公布为市级文物保护单位。

邓华故居 位于郴州市北湖区鲁塘镇陂附村西北。清末湘南民居建筑，占地约500平方米。坐南朝北，砖木结构，小青瓦，马头墙，硬山顶，面阔18.7米，进深22米，总建筑面积411.4平方米。平面布局为二进二天井、门厅、正厅，两边为二层厢房、杂房、马厩等建筑。1910年4月28日邓华出生于此。1955年被授予上将军衔。2002年，北湖区及鲁塘镇投资300多万元修筑一条“将军路”，从镇政府直达故居。2003年，郴州市人民政府公布为市级文物保护单位。

唐天际故居 位于安仁县华王乡茶叶村杨柳组。始建于清光绪三十年（1904）3月。依山而建，坐西朝东，建筑面积1300平方米。面阔43.5米，进深23米，两进，高两层。故居从南往北并排三个大门，从大厅堂起，走廊曲折迂回，连通各楼房、厢房，各房之间有间墙与天井相隔，形成三个庭院。1904年10月22日唐天际出生于此，在此生活学习21年。1927年参加南昌起义，10月受中共党组织派遣回家乡开展革命武装斗争。1928 年元月，唐天际在此成立全县第一个基层党组织——华王党支部。4 月，唐天际带领安仁农军跟随朱德率领的湘南起义部队上井冈山。1955 年被授予中将军衔。2003 年，郴州市人民政府公布为市级文物保护单位。

曾中生、曾希圣故居　位于资兴市州门司镇牵牛坳村。曾中生、曾希圣系亲兄弟。曾中生是红军著名将领、军事家；曾希圣为军事情报做出重要贡献，后任安徽省委第一书记。故居始建于清光绪二十二年（1896）。系二层砖木结构，土砖墙，悬山顶，布小青瓦，有正房四间，厢房一间，建筑面积 200 余平方米。2004 年，资兴市人民政府拨款维修故居，并陈列展览。同年，被公布为县（市）级文物保护单位。

李涛故居　位于汝城县延寿乡新坡村四组。始建于清康熙三十九年（1701）。坐北朝南，二层砖木结构屋。面阔 3.6 米，进深 5.8 米，高 5.3 米，面积 20.88 平方米。李涛（1905—1970 年），1926 年加入中国共产党，1927 年参加工农革命军，并与朱德之部在汝城开展湘南暴动筹备工作。1955 年 9 月，被授予上将军衔，并荣获一级八一勋章、一级独立自由勋章、一级解放勋章。

朱良才故居　位于汝城县马桥乡外沙村。故居为晚清建筑，坐北朝南，砖木结构，一厅两厢房。建筑面积 117 平方米，青砖青瓦，硬山顶。厅堂深处用木板墙相隔，中置“神龛”。朱良才（1900—1989 年），1928 年离开家乡参加革命，1955 年被授予上将军衔。2002 年，故居被列为省级文物保护单位。

六、馆藏文物①

（一）石器、铜器

唐双鱼纹委角方形滑石盒　1993 年，郴州市竹叶冲市质监站 4 号墓出土。方盒长 8 厘米，宽 7.6 厘米，高 3.5 厘米。小盒长 3.8 厘米，宽 2.5 厘米，高 1.4 厘米。呈淡黄色。委角方形，子母口，直口直腹，平底。盖面阴刻双鱼纹。盒内盛朵花纹椭圆形滑石小盒一件、残黄纸一小片。此盒造型规整，雕刻精美，保存完好，是唐代少见的滑石精品。一级文物。郴州市博物馆藏。

东汉“建安廿四年”神兽纹铜镜　1991 年，临武县南强乡马塘职业学校出土。直径 11.8 厘米，边厚 0.4 厘米。圆形，扁圆钮。钮外饰对置神兽纹，外饰一周半圆、方枚各 11 个，紧靠半圆、方枚饰一周锯齿纹。缘内铭文“吾作明镜宜公卿，家有五马千头羊，长生久寿，日月相象，长□□□□□□□□建安廿四年六月辛巳朔廿日造”。二级文物。临武县文物管理所藏。

战国六山纹铜镜　1995 年，郴州市山川塘湘林公司 1 号墓出土。直径 12 厘米。圆形，四弦钮，圆钮座，山字左旋，倾斜度较大。有平面绳纹将山字相连，形成六角星状。地纹以粗疏 C 形、S 形等线条组成各种不规则图形，似某种分解变体兽纹。图形之下有三角雷纹、涡状云纹及短线纹。极为罕见。此图案曾出现于 1959 年郴州市马家坪 2 号墓所出土的一面几何纹铜镜，此镜很可能为市域内所铸。此镜全国出土 6 枚，湖南省仅此 1 枚。一级文物。郴州市博物馆藏。

战国凤鸟纹铜戈　1993 年，郴州市竹叶冲市国土局 8 号墓出土。长 25 厘米，宽 11.4 厘米。宽援，有脊，援上近胡部及内饰凤鸟纹。胡上四穿，内近胡处一圭形穿，内后端饰一圈连珠纹。此戈与郴州市常见之楚式戈及越式戈不同，为巴式戈。二级文物。郴州市博物馆藏。

战国镂空双龙纹铜带钩　1994 年，郴州市高山背郴县电气设备厂 2 号墓出土。长 9.7 厘米，宽 7.3

① 本节文物出土地址均为当时所属单位地址。

厘米。带钩呈黄绿色，钩为一龙头，中心分为四节，两边各饰一龙。造型别致，纹饰精美。二级文物。郴州市博物馆藏。

汉“陈氏作”羽人龙纹铜镜 2000年，郴州市刘仙岭市园林处家属区1号墓出土。直径23厘米，边厚0.3厘米。圆形，半球形钮，圆钮座，素宽缘。内区纹饰为七乳，仙人禽兽纹。外区有铭文“陈氏作竟（镜）四夷服，多贺兮国家人民息，胡虏殄灭天下服兮，风雨时节五谷熟，长保二亲得天力，宜子孙”。此镜制作精美，形制较大，保存完好。一级文物。郴州市博物馆藏。

新莽“新有善铜”十二辰四神纹铜镜 2003年，郴州市骆仙岭32号墓出土。直径22厘米，边厚0.7厘米。圆形，半圆钮，凹线方框钮座。钮座内饰12乳钉，间以“子丑寅卯辰巳午未申酉戌亥”十二字。外饰乳钉、四神、规矩纹和禽兽纹。周铭：“尚方作竟大毋伤，新有善铜出丹杨，课治银锡青而明，巧工刻之成文章，左龙右虎辟不羊（祥），朱鸟玄武顺阴阳，子孙备具居中央。”镜缘饰云气纹。铜镜自铭“新”。“新”为西汉末王莽篡汉位之国号。此类铜镜较少见，且镜大型，纹饰精美，尤为难得。一级文物。郴州市博物馆藏。

东汉“上大山”四神纹铜镜 2003年，郴州市骆仙岭20号墓出土。直径13.9厘米，边厚0.5厘米。圆形，圆钮座。钮座外为八乳间以云纹，内区为六乳间以禽兽纹，外为圈带铭文、栉齿纹、二周锯齿纹和一周波浪纹。铭文：“上大山，见神人，食玉英，饮澧泉，驾交（蛟）龙，乘浮云，宜官秩，保子孙，□竟□□□年六月廿三日兮。”三级文物。郴州市博物馆藏。

东汉龙柄铜灯 2003年，郴州市马家坪市医药公司仓库出土。通高9.4厘米，灯盘直径8.3厘米。灯盘圆形，盘中央有灯钎。直口平沿，直壁，平底，下附三兽蹄足。外底心有一管状突起，内空。盘一侧置龙首灯柄，龙昂首而立，张嘴吐舌，一角卷曲，颈后饰鬈毛。此灯造型别致，设计独具匠心。二级文物。郴州市博物馆藏。

（二）陶瓷器

东晋湘阴窑青瓷釉下褐彩四系罐 1985年，郴州市燕泉路郴县建筑公司3号墓出土。高7.5厘米，口径6.6厘米，底径5.2厘米。直口，圆肩，鼓腹，平底微内凹，肩置四系。胎质灰白致密，通体施青釉，开细纹片，腹部饰两周釉下褐色点彩。此器是湖南省发现时代最早釉下点彩器物之一。一级文物。郴州市博物馆藏。

东汉青釉水波纹瓷钵 1994年，郴州市马家坪2号墓出土。高6.6厘米，口径16.9厘米，底径12厘米。口微敛，深腹，平底。内壁饰重线水波纹和弦纹各两周，内底饰重线弦纹一周。内施满釉，外施青釉不及底，开冰裂纹，内底聚釉较厚。灰白胎，胎质灰白致密。釉色滋润，纹饰精美。一级文物。郴州市博物馆藏。

东汉弦纹青瓷簋 1994年，郴州市下湄桥出土。高13.5厘米，口径26.5厘米，足径17.6厘米。敞口，圆唇，鼓腹，腹下渐收，圈足外撇。外壁饰凹弦纹两周。内外施青釉，开冰裂纹，有垂釉现象。足底露胎一圈。器型稳重大方，施釉匀润，保存完好。一级文物。郴州市博物馆藏。

东汉白瓷盂 1994年，于郴州市下湄桥出土。高8.7厘米，口径8.5厘米，底径6.8厘米。唇口外侈，短颈，鼓腹，腹下斜收，平底。肩部饰弦纹一周。内外施白釉，釉面开冰裂纹，釉色白中闪青。底部有一半圆形垫烧痕。此盂造型精巧，釉色匀润，是湖南省出土年代最早的白瓷器之一。一级文物。郴州市博物馆藏。

战国青釉条纹陶瓿 1996年，郴州市上自建里铁路家属区1号墓出土。高16.3厘米，口径15.6厘米，底径13.4厘米。直口，平沿，短唇，丰肩，鼓腹，平底。肩部有双系，系两侧饰兽面纹，肩部和腹部各饰直条纹一周。口沿至中腹部施青釉。三级文物。郴州市博物馆藏。

汉刻划锯齿纹三羊钮陶樽 1999年，郴州市龙门池龙门小区5号墓出土。通高23.6厘米，口径21.4厘米，底径22.2厘米。直口，筒状腹，平底，三兽面足。腹部置对称辅首衔环两个，环可活动。盖顶有鼻钮，四周饰柿蒂纹及三只回首卧羊。器身满饰弦纹、羽纹、菱形纹等。二级文物。郴州市博物馆藏。

东汉青釉单柄高足陶盂 1994年，郴州市磨心塘"淯阳丞"墓出土。高10.2厘米，口径7.3厘米，足径7.1厘米。唇口微敛，鼓腹，喇叭形高足，上腹近口沿处饰一环形柄，仅容一指。红灰胎，施半釉，胎质坚硬细密。足底有四个垫珠痕。此杯造型奇特，稳重隽秀。一级文物。郴州市博物馆藏。

东汉陶庄园模型 1995年，郴州市人民西路出土。由祭祀房、干档式吊脚楼、作坊、厨房、双层陶屋五件独立房屋构成。此套庄园模型展现东汉时期湘南人民生活及建筑的特征。三级文物。郴州市博物馆藏。

西晋青瓷虎子 2004年，郴州市苏仙桥市美术印刷总厂10号井出土。长26.8厘米，宽14.5厘米，高16.9厘米，口径5.8厘米。作伏兽形，两端稍阔，中间微束腰，前端上部有一斜直圆筒形口，后端圆弧。背部有提梁，器底贴跪卧兽足。整件器物造型生动，犹如一只雄健猛虎欲待前扑。器内上部和器表施青釉，滋润光泽，开细冰裂纹。器底部和四足露胎。三级文物。郴州市博物馆藏。

南朝湘阴窑青瓷莲瓣纹六系盘口壶 1997年，郴州市东风路市筑路机械厂家属区1号墓出土。高33厘米，口径11.7厘米，底径14.7厘米。盘口，细长颈，丰肩，圆鼓腹，假圈足微外撇，平底，肩部置六桥形方系。腹部饰覆莲瓣纹。通体施青釉，底部露胎，釉色晶莹透亮，青翠欲滴，是湘阴窑少见精品。一级文物。郴州市博物馆藏。

宋堆塑龙纹人物围栏陶魂瓶 1992年，郴州市燕泉路改造时出土。通高53.8厘米，口径10.9厘米，底径12厘米。带盖，狗钮。盘口，束颈，斜肩，腹深且鼓，平底。肩部围栏饰镂空花纹，边缘堆塑人物、瑞兽一周，腹部为双龙戏玄武，下腹部饰荷叶边一周。施酱釉。此瓶造型奇特，纹饰精美。二级文物。郴州市博物馆藏。

南朝湘阴窑青瓷四系盘口壶 1993年，郴州市上自建里铁路家属区2号墓出土。高27.5厘米，口径14.2厘米，底径10.3厘米。盘口微侈，长颈，肩部置四系，椭圆形腹，平底。灰白色胎，施青釉不及底，釉面开细冰裂纹。此壶造型优美，釉色莹润，是南朝湘阴窑精品。一级文物。郴州市博物馆藏。

唐长沙窑青瓷盒 1993年，郴州市竹叶冲质监站4号墓出土。高7.7厘米，口径15.4米，底径13.2厘米。平盖微弧，子母口，直口微敛，直腹，下腹内收，平底。施青黄釉，开细小冰裂纹，器底露胎，呈浅白色。出土时盒内盛双鱼纹滑石盒一套，蛤蜊盒一个，小铜勺一件，盒内残存白色粉末。此盒制作规整精致，保存完好。二级文物。郴州市博物馆藏。

唐长沙窑青瓷碗 1993年，郴州市竹叶冲市质监站4号墓出土。高6.6厘米，口径18.9厘米，底径6.8厘米。敞口，深腹，玉璧底。灰白色胎，施化妆土，外罩青黄釉不及底，开细小冰裂纹。此碗为唐代长沙窑精品。二级文物。郴州市博物馆藏。

五代刻划莲瓣纹青瓷盘口瓶 1993年，郴州市高山背郴县公安局建房工地采集。高30.4厘米，口径12.6厘米，足径9.4厘米。盘口外侈，细长颈，削肩，椭圆腹，圈足。肩部饰三周弦纹，腹部刻莲瓣纹。施满釉，釉色青黄，开细冰裂纹。此瓶造型美观大方，釉色晶莹剔透，系五代衡州山窑少见之精品。一级文物。郴州市博物馆藏。

唐青瓷盘口壶 1995年，郴州市竹叶冲北湖区外贸局矿产公司工地采集。通高23.5厘米，口径13.8厘米，底径13.1厘米。壶盘口微侈，长颈，削肩，上腹微鼓，下腹渐收，假圈足微内凹。

灰白胎，施化妆土，外罩青黄釉，开细小冰裂纹。壶内颈部以下及底足无釉，器内有明显轮制旋痕。器物保存完好。一级文物。郴州市博物馆藏。

（三）玻璃器及其他器物

战国绿色谷纹琉璃环 1997年，郴州市马家坪出土。直径4厘米，好径2.4厘米，厚0.3厘米。绿色，半透明。扁平圆环形，中有一大圆孔。内外缘各饰凸弦纹一周，两面均模印谷纹三周。器型完整。一级文物。郴州市博物馆藏。

战国谷纹琉璃璧 2001年，郴州市三里田3号墓出土。直径8.1厘米，好径3.3厘米，厚0.2厘米。浅绿色，半透明。扁平圆形，中有一圆孔。正面饰谷纹五圈，背面光平。据同类琉璃器化验结果表明，此璧属中国铅钡玻璃，反映出当时楚国玻璃工艺水平。一级文物。郴州市博物馆藏。

东汉金银玛瑙水晶琥珀珠手链 2003年，郴州市骆仙岭24号墓出土。周长17厘米，珠长0.9~3.1厘米，直径0.5~1.3厘米。手链由金珠银珠各2粒、玛瑙珠4粒、水晶珠1粒、琥珀珠3粒组成。金珠、银珠均为圆锥形；玛瑙珠有3粒是橙红色，呈六棱形，两端细，中间略粗；另一粒玛瑙珠为褐白色相间，呈枣核形；水晶珠，白色，六棱形；琥珀珠分别为龟、狗、兽首形。该手链制作精美，保存较为完好，尤为难得的是出土时未散乱，排列有序。一级文物。郴州市博物馆藏。

（四）印章

战国肖形铜印 1994年，郴州市磨心塘30号楚墓出土。边长1.5厘米，高0.9厘米。铜质。方形，鼻钮。印文为一戴高冠之人，左手提着缰绳，右手挥舞皮鞭，骑着鹿。其纹饰在战国肖形印中较为少见。三级文物。郴州市博物馆藏。

东汉“浈阳丞印”滑石印 1994年，郴州市磨心塘2号墓墓出土。边长2.2厘米，印高2厘米。滑石制，方形，覆瓦钮。凿阳文隶书“浈阳丞印”四字。此墓墓主生前为浈阳丞。浈阳，汉时桂阳郡所辖县，在今广东省英德县东。汉代规定官员不得以正式官印随葬，故所出土滑石印均为明器。三级文物。郴州市博物馆藏。

（五）简牍

三国吴简 2003年，郴州市苏仙桥市美术印刷总厂4号古井出土。计有400余枚，其中有字简100余枚。发现有“赤乌二年”“赤乌五年”“桂阳郡”“都尉”等字样，“赤乌”为三国吴孙权年号，“赤乌二年”为公元239年，“赤乌五年”为公元242年。这批简牍为三国吴桂阳郡官方文档，内容涉及田租、军事等方面。文字简与白简及刨花、木料均为一同出土，一些刨花上尚有文字及火烧痕迹，系一批做二次使用旧简。这批简牍为目前出土于中国最南地域简牍。简牍出土后送湖南省文物考古研究所作技术处理。

西晋简牍 2004年2月，郴州市苏仙桥市美术印刷总厂10号古井出土。简长约24厘米，宽2.2~4.17厘米，厚0.2~0.3厘米，计800余枚，属全国首次出土西晋官方简牍。出土简牍年号有“太安二年七月”“元康九年”“永康元年”等，皆为西晋惠帝司马衷年号。这批简牍应为西晋惠帝司马衷时期。简牍有祭文：“右正月祠先农祝文”，表：“太安二年七月癸酉朔廿日壬辰桂阳太守臣君”。表中内容包括桂阳郡政治、军事、文化、地理、人口、赋税、物产等，如“桂阳郡上城邑户口田租绵绢贾布计皆上书”“郴县汉时所立为长沙林县汉元始六年太岁在丙寅”“改为郴县”等。这批简牍出土填补全国西晋简牍保存空白，系研究西晋史珍贵资料，弥足珍贵。简牍经湖南省文物考古研究所技术处理。

（六）文献古籍

明嘉靖七年（1528）《湖广乡试录》 2000年，郴州市北湖区郴江乡三里田李家坝明何仲方墓出土。书长35.8厘米，宽18.2厘米，厚2厘米。明刻本。双线框，正文半叶九行，满行18字，版心上下黑口，上双黑鱼尾。其他为书名、卷数、叶数、象鼻，四周双栏。字体正楷，行格疏朗，隽秀雄健。封面贴有书签“湖广乡试录”“嘉靖七年”。卷首有明户部山西清吏司郎中郭日休撰“湖广乡试录序”，卷尾有明礼部祠祭清吏司主事吴龙撰“湖广乡试录后序”。该书详细记载明嘉靖七年（1528）湖广乡试考务、录取等有关情况。参加乡试人数“二千四百有奇”，中式举人八十五名，墓主何仲方考取第三十一名，其“郴州人，监生，易”。郴州还有两人考取举人，即第七名桂阳（今汝城）县范永官（明代监察御史范辂之子）、第八十三名兴宁（今资兴）县曹希周。此书为研究明代乡试提供珍贵实物资料。一级文物。郴州市博物馆藏。

明嘉靖四年（1525）《大学衍义节略》 2000年，郴州市北湖区郴江乡三里田李家坝明何仲方墓出土。全书六册，共二十卷。每页纵23厘米，横16.1厘米。边框左右双线，上下单线。正文半叶十行，行19字。版心上节黑鱼尾。其他为书名、卷数、叶数。楷书，字体工整，行格疏朗。书衣上贴有书签。卷首有嘉靖四年高安朱寔昌纂“大学衍义节略序”；次即明“南京礼部尚书杨廉谨奏”“进大学衍义节略表”“大学衍义节略题辞”；再是“真德秀进大学衍义表”“真德秀大学衍义序”。内容卷一：帝五为治之序，卷二：帝王为学之本，卷三至十二：格物致知之要；卷十三至十五：诚意正心之要；卷十六：修身之要；卷十七至二十：齐家之要。该书记载中国古代帝王格物致知、诚意正心、修身齐家、治国平天下之道。二级文物。郴州市博物馆藏。

（七）名人遗物

唐天际抗战时期使用过的望远镜 唐天际（1904—1985），号时雍，安仁县华王乡杨柳田村人。1926年9月加入中国共产党。参加北伐战争、南昌起义、湘南起义、井冈山斗争、二万五千里长征、抗日战争及解放战争。1955年被授予中将军衔。2004年安仁县举行纪念唐天际诞辰100周年时，唐天际夫人耿希贤捐赠此镜。望远镜置于椭圆形牛皮盒内，镜和镜盖分别系于盒带两端。系1942年美国制造，黑色合成材料组成，圆形，镜片高度清晰，镜头上有焦距。此望远镜系抗日战争时期党中央高级军事指挥员军事用品，保存完好。一级文物。安仁县文物管理所藏。

唐天际抗战时期使用过的皮文件夹 2004年，安仁县举行纪念唐天际诞辰100周年时，唐天际夫人耿希贤捐赠。文件夹为牛皮制，粟色，长方形，三方口子饰金属扣铜拉链，背面饰金属扣牛皮提手，内有绿色帆布隔层。此夹为抗日战争时期党中央高级军事指挥员军事文件用品，保存基本完好。一级文物。安仁县文物管理所藏。

第十二节 文化管理

一、管理机构

1973年6月，郴州地区革命委员会文化局成立。1982年7月，更名为郴州地区文化局。局内设办公室等机构。1992年，地区文化局增设文化稽查队，后更名为郴州市文化稽查支队，县（市、区）为文化稽查大队。1995年撤地建市后，市文化局机构得以完善。1996年，局机关设纪检组、政工科、艺术科、文化市场管理科、新闻出版科（加挂版权科牌子）、监察室和办公室。并直辖郴州市演出管理站和郴州市文化市场稽查队两个事业单位。市文化局所辖事业（企业）单位有：湖南昆剧团、市歌舞剧团、群众艺术馆、艺术研究所、艺术学校、电影发行放映公司、苏仙影剧院、人民电影院、文物事业管理处和郴州市霓红灯厂。市直文化系统有干部职工375人。11县（市区）设有文化局。全市有文化事业单位337个、人员1112人。其中文艺事业单位10个、286人；群众文化事业单位269个、395人；图书事业单位11个、106人；艺术教育事业单位1个、57人；文博事业单位24个、57人；文化市场管理单位12个、78人；其他文化企事业单位5个、44人；艺术表演场所5个、123人。2005年，市文化局所属单位9个，有职工385人。

1989—2005年郴州市（地区）文化局主要负责人名录

表24-1-12-1

单位	姓名	职务	任职时间
郴州地区（市）文化局	苏家澍	局长	1984.04—1995.12
郴州市文化局	肖良增	局长	1995.12—2000.07
郴州市文化局	岳瑾	局长	2000.07—

二、协调机构

（一）“扫黄打非”领导小组

20世纪90年代初，郴州地区成立“扫黄打非”（扫除黄色书刊和音像制品、打击非法出版物）领导小组。领导小组办公室设郴州地区文化局内。成员单位为地区文化局、广播电视局、公安局、工商局、财政局、检察院、法院、海关、火车站等30家单位。全区11县（市、区）均相应成立“扫黄打非”领导小组，组织领导“扫黄打非”，清理整顿文化市场工作。至2005年，根据人事变动，相应调整领导小组成员。

（二）文化市场管理委员会

1993年，成立郴州市文化市场管理委员会，为临时协调机构。县（市区）相应设立文化市场管理委员会，组织协调文化市场管理工作。后更名为郴州市清理整顿书报刊和音像市场领导小组，管理形成统一领导，归口分级管理体制。

三、文化市场管理

20世纪80年代末至90年代初，郴州地区文化局所属社会文化管理机构与广播电视局音像管理机构依法共同管理区内文化市场。与地区公安、工商行政部门共同审批文化经营证件，管理各项文化营业性单位。重点对境内音像、影视、演出、图书、出版、网络、文化娱乐、展览市场实施监督管理。90年代中后期至21世纪初，郴州健全完善各级文化市场管理机构，普遍成立文化市场管理委员会和文化稽查队，并设立人民法院法规审判联络员。扩大管理队伍，制定一系列科学规范的管理制度，推广先进管理经验，促使文化产业向着健康有序的方向发展。

（一）审批登记

1989—1994年，郴州地区各县（市）文化市场由文化和广播电视部门的社会文化市场管理站、音像发行站及体委分头管理。各文化经营户在具备相应设备和条件前提下向文化局提出申请，经社会文化检查站现场审核合格，颁发“文化经营许可证”。部分项目需到公安、消防等部门办理相关手续，再到工商部门办理“工商执照”后方可营业。为规范管理，对文化经营户开展年检年审，及时解决经营中存在的问题。对部分不规范文化经营户，重新颁发证照。

（二）建立制度

1989—2005年，郴州市（地区）文化局先后下发《治理文化产业经济发展环境工作方案》《整理和规范文化市场经营秩序行动方案》等文件。各县（市、区）为加强文化市场管理，结合实际，制定一些具体管理制度。桂阳县社会文化市场管理委员会出台《录像放映队（点）管理制度》，县文化局制定管理方案，县政府颁发《关于进一步加强文化市场管理若干规定》。嘉禾县政府颁发《嘉禾县文化市场管理暂行办法》和书报刊、电子游戏、录像放映、打字复印等行业规约。郴州市（今北湖区）下发《郴州市文化市场管理实施细则》。永兴县制定电子游戏专项治理方案。汝城县制定《汝城县"扫黄打非"行动方案》。其余县（市、区）均根据国务院《娱乐场所管理条例》《互联网上网服务营业场所管理条例》《湖南省文化市场管理条例》，省文化厅《关于清理文化娱乐场所的实施办法》，省广播电视厅、省文化厅《关于整顿音像出版和音像市场的实施办法》以及国务院办公厅《关于进一步整和规范文化市场秩序的通知》开展文化市场管理工作。苏仙区等部分县（区）文化执法部门还与文化产业经营户签订遵纪守法合同书，以确保文化产业健康稳步发展。

（三）加强培训

自1989年始，为确保文化市场在法制轨道上健康有序地向前发展，郴州地区注重对文化产业经营户的学习培训。地区文化部门不定期组织县（市、区）文化部门领导和专业骨干学习国务院及湖南省有关发展文化产业，整顿、规范文化市场的有关条例、规定、办法和实施细则。各县（市、区）相应对文化市场管理人员进行执法培训，提高执法能力。同时，对文化产业经营户进行培训。1993年，桂阳县为引导文化经营户依法从业，县文化局组织文化经营户学习文化市场管理法规，参学者349人。同时，市直及各县（市、区）文化事业机构，还根据自身产业发展特点和方向，举办各类艺术、创作、管理人员培训班，在提高队伍素质，加快产业发展上做实做好功底。1995年地改市后，苏仙区文化部门组织全区文化经营户200多人参加法纪、法规、政策学习班，发给结业证200多本。1997年，区文化局举办局直属机构文化站专干培训班，有160人参训，学习文化市场管理法规和依法行政程序。桂东县文化部门在整顿文化市场，对各类文化经营户进行重新登记、造册、发证基础上，先后在城关、沙田、普乐、寨前、清泉、桥头等乡镇举办文化经营从业人员学习班，参学者86人，以增强从业人员依法经营观念。

（四）治理整顿

20世纪80年代末至21世纪初，郴州市（地区）注重开展对文化市场的治理整顿。市、县（市区）先后成立文化市场管理委员会、清理整顿文化市场领导小组和"扫黄打非"领导小组，并通过多种宣传工具开展治理整顿文化市场宣传活动。经文化、公安、工商、检察、法院、工青妇等部门协调指挥，联合作战，确保治理工作顺利进行。

1989年7月，郴县各乡镇和文化宣传部门分别成立清理整顿文化市场领导小组，召开会议117次，出动人员697次，检查42个单位和个人，依法收缴非法出版书刊58种，计366册，录像带25盒，取缔无证营业户18家和非法经营桌球3处。1991年，县政府办、文化局组织社会文化检查站执法人员清查文化经营户117家，收缴各类非法音像、书画产品1.8万余件。1998年，苏仙区主要领导挂帅成立"扫黄打非"领导小组，全年检查歌舞厅、卡拉OK室、音像出租零售站（摊）、放相厅、书店（摊）、电游室、印刷厂、打字复印店等184家，收缴非法书刊360册，画片1800张，影碟80张，录像、音像带648盒。收缴非法经营赌博机2台，播放工具3台。

1989—2003年间，资兴市开展"扫黄打非"专项行动48次，清查文化经营店点1.7万家次，收缴非法影碟3.94万张、非法书刊5.43万册（本），非法电子出版物6200张，依法扣押影碟机（录像机）69台，电视机38台，取缔无证营业户76家。

1989年、1991年、1998年，桂阳县先后三次清理整顿文化市场，“扫黄打非”68次，依法收缴非法出版物4.67万件，取缔无证营业户70家，吊销营业执照15份，取缔所有电子游戏室。

1989年11月，临武县开展名为“107国道扫黄行动”专项治理活动，查处汾市乡桐尾村村民放映黄色录像和广东人黄某贩卖黄色录像带案件，两案当事人均被判处有期徒刑。此后11年间，查处文化领域违法案件36起，没收录像放映设备5台（套），收缴赌博机99台，没收销毁淫秽盗版音像制品4.87万张（盒），没收销毁盗版书刊3.33万册，销毁画板地图和图片3821张，VCD碟片2785盒，录像、音像带877张。2001—2005年，县文化部门先后开展集中和专项检查行动205次，出动检查人员1936人次，检查文化经营单位1515户次，收缴盗版和违禁书刊、教辅读物、政治性非法和地下“六合彩”非法读物等6.77万册；处理违规印刷事件3起，取缔无证摊贩15家，无证演出场所3家，书刊经营户17家，非法音像店、歌舞厅等3家。收缴非法盗版音像制品、电子出版物2.5万张。同时，对电游、网吧进行治理，立案查处违法经营案85件，处罚45家，取缔“黑网吧”8家，扣押主机8台，显示器42台。

1989—1991年，汝城县贯彻湖南省人民政府《关于整顿文化市场的通知》、省文化厅《关于清理文化娱乐场所的实施办法》和省广播电视厅、省文化厅《关于整顿音像出版和音像市场的实施办法》，在开展文化市场清理、整顿活动中，出动439人次，对全县128家文化经营户进行检查，收缴非法出版物、迷信、淫秽书刊7791册，没收黄色录像带167盒，查处“传黄”案件2件5人，取缔无证经营、违法经营户9家。1998—2002年，开展专项整治350次，检查文化经营户800家（次），收缴非法出版物8000册、盗版教材教辅读物1736册，非法音像制品5000张（盒）。

1989年，嘉禾县成立县文化市场管理委员会，由文化局社文站、广播电视局、体委三家分头管理，遵照国家“扫黄打非”领导小组统一部署，县宣传、文化、公安、工商、广电等部门联手开展“扫黄打非”集中行动。出动车辆16台（次）、120人，收缴音像制品非法图画2088张、非法书刊458册。1991—1995年，该县组织开展文化经营户文明业主表彰会，规定经营业主向管理部门签署“文明合法经营责任状”，文化市场管理日益优化。县社文站被评为全省文化市场管理工作先进单位。1996—2002年，经过多次“扫黄打非”专项活动，收缴非法音像制品、图画2.84万张，非法书刊1.86万册，非法印刷资料1.04万份。

1990年，郴州市（今北湖区）组织公安、工商、文化、广播等部门检查整顿文化市场，全年突出检查、整顿18次，出动人员2000余人次，车辆38台次，收缴反动、黄色等非法书刊1.3万余册（本），非法走私、复制录像带500盒，非法录像磁带250盒；取缔无证营业网点28个；查封非法录像放映室16家，收缴赌博机24台，行政拘留2人，罚款4100元。1994年，成立告别“两室三厅”（电子游戏室、桌球室、营业性舞厅、卡拉OK厅、录像厅）活动领导小组，在城区学校开展声势浩大告别“两室三厅”集体签名活动，受到学生积极响应和家长及市民好评。1999年5月，北湖区组织公安、工商、文化、广电等部门，对文化市场开展拉网式排查，出动车辆80台次，人员200多人次，排查文化网点100余家，收缴非法书刊1800本、图片260张、录像带290盒、宣传资料2600份、录音带580盒、徽章35枚。

1991年，桂东县文化、广电、工商、公安等部门联合行动，对县内文化市场进行全面清理和整顿，清查文化经营单位41个，查处无证打字社8家，无证经营书刊点20个，收缴各类非法出版物297册，非法出版年画2473张，非法录像录音带75盒，并将缴获之非法出版物全部销毁，以净化文化市场。

1993年，永兴县进行大规模扫黄打非活动，缴获、销毁黄色书刊、淫秽物品5828件，收缴各种淫秽、色情、非法出版物8840张。至2002年，在集中清理整顿文化市场活动中，收缴非法盗版淫秽录像、录音带、光盘13.24万张，黄色、盗版书籍、教材教辅读物9.43万册。

1994年，宜章县成立县人民法院文化法规审判联络室。是年，对全县文化市场进行执法清理整顿，使95%经营场所有经营证照、经营项目牌、审核编码标牌并悬挂“中小学生严禁入内”“严禁播放黄色淫秽录像”“高尚娱乐，严禁赌博”等公示牌。开展“扫黄打非”专项活动12次，查获黄色和非法录像带186盒，收缴非法出版物171件，查封赌博游戏机25台。1998年，开展“扫黄打非”112次，出动410人次，车辆126台次，检查经营点1464户次，处理违法违纪行为24起，下达执法文书168份；查封赌博性游戏机28台，苹果机34台，有奖电游电路板9块，收缴非法VCD120本，录像带（碟）110盒，关闭无证经营户6户。

1997—2000年，安仁县开展“扫黄打非”专项活动80次，出动365人次，出动车辆92台次，检查经营点869户，处理违法违纪行为26起，下达执法文书172份。收缴非法出版物和盗版书籍2568册（本），收缴黄色淫秽书籍3种，收缴非法和盗版淫秽影碟654盒，关闭不安全和无证经营户7户，立案查处经营户126家。

1989—2003年，郴州市（地区）集中开展“扫黄打非”专项行动48次。文化、公安、工商、教育、新华书店等部门协同行动，清查文化经营店（点）1.7万家（次），收缴非法影碟3.94万张、非法书刊5.43万册（本）、非法电子出版物6200张，依法扣押影碟机（录像机）69台、电视机38台，取缔无证经营户76家。至2005年，郴州文化产业步入依法管理、健康有序的良性发展之路。

第二章 广播电视

20世纪80年代至2005年，郴州广播电视事业以党和国家关于社会主义精神文明建设及发展广播电视的一系列方针、政策为指导，结合郴州实际着力推进。坚持弘扬主旋律与满足人民群众对精神食粮需要相结合的方向；坚持走改革创新与提高效益并举，突出融合共进的路径；坚持重点报道与丰富多样相协调、广度报道与深度报道并进的方法。注重完善设施设备，加快运用新技术，依法依规优化行政、安全及市场管理，取得丰硕成果。

第一节 广电节目

一、广播节目播放

（一）郴州市广播电台（站）频道节目

20世纪80年代，郴州市广播站在进行宣传改革中，先后开办《可爱的郴州》《城市经济体制改革》《彻底否定“文化大革命”》等专题节目。1985年，增开《本市新闻》《经济信息》《为听众服务》《文艺》《中小学生作文选播》《城市管理》《听众信箱》《法制教育》《学决议》《学“七五”计划》《向刘靖民、刘秀芝学习》等专题节目。播出采编录制节目8160组，3.02万篇，1207万余字。1987年至1997年，郴州市广播电台先后播出节目为每天转播中央台《各地人民广播电台联播节目》《新闻和报纸摘要》和省台《新闻和综合》《全省人民广播电台联播节目》共10套。郴州市广播电台自办节目14套，即《节目预报（包括电视台节目预告）》《南塔钟声》《郴江南北》《信息广场》《知识天地》《幸福时光》《广告》《立体声音乐欣赏》《一周要闻》《听众点播》《本市新闻》《戏曲欣赏》《地区新闻》《天气预报》。电台坚持以新闻为主体，每天播一组《本市新闻》和《郴州地区新闻联播节目》。电台还开设不定期《快讯》栏目，播放当天最新消息。

1987年7月2日开办专题节目《知识天地》。每周一组，内容包括工农业生产、天文地理、科技、名人名著以及奇闻趣事等。4日开办《幸福时光》。栏目开设“生活顾问”“卫生与健康”“知识窗”“听众信箱”等板块。主要根据季节和乡土风情，向听众介绍衣、食、住、行、育儿、防病等方面科学知识和趣闻，为听众幸福生活提供服务。同年7月7日开办《郴江南北》。每周二、五播出。节目采用主持人与群众谈话形式，回答听众提出的关于理想、前途、工作、学习、生活、婚恋、人际关系问题。通过设身处地、入情入理亲切交谈，为听众排忧解难。结合爱国爱家乡教育，向听众介绍郴州政治、经济、文化发展形势以及郴州山川风貌、风土人情、名人轶事等方面知识。1987年7月开办文艺节目《南塔钟声》。以播放本地作者创作的诗歌、小说、戏剧、广播小品、散文、歌曲等为主，每周一组，具有鲜明地方特色。《立体声音乐欣赏》播放流行歌曲、通俗歌曲为主，配合歌曲介绍一些古今中外音乐名人和音乐知识。每周一、三、五播出。《听众点播》主要是沟通和加深听众朋友感情，增进编辑、播音员与听众之间友谊，满足听众朋友某些要求和愿望。每周六、日直播一次。1997年7月1日开办服务节目《信息广场》。每周一组。栏目以沟通产、供、销关系为主要内容，设有“经济信息”“政策信息”“科技信息”和“市场动态”等板块。《戏曲欣赏》每周二、四、六播出，重播一次，每次30分钟，以播放各类戏剧、曲艺为主。

郴州市电台从建立到1997年5月15日止，组稿6.63万篇，用稿5.26万篇，自采稿5785篇，上省台用稿611篇，上中央台用稿8篇，口播新闻1437条。

（二）郴州人民广播电台频道节目

1997年5月18日，郴州人民广播电台开播。其广播节目为《郴州新闻联播》《空中立交桥》《真情PAD》《我的故事我的歌》《夜相逢》《市民热线》《空中门诊》《路况信息》《平安伴您行》等节目。电台注重强化广播宣传服务功能，坚持社会效益和经济效益并举，广告收入从过去零收入到突破百万元大关。

1997年开办创优外宣节目，向省台供稿数量和质量明显好转，上稿排名全省前茅。有两篇稿件获省电台1997年度县市台站好新闻一等奖。1998年，有三篇稿件分获湖南广播电视一、二、三等奖。对农节目《阳明社和他的小（二）型水库》获全国广播电视新闻奖三等奖，首开郴州电台获全国奖先例。之后，电台每年有3~4篇优稿获湖南广播电视新闻奖。新闻创优迈进全省先进行列，外宣工作一直保持在全省前列。大型活动报道方面：电台先后策划、参与电台成立开播仪式报道、香港回归、澳门回归、郴州市山水旅游节、郴州生态旅游节、建党八十周年、国庆五十周年、三峡移民等重大活动报道。推出李常水、黄诚、郭虎平、王六秀、雷明珠、胡昭程、匡妹子、刘志艳、黄忠英、阳明社等全国、全省先进典型；推介嘉禾白觉小康村、汝城县下祝村村务公开、桂阳县农技推广、郴州市物价公开等经验。

2001年12月设立音乐交通频道（城市之声），2002年3月开播，播出频道为FM102.8兆赫。鉴于当时电台节目制作、播出技术陈旧，广播收听率低的状况，对音乐交通频道大胆构架，确立“资讯立台”“服务立台”专业交通频道思路，率先在郴州媒体中实现全天候直播，打造交通媒体特色。节目架构以交通为主，音乐为辅，资讯服务为补充，在本地媒体中设置整（半）点交通路况播报、简明新闻资讯滚动播出、突发交通路况和突发重大新闻随时插播等形式，以有车一族收听群体为突破口，促使收听率攀升。当年自办交通频道超越郴州人民广播电台主频率及省电台在郴覆盖频道，连续八年居郴州广播收听率榜首。同时开展司机有奖收听“城市小精灵”活动，主持人走出直播室，与听众面对面接触，拉近听众与频道距离，提升频道影响力。暑期，频道开展少儿故事大赛，通过户外活动，拓展频道节目形式。2003年，频道举办“非常夏日DJ秀”活动，吸引广播主持爱好者参与，从中发掘广播主持人才。次年，携手郴州电视台新闻综合频道举办大型“爱心送考”公益活动，发动组织免费接送高考考生赶考，当年有400多台社会车辆自愿加入爱心送考行列，接送考生上万人次。2005年，频道开展“交通主播学车日记”主持人户外体验活动。同时，音乐交通频道坚持正确舆论导向，创新节目形式，先后开辟《交通直播室》《车行天下》《七嘴八舌》《城市夜话》等一大批名牌栏目，为中央、省级电台上稿和参与连线600余条（次）。频道获市级奖励22次，省级奖励13次，国家级奖励1次，荣立三等功1次。社教类专题《追忆不死的灵魂》获湖南广播电视一等奖；文艺专题《一曲荆钗品湘昆》获中国广播文艺三等奖；新闻故事《半条棉被一生情》获湖南新闻一等奖、湖南广播电视一等奖。

2002年年初开办时政综合频道节目，郴州广电局（中心）推行频道制改革，郴州人民广播电台设立时政综合频道、音乐交通频道。同年3月，时政综合频道开播，频率99.2兆赫，射机设置在苏仙岭上，后搬迁至五盖山发射。节目覆盖全市各县（市区）及韶关、衡阳、永州部分县市。频道坚持以新闻宣传为中心，以贴近时代、贴近生活、贴近群众为宗旨，对节目进行全新改版，打造《郴州新闻联播》《市民热线》《空中立交桥》《绝对意外》等一批名牌栏目。其中，《科普园地》栏目填补郴州市媒体科普宣传空白。同时围绕市委、市政府中心工作，每年成功组织系列连续报道、特别报道等重大主题报道30个以上。

2002年8月10—15日，郴州广播电台在四清水库抗洪抢险一线开设“战地广播站”，在时政综合频道成功推出“连线四清水库”和“郴州市欢送抗洪抢险官兵”两场广播现场直播特别节目。2003年上半年，频道组织“学习贯彻十六大精神、全面建设小康社会”系列报道，对11县（市、区）及市直单位具体做法和措施进行系列采访报道。2004年，频道组织记者参与“田野之春”大型系列报道，协助中央人民广播电台《经济之声》“快乐出发”栏目采访郴州人文地理、生态旅游。2005年，频道多角度报道郴州撤地建市十周年风雨历程和辉煌成就；开设纵贯全年“共产党员先进性教育巡礼”新闻专栏，全面推介郴州各地开展“先进性教育”活动好做法、好经验、好典型；与中央电台连线报道第七届亚洲游泳锦标赛跳水比赛暨中国跳水邀请赛开幕式及精彩赛事；奔赴“红三角”韶关市和赣州市，参与金秋韶赣行大型报道。同期，开展“司机全家福”活动，邀请市内8家出租车公司部分司机及家属，参观郴州市容市貌。与市城区各大宾馆、酒家、医院和商家联合推出“爱心助考”活动。频道承办湖南省广播歌手大赛郴州选拔赛，选出3名歌手参加全省总决赛。其中女歌手斯柳清一举夺得全省广播歌手大赛总决赛一等奖。在创优争先活动中，推出一大批精品力作，有25件作品在全国和省、市获奖。其中省级18件，国家级2件。短消息《塘村农民直面入世》被评为中国广播三等奖。7人荣获“四清水库抗洪抢险先进个人”“四清水库抗洪抢险功臣”。新闻《殷切的关怀》获中国广播电视新闻奖二等奖。频道所属文艺部被授予“郴州市优秀青少年维权岗”称号，1人被评为全省“十佳记者”。至2005年，频道在省电台和中央电台上稿460条，并连续5年保持在全省市（州）电台外宣上稿前三强地位。

二、电视节目

20世纪80年代至1990年，郴州电视台先后开设《郴州新闻》《荧屏文艺》《荧屏歌声》《电视专题》《广告》等电视栏目。1991年4月，郴州电视台上收归口中共郴州地委宣传部管理后，先后迁入北湖岭、商业大厦和国庆北路48号办公。节目形式丰富多彩、更趋完善。开设《郴州新闻联播》《五岭方圆》《相约周末》《林邑风情》《视野30分》等新闻、专题和文体专栏。

1991—2001年，郴州电视台先后成功开展郴州撤地建市、香港回归、“8·13”特大洪灾、奥运会申办成功、中国优秀旅游城市创建等重大宣传活动，向全省、全国推出舍己救人海军战士刘志艳、农村致富带头人李常水、舍己救人英雄郭虎平、舍己救人好党员王六秀、宜章县新华乡党委政府、嘉禾县白觉村党支部、“三个代表”重要思想优秀践行者胡昭程等重大典型，精心制作《借据》《张秋玉的故事》《湘南起义》《姐姐》《公仆》等精品。电视专题《小村艺人》《爷爷、孙子和船》《郴州行》被湖南省外宣办选送到美国和欧洲十国巡回演播，并被北京广播学院教授引为范例，誉为“郴州特色”。

（一）新闻综合频道节目

2001年12月，郴州广电中心进行频道制重大改革。次年3月，郴州电视台新闻综合频道运行，打破以往“大锅饭”格局，实行栏目制片人制度、人才招聘制度和绩效考核制度。频道伊始至2005年，除对原有新闻类栏目《郴州新闻联播》进行全面改版，还新开设民生类节目《新闻晚报》（2003年3月改版为《今晚八点》），打造一档生活资讯类栏目《家在郴州》。

2004年新闻综合频道策划组织有田野之春、黄金周旅游宣传、中国（莽山）生态旅游节、雅典奥运会和中国女排夺冠等重头报道。2005年有郴州撤地建市十周年、保持共产党员先进性教育活动、文化长征、中国郴州生态（温泉）旅游节、金秋韶赣行、治理燕泉河、直击公汽拒载等重头报道。

从2004年6月7日起，频道《今晚八点》栏目与郴州电台音乐交通频道“城市之声”携手组织第一批“爱心送考”车队，免费接送高考考生赶考。继后《今晚八点》栏目与郴州市教育基金会、市教育局、郴州日报社联合发起“爱心助学”活动，捐款总计370.70万元。资助特困大学生950人、中小学生1753人。是年，频道在省级媒体和中央媒体上稿598条，其中中央电视台54条，新华社1条。全年在中央电视台《新闻联播》发稿6条，创历史最好纪录。尤其是在“五一”和“十一”黄金周期间，平均每天有一条以上郴州旅游新闻在湖南卫视《湖南新闻联播》中播出，在全省市级台中独一无二。

2005年2月24日—3月1日，美国洞穴研究基金会6名探险专家，再次深入万华岩洞穴，对17年前未能探明“未知”洞穴进行“终极征服”。频道《今晚八点》栏目全程策划执行“穿越世纪迹洞”大型电视科考探险活动。同年3月，频道《家在郴州）栏目与商家通力合作，精心策划首届“校园星运动”电视才艺大赛，吸引全市近十所中小学数以万计学生参与，圆数千名中小学生明星梦。2005年，新闻综合频道在中央台发稿61条次，在省台发稿735条次，其中中央台《新闻联播》4条，湖南卫视《新闻联播》122条，要闻38条。尤其是在2005年中国郴州生态（温泉）旅游节期间，频道先后在中省媒体上稿37条次，其中在中央台12条次，创下历届旅游节中央台上稿之最。2004—2005年，在湖南省14市州中，郴州连续二年外宣上稿排名前三强。

新闻综合频道重视“创优争先”工作。电视消息《有困难找政府》获2002年度中国广播电视一等奖，填补郴州电视台该奖项空白。2003年电视专题《香芋大王》、系列报道《陈桂成带领村民种香芋致富》、社教专题《生命的守护》、消息《用废料打造中国银都》等均获湖南省广播电视优秀节目一等奖。《盘老师的星期一》获2004年度全国广播电视少儿类节目提名奖第一名。

（二）经济生活频道节目

2002年3月经济生活频道成立。开播之初，频道立足于郴州，面向郴州市民，服务市场经济和大众生活，陆续开设新闻主打栏目《天天播报》、财经资讯类节目《天天财富》以及引进类栏目《亚太证券报道》。顺应观众要求，2004年3月，经济生活频道开设观众参与性栏目《天天快乐》，设置《新鲜发现》才艺秀和《实习主播》《happy任你点》《电影推介》等板块。每天18:50播出，每周一、三、五首播，二、四、六重播。其中《新鲜发现》才艺秀板块是一个让选手表演、展示个人才华、观众短信参评板块。因其形式活跃、参与性强而得到郴州市民积极参与，拍摄许多平民歌唱爱好者、舞蹈爱好者、业余自行车表演队、业余音乐组合团队等，让人记忆深刻。播出120期，2005年1月结束。

重大宣传报道　2002年8月8日，一场百年不遇的洪灾突袭郴城，《天天播报》记者第一时间赶到当时洪水最猛烈、最危险地方，分别用手中摄像机，记录当时郴州市党政干部和公安武警、消防战士通知和护送人员转移珍贵镜头。当天早上7点，第一时间在湖南卫视播出《郴州发生洪灾，市民凌晨大转移》新闻。同日，中央台《新闻30分》播出此消息。这条新闻报道为中共中央、国务院和省委、省政府及时了解郴州灾情，指挥郴州抗洪救灾，提供较为详细资料。8月9日，《天天播报》采编人员冒着随时可能垮坝危险，赶到四清湖水库，采访在大坝上抗洪抢险的解放军指战人员，真实地记录人民子弟兵奋不顾身抢险的英雄壮举。抗洪结束后，《天天播报》栏目组被市委宣传部评为抗洪抢险先进集体，许多记者被评为先进个人。同年9—10月，此栏目与市旅游局联合，成功举办“龙潭湖杯”旅游形象小姐大赛，取得良好社会效益和经济效益。2004年6月起，栏目组与郴州市慈善总会联合策划举办《爱心圆梦》大型捐资助学活动，当年筹款22万多元，帮助100名贫困学子进入大学学习。此后，每年筹款约30万元，帮助100余名贫困大学生，活动取得良好社会效益。2005年5—8月，栏目与商家联手，发起郴州市首届“我爱我唱”大型歌赛。大赛以独特赛制、密集炒作、情感植入和包装，在郴州掀起歌唱热潮。每场赛事都吸引数千人参赛，数万人驻足观看，成为街头巷尾人们茶余饭后话题。

日常报道　自2002年始，经济生活频道将大量镜头对准基层和群众，大到时政方针，小到油盐柴米，引导疑点，解释难点，关注热点，讲老百姓身边事，说老百姓日常生活中话题，做到内容上贴近百姓。大型系列报道《百姓身边的故事》用纪实性手法报道郴城百姓身边好婆媳、好家庭、好邻里，用鲜活事例，弘扬中华民族传统美德，赢得观众交口称赞。《城市小人物》系列报道关注底层市民生活状态，歌颂诚实与勤劳。连续报道《拯救小婉婷》，帮助身患怪病、心脏外露的5岁女孩邓婉婷筹集医药费，挽救其岌岌可危的生命。2002—2005年，《天天播报》每年播出节目365期，新闻3200余条；每年接待群众来电来访来信计1.8万余人次，为群众排忧解难，帮助老百姓解决大小实际问题700多件，成为郴州家喻户晓、妇孺皆知名牌电视栏目。

新闻职业道德报道　经济生活频道成立之初，就严格要求每个记者时刻牢记身份，不允许接受被采访对象吃请和礼品红包。面对不良行为，能忍辱负重，敢于伸张正义。2002年春夏之交，下岗女工李某前夫丧心病狂向李某泼硫酸，造成李某面部颈部等全身大面积烧伤。《天天播报》记者顶住威胁，连续追踪报道，发动社会各界捐款，终于把李某从死神手中抢回，凶手受到法律严惩。

2003年1月，15岁的王某媛随人到深圳一油漆厂打工。4月，王某媛不堪油漆厂生活和恶劣条件，身患红斑狼疮，被老板无情辞退。其母将她接回郴州。由于无钱医治，王某媛生命危在旦夕。《天天播报》记者知道此事后，三下深圳进行深入采访报道，引起广东、深圳多家媒体以及中央电视台《今日说法》栏目关注。在媒体和社会各界支持帮助下，王某媛官司终于打赢。《天天播报》栏目因此被共青团湖南省委、共青团中央等单位授予湖南省和全国“优秀青少年维权岗”荣誉称号，成为全省广电影视系统唯一获此殊荣单位。同年中秋节，有群众反映，在一农贸市场一摊位上发现发霉月饼。记者赶到摊位，顺藤摸瓜找到生产不合格月饼地下工厂。当记者举起摄像机时，作坊主叫来五大三粗社会闲杂人员在记者面前晃来晃去，扬言要他小心点。记者没有畏惧，据理力争，顶住压力，将事实报道出来。2004年暑假，有人举报郴州市八中租借苏仙中学教室补课一事。两位记者前去采访，刚进校门就被2名凶狠中年男子挡住，并对其进行拳打脚踢。两位记者用身子护住摄像机，未还手，避免事态恶化。

（三）图文信息频道节目播放

1996年，经郴州市编制委员会（郴编办〔1999〕57号）批准，电视台成立图文信息部。2002年，郴州广电实行频道制改革，改为图文信息频道。频道成立之初，图文信息部（频道）按照局（中心）“不准做综合文艺节目、不准做活动图像广告、不准配音互动点歌、不准打字幕”规定，发挥电视媒体优势，广开门路，把信息采集、传输同信息经营结合，对内优势互补丰富荧屏，对外竞争占领市场，开拓广播电视信息经营新领域，挖掘经济增长点。

2005年3月，图文信息频道改为信息文艺频道。运作播出7年，频道收视率不断攀升，经营收入成倍增长，为广大观众提供良好电视信息服务。郴州电视台先后获省级奖6项，国家级奖4项，在全省乃至全国处于领先地位。

（四）县（市、区）、乡镇电视台、站

20世纪80年代末90年代初，郴州各县（市区）根据国家广电总局文件精神，先后建立电视台，乡镇建广播电视站。北湖、苏仙两区电视台因郴州撤地建市并入郴州市有线电视台。其他各县（市）广播电视台、有线电视台，除转播中央和省（市）广播电视节目外，自办电视节目，开辟自办栏目。1988—2005年，资兴电视台开办《资兴新闻》《支江经纬》；宜章电视台开办《宜章新闻》《经济与生活》；桂阳电视台开办《桂阳新闻》《东塔综艺》《人口与计生》；永兴电视台开办《永兴新闻》《便江风景线》《今晚十分》；嘉禾电视台开办《嘉禾新闻》《新闻广场》《天南海北嘉禾人》；临武电视台开办《临武新闻》《影视剧场》《岁月写真》；汝城电视台开办《汝城新闻》《走近三农》《乡村支部》；安仁电视台开办《安仁新闻》《城市与文明》《观众点播》；桂东电视台开办《桂东新闻》《红歌嘹亮》《百姓生活》等栏目。

北湖区电视台　1988年1月，郴州电视台试播。1991年，郴州电视台改由地区管理。1992年，成立县级郴州有线电视台。1995年，郴州撤地建市，原县级郴州市改为北湖区，原县级郴州有线电视台上收成为地级郴州市有线电视台组成部分。

苏仙区电视台　1992年，郴县筹建湖南有线电视台和五盖山电视转播台，呼号为郴县有线电视台。1995年，郴州撤地建市，郴县改为苏仙区，郴县有线电视台上收成为地级郴州市有线电视台组成部分。

资兴市电视台　1991年，资兴市有线电视台正式开播，开播之初与资兴广播电台合署办公。1996年实行台网分离，有线电视台只负责新闻宣传，开办《资兴新闻》《支江经纬》等栏目。

宜章县电视台　1992年3月，宜章县有线电视台成立。2002年，县广播电视站、县有线电视台合并组建宜章县广播电视台，转播中央、省、市台37套广播电视节目，自办《宜章新闻》《经济与生活》等栏目。

桂阳县电视台　1992年6月，桂阳县有线电视台建成试播，1993年正式成立。1998年，与桂阳县广播电台合并为桂阳县广播电视台，开办《桂阳新闻》《东塔综艺》《人口与计生》等栏目。

永兴县电视台　1990年，永兴县有线电视台成立。1997年，县广播台、县有线电视台、县电视调频台合并组建永兴县广播电视台，先后开办《永兴新闻》《便江风景线》《今晚十分》等栏目。

嘉禾县电视台　1989年9月，嘉禾县广播站改为嘉禾县广播电台。1997年11月，嘉禾县广播电台、有线电视台和电视转播台合并为“嘉禾县广播电视台”，对外呼号为“嘉禾县人民广播电台”“嘉禾电视台”，先后开办《嘉禾新闻》《新闻广场》《天南海北嘉禾人》等栏目。

临武县电视台　1992年临武县广播电视台成立。该台是在临武广播电台、临武差转台、临武有线电视台“三台合一”基础上发展而成。开办栏目有《临武新闻》《影视剧场》《岁月写真》等。

汝城县电视台　1991年12月，汝城县广播电视台成立。自办节目有《汝城新闻》《走近“三农”》《乡村支部》等。

安仁县电视台　1988年10月，安仁电视转播台建成，转播中央、省台电视节目。1991年，湖南有线电视台安仁分台成立。1994年，组建“广播电视中心”，与广播电台合署办公。1998年2月，安仁广播电台、湖南有线电视台安仁分台合并为安仁县广播电视台，常设栏目有《安仁新闻》《城市与文明》《观众点播》等。

桂东县电视台　1992年，桂东县广播电视台建成并试播，1993年10月正式成立。呼号为“湖南省有线电视台桂东分台”。1996年，与县广播站合并为桂东县有线广播电视台。栏目开办有《桂东新闻》《红歌嘹亮》《百姓生活》等。

乡（镇）广播电视台 1983年4月，中央召开广播工作会议，提出四级办广播办电视方针，郴州市城乡掀起“电视热”。部分乡镇村自筹资金，开始兴建小型电视差转台和电视共用天线系统。

为适应电视事业迅速发展和加强管理需要，郴州各县（市、区）将本区域各乡（镇）广播站，改名为乡（镇）广播电视站。按照国家最初规定，乡镇广播电视站以转播为主，可自办少量新闻和专题节目，作为县（市）广播电视局派出机构。广播电视站在县（市）局领导下，负责相应广播电视宣传、管理、维护和服务等工作。自办节目约占播出节目总量的10%，很少有定期播出固定栏目。内容主要包括政治或科技理论讲座、领导讲话、政令通知、文艺欣赏、天气预报等。

1999年，国家广播电影电视总局《关于进一步推进广播电视播出机构治理工作的意见》规定：乡镇广播电视站不得设置电视播出前端，不得自办节目。此后至2005年，郴州各县（市、区）乡镇广播电视工作步入规范化管理轨道。

第二节 广电设备技术

一、广播电台设备技术

1986年，郴州境内广播为有线广播，呼号为“郴州市广播站”，主要转播中央人民广播电台和省人民广播电台新闻和文体节目。主要播出设备为收音头、电唱机、磁带条放机、话筒、大功率扩放机，经有线广播网和喇叭传送给听众。

1987年，郴州市广播电台经省厅批示调频广播电台（无线广播）频率为88.6兆赫，功率50瓦，7月1日开播。主要播出设备有：收音头、电唱机、磁带条放机、开盘式磁带条放机、话筒、播出控制台，经调频发射机和天线送出调频广播节目。

1993年，郴州市广电局投入近30万元，对电台进行技术改造，设备设施全面更新换代，购置1000瓦调频发射机、高增益双偶极子天线，美国产A-50惠斯登直播调音台、SM-58思雅话筒、MX-1410英桥录制调音台，日本产DAT数字录放机、先锋双卡座机、索尼CD机、卫星接收机、进口收音头、飞利浦电话桥接器及电脑CD磁带管理等设备。电台频率由原88.6兆赫改为102.8兆赫。由于有电话桥接器，郴州市广播电台成为全省最早开通与听众互动节目县级电台。次年12月28日，国家广播电影电视部同意建立郴州人民广播电台，对该台技术特性规定为：发射机标称功率1千瓦，发射频率99.2兆赫。

1995年郴州撤地建市后，县级郴州市广播电台更名北湖区广播电台。为壮大广播电台实力，在市内不做重复建设，经中共北湖区委、区政府、市广电局协商，市委市政府批准同意，决定上收北湖区广播电台，成立郴州市人民广播电台。经各方努力，于1997年5月18日成立郴州人民广播电台。除上收北湖区广播电台原有40多万元设备外，另还购置70万元设备。设备总值达110万元。直播机房主要设备有：从原北湖区上收美国惠斯登A-50直播调音台、进口飞利浦EA815电话桥接器、日本东芝TCR-C4卫星数字声接收机，新购日产索尼CDP-C545CD机、索尼TC-WE605S双卡座条放机、索尼MDS-JE500MD条放机、健任KT-593收音头、美产舒尔-SM58话筒等。录制机房主要设备有：进口调音台 GBS GL3000、MX-1410，日产天龙 N-770R 双卡座机、索尼 MDS-JE500 录放机、索尼 CPP-CX250 多碟 CD 机、索尼 TC-WE605 双卡座机、TA-9010、AV-323 功放机、索尼 SM-H77 音箱、ADA2063、DA2008 音分器，美产舒尔 SM58、AKG-D3700S 话筒等。新闻采访设备主要有：日产索尼 MZ-R4ST ND 采访机，索尼 TCM-5000EV 卡式采访机。传输设备主要有：用微波传送至发射机、发射设备 3 台。1000 瓦全固态机频率 99.2 兆赫被置放五盖山发射，主要覆盖近郊装机地区。另两台 1000 瓦电子管发射机（一台主用，一台备用）置放市区苏仙岭，使用北湖区使用的频率 102.8 兆赫发射，确保市城区能收听好郴州人民广播电台节目。

1999 年，由于五盖山发射用 99.2 兆赫、1000 瓦全固态发射机常出故障，发射功率不足，场强太低。因此，五盖山发射频率 99.2 兆赫发射机被更换为 3000 瓦电子管发射机，发射天线同时更换。其覆盖面扩大到市区内大多数地方和周边苏仙区、北湖区大部分乡村。资兴市、宜章县、桂阳县、永兴县部分地区为节省开支，苏仙岭发射 102.8 兆赫两台 1000 瓦电子管发射机及天线设备被搬至新大楼作备用发射。

2000 年，郴州广电中心大楼落成，郴州人民广播电台从国庆北路搬入新广电中心大楼，建立 5 个直播、录制机房，设立正规导播室和各类配套设施。次年，郴州人民广播电台为适应世界广播电台技术革命潮流，投入近 40 万元，建立数字音频工作站，编、录、插进入数字化、网络化、自动化。

2002 年元旦，郴州人民广播电台开播 FM102.8 音乐交通频道（城市之声）和 FM99.2 时政综合频道（先锋调频）。音乐交通频道开播时新增价值约 20 万元直播室、录制室设备。主要有美国产惠斯登 R-5 直播调音台、D & R 录制调音台，日本产索尼 JE640MC MD 录放机、索尼 CDP-530CD 机、索尼 TC-WE635 双卡录放机、208 收音头、MPXX500 效果器、MZ-R700 MD 采访机，德国产 E855、E845 话筒、联汇延时器、HS-228 音分器等。两频道各用一直播机房、一录制机房，共用一套音频工作站和另一录制机房。2003 年 5 月，广播电台新增加一套调频设备，安装在郴州广电中心大楼顶，新增一调频（FM89.9）发射频率，使郴州市广播收听人口覆盖率达 95%。

二、电视台设备技术

郴州电视台建台之初，仅有几台小 M7 的家用低带摄像机和录像机。上字幕是用毛笔把字写在平板玻璃上，再用摄像机录制叠加到画面上。演播室灯光色温达不到要求。播出是手动切换放像机。传输是把节目制作好后，由人工送带到苏仙岭电话调频转播台发射塔发射节目。后设备逐步添置，到 1989 年 6 月，电视台有设备 23 台（件）。其中主要有：300 瓦 24 频道电视发射机 1 台、17 米电视发射塔 1 座。

1989 年 5 月，郴州电视台在苏仙岭建发射机房 1147 平方米，在原铁塔基础上加建 5 米高。其主要设备有：二层四面发射天线 1 付，V0-5630 录像机 7 台、V0-6800 录像机 2 台，V0-4800 录像机 1 台，DXC-M2APK 摄像机 3 台，DXC-1800 摄像机 1 台，RM-440 编辑机 2 台，1250 频率特性测试仪 1 台，846 型电视台标发生器 1 台，特辑机 1 台，陆续购买录音磁带 250 盒，1/2 录像带 350 本，制作、布控机房 62.64 平方米，发射机房 143 平方米。

1991 年 10 月至 1992 年，郴州市广播电视局为郴州有线电视台投资 180 万元，先后购进摄像机 11 套，编辑机 6 套，字幕机 3 台，特技机和计算机各 1 台，监视器 70 万元，对设备全部更新换代。1995 年 10 月，郴州有线电视台设备全部上交地级郴州市广播电视局。

1996 年，郴州电视台耗资上百万元，一次购买 8 台分量式 Betacam 摄像机及录像机，技术装备功能和质量得到提升。台里已拥有可制作二维动画字幕机，装备吊式可调节热光源系统，实现播出多台放像机切换。传输通用微波传送节目信号。

2000年，郴州电视台技术装备再次升级，开始用数字式摄录设备和计算机编辑系统。灯光系统已装备吊式可移动、可上下调节、有冷热光源计算机光台。播出实现自动播控和光纤传送节目信号，电视画面质量提高。

2002年2月，实行频道改制后，电视台新闻采编量大增。为此，市广播电视局出资购买一批DSL-PD150数字摄像机，同时推广非线性编辑系统。

至2005年，郴州电视台已拥有DSL-PD150数字摄像机40台，在播出系统中安装台标、时标发生器。为办好2005年飞腾郴州文艺晚会，电视台又投入20多万元购置一台摄像机摇臂，标志着郴州电视台采编设备迈上新台阶。

1996—2005年，郴州电视台用于设备升级换代费用达1000万元。

第三节 广播电视管理

一、广电管理机构

（一）郴州市广播电视局

郴州市广播电视局前身是郴州地区广播事业局，始建于20世纪70年代。1987年，郴州市广播电台建立。1989年9月，郴州电视台地区节目部成立。当时局台成三足鼎立之势，尚未实行合署办公。1992年，郴州市广播电台设新闻部、文艺部、广告部，有记者、编辑、播音员多人。

1995年5月，郴州撤地建市，郴州地区广播电视局改称郴州市广播电视局，实行局台合一管理体制，对外统称郴州市广播电视局（中心），为郴州市政府直属正处级事业单位，是市政府主管广播电视宣传、广播电视事业和电视产业机构，下设郴州电视台（1991年4月上收）、郴州广播电视报社、郴州广播电视发射传输中心和郴州电视转播台。同年10月，在上收原郴县、郴州市有线电视台基础上，组建郴州有线电视台，为副处级事业单位，隶属郴州市广播电视局（中心），实行“两块牌子、一套人马”。行政管理与工作运行系统按照“领导班子统一，综合部门（办公室、政工科、计财科、总编室、社管科、科技科、广告部、技术部、纪检监察室、保卫科、播出部、物业管理部、节目部、发射传输部、监评办、工青妇等）共设，业务部门分开”和“机构统一管理、工作统一部署、人事统一调配、财务统一核算”办法重新建构。这一体制克服过去地区行政架构条件下地、市、县三足鼎立、一城四台和地级局台分离、资源浪费、内耗严重、效益低下、管理体制不顺、严重阻碍事业发展弊端，机构人员大量精减，活力增强，社会效益和经济效益明显。

1997年5月15日，郴州人民广播电台上收为副处级事业单位，隶属郴州市广播电视局管理，与郴州市广播电视局合署办公。

2002年2月，郴州市广播电视局（中心）改革频道体制，在郴州人民广播电台设置时政综合频道、音乐交通频道两个专业频道；将郴州有线广播电视台并入郴州电视台，设置新闻综合频道、经济生活频道（公共频道）二个专业频道，内设图文信息部（2005年3月改为郴州电视台图文信息频道），开发整合有线电视资源。频道实行总监负责制。有线电视管理权赋予局（中心）网络管理部。市局中层干部竞争上岗，干部职工双向选择，改革分配制度，实行目标管理。

2003年6月，局（中心）调整北湖、苏仙两区广播电视管理体制，对两区广播电视局和乡镇广播电视站实行垂直管理，两区广播电视局人、财、物、事、网全部上收，在两区设立分局管理机构。对北湖、苏仙两区广播电视实行垂直管理，结束市城区有线电视三足鼎立和网络各自为政局面。新设两区分局以及原两区乡镇广播电视站在市局统一领导下，以城区为依托，发展农村广播电视网络。对市政府周边乡镇实行联网和改造，促进两区农村广播电视事业产业发展。2005年11月，郴州市广播电视局与湖南电广传媒股份有限公司签订合作协议，引进资金4100万元，联合组建郴州广电宽带信息网络有限公司。其中，郴州市广播电视局占51%股份，湖南电广传媒股份有限公司占49%股份，由市广电局控股，依然是郴州市广播电视中心组成单位。

至2005年，郴州广播电视局（中心）组成单位增至6个，即郴州电视台、郴州人民广播电台、郴州广播转播台、郴州广播电视发射传输中心、北湖分局、苏仙分局。局（中心）拥有自办电视频道32个、公共频道1个、广播频道2个，职能部门（科室）24个。办公地址设郴州市七里大道122号。

1989—2005年郴州市（地区）广播电视局主要负责人名录

表24-2-3-1

单　位	姓　名	职　务	任职时间
郴州地区（市）广播电视局	罗召桂	局　长	1983.12—1995.07
郴州市广播电视局	苏家澍	局　长	1995.07—2000.08
郴州市广播电视局	朱新忠	局　长	2000.08—

（二）县（市）广播电视局

1983年，郴州地区广播事业局改为郴州地区广播电视局后，各县（市）广播事业局相应改为各县（市）广播电视局，主管各县（市）广播电视事业。自1987年始，除宜章县外，各县（市）广播站先后改为广播电台，成为各县（市）广播电视局二级机构。1992年，郴州各县（市）先后建立有线电视台，多数台与各县（市）广播电台合署办公，两块牌子一套人马，隶属各县（市）广播电视局管理。1997年，郴州市各县（市）将县广播电台（站）、有线电视台、电视转播台合并为"广播电视台"，各县（市）教育电视台随后一同并入，与各县（市）广播电视局实行"局台合一"，两块牌子，一套班子，规范广播电视播出机构管理体制。

1998年，境内多数县（市）广播电视局对乡（镇）广播电视站实行垂直管理，即乡镇广播电视站作为县广播电视局派出机构，人、财、物、事、网统归县广播电视局管理，结束乡镇广播电视站长期实行县、乡两级双重管理体制，为各县（市）广播电视事业健康有序发展奠定良好基础。

1999—2005年，县（市）广播电视局行政管理在改革中日益完善，工作运行规范化、制度化。

二、安全播出管理

自20世纪90年代始，局、台成立安全播出领导小组，制定安全播出应急预案。各级广播电视行政部门每年对播出机构实行年检年审，依法履行行政管理职能，打击非法办台，制止擅自开办广播电视节目，严禁收转外星电视节目。乡、镇广播电视站严禁设立播出前端。市、县（区）乡镇各级广播电视播出机构严禁播出格调低下节目和盗版侵权节目；严禁播出从境外卫星电视收录或从其他渠道获得的广播电视节目；直播类节目播出前认真准备，严格监控，及时处理问题；建立完善重大播出事故报告制度等。前端机房严格遵守“值机员岗位职责”“机房值班制度”“机房安全制度”“重要播出保证制度”。截至 2005 年 12 月，局台未发生重大安全播出事故，基本实现安全优质播出。

三、卫星地面接收设施管理

1994 年 6 月，由郴州地区广播电视局牵头，召集地区公安局、国家安全局、工商行政管理局、郴州海关等单位负责人开会，贯彻落实国务院 129 号令，研究部署全区卫星地面接收设施管理工作任务，明确各部门工作职责。

1995 年，成立社会管理科，卫视设施管理由社会管理科负责。当年全市建卫星地面接收设施 636 座，办理审批手续 616 座。次年，办理卫星地面接收设施安装许可证 12 家，定点销售 7 家。1996 年 2 月，郴州市广播电视局发出《关于加强卫星广播电视地面接收设施安装管理的通知》，对卫星地面接收设施安装单位作明确规定。1997 年 11 月，湖南省人民政府发布关于修改《湖南省实施〈卫星电视广播地面接收设施管理规定〉办法》的决定，据此与全市范围内卫视设施销售、安装、使用单位签订卫视设施“责任保证书”。

1999 年，对“村村通”电视广播地面接收设施注册登记，使用专用接收许可证。2002 年，组织全市各类广播电视台（站）做好中央 3 套、5 套、6 套、8 套加扰电视节目频道转星工作（由原亚洲二号转严太 –A）。

四、音像市场管理

1995 年 5 月，郴州地区广播电视局音像管理站撤销，音像管理工作由社会管理科负责。同年 12 月，根据中办、国办〔1994〕19 号《关于加强和改进书刊影视音像市场管理的通知》和郴办〔1995〕19 号《关于进一步加强全市文化市场管理的通知》精神，全市掀起“扫黄打非”高潮。1996—1998 年，采取普查与重点查处相结合，明察与暗访相结合办法，组织全市检查 180 余次，出动人员 3000 人次，收缴各类非法音像制品 10 万余盒（张）、播放设备 15 台，打击音像市场中各类违法活动，规范音像市场管理秩序。

五、广播电视稽查

1996 年 12 月，郴州市影视音像稽查队成立，属局（中心）社会管理科加挂稽查队牌子，人员 6 名。稽查队贯彻国家有关广播电视法律、法规和规章，及时查处广播电视管理中违纪违法行为，保障广播电视事业正常秩序，维护广播电视合法权益。对非法设台（站）非法传输广播电视节目进行查处。同年，郴州电信部门借电信网络改造为名，在郴州市范围内（特别是城区），利用电信网络截传广播电视节目，发展广播电视有线用户。根据此情况，稽查队调查取证，采取执法行动。1997 年 3 月，市委、市政府专题召开协调会，形成会议纪要，妥善解决有线电视发展问题。对非法生产、销售、安装、使用卫星电视地面接收设施进行查处。稽查队每年联合市公安局、市国家安全局、市工商局等部门，在全市范围组织 3~5 次集中整治行动。至 2005 年，查处非法销售商店 13 家，收缴接收机 450 台，拆除非法设置卫星地面接收站 360 座。对乡镇广播电视站擅自设置自办节目前端、开办自办节目进行查处。先后查处汝城县土桥镇广播电视站、宜章梅田镇广播电视站、永兴县马田镇广播电视站、马田煤矿地面卫星接收站等，拆除其擅自设置的播出前端，斥令其停止一切播出行为。

第三章　报　刊

20 世纪 80 年代末至 90 年代，郴州地区报业和期刊伴随着改革开放和社会主义现代化建设的发展浪潮，得到相应恢复发展。1989 年，郴州地区面向全国公开发行的报纸只有《郴州科技报》，一些经省新闻出版局批准的内部企业报，相继停刊。同年，经新闻出版署批准，停刊 27 年的《郴州日报》复刊（时称《郴州报》，1996 年改为《郴州日报》），并向全国公开发行。1992 年 10 月，《郴州广播电视报》创刊，后并入湖南城市广播电视报，并单独面向全国发行。1996 年 12 月，郴州市整合报业资源，集中力量办好《郴州日报》。2001 年 4 月，《郴州师专报》（现名《湘南学院报》）创刊，成为市第 4 张经新闻出版总署批准的正式报纸。同期，境内县（市区）和企业内部报型资料先后复刊或创刊。后经全省开展内部报刊治理整顿，步入规范化管理轨道。

21 世纪始，郴州报刊业走文化强市之路，步入健康快速发展轨道。至 2005 年 12 月，郴州有《郴州日报》《郴州广播电视报》《湘南学院报》成为向全国公开发行的报纸，有 9 家企事业单位办有报型内部资料，获得省新闻出版局颁发准印证。郴州报业的经营和崛起、《郴州通讯》《过渡试验区探索》《郴州政报》《郴州论坛》《郴州文学》《郴州诗词》等期刊的创办，为郴州文化产业发展提供阵地，为实现郴州政治、经济、文化、社会建设和生态文明建设的战略发展目标发挥重要的引领作用。

第一节　郴州日报

一、采编报道

（一）采编设备

20 世纪 90 年代，《郴州日报》（《郴州报》）社记者外出采访由最初依赖耳听笔记，发展到用采访机、录音笔组合上阵。编委会成员人手一台手提电脑，各线记者、采编部室均拥有专门电脑和固定局域网工作平台，域外发稿、异地采访，均可在瞬息之间将采集信息、稿件传回编辑部。报社编辑流程由最初全靠人工组版、排版、制版，发展到 1994 年激光照排室成立，由编辑在纸页上组版，再由电脑室排版、制版。至 2005 年 1 月 1 日，局域网建成，报社投稿、编稿、审稿及组版、制版全部可在办公系统软件上完成。9 月 13 日，报社新添置无纸化办公系统试运行成功，实现无纸化办公。

（二）重点报道

从 1995 年 3 月 14 日起，根据撤地建市形势发展要求和市委领导指示精神，《郴州报》推出《我看郴州大讨论》专栏。3 月 17 日，报社就如何搞好“我看郴州大讨论”举行各界人士座谈会，有40多位有识之士在报上发表见解。1996年8月，在总结大讨论基础上，报纸在头版推出专栏《郴州精神大家谈》，此专栏持续近一年。1999年8月5日，湖南和平解放50周年纪念日，中共湖南省委宣传部组织全省各级新闻单位开展“潇湘一日”新闻采访活动。报社派出十几名记者分赴各地深入采访，展示郴州发展变化，在6日一、二版隆重推出。此次报道《郴州日报》获优秀报道三等奖。同年8月13日，百年未遇大暴雨横扫郴城，报社门前街道洪水涌至公共汽车顶棚，报社传达室浸水1米多深，东面围墙倒塌，印刷厂和纸库地面水淹。当天，中共郴州市委指示增出抗洪特刊，报社全体人员分头行动，通宵达旦工作至次日清晨7时编排完毕，9时对开二版特刊与读者见面。2001年7月1日，省委宣传部组织全省各级新闻单位开展“今天是党的生日”采访活动，《郴州日报》派出20余名记者深入农村、工厂、学校、市场，现场报道党的80华诞所见所闻，7月2日，报纸二、三版整版刊出。此次活动《郴州日报》获得优秀报道奖。2002年7—10月，为创建“中国优秀旅游城市”，市委、市政府对城区基础设施项目建设组织百日攻坚战役。《郴州日报》为此开设专栏，跟踪报道。2005年3—5月，《郴州日报》宣传报道撤地建市十周年所取得的成就，为市委、市政府隆重举行撤地建市十周年庆典营造氛围。

（三）典型报道

热情讴歌时代楷模，是《郴州报》复刊后典型报道的鲜明主线。1991年6月11日，《郴州报》一版发表记者龙小旻、谢新吾和通讯员采写的长篇通讯《新时期党员干部的楷模——记焦裕禄式的村党支部书记欧阳志忠》。这是该报复刊后推出的第一个重大典型。市委作出向欧阳志忠学习的决定，《郴州报》开设“学习欧阳志忠”专栏。1994年3月3日，《郴州报》一版刊发通讯员陈向东采写的《为了六个孩子的生命——记舍己救人的英雄刘志艳》，并配发评论《学习英雄刘志艳》，成为全国最早报道刘志艳事迹的新闻单位。1995年6月29日，《郴州报》一版刊发记者龙小旻采写的长篇通讯《新时期共产党员的楷模——记全国劳动模范、省劳动模范共产党员李常水》，接着在一版开辟《学习李常水，兴郴作贡献》专栏。1996年7月3日，《郴州日报》一版刊发记者黄进福和通讯员采写的通讯《朴实而绚丽的人生——记模范共产党员王六秀的先进事迹》。1997年2月28日，《郴州日报》一版刊发通讯员陈莉采写的通讯《舍己救人的好战士郭虎平》。这是宣传郭虎平的第一篇报道，成为全国最早宣传郭虎平的新闻媒体。2000年12月12日，《郴州日报》一版刊发记者姚德昌、戴成辉、李剑平采写的通讯《实干聚民心——新华乡干部转变作风纪实》，并配发评论员文章《实践“三个代表”重要思想的楷模》。接着，又推出多篇连续报道。宜章县新华乡党委当年被评为全国“人民满意的公务员”集体。2001年1月15日，《郴州日报》一版刊发记者彭红光、朱明辉根据全国教育界先进典型桂东县教育局原局长胡昭程事迹采写的长篇通讯《人民利益的忠实代表——胡昭程》。开设《学习胡昭程，努力实践“三个代表”重要思想》专栏，发表六论学习胡昭程精神评论员文章。2002年1月15日，《郴州日报》一版刊发记者李鸿青、肖勇采写的长篇通讯《饱蘸热血写春秋——记治水模范茶安水库管理局局长何贵平》，同时配发评论员文章《重在实践贵在坚持》。何贵平成为全国水利战线先进典型。2003年，从6月下旬至9月上旬，报纸在一版接连推出创建“三强五好”领导班子的市人防办党组、振兴特困企业优秀企业家欧阳建国、农村全面建设小康社会领路人陈桂成三个先进典型。陈桂成被人事部、劳动部授予“全国农村优秀人才”称号。2004年9月2日，《郴州日报》一版刊发记者吴兴、戴成辉和通讯员蒲泽生采写的长篇通讯《情撼瑶山——记“全国十佳师德标兵”“全国模范教师”盘振玉》，同时配发评论员文章《平凡中见伟大》。刘志艳、李常水、胡昭程、盘振玉等都经《郴州日报》率先推介后成为全国性重大典型人物。

（四）舆论监督报道

20世纪80—90年代，《郴州日报》（《郴州报》）在报纸版面上，先后辟出读者来信、民生、市场B超、记者观察、新闻直通车等专版、专栏。针对社会上丑恶现象，干部作风中存在的问题，老百姓反映强烈的各种社会难题，进行公开曝光。《郴州日报内参》成为报社舆论监督有力武器。1989—2005年，报社编印内参39期。

2001年4月15—19日，由《人民日报》举办的“面向新世纪党报舆论监督研讨会”在湖北鄂州举行，郴州日报社作为湖南省3家被邀请之地市报，派代表出席会议并作发言。

（五）跨区域报道

1994年2月中旬，《郴州报》社第一次组织湘粤赣边境行采访活动，至4月8日结束，在周末一版刊发记者写的“湘粤赣边境纪行”9篇。1997年6月，三峡大坝截流之前，《郴州日报》社派出4名记者远赴三峡工地采访，在二版发表8篇系列报道，向郴州人民全面介绍三峡工程建设情况和美好前景。1997年10月13—19日，报社派出4位女记者赴海南采访，从29日起，报社在一版开辟专栏《记者异地看文明》，刊发其采写的海南纪行报道。1998年1月10—12日，应香港《大公报》邀请，报社由17名记者组成采访团赴香港《大公报》交流新闻业务，采访报道香港历史变迁。15—17日，社长雷晓达率员赴深圳特区报社考察，双方就如何加强内地报社与特区报社联系，拓宽合作领域等问题进行广泛交谈。1999年11月24—27日，报社组织新闻采访团一行10人赴澳门采访，采写10篇澳门市民热烈迎接回归报道，30日起在《喜迎澳门回归》专栏陆续播出。2000年8月23日，报社派出2名记者到重庆市忠县，对入湘迁郴首批三峡移民作全程式跟踪报道。报纸在一版开辟专栏《三峡移民迁郴追踪》。2001年4月14日，受主办单位邀请，报社派出14名报人到北京参加在北京大学举行的“迎大运助申奥‘心中圣火’大型公益文艺晚会”，成为该晚会鸣谢的国内唯一媒体。2002年4月至5月初，报社派记者参加由市委宣传部组织的“天南地北郴州人”采访活动。从5月中旬起，在报纸一版《天南地北郴州人》栏目发稿6篇。这一采访活动延续数年。2005年9月18—25日，报社派出记者，兵分两路，赴江西赣州、广东韶关采访当地经济建设、社会发展情况，即时传回稿件，在一版《“红三角”经济圈走笔》栏目发稿23篇。

（六）办报质量

郴州报社注重以制度把好质量关。1989年8月，报社制定保证和提高报纸质量有关规章制度。1990年1月2日，报社召开全体员工会议，将有关规章制度颁布执行。同时，还注重吸取读者意见、建议，以提高办报质量。1994年8月，报社向3名评报员颁发聘书。郴州报社办报质量得到新闻主管部门和专家认可。1995年1月13日，省委宣传部、省新闻出版局作出《关于表彰我省首届一类报纸的决定》，经湖南省报纸质量评定委员会对全省200余家报纸严格审读和科学计分，通过对办报方向、报纸管理法规、办报质量、经营管理水平和社会综合形象进行全面考核，《郴州报》获全省国内统一刊号一类报纸称号，排全省第五。在1998年5月28日评报员座谈会上，又新聘2人为评报员。1997年4月30日，《郴州日报》第一次在第4版用半版刊发编辑部为征求读者对报纸改版意见而设置的“读者调查题”42题。1999年1月12日，《郴州日报》在一版刊发编辑部文章《重视读者批评，加强出版管理》，就嘉禾县一老师给市委领导写信反映报纸一次严重差错公开报社处理意见。为提高编校质量，报社决定1999年为“报纸质量年”，完善报纸质量管理细则，开展以消灭差错为目标的岗位标兵和技术比武活动。2004年7月7日，报社举行改进新闻宣传座谈会，邀请市直15个单位负责人对改进报道工作提出意见和建议。7月9日，又举行加强新闻监督座谈会，邀请市直15个单位负责人就如何做好新形势下舆论监督工作提出意见和建议。

1989—2005年，《郴州日报》有82篇作品获省级一等奖及以上好新闻奖。

1989—2005年《郴州日报》（《郴州报》）获省级一等及以上好新闻作品奖一览表

表 24-3-1-1

年度	标题	体裁	作者	奖项
1991年	英雄的村庄沉没前夕	报告文学	李宙南	第四届全国报纸副刊好作品一等奖
1993年	省人大代表刘小平下乡调查农民负担情况代表证被扣	调查报告	李水德	湖南省报纸内参优稿评选一等奖
1994年	为了六个孩子的生命——记舍己救人的英雄刘志艳	通讯	陈向东 李国任 侯群力	湖南省好新闻一等奖
1996年	重返一八〇六	通讯	罗成辉	中国地市报好新闻二等奖
1996年	郴州师专在全省学校率先开设“邓小平理论概述课”	消息	龙小旻 郑柏梁	湖南省好新闻一等奖
1996年	人民的需要就是我的选择	通讯	郭垂辉	湖南省好新闻一等奖
1998年	桂阳成为全省农村科技推广体系建设示范县	消息	严冬莲	中国发地市报好新闻二等奖
1999年	几个苦命孩子的求救信及调查	来信调查	毛晓红 戴芳	湖南省好新闻一等奖
2000年	实干聚民心	通讯	姚德昌 戴成辉 李剑平	湖南省好新闻一等奖
2000年	民情日记	专栏	彭红光 戴成辉	湖南省好新闻一等奖
2000年	经济欠发达地区地市党报如何拓展生存和发展空间	论文	郭垂辉	中国地市报政治家办报研讨会论文一等奖
2001年	罗艳的左肾被“种”入母体	消息	李剑平	中国地市报好新闻二等奖
2001年	三位上小学的山村农妇	通讯	龙小旻 叶龙斌	中国地市报好新闻二等奖
2001年	中国女排练功先练外功	摄影	朱明辉	中国地市报好新闻摄影一等奖
2001年	历史文物水星楼文昌官遭难	摄影	李剑平	中国地市报好新闻摄影一等奖
2001年	“愚公”出山	摄影	朱明辉 何晓静	中国地市报好新闻摄影二等奖
2002年	我市率先全面推行农业税收公示制度	消息	熊建平 陈维	湖南省好新闻一等奖
2002年	我们曾经在一起	通讯	曾昭武	湖南省好新闻一等奖
2002年	温副总理与灾区孤儿	摄影	朱明辉	湖南省好新闻一等奖
2003年	郴州师专率先把“三个代表”重要思想引入课堂	消息	姚德昌	湖南省好新闻一等奖

续表 24-3-1-1

年 度	标 题	体 裁	作 者	奖 项
2003 年	突出重围	通 讯	袁在学 姚德昌 黄 华 卢小平	湖南省好新闻一等奖
2003 年	清水村人更加珍惜信誉了	消 息	曾昭武	中国地市报好新闻一等奖
2003 年	来自温副总理的问候	通 讯	罗成辉 龙齐阳	中国地市报好新闻二等奖
2003 年	危急时刻的较量	通 讯	曾昭武	湖南省报纸系统好新闻一等奖
2004 年	临时工成了派遣制员工	消 息	熊建平 戴成辉	中国地市报好新闻一等奖
2004 年	人民卫士的卫士	通 讯	叶龙斌 陈 鹏	中国地市报好新闻一等奖
2004 年	我们到哪里去读书	消 息	李水德	中国地市报好新闻一等奖
2005 年	教育负债与负债教育	言 论	李水德	中国地市报好新闻一等奖
2005 年	我省第一个“水宝宝”在市妇幼保健院出生	消 息	陈华英 秦万忠	中国地市报好新闻一等奖

二、广告经营

1989 年，报社复刊之初，广告工作由采编人员兼任，广告发布量很小，广告内容多为祝贺广告、行政企事业单位形象广告和公告，只有少量商品广告。1989 年广告收入不足 20 万元。1991 年 3 月 30 日，报社正式设立广告部，扶显达任首任主任，广告经营工作步入正轨。

1993 年 5 月 16 日，报社创办郴州大众广告公司，为报社第一次尝试开拓纸质平面媒体之外广告载体。广告公司和报社广告部一套人马，两块牌子。1994 年，广告发布量首次突破 100 万元大关。次年，商品广告明显增多，广告设计和发布形式有新突破。5 月 30 日，《郴州日报》在头版整版发布“三株口服液”广告，收到明显经济效益和社会效益。

1999 年始，《郴州日报》发行量大幅度提高，2001 年，报纸首次推出《晚报版》。2002 年 1 月 1 日，报纸改为彩印，广告业务发展物质基础日益坚实。后广告部对广告资源进行内部竞标，广告策划意识提高，广告业务增长较快，广告发布量连续跨越 300 万元、400 万元、500 万元、600 万元台阶。至 2003 年，广告发布量达 677 万元。

2004—2005 年，报社在每天出对开四版正报基础上，分别在星期一、三、五推出《财经周刊》《教卫周刊》《楼宇周刊》三大经济类周刊，并分别实行经营目标管理。其中，三个周刊每年完成经济指标 100 万元左右，广告部完成广告发布量为 700 万元。报纸广告总收入于 2004 年首次突破 1000 万元。

郴州日报社广告经营工作随着报纸、报社的快速发展而壮大。1989—2005 年，广告部曾三次获“全省广告行业文明单位”，多次获“全市‘三创一争’先进集体”荣誉称号，50 件广告作品获全国地市报和全省报纸系统一、二、三等奖，有 10 篇广告论文发表并获奖，多人立功或荣获省、市政府嘉奖。

三、出版发行

（一）出版

1989 年《郴州报》复刊初期，报社无印刷厂，报纸由永兴彩色印刷厂承印。1991 年 5 月 18 日，中共郴州地委、郴州地区行政公署领导集体听取报社汇报，规划“八五”期间完成办公、印刷和生活三大设施配套建设，实现向日报过渡。1992 年 2 月 11 日，地委、行署召开联席会议，原则上同意报社发展规划。兴建一栋融办公、编排、印刷、纸库、电讯接收和新闻发布为一体的新闻楼，资金渠道主要是自筹和争取贷款。从 1992 年 5 月 1 日起，由于刊期缩短，发行量增大，永兴彩印厂难以保证按时出报，《郴州报》转至衡阳日报社印刷厂印刷。采编人员轮流赴衡阳校对，衡阳日报印刷厂将报纸直接交郴州地区邮电局投递。同年 6 月，报社印刷厂购进第一台由湖南印刷机械厂生产的 BJ401 四开平版胶印机。

1993 年年初，报社印刷厂购置照排和照相晒版设备陆续到达，将报社原宿舍五楼和一楼分别做照排室和照相晒版室。经过近两月安装、调试，3 月 16 日起印刷厂开始电脑组版和制版，只带胶片到衡阳日报印刷厂印刷。7 月，报社印刷厂到河北邯郸报社印刷厂购买 204 铅改胶印机。9 月，到河北泊头和天津将改好印刷机运回报社进行安装调试。12 月 15 日，胶印轮转机投入使用，《郴州报》结束到外地印刷的历史。

1995 年 6 月，报社向农行争取贷款 100 万元，购进北京人民印刷机械厂生产的 JJ204 胶印轮转机。印刷厂晚上印报，白天安装调试新设备，仅用半月时间安装调试成功。6 月 24 日经厂家检验合格后投入运行。

1998 年 4 月，报社对原有华光系统进行更新，全部改用北大方正系统，缩短报纸编排时间。

2001 年 4 月 5 日，郴州日报社印刷厂更名为郴州日报社印刷出版部。同年 11 月，报社购买 ECRM4650 美国产激光照排机。12 月 25 日，报社投资 500 多万元购买上海高斯 SSC 轮转胶印机，经安装调试成功运转。2002 年 1 月 1 日《郴州日报》实现彩印。

2003—2004 年，报社先后购进 1 台日本生产的网屏 5505 激光照排机和一台 SEPSON7600 彩色打印机和德国产 EUROLINEPC880 冲版机、ARTISCAN2020 扫描仪和 SPEKTRAPROOF 晒版机。至 2005 年，出版部拥有 SSC 轮转胶印 1 台、BJ401 四开平版胶印机 1 台、晒版机 2 台、冲版机 1 台、SEPSON7600 彩色打印 1 台、激光照排机 2 台、扫描仪 2 台。

（二）发行

1989 年 6 月 13 日，中共郴州地委和行政公署在郴召开《郴州报》复刊座谈会，市直有关单位和部门负责人，各县市委宣传部长、邮电局长，郴州各新闻单位代表和原郴州日报老报人代表 60 余人参会。地委书记胡梦其、副书记陶流贤听取意见，研究《郴州报》发行工作。

《郴州日报》复刊至 1996 年均由邮局发行。1996 年 12 月 20 日和 26 日，报社出版两期四开四版郴州日报，报社组建发行网络，按自办发行投递路线试投，报社领导分三路跟踪检查，报纸试投成功。1997 年 1 月 1 日《郴州日报》开始实行自办发行，市直发行站由报社发行部直管。全市 11 县（市、区）发行站由市委宣传部分管报刊发行的副部长任站长。自办发行之初，各县（市、区）站均有自建发行网络，经一段时间运行，各县（市、区）站只负责报纸征订，投递交由当地邮局代投。

《郴州日报》发行量逐年增长。1990 年期发份数 3.5 万份，比上年增加两倍。1993 年期发数首次突破 5 万份。1999 年期发数为 5.4 万份。2005 年达 5.8 万份。

《郴州日报》自办发行工作多次获得国家级荣誉。2000 年 3 月 11—12 日，在全国报纸自办发行协会在海南省海口市举行的第八次会员代表大会上，郴州日报社发行部被评为全国报纸自办发行先进集体，发行部主任张春阳被评为全国报纸自办发行先进个人，社长雷晓达被授予中国报纸自办发行荣誉奖。2003 年 7 月，报社被全国报纸自办发行协会评为抗击非典时期自办发行先进集体，社长袁在学、发行部主任黄进福被评为先进个人。

四、报社机构人员

1989 年 1 月，中共郴州地委、行署召开联席会议，会上决定郴州报社定为正处级事业单位，定编 30 人。此前，郴州地委、行署抽调郭垂辉、钟华、谷安平负责《郴州报》筹备工作。同年 5 月，地委任命郴州报社领导成员，设副总编辑 3 名，总编辑空缺，由副总编辑郭垂辉主持报社工作。1991 年 1 月，地委决定郭章印任报社社长，郭垂辉任报社总编辑。

1991 年 3 月 30 日，郴州报内部机构按地委编委批复组建，设 4 部 2 室，即总编室、经济生活部、政治生活部、文艺副刊部、广告部、办公室。报社首批 7 名中层干部产生。各部室工作人员逐步配齐。次年 2 月，地委编委同意设立报社印刷厂，定自收自支事业编制 17 人。报社内设机构增至 7 个。1993 年，报社进行第一次机构调整，增设群工部、发行部。1997 年增设快速新闻部（后更名为要闻部），主要负责时政要闻采访。内设机构 10 个。

1999 年、2001 年，随着《郴州日报周末版》和《郴州日报晚报版》出版，报社相应增设周末编辑部、晚报编辑部。晚报编辑部至 2003 年 12 月撤销。2003 年，报社增设信息专刊部。2004—2005 年，《郴州日报》推出《财经》《教卫》《楼宇》三大周刊，相应设立 3 个编辑部。郴州日报社通过 5 次公开招考，录用 41 名采编人员。到 2005 年，报社采编人员 79 名，全社定编 105 人，并在编制外聘用近 30 名工作人员。领导班子由原单一的社委会改革成社委会、编委会并存的管理模式。社委会实行社长负责制，领导职数为正处 4 名、副处 8 名。编委会配置 2 个专职编委组成。报社除采编部室外，配齐报社办公室、政工部、财务部、监察室、工会等行政后勤管理部门和广告部、发行部、出版部、文化产业中心等经营管理部门。

2005 年 12 月，报社实行人事制度、编务制度、分配制度 3 项改革。在人事制度改革中，中层干部实行竞聘上岗，一般工作人员实行双向选择。竞聘结果，有 7 名中层干部落聘，11 名一般员工提拔为中层干部。是时，报社已有中层管理人员 46 人、专业技术人员 82 人；有 16 人取得高级职称、24 人取得中级职称，大专以上文化程度人员 93 人。编务制度改革对采编部室进行整合，设总编办、要闻部、策划评论部、社会新闻部、县（市、区）新闻部、专刊部、副刊部、周末编辑部，加上 9 个行政后勤、经营管理部门，计 17 个工作部门。

五、培训交流

郴州日报社采用“走出去”与“请进来”两种办法培训采编人员。1989 年 4 月上旬，报社派出两批人员到长沙晚报社、株洲日报社、常德日报社、零陵报社、邵阳日报社、娄底报社学习考察。1993 年 3 月、6 月，报社分别派出 2 人赴京参加新华社举办的培训。至 2005 年，报社共有 40 人次参加国家新闻主管部门、中央新闻单位主办的业务培训，100 人次到湖南日报社等媒体跟班学习。

1991年2月24日，报社社长和总编辑在苏仙宾馆同《经济日报》副总编辑罗开富就如何把报纸办出特色进行交流和座谈。1992年2月10日，到郴省亲的中国新闻学会常务理事、常务副秘书长、著名学者何光先，应邀在竹园宾馆给郴州新闻工作者讲新闻理念课。1998年2月5日，桂阳籍新华社高级记者、新闻研究所副所长欧阳玉成到报社与采编人员座谈，介绍国内外新闻发展趋势。2004年9月24日，中国记协调研室副主任梁勤俭等应邀到报社讲学，介绍报业发展。次年8月27日，原中华工商时报社总编辑，原中国青年杂志社社长、总编辑彭波应邀到报社，讲授新闻报道策划。

1991—2005年郴州日报（郴州报）社主要负责人名录

表24-3-1-2

单位	姓名	职务	任职时间
郴州报社	郭章印	社长	1991.01—1994.12
郴州报（日报）社	郭垂辉	总编辑	1991.01—2000.12
郴州报（日报）社	雷晓达	社长	1995.09—2002.05
郴州日报社	袁在学	总编辑	2000.12—2003.12
郴州日报社	袁在学	社长	2003.04—
郴州日报社	吴兴	总编辑	2003.12—

第二节 广电报·科技报·学院报

一、《郴州广播电视报》

《郴州广播电视报》为城市视频纸媒类周报。该报于1992年10月10日试刊，次年1月1日创刊出版。当时仅纳入湖南省报型内部资料管理。1998年12月29日，经新闻出版署批准（刊号CN43-0043/09），面向全国发行。报名被冠以《湖南城市广播电视报·郴州广播电视》。

由于读者对增加信息量需求，同时迎接报业市场挑战，该报曾多次扩版和改版。先是由最初4开4版，改为4开8版。2000年1月，该报又扩至4开16版，并于2000年12月4日实现彩色印刷。

《郴州广播电视报》直属郴州市广播电视局管理，科级单位，报社实行总编负责制。在历任总编曾昭武、平寿山、郭钢组织下，该报坚持“贴近家庭、贴近社会、贴近读者”宗旨，在引导读者听好广播看好电视同时，发挥信息传递、文化教育、娱乐审美等功能，报纸办得丰富多彩、雅俗共赏。

20世纪90年代至21世纪初，《郴州广播电视报》立足郴州本地，强调地方特色，推介郴州改革发展成果，关注百姓生存状态，展现湘南民情风俗。报社记者就郴州撤地建市、山水旅游节（生态旅游节）、创建中国优秀旅游城市等重大活动进行报道。《有中国特色的审判》《郴州——中国女排腾飞的摇篮》《谁与中国女排同醉》《朝霞是这样升起的》《湘昆突围》《大陆新娘吴李湘菊的故事》，均为广大读者喜爱。至2005年12月31日，《郴州广播电视报》出版691期。《一江春水写风流》《人类请嘴下留情》《弹棉花的农民作家》《为记者而歌》《高考路上，爱心弥漫》《寻访湘南游击队老兵》《也谈记者的个性魅力》《进一步海阔天空——浅谈地市广电报的困境与出路》等160件作品在全国及省、市优稿评奖中获奖。

21世纪初，《郴州广播电视报》在注重提高报纸质量同时，还开展一系列社会活动。2001年8月21—22日，该报社承办全省广播电视报经营发展研讨会。次年4月20日，成功举办2002年订报抽奖及编读见面会。12月18日，该报隆重举行创刊10周年庆祝大会。

2000—2005年，《郴州广播电视报》年发行量为2.2万份。

二、《郴州科技报》

《郴州科技报》1982年2月25日试刊，当年5月获中共湖南省委办公厅批准，并在省新闻出版局注册登记，登记证号为“湖南省报刊登记证”第86号，成为当时郴州地区唯一正式报纸，是当时全省第一张注册登记的地市级科技报。该报是一张4开4版的综合性科技报纸，由郴州地区科委主办。郴州撤地建市后，由市科委主办。1990年4月，该报更名为《湘南科技报》，1994年1月又恢复原名。该报创办初期为半月报，1986年1月起改为旬报，1987年9月，经新闻出版署批准，该报获得全国统一刊号（CN43-0038）；1990年4月该报改为周报，同时改为省内刊号。办报初期，报纸仅区内发行，期发数为7200份。1986—1989年扩大到全省公开发行，曾发行到100多个县市，年发行量1万~2万份，1992年度为最高年期发数达2.8万份。报社人员编制创办初期定编5人，1992年4月，人员编制增加到13人，并有2人获高级专业技术职称，6人获得中级专业职称。报社旗帜鲜明地反对动乱和暴乱，多次坚决拒绝有人要刊登有关动乱的照片和文章要求，受到当时地委宣传部和科委领导表彰。报社每年都有人被评为优秀共产党员、先进工作者，副总编李可权还两次被评为全国科技报先进工作者，1次评为省优秀新闻工作者。

1986年郴州科技报社当选为全国科技报研究会理事单位。总编陆慕超、李可权被选为全国科技报好新闻评委会委员。1986—1988年，《郴州科技报》连续3年被评为全省优秀科技报。1988年，郴州科技报社当选为湖南省科技期刊（报纸）编辑工作者协会副理事长单位。1990年，被省专业报研究会评为全省专业报先进单位；4月，被省人民政府农业综合开发领导小组办公室确定为全省农业综合开发传播工具。1996年，为集中力量办好《郴州日报》，中共郴州市委决定于1996年12月停办《郴州科技报》，在职人员全部调入郴州日报社。

三、《湘南学院报》

《湘南学院报》原名《郴州师专报》，经新闻出版总署批准，于2001年4月25日创刊，国内统一刊号为CN43-0836/（G）。国内公开发行，由中共湘南学院委员会主办，是院党委、行政机关报。历任总编为龚汝山、钟永传、胡备翔。

《湘南学院报》每月出版两期，4开4版，彩色印刷。一版为要闻版，主要报道学院党委、行政重大决策，反映学校改革发展进程；二版为综合新闻版，为一版版面的延伸，全面报道学校各项工作；三版为教学科研版，刊载理论学习、教学科研及管理等各类经验、心得文章，以加强理论研究，推动学术建设；四版是文艺副刊版，以推动文艺创作，繁荣校园文化和培养文艺新人。为突出学校中心工作，突出热点、亮点，突出高校特色和文化底蕴，该报针对不同时期学校工作重点和要解决的问题，推出诸如《走近贫困生》《请关注大学生心理健康》《肺腑乡音话湘南、处处温情处处家——我院外省学子求学采访札记》《40岁圆大学梦——记音乐系2003级学生邱祖安》《院学申委受理首例学生处分申诉》等一批均在校内外产生较大反响新闻作品。截至2005年12月，该报年发行量已由创刊时近6万份增至近15万份。报纸覆盖到学院所有系部处室、学生寝室，并扩展到省内各高校、周边省份兄弟院校、省内部分传媒、党政机关、市内县属以上中学和各实习基地。

2005年，报社出台《〈湘南学院报〉运作制度》，按照采编业务和日常编务划分不同管理方式。采编业务实行责任编辑版面分工负责制，日常事务实行编辑分工负责制。院报成立编辑部，设总编1人，编辑、记者3人。另有学生业务编辑、记者参加。院报每年春季面向全院非毕业班学生招聘学生记者、编辑。为增强学生编辑、记者政治意识、导向意识和责任意识，院报除组织他们不定期开展业务学习活动外，凡重大活动，均安排学生编辑、记者随同采访，创造新闻实践机会，并与《郴州日报》、郴州广播电台、电视台等新闻媒体取得联系，让个别表现突出编辑、记者跟班见习。在短短5年间，从学校毕业的院报编辑、记者已有数人分别被《人民政协报》、《中国校园文学》杂志社、《郴州日报》和郴州电视台聘用。

2005年度湖南省高校好新闻评选，《湘南学院报》送评的20件作品全部获奖，其中有5件作品获一等奖，9件作品获二等奖，6件作品获三等奖。

第三节 报型资料

一、县（区）报型资料

郴州各县区报型资料大部分创刊于20世纪50年代。90年代，随着郴州改革开放和现代化建设的推进，县（市区）党委、政府为加强精神文明和物质文明建设，发挥报刊在宣传党和国家方针、政策等方面的作用，先后复办、兴办报刊资料。1993年，郴州市（今北湖区）创办《今日郴州》。1995年郴州地改市后，《今日郴州》停办，于次年创办《北湖报道》。1994年，《桂阳报》复刊。开辟《农技园林》《今日群英》《蓉城茶座》《先锋谱》《大家谈》等栏目。至2003年，出版486期，年均发行量1.6万余份。2001年3月，临武报复刊，开办《热点大家谈》《农技之窗》《评案说法》《历史人物》《推进三化大家谈》等栏目。出版168期。《嘉禾报》于2003年复刊，先后开办《重要新闻》《农村天地》《社会与法制》《经济生活》《理论与实践》《科教文卫》《神农文艺》等栏目，后改为《今日嘉禾》。2003年5月，《安仁报》创办，出版两期后，因湖南省开展内部报刊治理整顿而停办。2004年9月，《今日宜章》作为信息资料而创办。彩色印刷，每期5000份，免费发至县内各机关、企事业单位，省市驻宜各单位及行政村和居委会。

《桂阳报》 系中共桂阳县委机关报，创刊于1956年8月，8开4版，3日1期；1958年改为《桂阳日报》，4开4版；1961年5月停办。1994年2月，《桂阳报》复刊。新成立桂阳报社，为正科级事业单位，定编12人，归口县委宣传部管理，由省新闻出版局颁发“湖南省报型内部资料准印证”，批号为L006号，2003年改为L008号。该报始为半月刊，后改为旬刊，1995年1月办成4开4版周报，交邮政局发行。2003年12月31日，《桂阳报》停刊。该报是20世纪90年代郴州市唯一的县（市、区）党报。历任社长李伟生、胡笙孝、何奋强、谢庆德。历任总编何奋强、周君凤。《桂阳报》复刊后拥有激光彩排中心。从1997年6月起实现自行排版，2002年实现彩色印刷，并创办4开4版子报《蓉山》副刊，与《桂阳报》一同发行，免费赠送给订户。2003年该报由4开4版扩展为对开4版。《桂阳报》复刊后出版486期，年均发行量1.6万份左右，鼎盛时发行到3.2万份；先后开辟《农技园地》《今日群英》《蓉城茶座》《先锋谱》《大家谈》等栏目，重点宣传县委、县政府重大决策和全县社会主义三个文明（物质文明、政治文明、精神文明）建设成就；自1997年9月起，桂阳报社当选为湖南省新闻工作协会县（市）报分会常务理事单位。

《临武报》 2000年10月，临武县分别将《临武通讯》和《临武经济》一报一刊合并，恢复综合性县报《临武报》，由县政府办主办，负责人唐冬旺。2001年3月，县编办下文正式成立临武报社，为正科级事业单位，有编辑记者5人。9月中旬，《临武报》正式确定为县委机关报，由县委宣传部主办。社长郭立民，总编蒋文锋。该报复刊后持有“湖南省内部报纸资料准印证”，批号为143号。2001—2002年，该报为4开4版周报，2003年，扩大为对开4版周报，每期印8000份，全部免费赠阅。该报先后推出的三合乡党委转变作风系列报道，双溪乡贝溪村陈桂成带领群众增收致富系列报道，以及汾市乡项目建设系列报道，均在社会上产生良好反响。开办栏目有“热点大家谈”“教你一招”“农技之窗”“评案说法”“以案说法”“历史人物”“推进三化大家谈”等。该报于2003年年底停刊，出版168期。

《嘉禾报》 前身曾为《嘉禾民报》《嘉禾报》《蓝嘉报》。2003年3月21日，经省委、市委宣传部和新闻出版部门审批，《嘉禾报》作为中共嘉禾县委机关报正式复刊，湖南省报型内部资料准印证号为（2003）L011号，萧克上将为该报题写报名。报社定为正科级全额拨款事业单位，编制5名，黄志平任社长，发行数为3000份。2003年12月，该报停刊。从2004年1月1日起，《今日嘉禾》信息资料在内部发行，每周一报，周五出版，报型为4开4版。一版刊登重要新闻，二版刊登综合新闻；三版分《农村天地》《社会与法制》《经济与生活》3个专题，四版分《理论与实践》《科教文卫》《神农文艺》3个专题轮回出版。

《今日宜章》 前身为《宜章报》。2004年9月14日，《今日宜章》作为信息资料创办，4开4版，2005年为彩色印刷，每期5000份。以内部资料形式赠送到县内各机关、企事业单位，驻宜各单位及行政村和居委会。该报以弘扬主旋律、展示新风采为使命，2005年开展“众说纷纭话环境”讨论，集中反映该县生活、投资环境状况，至同年12月，《今日宜章》已编辑出版68期。

《北湖新闻》 前身为1993年郴州市（今北湖区）创办的《今日郴州》，1995年市改区后停办。1996年8月，《北湖报道》创刊。2002年12月至2003年7月，《北湖报道》更名为《北湖报》。2003年9月8日（总221期）起，正式命名为《北湖新闻》。该报型资料主要反映该区时政信息、工作动态、先进经验、典型人物、社会生活和风土人情。

二、企业报型资料

郴州企业报型资料，主要创办于20世纪80至90年代。是时，中央和地方国有企业为推进改革与发展，宣传企业发展战略和管理制度，推广先进经验和典型，丰富企业文化，先后兴办企业报型资料。1979年，资兴矿业集团创办《资兴矿工报》，1991年更名为《资兴工人报》，至2005年，出版3226期。1981年12月，湖南黄沙坪铅锌矿党委创办《今日黄沙坪》，先后开辟《企业管理》《安全生产》《企业文化》《温馨家园》《老年生活》等栏目，出版644期，分发矿各单位及职工家庭。该报刊发的《当改革大潮涌来的时候》《依靠科技抢出“银娃娃”》《一场没有硝烟的战斗》等文，职工反响很好。1989年1月，湖南柿竹园有色金属有限责任公司创办《柿竹园矿报》(后更名为《柿竹园》)，先后开辟《生产经营》《南风坳》《主人翁》《理论学习园地》《文学征文》等栏目。较有影响的报道有《希望工程》《活力是这样激发出来的》《有一种力量叫责任》《革命有时是静悄悄的》。1990年8月，湖南郴州麻业有限公司(湖南郴州麻品厂)创办《郴麻工人》。1993年3月，中共湖南宝山铅锌银矿党委宣传部主办《宝山通讯》，开辟《生产快讯》《新闻特写》《劳模风采》《职工论坛》等特色栏目。每期印发1500份免费发放。1995年4月，郴州卷烟厂创办《郴烟通讯》，其前身为《郴烟报》。出版256期，每期印发2000份。1995年11月，郴州市汽运集团有限责任公司创办《郴州运汽报》。后更名为《运潮》。该报编发的《午夜“截本”纪实》《坎坷路上党关怀》《集团公司公开竞选郴州总站经理》《让爱温暖他们》分获湖南省报业系统好新闻二 三等奖。1999年6月，南方水务有限公司创办《南方水务》报型资料。出版68期。主要刊发企业物质文明、精神文明、政治文明建设作品，为企业改革和发展服务。2003年2月，湖南三九南开制药有限公司创办《南开杏讯》，每月一期，公司内部免费发放。

《资兴工人报》 该报(“湖南省报型内部资料准印证”L008号)根植于湖南煤炭基地——资兴矿区，为资兴矿业集团公司党委机关报型内部资料。该报几经改版和更名，创刊号为《资矿工人》，先后更名为《资矿工人报》《兴无矿工报》《湘南矿工报》和《资兴矿工报》。1986年9月至1987年2月，陈觉民任报社社长。1987年3月至2002年5月，王向东任社长。1991年，该报型资料更名为《资兴工人报》；1992年1月至2002年5月，该报由周一报改为周二报。2002年6月，资兴矿务局改制为资兴矿业集团公司，资兴工人报社与电视台合一成立新闻中心，李德芳任主任，王向东任总编。《资兴工人报》由周二报改为周一报。报纸采编专、兼职人员也由当初2人发展到近20人，报纸实现激光照排胶印，质量和发行数量攀升。2005年，该报型资料期发行数超过3000份。至年底，出版3226期。资兴工人报社已成为中国煤炭记协理事单位和湖南省记协企业报常务理事单位。

《今日黄沙坪》 该报由中共湖南有色金属股份有限公司黄沙坪矿业分公司委员会、湖南黄沙坪铅锌矿委员会主办(“湖南省报型内部资料准印证”L005号)，旬刊，每月3期，每期4开4版，属内部资料，免费交流。该报1981年12月25日创刊，原名为《坪矿工人》，1993年11月改名为《黄沙坪矿报》。总编依次是邓祥锋、谢臣、谭映平。2001年创刊20周年时，该报型资料扩大发行量，由1100份增加到4000份，分发到全矿每个单位及每个职工家庭。出版644期。2005年12月，该报型资料更名为《今日黄沙坪》，先后开辟“企业管理”“安全生产”“班组生活”“新风杯”“老年生活”“亲情友情爱情文学征文”“企业文化”“温馨家园”“热爱黄沙坪、忠诚黄沙坪、建设黄沙坪”等栏目，报道《当改革大潮涌来的时候》《依靠科技抱出“银娃娃”》《一场没有硝烟的战斗》等反响强烈报道。

《柿竹园》 该报是由湖南柿竹园有色金属有限责任公司主办的企业内部报型资料。其试刊号于1989年1月30日面世，同年5月1日正式创刊，报名为《柿竹园矿报》。2001年8月10日改名为《柿竹园报》。2003年1月6日更名为《柿竹园》，并取得“湖南省报型内部资料准印证”，批号为(2005)L007。《柿竹园》创办初期为铅印，每半月出版一期，印数仅数百份。后随着企业经济条件得以改善，报纸实现激光照排印刷，4开4版，仍每半月出版一期。印数逐步增加，至2005年12月印发达3000余份。其历任总编先后为王陶陶、罗锦湘、李仁贵、詹林祥。2005年，该报型资料一版为要闻版，二版为生产经营版，三版为综合版，四版为文艺副刊。比较有影响的栏目有《南风坳》《主人翁》《理论学习沿地》和各类文学征文栏目等。比较有影响之报道有：《希望工程》《活力是这样激发出来的》《有一种力量叫责任》《革命有时是静悄悄的》等。《柿竹园》全部免费发放给公司员工和各基层单位，除少量用于对外交流外，未对外发行，亦未刊载过广告。

《宝山通讯》 前身为《宝山矿报》（“湖南省内部报纸准印证”第209号），于1993年3月创刊，由中共湖南宝山铅锌银矿党委宣传部主办。4开4版，半月刊，每期印刷1500份，内部免费发行。1997年，根据湘新出版〔1997〕13号文件精神，《宝山矿报》转为报型资料。2003年元月，《宝山矿报》更名为《宝山通讯》。其历任主编为何光、李山洪、崔志周、周东。该报根据矿山即社区特点，坚持“贴近群众，贴近实际，贴近生活”，开辟《来自生产一线的报道》《生产快讯》《新闻特写》《兵头将尾》《劳模风采》《凡人小事》《职工论坛》等特色栏目，推介一批先进职工典型，和反映工人在矿山建设中的奋斗足迹，在广大职工中产生良好影响。

《郴烟通讯》 其前身为《郴烟报》。1995年4月1日创刊，半月一期，为郴州卷烟厂主办的企业报型内部资料。1996年5月，湘南烟草集团成立后，改名为《郴烟报》，4开4版，旬刊，每期印刷5000份，湘南烟草集团内部发行。编辑部设宣传部，由宣传部长兼任总编辑，编辑4人。2003年，湘南烟草集团撤销后，按照企业内部报刊出版要求，将《郴烟报》改名为《郴烟》，4开4版，半月一报，单面彩版。每期印刷2000份，厂内发行。编辑部设在政治工作部，由部长兼任总编辑，编辑2人。2004年7月，在烟草行业“推动重组，走向联合”大背景下，郴州卷烟厂与长沙卷烟厂联合重组，成为长沙卷烟厂郴州卷烟分厂。分厂内部报刊予以保留，并于2005年7月改名为《郴烟通讯》。4开4版，仍为半月一报，其内部刊号改为“湖南省报型内部资料准印证”第L003号，郴州卷烟分厂内部发行。编辑部设分厂政治工作部，并由部长兼任总编辑，编辑2人。至2005年，《郴烟通讯》出版256期。该报型资料已成为郴烟企业宣传阵地和企业重组后文化融合阵地。

《郴麻工人》 是湖南省报型内部资料，准印证号为（2005）L002。创刊于1990年8月，8开4版，每月一期，由郴州黄麻纺织厂主办。1993年6月停办，1997年5月复刊。2004年12月，湖南郴州麻制品厂改制重组为郴州湖南麻业有限公司。《郴麻工人》报则由郴州湖南麻业有限公司主办。《郴麻工人》围绕企业经济建设这一中心，营造积极向上企业文化氛围，为企业改革发展和生产经营稳定服务。该报1999年“8·13”特大洪灾抗灾救灾、中国麻纺协会黄麻专业委员会议在郴召开、龙女温泉被评为全国再就业先进企业以及2004年企业改制重组等报道，给广大职工留下深刻印象。历任主编为曹建国、胡根东、杨名阁。

《南方水务》 始称《山河报》。1999年6月1日创刊，刊号为“湖南省报型内部资料准印证”L001。由南方水务有限公司主办。初期为不定期刊，后改为每月底出一期，4开4版，期发行量为1000份，免费赠送。历任总编辑为陈先让、龚瑞平，主编朱逸松负责具体业务工作。采编人员由创刊初期1人增至4人。《南方水务》第一版为要闻，第二版为综合新闻，第三版为理论研讨，第四版为副刊。推出《当代山河人》等栏目，推介企业各层面先进典型，弘扬正气。2005年该报第68期刊发《践行服务承诺，确保优质安全正常供水150天》，对企业践行承诺服务进行深入报道，产生良好社会效益。这篇报道被《中国供水节水报》等报转发。

《运潮》 是郴州市汽车运输集团有限责任公司主办的报型内部资料。创刊于1995年11月28日，取名为《郴州汽运报》。1997年8月，经湖南省新闻出版局同意，《郴州汽运报》为4开4版报型资料。1997年9月，《郴州汽运报》取得“湖南省内部报纸资料准印证”，批号为144号。当时报社人员为4人，负责人为王贻仁。从2000年起，《郴州汽运报》由欧阳智负责全部工作。2003年元月，按照报型资料管理要求，《郴州汽运报》更名为《运潮》。该刊先后发行133期，全面记录企业发展历程，涌现一批质量较高的新闻作品。在湖南省新闻工作者协会企业报分会举办的

2004年和2005年好新闻作品评比中，《午夜“截车”纪实》（作者段文斌）获湖南省报纸系统好新闻作品二等奖；《坎坷路上党关怀》（作者黄北方）、《集团公司公开竞选郴州总站经理》（作者欧阳智）、《让爱温暖他们》（作者吴意平）分获湖南省企业报好新闻三等奖。

《南开杏讯》 创办于2003年2月8日，4开4版，每月一期，由湖南三九南开制药有限公司人力资源部主办，印数500份，内部免费发送。“湖南省报型内部资料准印证”，批号为（2005）L006号。至2005年该报型资料已出版33期。总编辑张智慧。

《市一人民医院》 前身为1991年创刊的《院讯》，至1999年5月，《院讯》印发121期。后更名为《市一人民医院》，属郴州市第一人民医院主办的内部交流资料。刊号为湖南省报型内部资料准印证L015号，4开4版，每月一期，印数2000份，内容较多时发增刊。更名后至2005年12月印发79期。其主要版面及栏目有：一版为医院重要新闻和领导重要讲话；二版为“新闻综合”；三版为医学园地；四版为“和谐医院”。辟有“病友”“读者来信”“共产党员风采”等栏目。该报型资料总编辑由历任院党委书记段卫宇兼任，主编邓伟胜负责具体业务工作，编辑4名。

第四节 期刊

《郴州通讯》 1983年1月，中共郴州地委政策研究室创刊《郴州简讯》，为月刊，创刊号是“湖南省内部期刊L001号”。后几经改名，于1992年1月，定名为《郴州通讯》。编印规格为4A开本。《郴州通讯》是由市委主管、市委政策研究室主办的内部党刊。其主要职能是向外界传播郴州声音，推动市委、市政府工作落实，推介基层先进典型，探讨改革创新经验，强化县市区工作交流，介绍各地改革和社会主义现代化建设事业成功做法等。主要栏目有：重要言论、领导论坛、主要策划、改革探讨、经验交流、调查研究、基层亮点、建言献策、决策参考。该刊为免费赠阅，发行范围主要是：部分友好城市市委政研室、周边省市区相关部门，市级领导、市直机关、县（市区）县级领导，全市各乡镇。全年共12期，每期发行约3000份。从创刊至2005年，累计刊发256期，发行约76.8万册。

《过渡试验区探索》 郴州市人民政府（地区行政公署）办公室、经济研究室主办。是经湖南省新闻出版局批准于1989年5月创刊的内部刊物（湖南省内部期刊准印证108号），先后由季刊改为双月刊，1997年1月改为月刊。刊物设有“经济广场”“农村天地”“体改纵横”“市场透视”“国策论衡”“调查与研究”“探索与思考”“实践与交流”“林邑新韵”等栏目。刊物对“湘南改革开放过渡试验区”的地位、特征、作用、政策、出路及应对方略等方面做大量有益探索，对“宣传方针政策、服务经济建设、探索改革途径、交流实践经验、传递时代信息、展示郴州风貌”等方面发挥积极舆论宣传作用。刊物为免费发行，发行范围为市级领导、市直单位、县市区领导、县直单位、乡镇、医院、学校、企业、事业单位等，与全国同级地市交流。因工作和发展需要《过渡试验区探索》于2002年元月更名为《郴州政报》。《过渡试验区探索》共出刊102期，发行约12.2万册。

《郴州政报》 经市政府同意并报请湖南省新闻出版局批准（湖南省刊型内部资料准印证号：湘L001）。于2002年1月创办，为内部发行月刊。刊物主要刊登市委、市政府、市委办、市政府办文件。《郴州政报》行使市人民政府公报职能，根据有关规定，在《郴州政报》上刊登的文件为标准文本。凡在政报上刊登的各类公文，与正式文本具有同等效力。《郴州政报》的宗旨是：传达政令、发布信息、交流经验、指导工作。为内部免费发送刊物，发送范围为：市级领导、市直单位、县市区领导、厂矿企业、乡镇、街道、医院、学校、机关、社会团体等。截至2005年12月共出刊36期，发行约5万册。

《郴州论坛》 1992年，由郴州地委宣传部创办，经湖南省新闻出版局批准，属市（地）委内部理论刊物。1992—1993年为季刊，1994年后为双月刊。重点刊载理论研究成果、理论与实践等文稿，截至1998年，共刊发32期，发行6.3万册。

《郴州风》 由郴州市（地区）文联创办。属内部文学刊物。1981年8月创办，刊名《五岭文学》。开辟栏目主要有小说、诗歌、散文。至1994年5月，共发行5200余册。1994年6月更名为《郴州文学》，发行2万册。2004年1月，更名为《郴州风》。栏目主要有《特别阅读》《今日关注》《文学看台》《五岭放歌》等。至2005年刊发10期，发行2万册。

《郴江诗词》 1987年，由郴江诗社（市诗词协会前身）创办。属内部刊物。未设栏目，刊发4期，发行400册。1996年改为《郴州诗词》，刊发1期，发行1000册。

《郴州联苑》 1991年，由郴州市楹联学会创办。属内部刊物。开辟栏目主要有《卷首寄语》《魅力郴州》《联墨合璧》《校园楹联》等，至2005年发行2.2万册。

第四章 史志·档案

自20世纪80年代始，在中共郴州市（地）委总体部署下，党史资料征集研究日益加强。1989—2005年，先后征集党史资料3997.9万字；编纂党史书刊15部（种）计300余万字。地方党史研究取得新成果。地方志编纂按照国务院及中共湖南省委、省政府关于编纂社会主义新方志的通知精神，收集资料3.1亿字。至1999年，全市首轮12部地县（市）志书全部纂就出版发行，继后启动市、县两级第二轮方志编修。地县（市）及部分专业志的出版发行和学志用志活动的广泛开展，方志在郴州改革开放和现代化建设中的作用得到明显发挥。《郴州年鉴》至2005年编纂出版九卷。档案管理强化设备更新和运用现代新技术，注重队伍建设，修复抢救档案资料3.01万卷（盒、册），市、县及乡村、社区档案建档率分别达100%、90.9%、95%。全市县（市、区）机关档案室晋升省一级档案室47个，晋升省二级档案室31个。1989—2005年，郴州市（地区）档案馆和北湖区等9县级档案馆相继列为市、县级爱国主义教育基地，先后接待参访群众11.5万人次。

第一节 党史资料征集研究

1982年3月，原"郴州地区党史资料征集小组"改称中共郴州地委党史资料征集小组，下设办公室（简称党史办），归口地委办公室管理。1995年撤地建市，更名为中共郴州市委党史资料征集办公室，归口市委办公室管理。是年，除汝城县为党史、方志、档案三家合一称史志档案局外，各县（市、区）党史与方志均合并为一统称史志办公室（简称史志办）。到2005年，市、县两级有党史工作专职人员50人。

一、党史资料征集

1989—1992年，郴州地区党史部门主要征集社会主义时期党史资料和补征新民主主义革命时期党史资料。地、县（市）党史部门在党政机关单位、大型厂矿建立党史联络队伍，面向对其历史有亲身经历的老党员、老干部开展资料征集。此间，区内征集历史文献、回忆录、调查访问等党史资料1.22万件（含图片、实物等），计2736.2万字。其中征集社会主义时期党史资料6800件、计1600万字，补征新民主主义革命时期党史资料5400件，计1000万字。其中珍贵史料有106件。如新民主主义革命时期，补征有1919年《桂阳青年学生声援北京爱国学生运动通电》《国父年谱·邓铿上书报告粤军在闽进展情况》《林直勉先生遗墨遗著·讨袁时代石龙之一役》，及1946年编印的《宜章桑梓服务周报》等。社会主义建设时期，有1951年7月中共宜章县委书记张学东向中共中央主席毛泽东写的《关于宜章县镇压反革命情况的报告》，有获抗美援朝一等功臣、朝鲜民主主义人民共和国一级国旗勋章和一级战斗英雄勋章的郴州籍张国安所遗留一枚勋章和功臣呈报表等。其间，还完成社会主义时期党史专题资料征集 32 项，其中上报湖南省党史委 28 项。

1993 年，地委党史办加强与外合作，协同做好党史资料征集工作。先后会同安徽省、广东省及永州地区党史部门，为编写《曾希圣传》《粤桂湘纵队史》《桂临蓝嘉四县工委（工作团）》等党史人物及党的组织史书籍，征集、撰写和审核大量相关资料。1994—2000 年，全面开展中华人民共和国成立后党史资料征集，重点完成中共郴州地方组织史和大事记资料征编。至 2000 年，全市征集社会主义时期党史资料 2817.9 万字，征集图片、实物等 2000 件，完成党史大事记条目编纂 500 目，党史专题和党史人物传记资料 100 万字。其中上报中共中央和省委党史研究室专题、人物传资料 28 万字。同时，组织市交通局、市水电局、市建委、市教委、市农办等部门征集一批社会主义时期党史专题资料。

自 2002 年始，重点围绕反映改革开放成就和中国共产党郴州历史两大主题，组织开展党史资料征集。至 2003 年，征集改革开放历程专题资料 30 万字，照片 700 张。2004 年始，重点征集“中国共产党郴州历史”第二卷和社会主义时期郴州历届党政领导资料，至 2005 年，征集相关文字资料 50 万字，照片 300 张。

二、党史书刊编纂

专史和大事记编纂 自 1989 年始，郴州地区党史办组织收集、整理和编纂中共地方组织专史和大事记。1990 年编纂出版《中共郴州地方党史概要》，成为郴州地区第一部全面记载中共郴州地方党组织诞生、发展历程之党史书籍。1994 年 10 月，编纂出版《中国共产党湖南省郴州地区组织史资料（1921.7—1992.12）》。1999 年出版《中共郴州党史大事年表》，系统地记载郴州从 1919 年“五四”运动到 1995 年撤地建市间 77 年党史大事。之后，全市分工作系统，分历史时期地组织编纂地方党史资料丛书，至 2001 年，编纂出版《中国共产党湖南省郴州地区组织史资料》第二卷、第三卷。同年还出版《中国共产党郴州历史》（新民主主义革命时期），该书编纂填补郴州地方党史正本空白，且为湖南省市（州）一级地方党史正本之首本。

革命烈士和党史人物传编纂 到 1990 年，经地委党史办征集和核准郴州有革命烈士 7000 多名，中共郴州地委决定为著名革命烈士立传存史。当年，编纂出版《郴州英烈传》一集至四集，为在土地革命、抗日战争和解放战争中献身的 196 名烈士立传入载。1992 年出版《郴州英杰》一集至四集，分别为辛亥革命时期和社会主义建设时期 80 名革命先烈、烈士和志士，以及已故郴州籍省军级及以上党史人物立传。1989—2005 年，全市（地区）先后为郴州籍 100 多名党史人物搜集史料编写传记，分别载入史料书籍和党报党刊。宜章县 1993 年编写《陈光》《张际春》两名本籍全国著名党史人物传，被中共中央党史研究室刊物采用。

革命斗争和改革开放史编纂 1986 年 11 月，地委党史办编纂出版《湘南起义史稿》；1990 年，地委党史办编纂成《郴州地区剿匪史料汇编》；1994 年 12 月，编纂出版《中国人民解放军湘南支队革命斗争史》，均记载郴州军民在中共党组织领导下为郴州解放所做出的巨大牺牲和贡献。1995 年，为纪念抗击日军侵华战争胜利 50 周年，编纂出版记载郴州人民英勇抗日的《难忘八年血与火》一书。继而编纂反映郴州革命武装斗争史的《老区掠影》、《北上先遣队革命斗争史料》（1996年出版）、《湘南起义风火路》（1997年出版）。1988年、1998年，为纪念湘南起义60周年、70周年，先后出版《湘南起义60周年论文集》《湘南起义70周年论文集》。继后，党史工作转入编纂郴州改革开放和经济社会发展史料，编纂出版推介非公有制经济发展先进典型集《异军突起》。2003—2005年，相继编纂出版《郴州改革开放25年》《辉煌十年》等书籍和画册。至2005年，市委党史联络组组织离退休老同志撰写党史丛书《回忆录》一集至四集（自第四集更名《流金岁月》）。作者以其亲身经历真实地记叙中共郴州地方组织在各历史时期，为郴州变迁所作努力和取得成就，成为活生生的党史教育读本。1989—2005年，编纂革命斗争和改革开放党史资料书刊15部（种），计300万字。

三、地方党史研究

1989—1993年，郴州地区地方党史研究在报刊、学术研讨会发表、宣读地方党史研究文章155篇，其中省级以上139篇，市级16篇。1991年，在纪念中国共产党成立70周年活动中，郴州党史部门组织撰写一批探研中共郴州地方组织发展史理论文章，其中有5篇在《郴州报》《郴州论坛》刊载。1993年，为纪念毛泽东诞辰100周年，地委党史办撰写《关于“初级阶段理论”的几点认识》，被评为全省纪念毛泽东诞辰100周年学术讨论会优秀论文。

1994年10月，在宜章籍中共党组织创建时期主要领导人之一邓中夏诞辰100周年之际，中共宜章县县委、县人民政府举办全国首次“邓中夏生平和思想研讨会”。地、县党史部门组织社会各界开展研讨并参与撰稿。会议收到省内外探讨邓中夏革命道路，以及他对工人运动、党的建设所作贡献研讨论文37篇。研究成果编成《邓中夏生平与思想研究论文集》。1994—1995年，以深入学习、研究邓小平关于建设有中国特色的社会主义思想为课题，地区（市）党史办结合地方党史撰写《坚持以科学态度研究科学社会主义》《论对待社会主义的科学态度》两篇论文，分别被选入全国党史学术交流会交流和在全国公开发行的理论刊物发表。1996年，全市组织纪念红军长征胜利60周年暨挺进郴州62周年活动，全市党史部门分别召开座谈会、讨论会，对红军“长征精神”进行研究。市委党史办与市委宣传部等单位联合组织“红军长征精神报告团”到学校巡回演讲。1999年，郴州有两篇党史研究理论文章在全省社会主义建设50周年学术研讨会上被评为优秀论文。2002年，在中共郴州市委、市纪委主办的“黄克诚同志与党的作风建设研究会”上，党史工作系统撰稿中有2篇被评为优秀论文。2005年，市委党史办选送专题研讨论文《“抗战精神”的内涵与实质》，被选入湖南省纪念抗日战争胜利60周年学术研究会论文集《牢记历史，开创未来》。

1989—2005年郴州市（地）委党史办主要负责人名录

表24-4-1-1

单位	姓名	职务	任职时间
中共郴州地委党史资料征集办公室	熊裕华	主任	1989.02—1994.03
中共郴州地（市）委党史资料征集办公室	周祚轼	主任	1994.03—2000.07
中共郴州市委党史资料征集办公室	段凤德	主任	2000.07—

第二节　地方志编纂

一、志书编纂

1986年3月，中共郴州地委、郴州地区行政公署召开党政联系会议，根据国务院、省委省政府关于纂修社会主义新方志通知精神，决定在全区启动中华人民共和国成立后首轮修志工作。全区规划出版志书12部，其中地区志1部，县（市）志11部。4月，行署召开有各县（市）长、地直单位主要负责人参加的全区第一次修志工作会议，发动和部署修志工作。会后，郴州地区和11县（市）组建由政府主要负责人担任主任委员的地方志编纂委员会，成立地方志工作机构，落实编纂经费，组织业务培训，全区很快形成“党委领导，政府主持”修志工作体制。1987—1988年，志书编纂全面展开资料收集工作。郴州地区地方志办公室（简称地志办）和98个地区志承编单位两年间撰集资料3.1亿字，为撰写专业志（编）打下基础。

自1989年始，地、县两级首轮修志普遍转入各专业志（编）初稿编写阶段。年初，地区行署办公室和地区地方志办公室牵头组织5个督查指导组，实行“分编到组，责任到人”方式，由办领导带队分别至《郴州地区志（1840—1988）》承编单位督促、指导专业志（编）编写。同时，地区方志办制定《关于志稿评议的几点意见》《志稿审稿验收规定》，规范地、县两级志稿评审，确保志书初稿编纂质量。至1991年，地区先后组织召开各专业志（编）初稿评稿会86次，参加评审人员达2000多人次。其间，郴州地区烟草专卖局、地区交通局、地区工商局、地区冶金工业局、郴铁工委、桂阳县太和镇、郴州市实验小学等118单位陆续开展编修行业志、厂矿志、乡镇志和学校志。

1992年4月，地区志各专业志（编）初稿编写相继完成，随即进入总纂合成。郴州地区地方志编委会及时调整《郴州地区志》总纂班子，重新组织19人总纂队伍，制定总纂方案和工作运行程序。全体编纂人员树立“质量是志书的生命”之理念，全力投入志书分纂和总纂。地区方志办时任主任王新福患有严重糖尿病和眼病并发症，他放弃住院治疗，坚守岗位，逐字逐句地审阅、修改志稿，主笔总纂320多万字的《郴州地区志》。方志办副处级纪检员廖廷模患肝肿管癌，坚持带病工作，直至肝癌晚期方肯住院治疗，两个月后不幸病逝。至1996年6月，历时4年艰辛总纂、修订的《郴州地区志》公开出版发行，成为湖南省13地（州、市）最早整体出版的首部地级志书。全志由39编专业志组成，300余万字，全面、客观地记叙郴州1840—1988年间自然、政治、经济、文化和社会等方面的历史与现状。《郴州地区志》1996年获全省地方志优秀成果一等奖，1997年获全国地方志奖二等奖，为全省第一部同获“双奖”志书。

1993—1999年，第一轮县级修志陆续总纂成稿，经组织评审、修订，逐年成批付梓成书。此间，郴州地区（市）地方志编委会采取领导、专业技术人员、修志人员三结合评稿方法，严格实施初审、复审、终审“三审定稿”制度，突出抓好县级志稿评审、修订工作。1994年，《桂阳县志》《郴州市志》（今北湖区）《嘉禾县志》《临武县志》《永兴县志》经县、市组织评审、修订和送审验收，成为全区首批出版发行志书。1995年，《宜章县志》《郴县志》出版。1996年11月，郴州市政府召开全市地方志工作会议，传达贯彻党中央、国务院提出的修志工作“一纳入，五到位”（即将修志工作纳入当地经济社会发展计划和各级政府的任务之中，做到领导、机构、队伍、条件、经费到位）工作总要求，市委书记梅克保作书面讲话，市长龙定鼎到会提出组织实施意见。继后，随着“一纳入、五到位”工作逐步落实，首轮修志工作步伐加快，《安仁县志》《资兴市志》《汝城县志》《桂东县志》逐年定稿出版。至1999年，全市12部地、县（市）志全部出齐。至此，郴州市（地区）、县（市区）两级完成第一轮修志任务。

2000年1月25日，郴州市人民政府召开总结首轮修志经验，部署启动第二轮修志工作大会。市长龙定鼎、常务副市长宋甲武到会进行动员、部署。3月，市委办公室、市政府办公室下发《关于续修市、县（市、区）二级志书的通知》。自始，全市第二轮修志工作有步骤、分阶段推进。同年4月，全市先行启动县级第二轮修志工作，选择在桂阳、宜章县进行第二轮县级修志工作试点。2002年后，其余9县（市、区）先后启动第二轮修志工作。桂阳、宜章县在修志试点中摸索出的“争取领导重视，实行开门修志”“创新编纂工作，坚持质量第一”等工作经验在全市乃至全省推介，两县被列为湖南省续编地方志19个试点县之列，先后有50多家外省、市修志单位到郴州学习取经。市地志办在加快修志进度中把“严格评审，质量为上”放在核心位置，着力开好县级志稿评审会和严格落实审稿修改工作的做法，得到省地方志编委会推介。2004年2月，《桂阳县志》出版面市，成为全省第二轮修志首部纂就成书之县级志书。次年6月，《宜章县志》相继付梓出版。到2005年，其余9县（区、市）第二轮志书编纂已完成或进入后期总纂阶段。《苏仙区志》《嘉禾县志》通过市级评审；汝城、永兴、桂东县形成志书评审稿；北湖区、安仁县、资兴市、临武县完成专业志编写进行总纂合成。

从2005年开始，郴州市相继启动市本级第二轮修志工作。年初，在市二届人大五次会议上，郴州市人民政府《政府工作报告》把做好第二轮修志工作列为本届政府任期工作目标之一。3月15日，市政府办公室下发《关于编修首部〈郴州市志〉（1989—2005）的通知》，市地方志办公室随即制订《郴州市志编写方案》。2005年初，成立以市长戴道晋为主任委员的《郴州市志》编纂委员会，市财政预算安排编修《郴州市志》专项经费。6月初，举办市志承编单位编修人员培训班，印发《全市第二轮修志培训班讲稿选编》。继而，将初稿撰写任务分配到142个市直承编单位，并分战线确定25部、办、委（局）作为承编牵头单位，抓好所属参编单位修志工作组织、协调、督促、指导和初稿内审。

2005年12月初，市政府根据少数市志承编单位尚未启动修志工作状况，主持召开《郴州市志》编修工作牵头单位负责人会议，推介市国土资源局、市财政局、市科技局重视修志经验，进行市志编修工作再宣传、再发动。到12月，承编《郴州市志》的142家单位有98家按要求做到“领导、机构、人员、经费、条件”五落实。其中有21家承编单位完成长篇资料稿编写。在承编市志同时，市交通局、市烟草专卖局、市工商局、市林业局、市国土资源局、市公安局及郴州军分区等单位还组织编修行业志和部门志。年内，《郴州市交通志》通过评审，《郴州市烟草志》《郴州市工商行政管理志》出版发行。至2005年，全市在第一、第二轮修志工作中，共编纂出版地、县（市）志和专业志、部门志、学校志、乡镇志等各类志书230多部，地情资料书80余种，计7000万字。38部志书先后在全国、全省新编地方志优秀成果评比中获奖。在全省地方志优秀成果评比中，《郴州市志》（今北湖区）、《桂阳县志》、《郴县志》、《资兴市志》《郴州地区交通志》、《郴州地区工商行政管理志》等14部志书获一等奖，《永兴县志》《安仁县志》等19部志书获二等奖，另5部志书获三等奖。2005年，郴州市地方志办公室被评为全国方志系统先进单位。

附：

《郴州地区志》编修过程简介

郴州境内修志，有文字记载的最早见于宋代。元代，有郴州路总管王都中主修的《郴州志》。明代，郴州、桂阳州都曾多次修志。郴州袁均哲、王心常先后撰辑《郴州志》。清代，修志盛行。郴州修志，连续不断。康熙二十一年(1682)，陈邦器守郴，组织人员纂修州志，于康熙二十四年(1685)编成《郴州总志》十一卷。乾隆二十七年(1762)秋，知州张宏燧披阅旧志，逐步整理，除令临（武）、蓝（山）、嘉（禾）三县各征故实，并请卢世昌、邓玘等捃摭旧闻，网罗散佚，于乾隆三十年(1765)纂成《直隶桂阳州志》二十八卷加首一卷。乾隆三十五年(1770)，谢仲坑重修郴州志。乾隆三十七年(1772)，《郴州总志》三十卷加首末各一卷，方告成功。嘉庆二十二年(1817)，湖南续纂通志，桂阳知州袁成烈通令各县汇志呈缴，并设志局，请知县曹昌等总纂，经"舆论乡评，加意延访，鸡晨灯夕，协心参稽，越十月完稿"。次年，勒成《直隶桂阳州志》四十三卷、首一卷。嘉庆二十五年(1820)，朱偓、至善、常庆、徐凤喈先后主修郴州志，由陈昭谋总纂成《郴州总志》四十三卷，加首末各一卷。此后，由于战乱频临、社会动荡等原因，修志工作中断，区内无州志、区志问世。

1986年3月，中共郴州地委、郴州地区行政公署根据国务院和湖南省人民政府指示精神，决定新修贯通古今的《郴州地区志》。4月，召开有各县市长、地直单位主要负责人参加的全区修志工作会，动员修志。5月，成立郴州地区地方志编纂委员会及办公室。此后，从地区到县市，从战线到单位，层层召开修志工作会，组建修志班子。全区很快形成领导重视修志，有志于志者热心修志，有识之士参加修志，社会各界支持修志的局面。至1987年，地直各单位共有专职、兼职修志人员200余人。通过学习新方志指导思想、资料收集整理、编目拟订和修改、志稿编写技巧、统计知识在志书中的运用、方志行文规则等知识，重点解决如何增强志书思想性和科学性问题，全面提高修志人员素质。修志队伍组建后，广征博采，对外地、外省馆藏资料，由地志办组织人员，实行专人带队，统一收集，分工摘抄。地志办先后7次组织修志人员分赴北京、南京、上海、宁波、长沙、保靖等地的图书、档案部门摘抄资料1.1亿字。对区内各部门资料，则由各参编单位组织人员搜集整理。采取主攻文献，广征特约，访民间，重口碑，选书刊，用成果，加强协作等办法，收集资料3.1亿字，为编写专志打下坚实基础。1989年，各专志（编）进入编写阶段。精心指导，编写专志。地志办编纂人员分成5个小组，分组到编，责任到人，全面指导。采取走下去、请上来办法，和各单位领导人、专业技术人员、修志人员一道，对全志篇目进行5次较大研讨修改，使之日臻完善。在编写时，又与编写人员逐章逐节讨论方案、研究结构和要点。对一些编写难度大的专志，地志办编辑人员还参与编写。专志初稿写出后，严格进行评议审查，提出修改意见，认真修改。为确保志稿质量，地志办制订《关于志稿评议的几点意见》《志稿审稿验收规定》，对志稿质量标准及评审程序提出具体要求。按照规定，各专志稿先由单位内部评审，再由战线组织系统评审。每次评审会，集思广益、全面把关。各专志根据评审意见进行修改，经地志办验收合格后，方能交付总纂。地区各专志共先后召开评稿会80余次，参评人员达2000多人次。

1992年4月，各专志（编）稿相继完成，地区志进入总纂阶段。地区地方志编委会立即调整《郴州地区志》总纂班子，重新组织19人的总纂队伍开始总纂合成，并制定总纂方案和行文通则，研究修改志书凡例和篇目，编印地方志数据集。总纂工作实行分组负责，任务到人，并提前介入，参与各专志评审工作。确立总纂目标是：把《郴州地区志》修成一部观点倾向鲜明、篇目体例完善、衔接呼应自如、繁简详略得当、风格笔法统一的社会主义新方志。总纂中，做到坚持统一领导，坚持集体创作，即按照集体研究方案、个人执笔、组内评议、执笔者再修改、组长审查的通纂程序进行总纂。坚持开门总纂，对总纂中遇到的疑难问题及志稿矛盾之处，及时找原参编单位研究解决。总纂稿完成后，又返回原单位复核审查，力求记叙内容准确、完善。坚持高标准、严把关，严审数据、观点与史实，精雕细刻文字。1993 年 7 月，地区志总纂完毕，打印成稿。11 月 1—5 日，召开《郴州地区志》稿评议会，湖南省地方志编委会和省内各地、州、市志办领导和专家，中共郴州地委、行署、人大联工委、政协联工委和郴州地区地方志编委会的领导人、《郴州地区志》审稿小组成员，以及区内各县市志办修志同仁共 120 余人参会。与会者在肯定《郴州地区志》整体质量同时，提出许多宝贵意见。会后，总纂人员对所提意见经过综合整理，明确修改重点，制订修改方案。对志稿进行全面修改，并经审稿小组审查定稿，送省验收。1994 年 12 月，经湖南省地方志编委会批准，由中国社会出版社公开出版发行。

二、年鉴编纂

1997 年，由郴州市人民政府主办，县（市、区）人民政府协办，市地方志办公室主编的《郴州年鉴（1995—1996）》出版发行。该刊为中华人民共和国成立后首部郴州综合年鉴。全书 100 余万字，72 个彩版，设特载、大事记、综述、政治、政法、军事、经济综合管理、文化事业、社会及县（市、区）情、人物等 19 个部类，记述 1995—1996 年郴州改革开放和各项事业所取得的成绩及经验教训，以存史资政，亦为续修志书积累资料。市长龙定鼎为《郴州年鉴》撰写发刊词。

自 1998 年始，《郴州年鉴》改为逐年编辑出版发行。市人民政府成立郴州年鉴编辑委员会，由市长任主任委员，常务副市长任常务副主任。该刊发送市级领导，市直副处级以上党政机关、人民团体及企事业单位，各县（市、区）、乡（镇）党政机关。篇幅 100 万字左右，记叙上年度郴州政治建设和经济社会发展新进程、新成就，选录当年重要文献、经济信息及统计资料等。每期发行 2000 册。《郴州年鉴》1999 年卷获全省地方志优秀成果奖一等奖。

2000 年 1 月 25 日，市长龙定鼎在全市地方志工作会议要求：各县（市、区）、市直单位要按规定“为年鉴撰稿、组稿和组织彩版”，市、县两级“应承担《郴州年鉴》编辑出版经费，列入本级财政预算”。之后，各县（市、区）和市属单位明确《郴州年鉴》撰稿单位和科室；市、县两级财政将《郴州年鉴》编辑、出版经费列入同级地方财政预算，每年按市财政 10 万元、县级财政 1 万元予以拨付。同年 11 月，全市首部县级年鉴《永兴年鉴》出版，次年停办。2003 年，《北湖区年鉴》创刊，此后逐年编辑出版。全书图文并茂，编纂框架新颖。该书设“大事记”“北湖简况”“区领导班子年度工作纪事”“经济社会发展概况”“重要讲话文件选编”“统计资料汇编”五章，并附有年度先进单位、先进个人简况等。其资料性强，信息量大，简明实用，被北湖区领导和群众誉为“北湖读物一宝”。

2002—2005 年，《郴州年鉴》致力推陈出新，突出提高编纂质量和自身发展能力。栏目设置由 19 个增至 26 个，分目由 156 个增至 200 个。根据对外开放和经济社会发展新变化、新需求，增设《园区建设》《企业简介》《金融·证券》《文件选登》《郴州特产选介》《统计资料》等部类。将水电、煤炭工业、林业和旅游等内容升格设置为分目，以彰显郴州小水电之乡、煤炭基地、绿色宝库和山水胜地之地域特色。在内容记叙上，始终贯穿改革开放这一主线，突出记录郴州在开发兴郴中推动郴州经济社会发展新亮点、新进展。2004 年，开设专文，增加简短明快条目记叙，以增强年鉴内容记叙之深度、可读性和时效性。次年，《郴州年鉴》编辑部基于人员少的实情，开始运用市场手段引进社会力量参与收取一定彩版费的彩版征集。当年，彩版数量倍增，年鉴编纂在创收中增强发展能力。同时，《郴州年鉴》由小16开改为大16开版面，新增彩版插页，改革文字版面排式，并实现比往年提前两月出版发行。是年，还组建由27个市直有关单位、县（市、区）人民政府和一些大型企业组成的郴州年鉴理事会，扶持《郴州年鉴》的组稿、发行。至2005年，编辑出版《郴州年鉴》9卷，累计刊登文字资料900多万字，纪实彩版1200个，成为全面、客观记叙郴州10年间改革开放和各项事业发展系列性史册。其间，《郴州年鉴》总发行量达1800册，有4部年鉴先后在全省地方志优秀成果评比中获奖，有3篇年鉴理论研究论文在全省年鉴编纂研讨活动中获奖。

1989—2005年郴州市（地区）地方志办公室主要负责人名录

表24-4-2-1

单位	姓名	职务	任职时间
郴州市（地区）地方志办公室	王新福	主任	1989—2001.06
郴州市地方志办公室	郑云淇	主任	2001.06—2004.12
郴州市地方志办公室	何柏保	党组书记	2002.06—2004.12
郴州市地方志办公室	何柏保	主任	2004.12—

第三节 档案管理

一、资料保管

1989年，郴州地区档案馆档案资料改薄卷盒装为卷壳组卷。是年1月29日，宜章县人民法院失火，烧毁1988年度刑事、民事案件资料多卷及文书档案。郴州地区档案局当天向各县（市）发出传真电报，要求各档案馆（室）吸取教训，依照《中华人民共和国档案法》加强档案库房安全保护。2月初，地委书记周时昌到地区档案馆检查档案资料安全保管工作。3月2日，行署副专员赵毅拯带领参加全区计划财税工作会议县（市）长，至地区档案馆参观和商议县（市）档案馆建设。6月11日，地委、行署、人大联工委、政协联工委四家领导联席会议听取地区档案局工作汇报，研究加强地区档案馆建设事宜。

1991年10月，郴州地区档案局在实践中、创造的“由大窗改小窗，由小窗改无窗”，对档案资料库进行降温的做法和经验，在武汉市举行的中南6省（区）第十次档案协作会议上推介。

从1992年起，郴州地区重点开展档案资料抢救和提高档案库房管理水平。是年初摸底统计，全区12个综合档案馆出现有字迹褪色、纸张霉变档案资料4.31万卷。各档案馆即时采用抄写、复印、裱糊、加固和去湿等方法进行抢救修复。地区档案馆年内在湖南省率先设计安装库房温湿度自动控制和防鼠防盗自动报警系统，经鉴定工程达国内先进水平，被国家档案局授予“科学技术进步四等奖”。1995年6月，组织对郴州市综合（专业）档案馆进行安全保管、技术保护大检查，市档案局根据检查中发现之问题，制定、印发16条安全保护措施。市档案馆随即请专业技术人员对库房施用化学药物进行清毒杀虫防蛀。8月，中共郴州市委书记梅克保、副书记张兴福到市档案馆察看库房设施及安全管理工作，指示市、县两级档案部门要争取政府投入，尽快抢救和保护好档案资料。2000年，市人大常委会科教文卫委、市政府法制办、市档案局组成联合调查组，依照《湖南省档案管理条例》对市、县（市、区）和16市直单位档案馆（室）档案资料保管工作进行督查。被督查单位根据督查整改意见，加快档案馆（室）建设，档案资料安全保护条件日臻改善。至2005年，市、县两级财政投入100余万元，修复抢救档案资料3.01万卷，占应抢救卷69%。市档案馆扩建854平方米，馆舍总面积增至2864平方米。馆内有箱柜320个，密集架44组，保存档案资料由1988年的3.64万卷册增至8.13万卷册，保存量增加55%。有全引目录1338册，案卷目录1200册。馆内配备空调、去湿机、复印机、计算机、扫描仪等设施。全市有市、县两级综合档案馆12个，257乡镇和街道办事处全部建有档案室，建档率100%。2957个行政村有2690个村完成村级建档，建档率90.9%。98社区有93社区建档，建档率95%。市城建局、市房产局、市国土局、湘南学院和资兴市、桂阳县城建部门和单位建立专业档案馆6个。11县（市、区）综合档案馆总面积1.02万平方米，有箱柜162个，密集架583组，保存档案资料计49万卷册；有全引目录6984册，案卷目录698册，著录制卡19.95万张。市直4部门和单位专业档案馆用房1683平方米，保存档案资料15.77万册。1989—2005年，市（地区）、县（市、区）综合档案馆添置降温去湿、复印扫描和计算机等设施设备210多台（个）。其中有4个综合档案馆拆旧馆建新馆，馆貌和库房面貌一新。

二、定级考评

1989年，郴州市继续开展机关企事业单位档案室考评定级活动。至1993年，依据国家和湖南省档案局制定的档案室定级标准与考评办法，经组织考评审定，地直194个一、二级机构档案室全都达标定级，69个中央、省属企业档案室达标定级42个。至1996年，郴州市从市到县（市、区）完成机关企事业单位档案室考评定级工作，县（市、区）1877个机关和科技单位档案室达标定级1023个，257乡镇（街道办事处）档案室达标定级228个，部门、行业派驻乡镇机构档案室达标定级535个。其间，为促使档案馆（室）定级和升级标准，地区档案局与相关部门先后制定和印发对“干部”“会计”“城市社区”“国企资产与产权变动”“基础设施”“重点建设工程”等档案资料进行管理之条例和规章。

1997年，郴州市档案局与资兴市档案局在资兴市滁口乡进行乡村档案管理试点工作，摸索出“以乡镇档案室为中心、乡镇所属单位档案室为依托、村级档案室为基础”，实行档案资料分级保管、联合开发利用的管理办法。其被湖南省档案局誉为“资兴模式”，在全省档案系统推广。

2003年，永兴县档案馆被国家档案局和人事部授予“全国档案系统先进集体”称号，是2000年后湖南省唯一获此殊荣县级档案馆。1989—2005年，市、县（市、区）综合档案馆经定级考评，评定为省一级馆有郴州市、资兴市和永兴县档案馆；评定为省二级馆有北湖区、苏仙区和桂阳、宜章、汝城、嘉禾、临武县档案馆；评定为省三级馆的有桂东、安仁县档案馆。市档案局（馆）先后被湖南省档案局授予全省“档案保护技术工作先进单位”、“档案工作目标管理先进单位”、“农业农村档案工作先进单位”等称号。郴州市县（市区）直机关档案室达省一级47个，达省二级31个。

三、执法检查

1999年11月28日，《湖南省档案管理条例》颁布后，市、县两级加强档案执法检查，加大实施《中华人民共和国档案法》《湖南省档案管理条例》《档案行政执法检查上报备案和重大违法案件及时报告制度》工作力度。2000年，建立由176名档案工作人员组成的郴州市档案执法联络员队伍。至2003年，全市配备执法监督员13人、执法检查员56人、执法联络员208人。2000—2005年，市、县两级分别组织对市直130个单位、9个重点建设工程和1097个县属单位进行档案执法检查。检查中查处违法案件9起，纠正违法行为149起，下发整改督办通知书171份。

四、培训交流

为提高档案馆内部管理水平，郴州市（地区）、县（市区）两级在1989—2005年间，举办档案人员岗位培训班38期，参训1600多人；举办业务骨干培训班132期，参训5600余人。并鼓励工作人员参加专业学历教育。郴州市（地区）档案学会每年举办1~2次学术交流会，重点交流和探讨“库房改造”“档案保护技术”和“档案修复抢救”等方面经验和做法。1996年5月，郴州市召开“八五”期间档案工作表彰会，表彰先进集体61个，先进个人150名。其中记三等功70名，嘉奖80名。同年，郴州市档案局邓福良被评为全国模范档案工作者，选为“湖南省十佳档案员”。全市评定助理馆员386人，管理员62人。

1989—2005年郴州市（地区）档案局主要负责人名录

表24-4-3-1

单位	姓名	职务	任职时间
郴州地区档案局	杨为民	局长	1989—1992.02
郴州地区档案局	邓福良	局长	1992.02—1994.12
郴州地区（市）档案局	李启东	局长	1994.12—2004.12
郴州市档案局	刘开树	局长	2004.12—

第四节　史志与档案开发利用

一、党史宣传教育

1989—1991年，郴州地区开发利用党史资源，形式多样地宣传、普及党史，增强教育效应。三年间，地区和各县（市）党史工作部门举办党史讲座、党史报告会247场，听众达34.2万人次；在重大节日办党史宣传橱窗、墙报91期。1991年，在中国共产党建党70周年纪念活动中，组织干部群众参加全区、全省党史知识竞赛，在湖南省6项赛题评选中郴州参赛者有5项赛题夺第一名。纪念活动期间，市、县两级举办党史培训班5期培训骨干600人，开展向社会各界征集党史论文、党史回忆文章活动，有26篇先后在《郴州报》《郴州论坛》上刊载。

1992年，郴州地区围绕学习《中国共产党七十年》一书和中共十四次代表大会精神，将党史教育与加深理解党的中共第十四次全国代表大会精神结合起来。地、县两级结合学习中共十四大精神，组织党史报告会51场，出党史宣传墙报68期，开设党史知识广播讲座145期。在报刊征集、发表党史回忆文章29篇，党建论文4篇。

1996年始，郴州市注重结合当地革命历史广泛开展群众性“学党史、用党史”活动。是年，在纪念红军长征胜利60周年暨红军挺进郴州62周年活动中，市委宣传部、市委党史办牵头组织“红军长征精神报告团”，在市直6所高校巡回报告，运用中共领导下工农红军在郴州感人史事激励、教育后人。1998年3月，举行湘南起义70周年纪念活动，革命前辈萧克、彭儒、谷子元，省领导郑培民，革命后代肖星华、刘铮、陶斯亮等出席纪念活动。纪念活动前夕，向广大人民群众发起征集夏明震烈士碑文，以及郴州革命烈士碑廊碑纪、楹联活动，激发广大群众学历史、懂党史热情。1999年，在纪念中华人民共和国成立50周年之际，在郴州市委党校开设党史公开党课，听众逾千人。各县（市、区）运用当地革命历史举办党史教育报告会32场，听众2.5万多人，出党史宣传期刊33期，在报刊发表党史宣传教育稿件72篇。

2001年，围绕纪念中国共产党建党80周年，市委办公室、市委组织部、宣传部、党史办联合行文，决定在全市开展宣传“中共郴州历史”学教活动，发挥中共地方党史宣传教育作用。向全市各级党组织发行《中国共产党郴州历史》（新民主主义革命时期）7000册。市委党史办与老区办还联合举办“郴州老区革命和建设史图片展览”，到市直28个单位巡展，观看人数9800人。当年，组织编写26篇宣传郴州地方党史文章在省、市级新闻媒体发表。

1989—2005年，为使党史宣传教育“读有书，看有物”，增强学习教育效果，市、县两级党史工作部门编印出版地方党史读物（书、刊）110多种，发行《湖南党史月刊》（后更名为《湘潮》）6.7万册，协同各地兴建党史教育基地34处。宜章县史志办在这一时期先后编辑出版《宜章党史大事年表》《宜章县党史专题资料选编》《宜章红色记忆》《宜章年关暴动史略》等中国共产党宜章资料丛书14种。四次组织人员搜集、整理湘南年关暴动指挥部旧址史料，全力参与修复指挥部旧址和建立湘南年关暴动纪念馆工作。湘南年关暴动指挥部旧址被确定为国家重点文物保护单位、全国爱国主义教育示范基地和全国100家“红色旅游”经典景区。

二、方志开发利用

1989—1993年，郴州地区地、县两级首轮编修社会主义新方志进入全面编纂阶段。其间，地区地方志编纂委员会本着“修用并举”原则，先后3次召开专题会议，研究部署加强志书地情特点和地方特色记述，为读志用志工作奠定基础。1994年，县级修志开始成书陆续出版发行。1996年6月，《郴州地区志（1840—1988）》付梓问世，郴州市人民政府办公室随即下发文件，明确主要发行范围、发行对象，以扩大读志群体。并要求各地广泛开展读志用志活动，充分开发利用方志资源为经济社会发展服务。

1996年冬，郴州市掀起大规模丘岗山地经济开发高潮，各地利用方志记载的气候、土壤、种植历史等地情资料，科学制定山地经济开发种植规划。此间，苏仙区规划在1813线省道附近开发10万亩荒山，区史志办立时根据编修志书过程中收集、整理的相关地情资料向区委、区政府汇报，并请区领导查看《郴县志》，为丘岗山地经济开发当好参谋。区委、区政府根据方志丰富地情资料，从当地种植传统及自然条件出发，最终选择以种植经济林为主的开发规划，使山岗开发带被列为全省丘岗开发九大示范带之一，省政府予以奖励10万元。1998年，北湖区区委、区政府组织力量根据新编方志资源编写简明读物《北湖区情》，作为全区实施“认识北湖，振兴北湖”发展战略之地情教材，印发5000册。该书被列为“湖南省情系列丛书”出版发行。

1999年8月中旬，郴州遭受特大洪灾，各地注重在志书中寻找地情资料，科学组织抗洪救灾斗争。

8月13日，郴州中心城区由于连降暴雨遭遇百年不遇洪涝灾害，郴州市地方志办公室查阅《郴州地区志》大量水文资料后，迅速向市政府汇报防讯意见并形成书面防汛报告。市领导在听取汇报后采纳报告意见，经市政府常务会议研究，决定炸掉城区阻洪旧郴江桥以泻洪排险，根治洪灾隐患。是年，市、县（市区）两级首轮方志编纂全部成书出版。2000年1月，市人民政府召开全市地方志工作会议，在动员启动第二轮修志工作同时，部署开发利用首轮修志成果工作。是年，市地方志编纂委员会将读志用志工作纳入史志部门年终考核项目，作为评选先进重要条件之一。继后，全市创新读志用志手段和方式，广泛开展读志用志工作。各地采取编印地情丛书，举办地情知识竞赛、征文、展览、讲座，送志书进村进厂进校、发行地情光盘资料等形式，普及地情知识，拓展志书服务和应用领域。2003年，嘉禾县根据县志记载神农文化史料，编写《天降嘉禾》《穗都传奇》《嘉禾民歌》等系列神农文化书籍向外推介，举办首届以宣扬嘉禾物华天宝和神农特色文化为主题的嘉禾民歌、花灯龙狮大赛，使全县招商引资工作因神农文化推介而更具吸引力。全县引资亿元以上项目6个，全年完成项目投资7.6亿元，加快县域经济发展。

2000—2005年，郴州市市直部门和社会团体挖掘、应用丰富翔实方志资源，先后编印《防御山地洪涝灾害调研文选汇编》《南国福城——郴州》《郴州知识台历》《郴州人手册》《郴州旅游指南》《郴州经济与发展战略》等读物16种，面向社会发行。11县（市、区）根据首轮新编志书史料编印简志，地情地史读物54种，发行4.8万册。宜章县史志办利用新编《宜章县志》，采取“上门服务、重点联系、专题咨询”办法，先后为建设县经济技术开发区、莽山水库、万亩脐橙基地、千亩杨梅水果基地、过境武广高速铁路修筑等十大工程项目，提供气候、水文、地质、土壤、物种等方面资料和数据，使工程建设有充实科学依据。

2005年6月，在全省读志用志经验交流会上，推介了宜章县、苏仙区的经验和做法。

三、档案开发利用

20世纪80年代，档案资料利用更广泛地转向为经济、政治、文化、教育、编史修志等方面服务。自1989年始，郴州地区（市）档案馆按规定常年定期向社会开放档案7000卷册以上，其中中华人民共和国成立前档案2000多卷册；复制、公布开放案卷目录1200本，并建立各种检索工具。1989—2005年，郴州市（地区）12个综合档案馆接待查阅9.43万人次，调阅档案资料23.84万卷（册）；市（地区）直4部门和单位专业档案馆接待查阅3.12万人次，调阅档案资料3.83万卷（册）。查证率均在95%以上。全市综合档案馆建有《全引目录》《卷内目录》《利用指南》等各种检索工具16种。市档案馆在全市一级机构普遍实行本级文件资料“两套制”（备用卷），方便基层单位使用。

全市注重档案信息资源和史料开发与利用，变“死档案”为应用“活教材”。其间，市、县两级档案馆利用档案资料编辑《郴州劳模》《桂阳知识》《宜章红色记忆》等公开发行读物184种计785.4万字；先后举办档案资料专题展览20期，观众超19万人次。1999年，市档案馆举办“爱我郴州”专题展览，展出版面19个，史料文字1.3万多字，图片325张，实物55件，先后面向社会巡回公展9场次。2001年，嘉禾县档案馆编辑《嘉禾山林土地权属纠纷处理资料汇编》，对排解山林土地权属纠纷，维护社会稳定，具有较高利用价值。至2005年，市档案馆和北湖区等9个县级档案馆相继列为市、县级爱国主义教育示范基地，17年间接待来访和查阅史料的群众11.5万人次。

1999年，韩国历史学家金光载带领历史学术调查团一行5人，至郴州查找1945年前后中国第九战区中韩共同抗日武装斗争资料，拟编入“中韩两国共同抗日斗争史”。金光载一行在市档案馆和桂东县档案馆找到民国档案中记载的“韩国军金相鹤等6人投诚抗日”文件资料，深为得到这一重要史料而高兴。2002年，永兴县境内青山垅水库灌区实施配套工程建设，在申请国家、省财政予以专项资金投入中，需附有相关公文资料。郴州市水利局档案室及时为这一项目申报提供所需的20世纪70年代省水利厅有关批文，使申报获批受拨资金500万元。至2005年，郴州市及所辖县（市、区）综合档案馆相继建立现行文件服务中心，开设档案信息网。市档案馆开通郴州档案信息网，著录制卡1.68万张，计算机输入目录15万多条，以方便社会各界查找所需档案资料。

郴州市志（1989—2005）

第二十五篇

卫生·体育

1989年以后，郴州大力推进卫生体制和医疗制度改革，形成国家、集体、个体办医办药新格局。同时加大医疗卫生事业投入，城乡预防保健和医疗条件明显改善。卫生医疗系统强化内部管理，整治行业作风，不断提升医疗保健服务水平。全市医疗卫生事业呈现快速、协调发展态势。在此期间，医疗卫生服务体系不断完善。各级政府大力推进农村卫生“三项建设”（卫生防疫站、妇幼保健站、乡镇卫生院）、“一无三配套”（无危房，人员、设备、房屋三配套）工作。2005年，郴州市获湖南省农村卫生“三项建设先进市”称号。11个县市区农村初级卫生保健工作，全部通过国家验收达标。全市职业病防治监测覆盖面达85.53%。预防保健和疾病控制工作不断加强。全市甲、乙类传染病发病率由1989年的203.16/10万降至170.11/10万；孕产妇死亡率、5岁以下儿童死亡率、婴幼儿死亡率分别由1989年的90.4/10万、71.3/10万、60.28/10万降至3.10/10万、15.9/10万、29.4/10万。期间，郴州市（地区）先后被评为“全省放射卫生示范市”“全省消灭脊髓灰质炎先进单位”“全国妇幼卫生项目先进市”“全国结核病防治工作先进单位”。医疗诊治水平不断提高。1989—2005年，全市（地区）大力改善医疗条件，狠抓医德医风建设和医疗技术创新，医疗诊治水平不断提高。到2005年，全市拥有价值50万元以上的高端医疗设备176台（件），拥有高级医疗专业人才（副高以上职称的医疗、医技、医药、医护人员）496人，比1989年增长9.7倍。先后成功完成一批高难度医疗技术项目。

1989—2005年，郴州体育事业在改革中求发展，群众体育蓬勃兴起，全民健身活动广泛开展。全区以创建“全国体育先进县”为契机，认真贯彻《中华人民共和国体育法》和国务院颁布的《全名健身计划纲要》，以“政府管理，部门配合，社会兴办”的方式，相继建立健全各类体育社团组织，不断增加和完善城乡群众体育活动场所和设施，广泛开展城乡健身活动。与之同时，在中小学和业余体校开展以田径、游泳、篮球、乒乓球，定向越野6大项目为重点的业余体育训练，培养全民健身运动技术骨干。至2005年，郴州先后有桂阳、永兴、资兴、嘉禾4县市被授予“全国体育先进县(市)”称号；资兴矿务局、郴州化工集团、嘉禾县普满乡等30个单位被评为“全国群众体育先进集体”。郴州职工体育代表队在湖南省第三届工运会上获团体赛总分第三名，郴州农民体育代表队在湖南省第三届农运会上获团体总分第一名。郴州残疾人运动员冲出国门，取得残奥会金牌5枚、银牌1枚、铜牌3枚。17年间，郴州的体育事业虽有较快发展，但整体运动水平还不高，尤其是竞技体育滞后。此外，体育场馆建设亦落后全省其他市、州。

第一章　卫　生

1989—2005年，郴州大力推进卫生体制和医疗制度改革，形成国家、集体、个体办医办药新格局。同时，加大医疗卫生事业投入，城乡预防保健和医疗条件明显改善。卫生医疗系统强化内部管理，整治行业作风，不断提升医疗保健服务水平，全市（地区）医疗卫生事业呈现快速、协调发展态势。

其间，医疗卫生服务设施不断改善。1990年后，各级政府推进乡镇“一院两站”（乡镇卫生院、卫生防疫站、妇幼保健站）、“一无三配套”（无危房，人员、设备、医疗用房配套）工作。至1997年，全市基本实现乡镇卫生事业建设目标。资兴市乡镇“一院两站”经省卫生厅组织考评，以总分96.7分的成绩名列全省县市区第三名，获“湖南省农村卫生人员、设备、医疗用房建设先进市”称号。1998年，11个县（市、区）农村初级卫生保健工作，全部通过国家验收达标。与此同时，县级以上医院积极筹措资金，市（地）县（市、区）财政加大医疗卫生事业经费投入，大力改扩建医院基础设施，均建成新的门诊和医院大楼。2003年，为推进农村卫生体制改革，发展农村卫生事业，市政府在桂阳县开展新型农村合作医疗试点，以政府为主筹集医疗资金，村民交纳一定数量的“入合”费，医疗费用报销实行“起付线”和“封顶线”。桂阳县的经验在全市推广。2005年，全市有市县乡级医疗保健机构354个，床位11354张，卫生技术人员14021人，分别比1989年增加10.9%、30.5%、38.5%。全市卫生系统拥有固定资产总值15.86亿元。

预防保健和疾病控制工作不断加强。1989年，全地区计划免疫接种率为85%，经国家验收达标。之后，各级政府进一步建立和完善市、县、乡、村疾病预防控制网络，巩固消灭血丝虫、疟疾、麻风病和消除碘缺乏病成果。2001年至2002年，市、县两级相继组建疾病预防控制中心和卫生监督所，疾病预防和卫生监测体系更趋完善。2003年后，着力提高重大疾病检测、防控和突发公共卫生事件的应急处置能力，有效地控制非典型性肺炎、人患禽流感等新发传染病的发生与流行。2005年，全市甲、乙类传染病发病率由1989年的203.16/10万下降至170.11/10万；孕产妇死亡率、5岁以下婴幼儿死亡率、儿童死亡率分别由1989年的90.4/10万、60.28/10、71.3/10万下降至33.2/10万、29.4/10万、15.9/10万。郴州市（地区）先后被评为“全省放射卫生示范市”“全省消灭脊髓灰质炎先进单位”“全国妇幼卫生项目先进市”“全国结核病防治工作先进单位”。

医疗诊治水平不断提高。医疗卫生部门狠抓医德医风建设，创新医疗技术，使用先进医疗设备，培养和引进专业技术人才，医疗诊治水平不断提高。2000年，医院实行分级管理，市第一人民医院创三级甲等医院成功，15所县市区级以上医院达到二级甲等医院标准，80所农村乡镇卫生院达到一级甲等医院标准。1989年，全区价值万元以上的医疗设备仅40多台。2005年，全市拥有价值50万元以上的高端医疗设备176台（件），拥有高级医疗专业人才（副高以上职称的医疗、医技、医药、医护人员）496人，比1989年增长9.7倍。郴州市第一人民医院等医疗单位先后成功开展心脏、肝脏、骨髓移植，人工生殖工程（试管婴儿），脑脊液、关节置换，胆囊微创切除等高难度医疗技术项目。

第一节 卫生体制改革

一、农村医疗体制改革

（一）建立农村合作医疗制度

20世纪60年代，郴州境内农村普遍办起合作医疗站，医疗费用由村集体承担，农民免费看病吃药。1979年，农村推行家庭联产承包经营责任制后，因得不到集体经济支持，大部分农村合作医疗站停办。1989年，全地区村级合作医疗站仅剩10个，农民看病难问题重新出现。

1991年年初，郴州行署将恢复农村合作医疗制度列入农村“双文明”（精神文明、物质文明）建设的重要内容，制定重建合作医疗的目标任务。地区卫生局局长屈天福带队深入农村调查研究，撰写《当前农村推行合作医疗的主要困难及对策》的调查报告。行署采纳调查报告提出的“实行多方投入恢复合作医疗”的建议，在全区卫生工作会议上明确：改革过去单一的医疗投资体制，采取“三个一点”（财政拨一点、集体拿一点、农民出一点）的办法恢复合作医疗。各县市积极落实会议精神，一些县市建立农村卫生发展基金和预防保健调节基金，积极扶持村级合作医疗事业。一些行政村的合作医疗站实行乡村医生个人承包制，医生按业务量领取报酬。1992年年末，全区有156个行政村恢复合作医疗，参加合作医疗的农民25.70万人。

1995—1997年，市委、市政府三次召开全市卫生工作会议，研究、部署发展农村合作医疗。1997年，市卫生局在苏仙区和桂阳县开展农村合作医疗制度改革试点。两区县在试点中推行“村办为主，财政补贴，村民看病，定额报销”的办法办合作医疗。试点工作进展顺利，至1998年底，两区县恢复合作医疗的行政村达99%以上。苏仙区栖凤渡镇2.5万人中有1.5万人参加合作医疗，村民共报销医药费9876.64元。是年12月，市长龙定鼎到苏仙区调研，充分肯定农村医疗制度改革试点工作，并在全市推广，全市农村合作医疗迅速恢复和发展。至2000年，全市农村办医形式主要有村集体主办、乡村医生与乡镇卫生院联办、乡村医生个人承办等，全市参加村合作医疗的农村人口达94.3%。

2003年，按照国务院部署，市政府推行新型农村合作医疗制度，在桂阳县开展新型农村合作医疗试点，以政府为主筹集合作医疗资金，村民交纳一定数量“入合”资金，全县有16万多农民参加新型农村合作医疗，缴纳320多万元资金。农民选择定点医院就诊，医疗费用报销实行“起付线”和“封顶线”。2005年，桂阳县44.99万位农民参加农村合作医疗，参合率71.59%，参合农民受益率25%，高于当时全国平均水平，受到国务院、省新型农村合作医疗检查评估组的好评。是年，资兴市被列入湖南省第三批新型农村合作医疗试点县，该市20.40万农民参加新型农村合作医疗，参合率达88.47%。在桂阳县和资兴市试点成功的基础上，全市全面推行新型农村合作医疗制度。

（二）乡镇卫生院管理体制改革

1998年以前，因管理体制尚未理顺，管理主体、职责不明确，郴州境内一些乡镇卫生院出现“谁都管，谁都不管”的局面；有的县把乡（镇）卫生院一揽子甩给乡镇政府包办包管，卫生事业长期投入不足，致使医疗条件难以改善。1990年普查显示，全区乡镇卫生院中，40%有危房，30%不能开展X光和化验业务，无规定学历的卫生人员达51%以上。1992年，地委、行署决定对农村卫生工作实行目标管理，并在永兴县进行乡镇卫生院管理体制改革试点。翌年，全地区推行农村卫生机构一体化管理，即乡镇卫生院由县市统一管理，村卫生室由乡镇统一管理，医疗业务则由卫生职能部门实行行业管理，并明确分级管理的职责、职权，建立考核评比制度。至1994年，全区11个县市通过各种渠道筹集资金5000多万元，改、扩建乡镇卫生院和县防疫站、妇幼保健院169个，医疗用房总面积达14万多平方米。

1995年，市、县两级卫生行政管理部门加快乡镇卫生院经营机制改革，建立放活、激励、竞争机制，推行"四制"医疗服务，即任务、职责、质量相结合的责任制；分项、分点、分线承包的目标管理制；计时、计件、计量的按劳分配制；整体大包干的承包责任制。允许卫生院跨区域对口联营，拓展医疗业务。卫生院医疗服务由过去的"等米下锅"转变为面向社会医疗需求"找米下锅"。一些乡镇卫生院成立医疗小分队进村入户送医送药，为村民提供医疗保健服务。1996年，全市乡镇卫生院业务总收入达1.1848亿元，同比增加2648.09万元。宜章县26个乡镇卫生院人均创收4.6万元，梅田镇卫生院业务收入达447万元。2001年4月，桂阳县为盘活全县39个乡镇卫生院资产，推行"固定资产租用，流动资产融资"，即政府对卫生院的固定资产实行有偿使用，每年按资产总值的4%~8%征收有偿使用费；卫生院所需流动资金自行融资。并建立"职工带资上岗，风险利益共担"机制和按劳按资取酬机制，医疗服务质量明显提高，2002年，全县乡镇卫生院医疗门诊人数同比增加2.7%，业务收入同比增加7.3%，病床使用率同比提高7.8%。

2002年，全市所有乡镇卫生院的事业经费上收县（市、区）统一管理，县级卫生行政部门对卫生院实行行业管理。新的管理模式增加了乡镇卫生院的资金投入，促进了乡村卫生资源的合理使用。2004年至2005年，全市44个乡镇中心卫生院全力创建农村公共卫生体系重点单位，各级政府加大资金投入，在全省率先完成农村公共卫生体系重点单位改造工程。

1989—2005年，郴州境内90%以上的乡镇卫生院进行新建、改建或扩建，70%以上的卫生院建成医疗设施配套、服务功能多样、环境优美的花园式医院。

二、公立医院人事和医疗管理制度改革

1988年，郴州地区精神病院率先打破医疗机构领导职务的"铁交椅"，面向社会公开招聘院长。1989年，地、县两级9个医院公开招聘院长，逐步形成医院领导干部竞争上岗、能上能下的用人机制。同时，改革医疗卫生单位管理制度，普遍实行院长负责制、任期目标责任制、医疗技术责任制，明确院长的责、权、利。是年，全区地、县级医院和乡镇卫生院实行院长负责制的单位223个，占医院总数的70%，基本改变过去"干好干坏一个样"的状况。

从1990年开始，地区卫生行政部门对地直医疗单位及县级卫生局实行目标管理责任制，每年年初签订年度目标责任状，年终进行考核评比。1992年，推行医务人员合同聘用制和按岗按绩分配制，全区285个医疗单位实行绩效挂钩工资制。1994年，全区医疗卫生机构全部实行定岗位、定职责、定质量、定效益的绩效工资制，消除了吃"大锅饭"的弊端。1995年，全市乡镇卫生院门诊达410万人次，同比增长7.86%；完成业务收入9200多万元，同比增长31.5%，病床使用率同比提高5.2%。乡镇卫生院亏损单位由1989年的80%下降至50%。

1997年，郴州市第一人民医院改革中层干部任命制和员工固定工制度，实行中层干部竞争上岗和任期考核制，并试行全员合同制。全市及时推广这一做法和经验。1999年，全市国有、集体医疗机构80%以上实行中层干部竞争上岗聘用制、职工合同聘用制，形成"竞争、择优、激励"的人事管理机制。2000年11月，郴州市中医院实行竞争上岗、公开演讲、当场投票计票和综合考察，

选聘3名副院长，中层干部实行竞聘上岗，职工实行“科室选员工，员工选科室”双向选择上岗，有效地调动了全体员工的积极性。

2000年后，全市实行医药卫生体制改革。城镇改革公费医疗制度，公费医疗由费用包干、医院代管、定点诊疗转变为医疗保险制度；改革城市卫生服务模式，积极发展小区卫生服务，全市以城区非营利性医院为载体，建立以基本医疗、预防保健、计划生育为一体的社区卫生服务站（中心）27家。2001年，市卫生行政管理部门对医疗机构实行分类管理，审定非营利性医疗机构358家，营利性医疗机构330家。同年11月，市药品集中采购中心成立，80多个药品经营单位和医院参加药品集中交易。2003年后，市直医疗单位推行全员聘任制、人事代理制。同时深化分配制度改革，将管理、技术、责任等纳入分配要素，对优秀管理干部和医疗技术骨干试行年薪制。市第一人民医院实行基本工资、职务工资、岗位工资和绩效工资相结合的分配制度，有效地调动了职工的积极性。

三、民办医疗体制改革

1989年后，郴州在大力发展国家、集体办医的同时，允许个体医生创办诊所。2000年，全市拥有个体诊所673个，从业医护人员1808人。

2001年，市政府根据国务院关于“允许非国有经济投资举办营利性医院”的精神，支持民间资本进入医疗领域，扶持社会力量兴办民营医院。9月，经市医疗卫生管理领导小组批准，全市首个私立医院即郴州明华医院建成开业。该院医疗用房1万余平方米，开设病床160张，有内科、外科、儿科、妇产科等21个临床科室。2005年年底，全市有社会独资、合资民营医院11家，医疗用房面积2.5万平方米、床位330张、医疗卫生人员185人。

2005年郴州市民营医院基本情况统计表

表25-1-1-1

机构名称	病床（张）			医疗卫生人员（人）			
	编制床位	实有床位	标准床位	合计	其中 卫生技术人员	其他技术人员	工勤人员
郴州明华医院	160	136	136	55	55	0	0
郴州芙蓉口腔医院	6	6	6	13	10	1	2
郴州光明眼科医院	20	20	20	9	8	0	1
郴州国飞医院	26	26	20	15	8	1	6
郴州现代女子医院	30	30	0	6	5	0	1
郴州月子医院	15	15	15	8	6	0	2
郴州环球康复医院	20	20	20	8	7	0	1
郴州福康医院	30	21	20	31	30	0	1
郴州侗仁医院	6	6	6	7	6	0	1
郴州东方泌尿专科医院	20	20	20	14	12	0	2
郴州安泰外科医院	30	30	0	19	17	0	2
合　计	357	330	263	185	164	2	19

第二节　疾病预防与控制

一、病原疫情监测

1989—2005 年，郴州市（地区）、县两级卫生监测机构每年对丝虫病、霍乱、麻疹、出血热、钩端螺旋体、伤寒、脊髓灰质炎、登革热、流感等法定传染病进行疫情监测。从乡镇到市（地区）逐级建立健全疫情监测、报告网，及时掌握传染病发生、发展情况，为预防与控制各类传染病提供科学依据。

1989 年，境内各级医院始设“传染病登记本”和“传染病疫情报告登记卡”，定期向医院所属卫生防疫机构上报，并规定重大疫情须即时报告。是年，全区 98 个丝虫病疫区乡（镇）开展丝虫病病原监测，监测 15.5251 万人，占疫区总人口的 5.95%，未发现微丝幼虫血症患者，证实区内 1986 年消灭丝虫病的成果得到巩固。是年，全区县属以上医院建立规范化的肠道专科门诊，加强对霍乱疫情的监测。地区卫生防疫站在加强麻疹疫情监测的同时，首次在资兴市何家山乡开展肾综合症出血热（HFRS）流行病学、血清学、病原学及鼠、螨调查。

1990 年，经监测，区内除桂东县外，其他县、市均发现肾综合症出血热（HFRS），资兴市、桂阳县、永兴县为重疫区。1991 年秋，地区卫生防疫站在宜章县沙坪乡开展钩端螺旋体病流行病学调查，通过采集 44 份钩端螺旋体病人恢复期血清化验鉴定，表明钩端螺旋体病流行与地势、水系、降雨、气温有较大关联。1994 年，地区卫生防疫站根据县、市霍乱疫情的监测分析，及早做好预防准备，1995 年境内未发现一例霍乱病人。

1995 年 4 月下旬，世界卫生组织官员艾华德博士来郴考察脊髓灰质炎防治工作，重点考察了郴州地区防疫站、郴州地区人民医院及郴州地区传染病医院（“脊灰”监测哨点医院）AFP 病例的监测质量，对郴州“脊灰”防治工作予以高度评价。是年，郴州市卫生防疫站开展病媒生物调查，查明市城区病媒生物主要有鼠类、蚊类、蝇类、蟑螂四种。鼠类为 2 科 3 属 6 种，蚊类 2 科 4 属 19 种，蝇类为 4 科 63 属 144 种，蟑螂为 2 科 2 属 4 种。市爱委会组织开展灭“四害”活动，推介使用“大隆灭鼠药与敌鼠钠盐混合配制毒饵法”灭鼠，收效明显。

2001 年，市政府在原市卫生防疫站和市职业病防治所的基础上组建郴州市疾病预防控制中心和卫生监督所，负责全市疾病预防控制和卫生监督工作。

2004 年 4 月 1 日，全市传染病疫情监测进入网络信息化系统管理。疫情报告责任单位及时把属地发生的法定传染病，通过互联网信息系统直报上级卫生管理部门，增强疫病防治的时效性。7 月，市疾病预防控制中心建立市内第一所病毒实验室，内设艾滋病毒筛查、病毒检测、分子生物学、生物安全Ⅱ级和 100 级净化监测工作面。2004 年和 2005 年，北湖、桂阳、嘉禾、永兴 4 县（区）9 所中小学校发生流感，市病毒实验室从 5210 例流感病例中采集标本 113 份，检出阳性 62 例，为有效防治流感提供病原学依据。2005 年，经卫生部流感监测中心验收，确定市疾病预防控制中心病毒实验室为国家级流感病毒监测网络实验室。

2005 年，市疾病预防控制中心首次开展登革热流行病学调查，证实郴州市居民中存在登革热感染，属潜伏性疫区。在监测郴州市城区 311 份海产品和 2 份甲鱼内脏中发现有 01 群小川型霍乱弧菌和0139群霍乱弧菌，通过及时预防，避免了霍乱流行。为防止性病传播，是年监测各类人群10.5507万人次，检出阳性者4016人，阳性率3.81%，对阳性者给予规范性治疗。

1989—2005年，郴州疾病预防控制部门进行艾滋病检查3.7503万人次；进行性病监测6.8038万人次，检出性病患者3919人，患病率5.76%。2005年，中国疾病预防控制中心确定郴州市为全国病媒生物监测点。

二、疾病预防

1989—2005年，郴州境内发生甲、乙类传染病13.0709万例，发病率173.81/10万，死亡833人，死亡率0.64%；发生丙类传染病28882例，发病率38.41/10万，死亡12例，病死率0.042%。其间，全市各级卫生部门积极防治传染病，尤其加大儿童免疫预防接种力度。2005年，经抽样检查，全市计划免疫建证率91.95%，建卡率94.29%，“四苗”（卡介疫苗、百白破疫苗、麻疹疫苗、脊髓灰质炎糖丸）全程接种投服率91.95%，乙肝疫苗全程接种率93.25%。2005年比1989年，传染病总发病率由203.16/10万下降至170.11/10万，其中痢疾、肺结核、病毒性肝炎、伤寒与副伤寒、感染性腹泻等传染病，防治效果明显。此外，地方病、寄生虫病得到有效控制。

（一）传染病防治

霍乱 1989年，郴州行署和各县市建立了霍乱疫情监控应急预案。在防控疫情蔓延中，市卫生医疗部门启动应急预案，采取封锁疫区、就地隔离治疗、环境消毒、疫区人群免疫与相邻地（市）联防等措施进行防治，使霍乱疫情得到及时有效控制。仅1994年，全区就组织16支霍乱防治队，投入防治经费17.8万元。1995年后，市卫生局与各县（市、区）卫生局签订霍乱防治目标管理责任状。2001年至2005年，全市进一步加强霍乱预防，境内未发生霍乱病例。

痢疾 1989—2005年，郴州市（地区）共发生痢疾4.7416万例，死亡13人，发病率63.05/10万，病死率0.027%。痢疾多发生在卫生条件较差的乡村，以细菌性痢疾为主，阿米巴痢疾仅占2%。20世纪90年代，各地把农村改水改厕工程列入初级卫生保健项目，农村环境卫生逐步改善，痢疾发病逐渐减少。2005年，各县（市、区）痢疾发病率均控制在45/10万以下。

伤寒和副伤寒 1990—1995年，郴州地区伤寒和副伤寒发生疫情23起，发病4256例。1995年春节前后，嘉禾煤矿暴发伤寒，发病357人。地、县卫生部门接到疫情报告后于当天派出防治人员赶赴疫区，对患者进行及时治疗。地区卫生局、红十字会迅速调集价值2万元的消毒、防治药品送到疫区，疫区病人得到及时救治，疫区人群普遍接种了伤寒疫苗。1996年至2005年，境内发生伤寒和副伤寒患者7001例，死亡4人，发病率14.97/10万，病死率0.057%。此病多因饮用被污染的水或聚餐不卫生所致，传染源难控制，发病率降幅不明显。

病毒性肝炎 1989—2005年，郴州市（地区）发生病毒性肝炎2.9491万例，死亡15人，发病率39.21/10万，病死率0.051%。多为甲型和乙型。此病主要采取对新生儿和服务业、饮食业从业人员进行乙肝疫苗接种和加强公共卫生监管等措施进行预防。

结核病 1990年，郴州地区卫生防疫站对结核病流行病学进行抽样调查显示，境内各县市平均患病率高达1681.84/10万。1993年，行署在宜章和桂阳县启动世界银行贷款结核病控制项目。1994年，各县（市）全面开展结核病控制项目，建立地、县、乡三级结核病防治网络，按照《结核病控制项目手册》，积极筛查病人，加强治疗管理，取得很好效果。卫生部和省卫生厅授予郴州地区结核病防治工作先进单位称号。1996年，全市11个县市区结核病控制项目配套资金全部到位，永兴县获全国实施世界银行贷款结核病控制项目工作先进单位。2000年，全市再次开展结核病流行病学调查，患病率已降至419/10万。1989—2005年，全市共收治肺结核病人2.7571万例，治愈率95%。在世界银行贷款结核病控制项目实施中，世界银行官员、国际抗痨和肺部疾病联合会执行主任Billo几次到郴考察，高度评价郴州结核病防控工作。

非典型性肺炎（SARS） 2003年年初，国内部分地区发生SARS病。2月11日晚，市委、市政府指定市第二人民医院为收治SARS患者的定点医院。全市各级医院共设检疫留观站54个、发热门诊302个、病床499张，配备专业救护人员1000余人，为100余万人进行健康检查登记，并对其中5500例发热病人进行检查治疗。市卫生局成立5个专家应急处理小组，负责对疑似病人进行检查确诊。在SARS防治期间，全市累计报告医学观察病例157例，其中市本级25例，县市区132例，没有确诊病例，没有死亡病例。郴州市防控SARS工作得到国务院和省委、省政府的肯定。市卫生局被评为湖南省SARS防治先进集体。2004—2005年，全市建立健全防治SARS长效机制，加强防治知识宣传和疫情监测，坚持疫情值班报告制度，未发生SARS病例。

人感染高致病性禽流感 2004年1月和2005年11月，苏仙区桥口镇白溪村和北湖区七星大市场先后发现禽流感疫情。市委、市政府立即组织卫生、农业、畜牧水产、交通、工商等部门开展禽流感防治。对疫情发生地进行严格消毒，对疫区半径1.5千米范围内的家禽进行捕杀，追回疫区售出的家禽作无害化处理，对与禽流感密切接触者进行预防性抗病毒药物治疗和医学观察7天。同时设立疫情隔离控制区域，严禁非疫情处理人员、车辆进入，确保疫情不扩散、人群不感染。

狂犬病 俗称“疯狗病”。1989—2005年，郴州境内发生狂犬病435例，因无有效治疗药物，全部死亡。其间，各地有关部门采取城区禁养家犬、捕杀病犬、强化家犬免疫、开展狂犬病防治知识宣传，以及疾控部门设动物咬（抓）伤专科门诊，对犬伤者及时进行狂犬疫苗免疫预防接种等措施，防止狂犬病的发生。

麻风病 1989—2005年，汝城县乌泥洞村、资兴市江背山村两所麻风病医疗站，曾多次在境内调查麻风病病例，共发现55例麻风病人，其中40人送汝城县乌泥洞麻风医疗站，15人送资兴江背山麻风医疗站接受隔离治疗。2003年，全省开展消除麻风病行动，郴州市组织麻风病普查，未发现新病例。

梅毒 又称“花柳病”。1989年后，郴州市（地区）每年都有病例发生。2000年后发病人数增多，至2005年，境内共发病241例，发病率0.32/10万。因及时发现，积极治疗，无死亡病例。

淋病 1989—2005年，郴州境内发病2071例，死亡2人，发病率为2.75/10万，病死率0.01%。此病死亡病例虽少，但发病率呈上升趋势。

艾滋病 1989年后，郴州市（地区）对高危人群进行艾滋病病毒抗体筛查，免费开展自愿咨询检测。1995年11月，市卫生防疫站首次检出境内艾滋病病毒感染者（HIV）1例。至2005年，境内共发现艾滋病病人（AIDS）8例，艾滋病病毒感染者（HIV）66例。其间，医院对艾滋病人进行免费抗病毒治疗。2005年，市本级、苏仙区、北湖区启动实施全球基金艾滋病防治项目。

（二）其他主要流行病防治

登革热 1989年前，省、地卫生防疫机构曾在郴州境内进行流行病学调查，未发现登革热疫情。2005年，郴州市疾病预防控制中心再次开展登革热流行病学调查，发现隐性感染者，证实郴州属登革热可疑疫区。

白喉 1989年，境内发生2例，死亡2人。之后，全市（地区）强化儿童计划免疫，接种疫苗，使疫情得到控制。至2005年，境内未再发生白喉病例。

百日咳 1989—2005 年，全市（地区）发病 150 例，无死亡病例，发病率 0.20/10 万。

猩红热 1989—2005 年，全市（地区）发病 86 例，无死亡病例，发病率 0.11/10 万。

麻疹 1989 年至 2005 年，全市（地区）麻疹疫苗接种率在 90% 以上。其间，发生麻疹病例 5158 人，死亡 4 人，发病率 6.86/10 万，病死率 0.08%。

流行性感冒 1989 年至 2005 年，全市（地区）发生流感 2851 例，无死亡病例，发病率 3.79/10 万。

流行性脑脊髓膜炎 1989 年至 2005 年，全市（地区）发生流行性脑脊髓膜炎 235 例，死亡 17 人，病死率 7.23%。发病率由 1988 年的 2.36/10 万降至 2005 年 0.31/10 万。

斑疹伤寒 1989—2005 年，境内发病 29 例，死亡 1 例，发病率 0.04/10 万，病死率 3.45%。至 2005 年，全市尚未建立斑疹伤寒流行病源学数据库。

流行性乙型脑炎 1989 年后，郴州市（地区）对乙型脑炎进行免疫预防，每年见散发病例，至 2005 年，共报告发病 1409 例，死亡 79 人，发病率 1.87/10 万，病死率 5.61%。

肾综合症出血热 1989 年，境内出现肾综合症出血热，资兴市彭市乡首报病例，全地区除桂东县外，其他县（市）均有病例报告。至 2005 年，全市（地区）共发病 1655 例，死亡 31 人，发病率 2.20/10 万，病死率 1.87%。

钩端螺旋体病 1989 年至 2005 年，全市（地区）发病 1754 例，死亡 136 人，发病率 2.33/10 万，病死率 7.75%。

新生儿破伤风 1989 年后，郴州采用新法接生，加强儿童计划免疫和育龄妇女破伤风接种，发病率逐年减少。至 2005 年，全市共发病 240 例，死亡 28 例，发病率 0.32/10 万，病死率 11.67%。

炭疽病 1989 至 2005 年，全市（地区）共发病 27 例，死亡 3 人，发病率 0.04/10 万，病死率 11.11%。

（三）地方病防治

碘缺乏病 俗称地甲病、大脖子病。1989 年，郴州地区被列为国家碘缺乏病重点防治区。其后，境内加强对碘缺乏病综合防治，全面推广食用加碘食盐。从 1995 年 10 月 1 日起，连续五年向重度碘缺乏病区 2 万多居民免费供应碘盐及碘油胶丸。1996 年，市卫生防疫站对重点防治区 5500 名 8 至 10 岁儿童投服碘油胶丸，强化补碘。市内设立 30 个监测点，重点监测儿童生育期甲状腺发育情况。1999 年，市政府组织专家评估，各县、市、区均达到国家消除碘缺乏病标准。2000 年 4 月，省地方病防治领导小组办公室组织专家抽查资兴市、嘉禾县 8~10 岁儿童，其尿碘中位数 382.30 微克 / 升，综合指标评分 88.91 分，验证郴州达到国家消除碘缺乏病标准。2002 年和 2005 年，全市两次组织监测自查，证实消除碘缺乏病成果得到巩固。

地氟病 1989 年，地区卫生防疫部门开展调查，全地区有地氟病（氟斑牙氟骨症）流行村 231 个，分布在除桂东县以外的 10 个县（市）。温泉资源丰富的资兴市汤市乡汤边村和汝城县热水镇热水村是地氟病重点流行区，两地受检人群中患病率分别高达 63.1% 和 89.4%。地氟病多发生在产煤区，由燃煤引起室内空气氟含量增高而致，也因长期饮用温泉水而致地氟病。1989—2005 年，在燃煤地区推广改灶降氟；在饮水型氟中毒地区，采取改饮低氟水予以防治。汝城县政府投入 20 余万元建自来水设施，解决热水村居民长期饮用含氟高的温泉水。2005 年，中央财政支持湖南省启动燃煤污染型氟中毒综合防治项目，宜章县、桂阳县被列为项目执行县，每县改灶 1 万户。

（四）寄生虫病防治

丝虫病 1989—1996 年，郴州市（地区）卫生防疫部门多次组织采血监测，严防丝虫危害，加强微丝蚴阳性患者的治疗。1996年11月，省卫生厅专家评审组随机对宜章、永兴、嘉禾、临武、桂阳6县3651人进行血检，未发现微丝蚴血症者。省卫生厅宣布郴州市消灭了丝虫病。1997年11月，卫生部对湖南省消灭丝虫病进行审评，随机抽查资兴市，确认达标。

疟疾 俗称“打摆子”。新中国成立前，郴州疟疾发病率较高，有“人到郴州打摆子”之说。新中国成立后，经连续30多年的群防群治，取得很好效果。1987年，省卫生厅组织专家考核郴州地区灭疟工作，认定全区已达到卫生部规定的基本消灭疟疾的标准。1989—2005年，境内继续加强灭疟后期管理监测，广泛开展灭蚊杀虫，进行发热病人血检，免费治疗疟疾病人。其间，境内发生疟疾1161例，死亡1例，发病率1.54/10万，病死率0.09%。

（五）慢性非传染性疾病防治

2002年9月，苏仙区被卫生部列为慢性非传染性疾病综合防治示范县。苏仙区卫生部门对全区49家机关企事业单位35岁以上的6966名人员进行调查，发现患慢性非传染性疾病19种，主要有高血压病、慢性胃肠疾病、慢性支气管炎、冠心病、骨质疏松或骨折、贫血等。以高血压病患者居多，占被调查对象的31.93%。各级卫生部门加强健康教育和健康普查，建立居民健康档案，指导民众合理用药、合理膳食、合理运动，以预防控制慢性非传染性疾病。

（六）心理卫生与精神病防治

1989—1995年，郴州境内医院未开展心理卫生门诊，只有地区精神病医院对轻度精神病患者进行心理疏导。1996年，市内部分医院成立心理咨询门诊，配备专业心理医生，为病人提供咨询服务和心理治疗。1996—2005年，郴州精神病医院收治各类精神病患者2.6480万人次，其中1999年至2005年，收治市中心城区流浪精神病人300余人次。

第三节 妇幼保健

一、妇女保健

（一）妇科病检查治疗

1989年，郴州地、县两级普遍建立妇科病普查制度，卫生部门成立妇科“两病”（子宫脱垂、尿瘘）防治领导小组，采取专业队伍与基层妇幼保健员相结合的方法，分期分批对妇女进行“两病”检查和治疗。是年，全地区抽查已婚妇女10.7756万人，查出患有各种妇科病的4.3239万人，综合患病率为40.13%。发现危害妇女健康的疾病主要有宫颈糜烂、霉菌性阴道炎、滴虫阴道炎、卵巢囊肿、子宫肌瘤等。对妇科病主要采取中西医结合的办法进行治疗。1995年，全市抽查已婚妇女12.1163万人，查出患有各种妇科病的6.5016万人，综合患病率为53.66%。子宫脱垂和尿瘘病基本得到控制。之后，由于妇幼保健网络日益健全和完善，妇科病普遍得到有效治疗。2005年，全市抽查已婚妇女23.3347万人，查出患有各种妇科病的8.8069万人，综合患病率为37.74%，比1989年下降2.39个百分点。

（二）围产期保健

1989年，郴州地、县（市）妇幼保健院（站）围绕妇女围产期（产期前后）开展保健服务。各县（市）相继举办围产期保健班，创办“母婴学校”，开设专业门诊，建立孕产妇管理制度，全面推行孕妇建卡管理制度，全区孕妇建卡管理率达65.99%。对建立登记卡的孕妇，发放保健手册，开展产前检查，产后访视。是年，住院分娩率30.22%，孕产妇死亡率由1986年的7.9/10万下降至4.14/10万。1995年，全市孕妇建卡管理率上升至91.37%，住院分娩率增至48.16%。1998年，临武县被联合国人口基金会列为生殖健康优质服务项目试点县。2000年5月，郴州市人民政府召开妇幼保健工作流动现场会议，重点推进妇女围产期保健工作。各企事业单位相继建立孕产妇工间休息室、哺乳室。分娩女职工实行产假制，有特殊困难的产妇经本人申请，产假可延至一年，发75%的工资。2004年10月，市政府召开降低孕产妇死亡工作紧急会议，重点部署做好高危孕妇的筛查和管理工作。2005年，全市孕产妇建卡管理率92.83%，高危孕产妇建卡管理率98.09%，住院分娩率由1995年的48.16%上升至84.82%，孕产妇死亡率由1994年的4.14/10万下降至3.10/10万，控制在卫生部规定的范围之内。

（三）新法接生

20世纪80年代末，郴州地区基本普及新法接生。全地区医院普遍推行严格无菌操作、严格掌握阴道指征、严禁乱用催产素；防滞产、防感染、防产伤、防出血、防窒息的“三严五防”新法接生。1989年，全地区分娩6.0812万人，其中新法接生5.9285万人，占分娩数的97.5%。20世纪90年代，全地区建立新生儿疾病预防和保健基金，加强乡村接生员技术培训，提高接生员待遇，添置新法接生器械，新法接生率一直保持在95%以上。2000年，全市住医院分娩率达52.95%。2005年，全市分娩4.6514万人，其中新法接生4.5583万人，占分娩数的比例提高到98%；新生儿破伤风发生率由1989年的5.8/万下降至0.43/万；婴儿死亡率由1989年的60.28‰下降至14.84‰。是年，市卫生局出台乡镇卫生院产科3年达标规划，重点提高新法接生质量，乡镇卫生院妇幼卫生专干由1989年的247人增至347人。

二、儿童保健

1989年后，郴州地区妇幼保健部门普遍建立0~6岁婴幼儿健康卡管理制度，监测管理儿童生长发育情况，及时指导科学喂养和疾病防治。市（地区）、县两级妇幼保健院（站）加强对托幼机构的保健指导，会同教育、妇联等有关部门定期入园（幼儿园）入所（托儿所）进行儿童体检和预防接种。卫生管理部门对影响婴幼儿健康发育的蛔虫病、营养性缺铁贫血、佝偻病进行重点防治，给体弱儿童予以保健指导和行为矫治。

其间，全区着力推进儿童计划免疫，提高儿童健康水平。1993年起，为消灭严重危害儿童健康的脊髓灰质炎病，市（地区）统一规定每年的12月5日和次年的1月5日，为0~4岁儿童预防脊髓灰质炎强化免疫日，统一服用脊髓灰质炎三价糖丸疫苗，疫苗投服率达99%以上。1994年至2005年，境内未发生儿童脊髓灰质炎病例。

同时，各级党委和政府高度重视伤残儿童康复工作。1994年10月，民政部和联合国儿童基金会在郴州召开《伤残儿童康复过渡方案》终审工作会议，与会人员参观了郴州市社会福利院以及郴州市人民路、安和乡康复站伤残儿童康复治疗情况。

1994年，根据联合国儿童基金会、世界卫生组织《关于促进母乳喂养成功的十点措施》精神，郴州开展创建爱婴医院活动。是年2月，郴州首家“爱婴医院”在郴州市妇幼保健院挂牌。至1998年，全市有32家县及县以上医院和妇幼保健院建立爱婴医院、59所乡镇卫生院建立爱婴卫生院。次年3月，经省政府组织评审，郴州市达到“爱婴市”标准。

1995年，经省卫生厅计划免疫专家审评组抽检，郴州市儿童计划免疫建卡建证率达90%，“四苗”（卡介苗、百白破疫苗、麻疹疫苗、脊髓灰质炎糖丸）全程接种投服率96.67%。1996年1月，卫生部和省卫生厅专家到郴检查，郴州市实现以县为单位计划免疫接种率85%的目标。

2003年，卫生部将乙肝疫苗纳入儿童计划免疫范围，全市儿童乙肝疫苗接种率93.25%。2005年，市卫生局抽查11个县（市、区）55个乡镇，计划免疫建证率91.95%、建卡率94.29%，“四苗”全程接种投服合格率91.95%。脊髓灰质炎、麻疹、百日咳、乙型脑炎、流行性脑膜炎等儿童传染病大幅下降。1990—2005年，全市未发生儿童白喉病例；1994—2005年，全市未发生儿童脊髓灰质炎病例。

2005年，全市医疗卫生部门对5岁以下儿童进行体检，检查15.0076万人，其中体重小于中位数2SD（标准差）的3926人，占2.62%，因营养不良影响儿童健康的状况仍然存在。

第四节 医疗

一、中医

（一）发展概况

1989年，郴州地区有公立中医医院10所，病床850张，卫生人员907人，其中卫生技术人员736人。从1990年起，全地区进一步贯彻落实湖南省人民政府《关于加强中医工作的决定》，努力改善医疗条件，加强医院规范化管理。各县（市）制定中医工作发展规划，将中医事业费列入财政预算。1992年，宜章县财政拨款10万元扶助县中医院搬迁。1994年，桂阳县成立“农村中医建设领导小组”，实施《湖南省农村中医建设标准与实施办法》，拨专款扶持中草药种植、加工、经营，到1995年，全县乡乡有中医中药，经省中医药管理局评审达到农村中医建设合格县标准。是年，安仁县、嘉禾县中医院经省中医药管理局评审，定为郴州市首批“二级甲等中医院”。全市10所中医院床位增至1061张，卫生技术人员增至1104人。之后，全市加强中医（中西医结合）医疗服务市场整治。2002年，郴州市获全省中医医疗机构监管工作第一名。

2005年，全市10所中医院有床位1169张，卫生人员1937人，其中卫生技术人员1694人。医院业务收入由1989年的946.21万元增长至1.224亿元，增加11.94倍。17年间，境内开展中医（中西医结合）科研项目50项，引进应用新技术和项目10项。其中，列为国家“十五”开发课题、省级重点科研项目各1项，获国家专利1项，获省中医药科技进步四等奖1项，获市科技进步三等奖4项。苏仙、安仁、桂阳、宜章、资兴、嘉禾6县（市、区），经省卫生厅、省中医药管理局考核验收为湖南省农村中医工作合格县。

1989—2005年，郴州中医事业虽有长足发展，但比西医的发展明显滞后。据2005年统计，全市中医院与综合医院对比：中医院职工人均年业务收入比综合医院少5.86万元，中医院职工人均年门诊人次比综合医院少106.8人次，中医院职工人均年负责住院病床天数比综合医院少64.9天。是年，全市药品销售总额3.62亿元，其中中药销售额3499万元，仅占9.67%。10所中医院用药总量5841万元，其中中药用量1451万元，仅占24.84%。此外，境内名老中医医师日渐减少，中医医疗队伍后继乏人。造成上述状况的主要原因是社会普遍存在“重西医、轻中医”“西医治病，中医养身”的观念，就医首选西医。

（二）诊治技术

1989年，郴州中医医疗机构一般内设中医急诊、针灸、推拿、骨科、内科、外科、妇科、儿科、眼科、痔瘘科等科室。疾病诊断在继承“四诊”“八纲”“辩证施治”等传统技术的基础上，实行中西医相结合的诊断技术。中医传统治疗手段有中药、理疗、针灸、拔罐、推拿等。新技疗法有小针刀、穴位注射、牵引、红外线、高压氧等。郴州市中医院和汝城县中医院的骨伤治疗，桂阳县中医院的妇科病和脑动脉硬化治疗，宜章县中医院的中风偏瘫和肛瘘治疗，嘉禾县中医院的小儿急性白血病治疗，临武县中医院的腰椎间盘突出治疗等，颇具特色，疗效尤佳，影响甚广。

20世纪90年代后，郴州中医界不断总结改进传统治疗方法，致力引进和创新医术，诊治效果不断提高。医疗范围由治疗常见病扩展到心脑血管病、血液病、泌尿系统疾病、神经系统疾病及肿瘤等。桂阳县中医院用“中风康复汤”治疗脑血栓36例，治愈26例，有效9例。宜章县中医院采用“中西药颈动脉灌注疗法”治疗“中风”患者102例，有效率90%。汝城县中医院采用X光下手法骨折复位固定，外敷自制“接骨消炎散”，内服“桃仁四物加减汤”“壮骨养血汤”“海桐皮汤”治疗骨折骨伤病人412例，治愈383例，治愈率93%，肢体功能恢复满意率95%以上，骨折不愈合率仅0.4%。

1989—2005年，全市中医院研制中医良方35剂型，其中内科12剂型，外科4剂型，妇科4剂型，儿科2剂型，眼科5剂型，痔瘘科8剂型。这些方剂经临床应用均有良好疗效。

（三）主要医术科研成果

1989年，桂阳县中医院开展“微创颅内血肿清除术”，列为国家“十五”攻关课题，获得成功，被北京协和医院引进应用。1992年，汝城县中医院研制的“多功能骨折复位器”获国家专利；该院中医师何述栋主持研究的“老年骨质疏松症的防治”项目，获国际优秀成果奖。1999年4月，郴州医学高等专科学校教授周萍结合医疗实践，撰写的论文《健脾解毒汤治疗霉菌性肠炎》，被欧亚传统医学新进展暨世界知名医学成就评审委员会评为优秀学术论文。周萍被湖南省人事厅、卫生厅评为“湖南省名中医”。是年，柿竹园矿职工医院医师洪吉秀撰写的论文《百例痛症治疗疗效分析》，在泰国世界传统医学研究会、香港国际中西医结合学会等机构举办的“21世纪保健方式及医药医疗新进展论坛”上，获优秀论文奖。2000年，宜章县中医院骨伤科开展“黄龙接骨膏外敷促骨折愈合”研究，历经3年，效果明显，于2002年获郴州市科技进步三等奖。2002—2005年，郴州市中医院先后开展中西医结合“人工髋关节置换术”“骨关节炎持续灌洗术”“肿瘤治疗核粒子植入术”等7项治疗技术，均获成功，相继应用于临床治疗。

1989年与2005年郴州市（地区）中医医院发展情况统计表

表25-1-4-1

项目 / 时间（年） / 医院名称	病床（张）			卫生人员（人）			卫生技术人员（人）		
	1989	2005	增加（%）	1989	2005	增加（%）	1989	2005	增加（%）
郴州市中医院	174	252	44.82	183	400	118.58	147	361	45.58
桂阳县中医院	100	180	80	88	229	160.23	63	180	185.71
宜章县中医院	60	105	75	74	248	235.14	64	224	250
永兴县中医院	72	127	76.39	75	204	172	67	185	176.12
嘉禾县中医院	80	100	25	68	187	175	58	157	170.69

续表 25-1-4-1

项目 / 时间（年） / 医院名称	病床（张）			卫生人员（人）			卫生技术人员（人）		
	1989	2005	增加（%）	1989	2005	增加（%）	1989	2005	增加（%）
临武县中医院	70	85	21.43	82	137	67.07	65	128	96.92
汝城县中医院	40	70	75	54	117	116.67	45	101	124.44
桂东县中医院	24	26	8.33	37	46	24.32	31	40	29.03
安仁县中医院	90	124	37.78	65	175	169.23	48	145	202.88
资兴市中医院	140	100	–28.57	181	194	7.18	148	173	16.89
合计	850	1169	37.53	907	1937	113.56	736	1694	130.16

项目 / 时间（年） / 医院名称	门诊人次			出院人次			业务收入（万元）		
	1989	2005	增加（%）	1989	2005	增加（%）	1989	2005	增加（%）
郴州市中医院	65271	84896	30.07	1054	4364	314.04	222.30	3143	1313.86
桂阳县中医院	38240	36859	–3.61	1005	3401	238.41	106.90	1517.50	1319.55
宜章县中医院	46312	122865	165.30	976	3322	240.37	97.36	1575.30	2610.43
永兴县中医院	72079	31440	–56.38	549	1496	172.50	58.12	733.30	1161.70
嘉禾县中医院	56834	37668	–33.72	1296	2871	121.53	78.55	1114	1318.20
临武县中医院	66165	55346	–16.35	1004	3944	292.83	65.00	984.50	1414.62
汝城县中医院	35455	46765	31.90	601	2443	306.49	58.40	827	1316.10
桂东县中医院	26355	28831	9.39	138	653	373.19	27.62	308.90	1018.39
安仁县中医院	4664	33704	622.64	1381	2243	62.42	73.60	715.70	872.42
资兴市中医院	96880	62259	–35.74	2578	3246	25.91	158.36	1321.20	734.30
合计	508255	540633	6.37	10582	27983	164.44	946.21	12240.40	1193.62

二、西 医

（一）发展概况

1989 年，郴州地区地、县、乡三级共有公立综合医院 275 家，病床 9376 张，卫生人员 9853 人，其中卫生技术人员 7897 人。乡镇卫生院普遍存在“房屋破旧、设备简陋、人才缺乏”三大问题。全区 232 所乡镇卫生院，危房面积 14.6 万平方米，占总面积的 34.75%；医疗器械大多为 20 世纪 60—70 年代购置，尚有 80 所卫生院无 X 光机，66 所卫生院无显微镜，99 所卫生院无手术床。共有卫技人员 2863 名，按国家每千农村人口配备 1.3 人的要求，缺 881 人。卫技人员中具大专学历的仅 184 人，占 6.43%；具中专学历的 1212 人，占 42.33%；无学历的 1467 人，占 51.24%。

从 1990 年起，中共郴州地委、郴州行署着力改善乡镇卫生院医疗条件，加强各级各类医院基础设施建设，充实医护队伍力量。地县财政逐年增加卫生事业投入。1990—1995 年，全地区投入卫生事业费 1.72 亿元，占财政总支出的 4.2%，医疗机构医疗条件明显改善。郴州地区人民医院、郴州市立医院、桂阳县和安仁县人民医院通过省卫生厅验收，达到国家二级甲等医院标准；90多所乡镇卫生院达到卫生部颁发的“基本标准”，其中60多所乡镇卫生院达到国家一级甲等卫生院标准。

此后，全市以创甲等医院为目标，继续增加卫生事业投入，强力推进医疗事业发展。1996—2005年，全市财政投入卫生事业经费6.51亿元，各医疗机构亦自筹资金改善医疗条件。郴州市第一人民医院先后引进美国GE公司1.5核磁共振、第四代全身CT、数字化X线成像系统、数字化血管造影成像系统、瑞典Leica920手术显微镜等高科技医疗设备。

2005年，全市有市、县（市、区）乡（镇）卫生院等医疗机构344所，其中三级甲等医院1所，二级甲等医院9所，一级甲等卫生院76所；共有病床10185张，卫生技术人员1.2327万人。市、县两级12所直属医院（不含中医院）全年门诊180.66万人次、出院10.11万人次，分别为1989年2.7倍和2.27倍。

（二）临床医术

1989—2005年，郴州市（地区）、县两级综合医院以医德医术创名院、开名科、出名医，医疗技术快速提高。西医临床内科细分为神经、心血管、消化、呼吸、血液、内分泌、妇科、产科、儿科、肿瘤、免疫、急诊等专科；外科细分为心胸、肝胆、神经、脑、妇、脊柱、泌尿、烧伤整形、甲状腺等专科。治疗手段已应用腔镜、超声刀、激光、显微、介入、微创等先进技术。

1989年，郴州地区人民医院应用脑室造影与脑脊液细胞学检查、立体定向仪与CT扫描诊治颅内血肿、急性脑梗塞动脉内接触性溶栓、颅内感染髓内给药、蛛网膜下腔出血、脑脊液置换等诊治技术。1991年1月26日，地区人民医院首例心血管造影和首例心脏瓣膜置换获得成功。随后相继开展“体外循环心内直视术”“心脏肿瘤摘除”“腹腔镜胆囊摘除”“人工晶体植入”“桥小脑角肿瘤摘除”等高难度手术。至1994年，该院先后有12项科研成果获省、地级科研成果奖，显微外科诊治处全省地、市、州级医院领先水平。

1996年8月，临武县人民医院为一割断阴茎的患者施行“阴茎和尿道海绵体及血管、尿道吻合术”成功。10月，该院还为一患者成功摘除腹膜后巨大肿瘤（10千克、哑铃状）。是年，桂阳县人民医院普外科为“低位直肠癌”“结肠癌”“肝脓肿破裂”患者施行外科手术均取得良好疗效。该院开展的“胃癌切除术一次多途径化疗法”，使患者生命延长5年以上。

1997年后，市内综合医院学习引进新的医疗技术，购进先进的医疗器械，一些医疗项目填补了市内医疗界的空白。市第一人民医院引进应用立体定向脑肿瘤摘除、脑蝶鞍区肿瘤摘除等新技术，取得良好疗效。市第四人民医院通过电信网络与湖南医科大学附属医院3位专家为一患者进行远程会诊成功，首创县级医院网络远程会诊纪录。该院开展冠状动脉造影及PTCA，填补市内空白，这项技术时为省内同级医院领先水平。宜章县人民医院剖宫产改直切口为横切口和皮内缝合，术后伤口无疤痕。宝山铜矿职工医院采取StarRu剖宫术，比子宫下段剖宫产手术时间缩短30分钟，减少术中出血量。

1999年5月，郴州市第一人民医院为一出生仅40天的婴儿顺利切除巨大淋巴管瘤。2000年，市第一人民医院设立全省首个椎间盘镜手术系统，专治各种颈椎病和腰椎病。5月，该院建立生殖医学中心，在全省市州级医院中率先施行4例人工体外受精术，均顺利产下健康婴儿。11月，该院脊柱外科首次成功为一颈椎肿瘤患者施行椎体人工置换手术，表明郴州市椎体肿瘤和椎体爆裂性骨折的治疗水平有新的突破。

1997—2000年，县级医院相继开展一些高难度手术。市第四人民医院成功施行“肝巨大癌肿切除术”“脑脊液置换术”。资兴市立医院成功施行“胆囊微创切除术”。桂阳县人民医院成功施行肝脓肿破裂“带血蒂大网膜填塞术”“胆道镜取石术”。宜章县人民医院建立血液净化中心，开展血液灌流、序贯透析等一系列新的血液净化技术。该医院抢救脑血管危重病人成功率达90%以上。

2001年后，随着医疗新技术的引进和医疗技术的创新，全市西医医疗机构对儿科、产科、五官科、骨科、心胸外科、泌尿外科、烧伤科等疾病的诊治取得新的进展。市第四人民医院应用酚妥拉明加新生儿复苏囊，成功抢救重症肺炎并心衰新生儿；桂阳县人民医院成功应用肝素钠治疗新生儿硬皮症，应用高频呼吸机抢救呼吸衰竭病人；嘉禾县人民医院用苯巴比妥钠治疗新生儿缺氧缺血性脑病等，均获成功。市第一人民医院成功抢救体重仅0.8千克的早产儿，早产儿、低出生体重儿救治成功率进入国内先进行列，急、危、重症患儿抢救成功率达90%以上。该院对曾在本院做过眼部准分子激光上皮下角膜磨镶术的5名患者进行检查，证实该技术在省内首获成功。市第四人民医院骨科开展肘关节成形、断肢再植和各种畸形整复术，均获得成功。

2004年，临武县人民医院为一妇女摘除重达4.5千克的盆腔肿瘤，是全市医院摘除的最大盆腔肿瘤。宜章县人民医院开展上肢骨折带锁骨髓内加钉固定、髋关节置换、腰椎骨折复位等手术，成功率达90%以上。全市骨科临床技术已由单一治疗骨折发展到骨病诊治、关节置换、断肢再植、畸形整复、肢体毁损修复和功能重建、骨肿瘤切除保肢术等。

2005年，市第一人民医院开展电子支气管镜肺、胸膜活检和肺功能检测，效果良好；开展各种病原菌的培养、分离监测，提高了诊治全身性感染等疾病的科学性和疗效；成功应用血液净化技术抢救各种急性中毒及多器官功能衰竭病人；引进应用PPN手术和铜离子电化治疗痔疮等肛肠疾病技术，达到国际先进水平。

1989—2005年，乡（镇）卫生院及妇幼保健机构的医疗技术快速提高。永兴县高亭乡卫生院、桂阳县荷叶乡卫生院、临武县金江中心卫生院应用中西医结合疗法，治疗烧伤患者达到无休克、无感染、无疤痕的疗效。桂阳县妇幼保健院开展子宫内膜抗体测定、阴道细胞涂片防癌检查、早期宫颈癌快速诊断、乳腺疾病红外线诊断，不断提高妇科癌症诊断水平。2005年4月，市妇幼保健院成功施行全省首例水中分娩。

（三）传染病治疗

1989年，郴州地区传染病医院是全地区各类传染病定点收治医院。地区人民医院和各县（市）综合医院也设有传染病专科。

1989—2005年，郴州市第二人民医院（地区传染病医院）不断引进和创新传染病诊治技术，治疗效果明显提高。该院采用先进技术进行结核菌块速培养及药敏试验、结核菌DNA定量检测，诊断结核病迅速、准确，其抗痨方案治愈率高、复发率低；采用经皮穿刺给药及环甲膜穿刺给药，治疗重症、复杂、空洞型肺结核疗效良好；采用椎管内给药治疗结核性脑膜炎，起效快，疗效好。在治疗肝病方面，该院在市内率先开展乙肝“两对半”分辨定量检测技术、乙肝DNA检查，确诊乙肝；采用抗乙肝病毒特异性主动免疫疗法和人工肝技术及腹水过滤回输疗法，提高乙肝三阳患者的转阴率和重症肝炎患者的治愈率。

（四）急诊抢救

1995年后，全市各级医院加强急诊机构和急诊抢救设施建设。1997年5月22日，郴州市开通“120”急救呼叫专线电话；1999年12月16日，市第一人民医院设立郴州市“120”急救中心。2004年，市第一人民医院建成建筑面积1200平方米的市紧急救援中心，设立危重病救治专科（ICU）。11月，全省院前急救中心网络建设与管理工作现场会在市第一人民医院召开。是年，该院紧急出诊 4112 车次，接诊急危重症病人 2956 人次。2005 年，该院紧急出诊 5800 车次，接诊急危重症病人 4930 人次。

（五）主要医术科研成果

1990 年，郴州市市立医院开展的“包套式肠端吻合术研究”项目，获郴州地区科技进步二等奖。1991 年，郴州地区职防所进行的“不同职业有害因素与翼状胬肉发病关系的流行病学研究”项目，获郴州地区科技进步一等奖。安仁县人民医院开展的省内首次发现的“人、畜陷孢子虫病及流行病学调查”，获郴州地区科技进步二等奖。1995 年，市第一人民医院开展的“超薄皮瓣手术”项目，获省卫生系统科技进步奖。1996 年，市第一人民医院同永兴县人民医院合作的“二氧化碳激光治疗尖锐湿疣疗效观察”科研课题，获市科技进步一等奖。1997 年，桂阳县人民医院开展的“胃癌手术一次多途径化疗法”临床研究，获市科技进步一等奖。1991—2000 年，市第一人民医院院长陈亚光主持开展的“郴州市域内致病菌普及抗生素敏感新现状研究”及其参与开展的“集聚性大肠埃希杀菌的发现与研究”等 4 个科研课题，分别获得省、市科技进步奖。

2000 年，市第一人民医院开展的“经内镜支架置放术治疗食管、贲门恶性狭窄临床研究”课题，获湖南省科技进步三等奖。2004 年，市第一人民医院和安仁县疾病预防控制中心合作的“简易筛查肠集聚性大肠杆菌新方法研究”课题，获湖南省科技进步三等奖。1997—2005 年，全市西医医学研究获 7 项湖南省科技进步奖。

1989 年与 2005 年郴州市（地区）、县（市）两级综合医院发展情况对比统计表

表 25-1-4-2

项目 / 时间（年） / 医院名称	病床（张）		卫生技术人员（人）		门诊诊疗人次		出院人次	
	1989	2005	1989	2005	1989	2005	1989	2005
市第一人民医院（地区人民医院）	520	1422	528	1780	317203	881643	10823	33741
市第三人民医院（郴州市立医院）	190	210	157	342	111828	106068	3876	6644
市第四人民医院（郴县人民医院）	198	230	198	292	12367	102316	2112	6238
资兴市人民医院	120	110	92	156	59326	50360	2464	1476
桂阳县人民医院	317	300	267	518	198977	197524	8750	9609
宜章县人民医院	205	205	132	310	83846	78311	3832	6641
永兴县人民医院	238	210	184	368	62650	69061	5419	8122
临武县人民医院	233	180	134	281	67111	108471	4180	6405
汝城县人民医院	200	200	183	251	59509	42557	5327	4941
桂东县人民医院	100	100	72	137	35106	44312	2205	2868
嘉禾县人民医院	150	250	129	345	76099	72495	3561	8182
安仁县人民医院	250	220	211	303	97192	53500	6981	6256
合 计	2721	3637	2287	5083	1181214	1806618	59530	101123

三、中西医结合

1989年后，郴州市（地区）各级医疗卫生机构进一步贯彻国家“中医、西医、中西医结合三支力量长期并存”的方针，应用中西医结合治疗疾病取得令人满意的疗效。郴州各中医院开设中西医结合康复科，重点收治老年中风(偏瘫)病人。桂阳县人民医院采用中西医结合保守治疗各型 胰腺炎，治愈率达100%；采用中西医结合治疗多发性软骨病疗效明显，1998年获郴州市科技进步三等奖，1999年获湖南省科技进步四等奖。2000年，黄沙坪铅锌矿职工医院开展“中西医结合治疗肾病综合症”，有效率达90%。

2001年，市中医院骨伤科引进现代医疗技术和设备，中西医结合成功施行股骨头置换、肿瘤型人工全髋关节置换和膝关节、骨性关节炎持续灌洗术。其中人工髋关节置换和治疗骨化性肌炎、慢性骨髓炎、骨缺损的疗效，达省内先进水平。2002年7月，该院中西医结合成功施行低位直肠癌患者根治性切除保肛手术。

2003年，市第一人民医院、市中医院和湘南学院附属医院设立干部保健医院，以西医为主，中西医结合，诊疗各种疾病。市第一人民医院把原四病室、五病室合并为综合内科病室，中西医结合治疗老年心血管疾患。2005年，市第一人民医院开设以中医为主，中西医结合诊疗的老年康复科。全市95%以上的医疗机构均开设中西医结合医疗服务项目。

1989年与2005年郴州市（地区）各类医疗机构业务收支对比统计表

表25-1-4-3 单位：万元

项目	市中心城区医院		县医院		社区卫生机构		乡镇卫生院		中医医院		总计	
	1989年	2005年	1989年	2005年	1989年	2005年	1989年	2005年	1989年	2005年	1989年	2005年
收入合计	2199.10	49960.40	2210.80	25363.11	—	223.20	3148	17261.26	946.21	12249.08	8774.11	105057.05
医疗收入	977.40	29971.56	744.70	12826.39	—	94.50	577.90	7212.71	250.31	6139.80	2550.31	56244.96
药品收入	1021.30	19265.42	1254.10	11550.62	—	113.17	2671.50	8309.33	634.10	5841.20	5581	45079.74
其他收入	200.40	723.42	212.00	986.10	—	15.53	168.60	1739.22	61.80	268.08	642.80	3732.35
支出合计	1991.40	48364.56	1981.50	24653.16	—	249.54	3389.10	18457.87	913.60	12258.88	8275.60	103984.01
医疗支出	991.50	31549.44	769.10	14270.67	—	111.38	947.30	10441.68	267.80	7124.33	2975.70	63497.50
药品支出	910.70	16367.75	1135.70	9851.90	—	138.16	2428.60	7370.28	578.80	4962.43	5053.80	38690.52
其他支出	89.20	447.37	76.70	530.59	—	—	13.20	645.91	67	172.12	246.10	1795.99
收支结余	207.70	1595.84	229.30	709.95	—	-26.34	-241.10	-1196.61	37.80	-9.80	498.51	1073.04

说明：1989年无社区卫生机构，故无此项数据

第五节 公共卫生

一、环境卫生

（一）创建文明卫生城市（单位）

1989年，郴州地、县两级爱国卫生运动委员会推进创建省、地、县级文明卫生（单位）活动。各地大力宣传卫生知识，加强环卫设施建设，组织群众开展爱国卫生运动。经各级评审，全区创建省级文明卫生单位188个；地、县级文明卫生单位910个、卫生先进单位3500个、卫生之家45000户。

1991年6月，县（市）城区开展爱国卫生运动月活动。郴州市城区清运垃圾1919吨、清理污水沟3550米、垃圾池17个，铲除杂草6200平方米，清理乱贴乱画12600处，清灭卫生死角34处，查处影响市容市貌的违章建筑1362平方米，拆除违章标牌1007个，修整车行、人行道25605平方米，疏通下水道147千米。9月，湖南省创建文明卫生城市检查组赴郴检查，给予好评。

1995年5月，郴州撤地设市后，市委、市政府深入推进创建文明卫生活动，将每周五定为“卫生活动日”，市城区街道实行门前“三包”（包卫生、包治安、包绿化美化），37条主要街道划分成98个卫生管理责任区，落实到单位，实行单位“一把手”负责制。各县（市、区）大力整治城区“脏、乱、差”，普遍推行门前“三包”。1999年8月13日，郴州市城区遭受百年不遇的特大洪灾后，市、区领导和各机关单位负责人带头，10万人上街开展“三清”（清淤、清扫、清洗）、消毒攻坚战。共出动车辆2809台，清淤9400吨，清扫、清洗街道9万多平方米。2000年，省政府授予嘉禾县和桂阳县“湖南省卫生县城”称号。次年，省政府授予资兴市“湖南省卫生城市”称号。

2001年，市政府编印下发以讲文明、讲卫生为主要内容的《郴州市市民十不准》《郴州市民读本》。第四季度，郴州城区开展创卫生城市“百日攻坚”活动，20余万人参加“大清扫、大清理、大清洗”行动，30多名市级领导分片跟踪督促。至2005年，全市有3个县（市）被评为湖南省“卫生城市”或“卫生县城”，创建省级文明卫生单位28个，市、县级文明卫生单位39个。

（二）农村改水改厕

1989年，郴州地区农村广泛开展讲卫生、破陋习活动，推进改水、改厕工作。1990年，汝城县、桂东县、资兴市被确定为全区改水重点县（市），郴县、嘉禾县被列为农村改水与环境卫生世界银行贷款项目县。是年，省、地财政拨专款18万元、各县（市）安排配套资金32万元，加上各单位自筹资金，共投入210万元改水，先后建成农村集中供水工程301处，受益群众15万人。1991年，地、县财政投入172万元，各单位筹资282万元，完成自来水工程184处，新增受益人口13.40万人。至1994年，全区农村共新建集中供水工程878处，新建8712个手动水泵，70.78%的农村人口饮上清洁卫生水。

1995年，全市投入6410.7万元兴建农村集中供水工程2022个，受益人口增至339.78万人，占农村总人口的94.13%，自来水普及率名列全省市、州第四名。全市农村改厕投入500多万元，兴建和改建卫生厕所2.75万座，使用卫生厕所人口15.7万人。1996年，全市投入改水资金78.27万元，新增改水受益11.61万人；投入改厕资金233.10万元，新建卫生厕所5.788万座，其中无害化厕所3.193万座，累计使用卫生厕所人口235.35万人。之后，农村改水改厕由集中突击行动转为乡村日常性工作。

至2005年，全市改建、新建农村供水工程5000多处，改水受益人口占农村人口的97％；农村使用卫生厕所的人占农村人口的76%，其中使用无害化厕所的人数占62%。

（三）饮水卫生监测

1989年，郴州地、县两级卫生防疫站加强生活饮用水管理，实行供水卫生许可证制度，对集中供水单位及二次供水单位进行水质监测。是年，全区饮用水水质卫生合格率为89.6%，其中地直供水单位水质卫生合格率为91.87%。1996年，境内有7个县（市、区）发生洪灾，防疫站工作人员深入灾区开展水质监测，进行环境、饮水消毒，实现大灾之年无大疫。2001年，全市城镇供水监督覆盖率98.7%，城市二次供水监督覆盖率100%。2002年4月，市卫生监督所发现郴州天福纯净水厂无证生产经营直饮水，当即将其取缔。5月，对年供水能力3万吨以上的集中供水单位、定型包装饮用水生产企业，统一规范卫生管理、生产设备配置和生产工艺流程，并推行量化分级管理。是年，全市评出A级供水单位4家，B级供水单位21家，C级供水单位5家。此后，市卫生监督所对集中式供水水厂的出厂水、管网末稍水进行抽样水质监测，每月监测一次，丰水期（6—9月）每月监测两次，全年监测16次。2005年，全市有集中式供水水厂16家，其中市中心城区7家、县（市）9家，定型包装饮用水生产企业42家，生活用水水质合格率保持在95％以上。

（四）公共场所卫生监督

1989—2001年，郴州市（地区）公共场所卫生监督由卫生防疫、环保、环卫部门共同实施。主要对公共娱乐、公共浴室、美容业、旅馆、商场、车站等9种公共场所进行卫生检查和监管，对从业人员进行体检和卫生知识培训。2001年，全市公共场所卫生监督监测覆盖率100%。在全省创建文明卫生城市检查中，郴州市公共场所卫生达标率居全省市、州第一名。2002年1月，郴州市卫生监督所成立，并组建公共卫生执法队。11个县（市、区）也成立了相应机构。2003年，市卫生局制定《郴州市公共卫生监测工作计划》，市卫生监督所对公共场所的空气、水质、采光、照明、用具卫生等开展经常性卫生监测。是年，全市公共场所有经营户2701户，从业人员7655人，卫生监督覆盖率94.07%。在卫生监督检查中，进行卫生行政处罚560起，罚款198740元，警告1057户次，停业整顿54户次，吊销卫生许可证2家。2005年，全市公共场所卫生监测1557项次，卫生合格率95.27%；对四大类化妆品进行检查，抽查商品155件，合格率为95.2%。

二、食品卫生

1989年，郴州地区有食品生产、经营户14600户，从业人员29200人。地、县两级卫生监督所仅有食品卫生监督员58名，卫生监督任务繁重。1990年，全区开展创建“食品卫生示范县”“食品卫生示范单位”“食品卫生信得过单位”活动，地县市卫生监督所增配食品卫生监督员16名。宜章县在创建食品卫生示范县中，调整县食品卫生领导小组，制定创建方案，在乡镇、厂矿配备食品卫生检查员89名。1991年，该县投入460万元改善食品生产卫生条件。1992年，该县防疫站对全县1772家食品生产、经营户进行审核发证，对从业人员进行健康检查，查出患有传染病的人员全部调离。1993年6月，卫生部授予宜章县“食品卫生示范县”称号。是年，全区有92家食品生产经营单位被市卫生局评为“食品卫生信得过单位”或“食品卫生示范单位”。1999年，郴州发生人禽流感，食品卫生监督部门加强食品卫生检查，实行食品生产经营单位卫生监督全覆盖。是年，在全省创建文明卫生城市检查中，郴州市食品卫生检查得分居全省市、州第二名。

2002年，全市加强食品卫生执法队伍建设，166名卫生监督员，经培训考核均取得卫生监督员资格，其中100人取得卫生行政执法证。全市查获并销毁假冒伪劣食品63种2000余千克；捣毁加工制售死猪肉窝点1个，没收并销毁病死猪肉930多千克；查获违法保健食品53个品种820多件。2003年，市卫生监督部门对食品生产经营企业实行分级管理，将企业分为A、B、C、D四个等级，分别制定食品卫生安全标准。A级单位实行简化监督（一年2次），B级单位实行常规监督（一年4～6次），C级单位实行强化监督（一年8～10次），D级单位责令整改乃至吊销卫生许可证，并实行等级升降动态管理。是年，市中心城区开办首家私营餐具（碗、筷）消毒中心，餐饮用具实行集中消毒，统一配送。

2005年，市中心城区食品卫生监督监测实行市、区两级管理。二星级及以上宾馆且经营面积在1000平方米以上的餐饮单位、14家食品加工企业、7家商场（超市）、7个农贸市场和小食品批发市场的卫生由市卫生监督所负责监督监测，其余食品经营单位由北湖、苏仙两区卫生监督所负责监测。是年，全市立案处罚食品卫生不合格的生产、经营户1744户，处罚金额17.476万元，责令召回卫生不合格食品18699千克，没收销毁假冒伪劣食品93311千克，责令停产停业650户，取缔非法经营户650户，吊销卫生许可证49户。

三、劳动卫生

1989年，《湖南省工业企业劳动卫生管理条例》颁布后，郴州地区加强企业工作场所安全卫生防护监测，全区288个县属以上工矿企业相继建立工业卫生档案和职工个人健康档案。卫生监督部门每年对工矿企业进行一次作业环境卫生监测，查出的职业病患者安排在当地职工医院（医务室）疗养，地区劳动卫生职业病防治所（2002年撤销）每年收治职业病人50～70人次，主要是尘肺病和职业中毒患者。2002年5月，《中华人民共和国职业病防治法》实施后，职业卫生管理进入法制化轨道。2004年，全市中小企业1452家，实行职业卫生监督1271家，监督覆盖率85.53%。全市接触有毒有害物质的职工（含农民工、季节工）约15万人，职业病主要有尘肺（矽肺）病、铅砷中毒、TNT中毒、苯中毒以及噪声污染，以尘肺病居多。2005年，市卫生监督所对职业卫生技术服务机构进行资格认证和实行规范管理，依法立案查处违法作业企业9家，处罚金额49.5万元。

（一）尘肺

郴州境内煤矿、有色金属矿较多。1989年，郴州地区职业病防治所开展尘肺病普查，要求企业尤其是煤炭生产企业采取综合措施防治井下工人患尘肺病。1996—1998年，全市开展尘肺病普查4次，检查75个企业粉尘作业点，组织5671名工人进行体检，检出尘肺病患者621人，患病率10.95%，以煤尘肺病居多，占43.39%。2002年，市疾控中心普查30个企业，组织3418名接触粉尘工人进行体检，检出新发尘肺患者189人。2003年，全市开展职业病普查，普查24191人，查出905人患有各种职业病，其中患尘肺病656人，占职业病人数的72.48%。每年查出的尘肺病患者，各单位将其调离尘农岗位进行疗养，并采取有效措施改善粉尘作业点工作条件，降低粉尘浓度。

（二）职业中毒

1992年，郴州地区职业病防治所普查县属以上80个厂矿3640名接触铅砷、TNT、苯和噪声的一线工人，发现患噪声耳聋37人；普查乡镇企业2965名接触有毒有害物质的一线工人，发现慢性铅中毒23人，铅毒吸收者46人，呈阳性率58.47%。2000年，苏仙区邓家塘乡、永兴县柏林镇和黄泥乡先后发生生活性砷中毒事故，市和区县卫生部门对中毒病人及时进行治疗，无一例死亡。

2001—2005年，市疾控中心监测全市有毒有害作业点3800余个，合格点62.10%。2005年7月，桂阳县某冶炼公司金属废渣污染水源，致44名职工砷、铅中毒，10人住院治疗。是年，市卫生局制定《郴州市急性职业中毒事故应急救援预案》，建立和完善职业中毒事故报告体系，进一步提高职业中毒防治的时效性。各地卫生部门把预防农药中毒列为农业劳动卫生的重点，乡镇卫生院均配备农药中毒急救包，大力推广有机磷农药中毒救治新技术。

四、放射卫生

1989年10月，郴州地区职业病防治所依法对区内的医用X光机、放射性同位素、放射源应用单位进行监管，建立技术档案、工作人员剂量档案和健康档案。1990年，地区职业病防治所会同宜章县卫生部门，对该县水泥厂同位素放射源进行监测，督促水泥厂按国家卫生标准实行规范化管理。同时，对全区放射源应用单位，放射性源点进行经常性监测。1998年，资兴市、苏仙区等8个县市区医院的放射装置基本达标，获得射线装置许可证。2000年，市疾病预防控制中心对40个X放射工作单位及12个放射性同位素单位进行监测，合格率分别为95.60%和100%。2002—2005年，市疾控中心对市内77个单位的3766个放射线装置进行检查，合格点3491个，合格率达92.70%。其间，市疾控中心对有色金属矿放射性物质进行经常性监测，一旦发现超过国家卫生防护标准，即督促矿山和有关单位予以清除。黄沙坪铅锌矿的粗矿中含微量放射镭，经督促矿山对洗矿水进行综合处理后，未再发现镭射损伤的病例。

五、学校卫生

1989年，郴州地区地、县（市）防疫站进行中小学生健康检查，检查结果显示学生中患砂眼、龋齿、视力低下、贫血和蛔虫感染的分别为13.59%、14.24%、20.34%、24.68%、18.38%，视力低下与贫血学生人数较多。1991年，郴州市部分学校推广保健牙刷，试用氟离子透入仪对患有龋齿的459名学生进行防治。1989—1993年，地区卫生部门连续5年在各中小学校对学生进行服药驱蛔虫，蛔虫感染率降低60%以上；给患有视力低下的20684名学生配戴防近视眼镜，有效率55.7%；给患有贫血症的10369名学生服用“血康宝”，患病率下降31.1%。1997年，市第一人民医院开展的《中小学生阴茎包皮发育规律及包皮手法扩强术的应用研究》课题，获郴州市科技进步一等奖；《郴州市中小学生龋病和牙周疾病流行病学研究》等3篇有关学生健康的学术论文，获郴州市科技进步成果奖。2001年，市卫生局下发《关于开展学校食品卫生和生活饮用水卫生监督专项执法检查的通知》，在全市范围内开展以学生食堂卫生和学生饮用水为重点的专项治理活动。到2004年，全市2918所各级各类学校均设立医务室（卫生室），配备1～2名专职或兼职卫生保健员。此外，学校普遍开设卫生常识课，开展课间操、眼保健操，每年对学生进行一次身体检查，学生中的常见病得到及时矫治。2005年，全市卫生部门联合公安、教育、工商、城管部门，对学校周边小饮食店、食品经营摊点和校内学生食堂进行卫生监测和整治，先后查处湘南学院王仙岭校区食堂从业人员无证上岗、郴州市职业技术学院食堂不符卫生标准、郴州市第十五中学生食堂发生的食物中毒事件，促使学校及周边的卫生环境得到改善。

六、突发性公共卫生事件处置

（一）重大灾情处置

1989年后，郴州市（地区）不断完善突发公共卫生事件应急处理机制，及时救治各类突发性疾病患者。1991年3月底，境内局地遭暴雨袭击，10多万人受灾，地区红十字会积极组织医务人员赶赴灾区，进行环境消毒，发放预防药品，各灾区未发生疫情。是年，地区红十字会被中国红十字会评为抗洪救灾先进单位。1994年、1996年、1999年、2000年、2002年，郴州多次发生大洪灾，郴州卫生部门紧急启动《突发公共卫生事件应急处理预案》，累计派出355个医疗防疫工作队赶赴灾区，进行环境和 饮水消毒，监测蔬菜、食品卫生状况，开展人群免疫预防，累计投入防治药品价值950余万元，确保大灾之后无大疫。

（二）暴发性疫情处置

郴州市（地区）卫生部门根据疫情流行特点，及早开展预防知识宣传和预防准备工作，一旦发生疫情，尽快组织医疗队伍赶赴疫区，发放防治药品，收治抢救病人，进行环境消毒，防止疫情蔓延。1989年8月，桂阳县欧阳海乡4个村流行麻疹，发病201人；10月，宜章县12个乡（镇）发生脊髓灰质炎32例，经卫生部门紧急防治，疫情得到有效控制，无人员死亡。1990年3月，桂阳县四里乡罗家岭村一村民在外打工感染伤寒后回家，全村饮用水源被污染，造成伤寒暴发，发病116例，占全村总人口的20.42%，经县、乡医务人员及时救治，病人全部康复。1994年5—8月，郴州市、郴县、资兴市发生霍乱，临武县土桥乡小溪村暴发钩端螺旋体病；1999年5月，北湖区、安仁县、桂阳县流行霍乱；2000年9月，汝城县10个乡（镇）暴发钩端螺旋体病；2005年9月，安仁县众成中学暴发甲型肝炎。卫生部门及时组织医疗队赶赴疫区进行医治和防控，疫情都得到有效控制。1989—2005年，境内先后暴发甲、乙型传染病17起，紧急救治1917例病人，其中14人因抢救无效死亡。

（三）食物中毒处置

1990年8月3日，安仁县98人因食用被沙门氏菌污染的皮蛋，发生食物中毒，经及时治疗无人员死亡。1996年6月15日，桂阳县城郊乡昭金村村民误食“黑毒伞”野生蘑菇，16人中毒，8人因抢救无效死亡。1997年3月15日，安仁县华王乡中心小学食堂误将装过砒霜的编织袋装大米，致202名师生中毒。事发后，各级党委、政府迅速组织抢救，无人员死亡。1998年6月，嘉禾县田心乡大尾地村5位村民、2000年8月桂阳县方圆乡中和村18位村民，均因食用野生蘑菇中毒，死亡4人。2000年4月15日，安仁县城东中学食堂使用砷含量严重超标的酱油，导致22人中毒，无人员死亡。1989—2005年，郴州境内共发生较大食物中毒事件6起，其中化学性食物中毒2起，细菌性食物中毒1起，植物性（毒蘑菇）食物中毒3起，共造成361人中毒，除12人因抢救无效死亡外，其余中毒人员全部康复。

七、公共卫生体系建设

2003年，在全国多地发生非典型性肺炎流行期间，国家启动公共卫生体系建设。8月14日，市委、市政府召开联席会议，决定加强全市公共卫生体系建设，增强疾病预防、应急救援、疾病治疗功能。全市各级各部门按照市委、市政府的部署，全面开展公共卫生体系建设。市本级重点抓好“一个中心，两所医院”（市疾病预防控制中心、市第一人民医院、市第二人民医院）建设；各县（市、区）建好一个疾病预防控制中心、3所以上医院；每个乡（镇）办好一所政府主办的卫生院。

2004—2005年，市、县两级财政按市政府要求，卫生事业费支出的增长幅度不低于财政总支出的增长幅度，确保公共卫生建设投入。两年间，市本级投入384万元，依托郴州市第一人民医院，改建紧急救援中心医疗用房面积1200平方米。全市投入2993万元，完成疾病预防控制机构建设项目12个（市本级1个、县市区11个），累计新、改、扩建医疗用房面积2.90万平方米；投资3523万元完成传染病医院（病区）建设项目10个（市传染病医院和9个县市传染病防治区），新、改、扩建医疗用房2.37万平方米。此外，全市运用省公共卫生建设项目资金及各县（市、区）配套资金共2957.90万元，新、改、扩建44所乡（镇）中心卫生院，建设面积4.60万平方米。2005年12月，全市公共卫生体系建设项目，经省卫生厅代表省政府考核验收，全部合格。

1989—2005年郴州市（地区）财政拨付卫生事业经费统计表

表25-1-5-1

项目 / 年份	财政总支出（万元）	财政拨付卫生事业经费（万元）	财政拨付卫生事业经费占财政总支出（%）
1989	39298	1863.90	4.74
1990	44606	2081.80	4.67
1991	48482	2184.30	4.51
1992	59295	2573.39	4.34
1993	76329	2723.41	3.57
1994	82121	3627.60	4.42
1995	98752	3965.87	4.02
1996	117852	4285.66	3.64
1997	128866	5164.59	4.01
1998	149285	5315.82	3.56
1999	176669	5533.92	3.13
2000	187231	5627.37	3.01
2001	237560	6367.27	2.68
2002	295311	6318.82	2.14
2003	350706	7894.08	2.25
2004	406048	8774.84	2.16
2005	494730	9768.30	1.97
合计	2993141	84111.53	2.81

第六节 卫生管理

一、医疗市场管理

1989年，郴州地区行署制定下发《关于进一步加强管理整顿医疗市场的通知》，全区医疗行政管理部门开展个体医疗市场清理整顿。各县（市）对个体行医者进行严格审查，符合办医条件的发给行医执照，并严格规定其行医行为和业务范围。全地区审查批准个体诊所55个。1990—1994年，地区卫生局先后下发《关于深化改革加强医疗卫生管理的意见》《关于进一步整顿医疗工作秩序的若干规定》《关于搞好个体医疗机构管理整顿的通知》，对医疗市场的监督管理作出具体规定。全市共取缔无证行医诊所46家，处罚违规行医诊所123家，社会办医进入规范有序轨道。

1995—1999年，郴州市人民政府组织卫生、公安、工商、医药管理等部门4次全面清理整顿医疗市场，查处违反医疗管理规定的医疗机构146家、停业整顿129家、取缔108家，取消社会医疗机构不合理收费17项。

2000年，全市进行医疗市场集中整顿，重点治理社会上出现的乱办医、乱办药、乱办学（医疗培训）的“三乱”现象，取缔无证行医机构209家，查处违规行医机构16家、无证行医执业者92人、无证游医54人。2001年8月，市卫生局成立整顿医疗市场小分队，巡回检查医疗机构164家，查处无证行医20家、药店无证坐堂行医8人、擅自变更执业地点1家、超范围行医6家、不具备执业医师资格11人、“医托”2家、非法使用麻醉药品2家。

2002年，市卫生局派出7个调查组对市中心城区的个体医疗机构重新摸底登记，逐个进行审查，将审查合格的58家营利性医疗机构公布在《郴州日报》上，审查不合格的限期整改，整改不达标的予以取缔。

2005年，全市突出整顿和规范医疗服务行为，先后出动执法人员5538人次，重点整治无证非法行医、乱发医疗广告、超范围行医、非营利性医疗机构将科室医疗业务对外承包、非法使用麻醉药品和进行生育“两非”（非医学需要鉴定胎儿性别、非法终止妊娠）等行为。先后纠正市第三人民医院、市第六人民医院、市疾病预防控制中心科室业务外包行为；取缔无证医疗机构8家；清退民办医院42名不具备执业资格的医护人员和11名药店非法坐堂行医者；查处6名游医。

二、医疗质量与安全管理

1989年，郴州地区各级各类医院执行省卫生厅制定的《全面加强医疗质量管理方案》，建立和完善医疗质量监督管理组织和制度，重点抓好以病历书写质量为主要内容的质量管理。1990年，全区县属以上医院均成立医疗质量安全委员会或领导小组，一些医院专设质量监控科，配备专（兼）职医疗质量监控员。

1991年，市卫生局按照医院《诊疗判断标准》和有关要求，对全区13所县以上综合医院和2所专科医院进行全面检查，入院诊断符合率平均91.7%；一、二、三、四、五级死亡病历质量分别为9.35%、18.7%、20.71%、15.14%和36.08%；有7所医院7项护理质量指标达标；有9所医院供应室建设达标。之后，市卫生局把医疗质量管理作为市、县两级医院（包括乡镇中心医院）创“二甲”“一甲”的重要内容，每年举办1～2期院长、医疗技术骨干培训班。

1993年后，为提高医疗质量，加强医疗安全管理，全区各医院组织医务人员进行“三基”（基本理论、基本技能、基本知识）教育和训练，开展“三基”知识竞赛，将“三基”教育获得的学分作为职称晋升的重要依据。市卫生局每年组织医师、护士执业资格考试，考试不合格者不得从事医护工作。

1996年，经省卫生厅医院评审委员会评审，郴州市第一人民医院、郴州市第三人民医院、桂阳县人民医院、安仁县人民医院首批达“二级甲等医院”标准，安仁县和嘉禾县中医院达“二级甲等中医院”标准，60所乡镇卫生院达“一级甲等卫生院”标准。1997年，郴州市第一人民医院达“三级乙等医院标准”。

1998年，全市12所县级以上综合医院，10所市、县级中医院均达“二级甲等医院”标准，80所乡（镇）卫生院达“一级甲等卫生院”标准。汝城、桂阳县妇幼保健院被评为“一级甲等妇幼保健院”。在实施医院分级分类管理中，各医疗机构开展“以病人为中心、以优质服务为重点”活动，加强急诊、抢救、手术会诊、查房等环节的质量和安全管理，建立危重病人和医疗质量安全检查日报制。2000年，郴州市第一人民医院达到国家“三级甲等医院”标准。

2001—2005年，市、县两级卫生局把医疗质量与医疗安全列入目标管理，每年与所属医院签订医疗质量与医疗安全管理责任状，年终考核实行“一票否决制”。市卫生局对全市26所二级以上医院的医疗质量与医疗安全考核情况通报全市。2002年“5·12”护士节前夕，全市举办护理技术操作比赛。同时，组织一批护理骨干到北京协和医院、济南市三医院学习护理经验。2005年，全市医院以“质量、安全、服务、管理、费用”为内容，开展“医院管理年”活动。市卫生局对市直6家医院“管理年”工作进行现场抽查，在问卷调查中，病人对医院服务满意度均在90%以上，对医护人员的满意度达98%。医院三级查房、疑难病例及死亡病例讨论、危重病人交接班及告知等管理制度，一一得到落实，医疗收费同比下降8%~10%。

三、血液管理

1989—1994年，郴州地区各级医院医疗用血均自采自用。1994年7月，郴州地区中心血站启动采供血工作。1995年，地区中心血站改称郴州市中心血站后，进一步改善工作条件，加强技术力量，通过省评审验收，成为全省首批达部（卫生部）颁标准的采供血机构。全市血液管理工作实行“三统一”（机构、采供血、血液管理统一）管理模式。1996年，市卫生局把血液管理列为《医政工作目标管理责任书》的内容。市中心血站承担全市300余家医疗单位供血任务，在全市设置储血室32个，实现就近供血，保障医疗急救用血，年供血量100万毫升以上。是年，郴州市中心血站获全省血液管理工作先进单位称号。

1997年开始，市中心血站组织民众自愿无偿献血。1998年10月，《中华人民共和国献血法》颁布实施，全市建立市、县、乡、村无偿献血网络。12月10日，市委书记梅克保在新落成的市中心血站大楼，带头献血400毫升，成为该站乔迁新址后第一位无偿献血者。1999年，全市临床用血80%来自无偿献血，郴州市进入全国无偿献血先进城市行列。

2001年，市政府先后下发《关于进一步加强无偿献血管理工作的通知》《关于印发〈郴州市无偿献血者免费用血暂行规定〉的通知》。全市无偿献血1.34万人次，献血量486.5万余毫升，实现临床用血全部来自无偿献血的目标。是年，市中心血站在全市农村集镇，建立农村无偿献血采血站45个，登记在册的固定自愿无偿献血者2528人。2003年“非典型性肺炎”流行期间，郴州市中心血站向北京、长沙等地提供血液133万毫升，支援当地医疗临床用血和抗击“非典型性肺炎”用血。

2005年，全市无偿献血量338.23万毫升，临床成分输血率稳定在96%以上，处于全国领先水平。1998—2005年，市中心血站连续8年获湖南省临床检验室间质优秀奖。2001年、2004年、2005年，郴州市获卫生部、中国红十字会、中国人民解放军总后勤部卫生部授予的“全国无偿献血先进城市”称号。

第七节 卫生机构

一、卫生行政机构

（一）郴州市（地区）卫生局

系郴州市（地区）医疗卫生行政管理职能部门。1989年，地区卫生局设办公室、人事科、计划财务科、医政科、科教科、防疫科以及药政管理处、中医管理站、医学科技情报站、卫生培训班10个科室（站），有工作人员48人。1995年，郴州撤地设市后更名为郴州市卫生局。内设职能科室8个，即办公室、政工科（加挂监察室牌子）、财务科、法规科、疾病控制与妇幼保健科、医政科（含中医、药政）、科教科、干部保健科。所属事业单位有市医学科技信息服务中心、市医疗机构药品集中采购服务中心。挂靠单位有市红十字会办公室。2005年，增设农村卫生与合作医疗科，全局有工作人员38人。各县（市、区）卫生局内设机构与市卫生局基本相对应。

（二）郴州市（地区）爱国卫生运动委员会

1956年5月，郴州地区爱国卫生运动委员会（简称地区爱卫会）成立。地区爱卫会由卫生、环保、建设、教育、水利、财政、工商、公安等部门负责人组成，由一名副专员（副市长）兼任主任，下设办公室，为副处级行政管理单位。地区爱卫会负责组织协调开展公共环境卫生、防病治病、病媒生物防治、除四害、健康教育等工作。

二、医疗卫生机构

1989年，郴州地区有医疗卫生机构319个（不含诊所和村卫生室，下同），卫生人员14401人，其中医护技术人员12648人。1995年，郴州撤地设市后，全市有医疗卫生机构335个，卫生人员15652人，其中医护技术人员12801人。2000年，全市有医疗卫生机构349个，卫生人员16691人，其中医护技术人员13792人。

2005年底，全市共有各类医疗卫生机构354个，其中：市、县（市、区）属医院64个（含民营医院）、乡镇卫生院239个、门诊部7个、中心血站1个、疾病防控中心12个、妇幼保健院12个、卫生监督机构12个、专科疾病防治医院2个、卫生监督检验所3个，其他卫生机构4个。全市医疗机构共有病床11354张，其中标准床位7816张。共有医护人员16155人，其中卫生技术人员14021人。

医护人员中具有中级以上职称者3409人，为1989年的7.7倍。

三、医药卫生服务机构

（一）郴州市医药卫生科技综合服务中心

成立于1992年，主要经营I、II、III类医疗器械，兼营消毒药品，负责医药卫生新技术、新项目推广。2003年后，开始承担公共卫生部分突发性疾病的预防救治用药品、消毒物资的采购、储备和发放。

（二）郴州市卫生职工培训中心

成立于1996年，归口郴州市卫生局管理，负责全市在职卫生技术人员业务培训和学历教育，每年完成培训乡村卫技人员1500名以上。2002年至2005年，完成1100名卫生技术人员的专、本科学历培训。

（三）郴州市医疗机构药品集中采购服务中心

成立于2000年10月，归口市卫生局管理，自收自支事业单位。该中心的职责是向药品和医疗器械供需双方提供交易场所，发布供求信息，开展医药医疗器械采购招投标。2000年至2005年，该中心组织药品和医疗器械集中交易80期，成交金额4亿元。

四、医疗社会团体

（一）郴州地区（市）红十字会

1988年7月成立，下设办公室，为全额拨款事业单位，由地区卫生局代管。1995年，地区红十字会更名郴州市红十字会。2004年5月，市红十字会归口市政府办管理，会长由市政府主管卫生工作的副市长兼任，设常务副会长（副处级）1名，秘书长兼办公室主任（正科级）1名。办公地点在市卫生局院内。是年底，全市有红十字会组织近400个，会员7万多人。1989—2005年，市（地区）红十字会组织抗灾救灾、无偿献血、接受和发放救灾物资款项，以及组建志愿者投入各项救助解困工作，发挥了重要作用。

（二）中华医学会郴州分会

1989年，中华医学会郴州分会归口地区卫生局管理，配备专职工作人员2名。有理事会成员57名，团体会员单位35个，会员2400人。下设内科、外科、儿科、妇产、传染、肿瘤、耳鼻喉、头颈外科、眼科、口腔、放射、检验、病理、行为医学、麻醉、神经、生理、急诊、消化内镜等医学专业学会。2002年8月，中华医学会郴州分会成立郴州市医疗事故技术鉴定委员会，由23个专业学科的218名医药卫生技术人员组成。至2005年2月，市医疗事故技术鉴定委员会先后受理医疗纠纷案件216起，完成技术鉴定159起，鉴定为医疗事故的58起。

1989—2005年郴州市（地区）卫生局主要负责人名录

表25-1-7-1

单位	姓名	职务	任职时间
郴州地区卫生局	陈子平	局长	1983.08—1990.09
郴州地区卫生局	屈天福	局长	1990.09—1995.05

续表 25-1-7-1

单 位	姓 名	职 务	任职时间
郴州市卫生局	屈天福	局 长	1995.05—1997.05
郴州市卫生局	刘建设	局 长	1997.05—

五、郴州市医疗机构选介

郴州市第一人民医院 前身是1907年美国长老会开办的“郴县惠爱医院”。1953年6月，改名郴州人民医院。1973年3月，改名郴州地区人民医院。1995年9月，改名郴州市第一人民医院。1997年，被评为国家三级乙等医院。2000年，被评为国家三级甲等医院。2005年，卫生部授予其“全国百姓放心示范医院”荣誉称号。是南方医科大学附属医院、南华大学教学医院和湘南学院附属第一医院，是郴州市医疗急救、医学科研教学、康复保健中心。2005年，医院在职职工1780多人，其中有高级专业技术职称的190名，中级职称的432名，医学博士、硕士55名，在读研究生120名。分设中心医院、南院和北院（儿童医院）三个医疗区，有病床1400多张。

中心医院位于郴州市中心城区罗家井，是全市医疗综合实力最强的综合医院，设有内科、外科、儿科、妇产科、耳鼻喉科等31个临床专科和药剂、放射、病理、检验、核医学等20多个医技科室。另设防治检验中心13个。拥有2台美国产GE磁共振、4台螺旋CT等高精尖医疗设备。先后成功开展心脏移植、肝移植、肾移植、骨髓移植、冠状动脉搭桥、人工生殖工程（试管婴儿）、腔镜甲状腺微创术等高难度医疗技术项目。2004年8月，医院投资384万元建成郴州市紧急救援中心。

南院位于郴州市青年大道8号。2005年年底，门诊大楼和住院大楼建成并投入使用。医院占地面积10.86公顷，医疗用房7.15万平方米，是一所以肿瘤诊治、亚健康干预、生殖医学、科研教学、康复保健和综合门诊为特色的现代化医院。

北院位于郴州市飞虹路6号。2005年，郴州市第六人民医院（原铁路医院）并入郴州市第一人民医院，成立郴州市第一人民医院北院（儿童医院），市第一人民医院儿科、新生儿科整体迁入北院。北院主要承担新生儿科、儿童内外科疾病治疗保健工作，是全省首家市州级儿童专科医疗保健医院。

湘南学院附属医院 位于郴州市人民西路25号。前身为郴州地区卫校附属医院，创建于1970年。1994年9月，郴州地区卫校升格为郴州医学高等专科学校以后，为该校附属医院。2003年，湘南学院成立后，为湘南学院附属医院。是一所集医疗、教学、科研、预防保健于一体的国家二级甲等医院。2005年，医院设临床专科26个，医技科室12个，住院床位700张。全院有职工564人，其中教授、主任医师40人，中级职称医师160人。能开展骨外、普外、颅脑、神经、心脑、肝胆、脊柱、泌尿、妇产、儿科等各类手术。腹腔镜等微创手术在全市开展最早，技术较为成熟。

郴州市中医院 位于郴州市国庆南路。创建于1956年6月，时为郴县中医院。1962年改称郴州市中医院。1987年4月，由集体所有制改为全民所有制，改称郴州中医院。1995年，郴州地改市后更名郴州市中医院。医院占地面积1.33公顷，医疗用房2万平方米。2005年，全院有职工360人，其中有高级职称医护人员25人，中级职称100多人。设中西医急诊、骨伤、骨内、妇产、肝肠、内科、外科、康复、皮肤性病、针灸、五官等21个临床科室。开设250张病床。拥有大型医疗设备70余台。医院突出中医特色，注重中西医结合施治，配置了远程会诊系统，实行计算机网络信息管理，是一所集中医医疗、教学、科研、保健为一体的国家二级甲等中医医院。

郴州市精神病医院 位于郴州市城区杨家坪。创建于1960年4月，时称郴州专区精神病医院，是一所以防治精神疾病为主的专科医院。20世纪70年代，医院采用中西医结合及心理疗法医治精神病，疗效显著，享誉全国，曾受到周恩来总理的称赞。该院精神分裂症防治专科是湖南省首批市州级医院临床重点专科，其采用综合治疗手段医治精神分裂症疗效颇佳。2004年，该院投资1300万元，新建8000平方米宾馆式住院大楼，满足不同层次患者需求。2005年，全院在职职工272人，其中医护专业技术人员197人，有副高以上职称人员15人，中级职称106人。有病床360张，设精神、癫痫、老年病、心理、康复、戒毒等13个临床科室（病区），6个医技科室。另在郴州市城区升平路设有分院。

郴州市第二人民医院 位于郴州市城区东塔路，创建于1966年3月，时称郴州专区传染病医院。1989年改称郴州地区传染病医院。1992年更名郴州地区第二人民医院。1995年郴州撤地设市后更名为郴州市第二人民医院。1997年7月，加挂郴州市肿瘤医院牌子。是一所功能齐全、专科特色突出的国家二级甲等医院，被湖南省卫生厅定为全省三大传染病专科医院之一。医院占地面积3.33公顷，建筑面积2.86万平方米，有床位200张，设肝病、结核病、感染、肿瘤、内外科等临床科室及市城区东街、天和两个分院。肝病、结核病等传染病医疗技术居全省领先水平。是全市肝病、结核病、艾滋病、人禽流感等传染病定点收治医院。医院长期担负湘南地区传染病救治工作，救治范围覆盖本省永州和粤北、赣南等地区。2005年，该院有卫生人员168人，其中卫技人员125人。

郴州市第三人民医院 位于郴州市城区健康路4号。创建于1958年11月，时称郴州医院。1959年，改称郴州市立医院。1995年郴州撤地设市后更名为郴州市第三人民医院。是国家二级甲等综合医院。医院设30个临床科室，开展心脏介入、外周血管介入、电子直线加速治疗、高压氧治疗和经尿道膀胱肿瘤电切术等24项新技术治疗项目。2005年，医院设床位700张，在职职工342人。医院先后获“郴州市文明单位”“湖南省消费者最信赖的医疗机构”“全国百姓放心示范医院”等称号。

郴州市第四人民医院 位于郴州市桔井路30号。创建于1959年10月，时为郴州专区干部疗养院。1969年12月，改建为郴县人民医院，1995年，更名为郴州市第四人民医院。是集医疗、保健、康复、预防、科研、教学为一体的综合性国家二级甲等医院。医院设肝病科、骨科、妇产科、泌尿科、中医康复科等临床科室30个。1997年，医院率先在全国中小城市开展远程医疗会诊获得成功。2005年，全院有职工259人，具高级职称医师13人，中级职称医师99人。

郴州市第五人民医院 位于郴州市工业大道。创建于1958年，是集医疗、保健、教学、科研、社区服务为一体的国家二级甲等综合医院。医院占地1.1公顷，建筑面积2.1万平方米。2003年，新建8000平方米住院大楼。2005年，有职工110人，床位200张。能开展胃癌、甲状腺、肝、胆、肾及髋关节置换等高难度手术。中医肛肠科是医院传统特色专科。该院美沙酮维持门诊是全市唯一经国家批准开设的药物维持中心。

郴州市妇幼保健院 位于郴州市苏仙南路。创建于1960年，是一所集临床、保健、科研、教学和健康教育为一体的妇幼保健机构，全市妇幼保健指导中心。是联合国儿童基金会、世界卫生组织、国家卫生部授牌的“爱婴医院”。内设保健部、门诊部、住院部。有妇科、产科、内科、儿科、妇保科、儿保科、男科以及不孕证、生殖健康、孕期保健、更年期保健门诊等11个业务科室。拥有200 mA双球管X光机、胎儿脐血流监测仪、电脑胎儿监护仪、数码电子阴道镜等60多台（件）现代化高档医疗设备。

郴州市中心血站 位于郴州市东风路8号。创建于1992年，1994年7月开始开展采供血业务，是郴州市唯一合法的采供血机构。中心血站承担全市 300 余家医疗单位医疗急救用血的采集供应、临床输血技术指导以及输血教学、科研、质量监控等职能。1995 年，该站在全省率先对全市医疗机构用血实行机构、采供血、血液管理 “三统一”，被誉为“郴州模式”而在省内外推广。1998 年后，全市各级医疗单位成分输血率持续稳定在 96% 以上，居全国领先水平。全市医疗用血 100% 来自中心血站采集的无偿献血。中心血站先后引进瑞士全自动加样仪、酶免分析系统、血型自动鉴定系统、全血血细胞分离机及进口血液冷藏箱等先进设备。该站获市级以上科研成果奖 4 项，引进新技术 15 项，技术革新 6 项。1992—2005 年，累计为全市临床供血 20 多万袋，未发生一例因血液质量导致的医疗事故。2005 年，血站有员工 68 名，其中专业技术人员 51 人，具有高中级职称的 20 人。2004 年，市中心血站被评为全国卫生系统先进集体。

第二章 体育

1989—1995年，郴州地区以创建“全国体育先进县”为契机，认真贯彻《中华人民共和国体育法》和国务院颁布的《全民健身计划纲要》，以“政府管理，部门配合，社会兴办”的方式，相继建立健全各类体育社团组织，不断增加城乡群众体育活动场所和设施，广泛开展城乡健身活动。全区有单项体育协会100个，基层健身辅导站350个，各类群众性体育健身场所由1989年的1672个增至2168个，常年参加体育活动人口由1989年的100万人增至165万人。同时，在中小学和业余体校开展以田径、举重、游泳、篮球、乒乓球、无线电测向定向越野6大项目为重点的业余体育训练，培养体育运动人才。

1995—2005年，郴州市进入体育事业全面发展、体育运动水平快速提升的时期。在中共郴州市委、市人民政府的倡导下，改变过去只由政府投资办体育的旧模式，动员社会力量实行多形式、多渠道兴办体育。市人民政府制定下发《关于加强体育工作的实施意见》，加大体育事业的投入，扶持体育优势项目和体育产业，促进群众体育、学校体育与竞技体育协调发展。县级政府向市人民政府签订体育工作目标责任状，推进体育设施建设和培养体育后备力量。针对郴州竞技体育在全省尚处落后的状况，全市体育管理部门加强“女、小、轻、巧、水”五个项目（女子项目、小型项目、轻型项目、技巧项目、水上项目）训练，优化训练布点，建成举重、皮划艇赛艇、跳水游泳三个省级后备人才训练基地。从1995年起，全市每年均举办中小学田径运动会（2000年后改为中小学运动会），带动学校体育，发现和选拔体育人才。1998年10月，由郴州市中学生组成的青少年无线电测向定向越野赛运动队，代表中国参加'98亚太地区锦标赛，取得8金8银13铜的好成绩。是年，郴州籍残疾运动员萧海英、宁赛礼参加第七届远东及南太平洋地区残疾人运动会，获跳远、短跑4金4银的好成绩。2000年，萧海英在悉尼残奥会获跳高铜牌。2004年，郴州8名农民运动员参加全国第五届农民运动会获6金4银3铜牌，所获金牌数占湖南省代表团金牌数的一半。郴州市老年门球队多次代表湖南省参加全国老年人门球赛，两次获全国冠军。1989—2005年，郴州培训、选送的运动员在全国运动会和世界举重锦标赛上多次获得金牌。郴州职工体育代表队在湖南省第三届工运会上获团体赛总分第三名。郴州农民体育代表队在湖南省第三届农运会上获团体总分第一名。郴州残疾人运动员冲出国门参加国际性赛事，取得一连串优异成绩。至2005年，郴州先后有桂阳、永兴、资兴、嘉禾4县市被国家体育总局（国家体委）授予“全国体育先进县（市）”称号；资兴矿务局、郴州化工集团、嘉禾普满乡等30个单位被国家体育总局（国家体委）评为“全国群众体育先进集体”。郴州的体育事业虽有较快发展，但整体运动水平还不高，尤其是竞技体育滞后，在全省运动会各项比赛中，郴州代表队总成绩一直徘徊在全省14个市、州的12~13位。此外，体育场馆建设亦落后全省其他市、州，郴州市城区尚无一座现代化多功能的体育场馆。

第一节　群众体育

一、全民健身活动

1989—1994年，郴州地区城乡以“让更多的人运动起来”为主旨，广泛开展群众体育活动。桂阳县把群众体育活动纳入各部门各单位工作考核内容，要求各单位有机构、有场地、有活动。1990年，桂阳县获“全国体育先进县”称号。1995年6月20日，国务院颁发《全民健身计划纲要》后，郴州市人民政府制定《1995—2000年郴州市全民健身计划纲要实施方案》，要求到2000年末，全市经常参加体育锻炼的人数在90年代初的基础上增长5%～8%，达150万人。各级各部门按照“政府引导、部门配合、依托社会、服务全民”的方针，精心组织、全面实施全民健身四个“一二一”工程①。1997年，每个县市区选定2个机关、3个乡镇、3个社区、3所学校和3个企业单位为全民健身示范点。全市选定80个单位为市级全民健身示范点，带动全民健身活动。是年，全市共举办各类群众体育比赛1500余次，其中市级96次，县（市、区）级245次，乡镇850多次，厂矿企业260多次，累计参赛人数18万多人次。

1999年，郴州市成立国民体质监测领导小组，对不同年龄段和不同职业的市民进行抽样体质监测，让市民了解自身体质状况，自觉参加体育锻炼。是年，市城区及永兴县一批全民健身工程竣工并投入使用。市中心城区由个人投资300万元兴建的市民健身中心白晶宫，占地面积5600平方米，设篮球、排球、网球、棒球等运动项目10多项。全市举办广播体操、武术、气功、腰鼓、木兰拳、木兰扇表演健身展示会。在第一期全民健身活动中，全市有5%的家庭、15%的农民、60%的职工、80%的学生达到“一二一”工程要求，全市经常参加体育锻炼的居民在150万人以上。

2001年，全市进入全民健身第二期工程（2001—2010年）。第二期工程的重点是改善设施，扩大规模，加强指导，巩固提高，要求“月月有小活动、季季有大活动”。是年，全市先后举办郴州市首届舞蹈大赛、人民保险杯乒乓球赛、郴州市第七届中小学生运动会等5次大型体育运动会。2002年，全市举办群众体育骨干培训班3期，培训100余人。2003年，全市新建7处全民健身活动场所，各级举办各类群众体育竞赛780多次，其中基层单位举办700余次，参加竞赛9万多人次。2000—2005年，市、县两级投资350万元，建设42条社区群众健身路径，配置各种健身器材800多件。2005年，市、县两级国民体质监测中心完善监测设备，加强监测人员培训，抽样体质监测8000人，将监测数据及时录入资料库、上报和公示，科学引导全民健身活动。是年，全市经常参加体育锻炼人数保持在180万人以上，占全市总人口的36%。

1989—2005年，在开展群众体育和全民健身活动中，桂阳、永兴、资兴、嘉禾4个县（市）成功创建“全国体育先进县”。中国人民银行郴州市中心支行、郴州市财政局、郴州电业局、郴州市二中、资兴市立中学、永兴县樟树乡被评为“全国群众体育工作先进单位”。桂阳县樟市镇、永兴

①即“每人每天参加一次健身活动，每人学会二种健身方法，每年进行一次体质测定；每个家庭拥有一件以上健身器材，全家每年进行二次户外活动，订阅一份健身报刊；每个社区提供一处健身场所，每年组织二次社区内的健身活动，建立一支社会体育指导员队伍；学校保证学生每天参加一小时体育活动，每年开展二次校外野营，学生每年进行一次身体检查”。

县高亭乡等21个乡镇被评为全国体育先进乡镇。桂东县邮电局、桂阳县业余体校等44个单位被评为省级群众体育先进单位。黄泽春、周水旺等46人被评为湖南省健康文明个人。

二、职工体育

郴州市(地区)职工体育由各级各单位工会牵头,组织广大职工参加体育锻炼。1989年后,形成“体育进工厂”“体育上矿山”“体育下车间”的态势。机关事业单位每年安排一定的体育活动经费，安排专人组织干部职工开展体育活动。是年，为庆祝中华人民共和国成立40周年，郴州地区首届地直机关篮球赛在郴州自来水公司举行，中共郴州地委、行署、郴州军分区领导在闭幕式上进行篮球表演赛。1991年，地区体委组织机关干部登山队，参加武陵“贺龙杯”全国登山邀请赛，获团体总分第一名。

1992年5月，为纪念毛泽东主席题词“发展体育运动，增强人民体质”发表40周年，地区教育、体育、工会、共青团、妇联等部门联合组织开展全区“职工体育活动月”活动，各系统、各部门举办各类赛事，参赛职工两万多人。是年，地直机关干部登山队赴张家界参加国际森林节“森宝杯”登山比赛，获团体总分第一名。郴州职工体育活动成效显著，先后获省“广播体操赛先进地区”“百日游泳活动先进地区”“全省体育活动月先进地区”荣誉称号。

郴州境内矿山虽地处偏僻山区，但职工体育活动非常活跃。资兴矿务局所属煤矿体育场所多，职工体育活动丰富多彩，1995年，资兴矿务局被评为“全国职工体育先进单位”。

2000年后，职工体育竞赛改体育部门“独家办”为“多家办”，全市各单项体协先后主办职工篮球赛、排球赛、信鸽竞翔赛等活动。2004年5月，市个体私营者协会赞助郴州城区职工“万人诚信环城长跑赛”，拉开“全民健身周”帷幕，沿途观众摇旗呐喊，鼓劲助威，盛况空前。

2000—2005年，城市职工体育活动逐渐向社区扩展。市、县两级将社区体育纳入城市社会发展总体规划，以辅导站为基地，开展社区职工体育活动。2005年，全市社区共评出市级健康文明家庭81户，省级60户；市级健康文明公民111名，省级60名。苏仙区苏仙岭街道办事处被评为全国城市体育工作先进单位，北湖区人民路街道办事处被评为全省城市体育工作先进单位，北湖公园被评为全省最佳健身场所。

三、农民体育

郴州市（地区）农民体育活动传统项目主要有武术、舞龙、耍狮、赛龙舟、拔河、摔跤、举石、扳手腕、扭扁担、象棋、踢毽子等。现代项目主要有篮球、乒乓球、游泳、跑步、登山等。村民们在农闲时或节日里开展体育活动或各种体育比赛。

1989—1992年，在争创全国体育先进县活动中，广大农村出现“体育热”。永兴县马田镇集资40万元建成“农民文体活动中心”，周边乡镇纷纷仿效建立农民文体活动场所。素有“小桂林”之称的苏仙区瓦窑坪村投资2万元，购置4条龙舟经常举办龙舟赛，吸引游客到此旅游。资兴市东江湖景区每年端午节组织农民“百人龙舟赛”，成千上万村民观看比赛，呐喊助威。郴州市同和乡曹家田村林场开辟5个简易篮球场，平时练球，节日赛球，既活跃农村文化生活，又和谐邻里乡亲关系，成为当地有名的“篮球村”。地区体委及时向全区推介这一先进典型，带动全区农民体育活动。嘉禾县普满乡有村组篮球场14个，篮球队、田径队、乒乓球队25个。临武县土地乡小湾村自筹资金1万元修建篮球场，组织青年农民开展篮球、拔河等体育活动。安仁县排山乡农民刘庚文投资4000元，门前建起“家庭篮球场”，开展户与户之间的家庭篮球赛。据统计，全区建立各类农村体育运动队1000余支。桂阳县清和乡长东村农民曹国通在中国象棋赛中获男子组第一名，流峰镇尹金青获女子组第一名。

1995年以后，全市实施国务院《全民健身计划纲要》，加强农民体育组织、体育骨干队伍和活动场地建设，推进农民体育活动持续开展。到2000年，全市11个县（市、区）建立农民体育协会；80%的乡（镇）建立体育指导站，配备社会体育指导员；40%的行政村建有固定的农民体育活动场地，农民经常参加体育锻炼的达80多万人。嘉禾县龙潭镇、北湖区华塘镇等8个乡（镇）被评为“全国体育先进乡（镇）”，郴州市农民体育协会被评为全省农民体协先进单位。

2003年10月，湖南省第三届农民运动会在郴州举行。市农民体育代表团参加田径、游泳、象棋、舞龙、耍狮、乒乓球、自行车载重等项目的比赛，共获金牌23枚、银牌15枚、铜牌16枚，总分690分，夺得金牌数、奖牌总数和团体总分三个第一名。2004年5月，全国第五届农民运动会在江西宜春市举行，郴州市农民体育代表队获金牌6枚，银牌4枚，铜牌3枚，总积分占湖南代表团的50%。

至2005年，全市先后有嘉禾县龙潭镇、北湖区华塘镇等11个乡镇被湖南省人民政府授予“湖南省体育先进乡镇”称号。

四、老年人体育

1989年后，随着人口老龄化进程加快，老年体育成为郴州体育事业的热点。郴州市（地区）、各县市和各行业相继成立老年体育协会，组织指导老年人开展体育活动。1990年，郴州市北湖公园在全区率先成立老年健身辅导站，辅导老年人学习八段锦、五禽戏、练功十八法、太极拳、太极剑等健身项目。1991年，该站邀请省体委武术队总教练萧湘和湖南师大体育系武术教授马明宝到郴举办太极拳培训班。次年，郴州市老年体协组建20多人参加的老年人太极拳运动队学习太极拳，从中选拔6人参加全省第二届老年人运动会，夺得太级拳24式团体一等奖。1997—1998年，郴州市老年体协两度组队出征山东泰山，参加国际登山比赛，老年女子组获个人第一、第六名。这一时期，老年人体育活动项目逐渐增多，除太极拳、太极剑、舞蹈、门球外，还有无极健身球、乒乓球、钓鱼、老年操、田径、登山、棋牌等。

2000年，老年体育开展气排球、太极柔力球、无极健身球、飞镖等运动项目。郴州在支持北京申奥全民健身展示会上，成功举办老年人“无极健身球”表演。2001年，全市评选出31名健康老人，其中孟昭鹤、高兆勋、麻高彬、许道孚、邓能湘、伍阳榜6人评为全省、全国健康老人。是年10月，市老年人体协承办湘、粤、赣五市老年人门球赛，100多运动员参赛。老年门球是郴州优势项目，2003年在全国老年人门球赛中获总分第五名，在全省老年人门球赛中获总分第一名。2002年，郴州市老年体协获“全国老年人体育工作先进单位”称号，2003年，获“湖南省群众体育先进单位”称号。

1991—2004年，郴州市（地区）老年体协先后4次组团参加湖南省三届至六届老年人运动会，取得5个第一名（一等奖）的好成绩。1995年郴州撤地设市后，先后举办3届全市老年人运动会。2002—2005年，郴州先后成功承办省门球锦标赛、省老年门球赛、省第六届老年人运动会太极拳赛、省农村老年人门球赛等重大体育赛事。

2005年年底，全市有老年人体育健身活动室310个，门球场145个，面积12400平方米，经常参加体育健身的老年人有10万多人。

郴州市（地区）代表队参加湖南省第三至六届老年人运动会情况

表 25-2-1-1

项目 届次	时间	举办地点	郴州代表队领队	参赛项目	比赛成绩
第三届	1991 年 10 月	长沙	团　长 孟昭鹤 副团长 王永良	门球、乒乓球、中国象棋、趣味体育、24 式太极拳	象棋团体第六名、60 岁组李志强个人第一名，太极拳一等奖，趣味体育总分第一名
第四届	1995 年 4—11 月	长沙	团　长 孟昭鹤 副团长 韩利成 王永良	桥牌、围棋、中国象棋、门球、钓鱼、地掷球、乒乓球	桥牌团体第三名、双人赛蒋金诚、李锡贤第三名，象棋、围棋团体第八名，地掷球男队第二名，乒乓球女子组于莲丽第八名
第五届	2000 年 5 月	长沙	团　长 刘正华 副团长 孟昭鹤 王永良 黄泽春	围棋、象棋、桥牌、钓鱼、门球、健身球、乒乓球、地掷球、太极拳、无极健身球	门球第六名，健身球二等奖，象棋第二名，桥牌团体第七名、双人赛黎崇国、谢新楷第八名，钓鱼团体第二名、个人萧芳友第二名、孙文才第五名，太极拳三等奖。团体总分第三名
第六届	2004 年 4—6 月	长沙 郴州 湘潭 岳阳	团　长 王贤国 副团长 吴开达	门球、象棋、桥牌、健身球、钓鱼、围棋、太极、柔力球太极拳、气排球	男子门球第一名、桥牌双人赛曾子华、钟华益第一名，太极柔力球第一名、象棋团体第三名、象棋男子组王兴国第二名、健身球第三名、钓鱼团体第二名、太极拳团体第二名

五、残疾人体育

20 世纪 80 年代末 90 年代初，郴州地区残疾人体育逐步向田径、球类等项目发展，运动成绩不断提高。1989 年 4 月，郴州市残疾运动员萧海英参加在南京举行的全国残疾人射击、田径邀请赛，获 100 米、400 米跑和跳远 3 枚金牌。此后，她在国内、国际残疾人运动会上多次摘金夺银。1990 年，在衡阳市举行的湖南省第三届残运会上，郴州市代表队获金牌总数、团体总分第一名。1991 年，郴州地区举办第二届残运会，100 多名残疾运动员参加田径、篮球、乒乓球等项目比赛。1994 年，郴州籍运动员萧海英、李菊芬、宁赛礼、欧阳静玲参加第六届远东及南太平洋地区残疾人运动会，取得 4 金 4 银好成绩，萧海英、李菊芬分别被省妇联和团省委授予“三八红旗手”“新长征突击手”荣誉称号。1995 年，市残疾人联合会以市体校为基地，开设以田径为主的残疾人体育训练班，市财政下拨经费，市体校统一培训和管理。1996 年，省残联在郴州市体校召开残疾人体育工作会议，推广郴州市的做法和经验。1998 年，在第七届远东及南太平洋地区残疾人运动会上，萧海英、宁赛礼又获 4 金 4 银好成绩。

2001 年，郴州市残疾人体育以市体校、市三中、北湖区跳水游泳中心为依托，开展田径、乒乓球、跳水、游泳等项目的训练。2002 年，在省残运会上，桂阳县 8 级肢残运动员刘湘田获乒乓球男子单打冠军，并与北湖区同级别肢残运动员江丽配合获男女混合双打冠军。是年，市体校残疾人体育训练班升格为“湖南省残疾人体育训练基地”，面向全省招生。该基地多次组队参加全省、全国、国际性残疾人体育比赛，取得优秀成绩。2003 年年初，为备战省六届残运会，市体育局协同市残联多次深入厂矿、乡镇选拔残疾人优秀运动员。7 月，在省六届残运会上，郴州代表队获金牌 16 枚、银牌 9 枚、铜牌 6 枚，总分列全省市州第 6 名。

1989—2005 年，郴州市（地区）残联、体育局（体委）组队参加全省、全国及国际残运会，共获金、银、铜牌78枚。残疾运动员萧海英、宁赛礼、李菊芬、欧阳静玲、伍发启、张琼辉等人多次揽金夺银。

1989—2005年郴州市（地区）残疾运动员参加国际、全国性重大赛事获奖情况

表25-2-1-2

时间	赛事名称	举办地点	运动员姓名	参赛项目	获得奖项	备注
1989	第五届远东及南太平洋地区伤残人运动会（简称远南残运会）	日本东京	萧海英	A8/6、C级、100米、400米跑、跳远、5项全能	5金	教练周小平
1992	全国第三届残运会	广州	萧海英	A4/6、C级、跳远100米、200米跑	2金1银	教练周小平
			宁赛礼	铅球	1铜	教练周小平
1994	第六届远南残运会	北京	萧海英	A4/6、C级、跳远、100米、200米跑	1金2银	教练周小平 破三项世界纪录
			李菊芬	女T46、C级、跳远、跳高	2金	教练周小平 三次破亚洲记录
			宁赛礼	400米跑	1银	教练周小平
			欧阳静玲	跳远、跳高	1金1银	教练周小平
1996	全国第四届残运会	大连	宁赛礼	200米、400米、800米跑	3金	教练周小平
1999	第七届远南残运会	泰国曼谷	萧海英	跳远、100米、200米、400米跑	1金3银	教练周小平
			宁赛礼	100米、200米、400米、800米跑	3金1银	教练周小平
			张琼辉	女子盲人柔道	1银	教练李知平
1998	世界残疾人运动会	荷兰	萧海英	跳远	1铜	教练周小平
1999	世界残疾人锦标赛	新西兰	宁赛礼	200米、400米、800米跑	2金1银	教练周小平
2000	第二十七届世界残疾人奥运会	澳大利亚悉尼	萧海英	跳远	1铜	教练周小平
			宁赛礼	400米跑	第6名	教练周小平
2000	世界残疾人锦标赛	德国	萧海英	跳远、100米、200米跑	2金1银	教练周小平
			宁赛礼	400米跑	第四名	教练周小平
2000	全国第五届残运会	上海	伍发启	400米、800米、200米跑	1金1银1铜	教练周小平
			宁赛礼	200米、400米、800米跑	2金1银	教练周小平
2001	全国残疾人举重、田径赛	南京	伍发启	400米、800米、200米跑	2金1银	教练周小平
2002	世界残疾人锦标赛全国选拔赛	济南	萧海英	跳远、200米、400米跑	2金1银	教练周小平
			伍发启	200米、400米跑	2金	教练周小平
			宁赛礼	200米、400米跑	2金	教练周小平
			欧阳静玲	100米、200米、800米跑	2银	教练周小平 800m破世界纪录

续表 25-2-1-2

时间	赛事名称	举办地点	运动员姓名	参赛项目	获得奖项	备注
2002	世界残疾人锦标赛	法国	萧海英	400 米跑	1 铜	教练周小平
			宁赛礼	400 米跑	1 铜	教练周小平
2002	第八届远南残运会	韩国釜山	萧海英	100 米、200 米、400 米跑	3 金	教练周小平
			伍发启	400 米跑	1 金	教练周小平
			宁赛礼	100 米、200 米、800 米跑	3 金	教练周小平
2003	全国第六届残运会	南京	萧海英	100 米、200 米、400 米跑	3 金	教练周小平
			伍发启	200 米、400 米、800 米跑	1 金 1 银 1 铜	教练周小平
			宁赛礼	100 米、200 米、800 米跑	3 金	教练周小平
2004	第十二届残疾人奥运会	希腊雅典	伍发启	400 米、200 米跑	第 3、4 名	教练周小平
			宁赛礼	400 米、200 米跑	第 4、6 名	教练周小平
			欧阳静玲	100 米、200 米跑	第 8、3 名	教练周小平
			张琼辉	女子盲人柔道	第 5 名	教练李知平
2005	世界盲人肢残人运动会	巴西	欧阳静玲	200 米跑	1 银	教练周小平

第二节　学校体育

一、中小学及中等专业学校体育

1989 年，郴州地区贯彻实施教育部颁发的体育教学大纲和使用湖南省教委编写的《湖南省中学体育用书》《体育》教材，中小学均开设体育课，每周两课时，并且普遍开展“两操两活动”（每天做广播体操、眼保健操，每周开展两次课外活动）。学校配备体育教师，设立专门教学场地，设备基本齐全。1991 年，地区教委抽检，全区中小学生体育达标人数 30.7811 万人，达标率 81.9%。

1990 年以后，全地区中小学体育继续实施“0714 工程”（即在 7~14 岁少年儿童中选拔、培训体育人才），推动学生参加体育锻炼，提高体育技能。其间，中小学、中等专业学校课余体育训练，重点放在篮球、乒乓球、举重、田径、游泳等传统项目和无线电测向定向越野等项目的训练，从中发现和培养体育特长生。

1995 年，郴州撤地设市后，每年举办一次中小学生田径运动会（2000 年改为中小学运动会）。是年 10 月，市第一届中小学生田径运动会在永兴县一中举行，11 个县（市、区）代表队的 465 名运动员参赛，永兴县、嘉禾县和资兴市代表队总分居前三名。此后，全市每年除中小学生田径运动会以外，还举办一些中小学球类赛。1998 年，全市有 66 名高中生在市田径运动会及各类球赛中成绩突出，获高考加分资格。全市中小学（中专）学生达到省体委、省教委制定的体育锻炼标准的占学生总人数的 95%。

在发展中小学体育运动中，市（地区）、县两级教育和体育主管部门加大人力、财力和物力投入，重点扶持学校提高传统体育项目水平。到1999年，全市建立省、市体育传统项目重点学校20所，常年坚持田径、球类等项目训练。是年，在全省中小学体育传统项目比赛中，郴州4所学校60名运动员参赛，获金牌6枚，其中郴州市五中在全省参赛学校中排名第四；郴州市三中被省教委、省体委命名为“湖南省级体育传统项目（篮球）学校”。2000年，市中学生代表队参加省中学生田径运动会，获金牌3枚和团体总分第二名，甩掉了之前在全省市、州排名“倒数”的帽子。2003年11月20日，国家体育总局、教育部联合行文，命名郴州市五中为“国家级体育传统项目学校”。这是郴州市第一所国家级体育传统项目学校。2004年，在全省中学生运动会田径赛中，郴州代表队获得5枚金牌，金牌数列全省市州第一。是年，郴州市二中、五中列为省田径运动重点中学。

2005年，全市体育课小学一、二年级每周4课时，比1989年增加2个课时；小学三年级至六年级和初中每周3课时，高中每周2课时；中等专业学校体育课课时比照高中设置。课外体育活动每周2～4次。是年，全市中小学校共有体育教师3843人，其中专职1116名，兼职2727名。全市75.1045万名中小学生，体质健康监测达标71.4007万人，达标率（及格率）95.7%。1989—2005年，全市有24所中小学校被评为全省贯彻《学校体育工作条例》先进单位，其中郴州市一中、宜章县一中为全国先进单位；郴州农校、郴州市二中被评为“全国体育达标先进单位”；朱贻祥等12人被评为湖南省贯彻《学校体育工作条例》先进个人；宜章县一中李节昌、永兴县一中王廷竑和市一中周小平获“全国优秀体育教师”称号。

1995—2005年郴州市历届中小学生运动会概况一览表

表25-2-2-1

项目届次	承办单位	比赛地点	比赛项目	参赛人数	团体总分前六名
第一届（1995.10）	永兴县人民政府	永兴一中	田径	485人	永兴、嘉禾、资兴、北湖、桂阳、临武
第二届（1996.10）	苏仙区人民政府	郴州市二中	田径	518人	苏仙、嘉禾、北湖、桂阳、永兴、宜章
第三届（1997.10）	嘉禾县人民政府	嘉禾一中	田径	475人	嘉禾、北湖、苏仙、桂阳、宜章、永兴
第四届（1998.11）	汝城县人民政府	汝城一中	田径	530人	汝城、嘉禾、永兴、北湖、资兴、桂阳
第五届（1999.10）	临武县人民政府	临武一中	田径	551人	临武、桂阳、永兴、嘉禾、资兴、北湖
第六届（2000.11）	桂东县人民政府	桂东一中	田径	523人	桂阳、桂东、苏仙、北湖、永兴、资兴
第七届（2001.11）	北湖区人民政府	郴州市五中	田径、篮球、乒乓球	962人	北湖、桂阳、苏仙、永兴、资兴、嘉禾
第八届（2002.10）	桂阳县人民政府	桂阳县体育场（馆）	田径、篮球	493人	桂阳、北湖、宜章、苏仙、永兴、资兴
第九届（2003.10）	安仁县人民政府	安仁一中	田径、篮球、足球、乒乓球	1100人	桂阳、苏仙、市直、北湖、资兴、安仁
第十届（2004.10）	宜章县人民政府	宜章一中	田径、篮球、足球、乒乓球	1100人	桂阳、宜章、北湖、苏仙、市直、嘉禾
第十一届（2005.8）	资兴市人民政府	资兴市市立中学	田径、篮球、足球、乒乓球、无线电测向定向越野	980人	资兴、北湖、苏仙、市直、桂阳、永兴

二、高等院校体育

1989年，郴州境内有郴州师范高等专科学校、郴州教师进修学院、郴州广播电视大学等3所高等院校。1994年，郴州地区卫生学校升格为郴州医学高等专科学校，全地区有高等院校4所。郴州师专设体育系，1992年学校投资60万元改造田径场，并调整专业结构，确立主辅兼修的人才培养模式。学校采取“函授本科”“专本沟通”等方式，与武汉体育学院、湖南师大体育学院、吉首大学体育系等院校建立校际互补关系，联手推进体育教学。郴州其他各高等院校积极改善体育教学条件，开展学生体育锻炼达标活动。1993年，郴州师专在全省体育专业办学条件评比中居同类学校第二名，被评为“湖南省大学生体育锻炼达标先进单位”和“全国群众体育先进单位”。1999年，郴州医专运动场扩建至6000平方米，并添置大批体育教学设施。

2003年8月，经教育部批准，郴州师专、郴州医专、郴州教师进修学院、郴州师范学校合并成立湘南学院。湘南学院体育系设体育教育、社会体育教育两个本科专业，开设球类、田径、武术、体操、体育基础理论等专业课程，建有人体解剖、运动生理、体育保健、运动心理、中草药疗伤5个实验室。学院篮球教学被列为省级重点教学科目。学院拥有标准田径场、足球场、综合体育馆（含体操馆、武术散打拳击馆、健身房、舞蹈房、室内田径房及意大利式程控跑道等）。2004年11月，湘南学院体育系体育专业被省教育厅定为全省本科院校体育重点建设专业。2005年，湘南学院体育系有44名教职工，26个教学班，在校生1200名。教职工中有教授10名，副教授17名，讲师9名，博士3名（含在读博士研究生2名）。2003—2005年，湘南学院先后有4个体育专业教学班被省高校工委、省教育厅评为全省高校先进集体。体育系学生在省第六届大学生运动会上获团体总分第一名，在省第七届大学生运动会上获奖牌总数、金牌总数、团体总分三个第一名。

第三节　竞技体育

一、竞技体育训练

1989年，郴州境内竞技体育训练以地区体校及各县市业余体校为主，以大中小学体育教学为辅，开展田径、体操、篮球、乒乓球、举重、射击、摔跤、无线电测向定向越野等项目的训练。地、县两级有体校和业余体校14所，确定为竞技体育业余训练基地的中小学校20所，有竞技体育专职教练20名。为充分调动教练员的积极性，各体校加强思想政治工作，实行目标责任制，建立激励机制，鼓励创新训练方法。1990年，郴州地区体校通过函授、电教、进修等形式，不断提高教练员的综合素质。1994年，郴州地区体校从上海体育学院进修回来的举重教练王翔，担任郴州举重培训基地教练，先后培养出李萍、邓建英等称雄国际举重体坛的运动员。

1995年，郴州市体委成立体育科研小组，对全市业余体校500多名学生的体形、机能、心理、血红蛋白、遗传特征、发育情况等基本素质进行统一测试，确定重点队员，促进教学训练系统化、科学化。是年，郴州市人民政府决定每年举办一届中小学田径运动会（2000年改为中小学运动会），由各县（市、区）人民政府轮流承办。这一被郴州体育界称为“郴州小奥运”的赛事，有力地促进了中小学竞技体育教学与训练。市体委突出抓好皮划艇、赛艇、摔跤、举重、柔道等重点项目的训练。1999 年 9 月，在全国皮划艇锦标赛中，资兴市运动员王海夺得 2 项第一名、4 项第二名、1 项第三名、1 项第六名。

2000 年，市体育局将竞技体育训练工作纳入市、县两级体育工作目标责任制，制发《郴州市各级业余体校教练员管理暂行办法》，由各项目教练与所在体校签订训练目标责任状。市、县两级体育局“眼睛盯训练，围着项目转”，一环扣一环跟踪检查督促体校训练。2003 年，全市调整训练布局，改善训练条件，将皮划艇、赛艇训练项目从永兴县调整到训练条件更好的资兴市东江湖，将市体校的篮球和田径训练项目调整到体育设施更好的郴州市二中。同时，在嘉禾、资兴、桂阳等县、市的中学设立举重业余培训点，加强校园体育后备人才培养。

2005 年年底，全市体校和业余体校由 1989 年的 14 所发展到 19 所，体校专（兼）职教练增至 80 人，在训学生 800 多人。

二、竞技体育重点项目

20 世纪 90 年代初期，郴州地区体育经费紧缺，场地设施不足。地区体委整合体育资源，优化项目布局，突出抓好重点项目训练。1990 年，地区体校将原有的 13 个训练项目缩减为射击、举重、摔跤、皮划艇、柔道、田径、篮球、无线电测向定向越野 8 大项目。1996 年，市财政下拨 30 万元专项经费，扶持重点项目训练。是年，郴州组队参加湖南省第八届运动会，取得较好成绩，其中皮划艇获 3 项第一名，柔道获 4 项第一名。

1996 年以后，境内中小学竞技体育业余培训基地，将田径、篮球、网球、足球、乒乓球、举重、无线电测向定向越野确定为重点训练项目，改革训练方式，通过强化训练，竞技水平不断提高。

中学生无线电测向定向越野运动始于 1981 年，是郴州的强势项目，郴州市（地区）体委（体育局）将这一项目列为郴州竞技体育重中之重。全市（地区）中小学校普遍开展该项运动，并列入中小学生运动会比赛项目。教练何天亮摸索形成的“精心选才打基础，强化训练练硬功，以点带面求发展，科学管理抓提高”的特色教学，曾在全国无线电测向与定向越野运动发展战略研讨会上介绍推广。1994 年 8 月，以郴州市三中、二中学生为主组成的代表队代表国家参加在北京举行的亚洲及太平洋地区无线电测向定向越野锦标赛，获得 8 金 8 银 13 铜的好成绩，为国家争了光。1998 年 10 月，参加在北京举行的亚洲及太平洋地区无线电测向定向越野锦标赛，男女各年龄组获 3 个第一名、2 个第二名、3 个第三名。男女各年龄段个人获 3 个第一名、2 个第二名、5 个第三名。2004 年，郴州市中学生代表队代表中国参加世界中学生无线电测向与定向越野锦标赛，获金牌 8 枚，银牌 8 枚，铜牌 13 枚，中国队首次进入世界前 15 名。郴州曾先后 3 次承办该项目的全国大赛。1982—2005 年，郴州代表队参加省以上比赛 16 次（其中参加国际比赛两次）共获金牌 110 枚、银牌 101 枚、铜牌 143 枚。其间，郴州向全国各高等院校输送无线电测向定向越野优秀运动员 147 名，其中运动健将 2 人、国家一级运动员 20 人、二级运动员 30 人。

三、重要赛事与等级运动员、裁判员

（一）市（地区）级体育竞赛

1994 年 7—10 月，中共郴州地委、郴州行署举办已停顿 38 年的地区运动会，即郴州地区第三届体育运动会。运动会设田径、游泳、武术、射击、篮球、排球、乒乓球、足球、皮划艇、赛艇、柔道、摔跤、象棋、围棋、龙灯、舞狮等19个比赛项目，来自11个县（市）和中、省驻郴企事业单位的5000多名运动员参赛。郴州市、资兴矿务局和七一一矿分别获少年组、成年组和老年组团体总分第一名。1999年，为庆祝中华人民共和国成立50周年，为检阅郴州撤地设市后的体育运动成果，市政府决定举行郴州市第一届运动会，设20多个比赛项目，少数比赛项目从年初开始陆续展开，后因境内突发“8·13”特大洪灾而被迫中断，只完成射击、摔跤、柔道和中老年棋牌赛。至2005年仍未举办郴州市第二届运动会。

1995—2005年，郴州市每年举办一届中小学田径运动会（2000年后改为中小学运动会），各县（市、区）政府轮流承办。市直和11个县（市、区）中小学代表队参赛，参赛运动员由1995年首届的465人增至2005年第十一届的1100余人。

1989—2005年，郴州举办市级各种体育单项比赛16次，承办省级以上各类体育比赛16次。

（二）参加省级体育竞赛

1989—2005年，郴州组团参加湖南省级各项体育赛事，共获金牌405枚，银牌284.5枚，铜牌298.5枚。其中，参加省第七至九届运动会，共获金牌46枚，银牌65枚、铜牌56枚，成绩处全省后进状态，直至2002年省第九届运动会，郴州代表团金牌数与总分，仍名列全省市、州倒数第二位。郴州组团参加1995年省第二届青少年运动会，获金牌18枚，银牌16枚，铜牌16枚。参加1999年省第三届青少年运动会，获金牌6枚，银牌1枚，铜牌4枚，与上届相比，成绩大幅下降。

（三）参加全国及国际性体育竞赛

1989—2005年，郴州运动员参加国家级体育竞赛，共获金牌52枚、银牌37枚、铜牌27枚。参加国际性体育竞赛，共获金牌23枚、银牌11枚、铜牌2枚。

（四）等级运动员与裁判员

1989年，郴州地区有国家二级运动员15人，国家一级运动员2人，健将级运动员1人；有裁判员189人，其中国家级2人，一级至三级187人。到2005年，全市有国家二级运动员120人，国家一级运动员10人，健将级运动员28人（含国际级5人）。28名健将级运动员是：王燕（女，足球）、龙跃玉（女，跳远）、李金凤（女，无线电）、李飞龙（无线电）、黄晓春（三级跳远）、黎锋英（女，举重，国际级）、李萍（女，举重，国际级）、张利民（三级跳远）、王礼春（三级跳远）、贺林（撑竿跳高）、黄建莲（女，举重）、邓传军（举重）、郭谷英（女，举重）、骆武建（举重）、萧明华（举重、国际级）、魏向东（射击）、张友谊（举重、国际级）、刘甜（女，跳水）、冯龙（摔跤）、刘婷（无线电）、张志慧（女，举重）、周志鹏（举重）、谢健波（举重）、黄群亮（举重）、曹刚（举重）、黄丽（女、举重）、黄贵胜（举重）、邓建英（女、举重、国际级）。

2005年，全市共有奥运会项目裁判员3117人，其中国际级2人：邢祥霞（射箭）、袁树宝（皮划艇）；国家级3人：欧阳瑾（田径）、吴聪（乒乓球）、王国平（象棋）；一级1263人；二级1849人。非奥运会项目裁判员321人，其中国际级2人，一级216人，二级103人。

1989—2005年郴州市（地区）运动员参加国际部分重大赛事成绩统计表

表25-2-3-1

赛事名称	时间	地点	参赛运动员	参赛项目	获得名次	教练	备注
亚洲男子举重锦标赛	1992.04	中国福州	张友谊	男子举重64千克级	抓三 挺二 总二	周林生	—
亚洲女子举重锦标赛	1993.11	中国广州	黎锋英	女子举重54千克级	抓一 挺二 总一	王翔	—

续表 25-2-3-1

赛事名称	时间	地点	参赛运动员	参赛项目	获得名次	教练	备注
第八届世界举重锦标赛	1994.12	土耳其	黎锋英	女子举重 54 千克级	抓一 挺二 总二	王 翔	—
亚洲举重锦标赛	1998.10	泰国	黎锋英	女子举重 53 千克级	总二	王 翔	—
第十三届亚运会	1998.12	泰国 曼谷	王 海	1000 米皮划艇	三	周继国	—
亚洲女子举重锦标赛	1999.07	中国 武汉	黎锋英	女子举重 53 千克级	抓一 挺一 总一	王 翔	—
第八届亚洲皮划艇锦标赛	1999.09	中国 常德	王 海	500 米单人划 1000 米单人划 1000 米四人划	一 二 一	周继国	—
第十三届世界举重锦标赛	1999.11	希腊	黎锋英	女子举重 53 千克级	抓一 挺一 总一	王 翔	郴州实现体育竞赛世界冠军零的突破
第二十七届世界奥运会	2000.10	澳大利亚 悉尼	黎锋英	女子举重 53 千克级	总二	王 翔	—
亚洲女子举重锦标赛	2001.04	哈萨克斯坦	邓建英	女子举重 53 千克级	抓一 挺一 总一	王智慧	—
亚洲青年柔道锦标赛	2003	卡塔尔 多哈	刘建华	男子柔道 60 千克级	五	李知平	—
世界青年举重锦标赛	2004.05	白俄罗斯	邓建英	女子举重 53 千克级	抓一 挺一 总一	王智慧	—
第十八届世界举重锦标赛	2004.11	泰国 青麦	李 萍	女子举重 53 千克级	抓二 挺一 总一	王 翔	—
第十九届世界青年举重锦标赛	2005.05	韩国 釜山	李 萍	女子举重 53 千克级	抓一 挺一 总一	王 翔	—
中日韩青少年举重锦标赛	2005.08	日本	雷香林	女子举重 53 千克级	抓一 挺一 总一	王智慧	—
第四届东亚运动会	2005.10	中国 澳门	邓建英	女子举重 53 千克级	抓一 挺一 总一	王智慧	—
第十五届亚运会	2005.12	卡塔尔 多哈	李 萍	女子举重 53 千克级	抓二 挺一 总二	王 翔	—

1989—2005年郴州市（地区）运动员参加国内部分重大赛事成绩统计表

表25-2-3-2

赛事名称	时间	地点	参赛运动员	参赛项目	获得名次	教练	备注
全国少年"辽宁杯"举重赛	1989.01	辽宁沈阳	王丽娅	女子举重48千克级	抓一 挺一 总一	王 翔	代表省团参赛
全国少年田径分龄赛	1989.08	重庆市	刘湘华黄映辉	女子跳高 男子跳远	一 一	廖锦奎	代表省团参赛
全国第二届青年运动会	1989.08	辽宁大连	周继国	四人皮划艇	一	汪福宁	—
全国摔跤青年锦标赛	1990	湖南株洲	傅 敏	50千克级自由式摔跤	一	张琼辉	—
全国分龄举重锦标赛	1991.08	吉林长春	黄群亮	男子举重44千克级	抓一 挺三 总二	王 翔	—
全国少儿游泳分区赛	1991.08	江西吉安	王 亮	仰泳全能 50米自由泳 50米蝶泳	三 二 二	蒋其晓	—
全国青少年游泳锦标赛	1991.08	江西吉安	王 亮	自由泳全能	一	蒋其晓	—
			申 强	蛙泳全能	一		—
			李 坚	蝶游全能	一	刘 杨	—
全国青少年游泳锦标赛	1992.03	湖南长沙	王 亮	50米自由泳	一	蒋其晓	50米自由泳破全国纪录
			申 强 王 亮 王 勇 李 坚	4×50米 混合泳接力赛	一		
全国女子举重锦标赛	1992.04	山东济南	黎锋英	女子举重53千克级	抓三 挺三 总三	王 翔	—
			黄建莲	女子举重50千克级	抓一 挺二 总一		—
全国男子举重锦标赛	1992.04	福建福州	张友谊	男子举重82.5千克级	总四	周林生	—
全国自由式摔跤锦标赛	1992.05	辽宁沈阳	冯 龙	男子74千克级	三	韩铁山	—
全国少儿游泳锦标赛	1992.08	福建三明	李 坚 申 强 王 亮 曹斯诗	100米蝶泳 100米蛙泳 100米仰泳 女100米蛙泳	一 一 一 二	刘 杨 蒋其晓	—
			王 亮 申 强 王 勇 李 坚	4×50米 混合泳接力	一		—

续表 25-2-3-2

赛事名称	时间	地点	参赛运动员	参赛项目	获得名次	教练	备注
全国第四届大学生运动会	1992.08	湖北武汉	李 勇	男乙组撑杆跳高	二	廖锦奎	—
全国举重冠军赛	1992.11	江苏苏州	张友谊	男子举重 60 千克级	抓三 挺四 总三	周林生	—
全国第七届运动会皮划艇赛	1993.10	四川新津	萧拥政	1000 米皮划艇单人划	七	周继国	—
			黄冠东	1000 米双人划 500 米双人划	二 三		—
全国第七届运动会举重赛	1993.10	北京	黎锋英	女子举重 50 千克级	总三	王 翔	—
			黄建莲	女子举重 50 千克级	总七		—
全国分龄举重锦标赛	1994.09	广西南宁	邓传军	男子举重 46 千克级	抓一 挺二 总一	王 翔	—
全国青少年皮划艇赛	1994.09	湖南岳阳	黄丽娟	500 米四人划 500 米双人划	五 五	周继国	—
			萧拥政	1000 米四人划 1000 米双人划	一 一		—
			张志斌	500 米双人划 1000 米四人划 1000 米双人划	一 二 三		—
全国皮划艇冠军赛	1995.04	浙江杭州	萧拥政	男 500 米 C1 男 500 米 C2 男 100 米 C2	八 二 三	周继国	—
			黄冠东	男 200 米 C2	一		
全国分龄举重锦标赛	1995.08	湖南古丈	邓传军	男子举重 50 千克级	抓一 挺一 总一	王 翔	破三项国家记录
全国青年皮划艇冠军赛	1996.04	北京市平谷	黄冠东	男 500 米 C1 男 5000 米全能 男 1000 米 C2 男 200 米 C1 男 500 米 C1	七 五 七 二 六	周继国	—
全国青年皮划艇锦标赛	1996.08	北京市平谷	王 海	男 100 米 K2 男 500 米 K2 男 1000 米 K4	二 三 七	周继国	—
全国青少年皮划艇锦标赛	1997.05	湖北武汉	何宇华	1000 米四人划	一	周继国	—
			王 海	500 米单人划 1000 米单人划 500 米四人划	一 二 三		—
全国第八届运动会	1997.10	上海	王 海	500 米单人划 1000 米单人划	七 三	周继国	—

续表 25-2-3-2

赛事名称	时间	地点	参赛运动员	参赛项目	获得名次	教练	备注
全国青年柔道锦标赛	1998	云南昆明	许永国	男子柔道 60 千克级	三	李知平	—
全国青年举重锦标赛	1998.04	江西景德镇	邓传军	男子举重 62 千克级	抓二 挺五	王 翔	—
			周志鹏	男子举重 50 千克级	抓一 挺一 总一	王 翔	—
全国皮划艇冠军赛	1998.04	上海	王 海	1000 米单人划 500 米单人划 个人全能	一 二 三	周继国	—
全国皮划艇冠军赛	1999.04	四川成都	王 海	500 米单人划 1000 米单人划 个人全能	一 二 三	周继国	—
全国皮划艇锦标赛	1999.09	湖南常德	王 海	1000 米单人划 500 米单人划 200 米单人划 200 米四人划	一 一 二 三	周继国	—
全国皮划艇锦标赛	1999.09	四川新津	王 海	男 500 米 K1 1000 米 K2 5000 米 K1 个人全能	一 二 六 二	周继国	—
全国青年举重锦标赛	2001	湖南长沙	邓建英	女子举重 44 千克级	抓一 挺一 总一	王智慧	—
全国中学生田径赛	2001.08	湖南常德	邓仁辉	铅球	一	李志鹏	—
全国第九届运动会皮划艇赛	2001.11	广东广州	王 海	500 米单人划 1000 米单人划	二 三	周继国	—
全国举重冠军赛	2002.10	湖南常德	邓建英	女子举重 53 千克级	抓三 挺二 总三	王智慧	—
			李兰芳	女子举重 69 千克级	抓四 挺四 总四		—
全国中学生运动会	2002.04	江苏南京	段红杰	女子举重 48 千克级	抓一 挺一 总一	万黔湘	—
全国女子举重锦标赛	2003.04	湖北武汉	邓建英	女子举重 53 千克级	抓二 挺三 总二	王智慧	—
			李 萍	女子举重 48 千克级	抓六 挺五 总六		—
“人防杯”全国青年柔道锦标赛	2003	辽宁沈阳	李囿霖	60 千克级柔道	一	李知平	—

续表 25-2-3-2

赛事名称	时间	地点	参赛运动员	参赛项目	获得名次	教练	备注
“碧源银座杯”全国青年柔道锦标赛	2003	内蒙古包头	范建平	60 千克级柔道	一	李知平	—
“火车头”第十届铁路运动会	2003	北京	欧阳海生	74 千克级摔跤	二	张琼辉	—
全国青年柔道锦标赛	2004	福建泉州	李囿霖	60 千克级柔道	一	李知平	—
全国体育传统项目学校比赛	2004	广西南宁	刘群丽	100 米跑 800 米跑 跳远 实心球 接力	一 一 一 一 二	李志鹏	—
			雷燕玲	100 米跑 实心球 接力	八 五 二		—
			李敏静	实心球 接力	三 二		—
			段双林	100 米跑 跳远 接力	七 七 二		—
			邓仁辉	实心球 接力	二 八		—
			李沂鲜	接力	八		—
			廖计存	800 米跑 接力	二 八		—
			欧良鹏	接力	八		—
第五届全国城市运动会	2004	湖南长沙	欧阳海生	63 千克级古典式摔跤	一	张琼辉	—
			邓建英	女子举重 53 千克级	抓二 挺三 总三	王智慧	—
全国举重锦标赛	2004.04	湖南永州	李 萍	女子举重 53 千克级	抓六 挺七 总六	王 翔	—
全国青年举重锦标赛	2004.08	湖北荆门	李 萍	女子举重 53 千克级	抓七 挺七 总六	王 翔	—
			萧明华	男子举重 62 千克级	抓六	王智慧	—
全国举重冠军赛	2004.11	重庆永川	邓建英	女子举重 53 千克级	抓一 挺六 总二	王智慧	—
			李 萍	女子举重 53 千克级	抓四 挺八 总七	王 翔	—

续表 25-2-3-2

赛事名称	时间	地点	参赛运动员	参赛项目	获得名次	教练	备注
第七届全国大学生运动会	2004.08	上海	刘秋瑾	48千克级柔道	五	张琼辉	—
			何 仙	射击	八	龙寿柏	395环
全国举重锦标赛	2005.04	山东济南	李 萍	女子举重53千克级	抓一 挺一 总一	王 翔	—
全国皮划艇冠军赛	2005.05	广东珠海	王 海	2000米单人划 1000米单人划 500米单人划 个人全能	二 四 二 二	周继国	—
全国第十届运动会	2005.10	江苏苏州	李 萍	女子举重53千克级	总一	王 翔	—
			邓建英	女子举重53千克级	挺二 抓一 总二	王智慧	抓举102.5千克破世界记录
		江苏南京	王 海	500米双人皮划艇	八	周继国	—

说明：（本表未含青少年无线电测向定向越野赛成绩）

郴州市（地区）体育代表队参加湖南省第7~10届运动会成绩统计表

表 25-2-3-3

届次	时间	地点	参赛人数	奖牌数与总成绩				备 注
				金	银	铜	总分	
第七届	1990	长沙	207	16	30	24	590	金牌数列全省地市、州第9名，总分列全省地市州第11名
第八届	1996	常德永州	116	15	20	10	503	金牌数列全省地市、州第12名，总分列第14名
第九届	2002.09	益阳	227	15	15	22	781	金牌数与总分列全省市州第13名
第十届	2006	株洲	242	45	45.5	46	1940.5	金牌数与总分列全省市、州第8名

第四节　体育场馆

一、场馆建设

1989年，郴州地区有体育馆3个、篮球场1784个、排球场172个、田径场161个、乒乓球室601间、羽毛球场83个、滑冰场11个、游泳池16个、棋牌类场地21个。

1990年后，在创建“全国体育先进县”活动的推动下，境内各地新建一批体育设施。大部分机关、企事业单位、乡镇以及较大的自然村和城市社区，都建有篮球场等体育活动场地。1994年，宜章县在县城中夏公园新建5000平方米的文体活动广场，广场内有标准门球场和游泳馆等。是年年底，全地区体育场地人均近1平方米。

1995年5月撤地设市后，市、县两级加强体育设施建设，改造和新建一批体育场馆。郴州市体委筹资15万元建成614平方米的室内篮球训练馆。1997年，郴州市人民政府投资1300万元对郴州市体育场（东风广场）进行改造，建成总面积2.8098万平方米的体育场，场内有1.1万个阶梯式观众席，成为全市开展田径、足球运动和举行大型文化活动的主要场所。是年，市体委还投资44.59万元，建成一幢体育训练楼，内设举重、摔跤、柔道训练房。

全市大中小学校体育设施建设加快。1998年，桂阳县投入1000万元，在桂阳县三中新建国家标准田径场和体艺馆。郴州师专投资800多万元，建成总面积6000多平方米的集教学、训练、比赛、文体活动于一体的体育馆，该馆规模时为全省同类学校之首。1999年5月，市体育局会同市人大教科文卫委员会对全市、县（市、区）开展落实《中华人民共和国体育法》检查，重点检查体育设施建设情况，促进体育设施建设。一些民办学校亦纷纷新建、改建体育场地。2002年9月，宜章县民办湘粤学校建成两个标准塑胶田径运动场及体艺馆。2003年，湘南学院投资2919万元，在王仙岭新校区新建体育运动场馆5.6997万平方米。

2005年8月，市人民政府组织市体育局、市教育局、市总工会、市政府农办等8个部门对全市体育设施进行普查。普查统计，全市有体育场地3515个，比1989年增加1.2倍。体育场中有标准场地2167个，非标准场地1358个；标准体育场地中属体育系统的27个，仅占1.25%，其余多为教育系统场地。

全市体育场地建设总体尚落后于全省大多数市、州，尤其是社会投资兴建的体育场地少。全市国有体育场地3199个，占总场地数的91.01%；集体建体育场地280个，只占7.97%；私有体育场地36个，仅占1.02%。1989—2005年，全市体育场地总投资1.4823亿元，来自社会捐赠及体育彩票公益金投入的共1696.962万元，仅占总投资的11.45%。全市公益性体育场地3464个，占98.55%，经营性体育场地仅有51个，占1.45%。境内体育消费水平偏低。

2005年郴州市标准体育场地普查统计表

表25-2-4-1

项目 / 数量 / 类别	合计（个）	体育系统		教育系统		其他单位	
		数量（个）	所占比例（%）	数量（个）	所占比例（%）	数量（个）	所占比例（%）
体育场	19	2	10.53	17	89.47	—	—
体育馆	15	5	33.33	10	66.67	—	—
室内游泳池	5	1	20	1	20	3	60
室外游泳池	6	2	28.5	1	14.29	3	42.86
有看台灯光球场	25	5	20	1	4	19	76
综合训练房	4	1	25	2	50	1	25
篮球场	1498	2	0. 13	947	63.22	549	36.65
室内篮球场	8	2	25	6	75.0	—	—
乒乓球场	15	2	13.33	1	6.7	12	80.0
健身房	32	—	—	2	6.25	30	93.75
棋牌房	23	—	—	—	—	23	100

续表 25-2-4-1

类别＼数量＼项目	合计（个）	体育系统		教育系统		其他单位	
		数量（个）	所占比例（%）	数量（个）	所占比例（%）	数量（个）	所占比例（%）
保龄球房	2	—	—	—	—	2	100
台球房	6	—	—	—	—	6	100
田径场	11	—	—	11	100	—	—
小运动场	288	—	—	288	100	—	—
足球场	4	—	—	3	75	1	25
室外网球场	2	—	—	1	50	1	50
室内轮滑场	3	1	33.33	—	—	2	66.66
排球场	55	—	—	49	89.1	6	10.9
门球场	136	2	1.47	11	8.09	123	90.44
摔柔房	2	—	—	1	50	1	50
田径房、乒乓球房、体操房、羽毛球房、武术房、地掷球场、排球房、举重房	8（各一间）	2	25	5	62.5	1	12.5
总计	2167	27	1.25	1357	62.62	783	36.13

二、体育后备人才培训基地

郴州市体校举重培训基地　1988年，郴州地区体校从省举重队选调退役运动员王翔任举重教练，建立郴州举重训练基地，挑选16名举重苗子进行重点培训。1994年，王翔从上海体育学院进修回校后，继续开展举重训练，并带领学生先后到桂阳三中、资兴一中、嘉禾一中、汝城二中开办举重训练点。地、县两级在训苗子80名，且各年龄组相互衔接，形成一条“县初级→市中级→省高级”的举重人才培训、输送渠道。2003年9月，湖南省体育局为“湖南省体育后备人才——郴州市举重培训基地”正式授牌。2005年，郴州全市举重培训基地有430平方米的训练场馆和相应的训练器材，有举重教练员10名，其中市体校和基层站点各5名，在训举重学员180名。

北湖区游泳跳水培训基地　位于北湖区龙女温泉风景区，建于2000年，投资2300万元，占地6670平方米，是一座现代化游泳跳水馆。该馆利用当地丰富的地下温泉水调节泳池温度，确保四季都能开展游泳跳水训练。2003年，湖南省体育局确定北湖区游泳跳水基地为“湖南省体育后备人才游泳跳水培训基地”。2005年9月，第七届亚洲游泳跳水锦标赛在该馆成功举行。

资兴市东江湖皮划艇培训基地　位于资兴市东江水库东江湾，先后投资8000余万元，于2001年6月建成，训练水面全长3000米，横宽500米，地面配套设施面积共12.5万公顷。每年有50余名青少年学员在此接受皮划艇培训，先后向省以上运动队输送周继国、袁树宝、王海、萧拥政、黄冠东、张志斌、黄丽娟等运动员。该培训基地曾承办全国水上摩托艇暨国际漂流比赛。

三、郴州体育训练基地

郴州体育训练基地位于郴州市中心城区的北湖公园内，是湖南省体育局所属国家排球训练基地。

1978年2月，国家体委提出中国三大球（足球、篮球、排球）要打“翻身仗”，认为“三大球”中排球最有希望，把中国女排作为打翻身仗的排头兵。为了排除干扰，专心训练，中国女排开始在北京以外的地方寻找训练基地。郴州市体委负责人在湖南省体育工作会议上得知上述情况以后，萌生在郴州建立排球训练基地的想法，得到湖南省体委和郴州市领导的支持。他们迅速进京向国家体委训练局排球处汇报，请求在郴州建立排球训练基地，得到排球处负责人的赞许。郴州市体委在各方面的大力支持下，着手排球训练馆的建设。郴州地处南岭北麓，没有台风，没有大雪，没有严寒冰冻，为了争取时间，节省经费，郴州市体委从广东潮州请来工匠，用本地产的南竹作材料，短短40天建成一座竹棚、木地板训练馆和其他设施。1979年1月首次接待全国青年女排到郴州集训。

全国青年女排集训结束以后，郴州市体委负责人又到国家体委训练局继续争取在郴州建立排球训练基地，并向中国女排领队张一沛汇报在郴州建立排球训练基地的有利条件。随后，郴州市体委将北湖公园内最好的一栋职工宿舍改造成女排公寓，每间住房配备了家具、家电和冷热水供水设备。1979年9月，应郴州市体委的邀请，中国女排领队张一沛和教练邓若曾到郴州实地考察，被郴州市人民的热情所感动。10月5日，中国女排领队张一沛、主教练袁伟民和教练邓若曾带领中国女排到郴州集训，集训时间2个月。这次集训后，中国女排走出国门，首次夺得亚洲女排锦标赛冠军。

中国女排从1979年到1988年，曾8次到郴州集训。女排姑娘在竹棚内艰苦训练后，冲出亚洲，走向世界，先后夺得1981年第三届女排世界杯赛冠军、1982年第九届世界女排锦标赛冠军、1984年第二十三届奥运会女排冠军、1985年第四届女排世界杯赛冠军和1986年第十届世界女排锦标赛冠军，成为世界排球史上第一支获得“五连冠”的女子排球队。郴州体育训练基地也被誉为“中国女排腾飞之地”。王震、萧克、杨得志、宋任穷、江华、田纪云、邓力群、廖汉生等中央领导人曾先后到郴州体育训练基地视察，中国排协名誉主席宋任穷为郴州体育训练基地题词：排球之家。国家体委主任、中国奥委会主席伍绍祖题词：“人杰地灵来自竹棚精神”。美、日、英、尼泊尔、玻利维亚等国朋友和台湾同胞、海外华侨华人也慕名到郴州体育训练基地参观考察。外电纷纷报道：中国女排迅速崛起于世界排坛，究其原因在于她们备战于一个秘密的“核基地”，《美国之音》则直指“这个核基地就是中国南方美丽的小山城郴州”。

1980年，郴州体育训练基地纳入国家体育训练基地序列。1981年以后，郴州体育训练基地曾几次进行改建和扩建，拆除原有竹棚训练馆，新建现代化大型钢混结构训练馆和其他训练设施。湖南省财政厅拨款100万元用于基地添置训练设备和器材。1988年11月，郴州市人民政府在北湖公园内建造中国女排大型群雕——拼搏。郴州体育训练基地承接了1979年11月的全国青年排球联赛、1982年11月的国家男排集训、1985年2月的全国男排邀请赛、1995年1月的北京、天津、河北、河南、湖北、云南、浙江7支全国甲级女排两个月的集训、1997年11月的全国青年排球联赛、1998年12月的全国青年女排联赛、1999年11月的全国女排锦标赛等一系列重大体育训练和赛事。

2001年2月，陈忠和担任中国女排主教练。此时，中国女排无缘世界冠军已15年。在经历多次曲折之后，陈忠和率队回到阔别13年的郴州体育训练基地集训。他要求女排队员继承中国女排的“竹棚精神”，发扬中国女排“不畏强手，勇于拼搏”的光荣传统。至2008年，中国女排每年都到郴州集训。2003年11月，中国女排终于以连胜11场的佳绩，登上第九届女排世界杯赛冠军领奖台；2004 年 8 月，再次夺得雅典奥运会女排冠军。中国女排再次进入“黄金时代”。

2005 年，郴州体育训练基地占地面积 5.3 公顷，建筑面积 3 万多平方米。有大型现代化排球馆 1 座，综合训练馆 1 座，内有体能训练房、体操房、健美操房、乒乓球馆等。基地内还有网球场、标准游泳池跳水台、休闲中心、运动员休息室以及中国女排拼搏史迹展览室等。女排公寓可同时接纳 40 名运动员住宿。基地院内的“五连冠”大酒店环境优美，设施齐全，可同时接待 400 人食宿。

中国女排运动员亲切地称郴州为“娘家”，一直深深地怀念着郴州人民。郴州人民也深深地热爱着这个英雄集体，为中国女排取得的辉煌战绩感到光荣和自豪。

第五节　体育机构与管理

一、体育机构

（一）管理机构

1989 年，郴州地区体育运动委员会为全地区体育工作管理机构，正处级行政单位，工作人员 15 名，内设办公室、群众体育科、训练竞赛科。1994 年，地区体委改为具有行政职能的事业单位。1995 年，郴州撤地设市，地区体委更名为郴州市体育运动委员会，内设机构不变。1998 年，市体委更名为郴州市体育局，工作人员由 15 名减至 13 名，内设办公室、群众体育科、训练竞赛科、体育经济科。2005 年，市体育局内设科室、人员不变。直属机构有郴州市体育场、郴州市国民体质监测中心和中国体育彩票郴州市发行管理中心，共有工作人员 19 名。

各县（市、区）体育管理机构与市（地区）体育局（体委）机构相对应。2005 年，11 个县（市、区）体育局工作人员 89 名。资兴市、汝城县体育局下设体质监测中心。乡（镇）一级设文体站或体育协会。

（二）培训机构

1989 年，郴州地区有地区体育学校 1 所和县（市）、厂矿企业业余体育学校 13 所，在校学生 620 多名。地区体育学校创办于 1977 年 8 月，系全额拨款事业单位，先后被省体委（体育局）定为“全省重点体校”、“市州级优秀体校”。体校招收 13 ~ 17 岁有体育特长和发展潜力的中小学生进行集中培训，开设田径、篮球、射击、武术、柔道、举重、摔跤、拳击、无线电测定定向越野跑等项目，实行食宿、上课、训练三集中，并与全日制学校合作培训的模式。1989—2005 年，郴州市（地区）体育学校学生在全国性赛事中获金牌 75 枚，在省级比赛中获金牌 405 枚。学校先后向省以上运动队输送运动员 162 名，向高等院校输送体育特长生 247 名。2005 年，市体校有学生 136 名，教职员工 55 名，其中文化课教师 15 名，专职教练 18 名。县（市、区）业余体校开办于 20 世纪 70 年代初，多附设于体育场地、设施较好的中小学校，学校配备专职或兼职教师，制定训练计划。1992 年 3 月，宜章县业余体校学生黄建莲参加全国女子举重锦标赛，打破同级别世界纪录，后进入国家举重队。1995 年，在全省重点业余体校检查中，桂阳县、资兴市、北湖区业余体校均为合格体校，获直接参加省级运动会的资格。全市体育行政管理部门每年组织业余体校学生体质检测和运动成绩考评，确定重点队员，实行科学化训练。2000 年后，全市调整业余体校训练项目，重点抓好举重、射击、皮划艇、武术、游泳、跳水、无线电测向定向越野等项目的培训。2005 年，全市 19 所县（市、区）体校和业余体校，其中 6 所列入全省县级重点业余体校，坚持业余训练的学生 800 多名，配备专职或兼职教练员 80 名。北湖区有业余体校和游泳学校各一所，游泳学校建有设施先进的游泳跳水训练馆。

（三）体育社团

1989 年，郴州地区有地区老年体育协会，各县（市）和一些大型企事业单位也成立老年体协分会，共有会员 7510 人，经常参加体育活动的 6552 人。1991 年 5 月，郴州地区重建地区和县市体育总会。是年，地县两级体育总会 12 个，行业体协 4 个，单项体协 10 个，基层健身辅导站 80 个。全区共有社会体育指导员 2210 人，其中国家级 12 人，一级 192 人，二级 360 人，三级 1646 人。1995 年，郴州市农民体育协会成立，一些乡镇也成立农民体协。

2000 年，郴州市农民体育协会被评为湖南省农民体育工作先进单位。2002 年，市编委同意市老年体协定编 2 名，特配副处级专职副主席主持工作。市老年体协活动经费由临时拨款改列市财政预算，年预算经费 10 万元。2005 年，全市有市、县（市、区）体育总会 12 个，单位和单项体育协会 100 个，基层健身辅导站 350 个。市老年体协有团体会员 68 个，个体会员 5 万多名。全市三分之一的乡镇成立农民体育协会。

1989—2005 年郴州市（地区）体育局（体委）主要负责人名录

表 25-2-5-1

单 位	姓 名	职 务	任职时间
郴州地区体委	魏文会	副主任（主持工作）	1989.01—1991.12
郴州地区体委	魏文会	主 任	1991.12—1993.06
郴州地区（市）体委	曾昭雄	主 任	1993.06—1999.12
郴州市体委	段建平	主 任	2000.09—2001.09
郴州市体委	周彩湘	党组书记	2000.09—2002.01
郴州市体育局	邓国贤	局 长	2001.09—2002.08
郴州市体育局	罗桂生	局 长	2002.08—
郴州市体育局	段建平	党组书记	2001.09—2003.09
郴州市体育局	邓国贤	党组书记	2003.09—

二、体育管理

从 1989 年开始，郴州境内各级体育管理部门进一步加强内部管理，先后制定和实施一系列规章制度。1996 年 6 月，郴州市体委采取“职工选中层领导，中层领导选职工”的双向选择，进行局内人事制度改革。12 月，全市体育工作会议决定体育工作实行目标责任管理，11 个县（市、区）与市政府签订目标责任状，将全民健身、体育运动成绩、体育人才培养等指标进行分解量化，实行年度达标考核。

与此同时，市（地区）、县两级推行竞技体育管理机制改革，实行“政府引导，部门支持，市场运作，社会兴办”的方针，逐步摆脱计划经济时期体育部门“独家办体育”的困境。在各项竞技体育比赛中，实行冠名权、广告权有偿使用。1995 年、1996 年，市体委举办郴州市第一、二届中小学生田径运动会，承办湖南省青少年篮球赛等三项体育赛事，其经费均由主办、承办、参赛及赞助单位和广告收入解决。此后，郴州竞技体育经费投入走向多渠道、多元化。

1995年，郴州市体育部门加强体育市场管理。是年8月，通过省、市行政执法培训考核，45人获得“体育执法证”，实行持证上岗，开展执法监管。11月，市体委根据国家体委《关于加强体育市场管理的通知》，会同市工商、市民政、市税务等部门联合制定《郴州市体育市场管理暂行规定》，实行体育市场经营准入制度。将经营性体育训练、竞赛、体育表演、体育健身、体育器械服装供应、武术气功培训等项目，纳入体育市场管理。凡从事体育经营活动，须经体育行政管理部门审批，办理经营许可证。

1996年，郴州市加强社会体育指导员队伍建设，推动全民健身活动。市体育局分批进行社会体育指导员培训、考核、定级、颁证。社会体育指导员实行“一级省管、二级市管、三级县管”的分级管理培训制度。是年5月，全国政协常委、科教文卫体委员会常务副主任、中国奥委会名誉主席何振梁，率全国政协专题调查组到郴调查体育工作，对郴州加强社会体育指导员队伍建设的做法予以高度评价。

1999年，郴州市体育局针对市内竞技体育水平下滑的局面，制定《郴州市各级业余体校教练员管理暂行办法》《输送优秀运动员和获省以上比赛名次运动员奖励办法》，要求各体校集训前报计划，集训中搞考核，集训后查效果，并将培训成绩与教练员的薪酬挂钩。2000年，在全省体育赛事中，郴州市获金牌17枚、银牌15枚、铜牌10枚，创有史以来最好成绩。

2003年3月，郴州市委、市政府下发《关于加强体育工作的意见》，市体育局将四年一届的省运会的备赛项目、参赛人数、目标任务分配到县市区，由县市区政府与市政府签订目标管理责任状。市本级的目标任务由市体校校长与市体育局局长签订，形成“四年签一状，一状管四年”的备赛、参赛和赛后嘉奖环环相扣的管理模式。2006年9月，湖南省第十届运动会在株洲市举行，郴州市代表团参赛运动员242人，参加14个大项比赛，夺得金牌45枚、银牌45.5枚、铜牌46枚，团体总分1940.5分，金牌数与总分名列全省市州第8名，基本达到管理目标。

2003年，全市积极发展体育产业，加强体育产业管理，努力提高经济效益。是年8月，郴州承办全国第五届城市运动会排球赛，市体育局开展广告招商，开展有偿使用冠名、冠杯和会徽、吉祥物命名权等办法，为运动会筹集到较充足的资金。赛后，国家体育总局排球管理中心主任徐俐称赞说：此次比赛是历届城市运动会排球赛举办得最好的一次。

2004年至2005年，全市126个体育彩票发行点调整终端设备，优化网点布局，推行专业化、专营化管理，全市销售网点专营化程度达95%以上，并实施体彩下乡工程。2005年，全市发行体育彩票5177万元，创历年发行额新高。

第二十六篇

社会生活

进入20世纪80年代末期，郴州持续推进社会主义物质文明和精神文明建设。人民生活水平日益提高，婚姻、家庭关系日臻和谐文明，敬老孝老传统美德得到弘扬，社会文明新风竞相呈现。

1989年后，城市、农村居民收入和生活水平不断提高。1989年，农村居民人均纯收入为533元，到2005年增至3506元，为1989年的6.58倍；城市居民1989年人均收入1534元，到2005年增至10129元，为1989年的6.6倍。居民消费结构渐趋多样化，消费水平和生活质量逐年提升。2005年，农村居民人均消费支出2761元，为1989年497元的5.6倍；城市居民人均消费支出8349元，是1989年1350元的6.2倍。

其间，郴州推进《中华人民共和国婚姻法》的贯彻实施，变革旧的婚姻基础，倡导新的婚姻生活，依法维护婚姻合法权益。推进家庭文明新风建设，引导传统家规家风符合社会公德和道义，致力构建和美家庭。广泛建立和创新“爱老、敬老、养老、助老”工作体系和机制，切实维护老年人的正当利益和合法权益，老年人精神生活与物质生活日益改善。到2005年，全市8212名低保老人家实现应保全保，2.35万名农村“五保”老人政府供养标准均得到提高；有老龄服务社会志愿者组织336个，市、县两级老年大学12所，各级各类老龄体育、文娱活动组织2000多个，常年参加文体活动的老年人20余万人。

与此同时，郴州大力组织开展形式多样的社会精神文明创建活动，推进公民思想道德建设，移风易俗，弘扬文明向上的社会主义新风尚。1989—2005年，先后广泛组织开展创建遵纪守法户、五好家庭户、双文明户和文明村镇、单位、行业等群众性文明创建活动，持续开展军（警）民精神文明共建活动，推动全市日渐形成尊老爱幼、热心社会公益事业、克己奉公、见义勇为、扶贫济困、崇尚科学等社会文明新风尚，涌现大批文明市民楷模。这一时期，郴州地区（市）先后有33个单位被评为全国文明单位和全国精神文明建设工作先进单位，涌现市级见义勇为先进个人104人，其中有18人为保护人民生命财产安全英勇献身。然而，在构建现代文明社会的进程中，社会上也还残存诸如“拉宗派”“封建迷信”“大操大办”等社会陋习，出现贫富差距过大，“黄、毒、赌”侵蚀社会生活及局部地区治安形势严峻等社会新问题。

境内丰富多样的地域传统文化，孕育出风彩多姿的劳动、生活、信仰习俗，且在民间流传和不断演变。民间习俗从一个侧面反映出劳动人民勤劳向上、向往光明和幸福的精神追求。尽管受历史条件所限，其中一些习俗带有封建迷信和唯心主义糟粕，但历史地看，其仍蕴含一些有益的积极因素。

第一章 居民生活状况

第一节 城镇居民生活状况

一、家庭收入

1989年后，郴州地区（市）城镇居民可支配收入除工资收入外，还拓展至经营性、财产性和转移性等多元化增收，家庭收入梯次增长，生活水平随之提高。1989年，郴州地区城区城镇人均可支配收入1372元。1992年职工工资改革后普遍加薪，1995年实行工资职级制，职工工资又相继增长。到2000年，郴州市城区居民人均可支配收入5871元，为1989年的4.3倍。

2000—2005年，随着城镇工商业的迅猛发展，城镇居民兴业创收门路增多，加之房屋、门面出租、转让等财产转移性收入和社会保障资金的增加，全市城镇居民人均可支配收入增幅进而加大。“十五”期间（2001—2005年），全市城镇居民人均可支配收入年均增长创10.3%。2003—2005年，市委、市政府扶持加快个体私营经济发展，拓宽就业渠道，使大批企业改制下岗职工自谋职业增加收入，城镇居民家庭收入持续递增。在这三年间，郴州市城镇居民人均可支配收入年均增长2.6%，同比高于其间全省年均增长水平；城镇居民人均可支配收入年均增加878元。到2005年，郴州市城镇居民人均可支配收入达9595元，为1989年的6.9倍。其中工薪收入、居民经营性净收入、财产性和转移性收入，分别占可支配收入的74.3%、12.1%和19.0%。

2005年，全市城镇化率达36.8%，比2000年提高11.5个百分点，城镇建设的加快为城镇居民提供更多就业增收的岗位，城镇居民登记失业率控制在4%以内；企业下岗职工基本生活保障金和离退休人员基本养老金按时足额发放率达100%。城镇居民家庭收入步入稳定有余的增长趋势。2005年末，城镇居民人均储蓄余额13270元，为1989年人均储蓄余额628.2元的21.1倍。郴州城镇居民生活水平，基本实现从温饱型到小康型的跨越。

2005年，郴州市城市调查队进行城镇居民年可支配收入的对比调查显示，全市城镇还有一些下岗后难就业者和老弱病残者生活较为困难。当年被调查的高收入组人均可支配收入19553元，而低收入组则仅为3911元，高收入组人均可支配收入为低收入组的5倍。此外，城镇居民生活水平地域差距亦大，2005年，地处边远山区的桂东县城镇居民人均可支配收入只有6653元，仅为全市城镇人均可支配收入9595元的69.3%。

二、家庭消费

（一）食品、衣着消费

1989年，郴州地区城镇居民人均消费支出1350元。其中，用于食品支出735元，占54.4%；衣着消费为134元，占9.9%。食品消费支出中以禽蛋、肉、水产品支出居首，占食品支出的39.5%。

进入20世纪90年代，随着家庭经济条件好转和市场食品、衣着商品供给日趋丰富，城镇居民由满足“吃饱”“穿暖”开始趋于追求“吃好”“穿好”，日渐讲究吃、穿的品质和档次。2000年，城镇居民人均生活消费支出5007元，为1989年的3.7倍。其中，居民人均用于食品消费1933元、衣着消费418元，其两项消费占人均生活消费总支出的47%。食品、衣着消费呈波浪式起伏上升。居民食品消费的内部结构有明显变化，主食消费量减少，副食品及干鲜瓜果消费量大幅增加，麦当劳汉堡包、肯德基炸鸡等“西洋”食品进入居民家庭。同时，逢年过节和待客时外出上馆子消费的家庭逐增；衣着消费注重追求款式新颖的时装和品牌，自购布匹缝制衣品者渐少，转向进店入铺购买成衣者增多。

2000年后，城镇居民食品、衣着消费的品种愈益多样化，消费结构更趋科学和合理。饮食上改变过去那种“吃荤就是吃好”的观念，倾向多吃“素”食，少吃“荤”食，尤其钟情进食无污染的农家“绿色食品”；衣着逐渐淡化重穿“品牌”的消费观，好穿流行时装、重色彩，追求“穿”出个性。就连老年人亦相继告别“蓝、青、灰”的“老三色”，穿上花花绿绿的新时装，呈现鲜丽多彩的衣着新时尚。2005年，全市城镇居民年人均消费支出8349元，为1989年的6.2倍。其中城镇居民食品消费占消费性支出总额的比重虽由1989年的54.4%降至32.9%，但其消费额依然居家庭八类（含食品、衣着、居住、设备用品、交通通信、文化教育、医疗保健、其他商品，下同）消费额之首达2752元；衣着消费居第四位为851元，其所占八类家庭消费额的比重则由1989年的9.9%升至10.2%。食品、衣着消费额分别为1989年的3.7倍和6.3倍。其间，总体呈现食品消费支出逐降，衣着消费支出略增的消费态势。

（二）家庭用品消费

1989年后，境内国民经济持续发展和市场家庭用品不断更新，促使城镇居民日用品逐渐发生质的变化，基本淘汰传统的“三转一响”（即自行车、缝纫机、手表，收音机），彩色电视机、冰箱、空调、沐浴热水器、洗衣机、电脑、影碟机、照相机、摩托车、电动自行车等新型产品相继进入居民家庭，家庭用品消费支出随之增加。1989年，全区居民人均用品消费155元，到2000年增至485元，至2005年又升至578元，比1989年增长2.7倍、2005年比2000年增长19.2%。2005年，郴州市家庭主要用品抽样调查表明，平均每百户家庭拥有彩色电视机123台、空调器64台、电冰箱85台、洗衣机90台、沐浴热水器69台、照相机32架、家用电脑25部、组合音响36套、钢琴2架。其间，城镇居民家庭用品不断更新，大屏幕彩电、镭射卡拉OK唱机和电脑等高新技术日用产品，陆续进入寻常百姓家，带来居民家庭生活质量普遍提高。

（三）文化教育消费

1989年，城镇居民人均用于教育、文化娱乐（含服务性费用和购买文化用品费用）支出123元，列当年八类家庭消费项目费用支出的第四位。继后，郴州兴起“科教兴业”热潮，致力提高劳动者科学文化素质，同时在加快建立社会主义市场经济体系中，改革劳动用工制度，打破终身职业的“铁饭碗”，呈现面向社会市场寻求劳动就业新趋势，驱动人们投入学文化、学技能的支出日愈增加。同时，随着社会文化娱乐方式日渐丰富多样，和非义务教育阶段“自费就学”的推行，亦带动居民投入文化教育、娱乐方面的消费渐次出现大幅增长。2000年，郴州城镇居民人均教育文化类消费支出927元，为1989年的7.5倍。到2005年，文化教育类人均年消费支出增至1157元，为1989年的9.4倍，仅次于食品和居住的消费支出，居当年家庭八类消费项目费用支出的第三位。其中居人均文化教育消费之首的为文化娱乐消费费用，达453.9元；次为教育消费支出（含成人自费学习培训、订购报刊、子女全日制学校就读和托幼费用），达422.33元；再次为文化用品支出（含电视机、电脑、计算器和纸笔等费用）280.49元。这一时期，城镇居民自费进技术培训班、参加函授学习、订阅书报、练字画、学摄影、出门旅游的逐渐增多，已成为文化教育消费的新态势。

（四）居住消费

1989年，郴州地区城镇居民人均居住消费支出79元，在家庭八类消费项目支出中属偏低支出。进入20世纪90年代，推进城镇住房制度改革，相继废止“住房分配”“公房低租”，推行“公房出售”、居民集资建房及自费购置商品房，驱使居民住房消费依次递增。2000年，城镇居民人均年居住消费支出283元，为1989年的3.6倍。到2005年，居民人均年居住消费1387元，为1989年79元的17倍，呈剧增之势。其人均年消费额在家庭八类消费额中所占比重由1989年的第六位跃入第二位。在此期间，城镇居民居住条件明显改善。2005年，人均住房面积21.54平方米，较之2000年的17平方米人均增加4.54平方米。85%以上家庭购买“房改房”、商品房，或集资建房、购地自行建房。居民自有属于自己的住房，舍得投资装饰、改善家用设备设施，讲究住房宽敞、美观、时尚、舒适。有98%的家庭住房有单设厨房、卫生间，100%家庭用上自来水，90%的家庭用上液化气，每百户城镇居民家庭拥有成套家具者65户。

（五）交通、通信、医疗保健等项消费

1989年，郴州地区城镇居民此类消费支出124元，其中交通、通信10元，医疗保健33元，杂项商品81元。进入20世纪90年代，城镇交通运输、通信事业快速发展，工作节奏转向加快，带动大批交通和通信用具进入居民家庭。同时，人们健康医疗保健意识普遍增强。因之使交通通信、医疗保健类消费支出呈大幅增长。到2005年，城镇居民人均交通、通信、医疗保健和杂项商品消费计支出1624元，为1989年124元的13.1倍。其中，交通、通信费用增长达831.25元，为1989年的83.1倍。2005年，抽样调查显示，全市百户城镇居民家庭中拥有摩托车8辆、自行车30辆、移动电话152部、健身器材4件；人均用于交通消费（购买车辆和外出乘车费用）302.37元，用于通信消费（购买通信工具和电信费用）528.88元。

第二节 农村居民生活状况

一、家庭收入

自1989年始，郴州各级党委、政府健全和完善农村家庭联产生产责任制，发展集体经济，引导农民面向市场需求开发多种经营和优质高效产业，同时利用区位优势向广东、华南沿海地区开拓农产品销售市场和劳务市场，确保农民家庭收入增加。当年，农村居民人均纯收入533元，1994年突破千元，达1004元；1998年过2000元，达2154元。

到2000年，郴州农村富余劳动力到毗邻的广东沿海经济发达地区务工者日趋增多，劳务经济成为农村家庭增收一大渠道。2000年，农村居民人均纯收入增至2430元，为1989年533元的4.6倍。同时，全市优化农业产业结构，因地制宜开发粮食、畜牧、水产、果茶、蔬菜五大主导产业，突出推进“生产、加工、销售”农业产业化经营，农产品商品化率日愈提高，农民生产增值率明显上升。加之各种税费减少，家庭经济收入持续增长。2005年，农村居民人均纯收入跃至3506元，为1989年的6.6倍。“十五”计划期间（2001—2005年），农民人均纯收入年均增长7.6%。2005年年末，农村居民人均储蓄存款余额2148元，为1989年人均储蓄余额104元的20.6倍。

1989—2005年，境内农民居民收入为以务工为主的工资性收入增长最快，次为家庭经营和财产转移性收入；以家庭经营收入居高，次为工资性收入、财产性和转移性收入。2005年，这3项收入分别占农民人平纯收入的59.3%、35.6%和5.1%。

在此期间，一些自然条件恶劣和交通闭塞的偏远山区，尚有一些农民未摆脱贫困。2005年郴州市贫困县统计监测显示，当年桂东县156个行政村尚有贫困村90个，全县乡村15.04万人口中，还有贫困人口9.95万人，全县乡村贫困人口还占乡村总人口的66.2%。

二、家庭消费

（一）食品、衣着消费

1989年，郴州地区农村居民家庭人均生活消费支出497元，其中用于食品消费272元、衣着消费39元，计311元，占人均生活消费支出的62.6%。

20世纪90年代，郴州农村基本扫除青壮年文盲，科学普及活动广泛开展，农民科学文化素质普遍提高，加之在扩大城乡交融中接受一些新的生活方式，日益崇尚科学、文明的生活消费。农村饮食消费逐渐摒弃“大鱼大肉，海吃猛喝”旧习，学会科学饮食，讲究荤素合理搭配，食品消费支出占生活消费总额的比重增幅升中有降。此间，随着消费观念更新，农民衣着消费渐由保暖、实用、耐穿，向成衣化且式样新颖，质量中、高档发展。其消费额不断上升。到2000年，农村居民人均用于食品消费989元，用于衣着消费98元，计1087元，食品、衣着消费分别为1989年的3.6倍和2.5倍。当年人均食品、衣着消费占生活消费总支出的57.4%，较之1989年下降5.2个百分点。

2000年后，农村居民饮食结构主食消费稳中有降，质量好、营养丰富的副食品和其他食品大量进入农家。农民衣着打扮渐趋成衣化和多样化。到2005年，农村居民年人均食品消费1269元、衣着消费167元，分别为1989年的4.7倍和4.3倍。当年人均食品、衣着消费占生活消费总支出的比重，较之2000年又下降5.4个百分点。当年据对805户农村住户的调查显示，人均年主食消费降至53.94元，肉类、蛋类、水产品、蔬菜、酒水、果茶等副食品消费则升至602.06元，另人均支出在外饮食费171.95元、食品加工支出费6.65元。

其间，农民饮食、衣着消费总体由满足“吃饱”转向科学饮食的“吃好”，由满足“穿暖”转向“穿时尚”的多样化。其整体消费水平有质的转变。

（二）家庭用品消费

1989年，农村居民家庭用品消费支出人均70元。继后因家庭自行车、缝纫机、收音机和钟表等用品渐趋饱和，其消费支出到1993年降至37元。

1995年后，彩电、洗衣机、电冰箱、电风扇、热水器、电饭煲等新型家庭用品相继进入农村市场，带动家庭用品消费支出开始转入不断增长。1998年人均用品消费过百元达101元，到2005年，全市人均家庭用品消费增至162元，同比为1989人均消费额70元的2.3倍。此间，农家用品消费品由传统的“大三件”（缝纫机、自行车、收音机）转入新型多样的家电用品消费。农村女青年出嫁的陪嫁品也由过去常见的“老三件”（衣、被、柜）变成常见的“新三件”（彩电、冰箱、洗衣机）。时在一些经济较发达农村流行三句话：“看要带色的（彩色电视机），用要带电的（电动家用品），行要坐带轮的（车辆）。”

2005年，农村消费抽样调查显示，每百户家庭拥有彩色电视机93台、黑白电视机11台、洗衣机30台、冰箱29台、空调机2.3台、热水器9台、照相机5架、家用计算机1.6台、组合音响22台、录像机4.6台，有的家庭还开始购有摄像机、手机等中高档用品。

（三）文化教育消费

1989年，农村居民人均文化、教育性消费24元，列农村居民八类家庭生活消费额的第五位。其后，郴州农村大力调整产业结构开发新产业，带动新技术的推广；同时外出务工和发展多种经营，亦对农民文化技术素质提出更高要求，从而激发广大农民群众投资学文化、学技术热情。此外社会文化娱乐活动的兴起及非义务教育阶段“自费就学”的推行，也使农村居民家庭用于文化教育类费用呈现较快增长。到2005年，居民人均全年文化教育性消费344元，为1989年24元的14.3倍。在农村八类家庭消费支出中，由1989年的第五位前移至第二位。其中主要有子女就学和成人自费参加培训学习费用支出246.29元、订购报刊和技术资料支出20.75元、纸张文具费2.98元、文娱电器用电消费40.07元等。其间，农民家庭到社会娱乐场所消费支出尚不多，农民闲时多在家看电视、书报或休闲娱乐。

（四）居住消费

1989年后，郴州农村经济稳健发展，带动农村住房建设加快。1989年，农村居民居住人均消费支出58元，1995年增至108元，到2005年增至人均309元，为1989年的5.3倍、1995年的2.8倍。2005年，农村居民人均住房面积36.38平方米，比1995年的24.8平方米增加11.58平方米。

在此期间，农民住房建造式样日渐新颖多样，多由过去屋屋相连的老式瓦房结构，改为单居独户的平顶钢筋水泥楼层结构，采光、通风和卫生等居住条件大为改善，且注重房屋装饰，拉动了农村居住消费。2005年，全市农村人均新建房屋面积0.62平方米，其中楼房面积占0.56平方米；新建房屋中钢筋混凝土结构人均达0.61平方米，旧式的砖木结构面积仅0.01平方米。家庭经济条件较好农户，还围院建起“小别墅”。房屋大都仿照城镇住房结构修建，内设客厅、餐厅、卧室、厨房和卫生间，房屋装修流行“外贴瓷片内刮胶，上吊彩顶下铺地板砖，窗窗都安玻璃和纱窗”。是时只在较为边远山区，还仍以传统红砖和泥砖瓦房为主。2005年对805户农民家庭进行调查显示，年内户均用于购买家具及做家具材料的费用达112.48元，用于购买厨具、餐具、茶具费用38.49元。农民家居条件不断改善和优化。

（五）交通通信、医疗保健、杂项商品消费

1989年，农村居民这三项消费人均支出仅34元。当时农村因交通、通信事业滞后，加之经济条件有限，年人均交通、通信消费支出仅4元。自20世纪90年代始，郴州举力加快通乡通村公路和农村电信设施建设，同时物流市场和人际交往日趋活跃，促使农村购置交通运输和通讯工具的家庭支出激增，摩托车、农用运输车和BP机、大哥大、小灵通相继进入农家。2005年，农村居民人均交通、通信、医疗保健和杂项商品消费支出计达510元，为1989年的15倍之多。其中交通、通信费239元、医疗保健费195元、杂项商品费76元。交通、通信消费人均支出额增幅居农村居民人均八类消费额增幅之首，2005年为1989年的59.7倍。当年，据市统计部门抽样调查，每百户农民家庭拥有汽车1.8辆、各型拖拉机3.7辆、摩托车10辆、自行车20辆、电话机40部、移动电话74部、寻呼机3.5部。农民购车跑运输、做生意和出门乘车的越来越多，有的富裕家庭还开始购买小轿车。

1989—2005年郴州市（地区）城乡居民消费水平及指数一览表

表 26-1-2-1

年份＼项目	按当年价格计算（元/人）			以上年为100（%）			以1990年为100（%）		
	居民消费水平	居民消费指数		居民消费水平	居民消费指数		居民消费水平	居民消费指数	
		农业居民	城镇居民		农业居民	城镇居民		农业居民	城镇居民
1989	—	497	1350	—	—	—	—	—	—
1990	745	585	1482	100.10	94.70	114.60	100.00	100.00	100.00
1991	775	582	1692	99.50	98.90	101.10	99.50	98.90	101.10
1992	969	631	2239	106.60	101.50	116.00	106.10	100.40	117.30
1993	1143	787	2447	115.20	120.00	108.70	122.30	120.50	127.50
1994	1315	919	2708	117.10	116.00	110.20	143.20	139.80	140.50
1995	1475	1018	2994	112.30	110.20	110.20	160.80	154.10	154.80
1996	1690	1176	3324	114.10	114.80	109.70	183.50	176.90	169.80
1997	1966	1392	3751	115.90	116.40	112.10	212.70	205.90	190.30
1998	2193	1538	4184	111.70	109.60	109.90	237.50	225.70	209.10
1999	2442	1720	4588	111.90	111.00	109.10	265.70	250.50	228.10
2000	2705	1912	5045	111.10	110.70	109.60	295.10	277.30	250.00
2001	2995	2084	5589	110.70	108.60	110.30	326.70	301.10	275.80
2002	3308	2164	6252	110.90	104.20	111.40	362.20	313.70	307.20
2003	3614	2360	6439	110.50	109.10	105.20	400.10	342.20	323.20
2004	4038	2693	6754	110.00	112.00	105.30	440.10	383.30	340.30
2005	4770	2982	8016	113.80	108.00	113.50	500.80	414.00	386.20

说明：“—”表示当年无相关统计数据

1989—2005年郴州市（地区）城乡居民储蓄余额统计表

表 26-1-2-2

年份＼项目	总计		其中			
			城镇		农村	
	绝对数（万元）	人均（元）	绝对数（万元）	人均（元）	绝对数（万元）	人均（元）
1989	115315	275.50	85739	628.20	29576	104.80
1990	158297	373.10	119242	899.00	39055	133.90
1991	210973	492.30	157232	1115.60	53741	186.90
1992	273923	637.10	199065	1386.20	74858	261.40
1993	351157	812.50	246187	1371.30	104970	415.40
1994	460722	1059.60	318088	3363.90	142634	419.20
1995	587575	1340.90	395496	3804.00	192082	575.00

续表 26-1-2-2

年份＼项目	总计		其中			
			城镇		农村	
	绝对数（万元）	人均（元）	绝对数（万元）	人均（元）	绝对数（万元）	人均（元）
1996	712168	1612.40	479596	4494	232572	694
1997	791247	1779.00	544301	5000	246946	735
1998	881794	1976.00	596599	5322	285195	850
1999	1020593	2274.00	727160	6383	293433	873
2000	1145745	2538.00	788425	6790	357320	1065
2001	1528222	3365.00	1128023	9277	400199	1199
2002	1759021	3850.00	1318787	10311	440240	1338
2003	2032891	4477.00	1536977	11042	495914	1575
2004	2392232	5240.00	1848354	12222	543878	1782
2005	2874506	6237.00	2248344	13270	626162	2148

2005年郴州市城乡居民物质文化生活状况主要指数一览表

表 26-1-2-3

项目	计量单位	数额	项目	计量单位	数额
城镇居民可支配收入	元	9595	摩托车	辆	8
农民人均纯收入	元	3506	电冰箱	台	85
职工人均工资	元	13951	电脑	台	25
城乡居民人均消费水平	元	4770	百户农家有电视机	台	104
农业居民人均消费	元	2982	电话机	部	60
非农业居民人均消费	元	8016	自行车	辆	20
城乡居民人均储蓄余额	元	6237	摩托车	辆	41
城镇人均余额	元	13270	城乡居民每万人有病床	张	24.60
农村人均余额	元	2148	城乡居民每万人有卫技人员	人	30.40
城镇居民人均住房面积	平方米	21.54	城乡学龄儿童入学率	%	100
农村居民人均住房面积	平方米	36.38	每一农村劳动力负担系数	人	1.33
百户城镇居民有彩电	台	123	每一城市劳动力负担系数	人	3.10
组合音响	套	36	城镇失业率	%	3.70

第二章 婚姻·家庭

第一节 婚姻

一、婚姻基础

20世纪90年代，郴州加快经济建设，各地鼓励让一部分人先富起来，发家致富成为人们的普遍追求，传统婚姻基础因之受到冲击。是时，不少男女婚姻追求偏重于当地经济条件和“先富起来的群体”，计划经济时代偏重“找国家干部、找军人、找工人、找医生”等以职业身份为婚姻基础的择偶观有所淡化。当时由于一些女青年找对象时兴“一看手中的票子，二看家里的房子”，遂造成一些尚还贫穷的地方出现“结婚难、离婚多”现象。2002年，郴州市老龄委办公室在边远贫困地区进行抽样调查统计显示，有的地方在60岁以上老人群体中，因未婚、离异和再婚难而造成的单身男性老人高达14.9%。

其间，随着经济体制改革深入，大批国有企事业单位干部、职工分流或下岗成为凭技能、凭专长“吃饭”的自谋职业者。同时社会上一批有文化、懂技术、有专长和会管理的创业者，在激烈市场经济竞争中成为事业有成的社会“红人”。不少青年顺应社会进步，调整择偶观，婚姻基础在新旧价值碰撞中更新，进而两性结合的婚姻基础由“重金钱”“重物质基础”，又渐演变为“重文化、重知识”“重专业技术人才”。郴州先后有一些国家青年女公务员冲破世俗观念的偏见，选择自谋职业者作配偶成家。与此同时，农村姑娘日渐抛弃“媒人说亲”和“就近成亲”等旧俗，趋于在相互结识中自主确立恋爱关系。2002年3月，临武县土地乡寺冲村姑娘雷艳芳携带在广东省东莞市务工期间结识生情的台湾同胞青年谢俊华，回乡办理结婚手续。农村姑娘走出大山与台胞喜结连理，一时成为当地称道的新闻。

1989—2005年，随着时代的进步，尽管婚姻基础在不断演变，但境内男女青年普遍遵守恋爱自由、婚姻自由、婚姻自主、一夫一妻制。男女选择对象方式亦日趋开放多样，相继出现婚姻介绍所连缘，报刊征婚、网络择偶等新方式。包办婚姻、买卖婚姻已基本根除。同时，在农村也还出现老年人再婚因遭旧习俗、旧观念羁绊而难成婚现象。个别不法分子以骗取钱财为目的，诱惑女性进行“骗婚”现象亦有发生。

二、婚姻状况

（一）未婚

20世纪80年代，在人口生育上因社会上依然还残留“重男轻女”陈腐观念，以致性别比失调，在未婚人口中未婚男性普遍多于女性。有的地方自然条件恶劣、生活贫困，“有女往外嫁，有男难娶妻”，致使当地男子难以婚配，男性未婚率偏高。1990年全国第四次人口普查显示，郴州地区15岁以上婚龄人口中（含15岁）有未婚人口754848人，其中男性未婚占男性婚龄人口的30.51%，女性未婚占女性婚龄人口的21.31%，未婚男性比未婚女性的比重多出9.2个百分点。90年代，郴州进一步重视选用女干部，大力宣传推介女能人、女英模，致力提高妇女社会地位；组织开展破旧俗树新风活动，力除重男轻女旧俗；与此同时强力组织扶贫，消除贫困工作。妇女社会地位的提高、社会旧俗观念的改变和减贫工作的深入，促使郴州境内人口出生性别比失调现场有所缓解，男性婚龄人口中未婚比重有所下降。2000年全国第五次人口普查时，全市15岁以上未婚人口中，男性未婚占男性婚龄人口的27.91%，女性未婚占女性婚龄人口的17.22%。较之1990年，男性未婚人口下降2.6个百分点。2000年后，郴州市强化查处“两非”（非医学需要鉴定胎儿性别和选择终止妊娠）行为，加强宣传教育扭转人口出生“重男轻女”现象。到2005年，全市总人口中有男性240.63万人，女性220.25万人，男女性别比率为109.25∶100，性别渐趋平衡。

（二）有配偶

20世纪70—80年代，郴州地区大力提倡晚婚，初婚年龄逐步提高，男不得早于22周岁，女不得早于20周岁。80年代后期，晚婚控制放松，15岁以上婚龄人口中有配偶比例回升。1990年，全国第四次人口普查统计显示，郴州地区15岁以上有配偶人口1937043人，占15岁以上人口的66.9%，其中女性比男性有配偶人口多出4.63个百分点。2000年，全国第五次人口普查统计，全市有15岁以上配偶人口1938402人，占15岁以上人口的70.3%，比1990年多出3.4个百分点。其中女性有配偶人口比男性有配偶人口多出6.08个百分点。2000年后，全市在计划生育工作中倡导“晚婚晚育”，遏制早婚现象。同时，农村移风易俗，基本破除“好男不招郎”的配偶旧俗，相继出现男到女方家上门落户入赘当女婿的配偶家庭，男性有配偶率提升。资兴市坪石乡黄跃湘一家，至2005年先后有三代男到女方家落户入赘喜成配偶立家。至2005年，郴州市15岁以上女性有配偶人口同比依然高于男性有配偶人口。这主要是一些地方女性早婚现象较多所致。

（三）离婚

20世纪80年代后期，郴州地区离婚约束条件有所放宽。90年代少数人在生活方式、生活观念更新中，不辨是非，婚姻观念发生扭曲，喜新厌旧出现异变婚、婚外婚现象；也有的因重男轻女求生男孩而出现弃妻等行为，以致离婚率上升。1990年，全国第四次人口普查统计显示，郴州地区有离婚人口16311人，占15岁以上婚龄人口的0.56%，占20岁以上人口的0.67%。2000年，在全国第五次人口普查中查明，全市有离婚人口20601人，占15岁以上婚龄人口的0.75%，占20岁以上人口的0.85%，较之1990年分别提高0.19个百分点和0.18个百分点。之后，离婚率继增。2005年，全市离婚人口7184人，是1994年离婚人口的2.4倍，是2000年离婚人口的1.96倍。离婚原因多为性格不合、婚外情、夫妻行为不轨、家庭经济压力及家庭暴力等。离婚形成较多的不完全家庭，带来严重社会问题。

（四）丧偶

自20世纪80年代，郴州地区人们传统的婚姻观念渐趋发生变化，丧偶再婚已为广大城乡群众所接受，视为正常现象并热心予以助婚。但在一些地方老年人丧偶再婚，依然还存在遭家人和社会世俗观念干涉的现象。1990年，全国第四次人口普查表明，全地区有丧偶人口187135人，其中，男性丧偶59404人占31.7%，女性丧偶127731人占68.3%，女性丧偶人数是男性丧偶人数的2.15倍。到2000年全国第五次人口普查时，全市有丧偶人口170604人，其中，男性丧偶53325人占

31.3%，女性丧偶117279人占68.7%，女性丧偶人数是男性丧偶人数的2.19倍。到2005年，丧偶人口出现微略下降。其间，女性丧偶人数之所以多于男性丧偶人数，主要是女性平均寿命比男性平均寿命长，和女性丧偶后愿意再婚者比男性少的原因所致。在丧偶者中也有一部分人担心再婚后家庭关系不好处理，故不愿再婚；亦有部分因选择不到合适对象而不再婚。

（五）早婚、近亲结婚

1990年，全国第四次人口普查表明，全区早婚现象依然比较突出，女性尤为严重。其普查统计未到法定年龄结婚者18027人，其中男性3576人，女性14451人，女性早婚人口为男性早婚人口的4倍有余。近亲结婚在一些地方亦还存在。当年，对郴县（苏仙区）、宜章县23个乡镇的240个行政村进行调查发现，在1988—1990年结婚的57842对夫妇中，早婚、近亲结婚的有827对，占结婚对数的14.3%。郴县白露塘镇李姓和孙姓夫妇因系表兄妹结婚，婚后生育三个孩子均为智障儿，给家庭造成不幸。此间，郴州在推进计划生育工作中，广泛开展送法上门，送优生优育知识入户活动。到2000年，早婚、近亲结婚得到有效遏制。尤其是近亲结婚之害为广大群众所知，皆能自觉予以制止。当年全国第五次人口普查表明，全市早婚人口已由1990年的18027人减至819人，减少17208人，减少95.5%。2005年，全市经婚姻登记成婚者未发现有早婚、近亲结婚现象。然而不办理结婚登记手续早婚成家现象却依然存在，给落实计划生育政策和提高人口质量带来不良影响。

三、婚姻维权

1989年，郴州地区地、县两级妇女联合会（简称“妇联”），配备妇女婚姻维权专职（兼职）干部16人，聘请法律顾问5人；司法部门成立妇女维权法律顾问所10家，重点开展维护妇女婚姻合法权益工作。年内，全区公安、司法、民政部门和妇联配合调处因丈夫喜新厌旧、家庭暴力、妻子未生男孩而闹离婚的案件359起。1992年，郴州地区妇联协同公安、司法部门及时查处郴州市（北湖区）李某虐待妻子致残案，李某被依法判处有期徒刑七年，并判李某赔偿女方医疗和生活费2万元，同时还支持女方向李某所提出的离婚诉求。同年，资兴市木根桥乡在全区首创“妇女疾苦接待日”（每月1日、11日、21日三天为接待日）制度，及时听取妇女姻姻诉求，依法维护妇女权益。1993年，郴州各级妇联、工会组织和民政部门依法调处因丈夫虐待妻子、不担当家庭责任、喜新厌旧等原因而引发的离婚案件513件。

1995年，郴州广泛组织宣传和实施湖南省《实施〈中华人民共和国妇女权益保障法〉办法》，着力解决出嫁妇女难落实责任田、宅基地，和包办婚姻、家庭暴力伤害等涉及婚姻、家庭的问题。1997年，郴州市妇联会同市中级人民法院成立全国首家“妇女维权合议庭”，从妇联干部中聘任人民陪审员13名。1999年，市、县两级妇联组织开设妇女维权电话热线，受理妇女婚姻维权法律咨询和婚姻生活中被侵权的问题。当年，市、县两级法院审理办结以侵害妇女婚姻权益为主的案件102件。

2000年，湖南省人大常委会审议通过的《关于预防和制止家庭暴力的决议》（以下简称《决议》）发布后，郴州市妇联联合有关部门开展《决议》宣传周活动，各级妇联印发《决议》计19万份，接待有关法规咨询3000人次。市公安局、市妇联制定下发《关于贯彻湖南省人大常委会〈关于预防和制止家庭暴力的决议〉的实施方案》，明确有关案件部门管理职责、办案处理程序。当年，市、县两级妇联、司法机关、民政部门建立维护妇女权益联席会议制度，及时研究、组织打击破坏婚姻、家庭的犯罪行为。永兴县妇联干部不怕威胁，不畏艰辛，奔波海南、湖南两省数千公里，协助公安人员调查取证，年内破获以唐某为首的犯罪团伙组织胁迫、引诱妇女卖淫和拐卖妇女一案。2001年，颁布实施修正后的《中华人民共和国婚姻法》，市委宣传部、市人大常委会内司委、市依法治市领导小组、市民政局、市司法局和市妇联即时联合下发《关于开展婚姻法（修正案）学习宣传活动的通知》，编印下发《婚姻维权法律法规选编》8万册，广泛发动学习宣传婚姻法。《郴州日报》开辟《修正后的婚姻法新在哪里？》专栏，并选择3起侵犯妇女合法权益的典型案例，引导开展以案说法大讨论。苏仙、北湖两区展开“反家庭暴力”试点工作，抓大案要案审结，指导办好家庭暴力案件。全年市、县两级受理妇女婚姻维权投诉案1242件，处理1213件，办结率97.7%。2003年，全市有93个派出所挂牌成立“妇女维权接待室”和“家庭暴力举报中心”，妇联选派人员参与工作，全年受理婚姻维权来信来访举报案1239件，件件做到处理办结。

2005年，市、县两级公安局在“110”报警中心设立“家暴举报中心”，以快速处理“家暴”事件。继续开展创建“三无”（无毒、无赌、无家庭暴力）社区和乡镇、村活动。当年，全市评选“三无”乡镇75个，“三无”行政村175个。先后组织开展郴州市首届“十佳巾帼标兵”“巾帼文明岗”“优秀女民营企业家”“科技致富女带头人”评选活动，共有105名女性先进模范人物获表彰。妇女在社会和家庭中的地位明显提升。

第二节 家 庭

一、家庭规模

20世纪80年代，郴州地区强力推进计划生育，提倡一对夫妇只生一个孩子，收到显著效果。到1989年，郴州地区3口至4口之家普遍出现，由夫妻和未婚子女组成的核心家庭增多，郴州家庭人口规模总体趋向缩小。1989年，全地区总人口418.72万人，家庭户106.67万户，户均3.93人。1990年全国第四次人口普查时，户均人口3.88人，比1989年户均人口减少0.05人。家庭人口以四人户居多，占总户数的27.7%；次为五人户、三人户，再次依序系二、六、七、八、九及十人以上的户平人口家庭。

1995年后，全市在推行计划生育中加强“少生优育”观念的宣传教育，帮助群众树立新的生育观，境内独生子女家庭逐年递增，家庭人口规模进而缩小。1995年，全市总户数119.99万户，户均人口3.65人，比1989年下降0.27人。2000年全国第五次人口普查显示，郴州市户均人口3.44人，比1989年下降0.49人。至此，郴州家庭规模发生明显变化，家庭人口转入以三人户最多，达343342户，占总户数的27.9%；次为四人户、五人户，而六人以上的大户型家庭仅占总户数的6.44%，呈大幅减少。继后，户均人口规模在缩小。

到2005年，随着社会的进步和科学生育观的普及，少生优育已成为许多家庭的自觉行为，加之居民居住条件的不断改善，家庭规模持续缩小。当年，全市总人口460.88万人，家庭户145.09万户，户均人口3.18人，户均人口比1989年下降0.74人，比1990年下降0.7人，比2000年下降0.26人。市内家庭形态基本由传统的多代组合型大家庭，转向以夫妻和未婚子女组成的现代小型家庭。小户家庭矛盾少，自主自立意识强，家庭负担轻，有益孩子优育和家庭兴业发展。

二、家庭类型

1990年，全国人口普查数据显示：全地区1054415家庭户中，家庭类型形成由二、三代组成为主体的家庭户结构，其比重占总户数的82.3%。该类家庭多为年迈父母料理家务，年轻儿媳则主要从事工作和管教子女，有益发扬中国敬老爱幼传统，皆为理想家庭。次为一代户家庭占6.8%、鳏寡老人和残疾人及孤儿的单身家庭占6.4%、一至四代户和其他亲属及非亲属户占2.8%、其他类型户占1.7%。四代同堂复合家庭仅占总户数的0.26%，其家庭人口多者达10人以上。当年，全区五代户家庭仅4户。

2000年，全市家庭户1232524户，其中一代户占20.9%、二代户占65.4%、三代户占13.4%、四代户占0.3%、五代户及五代以上户仅13户。由夫妻和未婚子女组成的核心家庭，和由父母、夫妻、子女以至第四代组成的直系家庭户占总户数的99.7%。当代青年婚后一般追求自组家庭立业，所以其中以一代户家庭数增长居首，2000年较之1990年增加14.1%。当年有65岁及65岁以上老年人的家庭237003户，占家庭总户数的19.2%。其表明居民寿命增长，社会老龄化加快。到2005年，家庭类型结构无大变化，家有65岁以上老年人的家庭略有增加。1989—2005年，家庭类型总的趋势为以小型核心家庭户数增长较快，三、四、五代同堂的大中型复合家庭在逐步减少。

三、家庭风尚

1989年，郴州地区开展“学雷锋创建五好（遵纪守法好、生产工作好、邻里互助好、子女教育好、计划生育好）家庭”活动，以此带动广大居民家庭养成守法、求学、求进和团结互助、尊老爱幼的良好家风。当年评选表彰“五好家庭”477户，教育子女好的优秀家长260名。1990年，郴州地区妇联为促进形成良好家教之风，率先在全国创办“母亲学校”，编印下发《谈家庭与教育》5万多册、《家庭教育知识》3万多本。年内全区创办“家长学校”79所。1991年在“三八”妇女节期间，地、县两级妇联和文化、体育等部门联合举办妇女书画、手工艺品展览和家庭文艺联欢会、独生子女家庭运动会、家庭法律知识抢答赛等活动，带动千家万户形成文明健康的家庭风尚。年内，郴县（苏仙区）参与家庭运动会和家庭演唱会家庭有400多户。嘉禾县塘村镇举办的“我的家庭”征文活动吸引300多名村民挥笔参赛。1992年，全地区“家长学校”发展到165所，父母广播学校增至64所，全年参加听课的家长计1.8万多人次。地、县两级评选五好家庭4253户、科技之家2095户、计划生育之家6.55万户、卫生健康之家8.3万户、文娱体育之家2.9万户、艺术之家102户、个体文明经商之家2167户。家庭风尚出现推陈出新的可喜变化。

1994年，全区在开展“国际家庭年”活动中，以建立“民主、和睦、温馨、向上”家庭为主题，广泛开展家庭美德、计划生育、法律法规、科学技术、卫生保健、文体娱乐“六进家庭”活动，全面推进家风建设。当年，地区妇联部署开展“居室巧布置、菜肴巧烹饪、废物巧利用、服饰巧制作”的科学持家活动。其中举办的全区“居室巧布置、服饰巧制作”竞赛项目，评出特等奖1名，一、二、三等奖计10名。

1996年1月，郴州市妇联为遏制家庭赌博恶习的滋生蔓延，下发《关于组织发动全市妇女参与禁赌活动的通知》，印发《赌博——罪恶之源》挂图2000份。年内全市建立妇女禁赌协会3251个，有会员2.27万人；协会受理举报赌博案463起，通过规劝禁赌，使189对夫妻破镜重圆，3.6万户家庭重归和睦。

1998年，全市各地在开展争创“五好家庭”活动中，广泛开展“好夫妻”“好婆媳”“好儿女”评选活动。市、县、乡三级评选“五好家庭”户3万多户。2001年，全市组织开展“十佳廉内助”评选表彰活动，促动“廉政拒腐”之风进家入户。当年，全市评选产生10名“十佳廉内助”和12名先进“廉内助”，侯小菊、何长珍被评为全省“十佳廉内助”。随后，市委、市政府组织“十佳廉内助”人员在全市巡回演讲，推动大兴家庭廉政新风。中央电视台即时对此进行采播推介。

2002年郴州市公安机关、妇联工会组织和民政部门，联动乡镇、社区以发倡议书、公开信和举办电视讲座、家庭签名承诺等形式，在城乡铺开“不让毒品进我家”专项宣传活动。同时，全面开展创“三无”（无毒、无赌、无家庭暴力，下同）乡镇社区评选。自2003年始，全市启动为期三年的“美德美风在我家”活动，引导建立“五讲”（讲互助、讲节约、讲计划生育、讲科技、讲尊老爱幼）社会主义新家风。年内全市创立“和美家庭示范点”42个，评选“和美家庭”3000户。

2005年，全市持续开展创建学习型家庭、美德美风家庭、“三无”家庭活动。组织被评为美德美风的百户优秀家庭参加“国际家庭日”海南行活动，举办家庭“助廉反腐”知识抢答赛。年内成立“郴州市阳光家庭”家长联谊会，组建家庭教育讲师团巡回宣讲40多场次。是年，全市各级建立“美德美风在我家”示范点257户，“三无”乡镇、社区、村组示范点420个；评选“五好文明家庭”354户和其标兵户10户，表彰学习型家庭54户。1989—2005年，郴州通过组织开展一系列文明家庭建设活动，家庭道德风尚发生显著变化，普遍从传统的忠、孝、节、义、礼等家规家风，上升至养成热爱祖国、热爱中国共产党，遵纪守法、爱岗敬业、清廉持家、求学进取、乐于助人、文明礼貌的社会主义新家风。

第三章 老年人事业

第一节 老龄工作

一、老年人口

1989年，郴州地区有60岁以上（含60岁）老年人34.8万人，老年人口占总人口的8.31%。次年，60岁以上老年人增至35.51万人，占总人口的8.36%。当年人均寿命67.2岁，其中男性为65.38岁，女性为69.23岁。全区有百岁以上老人16人，时居全省年龄之冠的系116岁的桂东县增口乡村民湖润芝（女），生于同治十三年（1874）6月；次为109岁的桂东县城关镇村民何昌荣（男），生于光绪七年（1881）7月。之后，人们物质生活和医疗保健条件持续好转，老年人口逐年增多，到1998年，郴州市老年人口由1991年的36.47万人增至46.30万人，7年间净增9.83万人，年均净增14043人。当年，郴州市老年人口占全市总人口的10.35%。自此，郴州步入老龄化社会（国际惯例通行为凡60周岁以上老年人口占总人口10%以上的地区，视为进入老龄化社会）。1999年，全市老年人口达49.77万人，占总人口的比例较之上年又增长0.71%，达11.06%。

2000—2005年，人们日益转变“多子多福”“重男轻女”传统观念，加之社会保障水平愈益提高，驱使计划生育得到进一步落实，人口增速进而转慢。同时，人口寿命则在增长，老年人口占总人口的比例随之不断增大。2000年，全市有总人口452.96万人，其中老年人口49.82万人，占总人口的10.99%，有百岁老人48人。此后，老年人占总人口比重逐年上升。到2005年，全市总人口460.88万人，其中老 年人口55.77万人，占总人口的12.1%，其所占比重为1989年至此的最高年份，较之1989年增长3.79%、2000年增长1.11%。在其6年间，全市老年人口净增6万人，年均1万人。2005年，全市百岁以上老人增至133人，为1989年百岁老人的8.3倍，为2000年百岁老人的2.8倍。

其间，随着老年人口数量的快速递增，各地加强对老龄工作的领导。市（地）、县、乡三级均设立老龄工作委员会（简称老龄委），市、县两级老龄委下设办公室作为常年工作机构，乡镇均由民政专干兼任老龄专干。市（地）、县两级老龄工作经费相继列入财政预算。至2005年，全市90%以上市属以上企事业单位和80%村（居）委员会均建立老年人协会，计有会员2万余人。

1989—2005 年郴州市（地区）老年人口情况统计表

表 26-3-1-1　　单位：万人、人

年份＼项目	总人口数	60 岁以上老年人口	老年人占总人口比（%）	百岁以上老人数
1989	418.72	34.80	8.31	16
1990	424.29	35.51	8.36	16
1991	428.52	36.47	8.51	14
1992	429.97	37.06	8.62	15
1993	432.20	37.43	8.66	18
1994	434.79	38.35	8.82	19
1995	438.21	39.18	8.94	21
1996	441.69	40.59	9.19	24
1997	444.76	43.79	9.85	28
1998	447.62	46.30	10.35	22
1999	450.03	49.77	11.06	27
2000	452.96	49.82	10.99	48
2001	455.46	51.19	11.24	51
2002	458.20	51.87	11.32	54
2003	455.27	52.63	11.56	88
2004	457.71	54.01	11.80	100
2005	460.88	55.77	12.10	118

二、老龄宣传教育工作

1989 年，是湖南省将每年重阳节定为全省“老人节”的开首之年。自此，郴州地区老龄委在每年重阳节期间，均组织开展“敬老宣传月”活动。当年在这一活动中，全区各级召开老龄工作会议、举办图片展览和文艺晚会、放映专场电影计 1800 场次，印发宣传资料 1.13 万份，挂横幅、贴标语 9.38 万条（张）。10 月 7 日，郴州地委、行署在苏仙影剧院召开全区首届老人节庆祝大会。嘉禾、汝城县还举行“老人节”游行庆祝活动。

1990 年 5 月，郴州地区行署下发《关于加强老龄工作的通知》，要求各地广泛开展敬老助老宣传教育，营造“敬老光荣、虐老可耻”的社会氛围。10 月上旬，行署召开宣传贯彻《湖南省老年人保护条例》（简称《条例》）动员大会。当月全区出动宣传车辆 30 辆次，印发宣传资料 3 万份；举办《条例》学习班 170 期。许多中小学开展“设敬老课、教敬老歌、写敬老文章”活动。1991 年年底至 1992 年年初，永兴县花鼓戏剧团推出反映维护老年人权益的大型花鼓剧《嫁娘》下基层演出。1994 年，地区老龄委工作人员到老龄工作滞后的 4 个县督导老龄宣传教育工作，促工作平衡发展。

1996 年 10 月 1 日，《中华人民共和国老年人权益保障法》（以下简称《老年法》）正式颁布实施，10 月 21 日，郴州市政府办公室发出《关于认真宣传贯彻〈老年法〉的通知》，市政府继后召开全市宣传贯彻《老年法》动员大会。当年，全市编印发放宣传《老年法》资料50万份，印发《老年法》25万册。市、县两级先后举办相关法律知识竞赛40场（次）、学习培训班65期。

1999年4月，郴州市人民政府转发《郴州市老龄委关于我市开展国际老年人年活动意见的通知》。当年在开展国际老年人年活动中，全市营造学《老年法》见行动的氛围，先后有20万人次上门为老年人帮困解难做好事16万多件；有12名市级领导、220名县级领导下基层指导开展“敬老孝老”宣传教育活动，累计为老人带去帮困解难慰问金200余万元。

其间，市政府领导注重言传身教地做好敬老孝老工作。2003年9月下旬至10月下旬，在全市开展“敬老宣传月”活动中，常务副市长、市老龄委主任戴道晋深入桂阳县乡镇宣传、督导老年法的贯彻实施，还专程至仁义镇上门看望105岁老人曾长秀。全市在“敬老宣传月”活动中，制作敬老助老永久性标语2160幅，发放宣传资料1万多份、老年读物1600册（本），制作播放老龄专题电视节目5期。是年，郴州市老龄委被湖南省老龄委评为全省老龄宣传工作先进单位。2004年，全市启动创建全国、全省老龄工作先进县（市、区）工作，市老龄委组织力量到11个县（市、区）督促做好老龄宣传教育工作，推进创建工作。

2005年，重点组织宣传推介敬老助老的先进典型。市老龄委联合桂阳县老龄委重点推介桂阳县浩塘乡鲤鱼村村民雷丽明（女）长年尽心赡养4名孤寡老人的事迹，当年雷丽明被评为全省“十佳孝星”和获全国“中华孝星敬老楷模提名奖”。全年市、县两级在市级以上报刊发表推介敬老助老典型稿件120多篇，市老龄委再一次被评为全省老龄宣传工作先进单位。

三、敬老 养老 助老

自20世纪80年代起，郴州各级各单位逐渐形成重阳节走访慰问老年人的风气，带动敬老爱老工作。1989年，全区有118个地直机关和地属以上厂矿企事业单位开展走访慰问老人活动，走访慰问离退休干部职工2500多人次。当年10月上旬，郴州行署转发桂东县《关于实行“五保户”供应承包责任制的通知》。下旬，湖南省“五保”（保吃、保住、保穿、保医、保葬）供养工作现场会在桂东县召开，推广桂东县力克贫困山区资金紧缺困难，对“五保”老人推行统筹经费、落实专户专人供养承包责任制的经验。

1990年8月《湖南省老年人保护条例》颁布实施，自当年9月起，郴州地区实行对百岁以上老人每月财政补助保健费不少于60元，和逢春节、重阳节对其发放优待金不少于100元的制度。同年10月，全区第一个村级老年基金会即临武县武水乡邝家村老年基金会成立，成立当天筹集资金4000元。郴州对凡百岁以上老人去世，均由当地政府部门派领导参加追悼活动。1991年7月8日，桂东县增口乡增口村胡润芝老人（时年118岁，时为全省年寿最高的女寿星）逝世后，桂东县有关部门和增口乡政府派领导前往参加遗体告别仪式。同年，郴州地区老龄委、老年基金会列支2.5万元，邀请120名60岁以上老干部、老工人、老农民代表到郴州风景区观光旅游。

1992—1995年，全区（市）先后组织开展为老年人“双送”（送敬意、送温暖），和评选敬老、养老、助老“三好”（好单位、好家庭、好儿女）及“六佳”（最佳单位、家庭、儿女、青少年、专干、领导）活动。其间，受到地（市）表彰的“三好”“六佳”先进单位34个、家庭31户、个人89名。受到省老龄委表彰的敬老、养老、助老先进单位5个、先进个人9名。711矿党委书记、老龄委主任李德甫带领矿领导班子克服矿厂资金紧缺的困难，竭尽所能创造条件提高老年人的生活质量。1993年，李德甫获全国“开拓老龄工作功勋奖”称号。

继后，郴州市逐步建立健全社会养老保障体系，社会基础性养老水平不断提升。1995年，全市建立和完善企业职工社会统筹和个人帐户相结合的养老保险制度，1997年进而在全省率先实行养老金社会化发放，到1998年，全市100%实现“两个确保”（确保国有企业下岗职工基本生活费、确保企业离退休人员养老金按时足额发放）目标。是年，为2.94万名老人实行社会化发放养老金1.22亿元，养老金社会化发放率达95.6%。在农村，广泛推行以家庭养老为主，实行家庭养老与社会养老并举养老办法，全市对2万多名农村“五保”老人分别采取“集中供养、分散供养、协议供养”方式，一一落实供养对象到人。1997年，郴州市常务副市长、市老龄委主任黄孝健获全国“重视老龄工作功勋奖”；宜章县村民杨名长、永兴县村民邝华梅和安仁县老龄办干部陈雪弥获全国“敬老好儿女金榜奖”。

1999年在开展“国际老年人年”活动中，敬老、养老、助老工作愈加引起全市各级领导关注，日常性、基础性敬老助老机制和制度得到健全和完善。5月18日，郴州市政府下发《关于对老年人实行优待的通知》，制定出台对老年人乘坐公交车、游公园、体检、就医、安装电话、看电影、进公厕等分别予以减、免收费的规定，并决定对百岁以上老人发放生活补贴费。2000—2001年，北湖区针对原有13个乡镇敬老院因经费不足、设备简陋，无法维持正常运转，以致收养“五保”老人少的实际问题，全区先后多渠道筹措资金355万元，改善敬老院条件，使这些乡镇“五保”老人基本实现进院集中供养。

2001年，面对征收企业养老保险金出现“收缴难，欠款多”新问题，市领导以身作则深入企业抓清欠，带动企业养老保险金的征收。当年，市委、市政府主要领导先后下到市纺织厂、金磊集团等企业，督促上缴养老保险费旧欠400万元。桂阳、临武、嘉禾县委、县政府领导多次下企业督查养老保险金征缴工作。年内，全市共征缴企业养老保险金1.62亿元，清收欠费3067.3万元，收缴率达97.6%，确保按时足额发放企业离退休人员基本养老金。2001年，郴州市成为湖南省唯一被评为“全国社会保障工作先进单位”的市州。

其间，全市注重抓好敬老、养老、助老工作重点，尤为重视改善贫困老人和百岁以上老人生存质量。2001年，全市调查百岁以上老人生活状况后，为51名百岁以上老人颁发省政府统一制发的《百岁寿星光荣证》和寿匾。郴州市政府决定从2001年3月始，实行由财政为每位百岁以上老人每月发放200元长寿保健补助费。是年，全市动员，组织社会各界为4万多名特困老人实施救助，捐送救助金额800多万元；先后为贫困地区老人举办义诊送药活动200多场次，免费送药30多万元。2002年全市贫困老年人生活状况调查显示：全市仍然还有老年贫困人口12.46万人，占老年人口的24.0%，占全市总人口的2.7%。老年人口致贫因无法定赡养人口的占14.7%、因病的占17.6%、因自然灾害的占14.2%。市、县两级民政部门、老龄委根据这一调查情况，联合制定对全市老年贫困人口实行定期、定人、定解困任务的“三定”帮扶制度，并提请市政府批准施行。民政部门和老龄委协同督促乡、村两级抓好帮扶老年贫困人口任务的落实。

2002—2005年，全市城乡老年人供养待遇进一步改善。四年间，根据上级相关政策规定，老年人退休金依次递增。企业离休人员人均月增加487.3元、退休人员人均月增76.2元，机关事业单位离退休人员人均月增160元。对农村“五保”老人的供养，协同完善“以乡统筹，三级（县、乡、村）共同供养”体系，确保其生活水平不低于当地群众的平均生活水平。2004年，全市2.36万名农村“五保”老人人均供养标准提高至每人每年900元，年内还帮助500户特困“五保”户改善住房和生活条件。当年，临武县被评为全国老龄工作先进县。

2005年，郴州市政府把改、扩建敬老院列入为民办八件实事之一。全年投入资金660.1万元，改、扩建敬老院22所，完成建筑面积2.6万平方米，让864名“五保”老人喜进新居转入集中供养。至此，全市养老机构有农村敬老院和城镇福利院99家，集中收养老人1783人。当年全市低保老人低保标准由2004年的130元提高至146元，应保全保老年人达8212人。提高老年人救助对象救助金额，全年发放老年救助资金300万元。同时，全面实行农村计划生育家庭（老年）奖励扶助政策，当年始对自1973年后农村独孩户、两女户中凡夫妻年满60周岁以上者，实行每人每年奖励600元，直至过世。年内签订家庭养老协议书10万份，巩固扩展家庭养老功能。全市扩展老年医疗服务，到2005年，郴州市中心城区66个社区均建立医疗站，制订老年人就医服务公约，对贫困老年人实行减免医疗费用。市、县级综合医院设立老年病诊治专科、老年病房和老年家庭病床。全市参加医疗保险的离退休干部和退休职工28.89万人，其中享受特病门诊及家庭病床医疗待遇的3500人。

四、老年维权

1989年以后，郴州各级老龄机构继续做好信访接待工作，会同相关部门查处侵犯老年人权益案件。1991年8月中旬，郴州地区纪律检查委员会，地区司法局、老龄委联合发文，部署全区开展老年法规执行情况检查。9—11月，先后组织130多名干部分成23个组，由地、县（市）分管领导带队开展老年法规执行大检查，督促限期解决存在的问题。1994年11月中旬，地质勘查302队离退休人员到地区老龄委办公室反映在房改中被侵犯合法权益一事，老龄委查实后即与有关部门协商，合力督办，促使离退休人员享受到应有的房改政策待遇。

1997年10月，郴州市人大常委会内司法委、市老龄委等7个单位联合开展《中华人民共和国老年人权益保障法》颁布实施一周年执法大检查。全市组织46个检查组，分别深入到11个县（市、区）的140个乡镇、160个企事业单位开展检查，检查中责令查处侵犯老年人权益案件35起。此后，每年均组织全市进行老年法执行检查。2001年，重点检查老年“养、医、住、婚”方面合法权益的落实，及时提供法律援助。各级法院对侵犯老年人权益的案件优先受理，优先结案，年内结案45起，其中有4起免收诉讼费。全年各级司法机关向老年人提供法律援助20起，各级老龄组织向老年人提供法律援助80起。

2005年，全市致力健全和完善老年维权保障体系。郴州市率先在全省挂牌成立老龄维权法律援助中心，援助中心组成人员以具有法律常识的老龄干部为主体，改过去单一的接待来访为法律援助并参与诉讼。是年，该中心受理养老、劳动纠纷诉讼案4起，为老年人出庭支持诉讼5次，书写起诉书、代理意见书6份，办理非诉讼调解案件8起。

1989—2005年，郴州市（地区）、县（市、区）两级老龄委受理来信1.1万多封，接待来访8900人次，来信来访办结率达90%以上；全市先后组织老年法规检查28次，查处侵犯老年人权益案件1100多起。期间，郴州市老龄委办公室端茶让座接访热诚，做到有访必理、有信必复、有难必帮。年均为来访老人提供食宿、车费以及处理来访费用3万元。许多老年人说，进老龄委办公室门，胜过到了自己的家。

第二节　老年人生活

一、老有所学

1990年4月28日，湖南省老年人电视大学郴州分校开学，开课程14门，首期有220名老年人进校学习。郴州行署顾问、地区老龄委主任王川飞任名誉校长，行署巡视员、老龄委副主任刘德元任校长。

2000年9月13日，郴州市政府投资50多万元创办的郴州市老年大学揭牌开学。始办6个班有学员360人，开设中医保健、书法、国画、诗词楹联、音乐、舞蹈6门课程。继后又相继投入100多万元，完善办学设施，增加班次扩大招生。至2005年，学校已发展到办学20个班，在读学员1000多名。其办学条件、办学水平进入全省市、州老年大学前列。

2001年市老龄工作部门举办"三讲"老干部读书班，还组织市直单位老年党支部参加全市庆"七一"党的知识竞赛。市、县两级推选800名老年党员任"三讲"教育报告团和"三个代表"重要思想学教团的宣讲员。2002年，全市在老年人中，普遍推行"看（看政治、文化书籍）、读（阅读文件）、听（参听各类报告会）、讲（讨论）、写（写学习笔记）"的"五字"学习法，提高"老有所学"的学习效益。2002年11月上旬，湖南省老龄委在郴州召开全省老年教育经验交流会议，重点推介郴州开展老年学教工作的经验。

2004年4月，桂阳县在全省率先开办的县委老年党校开学，当日首批85名离退休老党员至校就学。县财政将办学经费列入预算，每年不少于10万元。同年6月，郴州市委老干部党校在市委党校揭牌开学，首期开办离退休干部党支部书记培训班。至2005年，全市市、县两级老年党校发展到8所。当年，在进行共产党员先进性教育活动中，全市先后组织180多批3200名老年党员到韶山、井冈山、延安、西柏坡等革命圣地参观，重温党的历史，坚定革命理想和信念。至2005年，全市先后累计投资1800多万元，创办老年（老干部）大学12所（市直1所、县市区11所）、老年学校25所（市直战线2所、企事业单位23所）。老年学校普遍开设古诗词、书画、音乐、舞蹈、花卉、外语、电脑、保健等课程。17年间，相继进入老年大学、老年学校学习的老年学员达13万人次。此外，还建立老年远程教育中心10个。广大老年学员通过在校学习，促进身心健康。2005年，郴州市被省老龄委评为"湖南省老年教育先进单位"。

二、老有所乐

自20世纪80年代中期始，郴州各级老龄组织和老年体协采取"财政拨一点，上级资助一点、单位列支一点、社会赞助一点、老年人捐助一点"办法，广筹资金兴建老年文娱、体育活动场所。是时，郴州普遍重视老年门球场地建设，门球竞技水平提高较快。1989年6月和10月，郴州地区老年门球队分别在湖南省第三届、全国第四届老年门球赛中夺取金牌，创下老年门球大赛"两连冠"战绩。

到1994年，全区先后建立老年文体活动辅导站96个，配有兼职或专职文艺辅导员和体育教练员1000余名。1994年，各级各系统举办文体培训班200多期，培训基层老年文体骨干2500名。

1996年2月，临武县总投资100万元兴建的老龄活动中心投入使用，活动中心占地0.43公顷，建筑面积1940平方米，设阅览室、健身室、文艺室、乒乓球室、棋牌室及羽毛球和门球场等。1998年投资400万元，可供800人活动的郴州市老干活动中心挂牌成立。到2000年，各级各单位兴建老干部、老龄活动中心28家，开办老龄活动室1900多个。全市涌现各类老年文体活动团队组织1500多个，经常参与文体活动的老年人8.5万人，占当年60岁以上老年人口的17.1%。入夜漫步郴州城镇广场、公园，不时能见到老年人成群结队在跳广场舞、做健身操、练太极拳、扭秧歌的火热场面。老年人文体活动盛极一时。

2000年后，郴州市各级政府和相关部门支持主办一些老年文艺演出、体育赛事活动。2001年，市政府拨出专款，由体育、文化部门具体承办，先后组办湘、粤、赣三省五市老年人门球赛、全市老年人无极健身球表演赛和全市老年人书画展，带动城乡老年人文体活动广泛开展。2002年，市老龄委支助选送京剧《霸王别姬》赴长沙参加全省首届老年文艺调演获银奖。2001年市委宣传部和市体育局、市文化局联合举办“夕阳红”郴州市中老年健身文体活动表演赛，一展中老年人风采。2003年市政府列支经费，在郴州市城区五岭广场举行庆祝重阳节（老人节）文艺演唱会，扩大老年文艺活动的影响。这些活动的开展，催生境内老年艺术团、民乐队、腰鼓队、演唱队等文艺组织竞相涌现。

2004年10月，市直机关举行庆祝湖南省第16个老人节文艺晚会，市委、市人大常委会、市政府、市政协领导观看演出，与老年人欢聚一堂。期间，一些老年文艺组织坚持“乐”而有“为”。苏仙区苏仙岭街道办事处组建的老年阳光艺术团，坚持常年自费下乡进厂演出，被群众誉为“老年文艺轻骑队”。当年该团赴京参加首届华夏中老年艺术大赛演出，获大赛最高奖即牡丹花金奖。全市老年体育活动日益盛兴，赛绩凸显。2005年，全市各级各系统组织开展的各项老年运动会达614场次。全市老年体育组织组队参加省级以上各项体育比赛13次，获5个第一名、4个第二名。郴州老年代表队在参加全国中老年人太极柔力球赛中，获最佳表演奖和优秀组织奖。

截至2005年年底，全市有老年文艺演出团体41个1500人，建立老年文化辅导站130个；各级组建老年书画协会130个、诗词协会85个、花卉协会40个、舞蹈协会120个，拥有老年人自发组织的各类文化娱乐团队组织850支，常年参加文化娱乐活动的老年人有8万多人。各级建立老年门球、钓鱼、健身操、武术、登山、健身球等体育活动组织计1200个，经常参加体育活动的老年人达11万多人，约占老年人口的20%。1989—2005年，郴州多方集资用于老年文体活动资金达4100万元，其中各级财政列支750万元。

三、老有所为

1989年，时值开放搞活，大力发展地方经济之际，郴州动员和组织老年人投身经济建设发挥余热。当年2月，经审批成立郴州地区第一家老年经济实体，即郴州地区老年福利事业汽车修配厂。1992年初，地、县两级老龄委开展老年人才调查，为有一技之长的3.4万名老年人建立人才登记档案。同年3月，地区老龄委成立属民办实体的老年人经济技术开发中心，创办“夕阳红”卫生所、“夕阳红”商店、废品回收门市部、老年用品商场、老年人服务部等直属经营单位。1993年，地区老龄委下发《关于加强对老年经济实体管理的通知》。截至1994年年底，全区老年人开办的各类经济实体发展到1953家，其中城镇268家、农村1685家，计有从业老年人1.81万人，安排就业人员

917人。当年创产值1854万元、利税144万元。1995年在整顿、规范市场经济秩序中，原挂靠在郴州市老龄委经济技术开发中心的28家经济实体有23家与之分家脱钩。

广大老年人热心公益，投身发展当地公益事业。1991—1996年，全市老龄组织及老年人牵头多方筹集资金7500万元，资助新建学校36所、架桥60座、凉亭18座，还兴办一批集体果木场、养殖场。1998年，桂东县清泉镇里地村退休教师黄日辉带头捐款1万元，奔波筹资3万多元，资助村里兴办公益事业10多项，其中架桥3座、建凉亭2座。永兴县三塘乡上青村村民邓享器年过六旬，1998—2005年为当地义务修路八年。1998年，临武县城关镇南缓村老龄协会主任胡金明，发动村里老协会员筹资8万多元，带领群众修环村简易公路1000米，筑标准化渠道5000米，改善村里的交通和水利条件。当年，汝城县检察院朱忠具，711矿陈国生、桂阳县城郊乡洞水村周祥谷获湖南省“老有所为奉献奖”。

进入20世纪90年代末期，老年公益事业领域不断拓展。1999年，全市各级老龄组织和老年人自发牵头为公益事业筹集资金逾2000万元，资助架桥2座、修简易公路34条1.5万米、修缮学校12所，帮助贫困失学儿童返校50人。当年，全市有1600多名老年人被当地分别聘为义务“七大员”（校外辅导员、民事纠纷调解员、交通安全员、矿山绿化员、文体辅导员、计生宣传员、通讯报道员），彰显工作成效。其中161名校外辅导员进校辅导青少年学生3530人次，250名义务调解员调处民事纷争561起。资兴矿务局在组织老年人开展“我为矿山献计策”活动中，有210名离退休人员提出建议385条，被采用68条。郴州市老龄委名誉主任高兆勋热心做好校外辅导工作，1999年被评为“全省关心下一代工作先进个人”。

2000年后，郴州市在推进密切党群关系和“科技兴业”工作中，重视发挥离退休老党员、老干部和老科技人员的特殊作用。2000年始，嘉禾县县、乡、村三级组织2000多名“五老”（老党员、老干部、老劳模、老军人、老教师）走村串户，用“座谈、讲故事、说唱”等农民喜闻乐见的形式，宣传时事政治和党的方针政策。2000—2001年，全县“五老”在参与农村结对帮扶活动中，累计筹措资金150多万元帮助贫困户发展生产，使80%的帮扶对象摆脱贫困，借此架起密切党群关系的桥梁。2000年，桂阳县筹资8万元（其中县老龄委筹资3万元）办起以老年科技工作者为主体的新优水果苗木开发基地，在洋市、流峰、余田等乡镇引进推广种植布朗李、梨、枣等新优品种水果。该县老龄委还组织离退休科技工作者结合县域实际撰写农业发展论文，并将其汇编成册供县委、县政府领导参阅。

其间，一些离退休科技人员不辞辛劳，无私帮助农民科学致富。2003年桂阳县退休高级农艺师李强，到县内卢家村租赁荒山20公顷创办水果示范园，同时上门传授技术，指导该村31户农民种植果园，使全村39.3公顷荒山得到开发利用。2004年，市老年科技协会组织老年科技人员送科技下乡，仅帮助、技术指导开发种植特色红薯一项，当年全市就为农户增收计1500万元。到2005年，全市257个乡镇（街道办）已有134个建立老年科协组织，发展会员8036人，成为活跃在基层帮助群众科技致富的骨干力量。

到2005年，全市在推进“老有所为”工作中，各级各行业组建的关心下一代工作机构发展至3000多个，拥有离退休老同志1.63万人，初步构建市、县、乡、村四级工作框架。2005年，郴州市关心下一代工作委员会牵头组织开展“网吧管理义务监督”“隔代教育专题讲座”活动，和举办“小当家”“勿忘国耻，爱我中华”征文，促进青少年健康成长。同时，市、县两级关心下一代工作委员会先后牵头组织扶助贫困学生就学3.56万人，计投入扶助资金71万元。

1989—2005年郴州市（地区）老龄工作委员会负责人名录

表 26-3-2-1

单 位	姓 名	职 务	任职时间
郴州地区老龄工作委员会	刘德元	专职副主任	1989.01—1991.02
郴州地区老龄工作委员会	李仁宗	专职副主任	1991.02—1993.04
郴州地区（市）老龄工作委员会	何长立	专职副主任	1993.04—2002.02
郴州市老龄工作委员会	王晨毅	专职副主任	2002.02—

说明：地区（市）老龄委主任由行署（市政府）分管领导兼任

第四章 公民道德建设与文明创建

第一节 公民思想道德建设

自20世纪80年代，郴州地区在广大干部群众中相继组织开展“弘扬大庆精神，争做铁人式职工”“学雷锋、树新风”“学习焦裕禄，做党的好干部”及“五讲四美三热爱”等活动，推进全社会公民思想道德建设。1989年资兴矿务局宝源煤矿多形式地用大庆石油工人艰苦创业事迹教育广大职工，矿工们自发地组织开展节约一度电、一滴油、一块煤、一寸木等“十个一” 的节约评比竞赛活动，促使该矿当年实现原煤超产25万吨，修旧利废节支140多万元。1990年，郴州筑路机械厂自建厂20年来已实现利税增加60倍，然8名厂级领导干部在焦裕禄艰若奋斗、一心为民精神的感召下，依旧在建厂初期建的旧办公室办公，有4名依然住在35平方米的旧式职工简易宿舍。1989—1991年，全区公民中涌现学雷锋小组6500个，热心公益做好事9.2万多件。

自1993年始，郴州农村兴起致富奔小康热潮，然而一些地方在致力发展经济建设中却忽视精神文明建设和农村政治思想工作，以致渐现“三个回潮”（宗派观念、个人主义、封建迷信回潮）现象。为此，当年地委、行署部署各地采取多种方式，把推进农民致富与思想道德建设结合起来。到1994年底，全区农村相继兴办“党员教育活动室”“农民政治夜校”“农民法制夜校”2800多所，组建农民业余文艺宣传队1100多支，利用舞台开展经常性的社会主义思想道德宣传教育。同时结合“创三户”（遵纪守法户、五好家庭户、双文明户）活动，进行反对“三个回潮”的家庭教育，使农村正气回升。

1994年以后，郴州市加强宣传推介英雄模范人物，注重以“身边的活榜样”推动公民思想道德建设。1994年2月10日，回乡探亲的永兴籍海军战士刘志艳为抢救6名玩扔炸药铁皮罐的小孩，不幸被炸断右手掌，全身27处负伤。郴州市委宣传部及时组织《郴州日报》、郴州广播电视台投入对这一英雄人物的采访、宣传报道。3月，郴州地委、郴州行署、郴州军分区联合下发《关于开展向舍已救人的英雄刘志艳学习的决定》，随即组织刘志艳英雄事迹报告团巡讲，全区迅速出现学刘志艳，争当新时代先进人物的热潮。1995年，全市广泛宣传辞去公职回乡带领农民科技致富的宜章县东风乡笠头村党支部书记李常水的优秀事迹。1996年继而又推出平日乐于助人，危急关头舍身救人的嘉禾县行廊镇新尾村女共产党员王六秀这一典型人物。当年，市委宣传部组织“讲人生、比贡献”英模报告团，抗洪抢险报告团、长征精神报告团在全市巡回报告。《郴州日报》、郴州电视台、郴州市广播电台先后开设宣传、学习先进模范人物专栏和专题节目。至1996年，市、县两级召开学习先进模范人物动员大会180场次，举办英模优秀事迹专场报告会275场次，让英雄模范事迹家喻户晓，成为公民修善品德的楷模。当年，全市涌现市级精神文明建设先进单位97个，双文明户505户。

1999年8月，市委、市政府召开全市文明素质教育动员大会，部署开展以“学文明读本、创文明单位，做文明市民”为主题的市民素质教育活动，重点进行社会公德、职业道德、家庭美德“三德“教育。市文明办编印下发《郴州市文明市民读本》10万册。2000年，全市组织市民“三德”教育电视抢答赛。11个县（市、区）相继举办“迎接新世纪，争做文明市民”万人签名游行活动”。安仁县围绕“三德”教育开展以“文明新风进农家”为主题的“星”级农户评选活动；永兴、安仁、临武、汝城、资兴、北湖6县（市、区）组织编排反映“三德”建设新风新貌的文艺节目下乡下厂演出。当年，市委宣传部还先后组织300多名干部、学者下乡，为农民群众讲授当代道德和社会公德伦理，以及政策法规、科学文化知识，提高人们践行“三德”的内在素质。2001年，全市以城镇广场为载体，组织开展以放映革命题材电影、唱革命歌曲、演现代新戏为主的广场文化活动，寓公民思想道德教育于群众喜闻乐见的大众文化活动之中。2002年，郴州市城区五岭广场被湖南省文化厅评为全省“优秀文化广场”。

2002年9月20日，中共中央下发《公民道德建设实施纲要》（简称《纲要》），郴州市精神文明建设指导委员会立即下发通知，要求各地抓好《纲要》的宣传贯彻。全市随之广泛开展讲文明、讲科学、讲卫生，树新风的“三讲一树”活动，展开 “送科技、送卫生、送文化”三下乡活动和实施科教、文体、法律、卫生工作“四进社区”行动。同时，全面铺开“改陋习、树新风”“打造诚信郴州”等宣传教育活动。当年，郴州市被中共湖南省委、省人民政府命名为“湖南省文明城市”。自2003年始，市、县两级均在每年9月20日的全国“公民道德宣传日”活动中，组织宣传队伍上街下乡发放宣传资料、讲解公民道德建设内容。2003年10月，全市还组织开展以公民道德建设为主题的志愿者服务周活动，设立义诊、健康咨询、科学普及、法律服务点35个，成立社会志愿服务小分队19个；共青团郴州市委在组织开展的“青年温暖工程”集中服务活动中，动员郴州市城区1000余名青年志愿者，上门为群众做好事2800多件。2004年，全市推进未成年人思想道德建设，社区新建青少年图书室、绿色网吧、少儿活动中心等未成年人活动场所350处。同时，学校深入开展创建“校园文化建设样板校”活动。

2000—2005年，全市在推进公民思想道德建设中，着力实施以先进典型为楷模的“明灯工程”。先后宣传、推介献身山区教育事业的胡昭程、全身投入农村水利建设的何贵平、“捐肾救母”的青年学生罗艳、带领农民科技致富的“好村官”陈桂成、贴心为民办事的“好镇长”雷竹生、“保尔式”的税务干部郭小毛等一大批具有鲜明时代特征的先进典型事迹。各地组织结合实际学典型，营造良好社会风尚。2005年，郴州市城区开展志愿者义务服务和“送温暖，献爱心”活动，捐献款物进行扶贫济困的市民达2.5万人。

附

安仁县九旬老人喜作《公民道德歌》

2002年2月，年满93岁高龄的安仁县牌楼乡月池村退休教师周荣坤，被聘为“安仁县公民道德教育顾问”。周荣坤一向热心村里的公益事业和村风民风建设，受聘后他为激励本村村民遵规守纪，把月池村办成公民道德教育的样板村，即时悉心撰写一首有五项规范要求、每项16句的《公民道德歌》。村党支部即将此歌印发至村民和村小学师生手中，号召人人熟记施行。同年8月23日，《郴州日报》刊载推介其创作的《公民道德歌》。

公民道德歌

周荣坤

（一）爱国守法

泱泱中华，博物广疆；历史悠久，屹立东方。

改革开放，国强民康；热爱祖国，世代弘扬。

国家法律，治国之纲；犯法可耻，守法荣光。

有法必依，惩恶照章；学法用法，公民莫忘。

（二）明礼诚信

炎黄华夏，礼仪之邦；举止方正，容貌端庄。

对外交往，落落大方；地球一村，明礼高尚。

诚实守信，事业兴昌；假冒伪劣，主客均伤。

诚昭日月，信誉穹苍；公平公道，社会安康。

（三）团结友善

团结力大，独臂难撑；众志成城，自古至今。

和衷共济，可振家声；上下一致，国运隆兴。

友爱邻里，善待他人；恃强凌弱，情理不容。

尊长爱幼，毕敬毕恭；积善之家，余庆无穷。

（四）勤俭自强

克勤克俭，传统优良；勤能补拙，俭可廉公。

洁身自好，拒腐良方；勤劳致富，稳妥正当。

家国精良，自立自强；乃文乃武，科教兴邦。

中华狮醒，吼声远扬；奋蹄扬鞭，赶超列强。

（五）敬业奉献

任劳任怨，敬业爱岗；尽心尽力，殚智竭精。

业无贵贱，地容各方；全创伟业，共谱新章。

无私奉献，天下为公；贪心杂念，视如浮尘。

涓涓细流，汇成海洋；祖国前程，无比宽畅。

第二节　文明创建活动

一、遵纪守法户、“五好”家庭户、双文明户创建活动

1989年，郴州地区全面展开创建“五好”（移风易俗好、计划生育好、文明卫生好、尊老爱幼好、勤俭持家好）家庭户、遵纪守法户活动。当年参与“两户”（遵纪守法户、五好家庭户）评选家庭占全区总户数的98%。1990年继而又启动“双文明”（物质文明、精神文明）户评选。自此，创建“三户”活动在境内全面铺开。“三户”创建活动由乡镇（街道办）负责组织实施，凡经村（居）民推选、村（居）民委员会和乡镇（街道办）审定评为“三户”家庭，均在其门上嵌上获奖牌，以示褒扬。群众说，奖会小牌牌，奖出新风气。

1997年，郴州市委办公室、市政府办公室转发市委宣传部、市妇联、市总工会等10个单位《关于深入持久地开展创建五好文明家庭的意见》，要求各地以创建五好家庭户为龙头，带动遵纪守法户、双文明户创建工作。当年，评选市、县“五好家庭”4970户，市级“五好家庭标兵户”10户。

各地在开展“三户”创建工作中，加强市民法制素质和职业道德、社会公德、家庭伦理道德教育，辅之丰富多彩的形式推进“三户”的培育和发展。1990—2000年，宜章县宣传部、妇联和电视台先后联动组织开展全县“美好家庭”“教子有方十佳父母”“好婆媳、好儿女、贤内助”等评选活动，宣传优秀家庭事迹，丰富争创“三户”内容。其间，全县农户每年当选“三户”家庭的总数均在98%以上，“三户”中先后受到县表彰800户、地区（市）表彰97户。该县东风乡苙头村李常水、梅田镇上寮村刘贤玉之家还被评为“全国五好文明家庭标兵户”。永兴县委、县政府鼎助群众文化

工作，坚持以健康丰富的文化体育活动，推进“三户”创建活动。到2000年，全县城乡组建业余文艺宣传队40支、乡镇流动电影放映队72支、民间剧团23个、农民乐队44支、龙船队60多支和一批舞灯队、狮子队和腰鼓队。全县群众文化体育活动的广泛开展，丰富了群众的业余文化生活，起到净化心灵、凝聚人心的作用。该县马田镇2000年前还是县里宗族械斗和社会治安的重点治理区，其后随着健康有益群众性文化活动的广泛开展，村落交流加深和提升了人的思想情操。至2005年，镇区宗族械斗绝迹，社会治安日趋好转，全镇农民评为“三户”家庭逐年增多，连年100%提前完成各项上缴任务。

1989—2005年，全区（市）乡镇、街道办先后评选遵纪守法户79.74万户，五好家庭户15.45万户，双文明户38.55万户。“三户”总数占城乡参评户总数的95.1%。

二、文明单位、村镇、行业创建活动

1989—1996年，郴州各级在开展创建精神文明单位活动中，先后兴起“讲职业道德，树文明新风”“提倡文明用语、杜绝服务忌语”和“学济南交警，树警察形象”等热潮。各地加大对精神文明建设的投入，建立督导评比制度，跨入文明行列单位逐年增多。1996年，评选为市级文明单位达97个。

从1997年起，全市在开展创建精神文明单位基础上，又拓展启动创建文明村镇、文明行业活动。在创建文明村镇活动中，各县（市、区）建立健全党员“联户带创”，干部“定点促创”工作机制，同时注重以创建家庭文明促文明村镇创建。1997年初，嘉禾县委、县政府制定下发《家庭安全文明十项责任书》《安全文明十提倡十反对》等规章制度。随即县、乡两级下派工作组施行让综治责任、法律法规、道德规范、文化教育、文明新风等“十进农家”活动，帮助农民家庭订家规、正家风、管家人、保家安，昔日乡村出现的“闲着无事赶闹子（赶集市），争强好胜打架子，酒气熏熏碰杯子，结伴成群赌票子”现象日趋减少，全县讲法制讲文明讲公德渐成风尚。当年，嘉禾县评出安全文明家庭3.32万户，占全县总户数的40%，全县各类刑事案件、治安案件比上年分别下降37%、26%。全县评为县、市、省级文明村镇的单位逐年增多，到1999年，嘉禾县获“全国创建文明村镇先进县”称号，成为当年全省唯一获此殊荣的县。

2000年后，各单位、各行业在创建文明行业和文明单位活动中，加强以“为人民服务”为核心的社会公德、职业道德和文明服务素质教育，相继组织评选“文明示范岗位”“文明示范窗口”“文明小区”“文明示范街”“文明个体工商户”等先进单位和个人。郴州市公证处人员立足从小事做起提高服务质量，尽职尽责办好每一件公证业务，2001年该处被评为全国“巾帼文明示范岗”；市教育局开创的建立“校园文化建设样板校”做法，2002年在全省教育系统推广；市司法局精心组织“三下乡”（送法制宣传、法律服务、纠纷调解下乡）服务活动，2003年被该局评为全国司法系统“三下乡”先进集体；郴州市人民防空办公室扎实开展争当人民满意公仆活动，机关作风面貌一新，2004年被省委、省政府授予“湖南省文明机关”称号。

2005年3月，市委办公室、市政府办公室印发《郴州市文明村镇文明行业文明单位文明标兵单位评选和管理办法的通知》，部署从严评选和做好跟踪提“质”管理工作，要求市、县两级领导进一步督促联系单位推进创建活动。全市重点推广宜章县新华乡党委和郴电国际郴州公司、华明发电公司、郴汽运输集团等一批文明创建先进典型，引领提升创建工作质量。2005年，郴州市跃入全国文明先进行列单位增多，全市有2个村镇获全国文明村镇称号，2个单位获全国文明单位称号，

5个单位获全国精神文明建设先进单位称号。

至2005年，郴州市在创建文明村镇、单位、行业“三大创建”活动中，先后评定市级文明村镇、单位、行业（含文明标兵单位）610个，表彰“三大创建”先进单位和个人223个（人）。先后有北湖区郴江镇梨树山村、苏仙区塘溪乡、东江水电厂、郴电国际郴州公司、市交通局等329个单位和个人，获湖南省文明村镇、文明单位、文明行业（含文明标兵单位）称号和被评为全省精神文明建设工作先进单位和个人；有嘉禾县、嘉禾县塘村镇英花村、北湖区郴江镇、郴州建工集团、资兴市东江开放开发区罗围村、市地税局等33个单位先后被评为全国文明村镇、文明单位、文明行业（含文明标兵单位）和全国精神文明建设工作先进单位。

三、文明城市创建活动

2000年年初，郴州市委、市政府决定启动郴州市创建湖南省文明城市活动。市委、市政府随即组织制定文明城市创建活动规划和标准，坚持以提高市民文明素质作为创建文明城市的根本。当年，市委制定出台《创建文明城市争做文明市民实施方案》，市精神文明建设工作指导委员会（以下简称文明委）相继印发《郴州市市民文明公约》《郴州市市民“十不准”行为规范》《郴州市文明市民读本》等规章制度和范本，并对之实施建立严格的检查评比制度。

自2001年始，郴州市城区市直单位和各社区分期分批展开“文明素质教育”，对干部职工开展文明素质学教活动，以创建“文明单位”“文明社区”带动文明城市创建。郴州市城区确定每周星期五上午为“全城卫生活动日”，发动广大干部职工上街大搞环境卫生。与此同时，郴州城区加快市政建设，强力改善市容市貌和环境质量，高起点、大规模地进行城市扩容提质。至2002年，郴州城区高标准改造城市主干道16条，新建改建城市桥梁3座，新建、扩建五岭广场、火车站广场等大型公共广场；为提高郴州城区居民生活质量，投资1.8亿元完成山河水库郴州城区饮用水引水工程，投资4.43亿元用于郴州城区2.7千米长的郴江河治理；新建、扩建城市公园及休憩游览景点8处、街心小花园和花卉基地18处。郴州城区相继展开社会治安、交通秩序、市场经营整治和城市绿化美化亮化“攻坚战”。一批丰富市民文化，体育生活的场馆和体现城市形象的历史遗迹、全民教育基地、旅游景点和商场、车站、宾馆等相继修复和竣工。2002年9月下旬，全省精神文明创建工作总结暨表彰大会在郴州市召开，郴州市经省组织考察验收，被省委、省政府授予“湖南省文明城市”称号。

2003年年初，市委、市政府乘势而上，又作出郴州争创全国文明城市的决定。郴州城区在加大市民文明素质教育同时，加快城市建设步伐。当年，市中心城区投资12亿元，新建、续建市政基础设施工程55项，相继完成解放路、北湖路、文化路等“十路”改造工程。同时大举改造郴州老城区，实施城区“南延东进”扩容方略，大幅提升城市管理水平和城市品位，全力将郴州城打造成粤港澳的“后花园”。郴州争创全国文明城市工作不断深入。

在此期间，市、县两级争创文明城市工作齐头并进。至2005年，全市有郴州市、资兴市和嘉禾、永兴、桂阳县分别跻身“湖南省文明城市”“湖南省文明县城”行列。

四、“郴资桂”百里文明长廊建设

2001年3月，郴州市委召开“郴资桂文明长廊创建工作协调会”，启动该项目的创建工作。

文明长廊建于郴州、资兴、桂阳相连的郴资桂高等级公路沿线（全长65千米）区域，通过文明工程建设，使之逐步实现经济繁荣、环境优美、风尚良好、文化昌盛，成为展示郴州城乡一体化发展的形象工程和带动郴州文明建设的样板示范带。郴资桂文明长廊建设总体计划8年内完成达标。其创建主要内容有：高等级公路全线拓宽，进行绿化、亮化和美化；沿线设立大型标准化的社会文明宣传广告牌，沿途周边搬迁有污染的工业企业；加强沿线村镇和工业企业精神文明建设，以新的村风、民风和厂风彰显沿线区域精神文明风貌。2001年，投资200万元，在郴资桂高等级公路完成创建社会文明宣传广告牌的设置。2002年完成高等级公路拓宽，绿化、亮化和美化工程，沿线污染环境的工业企业开始关停、搬迁，新上工业企业项目环境保护评审执行率达100%。同时，沿线村镇展开“去陋习、正风气”创建文明村镇的竞赛活动，相继兴建一批整洁、亮丽的农村新村。至2005年，郴资桂高等级公路沿线区域先后有郴州市、资兴市、桂阳县分别被评为“湖南省文明城市”和“湖南省优秀县城”，有北湖区郴江镇、苏仙区良田镇和塘溪镇、资兴市东江开放开发区罗围村、北湖区梨树山村分别被评为全国、全省文明村镇和精神文明建设工作先进单位。郴资桂百里文明长廊建设步伐继后加快，沿线生态建设、环境保护和文明风貌建设工作全面推进。

五、“诚信郴州”文明创建活动

自2000年始，郴州市文明委立足创造郴州良好的经济发展环境，组织全市广泛开展“诚信郴州”文明创建活动，推进树立诚信经营、优质服务的文明新风尚。市直新闻媒体相继开辟“建设诚信郴州”宣传专题专栏，重点推介一批讲诚信、守信誉的先进工商企业，营造以诚信为荣、失信为耻的营商氛围。市文明委结合全国开展的“百城万店无假货”创建活动，联合工商、物价、质监部门，着力组织在郴州城区开展创立“诚信经营店”“购物放心街”示范工作。当年，在“3·15”保护消费者权益活动期间，郴州市质量技术监督部门组织8台宣传车、13台彩车和260人的方队上街开展诚信经营，优质服务宣传。全市在商场和街道繁华地段固定设点32个，提供商品打假咨询服务，还协同大型商场清理柜台商品14类229种，现场处理对伪劣商品的投诉57起。在推进“诚信郴州”建设中，全市普遍组织开展“优质服务月”“产品质量月”“打假咨询服务”等活动。2001年，市质量技术监督局成立专门工作组，参与郴州市城区八一路创建“购物放心示范街”项目，抓规范管理，上门传授“打假”知识与技能，帮助清查柜台商品。当年，八一路无假冒伪劣商品的商店达95%，计量抽查合格率达100%，明码标价率达100%。八一路商业步行街被国家工商行政管理总局授予全国“打假维权消费者满意街”牌匾，并成为湖南省首条获“全国百城万店无假货示范街”称号的街道。

2003年6月，郴州市委宣传部、市文明办联合市内贸、工商、质量技术监督、物价、药监等部门，下发《关于在全市开展争创“百城万店无假货市级示范店（街、市场）活动”的通知》。2004年3月，举行郴州市首批12家创建“百城万店无假货”示范店（街、市场）授牌仪式，并在媒体公布对其监督举报电话。9月，湖南省文明委组织的“文明潇湘行”采访团，重点报道推介郴州市烟草专卖局开展的“诚信郴烟，道德伴我行”活动，和人保资兴支公司重视构建经营诚信体系经验。2005年，全市重点推介宜章县开展创建“金融信用安全县”，和郴州城区八一路争创全国“百城万店无假货”“价格诚信”示范街的做法，引导“诚信郴州”文明创建活动向各行各业拓展。

第三节　军民 警民文明共建活动

1989年，郴州军分区系统、驻郴部队及武警官兵响应中共中央军委关于“军民共建精神文明”号召，广泛开展与驻地群众携手共建社会主义精神文明活动。至1994年，各部队先后与地方建立共建文明村（镇）、文明厂矿、文明学校、文明街道等联系点210个，涌现一批军民、警民共创文明的先进典型。郴州军分区干休所自1986年始与湖南省少管所（后改为湖南省郴州监狱），成立共建共育（共建文明、共育新人）领导小组，干休所常组织老干部到少管所“送温暖，献爱心”，与少管所失足青少年结成“对子”谈心交心交朋友，给他们讲革命传统，讲人生追求目标，一同参与文体活动，还常送去生活、学习用品。体贴入微地与少管所一道教育、激励失足青少年改过自新，追求进步。到1994年，干休所重点帮助的136人，先后有33人获减刑、假释，有47人在少管所立功受奖。其间，郴州军分区干休所先后被评为“全省关心下一代先进单位”、湖南省军区“学雷锋先进单位”，获“全国老有所为先进集体创新奖”。1994年，还被中共中央宣传部和解放军总政治部授予“全国军民共建先进单位”称号。

其间，武警郴州地区支队和县（市）中队积极投身军民文明共建活动。武警郴州地区支队自1990年与郴州市（北湖区）郴江乡幸福院结为警民文明共建联系点始，年年如一日地坚持每星期两次至院开展文明共创活动。武警官兵为幸福院孤寡老人读书读报，宣讲政策时事，一同举办文体活动。还为幸福院打扫卫生，帮助种植蔬菜、果木，改善生活条件。逢年过节官兵们还自费买去食品一同欢度节日。官兵们从精神上、物质上关照老人从未间断。

1995年5月郴州撤地建市后，郴州军分区系统、驻郴部队和武警官兵与郴州市民一道，相互联动参与创建全省“文明卫生城市”“园林绿化城市”和全国“优秀旅游城市”“双拥模范城市”等活动。部队经常组织官兵上街学雷锋做好事，打扫街道卫生，修缮公共设施，种植“双拥林”。当年，郴州军分区把郴州市城区下湄桥区域作为共创文明卫生城市的联系点，分区领导多次率机关干部战士到下湄桥区域清理水沟，清除垃圾，使当地“脏、乱、差”旧貌好转。至2005年，在军（警）民协同努力下，郴州市相继如期实现上述城市创建目标达标。

自1996年始，郴州军分区和宜章、资兴、北湖、苏仙4县（市、区）人武部协调组织107国道沿途驻军、民兵及村民，参与郴州境内107国道路段的共建文明路段活动。军民一同上路宣传文明行车规则，清除路障，义务养路护路。1998年，使郴州境内145千米长的107国道通过省级文明路段验收，考核总分排全省首位。1996—2000年，郴州军分区系统在军民共建精神文明中，坚持以精神文明建设促进物质文明建设。军分区和各县（市、区）人武部在贫困地区建立的18个“共建”联系点上，多方式地开展政治思想教育，致力帮助当地形成团结奋进的领导班子和村风民风，推进扶贫致富工作。至2000年，这些联系点上干部群众经不畏艰辛，努力改善生产条件，先后有2200多户8000多人摆脱贫困，有3万多人的生活得到不同程度的改善。

1999年，广州军分区后勤部房管局郴州房管处与郴州市城区八一路商业步行街开展共建文明经营一条街活动。房管处官兵一一上门到八一路商业步行街890多家经营店进行文明经营宣传，帮助制定并督促施行文明经商规章制度，同时热心为经营户排忧解难。2001年，八一路商业步行街先后获“全国打假维权消费者满意街”“全国百城万店无假货示范街”称号。2005年7月，广州军区后勤部房管局郴州房管处被评为“全国军民共建社会主义精神文明先进单位”。当年，郴州市八一路社区会同驻地部队共建文明社区，被全国双拥工作领导小组授予“全国军民共建社会主义精神文明先进单位”称号，成为全省首获此项殊荣的社区。

1989—2005 年，郴州军分区、各县（市、区）人民武装部、驻郴部队及武警部队，先后协同地方 345 个乡镇（村）、社区、居委会、学校、厂矿企业、医院等单位开展精神文明共建活动，此间先后有 313 个单位进入县级以上精神文明建设先进单位的行列。

第五章　社会风尚与社会问题

第一节　美德新风

一、尊老爱幼

（一）尊老

自1989年始，郴州地区拓展尊老工作内容，创新尊老、敬老、孝老传统美德工作方式。当年，郴州地区老龄委启动评选表彰关心老龄工作先进单位、个人和好领导，以及孝敬老人的好儿女、好媳妇、好邻居、好居民等一系列弘扬尊老美德活动。各级领导机关和单位形成春节、重阳节看望、慰问老人风气。1990年后，渐次增加财政对特困老人和长寿老人的生活和长寿补助费。推广桂东县对“五保”老人实行供养承包责任制经验。1992年，郴州行署下发《关于搞好“五保”老人供养的通知》，随之各地逐步建立健全对农村“五保”老人分别实行“集中、协议、分散”供养的供养体系。城镇职工养老保险由单一“企业养老保险”拓展为“国家、企业、个人”相结合，并实行社会化统一发放的综合性养老保险管理模式。

20世纪90年代，郴州在加强精神文明建设中，重视开展尊老孝老的宣传教育，尊老助老蔚成风气。宜章县太平里乡太平里村农民杨名长一家三代，精心供养护理村里孤身老人欧细柳数年如一日，1997年杨名长获全国“敬老好儿女”奖。桂阳县城郊乡昭金村女村民魏细玉，自1995年被聘请在乡敬老院照顾孤寡老人后，她常将自家蔬菜、瓜果和鱼肉赠送给敬老院，改善老人生活。还把自家的彩色电视机送至敬老院供老人观看，且自学医疗技术在敬老院办起免费就诊卫生室。老人生病，她帮老人请医买药，洗脸擦身，端屎倒尿，一日三餐按时喂到嘴边。群众称她是孤寡老人膝下最好的“闺女”。

1999年，郴州市政府制定出台对老年人一些服务项目实行减费和免费的优待政策，推行凭证优待的老年人优待制度。2000年始，全市特困老人每月发放生活补助费增至50～100元，2.3万名农村“五保”老人统筹供养费提高到人均每年900元。1989—2005年，郴州市、县、乡三级共组织老人义诊、医疗咨询、赠药服务活动2100多次，累计赠送药品、医疗器具计价250万元；举办老年保健讲座500多场次。2005年，郴州市中心城区66个社区均建立医疗站、文体活动室，就近为老年人提供医疗、文化娱乐服务。

（二）爱幼

1989年以后，郴州爱幼工作得到加强和发展。1991年，郴州地区妇联、教育部门联合制定《郴州市〈九十年代中国儿童发展规划纲要〉实施纲要》《郴州家庭教育工作“十五”发展计划》。1995年始，郴州启动以帮助贫困家庭失学辍学儿童复学的“春雷计划”行动，当年各地干部群众解囊相助，资助978名辍学儿童重返校园。1996年，市委、市政府动员社会各界开展资助贫困地区学校“结对助学”活动，到2000年，“结对助学”仅扶助贫困子女返校就学就达2100人。

2002年8月上旬，郴州市遭受特大洪灾。北湖区月峰瑶族乡月峰村年仅12岁的邱斐和4岁的邱志豪姐弟，在洪灾中不幸失去父母，成为无依无靠孤儿。市、区、乡政府领导上门看望，布置及时安顿好姐弟俩生活。继而在9月初，又将邱斐、邱志豪姐弟俩安排送至郴州明星学校分别就读小学和幼儿班。明星学校董事长李湘郴当即承诺：学校承担姐弟俩以后小学、初中、高中阶段的全部生活和学习费用，并资助上大学。

2003年6月，郴州市创办的全省首家“妈咪宝贝幼儿早教中心”，被列为全国“0~6岁婴幼儿远程家庭教育指导”课题合作单位。2004年3月，临武县县委、县政府印发《临武县孤儿免费接受九年义务教育实施办法》，县里成立专门领导小组，采取财政拨款一点、国家工作人员每人每年捐资一点、发动社会捐助一点、从教育基金中列支一点的办法，筹措孤儿就学扶助资金，当年就使全县360名孤儿免费接受义务教育。2005年8月，郴州市妇联启动“母亲教育工程”，组织家庭讲师团进行巡回公益讲学100余场次。2005年，全市适龄儿童入学率达100%，84%的三类（聋、哑、弱智）残疾儿童在特殊学校（班）或普通学校免费就学；儿童计划免疫建卡率达94.3%，“四苗”（卡介苗、百白破、疹疫、脊髓灰质炎疫苗）全程接种合格率达91.95%，儿童保健水平显著提高。

附

唐文珠一家三代照料孤寡老人40年

在安仁县平背乡朴塘村，传颂着村民谭文珠一家三代承接几十年如一日照顾孤寡老人江寒英的感人事迹。

谭文珠同江寒英非亲非故，只是同一个村民小组。自1960年起，谭文珠见江寒英无儿无女，只身一人且年过五旬，就把江寒英当亲人照料起来，彼此间结下深厚情谊。村里实行联产承包责任制时，谭文珠替江寒英还清欠队里的几百元债务，还义务包耕包种她的0.7亩责任田，一年送去300千克干谷。谭的儿女们也帮着江寒英干这干那，都亲切地叫她“细婆婆”。

冬去春来，年复一年。1990年后谭文珠年纪也大了，他的两个儿子谭永贵、谭永清又主动来接管照顾“细婆婆”，兄弟俩待江寒英就像自己的亲奶奶一样。几十年来，谭家一以贯之地给江寒英送柴、米、油、盐，从没间断过。逢年过节，还送钱送肉，接老人到家中吃团圆饭。就连谭文珠已出嫁的女儿，每年都要提肉带礼地看望几回“细婆婆”。1994年冬天，江寒英不慎从楼梯上摔下来，把脚跌断，整整在床上躺了3个多月。谭文珠一家人轮流上门帮着江寒英勤洗勤擦勤换衣，使身上竟没生褥疮。当时，谭文珠的老伴已去世，他的两个儿媳轮流为江奶奶洗脸洗澡，请医生看病和帮助抓药、熬药，照料细心。他6岁和8岁的孙女亚健、亚思，也天天帮江寒英生火做饭，提水扫地，端屎倒尿。在谭文珠一家三代精心照料下，江奶奶的腿终于痊愈。2000年初冬的一外晚上，谭文珠的大儿子从乡里开完会回来，猛然想起还没给江奶奶送去烤火取暖的木炭，于是连夜推着斗车到后院装好木炭冒黑送去。至此，谭文珠一家三代承接相传照料孤寡老人江寒英已延续40年。

2001年11月下旬，市、县领导来到安仁县平背乡朴塘村，特意看望带领一家三代精心照料村里孤寡老人的谭文珠，和被照料的已年过90岁的孤寡老人江寒英。面对上级领导的赞扬，已年过七旬的谭文珠只是平平常常地说：“人都要老的，相互有个帮助和照料是应该的。”

（摘自2001年12月3日《湖南日报》，本文略有删节）

二、热心公益事业

20世纪80年代末期，郴州地区深入开展精神文明创建活动，全社会兴起学雷锋、做好事热潮，热心社会公益事业的人日愈增多。嘉禾县塘村镇90年代后致力振兴传统的锻造铸造产业，和依托“湘南第一圩”即塘村市场的繁荣，经济加速崛起，到1995年，全镇农民人平纯收入达1500多元。在这期间，镇党委、镇政府利用会议、广播、电视和办宣传栏等形式，宣传推介热心公益事业的典型，教育、激发当地相继涌现大批投身公益事业的农民。当年，全镇富裕户投入建校、修路、添置广播文化设施等公益事业的捐款达300多万元。1996年，该镇英花村在外省办冶炼厂的周圣铁欣然捐资22万元，为村里建成一座建筑面积达800多平方米的文化大楼。汝城县三星镇殿华村农民宋桥英自1997年创办三星矿业有限公司获良好效益后，他不买房不买车，不进舞厅和酒楼，至2000年，先后为社会公益事业捐款100多万元。他创立汝城一中助学基金会，陆续扶助特困学生就学800多人次。宋桥英先后当选为汝城县人大代表、郴州市优秀乡镇企业家。

1999年，宜章县长策乡武装部部长刘真茂退岗后，一个人在海拔1600米深山安家，自愿当一个不要钱的义务护林防火员。至2005年他已有7个春节不回家都是一个人在山上度过，一心扑在深山护林中。当地人称他是“身边的活雷锋”。2000年，永兴县马田镇邝家村邝已梅、江仁梅、邝明生等10位老人，自发组织将离村较远不便耕作的0.2公顷多荒废田垦复后种上水稻，当年将收获1500千克稻谷无偿地分赠给村中孤寡老人，为其补贴食粮。自后，老人们一直坚持为村里的孤寡老人义务作田补粮。

地处偏远的安仁县豪山乡豪山村段祖惕、段德豪等7位年逾花甲的退休教师，自1985年自找场地、自行集资，牵头为村里办起图书馆。老人们长年轮流义务值班，为来看书读报乡亲提供讲解，取暖和端茶送水等服务。1998年村图书馆被湖南省文化厅授予“优秀乡镇图书馆”称号。2002年2月，身患癌症的段德豪老人在弥留之际，还要家人搀扶到图书馆，这里看看，那里摸摸，其难舍难分之情催人泪下。至2005年，在社会各界和乡政府的支助下，豪山村图书馆藏书1.3万册，馆舍由原来的620平方米扩至800多平方米，设有陈列室、藏书室、阅览室、科技文化夜校、文娱室等。图书馆的创办带来好学习、求上进的良好村风民风。其间，豪山村多年被评为全县综治工作先进单位，计划生育、完成国家征收任务均走在全乡前列。

三、克己奉公 乐于奉献

进入20世纪90年代，郴州各级在加强“为人民服务”宗旨教育和推进精神文明建设中，先后组织评选表彰“好村民、好党员”“争贡献作表率先进个人”“模范共产党员”“十佳勤政廉政公仆”“劳动模范”“百佳教师”“十佳医生”等活动，教育和激励相继涌现一批克己奉公、乐于奉献的先进人物。

20世纪90年代初期，郴州地区人民医院优秀共产党员、急诊科医师曾连娣，放弃可调至广州工作机会，坚守在更需要医疗服务的郴州，以强烈责任心和精湛的医疗技术服务病人。她曾动员自己丈夫为病人输血，亲自口对口地为危急病人吸痰，连续5天5夜跟班守护重症病人。还主动给病人做思想开导工作，做可口的菜饭，垫付医疗费，且多次谢绝红包和谢礼。1994年曾连娣被评为湖南省职业道德建设先进个人，1995年获全省先进工作者称号。她所作的事迹报告常令台下听众感动泪下。宜章县东风乡笠头村李常水自80年代辞去公职回乡当农民后，多年来利用曾在湖南农学院所学的果蔬种植专业知识，在村里办技术夜校、上门入户向群众传授科技知识，不辞艰辛地带领群众发展果蔬生产。到1994年，他先后拿出2.8万元资助困难户种植果木，无偿送给贫困户苗木2万多株。当年，全村有400多户农家栽果120公顷，仅水果收入就达50多万元，户平增收2000多元。1995年，李常水被评为全国劳动模范。同年5月，中共湖南省委、省人民政府作出《关于开展向李常水同志学习的决定》。1997年李常水当选村党支部书记，并被选为中共十五大代表。

在20世纪90年代，郴州相继涌现一批克己奉公、乐于奉献的先进楷模。其中有同病魔顽强抗争坚持忘我工作、1995年被湖南省人民政府授予“湖南省先进工作者”称号的嘉禾县人民检察院干部钟光荣；有倾尽家产、历尽艰辛带领群众致富的宜章县梅田镇上寮村党支部书记刘贤玉（女），1997年她被评为全国“五好文明家庭标兵户”，继后又获全省“三八”红旗手、“十大农家女状元”等称号；还有长年舍家带领养路工扎根山区公路养护、1999年获全国“五一劳动奖章”的资兴市山海道班女班长魏晓兰等。

20世纪90年代末期至2005年，全市上下组织践行“三讲”和“三个代表”重要思想，开展共产党员先进性教育活动，推动涌现许多忠于职守、献身人民事业的先进人物。桂东县教育局局长胡昭程一生扎根贫困山区教育事业，尽管多年疾病缠身，仍日夜操劳。2000年12月21日，胡昭程终因积劳成疾，医治无效去世。2001年1月7日，中共郴州市委、市人民政府作出《关于全市广大党员开展向胡昭程同志学习的决定》，继后省委、省政府又作出向胡昭程学习的决定。中共中央宣传部、组织部随即将胡昭程作为实践“三个代表”重要思想的先进楷模在全国推介。安仁县水利局局长（兼任县茶安水库管理局长）何贵平，经常冒雨到水库大坝查险，几次累昏于大坝排险工地。他出差吃盒饭、方便面，住低档房，因忙于工作就连妻子病危临终前也没守护在其身边。2001—2002年，安仁县委县政府，郴州市委市政府和湖南省委省政府及水利部，先后分别作出向何贵平学习决定。他被评为全国水利系统先进工作者。

与此同时，郴州相继涌现一批克己奉公、乐于奉献的普通工人、农民、教师、医护人员等“平民楷模”。2002年获全国“五一劳动奖章”的柿竹园金属有限责任公司（原柿竹园有色金属矿）井下钻工朱子雄，长期带病从事艰辛的井下打钻工作。他勇于技术革新，曾取得单人单机进尺破全国同行纪录的成绩，实现一个人干两个人的事的目标。2004年被文化部评为“全国送电影下乡先进个人”的永兴县柏林镇农村电影放映员马恭志，因患小儿麻痹症落下残疾。他克服重重困难，长年爬山涉水在农村坚持放映电影17年，行程达12万多千米，放映电影4.65万余场（平均每天1.5场次），电影观众计230余万人次。2005年获第十六届“全国十大杰出青年”称号、被学生亲切称为“妈妈教师”的苏仙区塘溪乡五马垅瑶族小学教师盘振玉，长期扎根偏远艰苦的大瑶山默默无闻地从教。她视生如子，既当老师又当妈，为在校寄宿学生洗刷做饭，缝缝补补，还自学医疗知识为学生治病。她常只身夜爬山路上门去劝学，使当地学龄儿童入学率一直保持在100%。盘振玉先后还获得“全国十佳师德标兵”“全国劳动模范”称号。

四、救灾济困

1989—2005年，郴州境内多发洪涝、干旱和地质灾害。此间，郴州在推进建设“文明郴州”“和谐郴州”的活动中，各级各单位强化公民思想道德建设，广泛开展乐于助人、团结互助的社会主义新风尚教育，推动全社会形成乐于救灾济困的良好社会风气，彰显出互帮互助、无私助人的社会新风貌。

1989 年 5 月 8 日，贯穿永兴油市镇、高亭乡的九山河因山洪暴发，河水猛涨，导致沿河两岸 15 个村的 6000 多名群众被围困在屋顶和山头上。周边两乡干部群众当即自发组织抢险救援，冒着生命危险涉水抢救、转移被困群众，送去饮水和食品。有的农家还开办家庭“临时饭店”免费招待灾民。经过一天多协同救援，使被洪水围困的 6000 多名群众全部安全转移。

1994 年 6 月中旬，临武县暴发特大洪灾，一些村庄房屋被毁，全县迅即兴起互帮互助，邻里相助，同心协力重建家园热潮。汾市乡南岸村 67 岁老党员刘祥光主动把 1400 元定期存款提前取出支援新村建设，河埠村村民孙善军将准备建新房的 3.51 万块红砖全部借出用以投建新村。全县村民义务投工 226 万工。经社会各界捐款、村民自筹、民政部门拨款，全县兴建灾民新村 19 个，使受灾无房户年内全部住上新房过新年。1997 年 8—9 月，桂东县先后两次遭受百年不遇特大洪灾。郴州市机关单位干部职工共捐款 72.9 万元，捐献衣物折款 7.5 万元，帮助灾民度灾和重建家园。

1999 年“8・13”特大洪灾突袭郴州城区后，广大军民奋勇投入抗洪抢险，有的甚至献出生命。苏仙区公安分局许家洞派出所党支部书记胡宗亮、女教导员吴娅莉在洪灾中不顾个人安危，组织受困群众转移，不幸被洪水吞噬壮烈牺牲。市委、市政府追认胡宗亮、吴娅利为抗洪抢险特等功臣。在这次抗洪抢险中，市委、市政府还表彰抗洪抢险先进单位 9 个，抗洪抢险功臣 19 人，抗洪抢险勇士 508 人。其间，社会各界积极投入捐助济困。受灾最严重的南塔街道区域灾后立即收到社会捐助大米 9000 千克、面条 1000 千克、衣服 1100 多件等物质。市基督教协会募集资金 63 万元，购买救灾物质及时送至灾区。

1999 年宜章县南京洞派出所在开展创人民满意派出所活动中，全所民警带头捐款 2000 元，投入施工为当地居民解决井水受污染问题。干警还每人每月捐献 20 元，资助辖区两位高龄孤寡老人生活，并热诚解决其日常生活困难。老人生病，干警们轮流照料，请医送药。1993—2001 年，郴州市民营企业豫湘贸易有限责任公司先后共捐款 160 多万元，资助特困老人、贫困学生和改善学校教学条件。公司还优先安排 300 多名下岗困难职工到企业就业。

2001 年，郴州市委、市政府动员机关单位开展“双联”（联系困难企业，联系困难职工）为民办实事活动。次年，全市 736 个机关单位联系困难企业 346 家，有 7087 名机关干部与 8126 名困难职工结成帮扶对象。各机关单位和干部职工鼎力相助，为困难企业和职工帮困解难蔚然成风。是年，为企业办实事 2.39 万件，解决具体困难 2640 个；广大干部职工节衣缩食为困难职工捐款（含物折款）440.6 万元。

五、见义勇为

1989—1993 年，郴州地区主要采取通报表彰、举办事迹报告会、新闻媒体宣传报道、评先授奖等形式，表彰推介在维护社会治安、抢救人民生命财产中涌现的见义勇为先进分子，激励形成治邪扬正、见义勇为社会新风气。

1990 年 7 月 26 日傍晚，郴州铁路工务段桥梁巡守工李桂生在冒着狂风暴雨巡线时，发现一棵大树被风吹倒横在铁路上，而此时 271 次客车疾速驶来。他临危不惧，迎着列车疾跑发出停车信号，终使列车紧急制动停在离大树不到 2 米处。1992 年 4 月，宜章县建设银行女职工李荣京上早班时，与紧随她进入营业间持刀抢劫的歹徒进行拼死搏斗，全身 9 处受伤。她的英勇无畏，使国家财产免遭损失，罪犯被生擒。

1994年2月，郴州地委、地区行署决定在多形式宣扬见义勇为先进分子同时，成立郴州地区见义勇为奖励基金会，每年由财政拨款10万元用于表彰奖励见义勇为先进人物。当年地委、行署通报表彰和奖励为保护乘客钱物，勇斗劫犯的永兴县塘门口镇关王村青年农民陈靖社等见义勇为先进分子8人。随之，见义勇为行为愈益受到社会敬仰和推崇。1995年7月8日，安仁县龙海乡干部陈世华在公路客车上，见4名歹徒手持凶器正抢劫一中年妇女财物，他挺身而出与歹徒展开生死搏斗，全身被刺伤13处，最后倒在血泊中，英勇无畏地保护乘客的财产安全。同年11月，陈世华被中华基金会授予“中华见义勇为先进分子”称号。

1996年5月，郴州市政法委组织6名见义勇为先进个人在全市巡回作英雄事迹报告，推介弘扬见义勇为精神。同年6月8日下午，嘉禾县行廊镇新屋村女共产党员王六秀，奋不顾身地跳进丈多深的水坑抢救落水儿童，不幸献身。中共郴州市委随即作出决定，追认王六秀为模范共产党员。1997年4月15日，临武县花塘乡泡金山村村民唐金春见一因债务纠纷而发疯的歹徒，手持已点燃的一袋炸药冲向30多名围观人群时，奋不顾身地扑向歹徒夺过炸药袋冲向村外，随着巨大的爆炸声，唐金春左脚被炸断，而村民生命得到保护。1998年2月，唐金春获“湖南省见义勇为先进分子”称号。2001年1月17日凌晨，郴州市政府办公室干部李清平途经苏仙桥时，冲上去阻止正企图向单身女子耍流氓的一歹徒，他被歹徒连刺两刀，尽管鲜血直流，依然死死扭住歹徒不放。当年12月，李清平获“湖南省见义勇为先进个人”称号。

郴州自1994年设立见义勇为奖励基金至2005年，12年间先后有104人被市委、市政府授予“郴州市见义勇为先进个人”称号，受到表彰和奖励，其中英勇献身18人。在评选的104名见义勇为先进个人中，有挺身而出制服杀人恶魔保护24名小学生生命的学校工友王得春，有与三名持刀劫徒舍身搏斗保护乘客财物的煤矿工人黄建光，有为抓捕逃犯受伤而落下右手残疾的农民邓佑义，还有为抢救2名溺水儿童献出自己12岁宝贵生命的小学五年级女生邓萍等。其间，有陈世华等6人被推选获“中华见义勇为先进个人”称号，有陈靖社等8人被推选评为“湖南省见义勇为先进个人”。

六、求知求美 热爱生活

20世纪80年代末期，发展经济“一靠政策、二靠科学技术”日愈成为社会共识，崇尚科学文化知识的人越来越多。同时随着社会进步和物质生活好转，境内居民求知、求乐、求美，热爱生活，日益追求新的生活方式。

1990年，嘉禾县农村出现以群众自发组织、自我筹资兴办文化事业的势头。年内，全县以农民自筹资金为主开办乡村图书馆（室）61个（其中有上万册图书馆3个、5000册图书室6个），村村办有农民科技培训夜校（班）；建立电影放映队40个，文艺创作组、业余演出队59个。广大农村随之出现学习文化科学知识的“文化热”“科技热”，过去闲时“聊天、打牌和睡觉”现象日渐减少。丰富多样的文化生活促进农村精神和物质文明建设，当年该县仅石桥乡就有164人被评为全乡好党员、好村民、好青年、好儿媳。

在90年代初期，郴州广大城乡逐渐兴起学科学、讲科学、用科学良好风气，相继涌现一批学有成就的佼佼者。到1993年，桂阳县39个乡镇均办起农民技校和农科教中心，全县获初级以上专业职称的技术人员9114人，农民技术员408人，评定农村科技示范户5000多户。郴县（苏仙区）白露塘镇下白水村科技示范户朱山，通过上门拜师、参加培训和订阅科技报刊等方式，发奋学用科学知识和技术。1993年，他成功选育出一种生长快，产蛋率高，肉质好，耐粗食，适应性强的新品种“朱山鸭”。全年他孵售小鸭4万多只，收入7万多元，鸭苗畅销至5省27个县。郴州地区化肥厂工人曹声月节衣缩食购买科技书籍学习，倾心技术革新。1992年他建议在过滤浆槽上安装简单的可控装置，一举解决普钙生产中技术难题，每年为企业增创经济效益过10万元。1995年4月曹声月被评为“湖南省劳动模范”。

到20世纪90年代中期后，人民群众顺应当代生活变革，日趋热爱生活，追求健康、文明的新生活。1998年，安仁县安平镇安平居委会农民张万志靠多种经营富裕后，当年花800多元订阅《三湘都市报》《郴州日报》等报刊杂志。还花2万多元买来大彩电、音响设备和彩灯等，办起家庭卡拉OK歌舞厅。1999年，安平居委会农民兴办类似的家庭卡拉OK厅有20家，一到夜晚和工余，居民聚在一起唱唱跳跳，一片欢乐。之后，随着家庭影院、电脑等现代电器的普及和旅游业的发展，人们消遣娱乐方式日益丰富多彩。

北湖区重视抓好乡、村图书室建设，提高农民科学文化素质。到2000年，全区14个乡镇和128个行政都建立书报阅览室，广泛开展“读一本好书、学一门新技术、找一条致富路子”活动。一些农民还办起家庭图书室。该区同和乡年西冲村青年农民许小毛2001年投资4万元办起家庭图书室，每天吸引不少本村及邻村村民前来借读。读书活动使农民“富”了脑袋鼓了钱袋，2001年，北湖区农民人均纯收入创新记录达3060元。

其间，郴州越来越多群众不但追求物质生活富有，更追求精神生活富有。1999年春节与院士袁隆平一道出席中央电视台春节联欢晚会的北湖区华塘镇塔水村村民曹宏球，多年来历尽艰辛和挫折，执著地研究培育蔬菜新品种。并拿出全部积蓄牵头发动组织在村头为“杂交水稻之父”袁隆平竖立塑像，及全力投入创办科学种田示范基地“稻神园”。嘉禾县广发乡大塘村青年农民李民保先后自费参加中央农业广播学院、毛泽东文艺学院、省戏剧编导高级班学习。他边办养猪场边写作，至2001年被搬上舞台或公开发表的文学作品27篇。他创作的小品《邻居》在省里汇演获铜奖，先后自费出版短篇小说集《野山·野水·野情》和戏剧集《山里凤凰》。

2005年，郴州市经常参加健身锻炼人数达170万人，占全市总人口的36.9%。其间，人们生活日趋时尚和多样化，相继出现八十岁老人学电脑、平民百姓自办画展影展、城乡居民自费出国旅游等新鲜事。全市爱好科研、工艺、旅游、书画、摄影、健身、养花、写作、收藏等活动的居民愈来愈多。

第二节　社会陋习和社会新问题

一、社会陋习

（一）宗族势力纷争

郴州境内以宗族聚居的村落较多，有的村庄数百户人家无一杂姓，因历史原因聚结成一个宗族利益共同体。因此，郴州历为宗族意识较浓之地，亦为宗族势力纷争“易发地”。20世纪80年代始，农村经济管理体制和生产组织方式逐步放宽放活，许多利益关系在调整中出现新矛盾。由此在一些思想政治和基层法治工作薄弱地方，封建宗族意识乘虚而入，形成拉宗派、壮大宗族团体利益态势。以致常因农村争山、争地、争水和争利等民事纠纷的引发，进而酿成宗族间纷争和械斗，严重影响社会安定团结。1993年9月11日，永兴县马田镇马田村刘姓与井岗村李姓，因民事纠纷诱发有数千人参与的宗族械斗事件。双方竟动用土枪土炮、雷管炸药进行搏打，造成死1人、伤30多人，损失财物过百万元的特大恶性事件（经组织制止，及时平息事态）。其间，在宗族意识较浓的乡村，年发生宗族纠纷械斗案件占当地年治安案件的1/5左右。2000年后，境内各地加强法制教育和严厉查处非法宗族帮派活动，宗族势力纷争械斗事件逐年减少。

（二）封建迷信

20世纪90年代，在放开民间信仰、宗教活动同时，境内少数地方出现乱建寺庙、乱立神像现象，随之封建迷信活动出现抬头。个别乡村甚至出现装神弄鬼以化“神水”帮人“治病”、赶鬼替人“辟邪”为职业的巫婆、巫神，公开从事封建迷信活动。有的地方还出现带有封建迷信色彩的“练功健身”组织和场所。1997年，全市在专项治理“两乱”（乱建庙宇、乱修神像）中，被拆除的乱建乱立庙宇就有191座（处）、露天佛像2尊、土地庙163座。其间，市内各级政府和有关部门引导群众划清正常民间信仰、宗教活动与封建迷信的界线，普及科学知识，依法打击封建迷信活动。到2005年，全市未经审批乱建的庙宇、佛像相继被拆除，封建迷信活动基本被遏制。

（三）奢华操办之风

1989年后，境内大操大办喜庆奢华之风日盛。你请我、我请你，喜庆名目繁多，除办婚庆、丧事酒外，还渐兴办满月酒、百日酒、生日酒、建房酒、迁居酒、祝寿酒等等。且讲排场、搞攀比。办酒档次愈来愈高，规模愈来愈大，动辄上豪华酒店宾馆大办酒席，一宴请就是几十桌上百桌。同时，被请客人封的红包礼金额亦愈“封”愈多。2000年，城镇居民生活支出抽样调查显示，有1/3家庭平均每月被请吃各类喜酒2～4次，礼金支出400～1200元，一般约占家庭工资收入的1/5，令生活还困难家庭不堪重负。至2005年，喜庆奢华之风在城乡仍趋蔓延上升之势。2005年，全市居民消费水平调查统计表明，居民主要用于喜庆礼金等非消费性现金总支出人平566.67元，为人均生活消费支出现金2309.46元的25%。

二、社会新问题

（一）“黄、毒、赌”侵蚀生活

自20世纪80年，人民物质生活水平逐步提高，社会生活逐步开放发生巨大变化，呈现生活方式多元化。一些人经不住腐朽生活观念的诱惑，生活追求发生蜕变，社会上随之出现贩卖传播淫秽音像制品、卖淫嫖娼、和吸毒、赌博等现象。郴州公安部门查处的治安案件显示：1989年全区查获贩卖传播淫秽音像物品案件117起，卖淫嫖娼案件612起、赌博案720起。1994年查获吸毒人员557名。之后，境内各地公安机关加大打击“黄、毒、赌”力度。2005年，全市公安机关查处赌博案件由1989年的720起增至1390起，没收赌资129.59万元。赌场多设在城乡隐蔽处及宾馆、酒店、麻将馆、棋牌室，还有利用电子游戏机开赌营业和进行地下“六合彩”下注赌博活动。在农村，以家庭为场所的“小赌”现象尤为普遍。其间，有的因嗜赌荒废家业、输光家产，甚为还赌债走上偷盗、抢劫的犯罪之路。

（二）留守儿童和单亲家庭孩子增多

20世纪90年代初，农村劳动力开始成批外出务工向城镇转移，许多年轻父母离家一同外出打工，遂使一些家庭孩子成为农村“留守儿童”。留守儿童因长期缺失父母关爱和管教，给心理、学习和成长进步及人身安全都带来不利影响。与此同时，社会离婚率上升。郴州市婚姻登记机构统计表明，

2000年全市离婚对数占结婚对数比率为5.6%，2005年升至11.7%，6年间提高6.1个百分点。离婚率上升带来单身家庭孩子增多，有的孩子因家庭变异心灵蒙上阴影，消沉自闭而不求上进，有的因受到社会歧视和感受不到家庭关爱与温暖，甚至产生“逆反心理”滑入歧途。其间，留守儿童和单亲家庭孩子增多，成为影响下一代健康成长的一大社会新问题。

2000—2005年郴州市民政部门受理婚姻情况统计表

表26-5-2-1

项目 年份	结婚（对）	离婚（对）	离婚占结婚数比率（%）
2000	11488	647	5.6%
2001	10912	588	5.4%
2002	10379	645	6.2%
2003	11723	1021	8.7%
2004	21068	2058	9.8%
2005	20859	2450	11.7%

（三）贫富差距拉大

1989年后，加快发展市场经济，造就一批先富起来的“富翁”“富豪”，其家庭经济收入大幅高于一般家庭收入。同时，由于行业、职业报酬差距和地域经济发展差距，以及还存在失业无业群体，以致造成社会贫富两极分化，贫富差距拉大。同是农村，一些闭塞且自然条件恶劣的边远山区，有少数地方居民仍处于贫困之中，其农民家庭收入还不足经济发展条件好的地区农民家庭收入的五分之一。1994年对桂东县三洞乡高龙村高龙仙组作贫困调查时，该组村民1993年还有8家农户年人均纯收入不足200元，特困户胡秀秋一家年人均纯收入仅150元。2003年7月，市纪委、市监察局副处以上干部到宜章县白沙乡圣公坛村长枧组访贫问苦了解到，这里由于山高沟深，田地面积少，加之自然条件差，旱涝灾害频发。2002年，全组21户人家76口人，人均纯收入还不足300元。因地方穷难找对象，全组21户人家还有超龄未婚单身汉9人。农民住房破旧，家具简陋。2005年，对桂东、汝城、安仁、宜章4个贫困县统计监测显示，1043个行政村中还有贫困村331个，计有农村贫困人口33.88万人，农村贫困人口占其4县农村总人口134.54万人的25.2%。

（四）局部地区社会治安问题突出

1989年后，在全面推进改革开放和发展社会主义市场经济新形势下，一些地方和单位放松或忽视精神文明建设及基层社会治安综合治理。同时，在城区随着流动人口的剧增，社会治安隐患增多，管理难度加大，致使局部地区治安问题比较突出。1989—2005年，境内治安案件总体呈上升态势。1989年境内公安部门受理治安案件1.26万起，治安处罚1.7万人。2005年，受理治安案件1.76万起，治安处罚2.07万人。2005年较之1989年，受理治安案件和治安处罚人数，分别增长39.7%和21.8%。

第六章 民间习俗

第一节 劳动习俗

一、农事

进入20世纪90年代，随着农业产业结构调整，境内耕作制度和生产习俗更新，呈现经济作物趋向增升新态势。稻田种植除高寒山区习作单季稻外，在平原丘陵区多以种植双季稻或一季稻一季经济作物为主；在烟草生产区则大部分为“稻—烟”轮作，一改过去耕田只种水稻之老习俗。旱土习种红薯、马铃薯、烟、蔬菜、豆、麻、玉米、高粱、花生、荞麦等，尤其是蔬菜、瓜果和烟草等经济作物种植面积逐年增多。田塍土边，喜种菜、豆。郴州种田讲究三犁四耙，深耕多耘，故有谚云：“耕得深、耙得细，一亩要当两亩地。”冬季重冬田和积农家肥，有“犁田过冬，草死泥松”“冬天积堆草，来年就是宝”之俗语。

农民自古从劳动实践中感知节气生产，渐成按农历二十四节令安排农事生产的习俗。故流传“立春耕田，春分耙田，清明浸种，谷雨薅田”“谷雨前、好种棉，谷雨后、好种豆”“清明下芋、谷雨点瓜”“小暑荞麦白露菜”“七月葱、八月蒜”等生产习俗谚语。耕作制度和品种的更新，使一些民间生产习俗悄然发生变化。各地改良品种，从20世纪70年代起，普遍由单季稻改作双季稻种植，生产季节有所提前，便又有“插完早稻过‘五一’，插完晚稻过‘八一’”等新生产俗规。

农业以种水稻为主。在每年下田开耕、下谷种、莳田、收割等重要农事活动时，农民一直注重施行一些民间活动，以示对劳作丰收的祈盼和收获时的喜庆心情。旧时尊土地为神，每逢农历立春之日，有祭祀田神“起春”开耕之俗；在下谷种时，有“敬秧神”以求秧苗粗壮之习；当收割完毕时，有清洗收藏禾镰、禾桶，以酒席祭祀谷神之规。一年中，农民尤为看重开秧栽插和收割新谷进仓，故有俗谚云：“插秧的酒，割稻的饭。”至2005年，郴州境内一些乡村仍保留着喝“开秧酒”和开镰收割吃“尝新饭”的民间习俗。

郴州大部地处南岭（五岭）山地，雨水充沛、气候温和，林业生产历来发达。2005年，全市林业用地137.7万公顷，占全市土地总面积的71.3%。境内历有山上种杉、松、油茶，房前屋后栽桃、李、梨、竹，低地河边则好栽柳之习。“靠山吃山多养山”，郴州有重封山育林之俗。多在村背山、龙山和水口山封山造风水林。一些村立碑或树牌公示封山护林村规民约。乡民兴抢春植树，“一打鼓，二拜年，三进山，四开荒（植树）”；亦讲究深挖植树，“栽树没巧，深埋实捣”；还注重林地垦复，“三年不挖（垦），茶树摘花”。郴州是油茶之乡，收摘茶籽十分讲究时辰，“提前一日，减油三分”。上山收摘时间一般是丰水年景按节令推迟三日上山，干旱和平常年则对节令上山。茶籽多的人家，中途会挑送一担回家报喜，叫做“送报”。昔日多修建由引水推动碾盘的油榨坊榨油，少数缺水之地则由牛拖动碾盘轧籽。至2005年，旧式榨油方式渐被电机榨油所代替。境内经济林种植面积扩大，用材林面积整体减少。

其间，郴州境内一些地方仍然沿袭保留农事生产习俗主要有：

起春 每年农历立春之日，旧时农民将牛角和牛鞭披红挂彩，到田边祭祀田神。边祭边念一些祈望“六畜兴旺，五谷丰登”的祈语。继犁田数圈而归，谓之起春。主妇备酒肴以示庆贺，俗称“宴上公”。起春后，家家始兴农耕，呈现一幅“家家插田忙”景象。境内主要在瑶族人民中仍保留着这一“起春”习俗。在资兴市茶坪瑶山一带，年逢农历三月十一日，瑶族人遂手持绿叶青枝，敲锣打鼓到盘王庙举行祭春活动，招禾魂，提船送瘟神，祈祷风调雨顺，五谷丰登，六畜兴旺。继而启动春耕生产。

敬鸟 郴州一些山区农村有敬鸟传统习俗。农历二月初一，有的乡村农家户户以糯米做糍粑，用竹枝穿上，插在田的出水口或菜园门口。有的乡民插枝时还边念道：“鸟儿公，鸟儿婆，请你下来吃糯糯，糯糯粘到你的嘴，红线吊到你的脚，不要吃我园上的菜，不要啄到我田里的禾。”此俗在有的山区乡村依然沿袭而现。

开秧门 农民好择定吉日插田。昔日在择日开插这一天，先由户主或老农烧香敬神后，再下田扯秧，谓之“开秧门”。扯第一手秧不能朝太白星方向，不能用手直接交递传秧，意为手腕免得“秧风”而红肿疼痛。插田时，由插秧能手先下田按田的直线方法，从此岸插到彼岸，横直相对，一溜标直，称之“破域”。“域田”莳好后，各自跟着域田分插。20世纪80年代后，“开秧门”之俗已渐消失，然开秧插田之日，依显喜庆之气。开插之日，亲帮亲，邻帮邻，不要工钱互帮忙。主家丰备酒菜宴请帮插田的亲朋好友，谓之“吃莳田饭”。主人习以大块“米粉蒸肉”上桌，以兆粮油丰收。在宜章、桂东等县一些地方，还讲究一日“五酒三饭搭糍粑”款待帮工。一般有十道菜，主菜五道，寓意“五谷丰登”。乡村开插之日因充满节日气氛，故仍流传“小孩盼过年，大人盼莳田”俗语。郴州农村妇女历有下田插秧之习，各地涌现不少妇女插秧能手。

尝新节 农历六月初六日，传说为神农氏生日。昔年是日，农民到田间摘一些已熟早稻禾谷穗回来碾成米，然后备办酒肉，将新米搭老米煮成饭进行“尝新”，寓意新搭老，吃不完。“尝新”时还请来一些至亲好友一同聚餐。长辈坐上席，首先举筷，晚辈祝曰：“见新百岁。”此时若自家田里的稻谷还未成熟，可到别家成熟稻田摘点禾穗“尝新”，谁也不会阻挡。20世纪90年代后，“尝新节”在一些乡村仍时兴，即农家在开镰割禾时备桌好酒菜，蒸锅新米饭，一家人欢欢喜喜吃顿“尝新”饭，一同庆祝新谷收获。

此外，境内瑶族砍山“祭林神”、打猎“祭山神”、播种“祭谷神”等旧习俗，还仍在少部分瑶民中沿用。

二、畜牧狩猎

（一）畜牧饲养

境内山区多，草食足，历来尤为重视养牛。养牛昔用于耕作，20世纪90年代始，牛耕渐被机耕所代替，逐改为主供食用。旧时养牛有一牛一夫之俗，忌三家共养，谓利不分三。贫者，两家或四家共有，轮流放牧。饲养牛以山岗草地放牧为主，仅在深冬初春气候寒冷时方关进牛栏用稻草、干红薯藤等喂养。牛在越冬和重劳役时，会加喂稻谷、米糠、玉米等精料。栏内春夏垫青草，秋冬置稻草，一为喂牛，二为积肥。俗传农历四月八日是牛生日和在立夏元日，若用牛则牛易患痧症，故其两天境内禁止使用牛耕。农民在长年养牛实践中，总结出一套饲养方法，故流传有“放牛有个巧，常放露水草”“黄牛怕二月，水牛怕腊月”“冬牛要窝，春牛要露”“人怕饿春，牛怕饿冬”等养殖俗语。

养猪是郴州农户一大家庭副业。20世纪70年代后，普遍推广猪种改良、喂食精饲料和配方发酵饲料。进入90年代，逐步转向兴办规模化养猪场，家庭零星散养随之减少，基本改变境内农户养猪多为“零米凑趸钱”，和习喂熟食零星圈养的旧习。昔养公猪，为人所不齿，乃鳏寡穷苦无依者所为。农家还好用石灰水在畜圈门墙写上“姜太公在此”，或打上石灰手印，迷信此能镇邪驱瘟。民间今仍流传“头猪雌，满猪牯，不长都有二百五”“寸草铡三刀，料差也上膘”“母猪好一窝，公猪好一坡”等俗语，生动地反映农户养猪之道。

境内家禽饲养主要有鸡、鸭、鹅。农家几乎家家兴养家鸡，较少养鹅。养鸡养鹅素来敞放，任其早出晚归；养鸭家庭亦较少，多为居住近江靠河农户游牧式的鸭栏群养，少则几十只，多则数百只。养母鸡有“养单不养双”之俗，养鸭有稻田放养吃虫和稻田收割后放养觅食之习。自20世纪90年代始，主为发展规模化鸡鸭养殖场。种鸭以临武县“临武鸭”最好，其肉质鲜美且生长快，乃中国八大名鸭之一。饲养家禽民间有谚云：“鹅吃青，鸭吃晕”“鸭子不离水，鸡仔跑断腿”“鸡肥鸭壮，多吃杂粮”等。农家今还依兴少量饲养家鸡家鸭，因其仍是传统放养，被称之“土鸡”“土鸭”，市场走俏，售价看好。

（二）狩猎

狩猎是郴州山区古老的生产方式。狩猎时间多在秋末和冬季的农闲季节。郴州许多地方山高林密，野兽野禽多。旧时各个村落多有成班狩猎人马，单门独户人家则备有铁铳防卫野兽。狩猎方式多样。集体围山打猎一般由“跟脚印”“赶山”和“守堂口”三班人马组成。“跟脚印”猎人要跟着野兽追踪；“赶山”猎人要围困、胁迫野兽从“堂口”冲出来；枪法好猎人则安排“守堂口”待击野兽。除集体围山打（捕）猎外，还有选择在深山采用铳击、安装夹子、套索及挖陷阱等方式狩猎。中华人民共和国成立后，境内仍有少数山区村民把偷猎、贩卖野生动物当作一种副业收入，从事非法狩猎活动。

到20世纪80年代，人们依法保护野生动物意识提高，民间自由狩猎活动渐被禁止，山区渐形成“不打猎，不吃野生猎物，不接受野生猎物礼品”，和设立野生动物保护圈等民间新习俗。90年代初期，郴州把8000公顷郴州五盖山建成具有南国特色国际狩猎场，山中有水鹿、野猪、鹿子、野鸡、野兔等30多种动物供狩猎，使此地成为以狩猎为主、集休闲度假和科学考察于一体的综合性旅游区。狩猎活动已辟为一项旅游业开发新项目。

三、工匠市商

（一）工匠

进入20世纪80年代，随着商品经济兴起和对个体手工业、商贸业的扶持，民间工匠产业又趋活跃和兴旺。旧时郴州民间游动工匠颇多，皆尊奉行业祖师，行拜师礼之俗，学徒期一般3年，头年打杂（包括师父家中杂务），次年做粗工，第三年习艺。学徒期满，出师不离师，须随师见习一年，俗称帮师。

到20世纪90年代，社会职业技术教育日兴，个人拜师学艺之俗渐少，多到各类职业技术学校（培训班）学习家电、车辆维修和建筑、铸造等技术和工艺。手艺工匠，各有行业艺求，民间故流传有“砖匠难起头，木匠难煞尾”“织衣织裤贵在开头，编筐织篓贵在收口”“漆匠不留白，木匠不留墨”等之说。木匠、铁匠、铜匠、瓦匠、漆匠、磨刀匠、剃头匠、修鞋补锅匠等民间工匠，常年挑担走乡串户吆喝叫喊生意，多为上门制作、修理家庭日用品或劳动工具，给人们生活带来方便。一些旧俗依流传于工匠行业，如建房竖门，须择定良辰吉日，新居双扇大门须用木板合为双数，每扇门木板装置时要取一顺，以示万事顺利等。

2000年后，市场日用品加快断更新换代和丰富，传统“家庭式”“作坊式”手工制造渐被现代机械化生产所取代，传统手工制品日被淘汰，个体工匠多为从事修理业，从业人员总体减少。在城乡，只还有补鞋、修钟表、磨刀、修缮房屋等少许工匠在摆摊或下乡走巷叫喊生意。一些传统工艺转向演变为文化艺术品供人品尝和留存于世。

（二）市商

郴州民间贸易多在乡村集市圩场进行，俗称“赶圩”“赶集”“赶闹子”。通常三日、五日为一圩，逾午方散。旧时境内商人店铺皆设有“神堂”，以点烛插香敬祭财神（赵公元帅），祈求财神保佑生意兴隆。商贾买卖有忌讳人踏踩或坐门铺门坎，禁忌玩弄算盘和反搁算盘，禁忌店伙计敲打算盘等规矩，商俗视之为会挡财神入门。后市商陋俗渐废。自20世纪80年代，商品经济快速发展，圩场贸易活动日趋活跃，成为郴州农村商品流通的主渠道。境内涌现嘉禾县塘村镇圩场、永兴县马田镇圩场、苏仙区良田镇圩场等一批享誉省内外的农贸大集市。

20世纪90年代始，民间工商企业日兴开展广告宣传和促销活动。如在电视台、报纸上刊登广告，散发、悬挂种种广告宣传品，以及举办形式多样的产品推介、展销和让利销售、上门服务等促销活动。民间商市开业开店多讲究选择吉日。有的举行剪彩仪式，请腰鼓队、乐队和组织宣传车上街宣传造势；有的还到电视台点播电视节目以飨观众；或邀请相关单位、个人送匾牌花篮以示庆祝。有的民间建筑队在奠基、竖门、上梁时，还按传统习俗“敬神除邪”；建筑屋封顶时放彩花鸣礼炮进行吉庆。此外，电话、网络购销亦成民间商市一种经营时尚。

附

郴州民间农事谚语选录

一、种植业

好崽要好娘，好种多打粮。

冬天不犁田，夏天喊皇天。

修好塘和坝，旱涝都不怕。

犁三遍，耙三遍，不怕老天晒半年。

耕得深，耙得细，一亩要当两亩地。

种田种土准备淤[1]，讨亲嫁女准备猪。

莳田[2]不躲雨，扮禾不歇凉。

挖土挖得深，土里出黄金。

雨种豆子晴种棉，种菜最好在阴天。

早种棉花多结桃，迟种棉花只长苗。

深栽茄子浅栽葱。

芋头怕痒，越摸越长。

稻花怕雨，麦花要风。

人冷盖被，麦冷盖泥。

---

① 淤：方言，泛指农家肥。

② 莳田：方言，意为插秧。

人靠饭力，地靠肥力。
种田肥当家，巧施氮磷钾。
娶女看娘，种禾看秧。
宁可田等秧，不可秧等田。
扯秧莫扯灯盏窝，插秧莫插狗爪禾。
插秧插得正，抵上一次粪。
种田不留沟，胜于强盗偷。
插田水平掌，踩田水平腰。
日灌夜排扯露水，晴晒秧田浅灌水。
好歌不唱忘记多，好田不锄草成窝。
鼓不打不响，禾不耘不长。
禾踩三道，谷米发爆。
若要害虫少，除尽田边草。
种后不管，难收半碗。
荒山不栽树，水土保不住。
若要地增产，山上打把伞。
栽树有巧，深埋实捣。
冬栽竹，春栽树。
人要心好，树要根好。
三年不挖，茶树摘花。
树不剪，果不收。

二、养殖业

放牛有个巧，常放露水草。
冬牛要窝，春牛要露。
黄年怕二月，水牛怕腊月。
人怕饿春，牛怕饿冬。
黄牛要好栏，水牛要好塘。
养猪有巧，栏干食饱。
母猪好一窝，公猪好一坡。
头猪雌、满猪牯，不长都有二百五。
大猪要囚，细猪要游。
栏不通风，猪要发瘟。
鸡肥不下蛋，水浅不养鱼。
鸡肥鸭壮，多吃杂粮。
鸭子不离水，鸡仔跑断腿。
鲢鱼怕水深，雄鱼爱水深。
养鱼有巧，水深草饱。
刮风莫放蜂，下雨好捕鱼。
大风大雨不放鸭。
家养百只羊，顶得百担粮。

第二节 生活习俗

一、饮 食

境内城乡居民以大米为主食，兼食红薯、玉米、麦面等杂粮，普遍为一日三餐。有的农村在春、夏农忙季节，于中餐前加一便餐，俗话谓之“打岸伙”。自20世纪80年代始，人们生活水平不断提高，食品日趋多样化。城乡居民一日的主食品种始趋改变，尤其是早餐，由过去单一的稀饭、面条渐改为糕点、米粉、豆浆、鸡蛋、牛奶等多样化食用。为适应现代快节奏生活，一些城镇居民有进店食用快餐、自助餐习惯。过去蔬菜食用均为时令品种，随着反季节蔬菜大量上市，夏季可以吃上白菜、萝卜、芹菜类，冬季亦可吃上菜瓜、豆角、辣椒类。

自20世纪90年代始，郴州人饮食习惯在追求科学饮食、健康饮食中悄然发生改变。因接受毗邻广东粤菜元素，渐喜文火煲汤、清蒸扣肉和鱼，湘南人原重炒轻煲的饮食习惯有所淡化。开始进食粤菜的清淡，鲜嫩五味（香、松、软、淡、浓），不再偏重本地辣酸味；粤北客家以煲、焖为主饮食餐具，也开始引进使用。同时，“回归自然”的绿色蔬菜已成为食物首选，不再好求“大肉大鱼”的饮食，野菜、南瓜藤、红薯叶之类菜肴随之推上餐桌。且农村居民不再好吃腌制坛子菜，转趋喜吃时令蔬菜和新鲜肉食。

郴州土特产丰富，民间善作菜肴。至2005年，全市经民间厨业开发并形成一批以土特产为主要原料烹制而成的大众化菜肴。永兴四黄子鸡、宜章芋荷鸭、汝城麻鸭、临武香鸭、桂阳血鸭、永兴马田豆腐、资兴东江鱼、苏仙良田禾花鲤、嘉禾血灌肠、桂东青山火腿肉、五盖山岩耳汤、安仁草药炖猪脚等，广为郴州饮食桌上之珍品。

郴州民间茶俗丰富多样。安仁人继承神农氏以茶叶为食物的历史传俗，饮茶时仍有细嚼慢咽茶叶之习。永兴县乡村仍保持细火煎熬茶叶的喝茶法，早春下田，一碗浓茶下肚，顿除寒意。临武人则对油茶情有独钟，尤是节日三餐必备油茶，平日若有来客，亦喜油茶相待。油茶用料中的茶叶不用嫩叶用粗叶，煮茶时加入适量食油，再据个人嗜好加用油炸好的玉米粒、糯米花、花生米、红薯干等佐食。此茶闻起茶香扑鼻，吃起佐料软、硬、脆、香俱全，别有一番滋味。进入21世纪，城镇人时兴进茶馆喝早茶和夜茶，多为边品茶边谈生意和聊家常，喝茶已成为一种沟通营商往来和人际关系的方式。

二、居 住

郴州农家素喜聚族而居，在嘉禾、宜章、桂阳、永兴县等地有些村庄数百户，无一杂姓。旧时住房多是砖木结构的四缝三间正栋或三缝两间的半正栋，堂屋前有天井，后有神龛，大厅系对户邻家公用。山区和贫穷户则多用土筑墙、竹木框架，上盖杉皮或稻草。中华人民共和国成立后，部份农民相继建新房，但仍然多为砖木结构的四缝三间。20世纪80年代末，经济振兴助推乡村住房修建，渐多农村建房打破传统式集中连体布局和四垛二层的瓦房建筑格式，转入散居的单家独院建房，并仿照城镇造房兴建钢筋水泥楼房，一般2～4层，占地面积80～120平方米左右，窗装玻璃，墙刷涂料，地铺瓷砖，并普遍推行牛栏猪圈与居民房屋分开而建。农村建房格式和布局习俗的更新，改善了居住卫生和房屋通气采光。然在边远山区和经济不宽裕的少数地方，仍以传统红砖瓦房为主。农村建房兴看风水，好选择在居山临水之地立屋。建房放线、动土、竖门、圆垛、上梁均要选定吉时，并放鞭炮、焚金香以示祝福。

20世纪90年代，随着城镇住房制度改革和城市建设的推进，城镇干部职工渐而结束靠租用公房居住的历史，转向通过集资建房、购买商品房。到2005年城镇干部职工基本上实现每户拥有一套私有住房。城镇居民追求居住地的就学、就医、购物和交通环境好，普遍注重住房装修时尚化。

三、服 饰

清末民初，郴州境内士人、缙绅、富商多穿长袍、马褂，头戴红顶瓜皮帽，脚穿长靴。普通人家则多穿布扣“对襟衣”或布扣“偏襟衣”及“宽筒裤”，皆为家织土布，常年赤脚或穿草鞋和自做布鞋。20世纪20年代起，服装式样增多，兴穿中山装、列宁服、西服和族袍、爱美装等，脚穿胶鞋或皮鞋。中华人民共和国成立后，长袍渐被淘汰，男女衣着差别缩小，流行蓝、灰色，兴着列宁装、青年装、中山装。“文化大革命”期间，兴着绿色军装、中山装。70年代末期，的确良布始取代棉布，时兴喇叭裤、牛仔服、连衣裙、短裙等着装。

进入20世纪90年代，郴州城乡人民生活日益改善，各类新式服饰进入市场，人们衣着愈益讲时尚、求质量，一改过去“蓝、绿、黑、灰”单调四色，款式日新，凸显男女衣着风采。男人冬春以西服、皮衣、夹克、外套、羽绒衣为主，夏秋以衬衫、T恤、无领针织衫、猎装、运动装、太空服为主。女性衣着更求时装、重色彩，兴着喇叭裤、牛仔服、长裙、超短裙、套裙、统裙等服装。同时，烫发、染发和配戴金银首饰者日趋增多。老年人衣着亦变得款式多样，注重花色，显现亮丽多样新姿。

境内瑶族服饰各地略有差异，总体上头饰、胸饰斑斓多彩，袖窄、襟大、裤短、裹绑腿。畲族男子装束与汉人无甚差别。妇女衣领、右襟和袖口喜镶花边，衣服、围裙、腰带上绣有花草鸟兽、几何纹样和汉字等图案花纹。瑶、畲族服饰习俗一直继承留传。

第三节 婚丧喜庆

一、婚 礼

（一）汉族婚礼

1989年后，境内依然保留一些传统婚礼习俗。农村男女婚嫁，多兴先由男方带上礼品向女方父母或兄长提出求婚，俗称“提亲”。仍有少数农村寨庄，还讲究成婚的年庚八字，看双方是否“八字合”。提亲如两厢情愿，男方遂选吉日再带上礼品上女方家“定亲”，俗叫“走亲”。女方若回赠男方礼物，以示联婚。男方便选定迎娶日期，俗称“选日子”，继向女方家送“彩礼”，亦称“过礼”。婚嫁前夜，少数地方还兴女方至房中“哭嫁”（实为哭唱），以表离情别绪，唱述父母的养育之恩，对亲人的不舍之情，曲调淳朴动听，唱词随意而编。流传多年的嘉禾县“伴嫁歌”，已列为省级非物质文化遗产名录（2006年5月湖南省人民政府公布）。

结婚之日，旧时男方上女方家“接亲”多为牵马抬轿。20世纪90年代后，趋改为用小车、中巴车接亲，有的还伴有乐队、仪仗队。在一些农村男方上门接亲时，新娘往往闭坐闺房，待礼俗施行后，方开门由伴娘相随“发亲”。同时渐兴在城镇宾馆酒楼兴办结婚仪式。新婚之夜，依有逗弄新郎新娘“闹洞房”习俗。一些地方旧俗新办，接亲步行而至，结婚用电子鞭炮代替实物烟花鞭炮，不大摆宴席，晚上放一两场电影招待乡亲；少数年青人渐兴旅游结婚、集体婚礼，既节约人情开支，也避免繁琐礼节。

（二）瑶族、畲族婚礼

境内瑶族青年男女一般在节日、喜庆或生产劳动中，自由对歌成恋或“媒妁之言”组成家庭，后“对歌成恋”之俗渐消失。瑶汉原实行族内婚制，后可与外族通婚，但“男嫁女家”“同姓不婚”习俗依然流行。也有成婚女子不招不嫁两边为家者。结婚仪式皆为“鼓乐迎送，喧阗于道”。出嫁由新娘父母亲自送行，无嫁妆，喻示两个年轻人结合后白手起家。新娘进入洞房后，在侍娘帮助下洗脸洗脚以辟邪。晚上拜堂成亲，筵席鼓乐不断。

畲族婚姻亦同姓不嫁，女儿出嫁，讲究随嫁以相送生活生产礼物。快到男方家时，新娘要由新郎背到村口换上夫家准备好的鞋子，到家时接过新郎相递的酒壶，边唱边将“谷酒”洒向厅堂外四方，祝愿家庭粮丰畜旺。然后新娘在侍娘的搀扶下进入正堂和新郎行对拜之礼，同牵连心结，以示永结同心。

二、丧礼

（一）汉族丧礼

在郴州，丧礼之俗尤在农村沿袭依兴。父母在弥留之际，游子必归，称作“奔丧”。儿孙、至亲齐集，守护于老人病榻旁直至咽气，谓之“有福”。病人断气前，须灌服少许汤食，俗称“带口粮”。断气后，由非亲属移尸遂进入嫡系孝子报丧时段。郴州人讳言死、丧，隐称白喜事。入殓前，要为死者沐尸，各地规矩不一，拭擦死者身子后便为其装衣。妆毕，请人抬尸进入灵堂入棺，虚加掩板，供人瞻仰。在丧事期间，多要举办追悼会并请民间乐队吹奏祭奠几天。陪葬物多为油、盐、米坛（俗称“口粮坛”）等。出殡时，停柩村口，鸣放鞭炮、吹奏哀乐举行奠祭仪式。起柩后，沿途鞭炮不断，女儿哭泣送出村口即回，孝子则在送葬队伍前披麻戴孝，腰系草绳，执杖护柩上坟；花圈、挽联队伍随后。行人、车辆相遇，得靠边停行相让，以示对死者的尊重。过桥或路险处，孝子得面棺跪拜。抬棺力士一路横步而行，进一步退半步，故意摇晃摆动，以示对死者悼念、不舍之情。棺椁落土前，鸣放鞭炮杀雄鸡扔于墓穴中，随之升棺落葬，撒石灰于棺木四周，填土封穴。丧事做道场等封建迷信活动日见减少。

1989年后，郴州推广火葬，市及部分县（市）先后建立殡仪馆、火葬场。城镇机关单位职工死后多实行火葬，骨灰装于骨灰盒，或葬于公共墓地，或由家属保存、或遵遗嘱撒于大地，丧事比较简朴。在农村，还多沿袭旧的土葬之俗，丧事费多在3万～5万元，花费过重。各地、各家办丧事因经济条件不同略有差距。经济欠发达地区和一般人家，丧事简办，停柩1～3天，随机而葬，丧事比较简单节俭，开销1万～3万元。

（二）瑶族丧礼

瑶族经历露天葬、水葬、火葬、土葬之俗。1989年后，各地瑶族丧礼习俗各有变异而不同。桂阳瑶山老人在落气之前，移置厅屋，一断气即在屋外对天鸣铳三响，乡间闻声即去吊唁，帮助料理丧事。做道场一天一夜或三天三夜。宜章莽山瑶人在送葬之日，则于灵堂前置一坛子，孝子孝女及亲属均供奉一小碗饭于坛中。出殡前请师公“赶鬼驱邪”。出殡时孝子捧“饭坛”，随灵柩上山并将饭坛与柩同葬墓中。灵柩上用彩纸扎一巨大白鹤，寓之让老人“骑着”白鹤远行。瑶族无固定家族坟山，坟墓一种为圆锥形，一种为长三角形。

（三）畲族丧礼

畲族在历史上曾盛行火葬。自中华民国时期起，多兴入土棺葬。进行丧葬活动时，主有办炊孝饭、舞祭、丧葬仪俗。“炊孝饭”即当家里老人寿终，孝子孝女孝孙到厨房做饭，也叫“长命饭”“富贵饭”，继去祭献，并唱孝歌。“舞祭”即老人死后为其做“功德”，遂用跳舞形式祭奠，畲族俗称“行孝”。“舞祭”设有舞祭灵台，有专用舞祭道具。这一畲族丧礼，还时有村落沿袭施行。

三、喜庆

（一）贺生

妇女怀孕，俗称“有喜”。即时为“坐月子”（孕妇）准备糯米甜酒、母鸡、鸡蛋、黄糖、盐蛋、干豆角等营养品和干菜。人们对婴儿诞生贺语多为“添喜添福”。婴儿诞生后，小孩父亲立时买礼品前往岳父家报喜。小孩出生第三天，农村家人多要用芳香杀菌草药水给婴儿洗澡，俗称“洗三朝”；继而即办姜酒招待前来贺喜亲友，谓之“做姜酒”。小孩生后一个月内，至亲好友会带着礼品或红包来“看月婆”。孩子满月时，家长多办“满月酒”款待客人，祝贺孩子满月。孩子满一百日、一周岁，一些地方还兴为孩子办百日酒、周岁酒。

（二）贺寿

郴州城乡历来注重生诞。50岁以下生日一般只在亲朋好友间聚会庆贺一番；60岁以上老人生日方办寿酒。每年的生日是小生日，逢十年生日为大生日。过大生日做酒的年份有区域差别，有以“九”为大，按虚岁过“九”不过“十”的，也有按周岁过“十”不过“九”的，以求“十”之圆满。农村做寿酒多自办家宴，城镇多在宾馆酒楼举办宴请。拜寿仪式有的为“三敬”：儿子、儿媳们共同向老人敬寿酒三杯，祝寿长久（酒）；女儿、女婿向寿星老人敬寿茶三杯，福寿齐名（茗）；孙儿、孙女、外孙、外孙女向祖父母敬寿桃。20世纪90年代，渐现一些寿庆新风：有老人做寿不大操大办，晚辈或亲友到县、乡广播电视台点播歌曲以示祝寿；有的子女们按照寿星老人旨意，把预计办寿钱用于修路、架桥、建凉亭等公益事业，称之“修寿福”。

（三）节日

春节、元宵节 农历十二月二十四日俗称过小年，合家小欢。乡村多在这一天杀过年猪。腊月三十（小月为二十九）是除夕，合家欢聚吃团圆饭，谓之“年饭”。年饭席上必摆一道鱼，取“年年有余”之意。大年三十（日）除夕之夜，民间有守岁之俗，家人欢坐共赏一年一度电视春节晚会节目，或玩棋牌宵夜，迎候辞旧迎新。新年初一鸡鸣即起，家家庭前燃放爆竹，谓之“开财门”“开门红”。早餐后，始向近亲伯叔拜年，邻里相见，互拜互道恭喜祝福之语。此日家中不卖东西（不出财），不扫地、不泼水、不打骂孩子。初二亲友之间始送往迎来，或发信息或通电话互相拜年。各级党政机关、部门领导开始前往向坚守工作岗位人员、军烈属、离退休老干部拜年。从初五起，城乡开始舞龙灯、耍狮子喜庆新春。宜章县有兴演“夜故事”，永兴县有好舞“倒灯”，汝城县有喜闹“香火龙”之民间习俗。

农历正月十五为元宵节，城乡热闹非凡。是日，阖家团聚吃元宵，夜有点纸灯游逛，放鞭炮庆祝“出节”之俗。安仁县元宵节还流行正月十五“琢鸡婆”之俗。即将上等米粉用手工制作出各式各样小巧精美的禽畜食品，如鸡、鸭、猪、牛、羊、鱼等，点上色彩，蒸熟后油光发亮。用其作为家庭敬神供品，以祈六畜兴旺，人寿年丰。同时也作节日人情礼品。20世纪90年代，此传统节日供品进入市场成为商品，成为元宵节安仁县市场走俏食品。

清明节 20世纪80年代后，清明节扫墓又渐兴。节之前后，一家或几家近亲至自家祖墓拜扫。铲除祖坟杂草什物，培土排沟，在坟顶插花后再供上祭品叩拜，烧化香烛纸钱，以示追思先祖功德。有的地方还出现联宗祭坟现象。一些机关团体和学校在清明节组织到烈士墓塔、陵园扫墓，敬送花圈、花篮，集体缅怀革命先烈。

端午节 农历五月初五为端午节。节日都有包、食粽子之习俗，以传统方式纪念屈原爱国情操。节日，各家各户门上喜插菖蒲、艾叶，用艾叶、钩藤煮水洗澡等，意在避瘟除病。永兴、资兴、安仁等县（市）沿河村庄，在端午节期间习组织群众赛龙舟。群众还喜在此节之日上山采药，俗称该日百草皆为药。

中秋节 农历八月十五日为中秋节，兴吃月饼和鸭菜，又名“团圆节”。远行者多赶回家过节。“八月桂花香，家家接姑娘”，此日还兴把已嫁姑娘接回家过节。城乡家家杀鸭或买来鸭肉，多喜吃子姜炒子鸭（或酸芋荷炒子鸭）。亲友互赠月饼。晚上家人吃月饼，游夜景，赏明月。部分乡村妇、幼还有“摸秋”习惯，即是夜到他人田园采摘瓜果、青苗之类，表达“摸秋”人对某事物有吉祥如意的精神期盼。进入20世纪90年代，中秋节食品日趋丰富，赏月游玩活动益发丰富多彩。“每逢佳节倍思亲”，其间一些客居异乡的港、澳、台同胞，相继回大陆与亲友团聚。

重阳节 农历九月九日为重阳节，城市居民历有爬山登高之习。旧时，乡村多于此日举行修路会，整治道路、渡口、凉亭，个别地方还兴举办九九重阳庙会。此俗已废失。1989年，湖南省将重阳节定为老年节。自后在重阳节期间，各地举行一些看望、慰问老年人以及帮老助老活动，组办丰富多彩的老年人文娱体育活动。

其他节日 此外，境内还时兴2月14日的情人节，热恋中的青年男女或已婚年青夫妇，买上玫瑰花及巧克力糖赠送对方表达爱意；每年5月第二个星期日的母亲节和6月第三个星期日的父亲节，儿女们买上鲜花、礼品送给父母亲，以示祝福；每年12月25日，年轻人仿照西方传统圣诞节，送圣诞贺卡和短信，人们相逢互祝圣诞快乐。平安夜里，年轻人汇聚狂欢，还兴吃“平安果（苹果）”。

第四节 信仰习俗

一、自然崇拜

郴州民间自然信仰渐被破除，但仍有部分融入人们生活，成为当地风俗。人们对天上闪电打雷的自然现象，历来崇敬“雷”为“雷公老子”“雷神”，视为惩邪扶正的天神力量。故民间俗有：“你恶事做多了，当心雷公老子来收你”之警语。2005年郴州将北湖区鲁塘地区一直流传保持的“雷信俗”，申报列为湖南省省级非物质文化遗产。这一地区及桂阳县南边地域在每年农历正月二十五日，依兴传统的“祭雷节”，农家兴煮“雷公粥”来祭祀“雷公”。相传神仙雷公在这一天要下凡巡视人间，应以荤素食材制作的雷公粥款待、奉承雷公，以求雷公施恩免灾让来年农作物收成更好。其俗真实地再现古居民对风雨雷电等自然力的崇拜。

郴州境内还有崇敬牛为王、龙为神之俗。临武县沙田一带曾有48座庙，其总庙即转龙大庙仍保存于当地红星村，这一带还流传着“牛王诞信俗”。即在农历四月初八这天，村民将野生可食树叶浸泡成清香墨黑的水汁，再以其泡染糯米蒸成“黑饭”，以青草、树叶裹之予牛食用，以示慰劳和庆贺祈福神牛生日。境内一些地方还视龙为保护神，在偏远山区的汝城县原住民，仍保留舞“香火龙”这一壮观习俗。相传唐代633年，老百姓采纳风水先生“以火龙降水患”的建议，扎成草龙面向洪水烧化，终制服泛滥成灾的洪水。自此，历代汝城人民形成在每年元宵节期间之夜举行盛大的舞“香火龙”（草龙插上香火）盛会，以求来年靠龙神保护能风调雨顺、人畜兴旺。汝城民俗“香火龙”被列为国家级非物质文化遗产名录项目（2006年5月国务院公布）。此外，郴州境内还有崇敬土地神之俗，择日备香烛纸钱祭祀多种名目的土地菩萨，求其保佑平安和五谷丰登。

民间还习将某一反常自然现象，视为某种事物吉凶前兆，从而演化成另一种自然崇拜心态。猫头鹰叫祸：猫头鹰因眼睛感光与其他鸟类不同，只能在夜间活动捕食，加之貌样顽凶，鸣声凄厉，故其叫声被人们视为不祥的“报丧”，即要死人的前预兆。乌鸦叫灾：乌鸦俗称“老鸹”，全身漆黑，又喜食腐尸，且叫声凄婉，故被民间视为不祥之物，视其叫声预示有祸灾发生，故对其唯恐避之不及。母鸡打鸣：母鸡有时因变态亦会引起叫鸣报晨，人们将其反常现象视为主家会有祸灾发生的预兆，随即把母鸡卖掉或杀掉。左眼跳钱，右眼跳拳：人们视左眼跳为近时要发财来钱，右眼跳会和他人争斗挨打。此外，民间流传的“朝前文峰迭迭，后代子孙出豪杰” “安灶向西子孙良，向南烧火无祸殃，面东贫穷少吃穿”等谚言，反映人们星相崇拜观。人们还认为云能兆天气变化，故有“云走东、晒死葱，云走南、水满田，云走西、背蓑衣，云走北、黑一团”和“云上桂阳、水打鱼塘，云下广东、晒死虾公”等俗语相传。

二、生产生活禁忌

（一）生产禁忌

旧时郴州农民在农事活动中一些禁忌，至今仍在一些乡村流传。每月农历初五、十四、二十三称“月忌日”，每月初一、十五忌施肥、淋粪尿。尤以二月禁忌较多，诸如初一禁鸟，初八禁崩。还有惊蛰忌动土、春分忌下田、十五忌雷等。戊日忌金犯土，不宜挖田土。凡是禁忌日，男人不能动用锄头、草刮；妇女不能使用针线和进菜园。此外还有在种豆时，不能跟别人说话、不能吃东西，否则老鸦会吃掉豆种，以及烧石灰时禁说“石”，只能说“烧灰”等种种禁忌。在永兴县一带，农民到山上做事时，逢呷不能说呷，逢砍不能说砍，都得用其他词语替代。如呷饭要说成“捡麦子”，抽烟要说成“点稿包火”，以免遭火神怪罪，引发山火；斧头要说成“雷公”，伐树时才有神威。境区种种农事生产禁忌，多为心理臆测和主观想象产生的信仰习俗。中华人民共和国成立后，随着社会进步和科学文化知识的普及，多数生产禁忌已渐自然消失和废除。

（二）生活禁忌

因“丧”与“桑”同音，至今民间仍有“出门见丧”的忌讳，因此忌在院前种桑树；因“钟”和“终”谐音，故寓“送钟”有“送终”之意，忌将时钟作礼品送人；因柳树无籽，由之住家庭院内忌种柳树，有避主“留不住子（即后代）”之意；忌用筷子击空碗，意为以避将来也要讨饭吃；忌大年初一扫地，寓忌来年“扫财出门”；还有老人到七十三、八十四之龄，被视为不吉利之龄，因而郴州俗有“七十三、八十四，阎王不请自己去”之谚，使一些儿女们为之忧心忡忡，想法以禳解。郴州民间还有视闰王兆灾之习，闰月系古人一种历法置闰方式，约3年出现一次。但有人认为是预兆一年之丰歉、人生之祸福等，因而谓之“闰四月是荒年，田苗不长；闰六月是寡妇年，不宜嫁娶；闰八月是杀年，兵荒马乱”。进入21世纪，民间带封建迷信的生活禁忌基本破除消失，尚存少许还在生活中流传。节庆之时生活禁忌还多在民间流传。

第二十七篇

县（市、区）概况

1989 年，郴州地区辖郴州、资兴 2 市及郴县、桂阳、永兴、宜章、嘉禾、临武、汝城、桂东、安仁等 9 县。1995 年 5 月，郴州撤地建市后，辖北湖、苏仙 2 区及资兴、桂阳、宜章、永兴、嘉禾、临武、汝城、桂东、安仁等 9 县市。

郴州市各县（市、区）矿产资源十分丰富。境内已发现各类矿种 109 种，其中已探明储量的矿种 33 种，主要矿产有煤炭、钨、锡、钼、铋、铅、锌、铜、锑、金、银、铁、锰、钛、铌、钽、铍、锂、稀土、铀、石墨、萤石、红柱石等。

郴州属中亚热带季风性湿润气候区。适宜的气候、肥沃的土壤，为各种动物生长提供了良好的环境。全市有原生和次生种子植物 2367 种，野生中草药 1415 种，列入国家重点保护的野生植物 37 种。在资兴市烟坪乡与桂东县交界的八面山西坡，生长有第四纪冰川遗留下来的银杉群落。境内生长有陆地脊椎动物 385 种，其中属国家重点保护的 49 种。莽山国家自然保护区国家重点保护动物 40 种。

11 个县（市、区）旅游资源富集。全市已开放的 229 处旅游景点和人文景观分布于各县（市、区）。著名的景区有东江湖、莽山、飞天山、仰天湖、苏仙岭、万华岩等 30 处。郴州是中国温泉之乡。境内有汝城县热水温泉、北湖区龙女温泉、苏仙区天堂温泉、永兴县悦来温泉、宜章县汤湖里温泉等休闲度假区。

郴州各县（市、区）特色农产品丰富。资兴、汝城、桂东、宜章等地盛产茶叶、竹笋，主要品种有玲珑茶、狗脑贡茶、硒香茶、莽山绿茶等。郴州还是著名的烤烟之乡、油茶之乡、稻米之乡、小水果之乡。桂阳烤烟、临武鸭业享誉全国，永兴的油茶、冰糖橙远近闻名，资兴的东江鱼、三文鱼，桂东的苡米、花豆、黄菌干，安仁的稻米、嘉禾辣椒等地方名优特产盛名远播。宜章的脐橙、杨梅，临武的红心桃、香柚、香芋，汝城的奈李，北湖区、苏仙区的葡萄等水果享誉境内外。

1989—2005 年，郴州县域经济快速发展。2005 年，县域生产总值超过 50 亿元的有北湖区、苏仙区、资兴市、桂阳县、永兴县，财政总收入超过 3 亿元的有北湖区、苏仙区、资兴市、桂阳县、宜章县、永兴县。资兴市被湖南省委、省政府授予“湖南省县域经济强市”。

第一章 两区概况

第一节 北湖区

一、区 域

（一）位置面积

北湖区位于湖南省南部，郴州市中部，南岭中段骑田岭北麓，湘江支流耒水上游。地处北纬25°25′53″~25°52′49″，东经112°41′34″~113°05′11″之间。南北长直线距离49.85千米，东西宽直线距离39.05千米。东、北与苏仙区毗邻，西同桂阳县交界，南接临武县、宜章县。北距长沙333千米，南至广州374千米。土地总面积818.53平方千米。2004年，城区面积24平方千米，占全区总面积的2.9%；郊区面积806.15平方千米，占全区总面积的97.1%。

（二）建置区划

北湖区境春秋战国时属楚，秦时属郴县，为历代郴州（桂阳）郡、州、军、路、府治所所在地。1959年11月从郴县析出建郴州市，为区境有县级建置之始。1963年5月改设为郴县郴州镇，为全国少有的县级镇之一。1977年12月恢复郴州市建置。1994年12月撤销县级郴州市，设立北湖区，隶属于湖南省郴州市。

1990年，北湖区（县级郴州市）辖1个镇、3个乡、5个街道办事处、59个居民委员会、772个居民小组、40个行政村、371个村民小组。1994年12月，国务院批准撤销县级郴州市，改设为北湖区。原县级郴州市的郴江、市郊、安和3个乡和人民路、北湖、下湄桥3个街道办事处以及原郴县的华塘、鲁塘2个镇和小溪、南溪、永春、江口、芙蓉、月峰、大塘、保和、同和9个乡以及坳上乡的万岁桥村共12个乡2个镇3个街道办事处由北湖区管辖。1995年7月，北湖区市郊乡的锁石桥、长冲铺、卜里坪村和郴江乡的龙门池、白鹿洞、官庄坪村及渔场村的二、三组与三里田村的山川塘组等6个村和3个组成建制划归苏仙区；市城区北湖街道的解放里、胜利里、陈家湾、四普庄、飞虹桥、铁路北站等6个居委会和人民路街道的西街居委会六组的一部分调归苏仙区；苏仙区坳上乡万寿桥村和南塔街道的东门口居委会一、二组及南街居委会一、三、五、十一、十二组划归北湖区。1996年1月，撤销小溪乡，设立石盖塘镇；同时，从人民路街道析出6个居委会，设立燕泉街道办事处。是年，全区共辖11个乡、3个镇、4个街道。2000年12月，撤销安和乡，设立万华岩镇。2001年7月，撤销郴江乡，设立郴江镇。2004年，北湖区辖郴江、鲁塘、石盖塘、华塘、万华岩5个镇，市郊、同和、保和、江口、永春、芙蓉、南溪、月峰瑶族、大塘瑶族9个乡，人民路、燕泉、北湖、下湄桥4个街道办事处。全区共有128个行政村，1215个村民小组；35个社区居委会，15个乡镇居委会，715个居民小组。

（三）人口

1990—2004年，北湖区（原县级郴州市）人口状况呈现三个特点：流动人口增长加快，2004年，北湖区常住人口34.89万，15年间增加人口达13.85万，因迁徙增加人口达10万人以上；城镇化水平不断提高，1995年撤市建区后，城镇化率为47.26%，2004年城镇化率为71.6%，10年间城镇化率提高24.34个百分点；人口出生率和自然增长率得到严格控制，15年间，年平均出生率为9.26‰，年平均自然增长率为5.44‰。

1990年，北湖区（原县级郴州市）户籍总人口22.89万人，非农业人口17.88万人，占78.11%；农业人口5.01万人，占21.89%。1994年，北湖区（县级郴州市）总人口25.25万人，非农业人口20.33万人，占80.50%；农业人口4.92万人，占19.50%。1995年撤市建区行政区划调整，郴州市改设为北湖区后总人口增加不明显，而农业人口则大幅度上升。是年，北湖区总人口26.54万人，其中非农业人口12.91万人，占48.87%；农业人口13.63万人，占51.13%。尔后，随着城镇化水平的不断提高，非农业人口比例不断上升，农业人口比例逐年下降。2000年，全区总人口28.57万人，其中非农业人口14.71万人，占53.51%；农业人口13.86万人，占45.62%。2004年，全区总人口30.11万人，比1990年增长34.11%，年均增长1.99%。非农业人口16.59万人，占55.1%；农业人口13.52万人，占44.9%。2005年，全区总人口30.75万人，其中城镇人口17.05万人，人口出生率10.78‰，自然增长率7.76‰。

（四）民族

1990年第四次人口普查，北湖区（原县级郴州市）共有23个民族，其中汉族占总人口的99.51%。22个少数民族人口1135人，占总人口的0.49%。2000年第五次人口普查，北湖区有27个民族，其中汉族占总人口的98.16%。26个少数民族人口5789人，占总人口的1.84%。依次为瑶族3921人、土家族755人、苗族296人、蒙古族221人、壮族141人、回族96人、藏族19人、维吾尔族12人、彝族40人、布依族12人、朝鲜族31人、满族83人、侗族92人、白族22人、哈尼族2人、黎族1人、畲族10人、拉祜族1人、东乡族3人、纳西族3人、景颇族2人、土族15人、仫佬族2人、撒拉族5人、京族2人、基诺族1人。少数民族人口增加的主要原因是成立北湖区后，划入月峰、大塘两个少数民族乡。之后，未作民族人口统计。

二、经济

（一）发展速度

1990—1994年，北湖区（原县级郴州市）生产总值增长40.7%，年均增长8.91%。其中：第一产业增长22.11%。年均增长5.12%；第二产业增长28.22%，年均增长6.41%；第三产业增长76.78%，年均增长15.31%。1995—2004年，撤市建区后，全区生产总值增长1.85倍，年均增长12.35%。其中：第一产业增长1.02倍，年均增长8.14%；第二产业增长1.78倍，年均增长12.04%；第三产业增长2.14倍，年均增长13.57%。

1990年，北湖区（原县级郴州市）生产总值的分配情况是：总消费4.22亿元，占生产总值的49.67%。其中：居民消费2.99亿元，占总消费的70.85%；政府消费1.23亿元，占总消费的29.15%；积累（资产形成）总额2.51亿元，占生产总值的29.52%，货物及服务净流出1.77亿元，占生产总值的20.80%；地方财政收入7229万元，占生产总值的8.52%；人均生产总值3710元。

1995年，北湖区生产总值的分配情况是：总消费9.38亿元，占生产总值的53.35%。其中：居民消费 8.37 亿元，占总消费的 89.25%；政府消费 1.01 亿元，占总消费的 10.75%；积累（资产形成）总额 8.2 亿元，占生产总值的 46.64%；地方财政收入 9140 万元，占生产总值的 5.2%；人均生产总值 6621 元。

2004 年，北湖区生产总值的分配情况是：总消费 26.98 亿元，占生产总值的 43.2%，其中：居民消费 21.11 亿元，占总消费的 78.22%；政府消费 5.88 亿元，占总消费的 21.78%，积累（资产形成）总额 34.99 亿元，占生产总值的 56.02%；货物及服务净流出 4881 万元，占生产总值的 0.78%；地方财政收入 2.01 亿元，占生产总值的 3.22%，人均生产总值 2.07 万元。

2005 年，北湖区实现生产总值 73.34 亿元，三次产业比重由 1994 年的 3.87∶56.26∶39.87 调为 2005 年的 5.9∶51.4∶42.7。财政总收入突破 4 亿元大关。

（二）农业

1990—1994 年，北湖区（原县级郴州市）辖郴江、市郊、安和、许家洞 4 个农村乡镇、40 个行政村。1994 年末，农业人口 14604 户、49234 人；实有耕地 0.25 万公顷，其中水田 0.19 万公顷。农业生产以满足城市供应为目标。1994 年，生产粮食 1.39 万吨，蔬菜 3.89 万吨，果用瓜 3023 吨，水果 382 吨，其他经济作物有烟叶、茶叶等；出栏生猪 5.37 万头，家禽出笼 60.37 万羽，水产品产量 999 吨，养牛 6073 头，90% 为役用牛；有林地 1.58 万公顷，占林业用地的 83.39%，活立木蓄积量 17.40 万立方米，森林覆盖率 56.82%，实现全面绿化达标和消灭宜林荒山。当年实现农林牧渔总产值 1.01 亿元，人均 2042 元。农业规模小、商品化程度高（农产品商品率 67.65%）、经济效益好，具有小而精的特色，有“袖珍型农业”之称。1995 年设区后，农村范围扩大到 14 个乡镇、128 个行政村，农业人口 3.61 万户、13.5 万人；耕地面积 0.87 万公顷，其中水田 0.72 万公顷；林业用地 5.84 万公顷。是年，产粮 14.79 万吨，蔬菜 5.66 万吨，果用瓜 6997 吨，烟叶 1625 吨；出栏生猪 11.59 万头，养牛 2.26 万头（其中出栏 1322 头），养羊 7030 头（其中出栏 2763 头），家禽出笼 73.36 万羽，水产量 1300 吨；农、林、牧、渔总产值 2.34 亿元，人均 1736 元。农业在全区国民经济中的比重由 1994 年的 3.87% 提高到 9.48%，农业内部结构变化较大，农、林、牧、渔的结构比由 1994 年的 33.02∶7.53∶54.11∶6.76 变为 51.85∶5.85∶39.30∶3.01，种植业的比重明显上升，养殖业的比重明显下降，农民人均纯收入出现负增长。针对农业格局的变化，北湖区委、区政府及时调整发展思路，引导农业走产业化发展道路。1996—2003 年，北湖区成立农业产业化领导小组，组织编制农业产业化发展规划，确立蔬菜、食草动物、花卉苗木、烤烟为主导产品，建设农产品生产基地，培育龙头企业，改善生产条件和发展环境，同时通过项目和资金加大对山区农业的扶持力度。到 2004 年，以小溪香葱、南溪夏阳白、保和五爪辣及生姜、三合茄子为主的特色蔬菜基地，以山区肉牛、黄羊、禾花鱼为特色的养殖业基地，以塘昌草莓、同和雾柚、小溪板栗以及西瓜、香瓜为主的果品基地相继形成；辉煌花卉、天湖茶业、裕湘面业、奇怪辣业、福辉菌业、大光华畜牧、华鼎粮油等 23 家农业龙头企业应运而生，以服务城市、富裕农村的北湖农业新格局逐渐成形。是年，全区农业总产值 6.23 亿万元，农、林、牧、渔结构比为 48.71∶5.71∶40.73∶3.19。产粮 5.43 万吨，产烟 2679 吨，蔬菜 17 万吨，果用瓜 2.86 万吨，草莓 988 吨，茶叶 80 吨；出栏生猪 24.89 万头、肉牛 1.42 万头、羊 3.86 万只，出笼家禽 279 万羽，水产品产量 3300 吨。全区有林地面积达 4.34 万公顷，活立木蓄积量 145.10 万立方米，森林覆盖率 65.44%，兴建速生丰产林、工业原料林等基地 5 个共 0.33 万公顷，林副产品开发利用和林下经济得到重视。2004 年，全区农民人均纯收入 4088 元。

（三）工业

1990 年年末，北湖区（原县级郴州市）有工业企业 623 户，其中：国有 69 户、集体 123 户、村办及个体等431户。有中央、省、地区驻市企业41户。是年，实现工业总产值2.53亿元。工业规模及效益均居郴州地区各县（市）之首。从1991年开始，不断推进不良资产优化、产权结构调整、各种形式的承包经营责任制和厂长负责制等工业企业改革，支持民营企业发展。到1994年，北湖区（原县级郴州市）共有各类工业企业647户，完成工业产值7.16亿元，其中预算内工业企业实现利税4400万元。1995年，北湖区所属4家规模大、效益好工业企业及开发区35家工业企业上收地级郴州市，全区工业水平与1994年郴州市相比，明显下降。1995年3月，中共北湖区委首次常委会议将“继续打好工业扭亏增盈攻坚仗”作为振兴北湖经济的三大重点之一。是年，全区工业企业增至1243户，增加近一倍，实际完成工业产值7.12亿元。从1996年开始，全区加大股份合作改造、租赁承包、破产重组等一系列工业企业改革力度，同时采取外引内联、技术改造，重点发展新型工业、民营工业。2001年，北湖区委、区政府先后出台《关于加快工业改革和发展的决定》《关于建立工业企业经营者激励约束机制的若干意见》等一系列政策措施，在帮助国有、集体工业企业“了断老问题、激发新活力”的同时，加大“石盖塘省级乡镇工业小区”等5大工业园区建设，优化工业发展的政策和投资环境，逐步推进“国退民进”的所有制结构改革。到2004年，全区工业企业总数2259户，其中规模以上企业71户，实现工业产值74.06亿元，比1995年的7.12亿元增长9.4倍。形成采矿、有色金属加工、机电、纺织、农产品加工五大工业支柱产业。

（四）商贸业

1990年，北湖区（原县级郴州市）国有商贸服务业有独立核算单位13个，批发机构65个，零售门面130余个，从业人员4496人；国有饮食业7家，旅社、理发、照相等服务业10余家，从业人员3500人。是年，实现商贸服务营销额1.42亿元。集体单位12个（无经营状况资料）；个体经营户6054户，从业人员9295人，营销额1.48亿元。1994年，国有商贸经营单位20个，商业网点71个，从业人员3890人，营销额1.49亿元；饮食服务业变化不大。集体商贸服务主要有供销社8个公司和4个基层供销社。个体商贸业发展到7845户，从业人员1.53万人，营销额5.53亿元。1995年因区划及管理机制发生变化，地级郴州市将县级郴州市区管辖的20个国有商业企业部分上收，城区商业服务网点也收归地级市工商局管理，到1996年，北湖区国有商贸服务企业仅剩16户，集体企业为供销部门的8个公司和4个基层供销社，个体商贸服务企业只留下农村的一部分，个体商贸服务业营销额急降至4096万元，减少92%。此后，国有、集体商贸服务业改革层层推进，实现从国有民营、租赁承包等到买断经营、风险抵押承包，再到实行产权和职工身份“两个置换”、企业破产重组。至2002年4月郴州商场关门停业，北湖区国有商业全部退出市场；集体商贸服务业也基本退出市场。北湖区委、区政府加大对农村个体商贸服务业的支持和引导，促进农村商贸服务业快速发展，1999年发展到2846户，营销额上升到2.10亿元，创税4718万元。到2004年，个体、私营企业成为市场主体发展到1.25万户，营销额增至19.3亿元。

集市贸易 1994年，北湖区（原县级郴州市）有集贸市场28个，成交额6.8亿元，其中罗家井，北湖两大市场年成交额分别为1.7亿元和2亿元。农村集贸市场仅为许家洞市场和秀峰圩场。专业市场有健康路、同心路、东风路服装一条街，兴隆街、郴桂路副食品销售、批发一条街，解放路家电一条街及湘南家电城、马家坪新世纪家电城，南国商场等。1995年撤市建区后，原郴县鲁塘同祥圩市场、保和市场、月峰市场、华塘市场、永春市场、石盖塘市场划归北湖区，许家洞市场划归苏仙区，加上新建的南溪市场和原有的秀峰市场，北湖区共有农村农贸市场8个。1996—1998年，3年共投入32万元，对农村市场进行维修改造。鲁塘市场以150万元的价格卖给个体老板经营。是年，由区市场服务中心所辖的农贸市场只有华塘、保和、月峰、永春4个。2002—2004年，投资14.6

万元对华塘市场进行主体建筑维修改造、增设摊位。

商贸网点 为重新确立北湖区国有商业在全市的地位，自1995年始，北湖区各商贸主管局（社）先后开发科文商场、郴州商场、罗家井购物城、肉食宰杀批发市场、燕泉河商业街、调味品公司国泰大楼等网点和项目。新增网点面积1.1万平方米，新增固定资产1950万元。1996年西街华联商场改为华联超市。1997年，桂阳黄沙坪铅锌矿创办的长富利超市开业。2000年长沙步步高超市进入郴州，并分别在罗家井、燕泉路、国庆北路开设三家分店。是年，各商贸企业共投入或引进资金3500万元，改造网点12家1.81万平方米，新建落成网点3家1.34万平方米。2001年，商业网点建设围绕产权制度改革重点抓重大项目的建设和启用，站前商业步行街建成，日杂生资公司、再生资源公司、商业大厦等企业引资5000万元改造门面网点，提高硬件水平占领市场，提升企业盈利能力。1998年到2004年，七星大市场、五岭大市场、燕泉建材商业广场、同心建材市场、开发区家禽批发市场等一批专业市场投入使用。家润多、新一佳、友谊中皇城、拓普、通程、国美等一批超市综合批零兼营市场生意红火。国际、五连冠、晶阳、御泉、万豪、得月楼、华天、云龙等一批高档商务酒店陆续开张营业。

（五）旅游业

北湖区生态优美，风光旖旎，是湖南旅游胜地和中国温泉之乡。境内地下河溶洞万华岩被誉为“世界洞穴奇观”，高山草原仰天湖人称“江南内蒙”，天然仰天巨佛鬼斧神工，中华百福大鼎令人叹为观止，龙女温泉使人流连忘返，神农洞和七仙峡洞大摆地下迷宫，北湖公园凸显闹市靓丽身姿，仙岭湖和四清湖一湾碧水连天。

自然景观 位于城西南万华岩镇坦山村的万华岩风景区，距市中心17千米，为省级风景名胜区。2000年被国际风景旅游洞穴协会（ISCA）吸纳为成员。位于市城区西南方向60千米的仰天湖风景区海拔1430米，以天湖草原、仰天巨佛及安源石林组成，面积约40平方千米。景区内有一小湖，面积约2公顷，因其位高而名“仰天湖”。七姊石位于北湖区江口乡龙广洞村与保和乡宋家洞村交界处山峰绝顶，海拔1400多米，壁如刀削、巍峨挺拔，直插云天。七仙峡洞风景区位于距市区18公里处的保和乡宋家洞村，占地面积28.7公顷，海拔890米，洞穴全长2300米，与万华岩溶洞相连。神农洞位于北湖区月峰乡十寺村。因洞内石壁有“神农石刻”四字而得名。南岭植物园位于南岭大道西面1千米，总面积813.3公顷，保存植物188科、860属、2132种，森林覆盖率达90%，被授予国家林业科技教育基地。“梦里故乡”生态农业休闲园距市区3千米，位于市郊乡骆仙铺村，是集生态、农业休闲、教育示范、旅游、环保、娱乐为一体的综合性、参与性的生态休闲旅游景点。

人文景观 龙女温泉风景区位于市郊乡铜坑湖村，距市中心4千米，紧临107线国道。景区山清水秀，绿茵葱葱，温泉资源丰富，自然生态良好。地处城区中心的北湖公园，因园内12.5公顷的北湖而得名，位于国庆路、人民西路、体育路和郴桂路之间，与中国女排郴州训练基地相邻，总面积31.6公顷，系综合性城市公园。2002年被评为AA级旅游景区，接待游客达120万人次以上。集文化艺术、休闲、娱乐为一体的五岭广场，绿化区绿草茵茵、树木成荫，成为市民休闲娱乐的好去处。位于五岭广场东南侧虎形山的五岭阁，是郴州市第一个规模较大具江南明清风格的现代仿古建筑。

1990—1994年，北湖区（原县级郴州市）的旅游景点属城建部门进行开发。1990年，北湖区（县级郴州市）旅游综合总收入3.12亿元，共接待游客48万人次。1995年北湖区旅游综合总收入4.68亿元，共接待游客55万人次。1998—2005年新开发龙女温泉度假区、“梦里故乡”生态观光园、四清湖度假休闲山庄、仰天湖等新景区。旅游开发从以政府投资为主转为市场开发为主，8年共招商引资和投入资金6.35亿元建设景区。龙女温泉度假区总投资3.6亿元。2005年，全区接待游客83万人次，旅游综合总收入8.3亿元。

三、文化、教育、科技、卫生、体育

（一）文化

群众文化 1990年，北湖区（原县级郴州市）境内有3家专业电影院和市工人文化宫、青少年宫、郴州影剧院、苏仙影剧院等6家多功能文化活动场所，共设座位1.2万个；有市图书馆1家，建筑面积3800平方米，共藏书12万册。全市所辖5个街道办事处和4个乡镇均设有文化站，站建有图书室；4个乡镇有13个电影放映队；此外，尚有22家商业性歌舞厅和40余家录像厅，基本能满足市民文化生活的需要。北湖区民间文艺形式多样，源远流长。流行民间的主要有舞龙灯、吼狮子、傩舞等。此外，还盛行打腰鼓、扭秧歌、彩莲船、踩高跷、蚌壳舞、花棍、舞花扇等民间舞蹈。民歌、山歌在境内历史悠久。其中尤以《接表妹》《橘子打花》《铜钱歌》《螃蟹歌》《十打》和《喜根三元》等歌流传甚广。1990年，北湖区（原县级郴州市）组织民间音乐集成工作小组，搜集民歌300余首，并精选100余首，编印成《民间曲艺音乐集》和《民间器乐曲》。山歌主要流传于区境农村，农村群众在劳动和生活中，用当地的曲调，唱出心中的向往和感受。在瑶族、苗族山乡，未婚青年男女用唱山歌表达相互之间的爱恋之情，又称“对情歌”。

1995年撤市建区，人民电影院上收市辖，所辖城区尚有郴州影剧院、市工人俱乐部、市青少年宫、下湄桥影院、铁路俱乐部5家影剧院及综合性文化场所；另有区文化馆和图书馆以及7家歌舞厅，20多家录像厅。至2004年，北湖区4个街道、14个乡镇共设文化站18个，有农村电影放映队14个，街道、乡镇图书室16个。全区10%的行政村建有村图书室。当年，筹集资金809万元，用于加强和改善全区文化设施建设，其中包括建设综合性文化娱乐场所——义帝陵文化广场。

文学艺术 北湖区有文学、艺术协会会员380余人。1990年，县级郴州市文化馆办有大型文学墙报《十字街头》。不少文学爱好者从《十字街头》起步，进入文学创作。是年，区内作者在各级报纸杂志发表文学作品120多篇。1992年，有23篇文学作品在地区级以上报纸杂志发表。1999年，北湖区成立北湖诗社，有会员56人，其中4人系中华诗词学会会员。编印出版有《北湖诗词》《北湖诗苑》。1995—2004年，全区作者创作发表诗词1400余首。谭乐安的诗歌在“传世杯”中华诗词大赛和全国第三届当代旅游诗词大赛中获金奖，并被授予“中国国学家”称号。戏剧、曲艺、音乐、舞蹈、美术、书法、摄影等艺术创作也都进入繁荣时期，黄兰生创作的歌曲《火之歌》在中央电视台举办的“晨美杯”歌曲大赛中获优秀奖；《湖南明珠东江水》《我是东电人》在“世纪之声”全国歌曲大赛中分别获金奖和银奖。歌曲《敲锣打鼓进山坳》在中央电视台农村歌曲创作比赛中获二等奖。歌曲《难忘的泼水节》获文化部“娇贵英奖”铜奖，《小平你好》在中央电视台“激情广场”栏目播出。谢恒创作的群舞《浴童》，获全国蒲公英少儿舞蹈大赛铜奖。《小竹马》参加全国少儿舞蹈调演获银奖；刘乐生的水彩画《仍在叙说的故事》获文化部第八届全国“群星奖”铜奖。李弼钢的书法在“银海杯”全国书画大赛中获二等奖，在首届“黄河杯”书法大赛中获铜奖，并在新加坡展出，作品被新疆博物馆收藏。谭乐安的书法在法中文化交流年中国人文艺术展览会中获金奖。

图书阅读 1990年，县级郴州市图书馆藏书12万册。1995年，北湖区图书馆接待读者5000余人（次），借阅图书1万余册。1996年，清点藏书2.20万册，接待读者1.6万人次；赠送图书880余册，编印信息资料200册。1997年5月，区图书馆共接待读者近3万人次，外借图书4.4万余册，整理历年期刊6500册。1998年，区图书馆被评为国家三级馆。2004年，接待读者1.8万余人次，借阅图书1.20万册。

（二）教育

自1990年始，北湖区（县级郴州市）不断加大教育投入，巩固和发展普及初等教育成果。1994年，成为全国首批“两基”（基本扫除青壮年文盲、基本普及九年义务教育）教育合格县（市），创湖南省“两基”教育先进市。1995年撤市建区后，面对教育布局调整后的新情况，北湖区举全区之力，狠抓校容校舍建设，完善教学设施设备，改革学校管理体制，调整城乡学校布局，至2004年，全区有普通中小学99所，有在校学生5.17万人；有职业中等专业学校14所，在校学生8000余人。全区小学适龄儿童入学率100%；小学毕业升初率中100%。

幼儿教育 1990年，县级郴州市有幼儿园59所，在园幼儿3328人。有幼儿学前班78个，就读幼儿2626人。1995年撤市建区后，随着改革开放的深入和城区人口的逐年增多，政府鼓励社会力量办学，一些退休教师和个体户经申请核准开办幼儿园。1996年，北湖区有幼儿学前班98个，就读幼儿3312人。2003年，北湖区被评为全国和湖南省幼儿教育先进县（市、区）。至2004年，区境内共有幼儿园45所，在园幼儿5395人。其中私立幼儿园29所、省示范性幼儿园1所、市一级幼儿园4所。学前班发展到130个，就读幼儿达4329人。

小学教育 1990年，县级郴州市有小学59所，其中市属小学10所，农村小学49所，在校学生1.35万人，适龄儿童入学率99.8%，巩固率99.2%，合格率98.8%。1995年撤市建区调整行政区划，全区城乡有小学102所，在校学生1.42万人，入学率100%，巩固率96.16%，合格率100%。从1996年起，根据城乡生源变化，对中小学布局进行调整。至2004年，全区小学调整为89所，在校学生2.66万人，适龄儿童入学率、巩固率、合格率均为100%。

中学教育 1990年，县级郴州市有初中15所，在校学生1.13万人，初中招生3238人，占小学毕业生98.8%；初中生巩固率99.5%。有高中4所（其中教育部门办3所），在校学生6470人。参加高考1036人，高考录取326人，其中本科146人、专科141人、中专39人。从1991年开始，为提高普及程度和保证普及义务教育质量，取消初中招生考试制度，以小学毕业会考成绩作为初中招生依据，实行划片就近入学。1995年，北湖区有初中17所，在校学生3.43万人，初中招生3142人，占小学毕业生的98.16%；学生巩固率100%，毕业率78.1%。当年撤市建区后，郴州市第一中学上收市里，区内学生面临读高中难问题。为缓解入学难问题，北湖区委、区政府组织积极发展高中教育。1997年起，区新建的实验中学开始招生，社会力量办学亦逐渐增多。2004年，全区有初中19所，在校学生1.7万人，初一招生4853人，入学率100%，巩固率99.40%，毕业率100%。有高中4所（教育部门办2所），在校学生6518人。参加高考2799人，录取1954人，其中本科888人、专科1066人，录取率69.81%。

成人扫盲教育 1990年，县级郴州市15~45周岁的青壮年文盲有1919人。1992年，政府制定《基本扫除青壮年文盲实施方案》，部署开展扫盲教育。1993年，湖南省“两基”教育评估团进行评估验收，县级郴州市达到国家“两基”教育标准。1996年被评为全国扫盲工作先进县（市、区）。2000年成为全省首批扫盲免检县（市、区）。

（三）科技

科技队伍 1990年，县级郴州市共有专业技术人员4450余人。其中，具有高级专业技术职称的150人，中级职称1200人，初级职称3100余人。至1993年底，县级市属单位有专业技术人员5100人。1995年调整行政区划，部分单位和企业上收或析出，北湖区区属科技人员相应减少。是年年底，全区有科技人员4846人。其中，高级职称72人，中级职称1072人，初级职称3154人，未评聘专业职称者548人。随着不断培养和引进人才，至2002年，全区专业技术人员达5036人。2004年，全区专业技术人员为4000余人。

科技贸易 1993年4月，县级郴州市技术贸易市场挂牌营业。当年有技术贸易机构15家，合同交易额60余万元。1995年，组织企业参加湖南省“双新”（新产品、新技术）交易会，落实参展项目18个，陈列展板10块，其中高级调温水床获金奖。进入21世纪后，北湖区科技局每年收集10多项企业技术供求信息，如天然微晶石墨深加工、华龙粮机环保型胶辊砻谷机等项目。科技贸易信息并参加中国技术市场网上联播。2001年5月，组织参加市首届技术市场交易会；6月，参加苏州第四届亚太经合组织技术交易会。至2004年，全区有技术贸易机构9家，从业人员94人，涉及信息、教育、化工、技术开发等领域；登记技术合同407项，合同成交额达3769万元。

科技成果 从1987年起，县级郴州市每年进行科技成果评审，1995年撤市建区后，在坚持科技成果评审制度的同时，还积极做好科技成果推介工作。2003年9月，组织企业参加省“双新双展”会，湘晨公司的“纳米级片状银粉”、宇腾公司的“铅盐系列”和奇怪辣业公司的“李家坊”系列食品、天湖茶业公司的“天湖茶叶”和天湖食品厂的“天湖食品”分别获省科技创新金奖。2004年5月，参加省科技博览会，奇怪辣业公司“李家坊”系列食品获博览会金奖。至2004年，科技进步对经济增长的年贡献率达56.83%。有80%的骨干企业建立健全技术开发机构，企业竞争力明显增强；共取得科研成果59项，其中工业科研成果41项，农业科技成果12项，其他科研成果6项。科技成果通过市级以上鉴定和验收的有18项，获得郴州市级以上科技进步奖13项。

（四）卫生

1989—2004年，北湖区（县级郴州市）加强医疗用房、医疗设备、技术人才队伍建设，充实和完善区、乡(镇)、村三级医疗防疫保健服务体系。全区共投入卫生事业费6075.38万元；新建、扩建、改建业务用房2.57万平方米；购置先进医疗器械1176台件，总值2424.94万元。引进吸收卫生技术人才251人。到2004年底，全区有综合医院2所、乡镇卫生院14个(含防保站2个)、个体诊所50个(有执业医师517人)，城区有卫生服务中心5个(辖26个社区卫生服务站)、学校医务室13个、厂矿医务室60个；农村有乡村卫生室70个。全区人民的健康素质明显提高，人均期望寿命76岁，比1990年前增加5~6岁。

医疗机构 1990年，县级郴州市卫生系统开展临床医疗的卫生机构5家，在职职工496人，开设病床450张，各种医疗设备1000余台（件），价值不足80万元。进入20世纪90年代后，北湖区卫生事业发展步入快车道，卫生技术人员得到系统培训，基础理论、基础知识、基本技能都有很大提高。医疗设备更新换代，医疗环境大幅改善，医疗技术和医疗质量均有大幅提高。2005年年底，区属医疗机构20家，开设病床512张，在职职工931人，拥有医疗设备价值2500余万元，是1990年的31倍多。

传染病防治 1990—2004年，北湖区脊髓灰质炎、疟疾、虱虫病、结核病等多种传染病得到有效控制，传染病发病率由1995年的190／10万下降至2004年102.2／10万。2003年，全国一些地区相继发生传染性非典型肺炎（简称“非典”）疫情，湖南省共报告6例输入性临床诊断病例。为防止疫情蔓延，北湖区各医疗单位设立专门的发热门诊和隔离室，配备专门人员、设备、药品和防护用具，24小时对外开放，严格实行首诊负责制和首见负责制，严禁推诿、拒收病人，确保“非典”病人和疑似“非典”病人一个不漏诊，一个不漏治。做到早发现、早报告、早隔离、早治疗、预防院内感染。全区共处理疑似疫情30起，排查发热病例48例，隔离留观12例，均排除“非典”

疫情。当年湖南省人民政府授予北湖区疾控中心抗击“非典”先进集体称号。2004年初，全国部分省市发生禽流感疫情，为预防人间感染禽流感，全区对家禽饲养人员接触者进行流行病调查与消毒。是年，湖南省“娱乐场所”100%推广使用安全套项目在北湖区启动。

儿童免疫 1990年，县级郴州市儿童计划免疫经郴州地区卫生部门考核，12月龄儿童“四苗”(卡介苗、百白破、脊髓灰质炎疫苗、麻疹疫苗)接种率连续四年达到95%以上，提前实现以乡为单位，12月龄儿童“四苗”接种率85%以上的计划免疫工作目标。1993年年底，开始实行脊髓灰质炎强化免疫。1995年，由于少数单位计划免疫工作有所放松，麻疹发病率有所升高。2002年将乙肝疫苗纳入儿童计划免疫，新生儿出生后24小时之内即免费接种乙肝疫苗。是年，北湖区对全区适龄儿童开展麻疹强化免疫，麻疹发病得到有效控制。1990—2004年，北湖区近20万儿童接受脊髓灰质炎强化免疫。无小儿麻痹症、百日咳、白喉、儿童肺结核病例发生，15岁以下新发乙肝病例得到有效控制。

（五）体育

1989年，县级郴州市投资80万元，改建东风广场，建有标准400米田径跑道。1993年，县级郴州市业余体校被湖南省体委列为全省9所运动学校之一。1995年，北湖区将体育工作纳入各单位工作考核之中，不断加强体育设施建设，兴建、扩建和改造体育场地，添置体育器材。至2004年，城区有各类体育场地34处，占地总面积3万多平方米，累计投资达2389万元。全区11个乡镇机关和乡镇中学、中心小学均建有田径场或篮球场。全区城乡体育场地面积比1995年增加80%；体育设施固定资产比1995年增加近10倍。参加体育活动的人数由1995年占全区总人口的15%上升至2004年占全区总人口的70%。全区市民的身体素质逐步提高，体育竞技水平始终保持在全市前列。北湖区游泳运动学校是湖南省仅有2所游泳单项学校之一，占地面积0.41公顷，建筑面积800平方米，总投资120万元，建有室内和室外游泳池。2005年，学校迁至龙女温泉风景区。建校10余年，为省运动队和省内外大中专院校输送多批游泳体育人才。

竞技体育 1990年，县级郴州市四中女学生肖海英代表国家参加在荷兰举行的世界残疾人田径运动会，夺得铜牌1枚；代表湖南省参加全国残疾人田径比赛，获金牌3枚。1991年，有4名运动员参加全国少儿游泳比赛，获金牌7枚、银牌1枚、铜牌2枚；破一项全国分龄组最高纪录。1992年2—3月，郴州市选手参加全国少儿游泳锦标赛，夺得金牌7枚、银牌2枚。继在福建三明市举行的全国业余体校游泳比赛中，郴州市运动员又获金牌11枚、银牌3枚、铜牌4枚，并有4人打破两项全国游泳分龄组最高纪录。有1人达国家一级运动员标准、10人达国家二级运动员标准。是年，肖海英在广州举行的全国第三届残疾人运动会上，夺得3枚金牌，破200米田径短跑世界纪录，被大会评为“十佳”运动员。1994年，肖海英参加远东及南太平洋地区残疾人运动会，夺得金牌2枚、银牌3枚。1995年黎凤英在伊斯坦布尔举办的世界青年举重锦标赛上，获女子52千克级世界冠军。1997年，北湖区运动员参加全国定向越野赛获团体第1名；参加全国首届百城手足操比赛获二等奖。1998年，在亚太地区比赛中获金牌8枚，银牌7枚，铜牌13枚。市三中在全国定向越野项目比赛中，获金牌6枚、银牌6枚、铜牌9枚。1999年，李娜在泛太平洋跳伞定点等三项比赛中获金牌3枚。2000年，北湖区运动员参加湖南省举办的游泳、篮球、乒乓球、田径等各种项目的比赛共获得金牌20枚，2002年在二十九届全国“新星杯”乒乓球赛中儿童男子甲组、乙组单打各获银牌1枚，2004年在参加全国农民运动会中，获金牌3枚、铜牌2枚。

第二节 苏仙区

一、区域

（一）位置面积

苏仙区位于湖南省南部，郴州市中部，湘江支流耒水上游。地处北纬25°30′21″~26°03′29″，东经112°53′55″~113°16′20″。北与永兴县接壤，东与资兴市相连，南与宜章县交界，西与北湖区、桂阳县为邻。东西跨37.4千米，南北长61.0千米，全区土地总面积1339.91平方千米，区治驻郴州市苏园东路6号，北至长沙322千米，南到广州374千米。资（兴）郴（州）桂（阳）高等级公路横穿东西，京珠高速公路、京广铁路复线，107国道纵贯南北，北上武汉，南下珠海，均可朝发夕至。

（二）建置、区划

秦二十六年（前221），置郴县，属长沙郡。西汉高祖五年（前202），分长沙郡南部诸县置桂阳郡，郴县隶荆州桂阳郡，其县城为郡治。自此后，郴县县城为历代郡、州、军、路、府、区治之所。至民国2年（1913）9月，废郴州直隶州，划州直辖地复置郴县，隶衡永郴桂道，翌年属衡阳道。民国11年，湖南省废道制，郴县直属省。民国26年（1937）12月，郴县隶湖南省第八行政督察区。民国29年（1940）4月，第八行政督察区改为第三行政督察区，郴县隶之。

1949年10月7日，郴县解放，由衡阳专区代管。是年11月，郴县隶郴县专区。1950年11月，隶郴州专区。1952年11月，隶湘南行政区。1954年7月，隶郴县专区。1960年7月，隶郴州专区。1967年3月，隶郴州地区。

1989年，郴县设5镇、21乡，254个村民委员会、14个居民委员会、2716个村民小组。1992年7月，新设立38个居民委员会。1994年12月，鲁塘乡、坳上乡撤乡设镇，行政区域不变。1995年5月，撤销郴县，设立苏仙区。1996年，新成立杨家湾居委会和德雅居委会，隶属苏仙岭街道管辖。2000年4月，白鹿洞镇渔场新村分为四普庄村和南塔岭村。8月，塘溪乡接纳安置三峡库区移民703人，成立龙潭新村，辖3个村民小组。2002年底，苏仙区辖7个镇、10个乡、2个街道办事处，170个村民委员会、52个居民委员会（其中社区居民委员会24个），1848个村民小组。2005年，苏仙区辖9个乡、8个镇、2个街道办事处、170个行政村、24个社区居委会。

（三）人口

1989年，郴县总户数为7.98万户，总人口32.93万人。1990年第四次全国人口普查，郴县总户数8.35万户，总人口33.63万人。城镇人口2.66万人，乡村人口30.97万人，随着产业结构的调整，城镇建设的发展，部分乡村人口转移到城镇。1995年，苏仙区总户数9.07万户，总人口32.70万人。全区总人口中农业人口20.07万人，非农业人口12.64万人。2000年第五次全国人口普查，国家统一规定：外出务工半年以上的人口本区不予登记，外来务工半年以上的人口由流入地予以登记。随着改革开放的不断深入，外来务工、经商的人进入区内，加上有些单位搬入苏仙区城郊，按属地管理的原则由苏仙区登记统计，由之全区第五次人口普查统计结果比实际户籍管理人口数多。全区总户数10.52万户，总人口34.05万人，其中男性17.67万人，女性16.39万人，男女性别比为

107.80。城镇人口14.21万人，乡村人口19.85万人，分别占全区总人口的41.71%、58.29%，城镇人口比1990年增加33.79个百分点。2005年末，苏仙区总人口34.58万人，人口出生率13.04‰。

（四）民族

1990年经第四次全国人口普查，郴县有15个民族，其中汉族33.02万人，占全县人口的98.19%，其他14个少数民族合计6091人，占全县总人口1.81%。1995年月峰和大塘两个瑶族乡划归北湖区后，瑶族人口减少。2000年经第五次全国人口普查，苏仙区共25个民族，其中汉族占全区总人口的99.12%。24个少数民族合计3010人，占全区总人口的0.88%。依次为：蒙古族127人，回族71人，藏族12人，维吾尔族6人，苗族161人，彝族21人，壮族65人，布依族11人，朝鲜族16人，满族77人，侗族71人，瑶族2124人，白族9人，土家族207人，哈尼族8人，傣族1人，黎族3人，佤族1人，畲族6人，拉祜族2人，土家族3人，仫佬族3人，乌孜别克族1人，鄂温克族4人。新增少数民族的人口多因经商务工而迁徙至苏仙区，之后未做人口民族统计。

二、经济

（一）发展速度

1989年，受国内通货膨胀大气候影响，郴县零售物价指数达120.5%，生产总值比1988年增长6.3%。1990年，郴县市场需求活力不足，市场价格回落，生产和效益不理想，当年生产总值增长率为2.2%。1992—1994年，郴县农业平稳发展，乡镇企业迅猛增长，个体私营经济增势强劲，有力推动全县经济的快速发展，生产总值增长率达14.2%。1995年，苏仙区生产总值比1994年增长11.8%。“八五”期间，生产总值年均增长13.3%，其中第一产业年均增长6.9%，第二产业年均增长18.2%，第三产业年均增长13.1%。但是，在经济发展的同时，物价涨幅逐年攀升，1992—1995年，零售物价指数分别达111.9%、115.6%、124.3%、116.3%。

1996—2000年，苏仙区把启动内需作为推进经济工作的重点，落实土地延包30年，大力发展“优质、高产、高效”农业，大面积推广优质稻，成功种植超级稻。加大生猪品种改良力度，“苏仙”牌生猪以其瘦肉多、肉质嫩的优势远销粤、港、澳。加大国有工业企业的改制力度，对部分国有工业企业进行股份合作制改造，对资不抵债、长期亏损的企业依法进行破产，置换企业产权、置换职工身份，使国有工业企业退出一般性竞争领域。同时，优化经济发展环境，放手发展乡镇企业、民营企业。加大城市基础设施建设力度，修建苏园西路，改造桔井路，对农村电网实行改造。“九五”期间全区固定资产投资累计8.88亿元。1999年，苏仙区被湖南省委、省政府授予“小康区”称号。2000年，全区农民人均可支配收入2767元，比1995年增长128.5%，年均增长17.9%。工业总产值18.25亿元，比1995年增长64.3%，年均增长10.4%。生产总值23.89亿元，比1995年增长85.8%，年均增长13.2%。

2001—2002年，苏仙区大力推进工业化、农业产业化和城镇化进程，不断优化经济发展环境，积极扩大对外开放，加大招商引资力度，努力克服自然灾害等不利因素影响，国民经济持续健康发展。2002年，全区生产总值为31.42亿元，比2001年增长11.55%；人均生产总值9112元，比2001年增加1065元；全区农民人均可支配收入3217元，比2001年增加242元。社会消费品零售总额7.83亿元，出口创汇926万美元，实际利用外资1568万美元。

2005年，苏仙区完成生产总值51.04亿元，其中第一产业增加值5.63亿元、第二产业增加值

25.81 亿元、第三产业增加值 19.6 亿元，同比分别增长 6.3%、17% 和 11.2%。三次产业结构比为 11.0∶50.6∶38.4。人均生产总值 1.49 万元，完成财政总收入 4 亿元。

（二）农业

1989 年始，郴县强化农业基础地位，加强农田水利建设，提高农业机械化程度，加快农业结构调整步伐，强力推进农业产业化经营，努力成为郴州的“米袋子”“果园子”“菜篮子”“鱼池子”供应基地。至 1994 年，全县农业结构调整和农产品基地建设初见成效。1995 年，苏仙区种植商品蔬菜 0.27 万公顷，当年，湖南省委、省政府将苏仙区 1813 线丘岗山地开发列为全省“九大丘岗山地开发示范样板”之一。1996 年农业产业化走向规模化经营，乡镇企业占农村经济半壁江山；1998 年长冲铺葡萄、苏仙椪柑、穗丰茶油、桥口麻竹笋、大奎上腊肉、观山洞红荷芋等 10 多个农产品参加“广州湖南首届名优特新农产品展销会”，其中长冲铺葡萄获省优质水果金奖。1999 年全区杂交水稻制种产业化建设初具规模。2000 年，参加全省两系超级杂交稻百亩攻关示范，平均亩产 778 千克，突破国家“863”计划 700 千克标准。是年 10 月，郴州现代农业科技示范园在塘溪乡龙潭新村破土动工。2002 年，麻竹笋、黑山羊、杂交野猪产业开发项目进入郴州市 20 个“一品工程”。农业内部结构调整逐步向种植优质稻、优质水果、优质林木，养殖瘦肉型生猪、黑山羊、高效渔业等方向发展。当年 11 月，在白露塘镇秧溪村筹建“郴州牛牛乳业有限责任公司”。是年，全区粮食总产量 12.73 万吨，水产品总量 7800 吨，各类蔬菜产品 10.21 万吨，农业总产值 7.02 亿元，比 1989 年的 1.67 亿元增长 4.2 倍。全区建成优质杂交稻种植、无公害蔬菜、瘦肉猪、黑山羊养殖、花卉草皮、麻竹笋等八大农产品基地，打造出邦尔泰、牛牛乳业、海华竹木等 15 家省市区级农业龙头企业，涌现“苏仙牌茶油”“两江源高山菊”“仙鹿”葡萄等知名品牌。全区参与农业产业化经营的农户 2.2 万户，占农户总数的 42%，农产品产值占农业总产值比重 35%，农产品优质商品率 68% 以上。全区 15 户农业产业化龙头企业实现产值 2.04 亿元，销售收入 1.68 亿元。2005 年，邦尔泰公司晋升为省级农业产业化龙头企业，实现省级企业零的突破。区级以上农业产业化龙头企业 17 户，实现销售收入 2.56 亿元，联结专业生产基地 2.27 万公顷。

（三）工业

1989 年，郴县有工业企业 2627 户，实现工业总产值 1.57 亿元；1998 年，苏仙区有工业企业 3015 户，其中区属工业企业 2997 户，实现工业产值 14.79 亿元，占当年工农业总产值的 70%。1999 年实施“工业兴区”战略，以招商引资、加快民营经济发展推进工业化进程，工业发展速度加快。2002 年，苏仙区有工业企业 2378 个，实现工业总产值 25.74 亿元，比 1989 年增长 16.37 倍。其中销售收入 500 万元以上的规模工业企业 40 户，实现产值 8.23 亿元，完成利润 779 万元。有 60 家工业企业实行产权制度改革，2633 名职工调整劳动关系，盘活企业存量资产近 4 亿元。企业改制直接增加税收 300 余万元，改制后的企业 90% 扭亏为盈，净增利润同比增长 4.5%。随着国有企业改制的完成，民营工业企业得到长足发展，涌现嘉玛服饰、高斯贝尔、诚信印务、金旺实业等知名民营企业，成为区工业企业重要组成部分。全区工业基本上形成四大优势产业：以良田水泥厂为龙头的建材工业；以云锡、金旺、宏达为骨干的有色金属采选冶加工业；以嘉玛服饰、高斯贝尔、诚信印务、邦尔泰、阳光食品、海华竹木为骨干的加工制造业；以区电力公司为龙头的电力工业。2005 年，全区完成工业增加值 12.79 亿元，规模以上工业创总产值 8.58 亿元。初步形成电子信息、有色金属材料、机械制造、农副产品深加工四大高新技术体系。

（四）商贸业

1989 年，郴县有个体私营商贸网点 2448 个，从业人员 3300 多人。1996 年，苏仙区启动城区市场建设。1997年，区木业公司独家投资兴建北湖农贸市场，建筑面积达7.25万平方米。1998年6月，苏仙区供销大厦破土动工，营业面积2600平方米（2002年4月竣工，5月投入运营）。1999年2月，占地0.8公顷，总建筑面积5600平方米的苏仙区牲畜定点屠宰加工厂建成投产。该厂是郴州市规模最大、机械化程度最高的生猪屠宰自动化生产线，每小时可屠宰生猪150头。是年12月，占地2089平方米的桔井商厦破土动工，2000年8月正式营业。1999年2月，苏仙文化娱乐城动工兴建，商业营业面积近3000平方米。11月，引进爱地（香港）投资有限公司投资开发苏仙大市场（爱地商业市场），市场总建筑面积5636平方米。2002年7月，龙骨井农贸综合市场动工。是年，苏仙区个体私营商贸网点达到3154个，从业人员6908人，社会商品零售总额由1989年的1.6亿元增加7.83亿元。

（五）对外贸易

1989—1994年，郴县累计完成外贸供货2.69亿元。1996年年底，苏仙区外贸公司和郴州碾米机厂获得对外贸易进出口经营权。1997年，郴州圣大磁材有限公司、郴州文华炭素有限公司、郴州鹏程有色金属冶炼厂等出口创汇企业相继建成投产，开始苏仙区的直接对外出口贸易。同年，海关直接出口贸易额210万美元，主要商品为锡、铋、锌、铝等有色金属及其矿产品。1998年，虽受亚洲金融风波的影响，苏仙区仍完成直接出口贸易331.34万美元。1999—2000年，直接和间接出口贸易额分别为820万美元和920万元美元，保持持续稳定增长。2001年郴州富通石墨炭素有限公司投产，当年出口石墨制品3850吨到日本，创汇额25.69万美元。是年，创直接和间接出口贸易额1030万美元，其中海关直接出口贸易额482万美元，仅铋冶炼出口的精铋一项达300万美元。2002年，引进产品出口大户嘉玛服饰（郴州）有限公司、高斯贝尔数码科技有限公司等企业，加上金旺铋业出口创汇，全年实现海关出口额926万美元，进口额95万美元。

（六）城镇建设

自1995年始，苏仙区按照郴州市城区“南延东进”建设总体规划，确立以城区为中心，大力发展城区和小城镇建设。1996—1998年，先后修建苏园西路和苏园西桥，改造橘井北路，整治沿江路、高山背路和张家巷路。1999—2002年，修建苏园东路和苏园东桥，改造橘井南路。拓宽硬化辖区北街、南街、工行路、中行路、适存路、沿江路、曹家坪路、杨家坪路、龙骨井路、乌石矶路等12条街巷路面，完善中心城区水、电、路、通信等基础设施，街道全面实施绿化、美化、净化和亮化等配套建设。2001—2002年，苏仙区把开发城东新区列为重点建设工程项目。第一期开发工程占地1420公顷，总投资1.4亿元，分城市道路、市场、高科技工业园、政务、绿地与娱乐、住宅区六大块建设，先后有市自来水厂、望仙花园、湘南学院、柿竹园科技工业园等8个大型项目落户城东新区，使城东新区城市人口达到4万人，扩容4平方千米，成为开发的热土。在城东新区修建锁石路、郴州大道、香雪大道和国庆南路延伸段。与此同时，良田镇、白露塘镇、栖凤渡镇、坳上镇等城镇建设迅速拓展，其中良田镇街道由3条增至12条，形成嘉玛工业园、江滨住宅区、中心集贸区、东部建材区四大功能分区，成为全国小城镇综合改革试点镇和全国精神文明建设示范镇。2002年，苏仙区城镇化率达到52%，比1995年增加13.9个百分点，增幅全市居县（市、区）第一，城镇建成区总面积由1995年的12.8平方千米增加到32.17平方千米，新增房屋建筑面积400万平方米，城镇人口达13.85万人。

（七）旅游业

1987年，郴县筹建五盖山国际狩猎场，旅游业开发开始起步。1999年，苏仙区实施旅游开发带动战略，促进旅游经济向产业化发展。2001年12月，飞天山评定为国家地质公园。2002年9月，成功举办中国湖南郴州（飞天山）生态旅游节，旅游产业初具规模。是年年底，通过政府投资、银行贷款、引进外资等方式，共投资6.4亿元，完成一大批景区景点开发和建设，苏仙区基本形成以飞天山国家地质公园为主体，以五盖山国际狩猎场、王仙岭生态公园、天堂温泉为构架，以龙潭湖度假山庄、青年湖等为补充的旅游网络，和集山水奇观、特色温泉、生态旅游、宗教旅游、农业观光、休闲娱乐于一体的综合旅游体系。当年，共接待游客27.38万人次，实现旅游综合收入3056万元。2005年，共接待游客58.5万人次，旅游直接收入5277万元。

自然景观 苏仙区东部，有碧水丹崖的国家地质公园飞天山，有“山有五峰，状如盖”的“郴阳第一峰”五盖山，有白练悬空、“疑是银河落九天”的相山瀑布，有巨浪冲天、涛声如雷的鱼降山，有“高峡出平湖”的高峰水库等。南部，有驰名的“天下第十八泉”天然圆泉。苏仙城区，更有声名远播的“天下第十八福地”苏仙岭。位于郴州市城区之东的飞天山，红山绿水、秀峰险寨、奇石怪洞构成的自然景观和村宅街巷、石佛庙宇、陵墓悬棺组成的人文景观，被世人称为“小桂林”，明代旅行家徐霞客曾游至此，并将这里的山水风景载入《徐霞客游记》。

人文景观 苏仙区文物较多，有石雕佛像、水文崖刻、何孟春墓、陈高墓、古窑址、冶铁遗址、石雕、封禁碑、唐文贤墓碑、奉天诰命碑、苏仙区（郴县）革命烈士纪念馆、水星楼、黄氏佳城墓、白云仙庵、万年亭、节寿亭等。位于城东东塔岭的湘南起义纪念塔，占地面积1600平方米，塔高28.10米，塔身正面嵌邓小平手书“湘南起义纪念塔”。

旅游开发 1992年8月，郴县完成五盖山以封闭式狩猎为主的开发建设，配套有凤林山庄、凤林寺、体育射击场、生态旅游等项目。1993年初，制订《郴县旅游事业发展规划（草案）》，明确分步开发五盖山国际狩猎场、石面坦“小桂林”、相山瀑布等景区的计划和资金投入。1995年，郴县五盖山国际狩猎场划归郴州市管辖。1996年8月，苏仙区成立石面坦景区管理处；同年，郴州市燃料公司与周耀新、陈斌等个人合股投资开发老虎寨景区，将整个东江、郴江及附近所有山水风光定名为飞天山风景区，成为人们节假日争相前往的旅游新景区。2000年，苏仙区正式把石面坦等景区统一定名为飞天山风景区。同年3月，成立王仙岭旅游开发有限责任公司。2001年，郴州市民营企业玖合玖实业有限责任公司投资开发龙潭湖假日山庄，并开通郴州市区至龙潭湖假日山庄的免费专车，年均接待游客6万人次。同年，由8位股东出资组成天堂股份有限公司，在许家洞镇天堂村投资开发被地质部鉴定为天然温矿泉水的天堂温泉。2001年12月，飞天山风景区被国土资源部评定为国家地质公园。同年，引进苏仙区电力有限公司、香港志丰工程贸易公司和长虹公司，分别投资开发王仙岭生态旅游、普济寺和王仙岭水上娱乐等项目，累计投入资金8000万元。2002年，飞天山的游客突破10万人次。是年，先后开发老虎寨风景区、翠江风光、铁鼎寨风景区、九龙水寨等路由项目，飞天山翠江宾馆及飞天山国家地质公园广场等配套建设完工投入使用；天堂温泉完成投资近2000万元，建成20栋风格各异的欧式别墅、1栋综合楼和“牛奶池”“咖啡池”“当归池”等特色温泉26种。年可接待游客10万人次。此外，配套开发青年湖度假山庄、百鸟庄、仰天湖（1995年划归北湖区）、花卉市场等20余处精巧景区（点）。旅游规模的形成带动购物、餐饮、住宿等相关产业的快速发展，到2005年，旅游已初步形成支柱性产业。飞天山国家地质公园翠江宾馆建成有住房45间，大小会议室2间和可容纳150人同时就餐的大餐厅。老虎寨风景区建成宾馆级住房15间，建成能同时接待200人就餐的餐厅。龙潭湖假日山庄建成普通式别墅42栋，开设占地540平方米的乡味餐厅。天堂温泉建欧美式别墅20栋，综合招待楼1栋。王仙岭度假山庄设有住房54间（套），餐厅大堂能容纳500人同时就餐，景区周边建起各式农家乐餐馆。全区旅游行业有男女专业导游人员38名。

三、文化、教育、科技、卫生、体育

（一）文化

群众文化 苏仙区（郴县）每年都要举办形式各异、风格多样的文艺演出活动。1989年元月，举办第二届元旦艺术周演唱会和国庆文艺演唱会。1995年9月，举办纪念反法西斯和抗日战争胜利50周年暨国庆46周年文艺演唱会。2000年，举办“消夏”文艺晚会、“街头”演唱会、“卡拉OK歌手赛”、“少儿”歌手大赛。2001年，举办“三湘蒲公英奖”少儿音乐大赛。1989—2002年，苏仙区（郴县）参加省级和省属部门文艺调演4次，参加地（市）级和地（市）属部门文艺调演12次。区（县）文化馆是配有文学、美术、音乐和舞蹈专干，经常开办文艺培训（辅导）班，1990—2002年培训800余人次。辅导19个乡镇（街道）文艺爱好者近200人次。其中美术培训班培训学员700余人，有20人考入大专美术学校。2005年，苏仙区百花艺术团组织35名选手参加首届全国校园文艺决赛，2个人文化部、教育部颁发的金奖，21人获一等奖。百花艺术团被评为“全国先进民营文艺表演团体”。

文学艺术 1989—2002年，苏仙区（郴县）先后成立15个文学社和20个文艺创作组，作者在地（市）级以上报刊发表文学作品7000余篇。肖朝辉短篇小说《恼人的夜》获全国文学作品小说类三等奖，并与冰心、王蒙的作品同时收入作品集《临街的窗》；邓俊云创作的古典诗词《咏西柏坡村》获全国文学艺术大赛一等奖。吴外福的散文《心意》获1994年全国蝮龙杯征文大赛二等奖。李振华创作的小品《约会》和《马路恋歌》分别荣获第三届中国戏剧文学奖和三等奖，并编人中国戏剧出版社发行的《探索集》中。在剧本创作上，剧作者创作剧本20余部。刘祥生出版有诗词、楹联集《建安诗词楹联选》。苏仙区的传统民乐、山歌、丝弦等音乐相当丰富。音乐工作者吸取民族传统音乐的精华，创作出一批音乐作品。李翼创作的歌曲《可爱的男孩女孩》参加《中小学音乐教育》编辑部举办的“金旋律歌曲双期赛”获金奖，及歌曲《我轻轻呼唤你的名字》《金婚颂》被入选《全国教师声乐作品荟萃》一书。有500余件美术作品在郴州地（市）以上展出或在刊物发表。王怀道的国画作品获地质部金奖。有500余件书法作品发表或获奖。田小伟的行书作品《鹅》获全国书“鹅”大赛佳鹅奖，并入选《万鹅书画大观》一书，硬笔书法作品《枫桥夜泊》获“淮川杯”全国硬笔书法大赛金奖。《飞舞》入选《国际中国书画家暨新秀辞典》一书。胡莎获第15届《双龙杯》全国少年书画大赛银杯奖。雷玲果获中国·新加坡国际少年儿童美术书法摄影比赛铜奖。

图书阅读 1989年，郴县图书馆藏图书3.15万册。1991年发出借书证735份，外借图书1697册，阅览室接待读者3.2万人次。2002年，苏仙区图书馆藏书4万余册，订杂志305种，为湖南省三级图书馆。1989—2002年图书总流通量达到100万册次，赠阅科技书刊4600册。

（二）教育

幼儿教育 1989年，郴县有幼儿园5所，11个教学班，在园幼儿364人。全日制小学附设学前班202个，在班学生5695人。1995年，有学前班181个，在班学生5410人。1996年，龚鸣开办“郴州苗苗艺术幼儿园”，为苏仙区第一家民办幼儿园。2000年起，民办幼儿园发展加快。2002年，全区有幼儿园32所（公办1所、集体办4所、个体办27所），在园幼儿2367人；学前班128个，在班学生2491人。

小学教育 1989年，郴县有小学296所，教学点83个，在校学生4.21万人，适龄儿童入学率99.1%，巩固率99%，合格率96.6%。1995年，苏仙区有小学203所，教学点40个，在校学生3.64万人，入学率99.6%，巩固率99.1%，合格率98.4%，普及率98.5%。此后，先后将岗脚、邓家塘、塘溪3乡中学和中心完小合并为九年制学校，调整中小学布局。2002年，小学调整为133所（其中教育部门办121所），在校学生2.38万人，适龄儿童入学率100%，巩固率99.98%，合格率100%。一级小学达80所，占小学总数的51.6%。

中学教育 1989年，郴县有初中31所（其中教育部门办27所），在校学生1.1万人，初中招生3940人，占小学毕业生的64.3%；学生巩固率91.1%，毕业率94.78%。有高中6所（其中教育部门办有4所，即完全中学1所，高中3所），在校学生2298人。从1990年起，对少数民族儿童实行免费入学，直至初中毕业。对凡有学习能力的残疾儿童由民政局、乡镇财政补助生活费，学校免收学杂费，分别到区特教班或就近学校随班就读。1991年，郴县取消初中招生考试制度，以小学毕业会考成绩作为初中招生依据，凡达到小学毕业者，由乡镇人民政府或村委会督促限期就近入学。1995年，苏仙区有初中26所（其中教育部门办19所），在校学生1.54万人，初中招生5928人，占小学毕业生的98.15%；学生巩固率98.8%，毕业率95.98%。有高中5所（其中教育部门办3所，即完全中学1所，高中2所），在校学生2493人。1996年7月，郴州师专教师张新生夫妇辞去公职，在苏仙区白鹿洞镇卜里坪村创办郴州市第一所民办中学郴州市群能学校。2002年，全区有初中27所（其中教育部门办19所），在校学生1.92万人，初一招生6698人，入学率100%、巩固率98.98%、毕业率98.1%。有高中13所（其中教育部门办4所），在校学生8232人。是年，高中毕业合格率为90.6%，2079人参加高考，录取1489人（本科813人，专科676人），录取率71.6%。2005年，全区拥有义务教育学校29所，适龄儿童入学率100%。小学在校学生1.96万人，中学在校学生2.92万人，有高中3所，职业中专7所，高中考入大中专院校学生2196人。

成人扫盲教育 1990年，郴县年满15岁至45周岁青壮年文盲2144人。1993年，县政府下发《基本扫除青壮年文盲实施方案》，开展扫盲攻关。1995年10月，苏仙区经验收实现“基本扫除青壮年文盲”的目标。

学校建设 1989年，郴县各级各类学校校园面积为215.48万平方米，学生人均（简称生均）校园面积37.75平方米，校舍建筑总面积33.93万平方米，生均校舍建筑面积5.94平方米。有13所中学、24所中心完小、137所村办小学达到或基本达到规范化学校标准。是年8月，湖南省改造中小学危房工作现场会在郴县召开，郴县被评为省级中小学危房改造工作先进县。1991年，郴县县委、县政府集资965万元，新建高山背九年制学校，缓解城区子弟就学难的困难。至1995年，苏仙区共投入资金5985.40万元，新建校舍11.89万平方米，改造危房1.95万平方米。郴州市二中先后投资5090万元，新建教学楼、科技楼、学生公寓、教工宿舍楼和体育馆。郴州市第一职业中专投资410多万元，新建教学楼、礼堂、综合楼。1997年3月，筹资2207.3万元，新建一所建筑面积2.51万平方米的初级中学即苏仙实验中学。同时，投资658万元对郴州市一完小进行改造。1995—2002年，全区共投入1.4亿元，新建教学楼、综合楼48栋，生活用房63栋，全区152所中小学中，有128所学校新建或改建校舍。有效缓解撤县设区后城区子弟的入学难。其间，苏仙区抓住校园文化建设的契机，进一步加强校园环境的绿化美化和设施设备建设，制定并下发《苏仙区校园文化建设规划》和《关于加强校园文化建设的指导意见》。各级各类学校投入340万元，兴建不同规模的文化广场28个，植树2.8万株，种花3万盆，铺草皮4万余平方米，铺道路6800米；经省、市有关部门评估验收，有市级样板学校11所，省、市级园林式学校6所。2002年，苏仙区共有学生5.25万人，其中小学生2.38万人，初中生1.92万人，高中生8232人，职中学生1207人；生均校舍面积8.59平方米。

（三）科技

1989年，郴县各行业有专业技术人员2922人，评聘技术职务者2189人，其中，高级职称42人，中级职称561人，初级职称1586人。1989—2002年，苏仙区（郴县）有18个学术团体、30个科技推广机构、147名科技推广员、4707名学会会员、6777名专业技术人员。该区立足于生产一线，围绕重点科技项目，在厂矿农村开展技术咨询、专业培训、样板示范和推广新项目、新技术、新品种、新机具等系列活动，先后开辟农业科技示范点（片）692处，培育科技示范户4988户，创建省级科技星火示范镇1个，科技先导型乡镇8个，引进20项农业科技新成果，推广48项新技术和68项项目成果，建成333.33公顷甜竹笋等五大基地和“草皮村”“葡萄村”“百亩鱼塘村”“千头生猪村”等大批特色产业村。全区申请科技专利259项；经科技部门鉴定登记的科技成果59项，其中获国际博览发明奖3项，国家科技奖7项，省（部）级科技奖10项，地（市）级奖12项。系列精制米加工成套设备、强风化岩基上周边缝薄拱坝等新技术跻身全国乃至国际工程技术先进行列。1995年起，苏仙区四次获国家科委授予的“科学技术工作先进区”称号；1998年，中央、省、市电视媒体多次对苏仙区科技活动进行专题报道。2002年，全区农业先进实用技术覆盖面达95%，良种化率98%，科技对经济贡献率51.2%，80%的骨干企业与各高校、科研院所建立技术依托关系。评聘专业技术职务者6777人，其中高级专业技术职务198人，中级2565人。一批科技人员脱颖而出，获得大量科技成果。

2005年，苏仙区深入开展“农村科技建设年”活动，投入科技立项经费480万元，实施科研项目40项，其中国家级2项、市级9项、区级24项，完成4项科技成果鉴定。共有52项成果获市级科技进步奖。

（四）卫生

1989—1994年，郴县创建县职业卫生技术学校，利用世行贷款，建立全县性的计划免疫“冷链”系统。从1995年开始，苏仙区全面组织实施初级卫生保健，开展农村卫生“三项建设”（改水、改厕、合作医疗），医疗服务实现以医疗为中心向以病人为中心转变，职工医疗保障制度全面实施，至2002年，全区基本实现人人享有初级卫生保障。

医疗机构 1989年，郴县有医疗卫生机构364个，其中医疗单位44个、企事业单位医务所32个、个体村卫生所268个、个体诊所19个；有病床793张，主要医疗器械496台（件）。1994年，郴县卫生行政部门对城乡医疗机构实行分级管理，对不达标医疗机构予以取缔。2002年，苏仙区经批准的医疗卫生机构432个、其中医疗单位21个、村卫生室155个、个体诊所113个。共有医疗单位医务人员908人、厂矿企业医务人员186人、村医务人员155人、个体医生113人；拥有病床1401张，有500元以上医疗器械、设备990台（件）。

传染病防治 1989—2002年，苏仙区（郴县）境内流行且危害较大的法定传染病有21种，其中甲类传染病1种（霍乱），乙类传染病13种（病毒性肝炎、细菌性痢疾、伤寒、淋病、梅毒、麻疹、百日咳、流行性脑脊髓膜炎、流行性出血、狂犬病、钩端螺旋体病、流行性乙型脑炎、疟疾），丙类传染病7种（肺结核、流行性感冒、流行性腮腺炎、风疹、新生儿破伤风、急性出血性结膜炎、感染性腹泻）。区（县）、乡卫生防疫机构和医疗单位在城乡建立健全传染病疫情报告网，落实传染病报告制度和处理程序，相继实现“消灭丝虫病”“消除脊髓灰质炎病”和基本消除麻风病等目标。

疾控预防 1989年，郴县7岁以下儿童计划免疫建卡率达100%，完成负责疫苗预防接种9.88万份，儿童基础免疫接种率达90%以上，麻疹疫苗、脊髓灰质炎疫苗、卡介苗、百白破三联菌苗（简称“四苗”），全程覆盖率达90.95%。1990年，郴县被列为湖南省京广线及洞庭湖区霍乱联防协作县。

防疫部门加强疫情报告和监测，做好内外环境疫源检索，开展腹泻病人病原学调查。1994 年 8 月，郴县发生霍乱疫情，波及 14 个乡镇、17 个行政村，疫点达 37 个，有病人 42 人，其中死亡 2 人。郴县县委、县政府迅速组织 11 个疫情处理机动队，进行病人抢救及疫点消毒，及时有效控制疫情。1996 年，苏仙区以村为单位的“四苗”全程接种率实现第三个 85% 目标。自实施计划免疫以来，苏仙区（郴县）连续 14 年无脊髓灰质炎发生，连续 8 年无百日咳发生。

（五）体育

体育设施 1989 年，郴县有业余体校 1 所，建有老年体协、钓鱼协会、门球协会等群众体育团体。同年，在县政府院内兴建一个高标准露天灯光篮球场。1996 年，苏仙区将市二中简易田径场扩建成 400 米跑道田径场。2002 年，又将市二中炉渣跑道改为塑胶跑道，同时连片新修 4 个篮球场，地面加铺防滑塑胶材料。2003 年，耗资 2000 多万元，在市二中新建综合性体艺馆，场馆结构三层，活动面积 11.08 万平方米，设游泳池、篮球、排球、乒乓球、羽毛球、体操等多项训练和比赛场地，球场看台座位 1120 张。

群众体育 1989—1990 年，郴县业余体校先后向武汉体育学院、湖南师大、郴州师专等高等院校输送 9 名体育专业学生；向湖南省体校、郴州地区体校输运动队送柔道、摔跤、射击、水球、田径体育人才 14 名。1990 年，全县经常参加体育锻炼的农村村民有 8.83 万余人（次），占农村人口的 30.1%。1991 年，全县 26 个乡镇举行篮球、羽毛球、乒乓球、棋类、拔河、跑步等 53 项（次）体育竞赛活动。1992 年，桥口镇瓦窑坪村自筹资金举办首届龙舟赛。1993 年 5 月，华塘镇举办为期一周的农民文化体育赛事活动。是年，华塘镇获国家体委授予的“全国亿万农民体育活动”先进乡镇称号。1997 年，苏仙区各级各类学校开展课外体育活动和《国家体育锻炼标准》测验，参加达标测验人数 5831 人，及格 4902 人，占总人数的 84.1%。1999 年，栖凤渡镇荣膺全省“亿万农民健身活动先进单位”称号。大奎上乡党委书记邓璞被评为湖南省亿万农民健身活动先进个人。

竞技体育 1998 年 8 月，苏仙区运动员胡军、刘达荣在河南三门峡全国第二届“奥星杯”乒乓球赛中，获男子甲组双打第三名。1999 年，参加全国青少年定向越野锦标赛，获 6 个第一名、4 个第二名、4 个第三名。2001 年，学生谢轲获全国定向锦标赛青少年男短距离赛第一名。学生徐斌获男子标准距离赛第一名，周华萍获青年女子短距离赛第一名，陈哲红获青年男子标准距离赛第二名，肖翔、廖斌、黄耀辉获青年男子接力赛第二名。2002 年 5 月，参加第二届全国体育大会，陈哲红、周华萍分获青年男、女组短距离赛第一名，周华萍获青年女子组标准距离赛第一名，徐述斌获青年男子组短距离赛第二名，欧阳健飞、焦邓巍、黄健获青年男子接力赛第一名。2005 年，苏仙区运动员在市级以上运动会上，获金牌 12 枚、银牌 16 枚、铜牌 20 枚。其中省级金牌 1 枚、银牌 2 枚、铜牌 5 枚，获全国定向越野比赛奖牌 9 枚。

第二章 县（市）概况

第一节 资兴市

一、地 理

（一）位置面积

资兴市位于湖南省东南部、耒水上游，罗霄山脉南端的八面山西南坡与南岭北麓。东接桂东县、株洲市的炎陵县；南邻宜章县、汝城县；西抵苏仙区；北界永兴县、安仁县。地处北纬25°34′~26°18′，东经113°08′~113°44′。东起汤市乡坪子村，西至高码乡窑上村，南起黄草镇羊兴村，北至皮石乡境内江背山采育场，境内东西宽64千米，南北长80千米。全市土地总面积2730.44平方千米，其中耕地面积2.24万公顷。

1988年1月，市治由兴宁镇开始迁驻唐洞新区，1990年基本完成市政搬迁。市区距郴州市42千米，距省会长沙市396千米，距广东省广州市510千米。

（二）自然环境

资兴境内地层发育较全。地层发育始于元古代震旦纪，完成于新生代第四纪初，属华夏古陆沉积区范围。境内各纪地层除志留系外，其他系都有出露。岩性特征组合为变质岩、砂岩、花岗岩、石灰岩、红色砂砾岩，第四纪冲积物六类。地质构造错综复杂，各种构造形迹互相干扰、掺杂、联合，并存在数十条逆断层。按其构造形迹与展布方向，可分为东西向、南北向、华夏系、新华夏系四大构造。地貌形态以山地为主，丘陵、岗地、平地交错，其比例为“七山二丘半岗半平”。地势东南高，西北低。最高处为东部边界八面山主峰，海拔2042.1米，最低点是西北边角的程江口，海拔106米，高差1936.1米。按地势划分，域地可分为三级阶梯：第一级为西北部岗、平地区，海拔106~280米，面积213.5平方千米，占全市总面积的8%；第二级为中部丘岗谷地，海拔300米左右，面积约320平方千米，占全市总面积的12%；第三级为北、东、南部边境丘陵与山地，海拔在700米左右，面积为2135平方千米，占全市总面积的80%。境内山地面积1868.09平方千米，占总面积的68%。著名的山脉有八面山山脉、回龙山山脉、西山山脉、八角星山脉等。丘陵占总面积的18.6%，岗地占总面积的6.8%，平地占总面积的6.6%。水域面积占总面积的7.13%。

境内有东江、沤江、浙水、滁水、资兴江、程江、永乐江、船形河八条主要河流，属湘江水系的耒水和洣水分支。1986年8月东江水库关闸蓄水后，东江上、中游和沤江、滁水以及浙水、资兴江中下游均被淹没。境内各大河流的出口断面年平均流量为72.38立方米/秒，径流总量22.80亿立方米。

资兴属亚热带季风性湿润气候区，因南北气流受南岭山脉以及罗霄山脉、八面山脉等综合因素影响，太阳辐射成多种类型的立体分布，垂直和地域差异大，具有“气候温和、四季分明；热量充足，雨水集中；春温多变，夏秋多旱；严寒期短，暑热期长”的气候特点。春季多为偏北风，夏季盛行偏南风，秋冬季主要以北风为主。资兴市年平均气温为18.0℃。夏季平均气温为27.8℃，7月为全年最热月，平均气温29.0℃，最高日温达42.0℃，造成高温暑热且伏旱期长，年日平均气温≥30℃以上的达123天。年平均日照为1384.5小时。无霜期年平均299天，最长的年份达339天，最短的为259天，形成日照欠充足但无霜期较长的特征。境内年平均降水量1583.6毫米，降水一般集中在春夏季节，秋冬季降水量偏少。夏秋季节一般发生干旱，但因常遇到来自东南部沿海地区强台风的影响而降暴雨或大（特大）暴雨，造成洪涝灾害，引发山体滑坡和泥石流地质灾害。

资兴境内分布有10个土类、83个土属、243个土种。其中以红壤土和黄棕壤土分布最多、最广，分别为11.22万公顷和5.65万公顷，占土地总面积42.36%和8.17%。红壤土发育于各种成土母质，土体成红色，黏粒含量高，黏土矿物以高岭土为主，多块状结构。心土层可见铁、锰淀积物，呈酸性或强酸性反映，pH值为4.0~6.4。黄壤土由花岗岩、板页岩、砂岩成土母质发育而成，质地为黏壤、沙壤至壤土，多为粒状结构，酸性强，pH值为4.0~6.0。红壤土和黄壤土植被适应人工栽培松、杉、楠竹、油茶林以及次生常绿、落叶混交林，尤其适应杉木、楠竹生长，是境内林业生产主要基地。

（三）自然资源

资兴自然资源十分丰富。全市有农用土地面积23.23万公顷，其中耕地面积2.24万公顷，林地面积20.39万公顷，园地面积0.32万公顷，牧草地面积0.29万公顷。植被良好，有森林面积21.17万公顷，是湖南省重点林业县（市）之一，森林覆盖率73.84%。有草本植物1437种，木本植物97科、863种，其中属国家重点保护的有28种，一级两种：银杉、水杉；二级9种；三级17种。水能资源理论蕴藏量29.92万千瓦，全市人均拥有水能蕴藏量1.02千瓦，高于全省、全国人均指标。矿藏有煤、钨、铅、锌、金、银、铜、锰、硅石、稀土、莹石、石灰石、钾长石等30余种，尤以煤、钨、硅石、石灰石等矿物储量最为丰富。境内有著名的青市钨矿、裕兴白钨矿、高坪黑钨矿、三姑仙钨矿。

资兴得天独厚的自然环境有利于野生动物的栖息和繁殖。全市共有陆生野生动物718种，其中鸟类48种、兽类20种、两栖爬行类31种、昆虫类619种。属国家一级保护野生动物三种：白颈长尾雉、黄腹角雉、蟒蛇。属国家二级保护野生动物16种；属国家三级保护的野生动物25种；分布于东江库区的鹭类种群最多。

境内景色优美，山川秀丽，旅游资源十分丰富。主要有2002年被评为国家AAAA级景区的东江湖风景区、天鹅山国家森林公园、程江口丹霞地貌，以及八面山揽胜、犀牛洞探秘、十寨沟、回龙山望日、雷公仙登高望远、大王寨风景、云盖仙亭、汤市温泉等生态休闲旅游景点。红色旅游景点主要有流华湾革命纪念地、杨家坪革命纪念地、彭公庙联席会议旧址以及曾中生、曾希圣故居。

二、建置、区划

（一）建置

东汉永和元年（136），析郴县地始置县，名为汉宁，隶桂阳郡。三国时属吴，建兴元年（252），改县名为阳安。后随历史变革，资兴又数改县名，先后称晋宁、晋兴。唐咸亨三年（公元672）始称资兴县，后又更名为泰县、兴宁。民国3年（1914）1月，复称资兴县。

1949年10月1日，中华人民共和国成立后，资兴县先后隶属于郴县专区、郴州专区和郴州地区。1984年12月，经国务院批准撤销资兴县设立资兴市（县级）。1995年，资兴市为湖南省直辖，委托郴州市代管。

（二）区划

1989年，资兴市新设唐洞街道办事处。是年，全市共有1个街道办事处、3个镇、24个乡、1个少数民族乡，辖280个村民委员会、2825个村民小组；另辖5个居民委员会、28个居民小组。1993年，黄草乡、蓼市乡、青市乡、州门司乡、七里乡5个乡撤乡设镇；连坪乡设立连坪瑶族乡。1997年，撤销木根桥乡、滁口乡，分别设立东江镇、滁口镇。2003年，旧市乡、厚玉乡合并为白廊乡。2005年，全市辖1个街道办事处、10个镇、15个乡、2个瑶族乡、266个村民委员会、34个居民委员会（社区）。

三、人口、民族

（一）人口

1989年，资兴市人口35.2万人。1990年7月全国第四次人口普查统计，全市总人口为36.08万人。20世纪90年代，资兴市委、市政府认真贯彻计划生育基本国策，采取有力措施控制人口增长，使人口出生率逐年降低。1993年，全市总人口35.55万人，比1992年减少1900人。2000年11月全国第五次人口普查，全市总人口为35.16万人。同1990年第四次人口普查相比，总人口减少9232人，减少2.56%（主要是水电八局东江分局人员减少）；少年人口比重下降7.07个百分点，青年人口比重下降7.78个百分点，而壮年人口比重上升11.32个百分点，老年人口比重上升3.53个百分点，明显趋向老龄化；男女性别比为106.87：100，男性比重下降0.77个百分点，女性比重上升0.77个百分点。2003年，全市男性人口18.67万人，占51.72%，女性人口17.44万人，占48.29%，男女性别比为107.08。文盲、半文盲占总人口的4.67%，与第四次人口普查相比，文盲率由1990年的8.72%下降至3.47%，下降5.25个百分点。2005年，全市总人口36.29万人。人口出生率12.11‰，自然增长率5.46‰。

（二）民族

资兴市共有汉、瑶、满、佤、回、苗、藏、彝、维吾尔、布依、朝鲜、壮、侗、白、土家、哈尼、傣、黎、蒙古、水、羌、畲、达斡尔、土、仡佬、塔吉克共26个民族。汉族人口占总人口的98.63%。

四、经济

（一）发展速度

1989—1991年，资兴市增加对农业开发的投入，先后组织实施农业综合开发、扶贫开发、建设全国农村小水电初级电气化县（市）、农业产业结构调整等重大举措，鼓励农民进城经商务工办企业，促进农村经济发展。扩大工业企业自主权，推行责、权、利相结合的承包经营责任制。扩大流通渠道、放宽购销政策、开放市场，允许各种所有制、各种成分的经济组织进入流通领域参与经营，市内国有和集体商业企业分别进行管理体制及用工体制改革。

1992—1996年，资兴放开粮食购销价格，取消城镇居民定量粮油平价供应和农村粮食定销平价供应。土地使用制度改革由“无偿、无限期、无流转”向“有偿、有限期、可流转”转变，实行宅基地有偿使用，启用国有土地招标拍卖。商业实行“经营、价格、用工、分配”四放开。国有企业改革由承包经营、租赁经营逐步向股份制、破产重组、兼并联合等方式转变。财政体制逐步实行由上缴递增包干制到分税制为主体的改革，分设国税局和地税局。金融体制实现政策性银行与商业性银行相分离。

1997—2003年，资兴市先后组织实施农村电网改造、企业产权制度改革、发展个体私营经济、城镇基础设施建设、发展外向型经济、水电资源开发等重大发展方略，全市经济持续加快发展。1998年，资兴跻身"湖南省综合实力'十强'县（市）"。1999年，被批准为湖南省第一个"国家可持续发展实验区"。2003年，被列为全省可持续发展示范区。是年，全市生产总值39.03亿元，比1989年增长8.89倍，人均达1.08万元。固定资产总额21.49亿元，比1989年增长10.13倍。社会消费品零售总额16.95亿元，比1989年增长7.24倍。地方财政总收入2.88亿元，税收收入2.58亿元，银行存款30.6亿元，工商税收2.58亿元，保险收入0.8亿元，分别是1989年的8.04倍、5.34倍、8.9倍、5.37倍、9.73倍。

2005年，资兴市实现生产总值58.8亿元，一、二、三产业增加值分别为8.73亿元、35.13亿元、14.94亿元，人均生产总值1.62万元。城市居民人均可支配收入9984元，人均消费性支出6757元，农民人均可支配收入4515元，人均生活消费支出3077元。县域经济综合实力位居湖南省第4位，被湖南省委、省政府授予"湖南省县域经济强市"。

（二）农业

1989年，资兴市建立完善家庭经营和集体经营相结合的双层经营体制。1993年，全市建立村级集体经济组织270个。1998年，延长农村土地承包期和建立土地经营权流转机制。2002年，全市共签订延长土地承包合同6.75万份，土地承包经营证书发放率100%。2003年，全市农村集体经营企业370户，集体经营土地1400公顷。

农业开发 1989—2003年，资兴市历经5期农业综合开发，共建设26个项目区，涉及全市28个乡镇192个行政村。通过综合开发，增加农业产值量、开发多种经营项目，使此间计增加产值2.48亿元，增加利税8700万元。1991年，资兴市被评为"全省农业综合开发先进单位"。1995年，东江脐橙、东江椪柑同时获第二届中国农业博览会金奖。1996年，资兴市被评为全国水政许可管理先进单位。1997年，资兴市获全省农业综合开发一等奖，奖励60万元。2001年，开发研制的狗脑贡茶获上海国际茶博会金奖。此间，结合农业综合开发和以工代赈建设项目，大量兴建水利水电工程。到2003年，全市新建中型水库2座、小（一）型水库2座、小（二）型水库21座，新增蓄水量5853.4万立方米；新建农村饮水工程37个，解决26个乡镇10.8万农村人口的饮水问题；新建水电站44处，总装机容量6.98万千瓦，年发电量2.08亿千瓦时。2003年，全市有兴宁、三都、东江等8处变电站，变电容量6.51万千伏安，全市供电线路长3554千米，供电量1.49万千瓦时，农村电网日趋合理、完整、稳定。

农业经济 1990年，资兴投资14.03亿元，推动"湖南省高效林业示范市"建设。1995年，扩大杂交水稻制种面积；推广新模式稻田养鱼，开发小型水库群；广泛引进优良畜禽品种。1998年后，相继成立资兴市草食动物协会、东江鱼养殖协会等专业合作经济组织。2003年，全市共建立专业合作经济组织206家。当年，全市农业总产值10.82亿元，农民人均纯收入3577元，种植业、林业、畜牧业、渔业分别占农业总产值的35.17%、14.44%、37.43%、12.96%。乡镇企业逐渐成为农林经济的主体和城乡劳动力就业的重要渠道。全市乡镇企业9607户，总产值36.9亿元，从业人员10.77万人。2005年，全市农业产业化步伐加快。东江鱼集团公司跻身湖南省农业产业化"131"重点工程，狗脑贡茶业公司、华兴木业有限公司、东江天然绿色食品有限公司成为郴州市农业龙头企业。农业龙头企业实现总产值5.33亿元。农民人均可支配收入4515元。

（三）工业

1989年，资兴市境内有工业企业2445户，其中中央、部属、湖南省、郴州地属国有企业13户；资兴市属国有企业23户，集体企业138户；乡镇集体企业133户；村组集体企业2058户；城镇个体工业企业79户；外贸独资企业1户。全市完成工业总产值4.43亿元。当年，受经济紧缩影响，水泥、钢材、煤炭等主要工业价格持续走低，企业开工不足，亏损严重，工业发展滞后。1990—1992年，经完善企业承包经营体制，实行“经营、价格、分配、用工”四开放，同时加强技术革新，工业效益逐步回升。1994年，转换企业经营机制，实行风险抵押承包，工业效益显著提升，总产值13.76亿元。1996年始，开展企业破产重组、拍卖、解体、兼并等形式的的产权制度改革。当年实现工业总产值占工农业总产值的81.7%。2000—2003年，实施“以工业化为方向”的兴市战略，以项目建设为重点，进一步加大基础设施建设投入。2003年，境内有工业企业2378家，部、省、郴州市驻资兴工业企业15户，资兴市属国有占一定股份的工业企业13户，股份制集体工业企业119户，内资独资及股份制私营工业企业1120户，外资独资企业5户，村及村以下工业企业1106户。全市工业创总产值48.32亿元。是年，全市28个乡镇（办事处）普遍修建办公楼、综合文化楼、计生服务楼、农技推广综合楼，水、电、路、通信等设施日臻完善。城镇化率由1989年的10.7%提高到35.71%。全市276个行政村，人均住房面积由1989年的12.5平方米增至20.16平方米。2005年，资兴市城镇化进程继续加快，全年投入城市基础设施建设资金5.8亿元，城镇化率达55.48%。按照“工业兴市、园区兴工”的思路，开展“新型工业年”活动，全面推进工业化进程，全年完成工业增加值35.13亿元。

（四）建筑业

1989年后，随着城乡建设的发展，资兴市建筑工程企业队伍不断扩大，乡镇建筑企业和私（民）营建筑企业逐步增多。1989—1998年，全市共有注册建筑企业390户，从业人员3980人。2002年，全市372户私营建筑企业因无等级资质而被取缔。期间，先后有省、市和安仁县等地的18户建筑企业，共1200人来资兴市承建工程，从事建筑事业。1989—2003年，全市累计施工面积269.69万平方米，竣工面积241.6万平方米，完成产值8.02亿元。市内工程量大的标志性建筑有市地税局综合大楼、市电信局办公大楼、鲤鱼江电厂、东江金磊水泥股份有限公司水泥生产线等。

（五）交通运输

资兴市交通优势得天独厚，公路、铁路、水路运输发达，道路四通八达，功能齐备，运输安全、方便、快捷。

公路运输 1989年，资兴有客运车辆127辆，年客运量1223万人次，年旅客周转量2.47亿人千米。1990年，资兴有载重汽车1246辆，年货运量226万吨，年货物周转量6181万吨千米。随后，一些企业新建的专业货运公司相继成立，与个体运输车一起加入货运市场。2002年，经全国第二次公路普查，境内公路总里程2205千米，其中水泥路、油路里程103千米。有各级公路566条，其中省道2条、县道10条、乡道35条、村道519条，实现村村通公路。省道322、213线在境内长97.9千米。2003年，全市拥有客车249辆，年客运量3081万人次，年旅客周转量5.15亿人千米。随着客运市场的发展，国有、集体、个体运输公司齐头并进。郴汽集团兼并资兴市第一、第二运输公司，组建湖南省汽车运输集团有限公司资兴分公司。同时进一步规范客运市场的管理。全市添置了一批豪华空调大中巴和豪华空调无人售票车，分别开通资兴至郴州直达线路、三都至市区至东江等线路，满足了客运市场需求。同年，全市有营运货车1221辆，年货运量645万吨。

铁路运输 郴州至三都铁路（简称郴三铁路），起于京广铁路复线许家洞站北端，止于资兴市三都镇，全长37.4千米。资兴境内长18.4千米，建有11条铁路专用线，连接全市各大中型厂矿企业，沿途设三都、湘红、唐洞、木根桥、鲤鱼江5个车站。1989年，该线年客运量23万人次，旅客周转量1505万人千米。1990年后，随着市内公路客运的迅速兴起，铁路客运受到冲击乘客日趋减少，客运经营下滑。货运却，日趋增多。至2003年，年货运量350万吨，货物周转量由1989年的169万吨千米增加到2.12亿吨千米。

水上运输 1989年，东江库区有六条主要航线，总长424千米，有各种机动船320艘，勾通沿岸9个乡镇。从1990年起，陆续修建滁口、清江、东坪、高田等沿岸21个客货码头，航道总长2953米，共投资691.94万元。1998—2001年，先后投资120万元，将清江码头改造延伸800米，又在东江库区修建19座航标塔，开通夜航指示灯，方便水上日夜航行，确保东江库区主航道客货运输畅通、安全。到2003年，东江库区机动船发展到1886艘，其中快艇88艘，客航209艘，与1989年相比，年客运量由42.6万人次发展到176万人次，年旅客周转量由2328万人千米增至8750万人千米；年货运量由42.58万吨增至106万吨。货运由原来400艘个体小船发展为11艘大中型货船，货运能力成倍提高。2005年，年客运量371万人次，旅客周转量6075万人千米；年货运量已达475万吨，货物周转量1.92亿吨千米，水上货运量大幅增长。

（六）邮政、电信

邮政 1989年，资兴市有54条农村投递线路，单程总长1054千米。从1990年起，邮政事业得到迅速发展。1998年9月邮电分营，成立资兴市邮政局，邮政业务不断扩大，市内自办汽车邮路和委办汽车邮路业务逐步兴起。2002年7月，根据行政区划、人口密度等实行投递制度改革，设立邮政社区服务站，延伸投递服务，基本实现报刊、信函和小件包裹投递到户；并在东江大坝码头开辟单程水运邮路32千米。至2003年，全市邮路投递线路总长3960千米。邮政业务由传统单一业务发展到集函件、邮政储蓄、报刊发行、集邮、汇兑、包件、机要、代办以及鲜花礼仪、邮购、商函广告等多种业务经营，实现业务收入1748.08万元。

电信 1988年后，技术上经历自动电话—程控电话—数字电话进程。1988年，资兴市开通自动化电话。1992年5月，开通无线导呼业务。1993年，开通程控电话，同年11月开通移动电话，1997年7月，开通可视电话。

1998年9月，邮电分设，成立中国电信集团湖南电信公司资兴电信局。1999年7月，移动通信业务从市电信局剥离，成立湖南移动通信有限公司资兴分公司。2003年，成立中国联通资兴营业部。2000年，全市拥有移动电话用户9800户。同年5月，全市开通小灵通业务，至年底，移动电话用户猛增至43665户，移动通信消费逐步走向大众化。当年有数字数据用户3757户，因特网IP注册拨号用户1.06万户，因特网专线用户8户，共有各类网上用户1.44万户。2001年元月，资兴开通宽带网业务，当年宽带网入户6462户，市内各类网吧应运而生。互联网业务的迅速发展，使电脑进入普通百姓家，上网成为人们的生活时尚。2005年，全市移动电话用户达12.1万户，因特网用户6300户。

（七）商贸业

内贸市场 1989—1993年，资兴国有、集体商业市场份额达90%以上，商品流通受计划体制限制，流通渠道不畅。1994年，大力发展个体私营商贸业，个体私营企业相继进入商贸业至年末有个体私营网点1.01万个，从业人员2.11万人，比1989年分别增长3.16倍、4.65倍；社会消费品零售额2.94亿元，占全市社会消费品零售额的68.8%，首次超过国有、集体商业社会消费品零销额的总和。1994—2002年，全市投资3000万元，逐步实现资兴市政府制定的“14688”（1个龙头市场、4个中心市场、6个专业市场、8个边贸市场、8个商业网点）市场建设规划。截至2003年年底，全市共有城乡集贸市场36个，市场总成交额8.76亿元，是1989年的4.8倍。唐洞市区的东江湖宾馆、银都大酒店、五洲大酒店和东江明珠大酒店、依波茵花园酒店先后开业，提升了饮食服务业的档次。

对外贸易 1989年3月，资兴市组建对外经济贸易公司（简称市外贸公司），与市外经贸委合署办公。是年，外贸出口额折合98.2万元人民币。1992年8月，市外贸公司加挂郴州地区对外贸易公司资兴公司的牌子。9月，首次签订外贸出口定单，组织市属各企业批量生产各类铸造件2586.3吨、出口销售到澳大利亚，金属硅、金属钼等工业产品250吨销往日本、美国，水泥、煤炭销往越南。外贸出口额折合338.12万元人民币。1994年，积极组织冬笋、柑橘出口加拿大，组织茶枯饼销往中国台湾地区。外贸出口额折合642万元人民币。1996年，市对外经济贸易总公司被湖南省赋予自营出口经营权，是年，全市外贸出口总额782.23万美元。1998—1999年，克服东南亚金融风暴的影响，外贸出口继续保持增长，全市外贸进出口总值2650万美元。2000—2002年，青岛啤酒、天洋制衣、创兴人造板、大千工艺品4家外贸企业落户资兴；华润电力鲤鱼江有限公司、郴丰鞋业相继动工兴建；出口产品从传统的工业产品铸造件、矿产品及农副产品延伸到体育器材、服装、鞋类、酒类和工艺品等轻工类产品。产品销往北美、中美州、东南亚等国家和中国台湾、香港地区。进出口方式形成生产企业自营、专业公司代理、异地收购等多元化格局。进出口贸易额稳定在1007万美元~2230万美元之间。

（八）旅游

1989年，资兴市旅游饭店客房数不足百间，全市接待游客为5.3万人次，旅游总收入5.2万元。随着东江水库关闸蓄水后形成东江湖，资兴旅游业迅速发展，形成“吃、住、行、游、购、娱”六大综合配套体系。1997年11月，湖南省政府批复同意实施《关于东江湖风景名胜区总体规划》，东江湖旅游资源得以综合性开发利用。2001年4月，资兴市委托中南林学院制定《资兴市旅游发展总体规划》，将境内旅游资源开发划分为东江湖、小东江、汤市、程江口、黄草、回龙山和天鹅山国家森林公园等八大景区；确定本次规划建设期为15年，分3期进行建设。至2003年，资兴市通过自筹和招商引资先后投资4130万元，对景区景点进行改造升级和综合配套设施建设，先后修建东江湖门楼、书画院、南国明珠度假村、五岛一村、生态停车场等。市内旅游宾馆增加到36家，旅游车船队3户，旅游景点企业4户，旅游工艺品加工厂3家，直接从业人数1000人以上，年接待游客110.5万人次，旅游综合收入4.46亿元。同年，白廊乡白廊村成立移民农家休闲旅游协会，会员15户。东江库区移民第二、三产业产值达7647万元，占全年总产值26.3%。2005年，全市接待国内外游客186.4万人次，实现旅游综合收入9.16亿元。

五、文化、教育、科技、卫生、体育

（一）文化

1989—2003年，资兴市作者创作出版文艺专著20余部，在省级以上报刊获奖文学作品60余篇。文化市场不断繁荣，文化经营户发展到300余家。2002年4月，省政府授予资兴市“湖南省文化先进市”称号。2005年，资兴市被评为“全国文化先进市”。

群众文化 1989—2003年，资兴市举办全市群众性“卡拉OK”歌手大赛4次，全市少儿音乐大赛四届，境域东部片9个乡镇举办文艺会演3次。1994年举办合唱团演唱会，28个乡镇、唐洞街道办事处及机关单位、学校共339个合唱团（队）参加演唱，参演者5万余人，演出62场，演唱歌曲100余首，观众11.7万余人。《工人音乐报》《三湘乐坛》作了报道。与此同时全市先后举办生态旅游节、老年艺术节、龙溪山羊节等文艺活动。资兴市有民间舞蹈队12支，队员600余人。

文学艺术 资兴市文艺创作成果丰硕。1992年，资兴举办第一届东江笔会，邀请数十名省内外知名文学艺术家到东江湖旅游观光和采风，由著名诗人于沙作词、作曲家邹启炎作曲创作的《东江之歌》，特请著名歌唱家宋祖英演唱，由资兴电视台制成音乐电视，在省、郴州市电视台播放后，反响强烈。1998年，左小雪创作的歌曲《火之歌》由中央人民广播电台播出，并在全国总工会举办的第三届厂（店）歌曲征集活动中获二等奖。2000年，曹玉章创作的歌曲《妹妹是那飘来的五彩霞》获中国民歌“十大金曲”金曲奖，2001年，其创作的歌词《滑溜溜的山路溜哟溜》获“全国公益歌曲”征歌评选金奖。当年，文艺湘军百家文库编委会出版《诗歌方阵·袁伯霖卷》。2002年，郭廷辉创作的书法作品获“三溪杯”全国硬笔书法大赛二等奖、“盛世中华杯”金奖。曹广文的摄影作品曾在美国、法国、日本、韩国展出。其作品《晨光如歌》2003年获中国第十届国际摄影艺术展览国际勋条奖，同时入选日本第64届国际摄影艺术展。2003年，李宙南创作的报告文学《英雄的村庄沉没前夕》获第四届全国报纸副刊好作品一等奖；李性亮发表的剧本《祁乡长断案》，获中国戏剧文学剧本奖；同年5月28日，李性亮应邀赴北京人民大会堂领奖。是年，许长生创作的水彩画《刨花》选入“中国首届水彩画艺术展”，并获铜奖。

图书阅读 1989年，资兴市总藏书量为135万册，市图书馆的藏书量为5.59万册，报刊298种。市图书馆拥有持证读者1523人，全年外借图书2.1万册次，读者阅览1.7万人次，解答咨询课题100个。当年，全市销售各类图书123万册，营业额410万元。2003年，市图书馆藏书7.82万册，报刊512种。全市有各级图书馆（室）329所，总藏书量230万册，人均拥有6.4册，接待读者共1.5万人次。市图书馆持证读者达2000余人，外借图书3.8万册（次），内阅4万人次，解答咨询课题380个。当年，全市发行图书、电子读物226万册，实现销售金额1290万元；其中市新华书店销售码洋达到1156万元，销售图书、电子读物192万册，实现利税总额93.60万元。

广播电视 1989—1996年，资兴100%的乡镇、82%的行政村开通有线广播，广播入户率50.6%，有效音响覆盖率70%。其间，电视事业迅速发展。市内先后建成10~300瓦无线电视转播台29座，装机39台。发展卫星电视接收器4500余个，无线电视人口覆盖率100%。至2003年，架设有线电视专线2661.60千米，有线电视节目增加到43套，电视用户5.48万户；资兴市先后被评为“湖南省农村广播电视网建设先进市”和“湖南省村村通广播电视工程建设先进集体”。2005年，全市有线电视用户4.25万户，并获“全国农村电影放映先进集体”。

（二）教育

自1989年始，资兴市不断增加教育投入，发动和鼓励社会力量办学，着力调整学校布局，强化学校内部管理，全市教育事业发展迅速。1996年，国家教委授予资兴市“‘两基’教育先进市”称号。2003年，全市共投资8837万元，新建校舍13.63万平方米，改扩建校舍6.70万平方米，改造危房7.58万平方米。全市中小学校园面积142.13公顷，生均47.36平方米；校舍面积91.8万平方米，生均15.1平方米，均达国颁标准。实现国家规定的基本普及九年义务教育和基本扫除青壮年文盲的目标。全市校园文化建设投资1800万元，新建和改造校舍15万平方米，硬化道路5.58万平方米，铺设草皮8.11万平方米，栽花种树35万株，购置不锈钢标语牌510块，修建文化长廊5个，筹建校园电视台3个，建成教育信息中心1个，创建郴州市级样板学校49所。2005年，资兴共有各类学校248所，在校学生4.8万人。儿童入学率、初中入学率均为100%，高中入学率50.21%，高等学校升学率68.84%。

幼儿教育 1989年，资兴市有幼儿园3所，在园幼儿474人；有学前班155个，入学幼儿4228人，村级学前班办班率为55.86%。2003年，全市有幼儿园45所，其中公办幼儿园7所，乡镇中心幼儿园12所，民办幼儿园26所；在园幼儿4016人，城镇幼儿入园率达94.3%。碑记乡自筹资金8万元，办起一所全市一流的乡镇幼儿园。当年起，城镇取消学前班，创办“校中园”——学校附设幼儿园。市一完小创办“市怡晓幼儿园”，二完小创办“未来之星幼儿园”。是年，有农村学前班169个，在班人数2067人。

小学教育 1989年，资兴市有小学430所，在校学生3.42万人，学龄儿童入学率99.26%，年巩固率96.19%，普及率97.76%，毕业率90%。有校舍面积54.28万平方米。1997年10月，台湾茂欣企业股份有限公司董事长陶均岳捐资25万元，在彭市乡水南村建起资兴市第一所“希望小学”——晓润希望小学。2002年10月，香港邵逸夫先生捐资在蓼江中心完小兴建逸夫教学楼。农村办学通过分类定级、调整布局，到2003年，全市有小学207所，在校学生2.61万人。全市小学年巩固率99.9%，入学率、普及率、毕业率、升学率均达100%。

中学教育 1989年，资兴市有公办全日制初中30所、高中4所、民办中学1所。当年，全市高考本科上线28人，录取42人，录取率4.57%；1997年，高考本科上线及录取名额首次突破“百人大关”，873人参考，本科上线139人，录取171人；2002年，本科上线343人，录取487人。2003年，全市有公办初中30所，其中国有民办初中1所（东江实验中学），民办完全中学1所（振兴中学），高中2所。初中在校学生1.67万人，高中在校学生4058人，比1989年分别增加8438人、1296人。厂矿企业共有中学（含九年制学校）9所，其中高中1所、初中8所，在校学生4678人，占全市中学生21.1%。当年高考本科上线369人，录取459人。至此，市立中学先后有5人考入清华、北大。

成人扫盲教育 1989年，资兴市有15~45岁青壮年7.95万人，其中文盲半文盲6140人。1990年，贯彻落实国务院《扫除文盲工作条例》，大力开展扫盲教育。以“日校办夜校、一师任两教”和“送教上门、包教包学”等方式进行扫盲，当年脱盲1148人。1993年，资兴市扫盲巩固率98%。1995年，全市非文盲率为97.94%。1996年，进一步巩固和发展扫盲成果，当年全市青壮年非文盲率为98.63%。2000年，扫除剩余文盲1249人，全市青壮年非文盲率为99.49%，实现基本扫除青壮年文盲目标。此后，未做扫盲统计。

教学成果 1991年，资兴市在全国初中化学竞赛中，龙飞获理化两项国家级一等奖；在全国高中数学联赛中，市一中钟实坚获三等奖。1995年，在全国初中物理奥林匹克赛中，木市二中何智海、香花中学宋大友均获得铜牌奖。1997年，在全国小学生数学奥林匹克赛中，有30名小学生获国家级奖，其中兰市完小华春会获一等奖。1998年，在全国初中化学奥林匹克赛中，市一中赵小春获国家级三等奖；在全国初中生化学素质与实验能力竞赛中，香花中学陈磊获国家级一等奖，李智永获国家级二等奖；在全国初中生数学奥林匹克赛中，七里中学蔡信等5人获国家级二等奖，市立中学谢波等12人获国家级三等奖。同年，参加全国小学生数学奥林匹克赛，资兴市55人获国家级奖，市一完小蔡喆获一等奖。1999年，在全国小学生数学奥林匹克赛中，资兴市67人获国家级奖，兴宁完小李茉莉等14人获一等奖。2000年，在全国中学生外语口语竞赛中，市立中学李彦获高中组二等奖，市一中肖立云、李丽华获初中组二等奖。

（三）科技

1989—2003年，资兴市科技工作围绕“科技兴市”战略目标，实施“个十百千万”（1个有权威的领导小组、10个科技拔尖人才、100名中级技师、1000名初高中毕业生、10000名农技员）科技培训工程，建立科普示范基地，创建科普示范户；引进、推广各类先进实用科技项目150项，自研项目487项。其中25项自研项目被科技部列为“星火技术密集区”“可持续发展示范区”项目。

1992年，资兴市开始创办科技示范基地。1994—1996年，启动星火技术密集区建设，先后被列为湖南省星火技术密集区和国家星火技术密集区、湖南省社会发展综合实验区。1996年，被评为“全国科技工作先进县（市）”和“国家星火技术密集区示范市”；1999年，资兴市列为国家可持续发展实验区。2002年，再次被列为国家星火技术密集区。2003年，被确定为“湖南省可持续发展示范区”。全市共安排自然科学技术研究项目487项。《银杉保存与繁殖技术研究》等25项列入国家级计划项目；省级项目有《东江湖网箱养殖工程鲫、工程鲤高产技术研究》等56项。

1989—2003年，全市引进、开发、推广各类先进实用生产技术项目450项，其中有25项研究成果分别达到省内、国内或国际先进水平；共鉴定、验收、推广科研成果180项，获科技进步奖113项，其中获国家级奖1项、省级奖20项。2000年、2002年和2003年，资兴市均被评为“全国科技工作先进县（市）”。2005年，全市取得重点科技成果4项，科技进步对经济发展的贡献率58.24%。

（四）卫生

医疗机构 1989年，资兴市市直医疗机构有市立医院、市人民医院、市中医院等6家，乡镇卫生院26家、驻资厂矿企事业单位医院32家、村卫生室232个、学校卫生室3个、个体诊所39个。1990年和1993年，资兴市被湖南省政府授予“农村卫生建设先进市”。1994年，被省政府认定为“农村初级卫生保健合格市”。2003年，全市市直医疗机构6个，乡镇卫生院24家，驻市厂矿医院38家，计生医疗机构30个，学校医疗机构6个，社区医疗机构4个，村卫生室332个，个体诊所11个。全市卫生队伍日渐优化，医疗技术水平日益提高。全市人民健康水平不断提升，2003年人均预期寿命达72岁，比1989年增加5.86岁。2005年，全市有卫生机构（含诊所）432处，有各类卫生技术人员1246人，拥有医疗床位1004张。

疾病防控 1989年，资兴市市、乡、村三级卫生防疫机构和医疗单位，建立健全疫情登记、报告、疫源地处理制度。1994年，全市29个疫情报告单位，报告疫情1044旬次，报告率100%。1989—2003年，资兴市开展预防接种的生物制品14种，其中儿童基础免疫接种的生物制品有5种。1996年对0~7岁儿童全程预防接种率，全部实现卫生部规定的以市（县）、乡（镇）、村为单位三个85%的目标。至2001年，强化儿童免疫活动共实施8次16轮。2002年，开始进行查漏补种。2003年7月，乙肝疫苗纳入计划免疫程序，免费为新生儿接种乙肝疫苗1589人，及时接种率77.07%。全市实施计划免疫以来，连续15年无白喉、百日咳、脊髓灰质炎病例。霍乱、麻疹、狂犬病、流行性乙型脑炎等传染病得到有效防治。

（五）体育

群众体育 1989年，资兴市先后在市区体育中心兴建50米×21米标准游泳池、400米标跑道准田径场、球类训练馆、带看台灯光球场、东江湖国家级水上运动中心等体育设施。群众体育活动蓬勃兴起，经常举办全市性农民运动会、学校田径运动会、老年人门球赛、篮球赛等体育赛事，常年坚持体育锻炼的人员在12万人以上。1990年，资兴市政府划地4.8公顷、拨款10万元兴建市区体育活动中心。1995年，国家颁布《全民健身计划纲要》，市政府拨款200万元兴建球类训练馆，设排球、羽毛球、旱冰和乒乓球训练室（场）等，建筑面积1100平方米。1998年，资兴市被评为“全国体育先进县（市）”。2003年3月，市政府划拨用地12.5公顷、投资5000万元兴建资兴市水上运动中心，被列为湖南省皮划艇、赛艇后备人才培训基地。学校有田径场11个，篮、排球场75个，其中水泥篮球场25个。当年，资兴市皮划艇队在东江实验中学重新组建，市财政拨款20万元，重点兴建室内荡浆池、船库、简易下水码头，添置皮划艇、赛艇等器材。

竞技体育 1993—1994年，资兴市籍运动员黎锋英夺得亚洲地区女子举重锦标赛54千克级抓举冠军和世界第八届女子举重锦标赛54千克级金牌，并打破该项世界纪录，成为湖南省第一位54千克级女子举重世界冠军。1994年9月，市业余体校女独臂运动员宁赛礼在第六届远东及南太平洋地区残疾人运动会上，夺得女子400米跑银牌。1998年，在泰国曼谷举行的第十三届亚运会上，黎锋英夺得女子54千克级举重银牌。同时，资兴市业余体校运动员王海夺得皮划艇4人划铜牌。2000年，在第七届远南残运会上，宁赛礼一举夺得女子100米、200米和400米跑3枚金牌及800米跑银牌，且均破世界纪录。赛后，宁赛礼出席国务院举行的庆功会，并被湖南省人民政府授予"'三八'红旗手"。同年9月，在常德举行的第八届亚洲皮划艇锦标赛中，王海夺得500米单人艇和1000米四人艇2枚金牌及1000米单人艇银牌。2002年，宁赛礼参加远南残运会，又一次夺得田径100米、200米和400米3枚金牌。2005年，资兴市运动员在参加全国、全省体育比赛中，获金牌5枚、银牌12枚、铜牌11枚。

第二节 桂阳县

一、地理

（一）位置面积

桂阳县位于郴州市西部，南岭北麓，湘江支流的春陵江中上游。与永兴县、苏仙区、北湖区、嘉禾县、临武县，衡阳市的常宁市、耒阳市，永州市的祁阳县、新田县相邻。地处北纬25°27′15″~26°13′30″，东经112°13′26″~112°55′46″之间。全县土地总面积2958.29平方千米，是郴州市面积最大的县。

（二）自然环境

桂阳县自元古代震旦系以来，历经武陵、雪峰、加里东、华力西、印支、燕山、喜山等多次构造运动，主要形成径向构造和新华夏构造。境内南北多山地，中部多岗丘，舂陵水由西入境向东折北流，将全县切成西北、东南两大块。桂阳地处南岭山脉中段北缘，北枕塔山、大义山，南倚骑田岭北麓，中间为广阔的丘陵岗地，形成南北高、中间低的马鞍型。境内有山地面积1131.59平方公里，分南部中低山区和北部中低山区两大片。南部中低山区有金仙寨、龙渡岭，海拔分别为1277米和1106米。另有高800米以上山头22个。北部中低山区由塔山、大义山、泗洲山等山体组成。有大小山头150多个，其中海拔1000米以上的50个，泗洲山最高，海拔1428.3米。山与山相连，组成一条近40千米长、山系纵横、层峦叠嶂的山体，成片分布于白水、华泉、杨柳等16个乡镇。境内丘陵面积780.95平方千米，岗地面积592.54平方千米，平原面积467.72平方千米。平原主要由河谷两岸的平缓地或溶蚀洼地形成大小不等的平坦地面。其中溶蚀平原占总面积92.23%，溪谷平原占平原面积的7.77%，一般坡度小于5度，海拔高度在200~250米之间。

境内河流较多，主要有舂陵水、湖屯水、白水、神堂水和宜水5条流域，其支流共218条，除神堂水南流注入武水汇珠江外，其余4条河均北流注入湘江。最大河流是舂陵水，发源于蓝山县，主流长115千米，多年平均径流量141.81亿立方米。流域桂阳境内面积2244.33平方千米，占全县总面积的75%。次是湖屯水，又称西水，民间习惯叫官溪河，该水集大小支流32条，主流长41千米，境内流域面积461.07平方千米，年径流量15.41亿立方米。受地形、植被和气候影响，境内降水量在时空上有一定差异。春陵江以南年降水量为1200~1600毫米，春陵江北部偏西为800毫米~1200毫米，偏东为1000~1400毫米，南部县城1997年年降水总量达2077.8毫米，是1989—2000年来县内最大降水值。北面以西北部较少，年降水量为800毫米左右。在时间上呈现出春季雨水少，夏季雨水多，秋冬常遇干旱的突出特点。夏季雨水多集中在4—6月，7月份雨季结束进入伏旱。且6—8月蒸发量最大（月平均蒸发量为641毫米），加上夏季高温暑热，地面水份大量蒸发，易造成全县严重旱情，对农业生产影响颇大。

桂阳县属亚热带季风湿润气候。冬季无严寒，夏季酷暑时间短，南北山区为春冷、夏凉、秋干、冬寒；中部广大的丘岗山地为春凉、夏热、秋旱、冬冷。年平均气温为17.5℃，年极端高温南北山区30℃~35℃，中部丘岗山地35℃~40℃；年极端低温山区为-8℃~-12℃，丘岗山地-3℃~-8℃。其中，1998年和1999年年平均气温均超过18℃，1998年7月中旬至8月下旬连续38天日最高气温≥35.0℃，日平均气温≥30.0℃。境内年平均日照时数为1566小时，日照辐射最多的是7月份，为245小时，最少是2月份，为61小时。日照时数一般山区少于丘岗山地2成至3成。

（三）自然资源

桂阳县土地总面积为29.54万公顷，其中耕地5.71万公顷，占土地总面积的19.33%；林地16.37万公顷，占土地总面积55.43%；天然牧草地1.99万公顷，占土地总面积的6.71%；城镇、村庄和工矿用地8960公顷，占土地总面积的3.03%。水域1.10万公顷，占土地总面积3.72%。尚可利用土地3.05万公顷，占土地总面积的10.33%。

桂阳县资源丰富，尤以矿产著名，历有"八宝之地"美誉。矿产资源有矿种多、储量大、品位高、分布广特点。境内有矿产11类103种，已开采利用的有色金属矿有铅、锌、锰、铁、金、银、铜等，非金属矿有石墨、煤炭、大理石、花岗岩等，产品远销海外数十个国家和地区。水资源丰沛，境内5条河流加自然降水及地下水，水量充沛；全县水能理论蕴藏量为11.08万千瓦，占郴州市的7.4%，人均146瓦，可开发利用量8.83万千瓦，为发展农村小水电事业提供了优越的条件。动植物资源丰富，全县有各类树种3门68科380余种，有古树名木500余株，其中作为全县支柱产业之一的马尾松林有6万公顷，占全县国土总面积的20%；全县有野生陆栖脊椎动物56种，其中属国家一级保护动物的有草鸮、短耳鸮、鸢、雀鹰、红腹角雉、穿山甲、小灵猫、大鲵、虎纹蛙等9种。此外，水生动物有16科100余种，以鱼类最多。全县森林覆盖率由1988年的40.57%增加到1995年的44.60%。旅游资源具有丰、古、奇、美、神等特点，具开发价值的旅游景点有100余处。2005年，桂阳县接待游客40.53万人次，实现旅游综合收入2.21亿元。

二、建置、区划

（一）建置

桂阳县建置源出东晋建武元年（317），陶侃析郴西地置平阳县（今桂阳县）。至今近1700年中，县城一直为郡、监、军、路、府、州、县治驻地，是桂（阳）、临（武）、蓝（山）、嘉（禾）等县的政治、经济、文化中心。民国2年（1913）9月，废桂阳直隶州改名桂阳县。1949年10月13日桂阳县解放，设立桂阳县人民政府办事处，隶湖南省郴县行政专员公署。1959年3月，隶郴州专区。

1995年，隶郴州市。

（二）区划

1989—1992年，桂阳县辖3镇36乡，32个居民委员会、468个村民委员会、4989个村民小组。1993年9—10月，飞仙、和平、莲塘、塘市、太和、仁义圩、洋市等7个乡撤乡建镇，政区不变；1996—1997年，方元、樟市、荷叶、敖泉4个乡又先后撤乡建镇，其政区也不变。同时，在乡镇治所地组建居民委员会，将部分村民委员会改称居民委员会。截至2000年，全县辖14个镇、25个乡（其中少数民族乡2个），71个居民委员会、493个村民委员会、4991个村民小组，11个县直农林场所和25个机关厂矿居民委员会。至2005年未变。

三、人口 民族

（一）人口

1988年，桂阳县总人口为70.30万人。1990年7月第四次全国人口普查统计，全县有71.66万人，其中男性37.05万人，女性34.61万人，性别比为107.05。1998—1999年，桂阳县人口增速减慢并稳定在5‰左右。2000年11月第五次全国人口普查统计，桂阳县有72.52万人（不含外出半年以上人口数，实有人口77.35万人），其中男性38.19万人，占52.66%，女性34.33万人，占47.34%。性别比为111.22∶100。10年间增加0.86万人，实际增加4.83万人，年均增加4830人。65岁以上人口占6.4%；小学以上文化程度人口占总人口的87.2%，其中具有大专以上文化程度人口占人口总数的1.35%，文盲半文盲占人口总数的12.17%。2005年，桂阳县总人口79.72万人，其中城镇人口27.35万人，人口出生率11.01‰，自然增长率7.05‰。

（二）民族

桂阳县计有汉、瑶、蒙、回、藏、维吾尔、彝、壮、布依、朝鲜、满、侗、白、土家、哈尼、黎、佤、纳西、土、仫佬、羌、仡佬、普米、塔吉克、苗25个民族。汉族人口占总人口的99.64%。

四、经济

（一）发展速度

1989年，桂阳县以农业综合开发和丘岗山地开发为龙头，调整农村产业结构，发展多种经营。工商企业实行承包经营，小型企业实行“改制、转让、租赁”，集体企业实行股份制，企业经营逐渐推向市场。与此同时，国家宏观经济供求矛盾突出，工业品价格上涨，导致通货膨胀。当年全县零售物价总指数上涨31.2%，服务项目价格指数上涨39.4%，城乡居民储蓄余额比上年下降375万元，下降4.1%。进入20世纪90年代，全县认真贯彻中央治理整顿的方针，继续深化改革，压缩投资规模，调整投资方向，优先安排农业、交通、能源、通信等项目建设，严格控制非生产性投资，生产总值1991年比1988年增长2.2%。

1992—1995年，桂阳县利用矿产资源优势，相继建成县铅锌锰矿技改工程、铅锌冶炼厂4000吨电铅工程、铅锌选厂扩建工程、水泥厂年产13万吨扩建工程、县机械厂人造金刚生产线、荷叶煤矿井巷改造工程、金仙矿泉水厂1万吨瓶装生产线、流峰化工厂、太和镇年产1000吨高碳石墨厂、清和乡年产3000吨电池棒厂等工业骨干项目和企业。截至1995年，全县各类工业企业6697户，比1990年增加3261户，其中个体和合作经营工业企业增加3192户。开发丘岗山地4935.8公顷。批准登记注册的“三资”企业9户，实际利用外资2391万美元。1995年与1990年比，全县生产总值增长66.9%，年均增长11.30%；农业总产值增长33.4%，年均增长5.9%；工业总产值增长172.4%，年均增长22.2%。全社会固定资产投资6.66亿元，年均投资1.33亿元，财政总收入3.91亿元，年均增长19.5%。社会消费品零售总额增长201.4%，年均增长24.7%。

1996—2000年，桂阳县克服亚洲金融危机和1998年特大旱灾影响，大力发展乡镇工业，逐步建成六个工业小区，即以城关、城郊为主的高科技、建材工业和食品加工业小区；以黄沙坪、方元为主的铅锌、锰、铁系列有色金属工业区；以太和、清和为主的石墨加工工业区；以飞仙为主的竹器、陶瓷工业区；以洋市、东成为主的油脂加工工业区。大力推进科技兴农战略。重点抓好种苗工程、项目工程、示范样板工程、基础工程和农业产业化5大工程。建起太和辣酱厂、天韵银杏茶厂、成氏面条厂等农产品加工企业。养殖业产值占全县农林牧渔业产值的比重达31.3%。1997年县委、县政府作出《关于进一步加快发展个体私营经济的决定》，鼓励个体工商户企业按照国家有关规定租赁、兼并、承包和收购国有中小型企业。鼓励外来人员到桂阳县投资办厂，优化投资环境，给个体私营经济的发展提供宽松环境。2000年底，全县个体私营经济经营户2.83万户，从业人员7.13万人，总产值31.97亿元，上缴税收4749万元。完成生产总值33.82亿元，年均增长8.9%，工农业总产值44.82亿元，年均增长11.4%，社会消费品零售总额11.10亿元，年均增长16.9%，财政总收入2.03亿元，年均增长14%，其中地方财政收入1.63亿元，年均递增11.9%，完成社会固定资产投资20.57亿元。

2005年，桂阳县实现生产总值63.94亿元。一、二、三产业比为26.2∶37.3∶36.5。完成地方财政收入3.47亿元。

（二）农业

1989年，桂阳县被定为国家立项的湘南农业开发区，开始有计划、有重点、有步骤地对农业资源进行综合开发，改善农业生产条件，增强农业发展后劲。同年8月，桂阳县委、县政府为改造境内6.7万公顷荒山，制定“五年消灭宜林荒山、八年绿化桂阳”的奋斗目标。

20世纪90年代，桂阳在完善农村双层经营承包责任制的同时，狠抓产业结构调整，逐步向农、林、牧、渔、服务业发展，加速农业产业化进程。将烤烟生产作为全县农业的支柱产业促进发展，快速养殖业发展，形成城郊、共和、仁义、梧桐、飞仙岩口五大养殖小区。采取“公司+基地+协会+农户”模式，带动药材、渔业、优质水果和农产品加工等新兴产业的开发建设，建成稳固的1.22万公顷烤烟、120万头生猪、0.67万公顷优质药材、0.5万公顷优质水果、0.4万公顷水产养殖等一批上规模的农业产业化生产基地。桂阳金叶种业有限责任公司、安徽百草堂药业、欧阳海库区现代水产、广州鹭业水产、郴州开达新农、欢乐养殖场等一批农业龙头企业相继建立。1997年，经湖南省林业厅检查验收，实现灭荒达标和绿化达标的目标，摘掉“百万亩荒山大户县”的帽子。全县加强以乡镇农技站基础设施建设为主的农技推广体系建设，新建扩建乡镇农技推广站建筑总面积2.1万平方米，获“全国农技推广体系建设先进县”称号。同时，加大农技推广力度，从古巴引进的旱稻“巴西陆稻”在城郊乡牛巷口村试种成功，软盘育秧、大田抛秧等“十大”农业新技术在全县推广。1998年4月，省农业厅拟定桂阳县为农业十大新技术推广示范县。2000年农业总产值9.02亿元，粮食总产量30.86万吨，生猪出栏63.43万头，水产品产量为8900吨。1989—2000年，桂阳县连续实行六期农业综合开发，各级政府投入资金9032.5万元，平均每年投入752.7万元。全县农、林、牧、渔总产值累计128.03亿元，占同期生产总值的58.48%，其中2000年农、林、牧、渔总产值17.89亿元，占当年生产总值的52.91%。农村工副业产值6038万元，比1988年增加3754万元。

2005年，全县完成农、林、牧、渔、服务业总产值25亿元，农民人均纯收入4177元，农民人均住房面积35.64平方米。

（三）工业

1988年，桂阳有工业企业（含中央、省、地区驻桂企业）3947户，工业总产值2.57亿元（当年价），占工农业总产值的38.68%。1989年，桂阳县以发展矿产品精深加工业为重点，大力发展新型工业，矿产品精深加工业成为支撑全县工业发展的主要动力，"桂阳矿业"品牌效应逐步彰显。依托高新技术加大对传统支柱产业和骨干企业挖潜改造力度，有效拉长产业链，促进资源的高效利用，全县矿产品加工业呈现出产业升级、结构趋优、效益提高、科技文化品味提升的发展格局。至2005年，全县规模以上企业97户，其中矿产品精深加工企业55户，占57%；园区工业快速发展。抢抓沿海地区产业转移先机，在工业园区构筑产业平台，逐步形成以县工业园，子龙、黄沙坪、欧阳海大坝等加工工业小区和郴桂嘉高等级公路沿线工业带为主的"一园六区一带"工业发展格局。工业园区有规模企业52户，占全县规模企业总数的54.6%，产值占整个规模企业的67.1%；循环经济方兴未艾。申湘回收、锐驰矿业、兴达环保等一批典型的循环经济工业企业脱颖而出。2005年，全县全部工业实现增加值20.17亿元（当年价），对经济增长的贡献率50.79%。规模以上工业企业经济效益综合指数为299.83%，盈亏相抵后实现利润总额3.38亿元（当年价）。

（四）城镇建设

1989—2005年，桂阳实施"东进南延，西绿北扩"的城区建设发展战略，改造旧城区，开发新城区。17年间，新建、改建、扩建城区道路19条38.31千米，形成"五横五纵"交通网络，构筑城市建设总体框架。城南、城北新区开发建设，使县城城区面积扩展到14.3平方千米，比1988年的10.2平方千米扩大4.1平方千米，增加40.19%。城区基础设施日臻完善，市容市貌改变过去"晴天一身灰、雨天一身泥"的状态，县城绿化率达41%，人均公共绿化面积8平方米。2001年桂阳县获湖南省文明卫生县城称号。城关镇、黄沙坪镇和流峰镇被列为全省小城镇建设重点镇。乡镇建设步伐加快，基本完成通乡公路改造工程，全面启动通村公路建设工程。

（五）建筑业

1988年，桂阳县经过资质审核的建筑公司（队）26个，从业人员1537人。进入20世纪90年代，随着城乡建设的快速发展，施工场地增多，建筑队伍不断扩大，技术力量渐次提高。1992年，全县施工企业增加到61户，从业人员2574人。1993年，全县乡镇建筑企业155户。从1994年起，一些个体建筑队纷纷进入建筑市场。1996年，桂阳县乡镇建筑企业达820户，其中个体建筑队有783家。同时出现建筑市场过热、管理混乱、竞争无序、建筑质量下降等问题。1997年，通过整顿建筑市场，清理出无资质和无证施工队14家，全县建筑施工队减少至47家，从业人员为2104人。1999年，全县乡镇建筑企业325户，从业人员4066人，实现产值2.93亿元。2000年，经过市场竞争，优胜劣汰，全县23个资质达标、信誉度高、质量可靠的建筑公司得以继续从业，有从业人员1612人。其余的建筑队退出市场。桂阳三中体艺馆和桂阳建设大厦成为桂阳示范性建筑工程。

（六）交通运输

公路运输 20世纪90年代，湘运桂阳车队开通桂阳至长沙、桂林、广州、东莞等地长途客班。1997年初，桂阳汽车站购进10辆高档中巴，开通桂阳至郴州的空调快车。同年8月，购进中巴20辆，在县城内首次开通3路公共汽车。同年，四里乡购进两台高档豪华带卧铺大巴，每日往返于四里至广东东莞、中山之间，为本地外出务工人员提供出行方便。少数村民联户购置拖拉机、农用车。荷叶镇两路村罗方延和老铺村欧阳平合伙购进中巴客运车投运。此后村民购车运输逐年增多，到2000

年，荷叶镇4个行政村共有大货车154辆、农用车30辆、拖拉机18台、大客车1辆、中巴客运车2辆、小车31辆。城内公共汽车增到37辆。2000年，桂阳县内公路总里程2708.6千米，比1988年增长48.18%，实现全部乡镇及99%的行政村通公路。全县有登记在册的各种机动车辆7090台，年货运量2538万吨、客运量2377万人次，分别是1988年的1.6倍、11.8倍和6.7倍。县城每天都有数十辆和“面的（出租小车）”向乘客出租。

铁路运输 桂阳铁路以矿山小轨铁路居多。黄沙坪矿和一些乡镇的小煤窑大多装有运输矿品的小轨铁路。郴州至嘉禾地方窄轨铁路在桂阳境内39.36千米，设有6个车站、2个料场。1987年11月15日全线正式营运后，桂阳按照所需数量组挂车箱及时运至郴州转运站。1989—1994年，境内铁路客运每年在10万人（次）以上，1992年最高达15.53万人（次）。年货运量逐年上升，1994年达13万吨。1995年后，因公路建设日益发展，铁路旅客逐渐减少。

水上运输 桂阳县内航道以舂陵江为主，从飞仙镇源潭村至欧阳海大坝，绵延115千米，途经飞仙、银河、雷坪等15个乡镇。中设38个渡口，其中地处交通要道的渡口有16个。浩塘乡何家渡口日渡客量400余人次。七拱桥至欧阳海大坝航道可通行20吨以上船舶。平日生产性船舶往来较多。1989年，县内有各种船只108艘，518个吨位。2000年，船舶总数增加到258艘，吨位增加到1251个。货运量从1989年的3万吨提高到2000年的9.3万吨；客运量每年稳定在40万人次以上。

至2005年，全县交通运输业继续加快发展，当年全社会货运量6452万吨，客运量5532万人次，货物周转量20.83亿吨千米，旅客周转量14.85亿人千米。

（七）邮政、电信

邮政 1988年，桂阳县有邮路102条，总长2809千米。全县函件总量为110万件，邮电部门收寄包件1.91万件，内汇款通知单汇兑量为6.13万张，邮政储蓄余额为14万元。自1994年2月始，自办汽车邮路4条，委办汽车邮路、步班邮路118条。邮路总里程2902千米，其中农村投递线路总长2580千米。20世纪90年代后期，县邮政部门开辟“邮政专送广告”“邮政礼仪”“邮政特快专递”等新业务。通过上门揽收、投递到户、代客报关、代客包装等形式，受到用户欢迎。2000年，办理业务840余件。1998年，桂阳县邮政与电信分营。全县各乡镇邮电支局相应按专业独立运行。县局分设在基层的网点按其业务量大小分邮政支局、邮政所、邮政代办所、邮政代办点四个层次。2000年，县内有9个邮政支局、10个邮政所、9个邮政代办所、190个邮政代办点。到2000年，全县函件减少至100.86万件，收寄函件1.11万件，收兑汇单3.94万张，邮政储蓄余额1.64亿元，集邮户2010户，集邮29.62万枚。

电信 1988年，贵阳郴州县城乡共有电话机623部，均为“摇把子”磁电式电话。1991年，开通自动电话，自动拨号取代人工手摇。1992年，投资19万余元，驾设桂阳—太和14.6千米第一条四芯光缆线，太和乡政府投入46万元开通自动电话256门，成为全县第一个告别“摇把子”电话的乡。1993年10月底，开通程控电话。“九五”（1996—2000年）计划时期，全县开展“万门电话入户大行动”，共投入资金8000万元，建成27个交换网点，15座移动通信基站；铺设管道光缆5716沟千米，架空电缆1800万对千米，电话机总容量达6万门，全县39个乡镇全部通电话，493个行政村村村通电话。城乡电话机总量达5.13万部，县城入户率23.97%，农村入户率4.32%。实现传输数字化，交换程控化。公用电话不断发展。1993年，在县城内设立公用电话，颇受用户欢迎。同年，县内开通数字移动电话，移动电话用户增至400余户；开通127自动寻呼台。次年，在流峰岭上架设移动通信发射机，使县北大部分农村都能接收BP机信号，BP机进入桂阳农村市场。1996年，互联网进入桂阳，县工交办成为首家上网的县直单位。1999年，电脑爱好者李书华办起商务信息中心，为网民提供上网条件。当年，县电信局开通互联网业务，有104户网民上网。至1998年，移动电信用户增加到3020户，手机逐步进入普通百姓家。1998年，桂阳县电信与邮政分营，成立中国电信集团湖南省电信公司桂阳电信局。7月，无线寻呼业务从县邮电局剥离，成立郴州联通桂阳分公司。1999年7月，移动通信业务从县电信局析出，成立湖南移动通信有限公司桂阳分公司。2000年6月，成立中国联通桂阳分理处。到2000年底，县电信局自办经营公用IC卡电话109处，个体代办公用电话336户，其中农村集镇代办户130户。2000年，全县移动电话用户增至1.17万户，移动通信消费日趋大众化。县内无线寻呼用户达1.36万户，月均业务收入超10万元。网民增加到2321户。荷叶镇猕猴桃种植专业户何小平通过互联网发布产品销售信息，一次性与外地客商签订1.5万千克猕猴桃销售合同。到2005年底，全县有固定电话用户8.6万户，移动电话用户9.50万户，互联网用户7434户。

（八）商贸业

1989—1993年，桂阳县国有商业、合作商业占主导地位。1994年，个体私营经济进入商贸发展快车道，当年，个体商业网点发展到9215个，从业人员达2.14万人，商贸零售总额12.10亿元，占全县商品零售总额的54.98%。至2000年，个体私营经济商品销售总额达到9.37亿元，市场份额达到84.44%，个体私营经济成为全县商贸流通的重要组成部分；商品市场流通逐渐形成低、中、高档商品齐全，购销两旺态势。全县社会商品总额由1989年的1.89亿元增至2000年的11.1亿元。此间，为扩大销售，改善购销环境，搞活商贸流通，县委、县政府组织有关部门加大投入，增加销售网点，进一步加大行业管理、证照管理和法制管理的力度，全县商贸业实现稳步有序发展。

2005年，桂阳县实现社会消费品零售总额20.03亿元，其中批发零售贸易业零售额2.52亿元。全县有大型超市8家，商品成交额4783万元。

五、文化、教育、科技、卫生、体育

（一）文化

群众文化 1989—2000年，全县城乡举办群众性文艺演唱会、歌咏比赛1000余次，其中县城100余次。2000年，桂阳湘剧团演员范齐英参加福建东南电视台“银河之星”擂台赛，演唱连过10关，后由湖南电视台选送中央电视台参加全国青年歌手大奖赛。

文学艺术 1989—2000年，桂阳相继成立10个文学社和21个创作组，成员达200多人。12年来，桂阳文学作者在地（市）以上文学刊物发表文学作品2500余篇。曹春红、曹剑飞合著的诗集《穿过幽兰的梦幻》出版后，获毛泽东文学院文学创作一等奖。张传义的作曲《棉花工的手》在“中国潮”金曲征歌评选中获三等奖。1990年以来，桂阳县有5人被吸收为省美术家协会会员，其中全国版画家协会会员2人。创作的画作在地（市）以上展出或发表600余幅。邓大鹰画作《梅子》在日本展出；彭本人1993年出版《彭本人作品集》，2000年，省文联授予彭本人“德艺双馨艺术家”称号。桂阳县有市以上书法协会会员20余人，在地（市）以上展出、发表、获奖的书法作品达100余件。刘卫东书法作品获全国第三届少年书法大赛三等奖；欧阳雪保参加迎亚运“腾飞杯”全国硬笔书法大赛获三等奖；张爱民的书法作品在马年全国硬笔书法展中获一等奖。何奋强、周君凤、雷健、谢桂军等拍摄的《无可奈何》《教授送科技下村》等摄影作品，先后获全国好新闻摄影作品奖。

图书发行 1994年，县新华书店经理黄春桃和彭德晨的优秀业绩录入《中国图书发行工作者传·湖南卷》。1997年，黄春桃获国家新闻出版署“中国书刊发行最高荣誉奖”，在北京中南海受到国务院总理李鹏等中央领导同志接见。2000年，桂阳县个体图书发行业由原来的6家增至67家，年发行量50万册，占全县总发行量的10%。

图书阅读 1989年，桂阳县图书馆馆藏图书2万册，发出借书证4500份，外借读者1.9万人次，阅览室接待读者3.1万人次。至2000年，全县有图书馆（室）280余所，总藏书达250余万册。县图书馆藏书4.5万余册，订杂志263种。签发借书证3600张，外借图书6.2万册，阅览室接待读者5.4万人次，租书1万册（次）。当年，经考核验收，桂阳县图书馆被文化部评为"国家三级图书馆"。

广播 1989年，桂阳县除华山、杨柳两个新建的民族乡未通广播专线外，有37个乡镇开通有线广播专线，通播率95%。县至乡的广播主干专线有3条，全长518千米，乡至村广播专线431.2千米，有127个村689个行政村民小组共安喇叭2.19万只，覆盖3.53万户，入户率为13.18%，覆盖率为22.16%。1990年，县安装调频广播后，有线广播覆盖面逐步缩小。1990年7月，方元镇建成全县第一个乡级调频广播发射台，接着有4个乡镇先后建成调频广播铁塔。1994年，宝山发射台配备调频广播设备。1995年，全县有线广播村通播率降到17.5%，入户率降至1.5%。1997年，全县调频广播覆盖率达100%。至2000年，全县只有10个乡镇尚存有线广播喇叭275只。

电视 1986年，桂阳南塔岭50瓦电视收转台建成后，只能覆盖县城。1991年10月，黄沙坪镇建起郴州地区第一个乡镇有线电视台。同年11月，全县安装有线电视2300多户，1993年，新建一座DS-12米波电视发射台，电视覆盖半径50千米，连同泗洲山湘南电视转播台，综合覆盖率为97%。同年，有线电视用户增加到6500多户。1994年8月，燕塘乡塘前村自筹资金5万元，建成全县第一个村级有线电视站。

1995—1997年，投资679万元建成桂阳广播电视新闻中心，播出电视节目由原来的14套增加至20套。1998年10月，按照"村村通广播电视"的要求，全县5个山区乡14个广播电视盲村建立集体收看室4个、有线电视前端和小片广播电视网10个。是年年底，全县39个乡镇建立卫星广播电视地面收转站280余个，全县大部分乡（镇）、村开通有线电视。至2000年，全县架设有线电视主线1169.63千米，有线电视入户5.69万户，入户率达37.2%；拥有各类电视机12.16万台。

（二）教育

1989—1992年，桂阳县投入建校经费2685.8万元，新建校舍10.22万平方米，改建危房5.09万平方米。1991年，桂阳县被评为全国电化教育先进县，并被列为全国电化教育综合实验基地县。1994年，全县广泛开展中小学现状分类定级活动，评出教育名星乡镇2个，教育模范乡镇6个，重教功臣10名，重教先进工作者99名。1995年，实施"教育走廊"工程，县内学校设施绝大部分得到改善。1996—1997年，进一步加大财政投入，通过以奖代拨形式鼓励群众集资办学，共集资建校经费7556.7万元，新建校舍400多栋，新增建筑面积38.3万平方米，改造学校危房5.1万平方米。桂阳教育"两基"指标达到国家和湖南省颁标准，被确认为"两基"教育合格县。

幼儿教育 1989年，桂阳县内只有县直机关1所幼儿园，有幼儿班8个，在园幼儿458人。20世纪90年代后，民办幼儿园开始兴起。学前教育进一步受到社会重视。1995年，全县办学前班213个，在班幼儿达9743人。1996年后，随着计划生育政策进一步落实，人口出生率下降，学前班适龄幼儿减少。2000年，县内经教育局备案的幼儿园36所，入园幼儿1944人；有小学附设学前班99个，在班幼儿1416人。

小学教育 1996年，中国人民银行桂阳支行在白水乡建立联系点，重点扶助白水乡兴办教育。是年，该行投资50万元，建成县内第一所希望小学——中白希望小学。1999年，共青团山东省委在欧阳海乡欧阳海村以希望工程名义捐建欧阳海小学。同年，全县再次调整小学布局，共撤销小学67所。2000年年底，全县有小学479所，在校学生9.22万人，学龄儿童入学率为99.1%。2005年，普通小学446所，在校学生5.5万人。

中学教育 1989年，全县有中学54所，其中完全中学11所。在校学生1.95万人，其中高中生3565人。20世纪90年代，经过2次学校调整布局，至2000年，全县有中学49所，在校学生4.91万人，其中高中生4626人。1989—2000年，县内各中学为大专院校输送新生5772人。

2005年，全县拥有普通中学48所，在校学生4.86万人。桂阳一中继桂阳三中后，成功创建省级示范高中。

成人扫盲教育 1989年，桂阳县认真贯彻国务院《扫除文盲工作条例》。一方面普及小学教育，严控文盲源头；一方面在农村大力开展扫盲教育。1990年，以“国际扫盲年”为契机，进村入户，组织突击扫盲，当年扫除青壮年文盲7190名，被评为湖南省“扫盲工作先进县”。1995年，全县开展扫盲攻关，共投入扫盲经费149.21万元，组织扫除青壮年文盲2.98万人。全县青壮年人口中，非文盲率由1991年的94.7%提高到99.7%。经国家评估验收认定合格，实现基本扫除青壮年文盲目标。2000年，经省复查评估，达标合格。

（三）科技

1989年以来，桂阳县全面实施“科技兴县”战略。1991年，全县发展科技示范户1500户。敖泉镇斗余村刘丙宏投资160万元，种植官溪蜜柚33.34公顷，成为桂阳县蜜柚种植示范场，被评为“湖南省十佳科技示范户”。1996年2月，桂阳县获“全国科技工作先进县”称号。之后，全县围绕烤烟、生猪、马尾松等支柱产业，实施星火科普计划，1998年推广科技项目95项，创产值1.94亿元。1999年，全县技术合同成交额达2007万元。工农业科技含量迅速提高。到2000年，引进应用科技成果19项，推广新技术166项。全县农业科技应用对经济增长的贡献率50%以上，农业先进实用技术入户覆盖率98%以上，良种普及率96%以上。科技进步在全县经济增长中的贡献份额49.06%，与1992年相比增加23个百分点。是年，全县建省级科技示范乡1个、省级科技示范村4个，市级4个、县级22个；发展科技示范户2230户，其中省级18户、市级26户。有市级先导型科技企业3户，县级民营企业5户，已具备市级民营科技企业条件的12户。

科技队伍 1989年，桂阳县有专业技术人员7663人，其中具有高级专业技术职称的108人，中级1715人，初级5840人。至2000年，全县各类专业技术人员增加到12461人，其中具有高级专业技术职称的216人，中级3297人，初级8948人。总数比1989年增加4798人。

科技成果 1986—2000年，桂阳县筹集科技经费2.76亿元，实施计划科技项目已通过技术鉴定的25项，其中省科委鉴定14项，市科委鉴定7项，县科技局鉴定4项，均达到合格或先进水平。桂阳县共申报专利62件，其中国家专利局授权16件。县能源办工程师刘城式等人研制的“桂85节煤烤烟房”获实用新型专利后，在郴州地区推广新型节煤烤烟房10400间，10年累计节煤7912吨，烟叶质量好，每千克干烟可增值0.25~0.3元，实现利税总额1202万元，1990年度被评为“湖南省专利技术实施十佳项目”，1996年4月入选《中国“八五”科学技术成果选》一书。县农机局工程师徐洋来研制的《6YHN系列机烧烤烟房》，1990年被授予专利权后，共推广4.28万座，累计新增产值1241万元，为国家新增财税398万元，此获湖南省科技兴农创新金奖。

2005年，全县投入科技经费705万元，实施科技发展项目22项；实现技术合同成交额9542万元。有14家高新技术产品生产企业创产值5.12亿元。开通“96318”科技服务电话热线和科技信息户联网中心，全面提供科技服务。

（四）卫生

1989—2000年，桂阳县加强医疗单位房屋、设备和技术三项建设，健全完善县、乡（镇）、村三级医疗防疫保健服务体系。全县共投入卫生发展资金4039万余元，新建扩建医疗用房52栋8.46万平方米，全县拥有病床1385张。医用器械设备总值1768万余元。医术不断进步，内科由20世纪80年代诊治常见病发展到90年代能诊治较复杂的心脑血管病，外科从施行腹部手术和一般开颅清淤发展到施行较复杂的颅脑手术和胸腔手术，骨伤科多项医疗技术列为市内医院前茅；全县乡镇合作医疗覆盖率达100%，乡镇卫生院的基础建设及村卫生室和个体诊所建设得到发展；公民健康素质明显提高，人均期望寿命2000年达到72岁，比1988年增加5.88岁。

医疗队伍 1988年，桂阳县有公职和非公职卫生人员计2281名。平均每万人口中有卫生人员32.45名。20世纪90年代卫生人员迅速增加，至2000年，全县公职和非公职卫生人员增至4150名，平均每万人口中卫生人员增至53.58名。

疾病防治 1989—2000年间，桂阳县实际发生的法定传染病为22种。为加强传染病防治，县、乡卫生防疫机构和医疗单位建立疫病报告网，制订《桂阳县计划免疫管理实施方案》，层层落实传染病预防接种、传染病报告制度和处理程序。2000年，全县各类法定传染病总发病率由1988年的267.3/10万降至136.03/10万。1996年和1999年，先后实现“消灭血丝虫病县”“消除碘缺乏病县”目标。全县开展预防接种的生物制品14种，其中儿童基础免疫接种的生物制品有5种。按照卫生部要求，儿童基础免疫中的麻疹活疫苗、脊髓灰质炎活疫苗、卡介苗和百白破三联菌苗（简称“四苗”），必须在一定时间内以县、乡、村为单位全程预防接种合格率分别达到85%以上的目标。1988—1996年，全县先后在县、乡、村三级实施“四苗”预防接种，经评审“四苗”全程接种率三个达标全部通过。全县传染病控制均降至国家规定指标以内。2005年，桂阳县农村合作医疗试点工作取得新突破，参加新型农村合作医疗人数达45.86万人，占全县农村人口的71.59%。

（五）体育

自1990年，桂阳县获“全国体育先进县”称号后，县委、县政府愈加重视体育工作，把体育运动列入各级领导责任制考核内容。随之，全县体育设施得到改善，2000年的体育场地面积比1988年增加68.6%，体育设施总固定资产达到3279万元，为1989年807万元的4.1倍。公民参加体育活动的人数由1988年10余万人增加至2000年的29万余人，占全县总人数的38.6%。1989—2000年，桂阳县为省体工大队、省市体校和大专院校输送体育人才90余名。400多名运动员在全国、省、市体育竞技中获优异成绩，桂阳县获国家奖4人（次），省级奖44人（次），郴州市市级奖408人（次）。

体育设施 1989年，投资155万元的县体育馆50米×21米的标准游泳池和400米6条跑道田径场竣工。全县各类体育场地由1988年的277个增加到390个，其中篮球场289个（包括能容纳3000座的篮球馆1个和有固定看台的灯光球场3个）、排球场28个、400米田径场5个、200米~300米田径场23个、乒乓球室36个、200平方米的乒乓球训练房1个、游泳池5个、溜冰场3个。1996年，投入15万元维修县体育馆，改造县直机关、厂矿和乡镇及全县中小学体育场地和配套设施。1998年，投入近1000万元，修建符合国家标准的田径场和体艺馆。2000年，全县体育场（馆）增加到470个。

竞技体育 20世纪80年代末，桂阳县体育运动员参加全国、湖南省、郴州市运动会30余次，成绩显著。1992年，省体委举办省内全国体育先进县游泳比赛，肖巧获女子组200米仰泳第一名。当年，桂阳参加全国第二届武术馆校擂台赛，方元镇农民邱黎元夺取醉拳第一名。1999年，武术队员欧阳德辉在中南五省散打赛中名列男子75千克级榜首。2000年，全省中学生篮球赛，全省青少年举重比赛，首届HNBA（湖南省篮球）联赛，分别在桂阳举行。2005年，郴州籍举重运动员李萍相继在全国十运会、世界举重锦标赛上共夺得奖牌 9 金 1 银，实现桂阳籍运动员在国际、国内重大体育竞技中金牌零的突破。

第三节 宜章县

一、地理

（一）位置面积

宜章县位于湖南省南端，地处南岭山脉中段，骑田岭南麓。介于北纬 24°53′38″~25°41′53″，东经 112°37′35″~113°20′29″之间。东与汝城县和广东省乐昌市为邻，南与广东省阳山县和乳源县交界，西与临武县和广东省连州市相连，北与北湖区、苏仙区、资兴市接壤。县城北距长沙 385 千米，南距广州 364 千米。境内南北长 90 千米，东西宽 71 千米，总面积 2117.85 平方千米。

（二）自然环境

宜章县地层发育从元古界震旦系至新生界第四系，除奥陶系、志留系和第三系缺失外，其余各系均有出露。境内经历四次地质构造运动：元古界震旦系与古生界寒武系之间的“雪峰山运动”；中生界三选系晚期的“印支运动”；侏罗系晚期的“燕山运动”；新生界第四系的“喜马拉雅运动”。境内地质构造在空间上展布的特点，可分为纬向、经向、新华夏构造体系。县域呈南北两端高，中间低，地面坡度基本上由南北西三个方向向中部和东部倾斜。东面长策乡“仙鹅抱蛋”山峰海拔 1842 米，北面骑田岭二尖峰海拔 1654 米，南面莽山主峰猛坑石海拔 1902.3 米，为境内最高点。南部一带一般在海拔 700 米以上，中部以丘陵低山为主，岗地平原次之，海拔一般都在 500 米以下。东部海拔 200~400 米，最低点是东面的栗源镇老坪山村高车，海拔 155 米，为境内最低点。最高与最低点相比，高差 1747.3 米。全县地形平均比降 44.2%。

境内地貌复杂多样，山系纵横，溪谷交错，地表切割破碎，山地、丘陵、岗地、平原俱全。各类地貌分布，大体上是从南、北部向中部，从西部向东部，形成中山—中低山—低山—丘陵—岗地—平原的逐级过渡，具有山地丘陵面积大，岗地平原面积小和山地、丘陵、岗地、平原呈阶梯状分布的特点。地貌的物质组成按成因分为沉积岩、岩浆岩和变质岩。地貌形态分为山地丘陵区、丘陵盆地区和中山区。

宜章县属亚热带湿润季风性气候区。总的气候特点是：四季分明，春早多变，夏热期长，秋短温凉，冬无严寒，霜雪不多；热量丰富，降水集中，但雨量分布不均，夏秋易涝易旱。晴久则隆冬亦暖，雨久则盛夏生寒。春季比湖南绝大部分地区早，比邻近的苏仙区早 7 天。夏季气温高，但无酷暑，35℃以上高温日数平均值为 20.8 天。历年平均日照总时数 1507.6 小时，全年日照百分率 34.42%。历年平均气温 18.3℃。历年平均降水量 1426.9 毫米。春季偏南风较冬季增加，夏季盛行东南风，秋季以偏北风为主，冬季以北风居多。历年平均年蒸发量为 1447.1 毫米。

境内有大小溪河 276 条，分属珠江、湘江两大水系。其中注入珠江的有武水、长乐水、玉溪、章水和渔溪等 259 条，流域面积 2015 平方千米，占全县总面积的 94.04%。流入湘江的有策水等 17 条，流域面积 127.7 平方千米，占全县总面积的 5.96%。

（三）自然资源

2000 年，宜章县耕地资源总面积 3.21 万公顷，园地面积 3520 公顷，林地面积 13.1 万公顷；牧草地8.33公顷，城乡建设用地7740公顷，交通用地1053公顷，水域用地3567公顷，未利用土地面积2.65万公顷。

宜章县地表水资源总量为33.62亿立方米，其中多年平均降水量31.87亿立方米，河川径流总量18.33亿立方米。全县地下水多年平均补给量（即动储量）8.43亿立方米，多年平均枯季径流量3.33亿立方米。每年可供开采利用的地下水总量大于4259万立方米，占枯季径流量的12.8%。有泉点1607处，暗河19处，日总排泄水量43.83万立方米。已经利用的泉点1242处，暗河8处，日总水量32.43万立方米。境内地下热水资源丰富，天然出露的热（温）泉水14处，年出露水量184.17万立方米，水温35℃~45℃。水能资源理论蕴藏量17.16万千瓦，可开发量12.10万千瓦。至2000年，全县共有水电站54处，装机119台，总装机容量4.15万千瓦。

境内矿产资源丰富，已发现的矿产36种，即煤、铁、锰、钛、钨、锡、锑、铅、锌、铜、钼、铋、镁、铝、汞、金、银、钽、铌、铍、锆、铀、钍、砷、石墨、硅石、水晶、萤石、硫铁矿、钾长石、石灰石、白云石、大理石、花岗石、高岭土、耐火黏土等。至2000年，探明的主要矿床139处，矿点和矿化点117处。

宜章县属亚热带向热带过渡的植被区，植物种类繁多。境内有有花植物1500多种，野生木本植物102科（其中裸子植物7科，被子植物95科）、221属，乔木700余种，灌木100余种，竹类17种。草本植物中常见的有72科184种。药用植物86科295种，属国家保护的药用植物有黄连、杜仲、凹叶厚朴、黄柏、石斛、天门冬、龙胆、半枫荷、白玉兰等，还有珍贵、稀少的野生药用植物山茱萸、石虎、七叶一枝花、八角莲、花松萝、斑叶兰、果上叶、多星韭等11种。有40余种隐花植物标本是湖南迄今未见发表的种类。有维管束植物219科929属2659种。属国家一级保护野生植物有银杏、红豆杉、水杉、伯乐树（钟萼木）、光叶珙桐、莼菜等6种。属国家二级保护的有23种。属湖南省重点保护的野生植物有39种。县内保存完好的古树名木有2448株，分属32科49属69种。其中300年以上的有363株，100年~300年的有2085株。生长在平和乡李家塘村骆驼寨的一株银杏树，胸径185厘米，高40米，冠幅东西18米，南北16米，树龄500年以上，年产银杏果1000~1500千克。生长在长策乡新坪村仓背的一株南方红豆杉，胸径150厘米，树高27米，冠幅东西10.8米、南北11.7米，树龄450年，生长良好，年年开花结果。

境内有野生动物93种，其中兽类25种，鸟类44种，两栖爬行类24种。莽山烙铁头蛇被列入《中国濒危动物红皮书》，濒危等级为极危。“莽山陈氏后棱蛇”是继莽山烙铁头蛇后发现的国内外生物界尚未记载的新蛇种。属国家一级保护的动物有华南虎、金钱豹、云豹、梅花鹿、蟒、黄腹角雉6种；属国家二级保护的动物有30种。属湖南省级重点保护的野生动物有南狐、龙胸竹鸡等171种。昆虫有16目89科619种。

宜章旅游资源独具特色。人文景观历史悠久，有明代军事防御设施、李自成余部屯居莽山遗址、石达开兵退白石渡遗址、邓中夏故居、湘南年关暴动指挥部旧址、中央红军长征突破第三道封锁线旧址、明星桥抗日遗址等。莽山国家森林公园、黄岑岭水库风光、骑田岭牧场、白石渡丹霞风光、沙坪三仙洞等景区景点，自然风光情景交融、优美独特。

二、建置、区划

（一）建置

隋大业十三年（617），后梁萧铣在荆州称帝，据有郴州，称桂阳郡，析郴县南境始置义章县，县治设永福下村（今麻田镇新村）。武后长寿元年（692），义章县分置义章、高平两县，同属江南道桂阳郡。义章县治仍设在永福下村，高平县治则设在今宜章县城。开元二十二年（734），废高平，徙义章于高平县治，属郴州。宋太平兴国元年（976），为避太宗赵光义讳，将义章改名为宜章，属荆湖南路安抚司郴州军。清雍正二年（1724），宜章县属湖南巡抚衡永郴桂道郴州直隶州。

中华民国元年（1912），宜章县属湖南省都督府。民国3年（1914），属湖南省衡阳道。民国11年（1922），湖南道制撤销，宜章县直属湖南省政府。民国27年（1938），属湖南省第八行政督察区。民国29年（1940），属湖南省第三行政督察区。

1949年11月，宜章县属湖南省郴县专区。1952年11月，宜章县属湖南省湘南行政公署。1954年7月，复置湖南省郴县专署，宜章县复属郴县专署。1959年3月，临武县并入宜章县，县治设宜章县城。1961年7月，临武县分设，宜章县属郴州专署。1995年5月，郴州撤地设市，宜章县隶属郴州市。

（二）区划

1989年，宜章县辖5个镇，22个乡，8个居民委员会，68个居民小组，349个村民委员会，3572个村民小组。1993年10月，一六、岩泉、迎春、麻田4乡撤乡设镇。1995年4月，黄沙、栗源2乡撤乡设镇。2000年，宜章县辖11个镇16个乡，16个居民委员会，107个居民小组，348个村民委员会，3564个村民小组。2005年，全县辖11个镇、16个乡、348个村民委员会、3573个村民小组，15个居民委员会，64个居民小组。

三、人口、民族

（一）人口

1989年末，宜章县总人口50.88万人，其中农业人口45.57万人，占总人口的89.6%。1990年第四次人口普查，宜章县总人口50.89万人。60岁以上各组的老年人口合计为4.04万人，占总人口的7.93%。6岁以上的总人口42.97万人，其中小学以上文化程度的人口35.16万人，占6岁以上总人口的81.84%；文盲半文盲人口7.8万人，占6岁以上总人口的18.16%。6岁以上人口每万人中拥有初中以上文化程度的为2885人。1995年全县总人口中，农业人口46.79万人，占总人口的87.9%。2000年第五次人口普查，全县总人口54.87万人，男28.37万人，女26.5万人，性别比为107：100，基本符合国家控制目标的要求；农业人口47.64万人，占总人口的86.8%。60岁以上各组的老年人口合计为5.05万人，占总人口的9.46%，人口老龄化的进程正在加快。6岁以上总人口50.11万人，其中小学以上文化程度的人口达47.01万人，占6岁以上总人口的93.82%；文盲半文盲（含扫盲班9810人)3.1万人，占6岁以上总人口的6.18%。6岁以上人口每万人中拥有初中以上文化程度的为5111人。2005年，全县总人口55.97万人。人口出生率11.32‰，人口自然增长率4.55‰。

（二）民族

宜章境内计有汉、瑶、蒙古、苗、回、土家、侗、满、壮、藏、彝、维吾尔、布依、朝鲜、白、畲、哈尼、傣、佤、傈僳、塔吉克21个民族。其中汉族占总人口的99.19%。

四、经济

（一）发展速度

1989年，宜章县压缩投资规模，紧缩银行贷款，调整投资方向，优先安排农业、交通、能源、通信等项目投入，严格控制非生产性建设。全县国民经济发展速度减慢，投资总规模缩小，经济效益有所下降。1990年，全县实现生产总值4.32亿元，比1985年增长50.16%，年均递增8.47%。工农业产值4.56亿元，增长49.87%，平均递增率8.42%。工业总产值1.80亿元，增长1.06倍，平均递增率15.55%；农业总产值2.76亿元，增长18.59%，平均递增率3.47%。社会商品零售总额1.8亿元，增长64.6l%，平均递增率10.48%；全社会固定资产投资总额2349万元，增长4.46倍，平均递增率40.4%。地方财政收入3105万元，增长1.27倍，平均递增率17.78%，粮食总产量16.83万吨，增长5.90%，平均递增率1.15%。

1991—1995年，宜章县农业综合开发、农村扶贫、以工代赈、红壤开发全面展开，东部乡镇推广烤烟生产，建成烤烟基地，面积827.4公顷。全县以农业经济为基础，以骨干产品为龙头，以能源、建材、化工为支柱，以广东市场为依托，面向全国市场，以发展外向型经济为导向，以外引内联为纽带，以“三来一补”[①]为突破口，以劳务输出为补充，以有色金属开发为后备，深化改革，调优结构，搞活经济。1995年，全县生产总值13.34亿元。第一产业3.7l亿元，与1990年比（下同）增长17.15%；第二产业4.17亿元，增长1.89倍；第三产业5.46亿元，增长90.44%。工农业总产值19.5亿元，增长2.28倍，其中：工业总产值13.76亿元，增长5.23倍，农业总产值5.74亿元，增长29.32%。社会消费品零售总额6.09亿元，增长2.38倍。社会固定资产投资总额1.61亿元，增长5.85倍。地方财政收入6261万元，增长1.02倍。粮食总产量17.79万吨，增长5.68%。

1996—2000年，宜章县部分中小型国有企业实行破产重组、股份合作、兼并联合。全县调整农业产业结构，种植优良杂交玉米2860公顷，年产量1.04万吨，成为第二大粮食作物。1997年，全县商业系统国有企业实行体制改革。至2000年，全县工业通过产业、资源、投资、技术和组织结构调整，大部分由全民集体所有制改为以股份合作制为主的经营机制。形成东部有色金属采选加工工业；中部建材、能源、化工、食品、机械制造工业；中南部轻工、加工工业；西南部能源工业四大工业经济小区。农村进一步完善家庭经营和集体经营相结合的双层经营体制，推行土地流转经营，发展优良品种、高产出、高效益农业，推行“一乡一品”“一村一品”的产业结构，推进丘岗山地开发，培植名、优、特产品，新建和维护新旧农田水利建设工程，提高农业综合发展能力；推进农业产业化和农业机械化经营机制。乡镇企业、第三产业和私营经济成为全县新的经济增长点。至2000年，宜章县生产总值24.72亿元，比1995年增长74.53%。其中：第一产业6.07亿元，增长47.31%；第二产业8.21亿元，增长90.88%；第三产业10.44亿元，增长78.3%。工农业总产值46.47亿元，增长1.3倍。其中：工业总产值37.23亿元，增长1.55倍；农业总产值9.24亿元，增长46.91%。社会消费品零售总额12.33亿元，增长1.03倍。社会固定资产投资总额3.37亿元，增长1.1倍。地方财政总收入1.23亿元，增长96%。粮食总产量22.95万吨，增长29%。

2005年，宜章县完成生产总值47.18亿元，其中第一产业增加值8.16亿元，第二产业增加值20.46亿元，第三产业增加值18.56亿元，三次产业结构比为17.29∶43.37∶39.34。完成财政总收入3.01亿元。

（二）农业

1989年，宜章县农业总产值1.89亿元。粮食总产量15.58万吨。2000年，宜章县农业总产值9.24

① 三来一补：由业主提供场地、厂房，投资商运来原料，带来资金，带来技术，以生产的产品，作为投资商的回报和补偿的一种贸易合作方式。

亿元，比 1989 年增长 92.08%，年均递增 6.11%。农业产业结构得到调整，农业产业化进程加快，其中优质稻产量占粮食总产量的 53%，杂交玉米、优质水果、烤烟、茶叶、蔬菜、百合等加快发展，养殖业产值占农业总产值的比重 47.18%，农林牧渔业商品率 66.57%，比 1989 年提高 15.57 个百分点。实施林业体制改革，采取国家、部门、群众投资，国有、集体、联户、单户齐上的形式发展林业生产，实行百（公）里营林工程，加快县内育林步伐。1999 年，世界银行贷款贫困地区林业发展宜章项目启动，该项目分 5 年完成，总投资 1444.2 万元，推动全县高效林业产业基地建设。至 2000 年，累计完成造林 1.46 万公顷，封山育林 3.88 万公顷，全县有林地面积 8.32 万公顷，林木蓄积量 245 万立方米，森林覆盖率 56.4%。全面推进以改造中低产田、开荒种粮、开荒造林、水利建设等项目为主要内容的六期农业综合开发和老区扶贫开发，农业机械推广、农业生产技术推广、农业气象服务等体系建设，全县农业发展后劲增强。乡镇企业保持稳定持续发展势头，2000 年乡镇企业完成总产值 37.15 亿元。全县结合农业综合开发、以工代赈建设项目，共投入资金 9000 余万元，群众自投劳动工日 4668 万个，新增蓄、引、提水能力 2600 万立方米。全县建有水电站 54 座，总装机容量 4.15 万千瓦，年发电量 2.55 万千瓦时；全县输电线路总长 1932.5 千米，新建城关、一六、莽山等 8 座变电站，变电容量增加 18.35 万千伏安。

2005 年，宜章县完成农业总产值 13.36 亿元，粮食总产量 26.08 万吨，油料 0.53 万吨，烤烟 0.47 万吨。出栏肉猪 62.51 万头，出栏牛 2.52 万头，出栏羊 2.22 万头，水产品产量 0.65 万吨。

（三）工业

1989 年，因经济紧缩政策的影响，宜章县工业企业亏损增加，发展速度滞缓，工业总产值仅完成 1.61 亿元，只占工农业总产值的 46%。至 1991 年，通过调整产品结构，完善企业承包，加强技术革新，工业效益有所回升。1993 年，国有企业和集体企业实行风险抵押承包经营。县内涌现私营企业 10 户，联营企业 2 户，“三资”企业 3 户，城镇个体工业 153 户。至 1996 年，县氮肥厂改造为股份合作制的山达化肥有限公司；县南方特种水泥厂、县酒厂、县无线电厂分别破产重组成筑英水泥有限公司、郴州南方药酒有限公司、精成电子有限公司。1997 年，县大龙山水泥厂和县印刷厂分别改制为股份合作制的强龙水泥有限公司、府兴印刷有限公司。2000 年，全县有工业企业 5609 户，比 1989 年增长 56.54%，其中国有工业企业 5 户，比 1989 年减少 17 户，集体工业企业 381 户，比 1989 年增加 289 户，个体私营工业企业由 1989 年的 3469 户增加到 5222 户，增加外商投资工业企业 1 户。工业总产值 37.23 亿元，占工农业总产值比重的 80.11%，比 1989 年增长 16.8 倍。国有、集体、个体私营工业比重为 3.77∶27.53∶68.7，个体私营工业经济发展成为县域工业的主要部分。2005 年，全县完成工业总产值 52.72 亿元，有规模以上工业企业 92 户，实现增加值 12.06 亿元、利润 3.39 亿元。全县民营工业创增加值 14.25 亿元，高于工业平均增幅 5.70 个百分点。

（四）城镇建设

1989—1993 年，执行国家宏观调控经济政策，宜章县固定资产投资保持适度增长。1993 年以后，以南京洞经济技术开发区建设为龙头，带动县城新增富豪路、广发街、利民街、南京路、四通街、湘珠街、宜兴路、环城西路 8 条街道。小城镇建设以扩大边际小城镇规模为重点，其功能得到提升。1994 年，实行一系列刺激投资的鼓励政策，固定资产投资逐年增加。1989—2000 年累计完成固定资产投资 18.42 亿元。2005 年，全县固定资产投资 19.69 亿元。年内新开工项目 137 个，竣工项目 47 个。

（五）商贸业

1989 年，宜章县有商业企业 3359 户，其中国有企业 173 户，集体商业企业 325 户，个体商业企业2861户。全年实现社会商品零售总额2.12亿元，其中：国营占28.01%，集体占34.86%，个体占37.13%。从业人员6560人，其中个体从业人员3586人，占全部商业从业人员的54.7%。1994年，县委、县政府作出《关于加快发展个体私营经济的决定》。是年，全县完成社会消费品零售额6.09亿元，其中国有商业占15.27%，集体商业占22.66%，个体私营商业占62.07%，第一次超过国有集体商业的总和。1995年，县粮食系统实行政策性业务与商业性经营分开。是年，全县商业企业7030户；社会消费品零售额达6.09亿元。1997年，全省首家县级证券交易营业机构在宜章正式开业。南京洞开发区的大富豪夜总会、兴中大厦、银都大酒店开业，促使饮食服务业档次提升。同时美容美发、茶艺、健身等休闲、时尚服务业兴起。2000年，全县有商业企业9043户，其中私营个体企业8483户，占全部商业的93.8%。社会消费品零售额12.33亿元；其中国有商业企业占社会消费品总额的10.7%，集体商业企业占9.98%，私营个体商业占79.32%。是年，金融保险业、社区服务业蓬勃发展，全县第三产业完成总值10.44亿元，占生产总值的42.23%，在三大产业结构中居首位。全县社会消费品零售额达12.33亿元，比1989年增长4.82倍，其中个体私营商业9.78亿元，市场份额达79.32%。2005年，全县第三产业创增加值18.56亿元。

1989年，宜章县有城乡市场29个，其中，城镇市场2个，农村市场24个，工矿市场3个，年成交额6566万元。1989—1994年，县工商局独资兴建市场7个。1995—1998年，全县采取多种形式兴建、改建、扩建市场7个，共投入市场建设资金3044.8万元，扩建市场占地面积7.88万平方米，建设面积3.36万平方米。截至2000年年底，全县共投入集贸市场建设资金4616.9万元，拥有城乡集贸市场34个，占地面积18.26万平方米，建筑面积6.1万平方米，固定摊位4560个，营业门面4000余个，全年成交额3.35亿元，比1989年增长4.1倍。

2005年，全县实现社会消费品零售总额17.16亿元。金鹰超市、生源百货陆续开业，现代物流逐渐融入百姓日常生活。

（六）建筑业

1989年，宜章县有建筑企业85户，其中乡镇以下建筑企业83户；从业人员1078人，其中乡镇从业人员868人；全年完成产值964万元，其中乡镇产值464万元。是年，宜章县建筑设计室共设计工程项目43个，工程面积4.33万平方米，设计收入8.75万元。1993年，共设计项目49个，面积6.2万平方米，设计收入达到18.5万元。1994年，县建委设计室晋级并更名为设计院，拥有设计14层楼房的资质。1997年，设计的梅田镇中心医院门诊楼，面积2000平方米，被郴州市建委评为设计优秀奖。到2000年，县内建筑企业722户，其中乡镇企业720户；从业人员7484人，其中乡镇从业人员7224人；全年完成产值近3亿元，其中乡镇产值2.72亿元。是年，县建筑设计院设计项目29项，面积3.7万平方米，收入21万元。1995—2000年，县第一建筑公司承建20余现工程，其中有8项工程被评为优良工程，3项工程被评为郴州市样板工程，其余评为合格工程。2000年，公司有职工226人，其中工程师2人，助理工程师22人，技术员150人；全年产值2780万元，工程竣工面积2.77万平方米，年工程合格率100%，其中工程优良率40%。年利润57.8万元，比上年增加22.2万元。

（七）交通运输

1989年，宜章县公路总长1099.89千米，公路密度每百平方千米51.52千米；107线国道、1803线省道穿越县境62.45千米、88.7千米。其中乡村公路总长771.24千米。京广铁路贯穿县境20.92千米，白杨、坪梅铁路线长67.16千米，形成纵横交错、四通八达的运输网。有营运客货运输车辆1327辆。公路客运量59万人次、旅客周转量2984万人千米；铁路客运量412.6万人次、旅客周转量3.42亿人千米；公路货运量68万吨、货物周转量2.51亿吨千米；铁路货运量71.50万吨、货物周转量2.82亿吨千米。1991年，国营企业推行客货运单车承包经营责任制，并让出山区短途客运市场；个体私营运输户积极抢占客货运输市场。1995年9月，白石渡跨京广铁路复线公路立交桥竣工通车，结束1803省道与京广铁路交汇的8道口因调卡阻车的历史。1990—1997年，全县新修县乡公路11条，路长86.9千米。黄沙镇大元村9组村民，在老共产党员李德芬（女）带领下，全村村民卖牛9头、卖生猪30头、自筹资金9.8万元，并投工投劳，修通进村公路2.50千米。1997年10月，宜章开通城区公共交通汽车。1998年，公共汽车南北线路从茅栗坪延伸到小塘，有11台中巴车投入运营，日客流量达4000人（次）；东西有4台中巴车运营，日客流量2000人（次）。2000年，县境公路总长1662.7千米，公路密度每百平方千米77.88千米；铁路里程102.31千米；有营运客货运输车辆2947辆，县内客货运输基本由个体私营运输户承担。是年公路客运量302万人次、旅客周转量1.35亿人千米；铁路客运量309.9万人次、旅客周转量2.61亿人千米；公路货运量520万吨、货物周转量7.03亿吨千米；铁路货运量55.3万吨、货物周转量2.25亿吨千米。2000年，县内全部乡镇和80%的行政村通客运班车，通客运班车里程2543千米，拥有客运车辆250辆，客班线路47条、406班次。其中长途远程直达车3班次。（北）京珠（海）高速公路穿越县境内沙坪、城关、城南3乡镇的12个行政村、91个村民小组，共24.65千米。北京—深圳107国道二级公路，穿越县境8个乡镇，境内总长62.45千米。汝城—嘉禾1803线省道公路经过县境88.70千米。2001年12月28日，京珠高速公路末宜段竣工通车。2005年，全县交通运输客运量529万人次，货运量2994万吨。

（八）邮政、电信

邮政 1989年，宜章县邮电局下设18个支局（所），7个代办所。有邮路93条，邮路总长3243千米，办理邮寄、集邮、储蓄、汇兑等业务。年末储蓄余额170万元。县城分为3个投递段投送报纸杂志、信函、汇票等。同年，全县有农村投递员34人，乡邮员集中局（所）出班，乡镇所在地要求每日班或每周5班；其他乡邮段为周3班或周2班。全县设报刊发行站46个、农村捎转点321个，协助邮局收订报刊和报刊邮件的捎转。1991年，开通县局至梅田、栗源10个支局、所自办汽车邮路。1993年，增办特快专递业务、使用微机办理储蓄业务、举办首届集邮展览。当年承办特快专递1697件。城区划为4个投递段，1995年再增为5个投递段。1995年11月，开办鲜花礼仪业务，当年收入1.54万元。1996年9月，开办跨地区的市（县）间及县市间异地存取款业务和代缴电话费业务。1998年4月，宜章邮政、电信业务实行分营。同年10月，开办点实行对点商品（物品）直运业务、音像租赁业务；1999年增开邮购、商函广告、代办保险、代销电话卡、BP机等业务。同年，为解决城区高层楼房投递难，县邮政局在30个单位住宅楼安置信报箱2000多个格口，可使订阅者及时收阅。2000年，城区投递增为8个段，所有邮件做到当日投递到户，每人每日行程约20千米。同年，全县农村乡邮段90%由农民承包。邮政业务主要有函件、包件、汇兑、报刊发行、机要通信、集邮、邮政储蓄。县邮政局下设18个支局所，7个代办所，17个邮政储蓄点；调整后有邮路90条，邮路总长2818千米，邮件直投到341个村委会，通邮率98%；当年邮政储蓄余额1.68亿元。

电信 1989年，宜章县有电报电路5路，长途电话17路，农用电话61路。全县电报去报量8.32万份，业务收入25.93万元。宜章长途电话全年去话业务量7.69万次，业务收入40.52万元。宜章县内市话仍使用磁石式交换机设备，总容量只有500门，电话用户320户，当年业务收入6.27万元。1989年，宜章县农用电话交换机总容量1640门，用户535户。同年12月21日，白石渡镇率先开通500门自动电话，新装电话用户46户。1992年，县内史端乔自动交换机开通使用，总容量3000门，市话用户达1020户。同年12月20日，宜章无线寻呼接收机站建成开通，到年底有用户102户。1993年5月，增开礼仪电报、传真电报新业务。1994年，宜章至郴州及境内17个乡镇开通光缆电路。1993年10月，境内模拟移动通信开通，用户29户。1993年，县城街道设置磁卡电话机5部。1994年1月，中继光缆电路开通，实现了用户国内、国际直拨通话，由微机自动进行处理，县内长途电话电路达1260路，当年去话量57.45万次，业务收入263.84万元。同年，从德国西门子公司引进EWSD程控交换机安装调试开通投入使用，总容量1.05万门，新装电话用户2151户。1995年，从深圳华为公司购进C&08交换设备，市话交换机扩容到1.79万门。同年，无线寻呼用户3048户。1996年，全县电报传真电路开通，电报、图片、文字可按原稿直接传达对方，实现全县电报传真化。1997年12月，可视会议电话调试开通。1997年，先后开通IC卡电话26部、200卡电话101部、201卡电话217部。到1998年4月，全县25个乡镇全部实现电话自动化，电话用户发展到1.09万户。同年，兴建数字系统移动电话基站6个，用户3362户。开办互联网业务，当年发展用户634户。是年6月19日，无线寻呼业务从县邮电局剥离出来，实行独立运营，当年有用户9787户。1998年，县局至各乡镇光缆电路全部改造完成，实现光缆电路传输。1999年7月，移动通信业务从电信分离出来，独立经营、单独核算，年末用户发展到5800户，比分营前净增1600户。同时推出“全球通”“神州行”等数字机业务和“全球通”“郴州通”等模拟机业务，对数字机开放号码显示、短信息、WAP无线上网新业务，城乡设代办点32个、代办放号6493户。移动通信业务快速发展，全县年末用户达1.82万户，全年业务收入达1990万元。是年，新增用户6494户。2000年，市话用户达1.49万户，入户率88.98%；2000年，共有各类互联网用户1.41万户。2000年，宜章建成DID用户交换网，PA.P分组交换网、900兆移动电话通信交换网、DDN数字数据网、计算机互联网、帧中继用户、电子信箱用户、VAP可视图文网等现代通信网络。同年，全县有320个村委会联通农话网络，农话总容量4.57万门，有农话用户3.71万户，电话入户率27.27%。全县有公用电话亭337处、公用电话1013户、电话卡销售点27处、200卡电话779部、201卡电话477部。年会议电话达132次。

2005年，宜章县邮电业务总量1.25亿元。全县有固定电话用户5.96万户，移动电话用户9.4万户，互联网用户5350户；邮政函件45.2万件，订售报刊49.1万份。

（九）旅游

宜章县旅游资源丰富，自然景观主要有莽山国家森林公园、白石渡景区、瑶岗仙景区、县城景区、溶洞景观、温泉等。2005年，全县共接待国内外游客34万人次，实现旅游总收入2.84亿元。

莽山国家森林公园 位于湘粤两省交界的南岭山脉北麓。1993年，莽山国家森林公园管理处委托林业部中南调查规划设计院完成《莽山国家森林公园总体规划》；1998年，完成《莽山国家森林公园总体设计》。设计规划属国家旅游行业标准的一级景点49处，二级景点43处，三级景点21处；划分为崖子石、猛坑石、鬼子寨、猴王寨、夹水、摩天岭、林子坪水库、泽子坪等八大浏览景区。日游容客量5700人，日住宿生活容量3900人，风景环境年容客量在150万人次。按规划设计预算，开发建设总投资为8671.6万元，其中一期工程1319.8万元、二期工程2511万元、三期工程4790.8万元，截至2003年年底，共投资3538万元，完成近60%的开发建设任务。

温泉 宜章境内温泉较多，城关、太平里、麻田、浆水、一六、关溪、栗源7个乡镇有温泉14处，水温35℃~45℃，日出水量5812立方米，年出露水量212万吨。较有名的有城关镇百子桥温泉、一六汤湖里温泉、栗源温泉、太平里吊钟岭温泉等处，是境内矿泉沐浴的好去处。

人文景观主要有人工湖泊、庙宇、古迹、革命纪念地、邓中夏故居、中夏公园、烈士陵园、承启学校等。旅游土特产品主要有：百合、蜂蜜、茶叶、蕨类食品、苦笋、竹地板、香菇、金针笋、鲜果、烤烟、竹席等。

五、文化 教育 科技 卫生 体育

（一）文化

群众文化 宜章县群众文化活跃。1989年9月，宜章县代表队参加郴州地区第三届五岭艺术节调演，其中《圈》《月夜静悄悄》《钓翁歌》获创作、演出、表演等奖5项。1992年3月，举行全县农村群众文艺创作节目会演，21个乡镇组织58个节目，评出优秀节目18个。1995年，城关镇被湖南省文化厅授予“文化艺术之乡”称号。1996年春节，举办首届“宜章县艺术之乡夜故事文艺竞赛”活动，参与人员4500多人，装出夜故事135台。以麻田镇三湾村村民吴其生为首的21个农民、个体工商户组成的半工半艺小调班一直活跃在各地农村。其演出剧目有“小姑贤”“小放牛”“打猪草”“下洛阳”等40多个。周边临武、连县20多个村遇有红白喜事都邀请小调班出演，年演出120多场次，收入1.5万余元。同年10月，宜章县代表队参加郴州市首届艺术节，小品《电话》《猪头、人头》《未曾切开的生日蛋糕》，歌舞《莽山谣》《希望》等获奖9项。1996年是全国第二个农村文化年，县文化馆组织辅导各乡镇举办文艺演出活动，演出节目526个，观看演出农民群众12万人（次）。1997年6月，全县举办“迎接香港回归祖国10万人歌咏大赛”，710个各级代表队4.8万人参赛，演出56场。同年8月，宜章县参加'97中国郴州山水旅游节暨经贸洽谈会开幕式演出，舞蹈《茫茫林海》获第一名。1998年，省文化厅授予麻田镇小调班“农村百佳业余剧团”称号。2000年，麻田小调班有演员24人，年演出150多场次，经济收入3万余元。2005年，全县各类文艺团体下乡演出50场次，送电影下乡101场次。

文学艺术 1989—2000年，宜章县文化馆编印《宜章文艺》，作为业余作者的创作园地。其间，宜章文学作者在地（市）以上文学刊物发表文学作品近1000篇。邹刚太创作的诗歌《雷雨外三首》参加中华诗歌赛获二等奖。李光礼创作的小说《山里舅舅》获中国文联出版社《世纪之光》征文三等奖。曾宪顺创作的小说《窗》获全国青年作者征文一等奖。同时，宜章的剧作者创作出歌颂改革、表现现实生活的剧本达40余部，其中有20余部在地（市）以上征文、会演中获奖或在省以上戏剧刊物发表。薛豪卓创作的剧本《邓中夏》由潇湘电影制片厂拍摄成电视专题片，在中央和省、地（市）、县电视台播出。曾垂善的书法作品获“迎亚运腾飞全国硬笔书法大赛”三等奖；邓南国的摄影作品《自然·母性》被中国摄影家协会国际部选送参加西班牙第20届国际摄影沙龙展览；李苗创作的儿童绘画获全国儿童书画赛银奖。邓攀夫的少儿书法作品获全国书画艺术赛少儿组铜奖。陈敏的毛笔书法获第二届“青春杯”全国书画大赛少儿组二等奖。吴磊的书法作品在全国“新华杯”首届小明星艺术人才选拔赛中获二等奖。至2000年，县内有9人为省级以上文艺团体会员。2005年，县内作者创作各类文艺作品或史著590多件（部），获国家级创作奖13件、省级奖34件、市级奖26件。其中歌曲《莽山韵》入编《文化之春·中国民歌·歌曲选（六）》，歌词获“中国民歌精品”金奖。同时组建莽山艺术团，弥补了宜章无专业艺术团体的空白。

图书阅读 2000年，宜章县图书馆有读者活动场地1200平方米，阅览座席320位。全县个体图书经营户38家。县图书馆藏书6.7万册，报刊489种，征集内部出版物及可供参阅的文献资料5000册（件）。持证读者6500人，全年外借图书3.3万册次，内阅2.7万人次，解答咨询课题240个。全县共计发行图书244万册，销售额1222万元。

广播 1989年11月，宜章开通调频广播。1991年，全县有15个乡镇开通调频广播。1996年4月，在有线电视网络中开通有线调频广播。2000年，无线调频广播设备停止使用，在有线电视网络中传送一套节目。

电视 1982年宜章开通无线电视。1989年2月，首次转播中央电视台第一套节目。1992年，宜章开通有线电视。第一期布网4100户，联网500户。1995年开通微波传输通道，转播湖南省电视台和郴州电视台节目。1996年12月，开通中央电视台加密频道。1997年1月，接收湖南卫视台电视节目调试成功，结束县内看不到湖南电视节目的历史。1999年，全县19个广播电视盲村全部通播。全县有线电视共设33套节目，全天24小时播放。2000年，全县主线电缆总长382.86千米，开通电视用户4.21万户。2005年，全县建有卫星地面接受站98座，电视发射台和转播台2座，电视人口覆盖率96.6%，有线电视用户3.6万户。

（二）教育

1989年，宜章普及九年义务教育进入普及初中义务教育阶段。1991年5月，县政府制定《关于实施义务教育方案》。1992年5月，县人大常委会审议通过《宜章县筹措办学经费办法》。1993年3月，全县教育工作进入基本普及九年义务教育、基本扫除青壮年文盲工作达标阶段。至1998年，全县投入建校经费8190.9万元，新建校舍16.22万平方米，改造危房2.1万平方米，办学条件大为改观。学校图书资料和教学仪器设备成倍增加，学校体育设施显著改善。1999年1月，教育部授予宜章县“普及九年义务教育和扫除青壮年文盲县”称号。2000年，全县有民办小学4所，民办中学5所。

2005年，全县有学校296所，其中小学237所，普通中学37所，民办学校22所。全县教职工5340人。新招学生2.07万人，在校学生8.60万人。全年初中教育完成率99.14%。

幼儿教育 1989年，宜章县有11所幼儿园，入园幼儿879名，其中5所公办幼儿园，1所个体幼儿园。同年，县内部分小学、中心完小附设学前班，招收5~6周岁的幼儿入学，接受1~2年的学前教育。是年，全县有162所小学设有196个学前班，在读幼儿5760人。1994年，梅田居委会投资4.2万元，创办1所集体幼儿园。1995年，黄沙镇黄国菊投资4.3万元，独资创办黄沙幼儿园。1998年，小学附设学前班增加到286所，开设398个班，在读幼儿达到1.39万人。2000年，全县幼儿园发展到22所，其中民办幼儿园增加到16所。入园幼儿1076人，入园率65%。全县小学附设学前班293所，办班324个，入学幼儿3799人。

小学教育 1989年，宜章有小学383所，在校学生6.88万人，学龄儿童入学率97.73%，有校舍面积29.98万平方米。各乡镇普遍办起中心完全小学，1993年7月，澳门中华教育会捐资31万元，社会各界筹集资金40万元兴建中夏希望小学。次年10月，曾志、彭儒、中共湖南省委书记王茂林为学校竣工剪彩。1995年，县内调整小学布局，保留学校371所，在校学生7.26万人，学龄儿童入学率97.53%。2000年，香港“铭源基金会”捐资36万元，兴建“杨梅山铭源希望学校”；周万平、李学文、谭小平等以股份合资形式兴办明星、东川、市场3所小学。同年，全县有小学337所，在校学生7.18万人，学龄儿童入学率98.67%。校舍面积增加到46.24万平方米。

中学教育 1989年，宜章县有中学40所，其中完全中学8所，共有校舍面积11.05万平方米。在校学生1.62万人。其中高中在校学生2592人。1993年，全县完全中学调整至5所。1995年，全县中学增加到43所，校舍面积扩大到19.42万平方米，在校学生2.11万人，其中，高中在校学生1778人。2000年，全县中学发展到45所，在校学生3.83万人，其中，高中在校学生3915人。

1989—2000年，宜章共培养初中毕业生7.2万人，其中升入中专6250人；培养普通高中毕业生 8300 人，其中考入本科 1406 人，专科 1813 人，中专、职大等 242 人。1994—2000 年，中学生参加学科竞赛（含奥林匹克赛），获得国家级一等奖 27 人、二等奖 50 人、三等奖 126 人。

成人扫盲教育 1990 年，宜章县青壮年文盲、半文盲 1.66 万人。当年，全县贯彻落实国务院《扫除文盲工作条例》，以“国际扫盲年”为契机，各乡镇举办扫盲业余学校，扫除青壮年文盲 1743 人。1992 年，全县组织开展扫盲达标活动，扫除青壮年文盲 2912 人。至 1997 年，全县投入扫盲经费 115 万元，扫除青壮年文盲 1.44 万人，非文盲率提高到 99.06%。

（三）科技

1989 年，宜章县有专业技术人员 3161 人，其中具有高级专业技术职称 49 人，中级 548 人，初级 2564 人。从 1990 年起，全县依靠科技大力调整产业结构。之后，有“双季杂交稻高产栽培技术推广”“烤烟良种 G-80 推广项目”获郴州地区科技进步一等奖。工业企业加大技改力度，科技先导型、民营科技企业不断涌现。1996 年，“杂交玉米推广”列为湖南省农业丰收计划项目县，被国家计委、农业部授予“全国旱作农业基地示范县”。1998 年，被列为“湖南省科技成果重点示范县”。1999 年 3 月，被湖南省科委授牌为省级科技成果推广重点示范县。5 月，县政府拨款 2.8 万元奖励 14 名科技拔尖人才。2000 年 5 月，宜章县获“全国科技工作先进县”称号。当年，全县围绕建立优质稻、杂交玉米、优质畜禽、特种水产、高效林业、名优水果、优质烤烟、优质茶叶、成片楠竹、优质药材十大生产基地，实施农业产业重点科技项目；工业企业以大专院校和科研院所为依托，突出技改与创新，开发新产品，高新技术产品产值 1.8 亿元，科技进步对经济增长的贡献率 47%，全县有民营科技企业 7 户。各类专业技术人员增加到 5826 人，其中具有高级专业技术职称的 83 人，中级 1878 人，初级 3865 人。1989—2000 年间，全县科技计划列入国家级项目 1 项、列入省级项目 7 项、县级 137 项，获省级科技进步奖 4 项、地（市）级 13 项、县级 42 项，获专利科技成果 34 项。2005 年，全县实施科技项目 10 项，科技立项费用 313 万元。全县高新技术企业发展到 33 户，高新技术产品产值 6.8 亿元，获专利申请授权 20 项。

（四）卫生

1989 年，宜章县有医务人员 1132 人、卫生技术人员 916 人。卫生技术人员中获高级卫生技术职称 3 人、中级卫生技术职称 97 人、初级卫生技术职称 287 人。1989—2000 年，宜章县形成国家、集体、个体办医体制，加大农村医疗卫生工作房屋、设备、人才配套建设力度。全县各医疗卫生单位共投入 2061 万元，先后添置价值 1000 元以上的医用设备 386 台（件）；投入 2624 万元，新建、扩建、改建医用房屋 9.95 万平方米；病床达 1157 张。宜章被卫生部确认为“全国食品卫生示范县”；县中医院被评为“二级甲等中医院”，县防疫站被卫生部授予“全国县级一等卫生防疫站”；县人民医院被评为“二级甲等综合医院”。全县加强疫病防治、妇幼保健和公共卫生，人民健康素质明显提高，2000 年人均期望寿命 72.25 岁，比 1990 年增加 5.05 岁。全县有医务人员 1714 人、卫生技术人员 1460 人，卫生技术人员中获高级职称 11 人、中级职称 156 人、初级职称 895 人。2005 年，全县有医疗卫生机构 720 个，其中国有医院 34 家，民办 1 家；农村卫生室 612 个，个体诊所 73 家。有医疗卫生技术人员 2215 人，其中医生 1385 人。有医疗病床 1410 张。

中医 1989 年，宜章县有中医药专业人员 81 人，占全县医务人员的 7.15%，中医病床 130 张。1992 年县政府制定《中医工作“八五”规划》，实行中医事业费由财政单列专款专用，县财政拨款 10 万元支持中医院搬迁。2000 年，中医药专业人员 212 人，占全县医技人员 12.37%。全县有中医专科医院 1 家，综合医院中医科室 68 个，中医诊所 14 个，中医病床 270 张。

西医 1989 年，宜章县有西医卫生技术人员 694 人，病床 907 张。2000 年，全县有医疗卫生单位51个，其中县直属31个，共有医疗卫生人员1714人，有病床887张。有个体诊所53个，从医人员53人。入院人数1.9万人，治愈率68.54%。

卫生防疫 1989年，宜章县基本建立县、乡镇、村级卫生防疫网络。县卫生防疫站为全县卫生防疫工作的指导中心，县级医院、厂矿职工医院都设有防疫科；乡镇设放一包建站（简称防保站）。全县有6个防保科、25个防保站，每个科、站有2至5名防保医生，有1名疫情报告员。当地医院、厂矿、学校临床医生发现传染病，即行登记，并告知同级疫情报告员，统一按时报告县防疫站。全县的349个村卫生室，605名乡村医生配合当地防保科、站和县卫生防疫站进行传染病管理，及时报告疫情，开展处理、实施免疫接种和儿童基础免疫工作，以预防、控制和消灭传染病。1990年，各乡镇防保站改为防保组，由1名副院长或院长任组长。2000年，防保网络及防保人员基本稳定，防疫业务开展顺利。是年，全县各类法定传染病的总发病率为190.57/10万。12年间，县内实际发生的法定传染病有17种，均得到有效防控。

（五）体育

1989年，宜章县城乡普遍开展长跑、篮球、乒乓球等各种形式的群众性体育竞赛活动。1991年4月—1992年3月，黄建莲先后获得全国女子举重锦标赛44千克级第三名、全国女子举重锦标赛甲组第三名。萧回忠在首届武陵源“贺龙杯”全国登山邀请赛中，获得青年男子组第一名。1997年，制订《宜章全民健身计划实施方案》，广泛开展群众性体育健身活动。1999年，城南乡被评为湖南省第三批“亿万农民健身活动”先进乡镇及“湖南省农村体育工作先进单位”。2000年，全县有专职体育教师106人，达到国家等级裁判员标准的有72人，其中国家一级裁判员17人。1989—2000年，全县城乡举行各类体育健身活动和竞赛活动达1860次，及各部门协办的全县性运动会达90次。比赛项目主要有篮球、乒乓球、田径、赛跑、登山、拔河、棋类、钓鱼、门球、桥牌等。其中全县“国庆杯”职工篮球赛、中小学生田径运动会、重阳节老年人体育赛均成为每年定期不变的竞技项目。12年来，宜章运动员在参加省以上运动会中，获省级奖26人次，获国家奖5人次。2005年，全县运动员在省级以上运动会上获金牌6枚、银牌4枚、铜牌5枚。在市级运动会上获金牌3枚、银牌7枚、铜牌6枚。有57名运动员达等级标准，其中破市级纪录11名；高考输送本科体育人才25人。

第四节 永兴县

一、地理

（一）位置面积

永兴县位于湖南省东南部，郴州市北陲。地处北纬25°58′~26°29′，东经112°43′~113°35′。土地总面积1979.88平方千米。县城距省会长沙市280千米，距郴州市40千米。县境北接耒阳市，南连苏仙区，东北与安仁县、东南与资兴市、西南与桂阳县毗邻。

（二）自然环境

永兴县地处南岭构造带东北部和茶永断陷盆地南端，属多回旋造山地带。褶皱极其发育，背、向斜相间排列，全县系诸广山—九嶷山复式向斜中的耒阳—临武复向斜和酃县—汝城复背斜。境内岩石断裂带计12条，出露地层自下元古界震旦系至新生界第四系，其间仅缺失古生界奥陶系和志留系。

永兴现代地貌景观，东部罗霄山脉万洋山余脉，自七甲入境，走向龙形市、大布江，形成以中山为主的山地地貌；东南部罗霄山脉八面山余脉，自千冲乡入境，向北伸延，横亘县境中东部，降伏于茶永盆地，形成中低山、高丘为主的组合型；北部罗霄山脉武功山余脉南翼，自樟树入境，呈斜带状绵延至中西部，与柏（林）太（和）盆地相衔；西部南岭山脉阳明山余脉东端，自三塘入境，向东南梯降。宏观全县，东部山地，西部丘陵，中部丘陵平原相间，地势形如马鞍；地貌类型多样，山地、丘陵、岗地、平原俱全，以丘陵地貌为主；岩性多样，丹霞地貌分布广；大小河流网布全县，以地处中部的便江水系为主，其流域面积占全县土地总面积的73.3%，地处东部的永乐江流域面积占全县土地总面积的26.7%；县境最高点位于东部七甲乡兴洞村亭子坳无名峰，海拔1386米，最低点为便江出境处塘门口圩河滩上，海拔93米。

永兴属中亚热带季风湿润气候，光照充足，雨量充沛。四季分明，春温多变，夏热多灾，秋爽少雨，冬寒少日。1989—2002年，年均日照时数1444.9小时，年日照率32%，年均气温17.8℃，年均降水量1580.1毫米。境内有大小河流149条，水域面积59.02平方千米。主要河流便江年均水位92.32米。全县年均径流深840.60毫米，径流量52.97立方米／秒。境内土壤成土母质有花岗岩、板页岩、砂岩、灰岩、紫色砂页岩、第四纪红土及近代河流冲积物等7大类。受气候、植被、耕作等影响，发育成水稻土、菜园土、红壤、黄壤、黄棕壤、潮土、紫色土和红色石灰土8个土类、20个亚类、63个土属、125个土种、62个变种。

境内植被属中亚热带常绿阔叶林区阳明山—湘南丘陵植被小区，是湘南山地丘陵栎栲、马蹄荷与华南五针松，福建柏林、杉木林、油茶林、毛竹及丛生竹林等交错植被区。植被主群落总体分布特征为：东部杉林、西部油茶林、南部楠竹、北部松林、中部乔灌木相间。全县森林覆盖率63.7%。

（三）自然资源

宜章县土地总面积19.79万公顷，新增用地面积629.2公顷。县内地表水总量为年均87.48亿立方米，其中外来客水70.84亿立方米，境内径流总量16.64亿立方米。地下水多年平均补给量5.53亿立方米，可开采量2.5l亿立方米。水能资源理论蕴藏量13.43万千瓦，可装机容量8.93万千瓦，水力利用系数66.5%。境内矿产资源有4大类、19种，优势矿种有无烟煤、石灰石、花岗岩、黏土及河砂等。植物资源96科、2029种。常见野生植物有：马尾松、槠类、栎类、栲类、樟、檫、冬瓜木、青冈、木荷、檵木、映山红、假死柴、金银花、黄荆、黄栀子、土茯苓、乌药、铁芒箕、胡枝子、葛藤等37种。列入国家保护的天然珍贵树种有：银杏、南方红豆杉、水松、樟树、基脉楠、楠木、花榈木、钟萼木、三尖杉、长瓣短柱茶、猕猴桃、刚竹等。常见野生动物有14目、41科、221种，其中列入国家保护的天然珍贵动物有：水鹿、河麂、穿山甲、花面狸、水獭、狐狸、大灵猫、小灵猫、狼、赤腹松鼠、华南兔、中华竹鼠、黄鼬、刺猬、小麂、鸢、燕隼、游隼、草鸮、白颈长尾雉、猫头鹰、灰喜鹊、贼鸥、银鸥、平胸龟、肥螈、虎纹蛙等。

二、建置、区划

（一）建置

永兴县自汉高祖五年（前202）由郴县划出始建便县，治所即今永兴县。南北朝宋永初元年（420）

并入郴县，陈永定三年（559）复置便县。隋开皇九年（589）复并入郴县。唐开元十三年（725）又设安陵县，治所不变。天宝元年（742）更名高亭县。宋熙宁六年（1073）始定名永兴县。1989年，永兴县隶属湖南省郴州地区。1995年5月，郴州撤地建市，永兴县仍隶属于湖南省郴州市。至2005年未变。

（二）区划

1990年，永兴县龙形市乡新增黄土洲村。1997年，湘阴渡镇的马家、汉塘2村合并为胜利村。1998年，油市撤乡建镇，政区不变。2001年，城关镇便江、水南2村划入县三胞经济技术开发区。2002年，三塘乡小村并大村，合并撤销大塘、石鼓、冲头、株树、大邱、邓家冲、三江口7个行政村。是年底，县内行政区划为8个镇、17个乡、341个行政村。2005年，全县辖8个镇、17个乡、341个行政村、23个居民委员会。耕地面积25.6千公顷。

三、人口、民族

（一）人口

1989年，永兴县人口总数58.26万人，1992年增至59.88万人，增加1.62万人，成为当时湖南省人口增长最快的县之一。自1993年始，全县不断加强计划生育工作，人口增长得到有效控制。至2002年底，全县人口总数63.8万人。

据2000年第五次全国人口普查，全县总人口中，65岁以上老年组4.21万人，占6.65%。老年组人口比重上升1.5个百分点，全县人口老龄化问题相伴而生。不识或少识字的人口由9.96万人降至3.48万人。2005年，全县总人口63.61万人，人口出生率10.62‰，自然增长率4.02‰。

（二）民族

永兴县境内计有汉、蒙古、回、藏、维吾尔、苗、彝、壮、布依、朝鲜、满、侗、瑶、白、土家、黎、高山、土、仫佬19个民族。汉族占总人口的99.91%。

四、经济

（一）发展速度

1989年，宏观经济出现供求矛盾，永兴县国民经济增长速度减缓。是年，实现生产总值3.6亿元，社会消费品零售总额完成1.9亿元，财政收入完成2662万元。1991年，全县经济呈现恢复性增长，年内实现生产总值4.93亿元。社会消费品零售总额为2.37亿元，社会固定资产投资总额3684万元，地方财政收入为2690万元。1992年，永兴县大力发展个体私营经济，积极调整产业结构，加速县域经济发展。围绕农业增产、农民增收总目标，大力调整和优化产业结构。狠抓以吨粮田开发、烤烟生产为重点的种植业生产；以生猪、草食动物、大水面开发为重点的养殖业发展；以冰糖橙为重点的丘岗山地开发。充分利用县内的资源优势和传统技术优势，巩固和发展煤炭、电力、金银冶炼产业。先后建设永兴电站、太和电解铅厂、马田水泥厂、枫树垅煤矿和马家煤矿等工业骨干企业。至1997年，全县实现生产总值17.78亿元，提前3年实现生产总值翻两番的战略目标。社会消费品零售总额7.42亿元，固定资产投资1.2亿元，财政收入1.03亿元，首次突破亿元大关。1998年后，大力推进农业产业项目建设。培养扶持永兴冰糖橙公司、草食动物开发公司、隆平高科永兴分公司等农业龙头企业。做大做强煤炭、水电、金银冶炼、烟花爆竹等传统工业支柱产业。启动永兴二级电站、永兴铅业、皓天环保、永兴出口花炮厂、郴州球冠机械厂等一批重点项目和骨干企业建设；建设柏林、塘门口等四个具有一定规模的乡镇工业小区。第三产业以旅游业、有形市场为重点，推出便江游览、农家乐等特色旅游项目。启动华兴商贸城、平和商城、马田大市场等大型市场和农村集贸市场建设。至2002年，全县生产总值31.47亿元，社会消费品零售总额13.89亿元，财政收入2.01亿元。

1989—2002年，永兴县完成固定资产投资33.14亿元，主要投向城乡基础设施、交通、通信、电网改造、水利工程等建设。县城新建房屋253.61万平方米，新增主街18条、改造旧街7条，新建人民公园、人民广场、永兴广场、劳动广场、兴园广场，城区面积由1989年的3.61平方千米扩大到10.3平方千米。小城镇建设全面铺开，乡镇治所面积由1989年的9.2平方千米扩大到14.5平方千米；乡镇水、电、路、通信等设施建设不断完善，有14个乡镇建起自来水厂，电网覆盖到各个乡镇。2002年，全县初步形成以县城为龙头，以8个建制镇为骨干的“规划合理、建设配套、环境优美、发展协调”的城镇网络。城镇化率由1989年的13%提高到21.60%。

2005年，全县实现生产总值53.97亿元，三次产业结构比为19∶45∶36。实现财政总收入5亿元。

（二）农业

1989—2002年，永兴进一步规范农村双层经营体制，修正、重签土地承包合同；按照市场化要求，调整农业产业结构，强化种养业培育、丘岗开发、庭院经济开发；实施农业产业化建设，围绕优质稻、烤烟、生猪、永兴冰糖橙、四黄鸡等新兴支柱产业，不断培植“公司＋基地＋农户”的合作经济组织和股份制企业，进一步提高农产品商品化率。1989年，永兴冰糖橙获湖南省优、国家部优农产品奖。1995年，获中国第二届农业博览会金奖。为充分发挥品牌优势，县委、县政府结合丘岗山地综合开发，统一在城关、碧塘建立50公顷连片开发样板基地。之后，又在太和、黄泥等13个乡镇相继开辟连片20公顷以上的大型冰糖橙基地。

1998年，永兴农村推行第二轮土地承包，一定30年不变；建立土地承包经营权流转机制，搞活土地经营。进一步推动农业产业化发展，基本形成以结构调整带动生产基地扩大，以基地支撑龙头企业发展，以特色品牌促进产品市场拓展的良好格局。为调动农民生产积极性，县委、县政府在湖南省率先推行农村税费改革，减轻农民负担。全县农业稳步发展。

1999年，永兴冰糖橙获省首届名优特新农产品博览会金奖和畅销产品奖，县内种植冰糖橙的积极性进一步高涨。2002年，全县共投入资金9000余万元，建立20公顷以上冰糖橙基地52个，开发面积3900公顷，投产面积1200公顷，产鲜橙9035吨，产值2891.2万元。当年，农业总产值12.66亿元，比1989年增长1.48倍，年均增长6.4%。农业产值商品化程度58.53%。农林牧渔结构由1989年的58.1∶12.7∶24.3∶4.9调整为44.3∶7.3∶40.1∶8.3。14年，完成造林2.49万公顷，森林覆盖率63.7%。完成各类水利工程9.68万处（次），新建小Ⅱ型水库4座。乡镇企业总产值增加到40.8亿元，比1989年增长27.60倍，为全省乡镇企业发展“十快县”。2005年，全县完成粮食总产量26.2万吨，蔬菜17.6万吨，烤烟0.56万吨，水果6.6万吨，出栏肉猪74.10万头，出笼家禽700万羽。

（三）工业

1989—1991年，永兴县认真解决农产品商品率低、工业效益不佳、第三产业发展缓慢及消费和投资“过热”、物价上涨过快、通货膨胀等经济问题，全面推行工商企业承包经营，实行厂长（经理）承包负责制。1992年，全县确立“十龙戏珠”的经济发展战略，创设永兴县“三胞”经济技术开发区，借助三胞力量，大力招商引资。县属工业企业实行兼并、破产重组、股份制改造等产权制度改革。发展乡镇工业，做大做强煤炭、冶炼、烟花、加工等县内优势工业。国合商业先后实行国有民营、社有民营的承包改革，鼓励发展个体私营经济。工业企业贯彻“抓大放小”“扶优扶强”原则，重点扶持具有一定规模、年产品销售收入500万元以上的国有企业和非国有企业，在规模企业中逐步建立现代企业制度。实施煤炭产业“北移”战略，兴建永兴二级电站，实现便江梯级开发。县属工业企业除4户规模国有企业外，其余均通过改制退出国有企业行列。民营工业主体地位得以凸显，涌现一批明星民营企业。全县煤炭、金银冶炼、水电、烟花鞭炮等产业优势得以凸现，成为支柱产业。2002年工业总产值在工农业总产值中所占比重，由1989年的47.37%上升为71.2%。国有、集体、个体私营工业在工业总产值中的比重由1989年的30.76∶38.35∶30.89调整为2002年的3.91∶28.22∶67.87，个体私营工业发展成为县域工业的主体。

2005年，全县完成工业总产值64.27亿元，规模以上工业产品销售率102.1%。鑫达银业公司的“永银”牌银锭评为全国用户最喜爱的20家白银品牌之一。

（四）建筑业

建筑队伍 1989年，永兴县建筑安装工程公司，有从业人员468人，有专业技术施工员17人，固定资产1324万元，系国家三级建筑安装施工企业。是年，完成产值298万元，实现利税18.22万元。同年，全县有乡镇建筑施工企业12户。其中，三级企业3户，四级企业7户，非等级企业2户。从业人员3287人，有专业技术职称人员227人，其中，工程师19人。固定资产总值1754.2万元。是年，完成总产值6057万元，上缴税金128.23万元。1992年，县建筑安装工程公司承建永兴一中大礼堂，顶梁跨度24米，创当时郴州地区同类建筑物跨度之最，填补县内后张法预应力施工之空白。同年，全县乡镇建筑施工企业增加到22个，施工人员903人。其中，县内施工企业发展到15个，从业人员4427人，具有专业施工人员726人。是年，完成总产值9102万元。1995年，湖南省、郴州市建筑行政主管部门进行建筑企业资质审查，油市建筑工程公司晋升为国家二级建筑安装施工企业，是当时县内唯一的二级建筑施工企业。湘阴渡建筑工程公司晋升为国家三级建筑施工企业。是年底，全县乡镇建筑施工企业发展到17户。1998年，县内小城镇建设蔚然兴起，外地施工队伍纷纷进入县内施工，施工企业增加到49户。其中，县内乡镇建筑施工企业增加到19户，从业人员5681人，有专业技术人员470人。是年底，完成总产值2.21亿元。2002年，县建筑公司兼并香梅建筑公司、县劳动服务公司建筑公司、黄泥建筑公司。是年底，从业人员扩大到828人，有专业技术人员162人。拥有固定资产3898万元，完成产值1136万元，实现利税69.24万元，公司由国家三级建安企业晋升为国家二级建安企业。

2002年，根据建设部颁布的建筑企业资质就位新标准，对19个乡镇建筑企业通过资质审查，进行优化重组。通过审查，县内乡镇施工企业由1998年的19个锐减为4个，全部为三级施工企业，从业人员减少到2613人。其中，专业技术人员480人，工程师131人。是年，完成产值1.07亿元。2005年，全县有三级等级资质的建筑企业5家，实现建筑业总产值1.77亿元。

建筑设计 1989年，永兴建筑设计仍沿袭20世纪80年代的建筑风格。是年，县内完成设计12.93万平方米。1998年，随着县城建设速度加快及旅游事业的发展，临街建筑设计做到一街一式。是年，完成设计面积22.16万平方米。至2002年，共完成设计项目803个，建筑面积121.63万平方米。主要建筑工程有永兴县人民会堂、平和商贸城。

（五）交通运输

1989年，永兴县交通主要有公路、铁路和水路运输，总里程995.51千米，其中，公路762.06千米，铁路92.45千米，水路141千米。货运总量298.30万吨，公路、铁路、水路分别占47.7%、

34.20%、18.1%；客运总量230万人次，公路、铁路、水路分别占54.4%、15.2%、30.4%。1999年1月，全县提出5年内实现“乡乡通油路，村村通公路，干线公路拓宽升级”，目标至2002年，境内公路形成京珠高速公路，国道107线，省道212、213线为主干，11条县道为支干及遍布全县75条便捷乡村公路网络体系，实现村村通公路目标。是年，全县公路、铁路和水路总里程1855.61千米，公路、水路、铁路分别占93%、1.16%和5.84%。在客、货运输总量中，公路运输分别占96.76%、83.4%。2005年，全县社会货物周转量3.18亿吨千米，旅客周转量1.65亿人千米。

公路运输 永兴县境内公路主要有国道2条，即京珠高速和国道107线永兴段。京珠高速公路永兴路段长21.85千米。国道107线永兴段全长19.87千米。省道2条即鲁安线：编号S212、全长66.42千米，青资线：编号S213、全长32.40千米。有县道11条，总里程174.27千米。县内乡村公路42条，总里程476.57千米，村组公路总里程840.29千米，乡村、村组公路总里程为1316.86千米。

1989年，县内拥有公路营运客车70辆，个体营运客车11辆。永兴县拥有货车763辆。全年完成货运量134.3万吨，货物周转量1583.4万吨千米。1994年，方小永私人购买小轿车，成为县内第一个私人出租车车主。1995年，公路营运客车骤增到140辆。其中，个体客车106辆。1997年6月，永兴县运输公司创办郴州市内公共汽车业务。1998年，全县有50~100吨载重量货船45艘。1999年，正式挂牌成立永兴县公共汽车公司。2002年，县内营运客车拥有276辆。其中个体营运客车132辆。交通部门开设客运跨省线路2条，跨市线路9条。全县汽车客运量478.15万人次，旅客周转量1.27亿人千米。同年3月，兴办郴州永昌兴出租车有限公司。是年，全县货车拥有量2637辆，货运量380万吨，货物周转量3.37亿吨千米。全县有拖拉机1040台，完成货运量约100万吨。

铁路运输 永兴境内铁路有京广复线永兴段和煤炭专用铁路线。京广复线永兴段，于1987年9月24日正式通车，全长20.35千米。县内煤炭专用铁路线，主要有马田圩至马田煤矿筛煤厂的马筛线，全长3.3公里。马田圩新火车站至永红煤矿的马富线，全长5.3公里。京广复线开通后，永兴境内马田火车站停靠538次、553次、8431次、8432次、2542次客车。1989—2002年，客运量36.20万人次，货运量1235.38万吨。

水路运输 永兴境内主要航道有：便江、注江、西河、青山垅4条航道。有永兴、塘门口2个港口和潘园、永兴、塘门口3个码头。有民间渡口21处，收费渡口3处。1989年，永兴县有各类机动船只125艘。1990年，永兴注江村曾宪辉第一个购船从事个体水上客运，经营龙门口至大坝航线。1992年，永兴县运输公司成立航运公司，6艘客船相向航行永兴至耒阳灶市。1994年，终止航运转为经营河沙场业务。至2002年，全县有各类机动船只206艘。永兴水上客、货运输业务全由个体船承担，年客运量13万人次，旅客周转量728万人千米；货运量310万吨，货物周转量922万吨千米。

（六）邮政、电信

邮政 1989年，永兴邮电局下设7个支局、8个邮电所、23个邮政代办所。发行报刊410种、4.5万份；全县有磁石式电话553部。是年，全县有委办汽车运输邮路5条，自办汽车邮路2条。县城投递邮路划为5个路段。乡村自行车邮路44条，步班邮路18条。当年出口各类函件101.3万件，开办汇票5.5万张，兑付汇票3.9万张，邮政储蓄余额1012万元。1992年，开办特快专递新业务。1993年，实现邮运自办。邮政储蓄、邮政营业开始使用微机。当年起，逐步取消乡村步班邮路，全部改为自行车邮班。全县投递邮路调整为65条，全长5708.5千米。1998年，县城投递邮路由5个路段细化为10个路段。是年起，相继开办广告信函、信托、鲜花礼仪、种子邮购、电子邮政、代办人寿保险、代收话费、代发工资、代售福利彩票、代售火车票、代销中国联通和中国移动手机放号、代销电信电话 IC 卡等业务。

1999 年，邮政储蓄年末余额实现过亿元的目标。2000 年，邮政绿卡开通，储蓄业务并入全国大网，实现活期储蓄通存通取。到 2002 年年底，邮政储蓄年末余额为 2.41 亿元。全年收寄特快专寄邮件 1.4 万件，业务收入 23 万元。至 2002 年，各类出口函件 198.29 万件，业务收入 49 万元，收寄包件 8191 件，业务收入 8 万元，开办汇票 2.23 万张（含电汇），兑付汇票 7.62 万张，兑付金额 656 万元，业务收入 23 万元。报纸期发份数为 2.95 万份、杂志期发份数为 1.18 万份，业务收入 59 万元。全县有集邮会员 470 人，集邮预订户 1600 户，全年销售集邮票品 4437 册，集邮业务量 51.58 万枚，业务收入 180 万元。2002 年，全县邮政代办网点发展到 298 个，邮政业务总量完成 1098 万元。2002 年 8 月，县城 10 个投递路段改设为 10 个服务站。全县 25 个乡镇 341 个行政村设直投点 1500 多个，直投面 100%。

电信 1989 年，永兴有固定电话机 553 部，为旧式"摇把子"磁石式电话。是年 11 月 28 日，龙形市乡首先开通 28 门无人值守自动交换机。1992 年，县城开通自动电话和永兴无线寻呼（BP 机）126 台，当年发展 BP 机用户 104 户。1993 年，永兴移动用户只有 13 户，1995 年移动用户增加到 422 户。1994 年 6 月，开通程控电话和 127 自动寻呼台，全县固定电话用户达 4294 部。1995 年，BP 机用户达 2508 户。1996 年，开通数字移动电话，当年移动电话 697 户。1997 年 1 月，开办分组交换业务，实现用户数据库共享。当年，有 5 个大客户办理此项业务。1998 年 3 月，首先在县城开办 IC 卡业务。同年 5 月，无线寻呼从永兴县邮电局剥离，成立国信寻呼郴州分公司永兴营业部，BP 机用户达 5472 户。当年开通可视电话会议业务。是年 9 月，邮电分营。1999 年 6 月，移动通信实行独立营运。同年 4 月，中国联通入驻永兴，成立中国联通郴州分公司永兴营业部。是年 7 月，国信寻呼郴州分公司永兴营业部并入联通。到 2000 年底，全县行政村通话率 95%，电话用户 4.18 万户。至 2002 年，全县程控交换容量 5.25 万门，年末电话用户 5.27 万户，移动用户 3.79 万户。移动电话业务收入 2854.67 万元，完成电信业务 4083 万元。2001 年，开办"新蓉园"无线寻呼台，发展用户 1.32 万户。此后，BP 机随着移动电话发展和普及逐渐被淘汰。2001 年开办宽带网业务。2002 年 1 月，开通数字数据网，为用户提供各种速率的高质量数字专用电路和增值新业务。是年 2 月，开通 163 拨号上网业务，用户 1.7 万户。至 2002 年年底，发展宽带网用户 852 户。

（七）商贸业

1989 年，永兴县国有、集体商业仍为商业主体，个体私营商业初步发展。是年，全县个体私营商业网点 4826 个，从业人员 6749 人，商品零售总额 4184 万元，占全县社会消费品零售总额的 22%。1991 年，全县社会消费品零售总额 2.38 亿元。其中，国营、集体商业零售总额 1.2 亿元，占社会消费品零售总额 51%；个体私营商业零售总额 1.18 亿元，占社会消费品零售总额 49%。1992 年始，县内国营、集体商业进行政企分开、三自一包（自筹资金、自主经营、自负盈亏，包干上缴）、国（社）有民营等一系列改革。商品购销由计划调节为主转为以市场调节为主。1993 年，县政府下发《关于加快发展个体私营经济若干规定》，是年，个体私营商业从业人员达 8967 人。1995 年，个体私营商业从业人员 2.31 万人，占全县商业从业人员的 87%；商品零售总额 2.68 亿元，超国有、集体商业商品零售总额 2.2 亿元的总和。1996 年始，商业流通领域实施租赁、拍卖、破产、股份制改造等产权制度改革，形成城乡一体化的新型商业流通格局。城乡商品市场建设快速发展，农贸集市、商业街市规模不断扩大，新型商业超市、专店、精品店、连锁店应运而生。饮食业、服务业网点遍布城乡各地。2002 年，全县社会消费品零售总额 13.87 亿元。个体私营商业从业人员 1.1 万人，商品零售总额 10.78 亿元，占全县社会消费品零售总额 77.6%。

集贸市场 1989年，永兴县有各类市场37个，市场贸易总额5120万元。截至2002年，全县共投入市场建设资金9241万元，拥有各类商品市场51个，市场贸易总额2.79亿元。县内商品市场布局形成以城镇为中心，乡村为枢纽的市场网络体系。2005年，全县拥有集贸市场39个，实现商品成交额3.13亿元，完成社会消费品零售总额16.47亿元；

对外贸易 1989年，永兴出口商品主要由省市外贸部门收购代理出口。是年8月，黄泥乡木梓塘村皮蛋厂生产的永兴松花皮蛋首批15万枚运抵香港地区。1990—1991年，县毛巾厂与广东外贸纺织品进出口公司签订出口毛巾合同，接单生产东湖巾、小方巾出口产品，出口创汇263万元。1992年，县外贸总公司挂靠郴州地区对外经济贸易总公司，实行间接出口。是年，出口创汇82万美元。1993—1995年，县内出口产品以有色金属及农副产品为主，出口金额385.6万美元。1996年11月，县外贸总公司获得自营出口权。是年，全县外贸出口金额206万美元。1997年，受亚洲金融风暴的影响，外贸出口仅115万美元。1998年，出口金额261.21万美元。2001年，中国加入世贸组织后，出口贸易额达1152.02万美元，首次突破千万美元大关。有色金属出口量大幅增加，仅铋一个品种出口量550吨，金额454.16万美元。2002年，全县对外贸易出口向扩大企业自营出口方向发展，先后有4户企业获得自营出口权。是年，全县出口贸易额达1276万美元。2005年，实现外贸进出口总额9579万美元。新增自营出口权企业3家。

（八）旅游

永兴旅游资源丰富，自然景观和人文景观交相辉映。自然景观以山青、水秀、石奇、洞幽著称，境内丹霞地貌发育典型、分布广泛，百里便江，两岸含秀吐绿、丹霞映辉，谓之百里画廊。人文景观以历史悠久，内涵丰富见长。汉三侯祠、韩愈题刻见证历代名人的游踪；宗教文化源渊流长，龙华寺、大明寺、观音岩等寺庙建在窾洞内，与地形山水完美结合，形成鲜明地域特色的宗教文化。

20世纪90年代中期，永兴县政府先后颁布《关于保护便江旅游资源的通告》和《关于加快开发旅游资源、发展旅游产业的决定》。随后，全县旅游业加快发展，形成以便江、注江、龙王岭、青山垅、悦来板梁等五大风景区为重点，以县城为中心的旅游线路的开发网络。着重培育以丹霞山水、宗教文化为特色的观光旅游市场。开发出湖南省百佳景点之一“一线天”等一大批景点，同时兴建完善一系列旅游配套设施。1997—1998年，县财政投入349万元，用于全县旅游基础设施建设。此间县旅游服务公司添置快艇2艘，并带动从事旅游的个体户购买新型豪华游船。1999年，县水利电力有限公司投资1000多万元建成吃、住、玩一条龙服务的龙华山庄，购置16艘皮筏。永兴宾馆投资1600多万完善服务设施。2001年，投资1.36亿元改造鲁永公路和景区公路，修建“一线天”码头。2002年，投资500多万元硬化通往黄克诚故居和悦来温泉的公路。至当年年底，境内拥有永兴宾馆、新华宾馆、龙华山庄、永驿宾馆和银都大酒店5个接待基地，可一次性接待旅游客商2000多人。至此，全县通往景区的公路全面硬化，泊船、停车设施完善，景区日接待能力达1000多人（次）。1998—2002年，全县接待国内外游客78.38万人次，实现旅游综合收入1.9亿元。2005年，全年接待旅游人数56万人次，实现旅游综合收入1.2亿元。

五、文化、教育、科技、卫生、体育

（一）文化

群众文化 1989年，永兴县有群众文化机构31个。是年，马田镇举行首届“爱我马田”艺术节活动，历时7天。有4000多人参加艺术节游行，演出文艺节目105个，观众达28万人次。1997年，为庆祝香港回归，全县组织书画摄影展览、文艺节目演出，活动时间长达10余天，观众30万人次。县花鼓戏剧团购置流动舞台车1台，配合县中心工作送戏下乡，深受群众欢迎。1999年3月，全县开展"团结就是力量"万人大合唱活动。25个乡镇、100多个县直单位共297支合唱队登台演唱。2001年，组织141个单位3万余人开展"万众一心跟党走"万人大合唱活动，庆祝中国共产党成立80周年。全县组织纪念黄克诚诞辰100周年诗词对联比赛。是年，全县有各类文艺协会10个，文化机构增至39个。拥有文化活动场所近500处，有文艺团体20余个、龙灯队1200个、狮子队630个、民间剧团23个、业余文艺演出队40个、铜管乐队138个、民乐队40个、女子管乐队28个、腰鼓队58个。1989—2002年，全县共举行大型文艺晚会48次，举办各种文艺展览21次，业余文学创作队伍拥有1000多人。群众文化事业得到发展和繁荣。

文学艺术 1989年，永兴创办《茶花》报，至1991年，出版发行14期，发表作品500余篇，印发6万多份。是年，《永兴民间文学三集成》一书获全国"艺术科学成果奖"。1995年，刘梅兰拼布艺术"拼布绣"系列作品6件被邀请参加在日本举行的"世界民间工艺品展览会"，并被世界民间工艺馆收藏。到1999年，《便江情》《永兴文学》《永兴诗联集萃》《便江民间故事集》《永兴诗词》等刊物应运而生。当年，全县创办文学刊物2种，13人出版个人诗词集，1人出版楹联集，出版长篇小说2部，散文集5部，20余人次获全国性文艺创作奖励。

1989—2002年，永兴县创作戏剧、小品300多部，有79部获奖，创作音乐作品365件，创作编排舞蹈209个。曹辉在市级以上报刊、书画展览中入选发表书法作品110多幅，其中，国家级4幅。全县摄影工作者选送参加市以上展览、比赛获奖的作品有2600多件。

图书发行 1989年，永兴县图书馆藏图书1.2万册，购书经费1.9万元。全县销售图书29.54万册，销售金额207.2万元。2002年，全县有各类图书馆（室）89个，发行图书129.41万册，销售金额1621.5万元。各馆（室）藏书45.4万册，其中县图书馆藏书3.20万册，年购书经费6万元。有乡镇万册图书室2个。全县个人藏书260万册，人均4.1册，家庭收藏5000册以上有68户。

广播电视 1989年年初，永兴县通广播乡镇11个，通播率44%；电视差转台7座，电视收视覆盖率88%，收看节目2套。进入20世纪90年代，全县加大对广播电视的投入，在城乡建设有线电视网络，实施村村通工程，提高广播电视覆盖率。至2002年，全县广播覆盖25个乡镇，通播率100%；建无线电视发射台25个，电视覆盖率98.5%，有线电视台24个，有线电视覆盖率50%，县城传送有线电视节目36套，乡镇站转播节目10至20套。

（二）教育

1989年，永兴县有各类学校453所，教师4268人，在校学生为9.13万人。小学升学率为68.5%，初中升学率为38.7%，高考升学率为18%。1997年，永兴县获国家教委颁发的"两基教育合格县"奖牌。1998年，全县普及中小学实验教学验收合格，并创建中小学图书馆（室）合格县。2000年，全县对中小学布局进行调整。2002年，全县有各类学校315所，教师5583人，在校学生9.80万人。小学升学率99.9%，初中毕业率100%，高考升学率58%。2005年，全县有小学240所，在校学生3.31万人，入学率100%；初中24所，在校学生3.25万人，入学率100%，辍学率2.3%。高中在校学生1.26万人，其中职业中专4224人。投入资金1306万元，改造农村中小学危房2.5万平方米，建设远程教育试点学校258所。

幼儿教育 1989年，永兴县有幼儿园3所，入园幼儿490人。有学前班170个，入班幼儿6021人。1995年，永兴被评为湖南省幼儿教育先进集体。1996年，曹小菊投资80多万元创办希望幼儿园，成为全县第一所民办幼儿园。2002年，有幼儿园15所，其中民办11所，入园幼儿1315人。有小学附设学前班147个，入班幼儿2681人。

小学教育 1989年，永兴县共有小学409所，教学点3个。在校学生7.32万人，入学率96.6%，巩固率95.6%，毕业率91.30%，升学率68.5%。至2002年，全县普通小学调整为279所。其中中心小学25所、完小67所、村小187所、教学点12个。在校小学生5.12万人，适龄儿童入学率99.7%，巩固率100%。

中学教育 1989年，永兴县有初级中学35所，在校学生1.49万人。有普通高中9所，其中完全中学4所，在校高中学生3244人。参加高考人数1425人，上线人数206人，上线率为14.5%。1989—1992年，全县大力改善初级中学办学条件。新建、改建初级中学校舍6.37万平方米，共投入资金2646余万元。全县有85.6%的初级中学建有符合要求的教室、仪器室、实验室、图书室、阅览室等。1993年，县一中争创"湖南省重点中学"工程启动，共投资2500余万元，扩大校舍面积0.43公顷，新建校舍2.14万平方米。1997年8月，永兴县一中经省人民政府验收，确定为"湖南省重点中学"。是年，全县881人参加高考，上线人数为243人，占参考人数的27.6%。其中，本科上线首次突破100人大关达110人。1998年，全县初级中学由35所撤并为32所。2000年年底，在实施学校布局调整的同时，乡镇中学校长实行竞聘上岗。2001年底，乡镇学区与乡镇中学校委会合并，乡镇农校与乡镇中学合并。是年，投入500余万元整体搬迁城关中学，创办民办文昌中学。2002年，全县有初级中学29所，在校初中生3.94万人。同年，全县普通高中撤减至7所，高中在校学生6894人。是年，全县2114人参加高考，476人上本科线，其中被高校录取1235人，占总参考人数的58.4%。

成人扫盲教育 1989年，永兴县农村举办青壮年扫盲班141个，学员5012人，脱盲3340人；扫盲巩固提高班145个，学员7583人，巩固率94%。是年，永兴县被评为全省扫盲先进单位。1990年人口普查，全县15岁以上文盲人数8.66万人。1991年，全县村村兴办业余小学和扫盲班。1995年，油市乡被授予湖南省"扫盲先进乡"称号。至1997年，全县青壮年文盲人数减到5996人，非文盲青壮年为98.19%，实现基本扫除青壮年文盲目标。是年，郴州市扫盲现场会在永兴县召开。油市乡获"中华扫盲奖"。

教学成果 1993年5月，永兴县一中学生李亚辉参加第六届全国"双龙杯"书画赛，获铜杯奖。许志学获"勿忘九一八"全国青少年征文赛一等奖。1999年8月，县一中学生李雪贞参加第十五届全国"圣陶杯"中学生作文赛获一等奖。2001年，县一中学生王美娟参加第三届全国"思乡杯"阅读原著翻译赛获一等奖。

（三）科技

1989年，永兴县拥有科技人员4658人，每万人中有科技人员81.7人。是年，永兴县有县良种场、县油科所2个农业科研组织。县油科所先后建立碧塘、鲤鱼塘两个油茶种植园。1990年，全县加大科技兴县步伐，科技示范镇、示范村、示范户不断涌现。1991年，有22个乡镇，9个厂矿企业实现科技达标。1995年，全县建立科技示范户2598户。1998年，全县有科技人员1.13万人。全县科技进步对经济增长的贡献率达43.4%。1999年4月，科技部授予永兴县全国科技工作先进县称号。2002年，全县建有6个科技型支柱产业生产基地。拥有科技人员1.6万人，每万人中拥有技术人员134人，科技进步贡献率48.9%。全县上规模的138户民营企业中，有50户成立技术创新小组，取得专利18项，进行技术攻关45项，技术改造项目238项。当年，全县选拔专业技术拔尖人才五批96人。

科技成果 1989年，永兴县科技人员精心培育出具有永兴特色的国家优质水果—冰糖橙，获农业部优质产品金杯奖，正式命名为“永兴冰糖橙”，同时，获第二届中国农业博览会金奖、湖南省名优特新产品博览会金奖。县油科所开展的“油茶低产林改造”“油茶大面积提纯换种综合配套技术研究”科研项目，于1990年获湖南省科技进步二等奖。1994年实施湘麦12号及丰产配套栽培技术推广项目，为全县农民年增收1790万元。同时，完成永兴区域湘白猪桂阳母系（Ⅲ）良种猪及配套综合技术推广项目，年出栏生猪3.19万头，获经济效益829.7万元。1998年，研制“龙华春毫”茶获省名优茶金奖。2000年，地方良种家禽四黄鸡经畜牧科技工作者科学选育推广，饲养量10万羽，出笼79万羽，年创产值1200万元。1989—2002年，全县农业科技项目共获得郴州市以上科技成果奖18项。2005年，全县组织实施各类科研项目28项；完成科技成果验收鉴定3项，科技进步对经济增长的贡献率升至55%。

（四）卫生

医疗机构 1989年，永兴县有医疗机构358个，病床571张，县属医务人员1054人。1995年，全县初级卫生保健（初保）工作达到14项指标标准，被湖南省评为初保合格县。1996年，全县开展创建全省文明卫生县城活动。先后新建县人民医院门诊大楼，搬迁县中医院、县二人民医院，医疗部门新增业务用房面积7.08万平方米，各项医疗设备得以更新、充实。2002年，全县有医疗机构451个。其中县直医疗卫生机构9个、中心卫生院5个、乡镇卫生院17个、乡村卫生室420个，病床777张，卫生工作人员1494人。是年，永兴获省级卫生县城称号。2005年，全县有各类医疗卫生机构32个，卫生工作人员1836人，有村级卫生室472个。

疾病防控 1989年，永兴儿童计划免疫工作全面达标，与计划免疫相的关传染病均低于国家颁布的控制指标。当年，全县传染病法定报告总病例数820例，病死6例，总发病率147.1／10万。1993年，全县开展对麻疹强化免疫活动。1994年，全县开展消灭脊髓灰质炎强化免疫活动。投服糖丸7.43万人次，0~4岁儿童投服率99.64%。1997年，全县疫苗冷链运转正常，23个冷链运转单位共运转138次，接种卡介苗、糖丸、百白破、麻苗3.81万人次，“四苗”全程接种率98%。与计划免疫相关疾病的发病率均在控制指标内。2000年，全县23个乡镇医疗单位严格按照基础免疫程序，冷链运转135次，儿童接种1.73万人次，接种率90.20%。全年无计划免疫相关疾病暴发流行。2002年，全县共接种3.36万人次，接种率99.01%。是年，全县法定报告传染病20种、915例，发病率145.2l／10万，其中，乙类发病109.21／10万、丙类发病36.03／10万。1989—2002年，全县传染病发病最多的痢疾为5531例，次为肝炎3420例、肺结核2877例、麻诊576例、伤寒540例，无甲类传染病报告，无乙、丙类传染病暴发流行，脊髓灰质炎10年无病例报告，其他法定传染病实现在卫生部规定的基本控制指标之内。2005年，各类传染病得到成功预防。

（五）体育

自1989年始，永兴县开展争创全国体育先进县活动。1994年，把争创全国体育先进县列为县政府的三大任务之一提交县人民代表大会审议通过。1995年，成立实施全民健身计划领导委员会。是年，永兴县被授予“湖南省体育先进县”称号。1996年9月，获“全国体育先进县”称号。2002年，全县经常参加体育锻炼的人口占全县总人口的40.2%，在参加各项比赛中，永兴县获奖数在郴州市由居中跃人前三名。2005年，全县参加全民健身活动1.5万人次。

学校体育 1989—1990年，永兴县各类学校为上级输送中专学历以上体育人才58人。1991—1992年，全县学生在参加地区性以上的各项比赛中，6人次破地区田径纪录，3人获国家二级运动员称号，输送到体育院校的学生31人，省赛艇队1人。县一中体育教师王廷飚获“全国千名优秀体育教师”“省百名优秀体育教师”称号。1995—1996年，全县为上级部门、学校输送6名优秀运动员，37人考入体育专科学校，5人考取体育大学。1998年，县一中被湖南省体委、湖南省教委授予体育后备人才重点学校，县二中被郴州市体委确定为划艇运动基地。至2002年，全县经常参加体育锻炼的学生98%，体检合格率96%，适龄学生达标9.56万人，达标率超过88%。

竞技体育 1989年，永兴县有等级运动员12名、教练员7名，获各类项竞技体育奖牌30枚，其中，国家级比赛金牌3枚。是年，永兴选送的王丽娅参加全国少年女子“辽轮杯”举重比赛，获48千克级抓举、挺举、总成绩三枚金牌。1992年，全县等级运动员上升到31名，获各类奖牌38枚。1994年9月，永兴油市镇农民李菊芬参加远东和南太平洋地区第六届残疾人运动会夺得金牌1枚、银牌3枚。1997年，永兴运动员廖山青参加全国第八届运动会，获银牌1枚。1998年，县内等级运动员达到180人，获各类奖牌60枚。1989—2002年，永兴组队参加市级以上正体育赛事获奖345人（次），获金牌149枚、银牌108枚、铜牌88枚。其中亚洲级奖牌4枚、国家级奖牌2枚、省级奖牌75枚。2005年，全县有体育场地133处，获省级比赛铜牌2枚，市级比赛金牌9枚、银牌11枚、铜牌14枚。

第五节 嘉禾县

一、地理

（一）位置面积

嘉禾县位于罗霄山脉西南，五岭北麓，湖南省南部，郴州市西南端。地处北纬25°26′12″~25°47′29″，东经112°14′3″~112°35′26。东起普满乡向阳村陂头下与桂阳为界，西至晋屏镇宅侯村白露塘与宁远相邻，南从塘村镇清水村与临武县、蓝山县接壤，北到石桥镇石鼓元村与新田毗邻。距郴州市89千米、距省会长沙市440千米、距广东省广州市423千米。

嘉禾县境东西宽35.70千米，南北长39.30千米，土地总面积699.39平方千米。

（二）自然环境

嘉禾县境域大地构造位置为湘南加里东、印支穿插褶皱带（Ⅲ级）中的新田—蓝山印支褶皱带内。地质发展经历加里东、印支、燕山等区域构造运动，岩浆不甚发育。县域地层下自寒武系，上至第四系，除缺失奥陶系、志留系、侏罗系、白垩系外，其他均有不同程度发育。嘉禾属华南陆块中部，经历地槽—地台—大陆边缘活动带三个不同的大地构造发展阶段。县内褶皱分别发育于加里东、印支及燕山—喜马拉雅构造层之中。加里东构造层褶皱，县内仅在西南部尖锋岭一带见存一个相对完整的栋头窝向斜，向斜轴线近东西向，两端掩盖于印支构造层之下，核部由寒武系塔山群的上岩性组组成，两翼依次出露中岩性组和下岩性组。印支构造层褶皱广布县境内，褶皱自西向东有尖峰岭短轴背斜、袁家向斜、大岭头背斜、王阳甫向斜和梓木圩背斜。

嘉禾县位于五岭山脉向衡阳盆地的过度地带。西南群山屹立，由尖峰岭、九子岭等构成南岭山体。尖峰岭海拔913.7米，为境内群峰中之最高峰。黄牛岭中部凸起，成为嘉禾、行廊两盆地的自然分界线。县境东南部和临武香花岭北麓余脉接壤，与黄牛岭首端相连，组成“山”形地貌。东偏北部的溶蚀盆地，地势开阔，起伏平缓，丘岗错杂。东部和西北部溶洞密布，千姿百态，最低处在黄狮江下游与桂阳交界处桥下岭，海拔145.7米。地形总趋势为东、南、西三面高，且自南向北渐低，形成“两山、两水、两盆地，丘陵、岗地相间”的地貌特征。县内平原以溶蚀平原为主，溪谷平原次之，面积172.24平方千米，占全县总面积的24.6%。溶蚀平原分布于嘉禾盆地和行廊盆地内，面积142.27平方千米，占平原面积的82.6%。溪谷平原分布于钟水两岸，黄狮江两岸有零星分布，面积29.97平方千米，占平原面积的17.4%。嘉禾盆地位于县境中西部，南窄北宽，地势微向钟水倾斜，地表起伏平缓，地形坡度小于5°，地面标高低于250米。行廊盆地位于境内东部，沿黄狮江流域分布，盆地内海拔300米~500米之间，地表坡度0°~30°。境内岗地面积212.3平方千米，占全县总面积的30.3%。丘陵面积202.6平方千米，占全县总面积的28.9%。山地面积84.3平方千米，占全县总面积的12%。水域24.17平方千米，占全县总面积的4.2%。

嘉禾县年均日照1338.8小时，年平均气温为18.2℃，稳定通过10℃的初日为3月19日，终日为11月25日，期间252天。年平均降水量1499.2毫米，年平均蒸发量1439.3毫米。境内夏季多偏南风，冬季多偏北风。春秋两季为冬夏季风转换期，风向不如冬夏稳定，以偏北风居多。平均风速为1.7米/秒，最大风速16.7米/秒。无霜期年平均为296天，最长达314天，最短为270天。境内集雨面积5平方千米以上的溪河26条，其中一级支流有钟水，二级支流有黄狮江、石燕河、下车水、甫口水、花溪水、翰石水、西溪水、文溪水、朱木水等，还有三级支流8条、四级支流4条，均汇入钟水流入湘江。钟水年平均径流量16.56亿立方米，系湘江一级支流舂陵水上游段主干，流经境内长46.9千米。

（三）自然资源

嘉禾县土地总面积695.91平方千米，其中农用土地5.64万公顷，占土地总面积的70.46%。其中耕地1.83万公顷、园地1303.55公顷、林地2.75万公顷、牧草地1930.97公顷、建设用地5143公顷。全县未利用地8011公顷。境内矿产资源主要有煤、铀、锰、铁、铅、锌、铜、汞、石灰岩、冰洲石、白云岩、硅石、大理石、耐火黏土14种。分布于全县17个乡镇。其中，车头镇龙泉、行廊镇小湖的黏土耐火度达1070℃，是陶瓷生产的极好材料。

境内地表水多年平均径流总量21.55亿立方米，由境内产水和入境客水组成，年产水4.80亿立方米，占地表水总量的22.30%。其中钟水流域面积410.38平方千米，年产水2.93亿立方米；黄狮江流域面积285.53平方千米，年产水1.87亿立方米。发源于外县的入境河流年入境客水量16.75亿立方米，占地表水总量的77.7%。全县水能资源理论蕴藏量为4.65万千瓦。

嘉禾县森林覆盖率32.4%。其中用材林1.12万公顷、经济林9952公顷、防护林880公顷、特用林81公顷、竹林435公顷、疏林27公顷、灌木林3895公顷、未成林造林地906公顷、宜林荒山1913公顷、苗圃地17公顷。

嘉禾山川绮丽、田园锦绣，风景资源丰富。钟水从蓝山进入县境下车村，由南向北蜿蜒而下，县内流长47千米，是嘉禾县人民的母亲河。

二、建置、区划

（一）建置

明崇祯十二年（1639）始置嘉禾县，县治设禾仓堡。清顺治四年（1647），平南王尚可喜占领桂阳州，嘉禾入清版图。雍正十年（1732），嘉禾属桂阳直隶州。

中华民国元年（1912），撤销府州建制，嘉禾直属湖南省衡永郴桂道。民国27年（1938）属湖南省第八行政督察区。民国29年（1940），湖南设10个行政督察区，改原第八区为第三区，嘉禾属之。

中华人民共和国成立初期，嘉禾隶属郴县专区。1950年11月，郴县专区改名郴州专区；1952年11月，郴州专区并入湘南行政区；1954年7月恢复郴县专区；1960年复名郴州专区；1979年3月改名湖南省郴州地区；1995年3月郴州撤地设市，改名为郴州市。嘉禾均属之。

（二）区划

1989年，嘉禾县辖6个镇、11个乡、14个居民委员会、239个村民委员会。1997年，石桥乡和龙潭乡撤乡建镇。2005年，全县辖8个镇、9个乡、33个居民委员会、244个行政村。

三、人口、民族

（一）人口

1989年，嘉禾县总人口30.73万人。人口自然增长率11.10‰。1990年第四次全国人口普查，全县总人口30.08万人，65岁以上1.54万人，占总人口5.10%。老人群体中，90~99岁75人，100岁以上3人。文盲和半文盲5.21万人，占6岁以上人口的20.09%。2000年第五次全国人口普查，全县总人口30.77万人，65岁以上2.19万人，占总人口的7.13%。老人群体中，90~99岁252人，100岁以上2人。全县大专以上文化4959人，占6岁以上人口28.43万人的1.73%；中学文化12.27万人，占6岁以上人口的43.19%；小学文化13.03万人，占6岁以上人口的49.35%；文盲和半文盲2.62万人，占6岁以上人口的5.73%。2002年，全县总人口34.17万人，自然增长率5.4‰。2005年，全县总人口35.21万人，人口出生率11.73‰，自然增长率9.61‰。

（二）民族

嘉禾境内计有汉、蒙古、回、藏、维吾尔、苗、彝、壮、布依、朝鲜、满、侗、瑶、土家、傣、黎、佤17个民族，其中汉族占总人口的99.82%。

四、经济

（一）发展速度

1989—2005年，嘉禾县各项改革不断开展，稳步推进。农村改革在实行包干到户生产责任制、联产承包责任制的基础上，完善双层经营责任制、推行土地承包经营权流转机制。实施土地使用制度改革及农村税费改革，建立以科技兴农、物资供应和支持保障为主要内容的农业服务体系；推进生产、加工、销售有机结合，完善贸工农一体化的新型农业生产经营模式，形成农业产业化经营。县属国有、集体工业企业，在推行以承包经营、租赁经营为主要形式的经营体制改革基础上，逐步实行以破产重组、股份合作、兼并联合和两个置换为主要形式的产权制度改革，企业改制面达80%。

同时，对外开放逐步扩大，外向型经济迅速发展。通过实行资金信贷、场地安排、税费等优惠扶持政策措施和取消一批收费项目，为外来投资营造良好的发展环境。到2002年末，全县共有外资企业16户，实际利用外资2913万美元，外贸出口9352万美元。是年，全县生产总值19.28亿元，比1989年的2.18亿元增长7.85倍；人均5643万元，比1989年的719元增长6.85倍；农民人均纯收入3029元，比1989年增长5.52倍，人均住房面积26.65平方米，比1989年增加16.83平方米；城镇居民人均可支配收入8600元，年均消费5709元比1989年增长63.99%；城乡居民年末储蓄存款余额达11.16亿元。经济结构不断优化，形成了富有嘉禾特色的“三个三分之一”的结构特征，即一、二、三产业在生产总值中的比重各占1/3，从事务农、县内非农产业和外出务工的劳动力大体各占1/3，农民收入结构中种养收入、非农收入和外出务工收入大体各占1/3。煤炭、烤烟、铸造、锻造等一批支柱产业初具规模，经济发展后劲不断增强。2005年，全县实现生产总值29.96亿元。一、二、三产业比为23.2∶38.6∶38.2，一、二、三产业增加值分别为6.94亿元、11.57亿元、11.45亿元。完成财政收入1.4亿元。

（二）农业

1989年始，嘉禾县在完善农村双层经营承包责任制的同时，狠抓产业结构调整，壮大村、组集体经济，大力发展商品生产，全面提升农村经济，使农业逐步向农、林、牧、副、渔和工、商、运（输）、建（筑）、服（务）多元结构转变。1992年成为郴州地区首批消灭宜林荒山的县。1994年，全县农村全面摆脱贫困，实现温饱。1997年，境内实现全面绿化达标，成为郴州市第二批绿化达标县。嘉禾县作为湘南农业综合开发项目县，先后实施5期农业开发，共投资8005.29万元，逐步改善农业生产条件，增强农业发展后劲。1998年，全县农村达到小康县标准，湖南省委、省人民政府授予嘉禾县授予奖牌。1999年，嘉禾县被列为省丘陵地区现代农业试验区，农业产业化进程进一步加快；以瘦肉型生猪为主导的养殖业快速发展，逐步占据嘉禾县养殖业的半壁江山，成为全国百县（市）畜牧兽医科技示范工程实施县。同时，全县形成1万公顷优质稻、5300公顷蔬菜、2000公顷优质烟、40万头优质生猪等特色农产品生产基地，建成三味食品公司、瘦肉型生猪开发公司、名优特新农产品开发中心等龙头企业。2002年，全县农业总产值8.69亿元，比1989年的1.4亿元增长5.2倍。2005年，农业总产值11.34亿元，同比增长5.1%。生产粮食15.46万吨、出栏生猪60.48万头和牛1.63万头、出笼家禽272万羽，水产品产量达2835吨，生产烤烟6660吨，水果3.04万吨，油料6404吨。全县有乡镇企业10037家，总产值49亿元，同比增长15.2%。至此，先后有省级龙头企业三味食品公司、市级龙头企业嘉津食用油厂等生产的湘嘉鱼、三味腐乳王、嘉津纯茶油、松艳牌脐橙获湖南省农博会金奖。

（三）工业

嘉禾县是全国100个重点产煤县和商品煤基地之一，煤炭工业是全县的支柱产业。1989—2005年，通过加强煤矿管理和创新生产技术，原煤年产量稳定在130万吨左右，为全县第一大财源。其间县属4家国有煤矿实现连续10年无亏损，创全国同行业良好业绩。工业产品“飞箭牌”铜线钳、小型发电机组进入欧美发达国家市场，畅销36个国家和地区。

从20世纪90年代起，嘉禾县乡镇企业、民营经济异军突起，并向规模化、专业化、科技化方向发展，成为工业的主力军。至2002年末，年产值500万元以上的民营企业有42户，其中年产值在1000万元以上的有8户。随着市场经济的发展和技术的创新，锻造、铸造、五金工具等特色产业成为县域经济支柱产业，形成规模成集群发展，产品畅销国内外市场。2002年内，嘉禾县以煤炭开采、锻造铸造、建筑建材为支柱，带动各项加工业齐头并进，工业实力日渐增强。是年，全县实现工业总产值13.95亿元，乡镇企业总产值34.32亿元，实现销售收入33.02亿元。2005年，全县规模内工业企业完成总产值16.72亿元，有规模企业71户，“湘江”牌商标被评为湖南省著名商标。

（四）基础设施建设

1989年起，嘉禾县实施“小城镇、大战略”方略，改造旧城区，开发新城区。在1989—2002

年的14年间，县城基础设施建设投资4.6亿元，新建主干道28条，长16千米。创建珠泉经济开发区，新增城区面积1.60平方千米，县城面积拓展到6.20平方千米。市容市貌变化显著，城市功能大大增强，成为全国城市环境综合整治先进县。完成观音山水库电站、农村电网改造、盘江水库低涵除险保安、电信718、政府上网等重点工程建设。实现农村初级电气化县目标，成为全国第一批农网建设与改造工作先进县。加强城乡自来水供应网络建设，自来水供应覆盖全县60%以上的人口；城区供水配套设施不断完善，投资370万元完成，盘江水库到县城饮用水工程，使城区机关、企事业单位和98%的居民用上自来水。

（五）建筑业

1989年，嘉禾除县建筑工程公司外，还有县以下建筑工程队16个，固定职工1336人，季节性临时工3198人；有证施工员70人；拥有固定资产185万元，年施工能力500万~700万元。1990—1998年，先后注销不合格建筑队15个。2001年，全县县以下建筑企业23户，完成总产值1184万元。2002年，根据建设部颁布的建筑企业新的资质就位标准，对县以下23个建筑企业进行优化重组，将原分散在各个乡镇、抵御风险能力差的建筑企业，重新组建起集中、有实力的建筑工程有限公司4个，有职工1500人，其中项目经理55人，施工技术员263人。当年完成产值1600万元，比2001年增加416万元。1989—2002年，全县建筑企业完成总产值5.2亿元，上交利税3144万元；受监工程660个，受监率93.4%；竣工工程404个，合格率93.8%；招标工程548个、完成设计工程554个。完成建筑面积93.4万平方米。县建筑勘察设计院完成设计项目559个，建筑设计面积85.9万平方米。主要建筑工程有金穗大厦、县农业局、县林业局综合大楼、县工商行政管理局办公大楼、县人民医院门诊大楼、春陵宾馆等。

（六）交通运输

1989年，嘉禾县公路总长871.84千米，公路密度为每百平方千米124.70千米。全县有公路客货运输车辆802辆，其中客车53辆、货车749辆；年客运量111.65万人（次），旅客周转量7257.25万人千米；货运量76万吨，货物周转量5228万吨千米。铁路年客运量2.94万人次，货运量4167吨。1994年，国有企业推行车辆承包责任制，个体客货运输车辆迅速增加。到2002年，全县公路硬化292.8千米，占总里程的28.4%。境内公路总长1032.14千米，公路密度每百平方千米148.31千米。有公路客货运车辆3197辆，其中：营运客车186辆，年客运量310.59万人次，旅客周转量2.02亿人千米；营运货车3011辆，年货运量344万吨，货物周转量2.37亿吨千米。2005年，全县完成交通基础设施投资2900万元，建设通村公路12条39千米，全年客货运输换算周转量8.35亿吨千米。

公路运输 自1989年始，嘉禾境内有省道3条，高等级公路3条，县道12条。20世纪90年代中后期，开通嘉禾至衡阳市、长沙市的班车。同时，客运路线增多。发至广东省的路线有11条，发至广西省的3条，跨省最远里程607千米；跨县路线13条，最远90千米。1992年，全县有个体户货车900余辆。1999年，广发乡白觉村组织的汽车联运公司拥有汽车发展到150辆，成为全县汽车运输第一村。到2002年，跨省客运路线增加到14条，日运24个班次；省内跨市、县客运路线增加到13条，70个班次。县内日发车147个班次，县城到郴州市区每半个小时发一次班车。是年，全县乡道公路41条，265.50千米，占全县公路总里程的26.32%，其中修成水泥路面28条，58.9千米。村道里程559.30千米，占全县公路总里程的54.19%。全县899个自然村，有816个自然村通公路，占整个自然村的90.77%。

铁路运输 1987年11月，嘉禾至郴州地方（窄轨）铁路正式投入营运，县境内长11.9千米。1989年，郴嘉铁路在嘉禾只设行廊车站，是终点编组站，以货运为主，兼营客运，是客货混合列车。采用蒸汽机车运输，当时有英国、德国、法国、日本及中国港澳地区朋友专程到郴嘉铁路乘坐或拍摄小火车。2003年4月2日，郴嘉铁路退出社会运输市场，窄轨蒸汽机车全部退役。

（七）邮政、电信

1989年，嘉禾县邮电局下设7个邮电支局、3个邮电所，年末邮电业务总量104.38万元。1995年，电信业务重点向农村转移，县邮电局投资913万元完成农话改造，全县电话结束靠人工操作的“摇把子”机的历史。1998年9月，嘉禾县邮电分营，设立嘉禾县邮政局，下设9个邮政支局，县电信局下设8个电信营业所。1999年，移动通信从电信局分离，成立郴州移动通信公司嘉禾营业处。2000年2月，更名为湖南省电信有限公司嘉禾分公司。同年5月，增设郴州市电信集团实业公司嘉禾分公司。当年7月，中国联通在嘉禾组建营业部。2002年，湖南省电信有限公司嘉禾分公司更名为湖南省移动通信有限公司郴州分公司嘉禾营业部。当年，县邮政局业务收入500.48万元，县电信局业务收入1517万元；有中国移动通信用户3.5万户，中国联通用户近万户和BP机寻呼1万户。

邮政 1989—1990年，嘉禾县大部分进出口邮件由地区局汽车运到县邮电局分发；县城分设2个投递段投送报纸杂志、信函、汇票等。全县出口函件44.45万件，收寄包裹出1.47万件、进1.29万件；开发汇票1.97万张、兑付汇票4.81万张，收发机要文件423件；县内有邮政储蓄网点2个，年末储蓄余额218万元。1990年销售集邮邮票2.69万枚。1991年，嘉禾自办县境邮运作业，县邮电局购买一台跃进牌汽车，将邮件运输到各支局，往返邮程93千米。1995年县城增划为3个投递段。开办邮政礼仪信函业务。1996年起，县邮局在28个单位住宅楼安置信报箱2380个格口，使之及时收阅报刊和信件。1999年开办音响租赁业务。2000年，发行邮政贺年（有奖）明信片、企业“金卡”。2002年，全县城乡设短程自行车投递邮路42条，邮程1070千米；步班邮路5条，邮程143千米。城区3个投递段。境内有农村捎转点85个，协助邮局收订报刊和报刊邮件的捎转。是年，全县出口函件24.32万件、出口包件0.76万件，开发汇票1.58万张、兑付汇票3.96万张；报纸期发2.99万份、杂志期发0.72万份。全县设邮政储蓄网点9个，储户4.3万户，年末储蓄余额1.26亿元。当年，开办邮政代办业务，代发工资、代收话费、代办移动用户入网、代办保险。

电信 1989年，嘉禾县长话用磁石交换机，总容量400门，用户330户，接续由人工操作。全县农用电话208户。1991年10月，开通2000门史端桥交换机。农话用户当年净增140户。1992年，嘉禾无线寻呼接收基站建成开通。1993年末，市话用户844户。1994年11月，开通新的5000门数字程控电话。县邮电局年内在县城街道设置磁卡电话机3部。1995年，BP机用户1390户。开通自动电话。同年2月，投资150万元在县城建设模拟移动通信基站1个，开始运营模拟机，当年发号100户。1996年10月，开通数字移动电话。1997年，无线寻呼用户突破1万户。1998年，无线寻呼业务从县电信局剥离出来，独立运管，有无线寻呼用户1.01万户；开通网上业务，开办数字数据用户、因特网IP注册拨号用户、因特网专线用户、远程教育业务上网、电视上网、电子商务、多媒体业务。是年6月，嘉禾可视会议电话调试开通。2000年，开通IC卡电话148部、201卡电话615部，磁卡电话被拆除。同年7月，中国联通郴州分公司嘉禾营业部成立，主要经营CSM和CDMA两个移动通信网络及无线寻呼业务。2002年，市话用户1.14万户，农话用户1.88万户。全县有公用电话亭419处、201卡公用电话168部。全县市话、农用电话中继光缆361杆程千米、中继光缆纤芯1946芯千米、接入网光缆线路110杆程千米，接入网光缆纤芯880芯千米。实现DID用户交换网、PAP分组交换网、计算机互联、电子信箱用户、可视会议电话等现代通信网络辐射全县。是年，全县拥有移动用户达3万户、联通用户1万户；因特网IP注册拨号用户3365户、因特网专线用户1户、远程教育上网1户、政府上网9户，各类宽带网用户780户。2005年，嘉禾县完成电信业务 10759 万元。有固定电话用户 3.80 万户、移动电话用户 4.7 万户。

（八）商贸业

1989 年，嘉禾有国营商业企业 6 户，集体商业企业 4 户，供销合作商业企业 6 户，个体私营商业 1835 户，（从业人员 2757 人）。之后，经过商贸体制改革，国有商业、集体商业企业逐步被个体商业企业取代，私营个体商业成为商品流通领域的主渠道。1994 年，全县个体私营商业户发展到 9562 户，从业人员 1.59 万人，商品零售总额 1.36 亿元，占全县社会商品零售总额的 47.57%。2002 年，全县有个体私营商业户 4658 户，从业人员 8519 人，社会商品零售总额 4.82 亿元，占全县社会商品零售总额的 83%。2005 年，嘉禾县实现社会消费品零售总额 5.28 亿元。

集贸市场 1989 年，嘉禾县有城镇市场 4 个、农村市场 8 个、工矿市场 1 个。市场交易物资有煤炭、生猪、粮食、烟叶、蔬菜、水果、茶叶、化肥、木材、有色金属矿产品等。有的产品销往广东、广西等省（区），全年成交额 2.27 亿元。20 世纪 90 年代，县、乡镇、村有关单位及厂矿、私人投资 2597.5 万元，先后兴建、改造、扩建 19 个市场及市场设施。2002 年，全县有城镇市场 10 个、农村市场 12 个、工矿市场 1 个。珠泉市场、塘村市场先后被评为湖南省文明市场，塘村市场先后获“全国文明集贸市场”和“全国文明市场”荣誉称号。

2005 年，全县 21 个集贸市场实现商品成交额 3.53 亿元。全县出口创汇 280 万美元。

五、文化、教育、科技、卫生、体育

（一）文化

1989 年，嘉禾县编辑的民间歌谣、民间故事、民间谚语三套集（卷）成受到国家艺术科学规划领导小组等三个单位表彰。是年，全县有文化经营户 71 家，从业人员 116 人。20 世纪 90 年代，境内文化市场步入迅速发展阶段，至 1995 年年底，全县文化经营户发展到 175 户，从业人员 431 人。1990 年，全县 17 个乡镇建成 2 个万册图书馆、5 个 5000 册图书室、83 个村文化室，农村文化工作发展迅速。2000 年，嘉禾电影放映完成文化部、广电部制定的在 21 世纪每个村每个月放映一场电影的目标（简称“2131”工程），被评为全省电影工作先进县。2002 年，全县文化经营户发展到 267 家，从业人员 884 人，比 1989 年分别增加 204 家、768 人。群众文化丰富多彩。1989—2002 年，县、乡镇、村三级计投资文化设施建设 1718.88 万元。全县形成以县直文化单位为龙头、乡镇文化站为主体、村文化室为网点、文化专业户为补充的多元化制文化网络。2002 年，文化产业经营项目 17 个。全县构成娱乐、演出、音像、电游、印刷、书刊、电影 7 大文化市场。2005 年，嘉禾县有文化机构 20 个、各类文艺团体 27 个、专（兼）职文艺骨干 280 名。并成立首家社区文化活动中心。

群众文化 嘉禾民间文艺形式多样，源远流长，主要有独具地方特色的嘉禾民歌、湘昆、花灯、民间器乐、舞狮等。1989 年 5 月，《中国民间歌谣集成湖南卷郴州分卷》单列嘉禾民歌——伴嫁哭嫁歌 314 首作为该书的上册出版。1991 年，举办全县首届“嘉农杯”民歌花灯调演，文化馆组织原始的伴嫁歌舞表演，湖南省电视台录制电视专题片。1993 年，城关镇被湖南省文化厅授予“群众文化艺术之乡（民歌之乡）”称号。1997 年，嘉禾县与湖南省电视台联合拍摄的大型电视音乐专题片《梦牵故乡》和电视剧《村女》，主题音乐采用嘉禾民歌，由歌星张也、吴碧霞等演唱。嘉禾花灯戏被载入《中国戏曲志》和《中国群众文化辞典》。同年，嘉禾从各单位抽调文艺骨干 30 人成立“乡情百花文艺演出队”，排演花灯民歌等节目 20 个，在各乡镇演出 20 多场。年底，又从各单位抽调 40 名文艺骨干组建以演花灯、民歌为主的业余文艺演出团体“金叶艺术团”。1998 年，坦坪乡被省文化厅授予“群众文化艺术之乡（花灯之乡）”。2001年，行廊镇成立“民俗风情表演艺术团”，用花灯等民间文艺形式编演节目，宣传计划生育、科技、法律知识。至2002年年底，全县民间有28个花灯坐唱班，7个文艺演出队，在民众红白喜事、节日庆典活动中演唱、演奏花灯等民间音乐曲牌。

文学艺术 1989年，嘉禾县有业余文艺创作组23个，成立嘉禾文学社、心林诗社、《珠泉》文艺月刊社等文学社团。全年创作文学作品被市以上刊物和文化活动采用17件，获奖12件。1997年，嘉禾县与湖南省电视台联合拍摄电视剧《村女》，该剧以嘉禾县行廊镇新屋场村女共产党员王六秀为生活原型，反映她平日无私奉献，危难之时为抢救落水儿童光荣牺牲的英雄事迹，先后在中央电视台八频道、省电视台、省有线电视台播放。2002年，尹振亮创作的散文《还不起母亲的十块钱》获全国“休闲杯”散文大赛三等奖。此外，戏剧、音乐、舞蹈、曲艺、美术、书法、摄影等群众性艺术创作活动相继兴起，涌现大批获省、市以上奖励的优秀艺术作品，丰富了嘉禾人民的文化生活。

图书发行 1989年，嘉禾县图书馆藏书3.29万册，订各种报纸杂志96种。全年接待读者3.93万人次，借阅3.25万人次、3.48万册次，解答问题633个，新办借书证199件、持证读者1349人。全县有图书馆（室）66个藏书12.61万册。1992年，全县建立乡镇万册图书馆8个、5000册乡镇图书室1个，共藏书9.3万册。行廊镇万册图书馆被评为“湖南省文明图书馆”。县图书馆藏书4.33万册、购书1951册、订报刊185种。1997年，嘉禾籍将军萧克为县图书馆捐书1万册，县图书馆总藏书达5.99万册。翌年，萧克为县图书馆赠送一套《中华文化通志》共101册。2002年，全县70个各级馆室藏书144万册，人均4.2册。是年，县图书馆接待读者7.53万人次，借阅7.2万人次2.65万册（次），接待各种咨询读者547人次，解答咨询课题513个，共有持证读者2416人。1989—2002年，县新华书店总计发行图书（包括电子读物）3228.06万册，销售金额8287.16万元，创利润182.53万元，交纳税金360.01万元，图书发行年平均增长21%。同时为农村赠送图书1.25万册。

广播电视 1989年，嘉禾县广播覆盖率90%，电视覆盖率34%，电视收视2套节目。1996年始连续7年，广播电视宣传工作考评列郴州市各县市（区）第一。1997年，嘉禾县被广播电影电视部授予“全国广播电视先进县”称号。至2002年底．共投资2000多万元，先后建成县广播电台、有线电视台、300瓦电视转播台。实现全县广播电视光纤联网村村通。全县有线电视入户3.26万户，电视人口覆盖率98.5%，可收视43套节目；农村有线广播入户率23.24%，广播人口覆盖率100%。2005年，全县完成电视系统加密改造和城区光缆改造，在湖南省率先实现联网到村，城乡同网，信息同源。有线电视用户4万户，电视人口覆盖率99%。

（二）教育

1989—1998年期间，嘉禾县改革管理体制和办学体制，坚持以财政拨款为主，充分发挥社会和群众办学的积极性，全县多方投入教育设施建设费1.42亿元，扩大校园面积40.75公顷，每个学生平均拥有校园面积21平方米；扩大建筑面积21.9万平方米，每个学生均有校舍面积6.1平方米。与此同时，调整学校布局，优化教育资源，提高教师素质。1998年，全县有中小学校257所（含幼儿园），其中小学由1989年的316所调整为232所。全县17周岁总人口5054人，受完初级中学教育的4412人，占87.3%；每万人口在校初中生由1989年的240人增加到491人；全县青壮年实现非文盲率99.46%。是年，经湖南省教育部门组织验收，认定嘉禾县基本普及九年制义务教育和基本扫除青壮年文盲（简称“两基”教育）。

1998—2002年，嘉禾县把巩固“两基”教育成果，发展高中教育作为全县教育工作重点，强化素质教育，推进职业教育，改善教育设施。同时，发动社会力量办学。2002年，全县高中招生1336人，是1999年的2.25倍；初中毕业生升学率由1999年的11.6%上升到31.5%。全县有中小学校254所（含幼儿园），其中社会力量办学22所（幼儿园17所、小学3所、初中2所），初步形成以政府办学为主、社会办学为辅、公办与民办协同发展的教育新格局。

2005年，嘉禾县职业中学与广东梅岭职业技术学院联合办学，在技能培训和生源安置上实现大突破。当年，全县有普通中学29所，在校学生1.59万人，普通小学187所在校学生2.97万人，小学适龄儿童入学率99.98%。嘉禾一中被评为“湖南省示范性高中”。

（三）科技

1989年，嘉禾县委、县政府提出“科教兴嘉”发展战略，全县实施县级重点科技项目20项，申请专利2项。有科研机构2个，有专业技术职称的各类专业技术人员3181人，每万人有专业技术人员103人。1991—1995年，嘉禾县建立技术贸易、技术咨询服务和技术中介机构23个，从业人员100余人。全县以《中华人民共和国技术合同法》为核心，建立技术市场发展法律保障体系。此间签订并认定技术合同796项，技术合同成交额6529万元。1998年，全县重点推广科技项目23项，引进和推广科技成果87项，科技对经济增长的贡献率45%。坦坪等6个乡镇列为郴州市首批科技先进乡镇，袁家煤矿列为全市科技型先导企业，塘村镇列为湖南省科技示范镇，广发乡白觉村、塘村镇英花村、袁家镇张家村被列为省星火科技示范村。当年6月，嘉禾县被科技部评为全国科技工作先进县。1999—2002年连续四年，全县先后实施“科技推广年”“技术创新年”“引智引技引人才活动年”“工业科技年”活动。2002年，全县有专业技术人员4061人，平均每万人口有专业技术人员119人。实施县级重点科技项目23项；申请专利7项，实施专利20项；推广应用新技术30项，新增产值2.3亿元，新增税收1300万元；高新技术产品创产值7049万元。科技进步对经济增长的贡献率升至59.5%。当年，全县有各类技术贸易机构6个，从事技术贸易人员46人，签订技术合同92项，合同成交额2289万元。2005年，嘉禾实施县级重点科技项目18项，组织推广运用先进农业科技成果20次。

（四）卫生

机构与工作概况 1989年，嘉禾有县、乡镇医疗卫生机构37个、村卫生室237个、个体诊所44家；医疗卫生机构用房建筑面积3.7万平方米，病床408张，价值500元以上医疗设备267台件；医疗卫生技术人员623人（不包括乡村医生和个体医生）。1991年，全县展开创建文明卫生单位活动。1995年，嘉禾县委、县人民政府下发《关于大力发展卫生事业的决定》，把卫生工作列为重要工作。2000年，嘉禾县城关镇被全国爱国卫生运动委员会授予“国家卫生镇”称号。2002年，全县有县、乡镇医疗卫生机构38个、村卫生室240个、个体诊所72家；医疗卫生机构用房建筑面积7.19万平方米，病床508张，价值500元以上的医疗设备696台件；医疗卫生技术人员807人（不包括乡村医生和个体医生）。全县人口死亡率由1989年的6.50‰下降到4.93‰，人均期望寿命由1982年的68.09岁提高到73岁。

疾病防控 1989年，湖南省卫生厅在嘉禾县聘任传染病监督员6名。是年，全县主要传染病报告病例649例，总发病率211.22 / 10万。1992年，将乙肝疫苗纳入儿童计划免疫，新生儿出生后立即接种乙肝疫苗，全县接种2100人。1994年，消灭脊髓灰质炎强化免疫应接种疫苗儿童3.66万人，实际接种儿童3.61万人，接种率98.63%。1996年，全县12月龄儿童“四苗”接种率降至80.62%，相关传染病有所上升。1999—2001年，全县强化消灭脊髓灰质炎免疫7次14轮，查漏补种2次，共投疫苗17.85万份。2002年，全县主要传染病报告病例860例，总发病率为251.69/10万。全县12月龄儿童卡介苗、百白破、脊髓灰质炎疫苗、麻疹疫苗四苗接种率94.79%，提前5年实现以乡为单位、12月龄儿童四苗接种率85%以上的目标。1989—2002年，全县无小儿麻痹症、白喉病例发生，麻疹、百日咳、破伤风、儿童结核病得到控制。

（五）体育

1989—1995 年，嘉禾竞技体育取得优异成绩，县籍运动员在全国和国际比赛中获得 21 项奖，其中张友谊在国际比赛中获 3 枚金牌、3 枚银牌。1995 年，嘉禾县提出“体育下农村，健康奔小康”的全民健身口号。全民健身运动蓬勃开展。成立县社会体育指导中心和乡镇社会体育指导站。1996 年，体育发展纳入全县“九五”（1996—2000 年）计划及远景目标规划。此后，县、乡镇、村三级体育机构逐步健全，体育设施不断改善，全民健身运动蓬勃发展。学校、农民、职工、老年人等群众体育活动日渐活跃。2000 年，嘉禾县被国家体育总局授予“全国体育先进县”称号。全县共举办县级体育比赛活动 18 次，参加体育运动人数由 1989 年的 7 万人增至 12 万多人，占全县总人口的 35.6%。1989—2002 年，嘉禾向大专院校、省体校和体工队输送体育人才 96 名。2002 年，60% 的农村学生、20% 的富裕农民达到“一二一”健身要求。全县老年体协、农民体协、篮球协会、象棋协会、围棋协会等群众体育组织有会员 9683 人，比 1989 年增加 7933 人。2005 年，嘉禾籍举重运动员邓建英在第四届东亚运动会上摘得 3 枚金牌。

体育场地 1989 年，嘉禾县体育场地有标准水泥篮球场 20 个、门球场 10 个、非标准体育场地 66 个。单位、学校体育设施简陋。1990 年，全县掀起改善办学条件热潮，学校体育设施逐步改善。1995 年，普满乡集资 2.8 万元，投工 1.10 万个，共修建 27 个篮球场、两个 200 米跑道田径场、改造体育活动室 23 间；筹资 75 万元修建嘉禾一中 400 米跑道标准田径场；塘村镇英花村投资 30 万元建立文体活动中心。1999 年，投资 777.8 万元兴建嘉禾县体育馆。至 2002 年，全县投入体育场地建设资金 3000 万元。当年，全县有篮球场 380 个（其中标准水泥篮球场 200 个）、标准排球场 54 个、标准门球场 38 个、地掷球场 1 个、游泳池 2 个、400 米田径场 1 个和 200~250 米田径场 17 个、旱冰场 4 个；健身房 3 间、体育活动室 226 间，面积计 1.4 万平方米。

体育工作队伍 1989 年，嘉禾县有等级裁判员 58 人，其中一级裁判员 7 人、二级裁判员 46 人；达到等级运动员的 27 人，其中国家一级运动员 3 人、二级运动员 24 人，有 18 人次被评为地（市）级以上比赛优秀运动员。2001 年，县体委主任周水旺被授予“全国荣誉体育社会指导员”称号。2002 年，全县有体育教练员 80 名，中小学体育教师 263 名；有湖南省、郴州市体育行政部门在册的裁判员 87 名（其中一级裁判员 32 人），有 28 名三级以上门球裁判员，达到等级运动员的 12 人。

第六节 临武县

一、地理

（一）位置面积

临武县位于湖南省南部，居南岭山脉东段北麓。地理坐标为北纬 25°07′14″~25°35′14″，东经 112°20′26″~112°47′19″。东部和东南部与宜章县为邻，南部与广东省连州市接壤，西南部与永州市蓝山县相靠，西北部与嘉禾县毗邻，北部与桂阳县交界，东北部与北湖区相接。县城距省会长沙 400 千米，距广东省省会广州市 432 千米。县境东西宽 45 千米，南北长 51 千米，总面积

1383.06平方千米。

（二）自然环境

临武县处于东南地洼区南岭纬向构造带东段北缘与耒临经向褶皱带复合部位。地层自元古界震旦系到新生界第四系多有出露。受加里东运动影响，境内地壳于寒武系后褶皱隆起上升为陆，一直持续到泥盆系，因而缺失奥陶系、志留系与泥盆系下统沉积。主要构造方式有纬向构造、经向构造、新华夏构造和旋卷构造。地势西北高、东南低。西南为九嶷山东端余脉；东北部及北部为骑田岭西南余脉；中部为人民河、武水河沿岸盆地，盆地内主要地貌为平原及丘陵、岗地。平原面积133.2平方千米，占全县总面积的9.69%，主要为溪谷平原和溶蚀洼地。岗地面积128.38平方千米，占全县总面积的9.33%。丘陵面积281.56平方千米，占全县总面积的20.47%。山地面积832.10平方千米，占全县总面积的60.51%。全县海拔1000米以上的山峰有130余座，西山主峰天头岭海拔1711.8米为主要高峰。境内有大小河流400条，以西山、东山为分水岭，分为珠江、湘江两大水系。武水河发源于西山山脉三峰岭，境内流长63.5千米，流域面积1138.89平方千米，于广东韶关与浈水汇合流入珠江。钟水，发源于西山平溪洞，源口海拔1120米，境内流长21.5千米，集雨面积152.87平方千米，年平均径流总量11.99亿立方米。流经塔山坪、黄木坳、桐木冲入蓝山县境域。

临武属亚热带季风性湿润气候区。因南北气流受南岭山脉影响，形成气候温暖、四季分明、热量充足、雨水集中、春暖多变、夏秋多旱、严寒期短、暑热期长的气候特征。以1988—2005年计（下同），全年在0℃以上的活动积温平均为6534.2℃，年平均气温为17.9℃，平均无霜期296.7天，年平均降水量1437.8毫米、蒸发量1514.4毫米、雨日179.8天、日照时数1486.9小时，适宜于农业生产。但因地处冷暖空气相持的南岭山脉北麓，温、光、水分布同步性欠佳，春初寒潮冷害、春夏暴雨山洪、夏秋酷热干旱、秋季寒风低温、冬季霜雪冰冻等灾害性天气时有出现。境内冬季盛行偏北风，且风速较大，平均风速3.3米／秒。夏秋季风向多变，以偏南风居多，平均风速2.5米／秒。年平均风速2.9米／秒。

临武县有各类土壤总面积13.09万公顷，共有123个土种，分别属于70个土属、20个亚类、11个土类。境内土壤具有明显的垂直分布特征，海拔500米以下为红壤，海拔500~800米为黄红壤，海拔800~1000米为黄壤，海拔1000~1400米为山地黄棕壤，海拔1400米以上以山地草甸土为主，垂直带谱较全。

（三）自然资源

临武县有耕地1.4万公顷，其中水田1.07万公顷。全县有草场面积4.95万公顷。境内地下水年平均补给量50641万立方米，径流量24800万立方米。水能理论蕴藏量10.23万千瓦，可开发的水力资源约为6.58万千瓦。矿产资源丰富，历有“小有色金属之乡”“煤炭之乡”之称。全县已探明储量的主要矿产有9类42种，有矿床（点）79处，有色金属矿产有钨、锡、铅、锌、铜、锑、钼、铋、铝、镁、汞等11种，其中锡资源储量居全国第四，湖南省第一位；钨、铅、锌资源储量居全省第五位。稀有金属矿物有钽、铌、锂、铷、铍、铯、锆、锶、镧、铈、钇11种。铷资源储量居全省第二位，钽、铌资源储量居全省第五位。黑色金属有铁、锰等2种。分散元素有钛、镓、铪、铟、铀、碲、镉、锗8种。煤炭基础资源储量6038.5万吨。非金属矿产有高岭土、大理石、石墨、白云岩、光学萤石、冰洲石、水晶石、磷矿、硫矿9种。临武属亚热带常绿阔叶林区，植物种类繁多。乔木林以松、杉为主，经济林以油茶林为主。有植物种类249科1028种，其中植被优势树种97科332种，发现国家一级保护野生植物水杉、红豆杉、银杏、伯乐树，二级保护野生植物凹叶厚朴、半枫荷、福建柏、华南五针松、闽楠、白豆杉、鹅掌楸、何氏红豆树、香樟、华南栲、花榈木、榧树等。境内有古树

2761株，其中树龄300年以上202株。2005年，全县林业用地9.98万公顷，活立木蓄积量187.62万立方米，森林覆盖率63.39%。境内有各种野生动物82种，其中鸟纲动物35种，兽钢动物16种，两栖及爬行纲31种。鱼纲有67种，分属于7目1科45属。有国家一级保护动物灰腹角雉、黄腹角雉、蟒蛇；国家二级保护动物红腹角雉、白冠长尾雉、红隼、苍鹰、雀鹰、短耳鸮、红角鸮、山鹰、雀鹰、白鹇、林麝、斑羚、野羊、穿山甲、大灵猫、小灵猫、大鲵、虎纹蛙等。

二、建置、区划

（一）建置

临武建置源出汉高祖五年（前202），始置临武县。新（王莽）始建国元年（9）更名大武。东汉建武十一年（35）复称临武。隋大业年间（605—618）迁治于今址。武则天如意元年（692），易临武名为隆武。唐中宗神龙元年（705）复名临武。五代后晋天福四年（939），临武并入桂阳监。南宋绍兴十一年（1141）复置临武县。1959年3月，撤临武县建制，并入宜章县。1961年7月，恢复临武县建制。

（二）区划

1988年，临武县辖17个乡，3个镇和东山林场、西山林场、县茶场、县果木场、农科所4场1所，278个村（居）民委员会、2255个村（居）民小组。1991年，设立广宜乡。1995年，设西山瑶族乡。1998年，土桥乡更名为岚桥镇，武水乡更名为武水镇。2005年，全县辖17个乡、5个镇、4个场(所)，289个行政村，11个居民社区，2270个村民小组，161个居民小组。全县常住人口31.49万人。

三、人口、民族

（一）人口

1988年，临武县总人口28.60万人。1991年，全县总人口增加到30.06万人。1992年始，全县大力加强计划生育工作，有效控制人口过快增长。1998年，全县人口30.87万人，6年间仅增加7157人，年均增长3.39‰。2000年，全县30.33万人口中，65岁以上2.10万人，占6.92%。同1990年相比，65岁以上人口上升1.92个百分点，老龄化趋势明显。文盲、半文盲人口1.77万人，占6.17%，与1990年相比降低16.67个百分点。2005年，全县总人口31.51万人，出生人口2649人，人口出生率8.43‰，人口自然增长率4.36‰。总人口中，男性16.61万人，女性14.9万人，性别比111.42。

（二）民族

临武县计有汉、瑶、蒙古、彝、壮、侗、土家、满、苗、回、朝鲜、白、藏、维吾尔、布依、哈尼、傣、纳西、土、仫佬20个民族，其中汉族占总人口的99.63%。

四、经济

（一）发展速度

1988年，临武县完成生产总值2.84亿元，人均993元；实现工农业总产值3.06亿元，其中农业总产值1.84亿元，工业总产值1.22亿元，社会消费品零售总额9840万元，固定资产投资1066万元，财政总收入1631万元。1990年，全县生产总值2.68亿元，1988—1990年年均增长11.5%；工农业总产值增加到3.29亿元，年增长6.41%，其中：农业总产值1.76亿元，年均增长为10.86%；工业总产值 1.53 亿元，年均增长 12.57%；社会商品零售总额 8512 万元，年均增长 4.24%；完成固定资产投资 2461 万元，年均增长 43.62%；财政总收入 2213 万元，年均增长 11.89%。

1991—1995 年，临武县推进经济体制改革，建立社会主义市场经济，经济生活出现良好转机，顺利渡过经济困难时期。1991 年，全县完成生产总值 2.91 亿元，1995 年增至 6.58 亿元，年均增长 10.42%；工农业总产值由 1991 年的 3.5 亿元增至 7.06 亿元，年均增长 23.28%，其中：农业总产值由 1991 年的 1.76 亿元增至 1995 年的 3.44 亿元，年均增长 4.31%；工业总产值由 1.74 亿元增至 4.89 亿元，年均增长 38.99%；社会商品零售总额由 9301 万元增至 1.73 亿元，年均增长 15.28%；固定资产投资由 2836 万元增至 1.27 亿元，年均增长 38.85%；财政收入由 1860 万元增至 6224 万元，年均增长 22.98%。

1996—2000 年，临武县通过调整产业结构，转变经济增长方式，着力解决农村贫困人口温饱问题，减轻农民负担，推动农村经济发展；推行以国有企业为重点的工业体制改革，改革投资体制，改善投资结构，全县国民经济步人快速发展的轨道。1996 年，全县完成生产总值 8.4 亿元，2000 年增加到 15.29 亿元，年均增长 14.02%；工农业总产值由 1996 年的 8.52 亿元增至 2000 年的 15.45 亿元，年均增长 27.39%，其中：农业总产值由 1996 年的 2.43 亿元增至 3.29 亿元，年均增长 9.31%；工业总产值由 6.09 亿元增长到 12.06 亿元，年均增长 31.79%。社会商品零售总额由 1.83 亿元增至 4.44 亿元，年均增长 20.69%；固定资产投资由 1.07 亿元增至 3.43 亿元，年均增长 21.97%；财政总收入由 8028 万元增长到 1.1 亿元，年均增长 11.97%。

2001—2005 年，临武县全面实施国有工业企业改革改制，积极、稳妥地发展非公有企业；调整农业产业结构，推进农业产业化建设。2001 年，全县完成生产总值 16.85 亿元，2005 年增加到 34.25 亿元，年均增长 12.98%；工农业总产值由 2001 年的 27.09 亿元增至 2005 年的 59.87 亿元，年均增长 13.19%，其中：农业总产值由 3.56 亿元增长到 2005 年的 4.35 亿元，年均增长 5.11%；工业总产值由 15.31 亿元增长到 27.39 亿元，年均增长 15.75%。社会商品零售总额由 4.98 亿元增至 7.37 亿元，年均增长 10.68%；固定资产投资由 3.75 亿元增至 12.78 亿元，年均增长 30.12%；财政总收人由 1.24 亿元增长到 2.07 亿元，年均增长 13.58%。

1988—2005 年，临武县生产总值的年均增长速度为 10.05%，工农业总产值年均增长速度 25.67%，其中：农业总产值年均增长速度 5.16%，工业总产值年均增长速度 25.67%。

（二）农业

1988 年，临武县农业总产值 1.84 亿元，粮食产量 10.06 万吨，生猪出栏 18.26 万头，家禽出笼 55.56 万羽，农民人均纯收人 537.29 元。自 20 世纪 90 年代始，全县调整产业结构，发展订单农业、外向型农业和生态农业，加快农业产业化建设；抓住湘南农业综合开发的机遇，切实改善生产条件。自 1995 年，全县大力发展反季节蔬菜和大棚蔬菜，粮食、畜禽及果品生产齐头并举。一大批优质、高产、高效的农业新品种和新产业落户临武并形成规模，临武鸭、蜜柚、大冲辣椒、舜溪香芋、红心桃、乌梅等农产品逐步成为临武地方品牌。境内林业生产由单一的农民零星造林向林业专业户承包造林、营林大户租赁造林、股份合作造林等方式转变。2000 年启动的退耕还林和珠江防护林建设工程，使临武林业由“生产”向“生态”营林迈进。至 2005 年，全县共完成人工造林 3.51 万公顷、封山育林 2.5 万公顷，森林覆盖率由 1988 年的 40% 提高到 63.39%。2005 年，全县农业总产值 4.35 亿元，是 1988 年的 2.36 倍。农民人均纯收入 4008 元，是 1988 年的 10.4 倍；粮食总产量 13.42 万吨，比 1988 年增长 33.45%；生猪出栏 37.51 万头，家禽出笼 387.35 万羽，分别比 1988 年增长 1.05 倍和 5.97 倍。期间，县农业局被评为全国农业技术推广先进单位，县国土局被评为全国基本农田保护先进单位。2004年舜华鸭业有限公司被国家八部委认定为农业产业化国家级重点龙头企业。

（三）工业

1988年，临武县有工业企业2643户，完成工业总产值1.22亿元。自20世纪90年代始，对国有企业实行承包租赁，拍卖、兼并、股份制改造和破产重组等改革。同时实施“国退民进”战略，加大改革力度，对效益不高、后劲不足的国有和集体企业作出破产、拍卖处置，将部分有条件的集体企业按现代企业制度组成有限责任公司、股份有限公司或企业集团，使之破茧重生。大力发展民营企业，积极引进外资企业，建立经济民有为主、企业民营为主、投资民间为主的新型工业经济体系，形成“四区一园”（沙田煤炭开发区、三十六湾小有色工业开发区、汾市有色金属冶炼区、S324沿线建材工业区和城南工业园）的规模布局。产业构成由单纯的煤炭、小有色矿开采向农业产品和矿产深加工以及小水电开发等领域拓展，生产规模由“小打小闹”向产业化、集团化方向发展。2005年，全县工业企业3332户，从业人员3.1万人，工业总产值由1988年的1.22亿元发展到27.39亿元，国有工业企业比重由41.5%下降为4.19%；规模以上食品加工及纺织业企业从无到有，发展到5家，产值占全县工业总产值的4.95%。工业产品中锡锭，煤炭，锡、钨、铅、锌精矿，小徐瓜瓜食品，金福薯业产品等具有良好的市场声誉，有君婚纱饰品主销欧美市场。舜华系列鸭产品畅销国内外，成为“湖南省名牌产品”“消费者信得过品牌”，舜华鸭业公司被认定为农业产业化国家重点龙头企业。有纳税上百万元的企业53户，年销售收入5000万元以上的企业19户，其中重锡公司、湘植矿有限责任公司、县水利电力有限责任公司年销售收入均在1亿元以上。

（四）基础设施建设

1989—2005年，临武先后投入基建资金16亿元，改造旧街15条，新建主干道11条；照明、绿化、环卫等设施配套，供、排水管网逐步健全；市民居住条件大大改善，市容市貌全面改观。县城总面积由2.8平方千米扩大到5.36平方千米，2003年被命名为湖南省级卫生县城。其间，全县新建电站44座，总装机30375千瓦，电力供应不足的问题得到有效缓解。县水电有限责任公司先后被评为全国水利系统先进单位、全国第三批电气化建设先进集体。

（五）建筑业

建筑队伍 1988年，临武县建筑公司属集体企业，企业资质为四级，有工程技术人员5人，各种机械设备38台（件）407千瓦，年施工能力100万~150万元，当年实际完成产值108万元。有县以下建筑工程队9个，固定职工680人，季节性临时工1568人，有建筑工程技术人员18人。拥有固定资产98万元，年施工能力150万~350万元。1990年，县建筑公司实行市场化管理，人员自由组合。年施工能力提高到400万~500万元。1998年，其企业资质审定为房建三级。1990—1995年，随着市场经济的不断发展，企业竞争机制不断完善。通过优胜劣汰，双溪、金江、镇南、三合、麦市、大冲、香花岭矿区等7个乡镇建筑队相继倒闭。1996年，武水建筑队、城关建筑队分别组建建筑工程公司。武水建筑工程公司有注册资金636万元，城关建筑工程公司有注册资金650万元。1998年，武水、城关两公司在资质审查中均定为房建三级。2005年，武水、城关两公司共有职工863人，其中施工技术员128人、工程师20人、助理工程师33人、会计师1人、助理会计师3人、项目经理40人，完成产值6300万元，竣工面积9.8万平方米，创利税386万元。

建筑设计 1988年，临武县建筑设计室有专业设计人员6人，绘图及计算靠手工操作。1996年，县设计室农村住宅设计竞赛方案获得湖南省、市三等奖。其间，完成设计项目772个，面积133.1万平方米。代表性项目有县人民法院审判庭、县人民医院门诊大楼、中德商住楼、县一中教学大楼、图书馆等。2005年，县设计室具有丙级设计资质，可承担三级建筑的施工图纸设计任务，有专业技术人员23人，其中国家二级注册建筑师3人、国家一级注册结构师1人。

（六）交通运输

1988年，临武境内公路总长801.3千米，有营运机动车辆1772辆（含拖拉机845辆），公路客运量197万人次，旅客周转量436万人千米，20个乡（镇）有18个通客车；货运量40万吨，货物周转量9614万吨千米。1992年，在郴州地区率先尝试贷款修路，对穿越境内的省道1842线（后称S214线）铺设混凝土路面，并逐年延伸。同年，采取民工建勤办法筹资420万元，修通临连公路，实现临武与广东公路对接。1994—1995年，投入资金2648.96万元，将临连公路临武段21.4千米全部修成混凝土路面。1996—2001年，以民办公助的办法，修通临武金江镇至北湖区大塘乡10.7千米公路。2003年12月，临嘉二级公路(S324线）一期工程动工，2005年10月通车，结束县内无高等级公路的历史。

2005年，全县公路总里程901.85千米，22个乡镇有19个通上了水泥公路，百分之百的行政村通公路。是年，全县登记注册的各种机动车辆（摩托车除外）6618辆。全年货运量774万吨，客运量840万人次。全年货物周转量10.68亿吨千米，旅客周转量5.76亿人千米。境内有省道2条，计60.37千米；县道6条111.61千米，乡道42条275.98千米，村道197条452.3千米。

公路运输 1988年，临武县共有客运线路17条，省际班线有临武至广东连县（连州市）、坪石线路；区际班线有临武至衡阳、常宁、蓝山、宁远线路；县际班线有临武至郴州、宜章白石渡、桂阳、嘉禾班线；其他均为县内班线。有个体货车863辆，占货车总量的95.87%。1992年10月，湘运公司首次开通临武至广州线路客运卧铺班车，方便南下经商务工人员。1994年，麦市乡陈某购买卧铺车，从事临武至东莞线路客运业务。此后，临武至广东深圳、韶关、佛山等地的客运班线陆续开通。1995年始，全县运输业"购车必购东风车"一时成为风气。水东乡深渡村村民1200余人，拥有货车200余辆，人均汽车拥有量居全县各行政村之首。1997年，全县有"东风"牌汽车1739辆，临武县被第二汽车制造厂授予"东风汽车县"称号。同年，县城开通城市公共交通汽车。2000年7月，郴汽集团临武分公司开通至郴州直达快运班车。2001年9月，万达运输服务公司开通临武至郴州零担货车，年货运量2800多吨。2002年，郴汽集团开通临武至长沙的直达快运班线，同时开通临武至广东珠海、肇庆、江门、中山、东莞常坪等省际班线车辆。是年，客运班线增至55条。2004年，安徽亿邦科技有限公司投资组建舜风出租车有限公司，投放出租车41辆从事县内出租车业务。2005年，全县共有客运线路61条，其中省际12条、市际7条、县际8条、县内34条。客运车辆261辆。全县乡镇通车率为100%，行政村通车率为62%。

铁路运输 临武县境内坪（石）梅（田）铁路由坪石经梅田、麻田至柴茅岭进入临武境域，长5.5千米，隶属广东省地方铁路总公司南岭铁路管理所。以煤炭运输为主，每趟列车加挂2节客运车厢。1988年，设有茅金坪、木冲2个车站，年物运量63.37万吨，发送旅客2.78万人次。2000年后，在公路运输的冲击下，铁路运输货源不足。2005年，铁路客运取消，当年完成货运量39万吨。

（七）邮政、电信

邮政 1988年，临武县有邮路53条，其中汽车邮路3条94千米；自行车邮路26条，邮程891千米；步班邮路24条，邮程601千米。邮政业务主要分函件、包件、汇兑、报刊发行、邮政储蓄、机要通信、集邮及其他。同年，出口函件60.11万件；出口包件4091件，进口1.59万件。发行报纸1.56万份、杂志1.15万份。是年，县内设邮政储蓄网点3个，年末存款余额88万元。1989年1月，临武开始经营集邮业务。翌年，县集邮协会成立，有集邮户24户，年销售邮票8.46万枚。1991年，集邮户发展到241户，销售邮票10.29万枚。1993年11月，开办县内汽车邮路2条131公里。同年，开办"邮政特快专递”业务，上门揽收，投递到户。1994 年，随着城区面积的增大，县城投递扩分为 4 个投递段。翌年，始办特快专递业务。1996 年，取消沙田至茅金坪干线步班邮路 6 千米，全县有步班邮路 23 条。是年，开办鲜花礼仪业务。1998 年 9 月，邮电分营，县邮政局下设 6 个乡镇邮政支局和铺下邮政所。同年 12 月，邮政储蓄开始微机联网，开通“绿卡”业务，全县有 5 个网点实现联网，活期存款实现通存通兑。1999 年起，临武始办电子汇兑业务。1999 年，开办个性化明信片、音响租赁业务。同年，始办邮政专送广告。2000 年，7 个储蓄网点与全国联网，实现活期异地通存通联，邮政储蓄在全县第一家使用 ATM 机自动取款。2000 年，为解决城区高层楼房投递难的问题，县邮政局在 17 个单位住宅楼安装报刊信件投箱 954 个格口。2001 年，开办邮购业务，当年业务量 1302 件。2002 年，开办代理业务，代理中国联通 CDMA 注册用户 110 户，代理中国移动电话注册用户 1687 户，代投报纸 54.79 万份。2003 年，临武邮政出口电子汇款 2.19 万张，进口电子汇款 4370 张；邮政储蓄开通“银联卡”，与所有银行通存通兑；开办居民身份证特快专递业务和代售火车票业务；代理电信业务量 58 万元，代售个性化邮票 100 版、企业年册 100 本；县城投递由 4 段增加到 5 段，增加 1 条自行车邮路。2003—2004 年，组成城乡投递班。城区所有邮件均能当日投递到户。农村乡镇所在地为每日班或每周 5 班，其他乡邮段为每周 3 班或每周 2 班。全县设报刊发行站 122 个，农村捎转点 520 个，由各站、点协助邮局收订报刊，并做好报刊邮件的递送捎转工作。

2005 年，县内有自办汽车邮路一条 24 千米，县至其余各支局邮路均为委办汽车邮路。有城乡短程自行车投递邮路 30 条，邮程 929.5 千米；步班邮路 10 条，邮程 332.5 千米。全县有 16 名农村投递员，平均日邮程 73.3 千米。当年，全县出口函件 26.8 万件，出口包件 4212 件，进口包件 2.41 万件。期发报纸 4.21 万份、杂志 2.17 万份；全县进出口汇票减少到 337 件。县内集邮邮票销售量 11.76 万枚。全县共有邮电局（所）10 处，其中农村局所 7 处、邮政代办处 3 处；农村投递线路总长度 1310 千米。有 8 个邮政储蓄网点，邮政储蓄存款余额比 1988 年增长 306.1 倍。

电信 1988 年，临武县电子通信信号使用架空明线、架空电缆和载波电路进行传输。发出电报 2.85 万份，业务收入 5.63 万元。同年，县内固定电话继续使用人工操作的磁石交换机，有市话用户 317 户，农话用户 597 户。1990 年，11 月，自动电话开通。次年，市话用户发展到 1100 户。1992 年 8 月，开通无线寻呼（即 BP 机），当年有用户 48 户。从 1993 年起，改造光缆电路。1994 年 10 月，开通 5000 门数字程控电话。是年，创建香花岭“电话乡镇”和天堂坪、茅金坪、木冲、上富 4 个“电话村”。电话入户率达 40%。

1995 年，无线电报停办，民用电报全部改为电脑传送。县城主要街道、宾馆设置磁卡电话 6 部，公用电话 75 部。是年底，全县电话用户增至 5991 户。临武首次开通移动电话，当年发展用户 190 户。建成 DDN 数字数据通信网，简称“互联网”，是年有用户 56 户。

1996 年，移动用户增加 606 户。1997 年末，无线寻呼用户增加到 2750 户。1998 年，全县实现传输电话光缆化。是年 7 月，无线寻呼业务从县邮电局剥离，成立郴州国信寻呼公司临武营业部。9 月，邮政、电信分营；10 月，开通数字移动电话和开设礼仪电报、传真电报新业务；开展“万门电话放号”大行动，全县 22 个农话乡镇全部实现电话自动化，农村电话用户发展到 3672 户。当年，全县互联网用户发展到 245 户。

1999 年 5 月，县城文化路开通全县第一家网吧；7 月，移动通信从电信局分离，成立郴州移动通信有限公司临武营业处。是年 12 月，中国联通有限公司临武分公司成立。当年，无线寻呼用户 5300 户；移动用户发展到 3092 户；县城主要街道设置电话亭，共开通 IC 卡电话 58 部、201 电话 286 部。城市电话用户达 1.12 万户，农村电话用户 1.33 万户。2000 年 5 月，县电信局更名为郴州电信集团实业公司临武分公司，无线寻呼业务划归联通临武分公司。2001 年 4 月，联通临武分公司投资 120 万元建成第一个 GSM 基站，开通 GSM 数字移动通信网络，当年发展用户 1017 户。同年 6 月，开通宽带网。是年年末，互联网用户 2892 户。

2002 年 10 月，县电信分公司投人 308 万元兴建基站，开通小灵通手提电话机。次年，小灵通用户达 1900 户。2002 年，“联通”建成 16 个基站，开通健康、环保、时尚的 CDMA 新一代通讯网络。年末用户达 9215 户。2002 年移动用户增加到 1.69 万户。2003 年末，全县有移动通信用户 3.38 万户，其中移动公司用户 2.19 万，联通公司 1.19 万户。2004 年 10 月，无线寻呼收发机站停止运行。

2005 年，全县 289 个行政村有 275 个联通农话网络，农话用户 1.76 万户，农话入户率 19.58%。市话用户 1.81 万户，入户率达 82%。小灵通用户 3262 户。移动城区网络覆盖面 100%，乡镇农村信号覆盖率达 98%。有移动用户 3.83 万户，占全县总用户数的 66.95%。联通用户 1.89 万户。是年，全县共有互联网用户 8183 户。

（八）商贸业

1988 年，临武县有商业网点 3122 个，从业人员 5199 人。其中国有、集体批发网点 139 个、零售网点 323 个，个体有证商户 2751 户。1989 年，受物价上涨、银根紧缩等因素的影响，部分个体户先后关门歇业。全县商业网点减至 2587 个，从业人员 4996 人，其中个体有证商户比 1988 年减少 583 户。1995 年，全县大力发展个体私营经济，商业网点发展到 4323 个，从业人员 8176 人，其中个体经商户发展到 3976 户，从业人员 6610 人。1997 年，全县有商业网点 4958 个。2004 年，香港丰生投资控股有限公司投资 4000 万元，兴建阳光商业广场，总建筑面积 3.3 万平方米，商铺面积 1.02 万平方米，并于次年交付使用。2005 年，湘南临武建材大市场竣工开业。至此，县城形成以城关集贸市场和阳光商业广场为中心，布局合理、功能齐全的商业网络。

集贸市场 1988 年，临武县有 15 个农村集贸市场和城关水果批发市场、城关牲畜市场，市场总占地面积 3.7 万平方米，其中亭棚面积 1.2 万平方米。全年集市贸易成交额 3489 万元。1995 年，投人资金 3000 万元，新建或扩建城关、金江、楚江、麦市和城关水果批发市场，新增建设面积 1.46 万平方米，新增摊位 1476 个，商业门面 64 间。全县城乡集贸市场占地面积 6.94 万平方米。1996 年，投入资金 260 万元，新建香花岭集贸市场和土桥（后称岚桥）边贸市场。1997 年，引入县外资金 720 万元兴建“临武商贸城”。1998 年，全县集贸市场建筑面积 2.45 万平方米，营业面积 2.26 万平方米，年成交额 1.38 亿元。2002 年，投资 220 万元兴建城南畜牧水产专业市场。次年，民营企业临武盛发实业有限责任公司投资 2800 万元，在城东开发区兴建城东综合大市场。2005 年，全县集贸市场有 14 个，基本形成以县城为中心，乡镇为骨架，集贸市场、专业市场、批发市场、零售市场、边贸市场相结合的市场体系。全年实现社会消费品零售额 7.37 亿元。

有总占地面积 2.17 万平方米的城关集贸市场，其建有水泥亭棚 16 栋、商业门面 85 间、固定摊位 492 个，年市场成交额 2354 万元。平日上市人数 1.5 万人以上，墟日上市人数达 5 万人以上。临武商贸城总建筑面积 7479 平方米，市场常年经营户 1200 多户，年成交额 7190 万元。

对外贸易 1988 年，临武无直接进出口权，对外贸易主要是完成郴州地区外贸部门下达的外贸收购任务。县内以收购龙须草席、白蜡、淮山、兽皮、药材等农副产品为主，当年完成外贸收购 82.7 万元。1993 年 9 月，县外贸公司的业务挂靠到郴州地区对外贸易公司，实行自负盈亏、独立经营。1996 年，完成外贸收购 3600 万元，间接出口 68.2 万美元。1997 年，县外贸公司取得外贸直接出口权。1999 年，与中国香港福威芹公司深圳办事处签订代理出口 300 万美元的协议；代理北湖区出口石墨矿价值 120 万美元；直接为怡丰公司出口锡锭 40 吨，创汇 27 万美元；为城关镇出口钨铁 30 吨，创汇 20 万美元。当年实现进出口总额 1114.86 万美元，破临武县直接出口海关“零”纪录。2000 年，全县实现出口总额 1347.65 万美元，其中海关数为 150 万美元。当年香花岭锡矿出口创汇 165 万美元。2001 年，怡丰（郴州）锡业有限公司生产的“牛头牌”锡锭，成功在英国伦敦金属交易市场注册、挂牌，开创郴州市金属行业注册商标先河。2005 年，全县对外贸易海关数 201 万美元。

五、文化、教育、科技、卫生、体育

（一）文化

群众文化 临武文化源远流长。1988 年，全县有县乡文化站 20 个，村文化室 8 个；电影院 24 个，个体放映户 79 户。文艺创作活跃，有各类协会的地区级以上会员 48 人。2000 年冬，为迎接 21 世纪到来，举办元旦文艺晚会和“万民同乐闹元宵”大型广场文化活动。有 580 多个文艺表演团体 3000 多人参加，年龄最大者 70 多岁，最小者 6 岁。2001 年，举办庆祝中国共产党建党 80 周年庆祝活动，全县 20 个乡镇，选送 50 个文艺节目，演职人员 3000 余人参加。2002 年，举办“经贸杯”青年歌手大赛，100 多名选手竞赛。2004 年 10 月，举办“夕阳红表彰大会暨金色夕阳老年风采歌咏比赛”，有 12 个队 1000 余人参赛。2005 年，举行庆“七一”歌咏大赛和“婚育新风进万家，庆元旦家庭文艺比赛”。是年，全县有乡镇文化站 21 个，村级文化室 38 个；县乡电影放映院（队）12 个；文艺创作队伍有各类协会 5 个，会员 272 人。

文学艺术 临武县文学艺术创作活跃，成果丰硕。1988 年，陈建华的硬笔书法获全国“九成宫杯”大赛优秀奖，并被评为中国当代书法美术名人 500 杰之一。1992 年、1994 年，李光祖的硬笔书法和中堂行书分获中国硬笔书法作品大汇展和中日韩书画展三等奖。1994 年，李国全创作的《我们的公司多风流》《湘运公司之歌》分别获得全国首届乡镇企业征歌优秀奖、第二届中国潮金曲征歌大赛铜奖。1995—1996 年，李国全的歌曲作品《矿山灯火》和《我们的希望、我们的理想》分别获得《中国工人歌曲新作选》银奖和全国征歌大赛银奖。1997 年，县委宣传部、县文化局组织编演现代话剧《孔繁森》和以教育为题材的话剧《托起明天的太阳》，先后在县内及周边县市演出 2000 余场，在郴州市城区各剧院演出 40 多场。1998 年 2 月，由退休人员邝生浩、缪其明等 19 人发起创办《老年笔会》文学期刊。2000 年，吴泽军的诗歌《在民间》获《诗刊》征文二等奖。2001 年 8 月，县音乐戏剧舞蹈家协会成立，有会员 68 人。2001 年 9 月，县书画家协会成立，有会员 47 人。2002 年，文学团体韩山诗社成立，创办《韩山诗苑》，当年出刊 3 期。2004 年 4 月，临武县作家协会成立，有会员 40 余人。2005 年，全县有书画家协会会员 52 人。农民书法家黄汉文被《中国现代美术书法家名人大辞典》收录。同年，雷依光创办县内第一家木雕工艺美术厂。陈卫平的摄影作品《俺也潇洒走一回》在第二届中华“大地之光”摄影征稿活动中获一等奖，并赴北京参加颁奖仪式。

图书发行 1988 年，临武有县、乡镇、村图书馆（室）44 个，共计藏书 4.45 万册（其中县图书馆藏书 2.45 万册）。县图书馆有持证读者 1460 人，接待读者 1.26 万人次，外借图书 1.87 万册次，馆内阅览 3200 人次，接待读者咨询 2400 人次。全县销售图书 167.8l 万册。1991 年，全县藏书总量超过 5 万册。2000 年，县新华书店投资 438 万元建成城东“新华园”，当年销售图书 216.93 万册。2005 年，全县共有图书馆（室）69 个，藏书计 81.83 万册，其中县图书馆 2.79 万册、厂矿及学校 75.84 万册、乡镇及村 3.2 万册。县图书馆有持证读者 1934 人，接待读者 1.42 万人次，外借图书 2.16 万册次。县新华书店年内销售发行图书 190.58 万册。

广播 1988 年，临武县有广播站 21 个，入户广播喇叭 1.79 万只。1994 年有线广播停播，开通无线广播，各乡镇实行广播电视共缆传输，县乡通播率50%。1996年，投资66.4万元，广播差转台由舜峰寨迁往西山分水坳，无线调频广播覆盖率91%。1998年，新置50瓦调频广播发射机，全县广播信号覆盖面扩大到99%。

电视 1990年，临武县教育电视台开通。1992年10月，成立县有线电视台，安装卫星地面接收站，开通有线电视用户1300户。翌年，新增有线电视用户1100户。1994年，在土地乡寺冲村建立第一个村级卫星地面接收站。次年，村级地面卫星接收站发展到31个。1996年，电视覆盖范围扩大到16个乡镇。1997年，城区有线电视用户发展到6000户。1998年，改造维修300瓦差转设备，乡镇或村级地面卫星接收站发展到64个。2004年，安装城区可寻址收费管理系统，实现与郴州市有线电视网络的联网运行。2005年，县有线电视网络中心大厅竣工。当年投资480万元，架设光缆主干线30千米，支干线103千米，实现县乡联网，完成6个乡镇网络改造，完成50个广播电视“村村通”工程。全县广播电视综合覆盖率98%，电视网络覆盖城区，联通乡镇。

（二）教育

幼儿教育 1988年年初，临武县有专业幼儿园2所，在园幼儿734人，幼教员工51人。农村小学附设学前班82个，在班幼儿2640人。学前班学生为5岁至6岁半的幼儿。1991年，县城各小学始设学前班。当年全县学前班发展到125个，在班幼儿3950人。1994年，县劳动服务公司创办幼儿园。1995年办学前班146个，在班幼儿5928人。1998年，全县学前班减少至85个，在班幼儿2226人。1999年元月，杜爱娟创办全县第一所民办幼儿园——小精灵幼儿园。同年9月，周玉清等人合股创办红太阳幼儿园。到2005年，县内有民办幼儿园11所，校园占地面积3.09万平方米、建筑面积1.40万平方米，配有校车12辆，在园幼儿1420人。当年，全县小学附设学前班102个。

小学教育 1988年，临武县有小学400所，在校小学生3.68万人。当年毕业4190人，会考合格2842人，合格率67.83%。1992年，在校小学生4万人，当年毕业3814人，会考合格3716人，合格率97.4%。小学校园总占地面积79.9万平方米。1995年，有小学生440所，在校小学生4.37万人，当年毕业4625人，会考合格4617人，合格率99.8%。1997年，有小学338所，在校学生4.59万人。小学适龄儿童入学率99.49%。2002年，全县有在校小学生2.76万人，当年毕业8078人，会考 合格8075人。从2004年起，全县对所有的适龄孤儿实行全免学费，对特困学生每月补助生活费130元。2005年，全县有小学163所（其中民办1所），在校学生1.74万人，当年毕业2104人，毕业合格率99.8%。学校占地70公顷，学生人均占地面积40.2平方米、占有校舍建筑面积9.83平方米。

初中教育 1988年，临武县有初级中学25所（含完全中学4所），招生2842人，在校学生6902人，毕业1700人。毕业会考一次性合格率73.5%，三年在校学生巩固率70%。1994年，初中在校学生1.05万人，毕业2528人，三年在校学生巩固率83%。1997年10月，临武县顺利通过国家基本普及九年义务教育验收。当年初中招生6688人，毕业3166人，学生年辍学率2.36%，在校学生1.72万人。1999年起，先后创办民有民办和国有民办初中5所。2002年，民办学校初中第一批毕业学生295人。当年，全县初中毕业生总人数4096人，毕业会考一次性合格率78.7%。2003年，全县初中招生7751人，在校学生2.02万人。2004年，岚桥中学停办。2005年，全县有初中在校学生1.34万人，毕业学生4895人，其中民办学校1662人。会考一次性合格率76.5%，三年学生巩固率78.2%，初中在校学生年辍学率3.33%。当年开设普通初中教育班的学校27所。

高中教育 1988年，临武县有4所完全中学，在校高中学生1407人，当年毕业501人，一次性合格率75.4%，预考通过405人（毕业生预考合格才能参加全国大中专升学考试），高考上线人数166人，其中大学本科34人、大学专科95人、中等专业学校37人。1990年，全县高中招生485人，在校学生1287人。县内参加高考549人，上线85人，其中本科17人、大专49人、中专19人。1993年，新建县二中，当年招生80人。1995年，原二中移交汾市乡办学，停止高中招生。是年，全县参加高考237人，上线41人。全县招收高中新生833人，在校高中学生1710人。1999年，参加高考学生450人，上大学本科线132人，占29.3%。2000年，民办学校开始招收高中学生。当年，全县高一新生人数1055人；在校高中生2334人。2004年，临武教育向普及高中发展，扩大招生规模，当年实招1683人。2005年，高中共招新生1928人，全县在校高中学生4499人，应届高中毕业生1101人，毕业生一次性合格率91%。参加高考1332人，大学本科上线422人，专科上线530人。

1988—2005年，全县为国家输送大学本科生1491名、专科生3958名、包分配中专生146名。

成人扫盲教育 1988年，临武县制定扫除青壮年文盲规划，加强扫盲工作。1990年，全县1906名农民参加扫盲学习。1993年，全县对文盲进行摸底造册，有青壮年文盲、半文盲9706人，文盲率8%。随即，全县建立扫盲承包责任制，组织开展扫盲达标活动。各乡镇加大扫盲工作力度，两年间有3626人脱盲。1994年，全县文盲率降至4.8%。1995年，扫除青壮年文盲1822人，文盲率降至3.3%。1996年，全县有1845名青壮年文盲实现脱盲，文盲率降至1.4%。1997年10月，临武县经验收和复查被确认为“基本扫除青壮年文盲县”。当年被湖南省政府评为“扫除青壮年文盲先进县”。此后，随着九年制义务教育的普及，巩固和提高“两基”教育成果活动的持续开展，使之再无新文盲产生，全县扫盲工作于2002年画上句号。

（三）科技

科技队伍 1988年，临武县内有各类专业技术人员843人，每万人口拥有科技人员29.48人。除县科学技术协会外，有乡镇科技协会18个，县直机关协会9个，厂矿协会8个，基层专业技术协会30个，其中乡镇22个，科局8个，有会员3420人。有水务、农机、气象等科学学会12个。1999年，临武成功创建全国科技工作先进县。2005年，全县各类专业技术人员发展到4219人，在聘专业技术人员3921人，每万人口拥有科技人员134名。有科技专业学会17个，会员3450人。

科技推广 1988年，临武县建有金江、汾市、武水等7个乡镇农技推广站。1989年，县畜牧局推广瘦肉型生猪综合饲养技术，扶植养殖专业户56户，增效230万元。1990年，县农业局推广绿肥草籽种植技术项目获湖南省农技推广项目特等奖。1991年，全县推广旱土玉米高产栽培800公顷、紧凑型玉米393公顷、南薯88(红薯)3333公顷。被农业部列为紧凑型杂交玉米栽培示范县。1995年，大力发展高效农业，推广稻、烟、果、茶、畜禽等优质高产技术。邀请广东、广西、长沙等地科技专家到临武讲学210人次，举办培训班25期，培训学员2万余人次。1996年，推广临武鸭新法养殖技术，发展规模养殖。1998年，汾市乡南岸村、南强乡莲塘村成为湖南省“星火计划”科技示范村。2001年，推广水稻一次性施肥技术1000公顷，新式稻田养鱼技术1666.7公顷。2004年，全县4个乡镇、6个行政村建立远程教育平台，科技推广手段更新。2005年，开展“农业科技建设年”活动，举行各种形式的培训174场次，有2.7万人接受技术培训。是年，全县各级科技示范户发展到2853户。普遍推广省级农业科技成果5项，实现产值1.53亿元，新增利税1850万元。

（四）卫生

医疗队伍 1988年，临武县有20个医疗卫生单位，其中16所乡镇卫生院，花塘、武水卫生院分别加挂县精神病医院、县结核病防治所的牌子。有厂、矿、场、所、学校医务室9个，村级卫生室287个，城镇个体诊所31家。全县公办医疗机构有卫生技术人员581人。2003年，香花岭锡矿职工医院更名为香花岭医院，由县接管。2004年，临武县第一家民营医院——城东医院开业。2005年，有县直医疗卫生单位5个，民营医院1所，乡镇卫生院16所，村级卫生室287个，厂、矿、场、所、学校医务室9个，个体诊所84家。全县公办医疗机构有医技人员618人。是年，县人民医院建筑面积由1988年的4600平方米增加到1.89万平方米，县中医院由1988年的3100平方米扩展到1.13万平方米。全县万元以上医疗设备共计178件(套)，价值1962.6万元。全县公办医疗机构有在聘的医技人员618名，农村不脱产医生349名。

疾病防控 1988年，临武县接种卡介疫苗2.56万人（次）、脊髓灰质炎疫苗2.25万人（次）、百白破混合疫苗2.27万人（次），麻疹减毒活疫苗15387人（次）（以下简称“四苗”）。1989年，农村合作医疗解体，预防接种工作受到影响，三合、土地、汾市、武水等乡小儿麻痹症发病率上升，麻疹流行。为迅速控制疫情，1990年，卫生部门组织40余名专业人员，下到疫病区，采取分片包干形式，为0~4岁儿童投服小儿麻痹糖丸和接种麻疹疫苗共计4万余人次，“四苗”全程接种率由1989年的12.7%上升到89%。1993年，对儿童预防接种分别建卡存档。1997年，“四苗”接种率90%。1998年，境内发生旱灾，全县组织78名医务人员，分成6支防病医疗队，深入116个受灾自然村开展义诊活动，免费为灾民发放消毒药品300多千克、医治药品价值5万多元。同时，为灾民接种伤寒、霍乱、钩体疫苗，控制肠道等传染病的发生。2000年，建立县、乡(镇)、村三级计划免疫信息网，建证、建卡率达100%，“四苗”全程接种率98%。2003年，在预防“非典型性肺炎”的同时，为乡镇儿童接种“五苗”(其中乙肝疫苗从该年7月20日起首(次)免费接种)1280人(次)，接种率85%；为城镇儿童接种312人（次），接种率100%。2004—2005年，“五苗”接种全县共计5.71万人次，儿童接种率98%。有效预防和控制了儿童疾病的发生。

（五）体育

1988—2005年，临武县全面实施《全民健身计划纲要》，全县体育工作发展迅速。全民健身活动得到广泛开展，学生身体素质普遍提高，体育锻炼达标率由20世纪80年代末的80%提高到2005年的95.6%。竞技体育亮点纷呈。在湖南省级比赛中，获各竞技项目第一名26人次、第二名19人次、第三名15人次。国家级比赛中获金牌7枚、银牌7枚、铜牌1枚。伍发启先后在第八届远东及太平洋地区残运会和第十二届残奥会上获得金牌1枚、银牌1枚、铜牌1枚。

体育设施 1988年，临武县政府直属体育场地总面积3200平方米，建有固定看台的灯光球场1个。县一中辟有300米跑道田径场1个，篮球场4个；其他6所完全中学分别拥有200~250米跑道田径场和篮球场。城关完小有200米跑道田径场1个、篮球场4个。乡镇中学及中心小学一般设有体育场地。大多数机关厂矿企事业单位和乡镇驻地均建有篮球场或有门球场。一些有条件的自然村亦建有篮球场等活动场地。1999年，县一中建成高标准400米跑道田径场，同时投入600多万元，建造多功能体艺馆，内设篮球场、排球场、乒乓球场、健身房等体育设施，能同时容纳10个班开展体艺教学活动。县二中完成400米跑道标准田径场建设。2001年，县一中兴建游泳池。2003年投资55万元，为大操坪搭建钢架大棚，改露天场为“室内体育场”。是年，县二中体育馆建成，建筑面积4200平方米，馆内能举行篮球、乒乓球等体育活动，可供2000多人进行集会活动。2004年，全县共有体育馆两个，田径场112个，篮、排球场212个，门球场12个，足球场2个，乒乓球房(场)12个，田径棚1个，棋牌室14个，健身房9个，台球房4个，游泳池3个。

群众体育 1988年，临武县全民健身活动项目主要有球类、跑步、游泳、学生体操、保健操、群众武术、登山、拔河、气功等，多为群众自发进行。1992年，举行全民游泳健身活动，以机关干部职工为主，有数百人参加。2004年，郴州市开展“全民健身周”先进单位评选活动，县水务局、工商局、广宜乡、香花岭镇入选，县体育局获优秀组织奖。县公安局被评为湖南省群众体育先进单位，县公安局局长张剑华、体育局局长石小明获湖南省“群众体育先进个人”荣誉称号。

第七节　汝城县

一、地理

（一）位置面积

汝城县位于湖南省东南端，湘、粤、赣三省交界处。地理坐标为北纬25°19′5″~25°52′57″，东经113°16′17″~113°59′21″。东界江西省崇义县，南连广东省仁化县、乐昌市，西邻宜章县，北通桂东县、资兴市。县境东西长72千米，南北宽63千米，总面积2400.71平方千米。

（二）自然环境

汝城县境内地层经过“加里东”“印支”“燕山”等较强烈的构造运动，形成了一系列复杂的构造类型。自元古界至新生界，除寒武系上组、奥陶系、志留系及三迭系缺失外，其余均有分布。汝城县地处南岭东西向构造带中段与新华夏“多”字型构造带的交汇部位。境内岩浆岩分布面积较广，约为540平方千米，占全县总面积的22.5%。

县内地貌主要特征是山地为主，四面环山，丘冈盆地相间。地势西北高，东南低；水系呈树枝状，向东西南辐射。经过县境的八面山、诸广山主脉及其支脉大多呈北、北东向展布。西部通天窝—寒山—东岭—带山岭，山脊平均海拔1000米以上，此线以西是海拔600米以下的文明小盆地。此外，尚有海拔700米以下，长约50千米、宽约20千米的汝城中部盆地。县东南、东部为东岭—集龙山地；北部山岭中间，有海拔800米以下的南洞盆地。全县海拔1000米以上的山峰274座，分布在北部、东北部和西南部，其中海拔1500米以上的14座。最高点五指峰，位于小垣镇境内，海拔1741.7米。最低点为南面的三江口镇的三江口，海拔160米。地面最大绝对高差1566.6米。境内山地面积1868.24平方千米，丘陵面积156.41平方千米，岗地面积168.69平方千米，平原面积194.22平方千米。平原主要分布在海拔800米以下，按松散物的堆积形式不同分为溪谷平原和溶蚀平原。水面面积13.29平方千米。

汝城属亚热带季风湿润气候区，气候地域差异和垂直变化明显，具有立体气候的特点。无霜期较长，年平均280天。日照充足，年均1527.70小时。年均气温16.9℃，年均降水量1599毫米。境内共有大小河流696条，总长1766.2千米，其中主要河流5条，流域面积大于10平方千米的77条。全县河流呈辐射状，向东流入赣江，向南注入北江，向西进入湘江。主要河流有：浙水、沤江、滁水、集龙江、九龙江。地下水理论蕴藏量为4.08亿万立方米。境内土壤分为10个土类、29个亚类、78个土属、217个土种。在各类土壤中，红壤分布面积最广，达8.92万公顷，占全县总面积的37%。

汝城县属亚热带常绿阔叶林带。主要植被有常绿阔叶林、针阔混交林、针叶林、灌木林、高山草地五大类。县内林草资源丰富，有乔、灌木83科677种，并有许多优良、珍贵、速生树种，如杉木、马尾松、樟、梓、楠、桐、檫、苦槠、银杏、南酸枣、木荷、油桐、乌柏、枫杨、油茶、楠竹等。成片草场43处，草场面积5.04万公顷。

（三）自然资源

汝城县土地资源总面积24.45万公顷，其中，耕地1.92万公顷，林地15.98万公顷。此外，有在周边县市的飞地(插花山)2600多处，面积约2.10万公顷。境内矿产资源较为丰富，已探明储量的矿产达25种，主要包括铁、钨、铜、铅锌、锰、锡、煤、石灰石、萤石、钾长石、类花岗石、稀土等。其中，铁矿、钨矿储量分别居郴州市第一、第四位。已发现矿床、矿点、矿化点95处。已开采的有钨、钼、铋、铁、铜、铅锌、铀、煤、石灰石、萤石、硅石、稀土等。

汝城水资源年径流总量22.89亿立方米（客水径流总量13.6亿立方米除外）。其中，地表水资源总量18.9亿立方米，地下水资源总量4.08亿立方米。可开发利用的水资源总量15.03亿立方米，其中地表水资源13.3亿立方米，地下水资源1.73亿立方米。至2002年，全县共建中型水库5座、小（一）型水库11座、小（二）型水库36座、山塘1335口、引水工程1.48万处，有机电排灌站392处、装机392台、功率3930千瓦，水轮泵52处62台，喷灌1处，年蓄引提总水量2.28亿立方米，占全县可利用水资源的15.2%。水能理论蕴藏量37万千瓦，可开发利用量19.81万千瓦，占理论蕴藏量的53.5%。境内地下热水资源丰富，已发现或开发的有热水圩、汤口、大汤、塘内、铜坑五处地下热水资源。水温一般在34℃~90℃。热能来源于放射性元素蜕变放热和岩浆余热。热泉含有30多种对人体有益的微量元素，特别是氡的含量高达145埃曼。年总排水量161.72万立方米，开发前景广阔。

汝城县有各类野生动物100多种，其中列入国家保护的动物20多种。野生植物有灌木83科677种。野生竹类主要有苦竹、水竹、刚竹、紫竹、方竹、黄竹、实竹、丛竹、斑竹、凤尾竹等。药用植物共有700多种。较为常见的有汝升麻、枸杞、血水草、湘砂仁、绞股兰、虎耳草、百合、丹参、龙胆草、白芨、淫羊藿、虎杖、杏叶沙参等。境内风能资源丰富。全县海拔1000米以上的山体有50余处，小垣镇的五指峰、白云仙地区，南洞的洪水山，海拔均在1600米以上。其年风力用于发电时间达60%以上，极具风电开发价值。

二、建置、区划

（一）建置

汝城县始建于东晋穆帝升平二年（358），县治设于今三星镇城郭村后，县名始见于史籍。南朝陈武帝永定三年（559），废汝城县置卢阳郡。陈文帝天嘉元年（560），置卢阳县。隋开皇九年（589），废卢阳郡，卢阳县隶属郴州。唐玄宗天宝元年（742），改称义昌县，县城由城郭村迁至城头寨附近，辖今汝城、桂东县地，属桂阳郡。五代后唐庄宗同光三年（925），改义昌县为郴义县，属郴州。宋太平兴国元年（976），改郴义县为桂阳县。太平兴国三年（978），县治迁今址。宋嘉定四年（1211），析桂阳县之零陵、宜城两乡置桂东县，自是桂阳、桂东各自为县。元、明仍为桂阳县，属郴州路。清康熙十七年（1678），将桂阳县改称义昌县。次年2月，复称桂阳县。民国2年（1913），因撤州建道，郴州、桂阳州撤销，两州各县划归衡阳道，原桂阳州改为桂阳县，为避免两县同名，本县复称汝城县。民国7年（1918）废道，汝城县直属湖南省统辖。民国26年（1937），汝城县属湖南省第八行政督察区。民国29年（1940）汝城县属湖南省第三行政督察区。

中华人民共和国成立后，汝城县属郴县专区。1952年11月，属湘南行政公署。1954年7月又属郴县专区。1959年3月经国务院批准，汝城、桂东两县合并为汝桂县，县治驻原汝城县城。1961年5月，恢复汝城、桂东两县建置。至1994年11月，汝城一直隶属郴州地区。1995年5月，汝城隶属郴州市。

（二）区划

1989年，汝城县辖2个镇、21个乡，311个村（居）委会，2782个村（居）民小组。2002年，全县辖8个镇15个乡，309个村民委员会、29个居民委员会，2769个村民小组、54个居民小组。

2005年，全县辖8个镇15个乡，309个行政村，22个居民委员会，4个社区。

三、人口、民族

（一）人口

1989年，汝城县总人口34.11万人。1990年7月第四次人口普查，全县总人口34.38万人，65周岁以上的老年人口2.03万人，占5.92%。文盲、半文盲5.18万人，占总人口的15.08%。县内人口逐步向中老龄化发展。2000年11月第五次人口普查，按照国家统计口径，外出务工半年以上人口由现居地登记，全县登记常住人口34.29万人。65岁以上的2.53万人，占7.5%，有百岁老人4人。文盲、半文盲2.06万人，占总人口的6%。2002年，全县总人口35.58万人，比1989年增长6.75%，年均增长0.48%。人口自然增长率4.42‰。2005年，全县总人口36.19万人，其中少数民族人口5.8万人。人口出生率11.95‰，自然增长率7.2‰。

（二）民族

汝城是少数民族聚居较多的县。全县计有汉、侗、壮、瑶、苗、土家、傈僳、回、布依、黎、彝、白、京、畲、维吾尔、青、蒙古、朝鲜、满、哈尼、赫哲、傣、佤、羌、高山、柯尔克孜、乌孜别克、鄂温克、藏29个民族。其中汉族占总人口的84.23%。

四、经济

（一）发展速度

1989—1990年，汝城县深化经济体制改革，突出农业、交通、工业和科教等战略重点，实现经济和社会事业全面发展。1990年，地区生产总值2.64亿元；地方财政收入1654.1万元；社会消费品零售总额1.53亿元。工农业总产值3.51亿元；其中工业总产值1.38亿元，农业总产值2.13亿元。乡镇企业总收入1.42亿元。社会固定资产投资1.23亿元。新增固定资产1100万元，建成重点项目40个，新增水电装机3000千瓦。

1991—1995年，汝城县逐步转变政府职能，扩大企业自主权，发展外向型经济，经济和社会事业步入发展快车道。1995年汝城县生产总值6.39亿元，年均增长12.7%；地方财政收入3804万元，年均增长18.1%；社会商品零售总额2.33亿元，年均增长8.9%；工农业总产值8.95亿元，年均增长24.20%，其中农业总产值2.86亿元，工业总产值6.09亿元，年均分别增长6.1%、46.7%。乡镇企业总产值8.04亿元，年均递增52.9%。粮食增长2.3%，生猪增长28.9%，钨精矿增长190.8%，发电量增长43.7%。社会固定资产投资累计4.14亿元，增长236%。1995年，农民人均纯收入由1990年的437元增加到916元；城乡居民年末人均储蓄存款由1990年的217元增加到730元。

1996—2000年，汝城县大力发展个体私营经济，促进县域经济和社会事业的发展。2000年，生产总值13.82亿元，年均增长10.5%；财政收入9116万元，年均增长12.7%；社会消费品零售总额3.16亿元，年均增长6.2%；5年累计出口1715万美元。工农业总产值10.59亿元，年均增长11.7%，其中农业总产值3.48亿元，年均增长4%；工业总产值10.06亿元，年均增长11.7%；乡镇企业总产值15.96亿元，年均增长14.7%。养殖业产值在农业总产值中的比重由1995年的34%上升到37%。工业产品结构改善，年发电4.81亿千瓦时，产水泥2.63万吨。社会固定资产投资累计8.02亿元，增长93.8%，建成满天星电站等一批重点工程。农民人均纯收入1338元，年均增长7.9%；

城乡居民人均年末储蓄存款1480元，年均增长15.2%。

2002年，汝城县生产总值15.44亿元，年增长11.35%；财政收入1.03亿元，年增长6.4%；社会消费品零售总额3.78亿元，年增长9.40%。工农业总产值18.16亿元，其中农业总产值6.42亿元，年增长3.54%；工业总产值11.75亿元，年增长23.75%。乡镇企业总产值21.95亿元，社会固定资产投资4.47亿元。建成宝沙电站、县自来水厂等重点工程。农民人均纯收入1452元，城乡居民人均年末储蓄存款2003元。城镇化建设步伐加快，新增城镇人口1.01万人，城镇化水平达20.55%。

2005年，汝城县完成生产总值28.50亿元，其中第一产业增加值5.39亿元，第二产业增加值14.46亿元，第三产业增加值8.48亿元。一、二、三产业结构比5∶8∶7。全县财政总收入1.79亿元。

（二）农业

汝城是国家重点扶持贫困县。1988年3月，全县开展“扶贫先扶志，治穷先治愚”的思想教育活动。1989年，汝城农林牧渔业总产值1.27亿元，粮食总产量1.38亿千克。1994年，制定《汝城县“八七”扶贫攻坚实施方案》。1995年，农林牧渔总产值3.43亿元，粮食总产量1.59亿千克。至2000年，切实加大资金、人力、物力投入，发展生产力，实行领导联片挂点，单位包扶脱贫，队员驻村指导等措施；积极争取各级扶贫开发等资金8.43亿元，调优农业产业结构，加快脱贫步伐。2002年，全县农林牧渔业总产值3.4亿元，粮食总产量1.63亿千克。贫困人口由1988年的21.3万人下降到8.6万人。

1994—2002年，汝城县积极开发水电产业，大力发展特色农业。满天星、宝沙、万年桥、山店江、九节带等电站，土桥、三江口、外沙等变电站相继建成；斌志木业建成投产；大坪、热水、三星、益将共1.5万公顷杂交水稻制种基地，效益明显；以大坪、土桥为中心的6.54万公顷的优质稻生产基地；南洞等乡镇的良种生猪基地；文明、附城、盈洞、永丰等乡的12万公顷特优水果基地；南洞、益将、岭秀、马桥、大坪林场等地的6万公顷世行贷款造林基地；热水、三江口、濠头等地16.5万公顷竹笋两用高产楠竹基地相继建立。粮食总产量由1.32亿千克增至1.63亿千克，增长23.5%；生猪饲养量由30.88万头增至53.6万头，增长73.6%；水产品产量由354吨增至1070吨，增长2.02倍；活立木蓄积量由494万立方米增至951万立方米，增长92.5%。全县投入资金18.2亿元，改善农村生产生活条件，实现村村通电，占64.4%的人口饮用上清洁卫生自来水。新增、改善农田灌溉面积0.53万公顷。治山、治水、治坡、治污多管齐下，实施环境保护，保持汝城良好生态，成功申报国家小水电代燃试点县、湖南省退耕还林项目县、全国生态建设示范县。到2002年，全县实施小水电代燃农户1.1万户，年均可增加活立木5.50万多立方米，实施退耕还林4.9万公顷。全县实行农村税费改革，32万农业人口年人均减负14.6元，减负率24%。2005年，全县完成农业总产值8.95亿元，粮食总产量18.1万吨，出栏生猪38.2万头，出笼家禽110万羽，扶持规模农业龙头企业5户。龙丰生态农产品储藏加工项目成为郴州市自家直接出口创汇的农业龙头企业。

（三）工业

1989年，汝城县有工业企业4633户，从业人员8998人，工业总产值3067.42万元，实现利税365.7万元。其中国有企业20户，从业人员824人，实现工业产值1300万元，创利税290万元。1989—2002年，汝城县91户国有、集体独立核算企业实施改制，改制面97%，盘活资产8.63亿元，产权交易收入1.86亿元，6155名职工与原企业解除劳动关系，实行一次性有偿安置。1994年，通过企业改革，先后有23户国有企业、8户集体企业，共4002名职工实现脱钩改制。2002年，全县实现工业总产值由1989年的0.79亿元增至11.61亿元，水电装机容量由7.04万千瓦（含省属电站）增至12.78万千瓦，发电量由2.64亿千瓦时增至7亿千瓦时，主变容量由1.03万千伏安扩建为

11.54万千伏安，成为全国小水电建设的样板；钨精矿由3120吨增至3.17万吨。是年，全县工业企业1914户，国有企业仅存2户。实现工业总产值11.61亿元，其中年产值500万元以上企业27户，实现利税3867万元，其中利润1284万元。2005年，全县完成工业总产值42.11亿元，实现工业增加值13.2亿元，实现利润9200万元。

（四）建筑业

1989年，汝城县有5家建筑施工企业，从业人员580人，其中县建筑工程公司、城关建筑公司、城郊建筑公司3家为三级施工企业。县建筑设计室资质等级为丁级设计单位，只能承担6层以下住宅、混合结构、跨度不超过15米的民用建筑。1997年，县建筑设计室升为丙级设计单位，有工程师4名、助理工程师3名、技术员1名。可承担15层以下、单层跨度15米、多层跨度7.5米的房屋建筑设计。共设计房屋工程50万平方米，收入150万元。1998年县内建筑施工企业增加到9户，其中7户为三级施工企业。2001年6月，取消土桥建筑公司和两家非等级施工企业的施工资质，保留县建筑工程公司等6户三级企业，从业人员1316人，有土建工程师88名、助理工程师160名、技术员170名、项目经理65名、二级建造师10名。

1989—2002年，汝城县完成建筑工程项目830个，其中工程量100万元以上建筑项目260个，工程总量8.5亿元。主要竣工有县邮政局、国土局、民政局、公安局办公大楼，九塘江住宅小区、粮玉酒家、土桥和井坡大市场等工程项目。

（五）交通运输

1989年，汝城县公路总长1398.2千米，公路密度每百平方千米57.88千米。其中国道64.4千米，省道102千米，县乡、村公路906.08千米，专用公路215.8千米。有水运客运船1艘、客运量0.3万人次，货运船6艘、货运量6万吨，初步形成水陆营运网络。1990—2001年，筹资1.2亿元，拓宽改造国道106线、省道324线。汝城段为三级公路；新修县、乡（镇）公路223.5千米，村组公路534.20千米；新建公路桥梁9座362.94延米。2002年，县境公路总长1830.3千米，公路密度每百平方千米74.87千米。有客货营运车473辆，全部由个体经营，其中公路客运量815万人次，货运量1823.80万吨；有水运客运船3艘、客运量2.80万人次，货运船2艘，货运量5.40万吨。

公路运输 1989年，汝城县有营运客车43辆，每日发客班52车次。其中跨省客班4车次，跨县9车次，县内客班39车次，年客运量132.8万人次。有载货汽车633辆，农用车166辆，年货运量69.7万吨，货物周转量2896.5万吨千米。1990年12月至1992年3月，先后开通汝城至衡阳、至广州，汝城至长沙，汝城至东莞长途豪华空调卧车和汝城至赣州的长途班车。1995年，全县货物运输基本上由个体车辆承担，年货运量162万吨，货物周转量4858万吨千米。1995—2001年，先后开通汝城至黄草、资兴、深圳、瑶岗仙等地客车，日发客班228车次，年客运量708万人次。2002年，全县有客运班车160辆，日发客班267车次，年客运量815万人次；有货车631辆，农用车562辆，年货运量441万吨，货物周转量1.33亿吨千米。

水路运输 1989年，汝城县境内水路有1艘由个体户营运机动船从事客运，担负暖水至资兴黄草和暖水至东坪航线客运，年客运量3000人次。2000年，开通暖凉航运水路16.1千米，有6艘机动货运船，年货运量5.4万吨。2002年，增加2艘机动船，货运量6.40万吨，年货物周转量448万吨千米。有3艘机动船投入客运，新增暖水至东江大坝航线，年客运量3.6万人（次），旅客周转量144万人千米。

（六）邮政、电信

邮政 1989年，汝城县邮电局辖11个邮政支局8个邮政所，有信报直投点3248个。邮路总长（单程）1859千米。自办汽车邮路1条，单程6千米，委办汽车邮路16条，单程505千米，自行车邮路73条，单程2077千米。邮政业务有快件、汇兑、报刊发行、邮政储蓄。同年，出口快件83.24万件。1992年，出口包件1.5万件。1994年，报纸累计期发数511.35万份，杂志期发数68.77万份。1996年，全年出口函件106.11万件。1997年，设村级代办站298个，占总行政村的97%。1998年7月，邮政电信分营，成立县邮政局。1999—2000年，除盈洞、南洞、濠头为委办邮路外，其余均为直办汽车邮路。2000年，全县7个储蓄网点进入全国通存、通兑计算机网络。年末储户2.09万户，余额5267.4万元。

2002年1月，增办邮政快递包裹业务，全年出口包件8700件。同年，县邮政局辖4个支局16个乡镇邮政代办所。全县邮运邮路总长（单程）2266千米，直办汽车邮路3条，单程163千米。当年，出口函件69.79万件，改传统信汇方式为电子汇款。全县报纸期发数730.14万份，杂志期发166.12万份。引进全县金融系统第一台自动取款机，全县邮政储户4.6万户，邮储余额8684万元。先后为中国电信、移动、联通、人寿保险代投账单、代收话费、代发工资、代售电话卡、代移动放号、代收保费等代办业务。

电信 1989年，汝城县长途电话仍使用人工续接方式。县内市话沿用500门磁石交换机，市话户数398户，农村用户218户。收发电报使用555牌电传机、单机头自动发报机微波传输，当年公众电报1.76万份。1990年，购置电子电传机3台，建业务报路3条，并增加礼仪电报和鲜花电报业务。同年10月，汝城县开通自动电话，市话用户780户，业务收入30万元。1992年10月，开通BP机无线寻呼，全县用户100户。1993年10月，开通数字程控电话。使用数字程控交换机，市话用户增至1200户。1994年10月，有5个乡镇开通数字程控电话，用户1200户。同年，开办电话卡业务，在县城主要街道设磁卡电话亭46个。开通模拟移动电话（时称“大哥大”），当年用户29户。次年，用户发展到500户。1997年，投资300万元，开通文明至盈洞瑶族乡数字程控电话，使全县最后一个乡镇实现数字程控电话。1998年7月，邮政电信分营，成立汝城县电信局。设农村电话交换点18个，下设县电信实业分公司。1999年，引进深圳华为C8C08交换机，市话用户8120户。同年，开通数字移动电话，用户增至2038户。当年5月，电信分营后成立移动通信汝城营业部。同年5月，汝城寻呼台从电信局分出，为自主经营经济实体，当年用户3600户，业务收入80万元。同年6月，中国联通郴州分公司在汝城建成第一个基站，开通GSM网络发展联通移动电话业务，当年用户1200户。2000年，全县23个乡镇全部实现电话自动化，用户8000户。同年，BP机用户3600户。2001年，县电信局投资165万元，建成15个宽带网小区，当年用户619户。2002年，全县市话用户1.67万户，农话用户1.74万户，移动电话用户1.43万户。同时推出移动短信、全球呼、移动梦网、移动IP、移动秘书、手机银行、呼叫转移、主叫隐藏、信息点播等业务；开通109个国家和184个地区的移动漫游业务，用户1.22万户。当年，联通用户2100户。2003年元月，寻呼台停止营业。

（七）商贸业

1989年，汝城县有个体商业1860户，从业人员3000余人，销售7879万元。全年完成社会商品零售总额1.56亿元，其中公有制商业占49.54%，非公有制商业占50.46%。20世纪90年代中后期，个体私营商业空前发展。1998年，全县完成社会消费品零售总额2.69亿元，公有制商业占33.75%，个体私营商业占66.25%。2001年，境内公有制商业企业基本退出商品流通领域。2002年，完成社会消费品零售总额3.78亿元，其中公有制商业销售5574万元，占14.76%；非公有制商业销售3.22亿元，占85.24%，个体私营商业在商品流通中发挥主渠道作用。同年，全县有个体商业4353户，有批发网点427个，有零售网点4394个，占全县商业网点的99.07%。完成收购额1.56亿元。

集贸市场 1989年，汝城县有农贸市场22处，总面积5.6万平方米，其中厂棚2.1万平方米。20世纪90年代以来，农产品越来越丰富，全县加强集市贸易硬件建设，1994年，集市贸易总额1.27亿元，首次突破亿元关。1998年，集市贸易成交总额1.99亿元。文明乡的特优水果、大坪镇的祝师傅板鸭和杂交水稻种子、土桥镇的幼畜和耕牛等农副产品，远销广东、江西、浙江、上海、江苏及港澳地区和东南亚。

1989—2002年，全县投入1648万元，兴建5个集贸市场，改建扩建市场17处，新增面积1.94万平方米，厂棚3163平方米。2002年，全县有农贸市场29处，面积7.54万平方米，厂棚2397平方米。年均商品交易额800万元，各边贸市场成为湘粤赣三省商品贸易的中转站。城关、土桥、文明、大坪等农贸市场，为县内土特产主要集散地，吸引着广东、江西及湖南省周边县市客商。是年，集市贸易成交总额2.46亿元，占当年社会商品零售总额的65%。

对外贸易 汝城主要出口工业硅铁、铜矿、钾长石和香精油等，进口“三资”企业加工所需的机械设备。1996年，外贸收购总值1503万元，出口84万美元。1997年，出口创汇201万美元，1999年，进出口总额541万美元。2002年，进出口业务36万美元。当年年底，汝城县对外经济贸易有限公司等6家公司获自营进出口权。2005年，全县实现外贸进出口总额439万美元。

（八）旅游

汝城县地处湘、粤、赣三省分界之处，素有“鸡鸣三省”“水注三江”之称，为旅游休闲理想之地。境内有全国罕见的热水温泉、罗泉温泉，有鸡鸣三省的雷公山，一望无际的林山竹海，美不胜收的九龙江原始次森林，南国百里绿色大峡谷，汜水山高山大草原；有濂溪书院、云头书院、白石书院、文塔、绣衣坊、八角楼、仙人桥、楼江新石器遗址、白云仙、道士仙、回龙仙、太平天国古战场遗址、太保第、李氏宗祠、永乐宗祠，更有工农革命军第二师诞生地、朱（朱德）范（范石生）合作谈判地、湘南暴动策源地、西边山革命根据地、红军楼、红军长征突破第二道封锁线旧址等红色史迹，其留下毛泽东、朱德、彭德怀、邓小平、陈毅等老一辈无产阶级革命家的足迹。

自1989年始，中共汝城县委、县人民政府倾力发展生态旅游。1994—2000年，投资3000余万元，建设玉泉宾馆、地热宾馆、福泉大桥以及边贸市场、程控电话、自来水厂、移动基站、景区道路等配套设施。2001年6月，县政府制定《汝城县自然保护小区建设总体规划》，规划7个自然保护小区，面积1.75万公顷。以热水温泉旅游景区为中心，带动发展红色旅游产业；将九龙江原始次森林纳入汝城温泉旅游度假区一并开发管理。发展民族风情旅游。投资1亿元，建设热水河生态漂流、氡泉俱乐部、科学养生院、温泉文化广场、飞水寨瀑布、汜水山高山草原等旅游景点和服务设施；把福泉山庄建成国家AAAA级旅游景区；投资5500万元，建成天仙景区（又名白石岩），山、水、洞、林连成一片，新建3100平方米综合楼及基础设施；投入5000万元，建设7万公顷的九龙江森林公园；投资1200万元，建设罗泉“太乙”牌10万吨矿泉水厂、康复疗养中心、宾馆、度假村。同年8月，《汝城温泉旅游开发建设总体规划》经湖南省发展改革委员会批准实施，规划总面积17平方千米（总体规划范围5.10平方千米），其中温泉景区3.60平方千米，天山风景区13.40平方千米。投资6000万元兴建福泉山庄，成为集住宿、餐饮、娱乐、温泉水疗、商务会议于一身的大型热泉度假胜地，投资800万元，建成温泉文化园，同时开通热水至韶关、赣州、郴州等旅游交通专线；投资500万元建成4.6千米的中国热泉第一漂，规划开发飞水寨瀑布群景区。

1989—2002年，度假区共接待各地游客50万人次，创产值6500万元，税利520万元。2005年，汝城县共接待游客30.60万人次，实现旅游总收入1.17亿元。

五、文化、教育、科技、卫生、体育

（一）文化

汝城文化底蕴深厚，地方特色浓郁。1989 年 6 月，投资 27 万元，在县城烈士公园内新建 1250 平方米的庭院式图书馆对外开放。1998 年，延寿瑶族乡文化站建藏书近万册的图书室、阅览室、文化娱乐活动室、文化宣传窗等，开展富有特色的瑶族文艺活动。当年，该乡文化站评为湖南省百强文化站。1999 年，投资 130 万元，新建县群众文艺中心 2400 平方米。2001 年，全县人民捐资、捐物共 70 余万元抢修濂溪书院。2002 年，投资 360 万元，新建濂溪广场 10013 平方米。同年，投资 38 万元，建县文化综合大楼 1700 平方米。

群众文化 汝城县群众文化十分活跃，形式多样，内容丰富。各地在重大节日或围绕县中心工作，经常举办一些文艺活动。1990 年起，坚持两年举办 1 次汝城、仁化、崇义 3 县文艺会演和书法、美术、摄影作品展。汝城县民间文艺形式多样，有布龙、布狮、香火龙、“装故事”、民间演唱、民间鼓乐、瑶歌、瑶舞（长鼓舞）、民间刺绣、剪纸、山歌等，具有浓郁的乡土气息和地方特色。香火龙是汝城最有特色的民间艺术。土桥镇村村都有舞香火龙习惯，1996 年，被湖南省文化厅授予“香火龙之乡”称号。“装故事”是汝城县独特的民间文化活动，迄今有数百年的历史。1997 年 5 月，由离退休人员自愿组建业余文艺组织“夕阳红”俱乐部，有会员 284 人，每年编排节目为县城大型庆典和各种宣传演出数十场次。1999 年，组建“汝城县婚育新风进万家”业余文工团，下乡巡回演出 17 场次。2001 年，成立汝城县群众艺术团，有业余演员 35 人。年内组织送文化下乡演出和参加郴州市、县文艺赛事 60 余场次。

1989—2002 年，县城举办文艺晚会 160 多场，参演 3000 余人次，观众达数 10 万人次。

文学艺术 1989 年 12 月，汝城、桂东、崇义、大余 4 县“湘赣边界文学促进会”在汝城成立，举办“汝城灵泉笔会”。来自 4 县的业余文学爱好者 30 多人交流创作经验，现场修改作品，评选出优秀作品 20 余篇。此后，有茶陵、炎陵、遂川、莲花县和井冈山市文联或文化馆入会。同年，举办朱子奇《故乡情》文艺座谈会。特邀著名诗人、中国作家协会党组副书记、书记处常务书记朱子奇和《湖南文学》副主编李慕贤为汝城 50 余名文艺工作者授课。1991 年 10 月，汝城县与中国老区报联合举办“老区魂”书画展，展出著名国画家陈白一及全国 31 个省份 1600 多名作者的作品 3200 余件。1999 年、2001 年，举办书画一条街、中小学生书画展。2002 年，举办“海峡两岸情谊深”诗书画印作品展。当年，全县有县以上书法、美术、摄影协会会员 113 人。

1989—2002 年，汝城县作者在湖南省级以上报刊发表或获奖的文学作品 30 余篇。其中王琼华的专辑《透明的初恋》、朱新华的长篇小说《柳溪村》，先后出版发行。邝修杰、黄湘兰创作的小品《苦果》获中国曹禺戏剧文学奖，入编全国百优小品集。期间，创作艺术作品 38 件，其中获全国大赛一等奖 4 件，省级奖 13 件。2005 年，全县文艺作品在郴州市以上获奖 100 余件，暖水镇、迎春乡文化站获全省“百强文化站”称号。

图书阅览 2002 年，汝城县图书馆藏图书 5.06 万册，报刊 200 余种。全县有乡镇图书室 10 个，藏书 8.69 万册；中小学图书馆（室）51 个，藏书 74.84 万册。1989—2002 年，共接待读者 49.62 万人次，借阅图书 51.04 万册（次）。

广播电视 自 1989 年始，汝城县进行乡镇农村广播网标准化建设，广播新增入户喇叭 1708 只，9 个乡镇广播站创优达标。1991 年 12 月，汝城开通有线广播电视。1992 年，投资 62.5 万元建有线电视网络，并开办自办节目。当年，有线电视用户2850户。1994年，县城有线广播与有线电视共缆传输。1995年，广播音频用调频方式送入城区内。同年，筹资20万元购置DGWF-3型微波设备，汝城可直接观看郴州市台节目。1996年，投资14万元开通4套中央电视台加密付费电视节目，丰富电视荧屏。1998年，县有线电视台首次电视现场直播在汝城举行的郴州市第四届中小学生田径运动会开幕式。1999年，县城有线电视传输网络改为光缆传送，节目由15套增至26套。2002年，全县电视节目套数增至35套，有线电视用户2.2万户，广播电视人口覆盖率82.2%。

（二）教育

1989—2002年，汝城县把教育放在优先发展的战略地位。先后投资1.04亿元，改造学校危房8.37万平方米，新建校舍18.87万平方米；创建实验教学普及县，经湖南省政府验收合格；调整优化学校布局，共撤并中小学145所，形成"一乡一校、一乡两校、片办中学、九年一贯制学校、联办小学"的办学格局。先后被省政府评为"学校布局调整工作先进县"、国家教委授予"基本普及九年义务教育达标县"和"扫除青壮年文盲合格县"称号。延寿瑶族乡中学被教育部、国家民委评为"全国中小学民族团结教育先进集体"。2005年，汝城县投入450万元，全面实施农村中小学远程教育，加强教学管理，高考升学率名列全市第五位。全县共有1.51万名贫困学生享受完全免费义务教育，占小学生总数的35.5%。

幼儿教育 1989年，汝城县有幼儿园4所，在园幼儿583人。1993年，土桥镇兴办民办小太阳幼儿园，招收幼儿41人。2002年，县机关第一、第二幼儿园合并为县机关幼儿园，在园幼儿847人。谢晓晴、何玲投资71.6万元创办小杜鹃中英文高级幼儿园，为县计生协会"三优"(优生、优育、优教)基地和武汉大学早期教育实验基地。年底，全县有幼儿园43所，其中民办幼儿园39所，在园幼儿1173人。

小学教育 1989年，汝城县有小学429所，在校学生4.51万人，适龄儿童入学率96%。1993年，退休教师朱治国创办私立小学，招生108人，民办教育逐步兴起。1998年，全县通过对学校调整布局，有小学322所，在校学生4.92万人，适龄儿童入学率98.8%。2002年，全县有小学284所，在校学生3.28万人，适龄儿童入学率99.8%；1989—2002年，小学毕业生8.69万人。小学生参加学科竞赛，获国家级奖39人，湖南省级奖60人，郴州市级奖123人。

中学教育 1989年，汝城县有普通初级中学25所，在校学生9089人。经过调整，1995年，全县有初级中学22所，在校学生1.16万人。有普通高中4所，在校学生1454人。2002年，全县有初级中学16所，在校学生2.19万人。全县高中4所，在校学生4103人。汝城一中、二中分别被评定为湖南省、郴州市重点中学。当年，全县高三毕业生1030人会考，合格率95.5%，优秀率28.9%。高考录取682人，其中本科287人、专科395人，朱慧灵以理科全省第三名的成绩考取清华大学。

1989—2002年，全县共培养初中毕业生4.4万人，其中升入中专4914人、普通高中1.09万人、职业高中2162人，升学率40.8%；初中学生参加学科竞赛，获国家级二、三等奖11人，湖南省级奖33人，郴州市级奖98人。高中学生参加学科竞赛，获国家级奖7人次、省级奖36人次、市级奖308人次。共培养高中毕业生7118人，其中考取大中专院校3935人，升学率55.3%。其中5人考取清华大学，1人考取北京大学。

成人扫盲教育 1990年，汝城县有文盲、半文盲1.12万人，文盲半文盲率6.8%。为扫除文盲，县政府制定《汝城县扫盲工作实施方案》。1990—1997年，全县组织进行三次扫盲脱盲大会战，共扫除青壮年文盲8033人。青壮年非文盲率达到97.9%。

（三）科技

1989—2002年，汝城县确立科技兴县的发展战略。全县获市以上科技成果奖26项。其中《汝城两系杂交水稻综合开发利用》《反季节蔬菜基地技术开发》《老年骨质疏松症与防治》，分别获国家气象科技扶贫三等奖、国家振华科技扶贫杰出贡献奖、国际老年医学优秀成果奖；《汝城白毛茶野生资源开发利用的研究》《汝城高海拔制配杂交晚稻气候适应性利用研究》等5项获湖南省科技进步奖。与国家杂交水稻工程技术研究中心等17个单位建立长期技术合作关系，引进各类技术124项(高新技术36项)。此间，全县实现高新技术产品产值1.2亿元，科技进步对经济增长贡献率45.6%。汝城县被评为全国科技进步县。

科技队伍 1989年，汝城县有科研机构4个，科技应用推广机构4个，有科技专业学会18个，会员6762人。有各级科技专业户799户，各类专业技术人员2640人，平均每万人中有科技人员77.4人。1998年起，先后分四批授于57人为县专业技术拔尖人才称号。2000年，引进专业技术人才27人，聘用专业技术人员73人，聘请院士袁隆平等19名专家为县政府科技顾问。2002年，全县有各类专业技术人员3978人，平均每万人中有科技人员111.8人。

科技成果 1989年，汝城县科委副主任、副研究员李洪光潜心研究“太阳潮”理论，提出“太阳潮属于不对称”的新观点，获全国自学成才奖，享受国务院特殊津贴，被评为全国千名有突出贡献的共产党员，载入《世界二十世纪500名杰出科学家传记》。1990年，被郴州地委、郴州行政公署授予“郴州地区拔尖专业技术人员”称号。1992—1996年，李洪光提出“月球潮”理论，形成第二个新理论——“月球潮新见解”理论。此后，进行第三个新理论《日月潮汐引起地球旋进的力学见解》的研究，发表论文4篇。导出地轴的旋进角速度的表达方式，被学术界称为“李氏定理”和“李氏公式”，被世界名人传记(美国)总部授予“当代名人1997纪念勋章”。其间，汝城县农业部门与湖南省农学院合作，成功地将汝城野生白毛茶人工栽培，建立500公顷原种基地。“汝白银针”“汝白银毫”茶先后获中国食品工业新成果展示会优秀产品奖，巴黎国际名、优、新产品博览会最高金奖，“汝白金毫”被评为“湘茶杯”金奖，汝城红碎茶达国家二套样标准。

2005年，汝城县开展“农村科技建设年”活动，共实施科技计划项目42项，培育新产品新品种10个，获湖南省以上先进成果4项，郴州市科技进步奖2项。

（四）卫生

1989—2002年，汝城县推行以医院管理、经济效益、医德医风为主的目标管理责任制，强化疾病预防与控制措施，传染病发病率年均110.24／10万。在郴州率先创建“爱婴医院”。卫生部授予县妇幼保健院“一级甲等妇幼保健院”。县人民医院被湖南省卫生厅定为“二级乙等”医院。全县卫生系统开展新技术项目134项，医疗水平得到提高，住院病人治愈好转率97.3%。购置医疗设备531台(件)，总金额997.29万元。2002年，全县医疗业务总收入2734.90万元。

医疗队伍 1989年，汝城县有县属医疗卫生单位7个，县卫生学校、中心卫生院6所，乡镇卫生院13所。县卫生协会有会员944人。是年2月，成立县红十字会。2002年发展基层红十字会组织50个，团体会员6500人；建立救护站9个；组织救灾医疗队73人次，为80个贫困村和受灾村村民义诊2.85万人次。同年，县属医疗卫生单位占地18.43万平方米，房屋5.65万平方米，有病床445张；有职工573人，其中卫生技术人员470人。乡镇卫生院13所，有病床231张；职工317人，其中卫生技术人员291人。全县309个行政村，设有卫生所304个，有乡村医生162人、卫生员142人、接生员308人。有营利性个体诊所25家，有部门医疗机构8所，职工54人，病床36张。当年，宋遵秀骨伤纪念医院开业，为汝城县第一家民营医院。

疾病防控 1989年始，汝城县大力开展传染病等疾病防治。1990年5月，附城等4乡相继发生小儿麻痹症疑似病人，全县抽调25人到乡镇督促糖丸普服。全县普服对象2.75万人，投服2.58万人，投服率93.8%，控制了疫情扩散。1991年10月中旬，热水中学19名学生发生急性黄疸型肝炎。县防疫站组织人员处理疫点，采取隔离治疗，饮用水消毒等措施，控制了疫情。当年，全县乙、丙类传染病分别下降22.2%、34.6%。1992年，以消灭脊髓灰质炎、预防霍乱、出血热，控制肝炎、钩体病、乙脑等传染病为重点，当年，全县发生9种传染病人387例，比上年下降34.2%。1996年，文明乡暴发钩端螺旋体病169例，死亡3例。县防疫站组织人员处理疫点，接种钩体疫苗1.24万人，控制了疫情。1998—1999年，全县开展以预防霍乱等肠道传染病为重点的卫生防疫大行动。乡镇签订防保工作目标管理责任状，召开防治霍乱电话会议。两年分别发生传染病237例、239例，发病率为65.77／10万、66.33／10万，为历史最低。2000年9月，汝城10个乡镇发生钩体病69例、死亡7例。全县组织3个巡回医疗队，进行个案调查55例。郴州市财政支持解决8万元用于预防接种，接种钩体疫苗6.5万人份，控制了疫情蔓延。2002年，全县对中小学生、农村青壮年钩体疫苗接种26.8万人次。当年，发生钩体病23例，无一死亡。

（五）体育

1989—2002年，汝城县举办各类体育比赛280次，综合性体育运动会16次。参加郴州市市级比赛41次，获团体第一名至第六名88人次，单项第一名至第六名485项（其中第一名146项）；参加湖南省省级比赛获第一、二名各8项，第三名7项；参加国家级竞赛获第一、二、三名各1项。向大专院校输送体育专业生65人。向国家队、湖南省队、郴州市队输送后备运动员26人。其中张娟被输送到国家射击队，5人输送到湖南省射击队。延寿瑶族乡被评为“湖南省少数民族传统体育运动先进单位”。

体育设施 1989年，汝城县体育设施较少，只有35个篮球场，2个门球场，41间乒乓球室。从1990年起，为适应全民健身的需要，体育设施不断增多。全县9个县直单位和13个乡镇共投资270.38万元，分别建水泥篮球场、乒乓球室、门球场、棋牌室、健身房、游泳池、台球室等体育设施。至2002年，全县有篮球场198个、较大型田径运动场1个、小运动场34个、400米长的跑道53条，县一中筹建体育馆。

群众体育 1990年，汝城县各中学举行广播体操比赛。1991年，对全县29所中小学学生进行《国家体育锻炼标准》测试，参加测试6899人，达标5873人，达标率85.13%。县一中被定为郴州地区体育传统项目学校。1992年，城关镇小学体育老师马潮海被授予湖南省“百名优秀体育老师”称号。1998年，集资700多万元，为县一中建成占地2.67公顷的田径运动场。全县农民体育运动普遍开展。土桥乡曹宗道、暖水乡陈小春被评为湖南省农民体育积极分子。城郊乡云善村健身秧歌队参加湖南省首届健身秧歌大赛，获三等奖。延寿瑶族乡组织代表队参加湖南省少数民族运动会，获1银1铜和3项第六名。

第八节 桂东县

一、地理

（一）位置面积

桂东县位于湖南省东南部，地理坐标为北纬 25°44′~26°13′、东经 113°37′~114°14′之间。县境从北至东南，分别与江西遂川、上犹、崇义三县毗连，南与汝城县相接，西与资兴市为邻，西北与炎陵县接壤。县城距郴州城区 157 千米，距省会长沙 375 千米。境内东西广 61.2 千米，南北袤 53.60 千米，全县土地总面积 1451.60 平方千米，其中山地面积 1344.81 平方千米，是典型的山区县。

（二）自然环境

桂东县境内除无红岩类出露外，有六大岩类组合。第四纪松散堆积物包括冲积物、堆积物和残积物等。海拔从低至高，土壤普遍形成从黄红壤—黄壤—黄棕壤—山地草甸土的垂直分布。砂页岩类：有砂岩、页岩、粉砂岩、含砾砂岩和砾岩等，分布在贝溪大岭至沙田大坑一带。变质岩类：主要岩石有变质砂岩、变质粉砂岩、含砾砂岩、夹板岩、硅质岩和结晶灰岩透镜体等。花岗岩类分布在县境东部和东北部，占全县总面积的 57.77%。桂东县处于南岭纬向构造带的相对隆起带和新华厦构造系的相对隆起带的复合部位。由于气候条件，形成相当厚的风化壳及流水的线状侵蚀和面状洗刷，因而形成谷深坡陡、以山地为主的地貌。境内山地面积 1344.81 平方千米，丘陵 57.04 平方千米，岗地 15.11 平方千米，溪谷平原 34.60 平方千米。境内有山峰 571 座。东面位于江西省崇义县交界处的齐云山主峰，海拔 2061.3 米，为第一高峰。境内水系发达。共有大小溪河流 133 条，分属湘江和赣江两大水系，主要有沤江、淇江、泉江、小水江。多年年均地表径流 14.97 亿立方米，地下水径流 1.26 亿立方米，地下水总量 2.27 亿立方米。沤江自北向南穿越县境，注入耒水，汇入湘江，县内流域面积达 771.46 平方公里。年平均径流深 1409.06 毫米，径流量为每秒 17.14 立方米。

桂东属亚热带季风湿润气候区，夏无酷暑，冬无严寒，温暖湿润，四季分明。境内年平均日照时数 1372.6 小时。年平均气温 15.8℃。年平均无霜期 245 天，年平均降水量 1883.5 毫米，年平均风速 1.3 米 / 秒，年平均相对湿度 84%，年平均蒸发量 1128.2 毫米。受地理条件影响，境内时常遭遇“三寒两雨”（春季寒潮、5 月低温、9 月寒露风，6 月大雨、8 月倒秋雨），对农作物的生长带来诸多不利。气温因地形及海拔高度的差异呈垂直变化，形成“一山存四季，十里不同天”的小气候区域。

（三）自然资源

桂东县土地总面积 14.52 万公顷，其中，耕地 1.4 万公顷，园地 77.63 公顷，林地 10.97 万公顷，牧草地 746.75 公顷。城镇、村及工矿用地 2369.65 公顷，未利用土地 1.78 万公顷，占土地总面积的 12.1%。交通用地 695.06 公顷，水域面积 1168 公顷。适宜开发成牧草地的土地面积 4.61 万公顷。境内溪流纵横，雨量充沛，水资源丰富。水资源总量 16.77 亿立方米，水能理论蕴藏量 23 万千瓦以上，可开发利用 18.16 万千瓦以上。桂东县可供开采的金属矿产有：钨、锡、钼、铜、铅、锌、铍、铀、金、铌、钽、铁、银等；非金属矿产有煤、稀土、砷、花岗石、硅石、钾长石、石灰石、绿柱石、高岭土等。已开发利用的有煤、钨、钼、铅、锌、金、石灰石、钾长石、硅石、砷、花岗岩、高岭土等。

境内群山连绵，溪河密布，植被良好，野生动植物资源丰富。有野生动物约300种。主要有兽类、爬行类、鱼类、节肢类、两栖类、昆虫类。其中金猫、云豹、华南虎属国家一级保护动物，水鹿、猕猴、穿山甲、大灵猫、小灵猫等属国家二级保护动物。野生植物有2000余种，已利用的有100余科1000余种。常见的野生植物中，木本51科158种，草本55科152种。其中银杉、水杉、银杏、福建柏等为国家重点保护野生植物。

桂东县有“绿色生态县，天然空调城”之美称，是休闲、旅游和避暑胜地。有碧洞飞烟、仙人石田、皇龙洞、仙桥天乐、齐云山、八面山自然保护区等自然景观；桂东是一块红色土地，“三大纪律·六项注意”颁布旧址为“百姓喜爱的湖南百景”之一，也是全国爱国主义教育示范基地，还有“工农红军在桂东革命活动纪念馆”、沙田戏台、万寿宫、中国工农红军第六军团誓师西征旧址等人文景观。

二、建置、区划

（一）建置

宋嘉定四年（1211），析原属桂阳县（汝城县）的宜城、零陵二乡置桂东县，县治设上犹寨（寨前镇）。明洪武元年（1368），移县城于沤江上游的凤凰山前（今沤江镇）。清康熙十七年（1678），改桂东县为平阳县。次年2月，复名桂东县。民国元年（1912），桂东属湖南省衡永郴桂道。民国26年（1937），隶属湖南省第八行政督察区。民国29年（1940），改属湖南省第三行政督察区。

中华人民共和国成立之初，桂东县属衡阳专区。1949年11月，隶属郴县专区。1952年，隶属湘南行政区。1954年，复属郴县专区。1958年11月，桂东县、汝城县合并为汝桂县，县治设今汝城城关。1961年5月，汝桂分县，恢复桂东县建置。

（二）区划

1991年，桂东县辖2个镇、16个乡和宋坪林场，共149个村（居）委会，1517个村（居）民小组。1994年5月，大地乡改为清泉镇。2002年，全县辖3个镇、15个乡、1个国有林场、145个行政村、10个居民委员会、1527个村（居）民小组。2005年，全县辖18个乡镇，1个国有林场，156个村（居）委会，1524个村（居）民小组，耕地面积1.03万公顷。

三、人口、民族

（一）人口

1990年第四次人口普查统计，全县65岁以上老人1万人，占总人口的6.12%；百岁以上老人2人。文盲、半文盲2.33万人，占14.24%。1991年，桂东县总人口16.81万人，出生人口3412人，出生率20.43‰。自然增长人口2101人，自然增长率12.58‰。1992年，全县认真落实计划生育工作责任制。当年，自然增长人口493人，自然增长率2.93‰，人口过快增长的状况有所改变。1995年，全县总人口16.85万人，出生人口1524人，出生率9.04‰；自然增长人口256人，自然增长率1.52‰。2000年第五次人口普查统计，全县65岁以上的老人1.24万人，占总人口的7.45%，百岁老人5人。

人均期望寿命为69.44岁。文盲、半文盲9538人，占5.70%。2002年，全县总人口16.96万人，出生人口2363人，出生率13.94‰；自然增长人口1159人，自然增长率6.84‰。2005年全县总人口17.13万人，其中农业人口15.04万人；人口出生率11.4‰，人口自然增长率8.23‰。

（二）民族

桂东县内有汉、畲、瑶、苗、彝、壮、侗、土家、傣、黎、白11个民族。汉族人口占总人口的99.64%。

四、经济

（一）发展速度

199l—1995年，桂东县抢抓发展机遇，根据山区实际不断改革创新生产经营方式和发展途径，生产力得到进一步解放。1995年，全县生产总值达到2.23亿元，是1990年的2.26倍，其中第一产业1.12亿元，第二产业3606万元（其中工业2902万元、建筑业704万元），第三产业7531万元，按可比价格计算分别比1990年增长52.1%、116.7%、38.7%。全县生产总值平均增长速度9.51%。

1996—2000年，桂东县经济实力进一步增强。2000年，全县生产总值2.65亿元。其中第一产业12512亿元，第二产业4796万元，（其中工业3941万元，建筑业855万元），第三产业9195万元。按1990年不变价计算，一、二、三产业增加值分别是1990年的1.75倍、4.8倍、3.16倍。全县生产总值平均增长速度为10.7%。

2001—2002年，桂东县经济继续稳步快速发展。2002年，全县生产总值达到5.3亿元。其中第一产业1.6亿元，第二产业1.41亿元（其中工业1.14亿元、建筑业2736万元），第三产业2.29亿元，按2000年不变价计算，一、二、三产业产值分别是1990年的3.13倍、9.84倍、7.59倍。

2005年，桂东县实现生产总值7.74亿元，其中第一、二、三产业分别实现增加值1.86亿元、2.83亿元、3.05亿元。三次产业结构比为24∶36.6∶39.4。实现财政总收入6166万元。

（二）农业

桂东县是国家重点扶贫县。20世纪90年代，改革农村经济体制，全县在以家庭联产承包为主的农业生产责任制的基础上，逐步建立起统分结合的双层经营体制和土地承包经营权流转机制。全县紧紧抓住国家加大对桂东县扶贫攻坚力度的机遇，改变过去救济式扶贫模式，实施产业开发扶贫。采取以奖代投、公司加农户、干部参与等方式，实行与农民利益共享、风险共担，引导农村进行农业产业结构调整，发展生产，提高效益，摆脱贫困。1997—2002年，中共湖南省委书记杨正午（1998年前为省长）一直挂点桂东建整扶贫，省、市、县每年都派出工作队开展包村建整扶贫工作。2001年，桂东县被列为国家扶贫开发工作重点县，中国铁路工程总公司对口扶持桂东县。2002年，全县农业总产值1.48亿元，比1991年增长0.41倍。至2005年，桂东县通过农业产业结构调整，悉心打造桂东特色无公害、绿色、有机农产品品牌，大力推广“公司+基地+协会+农户”经营模式，重点扶持农业龙头企业发展，着力推进以竹、药、菜、菌、茶、畜6大产业为主导的农业产业化。全县完成楠竹低改1533公顷，种植无公害蔬菜2133公顷，新培养中药材1400公顷，发展食用菌2000棚，新种和转换改造有机茶2000公顷，养牛7万头，养羊5万只；发展农业龙头企业11家，成立农民专业协会43个。当年，桂东县被评为湖南省农民专业合作经济组织先进县。全年发展农副产品加工企业30家。加强农村基础设施建设，投资1800万元，加强以维修水库为重点的水利基础设施建设，投资1045万元，启动422.7公顷土地整理项目，投资325万元完成中低产田改造420公顷；投资1370万元解决25个村3万人口的移动通讯网路覆盖问题。

（三）工业

20世纪80年代末至90年代，桂东县改革工业体制和生产经营机制。以产权转让、破产重组、股份制改造、破产拍卖等方式，大力进行企业产权制度改革。全县工商业企业形成多种经济成分并存的格局。工业产业逐步转型，出现以县竹胶板厂为主的竹木加工业、以湘肇化工厂和高氯酸钾厂为主的化工业、以硅冶炼厂为主的矿产品加工业、以罐头厂为主的食品加工业等新兴产业。1997年始，采用股份制方式融资开发水能资源，小水电产业成为县城经济发展的第一大亮点。至2002年，全县共投资4亿多元，新建小水电站65座，小水电站装机容量5.98万千瓦，全年发电量1.14亿千瓦时。当年，全县完成工业总产值2.87亿元，比1991年增长3.03倍。2005年，建成投产电站25座，装机1.52万千瓦；硅冶炼企业扩容提质，新增装炉6300千伏安。全年实现工业增加值2.01亿元。

（四）城镇建设

1991—2002年，桂东县固定资产投资8.79亿万元，其中2002年投资2.13亿元。期间，以县城建设为龙头，加强交通、通信等基础设施建设，改变交通不便、信息不灵局面，加快城镇化进程。县城街道全部硬化、亮化、绿化，供水供电、集贸市场等配套建设建设完善。并建成罗霄广场。县城面积由1990年的2平方千米扩大到2002年的4.75平方千米。生态县城、秀美山城、休闲边城的特色日益凸现。2005年，湘桂大市场、106国道县城段改线、殡仪馆等重点项目竣工。基本完成郴桂路、沤江中路等主干道改造工程，三台山生态公园实现“三通”（通路、通水、通电）。当年，城镇基础设施建设投资6000多万元，改造城网线路12.56千米，城镇化率28.3%。

（五）建筑业

1991年，桂东有建筑施工企业3户，农村建筑队13个，其中三级企业1户，即桂东县建筑工程公司，另有四级企业2家，其他均为等外企业。有乡镇建筑企业15家，其中四级施工企业1家，从业人员500人。1996年，全县乡镇建筑队发展到271个，从业人员2100余人，注册资金177万元，完成产值5800万元。此后，由于建筑行业竞争日趋激烈，不少建筑队因无资金和缺乏工程技术人员，退出建筑市场。2001年，县第二建筑工程公司和华厦建筑工程公司晋升为三级建筑施工企业，西南建筑工程队晋升为四级建筑施工企业。同年，流源、寨前、增口、四都等乡的6个工程队组建成桂东县华夏建筑工程有限公司，为三级施工企业。2002年，全县有乡镇建筑队100个，从业人员1800人，实现产值5920万元，占该年乡镇企业总产值的7.9%。是年，县内具备专业等级的建筑施工企业有4户，从业人员750人，有高、中、初级建筑技术人员315人，建筑企业有固定资产1860万元，等级施工企业完成工业总产值4344万元。

（六）交通运输

1991年，桂东县把交通建设作为全县人民脱贫致富的大事，重点抓106国道、322省道的拓宽和改造，兼顾县道和乡村道的发展。1999年，完成106国道桂东段拓宽改造和砂改油工程。2001年，省道322线桂东段砂改油工程全线竣工。同时打通县与县的断头公路，大修乡村公路，形成以国道、省道为干线，县道、乡村道为支线的四通八达交通网络。1991—2002年，全县新增油路87.23千米，改建公路58千米，新修通村公路489.62千米，98.7%的行政村实现通公路。2002年，全县有过境国道、省道各1条，县道8条，乡道16条，公路里程1099.34千米。

公路运输 1991年，桂东县形成国有、集体、个体经营的多种形式并存的公路运输经营格局。1996年，湘运桂东分公司相继开通桂东至宜章梅田、江西省崇义、广州等地的长途客运班车。此后，又相继开通桂东至揭阳、东莞、乐昌、南昌、井冈山、株洲、长沙、嘉禾等地班车。2002年，全县拥有机动车辆4038台，其中客车110辆、载货汽车510辆、特种车辆22辆、各种小汽车253辆、拖拉机963台、摩托车2180辆。年客运量362万人次，旅客周转量2.01亿人千米，比1991年分别增长5.2倍、8.2倍；货运量109万吨，货物周转量1.11亿吨千米，比1991年分别增长12.1倍和7.07倍。2005年，全县投资1400万元，完成13.5千米通乡公路改造和7个村34.5千米通村公路建设。

（七）邮政、电信

自1991年始，桂东县形成以本地网为基础的数据传输、程控电话、无线寻呼、移动电话、可视会议电视等现代通信网络。相继开办图文传真、立接制电话、特快专递、长途直拨电话等新业务，形成规模通信能力。1998年，邮政、电信分营，成立“桂东邮政局”和“桂东电信局”。1999年，移动通信业务从电信局分离，成立 移动通信桂东分公司。2000年，新设立联通桂东分公司。到2002年年底，全县程控电话由20世纪90年代初2422部发展到1.55万部，其中农话由580部发展到8928部；邮路总长由144千米（单程）增加到223千米（单程），邮电业务总量由1991年的101.46万元增加到1406万元。

邮政 1991年，桂东县际邮路88千米。农村投递路线1346千米（单程），出口邮件45.1万件，出口包件数量为1.13万件，汇兑出口3465张，进口2466张，发行各类报纸188万份，其中发行各类杂志20万份，设邮政储蓄网点4个，有县内集邮成员62户。1993年末储蓄余额990万元，1995年，报刊发行量达320万份。同年，邮政部门为家属住宅楼设立信箱，加快投递速度和准确率。是年，邮政储蓄余额2179万元。1997年，增办信件回音卡。1998年，开办特快专递业务。随着县内电信通信事业的快速发展，信息交流大幅度由电话取代，函件收寄量急剧下降。1998年3月，郴州市调整当日县际往返邮路后，桂东县际邮路（单程）144千米。自办当日往返汽车邮路3条。2000年，全县出口包件达2.22万件。2001年，开通电子快速汇兑业务，使用电子汇款人数增多。2001年6月，县内储蓄网点顺利与全国绿卡大联网，实现通存通兑，并安装县内第一台自动取款机，当年储蓄余额达5284万元。2001年8月，县邮政部门开办快递包裹业务。2002年，县际邮路长度单程223千米，农村投递路线进行调整合并后为1290千米。邮政固定资产总值593.63万元。2002年，全县函件总量为16.7万件，对比1991年减少28.3万件。当年，全县收汇兑单2.55万张，报纸发行量209万份，杂志发行量17万份。邮政储蓄网点增至7个，储户3.18万户，年末储蓄余额达6845万元。有集邮户348户，累计集邮品20.6万枚。

电信 1991年，桂东县开通自动电话，1992年，全县安装电话机961部。1994年12月，开通程控电话。当年，在县城设置磁卡电话机3部，售出磁卡面值3万元。1994年4月，开通无线寻呼台，年末发展BP机用户49户。1994年桂东开启移动通信业务，从宜章县购买10个移动通信网号。1995年，移动通信从无到有发展用户531户。1996年，开通模拟移动电话（俗称“大哥大”）。同年4月，开通具有世界先进水平的GSM数字移动电话，当年共发展模拟用户130余户、数字用户10余户。1997年开通126、127，自动寻呼台，部分农村能收到BP机信号，BP机随之进入桂东农村市场，BP机用户增至1052户。同年，全县18个乡镇中有15个乡镇开通程控电话，共安装电话机2411部。1998年6月，无线寻呼业务从县邮电局剥离重组，桂东寻呼进入专业化经营，是年有BP机用户1544户。进入21世纪后，随着移动通信业务的迅猛发展，手机进入寻常百姓家，BP机用户逐年减少。1998年7月，可视会议电话调试开通。1999年450M无线电话ETS接收站开通后，可覆盖全县78%范围，当年发展用户8户。2000年，先后开通IC卡电话75部，201卡电话121部，随之拆除磁卡电话。同年，兴建新蓉园BP机寻呼接收站，开放“96126”“96127”“96128”的全国统一特种服务号码，全县信号覆盖面达85.6%，至2001年年底，共有用户5450户。2002年，全县设有电话卡销售点13处，设置17909卡电话438部，201卡电话1258部，公用电话亭76处，公用电话用户528户，ETS用户发展到26户。同年，县局开办数字数据用户、因特网IP注册拨号用户、因特网专线用户、远程教育业务上网、电视上网、电子商务、多媒体业务7项，是年共有各类网上用户283户。全县形成以数字为骨干的移动通信网，移动通信用户达8525户。2005年，桂东县实施农村通信扶贫工程，投资1370万元兴建移动基站16座，解决25个村3万人口的移动通讯网络覆盖问题。

（八）商贸业

1988年，桂东县城关市场竣工，后续投资120余万元，拓宽场地，增加设施，使之更加完善。1991年，经过经济体制改革，桂东县国有集体商业企业逐步退出市场主体地位，个体工商户不断发展。当年民营商业中从业户数921户，从业人员1535人，自有资金154万元，销售总额791万元，其中零售总额697万元。至1997年，全县市场占地面积1.44万平方米，场内有摊位537个（其中临时摊位228个），门店108间（套），经营业主620户，在场从业人员1100人，日均上市人数1.2万人，节假日达3万人，年成交额4300万元。沙田市场紧靠106国道，属省际边贸市场，为湘南五大市场之一，商品流通辐射3省9县20多个乡镇。一般圩日人流达3万人，年成交额2700万元。沙田牲畜专业市场远近闻名，市场占地面积5803平方米，建筑面积1440平方米，经营仔猪、牛、家禽，仅仔猪交易量，墟日达2000多头，销往湖南省内外。随着市场经济的发展，到2002年，全县个体商业从业户数增至1540户，从业人员2494人，自有资金894万元，销售总额8149万元，其中零售总额4982万元。全县有集贸市场13个，占地面积3.13万平方米，建筑面积1.06万平方米，共有交易亭12个，固定摊位718个，门面60个，屠台195张。

五、文化、教育、科技、卫生、体育

（一）文化

1991—2002年，桂东县文化事业快速发展，文学创作非常活跃，涌现一批省、市作家协会会员。成立文学团体“沤江诗社”，出版《沤江诗词》《五岭苍松》《桂东文史》《望夫情》《边城风采》《新搜神记》等专刊专集。书法、篆刻、美术、摄影、音乐、舞蹈、工艺等创作都取得可喜成绩。群众文化活动丰富多彩，图书发行大量增加，并相继涌现一批文学创作人才。至2002年，县内有省作家协会会员5人，市作家协会会员6人，郴州诗词协会理事1人，会员3人。

群众文化 桂东群众文化活动丰富多彩。每逢节假日和重要庆典日，多举行全县性的或部门的文化庆祝活动。春节至元宵节，城乡都喜欢举办龙灯活动。常见的龙灯形式有布龙（又称打龙）和香火龙。农村盛行舞香火龙，在夜晚进行，亦有锣鼓唢呐伴奏。1998年，县老年体协组织多支经常活跃在城乡的“夕阳红”文艺队伍，包括有48人参加的腰鼓队、74人参加的秧歌队、55人参加的舞蹈队、10人组成的文艺宣传队、32人组成的武术队。1991—2002年，全县18个乡镇中有14个乡镇成立业余文艺宣传队，深入村、组进行文艺演出。

文学艺术 桂东县文学艺术创作成果丰硕。1996年，郭会专以甲骨文体创作的书法作品“生在高山上，长在云雾中”获首届“玲珑杯”全国诗画大赛三等奖。1997年11月，桂东县沤江诗社成立。1999年，桂东一中学生创办濂溪文学社，2000年主编的《濂溪》刊物获郴州市学生刊物一等奖。2000年，郭名德书法作品《男人虽无钱，魅力价更高》获“华夏杯”全国书画大赛铜奖并编入《华夏书画艺术人才精英大典》一书。方传学书法作品集《传学书法选》2001年在台湾出版，其书法作品选入《中华当代艺术年鉴2002年书画选集》。2002年，郭惠军钢笔书法作品《钱塘湖春行》获首届“希望杯”全国师生书画大赛金奖。同年，沤江诗社有成员50多人，该社自成立以来，诗社成员共创作发表诗词3000多首，其中有200多首诗词分别在省级以上诗词刊物发表；先后编辑出版期刊《沤江诗苑》8期、《迎回归诗集》1集、《沤江诗词》3集。

图书阅读 1991年，桂东县图书馆藏书3万余册，捐赠图书2272册。20世纪90年代后期，学校、机关、单位以及乡村图书馆（室）大量涌现，图书藏量大幅增加。至2002年，全县，有图书馆（室）130多个，图书藏量达33.15万册。2002年，县图书馆藏书达4.5万册。订阅报纸30多种，杂志100多种。全县个体书店由1991年7个增加到20个，个体书店出租图书流动量，由2万册增加到10万余册。

广播电视 1991年，桂东县广播局购进一台功率50瓦的调频发射机，转播湖南省广播电台调频节目。是年，县内电视节目传输依靠县差转台，全县除清泉镇以外，均能收看中央电视台一套、二套和湖南电视台节目。1993年，县城开通有线电视，架设主干线和支干线35千米，有线电视用户达1600户。1995年，建成增口、寨前、沙田三个有线电视台，新增有线电视用户800多户。1996年，全县新增卫视地面接收站6座。当年开通中央电视台三、五、六、八套加密电视节目。1998年，开通贝溪乡广播、电视光缆传输。同年，全县拥有卫视地面接收站70座，有线电视用户达4400户。1999年，完成县城至沙田38千米光纤传输工程，对城区有线电视进行扩容，收转电视节目由原来的15套增加至20套，全县原有41个有线电视盲村均能收看有线电视。2001年，争取到中央第二期400万元“村村通”广播电视扶贫贷款，发展微波用户200多户。2002年，开通寨前至流源的有线电视，新坊、增口、普乐三乡有线电视实现联网。发展有线电视用户1500户。当年，广播电视“村村通”工程通过湖南省级验收。

（二）教育

1991年，桂东县有普通小学146所、初中18所、完全中学2所、职业中学2所、教师进修学校1所、成人中专1所、电大工作站1个、乡镇农校18所。1991—2002年，桂东县投入建校资金7155万元，改建、扩建、新建学校93所，新建校舍面积13.90万平方米。同时调整学校布局，撤并学校75所。1998年，全县实现基本普及九年义务教育、基本扫除青壮年文盲目标（简称“两基”教育）。1999年4月，湖南省在桂东县召开“湖南省贫困地区和少数民族地区农村教育现场会”，总结推广桂东县教育事业改革和发展经验。2001年，桂东县被评为全国“两基”教育工作先进县。2002年，全县校园占地面积1114.2公顷，校舍建筑面积22.23万平方米。全县学校消除干打垒土木结构的校舍。经过多次调整布局，到2002年，全县有各级各类学校124所，其中：高中1所，初级中学10所，九年一贯制学校3所，小学104所，职业教育中心1所。2003年6月，桂东一中获批为湖南省级重点中学。

2005年，桂东县教育管理体制改革继续推进，撤销18个乡（镇）学区，撤并学校11所。投资900万元实施学校改造工程11处，改造所有D级危房8082平方米，新建校舍1.57万平方米。农村义务教育贫困学生“两免一补”政策全面落实，7277名贫困学生享受就学实惠，共减免和补贴238万元。

（三）科技

1990年，桂东县有专业技术职称的科技人员2809人。1991年，桂东提出“科技兴县、扶贫攻坚”战略。1995年11月，桂东县委、县政府作出《关于依靠科技进步振兴桂东经济的若干决定》。1991—2002年，全县在生产实践中涌现一大批懂科学、用科学的科技能人。有农民技术员7500人，掌握1至2门实用技术的4万余人。1996年，开通科技信息检索终端站。1998年6月，桂东评为"全国科技工作先进县"。1999—2002年，分别开展"科技推广年""科技创新年"活动。全县涌现出324户科技示范户（省级11户、市级13户、县级300户）、41个科普示范村，其中沙田镇为市级科普示范乡（镇）。获县级以上科技成果奖的科技人员200人（次），获科技成果奖的项目72项。其中获县级奖励23项，郴州市级奖励30项，省级（含厅级）奖励16项，国家部级奖励3项。

1998年，沙田镇农民郭中尚评为助理农艺师。2001年，湖南省科技厅授予黄洞乡沤莱村陈春旺"湖南省青年科技星火带头人标兵"荣誉称号。2002年，全县取得专业技术职称的科技人员增至4219人。有县农业科学研究所、县农机具研究所、县林业科学研究所、县中西药研究所、食用菌研究所共5个科学研究机构，3个科技推广机构，12个科技团体。

2005年，桂东县科技创新步伐加快，获得实用新型专利2项，申请发明专利3项。

（四）卫生

1991—2002年，桂东县投资1437.6万元，新增医疗建筑面积1.72万平方米，添置医疗设备价值830万元；公共卫生体系建设进程加快，防治疫病规划措施进一步落实。至2002年，桂东县连续30年保持"无疟县"称号，其他法定传染病控制在国家规定范围内稳中有降；妇女、儿童健康指标均达到国家规定标准。

医疗队伍 1991年，桂东县卫生系统共有在职人员423人，另有村级卫生人员及个体医生368人。卫生技术人员360人，其他技术人员19人。2002年，全县医疗卫生机构251家，其中县属医疗卫生单位5个，乡镇卫生院18家、村级卫生室和个体诊所228个，共有病床328张。乡镇卫生院有职工128人，病床112张。村卫生室112个，从业人员230人。至此，全县有县属医疗卫生单位321人，乡镇卫生院145人，村级卫生人员和个体医生278人。其中获高级技术职称6人、中级技术职称80人、初级技术职称301人。2005年，全县新建清泉、桥头、四都3所乡镇卫生院。

疾病防控 1991年始，桂东县落实预防、控制疫病措施，各类传染病逐年减少，至2005年无重大传染病疫情出现。1993年8月始，县内实施世界银行贷款、英国赠款结核病卫V项目，免费查治肺结核病人530例，治愈457例。至1994年，桂东县连续5年达到卫生部颁布基本消灭麻风病标准。1995年发现1例麻风病人，此后至2005年未发现麻风病例。1998年顺利通过初级卫生保健达标验收。2002年冬，非典型性肺炎在国内少数地方出现，全县卫生部门按国家法规和上级政府指令落实预防措施，境内未出现"非典"病例。至2002年，连续21年无脊髓灰质炎（小儿麻痹症）病例，连续24年无白喉病发生。2003年12月，"结核病控制卫V项目"完成，进入实施"结核病卫X项目"。

（五）体育

1991年，桂东县体育设施主要有田径运动场，占地2万多平方米。1991年，各中学、中心完小配备专（兼）职体育教师48名。1992年，建成面积50米×20米室外游泳池。1996年新建标准篮球场3个。2000年，投资106万元建成功能较为完善的县田径运动场。全县运动场地面积3.14万平方米，使用面积2.77万平方米。1991—2002年，每年从各学区、各县属学校挑选40名运动员、3至4名教练员进行为期45天的集中训练，为参加每年一次的全县中小学生运动会或当年郴州地（市）运动会培训体育人才。2002年，全县有专职专业体育教师19名。学校布局调整后，根据课程设置和体育教学需要，各校均安排1至3名教师兼教体育课。县内职工体育运动主要在县城开展。项目有篮球、乒乓球、足球、田径、拔河、门球、广播体操、手足操、健美操、登山、钓鱼、桌球、溜旱冰等。假日登八面山、齐云山已成为一些青年职工的运动项目。老年体育运动项目有门球、乒乓球、扑克、象棋、跳棋、桥牌等。2002年，县内体育场地中标准场地20个，其中县城9个，乡镇11个。另有非标准场地6个。

第九节 安仁县

一、地理

（一）位置面积

安仁县位于湖南省东南部，郴州市最北端。东接茶陵县、炎陵县，南邻资兴市、永兴县，西连耒阳市、衡南县，北接衡东县、攸县。地理坐标为北纬26°17′~26°50′，东经113°05′~113°36′。东西最大直距41千米，南北最大直距44千米。全县总面积1462.19平方千米，距郴州市132千米，距衡阳市102千米，距长沙市223千米，距广州市620千米。

（二）自然环境

安仁处于南岭纬向构造地带北缘。在漫长的地壳运动中，经历了加里东期、印支期、燕山期等多次运动及外营力作用，地层岩石变形、移位，形成多种多样的地层岩性和构造体系。县境出露地层比较齐全，厚度达1.86万米，从元古界震旦系至新生界下第四系，几乎都有出露。全县大部分是丘岗地，万洋山脉蜿蜒于东南，武功山脉叠嶂于东北，五峰仙山体绵亘于西部边境，武功山脉的茶安岭（王毛岭）从茶陵插入县境，斜贯中部，把安仁县隔为南北两大片。在武功山和万洋山之间，有"茶永盆地"从茶陵县延入县境中部向永兴县扩展；在武功山和五峰仙之间，有"醴攸盆地"自西北扩入县境中部，恰与"茶永盆地"汇合，形成"三峡夹两盆"的地貌格局。地势总趋势自东南向西北倾斜，最高点在东南部万洋山系的金紫仙坳上，海拔1433.4米，最低点在北部渡口乡过家村蔡家屋，海拔70.76米，垂直高差1362.64米，平均坡降为50.3%。地貌形态复杂多样，山地、丘陵、岗地、平原，水域呈条块状相间，冲、垅、溪、涧纵横交错。全县山地面积462.75平方千米，丘陵面积320.45平方千米，岗地面积279.75平方千米，河谷平原面积329.89平方千米，水域面积68.31平方千米。其中大小河流99条，中小型水库112座，山平塘1.5万口。

安仁县属中亚热带湿润气候区。呈现四季分明，春温多变，夏热期长，秋短温凉，冬长寒冷的气候特点。历年平均日照总时数1480.6小时，年平均降水量1562.3毫米。县境属季风气候区，夏季盛行偏南风，秋季以偏北风为主，冬季以北风居多。县城历年平均风速1.90米/秒。流经县境的河流属湘江流域洣水水系。以永乐江（又称小江）为主干，干流长210千米，流域面积2466.14平方千米，流经资兴、永兴、安仁，由衡东草市汇入洣水。县内干流长193.60千米，集水面积1815平方千米。有各级支流96条，呈树枝状河系。

（三）自然资源

安仁县土地面积为14.61万公顷，林地占土地总面积54.2%，耕地占总面积19.3%。年平均降雨量为1419.6毫米，总量约19.25亿立方米。形成地表水9.86亿立方米，河川基流量8100万立方米，外县客水流入径流总量约9.71亿立方米。多年平均水面蒸发量为1369.1毫米。年平均地下水资源蕴藏量达1.34亿立方米。境内有泉点154处，地下暗河5条，地下水资源浅层淡水供水量1470万立方米。永乐江南北贯穿境内13个乡镇，流经96千米。水能蕴藏量6.32万千瓦，可开发量为3.44

万千瓦。至2003年，水资源可开发利用总量约16.81万立方米，县内共有75千瓦以上水力发电站18处，装机45台，总装机容量1.49万千瓦，年平均发电量3897万千瓦时。

安仁森林植被属针阔叶次生混交林，物种资源丰富。全县乔灌木树种有83科，467种，主要有壳科、蔷薇科、樟科、豆科、云香科、杉科、松科和竹亚科等。其中属国家一级保护的有银杏、引种成功的水杉；属二级保护的有长瓣短柱茶、香果树，以及引栽成功的掌揪、杜仲；省属重点保护树种有南方红豆杉、金叶白兰、香桦、湖面石楮、金毛柯和毛红椿等。古树名木有2132株，属国家二级保护的树种11个。豪山乡高源村的大杉树，树高22.5米，胸径78厘米，立木材积5.24立方米。排山乡大源村古庙的罗汉松树高13米，胸径112厘米，冠幅南北8.7米，东西12.4米，树龄300年以上。野生药材比较丰富。上市的中草药材达1100多种，年成交量在50万千克左右。比较常见的有杜仲、厚朴、金银花、野菊花、大活血、小活血、月风藤等。境内有野生动物95种，其中鸟类51种，兽种20种，两栖爬行类24种。蝶类7科，112种。属国家一级保护的野生动物有云豹、黄腹角雉等。属国家二级保护的有穿山甲、大灵猫、平胸龟、白冠长尾雉、小灵猫、白鹇、金猫、猴面鹰、猫头鹰等36种。属湖南省重点保护的野生动物有114种。县内有昆虫14目，75科，112种。矿产资源主要有煤矿、黑色金属矿、有色金属矿、贵金属矿、非金属矿和水气矿点。矿业以非金属矿采选业及建材为主。

二、建置、区划

（一）建置

安仁建置源出唐武德年间安仁镇，初属潭州，后属衡州衡阳郡。五代十国年间，后梁时属楚，后唐时属衡州衡阳郡（安仁场），宋乾德三年（965）升场为县，割衡阳衡山的地方归安仁管辖。康熙二十七年（1688）划茶陵部分土地归安仁管辖。

中华民国3年（1914），安仁属湖南省衡阳道。民国11年（1922），直隶湖南省。民国26年（1937），划属湖南省第五行政督察区。民国29年（1940），改属湖南省第二行政督察区。

1949年10月中华人民共和国成立后，安仁县初属湖南省衡阳专区，1952年11月划属湘南行政区，1954年7月划属郴县专区（1960年8月更名郴州地区）。1983年2月划属株州市管辖，同年7月复由株州市划回郴州地区。1995年，隶属郴州市。

（二）区划

1989年，安仁县辖2镇19乡，222个村（居）民委员会，2946个村（居）民小组。1990年，撤销城关镇西郊村委会，设立城西居委会。1992年底，辖2镇19乡，218个村委会，7个居委会，2985个村（居）民小组。1997年6月，撤销关王乡，设立关王镇。1998年，灵官、龙海、清溪3个乡撤乡建镇。2005年，全县辖6个镇、15个乡、217个行政村、8个居民委员会、3000个村民小组。

三、人口、民族

（一）人口

1989年，安仁县总人口36.97万人。1990年7月第四次人口普查，全县总户数9.06万户，总人口37.06万人，全县人口中6岁以上的30.7万人，具有小学以上文化程度25.31万人，占82.43%，文盲、半文盲6.21万人，占17.57%。2000年第五次人口普查，全县总人口39.3万人，全县6岁以上人口33.95万人，其中，具有小学以上文化程度31.24万人，占92.02%。文盲、半文盲2.71万人，占7.98%。2003年，全县总人口39.85万人，人口自然增长率6.68‰，年均增长1922人，年均增长率7.23‰。60岁以上老年人4.02万人，占总人口的10.28%。6岁以上人口每万人中拥有初中以上文化程度4018人。2005年，全县总人口39.91万人，人口出生率11.47‰，自然增长率8.70‰。

（二）民族

安仁县计有汉、苗、瑶、满、侗、土家、壮、黎、彝、回族10个民族。汉族人口占全县总人口的99.8%。

四、经济

（一）发展速度

1989—1990年，安仁县压缩投资规模，紧缩银行贷款，调整投资方向，严格控制非生产性建设。1990年，全县实现生产总值2.54亿元，实现工农业总产值2.43亿元，社会商品零售总额1.11亿元、全社会固定资产投资258万元、财政总收入1215万元。

1991—1995年，全县把调整经济结构，强化优质产品生产作为中心任务。至1995年，完成生产总值7.75亿元，工农业总产值12.25亿元。其中工业总产值5.26亿元，农业总产值6.99亿元。社会消费品零售总额1.96亿元、全社会固定资产投资总额1.45亿元、财政总收入5008万元。

1996—2000年，安仁县实施“开放兴县”战略，发展高效农业，推行优良品种和一乡一品、一村一品的产业结构，开发丘冈地，培植名、优、特产品，大力改造中低产田，新建和完善水利设施，提高防汛抗旱能力。积极推行农业机械化，首次采用水稻联合收割机作业。大力推广优质杂交早稻，“安攸米”“安贡米”，畅销国内，出口国外。安仁县成为全国商品粮基地县、国家农业开发办工作联系县、湖南省瘦肉型生猪生产基地县、成建制吨粮油县、茶林低改试点县、商品林生产基地县、林业部速生丰产林基地县。2000年，全县生产总值14.6亿元，工农业总产值27.49亿元，其中工业总产值17.19亿元，农业总产值10.30亿元。社会消费品零售总额3.97亿元、全社会固定资产投资总额2.82亿元，财政总收入7922万元，其中地方财政总收入6685万元。

2001—2003年，安仁县以县域经济建设为中心，以“安仁米业公司”“安平上街粮贸有限责任公司”为龙头，带动粮食产业化、规模化经营。以订单形式创建17个20万公顷的中高档优质稻生产基地，将“湘硕牌”贡米和“冠军牌”优质米打造成品牌，形成“公司+基地+农户”的农业产业化经营模式。引进台商投资，成功开发“豪峰乌龙茶”。2003年，全县确定重点建设项目44个。建立食用菌生产开发公司7家，链接农户3600户，生产食用菌2万多吨。2005年，全县实现生产总值28.19亿元。其中第一产业增加值8.85亿元，第二产业增加值8.31亿元，第三产业增加值11.03亿元。社会固定资产投资11.21亿元，财政总收入8798万元。

（二）农业

1989—1997年，安仁县连续开展三期农业综合开发，共投入资金6168.78万元，大力改善农业生产基础条件。1991年，安仁被林业部列为“长江中上游防护林体系（以下简称长防林）建设第一期工程辐射县”。1992年，全县森林覆盖率达到57.3%。2000年冬，长防林第一期工程安仁项目区验收合格，二期工程启动。2001年至2003年，全县退耕还林完成人工造林3000公顷，到2003年，全县有森林面积为7.03万公顷，活木蓄积量为307.87万立方米，森林覆盖率为58.21%。全县形成较为完善的防洪排涝、灌溉排水、城市防洪、城乡供水、人饮解困、水力发电、水土保持、库塘种养、水库旅游等水资源综合利用体系，1989—2003年的15年间，全县共投工2.62亿个，移动土石方4815万立方米，投入资金1.2亿元，完成各类水利建设工程7.52万处，其中人畜饮水工程1600处，新修中型水库1座、小Ⅰ型水库1座。1998—2003年，全县农业开发重点项目为中低产田改造、项目区生产设施改善、节水农业项目示范等，共投入资金3654.7万元。农业科技含量不断提高，先后组织实施一批农业技术推广项目和农业科研及试验示范项目。乡镇企业异军突起，至2003年，全县有乡村企业1.19万户，从业人员5.74万人，创总产值24.73亿元，分别比1989年增加6612户、4.28万人、22.65亿元。2003年，安仁县农业总产值10.38亿元，比1989年的1.7亿元增长6.1倍，年均增长40.7%。农业产业结构不断优化，农业产业化进程加速，优质稻、烟叶、茶叶、水果、油菜、油茶林、食用菌、灯芯草、药材、大棚蔬菜、水产、生猪、菜牛等特色农产品生产基地规模不断扩大，被列为湖南省第一个“双低油菜品种生产县”“发展粮食生产专项投资项目县”。2005年，按照“公司+基地+协会+农户”的产业运作模式，逐步实现农业结构“特色+市场”的转型。全县涌现年销售收入上200万元的农业龙头企业18户，坪上食用菌开发有限公司被评为湖南省农业龙头企业。是年，全县实现农业总产值12.62亿元。农村人均居住面积达到42.5平方米。

（三）工业

1989—2003年，安仁大力发展再生胶、造纸、冶炼、化工、建材、农副产品加工等一批骨干企业，形成以县机械厂为代表的机械工业，以县氮肥厂、橡胶厂等为代表的化学工业，以协作煤矿为代表的采掘工业，以县第一冶炼厂、智升冶炼公司、新艺铸轧厂等为代表的冶金工业，以县水泥厂、石灰厂、福龙机砖厂等为代表的建材工业，以县造纸厂为代表的造纸工业，以县酒厂、菩提露酒业有限责任公司等为代表的食品工业。培植纺织、小水电等规模企业。2003年，全县工业总产值12.7亿元，比1989年增加11.97亿元；县内工业劳动生产率人均7.45万元，比1989年增加6.57万元；县内工业企业上缴税金5994万元，占全县财政收入的59.96%。2005年，安仁实施“工业富县”战略，以项目带产业，以产业促发展，全县共完成工业总产值24.7亿元，工业增加值7.83亿元。

（四）基础设施建设

1989—1995年，安仁县固定资产投资增长缓慢。1996年始，安仁强化城乡基础设施建设，固定资产投资大幅度增长。2003年，全县完成固定资产投资6.87亿元，比1989年增加6.63亿元。当年，全县总蓄水量1.67亿立方米，新建万福庵及韭菜坪2个110千伏变电站、朝阳220千伏变电站、禾市及关王2个35千伏无人传导变电站。新架高压线路121.9千米，低压线路3081千米。全县共有水电站28处，年发电量6249万千瓦时；有变电站9座，主变容量达92.15万千伏安；有400伏及400伏以下线路3690千米，配电变压器618台，容量4.1万千伏安。2005年，县城面积扩展到6.5平方千米，街道增加17条。新建五一广场、七一交通广场、东方广场和安仁大桥，并改建老大桥（改名为永乐大桥）。

（五）建筑业

安仁县是建筑企业之乡。1989年，境内有县属集体建筑企业2户，乡镇建筑企业21户。县建筑设计室为丙级建筑设计单位，有专业技术人员18人。1993年，设计工程项目18个，其中整体设计红太阳商贸城，有框架交易棚8808平方米。1994年，购进绘图电脑6台，改图板人工设计为绘图微机设计。1997年，设计项目41个，面积4.90万平方米，收入40.50万元。至2003年，全县有国家二级建筑企业3户、三级建筑企业5户，从业人员计4.48万人，年完成建筑安装总产值18.4亿元。全县建筑企业有专业技术人员3500余人，项目经理265人；有搅拌机120余台，井架40台及其他机械设备3000余台，固定资产2.1亿元。其建筑企业进入郴州50%以上建筑市场，并开辟广东、广西、上海、新疆、河北等国内市场和南非国际建筑劳务市场。是年，县建筑总公司实行买断经营，更名为安康建筑公司，承接设计安仁鸿泰花园别墅及复式楼1.7万平方米。该公司有专业技术人员14人，其中二级注册建筑执业资格人员3人，二级注册结构师执业资格人员1人。

（六）交通运输

公路建设 1989—2003年，安仁县投资1.38亿元加强交通基础设施建设。新建三南公路安仁段、大牌公路、羊福公路、渡过公路、县城新大桥连接线；改造安衡公路、安豪公路，新建1个社会客运车站，改建安仁汽车站。

1989年年初，安仁境内有国道22.94千米，湖南省道53.57千米，县道179.06千米，乡村道424.04千米，公路总里程679.61千米，公路密度为每百平方千米46千米。2001年，经过13年的发展，全县公路单里程1042.12千米，其中省道3条96.2千米；县道12条205.83千米；乡道22条161.27千米；村道198条578.82千米。截至2003年，全县公路比1988年的679.61千米增加362.51千米；每百平方千米辐射面积占有公路由1988年的46千米增为70.84千米。全县225个村（居）委会除大源村未通公路外均通公路。新建公路桥33座，共计1160.23延米。

公路运输 1989年，安仁县有大、小客车142台，年客运量249.56万人次。有各类大小货车384台，机动三、四轮车111台，大中型拖拉机58台，手扶拖拉机1390台。1995年，全县货运车辆发展到563台。随着运输业的发展，客运车辆大量增加，2003年，全县有客运车辆382台。其中：郴汽集团安仁分公司有大中型客车61台，郴汽集团安平分公司有大中型客车42台，县客运公司有客车23台，分别担负着安仁至广东、郴州、长沙、衡阳、湘潭、耒阳、炎陵、茶陵等省际和地际长途客运任务。同年，货运车辆294台，计1009吨位，年货运量2016.80万吨千米。

（七）邮政、电信

邮政 1989年，安仁县共计邮路45条，农村自行车邮路共计42条，步班邮路3条。邮路总长1464.5千米。办理邮寄、储蓄、汇兑、集邮、报刊发行等业务，年末邮储余额198.38万元。1992年9月，实行自办邮运，全县邮件全部直投到村，通邮率100%。1993年，增办特快专递业务，年分发量达370多万件。办理邮储业务开始使用微机，举办首届集邮展览。1996年10月，开办跨地区的市（县）间及县市间异地存款业务和代缴电话费业务。同年9月，承办邮政录像租赁业务。1998年5月，无线寻呼业务从邮电管理局剥离，成立县无线寻呼公司。开办鲜花礼仪业务。同年9月，邮政电信分营。1999年起，为解决城区高层楼房投递难、个人订户直接收不到报刊现象，县邮政局在近21个单位住宅楼安置信报箱2687个格口。2002年9月底，县城设立8个社区服务中心，社区服务员每日作业衔接郴州市局邮车到达时间，每人每日行程约10千米，确保邮件当日妥投到户。同年，县城区由原有3个城投自行车邮路，改由8个社区投递段。步班邮路消失，全县有自行车邮路50条，其中县城8条。2003年，全县有上半县和下半县2条自办邮路，日行程560千米，有5个邮政支局和6个邮政所的委办邮路。同年，城区每日平均投递次数为1次，农村投递路线总长度1401千米，每周平均投递次数为3次。

1999年9月至2003年年底，先后开办全县首家点对点商品直运邮政超市，并增开邮购、商函广告、代办保险、代销电话卡、BP机等业务。种子邮购代理、销售平安保险、代办移动放号、代办联通CDMA、代办移动用户等业务。

电信 1989年，安仁电信传输继续使用架空明线、架空电缆电路。农村电话电路联通至全县所有乡镇。县内市话使用磁石式交换机，总容量300门，实际用户257户，接续由人工操作。1990年，开通传真电报电路，实现全县电报传真。1991年7月，开通自动电话，总容量2000门，用户514

户。1992 年 7 月，县城无线寻呼接收机站建成开通，发展用户 24 户。1993 年，县邮电局在县城街道设置磁卡电话机。同年 5 月，增设礼仪电报、传真电报新业务。1994 年起，改造各种架空电路，先后将安仁至安平等 6 个乡镇电路改成光缆电路并开通使用。同年 12 月，开通程控电话，电话用户 388 户。1995 年 9 月，开通 900MH 移动电话，用户 280 户。1996 年，开通数字移动电话，用户 615 户。1997 年 5 月，无线寻呼与全市联网，用户 681 户。1998 年 6 月，无线寻呼业务从县邮局剥离，实行独立运营。同年，开通网上业务，开办数字数据用户、因特网 IP 注册拨号用户、因特网专线用户、远程教育业务上网、电视上网、电子商务、多媒体业务等 7 项，共发展用户 7 户。当年 7 月，安仁县可视会议电话调试开通，是年进行会议电话 35 次。1999 年 7 月，移动电话独立经营，全县有移动电话用户 980 户。同年 12 月，建成新蓉园无线寻呼基站，用户 97 户，次年用户发展到 2061 户。2000 年，随着移动电话的普及，无线寻呼被逐步淘汰。当年，设立中国联通安仁分公司，经营 GSM130/131/132 移动通信。2002 年，推出 CDMA133 移动通信。

2003 年，县内程控电话普及，市话用户达 1.3 万户，传真电报业务逐步减少，全年去报 1409 份，传真电报 314 份。是年，全县 21 个乡镇全部实现电话自动化，203 个行政村通电话，入村率 90%，实装电话 16019 门。县局无线市话工程竣工，无线市话（小灵通）用户 1850 户，数据用户 645 户。先后开通 IC 卡电话、智能网公用电话，公用电话户 2018 户、电话卡销售点 65 处。全县 21 个乡镇除豪山、羊脑 2 个乡外，有 19 个乡镇开通 GSM 数字基站。移动电话信号覆盖乡镇率达到 95%，覆盖面达 65%；全县移动电话用户 1.8 万户，年收入 1300 万元。

2000—2003 年，中国联通在安仁投资 2000 万元，建设 GSM 和 CDMA 两个移动通信网络，开通 11 个基站，移动电话信号覆盖 48% 乡镇，覆盖面 30%。至 2003 年，全县中国联通移动电话用户 5000 户。

（八）商贸业

1989 年，安仁县有商业网点 3702 个，社会商品零售总额 1.11 亿元。有个体私营商业户 3665 户，从业人员 3672 人，年营业额 3889 万元，占全县社会商品零售总额的 34.8%。1994 年，全县个体私营商业蓬勃发展。是年，个体私营商业户 3991 户，从业人员 4019 人，占全县商业从业人员的 60.4%，年营业额 6090 万元，占全县社会消费品零售总额的 42.9%。全县有商业网点 4456 个。社会消费品零售总额 1.42 亿元。1999 年，全县首次突破万人经商大关，个体私营商业户发展到 7573 户，从业人员 2.27 万人，占全县个体工商从业人员的 93.6%；年营业额 2.38 亿元，占全县社会消费品零售总额的 57.5%。2003 年，全县有商业网点 4801 个，从业人员 9319 人，社会消费品零售总额 5.12 亿元。其中，个体私营商业户 3110 户，从业人员 6538 人；年营业额 4.03 亿元，占全县社会消费品零售总额的 78.6%。

2001—2003 年，个体老板李安平、廖云涛、陈宗久先后创办利必诚超市、生源超市、百姓大药房，成为当时租赁经营的成功者。

集贸市场 1989—2003 年，安仁县城乡市场建设日益加大，市场设施不断改善，至 2003 年，全县有红太阳商贸城、安仁大市场、安平综合市场、安平大市场、湘南牛市 5 个城镇市场、18 个乡（镇）村综合市场，市场占地面积 15.65 万平方米。总投资 6850 万元，新建、改建、扩建市场面积 13.5 万平方米，拥有摊位、个体营业间 3340 个。1994 年，市场交易额由 1989 年的 2894 万元首次突破亿元大关，达 1.16 亿元。1999 年，市场交易额 3.76 亿元。安仁春分节（又称“赶分社”）成为全国一个以县城为场所的大型集市，每年交易客商涉及广东、广西、江西、湖北、河南、四川、云南、新疆、西藏 9 省（自治区）15 县（市），计约 10.8 万人（次）。2000 年，安仁“赶分社”更名为中国安仁春分药王节商品交易会，先后投资3800余万元兴建占地3万平方米的神农殿和神农文化广场、石头坝草药交易市场和湘南牛市。2003年，全县市场交易额5.12亿元。其中安仁春分药王节商品交易成交额就占1.67亿元，总客流量18万人次。

对外贸易 1989—1996年，安仁对外贸易主要依托郴州地区（市）外贸公司开展业务。1997年，安仁县外贸发展公司取得自营进出口权，结束安仁县无外贸自营进出口权的历史。1989—2003年，全县外贸出口创汇700万美元。外资企业出口创汇120万美元。

（九）旅游

安仁县境内主要旅游景点有丹霞风光，尤其是渡口丹霞具有中国地质学上罕见的旋涡状特点。大石风景区自然风光、大源风景区、龙脊山风景区、义海寺风景区及洋际乡桐岗岩洞、承坪乡月轮岩洞、羊脑乡穿石门等原始岩洞，集险、奇、秘于一体，极富观赏价值。主要人文景观有革命遗址轿顶屋、唐天际将军故居；名胜古迹神农殿、九龙庵、月轮岩、老君观。

2001—2003年，先后投资650万元兴建开发神农殿生活区（药王寺）、龙海温泉度假山庄、大石农家乐、神农泉度假村等旅游项目。2002年10月，开通三条主题旅游线路：领略丹霞风光，沐浴神农泉水；亲近自然山水，畅游十里画廊；探秘福寿源地，放松疲惫心灵。2003年，投入资金200万元改造安仁宾馆，兴建永乐江大酒店，提升旅游接待服务功能。在神农泉推出以药膳为特色的饮食养生文化。开发桃花美容祛斑霜、豪峰茶、神农百解茶、藤茶、健尔肾、食用菌、三蛇酒、长仙药酒、菩提露酒等颇具地方特色的旅游品牌产品，受到游客亲睐。

五、文化、教育、科技、卫生、体育

（一）文化

1989—2003年，安仁县文化工作者在湖南省以上报刊发表或结集出版文学、戏剧等作品400万字以上。美术、书法作品在郴州市以上展出或获奖有103件。有7人被评为湖南省先进个人、劳动模范和拔尖人才。各类自发的民间文艺、民间工艺团队有180余家。编印出版《安仁文艺》《安仁文学报》《安仁晨光》《安仁诗词》等文学艺术刊物，文化领域呈百花齐放良好态势。全县共计发行图书、音像制品2164万册（张），金额4375万元；县图书馆藏书总量3.3万册，报刊20余种。固定持证读者6000人。累计借阅5.40万人次，借阅图书8.2万册。

群众文化 安仁县群众文化丰富多彩。重大节庆活动各种表演、展览、文艺演出活动频繁。1989—1995年，先后举办二至四届安仁县永乐金秋艺术节和各种美术书法摄影作品展等群众性文化活动，展出作品120件（幅）。2000年，举办安仁春分药王节文艺晚会，组织舞龙、舞狮、跳扇舞、打腰鼓等一系列民间文体活动。2002年举办春分药王节，邀请著名歌唱演员郁钧剑和安仁籍全国十佳青年歌唱演员刘一桢与湖南省歌舞团联合演出，组织民间十来支腰鼓队争相献艺。2003年，举办首届中国安仁春分文化艺术节。

文学艺术 安仁县的民间工艺及工艺品主要有：正月十五"琢鸡婆饺"（又称"米塑"）、竹编工艺、蓝花印布工艺。挑花、根雕、泥塑、漆画、剪纸等工艺品制作人散居安仁城乡各地。排山乡大石村何依群、何爱群兄弟在广东珠海创办中艺雕刻厂，产品出口欧美国家及销往港、澳、台地区。县剧团自编大型花鼓戏《雷锋之歌》获湖南省文化厅颁发的"百场演出奖"。自编小品《木乡长》《药都传奇》参加全国第七届"映山红"民间戏剧节调演，分别获银奖、铜奖。

广播电视 1989年10月，安仁开通调频广播。全县农村有线广播入户率55.7%。1990—1993年，发展农村广播网，共投入24.3万元。新架广播专线89.5杆程千米，发展入户喇叭1144只，整治入户喇叭7401只。全县架通乡以下广播专线1243.5杆程千米。1992年4月，县有线电视台建成开播。为郴州第一家县级有线电视台。同年5月，安平镇建立全县第一家乡镇级有线电视站。是年7月，县有线电视台开通中央台加密电视频道，有线电视节目由12套增至16套。1997年，随着有线电视的发展，农村有线广播出现滑坡，全县通广播村83个，村通播率36%，拥有广播的农户1.2万户，广播入户率14.8%。2001年，为期三年的县城HFC综合有线电视网络改造升级完成，共铺设光缆干线132芯千米，新增用户1026户。农村有线用户增加到1215户。2002年，投入资金20万元购置网络光电信号传输设备，完善县城750兆赫光轴综合宽带有线传输网，确保县城7000户有线电视用户看好35套电视节目。2003年，5个乡镇有线电视站同县局联网。2005年，消灭广播电视自然村盲村142个，发展用户2.60万户。

（二）教育

1989—2003年，安仁县投入教育资金3.38亿元。加强义务教育执法，动员适龄儿童、青少年入学，积极扫除青壮年文盲。全县基本普及九年义务教育和基本扫除青壮年文盲验收达标。深化教育体制改革，形成多种办学格局，扩大学校办学自主权，推行校长负责制、教职工聘任制和后勤分离制。整合教育资源，合理调整学校布局。

幼儿教育 1992年11月，安仁县创办“安仁县宜溪幼儿园”，当年入园幼儿248人。有学前班193个，在班幼儿6738人。1999年9月，李泽发创办第一家民办幼儿园。随后，全县先后有6所个人开办的幼儿园，6所乡镇幼儿园。到2003年，全县幼儿园发展到19所（其中民办幼儿园16所），入园幼儿2064人，城镇幼儿入园率90.5%。同年，全县有小学附设学前班177个，在班幼儿2529人。

小学教育 1992年，安仁县有小学274所，在校学生5.05万人。全县学龄儿童入学率99.3%，在校学生巩固率99.16%，毕业生合格率88.4%，小学毕业生升学率77.8%。20世纪90年代中后期，通过对学校布局调整，到2003年，全县有小学184所，在校学生2.02万人。

中学教育 1989年，安仁县有中学32所（含完全中学3所），其中县属中学6所、乡镇中学26所。20世纪90年代，全县对中学进行调整布局，同时，吸收民间资金办教育。至2003年，全县中学增加到35所，其中国有民办2所，社会力量办学4所。高中在校学生6359人，校舍面积28.2万平方米，理科教学仪器达标学校18所，有10所学校建有校园网，建多媒体教室3间、计算机教室61间、语音室19间、资源库29个，添置教学光盘6620片，教学用计算机2055台，学校藏书38.41万册，电教、仪器设备总值1304.09万元。

教学成果 1989—2003年，安仁县学校学生在参加各类学科竞赛中，共有282人获奖，其中国家级一等奖31人，二等奖44人，三等奖37人；共培养初中毕业生3.72万人（其中升中专4373人），培养普通高中毕业生6202人，有考入大学本科2019人、专科2930人，中专、职大2282人。

（三）科技

1989年，安仁县有科技人员4039名，其中高级技术职称70人、中级技术职称797人、初级技术职称2993人。从1998年起，全县选拔14名专业技术拔尖人才，4名郴州市专业技术拔尖人才。安排科技计划项目578项。其中：国家级项目3项，湖南省级项目79项，市级项目40项，县本级项目456项。全县发展特种种植、养殖业专业户2000户。其间，县科技局承担院士袁隆平的科研课题“两系法”杂交水稻大面积制种技术试验，制种面积24公顷，经湖南省、郴州市专家测产验收，最高亩产量319.5千克，平均亩产295.5千克，产量居全国前列。全县经科技等部门鉴定登记的科技成果共98项。其中获市级以上奖励的项目74项。

（四）卫生

1989年，安仁县有县直医疗卫生单位5个，乡镇卫生院（含中心卫生院）21所，村卫生室217所，厂矿、场所、学校办的卫生室13所，个体诊所63家。共有病床834张，拥有大型医疗设备56台（件）。全县卫生系统有工作人员821人，其中卫生技术人员569人。1995年12月，安仁县人民医院被卫生部授予"二级甲等"综合医院，县中医院在郴州市首批被国家中医药管理局授予"二级甲等"医院，县第二人民医院、关王中心卫生院评为"一级甲等"卫生院。1996年，经湖南省考核验收，安仁县达到消灭丝虫病标准。1997年，安仁县被认定为"农村初级卫生保健合格县"。1998年5月，县人民医院、中医院、第二人民医院、妇幼保健院被中国爱婴医院最高评审委员会批准为爱婴医院。2001年1月，安仁县首家民营医院——宜康医院开业。2003年，在抗击"非典型性肺炎"中，县卫生局、县人民医院、县疾病预防控制中心被评为省市先进集体。是年底，全县卫生系统工作人员1512人，其中卫生技术人员1068人。在规范医师执业许可和医疗机构设置后，全县村卫生室调整到207所，学校、场所办的卫生室7所，个体诊所38家。大型医疗设备178台（件），拥有病床910张。同年，开通120急救专线电话。全县免疫规划工作坚持儿童计划免疫为主，广泛深入持久开展预防接种宣传，严格按照儿童计划免疫程序和预防接种技术规范实施接种，切实加强冷链设备的管理和更新，及时、有效地开展卡介苗、糖丸、百白破、麻疹疫苗、乙肝疫苗、流脑苗、乙脑苗、伤寒苗、钩体苗等预防接种，提高适龄人群的免疫水平，防止传染病的发生和传播。

（五）体育

1989年，安仁县城乡普遍开展长跑、篮球、乒乓球、象棋、舞龙舞狮、龙舟等多种形式的体育竞赛活动。1998年，制订《安仁县全民健身计划实施方案》，以城镇为龙头，学校为重点，农村为基础开展球类、田径、拔河、象棋等各类体育竞赛活动；2003年，全县共有专职体育教师30人，达到国家等级裁判员标准的32人，其中国家一级裁判员8人。安仁农民体育主要活动有舞龙、舞狮、龙舟竞渡等。

郴州市志（1989–2005）

人物

一、人物传略

（以卒年为序）

王诰

王诰（1916—1989），临武县楚江乡鳌塘村人。1939 年毕业于民国中央军校长沙分校，先后任长沙 114 后方医院和入伍生团军医，嘉禾县卫生院院长。1949 年 4 月参加中国人民解放军，在第四野战军任军医。1951 年退伍，回乡开设诊所。1960—1983 年，县中医院、武水乡卫生院从事眼科临床工作。王诰出身中医世家，自幼受中医熏陶，后又接受西医教育。从医后，能集中、西医之长施于临床，在内、外、妇、儿科临床诊治上有一定造诣，尤其擅长眼科，对常见眼病有很好治疗效果。在眼科疑难病症、眼底病、眼外伤、眼肿瘤诊治方面积累丰富经验，中草药治疗眼癌（视网膜的细胞瘤）上取得突破，并开创临武眼科手术先河。武汉、长沙、广州、海南及相邻县市区，前往就诊者甚多。蓝山县毛俊镇谭某，双目失明 14 年。1956 年 9 月，他施以手术矫正睑内翻倒睫，结合中药治疗，使其重见光明。1963 年，广西军区某部一余姓团长到临武接兵，途中被飞入车窗之马蜂蜇伤右眼，随即失明。到临武后，王诰立即实施手术，取出蜂刺，放出眼球房水，并以除风益损汤清热解毒。第七天，受伤右眼视力便恢复到 1.5。1977 年，嘉禾县韩田村自幼左眼失明姑娘李某在为生产队晒谷时被同伴手中谷刮柄撞中右眼，以致完全失明。王诰以行气、活血、祛瘀、利水清热之药配方，施药 10 剂，李姑娘右眼视力恢复如初。

"文化大革命"中，王诰被强制回乡"改造"。但他不气馁，劳动之余，悉心为村民治疗，解人困苦。他教育儿孙："武有武德、医有医德，做人一定要有良心。"王诰从事中西医眼科临床五十余载，经他医治，众多眼病患者重见光明。到暮年，王诰又将毕生积累汇编成集，编成《王氏眼科临床经验》，以传后人。1989 年 11 月，王诰因病于临武去世。

蒋治英

蒋治英（1905—1989），号世堂。祖籍新田县，1958 年定居桂阳。1926 年，蒋治英考入黄埔军校第六期，在校加入国民党。毕业后到国民党二军九师由排长逐级升为少将师长。1949 年 10 月，于四川省郫县通电起义。1951 年 3 月，被派往中南军政大学（南岳）学习。1953 年 12 月，转业到湖南省人民政府参事室工作，后被派往新田县新华书店发行图书。1956 年冬，当选为新田县人大代表。次年，受任为省参事室参事，增补为省政协委员。1958 年，桂阳、新田合县时派往桂阳新华书店工作。"文化大革命"中停发工资，只发生活费，被清洗回老家。1978 年平反，次年增补为湖南省政协委员。自 1980 年始，先后任桂阳县人大常委会副主任，政协桂阳县第一、二届委员会专职副主席。

蒋治英长期致力于党的统一战线工作。先后写有《归去来兮，此其时矣》《向台湾旧友说几句知心话》等80篇文章，被《中国新闻》、中央人民广播电台、福建前线广播电台采用30篇，曾被评为湖南省对台宣传积极分子。赋诗“两次合作两次分，合则强盛分则争。阋墙小事属儿戏，振兴中华一条心”和“蓬莱自古非仙境，海市蜃楼一瞬间。隔岸幽香关不住，好邀明月照君还”寄给所有亲友和在台湾之堂叔蒋默掀，激起其怀乡思亲之情感。

1985年，桂阳县政协和湖南省人民政府参事室共同为蒋治英举行80寿庆，他当场吟咏“今朝赐宴非等闲，党政领导共霞觞。美酒三盅一饮尽，衷心感谢共产党”。1989年，蒋治英于桂阳病故。

王开运

王开运（1914—1989），耒阳市龙塘镇人。幼读私塾。1927年参加农民运动，1928年参加湘南起义，任铁炉冲农民赤卫队交通员。1935年2月参加红军湘南游击队第三大队，先后任副班长、班长。1938年1月加入中国共产党。抗日战争时期，随张云逸夜渡长江，是新四军第一批突破长江天险北上抗日400勇士之一。曾任新四军特务营（警卫营）二连副连长，后调苏北抗日军政大学任军事教官、大队长。在保卫工作和战斗中，多次受到刘少奇、叶挺、张云逸、邓子恢等首长嘉奖。解放战争中参加著名的苏中七战七捷、济南战役、淮海战役等。曾任新四军二师兵站副站长。中华人民共和国成立后，王开运先后在耒阳县、常宁县工作，先后任县土地改革工作队长、人武部部长、县委委员。1964年离职休养，1982年享受副师级待遇，1984年享受正师级待遇，系三等革命残废军人。

王开运曾获中华人民共和国三级独立勋章、三级解放勋章、华北解放八一纪念章、中华人民共和国独立自由勋章。1988年获中央军委二级红军功勋荣誉章。是郴州市（北湖区）第六、七届人大代表。1989年，王开运于郴州去世。

邓芙峰

邓芙峰（1909—1990），又名庭佑，字望衡。临武县万水乡大汉村人。早年毕业于嘉禾县甲种师范学校。20岁时，遵照祖父嘱咐，改行从医。四五年后，他悬壶济世，足迹遍及临武、蓝山、嘉禾三县。1952年，邓芙峰联络同道，创立嘉禾县第五区中西医联合诊所。1955年，获得湖南省第一批中医师职称证书。同年调入嘉禾县人民医院工作。1959年，考入省中医进修学校。因成绩优秀，毕业后，留校编写中医大专教材。1982年，任中国中医学会理事。1986年，被省卫生厅授予“湖南省名中医”称号。先后当选为嘉禾县第五、第七届人大代表，第五届县人委会委员，省政协第四、第五届委员。

邓芙峰博览医书，学以致用，在临床治疗白喉、妇科、儿科及疑难病症上颇有建树。他恪守“医仁术也”宗旨，做到解人疾苦，德泽一方。万水乡大塘板村黄某家刚出生几天的女婴，因患破伤风住入某大医院。院方认为不可救，劝其家属抱回家。其父弃之于荒山，其母不忍，捡回后，抱着奄奄一息女儿求治于邓芙峰。他对症处方，得知女婴父母身无分文，又解囊相助。女婴服药数日，终获重生。

邓芙峰不但潜心研读医书，且把读书心得及临床经验总结成书，并对诗词对联有所研究。一生著述有《伤寒论注彀》《治验录》等。1990年，邓芙峰于临武逝世。

刘水哉

刘水哉（1897—1990），别名玉生、享湛。永兴县油市镇车田村人。第一次国内革命时期，刘水哉参加农民协会，支持北伐军过境。1927年1月，加入中国共产党。1928年，永兴红色苏维埃政权成立时任永兴县农民赤卫队大队长，参加湘南暴动。大革命失败后，他被国民党通缉，潜迁广东乐昌、瑶山、连州、广西钟山等地，以行医、教武、理发等职业为掩护，寻找党组织。1939年年初，回到家乡，次年12月与中共党组织接上关系，在永兴县油市、马田圩及郴县等地从事革命活动。1943年8月，参加江左抗日游击队，于永兴、耒阳境内进行抗日斗争。抗战胜利后，国内战争爆发，当地地主恶霸又通缉抓捕他。刘水哉遵照地下党指示，于1946年4月离开永兴，潜移至耒阳、安仁、郴县、桂阳、资兴等地从事地下活动。1947年被人告密，他潜至瑶岗仙做工。次年12月，参加湘南游击队。全国解放后，1949年10月任永兴县警卫大队大队长。1951年1月调永兴农协会工作。同年12月，任永兴县民生煤矿经理。1953年转入马田煤矿任总务科科长，从事管理工作。1957年11月退休，1983年改为离休。同年经湖南省委批准享受厅（局）级待遇。

刘水哉一生忠于党的革命事业，不怕流血牺牲。大革命时期湘南暴动，作战勇敢，带领赤卫队、农协会员打土豪劣绅，参加攻打永兴县城等战斗。在革命处于低潮的白色恐怖下，毫不动摇，对革命胜利始终充满信心，一直奋斗到永兴县胜利解放。中华人民共和国成立后，邓水哉投身家乡建设做贡献。在重病期间，留下遗嘱："逝世后不行旧礼，遗体火化。"1990年11月17日，邓水哉于永兴病逝。

王鹏开

王鹏开（1907—1990），江西省福安县人。20世纪20年代从江西到郴州，先在商店当学徒，后开设吉祥南货店。

中华人民共和国成立后，王鹏开作为一名无党派民主人士，坚决拥护中国共产党领导。20世纪50年代，他积极参加党领导的各项爱国政治运动，特别是在国家对私营工商业进行社会主义改造实行公私合营时，不顾家人阻挠，将自己多年积蓄拿出投资社会主义建设，在郴州工商界一时传为佳话。从1956年起，先后任郴县副食品公司零售管理处副主任、郴县第一届工商联副主任委员。1959年出席全国工商联代表大会，受到国家主席刘少奇接见。后历任县级郴州市政协第一、二、三届委员会副主席，湖南省政协第二、三、四、五届委员会委员和省工商联第四、五届常委。在社会主义建设中，王鹏开积极参政议政，为巩固和发展爱国统一战线及市工商联自身建设，倾注大量心血。1976年于郴州市（北湖区）副食品公司退休。1990年，王鹏开病逝于郴州。

欧阳资月

欧阳资月（1936—1991），曾用名厚月。桂阳县六合乡人。1954年8月参加工作，同年12月加入中国共产党。先后任乡、公社基层领导和县委组织部组织员、县革命委员会秘书、信访科副科长等职。1980年，任县委纪律检查委员会副书记。是桂阳县第七届人民代表大会代表、第八届人民代表大会常务委员会委员。

1981年，欧阳资月已身患绝症，在带病从事纪检工作中，坚持与死神和邪恶作斗争。办案时严格按照“事实清楚，证据确凿，定性准确，处理恰当，手续完备”要求，深入实际调研，做到每个细节都准确无误，然后提出处理意见报县委研究。1984—1990年，先后200多次下基层调研和办理案件，亲手办理案件60起，件件符合要求，获上级好评，在省、地纪委有关会议上介绍经验。办案中，不论碰到什么“关系案”“人情案”和涉及什么人，他都一概秉公办理。1986年被评为湖南省优秀纪检干部，中共郴州地委纪律检查委员会通报表扬欧阳资月先进事迹。1990年，被评为全国优秀纪检干部，出席中纪委于北京召开的全国先进纪检组织和优秀纪检干部表彰大会，并晋升一级工资。中共桂阳县委、桂阳县人民政府作出《关于开展向优秀纪检干部欧阳资月同志学习的决定》，号召全县各级党政部门、直属机关、人民团体和企事业单位，学习其坚定的共产主义信念和崇高思想品德；严于执纪，秉公办案，坚持原则，敢于斗争的大无畏精神。1991年，欧阳资月于桂阳病逝。

贺九福

贺九福（1912—1991），出生于安仁县华王乡栋桥村一个贫苦农民家庭。他从小就替地主看牛放猪，后被国民党抓壮丁。1933年10月于江西参加中国工农红军，为红一方面军战斗员。1934年加入共产主义青年团。1934—1936年，参加过中央苏区第五次反围剿和红军二万五千里长征，历任班、排、连长。1938年5月加入中国共产党。抗日战争时期，历任八路军一一五师六八六团营长、团参谋，参加过震惊中外的平型关战役和楼房战役。由于作战勇敢，1946年被评为二等战斗模范。1948年任中国人民解放军东北军区第一纵队第一师第一团参谋、军需股长。1948年10月转业到地方参加经济建设，先后任吉林省长春市营城煤矿总务科、行政科、材料科科长，供应科木厂厂长、厂工会副主任等职。1975年离休回到安仁后，不顾年高体弱，继续关心党的事业，积极向广大干部、职工、群众宣传党的历史，讲述革命故事，进行传统教育，受到群众称赞。

1991年4月16日，贺九福因病于安仁逝世。

伍庆香

伍庆香（1919—1991），原名伍涤烦。出生于安仁县龙市乡田心村伍下塘。他自幼勤奋好学，青年时期就读于上海复旦大学，后改读国民党中央航空学院，毕业后在四川担任航空教官，为国家培养飞行员。在第二次世界大战期间，伍庆香代表盟军（中、美、英、苏）在印度支那参加空战，时为少校飞行指导员。在解放战争中，秘密参加中国共产党地下组织，化名“拓农”。

中华人民共和国成立后，伍庆香任首都北京机场第一任场长，并驾机接各国家元首。毛泽东、朱德、刘少奇、周恩来等中央领导都乘坐过他驾驶的专机。有一次，他驾机接越南胡志明主席，飞机在北京上空发生故障，不能正常着陆，当时在地面迎接的中央首长非常着急，担心出事。但他沉着机智，边操作边排除故障，在空中盘旋一个多小时后顺利着陆，因而受到苏联专家称赞。1956年，伍庆香被评为全国先进生产工作者，其先进事迹在《人民画报》上刊登。1959年出席全国建设社会主义群英大会。

新中国成立初期，伍庆香与弟弟伍涤淮、伍涤尘，将老家一栋新建不久的二层砖木结构住宅无偿捐赠给家乡办学，成为当时龙市最好的学校。1991年，伍庆香于北京病逝。

雷遇春

雷遇春（1929—1991），桂阳县东成乡人。中共党员，原县法律顾问处主任，全国二级律师，省律师协会常务理事。

1979年，在一无资金、二无经验的情况下，雷遇春创办县法律顾问处。半路出家的他，已过半百之年，以顽强毅力自学刑法、民法等法律知识。1980年，取得律师资格，成为改革开放后桂阳县内第一位专职律师。在法律顾问处工作10年间，他十分注重后备人才培养，经常与同事探讨法律问题，交流工作心得，促其成长。先后担任县政府、宝山铜矿等20多家单位常年法律顾问，为国家和个人挽回经济损失计2000万元。

雷遇春广泛深入群众，义务讲述法律知识，经常走街串巷，了解民情，利用休息时间为普通百姓解决家庭和法律纠纷，向鳏寡孤独、残疾人士提供法律援助，深受县民尊重和爱戴。1991年雷遇春于桂阳逝世。

丁 波

丁波（1915—1991），学名李业勤。湖南省资兴市白廊乡秀流村人。1936年就读于湖南省第一师范学校，1938年毕业。毕业后到武汉八路军办事处做铁路工运工作。同年加入中国共产党，并任衡阳县委组织部部长，后转移到柳州。1939年到抗敌演剧五队任队副兼支部书记。1946年，任中国歌舞剧艺社社长兼支部书记。1949年，任华南文化工作团团长。1952年任广州市文化局局长、党组书记，省文联副主席。1960年调中国演出公司任经理。1977年任中国图书进口公司经理，后公司升格为总公司，任总经理。他曾以散文、记叙文体撰稿数十万字，刊登在国内各大报刊上。撰有《风雨南洋行》《洋书开放留痕》《四海留踪》等著作。

1983年4月16日，丁波回到离别48年的故乡资兴，在会见资兴市党政领导及科局级干部会上，同家乡亲人深情交谈。他回顾革命生涯，阐述文化兴衰与国家命运的关系；宣传党和国家关于恢复高考制度和推行农村联产承包责任制，科技兴国的大政方针和政策；盛赞家乡人民在改革开放和创新奋进中实现旧貌变新颜的喜人局面。同时，对开发资兴土特产猕猴桃药酒等产品提出路径，并表达其“满目青山夕照明”的心境。丁波1985年离休，1991年7月于北京去世。

郑德胜

郑德胜（1921—1992），汝城县南洞乡西边山村人。1935年10月参加湘南红军游击大队。1937年1月加入中国共产党。先后任副班长、班长、排长、副指导员、副连长、连长、副营长、营长、皖南军区芜湖公安大队大队长、皖南军区警务第四团副团长、中国人民解放军六十军一七九师五三六团团长、安徽省无为县兵役局局长、人民武装部部长、安徽省安庆军分区副参谋长，芜湖军分区参谋长、副司令员，正师职顾问。曾经历皖南事件和参加苏中、莱芜、孟良崮、开封、渡江等战斗及淮海战役，屡立战功。获中华人民共和国三级八一奖章、三级独立自由奖章、三级解放奖章，中央军事委员会为其颁发二级红星功勋荣誉章。1980年11月离职休养。1992年8月1日，郑德胜病逝于解放军当涂86医院。

李俊华

李俊华（1971—1992），嘉禾县田心乡白鹿洞村人。李俊华从小受到革命传统熏陶，坚持学雷锋做好事，常年为村里“五保户”、烈军属挑水砍柴、放牛、割草。曾经奋力抢救过一名落水儿童，多次被评为“三好学生”。1990年3月参军入伍。五次调换工作岗位，当过警卫员、饲养员、生产员、炊事员、保管员，他干一行，爱一行，钻一行，勇挑重担，圆满完成领导交给各项任务。多次受到部队嘉奖，被评为先进战士、优秀共青团员。1992年9月加入中国共产党。曾任中国人民解放军三家店舰船器材仓库保管勤务队副班长。1992年10月8日，李俊华和仓库业务处战士张震宏奉命从北京押运一批重要军用物资去广州。11日21时35分，列车行至河南信阳周家湾车站临时停车，突然有两名冒充铁路公安之歹徒强行扒车，企图抢劫军用物资。面对持刀歹徒，他临危不惧，和战友一起与歹徒英勇搏斗，先后四次将歹徒推下车箱，保护军需物资安全。但是，当列车启动后，穷凶极恶歹徒眼看抢劫不能得逞，第五次爬上列车，突然对着手无寸铁的李俊华右颈部猛刺一刀，李俊华倒在血泊之中。歹徒跳车逃跑后被抓获。列车到达信阳站后，他被迅速送往铁路医院。但终因流血过多，抢救无效献出生命。年仅21岁。李俊华用英勇行为，实践其生前“做党的好战士，为革命事业奋斗终生”誓言。

李俊华英勇牺牲后，海军装备修理部党委追认他为中共正式党员，批准为革命烈士，追记一等功。中国人民解放军海军政治部号召海军全体官兵和职工向李俊华学习。《人民日报》《解放军报》《光明日报》《农民日报》《中国青年报》《人民海军报》《湖南日报》等报纸都先后刊登李俊华英勇事迹。

黄存绍

黄存绍（1929—1992），桂东县寨前乡牛江村人。1946年进江西省南昌大学矿冶工程专业学习，1951年8月毕业。毕业后，因学习成绩优异，留校任教。

1952年，全国高等院校调整，长沙组建中南矿冶学院（中南大学），黄存绍调入该校任教，历任院工会委员、实验室主任、教研室副主任、教研室主任。1954年晋升为讲师。其间，编译3部专业书籍。1957年被错划为“右派”，直至1979年才得以平反。国家恢复职称评定后，1980年被评为副教授，1986年晋升为教授。

黄存绍一生从事采矿科研工作，先后取得省、部级重大科技成果13项。在担任教研室主任期间，和其他科技人员历时5年，完成国家“七五”重点科技攻关项目——“盘区回采振动出矿连续开采法研究”，其科研成果超过当时美国、加拿大、瑞典、苏联在这方面成果，达到世界先进水平。后在湖北铜陵狮子山铜矿试验，只耗资304万元，研制出具有中国特色地下矿连续开采工艺系统，于全国金属矿推广，每年为国家创造1亿多元经济效益。鉴于黄存绍对采矿事业之贡献，1991年他被党组织评为优秀共产党员、全国教育系统劳动模范、国家“七五”科技攻关有突出贡献先进个人，成为该校首批享受国务院特殊津贴的知名矿业专家。在数十年教学生涯中，黄存绍单独和参与编著《脉状矿床开采》《锑》《采矿手册》3种专著和《钻眼工具》《采矿工具》《金属矿床开采》3种译著，并担任《采矿手册》副主编。还编写《矿业经济》《关于金属矿床地下开采采矿方法的若干问题》《回采工艺学》《特殊开采》共4种研究生教材，开授4门研究生新课，是该校矿业经济专业创始人。并任湖南省金属学会采矿学术委员会副主任。同时参与完成3项科研项目，在学术刊物上发表学术论文达 80 篇。

1992 年 12 月 10 日，黄存绍因患肝癌医治无效于长沙去世。

王晏清

王晏清（1910—1992），族名纬月。永兴县城关镇人。王晏清出生于县城一自由职业家庭，自幼聪明好学、才智超人。就读高中二年后投笔从戎，1927 年 3 月，考入黄埔军校第六期。毕业后入国民党第十八军，历任排长、连长、少校参谋。1936 年，考入中央陆军大学第十五期，毕业后任十八军十一师上校参谋处处长。抗战初期，率部参加淞沪、南京、宜昌等战役。1941 年，调赴缅甸抗日远征军司令部，任少将参谋处长，回国后任军令部东欧情报处少将处长。多次参加抗日战斗，作战英勇、数次负伤，父亲叨念父子之情，要其择机回家探望。他回信禀报父亲："天下兴亡，匹夫皆有其责；倭寇未荡，男儿何以为家。"

抗战胜利后，王晏清调任整编二〇八师副师长。他主张和平，反对内战，对中国共产党逐渐从了解、认识到拥护。驻防北平期间，多次掩护进步学生。1948 年，二〇八师扩编为八十七军，他任副军长。是年，由蒋介石"钦点"为御林军九十七师师长，驻防南京江防沿线。在舅舅邓昊明帮助下，他与南京中共党组织取得联系，着手进行起义准备。1949 年 3 月 24 日晚，情况紧急，提前起义，率部分队伍渡过长江，到达解放区。九十七师起义，强烈震动国民党朝野上下，沉重地打击国民党军士气。1978 年后，播放的电视连续剧《御林枪声》反映了这一重要起义事件。

中华人民共和国成立后，王晏清于高等军事院校工作 20 多年，历任华东军政大学训练部第二处战术研究室主任、南京军事学院外军研究教授会筹备组组长、情报工作教授会副主任、外国军队研究教授会副主任、军事科学研究部史料研究处研究员、军事史料研究处副处长。他长期从事军事院校之军事科学研究和教学，尤其是对外军研究机构创立和教学发展，做大量基础性、开拓性工作，为培育新一代军事指挥人才辛勤耕耘。1955 年，被中央军委授予大校军衔，中央人民政府给予颁发二级解放勋章。在地方，历任南京市人民委员会委员，南京市第二、三、四、五届人民政协委员，南京市第六届人民政协副主席，第六届全国政协委员，南京市第二、三、五、六届人民代表大会代表，江苏省第三届人民代表大会代表。1983 年 10 月，经中央军委批准享受正军职待遇。1988 年 4 月，任江苏省人民政府参事室副主任。离职休养后，仍关心军队建设，参加完成总政军训部交给的《中国兵器发展史》《中国军制史》等书编写任务。1992 年 12 月 12 日，王晏清于南京病逝。

王朝垠

王朝垠（1936—1993），原名王朝银，又名蓝宇。永兴县高亭乡上桥村人。其母亲早逝，留下朝金、朝银两兄弟。父亲开一小饭铺维持生计，给孩子们取名带上金字银字，希望其改变贫穷命运。

1949 年 10 月，永兴解放。王朝垠 1952 年初中毕业，家庭经济状况已不允许升学，他给中共中央主席毛泽东写信，诉说其困难和求学渴望，不久县文教办收到中共中央办公厅批复函件。班主任找到王朝垠说，往后你放心上好学，经济困难国家帮你解决。从此，这个优等生上高中、念大学都享受国家优厚助学金待遇。1959 年 9 月，他从武汉大学毕业后，被分配到中国作家协会《人民文学》杂志社工作，从此在《人民文学》由见习编辑、编辑到副编审、编审，由小说组副组长、组长到编辑部副主任编委、副主编。

王朝垠在长期编辑生涯中，培养、扶持、发现和推出一大批文坛主力军，编发许多具有全国影响的高水平、高质量作品，撰写大量评价文章，在文学界产生重要影响。20世纪60年代初期，举荐发表两名“无名”作者的作品，锅炉工肖育轩所写的《迎冰曲》，宋词的《落霞一青年》。20世纪70年代后期，编发一大批小说佳作，获全国优秀短编小说奖的有张有德的《辣椒》，李栋、王云高的《彩云归》，刘心武的《我爱每一片绿叶》，叶蔚林的《蓝蓝的木兰溪》，韩少功的《西望茅草地》等。20世纪80年代，推出苏少康、张敏的《神圣忧思录》，刘震云的《塔铺》，沈海深的《圣事》，方方的《白雾》，李锐的《厚土》，谢友鄞的《滋味》，王蒙的《球星奇遇记》，李建英的《丛林下的冰河》，田中禾的《最后一场秋雨》，康濯的《十年一聚》，陈世旭的《未理之璞》等一大批产生广泛社会影响、受到读者评论家好评之作品。1990年，王朝垠编出《人民文学》1990年7月、8月合刊号。《人民日报》《中国文化报》《文艺报》《光明日报》对这期“合刊号”均有过专题报道。

1993年10月15日，王朝垠赴湖南参加审定毛泽东诞辰100周年征文稿，因心脏病突发，于株洲去世。

黄红斌

黄红斌（1961—1993），大专文化，中共党员，湖南双牌县人。1981年8月毕业于郴州师范，分配到黄沙坪铅锌矿技工学校，曾多次被评为优秀教师、先进工作者。1988年8月调入湖南省少管所。1992年11月，选调到郴州市（北湖区）公安局人民路派出所，任一级警司。进入公安队伍后，黄立志献身于公安事业，曾经在295天时间里，破获刑事案件18起，查处治安案件36起，调处各类纠纷24起，抓获犯罪嫌疑人员120人。1993年9月18日，郴州市公安局进行国庆保卫统一行动。零时许，人民路派出所获悉盗窃、吸毒在逃人员付卫平、张国栋等几名案犯躲藏于郴州地区水电局一家属宿舍的信息后，所长曹春林、副所长喻敏立即率黄红斌、陈志峰等7人赶赴预定地点进行搜索，经搜查，未见付卫平身影。黄红斌根据楼形判断，案犯很可能是藏匿在三楼屋顶上。为不给案犯喘息之机，他从走廊一端跃身而过，上到三楼屋顶，用手电筒照射。当电光落在41号房顶土池子处，见有一名打着赤膊、穿着短裤之人慌忙起身跳下土池就逃，他认出此人正是多次缉拿未获并负案在逃的付卫平，猛喊站住。同时，向41号房顶跳去，不幸被栏杆上一根铁丝挂住，身体失去平衡，从12米高屋顶摔到地面，当场昏死过去。副所长喻敏闻声赶到，立即派人将其送往医院，因抢救无效而身亡。年仅32岁。1994年2月3日，公安部追授予黄红斌为全国公安二级英雄模范称号。是年12月，湖南省人民政府追认其为革命烈士。

陈修河

陈修河（1917—1994），宜章县赤石团（赤石乡）人。1946年6月，陈修河毕业于中山大学文学院中文系。1948年6月参加革命，并加入中国共产党。1949年5月，任中共郴县城区区委书记，奉命从郴县回赤石筹款，就地开展工作。发动白清、三合等村贫苦农民20余人，于三合村华严寺成立游击队。5月23日，率游击队随刘亚球、李林部队驻赤石乡，成立军事管制委员会，陈修河任主任，是解放战争时期宜章县第一个基层红色政权。不久，军管会更名为宜章县赤石路东办事处，下设武工大队，陈任大队长兼政委。6月，武工大队改编为“粤赣湘边区人民解放军湘南游击司令部第四大队”，对外仍称武工大队，陈修河任大队长。9月22日，敌暂编二〇〇师从郴州经平和，分三路包围赤石解放区，寻找湘南支队主力作战。为甩开敌人，更好地打击敌人，湘南支队主力战略转移至路西一带，由赤石路东办事处武工大队阻击敌人。武工大队当夜转移至校场坪（新华乡），出资兴合树下，在文明、里田、桃花岭一带袭扰敌人，拖住敌军近一月，有力配合湘南支队行动，受到湘南支队司令部嘉奖。

1949年10月22日，陈部所属彭延彬中队一举解放宜章县城。11月1日，陈修河任宜章县人民政府办事处副主任。12月1日，宜章县人民政府成立，他任副县长。1950年2月，蒙受错误处理，安排到中学任教。“文化大革命”期间，回农村劳动。1978年10月落实政策，分配到郴州市（北湖区）三中任教。从1982年5月起，落实政治待遇，先后任政协郴州市（北湖区）第一、二届副主席。1986年6月离休，享受副厅级待遇。1994年1月，陈修河于郴州逝世。

刘放吾

刘放吾（1899—1994），原名刘继枢，别号不羁。桂阳县人。1926年毕业于蓝嘉联合中学。民国15年至18年（1926—1929年）进入黄埔军校第六期第一总队步兵科学习。后历任国民革命军总司令部教导队特务连排长、第五军特务营三连连长、税警总团二团二营营长、新编第三十八师上校团长、新编第七军高参等职。他作战英勇，先后参加过淞沪、武汉抗日保卫战及印缅抗战等重大战役。

1941年12月太平洋战争爆发，次年1月下旬日军为侵占东亚从泰国入侵缅甸。4月17日，入缅抗战的中国远征军新编第三十八师一一三团团长刘放吾，奉命率部驰援在缅甸仁安羌地带被日军围困已弹尽粮绝的英、缅军队。18日拂晓，先期急达仁安羌的中国远征军一一三团向日军展开猛烈攻击。刘放吾身先士卒，从容指挥，率领部队官兵协同作战，向该地宾河北岸的日军予以两翼包围攻击，反复发起两面夹击，让战局发生重大转变。经3日激战，刘放吾率部于20日以一个团的兵力击溃日军一个整编联队，迭克敌阵，迫敌弃尸700多具向马圭逃窜。是役，刘放吾之团救出受困英缅军第一师和装甲第七旅官兵7000多人，以及被困的美籍记者、传教士和家眷、被日军所俘美军战俘500余人。4月20日，也因此被英军定为“克复仁安羌解救英军日”。战功卓著的刘放吾受到表彰，旋由上校晋升为国民革命军陆军少将。

1948年12月，刘放吾奉电去台湾任陆军训练司令部高参。1954年1月退役。1977年移居美国洛杉矶。1992年4月11日，英国首相撒切尔夫人在美国芝加哥拜访已93岁高龄的中国抗日名将刘放吾，再三感谢他50年前于缅甸仁安羌解救英军的壮举。同年7月27日，美国总统乔治.布什致函感谢刘放吾。1994年6月29日刘放吾病逝于洛杉矶。

李 定

李定（1914—1994），又名李定一、关庆。永兴县高亭乡十联村人。1934年，李定考入南京中央军官学校炮科第九期，毕业后，历任国民党军排长、连长、副营长。1941年，升任国民党第五军新二十二师六十五团三营少校营长。1942年2月，随中国远征军赴缅甸，3月，参加斯瓦逐次战斗，合理部署兵力，阻敌进攻，被师长廖耀湘誉为丛林战之楷模。后战事吃紧，随部退入印度。1944年4月，参加缅北反攻战役，偷渡宛江，率部于大洛围歼侵华日军一个大队，创造0比108伤亡的战绩。6月，随部在索卡首加地区击溃日军十八师团主力，升任中校团长。

1945年9月，奉命在南京、上海接受日军投降，后转赴东北。1948年3月，升任国民党少将旅长兼本溪警备司令。是年11月，其部被解放军击溃，送哈尔滨解放团受训半年。1949年4月，遣反回家。1950年5月去台湾，因被解放军俘虏过，一直受到国民党当局冷落，行动受到监视。20世纪60年代末，台湾当局通知其参加高级官员训练班学习，后任命为“参谋总部通讯电子局”少将副局长。1973年升任国民党“马祖防卫部”中将司令，退役后任“台湾东部开发区”处长。90年代，李定先后两次回大陆探亲，关心家乡建设，热心为县志编修、家乡救灾捐款。1994年11月24日，李定于台湾病逝。

郭永昌

郭永昌（1924—1994），永兴县柏林镇马桥村人。13岁时随父亲郭通郡、伯父郭通州、叔叔郭通理到香港淘金谋生，饱受生活艰辛。多年淘金生活练就其能写会算、交朋络友、左右逢源的能力。

1947年，郭永昌携新婚妻子李清定居香港，结束往返香港和柏林奔波生活。1952年，他与伯父牵头联络在香港的柏林老乡于石硖尾创办同盛祥冶炼厂，担任经理。时值不少内地人滞留香港，郭永昌热情接济，只要是湖南人到他处，无论有无事做，一概留食宿，资助同乡盘缠，在港湘籍同乡中享有声誉。20世纪50年代，智斗香港“银子王”，成为大森洋行主要供货商和同盛祥大股东。1960年改名为永昌同盛祥。20世纪70年代，为适应现代化、国际化需要，永昌同盛祥先后更名为永昌金银冶炼公司、永宝冶炼有限公司，出任董事长。后因生意逐交儿子郭振华打理，他以此腾出更多时间从事社会工作，捐款200多万元用于社会福利事业。1982年被委任香港深水涉区议会议员，1984年被授予英国女王荣誉勋章。

郭永昌一贯关爱社会，热心家乡。曾任旅港湖南同乡会理事长、旅港永兴同乡会会长，捐资数万元购置同乡会所。1993年返乡探亲，出资39万元为家乡兴办学校。1994年郭永昌因病于香港逝世。

张牧阳

张牧阳（1919—1995），曾用名张怀湘。安仁县牌楼乡新塘村塘里湾人。1936—1938年，张牧阳先后于衡阳广湘中学和长沙华中艺术学校就读。1939—1940年，在衡山师范学校读书，任学生会主席，主持开展一系列抗日救国宣传工作，组织同学上街演讲。成立演出队，下乡巡回公演话剧，组织慰问队慰问抗日将士。1940年4月加入中共地下党组织，后被国民党政府以“存心捣乱，鼓动风潮”为由开除学籍，回到家乡。1941年，张牧阳改名考入民国大学，其间遭到国民党湖南省党部密令通缉。次年，赴重庆考取中国乡村建设师范学院，主攻教育。1945年9月毕业，曾到芷江县“湖南省立第十师范学校”、广西柳州私立大道中学柳庆师范、衡阳含章中学教书。1948年回到安仁，于私立大成中学任教导主任。同年下学期，受聘担任安仁县立初级中学教导主任，后任校长。1949年2月，被湘南工委指定任茶攸安中心区工委（后改为安仁县工委）书记，并负责发展党的地下组织，成立武装迎接全国解放。他与刘光智、乔迁等翻印革命文件，宣传党的方针政策。组织地下武装夺取松山乡政府枪支20余枝。同时，还进行统战和策反工作，团结安仁各界进步力量，瓦解敌人，配合解放军解放安仁县城。

安仁解放后，张牧阳积极参与筹钱筹粮，支援前线，动员青年报名参军。在任安仁县立初级中学校长期间，贯彻党的“向工农子弟开门”教育方针，组织全体师生下乡劝学，使学生入学率迅速上升，并主持制定学校规划蓝图，确定在老万福庵开辟新校址（一中校址）。1953年，张牧阳在政治运动中被取消党籍。次年调郴县一中任教。后因地下党冤案被错判徒刑。1958年被错划为“右派”，回家参加农业生产。1979年平反，落实政策后被安排到郴县三中任教。1983年于郴州市（北湖区）二中退休。1985年恢复党籍。退休改为离休，享受正处级待遇。1995年1月，张牧阳病逝于郴州。

刘赞廷

刘赞廷（1902—1995），原名刘参，别字赞亭，改名赞廷。永兴县人。先后就读于永兴金陵镇立小学、郴州新华私立教会学校、省立高等学校附中、湖南大学土木科，黄浦军校第四期政治科。1926年任国民革命军第十军政治部宣传员、国民党代表办公室秘书。后入湖北省建设厅道路讲习所修业，继任建设厅水利工程技工，负责洪湖修堤及阳罗筑路工程。1933年后转入军界，任第六十五师政训处少校训练员，师上校政训处长。抗日战争时期，任第四军六十师政训处长，第三战区孝、武、安、长、吴地区游击司令，第六战区政治部少将秘书主任，战区特别党部执行委员兼组训处处长。1946年任第五十八军政治部主任，徐州“剿总”政工督导团副团长。1949年任国防部少将部员，永兴县县长。同年10月在永兴向中国人民解放军投诚。1952年任湖南省政府参事室参事。1995年3月，刘赞廷于长沙逝世。

王远泽

王远泽（1929—1995），笔名王少颖。永兴县柏林镇马桥村人。年少时家贫，8岁时父母送其入私塾念书。他聪慧好学，头脑灵活，是班上唯一未挨教书先生板子之学生。小学毕业后，在母亲力主支持下，考入省立三中。中学阶段正值国难当头的抗日战争时期，他随学校东搬西迁。由于家贫交不起学费，数次面临辍学困境。幸得家乡富裕同学兼同乡李文星之家长资助，得以完成学业。后李文星成为他志同道合、相濡以沫的终身伴侣。

1950年7月，王远泽偕女友李文星一同赴广州参加高考，分别被中山大学和华南师院录取。4年后，以优异成绩毕业。1954年，分配到湖南省师范学院，讲授外国文学。20世纪60年代初，其教学进入成熟阶段，成为独当一面最年青讲师。“文化大革命”期间，耽误科研黄金时间。1978年中共十一届三中全会后，他在学术领域厚积薄发，发表40篇、共计60余万字的科研论文，先后与其他专家教授一起编写《俄国文学史》等多部高校教材及《外国文学五百题》《外国文学名著选读》《普希金论文集》《莎士比亚论文集》等多部著作，撰写学术价值较高的《果戈里》《高尔基研究》《戏剧革新家——契诃夫》《苏联文学新论》四部100万多字专著。特别是《高尔基研究》，其学术价值在国内处于领先地位，被苏联高尔基博物馆永久收藏。多年孜孜不倦探索，教学和科研硕果累累，奠定其在外国文学学术领域的地位。1984年，晋升为教授，加入中国共产党。同时，担任湖南师范学院教务处处长，主管学校教务教学工作，又带俄罗斯文学硕士研究生，为大四本科生上选修课。1985年，王远泽当选为中国作家协会会员、中国外国文学学会理事、湖南省外国文学学会会长，为学会建设付出巨大心血。1993年，荣获中华人民共和国颁发的“为发展我国高等教育事业做出突出贡献奖”，并享受国务院颁发的政府特殊津贴。

长期超负荷的教学和科研，耗尽其精力。从1985年于郴州师专讲学突发心脏病到1995年的10

年间，他三次从死亡线上被抢救过来。在生命最后三个月里，以惊人毅力，完成40余万字专著《苏联文学新论》。1995年8月23日，王远泽像往常一样凌晨5时起床，走进书房。当老伴推门叫他吃早餐时，只见他手握钢笔伏在书案前，瞌然长眠，书桌上留下他正在撰写的《日丹诺夫主义》书稿。

夏侯华生

夏侯华生（1914—1995），原名夏侯贵生。江西省吉水县人。夏侯华生1932年参加工农红军，历经井冈山第四次、第五次反围剿战斗，历任警卫员、通讯员、机枪手。在第五次反围剿战斗中负伤，后随部队离开瑞金沿罗霄山脉进入湖南桂东，欲经资兴、临武过广西。途径郴县鲁塘下鲁塘村时与国民党桂阳徐名淑部遭遇，激战时右脚膝盖骨被击碎，后由两名红军战士抬着追赶部队。在桂阳荷叶山田村陈家寒背岭上被敌人发现，为掩护夏侯华生，一位红军战士牺牲。夏侯华生右手被击断，另一位红军战士将其背到一岩洞隐藏后追赶部队而去。两天后，他爬出洞口欲寻找草药和食物时遇见桃田村邱荣贵老人。邱见是红军伤员，及时背家中细心照料，并用土方药治愈夏之枪伤。为掩人耳目，又将夏侯华生改为邱发生，村里人都密不外传。

夏侯华生康复后，想到自己已经致残，又不知部队去向，加之桃田村民热情劝慰挽留，于是在桃田村安家立业。直到中华人民共和国成立后，他才得知兄弟姐妹7位亲人先后遭国民党反动派杀害。悲痛之余想到自己能幸存下来，全靠桃田村群众，特别是邱荣贵老人搭救。一股感恩戴德之激情使其努力劳动，积极工作，与村民朝夕相处，亲密无间。村民也以“革命功臣”相待，充分信任他，曾推荐其当生产大队副大队长，在生活、生产上帮助照顾他。政府一直按政策给予其优抚优待。1995年，夏侯华生于桃田村病逝。

李森林

李森林（1910—1995），桂阳县团结圩乡人。中国农工民主党党员，湖南大学教授，博士生导师。曾任湖南省政协第五届委员，中国农工民主党湖南省委常委，湖南省数学学会常务理事。李森林酷爱数学，1932年考入武汉大学数学系。1934年从不规则的曲线中寻找规律，论文《双曲线的特性》在《科学》杂志上发表，获“高女士纪念奖”及“中国科学社”金质奖章。大学毕业后，他先后于武昌、衡阳、茶陵等地中学和广西大学任教。1954年调入中南土建学院（湖南大学），将全部精力放在研究常微分方程稳定性理论对于现代科学发展及自动控制、宇航工业、机械震动等现代工业的密切关系上，写出多篇论文在《中国科学》《科学通报》《数学学报》等刊物上发表。其中《高阶分离变量微分议程全区性稳定》论文中的四条定理为世界微分议程研究重要成果，被编入由德国著名数学家瑞兹、意大利著名数学家沙松和柯迪3人合著的《高段段线性微分方程》这部世界名著中。20世纪80年代，李森林对“求P（3）函数”“微分议程稳定性理论”“泛函微分方程”等课题研究取得重大成果，其中“泛函微分方程研究”填补中国空白。与他人合著《泛函微分布方程》一书成为国内泛函微分方程重要教材。李森林对博士生之培养总结出“重视选材，导师引路，集体配合，科研为主”经验，在省内乃至全国高校推广，培养一批硕士和博士研究生。1986年获湖南省科技进步二等奖，从1993年开始享受国务院颁发的政府特殊津贴。1995年，李森林于长沙逝世。

常波泰

常波泰（1918—1995），河南省洛阳市人。生于贫苦家庭，5岁时父病故，母改嫁，从此浪迹天涯。常波泰15岁去山西运城做工。1937年9月参加革命，抗日战争时期在贺龙领导的一二〇师师部任通讯排排长。抗战胜利后，调东北第四野战军任连指导员，在辽沈战役攻打四平一战中背部中弹，左肺切除三分之一，立大功一次，获一级解放勋章。

中华人民共和国成立前夕，常波泰响应党号召随军南下到桂阳，初任县人民法院审判主任。1960年任县人民政府民政科科长，不久被任命为桂阳县人民政府副县长，分管文化、教育、卫生，工作认真负责，吃苦耐劳，为桂阳建设事业立下功绩。1980年离休，享受副厅级待遇。1995年，常波泰于桂阳逝世。

彭太保

彭太保（1913—1995），江西省于都县人。1933年参加中国工农红军，于工人师第三团卫生部任看护员。曾参加三下福建和打南雄、战赣州、攻益都等战役。次年长征时在宜章樟桥战斗中负伤，后留在郴县大奎上山上一姓李的老百姓家养伤。伤愈后，行乞寻找党组织。1935年春，在广东坪石金鸡岭石灰窑厂与中共党组织联络站负责人李顺乃取得联系，并在该窑厂以做杂工为掩护，担任党组织通讯联络工作。1938年参加新四军，留在郴县新四军办事处，并负责特委周礼的保卫后勤工作，与周礼住万顺旅馆。同年，加入中国共产党。1939年春，受湘南特委派遣在桂阳城元善小学（城南完小）当炊事员，开展革命活动。1942年由中共桂阳县工委负责人徐行安排在招旅煤矿以炊事员身份担任地下交通员，秘密传送郴、桂间党组织文件及情报。1945年3月，日寇入侵桂阳，煤矿停办，由徐行安排在太和东庄开酒厂。其间，曾被湘南特委派往宜章寻找抗日游击武装。1947年，在郴桂党组织联络站负责郴、桂间党组织机密信件传送及与范卓、徐行等湘南党组织负责人的联系。

湖南和平解放后，彭太保历任郴县华塘铺工商联办事处主任、桂阳县供销社及商业系统基层主任、副经理、商业局工会主席、商业局副局长、党支部副书记、县革命委员会委员。1982年12月至1984年3月任政协桂阳县委员会副主席，1984年4月改任县政协党组成员。1986年5月离休，享受副厅级待遇。1995年，彭太保病逝于桂阳。

何维祺

何维祺（1917—1995），又名何大祯，曾用名贺光辉。汝城县濠头乡濠头村人。1932年4月参加中国工农红军。先后参加二万五千里长征、抗日战争、解放战争，在甘肃与国民党胡宗南部作战中英勇负伤。1948年12月，由五岭地委委员李同文介绍加入中国共产党。曾任中共庙前坳党支部副书记、湘南支队直属中队队长，参加解放汝城、桂东战斗。他从不以老革命自居，不计较个人得失，服从组织安排，干一行爱一行，并干好一行。历任文明区公所特派员、县公安局秘书股副股长、高村河坝工程指挥部指挥长、汝桂县石磨岭工程筹备处负责人、城郊抽水机站站长、水利管理股股长。何维祺踏遍全县山山水水，为汝城水电建设奋斗30余年。其为人清正廉洁，平易谦和，生活俭朴。

1989年12月离职休养，1991年6月享受副专员级待遇。1995年患咽喉癌住院，不愿住干部病房而住普通病房，叫医生不用贵重药品，临终前要求组织从简处理后事。1995年，何维祺于郴州病逝。

朱志元

朱志元(1911—1995)，汝城县附城乡东溪村人。1938年加入中国共产党。曾任中共水东支部书记、中共汝城县委组织部部长、汝城地下党桂林支部负责人。大革命时期，组织革命活动，开设刻印铺，为组织提供活动经费。1942年赴重庆八路军办事处，在周恩来部下工作。同年随周恩来到延安，被派往山西《抗战日报》社从事抗日宣传。领导见他会篆刻，派其仿制敌人各种证件，让战士们打入敌占区。其制作的证件，惟妙惟肖，真假难分，从未失误；并培养出一批精于此道之学生。他曾作诗云："四支刀长宽二分，十年持此走风尘。翻天手段又何施，顽石拿来刻字奇。"

1949年，朱志元随军南下，历任中南局贸易部人事处处长，中国美术家协会武汉分会秘书长、武汉文联美术部主任、中国美术家协会会员。大跃进时，他不赞同"亩产万斤"浮夸风，画一幅《老牛图》，且题"老牛力倦已多年，秃顶眼花只爱眠"；又画《瘦竹图》一幅，题道"只因食肉少，画竹不能肥"。当时被认为是"右倾"问题，下放到武汉文物商店当经理。其间，他饱览古今艺术珍品，不仅提高画艺，鉴赏文物书画也很有见解。他因"画"惹祸，但从未辍笔。其时，他大画特画鸭子。因画鸭子出名，索画者络绎不绝。《春江戏鸭图》悬挂于北京人民大会堂湖北厅。几十年潜心研究历史书画流派，博采众家之长，自成风格，笔墨精妙，充满生机真趣。兰竹、花鸟、秋柳、鸣蝉，平中见奇，清丽隽永。其作品广传国内外，为许多人珍藏。1989年，湖南美术出版社出版其画集。他作为全国著名国画家，被载入《中国美术家名人辞典》。朱志元还为"两湖"历代画家作传。1995年，朱志元于武汉逝世。

王世伦

王世伦（1915—1995），河北省丰润县人。中共党员。1943年春参加抗日游击队，后参加中国人民解放军。先后转战河北、吉林、黑龙江、辽宁等地，曾任游击队事务长、解放军某部管理员。在战斗中，王冒着枪林弹雨负责部队物资供应。1948年9月，在锦州战役中冒着敌人飞机、大炮轰炸危险，保证作战部队军需物资及时供给，受到部队嘉奖。王世伦奋战沙场七载，为中国人民抗战胜利和解放战争做出贡献。

1949年春，王世伦随军南下分配在桂阳。中华人民共和国成立后，历任县税务局秘书、副局长和局长，县公安局协助员，县财贸部副部长，1962年后任县人民委员会副县长。在桂阳工作10余年，为桂阳的税收改革、社会稳定、财政建设倾注心血。1966年退休，1980年改离休，1990年享受副厅级待遇。他不顾年高体弱，仍然关心党和人民事业，多次向县委、县政府提出发展桂阳经济的合理化建议，受到好评和敬仰。1995年，王世伦于桂阳逝世。

王忠

王忠（1927—1996），安仁县清溪镇洪溪村人。中共党员。20世纪40年代参加中国人民解放军，1950年4月随部队赴朝鲜参加抗美援朝战争。1953年秋在战场上负重伤，后转入国内东北野战医院，经一月抢救治疗，他从昏迷中苏醒，但双目已失明。次年转入湖南荣军医院疗养。在疗养期间，其身体仍未完全康复，就向组织上提出要求参加工作，被分配到长沙市盲人工厂担任党支部书记兼副厂长。在他带领下，盲人工厂成为长沙市企业红旗单位。

1961年9月，王忠积极响应党的号召，带着爱人和女儿回到家乡安仁支援农业生产。他依靠村里小孩领路，点着棍子，组织生产队干部群众开荒造田，抗旱抢种抢收，带领群众学习毛泽东著作，终于夺取好收成，群众称他为“铁汉子”。1963年，党组织为照顾其身体，把他全家安排到县城居住，并任命他为城关公社居民大队政治指导员。他经常给机关、学校、居民大队和农村俱乐部作报告，讲战斗英雄故事，做群众思想政治工作。1965年农村社教期间，他自学盲文，如饥似渴地学习《毛泽东选集》，并带领群众到凤凰山开垦荒土40余亩，种植棉花等经济作物。领头创办福利企业和营业门市部，起早摸黑，不辞辛苦，被群众誉为“活着的焦裕禄”“安仁的戴笃伯”。次年6月，安仁社教总分团将其先进事迹编写成《赤胆忠心为革命——记双目失明的学习毛主席著作积极分子王忠》典型材料，上报郴州地委办公室，并印发全县各单位学习。

王忠是一位一等伤残荣誉军人，于朝鲜战场上全身受伤20多处，多次立功。1957年转业到地方后，曾先后6次出席省、地、县模范和先进代表大会，并被邀请到长沙、郴州等地作报告。1996年1月，王忠因病于安仁逝世。

王六秀

王六秀（1953—1996），女，嘉禾县行廊镇新屋场村人。1975年11月加入中国共产党。历任村民小组组长、村妇代会委员、妇代会主任、共青团支部书记、农技员。曾当选为行廊镇第四、九届党代会代表，第五、六届人民代表大会代表。先后三次被镇党委评为“优秀共产党员”。1996年6月8日下午5时许，她去蔬菜地施肥，途经一打砖留下的水坑附近时，见本村一名6岁女孩掉入坑内，正在水中挣扎，她奋不顾身，跳入三米多深水坑中抢救出落水儿童。而她终因不识水性，献出宝贵生命，年仅43岁。

王六秀始终把党和人民的利益摆在第一位，她长期无微不至地关心“五保”老人，竭力支持和帮助村民脱贫致富；见义勇为，舍己救人，是在实践党建“先锋工程”中涌现的先进典型。王六秀牺牲后，中共嘉禾县委、中共郴州市委先后追认其为“模范共产党员”，省、市妇联追授她“三八”红旗手称号。湖南省人民政府批准王六秀为烈士。对王六秀的英雄事迹，《郴州日报》《湖南日报》等报纸予以报道。嘉禾县人民政府和湖南省电视台以其优秀事迹为原型，联合摄制题为《村女》的电视剧，先后在中央和省级多家电视台播放。

邓 柏

邓柏（1923—1996），女，永兴县城关镇人。1940年，邓柏到皖南求学。1944年春，回到家乡，于环城镇中心小学任教，联络一批思想进步女青年，改选县妇女理事会，并主办《辟荆》周刊，宣传广大妇女争民主、争自由、求解放新思想。1946年秋，邓柏考入北平华北大学法律系。她积极投身于爱国民主运动，上街游行、演讲，领唱进步歌曲，结识中共地下党员刘曼华、冯树桐等同学，经过斗争锻炼和考验，1948年，由刘、冯二人介绍加入中国共产党。

1948年秋，邓柏回到永兴，联系党员黄启城、李榴华，先后多次赴香港、衡阳寻找党组织，成立“中共衡阳市工委永兴支部”，后改为“中共两衡工委直属永兴支部”，并负责宣传和组织工作。她在塘门前花萼小学创办曙光补习学校，广泛结交进步青年与开明人士，创办《沙原》和《文种》两刊物。组建中共外围组织“新民主主义青年协会”，发展30名会员，并将经过锻炼和考验的13名会员转为“新民主主义青年团”团员。1949年9月临近解放，邓柏寻找到中共湘南工委书记、湘南游击队司令员谷子元，共赴茶陵县迎接解放大军，于10月4日解放永兴。10月5日，永兴县人民办事处成立，邓柏任粮食股股长。她带头并发动群众献粮，保障解放大军后勤供应。随后，她负责全县文教工作，动员、组织、安排全县各学校开学复课，恢复正常教学秩序。

1950年3月，邓柏调衡阳市工作，后任衡阳市人民法院代理副院长。20世纪60年代初，她被派到株洲市企业单位工作，“文化大革命”期间被送进“五七”干校。虽经磨难，仍始终保持着一名共产党员之品德与情操。1978年，邓柏被派往株洲市建筑设计院，任党支部书记。她排除“左”的影响，正确贯彻落实党的知识分子政策。64岁时离职休养。1996年5月，中共湖南省委组织部明确她享受副厅级待遇。是年7月，邓柏于株洲病逝。

符俊泉

符俊泉（1929—1996），耒阳人。中专文化，中共党员。1949年春，奉湘南工委负责人谷子元指示于耒阳乡村师范学校开展革命活动，组建新民主主义青年团外围组织“阅报读书研究社”，发展两名成员，直接受耒阳党组织负责人雷天一领导。同年6月，任湘南游击队第二大队民运工作股股长，后任中队指导员，于耒阳、永兴、安仁、茶陵一带开展游击战。

湖南和平解放后，符俊泉任郴县专署政治干部训练班分队长。1950年调桂阳工作，历任文教科科员、副科长、科长，太和公社党委副书记，第一中学校长，农机局党总支教导员，县农业科学研究所党支部书记，城关镇党委书记，县委宣传部副部长、统战部副部长。1982年12月后任统战部部长，政协桂阳县第一、二届委员会副主席、党组副书记。

符俊泉在桂阳工作40余年，为桂阳基层政权建设，农业科学研究特别是杂交稻制种以及教育、宣传、统战工作做出贡献。1991年12月离休。1996年，符俊泉于桂阳逝世。

苏育芳

苏育芳（1933—1996），1933年出生于广东省普宁县一华侨商人家庭。中共党员。桂阳中学特级教师。曾任湖南省生物学会会员，郴州地区生物学会副理事长、生化学科组组长，政协桂阳县第三届委员。

1957年苏育芳从湖南师院毕业后到桂阳从教，任高中生物、化学科教员。他长期扎根教学讲台，忠于职守，严谨治学。编写25本约30万字辅导资料，制作电教视听教材30件，标本20件，模型18件，挂图50张（套），辅佐师生。其中“肾单位模型”在全国教育和湖南省物资仪器公司联合召开的新产品鉴定会上展出，经专家教授认可，省物资仪器公司批准，批量生产。“膝跳反射电动模型”等11件实验材料在全国生物教学实验教材、设备学术研究会上展出。《质壁离和演示》《肺的胀缩》等3篇论文在国家级刊物上发表，还有20篇论文在省、市级刊物发表，多篇获奖。苏育芳为桂阳教育事业做出奉献，1985年被评为“湖南省优秀教师”“湖南省职工劳动模范”。1996年，苏育芳于桂阳逝世。

何健恩

何健恩（1892—1996），汝城县土桥镇迳口村人。中共党员。1949年2月参加湘南支队。20世纪60年代初，在龙虎洞管理所工作。1962年下放回家，由土桥公社安排其任李家洞水库管理所所长。1970年，为解决灌区供水，他带领200多人奋战两年，打通3个共500米引水隧洞，开凿石渠2千米，增加集雨面积1.2平方千米，将洞背水库水引至李家洞水库，年增蓄水量8万立方米，保证灌区供水。1996年，对李家洞、横洞水库枢纽按“75·8”雨型标准进行加固改造。1978年8月，何健恩出席全国水利管理先进代表大会，受到水电部表彰。1980年被评为湖南省农业科学技术劳动模范。1985年2月，中共汝城县委研究决定恢复其干籍退休。郴州地委组织部同意其参加革命工作时间从1949年2月参加湘南支队之日算起，定为离休干部。1996年，何健恩于汝城病逝。

雷惠质

雷惠质（1921—1996），女。嘉禾县行廊镇小湖村人。1946年湖北农学院毕业后，就职于湖南省农业改进所病虫害组。中华人民共和国成立后，历任湖南省农业科学院植保系副主任、农技师，植保所虫害研究室主任、植保所正副所长，院技术顾问、研究员。是全国政协第五、六届委员会委员，湖南省第五届人民代表大会代表，中国植物保护学会第二、三、四届副理事长，中国农学会常务理事，湖南省植保学会理事长，省昆虫学会常务理事，省自然科学研究系列高级职称评审员会委员。

1956年，雷惠质利用“ASDT”抗源，培育出高抗褐飞虱的高产优质水稻新品种“晚籼1号”，累计种植33.3多万公顷，此项成果获湖南农业科技进步一等奖。1958年，带领工作小组赴宜章县蹲点，一干三年，使这个多虫害之县连续三年未发生虫灾，水稻获得丰收，被国务院授予“无虫害县”称号。关于褐飞虱越冬规律问题，在中国曾出现过“天派”和“地派”之争。“天派”否定雷的“本地虫源，能在本地越冬”观点。1977年广州昆虫学会学术研讨会中，宣读40多篇论文，全是天派“迁飞说”。面对挑战，她继续深入研究。通过10多个基地反复实践，证实褐飞虱并非单一食性，进一步查实褐飞虱、伪褐飞虱、拟褐飞虱的不同活动规律，再次证实其观点正确性。1979年国务院给雷惠质颁发科技进步一等奖。同年国际水稻研究所派人前往中国参观学习，并在《水稻病虫研究》一书中，收入此科研成果。

20世纪80年代，雷惠质参加主持国家重点科学攻关项目——国家五大稻区“水稻主要病虫害综合防治技术研究”，具体负责洞庭湖区研究工作。她从农田生态系统整体出发，采取“以农田措施为其基础，抗性品种为中心，保护天敌”的综合防治技术，取得明显经济、生态和社会效益。此项研究成果获国家科技进步二等奖。她对杂交水稻病虫发生特点及抗性品种评价和利用之研究成果，处于国际先进水平。1987年，雷惠质参加在菲律宾马尼拉举行的第十一届国际植物保护学术讨论会，宣读论文《中国杂交稻害虫的种群消长》。其主要著作有《湖南水稻白翅叶蝉研究》《褐飞虱的防治研究》《扑虱灵对稻飞虱及黑尾叶蝉的药效》，参与编写《杂交稻病虫害》《中国农作物病虫害》《中国稻作学》《中国水稻病虫测报图册》《新编农药手册》《湖南森林昆虫图鉴》等。雷惠质曾4次获国家级发明奖、5次省部级科技进步奖，被评为全国“三八”红旗手，享受国务院特殊津贴。1996年，雷惠质于长沙逝世。

谭学知

谭学知（1924—1996），别名长灿。桂阳县荷叶镇人。高中文化，中共党员。1946年，毕业于长沙广益中学，次年受聘于桂阳捷卿中学任教。1948年底，秘密参与中共湘南工委负责人谷子元领导的中共地下工作。次年4月，于荷叶新塘村加入中国共产党。5月，他与欧阳显杰用计缴获原嘉事乡乡长欧阳邦权家7枝枪，武装欧阳显杰组建的游击队。此前，受党组织指派，谭学知利用家族关系，做好国民党县党部无线电台台长谭代龙的策反工作，从中获取情报提供给党组织。6月中旬，国民党湖南第三行政督察区下令通缉谭学知，连亲属也遭到国民党密探监视。同月27日，谭学知按党组织授意，集合30余人于荷叶镇潮水庙成立游击队，自任队长。几天后，游击队与中共粤北工委领导的广东西江游击队支队合并，由副司令员马林率领于荷叶一带活动。7月上旬，为杀一儆百，游击队在神堂圩捕获并处决县警察局派去侦察游击队情况的警探邓天祥。为探听县警察局兵力配备及部署情况，他令妻王水英潜伏娘家于城关当“侦探”，为桂阳城解放提供重要情报。

1950年7月，谭学知由组织介绍到湖北省教育学院学习。次年1月参军，不久被选调到北京中央警卫师政治部。1955年2月，转业到北京监狱工作。谭学知在部队及司法部门工作40余年，多次被评为先进工作者，立三等功和二等功各一次，1983年获司法部二级金星荣誉勋章一枚。1989年离休。1996年，谭学知因病于北京逝世。

胡美华

胡美华（1934—1997），湖南省茶陵县人。1958年，毕业于湖南省农业学校，留校任教。次年，于安徽农学院茶叶系进修。1962年12月，响应国家“支援开发边区”号召，调宜章县农业局工作。1980年，任县科委副主任。他根据宜章山区特点，开发茶叶生产。次年，在里田江厚茶场（新华乡）研制的“骑田银毫”茶叶，获湖南省名优茶称号。1983年，胡美华任县科委主委。1988年，被评为高级农艺师。次年，到莽山瑶族乡，投入莽山茶叶基地建设，连续工作3年。其间先后写出《莽山瑶族乡三千亩优质绿茶基地开发可行性论证报告》《莽山大叶苦丁茶开发可行性论证报告》等5篇开发优质茶叶可行性报告。县“八五”计划将莽山定为全县开发茶叶产业重点基地。从1989年起，先后为莽山瑶族乡举办技术培训班15期，培训农户500余户，撰写《幼龄茶园管理》《茶叶采摘加工》《茶树短穗扦插》《茶叶加工技术》等资料。1990年、1992年，胡美华被县政府授予“县级专业技术拔尖人才”称号，被郴州地委、行署、湖南省政协分别评为“优秀知识分子”和“全省政协工作先进个人”。1993年，他主创并由凤形坪茶场生产的“莽山雾绿”被评为郴州地区名茶，排名第一。1994年，胡美华参加研制的“莽山银翠”名茶在湖南省首届“湘茶杯”评比中获银奖。是年，全乡开发茶园总面积200公顷。1995年7月退休。1997年6月1日，胡美华因病于郴逝世。

何文平

何文平（1971—1997），永兴县龙形市乡邓家村人。1994年毕业于郴州卫校，同年10月被安排到三塘乡卫生院从事医士工作。1997年，被院方派到郴州市雷坪有色金属矿医疗点负责。同年9

月3日，雷坪矿贸易商店南杂门市部室内地表突然塌陷，何文平为抢救深陷洞中的母女俩而英勇献身，年仅26岁。何文平舍己救人的英雄事迹在永兴县引起强烈反响，中共永兴县委号召全县人民向他学习。共青团郴州市委授予何文平“舍己救人英雄”荣誉称号。

唐斌

唐斌（1921—1997），乳名仁奴。汝城县南洞乡西边山村人。14岁参加湘南红军游击独立大队，曾任勤务员、警卫员、副班长。1937年10月加入中国共产党。1945年任新四军七师二十五旅五九团一营副连长、政治指导员、连长。1949年任中国人民解放军第三野战军二十四军七一师二一一团副营长、作战参谋、参谋长。1954年任志愿军参谋学校战术教员。1956年任中国人民解放军二十一军六三师一八九团副团长。

在抗日战争和解放战争中，唐斌参加马仁渡、莱芜、莲水、郓城、淮北、孟良崮等战斗和淮海战役，屡立战功。在莱芜战斗中，负伤不下火线，英勇顽强；在淮海战役中，指挥战斗有力，荣立战功；在马仁渡战斗中，带领2名战士深入敌阵，俘敌军30人，受到团部嘉奖。1964年转业，先后任湖南省工商行政管理局副处长，郴州地区商业局副局长，中国建设银行郴州地区中心支行行长、党支部书记。1983年12月离职休养，享受副专员级待遇。1997年9月10日，唐斌病逝于长沙。

方用

方用（1914—1997），原名邓德滋。永兴县三塘乡竹溪村人。祖父曾当过程潜部队旅长，是岳云中学创办人之一。父亲做过赵恒惕任湖南省长时的监印官。方用出生时，家道已中落。幼时天资聪明，写作和书法远近闻名。1931年，入岳云中学就读初、高中。他广泛涉猎进步书刊，带领同学投身各种社会活动，思想上播下向往光明的种子。

1935年，方用当选为岳云中学学生会主席。北平“一二·九”运动爆发后，以长沙市学生领袖身份组织带领学生参加长沙爱国抗日大游行。1936年高中毕业后，由于升学之意见和父亲相左，只得暂在永兴高亭司文昌阁小学做教员。1938年7月，他和邓止怡等几名有志青年离别妻儿老小，由第十八集团军长沙办事处介绍，奔赴陕北公学延安鲁迅艺术学校学习。是年，加入中国共产党，任晋察冀边区政治干事，后任华北联大文艺学校、教育学院研究员、教育员。回延安后，任鲁迅艺术学院研究员。1944年10月，随三五九旅南下，后转至湖北大别山任随军记者、中共枣阳县区委书记、大别山五师十五旅财政科科长。1946年6月，中共湖南省地下工委负责人周里亲到湖北三五九旅，点名要有统战关系的方用到湖南做地下工作。方用以记者、教员身份先后在衡阳、宁乡、常德开展活动，并任湘西工委书记。在常德任工委书记期间，认真执行中共湖南省工委指示，发展组织，壮大武装，先后在湘西8县建立中共党支部34个，有党员409人。解放前夕，建立湖南人民解放突击总队，他兼任政治委员，共有5个大队，1100多人枪，有效地保护了当地重要设施，配合解放大军扫除残敌，清剿土匪，维持治安。

中华人民共和国成立后，方用担任常德地委委员、宣传部部长。1950年6月，任省监察委员会秘书长、副主任。1954年11月，任中共湖南省委副秘书长兼办公厅主任。1956年3月，任省委秘书长并当选为省委委员。次年7月，任湖南省人民委员会文教办主任。1958年1月，任省教育厅厅长、党组书记。他以身作则，不谋私利。1959年9月，牵涉到所谓“彭黄张周”右倾反党集团之中，被撤销省委委员、省教育厅厅长职务，下放到某国营农场当副场长。1978 年 12 月中共十一届三中全会后，他得到平反，但工作未落实。在黄克诚、王首道过问下，1981 年 9 月，安排到省社会科学院任副院长。次年 4 月，任省政府文教办副主任。1983 年 11 月，任省顾问委员会筹备组文教部小组成员。1985 年 12 月，主动向组织申请离职休养。1997 年方用病逝于长沙。

曹定文

曹定文（1927—1997），永兴县柏林镇柏林村人。1947 年春考入省立三中。1950 年考入湖南大学工厂管理系，任学习和宣传部部长。1953 年秋，随全国院系调整到中南财经学院工业经济系纺织专业。次年毕业分配到纺织工业部基建局计划处工作。1958 年，下放到河南农村劳动锻炼，被评为劳动模范。次年返回纺织出版社编辑部。1961 年，在纺织工业部人事司，从事党内申诉案件调查工作。1969 年，参加湖北化纤厂筹备，任生产指挥部党支部副书记兼计划组组长。1978 年后历任纺织工业部基建处、棉纺处、建设处等单位副处长、处长、副总经济师。其间，曾为永兴县毛巾厂立项发挥关键作用。1986 年，在《中国纺织》月刊上发表《七五期间棉纺织工业发展问题》一文，系统阐述"七五"期间绵纺工业发展遵循之原则和注意的问题，提出加强宏观控制、防止盲目发展、注重经济效益建议，并被采纳。1987 年，任中国纺织工业对外经济技术合作公司总经济师。同年 10 月被评聘为高级经济师。1993 年退休，1997 年 11 月，曹定文于北京病逝。

朱 英

朱英（1928—1997），女，汝城县附城乡东溪村人。16 岁参加革命，为汝城县地下党员。中华人民共和国成立后任湖南省妇联主任。"文化大革命"期间，下放到长沙友谊商店、南门口中山百货商店任总经理。"文化大革命"结束后，复任湖南省妇联主任，并任省政协委员。1990 年离休。1997 年，朱英于长沙病逝。

李克如

李克如（1904—1998），又名开寓。郴县（苏仙区）良田人。1926 年 4 月参加农民运动。同年 5 月加入中国共产党。大革命失败后，遭国民党当局通缉，潜往衡阳做地下革命工作。

1927 年任中共郴县第二区区委书记。1928 年参加湘南起义，任农军第七师一团党代表。同年 4 月，率农军转移到井冈山，任红四军十一师三十三团党代表、第三十一团连党代表、红五军军委委员、第一纵队二大队党代表。参与保卫井冈山革命根据地斗争。1933 年赴南昌做情报工作。次年 2 月因叛徒出卖被捕入狱。第二次国共合作时，出狱去延安。1938 年 5 月任军委总政宣传部编辑股股长。1942 年派至太行区武北工作队工作。1943 年 8 月入中共中央北方局太行分局党校学习。1945—1948 年，先后任第一二九师参训队政治委员、抗日军政大学第六分校政治部主任、晋冀豫军政大学政治部主任、华北军政大学政治部副主任。

中华人民共和国成立后，任华北军区空军政治部主任。1952 年 5 月，参与组建海军航空兵部队，任副政治委员兼政治部主任。1956 年转业地方任国家体委办公室主任，北京体育学院办公室主任，甘肃省农业大学校长兼党委书记。"文化大革命"中遭批斗，停职审查，后平反。1974 年后任甘肃省第四届政协副主席、第五届人大常委会副主任。1998 年 2 月 16 日，李克如于北京病逝。

邓昊明

邓昊明（1904—1998），又名裕斌、光汉、邓亮。永兴县碧塘乡湘洲村人。1919 年春，考入衡阳私立成章中学。“五四”运动爆发后，邓光汉接触进步民主思想，阅读大量进步书刊。同时，发挥其演讲天赋，登台宣传新文化运动，被选为代表，成为湘南学生联合会执行委员，后又被选为湖南省学生联合会委员。1923 年，以优异成绩毕业，回乡当乡村小学教师。1924 年夏，邓光汉改名邓亮，考入北平中国大学法律系，次年回乡与李仙桃完婚。

1926 年，“四一二”反革命政变后，邓亮组织中国大学内国民党左派人士，秘密进行反对新、老军阀活动，遭到反动当局搜捕。次年秋，他逃离北平，赴武汉，结识中共创史人之一、武汉大学教授李达，第一次接触马克思主义理论。1928 年 2 月，邓亮夫妇参加湘南起义。后复入中国大学，开始探索中国出路，决心成立一个反帝、反封建、反蒋介石的政治团体，走“第三条道路”。他利用学联临时主席身份，于北平各高校宣传“第三条道路”思想。1928 年 9 月，邓亮召集 24 位青年于中国大学西花园举行会议，正式成立政治组织——“本社”。1930 年，邓亮结识邓演达，遂将“本社”并入中国国民党临时行动委员会。

1933 年，因为政见纷争，邓亮改名邓昊明，投笔从戎，赴广西李宗仁、白崇禧处，向李、白二人面陈持久抗日、建设新广西主张，先后担任《南方杂志》总编，南宁军校政治教官。1937 年 12 月，他途经武汉时，第一次面见周恩来、董必武，了解中共全民抗战路线、纲领、政策。1939 年 1 月，邓昊明升任安徽省第六行政专区专员兼泾县县长。上任后即拜访新四军领导叶挺、项英，表达军民合作、共同抗日愿望，并与新四军密切往来，配合抗日部队，开展敌后游击战。“皖南事变”后，对国民党彻底失望的邓昊明辞去官职，定居南京。1947 年春，他与许闻天、高宗尚、陈惕庐等于南京成立“孙文主义革命同盟”。主张与共产党合作，反对蒋介石独裁统治。他利用与桂系军队联系密切之优势，将工作重点放在动员李宗仁公开“联共反蒋”。同年，他利用“孙文主义革命同盟”，协助李宗仁竞选副总统成功。1948 年，邓昊明与南京中共党组织负责人史永、李益之取得联系，策反国民党御林军——王晏清的九十七师。1949 年 3 月 24 日，王晏清提前起义，御林军倒戈，国民党军队士气受到沉重打击。

1949 年 9 月，邓昊明出席全国政协一届会议。20 世纪 50 年代初，先后担任政务院参事，南京市政协副主席，南京市人民委员会委员兼建设局局长，江苏省人民委员会委员兼交通厅厅长。主持修复被日军炸毁的秦淮河上长干桥，为南京市、江苏省交通建设事业付出大量心血。同时，负责农工民主党南京市和苏南党务整理，筹建农工党江苏省组织，先后任农工党南京市主任委员、江苏省第一届委员会主任委员。1957 年，邓昊明被错误划成“右派”，撤销所有领导职务，下放到企业和街道。“文化大革命”中，受到不公正待遇。1978 年，邓昊明重新走上江苏省政协和农工党领导岗位，先后当选为第五届全国政协委员、江苏省政协副主席、农工党江苏省主任委员，农工党中央第八、九届委员会常委。1998 年 3 月 28 日，邓昊明于南京病逝。

曹里怀

曹里怀（1909—1998），原名李槐。资兴县七里乡（资兴市七里镇）下洞曹家村人。中国人民解放军高级将领。

1928年1月参加湘南起义，后随部队上井冈山。同年4月加入中国共产党。从1929年起，任红四军连党代表、军部参谋，红三军第七师作战科科长、师参谋长、代理师长。1933年入红军大学学习。同年冬任少共国际师师长。次年6月任红五军团参谋长。参加中央革命根据地历次反“围剿”。长征中担任全军后卫，掩护红军主力突围。红一、四方面军会师后，任红四方面军司令部第一局局长，因拥护北上抗日，被张国焘撤销职务和开除党籍。不久恢复党籍，任红军大学教员，高级干部指挥科科长。1936年10月到达延安后，任抗日军政大学第四、第六队队长。抗日战争爆发后，任八路军留守兵团参谋处副处长、处长、参谋长，参与组织固守黄河西岸千里防线，保卫陕甘宁边区。1943年8月任冀鲁豫军区参谋长。解放战争时期，任长春卫戍司令员，长春军分区司令员，率部参加农安、前郭尔罗斯等地剿匪。1947年2月起，任东北民主联军独立第三师师长，东北野战军第六纵队、第一纵队副司令员兼参谋长，第三十八军副军长兼参谋长，第四十七军军长，参与指挥辽沈、平津、西南战役。1949年9月下旬，率部进驻湘西，执行剿匪任务。

中华人民共和国成立后，任第四十七军军长兼湘西军区司令员，指挥所部剿灭国民党残余武装和土匪。1951年4月率部赴朝鲜作战，参与指挥天德山、夜月山等阻击战，粉碎美军秋季攻势，被授予朝鲜民主主义人民共和国国旗勋章。1952年回国后，任中南军区空军司令员。1962年兼任航空产品定型委员会主任，参与领导多种飞机、导弹等航空装备的研制和定型工作。1955年授中将军衔。获一级八一勋章、一级独立自由勋章、一级解放勋章、一级红星功勋荣誉章。是中共第九、十、十一届中央委员。1982年、1987年被选为中共中央顾问委员会委员。1998年5月19日，曹里怀于北京病逝。

曾　志

曾志（1911—1998），女，原名曾昭学。宜章县近城团城厢镇汪家冲（今属城关镇）人。

1924年秋，考入湖南衡阳省立第三女子师范学校。在校积极参加反对旧礼教、反对男女不平等、反对官僚军阀活动。1926年8月，考入湖南衡阳农民运动讲习所，报名时改名“曾志”。同年10月，加入中国共产党。为成为一名彻底的革命者，曾志给母亲写信，并在彭镜秋帮助下，坚决解除父母包办婚约。

1927年春，曾志从讲习所毕业，任中共衡阳地委组织部干事。不久她与中共衡阳地委组织部部长夏明震结婚。同年，赴郴州开展地下工作，夏明震任中共郴州中心县委书记，曾志任秘书长。次年1月，曾志参加湘南起义。同年3月，夏明震于郴州“反白事件”中牺牲。不久，曾志调任工农革命军第七师党委办公室秘书，与党代表蔡协民结婚，并一起上井冈山。先后任红四军后方总医院党支部书记、红四军组织科干事、红四军前委工农运动委员会民运股股长、妇女组组长。参加著名的黄洋界保卫战。红四军返回瑞金，部分干部存在军队应独立于政党之外的单纯军事思想，毛泽东受到排斥，离开前委领导岗位。这时，拥护毛泽东的曾志，也受到排挤。1929年，离开井冈山，先后任共青团闽西特委书记，厦门、福州中心市委秘书长，闽南特委组织部部长，福安中心县委委员，闽东特委组织部部长，福霞县县委书记。

1934年5月，蔡协民被叛徒出卖牺牲。在厦门，她和陶铸以夫妻名义一起开展革命工作，随着感情加深结为夫妻。1935年春，组织安排曾志离开闽东到广东白区治病。1937年，先后任中共湖北临时省委妇委书记、池村农村合作训练班党支部书记兼教员。1938年10月，任荆门、当阳、远安中心县委书记。同年，闽东特委有人称曾志是“从闽东逃跑出来的”。延安整风时期，曾志便因“闽东问题”受到监禁审查。她以坚强党性、宽阔革命胸怀和坚强革命意志，背着历史包袱走过抗日战争。

1939年12月，曾志赴延安马列主义学院学习。1940年秋，任中央妇委秘书长。抗战胜利后，先后任沈阳市市委委员、铁西区区委书记、辽吉省省委委员、辽吉一地委副书记、五地委副书记，沈阳市委常委、职工部部长、沈阳市工会、妇联筹备处主任。1949年5月起，先后任武汉市军管区物质接管部副部长，中南军政委员会委员，中南局工业部副部长兼广州电业局局长、党委书记，广州市委书记，广东省委委员、常委、书记处候补书记等职。1957年1月21日，中共中央组织部同意广东省委经过两年调查和审查后作出的正式结论：“曾志历史清楚，政治上无问题。”

1966年5月，陶铸调任中共中央政治局常委、书记处常务书记，时任广州市委副书记的曾志因病请假到北京疗养。“文化大革命”开始后，陶铸与江青反革命集团进行斗争。中央专案组对曾志所谓的“闽东问题”又进行长时间的“审查”。1969年，在陶铸最后一段艰难岁月中，曾志始终支持、照顾丈夫。陶铸生前作《赠曾志》以示感激：“重上战场我亦难，感君情厚逼云端。无情白发催寒暑，蒙垢余生抑苦酸。病马也知嘶枥晚，枯葵更觉怯霜残。如烟往事俱忘却，心底无私天地宽。”

1977年12月，曾志恢复工作，任中共中央组织部副部长，协助胡耀邦开展平反冤假错案和考察培养经济、科技战线干部和人才等重要工作。1982年9月，在中共十二届党员代表大会上，当选为中共中央顾问委员会委员，并任中顾委临时党委副书记。1983年7月离休。1987年12月，回郴州参加湘南起义60周年纪念活动。1992年，曾志当选为中共第十四次全国代表大会代表。1994年10月，她回宜章参加邓中夏诞辰100周年纪念活动。1998年6月21日，曾志因病于北京去世。

张常胜

张常胜（1910—1998），河北省遵化县下院寺村人。1941年参加革命，同年3月加入中国共产党。历任遵化县六区实业助理、民政助理、副区长、区长。1947年11月起任遵化县政府财务科副科长、科长，民政科科长，教育科科长，总务秘书。1949年3月，随南下工作团到郴州任团供给股股长。同年11月，任新田县民政科科长、县政府秘书。1952年12月，任湘南森工分局副局长。1954年7月，任郴县森工分局副局长、局长。1959年，任郴州专署秘书室民政科科长。1962年，任郴州地区林业局局长。1966年，任宜章莽山国营林场党委书记。1969年，任郴州地区水泥厂党委书记。1976年6月，任郴州地区林业局副局长。1980年12月，离职休养享受副厅级待遇。

张常胜长期在林业系统工作，清正廉洁，一生艰苦朴素，在群众中树立起一名普通共产党员的良好形象。1998年8月7日，张常胜于郴州病逝。

王川飞

王川飞（1928—1998），北京市顺义县北务镇珠宝屯人。1944年2月参加革命工作，先后任北京顺义县四区民兵队队长，县公安局侦察员，二区民兵大队大队长等职。他工作中不顾个人安危，组织和带领当地民兵支援抗战前线，维护社会治安，打击国民党反动派，积极投身抗日斗争和解放战争。

1949年3月，参加南下工作团到湖南零陵地区，先后任道县二区组织委员、道县三区区委书记、零陵地委宣传部科长、组织部科长。其间在艰险的工作环境中，他多次下乡入驻农村，大力宣传党的方针政策，组织群众进行土地改革，开展镇压反革命斗争及抗美援朝、保家卫国等工作，为当地社会秩序的稳定和经济恢复做出贡献。

1954年6月，调郴州地区工作。先后任中共郴州地委组织部组织科长，中共新田县委第一书记，蓝嘉县委书记，安仁县委第一书记，郴州地委组织部副部长，地区商业局局长，地委委员、宣传部部长，地委委员、行署副专员，行署顾问等职。"文化大革命"期间，他坚信共产党的领导，努力排除"左"的干扰，支持和带领群众坚守岗位做好工作，坚持下乡办示范点促进生产发展经济。中共十一届三中全会以后，坚持实事求是的思想路线，为推进全区改革开放和经济社会发展尽职尽责。在担任郴州行署顾问期间，为全区科教文卫事业、老龄工作和关心下一代工作尽职尽力。1991年9月离职休养，享受正厅级待遇。1998年10月20日，因病在郴州逝世。

史宝珍

史宝珍（1927—1998），河北省成安县路固乡后村人。1945年8月投身抗日。解放战争期间，担任成安县三区区中队公安员、通讯员，马头镇派出所民警，土改工作队队员。1949年2月，加入中国共产党。同年南下。先后任中共郴县良田区委委员、副书记、书记。20世纪50年代初，任郴县县委组织部部长、县委副书记。1958年8月起，先后任宜章县委副书记，临武县委副书记、书记。宝珍于临武县任职12年，是中华人民共和国成立后在临武任期最长的县委领导之一。

"文化大革命"期间，史宝珍被"打倒"，经常被捆绑批斗，甚至被挂上几十斤重黑牌游街。但只要一下批斗台，就立即投身工作。1968年6月，临武连降大雨，山洪暴发，正在修建的长河水库危在旦夕。史宝珍在造反派监督下，日夜于大坝下进行超负荷劳动。别人休息了，他又被抓上台接受批斗。"文化大革命"后期，他担任郴州地区农办副主任，兼东江电站工程指挥部副指挥长、郴州地区革委会副主任。为使电站早日建成，他多次上省城、跑北京请求上级支持，并经常深入工地，及时解决困难。之后，任郴州地区行署副专员、巡视员。

1991年，史宝珍离职休养。1998年11月21日，史宝珍因病于郴去世。

刘斗辰

刘斗辰（1917—1998），又名艾卿。山西省榆次县人。1937年秋参加抗日游击队。次年加入中国共产党。随即被选送八路军政治部抗日政治学校学习，结业后由区自卫队政治委员调任中共榆次县委组织干事。1939年冬带队于杨壁宣传抗日时遭敌毒打致重伤，经组织批准回家养伤。此后，一直在榆次县高家村任党支部书记、农会主席、游击队政治指导员等职，带领游击队坚持抗战。侵华日军投降后任榆次县土改工作组组长。

中华人民共和国成立前夕，刘斗辰响应党的号召随解放大军南下。新中国成立后任耒阳县城关区区长、新田县人民法院院长、郴州专区中级人民法院副院长。1958年调入桂阳工作，先后任县人民法院院长、农业机械厂副厂长、检察院检察长、民政科科长、中共桂阳县委监察室主任、县贫下中农协会副主席。1971年退休，1981年改离休，享受副厅级待遇。1998年，刘斗辰于桂阳逝世。

李重英

李重英（1916—1998），桂阳县太和镇人。1938年于桂阳简易师范读书时，经中共桂阳县工委委员徐行介绍，加入中国共产党。后接受县工委安排，潜入国民党组织。1946年任国民党37区分部书记，利用合法身份，开展革命工作。是年10月，接到国民党县党部关于如何识别共党行动标志密令，即报告徐行后，改变行动口令姿式，为保存中共党组织实力做出贡献。湖南和平解放后，李重英先后任桂阳县农会、工会干事、副区长、县文化馆馆长、县新华书店经理、县贸易公司经理、县农副产品公司经理。1980年退休，1982年改为离休，享受副处级待遇。1998年，李重英于桂阳逝世。

李钢骨

李钢骨（1945—1998），湖南省祁阳县人。中共党员。中学高级教师。1979年，组织上同意为照顾其父生活招工到桂阳一中工作。1981年，已满36岁的李钢骨开始任教。在教学上李尽心尽责，所教高三重点班数学连续六年高考均取得好成绩，超省均8分以上，名列郴州市前茅。李钢骨视学生如亲子。学生卢庆忠参加招飞体检后不久发现乙肝呈阳性，情绪低落。他一面教育其树立信心，一面帮助精心治疗。为不耽误卢庆忠学习，李钢骨要爱人每天把药熬好，还自己买菜炒菜为其改善营养。高考后卢庆忠被空军飞行学院录取。他1992年初患胆囊炎，仍长期带病坚持满负荷工作，情系讲台，无私奉献，被人位誉为“教坛钢骨”。1995年，被评为湖南省优秀教师并记二等功。同年4月，患鼻咽癌，赴长沙治疗多次。1998年获全国“五一劳动奖章”和湖南省劳动模范荣誉。同年6月，李钢骨终因病治无效，于桂阳逝世。

谷　正

谷正（1925—1998），宜章县赤石团南塘门村（新华乡）人。1945年就读于广州知用中学，担任同学会会长。次年，参加陈修河于赤石华严寺举办的失学青年补习班，阅读进步书刊，接受革命思想。

1948年11月，谷正与中共汝（城）、桂（东）、崇（义）、资（兴）工委取得联系，担任联络站负责人，秘密串联、策划武装斗争。1949年1月，廖康、谷正根据湘南支队领导李林指示，发动群众组建革命武装。同年5月13日，廖康、谷正率40多人武装举行赤石暴动攻取赤石乡政府，缴获手枪2枝，步枪30余枝。赤石乡是全县夺取政权最早之乡，在湘南地区震动很大。15日，赤石革命武装整编为“湘南支队独立游击队”，谷正为队长，廖康为指导员。24日，谷正率领独立游击队，配合郴宜武工队和政工队和平解放瑶岗仙钨矿。30日清早，在汝城延寿乡简家桥山坳设伏，截击国民党从乐昌往汝城军车，缴获武器和军装。6月7日，参加攻打郴县良田战斗。8月，谷正调支队司令部。不久任汝城军管会文明办事处主任。10月，又调回司令部任参谋。

中华人民共和国成立后，谷正参加郴州地委工作组，先后任宜章县第六区人民政府副区长、区长，县民政科科员、副科长，宜章报社编委。1957年，被错划为“右派”，撤销职务，回乡参加劳动。1961年，摘掉“右派”帽子，安排到宜章县文化馆工作。1968年，在“文化大革命”中，又被“清洗”回农村劳动。1973年秋，恢复工作，先后任宜章六中、七中教师，轻工业局干部。1979年，谷正被平反，落实政策，恢复原工资级别。1981年，调任文化局副局长兼任文化馆馆长。1983年4月8日，任宜章县政协副主席，主管文史工作，主编第一期《宜章文史资料》。1990年离休。1998年12月谷正于宜章病逝。

胡祥生

胡祥生（1937—1998），嘉禾县盘江乡井塘村长竹洞人。1962年7月毕业于湖南师范学院中文系。同年9月起先后于嘉禾县一中、二中任教导员、副校长。1968年12月始，历任县革命委员会政治部宣传组干事、县四中革委会副主任、县革委会政治部宣传组副组长、中共嘉禾县委宣传部干事、县“五七”学校革委会主任、县一中校长、县委宣传部副部长、任中共嘉禾县委副书记、县人民政府县长，县委常委，县政协主席，县人民政府调研员。

胡祥生重视教育文化，在任县长期间，曾从县长基金中拨出10万元，输送10名高中毕业生到湖南师范学校接受县内高中教师委培；支持新建县图书馆、革命烈士纪念碑和重修珠泉亭工作。在担任县政协领导期间，做好港台同胞联谊工作，解除他们忧虑，动员“三胞”回乡观光和资助家乡建设。胡祥生从县领导岗位退下后，虽身患重病，仍关心县内各项建设事业，尽力开展调研工作，为县委和县政府当参谋。1998年12月11日，胡祥生因病医治无效于嘉禾去世。

罗开英

罗开英（1921—1998），临武县武水镇慕冲村人。1952年，罗开英响应中共中央“组织起来，发展生产”号召，组织成立全县第一个农业互助组，带领慕冲人民走共同富裕道路，被省人民委员会授予劳动模范称号。针对该村天水田多，自然条件差状况，带领社员肩挑手凿，修建六口山塘和一座小（一）型水库，为农业增产增收奠定基础。慕冲村成立党支部后，连任支部书记35年，是全县任此职最长的基层干部。他几十年如一日，忠于职守，为群众谋利益。不但重视农业生产，还注意发展多种产业，即便在“以粮为纲”，视其他产业为“旁门左道”年代，也能心系群众，致力发展其他产业。因此，村里先后建成碾米厂，成立拖拉机运输队，兴办砖厂，开创全县农村柴油机发电之先河。还组织妇女编织龙须草席，使该村农民收入水平长期走在全县前列。罗开英始终以共产党员标准要求自己，出工在前，收工在后。每次外出开会回家，脱下鞋子，卷起裤脚就下田劳动。在分配上，他总把成色好的稻谷分给社员，带谷芽的留给自己。1998年，罗开英因病于临武县武水镇去世。出殡那天，全村老少自觉加入送葬队伍。

郭名善

郭名善（1928—1999），桂东县沙田镇龙头村人。中共党员。1943年，在广东乐昌坪石读中学时就接受马克思主义。随后受共产党广东地方组织派遣，回桂东组织抗日革命武装。他变卖家产，秘密购置枪支弹药。1945年春，郭组建湘赣边抗日革命军，并自任总指挥。

1947年10月27日，郭名善在中共中央香港分局和五岭地委领导下，于桂东沙田龙头村成功举行武装起义，打响解放战争时期湖南地方游击武装斗争第一枪。同月29日，起义队伍从沙田出发，在攻下汝城集龙警察所后，于11月12日开赴五岭地委和粤赣湘边区人民解放总队驻地——广东南雄洞头进行整训。后，五岭地委和粤赣湘边区人民解放总队将这支队伍命名为粤赣湘边区人民解放总队北上先遣队，俗称湘边队，简称北上先遣队，任命郭名善为队长。整训结束后，队伍返回湘南开展游击武装斗争。至1949年年初，先遣队已具有5个大队和桂东周边各县8个武工队，人数达2000多人。另还有近3000人枪的农民武装常备队。

1949年6月16日，桂东和平解放，郭名善等人率部接管桂东县政权。桂东成为湖南省最早解放县。五岭地委先后任命他为桂东县军事管制委员会主任、县人民政府县长、中共桂东县委书记。桂东解放后，郭名善指挥部队分别开往桂东周边各县配合各县武工队作战，扩大胜利成果。同时又派人率部前往江西迎接南下解放军，受到南下解放军第十四军军长李成芳热烈欢迎。二野第四兵团司令员兼政委陈赓在吉安接见郭名善派去的部队。郭名善还前往汝城参与活捉湘南剿匪中将副司令胡凤璋战斗，将胡押至桂东沙田。郭名善在任桂东县人民政府县长、中共桂东县委书记期间，领导全县人民建立民主政权，组织农会，实行减租减息，征税征粮，支援前线；开展剿匪、反霸、镇压反革命，保证社会稳定；组织生产运动，着力恢复经济。1952年，他遭受打击和迫害，被诬为“反党集团”头子。先后任湖南省总工会宣传部副部长兼省工人文工团团长、湖南开关厂革委会主任和党委书记、长沙轮船运输公司副经理等职。在“文化大革命”中遭受严重摧残。1983年，郭名善得到平反昭雪，落实政策，从长沙调回郴州工作，先后任中共郴州地委委员、郴州地区行署常务副专员、中共郴州地委政治委员会主任、政协湖南省委员会常委，享受正厅级待遇。离休后，他仍然十分关心党的事业，继续做许多有益工作。

1999年1月15日，郭名善因心脏病突发，抢救无效，于郴州逝世。

欧阳厚芹

欧阳厚芹（1936—1999），桂阳六合乡人。1959年应征入伍，在部队任过班长，多次立功受奖。1961年加入中国共产党。1963年退伍回乡。20世纪60年代任生产队长时，组织全队社员兴修一条400米长引水渠，开荒造田，扩大耕地面积。1976年冬，又兴建犀牛塘小（二）型水库，基本改变桃下江生产队“十年九无收”干旱面貌。1978年中共十一届三中全会后，时任桃下江村民小组长的欧阳厚芹率先发动该组村民开荒造林100亩。1991年又带头办起养殖场，养狗、养鱼、养羊、养鸭和发展庭院经济，引导村民致富。先后架接高压电线、修通塘市镇至桃下江组长达4千米公路，从山上引来山涧泉水，家家户户用上自来水。

1999年2月8日上午10时，欧阳厚芹正忙着在养殖场砌水池，忽见花山垴庄后山上起火，火势乘风蔓延，危及坛山岭2万余亩林木和20多个村庄近千人生命财产安全。他急忙丢下手中活，召集全组50余人上山救火。由于风助火猛，人少面宽，直到山下村民陆续加入扑火队伍，晚上8时左右才将大火扑灭。欧阳厚芹却因身陷火海而壮烈牺牲。时年63岁。

同年2月27日，中共桂阳县委组织部、宣传部联合发出通知，号召各级党组织和全体共产党员学习欧阳厚芹为保护人民生命财产安全舍生忘死，奋不顾身的革命英雄主义精神；一心为公，勇于带领群众改变落后面貌、同奔富裕的精神。2000年，湖南省革命烈士办公室批准欧阳厚芹为革命烈士。

丁连方

丁连方（1932—1999），湖南省醴陵市人。中共党员。1949年9月参加革命工作，先后任临湘县二区团委副书记、汝城县团工委副书记、二区区委书记、县委委员。1955年2月起，历任汝城县委办主任、大坪公社党委书记、县农办主任、县农村部部长、县人民政府副县长、县委常委、汝城县革委会副主任，郴县县委书记、县革委会主任，郴州地委副书记兼郴州市（县级市）委书记，郴州行署副专员，郴州地区人大联络工作委员会主任等职务。

丁连方坚定不移地贯彻执行党的路线、方针、政策，即使在"文化大革命"中挨批受审，从未动摇政治信念。在汝城县、郴县、郴州市（北湖区）、郴州地区行署工作期间，深入基层，坚持办点，摸索经验，为改变当地面貌呕心沥血，为郴州经济社会发展作出重要贡献。在担任郴州地区人大联工委主任期间，丁连方大胆探索，于全省先行推出人大代表评议"一署两院"工作，推行执法责任制，建立村民议事会等成功作法。1994年2月离休，1999年2月，丁连方于郴州病逝。

陈士让

陈士让（1928—1999），祖籍长沙市。1938年其家毁于日军大火，全家流浪到桂阳。1949年7月于省立三师毕业，参加郴县专署行政干部训练班学习，后分配到桂阳任教。1985年，在桂阳六中所教毕业班高考时有16名学生被录取，语文单科成绩超县平均分数，全县文科总分第一、二名者均为他所教学生。为鼓励学生学习科学文化，把组织上补发"文化大革命"中扣发5年的工资1768元献给学校设立"燕子奖学金"，奖励给获县级以上学科竞赛奖师生。1983年已55岁的陈士让加入中国共产党，实现多年政治夙愿。由于长期超负荷工作，过度劳累，引发心脏病。1984年当选县第九届人民代表大会代表，3月在县参加第九届人民代表大会时，心脏病突然发作，领导安排其住院治疗，时值开学之际，带的又是高中毕业班，他只上医院拿点药即回学校工作。

1985年年初，陈病情越发严重，学校领导迫其赴长沙治疗，因高考在即，病未痊愈又回学校忙碌。1986年，获"全国教育系统劳动模范"荣誉，1988年，中共湖南省委授予其"优秀共产党员"称号。1999年5月，陈士让因心脏病突发，抢救无效于桂阳逝世。

高微芳

高微芳（1908—1999），1908年11月出生于贫苦家庭，陕西省靖边县青阳岔乡天子介村人。10岁时父亲去世。为生活所迫，14岁和长兄外出谋生，到安塞县做长工。1935年10月，在安塞参加中国工农红军。1936年12月加入中国共产党。曾任靖边独立团副班长、独立旅班长、华北五十二旅某排排长、中国人民解放军第四十六军一六三师四〇六团副连长、连长等职。参加过保卫延安战斗。在南泥湾大生产运动中，完成任务出色，获"劳动模范"称号。在抗日战争中英勇战斗，多次受到嘉奖。解放战争中，参加辽沈战役、平津战役和渡江战役，手臂、手腕、小腿和下巴多处受伤，致使40多岁时牙齿就全部脱落。

1950年年初，高微芳由部队转业到嘉禾县工作。历任第二区区委书记兼区长、嘉禾县人民发电厂厂长、县直属机关党委书记、县总工会主席等职。他经常深入基层，关心群众生活。严于律己，宽以待人。"文化大革命"期间受到错误批判，但从不计较个人得失。参加革命工作60多年，只在母亲病危时回过一次陕北老家。在任电厂厂长期间，一次出差到西安，原打算顺便回老家探望，但因单位有事又急忙赶回电厂。离休后，随着年岁增长，身体健康状况逐日下降。但仍积极参加县委、县政府和党支部有关活动，即使拄着拐杖也不缺席会议。高微芳按时缴纳党费，住院时也要托人缴纳。关心青少年成长是高微芳一生中乐事。每逢重大节日，机关、厂矿、学校、幼儿园是他向青少年和儿童进行革命传统教育的地方。1989 年，嘉禾县关心下一代协会成立，高微芳担任顾问。

1999 年 5 月 4 日，高微芳病逝。其骨灰安葬在嘉禾县烈士陵园。

胡宗亮

胡宗亮（1944—1999），湖南省益阳市人。高中文化。中共党员。1964 年 12 月应征入伍。1976 年 3 月，以部队连长职位转业到县级郴州市公安局许家洞镇任公安特派员，1982 年 5 月任公安局交通队队长，1984 年 5 月调许家洞派出所，历任所指导员、所长。1998 年 5 月改任派出所党支部书记，1999 年 6 月任正科级侦查员，二级警督。

1999 年 8 月 13 日，郴州市发生特大洪灾。清晨 6 时，胡宗亮已坐上吉普车准备到郴州市第一人民医院治疗腰椎骨质增生，当汽车开出派出所约 200 米时，发现许家洞沿河东边街道已被洪水淹没，教导员吴娅莉和所长正带领全所民警为居民抢救财产。险情就是命令，胡宗亮立即决定推迟去医院住院治疗，带病参加抗洪抢险。上午 7 时后在排除几根被洪水冲斜的电线杆险情后，又协助三户受灾居民及时转移财产。8 时 20 分，洪水已经淹没许家洞桥桥墩，随时会漫过桥面危及桥上行人和过往车辆安全。此桥因年久失修，在洪水冲击下桥面开始出现裂缝。见此险情后，胡宗亮带领民警徐建国冲上桥头，疏散在桥上行走群众，劝阻在桥头看热闹人员，维持秩序。10 时，西头桥面出现凹陷，而桥面上仍有过往车辆和行人，胡果断找来几根杉木，在桥面两头设置障碍，封锁桥上行人、车辆通行，并与徐建国分头把守。路障虽堵住过往车辆，却堵不住行人，被疏散者又开始往桥上涌动，一批人被劝退，另一批人又涌上桥面，嗓子喊哑才总算把过往和围观群众疏散到桥两头安全地带，并及时在路障挂上三道铁丝，局势得到控制。中午 1 时，东面桥出现凹陷，2 时，与洪水搏斗 8 小时的胡宗亮没喝一口水，没吃一口饭，被雨水浸透的衣服紧贴身上，在参加抢险镇干部极力劝说下，才回去吃饭。此时，洪水已淹没桥面，桥头两端又聚焦近百人，秩序极为混乱。中午 2 时 30 分，他与教导员吴娅莉、民警何罗云见状，跑步下楼淌着齐腰深洪水赶往桥东头。桥已严重变形，三个桥墩都已开始下陷，在洪流撞击下，随时都会有倒塌危险。围观在桥东的 50 多人、桥西 40 多人不听劝阻，又都越过路障警戒线拥往桥面，情况危急。三人快步跑上桥头，强行将围观群众推出警戒线。胡宗亮、吴娅莉站立东头的桥体突然跨蹋，两人被无情洪流卷走，壮烈牺牲。1999 年 8 月 25 日，胡宗亮被中共郴州市委、市人民政府追授予“抗洪抢险”特等功臣；9 月被湖南省人民政府追认为革命烈士，9 月 30 日被公安部追授予一级英模。

吴娅莉

吴娅莉（1956—1999），女，又名吴冰洁。生于宜章县瑶岗仙钨矿，祖籍长沙市。中共党员。高中毕业后，于 1973 年 3 月下放郴县（苏仙区）马头岭乡，后招工到核工业部 711 矿工作。

1978 年 8 月，吴娅莉调入县级郴州市公安局许家洞派出所工作。1992 年后，历任许家洞派出所副教导员、教导员（副科级侦查员）三级警督。1999 年 8 月 13 日清晨六时，习惯早起的吴娅莉同以往一样，第一件事就是拿起扫帚打扫派出所室内外卫生。当她扫到大门口时，见河水涨至铁门，时间紧迫。此时，她心中想到是沿河两岸人民生命财产安全，立即丢下扫帚冲出派出所，沿街挨户敲门叫醒正在熟睡中的居民转移。6时30分，随即又跑回派出所与所长组织6名民警，分组到沿岸及河东街指挥、帮助群众转移。上午7时，洪水已肆虐街道，吴娅莉担心还有来不及转移的群众，赶紧跑到“环达”公司借来一台带斗吉普车，就近请来东风卡车、手扶拖拉机司机，与所民警一道将群众财产装车搬往派出所。即又带领全所民警趟着齐腰深洪水挨家逐户查看被困居民，几次跌倒后又顽强地爬起。所民警见她十分疲惫，劝其休息，均被谢绝。11时30分，吴娅莉猛然想起家住河边76岁高龄的孤寡大娘陈桂秀，即与所长一道带领民警前往陈大娘家，强忍曾动过大手术的极为虚弱身躯，撞开门将老人抢救出来，安置在安全地带。被吴娅莉转移抢救出来的群众，见其舍生忘死地在水中已浸泡六个小时，有的伤心落泪。13时30分，她又带领民警回所将在一楼的档案材料、电脑、电视机搬上二楼。14时10分，她心中牵挂着许家洞桥头围观群众生命安危，又同党支部书记胡宗亮、所长一道爬上办公楼顶查看灾情。见许家洞和711矿唯一的交通要道许家洞桥面聚集近百人。此时大桥已有二处下沉，随时有倒塌危险，情况十分危急。吴娅莉和胡宗亮带领民警何罗云于14时20分赶到大桥东头设置警戒线，疏散群众。部分人不听劝告仍要过桥，情急下，她连推带赶强行将50余名群众逼回警戒线外。当回过头来时，又有些群众从桥西头冲过来，吴娅莉大声呼叫：“不要过来，这里很危险！”话音刚落，随着一声巨响，大桥倒塌，吴娅莉、胡宗亮随着断桥沉入洪水中壮烈牺牲。8月25日，吴娅莉被中共郴州市委、市人民政府追授予“抗洪抢险”特等功臣；9月被湖南省人民政府追认为烈士，9月30日被公安部追授予为一级英模。

刘理国

刘理国（1963—1999），郴州市北湖区芙蓉乡梨树下村苍下岭人。他曾担任过村民小组组长、村民兵营长、村治保主任、村委会主任。连续两届当选乡人大代表。

1978年，刘理国从郴县五中初中毕业，成为村里第一个回乡务农的初中毕业生，立志改变家乡贫穷落后面貌。1991年，他被村民推选为苍下岭村村民小组组长。上任第一年克服种种困难为村里接通村民用电。1993年，梨树下村通往乡政府公路破土动工，他捐出价值2000多元水管修筑公路涵洞，将自家一台打矿用的汽油钻无偿捐出修公路用。1994年，刘理国带领村民兴修村委会到苍下岭公路，在极其恶劣自然条件下凿石砌路，历尽千辛万苦，用四年时间在山崖上凿出一条3千米长的简易公路。在苍下岭组示范下，梨树下村其他9个村民小组先后组织开山修路。

1995年，刘理国当选为村治保主任和民兵营营长。他着力整治全村社会治安，治理村民中不良习气，使一些游手好闲村民通过教育走上勤劳致富道路。在任村治保主任三年内调处各类民事、治安纠纷30起，防止民事转刑事案件3起。1997年梨树下村被评为全区安全文明村。村小学原是两层楼砖瓦板子房，年久失修，随时可能倒塌。重建学校需经费近20万元，村里无集体经济收入，他走村串户，跑乡进城，发动群众筹资献工和争取相关部门支持，经一年多努力，建成一所崭新学校。他务工200多个，未拿村里一分钱补贴，还倒贴近千元车旅费。1998年7月，刘理国当选为梨树下村村委会主任。同年，梨树下村决定采取村民集资和引进外地老板投资入股办法，兴修村水电站。为让村电站尽快上马，他挨家挨户发动村民重新修复被“8·13”特大洪灾冲毁的公路。他白天修路，晚上上门动员村民修路。1999年10月22日下午四时，刘理国匆匆吃了几口饭，就带着有病的爱人上山修路。由于缺少炸药他爬到半山腰撬崖石，突然一块松动的巨石砸下来，他不及躲闪，被巨石卷下山脚，当场牺牲，年仅36岁。

10月27日，芙蓉乡党委、乡政府在刘理国家乡梨树下村苍下岭举行追悼会。深切哀悼刘理国。2000年1月24日，北湖区委、北湖区政府作出向刘理国学习的决定，号召全区人民学习刘理国心系群众、艰苦创业、舍己为民的无私奉献精神。

何广德

何广德（1929—1999），资兴市兰市乡车官村人。中共党员。他出生贫苦农民家庭，小学毕业后以优异成绩考入本地扶伦中学。母亲病逝后辍学在家做农活。15岁时开始到广东韶关、乐昌等地去贩卖鸡蛋，然后换回食盐。后又在家帮人打工养家糊口。1949年10月，资兴解放，人民政权建立后，他积极参加兰市乡减租反霸运动。11月参加工作，被选为乡民兵中队长。次年10月，当选为兰市乡人民政府乡长，随后又参加三区土改工作队任组长。1952年6月加入中国共产党，1953年3月调县委组织部任组织员，同年7月任第三区政府副区长。1954年4月起历任中共资兴县三区委员会副书记、书记、中共资兴县委财贸部部长、县委委员。1957年2月任中共资兴县委常委、县委办主任。1958年12月任中共郴县县委办公室主任。1959年1月起，先后任中共资兴县县委副书记、县委书记。1966年3月任中共安仁县县委书记。“文化大革命”初期，他被“红卫兵”当成安仁县头号“走资派”打伤和批斗。1969年4月，何广德任汝城县革命委员会副主任。次年1月任中共汝城县委副书记。1972年7月任中共嘉禾县委副书记。次年6月任中共郴州地委委员、宣传部部长。1977年12月调任中共邵阳地委副书记兼武冈县委书记。1979年12月任邵阳地委副书记。1983年6月任邵阳行政公署副专员、地委委员。

何广德1991年2月退休，1999年12月6月于邵阳去世。

东方人

东方人（1919—2000），原名陈施仁。安仁县安平镇沿滩村人。东方人5岁时便随父参加捕鱼劳动，从此开始其艺术生涯。每逢捕鱼回家，他就情不自禁地用木炭棒在禾坪里、墙壁上画起鱼儿来。父亲早逝后，他依然捕鱼、戏鱼，不停地画鱼。当时他听说有一种“橡皮纸”，可画后擦去，擦后再画，非常羡慕。但家境贫寒买不起，为换取这种“宝贝纸”，他暗地里将母亲存放在坛中的花生种拿去换纸。在辛勤捕鱼同时，他酷爱养鱼，痴迷画鱼。15岁时，画技不断提高。后求学于江西籍国画家谢清涛，技艺日趋完善，风格别具，鱼画深得国内名家和国际友人赞誉。1963年，郭沫若在其“墨鱼画”上题词：“食鱼不及得鱼乐，得鱼不及画鱼乐。东方人先生以为然否？”赵朴初为其新作题诗：“庄子之妙意，画师能得之；一笑子非我，安知我不知？”东方人在艺术上孜孜以求，刻苦钻研。他在青岛结识许多渔民朋友，建立深厚友谊，常借渔民之鲜鱼，彻夜不眠，连夜写生，翌晨送还，不误渔民出售。他向画坛前辈李苦禅、吴作人、蒋兆如、王雪涛等学习，曾与许多画坛名家合作作画。“文化大革命”中，东方人被打成“鱼贩子”，并被剥夺作画自由。1978年中共十一届三中全会后，他得到平反，重新焕发艺术青春。除完成行政工作外，还利用业余时间泼墨作画，为国家换取外汇。20世纪80年代，他为外贸出口创作国画300余幅，尤以“鱼画”深得国际友人喜爱，并出色完成日本、美国、新加坡、马来西亚等国家和香港地区订购任务，把所得之外汇稿费全部交给国家。1983年起，用稿费和全家节衣缩食经费1.5万元，先后在河南郑州、新乡及长沙、北京、日本东京等地举办国画展，所得6万余元全部捐赠给各地儿童基金会。同时，兴办美术学校、美术学习班、美术讲座，举办各种美术展览，为国家培养一大批美术人才。1989年，东方人获“全国老有所为”精英奖，并被誉为“东方鱼画大师”。1990年他为亚运会捐助价值20余万元的巨幅国画。东方人与书画界著名艺人们共同创办中国书画函授大学，并任教授。他先后担任过中国老年书画研究会顾问、河南省美术家协会副主席、新乡市书画函授大学校长，并多次当选为新乡市人大代表和推举为市政协委员。

2000年1月3日，东方人因病于北京逝世。

胡代炜

胡代炜（1920—2000），汝城县马桥乡石泉村人。中共党员，文艺评论家。1938年参加革命。1944年毕业于延安大学财政系，曾任陕甘宁边区银行科长，中原军区文工团政治指导员等职。1949年南下湖南，历任湖南省文化局党组书记、副局长，中共邵阳地委常委兼宣传部部长，湖南省出版局副局长，中国作家协会会员，湖南省文联副主席，省顾问委员会委员。

胡代炜在延安抗战时期开始从事文艺创作，曾任大型文学期刊《芙蓉》杂志主编。发表过大量文艺理论和文艺评论文章，受到读者好评。其中《扎根在泥土里》被湖南省文联评为优秀评论奖。1988年出版专著《创作的艺术》，获湖南省社会科学优秀成果三等奖。1999年出版《当代湖南文艺评论家选集（胡代炜卷）》，湖南省委常委、宣传部部长文选德为此书作序。2000年6月胡代炜于长沙逝世。

邓厚泽

邓厚泽（1918—2000），宜章县栗源团椅子岭村杉树园（今属栗源镇）人。1938年10月，邓厚泽参加岩泉圩“战地文化服务处宜章分处”，开展抗日救亡宣传活动。4月，他以教书为掩护，以统一战线名义组织抗日救国宣传小分队，办墙报，出刊物，下乡向群众演唱抗日歌曲；自费购买《新华日报》《大众哲学》《社会发展简史》等书报，在圩场日、节假日举办读书会、故事会、时事讲演会。后被县长秦佑农以宣传“赤化”罪名拘捕，地方进步绅士担保被释放。之后，他仍然以教书为掩护坚持抗日救国宣传。当年，经刘石介绍加入中国共产党。

1940年，邓厚泽以教书和经商为掩护开展革命工作。1945年春，协助中共宜乐工委书记罗良名筹建湘粤边抗日武装，联络当地绅士名流，联合抗日，三次击溃侵华日军对明星桥之进攻。他冒着生命危险，为谷子元领导的游击队做大量联络和情报工作，支持湘南特委何大群、王来苏、朱上炯、李飞等人开展地下工作。1949年7月，任栗源武工队政治指导员、区武工队副队长，参加黄沙上章銮反击战，攻打一六北岸、笆篱曹家山和广东乳源梅花国民党交警大队，围剿小水和洛角的国民党军队，追剿逃匿白沙圩对江水的县长姚景煌等战斗。解放初期，他任土改工作组组长等职，带领工作队发动黄沙、笆篱、栗源群众进行征粮支前、民主建政、减租反霸、土地改革等各项工作。1953年2月，邓厚泽被选为县委委员，先后任县委组织部副部长、宣传部副部长。1957年，由于“左”倾影响，受到不公正待遇，下放到县一中、二中（四中）任职。1961年，调任临武县五里堆农场场长、农科所所长。他不辞辛苦，与干部职工打成一片，一道参加劳动，将农场建设成为全县农口系统先进单位。1964年1月后，先后任临武县水电局副局长、局长，他亲临长河水库工地现场办公，解决资金、技术难关，如期保质完成长河水库兴建。“文化大革命”期间，被诬陷为叛徒，挨批斗、住牛棚，但他仍然相信党、相信人民。1979年，平反恢复工作。1980年，邓厚泽离休，享受副厅级待遇。2000年7月25日，邓厚泽因病于临武逝世。

罗业文

罗业文（1959—2000），桂东县黄洞乡都辽村人。1975年从桂东县一中高中毕业后不久，在扑灭该村森林大火时不顾安危，双脚被严重烧伤，留下永久疤痕。1976年起任村民办教师。其间，他垫上每月5元的补贴费及家中卖猪的钱为学生买课本等，带领学生勤工俭学。1978年12月，罗业文参军。在部队，他先后担任班长、文化教员。1981年，被部队评为“精神文明战士”。次年10月加入中国共产党，12月退伍回乡。回乡后，有人劝罗业文再去当民办教师。他说：“那可要挤走人家。”他决心为彻底改变都辽村贫困状况而尽力。1989年，罗业文担任都辽村党支部书记。上任不久，他联合高桥、东水两村共建高桥电站，结束3村村民世代用松枝、竹片照明历史。1992年，罗业文四处求援，争取到县以工代赈办立项支持，带领村民修通从沤菜村至都辽村11千米公路，建桥梁3座。2000年，罗率领村民修通该村辣菜组和中心组两条总长3千米公路，同时完成岭背组人畜引水工程。并根据都辽村海拔高、气温低特点，引导村民调整产业结构，实施“种稻改种药”，全村种植药材100余亩。争取资金18万余元，对高桥电站进行技术改造，其所增电能用于发展村加工业。

罗业文长年为集体操劳，往往耽搁家中农活。为修路，他毁掉自家100余株已成材的木本药材，拆掉自家牛栏。他会木工活，却抽不出时间为所住土砖房铺上楼板。而学校急需课桌，就把锯好的木板捐给学校做课桌。有小学生因交不起学费辍学，罗到其家劝学，并为学生筹措学费。战友约他外出做生意，他婉言谢绝。哥哥欲外出务工挣钱，他硬要其留在村里修公路。一位“五保”老人去世，又恰逢罗业文岳父六十大寿，他却留在村里与村民一起为“五保”老人操办丧事。一青年因老母长年卧病不起，34岁还是单身，后与遂川一姑娘相爱，却因送不起彩礼而不能成婚。罗出面与乡亲们一道捐款捐物，为其操办好婚事。一位贩猪户收购10头肥猪运往广东被骗，而天天又有人上门追款，他筹措7000元借给贩猪户为其解围，支持他继续创业。一民办教师欲弃教经商，罗业文多次与其促膝谈心，帮助他安心留下献身山区教育事业。后这位民办教师考取东江师范成为公办教师后，仍乐意回都辽村任教。

2000年12月10日，在建好都辽村第四座公路桥拆桥模时，桥模意外倒塌，将罗业文压进江底。罗业文不幸以身殉职，时年41岁。12月14日，中共桂东县委作出决定，追授罗业文为“模范共产党员”“优秀党支部书记”，号召全县党员干部向罗业文学习。

胡昭程

胡昭程（1948—2000），桂东县寨口乡寨口村人。1966年5月于桂东县一中加入共青团，1969年10月参加教育工作，1970年9月被推荐至郴州师专学习，1972年7月毕业，先后于寨口小学、寨口中学、桂东六中（桥头中学）任教。1975年2月于桂东县六中加入中国共产党，后调县教学辅导站，曾任县教育局教学仪器站站长。1983年12月起，先后任县教育局副局长、县教委副主任、县教育局党组书记、县教育局局长、县政府助理调研员。曾连续被当选为中共桂东县第六、第七、第八届委员会委员。

在工作中，胡昭程一贯勤恳扎实。在1984—1994年间，先后7次评为县“先进工作者”并记功，其中记二等功2次。3次由郴州地区教委授予“先进教育工作者”称号，并记功1次。被郴州地区行署授予“先进教育工作者”称号，并记功。1995年，国家教委、人事部授予胡昭程“全国优秀教育工作者”称号，并由省教委、省人事厅予以记一等功。20世纪90年代，胡昭程在任县教育局局长并兼任局党组书记。他按照县委、县政府要求，以调整全县学校布局为突破口，优化教育资源配置，在撤并95所学校的同时，抢抓机遇，争取外援，累计投入建校资金7155万元，新建校舍93所，面积达13.9万平方米，改善全县办学条件，走出一条穷县办大教育好路子。在改善办学条件基础上，胡昭程带领教育局一班人，依照国家有关教育法律法规、方针、路线，认真履行管理教育职责，成功推行以校长负责制、教师聘任制、岗位责任制、结构工资制为主要内容的学校内部管理体制。狠抓九年义务教育，发展高中教育、职业教育，培养出一支高水平教师队伍。完善学校教学设施，加强对教育教学研究和管理，全县教育事业取得重大成就。1988年，全县顺利通过“普九”验收，比原计划提前两年实现基本普及九年义务教育、基本扫除青壮年文盲目标。1999年4月，中共湖南省委、省人民政府在桂东县召开“湖南省贫困地区和少数民族地区农村教育现场会”，会议总结桂东县调整学校布局、优化教育资源配置、促进教育改革和发展经验。

2000年12月21日，胡昭程因患肝癌医治无效去世，终年53岁。《光明日报》《中国教育报》《湖南日报》《郴州日报》对其先进事迹相继作详细报道，《中国教育报》以《焦裕禄式的教育局长——胡昭程》为题进行报道。中共湖南省委书记、省人大常委会主任杨正午，省委副书记、省长储波先后作出批示，将胡昭程作为“三个代表”重要思想学习教育重大典型向全省、全国推介。教育部、中共湖南省委和省人民政府、省教育厅、中共郴州市委和郴州市人民政府、中共桂东县委和县人民政府相继作出开展向胡昭程学习活动决定，号召学习其勤政为民、鞠躬尽瘁的奉献精神，脚踏实地、艰苦创业的求实精神，勇于实践、开拓进取的创新精神，生命不息、奋斗不止的拼搏精神。胡昭程事迹报告团在省、市、县作巡回报告。2001年11月29日，胡昭程先进事迹报告团在北京人民大会堂作专场报告。2003年9月，一部以胡昭程为原型的14集电视连续剧《朝霞满青山》在中央电视台八频道黄金时段播出。

张祖粮

张祖粮（1926—2000），湖南省桂阳县人。1947年7月，于湖南三师学习时加入中共领导的新民主义联盟。毕业后，参加湘南游击队，任中队指导员。1951年，转业从事教育工作。1974年9月，任临武一中校长。1984年，任协理员。他坚持原则，正直无私。在学校招生中，坚持分数面前人人均等，无论是县领导子女，还是本校教职工子女，不达分数线，照样不录取。他身为校长，但与其他老师一样，全家住房只有20多平方米。家庭人口多，实在住不下，便让小孩住学生宿舍。1977年，学校建成五层教师宿舍楼，他将分房机会让给其他老师。当年，按政策公职人员以40%比例提资调级，身为校长，他却把名额留给他人。张祖粮担负着繁重学校管理工作，却一直坚持上1~2个班数学课。到晚年，张祖粮因体质较差，癫痫病频繁发作，经常在办公室、课堂上发病，不省人事。醒来后，又继续工作。1990年离休后，他仍关心和挂念学校工作。2000年，张祖粮因病于临武去世。

郭明龙

郭明龙（1928—2000），桂东县沙田镇人。中共党员。1944年读高中时与其大哥郭名善一起发动组织“新青年读书会”，学习和传播马克思主义。

1944年秋，郭明龙受中共广东党组织派遣，从坪石回桂东参与组织“湘赣边人民抗日革命军”，负责组织和宣传工作。1946年，受组织派遣前往香港向中共中央华南分局汇报和请示工作。次年，作为主要成员发动湘赣边武装起义。起义部队编为粤赣湘边区人民解放总队北上先遣队，后改为中国人民解放军粤赣湘边纵队北上先遣队。郭在北上先遣队曾先后任第一大队代大队长、湘赣边武工队队长、政干大队队长，率部转战桂东、资兴、酃县、遂川、上犹、崇义、大余、南雄、始兴、仁化、汝城等县，并于1949年年初会同第三大队攻打汝城土桥之敌，缴获长短枪51枝，大获全胜。6月桂东解放后，中共五岭地委任命郭明龙为中共桂东县委委员、组织部部长。1951年调离桂东，在中共湖南省委党校任教员、政治经济学教研室副主任。后任湖南省教育厅高教处副处长、省经济体制改革委员会办公室主任和党组成员，副厅级。1990年离休。

郭明龙擅长字画，1998年在中央电视台举办的中老年书画赛中获二等奖，1999年在中国教育电视台书画展中获铜奖。2000年，郭明龙于长沙病逝。

李忠诚

李忠诚（1924—2001），山东省即墨县人。中共党员，1944年9月参加革命，1946年2月加入中国共产党。曾先后任即墨县武工队班长，胶东军区南海独立一团三营七连排长，山东九纵队二七师七九团八连指导员，三野战军二四一团连指导员、二七军八一师二四二团一营副教导员、三野战军二七军二四二团三连连长。其间，立二等功1次，三等功3次。1952年，曾任湘南荣军学校十七队队长。同年6月转业到桂东工作后，先后任桂东县人民银行行长、桂东县财贸部代理副部长、汝桂县计委主任、桂东县监察委员会副书记、县财贸办公室副主任、中共桂东县委员会顾问等职。1985年12月正式离休，为副师级离休干部。2001年1月18日，李忠诚因病于桂东逝世。

李洪光

李洪光（1931—2001），汝城县城郊乡横巷村人。中共党员。年少时家贫，当过印刷厂学徒、泥水小工。1954年9月，初中毕业参加工作。1955年8月，带薪入湖南省水利学校学习二年。曾任县水电局水利股长、设计室主任，县科协办、沼气办副主任、工程师，县科委副主任、副研究员、县科协副主席。当选为汝城县第七届、第八届党代会代表，县第九届人大代表，政协汝城县第五届委员会委员，中共郴州市第一届人民代表大会代表，湖南省总工会第十次代表大会代表。创造发明10项应用技术，1987年获全国自学成才奖，享受国务院特殊津贴。1993年被评为湖南省先进科技工作者。曾任国际（美国）战略研究院、科学研究院联合委员会副理事，国际（英国）剑桥大学科技管理学会会员，湖南地球物理学会理事，湖南UFO研究会副理事长。

李洪光坚持利用业余时间自学《理论力学》《微积分》《原子物理学》等20多门大学课程。

锲而不舍、潜心研究“太阳潮”理论。20世纪80年代初，他发现国家公认、经典之太阳潮对称理论有问题，提出“太阳潮属于不对称”新观点，并推导出三个应用公式，即太阳潮推固体内核离地球质心表达式、日长周年变化表达式和钱德勒非自由摆表达式。从理论上否定太阳潮对称旧说，使经典潮汐理论受到不容忽视的挑战。1989年12月，在第三届全国天地生相互关系学术讨论会上，他发表《月球绕地球属转动等天体引潮力的力学见解》。1992年提出“月球潮”理论，发表《从另一思路探讨潮汐理论定义及地球上的月球引力潮汐》。其研究成果广泛应用于气象、地震、天文、医学等领域。1994年，提出“月球潮新见解”“日、月潮引起地球旋进的力学见解”，发表《月球潮新理论在地质构造上的效应》《月球潮新理论在地球上对自然灾害的力学原理》等论文。导出地轴旋进角速度之表达方式，被学术界称为“李氏定理”。1997年，李洪光被世界名人传记（美国）总部授予“当代名人1997纪念勋章”，英国剑桥大学世界名人传记中心为其颁发“当代一等成就名人记”证书。其科研成果载入《世界二十世纪500名杰出科学家传记》《中国自学成才辞典》《中国科普作家辞典》《中国人物年鉴》《湖南省大辞典》《湖南科技大事记》等。1999年，李洪光被评为全国1000名有突出贡献的共产党员，其事迹编入《鲜红的党旗》一书；参加全国百名部长、百名专家、百名劳模座谈会，受到党和国家领导人接见。2001年1月，李洪光于汝城病逝。

邓萍

邓萍（1988—2001），女，永兴县湘阴渡镇滩头村人。2000年6月8日下午，小学五年级学生邓萍在西河附近打鱼草。湘阴渡镇滩头村邓家自然村儿童邓小华、邓忍安、邓萝华、邓细华等4人，相邀到距家约500米远的西河响水滩边野草地上玩耍。十多分钟后，邓小华不小心一脚踩空掉进河里，双手顺势紧紧抓住河边几根灌木枝，大呼救命。同伴邓忍安疾跑过来伸手拉扯邓小华，却被邓小华拉下河，并被急流卷走。邓萍听见河边传来尖厉救命声，立即甩掉背上背篓，急赶至河边，用右手紧紧拉住邓小华右手，使出浑身力气，迅速把邓小华救上岸。此时邓忍安已被急流冲离10多米。邓小华望着因上游夹口电站放闸而上涨之急流，劝阻邓萍说：“你别再去救了，太危险了。”邓萍答道：“我不去救忍安，忍安马上就会被淹死，如果他死了，我会后悔一辈子！”就又奋不顾身地跳入湍急河流中，向邓忍安游去。当邓萍靠拢邓忍安时，邓忍安已被急流冲离30余米，漂到河中央。邓萍竭尽全力托起他向岸边游。几分钟后，邓萍体力几乎耗尽，她还拼力用双腿蹬了一下邓忍安后背，随即沉入滔滔河水中。闻讯赶来之村民把邓忍安救上岸，又下河搜寻邓萍，经过三次潜入河底搜寻，终于把她救上岸，但邓萍却永远地闭上了眼睛。

邓萍为抢救两名溺水儿童献出年仅12岁生命。2001年2月，中共郴州市委、市人民政府授予她“郴州市见义勇为先进分子”称号。

黄驭白

黄驭白（1924—2001），宜章县黄沙团下章銮村（黄沙镇）人。抗日战争时期，他先后于衡阳成章中学、临武衡湘中学、桂阳新生中学、湖南省立一师、坪石中国工程人员养成所和中山大学师范学院学习。

1945年10月，黄驭白从连县中大分校到广州中山大学本部继续学习。1948年，在黄道奇等同学影响下，参加中国爱国民主运动协会中大分会。4月，在“五一〇”反饥饿、反内战游行大会中任宣传小组长，开始从事革命活动。6月，于中山大学毕业。9月，任临武韩光中学教导主任。1949年2月，转任宜章县立初级中学教员，并加入中国共产党。3月，参加北江支队，任宜章人民抗征队队长。6月，部队改编为中国人民解放军湘南支队宜章大队，任大队长，率队配合连江支队第一大队成功阻击南逃过境之国民党交通警察部队，支援宜章解放。

1950年3月，黄驭白任宜章县人民政府秘书，9月，任中共蓝山县委宣传部部长。1953年4月，任中共嘉禾中心县委常委、宣传部部长。1954年，任中共湘南区党委宣传部教育科科长，7月任《郴州群众报》社副社长，被地直机关聘请为辅导员和初级学习组理论教员。1956年秋，黄调长沙任新华社驻湖南记者站站长。1962年3月，正当外交部准备调其出国任大使时，在北京因生活作风过失受到组织处理。1967年10月，返回家乡。1979年，省、地、县联合在一六办双季杂交稻示范片，法国、孟加拉国专家先后到现场参观考察，黄驭白担任翻译。1981年，经中共郴州地委领导同意，他被重新安排工作，任郴州师专英语教师。1984年9月30日重新加入中国共产党。2001年3月13日，黄驭白于郴病逝。

谷彤云

谷彤云（1930—2001年），湖南省耒阳市人。中共党员。1951年9月参加工作，历任郴县税务局、郴县纪委和监委干事、郴县坳上公社党委书记、社长，良田区区长、良田公社党委书记、郴县县长、县委副书记。1966年9月至1969年4月因“文化大革命”蒙冤受审。1969年5月起，先后任嘉禾县革委会常委、副主任，中共嘉禾县委副书记、书记，中共郴州地委副秘书长、郴州地区行署办公室主任，中共郴州地委咨询委员会委员，中共郴州地委咨询委员会副主任。

在社会主义革命、建设和改革开放中，谷彤云认真贯彻党的路线、方针、政策，兢兢业业地为党和人民之事业工作。曾长期在基层工作，与人民群众有深厚感情。从领导岗位退下后，他仍然关注郴州经济社会发展，了解情况，主动为郴州现代化建设献计献策。在生命弥留之际，还向组织和亲人交待，不要给组织添麻烦，丧事从简。2001年5月3日病逝于郴州。

段宜武

段宜武（1961—2001），临武县城关镇人。1982年毕业于湖南师范学院物理系，后就读于广西大学物理系核物理专业，1988年获硕士学位，任教于湘潭师院。1992年任副教授。1993年调入湖南师范大学，成为享受政府特殊津贴之突出贡献专家。1994年，段宜武升为教授，并赴美国卓克索大学作访问学者。次年回国后，任湖南师大物理系主任。1998年任研究生处处长。次年，获中科院武汉物理与数学研究物理学博士学位。2000年3月，任湖南信息职业技术学院院长。宜武主要从事原子分子结构、分子少体系统非线、量子混沌、离子阱物理、原子核结构、核散射、人工量子体系、半经典量子化等方面研究，主持和参加8项国家、省部级和学校之科研课题及1项国际合作项目。成果颇丰，在国际上产生较大影响。1994年，作为访问学者赴美国DREXEI大学物理与大气科学系，与美国科学家进行合作研究。在量子力学少体物理方面，与他人合作在国际上首次提出利用形状密度方法探索量子少体系统结构和内部运动模式，并将这一方法直接运用到6He、11Li、17B等奇异核结构研究上。在分子少体理论和量子混76研究方面，于世界上首次完整地研究氢分子离子经典周期轨道，并成功地将其进行量化；进行关于化学键形成的经典力学解释，开展三体库仑系统经典力学结构基础工作，在国际上首次获得“B0A近似下的平面氢分子离子”和“PauI阱中两离子体系”薛定谔议程之精确解释；为基础量子力学研究添加新的完备集，为研究离子阱中离子之量子和经典力学奠定基础。

段宜武先后发表论文40篇，其中刊于国内核心刊物和国际著名物理杂志30篇。多次获国家教委科技进步奖。1996年，入选国家“百千万人才工程”和“湖南省跨世纪学术技术带头人”培养对象。正当他事业如日中天之际，不幸于2001年10月因车祸逝世，时年仅40岁。

彭镜秋

彭镜秋（1900—2001），女，中共党员，原名曾璞。宜章县近城团城镇（城关镇）人。1918年毕业于湖南衡阳省立第三女子师范学校。次年，回乡任县女子小学教员。同年7月，结识回宜章传播马列主义的邓中夏，接受进步思想，立志投身革命。1926年年初，她积极筹建群众组织，当选为宜章妇女协会会长。带领县妇女协会发动各阶层妇女，剪发放足，争取男女平等、婚姻自由。她帮助曾志解除包办婚约。县妇女协调会排练《包办婚姻的悲剧》《小脚女人的苦衷》两部话剧，在城隍庙戏台演出；并组织《婚姻更自由》《批判三从四德》专题演讲，上街下乡巡回宣传。1927年，赴武汉，成为中国第一批水兵。不久这批水兵加入到黄埔军校武汉分校女生队。其间，彭镜秋聆听恽代英、许德珩、茅盾等人之教诲。毕业后受组织派遣，到张发奎教导团军医处进行战地救护和文书工作，后调至叶剑英领导下的教导团任文书。同年底，她参加张太雷、叶剑英发动和领导的广州起义。1928年，于广东海陆丰任红四师第十团军需员，并加入中国共产党。在海丰，她经常参加攻打敌人碉堡之战斗。同年，革命进入低潮，为保存革命力量，根据组织决定，彭镜秋与爱人吴展（红四师十团团长）历尽艰辛，转道香港，经上海到达安徽舒城、安庆等地开展革命工作。1930年冬，彭镜秋在上海被分配到中央军委从事文书工作。1934年10月，因叛徒出卖被捕。在狱中，她坚贞不屈，经受住敌人严刑拷打，严守党的秘密，被国民党判处5年徒刑，关进南京“模范监狱”。后经组织营救出狱。次年春，于延安保育小学任党支部书记、总支委员，倾注心血培养烈士遗孤和革命后代。1941年，在延安马列主义学院和中央党校学习。1942年春，任陕甘宁边区妇联秘书长。次年，于西北党校和中央学校学习。1945年，从延安出发前往东北松江省。1946年，任松江省第一军区医院政委。

1949年3月，彭镜秋任松江省妇委书记、妇联主任。1953年，因身体不适，她主动要求从省妇联领导岗位上退下，任黑龙江省民政厅副厅长。1958年调中共中央组织部工作。“文化大革命”期间，她坚决反对林彪、江青反革命集团倒行逆施，始终相信党，立场坚定，爱憎分明，表现出一名共产党员的大无畏精神。是第三、第四、第五届全国政协委员。1982年，彭镜秋离休，享受副部级待遇。2001年11月3日，彭镜秋于北京病逝。

王启瑞

王启瑞（1912—2001），原名桂兴，化名玉兴。资兴市东江镇凉树湾村人。1928年，入黄埔军校第七期炮兵科学习。毕业后，先后于九十九军担任排长、连长、营长、团长、旅长、一五六师副师长等职。1948年12月，任青年军第二〇七师少将代理师长。1949年2月，授陆军少将。同年秋赴台湾，先后任第二〇七师师长、第六军少将副军长、第八军中将军长、“国防部”部队训练司令部第二军团中将副司令。1968年退役。2001年于台北病故。

曾昭琼

曾昭琼（1912—2001），临武县城关镇人。早年毕业于国立武汉大学法律系。1936年，赴日本东京帝国大学学习，主攻刑法学。1938年回国，先后于省立广西大学、私立朝阳学院、临武一中（曾任校长）、国立中山大学任教。中华人民共和国成立后，于中山大学继续从教，任系主任、校务委员。1953—1988年，先后于武汉大学、湖北大学、湖北财经学院、中南财经政法大学任教。是湖北省法学会名誉会长，中南财经政法大学法学教授。

曾昭琼之刑法学造诣在民国时期已驰名远扬。中华人民共和国成立后，在大学任教，主要讲授《刑法学》《刑事诉讼法学》《苏维埃刑法分则》《资产阶级刑法学》等课程。参加《法学词典》《中国大百科全书·法学卷》等书撰写。同时，致力于研究具有中国特色刑法学科体系，提出以犯罪之社会危害性为核心的刑法学科体系。在他指导下编辑出版的《犯罪构成论》一书，是国内最早系统研究中国特色犯罪构成理论之专著。2001年，曾昭琼因病于武汉去世。

欧阳纯

欧阳纯（1926—2002年），曾用名继乐、阳錞。桂阳县泗洲乡人。中共党员。1945年秋考入国立中山大学法学院。同年冬参加争民主、反内战学生运动，并加入中国共产党的外围组织——爱国民主协调会、社会科学研究会和广州地下学联，秘密从事革命活动。1949年4月转至设于香港的中共华南分局，后被派往湘粤赣边区入湘南支队。在湘南支队参加夜袭汝城文明街，解放汝城，围剿胡凤障和何康民，攻克资兴、宜章、临武、桂阳等战斗。1949年9月加入中国共产党，同年11月任郴县地委组织部组织干事，参加过征粮支前，减租反霸和土地改革运动。1952年随中共湘南区委到衡阳，任区委组织部组织员、区委农村工作组副组长、中共衡阳市委办公室主任等职。1954年4月调中南硬质合金厂，任厂办公室主任和干部科科长。1956年11月任冶金部沈阳有色金属研究所所长兼党委书记。1961年调辽宁省科学技术协会，任副部长。1963年任郴州地区专员公署办公室主任兼工交办副主任。“文化大革命”期间蒙冤遭迫害。1973年始，先后任郴州地区轻工局副局长、郴州地区经委副主任、主任，中共郴州地委副书记、地区行署专员。

欧阳纯勤政廉洁，勤奋工作；带领郴州人民大胆改革，在稳定责任制基础上发展农业，实行利改税，积极探索国有企业承包改革。1984年，他在全省率先带领全区各县（市）委书记到深圳学习取经，为郴州改革开放奠定基础。1985年6月，欧阳纯退居二线，任中共郴州地委咨询小组副组长，1991年离职休养。从领导岗位退下后，他仍然关心党的事业，协助组织开展郴州地区地方志编纂和民族及革命老区等工作。他深入农村调研拟写报告，拖着重病之躯赴长沙汇报，争取省里对郴州建设的支持。在生命弥留之际，他写下“丧事从简，遗体可供医院解剖用，骨灰撒在苏仙岭大树下作肥料，望儿孙们多为民族振兴、国家富强效力”之遗嘱，体现了一名共产党员的高风亮节。2002年4月7日，欧阳纯病逝于长沙。

朱有平

朱有平（1904—2002），出生于四川省平昌县金袭击村一贫苦农民家庭。中共党员。1933年6月于四川省巴中县参加中国工农红军，曾参加长征。1936年5月加入中国共产党。历任陕甘宁边区警备旅独立一团二营炮兵连班长，警卫旅七团代理排长，在陕甘宁边区大生产运动中，多次荣获“劳动模范”称号。解放战争时期任吉东十四旅连副指导员，第四野战军一三六师师部炮兵营三连连长、指导员。他参加过辽沈战役、平津战役。在黑山阻击战中立功受到表彰。

1949年12月，朱有平由部队转业到嘉禾县工作。历任嘉禾县第一区和第五区区长、区委书记，县民政科科长、税务局局长、人事科科长，蓝嘉县综合经理部党支部书记，嘉禾县人民医院党支部书记等职。他工作兢兢业业，作风深入。离休后，不顾年事已高，仍参加党组织和政府组织开展的有关活动。每年抽出时间到乡镇、农林场、水库进行调研，提出建设性意见。1989年，嘉禾县关心下一代协会成立，朱有平被聘为顾问。他利用重大节日，深入学校、机关、厂矿，向青少年进行革命传统教育，深受群众尊敬，多次被评为地、县关心下一代先进个人。朱有平淡泊名利，生活艰苦朴素，注重身体保健，1988年被评为全国健康老人。2002年4月9日，朱有平于嘉禾病逝。其骨灰安葬嘉禾县烈士陵园。

曹长讲

曹长讲(1926—2002)，字冠中。桂阳县清和乡人。1946年冬毕业于广东省坪石中学。1947年2月，参加徐行领导的中共外围活动，后以教师身份作掩护，负责联络和情报工作。1949年4月加入中国共产党，任党支部组织委员。二区工委成立后，任工委组织委员。同年5月粤赣湘边区人民解放军湘南游击司令部第六大队改编为中国人民解放军桂阳县大队后，曹长讲负责部队组织和宣传工作，曾冒着生命危险到湘南工委给湘南各县县长送劝降信。其间，国民党曾多次派密探跟踪，妄图将其抓捕。10月初，按党组织指示，与湘南支队派往桂阳协助工作的李显奇、唐宗晋一道组建县支前民运队，他任队长，率领民运队为桂阳的解放做出贡献。中华人民共和国成立后，曹长讲任桂阳县人民政府民政科副科长，并兼任桂阳县城区集中仓库主任。

1953年曹长讲因结核病于武汉住院，被切去左肺上、中两段和剪掉三根肋骨。出院后，被以“因病不能工作”为由而错误处理回家。在“文化大革命”期间，又受到不公正待遇。1982年2月，恢复党籍，离休后享受副处级待遇。2002年，曹长讲因病于桂阳逝世。

谷子元

谷子元（1908—2002），原名谷连，化名郭坚如。耒阳大义乡扬家冲人。1942年秋入衡阳省立第三师范学校读书，参加爱国学生运动。1927年3月加入中国共产党。大革命失败后，遭国民党当局通缉。

1928年2月参加湘南起义，任农军第三营营长。起义军上井冈山后，留在湘粤边区坚持武装斗争。1929年初任中共湘粤边工委委员、宣传部部长。1931年1月任中共湘南特委委员、宣传部长。1934年10月后，任湖南红军支队政治工作团主任，中共湘粤边工委书记，参与领导湘南游击队，在湘粤边地区的宜章、郴县、汝城等地坚持三年游击战争。1937 年游击队改编为新四军开赴抗日前线后，仍留在湘南地区，开展抗日统一战线工作，任中共湘南特委委员、桂阳县委书记、湘南特委书记。1943 年赴延安中央党校学习。1944 年 11 月随八路军南下支队南征，在湘南地区组建一支拥有 13 个大队、2 个直属中队，共 4500 人枪的游击队，任司令员兼政治委员，活动于郴县、桂阳、永兴及衡阳十几个县市，积极配合南下大军解放湘南大片土地，为郴州境区解放事业做出积极贡献。

中华人民共和国成立后，先后任湖南省监察厅厅长、省人民政府人事局局长、省政协副主席等职。1985 年离职休养。2002 年 11 月 18 日，谷子元于长沙逝世。

谢人韦

谢人韦（1912—2002），安仁县排山乡司山村人。1927 年于衡阳五中就读。1928—1935 年，于长沙省立第一师范学校和南京中央政治学校大学部财政系毕业，中央训练团“革命实践研究院”结业。其后，获国立政治大学法学学士、美国乔治华盛顿大学及范登大学研究生等学位。民国时期，他历任当涂县稽核主任、安徽芜湖税务局局长、湖南省财政厅科长、国民党中央财政部国库署科长等职。1948 年随国民党到台湾后，曾任“国库署”副署长。1958 年任“行政院”参事室第四组组长，1963 年任“行政院”主计处副主计长，1978 年任台湾“中国产物保险公司”董事长。1989 年退休后为“财政部”顾问。

谢人韦对经济财政学颇有研究，曾多次赴美国、日本、法国、瑞典等国家考察或出席会议。他在台湾金融界享有极高声誉。2002 年 12 月，谢人伟于台北病逝。

何家秀

何家秀（1919—2003），安仁县华王乡长江村高坪组人。中共党员。何家秀从小就在永兴等地做泥水匠，并参加游击活动，替游击队通风报信。1935 年 3 月正式参加湘南游击队，打土豪劣绅，曾参加袭击华王庙国民党驻军战斗，英勇杀敌，夺取枪支。1938 年初，他与游击队员共赴耒阳江头集训，后参加新四军。1938 年 10 月加入中国共产党。解放战争时期，历任淮南天高支队政治指导员，华东野战军总部前方兵战处 党总支书记，河南豫皖苏军淮阳军分区周口县大队副政委、县委委员。1951 年后，历任中南军区独立第三团副政委、团党委书记，广东粤北军区独立团副政委、团党委书记，广东省公安团副政委，团党委书记，中南军区防空雷达部队三六四营主管。1955 年被授予中国人民解放军少校军衔。1956 年转业到上海任上海海运局和平 4 号、56 号、76 号轮政委，上海海运局停航办公室党总支书记、主任。1963 年 4 月调上海船厂，先后担任厂部办公室主任、厂工会主席、厂顾问。1983 年 12 月离休，享受厅级干部待遇。

何家秀曾获三级“八一”勋章、三级“独立自由”勋章、三级解放勋章。2003 年 7 月 16 日，何家秀因病于上海逝世。

吴继尧

吴继尧（1932—2003），湖南省湘潭县人。1950 年 12 月参加工作，1952 年 9 月加入中国共产党。

1954年起，历任中共蓝山县四区区委副书记、蓝山县委组织部部长、工交部部长，嘉禾县副县长、财贸部部长，中共嘉禾县县委副书记、县长，嘉禾县委书记，郴州地区财委副主任、主任，郴州地区政协联工委副主任。

从1950年参加土改工作起，吴继尧数十年如一日，始终牢记党的宗旨，坚持解放思想、实事求是，坚持把党的方针、政策同本地区、本部门实际相结合，认真履行职责；廉洁行政，不谋私利。1992年从领导干部岗位退下后，仍然坚持用党员标准和领导干部准则规范一言一行。吴继尧1992年退休。2003年9月5日，因病于郴逝世。

欧阳雪英

欧阳雪英（1912—2003），女。祖籍湖南省茶陵县。1928年参加中国工农红军，并在江西井冈山坚持斗争。1931年，国民党反动势力围剿井冈山，丈夫周金生牺牲。为转移红军伤病员，她将出生仅12天的亲骨肉留在井冈山。丧夫遗子，加上产后极度虚弱，欧阳雪英病倒。部队将其寄托在江西省永新县一农民家养病。病稍好后欲归队，部队已不知去向，后回到茶陵老家。不久，被国民党反动势力将其抓去严刑拷打，并将她曾当童养媳的徐家严加管制。后在当地裁缝师傅谢柏寿帮助下逃出虎口，并结为夫妇，回到桂阳仁义镇刘方村。

中华人民共和国成立后，欧阳雪英积极投入社会主义革命和建设事业。1951年8月，中央人民政府南方根据地访问团到达桂阳，向欧阳雪英赠送慰问信、毛主席像及像章。1957年，桂阳县人民政府为其落实红军待遇。2003年，欧阳雪英于桂阳逝世。

黄　勇

黄勇（1926—2003），曾用名黄英亮。出生于酃县船形墟。中共党员。1945年考入衡阳扶轮中学，次年转入江西华南中学。1948年1月至1949年2月在粤汉铁路警务段及福利分会从事革命活动。1949年3月加入中国共产党，任郴州火车站中共地下党军事情报员。同年4月，参与郴州火车站爆炸事件，成功炸毁国民党军设于火车站之重要军火仓库，打破国民党企业图以南岭山脉为防线全面反击的梦想。1949年7月由郴州到安仁从事党的地下活动，与安仁地下党一道，组织武装，宣传革命，配合解放军一举解放安仁县城。1950年1月至1967年1月，他历任安仁县四区（承坪区、韩市区）副区长、区长、三区（羊际区）区长，县商业局代理局长，县农业局副局长、局长，清溪洞乡乡长、珠泉（火箭）公社管委会文化，县委调研组副组长、县农林水办公室副主任。1967年2月至1973年12月，因“文化大革命”受到冲击而停职。1974年1月起历任县农业局副局长、局长，县农村办主任、县人民政府副县长等职。1984年1月任县委顾问，仍然关心和支持安仁经济和社会事业的发展。

黄勇从20世纪50年代到80年代初，主要从事农业和农村工作。1959年组织农业技术干部于龙海公社进行土壤普查试点，改良低产田，积极防治病虫害。1963年负责在县农业局设立植物保护站（全省最早设立），抽调农技干部深入田间地头，建立清溪洞万亩水稻病虫害防治示范区。1978年冬组织技术员赴海南繁殖不育系种子，推动全县杂交稻制种工作，至1981年，全县杂交稻制种面积超万亩。其先进事迹在1981年《湖南日报》曾予以报道。2003年12月，黄勇于安仁病逝。

王桂馥

王桂馥（1916—2003），桂东县城关镇人。中共党员。1936年参加革命，并参加主力红军长征。后于南方苏区参加艰苦卓绝三年游击战争。抗日战争爆发后，随陈毅率领的新四军一支队东进江苏镇江茅山地区，在极其困难条件下，坚持八年抗战。其间，先后任新四军一支队文书、参谋，新四军十六旅四十六团作战科科长、营长兼政委，十六旅作战科科长，苏南军区后勤主任等职。解放战争时期，先后任华中军区五科科长，华中军区二梯队参谋长，华东军政大学校务部副部长、政治部秘书处处长，负责华东地区解放军干部调配、支援前线、军区机关战略转移和教育培训军政干部作风工作，参加济南、淮海、渡江作战等战役。全国解放后，任华东军区管理处副处长兼交际处处长、总后勤部油料部党委委员、运输处处长、技术处处长等职，为中苏军事合作、抗美援朝、抗美援越、中印边境反击战等做大量工作，是解放军油料工作创始人之一。王桂馥作战勇敢机智，曾三次负伤，为二等甲级残废军人。1964年正式离休，为副军职离休干部。2003年，王桂馥逝世。

周名修

周名修（1934—2004），安仁县洋际乡宜阳村人。中共党员。1951年参加工作，任安仁县二区（军潭区）政府通讯员。1952年于安仁三区（羊际区）任土改工作队队员。1953年任安仁县人民政府人事科科员。次年任安仁县委组织部干部，1958年10月起，先后任中共珠泉（火箭）人民公社委员会副书记、安仁县人委会人事监察科科长、中共龙海公社委员会书记、中共安仁县委办公室主任。1966年5月，调任中共资兴县委副书记，1968年任郴州地区革委会组织组副组长。1970年任中共临武县委副书记、县革委会第一副主任。次年8月任郴州地区革委会常委、地革委政治部副主任。1973年任中共郴州地委秘书长，1975年任中共安仁县委书记、县革委会主任。1977年任中共耒阳县委书记、县革委会主任。1988年任中共郴州地委副书记。1989年10月任政协郴州地区联络工作委员会主任。1994年退休。2004年，周名修于郴逝世。

贺英杰

贺英杰（1921—2004），安仁县华王乡五峰村雅雀岭人。年幼时于肖湾祠堂和合江小学就读。1934年3月参加赤色游击队，与唐名煌、何至龙、贺竹乃一起打土豪劣绅。1935年由唐名煌介绍加入共产主义青年团。他在华王五峰仙和灵官莽山开展游击斗争时，曾几次被敌追捕并在战斗中受伤，到耒阳进宝村袭击敌人时表现英勇。1938年4月，与王涛、谢竹峰赴耒安中心县委工作，任交通员，负责发放宣传资料。同年加入中国共产党。1938年12月，党组织介绍其到衡阳八路军办事处，次年初转至桂林八路军办事处当警卫，后任八路军总部秘书长李克农警卫员。1940年随桂林八路军办事处迁往重庆八路军办事处。次年初到达延安，于中央党校学习，1942年转至西北校。延安整风和大生产运动后，经帅孟奇委派到延安贸易公司当会计。在贸易公司勤学苦练，任过出纳、会计。次年被分配到陇东盐业公司。1946年毛泽东主席赴重庆谈判，他被派去重庆做会计及管理服务工作。次年带领100多人到南京工作，后从南京乘飞机回到延安，分配在中央组织部行政处，不久调西北军区任秘书。在保卫延安战斗中，他走遍陕甘宁边区，参加过沙家店战役、榆林战役。后随部队调山西太原、忻州，在战斗中随军两个团围歼消灭国民党一个师。1948年冬至1949年4月攻打太原时任联络科副科长，后调西北军区政策研究室任研究员，并从事过野勤办事处工作，不久调西北军西安区办事处任宣教科科长兼办事处党总支书记。

中华人民共和国成立后，英杰于1951年调兰州军区后勤部政治部任青年部副部长兼文教办公室主任。次年于兰州速成中学学习一年。学习结束后被安排到西安生产管理局。1953年于六〇一厂任党委书记。任职期间，该厂被评为先进厂，他被评为优秀党委书记，并受到毛泽东主席等中央领导人接见。1959年8月调总后勤部技术装备研究院军需技术装备研究所任政委（副军级）。1968年离休。“文化大革命”结束后，被安排到总后勤部丰台老干休养所休养。2004年10月28日，贺英杰因病于北京逝世。

梁中维

梁中维（1930—2004），湖南省耒阳人。中共党员。1949年2月于耒阳县从事中共地下工作。后在湖南省总工会干部学校学习。同年7月在耒阳县总工会工作。1959年4月，先后任湖南省总工会城镇工作部代理秘书、驻常德专区工作组副组长、郴州专区办事处副科长、科长。

从1959年5月起，先后任县级郴州市委工交部主任、副部长、部长，并被当选中共郴州市第一次代表大会代表。1964年8月至1984年1月，先后任中共郴州镇（县级镇）革委、镇委常委、副书记、镇长，中共郴州地区农业机械厂委员会书记、革委会主任，中共桂阳县委副书记、桂阳县政协主席。后调郴州市（北湖区）工作，历任中共郴州市委委员、常委、市第六届、七届人大常委会主任。其间，被当选为湖南省第六届、七届人民代表大会代表。

梁中维工作兢兢业业，任劳任怨，清正廉洁，关注民生。在任县级郴州市第六届、七届人大常委会主任和湖南省第六届、七届人大代表期间，认真履职，参与本行政区域内国家事务和社会事业管理，依法监督“一府两院”工作，力促当地经济和社会事业全面发展。

1990年4月，梁中维被中宣部办公厅、司法部办公厅评为全国普法先进个人。1993年12月离休。2004年10月，梁中维因病于郴州逝世。

周新文

周新文（1966—2004），郴州市北湖区人。1986年8月参加工作。一直工作在统计部门，先后于北湖区统计局从事投资、工业、法规、核算、综合、办公室、企调等多项工作。在平凡统计工作岗位上，周凭着强烈事业心和责任感，好学上进，刻苦钻研，练就过硬统计业务能力和顽强扎实工作作风，成为郴州市统计系统公认的业务尖子和优秀干部。1998年后，他先后三次立三等功、受一次嘉奖、被评为一次省级先进个人、两次全市统计系统先进个人，十余次区级先进个人。1999年9月加入中国共产党。2004年11月30日，于长时间劳累的工作中突发疾病，在病床上昏迷近10天。12月9日不幸去世，年仅38岁。

周新文在平凡岗位上任劳任怨，奋发工作，做出不平凡的业绩。2005年1月15日，中共北湖区区委追认周新文为优秀共产党员，区委、区政府，郴州市统计局分别作出向周新文学习决定。北湖区组织周新文先进事迹巡回报告团到各单位巡讲，在区内引起强烈反响。

郭通熊

郭通熊（1920—2005），永兴县柏林镇马桥村花屋组人。少时，郭通熊跟随别人到江西、上海、南京等地淘金。1949年随父去香港，跟人家做工，挑石头、捞河沙，后靠卖水为生。1956年前往台湾，开始从事金银冶炼行业，后到菲律宾、加拿大、新加坡等国淘金，事业渐有成就。他投资创办“双和客运公司”“大都影片冲洗公司”“永庆楼大酒店”等，任董事长、总经理，并兼任“旅台永兴同乡会”会长、董事长。

20世纪80年代初，郭通熊冲破台湾当局禁令，回大陆探亲，此后十几年间，先后为家乡建设投资和捐资数百万元。其中为湖南省第一所华侨中学——永兴华侨中学捐献10万港币，为柏林马桥小学捐资28万元，后又投资50万美元建水电站，投资280多万元兴建“永庆大酒店”。2005年1月，郭通熊病逝于台北。

孟昭鹤

孟昭鹤（1919—2005），河北省遵化县兴昭寨乡钱家屯村人。中共党员。1943年1月参加中共地下组织青年救国队，同年3月加入中国共产党，任村党支部副书记，从事地下党工作和组织抗日根据地工作。1945年起，历任遵化县十三区、二区财粮助理、二区总务助理、区长。1949年4月随中国人民解放军南下，先后任新田县粮食科、财政科科长，县财委秘书，县人民政府副县长、县委常委、县长、县委书记。他政治立场坚定，吃苦耐劳，作风正派，生活朴素。1955年1月，调任中共桂阳县委书记，后为桂阳县委副书记，汝城县委书记、汝桂县委书记、安仁县委第一书记、桂阳县委第一书记。任职期间孟善于学习，勤于思考，深入基层，联系群众。1965年12月任中共郴州地委农村政治部副主任，其间曾任青山垅水库建设指挥部指挥长。“文化大革命”期间进“五七”干校学习、下放劳动。1970年4月起，先后任郴州地区革命委员会生产指挥部农业组组长、农业局局长，郴县县委书记、县革委会主任，地区革命委员会农村办副主任。1978年4月任中共郴州地委委员、地革委副主任。后为郴州地区行政公署副专员。主管全区农业和农村工作。离休后，孟昭鹤积极为关心下一代工作奉献余热。2005年1月27日，孟昭鹤病逝于郴州。

欧阳毅

欧阳毅（1910—2005），原名欧阳德贤。中国人民解放军高级将领。中共党员。宜章县白沙团麻田村人（麻田镇）。少年时就读于家乡集新小学、郴州教会学堂。1925年就读于宜章县立初级中学。在教师李文香（中共宜章县委第一任书记）引导下，走上革命道路。次年，任学生联合会副主席。1927年加入共产主义青年团。

1928年1月，欧阳毅加入中国共产党，参加湘南起义，任白沙区苏维埃政府秘书。3月上旬，紧随宜章独立营袭击梅田之敌，登上骑田岭，经郴县廖家湾、黄家湾、折岭、五盖山到达资兴渡头，汇合郴县农民武装向东转移。4月20日，至资兴龙溪洞与毛泽东率领的秋收起义部队会合上井冈山。井冈山革命斗争初期，历任工农红军二十八团、二十九团党委秘书，红四军军委秘书、军士兵委员会秘书。1931年起，历任中华苏维埃共和国政治保卫局秘书、执行科科长、第十师党委秘书长、红五军团政治保卫局局长。他和邓发在周恩来领导下，遏制肃反扩大化。并和红五军团政委李卓然一道保护军团长董振堂，免受敌人陷害和肃反扩大化打击。

1934年10月，参加红军二万五千里长征。在红五军团任后卫。次年6月，随红五军团翻越夹金山，在懋功地区与四方面军第九军会师。7月，红军分为左右两路军。红五军团编入以四方面军为主的左路军。1936年任总指挥部一局局长、保卫部侦察部部长、总部五局局长。11月中旬，西路军于河西走廊失败，欧阳毅编入干部游击支队，队伍被打散后，他乞讨为生，流落祁连山过着“野人”生活。在绝境下仍以革命为念，千方百计过黄河，在靖远县许家湾小镇上以卖字为生。不久，经海源、固原，过泾川，奔庆阳，回到延安。

1937年10月，欧阳毅调抗大学习，在开展对张国焘逃跑主义、分裂主义批判时，蒙受冤屈，遭到批斗。次年1月，任抗大总校秘书长。2月，随周恩来赴武汉参加国民政府军事委员会政治部召开的全国政治工作会议。1939年7月10日，随抗大改称的第五纵队东进华北，突破封锁，抗击日军。1940年冬，回延安治病，毛泽东接见他并与朱德总司令为其澄清“张国焘路线者”问题，留延安任总政锄奸部副部长。1942年2月，参加延安整风。1945年4月23日，以候补代表资格参加中共七大。1948年6月，任中央社会部副部长。1950年9月，任公安部队党委委员、政治部主任。次年1月9日，任公安部队纪委书记。1955年9月27日，授予中将军衔。获一级八一勋章，一级独立自由勋章，一级解放勋章和一级红星功勋荣誉章。1957年8月，任第二炮兵部队副政委。

“文化大革命”期间，受林彪、江青反革命集团的迫害，他被隔离关押4年多，全家受株连，夫妇二人留下终身疾病。1975年5月，欧阳毅恢复工作，任第二炮兵部队第一副政委。1983年3月，当选为第六届全国人大常委会委员。1988年1月，回宜章参加湘南起义60周年纪念活动，为“宜章年关暴动指挥部旧址”开放剪彩。7月，获一级红星功勋荣誉章。2005年6月12日，欧阳毅于北京逝世。

叶家隆

叶家隆（1932—2005），高中文化，湖南省新田县人。中共党员。1950年8月参加工作。1953年7月加入中国共产党。在几十年革命生涯中，他历任共青团新田县工委副书记、供销合作总社副主任、主任、商业局局长，桂阳县财贸办主任、县委办副主任、板桥公社党委书记、县农村办主任，县委常委、县委办主任，县委副书记、县革委会副主任，宜章县委副书记、县革委会副主任、县委书记，郴州地委财贸部副部长、地区财委副主任、地委财贸部部长、地区财委主任，郴州地区政协联络工作委员会副主任、地委财贸部部长、地区财委主任。后为郴州地区政协联络工作委员会副主任。

在长期管理工作中，叶家隆认真贯彻执行党的路线、方针、政策，始终坚持用党员标准和领导干部准则严格要求自己。叶家隆1993年退休。2005年9月18日因病于郴去世。

卢全书

卢全书（1931—2005），临武县万水乡卢家村人。1957年毕业于广西医学院医疗系。后留校工作，先后任讲师、副教授、教授、硕士生导师。在临床上，擅长肝胆外科、普通外科疾病防治。1985年，他所承担的PIC（研究内容为数量遗传、分子生物学、基因组学、胚胎繁殖技术、人工授粗糙技术、基因标记技术和疾病控制净化技术等）研究获厅级科学研究成果三等奖；1991年胆道结石系列研究和1992年巨大型周围海绵状血管瘤手术治疗研究先后获得省级三等奖。

卢全书曾任广西医大附一医院大外科主任，广西壮族自治区卫生系统及广西医大高级职称评委、自治区保健组专家顾问、普外医学会常委及顾问、广西医大学部委员会委员、南宁市医学会理事。享受政府特殊津贴。是《中国医学文摘·肿瘤学》《大肠肛门病外科》杂志副主编、《广西医学》杂志编委。先后在省、部级医学期刊及美国《血管外科》杂志上发表论文49篇，译文8篇。独著、主编、合著的《外科疑难病例讨论》《中医学教材》等8部著作均已公开出版。

卢全书工作兢兢业业，先后被评为广西壮族自治区最佳医务工作者、先进教师、科技工作先进个人等。2005年，卢全书于广西自治区医学院逝世。

二、前志人物补遗

蔡 伦

蔡伦（？—121），字敬仲，生年失考，东汉桂阳郡（今湖南省耒阳市）人。

永平末年，蔡伦入洛阳皇宫为宦官。建初四年（79），为长秋宫小黄门。章和二年（88）太子肇即位为和帝，以蔡伦敦厚、耿直、忠心皇室升为中常侍，随皇帝左右，“豫参帷幄”，传达诏谕，掌理文书。和帝登位初，窦太后亲政，皇权旁落外戚窦氏家族。窦太后兄宪，弟笃、景、环并贵，依仗权势，图谋篡位，朝臣上下畏其势力而随之附和。蔡伦不惧权贵，敢于直谏，“屡犯严颜，匡弼得失”，深得和帝信任。永元四年（92），为巩固和帝统治地位，蔡伦献计和帝，收窦宪大将军印绶，更封冠军侯，令宪以侯就国，后迫令自刺，并收捕窦氏党羽，清除专权外戚，和帝为其加位尚方令。永元九年（97），蔡伦监制宫廷秘剑及各种器械，所设计、监制之器物、刀剑，精工坚密，为后世法。

古时著书立契用竹简和缣帛。竹简笨重，且制作、书写、传递、保管极为不便；缣帛用丝织成，成本昂贵；麻纸质量太差。蔡伦总结蚕妇缫丝飘絮后，竹篳上留一层薄短毛丝絮，揭下缣帛，可用于书写之经验。便改进造纸方法，实验用植物纤维造纸，收集树皮、麻头、破布、旧鱼网等做原料，在宫廷作坊施以锉、煮、浸、捣、抄，反复实验；经多方探索、多年努力，又从楮、桑、藤、竹、青檀等韧皮中提取纤维，终于造出植物纤维纸。元兴元年（105），蔡将制造过程及操作技术写成奏章，连同造出之植物纤维纸奏报朝廷。和帝大为赞赏，“帝善其能”，下令推广，时有“蔡侯纸”之称。蔡伦这一发明，成为中国古代“四大发明”之一。

元初元年（114），邓太后以蔡伦于宫廷执役数十年，且造纸有功，封为龙亭侯（封地在今陕西省汉中市洋县龙亭镇），邑 300 户。后又加封长乐太仆。

建光元年（121），安帝刘祜追查其祖母宋贵人受诬一案，以蔡伦诬陷其祖母宋贵人为由，下诏自至廷尉受审，蔡因备受耻辱，乃沐浴整衣冠，饮药而死。

释全真

释全真（729—867），又称无量寿佛，俗姓周，别号宗惠，法名全真。生于唐朝开元十六年戊辰岁十二月十二日（729 年 2 月）亥时，唐朝郴程水乡（今湖南资兴市香花乡周源山）人。自幼聪颖，天性好动。7 岁读书，吐语成珠，神悟过人，热衷于禅机玄理。743 年，于郴州城西开元寺剃度出家，后经行僧指点，到淮南径山（今杭州市北）拜当时名僧道钦禅师为师。在径山，苦心修炼，参悟禅理，寒暑从不间断。天宝七年（748），随道钦禅师赴长安晋谒玄宗皇帝。

755 年，全真离开径山云游，披经悟法，深谙禅理。云游数年后，回家探望母亲。为尽孝陪伴母亲，释全真于离家五里远之牛岭山下，盖一座草庵，取名为“静室”，于此静心修炼。他因受过玄宗皇帝接见，时乃在全国佛教界很有声望之僧人。老乡见他回乡，就于资兴城南面香山修建一座佛教道场，请其任主持；同时在周源山为他建龙居寺、广慧寺两座刹院。数年后，离开香山道场，云游各地。至德年初，释全真云游到达湘源县（今广西全州县），于湘山居住，开创“净土院”传播佛教。不久，离开“净土院”，到数十里外覆釜山（今广西全州县才湾镇定鼎岭）隐居，结庵修行。于覆釜山隐居期间，他创作大量佛教诗歌和偈语。著有《牧牛歌》《遗教经》《湘山百问》等。

唐大中五年（851），他又回湘山净土院，主持教务，恭身讲经，开演大乘教义。认为：“仁者寿，寿者静，静故万物生焉。”“以身为寿，其寿有量；而以无身为寿，则寿无穷。”唐咸通八年（867）农历二月十日，释全真于佛教“松花大会”端坐圆寂。享年138岁。其真身藏于湘山寺，明万历十五年（1587）焚化，遗骸被埋藏于妙明塔下。因其寿高德懋，法力高深，门徒众多，影响之大，去世后，远近都尊为“寿佛爷”“无量寿佛”。释全真创建的湘山寺被誉为“楚南第一禅林”，受到历代五位皇帝膜拜。

范辂

范辂（1474—1532），字以载，号三峰、质庵。1474年生，桂阳县城郊乡益道村范家人。幼时天资聪颖。13岁为痒生，22岁补廪生。明正德二年(1507)中举人。次年，父丧守孝，未赴京应会试，家居研习经典《礼记》，后应广东南韶道聘请执教。正德六年（1511）为进士，初授行人，历任御史、按察司副使、陕西布政司参政、江西赣州岭北道、江西和浙江及福建提刑按察使、福建左布政使。嘉靖十年（1531）超升宁夏巡抚。1532年在任去世，享年58岁。

范辂一生正直。初任行人，奉命前往册封纯化王，纯化王向其赠送谢金，拒收，当夜再送，他正色道：“难道我是接受黑夜贿赂之人吗？”纯化王不辞而别，愧悔不及。范辂任江西岭北道时，捐俸修建安仁县（余江县）城墙，城墙砖上有范三峰字。在江西南昌，袭封宁王之皇族朱宸濠，见武宗皇帝无子，图谋篡位夺权，范奏请皇帝选宗室贤能子弟到皇宫养教备立太子，以杜绝野心家之妄想，得到朝廷支持。他又参劾宸濠党羽镇守太监毕真及宸濠。当范辂有上奏劝阻皇帝私自外出寻欢作乐，宸濠及毕真乘机诬告范辂有“诽谤宗藩、妄议朝政”罪，将范辂逮捕于赣州，押解赴京。临行，同僚们悲叹泪下，范神色自若欣然道：“大丈夫正当如此。”宸濠惧怕，派一名武将带兵暗中追赶，意图谋害。当押解范辂之船停泊在黄茅港时，旁边已有一艘客船停泊于此。晴朗之月夜，忽起大浪，将范辂船向下游冲漂十余里。范辂到京入狱后，朝中众御史交章申救，才免遭杀害，被贬谪至四川龙州宣慰司任经历小官。后宸濠起兵谋反，为王守仁率部剿平，范辂才得以平反，官复原职。

礼部尚书范谦为范辂作传记赞曰：“公居官三十年，家无长物，仅存奉银九十两，布衣木笏，守父田九十工耳。公为人好学，励行刚方，廉洁忠义俭约，恤寡怜贫，彰善疾恶。如请谥邑人都御史朱英共为恭简赠太保，享春秋特祠，表节孝义井朱姑谥靖一，除逆党、劾贪污、却馈金、焚妖皮、勤政恤民，勋扶王室。所任都郡悉人名宦。”

明正德十四年（1519）建于益道范家之绣衣坊，是为颂扬范辂功绩而建，乃全国唯一一座保存完好并专门旌表监察御史之牌坊，被列为省级文物保护单位。

郭 远

郭远（1659—1714）字来倩，号青来。1659年生，汝城县附城乡长安村横江背人，后迁联江溪浦。自小聪明好学，博通经史，善长诗古文辞，为士林传颂。湖南省学使潘宗洛赞其为："五岭之秀尽在子矣！"为时人仰慕。

郭远虽才华横溢，名列三湘才子，却困于场屋长达30年，屡试不中。至康熙五十年（1714）才中举人，赴京考试不第。虽未登进士，其文章却与方苞等文学大师文章一起被朝廷选入全国名家范文十余种之列，作为全国学子学习范文。

郭远性格刚毅，富有正义感，遇事勇决敢为。当时苦于暴政，他与好友奔走呼吁省巡抚清理贪官污吏罪证脏物，依法论处，使一县安宁。后因事冒犯知县，被关进监狱，于狱中读书吟诗自若，自信无罪。案情上报后，学使潘宗洛知其冤枉，遂向巡抚赵恭毅请求复审，经复审，确为冤案，终于平反昭雪。他见识宏达深远，虽未做官，却力主正义，为地方做不少实事好事。当时湖南与湖北乡试考场设于湖北武昌，郭深感湖南士子赴试艰险和弊端，便屡陈巡抚，请求分建南闱于长沙。并于康熙四十一年（1702）上疏《呈请南北分闱文》陈于朝廷。雍正二年（1724），特旨准许湖南分建南闱于长沙。从此，湖南应试生员增多，乡试中试者才与湖北相当，促进湖南文化教育勃兴。

顺治初年，承接明末动乱，地方凋弊，县官所需，均由各乡里长供应。按赋税公粮苛派，人民痛苦不堪，知县鹿宾，尽革原弊端。郭远以为，里长之名不废除，贤令一走，原弊端又会恢复，并与同志之士请求县令，详细载明革除里役苛派弊端始末，立碑永禁，铲除里役苛派弊端。县学宫坍塌已久，近旁地基为军方守备署侵占，康熙五十二年（1713年）郭与何胜鹏等呈请上级官府清理，并率领士绅捐款重建。

清初，因战乱，汝城最初几届州试，仅有逃亡于郴州少数学子参与。礼部据此定为小学，每届取进童生仅八名。郭远特向学官陈述，上报巡抚申奏朝廷，于康熙四十四年（1705）恢复桂阳县学为中学，每届取进童生增至12名。

康熙五十三年（1714），郭远客死河北涿州。时年55岁。后郭远乡试之主考座师马汝为，精选整理其遗稿成册名《郭青来制艺遗稿》。郭远之子郭思齐将父著作收集整理编成《郭青来文集六卷》。存名篇有《呈请南北分闱文》《觉梦轩诗集序》《过义通山》《爱莲池有怀》《登苏仙飞升亭》等。

欧阳高拔

欧阳高拔（1822—1902），字步云。桂阳县荷叶镇人。从小务农，虎背身材，体力过人。有年，邻村新铺砌水井所用条石，每块重约350千克，从外运到井边，村民4人抬一块，高拔独自一人背一块，现古井犹在。有次秋收遇雨，高拔将盛满数担稻谷之禾桶从田里背回家。欧阳高拔在农闲时拜师习武，练就一身超人武功。44岁时投军县人魏名胜部下，奉谕驻广东坪石"讨贼"。魏在作战中负伤，部队交由欧阳高拔指挥。"贼众"呼啸围攻，欧阳高拔用大旗一挥，卷住一"贼兵"斩首后，连斩五六人，吓得围攻者狼狈退去。欧阳高拔一手举旗，一手掖着魏名胜凯旋。此后魏奉调浙江，欧阳高拔告假还乡。翌年倭寇入侵中国，欧阳高拔复投军于县人陈士杰（时任山东巡抚）部下。先是协助疏通黄河，砌筑海口，秉公办事，从不徇私贪占。后当日军乘百余艘船舰从渤海入侵山东时，为陈士杰设计退敌。因屡建奇功而名声大振，朝廷论功晋封欧阳高拔为花翎总兵，进爵二品。致仕还乡时，依然两袖清风。1902 年欧阳高拔于桂阳逝世。

方泗高

方泗高（1835—1904），清湘军将领。原名家耀，字荣光。桂东县普乐人。咸丰六年（1856）投身湘军。随军收复吉安、南康等地，入湖北，攻崇阳、通城、清溪等地，以功授六品。后随刘松山战安徽、河南。咸丰九年（1859），克东波、木洞等地，翌年又克星子市、黟县、建德等城；晋升千总，赏戴蓝翎。同治四年（1865）被授以都司加游击衔赏戴花翎。后补参将，加副将衔。同治六年（1867），授总兵衔。次年克绥德州，很受左宗棠赏识，为其请功，赏赐其为捷勇巴图鲁。同治八年（1869），随左宗棠平阿古柏叛乱，其治军有方，军纪严明，带伤参战，左宗棠保奏给其三代正一品典封，是年秋又授其建威将军与齐拉巴图鲁。同治十二年（1873）辞官回乡，光绪九年（1883）闽疆不清，外夷骚扰，闽浙总督何景，知其善战，复调其归福建，委其统带楚军桂勇中营，并营带桂勇右营。次年八月，中法甲申马江海战开始，方率部参战，拒夷贼于海外。后闽浙总督扬昌浚方于闽浙，初任巡查，后委其统带福宁练兵，协办防务。光绪三十年（1904），病逝于漳州军营，时年 69 岁。

彭遂良、彭昭

彭遂良（1879—1911），彭昭（1884—1911），生于宜章县黄沙团碕石村（今属迎春镇）。

光绪三十年（1904），彭遂良、彭昭赴长沙入民主革命先驱禹之谟所办唯一学堂（即后之湖南广益中学、湖南师大附中）读书。兄弟俩阅读《革命军》《猛回头》等革命书籍，接受反帝反封建民主革命思想，不久加入同盟会。光绪三十二年（1906），长沙各学堂师生及各界群众万余人上街游行，公葬近代民主革命家陈天华，彭遂良被推举为游行先行队队长。他走在队伍前面，带头高呼反帝反清口号。是年六月二十一日（8 月 10 日），禹之谟被清政府逮捕，彭遂良、彭昭亦被开除回乡。

光绪三十三年（1907），兄弟俩跟随同乡、同盟会会员彭邦栋开展反清革命活动。与李国桂一道，于临武、嘉禾交界处兴办东兴造纸厂，以厂为据点联络革命党人，传递情报，筹措经费。不久兄弟俩被派广东连州谭原洞一带组建一支 20 多人反清武装。宣统三年（1911），发展至 300 余人，称湘粤边区民军。彭遂良、彭昭分别任正副支队长。是年九月十二日（11 月 2 日）兄弟俩奉彭邦栋之令，率队参加宜章县城起义，并被指定为前卫部队。彭邦栋赴县衙与知县吴道晋谈判，劝其投降。清军只让彭邦栋入内，彭遂良兄弟及所带领之卫队被挡于大门外。谈判中吴道晋只答应移交文卷和库存钱粮，武器和印信随身带走，谈判僵持不下。彭氏兄弟见谈判时间已过，等候多时仍不见彭邦栋出来，担心其生命安全，遂带领卫队冲进衙内。遭清兵开枪扫射，兄弟俩应声倒下，当场牺牲。随后，城外 1000 余民军冲入县衙，解除清军武装，起义遂告胜利。

民国元年（1912），中华临时国民政府追赠彭遂良为陆军上校，彭昭为陆军中校，中央国史馆为两位烈士立传。民国二年（1913）2 月，湖南省政府将彭遂良、彭昭兄弟俩遗骨迁葬长沙岳麓山。新化县人苏鹏为其撰写碑文，铭曰：五岭之阳曰宜章，钟毓彭氏两国殇。难弟难兄昭与良，英姿磊落气吐芒。

张自得

张自得(1883—1914)，宜章县篱笆团走马丘（今属天塘乡）人。光绪三十一年（1905），考入郴县联合中学。宣统三年（1911）五月，加入中国同盟会。武昌起义爆发后，参加彭邦栋领导的宜章县城起义。

民国元年（1912），入保定军官学校学习。袁世凯窃取中华民国临时大总统后，欲复辟帝制，将全国军官学校迁入北京。张自得深明大义，反对复辟，暗中组织，以图反袁。次年3月，袁世凯派人于上海暗杀革命左派人士宋教仁，阴谋暴露。张自得借故请假离校，更名若梅，改籍贯为广东乳源。5月，他与同学数人赴江苏举义，担任统领之职，因兵弱失败。7月，返校，密谋刺杀袁世凯，不幸被密探侦破被捕，关进北京监狱。经多次提讯，未取得口供，又无确凿证据，在国会议员彭邦栋四处活动下，得以脱险。10月，自得毕业于保定军官学校，后返回家乡。

民国三年（1914）3月，张自得与李国柱等于郴桂组织武装力量，讨伐袁世凯，张任游击司命，率部攻克临武、嘉禾等县后，遭到袁氏党羽赵春霆督军猛攻，终因寡不敌众失败。张自得与部分起义骨干绕道广东连县，不幸被粤军逮捕。是年9月8日，张自得在宜章县城西门外英勇就义，时年仅31岁。

何盛林

何盛林（1867—1919），又名何道栋，字乔门，号翰廷。祖籍今北湖区鲁塘镇村头村人，系何孟春后裔。后迁至今市郊乡骆仙铺村。清光绪丁酉年（1897）考中拔贡，上副榜，被录为八旗教习（即清末八旗学堂学官）。但何未被派作学官，而是先后出任直隶（河北）深泽县、阜城县知县。因“卓有政声”，升保定府副职后执掌直隶法政学堂。“戊戌”变法时期，维新派组织学会，推动维新变法开始探索建立中国科学技术新体制之尝试。其主要表现之一就是设立学会、创办报刊。在全国各地大量建立政治性学会同时，一批以自然科学为主之学会开始出现。1898年，何盛林与罗辉山等人共同创办郴州舆算学会。1905年，加入同盟会，参与辛亥革命建立共和，当选国会湖南议员。

何盛林品性刚直，嫉恶如仇，对袁世凯篡国夺权行为深恶痛绝，公开声明反对袁称帝。后又对某些国会议员贿选曹锟为中华民国总统极为愤恨，于会议大厅讽骂贿选者为“猪仔议员”。因不耻与其为伍，愤然离京南下广州。为维护《中华民国临时约法》严肃性与权威性，他积极参与孙中山先生的护法运动，1919年年初被委任为广东大元帅府参议。中山先生欣赏其人品和能力，视为护法干将。是年年底，何盛林病逝于广州，时年52岁。孙中山从身边警卫连派员护棺送到郴州。湖南都督程潜和谭延闿专程到郴州祭拜亡灵。县政府下半旗致哀，派员将其安葬于鲁塘镇村头村一翠峦之巅。

中华人民共和国成立之初，老同盟会会员、“延安十老”之一、中央人民政府司法部副部长李木庵撰写一篇纪念何盛林之文章，被收入村头村族谱“衣冠图”中。

陈仁山

陈仁山（1889—1925）字述舜，乳名雁木。出生于宜章县篱笆团腊园陈家（今属白沙圩乡）。

民国3年（1914），陈投笔从戎，任湖南陆军模范团文书编修。民国5年（1916），参加反对袁世凯复辟帝制宣传活动。不久，入琼州军官讲武学校，民国9年（1920）毕业。次年，于云南昆明地方部队任连长。民国12年（1923），在讨伐叛军陈炯明战斗中，因带兵有方，打仗勇敢，擢升营长。当时部队驻地广东小塘村，灾情严重，他带头捐出半月薪金以救济当地灾民。移防时当地乡民以“禹稷同心”锦旗相送。此时其父在其驻地养病，他亲侍汤药，兵民皆称赞他“忠孝两全”。民国14年（1925）8月，国民革命军第三师代理师长谭曙卿特召陈仁山为该师第七团中校副团长，编入东征军。10月27日，在广东五华县华阳圩蒲草湖和马鞍山一带，陈仁山率部与陈炯明叛军大战，战斗异常激烈。陈身先士卒，被炮弹击中牺牲，时年36岁。后殓葬黄埔烈士墓，被追赠为陆军上校。

朱青勋

朱青勋（1894—1927），又名孝玥。汝城县城郊联红村人。当过店员。1926年春加入中国共产党。同年6月在本乡建立中共党支部，任支部书记，领导工农运动，组织农民自卫军和工人纠察队。1927年大革命失败后，在汝城创办农军干部训练班，培训农民自卫军骨干。6月下旬，率领由广东惠阳、潮州、梅县转战到汝城的农军共四五千人，大败桂东挨户团于沙田，推动农民运动蓬勃发展。后组建工农革命军第二师。8月中旬，在抗击国民党第十六军围攻汝城战斗中被捕牺牲，年仅33岁。

胡 襄

胡襄（1878—1928），生于宜章县白沙团麻田松柏村（今属麻田镇）。

光绪十八年（1892），胡襄赴长沙求学。光绪二十四年（1898），谭嗣同、唐才常在长沙组织“南学会”，胡襄受其影响，与学友一道上街宣传“改良朝纲，变法图强，救国救民”主张。是年，慈禧太后发动“戊戌政变”，胡襄进一步认清清政府腐败，著《伤时盲集》。宣统元年（1909），他加入孙武在武汉组建的“共进会”，与会员田智谅、方兴、李文岳一道攻读兵书，研究军事，探讨武装起义战略战术，到军营中向士兵做反清革命宣传鼓动工作。宣统三年（1911），清政府镇压四川民众保路运动，胡襄不断在《民国公报》发表文章，揭露清政府倒行逆施、卖路求荣丑恶行径，宣传推翻满清帝制、建立民国革命主张。同时撰写湖南、山西、陕西等省檄文，声讨清政府腐败统治，通告全国，呼吁各省响应，为推翻满清政府作舆论上准备。不久，胡襄被邀入外交部作文员，继续秘密编写檄文。8月，同盟会联合共进会初议武昌起义，清军闻讯图谋镇压，有人见势动摇逃跑，而胡襄坚定认为“大丈夫应能文能武，现正是投笔从戎，为国捐躯、牺牲于战场之时”，毅然参加共进会员方兴率领的“敢死队”。8月28日，因敌我力量悬殊，加之部分义军叛变，起义军受挫。胡襄沉着镇定，稳定军心民心，鼓励军民坚定信心、积蓄力量抗清。

辛亥革命成功后，胡襄在中华民国国民政府军务部总务科从事文秘工作。民国17年（1928）3月，病逝于北京，时年55岁。

李卜成

李卜成（1903—1930），字亢夫。永兴县马田圩人。其父亲经营煤矿，拥有良田数十公顷，家道殷实。李卜成发蒙读书后，各科成绩优异。1923年考入衡阳大同中学，次年转入衡阳省立三师就读。

在“三师”，他接受马克思主义思想。不久，参加“永兴旅衡学友会”，和同学一道，宣传、发动和组织劳苦大众向一切邪恶势力作斗争。1924年春，投入学校闹学潮，抵制洋货。由于思想激进，表现突出，湘南学联团支部吸收其为共产主义青年团员。

“马日事变”后，李卜成受党组织派遣，回到家乡，于长寿庵以补习功课为名，秘密进行串联，向父亲索要200多银元作为革命活动经费。1927年12月，由黄克诚介绍，加入中国共产党。同月，参加中共永兴特支在县城郊区白头狮宝塔召开的扩大会议，会议部署组织年关暴动。会后，和尹子韶等开设两堂武馆，联系100多人，边学武，边训练起义骨干。“宜章暴动”后，他迅速响应湘南特委号召，在本乡组织打土豪，分田地。带头将家中田契、借约当众烧毁，打开粮仓，分谷给农民，同时勒令本村土豪开仓放谷。1928年2月10日，永兴起义农军攻克县城，18日，于县城太平寺召开中共永兴县第一次党代会，李卜成当选为县委宣传部部长兼秘书长。湘南起义震惊国民党上层。1928年4月，国民党南北夹击湘南，黄克诚、李卜成率部撤往井冈山。5月，部队改编为第二路游击队返回永兴，结果被打散。他跟黄克诚辗转永兴、武汉、南京、上海，与党中央接上联系。

1929年秋，李卜成被党组织派往武汉，进入汉口土地清丈人员训练班，以训练班学习为掩护，开展革命活动。不久，遭到反动当局逮捕，他串通一齐被捕同学，巧妙应付敌人审讯，最后武昌法院以煽动闹事罪判其八个月监禁。黄克诚到监狱探视，叮嘱他出狱后离开武汉，去别处工作。1930年3月，由同乡刘参等人联名具保出狱，继续留在武汉。1930年6月，接替不幸被捕的陈贯一、程润吾，担任湖北省互济会主席。一次，他在武昌繁华长街通俗讲演馆宣传革命道理，轰动全城，险遭逮捕。事后，刘参委婉地劝阻他，他斩钉截铁地说：“干革命还怕危险，不宣传，怎能唤起民众！”是年8月的一天，他去汉口检查工作，在轮船上遭遇永兴籍特务流氓王宾和刘雄，被抓送卫戍司令部。狱中月余，受尽敌人种种酷刑，始终坚贞不屈。

1930年9月，李卜成被敌人押上刑场，英勇就义，年仅27岁。

龙厚生

龙厚生（1891—1937），原名承桃、字章桃。永兴县龙形市人。从小随父学武术，练就一身绝好功夫。1926年在朱德部队当兵，不久担任军事教官。同年冬加入中国共产党。

1927年参加“八一”南昌起义。1928年1月随军参加湘南暴动，后随部上井冈山，任干部训练大队武术教练。1930年调中央苏区国家政治保卫局任特派员，参加中央革命根据地历次反“围剿”作战。1934年10月随中央红军长征。1935年1月，任红军川南游击纵队特派员，率部在云南威信（扎西）叙永、五龙山等地，牵制国民党军，配合红军主力实行战略转移，并在长官司、威信一带建立工农政权，扩充游击武装，配合红一军团作战。同年7月任中共川滇黔边区特委组织部长，川滇黔游击纵队第二支队政治委员。1936年2月，任游击纵队司令员，在滇黔边区开展游击战，支援红二、六军团撤出毕节，向川南转移。继任川滇黔先遣队第三支队队长、红军川滇黔边区游击纵队政治委员。9月转战威信班竹，打退江安、威信一带滇军和民团多次围攻，夺取珙县县城，争取川军一个连起义。后游击纵队连遭国民党军多次围追堵截，损失惨重；至11月游击队仅剩100多人，加之环境恶劣，给养断绝，只靠野菜充饥。1937年1月上旬，在云南镇雄野腊溪遭遇滇军袭击，不幸被捕，遭杀害，年仅46岁。

汤池

汤池（1899—1938），永兴县香梅乡汤家村人。自幼家境贫寒，在坪石一家木工厂当学徒。1924年，孙中山在广州组织革命军消息传到坪石，他立即组织木工厂几名青年工人到广州参加革命军，在革命军中受到共产党教育。次年北伐时，转至叶挺将军所领导的独立团。贺胜桥战役，他和另外两名战士击溃敌军一个班，缴获7枝步枪。汀泗桥战斗中，单枪匹马打死敌军看守交通要道—木桥上的哨兵，用汽油烧毁木桥，切断敌军逃跑后路，使战斗获胜。

1927年8月1日，汤池随军参加南昌起义，之后，随朱德南下，在潮汕队伍进行整编时，被编入林彪部下，担任排长。他率领全排战士，沿途勇猛作战，奋力杀敌，冲破敌人前阻后追之重重包围。主力部队进入井冈山和毛泽东率领的红军会合时，汤池不幸身患重病，不能随军作战，组织决定他随二路游击队（永兴农军）返回家乡休养。汤池回永兴时，正处于白色恐怖时期，国民党反动派大肆屠杀共产党人和革命群众。为扭转形势，打击敌人猖狂进攻，他身带重病，整日奔走，于江右恢复重建中共永兴特别支部，并任支部书记。汤池和曹盛佳、朱辉汉、许玉山等人，组建武装游击队，并带领游击队杀掉反动军官何琪、挨户团团长曹章阳、土豪劣绅陈列玉等十余人，铲除欺压人民、胡作非为之大祸害。1932年8月，游击队遭强敌围剿，党组织再次遭到破坏，他被迫离开永兴。

1933年秋，汤池受湘南特委王涛指示，回到永兴重建党组织。恰逢曹盛佳从南京回来，于是和他在树头下、香梅、烟塘等地开展工作，组建湘南赤色游击队第三大队永兴中队，神出鬼没地袭击敌人。1935年1月，游击队主力在大岭一带活动时遭遇强敌，曹盛佳不幸英勇牺牲，游击队重担全部落在汤池身上。汤池为扩大队伍竭尽全力，游击队日益壮大，特别是湘南特委派员送二十余枝短枪后，游击队力量更为强大。1937年4月，因叛徒告密，汤池不幸被捕。敌人想从他口里得到共产党情报，开始诱降，被他严辞拒绝。敌人改用严刑拷打，残酷折磨，汤池坚贞不屈。次年被敌杀害，时年仅39岁。

袁贤瑸

袁贤瑸（1901—1938），字镇邦，号银善。汝城县井坡乡云先村人。12岁考入桂阳模范学校。家境贫寒，高小毕业后辍学，帮父兄劳作。16岁聘教私塾。1925年秋，抛下妻子儿女，毅然赴广州报考黄埔军校，被录为黄埔军校四期步兵科学员。其间，勤奋苦练，思想活跃，深得周恩来、恽代英、邓演达等赏识。1926年10月军校毕业，任见习军官。参加北伐战争，多处负伤。先后任第三师排长，第十四师连长、营长。1932年调任第八十七师二五九旅五一七团一营营长。1932年，上海发生“一·二八”事变，奉命赴上海与十九路军抗击侵华日军。1935年任副团长。1937年8月13日，日军进攻上海，打响震惊中外的“上海淞沪大战”。袁贤瑸坚守日军重点进攻的突破口——吴淞口八字桥阵地。战斗极为激烈，多次击退日军进攻，团长负重伤后，他任代团长，指挥与日军浴血奋战，先后攻下日海军俱乐部、杨树浦日本租界及康泰厂。10月14日，贤瑸阵前督战，身中数弹，7处受伤，，左大腿被击穿，包扎伤口后仍躺在阵前指挥。当守阵无望时，举枪对准自已脑袋高喊：“弟兄们，报国时候到了，我们决不当俘虏，决不当亡国奴！”欲以身殉国。身边卫士夺下其手枪，并背他辗转多处找到战地医院。因伤口严重感染，医生要锯其大腿，他决意不肯，硬要保住大腿再上阵杀敌。后送往长沙后方医院治疗月余，因伤过重，大腿肌肉全部坏死，全身感染，生命垂危。袁贤瑸要求尸骨还乡，部队派人用担架将其抬回乡。被抬至县城那天，县府组织队伍举着“欢迎抗战英雄回家”标语，于县城北门迎接。1938年1月，袁贤瑸于家乡逝世，年仅38岁。出殡之日，县政府派员悼念，送挽词“保家卫国热血洒疆场，抗敌御侮浩气留人间”，并追认其为抗日烈士。

何明

何明（1905—1931），何盛林次女。郴州北湖区鲁塘镇村头村人。从小容貌出众，聪明能干。父亲病逝时，她还很小。家庭突遭变故，改变其生活。她16岁时，生母和继父包办其婚姻，她激烈反抗。1928年春，何明参加湘南起义并随军上井冈山，在红军医院从事医护工作。当毛泽东、朱德率部下山扩建根据地时，她调到后方留守处做宣传工作。何能写会画、能歌善舞，与毛泽东妻子贺子珍及宜章籍红军女战士曾志、吴仲廉、彭儒等关系密切。在曾志等人介绍下，何明与中央军委特派员、工农革命军二师师长、宜章人陈东日结识，结为夫妻。

1930至1931年，陈东日担任红军学校校长，何明回红军医院负责宣传教育工作。1930年冬，苏区搞肃反打“AB团”，因“左倾”路线的影响扩大打击面，赣西南大搞逼、供、讯。1931年7月，何明、陈东日夫妇被诬为“AB团”分子蒙冤屈死。20天后夫妇二人得到平反，朱德、陈毅、萧克、曾志、吴仲廉、彭儒等闻知后十分痛惜。

1986年，曾志回到郴州，找到何家后人告知此事，何家才知道何明的下落与革命烈士身份。1988年1月12日，郴州举行“纪念湘南起义60周年大会暨纪念塔揭幕仪式”，萧克、杨得志、曾志、彭儒等专程与会并揭幕，大会特邀何明烈士的二哥何阜生以先烈家属名义参加盛会。

邓允庭

邓允庭（1879—1931），郴州市北湖区月峰瑶族乡十寺村人。家境贫苦，少有奇慧，得塾师邓宇振赏识，免费教读6年，大有进益。1897年，外出求师习武，闯荡两广近10年，后入云南陆军讲武堂，与朱德同学，加入同盟会，参加反清革命。1911年任粤军某部第五团参谋长。

辛亥革命成果被袁世凯窃取后，邓允庭愤而辞去军职。返乡途中被九峰山绿林请为副寨主，通过说服寨主，树起“民国独立师”旗帜，实行劫富济贫并逐步改造绿林习气。5年后，寨主病逝，他自任司令，远近来投者甚多，队伍发展近2000人，1000多枝枪，名扬至京。1921年，黎元洪邀其赴京任职，途径长沙，被何键截留，委为师参谋长。邓谢绝何之委任，借为父祝寿回到故乡。当时，其九峰山余部为广东李济深部收编。

1926年，国民革命兴起，邓允庭随月峰乡共产党员李安梓办农民协会，打土豪，成为农民运动积极分子。“马日事变”后被何键列为要犯通缉。1927年年底，参加年关暴动，带领暴动队员攻打保和挨户团，镇压大土豪邓传岳等。旋被地方党组织派去粤北，向朱德、陈毅汇报郴州情况。回郴后扩建工农武装，做迎接朱德入郴准备工作。12月，加入中国共产党。次年2月初，朱德在郴组建工农革命军独立第七师，委其为师长，全师官兵6300人，成为湘南起义主力之一。邓允庭三战桂阳，筹建桂阳县苏维埃政府；回师郴城，平息反革命叛乱；讨平平头岭、庙背雷家暴乱；阻击许克祥、范石生进剿部队，屡建战功。后率部随朱德、陈毅上井冈山。工农革命军独立七师改编为中国工农红军第四军第十一师三十三团后，邓任副师长兼团长。5月，中共湘赣边特委成立，毛泽东为书记，邓允庭为委员，转而从事根据地建设，曾任井冈山大井乡工农政府党代表。先后任根据地防务委员会主任、政治委员会主任，主持井冈山红军医院工作。1931年4月，邓允庭因其曾在何键部任职，被作为“AB团”分子杀害。中华人民共和国成立后，平反昭雪，追认其为革命烈士。邓允庭革命事迹，陈列于井冈山革命纪念馆。

杨 赤

杨赤（1898—1934），字清源，号拥民。郴州市北湖区华塘镇石山头村人。光绪年间迁移桂阳县城古楼街。习武术，善骑射，性格刚直，常路见不平拔刀相助。

1926年秋，杨赤结识省农民运动特派员梁邦栋，经其介绍加入中国共产党，投身农民运动。9月，受中共桂阳县特别支部派遣，由国民党桂阳县党部保荐，出任桂阳县警备队队长。他常利用职务之便，巧妙地支持工农运动，保护革命干部，并对部下关心、团结、教育，深得部下拥护。县长萧干见其带兵有方，倍加赏识。“马日事变”前，杨赤已探知国民党右派活动阴谋，报告中共桂阳特别支部早作戒备，自己亦采取对策，得以在警备队继续隐蔽。次年12月中旬，根据中共桂阳县特别支部指示，将警备队拉到华塘石山头，宣布武装起义，在郴、桂边境一带打土豪，反“清剿”，队伍迅速扩展到近千人，正式组建郴桂边农民自卫军，被推为师长。

1928年2月，朱德、陈毅率工农革命军第一师攻占郴州，许克祥残部及地方武装群集桂阳，以此为据点准备反扑。杨赤率自卫军配合郴州、宜章工农革命军，三次攻占桂阳城，击溃敌人反扑，组建桂阳县苏维埃政府。4月，朱德、陈毅率工农革命军转战井冈山，杨赤留郴带领游击队坚持武装斗争。国民党加紧“围剿”，增设哨卡，搜山烧山，联保联坐，招降诱骗，密探侦察，大兵围捕，形势十分险恶。杨始终坚定信心，率领部下机智地粉碎敌人追捕，神出鬼没地打击土豪劣绅，处决叛徒、暗探，身经上百次战斗，前后长达6年之久，被群众赞为“抓不到、打不垮、掩不烂”之铁军。1934年4月，杨赤从龙广洞接受任务回桂阳路过家乡桐木桥时，因敌人告密，被郴州保安司令部派数十人前往围追而被捕。5月，杨赤被杀害于郴城东沙洲，牺牲时年仅36岁。

陈继崇

陈继崇（1900—1940），又名选科。北湖区万华岩镇礼家洞人。陈继崇的少年时代，正是军阀混战时期。目睹当时中国政府腐败无能，对外投靠帝国主义，对内残酷压榨人民，山河破碎，民不聊生，他立志奋发读书，投身救国。1917年中学毕业后，以优异成绩考入北京大学。1919年爆发五四运动，他满怀激情投入反帝爱国斗争，和一些爱国学生将自己原购买的日货砸碎、烧毁，并发出宣言，号召商店不再购进日货，如有购进，经查出，定予以没收，当众烧毁。1921年夏，陈继崇完成在北大学业后回到湖南，经人介绍到衡阳师范学校任教。不久，辞教回到家乡。在家休息期间，以走亲访友形式，与群众谈时事，宣传新思想，鞭笞封建礼教。陈认为农民终年辛勤耕种，却不得温饱，太不公平，应彻底改变这种不合理制度。其言论，引起当地土豪劣绅不满，指斥陈继崇散布“邪说”混乱族规。他针锋相对与其辩论，坚持宣传革命思想。

1928年春，陈继崇加入中国共产党。同年春天，朱德、陈毅率湘南起义部队抵达郴州，在湘南起义斗争中，他奉命到江口、保和、月峰一带，挑选身强力壮中青年1000余人，组成农民自卫军。配合第七师独立团团长万仁攻打桂阳城。1928年11月和1930年1月，郴县国民党县政府两次发出“捉拿共匪陈继崇”通辑令，并到处搜捕。陈继崇在郴州无法立足，遂化装成小贩，起五更摸黑夜，绕道桂阳到达衡山。1931年，他在衡山白莲寺与湘南特委取得联系。在党组织安排下，于白莲乡高级小学以教书为掩护，从事党的地下工作。为发动农民群众建立革命组织，他常往返于水口山、衡山、白莲寺等地了解情况，创办农民夜校，培训农运骨干。1932年，在党组织支持下，陈继崇办起衡山白莲寺农民夜校，自任校长、教员。

1935年11月，陈继崇奉命从衡山白莲乡回到郴州，准备参加湘粤边境武装斗争，不幸被国民党郴县县府逮捕。经多方营救，于12月出狱，随即离开郴州，仍从事党的地下工作。1937年冬，王涛从延安到湘南，以新四军驻湘南通讯处主任身份于郴州城中山北街开办牖智书店，开展抗日宣传活动。后由组织派遣回到郴县从事党的地下工作，为牖智书店推销《新华日报》《新观察》《大众哲学》等革命书刊。后牖智书店又创办《老百姓周刊》，每周一期。为宣传抗日局势，陈继崇经常到街头巷尾、郊区农村、交通要道传送和张贴革命刊物。1939年秋，牖智书店被查封。他随即转至农村，在凤鸣乡（今万华岩镇）高级小学任教，继续从事党的地下工作。

1940年5月9日深夜，陈继崇在凤鸣乡高级小学被国民党警察围捕。敌人害怕他途中逃跑，在押至保和圩时将其杀害。牺牲时年仅40岁。

谭长照

谭长照（1854—1941），字黎青。桂阳县荷叶镇人。清朝贡生加同知衔，是桂阳县兴贤堂堂董、桂阳县参议会议员。他先后在太和地区为首捐款兴建文武庙、育婴堂、会仙楼、玉皇殿、文昌阁、包公祠、潮泉书院等庙堂、书斋和渡仙、望仙、仗义等凉亭及桥梁，受到乡民颂扬。清光绪三十年（1904），为首发动殷实富户捐款和多方聚资，于太和一名为皂角树地方兴建一座赈济亭（今太和中学校址）。亭建成后，设有育婴室，收留抚养社会上孤儿幼女；在孤坟山，特辟两山地，安葬无人或本地无力安埋之死者及抗日战争期间牺牲的中方人员；建立孤魂祠，专为葬在孤坟山上的故人设有牌位。还开展施粥、施茶、施医、施药和修路架桥，调解民间纠纷，低息贷款、贷粮、贷棺材及救济饥民等社会福利活动。谭长照在县兴贤堂执事五六年，“弊革兴利”“财丰事清”，为助学兴贤发挥积极作用，深受社会各界人士赞许。1941年，谭长照于桂阳逝世。

曹向经

曹向经（1900—1945），字月锄。资兴市蓼江镇大坪村人。湘军讲武堂毕业。1927年，入南京中央陆军军官学校第一期高等教育班学习，曾随军北伐，先后任国民革命军第六军第十六师特务连长，第八军第二师第六团上校团长。1929年，任湖南省军管区司令部干训班副主任，后转任浙赣铁路警务处处长等职，授少将衔。

1943年，浙赣铁路相继沦陷。曹向经返回资兴，带回十余枝枪，在距高码墟约4华里的白石岩创办资兴县私立月锄农场，以期发展生产和自卫。次年冬，日军沿粤汉铁路入侵资兴。他与民众一起转虾蛄洞，秘密组织地方武装，任资兴抗日游击总队大队长，打击日军。1945年农历三月二十八，他偕同当地名士张犹达、焦子魁和青年张犹经去资兴县城商榷抗日事宜，途经蓼江市龙虎村唐家时，被日军六十八师团六十一大队第二中队高桥敬逸所获。日军对其先诱以资兴县维持会长之职，遭曹怒斥，后用“龙锯穿颈”“脊梁通电”等种种酷刑，折磨十余天。他大义凛然，不为屈服。

日军见无法达到目的，在一天深夜将其拖至附近绿坛垄活埋。

1945 年冬，国民政府授予曹向经“抗日烈士”称号。

黄守一

黄守一（1920—1949），临武县土地乡张家坪村人。自幼父母双亡，与大姐相依为命。因没钱交学费，无法上学，便每天在教室窗外听教师讲课。老师被其精神感动，让其进教室听课。虽然他无课本，但很认真，每次考试皆全班第一。1936 年，考入衡阳广益中学。中学毕业后，黄守一于八路军衡阳办事处报考延安大学，被录取。北上途经西安时，被胡宗南军警拦截，以“共产党嫌疑分子”罪名被遣送回乡。回乡后，他组织成立“东平学会”，反对临武当局贪污腐败。1948 年冬，参加县自卫队，并任队长。

1949 年春，中共临武县工委秘密筹划武装斗争。黄守一以自卫队队长公开身份在县西城秘密建立地下联络站，为共产党地下组织搜集情报。迫于当时国民党政府高压政策，不久，他把联络站转移到其老家张家坪村，秘密工作得以继续。是年 6 月，共产党地下组织在小城秀龙岩举办学习班，他参加学习。7 月，国民党保安团与警察局包围张家坪村，他遭围捕。警察逼其供出联络站及地下党其他成员，并当场将其幼子打得口吐鲜血。黄守一大义凛然，视死如归。同年 8 月，在县城东被保安团杀害，时年仅 29 岁。

刘　石

刘石（1920—1950），宜章县栗源团（今岩泉镇）人。1936 年 2 月，于白上素负责的笆篱区“紫云祠补习学校”就读。当时，中共宜乐工委委员罗良名经常到学校开展革命活动。刘石因此受到革命熏陶，萌发革命觉悟。“九一八”事变后，学校组织学生到岩泉圩和附近村庄进行抗日救亡宣传，他是演讲团骨干成员之一。1938 年年初，经罗良名介绍加入中国共产党。同年 10 月，中共宜乐工委在岩泉圩成立“战地文化服务处宜章分处”和“战地书报供应所宜章分所”，刘石为两团体主要负责人。他将任教薪金拿出作抗日团体经费，并向社会筹集资金，购买武器弹药，发展邓厚泽等进步青年入党，组建中共岩泉圩党支部，并任支书。其工作受到中共湘南特委负责人周礼赞扬。

1940 年，国民党掀起反共高潮，宜章处于白色恐怖之中。刘石遵照中共湖南省委关于“撤退、转移、隐蔽”之部署，带领支部党员集体转移到耒阳新市务实中学、广湘中学。此时，他联系地下党员，宣传民众抗日。有人劝其隐蔽为好，他回答说：“革命不怕死，怕死不革命！”。1946 年 9 月，栗源党支部成立，刘石任支部委员。1949 年夏，从中共五岭地委干校集训回乡，任宜章人民抗征大队二中队政治指导员。同年 10 月，宜章解放，刘石所属武装改编为中国人民解放军宜章县大队二中队。他带领二中队奉命清剿国民党残余匪帮。1950 年 4 月 30 日，刘石到岩泉新铺里了解农会工作和减租反霸情况。当晚匪首姚金水纠集 40 多名武装匪徒窜到新铺里行凶杀人，刘石不幸被捕。姚金水一伙连夜把他带至广东乳源匪巢西山云崖河，企图劝降，遭到严词拒绝。刘石惨遭姚匪杀害，被抛尸于深山峡谷之云崖河中。时年仅 30 岁。刘石成为无坟墓之革命烈士。

段先次

段先次（1904—1951），生于宜章县近城团福禄岭段家（今属沙坪乡）。他从小参加劳动，长大成家后，帮地主做长工、帮盐商做挑夫，收入微薄，难以维持生计。其妻无奈，拖儿带女外出乞讨，40岁时因劳累病亡，两个女儿送人。悲惨遭遇使其对旧社会充满仇恨。

1949年10月，宜章解放，他第一个报名参加农会，担任贫雇农组长，站岗放哨、清匪肃特。1951年2月17日晚，被通缉的土匪头目刘成英、护兵刘华华窜到福禄岭段家村。段先次设法稳住二刘，趁天未亮赶到福禄岭村杨彦塘农会汇报情况，乡、区、县立即调派部队和民兵赶至段家村后山，将土匪藏身薯窖包围。为防止匪首利用密林逃跑，先次设计“引蛇出洞”。次日清晨八九点钟，他带着大儿子段宜德和侄儿段声运，假装做农活回家吃早饭，从后山经过时，“请”刘成英、刘华华吃饭。两匪徒不知是计，从薯窖走出。仅走四五十步，刘成英发现对面山坡上有人背着枪正朝自己走来，便掏枪抵抗。段先次见状一使眼色，3人扑上去把两土匪拦腰抱住滚下山坡，段宜德之手被压在尖利石头上，无法松动，土匪刘华华趁机抽出手枪将段先次、段宜德父子俩相继杀害，段声运也身受重伤流血牺牲。围捕民兵放火烧山，将两土匪烧死。

2月24日，县、区和沙坪乡在樟桥召开万人大会，省军区和郴州军分区领导高度赞扬段先次等3人追歼顽匪之英雄壮举，并追认他们为革命烈士。

高　山

高山（1922—1952），原名朱宾能。汝城县井坡乡下青村人。1937年从衡阳高中考入湖南第一师范学校。次年9月，投笔从戎，赴皖南参加新四军。1939年1月加入中国共产党，被派往农村经济委员会工作，任调查组组长。他起草《土地分配》《农村经营》等文被新四军《抗战》杂志刊载。1940年起，先后任昆山县二、三区联抗大队政治处主任兼政治指导员（行前改名为高山），中共昆山县委委员、组织部部长，中共苏州县委委员、军事部部长、抗日自卫会军事科科长、常务大队长、县政府军事科科长，新四军六师十八旅五十四团宣传股股长、组织股股长、教导员、政委。1942年10月18日，率部与侵华日军作战，身负重伤。行军途中他几次被抬过河，伤口进水感染，全身浮肿。高山坚持把药让给其他伤员，自己用蒸汽发汗消肿。1943年起，任十八旅苏中十一分区政治部秘书兼党支部书记、苏中军区政治部秘书、华东野战军七分队直属队政治处主任。1948年9月，伤病复发，被送往济南高干疗养院疗养，并兼任院党委委员。1949年4月，南京解放，先后任南京市公安局组织干部科科长、南京市市委组织部干部科科长、处长。带病工作期间，荐贤举能，先人后己。组织分配给他套房，他让给同志，自住棚房。1951年10月，住进军区总医院。次年1月24日，中共南京市市委副书记江渭清到医院看望，他神志恍惚，说完“我不能为党工作了”便昏过去，经抢救苏醒时，即立遗嘱：“亲爱的江政委，我最大遗憾是不能再为党工作了，我家中不需要组织照顾。”26日逝世，时年30岁。安葬于南京雨花台。南京市人民政府追认其为革命烈士，中共南京市委为其撰写碑文：“……英才早摧，闻者莫不痛惜，特志其传略以垂永远焉。”

朱宇平

朱宇平（1901—1960）别号芟白。汝城县外沙乡外沙村人，黄埔军校第四期步兵一团毕业，任黄埔军校第五期学生区队副。此后，先后任国民党军25军40师连长、营长、参谋长、团长、副师长、师长。1943年，赴缅甸指挥部队抗日。1949年，经中共领导人周恩来等做工作，率部于云南举行和平起义。1960年因病于苏州去世。

陈毓英

陈毓英（1890—1972），字季和。桂阳县泗洲乡人。曾祖父陈士杰为清朝山东巡抚，父亲官至晚清江汉关督。

青年时期的陈毓英，以实业救国为己任，先后赴德、法等国留学，于巴黎学习铁路工程。回国后与中国铁路始祖詹天佑等人筹建粤汉铁路，陈担任株韶局局长，负责修筑从株洲至广东韶关一段工程，成为中国铁路创始人之一。

粤汉铁路竣工通车后，陈毓英任湖南省主席程潜私人秘书。后程潜任国民政府军事委员会西安行营（辖陕、甘、青、新、豫五省军事）主任，他任行营机要秘书，领少将衔。除负责办理行营机要文件外，还跟随程潜参与西安事变后国共合作抗日诸事宜。1938年3月7日，六架日机排成梯形接连两次轰炸行营。陈毓英忙于收捡机要文件，迟迟未离开行营大楼，警卫人员强行把他拉离大楼，刚进入防空洞，洞口遭炸塌。日机离开，急救人员清挖洞口抢救，陈因最先得救幸免于难。此后不久，得准离开行营回到桂阳老家养伤。

湖南和平解放后，经省长程潜推荐，陈毓英赴长沙任湖南省人民政府参事室参事、湖南省文史馆馆员。后因年事已高，请准带职回乡，住桂阳县城。1972年10月因病于桂阳辞世。

夏全生

夏全生（1936—1974），湖北省武汉市人。1958年12月，毕业于武汉电力专科学校，并参加工作。1962年10月，调宜章县先后任县农业局、县水利局技术员。任长乐水河坝渠系改造工程技术指导员期间，参与架设宜章县第一座钢筋混凝土渡槽。1963年，参与莽山渠道木渡槽改钢筋混疑土渡槽工程技术设计，取得成功。此后，又参与黄沙溪水库、黄岑水库测量、规划、设计。在水利建设设计、施工中，厉行节约，勇于革新。在黄岑水库大坝施工中，改混凝土防渗墙面板为预制块砌体，节省脚手架木材1200立方米、钢筋46吨。

1974年7月8日，黄岑水库准备蓄水，工程指挥部组织人员加盖低涵盖板，几经试盖都不成功，漏水很大。当时担任工程指挥部技术员的夏全生自告奋勇下水检查，不幸被激流吸塞于盖板与涵道口之间，不幸牺牲，时年38岁。10日，中共宜章县委、县人民政府为其举行追悼大会。湖南省人民政府追认夏全生为革命烈士。

李毓南

李毓南（1905—1974），原名李满养。资兴市烟坪乡兰洞村青侯组人。1926年3月，考入广州黄埔军校第五期学习，在校加入中国国民党。毕业后历任国民革命军第二十八师排长、连指导员、少校营长、中校副团长。抗日战争爆发后，任第二十三师六十七团上校团长，后为第五军第二〇八师少将副师长。先后参加南京保卫战、台儿庄战役、武汉会战、昆仑关战役和远征印缅抗战。1948

年起，任青年军第二〇八师师长。任职中，曾入中央军官训练团将官班第六期、陆军大学乙级将官班第四期学习毕业。1949年到台湾，任台中“防卫司令部”少将高参。1954年退为预备役少将，并进入官兵辅导委员会。1974年4月19日，李毓南于台北逝世。

唐双津

唐双津（1949—1975），生于天津市，籍贯安仁县华王乡茶叶村杨柳田。唐双津少时随父亲唐天际、母亲耿希贤于北京生活。1968年10月，他离开学校参军入伍，到昆明军区陆军第十四军一步兵连队当普通一兵。1969年2月加入中国共产党。提干后，调任司令部军务处参谋。在部队节假日总不空过，不是待在宿舍看书，就是背上水壶，攀山登峰锻炼身体，以适应亚热带气候条件下作战需要。在军司令部写材料，一丝不苟，反复修改。于军司令部机关工作5年，他走遍全军每个连队。云南发生大地震时，他为保护机关大院干部战士家属安全，废寝忘食，尽职尽责。唐双津在生活上非常简朴，宿舍墙上挂的是地图，桌上堆的是书籍。衣服破了自己补，小针线包走到哪里带到哪里。部队野营拉练，他主动要求到基层连队去拉练，和战士一起步行。白天帮助体力不支战士背背包和枪支，一人身背数个背包和几杆枪，还在队伍中跑前跑后地照顾他人。连队出发前，分别抽测战士们体重，待拉练结束，再进行复测，以检验在亚热带气候中作战战士体力消耗数据。在拉练中，战士们每日口味、饭量变化，伙食应做些什么改变，他都要记录下来，以备战时参考。晚上宿营时，仍然点着煤油灯或打着手电筒看书。经几年磨练，唐双津在部队被评为五好战士、学习毛主席著作积极分子、先进工作者及军司令部优秀党员，多次受到嘉奖表彰。

1975年8月，唐双津在奉命执行云南平叛任务时，作战英勇，置生死于度外，勇猛地冲在最前头。8月12日下午在战斗中，他不幸被叛乱分子子弹射中，壮烈牺牲，年仅26岁。同年8月，中国人民解放军陆军第十四军司令部政治部批准他为革命烈士并追记三等功。1983年6月1日，中华人民共和国民政部向其亲属颁发“革命烈士证明书”。

何子伟

何子伟（1903—1975），又名何昆雄。生于湖南省酃县水口上坑。资兴市州门司镇白筱村人。1924年5月，入广州黄埔军校第一期第二队学习，在校时加入中国国民党，毕业后曾任黄埔军校教导第二团排长。1926年12月，任国民党新编第一师少校营长。1929年3月，任新编第三旅第五团上校团长，次年4月任该师第六团上校团长。1932年任南京军政部上校附员，1933年任南昌第三厅上校训练委员。1936年10月，任国民党一四〇师少将参谋长兼旅长，1937年冬任副师长，率部参加台儿庄战役，战役结束后任该师代理师长。次年9月，任湖北义郧师管区中将司令。1940年7月，因浮报弥补下属丢失之军饷，被军政部判刑6年。1943年秋以病保释，在耒阳县开一家农场为生。1944年，返回资兴，被任命为资兴县县长，改名为何子伟。1948年2月任湖南第三行政区（郴州）督察专员兼保安司令，次年12月于长沙投诚。1950年安排为湖南省军政委员会参议，1957年任湖南省政府参事，1975年4月15日于长沙病逝。

唐解义

唐解义（1955—1979），嘉禾县袁家镇人。1977年1月入伍，在某部当通讯员、电话员。次年

5月加入中国共产党。1979年2月参加对越自卫还击作战，曾多次冒着敌人炮火铺设电话线，确保通讯联络畅通。在弄兰战斗中，电话线被越军炮火炸断，他不顾个人安危，迅速抢修接通电话线，保障部队指挥通畅顺利向纵深推进。在随穿插部队进入敌阵时，战友踩响地雷负伤，他在营救战友中不幸也踩响地雷，壮烈牺牲。部队党委给他追记一等功。

简载文

简载文（1902—1980），又名常智。宜章县黄沙镇人。1919年就读衡阳道南中学，参加反帝爱国学生运动。1926年3月参加农民协会，被选为乡农民协会副委员长。“马日事变”后，转入地下斗争。1927年10月加入中国共产党。1928年春参加湘南起义，带领农军参加工农革命军，任军需长。4月跟随朱德、陈毅转移到井冈山，任红四军第二十九团特务连党代表。次年，任红军后方医院党代表。1930年调任红二十一军第二纵队政治处主任，红十二军第一〇二团政治委员。1932年任福建军区政治部主任、秘书长。次年任福建连城军分区政治委员。1934年10月红军主力长征后，任闽西军政委员会政治部主任，参与领导南方三年游击战争。1937年5月在反“围剿”中与上级失去联系，返回原籍。1949年重新参加革命队伍，任人民解放军广东连江支队宜章大队副大队长。中华人民共和国成立后，转业地方工作。1980年6月，简载文于衡阳病逝。

孙鹤一

孙鹤一（1903—1982），苏仙区白露塘镇人。1927年参加农民运动，加入中国共产党。1928年参加湘南起义，4月随农军上井冈山，在红四军第三十二团当战士。1929年任中共江西宁冈县县委书记，红八军四大队政治委员。1930年参加攻克长沙之战。1932年任红三军团第四师三团筹款主任。翌年，任中央军委管理主任。1934年随红一方面军长征，负责后勤供应工作。1935年10月，在甘肃天水筹粮时，遭国民党军包围被捕。1936年12月西安事变后获释，到东北军第五十七军一二〇师做宣传工作。1938年春，赴苏鲁豫边区开展游击战争，任抗日义勇军第二总队参谋主任，边区保卫局长。1940年后，任中共湘西党委秘书长，新四军第三师代理管理科科长，东北西线第四军分区政治部主任、兵站副部长。1949年参加平津战役。后任第四十七军后勤部副部长，湖南省军区文化学校副校长、建筑委员会主任，中南军区营房建筑部第一副部长。1956年离职休养。1982年1月27日，孙鹤一于长沙逝世。

王米成

王米成（1955—1983），生于耒阳县（今耒阳市）余庆公社石王大队。次年，随父迁居宜章县瑶岗仙钨矿。1973年，在瑶岗仙钨矿参加工作，不久，加入中国共产主义青年团。1976年6月，应征入伍。1980年9月3日，加入中国共产党。1981年，复员回瑶岗仙钨矿任保卫科干事。1983年6月23日深夜，王米成等5人到矿区东北面山坡设埋伏，执行拦截钨砂窃犯任务。当守候到凌晨6时30分左右，汝城县泉水公社惯犯朱群洪等3人，背着从矿采场盗窃的钨砂逃跑，途经两江口地段时，被执勤人员发觉。其中2人当场被抓获，朱犯逃跑。王米成即持手枪追捕，双方遭遇后，他一边搏斗，一边劝告对方投案自首。朱犯拒不听从，占据斜坡上方，残忍地把王米成推下10多米高的悬崖。王米成当场牺牲。时年仅28岁。

1983年6月26日，瑶岗仙钨矿为王米成举行追悼大会，矿党委追认王米成为优秀共产党员。1984年3月12日，公安部授予王米成一等功勋章。同年5月5日，湖南省人民政府授予王米成“革命烈士”称号。

常聚才

常聚才（1923—1983），山西省壶关县晋庄乡人。1944年4月，加入革命武装队伍，1949年4月加入中国共产党。抗日战争和解放战争时期，先后担任山西省壶关县公安局警卫队员、事务长。1949年8月，参加大军南下，先后在湖南省耒阳县三区、四区工作，任副区长、区长，中共区委书记等职。1954年，任湖南省森林工业局东江支局局长；1958年，任资兴县林业局局长；1959年，任中共郴县县委农村工作部部长；1961年，任资兴县委副书记、县长；1970年，任鲤鱼江炉渣砖厂主任；1973年，任郴州地区林业局局长；1976年，任湖南省东江木材厂党委书记；1981年任郴州地区林业局顾问。1983年4月，经省委组织部批准享受副厅级待遇。

常聚才长期在林业工作领导岗位上，工作认真负责，注重调查研究和发扬实事求是工作作风，在其工作过的地方，都因工作成就突出给人们留下好印象。他工作吃苦，生活俭朴，始终保持劳动人民本色。1983年6月27日，常聚才于郴州病逝。

匡永胜

匡永胜（1916—1983），河北省霸县杨芬巷辛立庄人。自幼父母双亡，靠外婆抚养。12岁时开始给地主干活，挣钱糊口。1935年9月，在陕北参加工农红军。1938年6月，加入中国共产党。历任排长、连长、营长等职。先后参加大明府、冀南反“扫荡”，湖西、义西、平津等战役大小战斗50余次，多次立功受奖。特别是1944年在冀南反“扫荡”和湖西战斗中，他率领全连战士，浴血奋战，英勇杀敌，击退敌军两团兵力，缴获机枪9挺，其中他1人缴机枪4挺、步枪100余枝，获骑兵二级战斗英雄称号和奖章。在枪林弹雨中，他出生入死，5次战斗负伤，坚持不下火线。1949年，人民解放军打过长江，他积极请战，随军南下。1955年转业地方工作，先后任郴州供销社竹业批发站经理、郴州专署林业局科长、东江水运局副局长、郴州松脂厂党支部书记、湖南省林业汽车运输二中队队长等职。匡永胜在各个岗位上，忠于职守，任劳任怨，始终保持旺盛革命斗志；廉洁奉公，温厚待人，处事公正，为郴州林业发展竭尽全力，受到职工尊重。1983年10月8日，匡永胜因病于郴州逝世。

杨绍良

杨绍良（1919—1983），宜章县城南乡人。1928年1月参加湘南暴动，4月随父母上井冈山。1935年6月参加中国工农红军。1937年7月加入中国共产党。土地革命战争时期，任湘南红军游击大队战士、班长、分队长。抗日战争时期，任新四军第一师三团九连连长，第十八旅教导队副队长、队长，第五十四团一营营长，苏中第一分区作战科科长，苏浙军区第一纵队一旅三团参谋长等职，参加多次反“扫荡”作战。解放战争时期，任华中野战军第一师四团副团长，华东野战军第四纵队三十六团团长，参加苏中、宿北、鲁南、莱芜、孟良崮、淮海和渡江等战役。中华人民共和国成立后，任第二十三军司令部参谋处处长。1951 年 1 月入南京军事学院速成系学习。1952 年后任南京总高级步校合同战术教授会副主任，第一二二师师长，海南军区副司令员，第五十五军军长。1975 年 12 月后任湖南省军区副司令员、顾问。1980 年 10 月离职休养。1955 年授上校军衔。1960 年晋升大校军衔。获三级八一勋章、二级独立自由勋章、二级解放勋章。1983 年 12 月，杨绍良于广州病逝。

陈新华

陈新华（1921—1984），字泗祥。资兴市木根桥人。1937 年考入衡阳成章中学，接受进步思想。1938 年辗转到陕北入抗日军政大学第六分校学习。1939 年 5 月加入中国共产党。11 月毕业后留校任排长。后赴冀中进特种研究室学习。参加百团大战和反“扫荡”战斗。转战鲁西南、苏鲁豫、鲁南、淮海等地，获抗大模范干部称号。1943 年 1 月后，任新四军第七师军事教员，独立团侦察参谋、侦察连连长，山东野战军第七师十九旅作战股股长。1947 年 1 月任华东野战军第七纵队二十一师作战科科长，莱芜战役中，在先头部队与师领导失去联系的紧急情况下，主动指挥两个团作战，俘国民党军千余人，被记一等功。1948 年 8 月任第七纵队二十一师六十二团参谋长，参加淮海战役。1949 年在渡江战役中，活捉国民党第二十军军长，受到毛泽东主席致电祝贺。中华人民共和国成立后，任华东军区军事干校教育科科长，济南军区司令部军训处处长、军训部部长。1963 年毕业于南京军事学院。1965 年后，任第二〇〇师师长，第六十七军副军长、军长。1981 年 6 月任青岛警备区司令员。1983 年 8 月离职休养。1984 年 3 月，陈新华于山东病故。

吴树隆

吴树隆（1907—1988），宜章县城南乡人。1926 年参加北伐军。1927 年参加“八一”南昌起义，在会昌战斗中负伤。同年 10 月加入中国共产主义青年团。1928 年 1 月参加湘南起义。4 月转入中国共产党。随朱德、陈毅上井冈山，在红军中任看护排长、医助、卫生队长，参加井冈山保卫战和反“围剿”等战斗。1929 年 12 月，参加中共红四军第九次代表大会（即古田会议）。在长征途中，任红一方面军第九十四师卫生处处长，参加强渡湘江、四渡赤水等著名战斗。抗日战争和解放战争时期，历任雁北支队卫生处处长，第四纵队卫生部副部长，冀热察挺进军卫生部部长，晋察冀军区教导师卫生部副部长。中华人民共和国成立后，任华北军区干部疗养院院长，华北军区卫生部第一后方医院院长，解放军 251 医院院长等职。1988 年 6 月 26 日，吴树隆于北京逝世。

曹阳戈

曹阳戈（1914—1988），宜章县黄沙团长启村（今属长村乡）人。1938 年参加革命，加入中国共产党。他积极参与办报、下乡演说、推介进步书刊，宣传抗日主张，激励民众抗日救亡。1939 年 12 月赴延安，历任中财处新中工厂科长，陕甘宁边区财政厅视察员，延安财政厅科员等职。1946 年 4 月，赴东北，先后任东安专署财粮科科长、粮食局局长，密山县县长，东北行政委员会工业部计划处政研室主任，东北财委地方工业处副处长。中华人民共和国成立后，先后任东北行政委员会劳动局副局长，代局长，辽宁省劳动厅厅长，东北局计委委员、劳动科学文教局局长，旅大市劳动局局长，辽宁省劳动局局长，辽宁省人大财经委员会主任，辽宁省老龄委员会主任等职。还被选为中国劳动学会副会长、中国老年学会理事、辽宁省劳动学会会长、辽宁省老年基金会会长。国家处于经济恢复时期，他尽心尽力解决东北老工业基地旧社会遗留的失业问题。

20世纪50至60年代，曹阳戈领导组织编制劳动规划、统一调配劳动力，保证国家重点建设。领导制订辽宁全省建筑工程劳动定额，积极推行计件工资制。在全国批判计件工资制形势下，他冒着右倾危险，力主在省内和全国实行计件工资制，维护按劳分配原则。70年代，为解决全省劳动就业问题，他深入各地调查研究，组织制定一整套就业政策、原则、办法、措施，开辟多条渠道，使就业形势明显好转。1984年12月，曹阳戈离休，享受副部级待遇。他不顾年老体弱，带病参与老龄工作。1988年9月18日，曹阳戈病逝于沈阳。

三、人物表①

（一）1989—2005年郴州市（地区）本、客籍烈士名录

姓 名	性别	出生年月	籍 贯	牺牲年月	牺牲事件
曹 勇	男	—	北湖区	1989	在部队见义勇为牺牲
李言清	男	—	—	1990	在部队军训中牺牲
刘 军	男	1973.05	苏仙区	1990.05	在部队施工中牺牲
黄新球	男	1965.08	苏仙区	1991	在福建抢救国家财产时牺牲
李俊华	男	1971.12	嘉禾县	1992.10	在河南信阳为保护军用物资与歹徒搏斗中牺牲
李 毅	男	1963.09	苏仙区	1993	在部队野练中牺牲
王六秀	女	1953.06	嘉禾县	1996.06	在行廊村抢救落水儿童牺牲
何文平	男	1971	永兴县	1997.09	在雷坪矿抢救塌陷洞母女牺牲
李 俊	男	1974.01	资兴市	1997.10	于浙江省飞行训练时牺牲
汤润芳	男	1957.11	苏仙区	1997	在苏仙区栖凤渡抢救落水群众时牺牲
孙征兵	男	1954	汝城县	1997	在椒江边防大队执行备勤任务时被犯罪分子杀害
欧阳厚芹	男	1936	桂阳县	1999.02	在桂阳县六合乡桃下江组为扑灭山火而牺牲
胡宗亮	男	1944.04	益阳市	1999.08	在苏仙区许家洞抗洪抢险中牺牲
吴娅莉	女	1956.12	长沙市	1999.08	在苏仙区许家洞抗洪抢险中牺牲
周忠君	男	—	—	2003.11	在衡阳扑灭特大火灾时因大楼倒塌牺牲
朱会香	女	1959	汝城县	2004	在汝城县城郊乡甲享村扑救森林火灾受伤医治无救牺牲
袁爱凤	女	1959	汝城县	2004	在汝城县城郊乡甲享村扑救森林火灾受伤医治无救牺牲
黄红斌	男	1961	双牌县	1993.09	在郴州市城区执行警务追捕逃犯时牺牲

①表格内“—”字线表示其具体时间（年、月）、籍贯地址不详。

（二）1989—2005年部分郴州市（地区）籍在外副厅级及以上党政军等职务人员名录

姓　名	性别	出生年月	籍　贯	工作单位	职　务	任职时间
何善福	男	1941	北湖区	济南军区司令部	副参谋长（中将）	1990
李一属	男	1946	北湖区	云南省公路局	副局长（副厅级）	—
何纯高	男	1946.10	北湖区	云南省农业厅	副厅长	2000.06
肖渊祥	男	1960	北湖区	湖南省冶金厅	副厅级	—
黄和平	男	1960.05	北湖区	广州都邦保险公司	党委书记（副厅级）	—
刘军训	男	1962.09	北湖区	华润电力湖南分公司	纪委书记（副厅级）	—
段禄定	男	1947.01	苏仙区	西藏军区	政治委员、少将、中将	2000.07 2006.07
陈旭波	男	1949.12	苏仙区	湖南省中医药高等专科学校	党委书记	2004.09
李少清	男	1950.07	苏仙区	湖南省纪委	副厅级纪检员	2003.05
李国辛	男	1951.12	苏仙区	湖南省军区	副参谋长、大校	1998.11
邓频声	男	1952.06	苏仙区	湖南大学	党委副书记兼纪委书记	2000.04
朱礼生	男	1952.11	苏仙区	湖南省军区永州军分区	司令员、大校	—
李曙光	男	1953.10	苏仙区	湖南中烟工业公司	党组成员、纪检组长	2004.08
廖茂雄	男	1963.11	苏仙区	驻港部队医院	政委、大校	2001.12
陈国汉	男	1941.04	资兴市	广东省军区肇庆军分区	政　委	1993
谭　斌	男	1942.08	资兴市	故宫博物院	党委书记兼副院长	1997
曾小东	女	1944.12	资兴市	解放军总政治部联络部	少　将	—
杨正武	男	1952.08	资兴市	湖南省军区张家界军分区	司令员	2000.08
谢　辉	男	1954.07	资兴市	陕西省政协	副巡视员	2001
曹步恒	男	1932.10	资兴市	中央军委二局	政治委员	
袁亚湘	男	1960.01	资兴市	中科院数学与系统科学研究院	副院长兼所长（正厅级）	1997.11
朱建山	男	1962.07	资兴市	湖南省侨联	副主席	2002.09
邓小清	男	1962.08	资兴市	中共中央办公厅调研室	副局长	—
李江华	男	1963.09	资兴市	江西省国土资源厅	副厅长	2000.11
胡春亮	男	1968.06	资兴市	解放军总装备部	参谋（副师级）	—
唐利如	男	1971.07	资兴市	共青团陕西省委	副书记	2001.05
李德韩	男	1920	桂阳县	广西师范大学	校长、党委副书记	—
廖代谦	男	1929	桂阳县	兰州军区空军政治部	副军级	—
李益安	男	1933	桂阳县	湖北医学院	党委书记	—
邓仲英	男	1934.06	桂阳县	武汉江岸区某部	大　校	—

续表（二）

姓 名	性别	出生年月	籍 贯	工作单位	职 务	任职时间
陈久长	男	1934.12	桂阳县	外交部	中国驻秘鲁大使	1993.07
李生宝	男	1936.07	桂阳县	中国民航管理干部学院	院 长	—
谢丰亨	男	1936.10	桂阳县	南京军区空军航空工程部	部长、部党委书记、军区空军党委常委，少将	1991
廖代坤	男	1936	桂阳县	湖南省国防科工办	副主任	—
何昌玉	男	1937	桂阳县	解放军广州通讯学院	正师级	—
刘隆洋	男	1937.05	桂阳县	国家体育总局机关服务局	党委书记、副局长	—
刘秉忠	男	1938	桂阳县	解放军总参谋部通讯部	大 校	—
赵永林	男	1938	桂阳县	湖南省邮电厅	纪委书记	—
周道初	男	1939.02	桂阳县	湖南省公安厅	副厅巡视员	—
王田葵	男	1939	桂阳县	零陵师专	副校长	—
邓名界	男	1940.05	桂阳县	中共武汉市委	副书记	—
李积忠	男	1942	桂阳县	成都军区政治部	副军级、少将	—
王世纯	男	1942	桂阳县	湖南省委老干局	副局长	—
侯耀初	男	1942	桂阳县	航天总公司第一研究院	军 级	—
邓祖选	男	1944.03	桂阳县	武警广东省总队	政委、少将警衔	1998.07
雷雨权	男	1944.10	桂阳县	国防科技大学教育技术中心	正师级主任	—
刘基剑	男	1945.01	桂阳县	湖南省高级人民法院	审判委员会委员	—
黄绍清	男	1946	桂阳县	中共广东省委党校	副校长	—
陈秦玉	男	1949.07	桂阳县	湖南省委办公厅	助理巡视员	2001.06
周云贵	男	1950.02	桂阳县	中国长城资产管理公司长沙办事处	党委书记、总经理	—
邓三德	男	1950.09	桂阳县	国防科技大学政治学院	常务副院长、大校	—
谢光祥	男	1950.09	桂阳县	湖南省煤矿安全监察局	党组书记、局长	2002.02
谢鼎华	男	1952.09	桂阳县	湖南省侨联	副主席	—
王国义	男	1956.01	桂阳县	海军航空兵 92913 部队政治部	主任（大校军衔）	2000.02
徐和祥	男	1956	桂阳县	广西自治区军区玉林军分区	司令员	2005.06
谭汉良	男	1957.04	桂阳县	海军后勤部 91003 部队	副师职	2001.09
邓小刚	男	1967.08	桂阳县	西藏自治区政府	党组成员、主席助理	2005.06
雷绍业	男	1968.10	桂阳县	湖南省安全生产监管局	党组成员、副局长	2005.07
彭如松	男	1934.04	宜章县	中国人民解放军三部六局	副师职、大校	—
蒋武旺	男	1943.09	宜章县	陕西省铜川军分区	司令员、大校	—

续表（二）

姓 名	性别	出生年月	籍 贯	工作单位	职 务	任职时间
吴锦木	男	1945.01	宜章县	武警广东省总队医院	副院长、大校	—
曾中辉	男	1949	宜章县	解放军第三军医大学成都军区医院	计算机教研室副主任（正师级）	—
陈孝平	男	1963.12	宜章县	解放军体育学院训练部	副部长（副师级）、大校	—
曾震亚	男	1960.06	宜章县	湘西自治州州委	副书记	2003.04
谷永优	男	1954.08	宜章县	湖南省国资委	监事会主席	2007.09
邓秀新	男	1961.11	宜章县	华中农业大学	副校长	1995.05
彭京宜	男	1956.07	宜章县	中共海南省委党校	党委书记、常务副校长	2007.12
李 汉	男	1927	永兴县	河北省唐山市政协	主 席	1990—1993
何大祥	男	1928	永兴县	解放军防化工研究所	院政治部主任、少将	1985—1988
邝良宇	男	1933.11	永兴县	湖南省监察厅	厅 长	1991
邓文斌	男	1934.09	永兴县	外交部	参 赞	1992
李石株	男	1934.12	永兴县	国防部第二研究院206研究所	政治部主任	1981
邓兴器	男	1937.10	永兴县	中国文联	副秘书长	—
朱显万	男	1939.09	永兴县	国务院机关事务管理局	党委书记	1993
戴履先	男	1941.10	永兴县	广东省陶瓷公司	总经理	1995
王显达	男	1943.10	永兴县	云南省粮食局	巡视员	2002
陈甲优	男	1945	永兴县	中共广东省委党校	副校长	1992
李齐念	男	1947.09	永兴县	广州市政协文史委	主 任	1998
郭辉东	男	1947.11	永兴县	湖南省经济研究信息中心	主 任	1994
曹德恒	男	1948.07	永兴县	云南省委省直机关工委	副书记	2002
李石元	男	1948.08	永兴县	新华社广州军区分社	社长、正军级	1992
曹德华	男	1948.11	永兴县	湖南省农业厅	巡视员	2000
尹建生	男	1949.08	永兴县	贵州省军区	副参谋长、大校	2001
曹茂华	男	1950.08	永兴县	湖南省水利厅	副厅级	—
李万郴	男	1953.08	永兴县	湖南省计生委	主 任	2004.05
曹健林	男	1955.10	永兴县	科技部	副部长	2000
谭水金	男	1956.09	永兴县	广州解放军体育学院	大 校	2001
朱辉军	男	1961.07	永兴县	中国文联出版社	副总编	2002
曾庆发	男	1932.07	嘉禾县	中国有色金属总公司四川工业公司	副经理	1984
彭继圣	男	1935.10	嘉禾县	中纪委研究所	副所长（副司级）	1991
廖巨樟	男	1936.10	嘉禾县	湘雅附一医院	党委委员、副院长	—

续表（二）

姓　名	性别	出生年月	籍　贯	工作单位	职　务	任职时间
萧星华	男	1939.05	嘉禾县	武警总队	纪委委员、少将	1996
李景光	男	1942.11	嘉禾县	国家海洋局	司长	—
曹万贵	男	1942	嘉禾县	中央军委办公厅	少将	—
李凤杰	男	1942.08	嘉禾县	解放军总参谋部	大校	—
李刚铤	男	1945.05	嘉禾县	湖南省政协	党组成员、秘书长	2003.01
曾凡安	男	1945.10	嘉禾县	湖南省广播电视局	副局长	2000.05
李昌怀	男	1945.12	嘉禾县	济南军区某集团军炮火指挥部	主任、大校	—
李运德	男	1931.11	嘉禾县	江西省政协法制委员会	副主任	1993
肖建国	男	1952.10	嘉禾县	湖南省作家协会	副主席	—
李土湘	男	1955.11	嘉禾县	广西百色军分区	副司令员	—
刘社鹏	男	1956.02	嘉禾县	广西贵港军分区	政治部主任	—
谭孟明	男	1938	临武县	解放军总参谋部	正师级干部	2000
雷　霆	男	1940.12	临武县	山西省科协	主席	1997.01
黄东保	男	1940	临武县	太原重型机械学院	党委书记	—
胡甫兴	男	1941	临武县	云南省林业厅	副厅长	—
王映先	男	1941	临武县	湖南省司法厅	副厅长	—
雷渊珠	男	1941	临武县	山西工业大学	党委书记	—
邝代章	男	1942	临武县	中铁十二局集团	纪委书记	—
邝生炎	男	1946.06	临武县	驻外大使馆、中共中央对外联络部第三局	局长（正师级）	2002
郭神保	男	1946	临武县	湖南省文化物资公司	党组书记	—
陈礼智	男	1947.12	临武县	湖北省石油总公司	党组书记	—
周国生	男	1948.01	临武县	广东省军区汕尾军分区	大校	—
陈华江	男	1949.05	临武县	四川省纪律检查委员会	副书记	—
邝书斌	男	1949.12	临武县	成都军区司令部	大校	2003
朱俊芳	男	1949	临武县	四川省资阳市政协	副主席	—
夏华良	男	1950.12	临武县	湖南省纺织工业厅	副厅长	—
李永清	男	1951.10	临武县	云南省环保厅	纪检组长（正厅级）	1999.10
周继香	男	1951	临武县	湖南省移民开发局	纪检组长	—
罗际明	男	1951	临武县	上海新世纪出版集团	党委副书记	—
邝代智	男	1952	临武县	衡阳师范学院	副院长	—
黄健柏	男	1954.12	临武县	中南大学	副校长	2000.04
刘运武	男	1954	临武县	湖南省建工集团	董事长	2005

续表（二）

姓 名	性别	出生年月	籍 贯	工作单位	职 务	任职时间
罗晓兵	男	1956.01	临武县	教育部	厅级干部	2000
郭石廷	男	1956	临武县	沈阳军区某部	师 长	—
陈陕兴	男	1957.01	临武县	广州军区后勤总医院	副师职	—
雷平静	男	1957.08	临武县	国家统计局企业调查总队	副队长（副司）	—
段文卫	男	1967	临武县	中国工商银行新加坡分行	副行长	2000
曹世珍	男	1928.01	汝城县	广州军区一五七医院	正师副主任	—
何绍智	男	1932.11	汝城县	湖北省农业银行	行 长	—
何选宇	男	1933.10	汝城县	广州军区	副师长、大校	1988
朱森林	男	1933.12	汝城县	湖南省人民政府	研究室主任	—
朱忠言	男	1934.04	汝城县	济南军区总医院	政委、党委书记	—
罗有恒	男	1936	汝城县	邮电部组织部	部 长	—
何晓清	男	1937.09	汝城县	四川省政协	常 委	—
朱新加	男	1938.07	汝城县	中国人民武装警察部队总部	纪委副书记、少将	—
朱洪明	男	1938.08	汝城县	陕西省渭南市政协	副主席	—
叶 畅	男	1940.10	汝城县	湖南日报社	副总编辑	—
朱菊香	女	1942.11	汝城县	衡阳市人大常委会	副主任	1988.01—2000.12
欧阳介	男	1943.11	汝城县	铁道部十六局	党委副书记	—
朱新民	男	1944.10	汝城县	人民日报社	副社长	1998.05
朱梅生	男	1946.02	汝城县	张家界市政府	副市长	—
曾德新	男	1946.04	汝城县	广东省韶钢集团	董事长兼总经理	—
朱新春	男	1948.01	汝城县	北京卫戍区 51609 部队	政 委	—
朱明湘	男	1948.04	汝城县	云南省监狱管理局	党委副书记	—
康均行	男	1949.10	汝城县	四川省卫生厅	副厅长	—
朱胜利	男	1954.08	汝城县	广西南宁解放军第三〇三医院	主任（副师级）	—
胡新华	男	1957.01	汝城县	新疆南疆军区	副参谋长（大校）	—
朱谷昌	男	1962.07	汝城县	中国有色金属矿产地质调查中心	总工程师	—
朱安平	男	1964.10	汝城县	广州军区司令部	办公室副主任（大校）	—
郭名正	男	1931.02	桂东县	湖南省商业干部管理学院	党委副书记	1990 年
李汉雄	男	1932.07	桂东县	湖南省建材供销储运公司	原党委书记、经理	—

续表（二）

姓 名	性别	出生年月	籍 贯	工作单位	职 务	任职时间
郭俊勋	男	1933.05	桂东县	解放军总参通讯部	副师级干部	—
郭 进	女	1934	桂东县	中国教育基金会	副会长（副司级）	—
郭冠军	男	1934.10	桂东县	中国联通公司	党组成员、纪检组长	1998
邓有成	男	1936.06	桂东县	兰州军区雨林基地	政委、大校	—
陈祥成	男	1938.11	桂东县	中共湖南省委宣传部	副部长	1997 年后
周远清	男	1939.05	桂东县	教育部	副部长	1998
郭可成	男	1939.09	桂东县	国务院办公厅机关工会	副主席（副厅级）	—
李力军	男	1942.06	桂东县	福建省国家税务局	局长	1994.05
李国民	男	1957.08	桂东县	政协湘潭市委员会	副主席	—
黄义新	男	1957.07	桂东县	湖南省国税局	副局长	—
黄久生	男	1960.01	桂东县	解放军总装备部炮兵装备研究所	师级干部	—
张让军	男	1927	安仁县	解放军总后卫生部	副师级	—
李慎思	男	1929.10	安仁县	中国劳动出版社	原社长兼总编（正局级）	—
黄仁安	男	1930.10	安仁县	昆明军区	副师职	1988
张春明	男	1930.10	安仁县	中共湖南省委宣传部	副厅级研究员	—
侯少康	男	1930	安仁县	怀化市人大常委会	副主任	—
陈萼文	男	1930	安仁县	武警长沙指挥学校	政治委员	1985
许岳松	男	1934.02	安仁县	湖南省民政厅	厅 长	1991
刘振夏	男	1935	安仁县	湖南省人民政府办公厅纪检组	副厅级、纪检组长	—
张远全	男	1938.08	安仁县	广州军区空军医院	院党委委员、副主任医师	—
侯茂兴	男	1939.12	安仁县	湘潭师范学院	副院长	2000
卢志良	男	1940.10	安仁县	云南锡业公司	党委书记	—
李化文	男	1940	安仁县	北京航天工业部	主 任	—
何书印	男	1941.05	安仁县	空军驻湖南地区军事代表室	正师职	—
李继禹	男	1941.05	安仁县	湖南省人民政府办公厅	巡视员	1998
萧元清	男	1943	安仁县	中国包装总公司办公厅	主 任	—
张宗保	男	1944.01	安仁县	解放军军事经济学院基础部	副师职、政委	1988
陈 波	男	1945.12	安仁县	解放军总后勤部海南办事处	主任（正师级）	—
陈光荣	男	1945.12	安仁县	解放军总后勤部军事交通运输计划财务局	局长（正师级）	1993
唐德斌	男	1946.01	安仁县	湖南商学院	副院长	1994

续表（二）

姓　名	性别	出生年月	籍　贯	工作单位	职　务	任职时间
侯文彪	男	1947.08	安仁县	解放军长沙炮兵学院学报编辑部	总编辑（正师级）	—
侯炳文	男	1947.09	安仁县	湖南省红十字会	党组书记、常务副会长	—
李　原	男	1948.11	安仁县	人民日报社	纪检组副组长	1991
唐早生	男	1948	安仁县	四川省军区司令部	师级干部	—
周金国	男	1948	安仁县	北京铁道科学院	党委书记	—
周农翻	男	1950.05	安仁县	农业发展银行湖南省分行	行　长	2003
周益生	男	1951.03	安仁县	成都军区联勤部	副政委、少将	2004.8 2005
陈运奇	男	1951.05	安仁县	解放军总医院医务部	副主任	2003
侯金球	男	1951.08	安仁县	重庆干休所	正师职	1999
张家顺	男	1956.10	安仁县	中组部地方干部局	副厅级	—
侯清良	男	1956	安仁县	解放军某部	师　长	—
刘绵松	男	1957.01	安仁县	湖南省旅游局	副局长	2004
何仁春	男	1957	安仁县	湖南有色金属控股集团有限公司	董事长	—
许国胜	男	1958	安仁县	湖南省机关事务管理局	副局长	—
张东良	男	1959.08	安仁县	空军某部	部队长	—
张国浩	男	1959.11	安仁县	株洲市人民政府	副市长	2006
李上福	男	1959.12	安仁县	中国航空动力机械研究所	所　长	2000
陈再春	男	1961.02	安仁县	解放军某部训练大队	政　委	—
张亦贤	男	1961.04	安仁县	中共邵阳市委宣传部	市委常委、宣传部部长	2002.11
李文才	男	1963.10	安仁县	湖南省保密局	局　长	—
樊立君	男	1963	安仁县	联合国知识产权组织语文司	副司长	—
罗　文	男	1964.12	安仁县	中国电子信息产业发展研究院	院　长	2007.09

（三）1989—2005年郴州市（地区）获全国和省部级劳模荣誉称号名录

姓　名	性别	获奖时工作单位	荣誉称号	授予单位	授予时间
黄晨旭	男	水电部八局	全国能源工业劳动模范	能源工业部	1989
黄　郦	男	水电部八局	全国能源工业劳动模范	能源工业部	1989
陈利平	男	郴州地区街洞煤矿	全国能源工业劳动模范	能源工业部	1989

续表（三）

姓 名	性别	获奖时工作单位	荣誉称号	授予单位	授予时间
唐达明	男	资兴矿务局周源山煤矿	全国能源工业劳动模范	能源工业部	1989
宾广义	男	郴州地区鲤鱼江煤矿	全国能源工业劳动模范	能源工业部	1989
黄天宝	男	资兴矿务局唐洞煤矿	全国能源工业劳动模范	能源工业部	1989
张华堂	男	核工业部七一一矿	全国能源国防工业劳动模范	能源工业部、国防工委	1989
侯广钊	男	郴州地区面粉厂	全国粮食系统劳动模范	商业部	1989
李忠生	男	宝山铅锌银矿	全国有色冶金系统劳动模范	冶金工业部	1989
杨天才	男	黄沙坪铅锌矿	全国有色冶金系统劳动模范	冶金工业部	1989
陈自强	男	香花岭锡矿	全国有色冶金系统劳动模范	冶金工业部	1989
周定国	男	汝城钨矿	全国有色冶金系统劳动模范	冶金工业部	1989
沈良根	男	瑶岗仙钨矿	全国有色冶金系统劳动模范	冶金工业部	1989
周平南	男	柿竹园有色金属矿	全国有色冶金系统劳动模范	冶金工业部	1989
黄益民	男	郴县桥口铅锌矿	全国有色冶金系统劳动模范	冶金工业部	1989
黄运牛	男	宜章县黄沙镇电影院	全国电影发行系统劳动模范	文化部	1989
杨向群	女	郴州地区人民医院	湖南省职工劳动模范	湖南省人民政府	1989
张文玲	女	郴州地区纺织厂	湖南省职工劳动模范	湖南省人民政府	1989
唐开先	男	湘南氮肥厂	湖南省职工劳动模范	湖南省人民政府	1989
徐发润	男	郴州卷烟厂	湖南省职工劳动模范	湖南省人民政府	1989
黄春林	男	资兴矿务局宝源煤矿	湖南省职工劳动模范	湖南省人民政府	1989
聂献仁	男	资兴矿务局宇字煤矿	湖南省职工劳动模范	湖南省人民政府	1989
杨百兴	男	汝城钨矿	湖南省职工劳动模范	湖南省人民政府	1989
谭金汉	男	长沙铁路分局郴州车站	湖南省职工劳动模范	湖南省人民政府	1989
谭学生	男	郴州印刷机械厂	湖南省职工劳动模范	湖南省人民政府	1989
邓玉林	男	水电部八局	湖南省职工劳动模范	湖南省人民政府	1989
李仁善	男	鲤鱼江电厂	湖南省职工特等劳动模范 全国劳动模范	湖南省人民政府 国务院	1989
李戊柳	女	郴州市市郊信用社	湖南省职工劳动模范	湖南省人民政府	1989
葛振东	男	郴州地区桥口氮肥厂	全国化学工业劳动模范	化学工业部	1989
黄永斌	男	郴州市五交化站	全国商业系统劳动模范	商业部	1989
肖招英	女	郴县良田供销社	全国商业系统劳动模范	商业部	1989
雷振陆	男	郴州地区汽运公司	湖南省职工劳动模范	湖南省人民政府	1989
苏育芳	男	桂阳县第三中学	湖南省职工劳动模范	湖南省人民政府	1989
邓永泉	男	黄沙坪铅锌矿	湖南省职工劳动模范	湖南省人民政府	1989
曹家齐	男	永兴县人民检察院	湖南省职工劳动模范	湖南省人民政府	1989

续表（三）

姓　名	性别	获奖时工作单位	荣誉称号	授予单位	授予时间
刘桃桃	男	郴州地区栖凤渡煤矿	湖南省职工劳动模范	湖南省人民政府	1989
黄天德	男	嘉禾县水泥厂	湖南省职工劳动模范	湖南省人民政府	1989
周平南	男	柿竹园有色金属矿	湖南省职工劳动模范	湖南省人民政府	1989
何建国	男	郴州市环卫处	湖南省职工劳动模范	湖南省人民政府	1989
曾柏生	男	嘉禾县袁家煤矿	全国煤炭系统劳动模范	煤炭工业部	1989
邓土成	男	嘉禾县盘江学区	全国教育系统劳动模范	国家教委、人事部	1989
钟菊英	女	资兴市计生委	湖南省职工劳动模范	湖南省人民政府	1989
陈阳生	男	临武县西城中学	湖南省职工劳动模范	湖南省人民政府	1989
曾岳军	男	郴州地区化肥厂	湖南省职工劳动模范	湖南省人民政府	1989
范名军	男	汝城县邮电局乡邮局	湖南省职工特等劳动模范 全国劳动模范	湖南省人民政府 国务院	1989
陈反修	男	汝城县肉食水产公司	湖南省职工劳动模范	湖南省人民政府	1989
刘冠群	男	安仁县第一中学	全国教育系统劳动模范	国家教委、人事部	1989
黄忠英	女	郴州市第一中学	全国教育系统劳动模范	国家教委、人事部	1989
袁功乐	男	郴州地区工程公司	湖南省职工劳动模范	湖南省人民政府	1989
吴家骥	男	交通部郴州筑路机械厂	湖南省职工劳动模范	湖南省人民政府	1989
卢玉华	女	安仁县橡胶厂	湖南省职工劳动模范	湖南省人民政府	1989
刘继明	男	桂东县第一中学	湖南省职工劳动模范	湖南省人民政府	1989
黄明宣	男	工行郴州地区支行	湖南省职工特等劳动模范	湖南省人民政府	1989
丁锡广	男	湘南地质队	全国劳动模范	国务院	1990
刘桂存	男	郴州柴油机厂	湖南省劳动模范	湖南省人民政府	1990
沈良根	男	瑶岗仙钨矿	湖南省劳动模范	湖南省人民政府	1990
何建都	男	资兴市人大常委会	全国森林防火劳动模范	国家森林防火指挥部	1990
谷务耕	男	郴州建工集团有限公司	全国建工系统劳动模范	建设部	1990
彭见凤	女	郴州市环卫处	全国建设系统劳动模范	建设部	1990
郝清流	男	郴州市第一中学	全国教育系统劳动模范	国家教委、人事部	1991
黄克易	男	郴县教委	全国教育系统劳动模范	国家教委、人事部	1991
胡辉泉	男	七四二九工厂	广州军区军工企业劳动模范	广州军区	1991
唐明荣	男	郴州玻璃厂	全国建材系统劳动模范	建设部	1991
罗大柱	男	七四二九工厂	全国五一劳动奖章、湖南省劳动模范	全国总工会、湖南省人民政府	1991
李方月	男	郴州地区高亭司煤矿	全国五一劳动奖章、湖南省劳动模范	全国总工会、湖南省人民政府	1991
李辉雄	男	桂东县政府	全国造林绿化劳动模范	全国绿化委员会、林业部、人事部	1991

续表（三）

姓 名	性别	获奖时工作单位	荣誉称号	授予单位	授予时间
王良才	男	郴州地区邮电局	全国邮电系统劳动模范	邮电部	1991
邵英琪	女	中保郴州支公司	全国金融系统劳动模范	中国人民保险公司	1992
樊艳香	女	资兴市兴宁信用社	全国金融系统劳动模范	中国农业银行总行	1992
谢国平	男	宝山铅锌银矿	全国五一劳动奖章、湖南省劳动模范	全国总工会、湖南省人民政府	1992
朱国祯	男	郴州卷烟厂	全国五一劳动奖章 湖南省劳动模范	全国总工会、湖南省人民政府	1992
陈三定	男	资兴市公路段局	全国五一劳动奖章、湖南省劳动模范	全国总工会、湖南省人民政府	1993
龚春禄	男	郴州市环卫处垃圾场	湖南省劳动模范	湖南省人民政府	1993
刘保才	男	黄沙坪铅锌矿	全国有色冶金系统劳动模范	冶金工业部	1993
黄国田	男	宝山铅锌银矿	全国有色冶金系统劳动模范	冶金工业部	1993
何辅志	男	汝城县教师进修学校	全国教育系统劳动模范	国家教委、人事部	1993
李祖庭	男	瑶岗仙钨矿	全国有色冶金系统劳动模范	冶金工业部	1993
杨汉樵	男	汝城钨矿	全国有色冶金系统劳动模范	冶金工业部	1993
贺新国	男	柿竹园有色金属矿	全国有色冶金系统劳动模范	冶金工业部	1993
周海云	男	香花岭锡矿	全国有色冶金系统劳动模范	冶金工业部	1993
陈庚楚	男	郴州卷烟厂	湖南省劳动模范	湖南省人民政府	1994
张兰香	女	郴州地区纺织厂	全国纺织行业劳动模范	中国纺织总会	1994
彭陈湘	男	郴州市副食品公司	湖南省劳动模范、全国内贸系统劳动模范	湖南省人民政府、国家经贸委、人事部	1994
李剑勇	男	郴州筑路机械厂	全国交通系统劳动模范	交通部	1994
李晓峰	男	郴州地区汽运公司	全国交通系统劳动模范	交通部	1994
单式平	男	宜章县质监站	建工系统劳动模范	建设部	1994
李常水	男	宜章县东风乡笠头村	湖南省劳动模范 全国劳动模范	湖南省人民政府 国务院	1994 1995
刘淑慧	女	郴州市第三中学	湖南省劳动模范	湖南省人民政府	1995
王抗援	男	郴州公路工程机械厂	湖南省劳动模范、全国劳动模范	湖南省人民政府、国务院	1995
张跃彩	男	省地勘局四〇八队	全国劳动模范	国务院	1995
何显龙	男	桂东县清泉乡财政所	湖南省劳动模范	湖南省人民政府	1995
李 锋	男	永兴县城关镇水南村	湖南省劳动模范	湖南省人民政府	1995
吴庆英	男	资兴市白廊乡江口村	湖南省劳动模范	湖南省人民政府	1995
曾连娣	女	郴州市第一人民医院	湖南省劳动模范	湖南省人民政府	1995
黄永旺	男	郴州市许家洞煤矿	湖南省劳动模范	湖南省人民政府	1995

续表（三）

姓　名	性别	获奖时工作单位	荣誉称号	授予单位	授予时间
李小芳	女	资兴矿务局宇字煤矿	全国煤炭系统劳动模范、湖南省劳动模范	煤炭工业部、湖南省人民政府	1995
雷武友	男	苏仙区栖凤渡镇栖凤渡村	湖南省劳动模范	湖南省人民政府	1995
罗兰英	女	建行郴州市分行	全国金融系统劳动模范	中国建设银行	1995
陈碧焕	男	郴州市第一中学	全国模范教师	国家教委、人事部	1995
李学法	男	嘉禾县竹山下煤矿	全国煤炭系统劳动模范	煤炭工业部	1995
王　伟	男	桂阳县供销社贸易公司	湖南省劳动模范	湖南省人民政府	1995
京福利	男	郴州煤炭贸易总公司	湖南省劳动模范	湖南省人民政府	1995
曹声月	男	郴州市化肥厂	湖南省劳动模范	湖南省人民政府	1995
李友才	男	郴州市柿竹园有色金属矿	湖南省劳动模范	湖南省人民政府	1995
刘柄宏	男	桂阳县敖泉乡斗余村	湖南省劳动模范	湖南省人民政府	1995
谷永辉	男	郴州南方特种水泥厂	湖南省劳动模范	湖南省人民政府	1995
陈岳平	男	东江水泥厂	湖南省劳动模范	湖南省人民政府	1995
罗瑞峰	男	永兴县煤炭贸易总公司	湖南省劳动模范	湖南省人民政府	1995
黄金海	男	郴州铁路工务段	全国铁路系统劳动模范	铁道部	1995
张治池	男	长沙铁路总公司郴州车站	湖南省劳动模范	湖南省人民政府	1995
谢树清	男	郴州空调设备总厂	湖南省劳动模范	湖南省人民政府	1995
申元伟	男	资兴矿务局宝源煤矿	全国劳动模范	国务院	1995
杨辛牙	男	郴州市化工局总公司	湖南省劳动模范	湖南省人民政府	1995
刘诗元	男	嘉禾县焦冲元煤矿	湖南省劳动模范	湖南省人民政府	1995
刘革平	男	嘉禾县石桥乡岐峰村	湖南省劳动模范	湖南省人民政府	1995
刘国平	男	郴州市工程公司	湖南省劳动模范	湖南省人民政府	1995
周继助	男	临武县东山钨矿	湖南省劳动模范	湖南省人民政府	1995
李万佺	男	鲤鱼江煤矿	湖南省劳动模范	湖南省人民政府	1995
陈苏生	男	郴州卷烟厂	全国烟草系统劳动模范	国家烟草专卖局	1995
邓新强	男	临武县南强乡莲塘村	湖南省劳动模范	湖南省人民政府	1995
萧小兰	女	北湖区郴江乡七里洞村	湖南省劳动模范	湖南省人民政府	1995
朱小球	女	汝城县马桥乡霞留村	湖南省劳动模范	湖南省人民政府	1995
郭体强	男	桂东县四都乡洋河村	湖南省劳动模范	湖南省人民政府	1995
李先发	男	安仁县橡胶厂	湖南省劳动模范	湖南省人民政府	1995
王德崇	男	安仁县承坪乡东江村承坪农场	湖南省劳动模范	湖南省人民政府	1995

续表（三）

姓　名	性别	获奖时工作单位	荣誉称号	授予单位	授予时间
孙建湘	男	郴州化工集团	全国劳动模范、全国五一劳动奖章	国务院、全国总工会	1995 1998
邱丽霞	女	郴州市第二中学	全国劳动模范、全国五一劳动奖章	国务院、全国总工会	1996
周和平	男	郴州市自来水公司	全国五一劳动奖章、湖南省劳动模范	全国总工会、湖南省人民政府	1996
符国斌	男	郴州市第一中学	全国教育系统劳动模范	国家教委	1997
金捷生	男	湖南省东江水电站	全国五一劳动奖章、湖南省劳动模范	全国总工会、湖南省人民政府	1997
刘付云	男	香花岭锡矿	全国五一劳动奖章、湖南省劳动模范	全国总工会、湖南省人民政府	1997
雷健康	男	苏仙区白露塘供销社	全国供销系统劳模、全国劳动模范	全国供销合作总社、国务院	1997 2000
陈碧焕	男	郴州市第一中学	全国教育系统劳动模范	教育部	1998
李乙芳	男	周源山煤矿	全国五一劳动奖章、湖南省劳动模范	全国总工会、湖南省人民政府	1998
李钢骨	男	桂阳县第一中学	全国五一劳动奖章、湖南省劳动模范	全国总工会、湖南省人民政府	1998
孙建湘	男	郴州化工集团	全国五一劳动奖章、湖南省劳动模范	全国总工会、湖南省人民政府	1998
邓爱秀	女	交通部郴州筑路机械厂	全国交通系统劳动模范	交通部	1998
周邦全	男	安仁县第一中学	全国教育系统劳动模范	教育部	1998
肖秋生	男	郴嘉铁路物业公司	全国交通系统劳动模范	人事部、交通部	1998
周支援	男	郴州电业局	湖南省劳动模范、全国五一劳动奖章、全国劳动模范	湖南省人民政府、全国总工会、国务院	1999 2000
李步凡	女	郴州裕湘面业有限公司	湖南省劳动模范	湖南省人民政府	1999
张扬平	男	郴州市建设局	全国建设系统劳动模范	人事部、建设部	1999
魏晓兰	女	资兴市公路局山海道班	全国五一劳动奖章、湖南省劳动模范	全国总工会、湖南省人民政府	1999
李歌洪	男	湖南黄沙坪铅锌矿	湖南省劳动模范	湖南省人民政府	1999
王　绿	男	郴州市公安局交警支队	全国公安战线功臣模范	公安部	1999
李春冬	男	郴州市公共汽车公司	全国建设系统劳动模范	人事部、建设部	1999
吴汝聪	男	郴州山河电子设备有限公司	湖南省劳动模范	湖南省人民政府	2000
邓美良	男	宜章县一六镇农机站	湖南省劳动模范	湖南省人民政府	2000
黄建雄	男	桂东县公路局侃大道班	湖南省劳动模范	湖南省人民政府	2000
陈桂成	男	临武县双溪乡贝溪村	湖南省劳动模范	湖南省人民政府	2000
曹六斤	男	苏仙区桥口镇白溪村	湖南省劳动模范	湖南省人民政府	2000

续表（三）

姓　名	性别	获奖时工作单位	荣誉称号	授予单位	授予时间
雷建日	男	湖南省煤业集团资兴矿区安管局	湖南省劳动模范	湖南省人民政府	2000
李海英	女	郴州麻制品厂	湖南省劳动模范	湖南省人民政府	2000
陈晓芳	女	郴州外贸芳园集团公司	湖南省劳动模范	湖南省人民政府	2000
何　敏	男	鲤鱼江电厂	湖南省劳动模范	湖南省人民政府	2000
刘国芳	男	郴州建工集团有限公司	湖南省劳动模范	湖南省人民政府	2000
邓申平	男	资兴矿务局唐洞煤矿	湖南省劳动模范	湖南省人民政府	2000
廖景红	男	资兴市种子公司	湖南省劳动模范	湖南省人民政府	2000
吴庆英	男	资兴旧市乡汉塘村	湖南省劳动模范	湖南省人民政府	2000
雷元保	男	桂阳县城郊乡牛巷口村	湖南省劳动模范	湖南省人民政府	2000
谢丁玉	男	永兴县煤炭局矿山救护队	湖南省劳动模范	湖南省人民政府	2000
肖柏龙	男	北湖区郴江镇七里洞村	湖南省劳动模范	湖南省人民政府	2000
李　超	男	金磊水泥集团有限公司	湖南省劳动模范	湖南省人民政府	2000
金学仕	男	郴州天成化工有限责任公司	湖南省劳动模范	湖南省人民政府	2000
曹名学	男	永兴县樟树乡洋佳村	湖南省劳动模范	湖南省人民政府	2000
宋桥英	男	汝城县三星矿业有限公司	湖南省劳动模范	湖南省人民政府	2000
朱祥国	男	汝城县龙虎洞水库	湖南省劳动模范	湖南省人民政府	2000
曾桐友	男	嘉禾县袁家煤矿	湖南省劳动模范	湖南省人民政府	2000
李刚毅	男	嘉禾县钟水乡水冲村	湖南省劳动模范	湖南省人民政府	2000
李显辉	男	资兴市白廊乡毫山村	湖南省劳动模范	湖南省人民政府	2000
李运光	男	桂东县贝溪乡南边村	湖南省劳动模范、全国劳动模范	湖南省人民政府、国务院	2000
陈平南	男	郴州湘南麻业有限公司	全国纺织行业劳动模范	人事部、国家纺织工业局	2000
喻广德	男	郴州纺织厂	全国纺织行业劳动模范	人事部、国家纺织工业局	2000
邓小群	男	郴州卷烟厂	全国烟草系统劳动模范	人事部、国家烟草专卖局	2000
陈柯均	男	宜章物质总公司	全国内贸系统劳动模范	人事部、国家经贸委	2000
陈苏生	男	郴州卷烟厂	全国劳动模范	国务院	2000
曾　杰	男	郴州卷烟厂	湖南省劳动模范	湖南省人民政府	2000
欧阳建军	女	临武县新层场小学	湖南省劳动模范	湖南省人民政府	2000
王知顺	男	郴州市鲤鱼江煤矿	全国五一劳动奖章、湖南省劳动模范	全国总工会、湖南省人民政府	2001

续表（三）

姓　名	性别	获奖时工作单位	荣誉称号	授予单位	授予时间
杨玲敏	女	交通部郴州筑路机械厂	全国交通系统劳动模范	交通部	2001
李光球	男	郴州市林业局	湖南省劳动模范	湖南省人民政府	2001
吴金都	男	汝城县深汝果菜开发有限公司	湖南省劳动模范	湖南省人民政府	2001
钱剑英	女	郴州市邮政局	全国邮政系统劳动模范	人事部、国家邮政局	2002
张才友	男	北湖区政府	湖南省劳动模范	湖南省人民政府	2002
朱子雄	男	柿竹园有色金属矿采矿场	全国五一劳动奖章、湖南省劳动模范	全国总工会、湖南省人民政府	2002
匡妹仔	女	安仁县关王中学	全国五一劳动奖章	全国总工会	2002
许　涛	男	永兴县农行柏林营业所	全国金融行业五一劳动奖章	中国金融工会	2002
陈世昕	男	郴州市邮政局	全国五一劳动奖章、湖南省劳动模范	全国总工会、湖南省人民政府	2003
刘海波	男	东江水电站物流服务中心	全国五一劳动奖章	全国总工会	2003
李绿森	男	安仁县城关镇东城社区	全国劳动模范	国务院	2004
胡　平	男	湖南黄沙坪铅锌矿	全国五一劳动奖章、湖南省劳动模范	全国总工会、湖南省人民政府	2004
王贱华	男	安仁县城关镇北郊村	湖南省劳动模范	湖南省人民政府	2004
周晓春	男	湖南移动通信郴州分公司	全国五一劳动奖章、湖南省劳动模范	全国总工会、湖南省人民政府	2004
陈外荣	男	永兴县西河铅业有限责任公司	全国劳动模范	国务院	2005
邓中华	男	郴电国际发展股份有限公司	全国劳动模范	国务院	2005
陈桂成	男	临武县双溪乡贝溪村	全国劳动模范	国务院	2005
李志鹏	男	郴州市第三中学	湖南省劳动模范	湖南省人民政府	2005
廖帮文	男	永兴县开发区水南村	湖南省劳动模范	湖南省人民政府	2005
曾令令	男	北湖区郴江镇三里田村	湖南省劳动模范	湖南省人民政府	2005
熊　智	男	东江水力发电厂	湖南省劳动模范	湖南省人民政府	2005
吴金都	男	汝城县汝深果菜开发有限公司	湖南省劳动模范	湖南省人民政府	2005
候德峰	男	安仁县竹山乡竹山村	湖南省劳动模范	湖南省人民政府	2005
付爱林	男	郴州华湘化工有限责任公司	湖南省劳动模范	湖南省人民政府	2005
袁寿文	男	柿竹园有色金属有限责任公司	湖南省劳动模范	湖南省人民政府	2005
廖茂海	男	苏仙区廖家湾乡吴溪村	湖南省劳动模范	湖南省人民政府	2005
盘振玉	女	苏仙区塘溪乡五马垅瑶族小学	全国劳动模范	国务院	2005

续表（三）

姓 名	性别	获奖时工作单位	荣誉称号	授予单位	授予时间
阳正林	男	湖南省烟草公司桂阳县公司	湖南省劳动模范	湖南省人民政府	2005
吴元松	男	桂阳县和平镇石城村	湖南省劳动模范	湖南省人民政府	2005
樊美屏	女	资兴市地方煤业有限责任公司	湖南省劳动模范	湖南省人民政府	2005
龙常棣	男	桂阳县公安局	湖南省劳动模范	湖南省人民政府	2005
何赛跃	男	资兴市白廊乡白廊村	湖南省劳动模范	湖南省人民政府	2005
周少华	男	郴州卷烟厂	全国劳动模范	国务院	2005
邝献明	男	临武县武水镇邝家村	湖南省劳动模范	湖南省人民政府	2005
曾冬良	男	临武县城关镇曾家岭村	湖南省劳动模范	湖南省人民政府	2005
雷林芝	女	湖南省郴州麻业有限公司	湖南省劳动模范	湖南省人民政府	2005
何桂安	男	郴建工程集团有限公司	湖南省劳动模范	湖南省人民政府	2005
李添烦	男	郴州电业局通信分公司	湖南省劳动模范	湖南省人民政府	2005
李步凡	女	郴州市裕湘面业有限公司	湖南省劳动模范	湖南省人民政府	2005
黄建华	男	电信郴州市分公司	湖南省劳动模范	湖南省人民政府	2005
胡建文	男	临武舜华鸭业发展公司	湖南省劳动模范	湖南省人民政府	2005

（四）1989—2005年郴州市（地区）获省部级以上先进工作者等荣誉称号名录

姓 名	性别	获奖时工作单位	荣誉称号	授予单位	授予时间
李汉英	男	桂阳县农业局	全国先进工作者	国务院	1989
黄明宣	男	工行郴州地区支行	全国先进工作者	国务院	1989
邓大告	男	桂阳县第一中学	全国优秀教师	国家教委、人事部	1989
邝允唐	男	桂阳县教委	全国优秀教师	国家教委、人事部	1989
肖定民	男	桂阳县洋市乡中学	全国优秀教师	国家教委、人事部	1989
李祖长	男	桂阳县太和学区	全国优秀教师	国家教委、人事部	1989
陈振中	男	黄沙坪铅锌矿子校	全国优秀教师	国家教委、人事部	1989
唐 韵	男	桂阳县第二中学	全国优秀教师	国家教委、人事部	1989
雷晋甲	男	桂阳县燕塘学区	全国优秀教师	国家教委、人事部	1989
喻文艳	女	桂阳县信用联社	全国优秀出纳员	中国农业银行总行	1989
雷伯洋	男	桂阳县农业局	全国农业系统先进工作者	农业部	1989
马明圣	男	桂阳华山学区	湖南省优秀教师	中共湖南省委、湖南省人民政府	1989

续表（四）

姓名	性别	获奖时工作单位	荣誉称号	授予单位	授予时间
卢廷辉	男	桂阳县教委	湖南省优秀教育工作者	中共湖南省委、湖南省人民政府	1989
李至元	男	桂阳县樟市学区	湖南省优秀教育工作者	中共湖南省委、湖南省人民政府	1989
吕灶祥	男	桂阳县第七中学	湖南省优秀教师	中共湖南省委、湖南省人民政府	1989
吴定锦	男	桂阳县教师进修学校	湖南省优秀教育工作者	中共湖南省委、湖南省人民政府	1989
何鉴蓉	女	桂阳县机关幼儿园	湖南省优秀教育工作者	中共湖南省委、湖南省人民政府	1989
张传亮	男	中共桂阳县委党校	湖南省优秀教师	中共湖南省委、湖南省人民政府	1989
龚声杰	男	桂阳县塘市学区	湖南省优秀教育工作者	中共湖南省委、湖南省人民政府	1989
龚增进	男	桂阳县第二中学	湖南省优秀教师	中共湖南省委、湖南省人民政府	1989
曾宪尧	男	桂阳县团结学区	湖南省优秀教师	中共湖南省委、湖南省人民政府	1989
曾宪桂	男	桂阳县樟木学区	湖南省优秀教师	中共湖南省委、湖南省人民政府	1989
雷本锦	男	桂阳县东成中学	湖南省优秀教师	中共湖南省委、湖南省人民政府	1989
肖贤稠	男	桂阳县六合学区	湖南省优秀教育工作者	中共湖南省委、湖南省人民政府	1989
彭宏国	男	桂阳县职业中学	湖南省优秀教师	中共湖南省委、湖南省人民政府	1989
彭道安	男	宜章县工商局	全国优秀党务工作者	中共中央	1989
黄孝健	男	中共宜章县委	全国民兵预备役先进工作者	国防部	1989
邱干荣	男	宜章县教师进修学校	全国优秀教师	国家教委、人事部	1989
杨香益	男	宜章县白石渡镇中学	全国优秀教师	国家教委、人事部	1989
周兴旺	男	宜章县白沙圩乡オ口小学	全国优秀教师	国家教委、人事部	1989
陈世大	男	宜章县里田学区	全国优秀教师	国家教委、人事部	1989
李安华	男	宜章县长村学区	全国优秀教师	国家教委、人事部	1989
黄运牛	男	宜章县黄沙乡大黄家村	全国电影发行放映先进工作者	广播电影电视部	1989
沈良根	男	瑶岗仙钨矿	全国有色冶金系统劳动模范	中国有色金属工业总公司	1989
张日宗	男	嘉禾县第二中学	全国优秀教师	国家教委、人事部	1989
谭代法	男	嘉禾县泮头学区	全国优秀教师	国家教委、人事部	1989
李依兰	女	临武县妇联（去世）	全国优秀妇联干部、全国“三八”红旗手	全国妇联	1989

续表（四）

姓　名	性别	获奖时工作单位	荣誉称号	授予单位	授予时间
谭华扬	男	临武县大冲学区	全国优秀教师	国家教委、人事部	1989
谢联民	男	汝城县热水学区	全国优秀教师	国家教委、人事部	1989
钟县花	女	汝城县田庄乡田庄村	全国“三八”红旗手	全国妇联	1989
郭谦亮	男	汝城县人大常委会	全省普法先进个人	中共湖南省委、湖南省人民政府	1989
朱亮云	男	汝城县南洞学区	全国优秀教师	国家教委、人事部	1989
祝优秀	女	汝城县城关镇小学	全国优秀教师	国家教委、人事部	1989
方绪远	男	桂东县教委	全国先进教育工作者	国家教委、人事部	1989
钟祖欢	男	桂东县林业中学	全国教育工作先进个人	国家教委、人事部	1989
刘冠群	男	安仁县第一中学	全国优秀教师	国家教委、人事部	1989
李泽忠	男	安仁县第一中学	全国优秀教师	国家教委、人事部	1989
李汉英	男	桂阳县农业局	全国先进工作者	国务院	1989
李辉雄	男	桂东县林业局	全国绿化奖章、全国造林绿化功臣碑	国家绿委、林业部	1989、1997
唐开先	男	宜章县湘南氮肥厂	小氮肥工业生产建设辛勤劳动荣誉奖	化学工业部	1989、1998
彭　森	男	郴州地区机电局	全国先进会计工作者	财政部	1989
江抡元	男	湘南地质勘察院	全国先进会计工作者	财政部	1989
吴诚珠	男	桂东县公安局	全国公安基层优秀股所所长	公安部	1989
王生录	男	郴州市（今北湖区）公安局交警支队	全国公安战线二级英雄模范	公安部	1990
曹仁书	男	资兴市纪委	全省勤政廉政先进个人	中共湖南省委、湖南省人民政府	1990
王景泰	男	湖南省有色地质勘查局二三八队	全国优秀安全技术干部	中国有色金属工业总公司	1990
李甲湘	男	永兴县检察院	全国检察系统先进工作者	最高人民检察院	1990
陈六长	男	桂阳县畜牧水产局	全国先进工作者	农业部	1990
徐洋来	男	桂阳县农机局	全国科技先进工作者	农业部	1990
曹月瑛	女	宜章县一六乡政府	第四次全国人口普查工作先进个人	国务院第四次全国人口普查领导小组	1990
彭增和	男	宜章县太平里乡	第四次全国人口普查工作先进个人	国务院第四次全国人口普查领导小组	1990
李万河	男	嘉禾县国土局	全国国土管理先进工作者	地质矿产部、人事部	1990
王当海	男	临武县武源中学	全国农村优秀体育教师	人事部、国家教委	1990
谭昌辉	男	中共临武县委	全国第四次人口普查先进个人	国务院第四次全国人口普查领导小组	1990
朱先绩	女	汝城县委组织部	全国档案工作三十年优秀工作者	中央组织部	1990

续表（四）

姓 名	性别	获奖时工作单位	荣誉称号	授予单位	授予时间
何修义	男	汝城县公安局	全国颁发居民身份证先进个人	公安部	1990
李燕林	男	汝城县爱卫办	全国爱国卫生运动先进工作者	全国爱国卫生运动委员会	1990
何大龙	男	汝城县永丰乡	全省计划生育先进个人	湖南省人民政府	1990
周忠文	男	汝城县国土局	全国农业资源调查和农业区划工作先进工作者	农业部	1990
何珍祥	男	汝城县保密局	全省优秀机要员	中共湖南省委	1990
谭桥路	男	宜章县统计局	第四次全国人口普查先进个人、第一次全国第三产业普查先进个人	国务院人口普查、第三产业普查领导小组	1990、1992
邓达扬	男	宜章县白沙圩乡政府、县统计局	第四次全国人口普查先进个人、第一次全国基本单位普查先进个人	国务院人口普查领导小组、全国农业普查办公室	1990、1998
王存湘	男	中共资兴市委	全国绿化奖章	国家绿委、林业部	1991
胡 勇	男	桂阳县太和镇	全国青少年绿化祖国突击手	全国绿化委员会、团中央、林业部	1991
邓伟元	男	桂阳县第二中学	全国优秀教育工作者	国家教委、人事部	1991
谭云凤	女	桂阳城郊中心完小	全国优秀教育工作者	国家教委、人事部	1991
王康遥	男	黄沙坪铅锌矿	全国先进工作者	中国有色金属工业总公司	1991
袁常芝	男	桂阳县太和镇政府	湖南省乡镇企业家	湖南省人民政府	1991
邓大祥	男	湖南黄沙坪矿子弟学校	湖南省优秀教育工作者	中共湖南省委、湖南省人民政府	1991
陈庆美	男	桂阳县教委	湖南省优秀教育工作者	中共湖南省委、湖南省人民政府	1991
陈孝法	男	桂阳县城郊学区	湖南省优秀教育工作者	中共湖南省委、湖南省人民政府	1991
李忠仁	男	桂阳县板桥学区	湖南省优秀教育工作者	中共湖南省委、湖南省人民政府	1991
何知情	男	桂阳县第五中学	湖南省优秀教育工作者	中共湖南省委、湖南省人民政府	1991
吴桂方	男	桂阳县塘市贤江中学	湖南省优秀教师	中共湖南省委、湖南省人民政府	1991
林达球	男	桂阳县华山学区	湖南省优秀教师	中共湖南省委、湖南省人民政府	1991
胡安仕	男	桂阳县第二中学	湖南省优秀教师	中共湖南省委、湖南省人民政府	1991
秦玉林	男	桂阳县银河学区	湖南省优秀教师	中共湖南省委、湖南省人民政府	1991
曹振高	男	桂阳县第三中学	湖南省优秀教师	中共湖南省委、湖南省人民政府	1991
邓立绢	男	永兴县检察院	全国检察系统优秀侦查员	最高人民检察院	1991

续表（四）

姓 名	性别	获奖时工作单位	荣誉称号	授予单位	授予时间
陈忠舜	男	宜章县委党史办	全国党史部门先进工作者	中共中央党史研究室	1991
黄仁杰	男	宜章县莽山林管局小学	全国林业系统优秀教师	林业部	1991
黄亨禄	男	宜章县大龙山水泥厂	湖南省优秀共产党员	中共湖南省委	1991
李源洪	男	嘉禾县第一中学	全国优秀教师	国家教委、人事部	1991
唐存清	男	临武县公安局	省档案工作先进工作者	中共湖南省委、湖南省人民政府	1991
邓钦顺	男	汝城县档案局	全国档案系统先进个人	国家档案局	1991
蒋精华	男	汝城县司法局	全国司法行政银星荣誉章	司法部	1991
蒋兴武	男	桂东县教委	全国先进教育工作者	国家教委、人事部	1991
朱国祯	男	郴州卷烟厂	全国优秀经营管理者	全国总工会	1992
陈传孟	男	郴州地区烟草专卖局	全国烟草系统有突出贡献专家	国家烟草专卖局	1992
周秀英	女	郴州卷烟厂	全国先进女职工	全国总工会	1992
钟光荣	男	嘉禾县检察院	全国检察系统先进工作者	最高人民检察院	1992
何历田	男	桂阳县荷叶乡政府	全国农村合作经济管理先进个人	农业部	1992
戴宜华	男	湖南欧阳海灌区管理局	全省优秀管理工作者	水电部	1992
刘焕武	男	桂阳县人民政府	全省社会治安综合治理先进个人	中共湖南省委、湖南省人民政府	1992
李 云	男	宜章县工商局	全国优秀工商行政管理人员	国家工商总局	1992
李节昌	男	宜章县第一中学	全国优秀体育教师	国家教委、国家体委	1992
欧阳义	男	宜章县第一中学	全国优秀教师	国家教委、人事部	1992
陈良器	男	宜章县卫生局	全国卫生系统模范	卫生部、人事部	1992
邝国旺	男	宜章县政协	全省政协先进个人	湖南省政协	1992
胡美华	男	宜章县科委	全省政协先进个人	湖南省政协	1992
周万春	男	宜章县栗源乡复源村	全省政协先进个人	湖南省政协	1992
钟光荣	男	嘉禾县检察院	全国检察系统先进工作者	最高人民检察院	1992
何志高	男	中共汝城县委	全省社会综合治理先进个人	中共湖南省委、湖南省人民政府	1992
罗纪云	男	安仁县第一中学	全国优秀教师	国家教委	1992
刘炳富	男	桂阳县林业局	全国绿化奖章	林业部、全国绿化委员会	1992、1993
扶良会	男	桂东县卫生局	全国抗洪救灾先进个人	中国红十字总会	1992.02
黄锦华	男	桂东县公安局	全省社会治安综合治理先进个人	中共湖南省委、湖南省人民政府	1992.02
刘学文	男	郴州地区行署	全国绿化奖章	国家绿委、林业部	1993

续表（四）

姓名	性别	获奖时工作单位	荣誉称号	授予单位	授予时间
陈国柄	男	桂阳第三中学	全国优秀教师	国家教委、人事部	1993
吴绪斌	男	桂阳县清和学区	全国优秀教师	国家教委、人事部	1993
李用成	男	桂阳县农业银行	全国“十佳储蓄员”	中国农业银行总行	1993
王建平	男	桂阳县建设银行	全省优秀储蓄员	湖南省人民政府	1993
李祖亭	男	瑶岗仙钨矿	全国冶金工业劳动模范	冶金工业部	1993
欧才娥	女	宜章县妇联	全国“三八”绿色奖章	全国妇联、林业部	1993
邓孝安	男	宜章县农村能源办	全国省柴节煤工作先进个人	国家计委、农业部	1993
李学群	男	宜章县第一中学	全国优秀教师	国家教委、人事部	1993
欧阳庆	男	宜章县第七中学	全国优秀教师	国家教委、人事部	1993
邱道喜	男	宜章县笆篱乡农机站	全省推广农机化技术先进工作者	湖南省人民政府	1993
刘国荣	男	宜章县黄沙镇农机站	全省推广农机化技术先进工作者	湖南省人民政府	1993
李纯仪	男	嘉禾县第一中学	全国优秀教师	国家教委、人事部	1993
李枝雄	男	嘉禾县肖家学区	全国优秀教师	国家教委、人事部	1993
邝国莲	女	临武县花塘学区	全国优秀教师	国家教委、人事部	1993
曾石凌	男	汝城县公安局	全国千名优秀人民警察	公安部	1993
钟义生	男	汝城县三星学区	全国优秀教师	国家教委、人事部	1993
朱军民	男	汝城县委政法委	全省“二五”普法先进个人	中共湖南省委、湖南省人民政府	1993
雷明珠	女	汝城县马桥学区	湖南省先进工作者	湖南省人民政府	1993
李翠莲	女	汝城县总工会、汝城县委	全国优秀工会工作者、全国计划生育协会先进个人	全国总工会、全国计生协会	1993、1995
邓美良	男	宜章县一六镇农机站	全省推广农机化技术先进工作者、湖南省劳动模范	湖南省人民政府	1993
黄树成	男	桂东县科委	全国省柴节煤工作先进个人	农业部	1993.1
周干儒	男	桂东第一中学	全国优秀教师	国家教委、人事部	1993.9
龙敦林	男	桂阳县工交办	全省青年岗位成才能手	湖南省人民政府	1994
成清标	男	桂阳县城郊乡政府	湖南省乡镇企业家	湖南省人民政府	1994
陈正明	男	桂阳县人大常委会	全省人大信访先进工作者	湖南省人大常委会	1994
刘志艳	男	解放军海军部队	全国见义勇为青年英雄、新长征突击手	共青团中央	1994
黄存珍	男	资兴市林业局	全国绿化奖章、全国造林绿化先进工作者、全国造林绿化功臣碑	国家绿委、林业部	1994、1996、1997
张圣元	男	苏仙区公安分局	全国优秀人民警察	公安部	1994
张汉高	男	郴县人民武装部	广州军区“人武之星”	广州军区	1994

续表（四）

姓名	性别	获奖时工作单位	荣誉称号	授予单位	授予时间
黄忠英	女	郴州市第一中学	全国先进工作者	国务院	1995
邱丽霞	女	郴州市第二中学	全国优秀教师	国家教委、人事部	1995
陈祝云	男	东江木材厂子弟学校	全国林业系统优秀教师	林业部	1995
李气祯	男	桂阳县荷叶学区	全国优秀教师	国家教委、人事部	1995
黄承金	男	桂阳县第二中学	全国优秀教师	国家教委、人事部	1995
朱普庭	男	宜章县城南学区	全国优秀教师	国家教委、人事部	1995
黄永继	男	宜章县长村学区	全国优秀教师	国家教委、人事部	1995
郑云发	男	嘉禾县食药品监管局	全国卫生系统先进个人	卫生部	1995
陈德校	男	宜章县卫生防疫站	全国优秀卫生监督员	卫生部	1995
萧晓刚	男	宜章县沙坪乡	全国科技星火计划带头人	农业部、科技部	1995
陈潜	男	宜章县城南乡	全国计划生育协会先进个人	中国计划生育协会	1995
李柏玉	男	嘉禾县石羔学区	全国优秀教师	国家教委、人事部	1995
罗三明	男	临武县金江学区	全国优秀教师	国家教委、人事部	1995
袁宇文	男	汝城县教育局	全国优秀教师	国家教委、人事部	1995
谭丽兰	女	汝城县乡企局	全国优秀统计工作者	农业部	1995
卢祯祥	男	汝城县水泥厂	全国先进会计工作者	财政部	1995
何林生	男	汝城县土桥乡永安村	全国优秀村委会主任	民政部	1995
郭有楠	男	汝城县以工代赈办	全省以工代赈工作先进个人	湖南省人民政府	1995
袁培生	男	汝城县水电局	全省以工代赈工作先进个人	湖南省人民政府	1995
曾连娣	女	郴州市第一人民医院	湖南省先进工作者	湖南省人民政府	1995
钟光荣	男	嘉禾县检察院	湖南省先进工作者	湖南省人民政府	1995
雷明珠	女	汝城县马桥乡烟竹村小学	湖南省先进工作者	湖南省人民政府	1995
胡昭程	男	桂东县教育局	全国优秀教育工作者	国家教委	1995
何显龙	男	桂东县清泉镇财政所	湖南省先进工作者	湖南省人民政府	1995
王安辉	男	临武县公安局	全国优秀人民警察	公安部	1995、1996
何作诗	男	汝城县公安局	全国千名优秀人民警察	公安部	1995、1997
钟昭礼	男	苏仙区林业局	全国绿化奖章	国家绿委、林业部	1996
赵顺球	男	资兴市林管站	全国林业工作站先进个人	林业部	1996
马义和	男	资兴市木材总公司	全国森工系统“育林功臣”	林业部	1996
刘清平	男	资兴市滁口林业派出所	全国优秀人民警察	公安部	1996
李国辉	男	资兴市公安局刑侦大队	全国优秀人民警察	公安部	1996
梁新生	男	湖南欧阳海灌区管理局	全国水利系统审计工作先进个人	水利部	1996

续表（四）

姓　名	性别	获奖时工作单位	荣誉称号	授予单位	授予时间
罗顺安	男	桂阳县水电局	全国水利系统优秀干部	水利部	1996
刘继堂	男	宜章县畜牧水产局	全国农牧渔业丰收奖一等奖	农业部	1996
黄仁义	男	宜章县畜牧水产局	全国农牧渔业丰收奖一等奖	农业部	1996
陈寿云	男	瑶岗仙钨矿	第三次全国工业普查先进个人	国家统计局	1996
黄　诚	男	资兴市人民政府	全省优秀公务员、全国十佳人民满意公务员	中共湖南省委、人事部	1996、1997
王得春	男	宜章县梅田镇竹坪村小学	中华见义勇为先进分子	中华全国见义勇为基金会	1996
宋建志	男	汝城县公安局	全国千名优秀人民警察	公安部	1996
刘裔厚	男	汝城县政府	全国第二批农村水电初级电气化县建设进行个人	水电部、国家计委	1996
彭仁球	男	汝城县水电局	全国第二批农村水电初级电气化县建设进行个人	水电部、国家计委	1996
朱爱华	女	汝城县妇幼保健院	全国妇幼卫生工作先进个人	卫生部	1996
李卫平	女	北湖区人寿保险公司	全国先进女职工	中华全国总工会	1996
宋卫生	男	汝城县卫生局	全国红十字会工作先进个人	中国红十字会总会	1996
张知生	男	安仁县电影公司	全国农村优秀电影放映员	文化部	1996
谢本佳	男	资兴市林业局	全国飞播造林先进个人、全国飞播造林40周年先进个人	林业部、国家绿委、民航总局	1996、1997
李纯之	男	中共宜章县委	全国农村水电初级电气化县建设先进工作者、全省农村思想政治工作先进个人	水利部、国家计委、中共湖南省委、省人民政府	1996、1997
蓝锡瑞	男	宜章县统计局	第三次全国工业普查先进个人、第一次全国基本单位普查先进个人	国家统计局、全国基本单位普查办公室	1996、1997
彭向明	男	临武县公安交警大队、临武县公安局	全国优秀人民警察	公安部	1996、1997
欧良才	男	宜章县电力总公司	全国农村水电初级电气化县建设先进工作者、全国水利系统先进个人	水利部、国家计委	1996、1999
谢前伟	男	汝城县移民办	全省移民工作先进个人、全国“九五”期间水库移民先进工作者	湖南省人民政府、水利部	1996、2001
刘德芳	女	苏仙区审计局	全国审计机关先进工作者	人事部、审计署	1997
钟本强	男	中共桂阳县委	全国科技兴县先进个人	国家科委	1997
李金娥	女	桂阳县委宣传部	全国青少年中国精神读书教育活动特别奖	中国关心下一代工作委员会	1997
汤启宣	男	桂阳县人防办	人民防空先进工作者	湖南省人民政府	1997
李祖珍	男	桂阳县雷坪乡综合农场	全省军地两用人才标兵	湖南省人民政府	1997
曹丽莉	女	嘉禾县妇幼保健站	全国妇幼卫生先进工作者	卫生部、人事部	1997

续表（四）

姓　名	性别	获奖时工作单位	荣誉称号	授予单位	授予时间
黄湘林	男	汝城县林业局	全国绿化奖章	国家绿委、国家林业局	1997、1998
肖圣棋	男	郴州市绿化委员会办公室	全国绿化奖章	国家绿委、国家林业局	1998
李桂芬	女	资兴市林业局	全国林业系统优秀财务员	国家林业局	1998
陈宜玲	女	湘南烟草集团	全国先进女职工之友	全国总工会	1998
吴绪意	男	桂阳第三中学	全国优秀教育工作者	教育部	1998
欧阳玉模	男	桂阳县计划生育委员会	全国计划生育优秀工作者	国家计生委	1998
吴永忠	男	宜章县统计局	第一次全国基本单位普查全国先进个人	第一次全国基本单位普查办公室	1998
刘顺华	男	宜章县统计局	第一次全国基本单位普查全国先进个人	全国农业普查办公室	1998
曾满柳	女	宜章县统计局	第一次全国基本单位普查全国先进个人	全国农业普查办公室	1998
罗运连	男	湘南氮肥厂	小氮肥工业生产建设辛勤劳动荣誉奖	化学工业部	1998
朱章湘	男	湘南氮肥厂	小氮肥工业生产建设辛勤劳动荣誉奖	化学工业部	1998
黄唐生	男	湘南氮肥厂	小氮肥工业生产建设辛勤劳动荣誉奖	化学工业部	1998
贺训洪	男	湘南氮肥厂	小氮肥工业生产建设辛勤劳动荣誉奖	化学工业部	1998
唐余粮	男	湘南氮肥厂	小氮肥工业生产建设辛勤劳动荣誉奖	化学工业部	1998
谭郭仟	男	湘南氮肥厂	小氮肥工业生产建设辛勤劳动荣誉奖	化学工业部	1998
孙敬泉	男	湘南氮肥厂	小氮肥工业生产建设辛勤劳动荣誉奖	化学工业部	1998
张登汉	男	湘南氮肥厂	小氮肥工业生产建设辛勤劳动荣誉奖	化学工业部	1998
龙乔松	男	宜章县农校	全国农校系统先进工作者	农业部	1998
欧国春	男	宜章县麻田水泥厂	湖南省乡镇企业家	湖南省人民政府	1998
彭北京	男	宜章县玉溪水泥厂	湖南省乡镇企业家	湖南省人民政府	1998
王纪仁	男	临武县武源学区	全国优秀教师	教育部、人事部	1998
范郴兴	男	汝城第一中学	全国优秀教师	教育部、人事部	1998
李佑生	男	郴州市公路局	全省优秀领导干部	中共湖南省委	1998
雷井杏	男	中共嘉禾县委	湖南省人民满意公仆	湖南省人民政府	1998
何昌亮	男	桂阳县教育局	湖南省人民满意公仆	湖南省人民政府	1998
周天元	男	安仁县豪山乡	湖南省人民满意公仆	湖南省人民政府	1998

续表（四）

姓 名	性别	获奖时工作单位	荣誉称号	授予单位	授予时间
周裔坤	女	汝城县皮防所	全国麻风病防治先进个人	卫生部	1998
朱金玲	女	汝城县计生委	全国人口与生死健康调查优秀调查员	国家计生委	1998
朱湘艳	女	汝城县计生委	全国人口与生死健康调查优秀调查员	国家计生委	1998
邓安成	男	汝城县华南钼业有限公司	湖南省乡镇企业家	湖南省人民政府	1998
孙安亮	男	宜章县麻田煤矿	湖南省乡镇企业家	湖南省人民政府	1998、2000
盘新才	男	苏仙区白露塘镇东波瑶族村	全国民族团结进步模范	国务院	1999
朱日光	男	资兴市林业局	全国造林先进工作者	国家林业局	1999
赵金如	男	资兴龙溪林业办	全国优秀乡村护林员	国家林业局	1999
欧 志	男	资兴市林业局	全国林业站先进工作者	国家林业局	1999
何国清	男	桂阳县农业局	全国农技推广工作先进个人	农业部	1999
周祥金	男	桂阳县城关镇五居委会建材厂	全国质量管理优秀厂长	国家建筑工业管理局	1999
傅相周	男	桂阳县农业开发办	全省农业综合开发先进个人	湖南省人民政府	1999
刘贤玉	女	宜章县梅田镇上寮村	全国五好文明家庭标兵户	全国妇联	1999
刘 丽	女	宜章县白石渡镇高龙桥村	全国“双学双比”女能手、湖南省“三八”红旗手	全国妇联、农业部、科技部，湖南省妇联	1999
盘玉华	男	宜章县卫生局	全国卫生先进工作者	卫生部、人事部	1999
李 琼	女	安仁县朝阳信用社	湖南省“三八”红旗手	湖南省妇联	1999
廖明学	男	嘉禾县广发乡白觉村	全国模范人民调解员	司法部	1999
邓广菊	女	临武县岚桥镇古桑村	全省村级计生专干标兵	中共湖南省委、湖南省人民政府	1999
何桂英	女	汝城县教育局	国家贫困地区义务教育工程先进个人	教育部、财政部	1999
朱 军	男	汝城县体委	全国群众体育先进个人	国家体委	1999
何高华	男	汝城县兴达矿业有限公司	湖南省优秀私营企业家	湖南省人民政府	1999
肖启生	男	桂阳县城郊乡农业技术推广站	全国农技推广工作先进个人、湖南省先进工作者	农业部、湖南省人民政府	1999、2000
李光球	男	郴州市林业局	全国绿化奖章	国家绿委、国家林业局	1999、2001
陈忠明	男	郴州市公安局	全国优秀人民警察	公安部	1999
王永东	男	临武县公安局城关派出所	全国优秀人民警察	公安部	1999
李军军	男	安仁县公安局	全国优秀人民警察	公安部	1999

续表（四）

姓　名	性别	获奖时工作单位	荣誉称号	授予单位	授予时间
梅国庆	男	郴州卷烟厂	湖南省企业优秀思想政治工作者	中共湖南省委	2000
曾　杰	男	郴州卷烟厂	全国烟草技术能手	国家烟草专卖局	2000
祁永忠	男	资兴市公安局交警大队	全国优秀人民警察、全国特级优秀人民警察	公安部、人事部	1999、2000
李桐娥	女	桂阳县仁义镇政府	全国乡镇优秀计生工作者	国家计生委	2000
廖美琳	女	中共桂阳县委组织部	全国党员函授教育优秀管理者	中共中央党校	2000
李歌发	男	桂阳县林业局	全国绿化奖章	国家绿委、国家林业局	2000
袁佳游	男	中共宜章县委	全国科技兴县先进个人	科技部	2000
史　复	男	永兴县检察院反贪局	人民满意的检察干警	最高人民检察院	2000
雷井杏	男	中共嘉禾县委	全国先进工作者	国务院	2000
江茂卿	男	宜章县人民政府	全国科技兴县先进个人	科技部	2000
朱　华	男	宜章县城关镇吉华竹木地板厂	湖南省乡镇企业家	湖南省人民政府	2000
欧秀芳	男	宜章县麻田骑田水泥厂	湖南省乡镇企业家	湖南省人民政府	2000
陈建华	男	临武县第一中学	全国学校艺术教育工作先进个人	教育部	2000
欧阳建军	女	临武县城关镇二完小	湖南省先进工作者	湖南省人民政府	2000
袁福寿	男	汝城县政协	全省关心下一代优秀工作者	湖南省人民政府	2000
朱祥国	男	汝城县龙虎洞水库	湖南省先进工作者	湖南省人民政府	2000
黄建雄	男	桂东县公路局	湖南省先进工作者	湖南省人民政府	2000
蒋福元	男	汝城县气象局	全省农业科技先进工作者	湖南省人民政府	2001
谢久吉	男	汝城县人武部	广州军区优秀共产党员	广州军区	2001
邓永红	男	资兴市汤市乡	全省优秀共产党员	中共湖南省委	2001
史　复	男	永兴县检察院	全省优秀共产党员	中共湖南省委	2001
周宝娟	女	安仁县灵官镇官桥村	全省优秀共产党员	中共湖南省委	2001
李幸福	男	汝城县文明乡	全省优秀共产党员	中共湖南省委	2001
向曾榆	男	郴州市统计局	湖南省人民满意公仆	湖南省人民政府	2001
曾凡军	男	宜章县新华乡	湖南省人民满意公仆	湖南省人民政府	2001
谢万生	男	安仁县第一中学	全国优秀教师	教育部、人事部	2001
郭丽华	女	郴州市公安局	全国优秀人民警察	公安部	2001、2002、2004
郭传洲	男	永兴县林业局	全国绿化奖章、全国造林绿化先进工作者	国家绿委、国家林业局	2001、2003
何罗云	男	苏仙公安分局	全国优秀人民警察	公安部	2001
曹飞卫	男	资兴市公安局	全国优秀人民警察	公安部	2001

续表（四）

姓 名	性别	获奖时工作单位	荣誉称号	授予单位	授予时间
龙定鼎	男	郴州市人民政府	全国“三五”普法先进个人	司法部	2001
魏晓兰	女	资兴市公路局	全国巾帼建功标兵	全国总工会	2001
何贵平	男	安仁县茶安水库管理局	全国水利系统先进个人	水利部	2001
何怀贤	男	郴州市公安局	全国模范军队转业干部	公安部	2001
贾源梅	女	郴州市中级人民法院	全国法院系统立案工作先进个人	最高人民法院	2001
曹小军	男	北湖区华塘镇司法所	全国人民满意司法助理员	司法部	2001
陈炳田	男	桂东县黄洞乡沤菜村	全省优秀共产党员	中共湖南省委	2001
邓兴南	男	桂东县教育局	全省“两基”教育达标先进个人	中共湖南省委、湖南省人民政府	2001
欧阳新政	男	桂阳县委组织部	全省优秀党务工作者	中共湖南省委	2001
张才友	男	北湖区南溪乡	全省抗洪救灾功臣	湖南省人民政府	2002
刘振朝	男	郴州市林业局	全国绿化奖章	国家绿委、国家林业局	2002
谢兰芝	女	桂阳欢乐良种生猪养殖场（个体）	全国双学双比先进女能人	全国妇联	2002
傅艺萍	女	湖南省昆剧团（郴州）	促进昆曲艺术奖	文化部、联合国科教文组织	2002
何燕芳	女	资兴滁口国有林场	全国“三八”绿色奖章	全国妇联、国家林业局	2002
黄友土	男	武警郴州市支队	二等功	中国人民武警部队总部	2002
王小军	男	郴州军分区司令部	广州军区“三学”（学雷锋、学劳模、学李向群）标兵	广州军区	2002
何欢欣	男	汝城县委政法委	全省社会治安综治工作一等功	湖南省委、湖南省人民政府	2002
周听春	男	汝城县民政局	全省民政工作先进个人，记一等功	湖南省人民政府	2002
李跃军	男	汝城县防汛办	全省抗洪抢险先进个人，记一等功	湖南省人民政府	2002
许庆生	男	郴州市检察院	中国保护未成年人优秀公民	中宣部、团中央、教育部	2002
黄金庆	男	桂东县纪委	嘉奖	中纪委、监察部	2002
李建平	男	桂东新坊乡溪源村	全国模范人民调解员	司法部	2002
卢建萍	女	郴州湘森人家酒店	全国“三八”红旗手	全国妇联	2003
刘建设	男	郴州市卫生局	全国卫生系统抗击“非典”先进个人	卫生部、人事部	2003
杨林生	男	郴州市检察院	全国查办黑恶势力“保护伞”犯罪案件先进个人	最高人民检察院	2003
谷任成	男	郴州市民政局	全国民政信访工作先进个人	民政部	2003
刘土成	男	郴州市保密局	全国先进保密工作者	国家保密局	2003

续表（四）

姓　名	性别	获奖时工作单位	荣誉称号	授予单位	授予时间
李异清	男	桂阳县卫生局	全省抗击“非典”先进个人、全省卫生系统先进工作者	湖南省人民政府	2003
李军强	男	桂阳县公路局	全国青年岗位能手	共青团中央	2003
何跃兰	女	郴州汽修厂（下岗职工）	湖南省学雷锋十大标兵	共青团湖南省委	2003
肖跃池	女	永兴县三胞经济技术开发区水南村	全国双学双比女能手	全国妇联	2003
李亚平	男	郴州市水利局	全省防汛抗旱功臣	湖南省人民政府	2003
盘振玉	女	苏仙区塘溪乡五马垅瑶族小学	全省农村教师突出贡献奖、全国十佳师德标兵、全国十大杰出青年	湖南省人民政府、教育部、人事部、团中央	2003 2004、2005
黄文明	男	北湖区石盖塘镇江口敬老院	全国孝亲敬老之星	民政部	2004
邵昌葵	男	郴州市林业局	全国绿化奖章	国家绿委、国家林业局	2004
侯新星	男	郴州市园林处	全国绿化奖章	国家绿委、国家林业局	2004
吴志坚	男	郴州市第一人民医院	全国卫生系统先进工作者	人事部、卫生部、国家中医药管理局	2004
邓党雄	男	郴州市教育局	全国教育系统先进工作者	教育部、人事部	2004
占小春	女	郴州电信分公司	全国巾帼建功标兵	全国妇联	2004
邓少文	男	郴州市烟草专卖局	全国烟草系统政研优秀工作者	国家烟草专卖局	2004
罗　军	男	郴州市烟草专卖局	全国烟草技术能手	国家烟草专卖局	2004
罗小英	女	郴州人民广播电台	全国先进女职工	全国妇联	2004
马恭志	男	永兴县柏林镇	全国送电影下乡先进个人	文化部	2004
周贤文	男	临武县疾病控制中心	全省抗击“非典”先进个人	湖南省人民政府	2004
蒋佑华	男	中共郴州市委	湖南省先进工作者	湖南省人民政府	2004
陈远辉	男	莽山自然博物馆	全国先进工作者	国家林业局	2004
侯　勋	女	北湖区人民法院	全国优秀女法官	最高人民法院	2005
谢新福	男	郴州市司法局	湖南省先进工作者	湖南省人民政府	2005
刘民生	男	苏仙区水利局	全国水利系统先进工作者	人事部、水利部	2005
李太平	男	宜章县检察院	一等功	最高人民检察院	2005
罗志卫	男	郴州市检察院	全国创建优秀“青少年维权岗”先进个人	最高人民检察院	2005
龚美诗	男	苏仙区马头岭乡	全国计生协会先进个人	国家计生委	2005
何贵平	男	安仁县水利局	全国先进工作者	人事部、水利部	2005
盘振玉	女	苏仙区塘溪乡五马垅瑶族小学	全国先进工作者	人事部、教育部	2005

续表（四）

姓　名	性别	获奖时工作单位	荣誉称号	授予单位	授予时间
何丽娅	女	郴州市工商局城前岭分局	湖南省人民满意公仆	湖南省人民政府	2004
李弼清	男	郴州市公安局	全国优秀人民警察	公安部	2005
曹少灿	男	苏仙区公安分局	全国优秀人民警察	公安部	2005
黄仁亲	男	桂东县科协	全国农村科普工作先进个人	中国科协	2005
肖圣华	男	宜章县公安局	全国优秀人民警察	公安部	2005

（五）1989—2005年郴州市（地区）部分获正高级技术职称人员名录

姓　名	性别	出生年月	籍　贯	学历	工作单位	职　称	评定时间
戴训伟	男	1932.06	郴州	本科	湘南学院附属医院	主任医师	1992年
邓克森	男	1938.01	郴州	本科	湘南学院	教　授	1994年
邓达森	男	1938.10	郴州	本科	湘南学院	教　授	2005年前
李　超	男	1940.08	郴州	本科	湘南学院	教　授	1997年
陈曼平	女	1943.07	郴州	本科	郴州市第一人民医院	主任医师	1999年
贺德龙	男	1944.11	郴州	本科	湘南学院	主任医师	2004年
李强国	男	1953.12	郴州	本科	湘南学院	教　授	2000年
曹美菊	女	1953	郴州	本科	中共郴州市委党校	教　授	2001年
段良亮	男	1954.01	郴州	大学	湘南学院	教　授	2004年
张富光	男	1957.03	郴州	高中	湘昆剧团	一级演员	1995年
易露霞	女	1957.11	郴州	大学	广东工业大学	教　授	2005年前
张程元	男	1963.02	郴州	硕士	郴州市第一人民医院	主任医师	2001年
黄小益	男	1963.09	郴州	博研	湘南学院	教　授	2000年
陈先星	男	1935.08	北湖区	大学	河南省水利厅	高级工程师、总工程师	1986年
杨璞玉	男	1936.02	北湖区	本科	北湖区防疫站	主任医师	1993年
陈第雄	男	1936.12	北湖区	中专	郴州市文联	一级作家	1997年
黄楚英	男	1940.02	北湖区	本科	云南省七〇五研究所	总工程师、设计师	2005年前
廖禹林	男	1964.02	北湖区	博士研究生	中国南方医科大学南方医院心血管病研究所	教授、博士生导师	2005年前
陈田洲	男	—	北湖区	本科	北湖区石面坦水电站	高级工程师	2001年
黄寿吾	男	—	北湖区	本科	河南科技大学第一附属医院	教　授	2005年前
李星学	男	1917.04	苏仙区	本科	南京大学	教　授	2005年前
曹让奇	男	1938.12	苏仙区	初中	郴州市第三人民医院	主任医师	1994年

续表（五）

姓　名	性别	出生年月	籍　贯	学历	工作单位	职　称	评定时间
何明春	男	1942.12	苏仙区	本科	中共郴州市委党校	教　授	1997年
曹晨忠	男	1957.01	苏仙区	硕士	湖南科技大学	教　授	1995年
吴新军	男	1961.04	苏仙区	本科	郴州市第一人民医院	主任医师	2004年
陈晓琼	女	1961.11	苏仙区	本科	郴州市第一人民医院	主任医师	2004年
欧阳淑娟	女	1966.10	苏仙区	本科	湖南省肿瘤医院	教　授	2003年
李承泽	男	1929.05	资兴市	研究生	哈尔滨医科大学	高级工程师	2005年前
吴代芳	男	1932.06	资兴市	研究生	湘南学院	教　授	1993年
谢馨藻	男	1933.05	资兴市	本科	湖南科技大学	高级编辑	2005年前
刘英杰	男	1934.10	资兴市	本科	中国科学院自动化研究所	研究员	1990年
孙宪祥	男	1936.12	资兴市	本科	郴州地区人民医院	主任医师	1994年
吴昭南	男	1938.05	资兴市	本科	中共郴州市委党校	教　授	1997年
谢多珍	女	1941.01	资兴市	本科	郴州市第四人民医院	主任医师	1995年
唐振强	男	1945.01	资兴市	本科	郴州市卫生防疫站	主任医师	1998年
龙光灿	男	1949.07	资兴市	本科	湖南电视台审片领导小组	高级导演	2005年前
文耀智	男	1950.03	资兴市	本科	湘南学院	教　授	2001年
欧细平	男	1950.08	资兴市	本科	中南大学湘雅医院心血管内科	主任医师、教授	2000年
陈胜湘	女	1951.12	资兴市	本科	中南大学湘雅医院	主任医师、教授	2004年
黄存嫦	女	1952.06	资兴市	本科	湘南学院	教　授	2003年
何诗嫦	女	1954.08	资兴市	本科	美国纽约哥伦比亚大学	教　授	2005年前
许耀明	男	1955.04	资兴市	本科	湘南学院	教　授	2002年
王存嫦	女	1955.06	资兴市	本科	湘南学院	教　授	2003年
宁阳根	男	1955.10	资兴市	本科	中南大学湘雅医院心血管内科	教授、主任医师	2004年
欧海燕	女	1955.11	资兴市	本科	郴州市第一人民医院	主任医师	2000年
王光明	男	1955	资兴市	本科		教　授	2005年前
曾天雄	男	1963.08	资兴市	本科	湘南学院	教　授	2000年
黎千驹	男	1957.02	资兴市	本科	湘南学院	教　授	1999年
焦晓明	男	1958.05	资兴市	本科	郴州市第三人民医院	主任医师	2004年
李力争	男	1959.03	资兴市	本科	中南大学信息科学与工程自动化学院	教授、博士生导师	2004年
朱院山	男	1959.09	资兴市	本科	美国纽约康乃尔大学	纽约科学院院士	1992年
裴竞波	男	1960.10	资兴市	本科	湖南师范大学体育学院	教　授	1995年

续表（五）

姓 名	性别	出生年月	籍 贯	学历	工作单位	职 称	评定时间
蒋志刚	男	1961.09	资兴市	本科	国防科技大学指挥军官基础教育学院渡河系	教 授	2005年前
谭成忠	男	1961.11	资兴市	本科	德国柏林大学	长江学者、特聘教 授	2000年
黄守道	男	1962.10	资兴市	本科	湖南大学电气与信息工程学院	教 授	2000年
戴丽亚	女	1962	资兴市	本科	美国纽约大学	教 授	2005年前
胡明伟	男	1965.02	资兴市	本科	北京戏曲艺术职业学院	教 授	2005年前
何耀华	男	1965.05	资兴市	本科	香港大学	教 授	2005年前
李取生	男	1965.11	资兴市	研究生	暨南大学环境工程系	教授、研究员、博导	1998年
郭晓明	男	1965.12	资兴市	本科	湖南师范大学教育科学学院、澳门特区政府督学暨青年局	教授、博士生导师	2003年
谢晶仁	男	1967.12	资兴市	本科	湖南省社会科学院	教授、研究员	—
张忠山	男	1969	资兴市	本科	湘南学院附属医院	主任医师	—
周树嘉	男	1911	桂阳县	大学	湖南财经学院	教 授	2005年前
廖承适	男	1911	桂阳县	大学	广州铁路局	高级工程师	2005年前
刘基盘	男	1916	桂阳县	大学	中南工业大学	教 授	2005年前
张诗怡	男	1918	桂阳县	大学	柳州铁路局	高级工程师	2005年前
廖维邦	男	1925	桂阳县	大学	江汉大学	教 授	2005年前
李玉成	男	1926.12	桂阳县	大学	冶金工业部建筑研究总院	高级工程师	2005年前
邓启明	男	1927	桂阳县	大学	航空工业六〇五研究所	高级工程师	2005年前
谭传树	男	1930.03	桂阳县	大专	福建省电力工业局	高级工程师	2005年前
邓方召	男	1930.08	桂阳县	大学	湖南省煤炭厅设计院	高级工程师	2005年前
李国富	男	1930	桂阳县	大学	湖南医科大学	教 授	2005年前
黄承森	男	1930	桂阳县	中专	航空工业公司53厂设计员	高级工程师	2005年前
陈诗词	男	1930	桂阳县	大学	海军总医院	教 授	2005年前
廖廷柏	男	1931.09	桂阳县	大学	湘潭大学国贸院	教 授	2005年前
刘城淮	男	1931.10	桂阳县	大学	湖南师范大学	教 授	1991年
王继玉	男	1931.12	桂阳县	研究生	江西农大动物科学院图书馆	教 授	2005年前
李宗强	男	1931	桂阳县	大学	湘江氮肥厂	总工程师、高级工程师	2005年前
雷小义	男	1931	桂阳县	大学	珠海市青木机电局	高级工程师	2005年前

续表（五）

姓　名	性别	出生年月	籍 贯	学历	工作单位	职 称	评定时间
陈书舜	男	1933.01	桂阳县	大学	衡阳医学院附一医院	教授、主任医师	2005年前
陈幼雄	男	1933.11	桂阳县	大学	上海浦江建筑高科技发展公司	高级工程师	2005年前
李纯华	男	1933	桂阳县	大专	长沙市公安局	总工程师、高级工程师	2005年前
罗良鸿	男	1933	桂阳县	大学	武汉华中理工大学	高级工程师	2005年前
罗忠镇	男	1933	桂阳县	大学	南京航天部111工厂	高级工程师	2005年前
刘世炫	男	1934	桂阳县	大学	上海无线电18厂	高级工程师	2005年前
刘基森	男	1934	桂阳县	大学	湖南教育学院	教 授	2005年前
邓立文	男	1935.01	桂阳县	大学	山西太原重工业机械厂	总工程师、高级工程师	2005年前
李朝光	男	1935.09	桂阳县	大学	中国航空工业总公司621研究所	高级工程师	2005年前
刘世煌	男	1935.11	桂阳县	大学	上海广电飞跃实业有限公司	高级工程师	2005年前
尹朝礼	男	1935	桂阳县	大学	同济医科大学	教 授	2005年前
王德汉	男	1935	桂阳县	大学	洛阳矿山机械厂	高级工程师	2005年前
欧阳舒	男	1935	桂阳县	大学	南京地质古生物研究所	研究员	2005年前
张汉英	男	1935	桂阳县	大学	西安交通大学	教 授	2005年前
李彝宣	男	1935	桂阳县	大学	北京航天部一院	高级工程师	2005年前
王世模	男	1936	桂阳县	大学	长沙锅炉厂	总工程师、高级工程师	2005年前
尹国仪	男	1936	桂阳县	大学	湖南省计量管理局	高级工程师	2005年前
陈秉勤	男	1936	桂阳县	大专	冷水江飞水岩通业科研开发所	高级工程师	2005年前
雷世豪	男	1936	桂阳县	大学	上海航空工业总公司780研究院	总工程师、高级工程师	2005年前
廖代坤	男	1936	桂阳县	大学	湖南省国防科工办	高级工程师	2005年前
周祥涛	男	1936	桂阳县	大学	国防科技大学	主任医师	2005年前
曹宏宁	男	1936	桂阳县	本科	兰州铁道学院	教 授	2005年前
徐树荣	男	1936	桂阳县	本科	广东中山大学	教 授	2005年前
刘潭钟	男	1936	桂阳县	大学	水利电力部东北勘测设计研究院	教授级高级工程师	2005年前
李朝成	男	1937.01	桂阳县	大学	吉林吉林铁路杂志社	总编、高级工程师	2005年前
罗立钱	男	1937.01	桂阳县	大学	南宁地质调查研究所	高级工程师	2005年前
李淑秀	女	1937.02	桂阳县	大学	北京市水利规划设计院	高级工程师	2005年前

续表（五）

姓 名	性别	出生年月	籍 贯	学历	工作单位	职 称	评定时间
颜克建	男	1937.06	桂阳县	大学	衡阳建湘机械厂	高级工程师	2005年前
骆宗富	男	1937.11	桂阳县	大学	内蒙古呼和浩特1053信箱	高级工程师	2005年前
李田乐	男	1937	桂阳县	大专	永州市水利水电局	高级工程师	2005年前
张全及	男	1937	桂阳县	大学	黑龙江伊春地区气象局	高级工程师	2005年前
梁开亨	男	1938.01	桂阳县	大学	河南洛阳隧道工程局	高级工程师	2005年前
江峻侗	男	1938.02	桂阳县	大学	广西进出口商品检验局	高级工程师	2005年前
刘谭彬	男	1938.12	桂阳县	大学	北京旅游管理局	高级会计师	2005年前
罗崇辉	男	1938.12	桂阳县	中专	湖南白沙矿务局	高级工程师	2005年前
宋飞灵	女	1938	桂阳县	大学	航天部625研究所	高级工程师	2005年前
罗必寿	男	1938	桂阳县	大学	湖南机床厂	高级工程师	2005年前
欧阳玉树	男	1938	桂阳县	大学	天津长城电子公司	高级工程师	2005年前
欧阳厚福	男	1938	桂阳县	本科	铁道部第四工程局	高级工程师、总工程师	2005年前
刘谭梁	男	1939.12	桂阳县	大学	长沙有色冶金设计研究院	高级工程师	2005年前
秦飞贤	男	1939	桂阳县	大学	北京安贞医院	教 授	2005年前
杜孝元	男	1939	桂阳县	大学	四川省机械工业厅	高级工程师	2005年前
刘隆文	男	1940.04	桂阳县	大学	北海舰队舰艇训练中心	高级工程师	2005年前
江银花	女	1940.11	桂阳县	大学	广西畜产进出口公司	高级工程师	2005年前
黄中痒	男	1940.12	桂阳县	本科	桂阳县人民医院	主任医师	1997年
龙秀官	男	1940	桂阳县	大专	郴州市人民医院	主任医师	2005年前
朱咸词	男	1940	桂阳县	大学	内蒙古呼和浩特红钢机械厂	高级工程师	2005年前
张训化	男	1940	桂阳县	大专	山西省水电厅	高级工程师	2005年前
张诗宽	男	1940	桂阳县	大学	上海冶金有限公司	高级工程师	2005年前
张祖辉	男	1940	桂阳县	大学	长沙黑色金属研究设计院	高级工程师	2005年前
刘才君	男	1941.05	桂阳县	大学	武昌武仪集团核仪表研究所	总工程师、高级工程师	2005年前
秦 飞	男	1941.12	桂阳县	大专	解放军总政治部职工编辑研究室	教 授	2005年前
陈远西	男	1941	桂阳县	本科	航空部六〇八研究所	研究员	2005年前
李仁豪	男	1941	桂阳县	大学	冶金部地球物理研究院	副总工程师、高级工程师	2005年前
谢新佑	男	1941	桂阳县	研究生	清华大学化学系	教 授	2005年前
宁豪才	男	1942.04	桂阳县	大学	新疆有色金属研究院	高级工程师	2005年前

续表（五）

姓名	性别	出生年月	籍贯	学历	工作单位	职称	评定时间
吴绪良	男	1942.08	桂阳县	大学	中铁建总医院	主任医师	2005年前
李积高	男	1942.11	桂阳县	大学	化工部桂林橡胶工业设计研究院	总工程师	2005年前
张诗兰	男	1943	桂阳县	大专	湖南省烟草专卖局	高级会计师	2005年前
欧阳玉成	男	1944.10	桂阳县	大学	新华社新闻研究所	高级记者	2005年前
雷雨权	男	1944.10	桂阳县	大学	国防科技大学教育技术中心	高级工程师	2005年前
朱俊英	男	1944.12	桂阳县	大专	湖南水口山矿务局	高级工程师	2005年前
邓泽民	男	1945.01	桂阳县	本科	桂阳县人民医院	主任医师	1997年
邓辉苓	男	1945	桂阳县	大学	冶金部第19冶金建设公司机械处	高级工程师	2005年前
周克元	男	1945	桂阳县	大学	湖北省环保局	高级工程师	2005年前
彭本人	男	1945	桂阳县	本科	湖南美术出版社	编审	1998年
廖福德	男	1946.01	桂阳县	大专	交通部南京长江港航监督局	高级行航员	2005年前
王龚琅	男	1946	桂阳县	大专	湖南省水电厅总工室	总工程师、高级工程师	2005年前
侯知贤	男	1946	桂阳县	大学	中国铁建总公司	高级工程师	2005年前
龚茂芝	男	1946	桂阳县	大学	武汉大学理学院	教授	2005年前
柏元淮	男	1947.01	桂阳县	研究生	广州暨南大学数学系	教授	2005年前
欧阳焕	男	1948	桂阳县	大学	中共郴州市委党校	教授	2005年前
李俊国	男	1948	桂阳县	大学	贵州省遵义5264厂	副总工程师、高级工程师	2005年前
张隆富	男	1948	桂阳县	大专	广州军区后勤部综合开发公司	高级工程师	2005年前
李健	男	1949.05	桂阳县	本科	郴州市第一人民医院	主任医师	2002年
谢光祥	男	1950.09	桂阳县	大学	湖南省煤矿安全监察局	高级工程师	2005年前
罗桐秀	女	1950.11	桂阳县	本科	湘南学院	教授	2002年
邓立勋	男	1950.11	桂阳县	大学	中共湖南省委党校	教授	2005年前
李小林	男	1950	桂阳县	大学	桂林电子工业学院	教授	2005年前
李景保	男	1951.06	桂阳县	大学	湖南师范大学国土学院	高级工程师	2005年前
谭华绣	男	1952.02	桂阳县	本科	湘南学院	主任医师	2002年
邓国友	男	1952.07	桂阳县	大专	西安咸阳国际机场财务处	总会计师、高级会计师	2005年前
龚本汉	男	1952.08	桂阳县	本科	桂阳县中医院	主任医师	2000年
谢鼎华	男	1952.09	桂阳县	博士研究生	中南大学湘雅二医院	教授、博士研究生导师	2005年前
李敏俐	女	1952	桂阳县	大学	广西师范大学出版社	高级工程师	2005年前

续表（五）

姓 名	性别	出生年月	籍 贯	学历	工作单位	职 称	评定时间
刘 莉	女	1953.11	桂阳县	博士	美国哈佛大学	教 授	2005 年前
谭家仁	男	1954.01	桂阳县	大学	中国核工业集团公司二七二厂	高级工程师	2005 年前
朱蓉斌	男	1954.04	桂阳县	大学	长沙核工业二三〇研究所	研究员、高级工程师	2005 年前
黄解申	男	1956.04	桂阳县	大学	桂阳县人民医院	主任医师	2004 年
蒋先福	男	1956.09	桂阳县	博士研究生	湖南师范大学法学院	教 授	2005 年前
谢建华	女	1956	桂阳县	大学	深圳横岗医院	主任医师	2005 年前
符晓华	女	1957.01	桂阳县	大学	湖南师范大学医学院	院长、教授	2005 年前
曹国文	男	1957	桂阳县	大学	长沙解放军 163 中心医院	主任医师	2005 年前
李 玲	女	1958.04	桂阳县	博士研究生	华南师范大学生物系	教授、硕士导师	2005 年前
符少辉	男	1958.11	桂阳县	博士研究生	湖南农业大学	研究员	2005 年前
吴志坚	男	1961.01	桂阳县	本科	郴州市第一人民医院	主任医师	2001 年
雷为农	男	1961.01	桂阳县	硕士	广东珠海市伟隆化工有限公司	高级工程师	2005 年前
龙小兵	男	1962.06	桂阳县	大学	株洲化工集团有限公司	总工程师、高级工程师	2005 年前
李气新	男	1963.01	桂阳县	硕士研究生	化工部长沙设计院研究所	高级工程师	2005 年前
邱显清	男	1965.01	桂阳县	博 士研究生	清华大学化学系	教 授	2005 年前
廖兴斌	男	1965.07	桂阳县	硕士研究生	长沙矿山研究院	教 授	2005 年前
张克仲	男	1965.08	桂阳县	硕士研究生	长沙矿山研究院	高级工程师	2005 年前
雷 平	男	1966.05	桂阳县	大学	轻工部长沙设计院	高级工程师	—
谭小耀	男	1967.01	桂阳县	博士研究生	山东工程学院化工系	主任、教授	—
李荣华	男	1929.02	宜章县	本科	吉林大学数学系	教授、博士生导师	1979 年
杨绍舜	男	1930	宜章县	本科	株洲硬质合金集团有限公司	副总工程师、高级工程师	2005 年前
杨名远	男	1930.02	宜章县	本科	华中农业大学	教授、博士生导师	1986 年
王思源	男	1932.05	宜章县	本科	广州军区司令部	研究员	2005 年前
杨万洪	男	1935	宜章县	本科	北京航空材料研究所	高级工程师	2005 年前
杨书案	男	1935.09	宜章县	本科	武汉市文联	一级作家、编审	2005 年前

续表（五）

姓　名	性别	出生年月	籍　贯	学历	工作单位	职　称	评定时间
周伟林	男	1936.01	宜章县	本科	吉林省人民广播电台	高级工程师	2005年前
李白文	男	1936.11	宜章县	本科	中科院武汉物理与数学研究所	研究员、博士生导师	2005年前
李皎男	男	1936.11	宜章县	本科	中科院武汉物理与数学研究所	研究员、博士生导师	2005年前
彭庆书	男	1936.12	宜章县	本科	煤炭工业部沈阳煤矿设计研究院	教授级高级工程师	2005年前
李志刚	男	1937.09	宜章县	本科	大连市建筑材料科学研究所	总工程师、高级工程师	2005年前
文云朝	男	1937.11	宜章县	本科	中科院地理研究所世界地理研究室	主任、研究员	2005年前
吴秋菊	女	1938.10	宜章县	本科	首都钢铁公司冶金研究院	高级工程师	2005年前
曾庆禹	男	1939.12	宜章县	本科	中国电机工程学会	教授级工程师	2005年前
曾凡敬	男	1940.03	宜章县	本科	河南省有色金属工业公司	高级工程师	2005年前
谷运璀	男	1940.11	宜章县	本科	轻工业部香料研究所（上海）	教授级高级工程师	2005年前
李正权	男	1945.07	宜章县	本科	国家海洋技术研究中心	研究员	2005年前
黄天才	男	1946.02	宜章县	本科	怀化市建筑设计研究院	副总工程师、高级工程师	2005年前
陈积青	女	1949.10	宜章县	本科	株洲市冶金技术学院	教　授	2005年前
谭保斌	男	1949.12	宜章县	本科	湘南学院	教　授	2001年
胡周军	男	1950.05	宜章县	本科	郴州市妇幼保健院	主任医师	2001年
胡国军	男	1950.05	宜章县	本科	郴州市妇幼保健院	主任医师	2005年前
李熙芹	男	1950.10	宜章县	本科	湘南学院	教　授	2004年
熊初利	女	1950.11	宜章县	本科	宜章县人民医院	主任医师	2005年前
王佑贵	男	1951	宜章县	本科	中国歌舞团编创中心	国家一级作曲	2005年前
李堂发	男	1953.08	宜章县	本科	中国市政工程西南设计研究院深圳分院	高级工程师	2005年前
王晓成	男	1954.01	宜章县	本科	湘南学院	教　授	1998年
李新生	男	1954.12	宜章县	本科	郴州市委党校	教　授	2000年
黄晓敏	女	1955.07	宜章县	本科	韶关学院	教　授	2005年前
黄晓敏	女	1955.12	宜章县	本科	湘南学院	教　授	2001年
肖和平	女	1956.03	宜章县	本科	湘南学院	主任医师	2006年
欧阳新	男	1956.07	宜章县	本科	郴州市中医院	主任医师	2004年
彭京宜	男	1956.07	宜章县	本科	海南省社科联	研究员	2005年前

续表（五）

姓　名	性别	出生年月	籍　贯	学历	工作单位	职　称	评定时间
谢　衡	男	1958	宜章县	本科	广东省饮料总公司	副总经理、高级工程师	2005年前
廖朝华	男	1958.04	宜章县	本科	交通部第二公路勘察设计研究院（武汉）	总工程师、教授级高级工程师	2005年前
刘建平	男	1959.01	宜章县	本科	湘南学院	教　授	2000年
张庆军	男	1960	宜章县	本科	广州市城市规划勘测设计院	高级工程师、副总工程师	2005年前
邓秀新	男	1961.11	宜章县	本科	华中农业大学	教授、博士生导师	2001年前
罗平华	男	1963.09	宜章县	本科	岳阳市长江动力机械厂	总工程师、高级工程师	2005年前
薛水发	男	1963.10	宜章县	本科	空军油料研究所工厂（北京）	高级工程师	2005年前
颜红英	女	1964.09	宜章县	本科	郴州市第三人民医院	主任医师	2003.9
李名兆	男	1964.09	宜章县	本科	国家质监检验检疫总局深圳计量检定站	高级工程师	2005年前
杨晓恒	男	1965.01	宜章县	本科	宜章县中医院	主任医师	2004年
谭小军	男	1965.08	宜章县	本科	郴州市第一人民医院	主任医师	2004年
吴志勇	男	1965.10	宜章县	本科	北京联想集团软件事业部	高级工程师	2005年前
张海勇	男	1965	宜章县	本科	深圳康佳电子集团	高级工程师	2005年前
萧文健	男	1967.10	宜章县	本科	空军第一研究所飞机研究室	高级工程师	2005年前
刘承昱	男	1929	永兴县	本科	长沙市矿山设计研究院	高级工程师	2005年前
谭亲华	男	1929.04	永兴县	本科	河南省选煤设计研究院	高级工程师	2005年前
曹子丹	男	1929.05	永兴县	副博士	中国政法大学	教　授	2005年前
张盛念	男	1929.05	永兴县	博士	中共中央党校	研究员	2005年前
涂显辉	男	1929.08	永兴县	本科	中国中医研究院	教　授	2005年前
李近忠	男	1930.04	永兴县	大专	中国原子能科学研究院	高级工程师	2005年前
王朝暄	男	1930.06	永兴县	本科	哈尔滨第一机器制造厂	高级工程师	2005年前
曹传湘	男	1930.07	永兴县	中专	云南省煤矿基本建设公司	高级工程师	2005年前
曹木清	男	1930.11	永兴县	本科	湘潭大学	教　授	1987年
邓煦帆	男	1930	永兴县	本科	东北大学	教授、博士生导师	2005年前
陈　仁	男	1930	永兴县	本科	华东政法学院	高级律师	2005年前
朱蔚文	男	1931.03	永兴县	本科	湘潭大学经济系	教　授	2005年前
袁孔锋	男	1932.01	永兴县	本科	云南省昆明冶金专科学校	教　授	2005年前

续表（五）

姓 名	性别	出生年月	籍 贯	学历	工作单位	职 称	评定时间
李赏庆	男	1933.06	永兴县	本科	哈尔滨第一重型机械厂	高级工程师	2005年前
欧千浩	男	1933.07	永兴县	本科	湖南航天管理局	高级工程师	2005年前
李积书	男	1933.11	永兴县	高中	湖北省襄樊市水利水产局	高级工程师	2005年前
巫瑞书	男	1933	永兴县	本科	湖南师范大学	教 授	2005年前
谷泉生	男	1933	永兴县	本科	湖南省妇幼保健院	主任医师	2005年前
贺伦燕	男	1933	永兴县	研究生	江西大学稀土研究所	教 授	2005年前
黄裕厚	男	1934	永兴县	本科	湖南省交通运输管理局	高级工程师	2005年前
李远文	男	1934	永兴县	研究生	北京城建开发二公司	高级工程师	2005年前
许友梅	男	1935.05	永兴县	本科	武汉工业大学	教 授	2005年前
李顺安	男	1935	永兴县	本科	核工业部230研究所	高级工程师	2005年前
李从众	男	1935	永兴县	本科	湖南省水利水电勘测设计研究院	教 授	2005年前
陈国堂	男	1935	永兴县	本科	长沙矿冶研究院	高级工程师	2005年前
曹淑韵	女	1935	永兴县	本科	中南石油地质局地质大队	高级工程师	2005年前
陈治国	男	1936.03	永兴县	本科	云南大学法律系	教 授	2005年前
谢世凤	女	1936	永兴县	本科	湖南医科大学附二院	教 授	2005年前
曹秀星	男	1937.03	永兴县	本科	郴州市第一人民医院	主任医师	2005年前
胡年继	男	1937.08	永兴县	本科	湖北省化工厂	总工程师、高级工程师	2005年前
邝贤宣	男	1937.11	永兴县	本科	北京市结核病研究所	主任医师	2005年前
卢翠芬	女	1937.11	永兴县	本科	北京钢铁研究院	教 授	2005年前
许文府	男	1937	永兴县	博士	航天部708所	研究员	2005年前
楚惟善	男	1938.02	永兴县	本科	重庆地质仪器厂	教 授	2005年前
曹秀星	男	1938.03	永兴县	本科	郴州地区人民医院	主任医师	1992年
曹文安	男	1938.07	永兴县	本科	三峡大学	教 授	2005年前
黄承惠	男	1938.11	永兴县	本科	永兴县第二人民医院	主任医师	1994年
马良信	男	1938.11	永兴县	本科	湘南学院	教 授	1995年
陈昭宪	男	1938	永兴县	本科	电子工业部第五研究所	高级工程师	2005年前
李学良	男	1939.12	永兴县	本科	广东冶金建筑设计研究院	高级工程师	2005年前
邓国儒	男	1940.01	永兴县	本科	武汉市东湖勘测水建公司	总工程师、高级工程师	2005年前
郭滇盛	男	1940.4	永兴县	本科	广州铁路集团勘测设计院	高级工程师	2005年前
胡乐勇	男	1940	永兴县	本科	长沙矿冶研究院	高级工程师	2005年前

续表（五）

姓名	性别	出生年月	籍贯	学历	工作单位	职称	评定时间
刘兰田	男	1940	永兴县	本科	中国民航东北管理局	高级工程师	2005年前
许明惠	男	1941.07	永兴县	本科	首都钢铁控制设备公司	高级工程师	2005年前
李祖示	男	1941	永兴县	本科	湖南省外贸工艺品公司	高级工程师	2005年前
李科清	男	1941	永兴县	本科	湖南省电力中心试测所	高级工程师	2005年前
李忠富	男	1941	永兴县	本科	湖南人民出版社	高级工程师	2005年前
刘孝宣	男	1941	永兴县	本科	湖南省水利水电施工局	高级工程师	2005年前
欧寿春	男	1942.02	永兴县	本科	中国航空工业第613研究所	教授级高级工程师	1998年
刘昌孝	男	1942.05	永兴县	博士研究生	化学工业部北京医药工业研究院	研究员、博士生导师	2005年前
曹能忠	男	1942.11	永兴县	本科	湖南省国际贸易合作公司	高级工程师	2005年前
雷裕江	男	1942	永兴县	本科	江西省地矿局	高级工程师	2005年前
李友侍	男	1943.12	永兴县	本科	邮电部第五研究所	高级工程师	2005年前
李扬滔	男	1945	永兴县	本科	湖南大学	高级经济师	2005年前
陈昭国	男	1945	永兴县	本科	湖北工业大学	教授	1993年
李友国	男	1946	永兴县	研究生	清华大学	教授	2005年前
张孟秋	男	1947	永兴县	本科	中南大学	教授	2005年前
曹茂华	男	1950.09	永兴县	本科	湖南省水利水电施工总公司	研究员	2004年
杨文彪	男	1950	永兴县	本科	湖南中医学院附一院	教授	2005年前
曹晓南	男	1951.09	永兴县	本科	郴州市第四人民医院	主任医师	2000年
谷兴荣	男	1951.11	永兴县	本科	湖南师范大学	教授	2000年
廖前德	男	1951	永兴县	本科	中南大学湘雅医院	教授	2005年前
曹裕当	男	1951	永兴县	本科	中国航天科工二院	研究员	2005年前
罗番竹	男	1952.04	永兴县	本科	永兴县人民医院	主任医师	2003年
马安杰	男	1953.01	永兴县	本科	湖南省电力工会	高级工程师	2005年前
刘兰勤	女	1953.07	永兴县	本科	广州中山医科大学第一医院	教授	2005年前
曹石珠	男	1954.01	永兴县	本科	湘南学院	教授	2000年
廖邦忠	男	1954.01	永兴县	本科	永兴县中医院	主任医师	2003年
梁瑞郴	男	1954.02	永兴县	本科	湖南省作家协会	一级作家	2005年前
陈弟荣	男	1954.08	永兴县	本科	郴州市第一人民医院	主任医师	2003年
刘社庭	男	1956.08	永兴县	本科	郴州市第一人民医院	主任医师	2001年
李满飞	男	1957.09	永兴县	博士	天津市中药集团股份有限公司	高级工程师	2005年前

续表（五）

姓　名	性别	出生年月	籍　贯	学历	工作单位	职　称	评定时间
陈冬生	男	1958	永兴县	博士	中共中央党校	教　授	2005年前
邓冠铁	男	1959.12	永兴县	博士	北京师范大学	教　授	1994年
许　江	男	1960	永兴县	博士	重庆大学	教　授	2005年前
李圣清	男	1961	永兴县	博士	湖南工业大学	教　授	2005年前
李小斌	男	1962.01	永兴县	博士	中南大学	教　授	2005年前
王华斌	男	1962.04	永兴县	本科	长沙建设机械设计院	高级工程师	2005年前
许永恒	男	1962.06	永兴县	本科	湖南省林业调查规划设计院	高级工程师	2005年前
邓小清	男	1962.08	永兴县	博士	中共中央办公厅调研室	研究员	2005年前
李树华	男	1962.09	永兴县	本科	湖南师范大学	教　授	2005年前
李辉来	男	1962.12	永兴县	博士	吉林大学	教　授	2005年前
何春耕	男	1962	永兴县	博士	湖南大学	教　授	2005年前
何炳文	男	1963.01	永兴县	本科	郴州市第一人民医院	主任医师	2002年
许小林	男	1963.01	永兴县	本科	郴州市第一人民医院	主任医师	2004年
曾天雄	男	1963.08	永兴县	研究生	湘南学院	教　授	2000年
尹政平	男	1963.12	永兴县	硕士	航天总公司二院	研究员	2005年前
曹国灿	男	1964.04	永兴县	本科	郴州市第一人民医院	主任医师	2005年
李洪亮	男	1964.12	永兴县	硕士	湖南省信息产业厅	高级工程师	2005年前
曹升华	男	1964.2	永兴县	硕士	国防科技大学	高级工程师	2005年前
曾前腾	男	1964	永兴县	博士	桂林空军学院	教　授	2005年前
曹文声	男	1966.08	永兴县	本科	郴州市第一人民医院	主任医师	2004年
曹雪勇	男	1968	永兴县	研究生	国防科工委	高级工程师	—
阳军生	男	1968	永兴县	博士	中南大学土木建筑学院	教　授	—
罗　浩	男	1970.05	永兴县	硕士	清华同方水务工程公司	高级工程师	—
肖德明	男	1932.11	嘉禾县	本科	核工业部北京铀矿地质研究所	研究员、高级工程师	2005年前
王继林	男	1934.10	嘉禾县	大专	云南省地矿局光谱室	高级工程师	2005年前
王少哲	男	1934.11	嘉禾县	研究生	湖南省社会科学院	研究员	2005年前
曹代林	男	1934.11	嘉禾县	本科	电子工业部708厂研究所	高级工程师	2005年前
李儒灿	男	1934.12	嘉禾县	本科	武汉钢铁集团公司法律顾问处	一级律师	1981年
黄　可	男	1934	嘉禾县	本科	陕西师范大学	教　授	2005年前
李东泰	男	1935.03	嘉禾县	本科	四川气象学院	高级工程师	2005年前
李宗琪	男	1935.03	嘉禾县	本科	湖南农业大学	教　授	2005年前

续表（五）

姓　名	性别	出生年月	籍　贯	学历	工作单位	职　称	评定时间
李世璋	男	1935.04	嘉禾县	本科	北京变压器厂	高级工程师	2005 年前
李土玉	男	1935.05	嘉禾县	本科	山东交通学院	教　授	2005 年前
黄柏宗	男	1935.06	嘉禾县	本科	中国石油天然气集团公司	教授级高级工程师	2005 年前
雷晋干	男	1935.07	嘉禾县	博士研究生	武汉大学	教授、博士生导师	2005 年前
雷渊凡	男	1935.08	嘉禾县	本科	湖南医学院	教授、主任医师	2005 年前
彭继圣	男	1935.10	嘉禾县	本科	中央纪委监察部研究所	教　授	2005 年前
刘德茂	男	1935.11	嘉禾县	本科	长沙矿冶研究院	教授级高级工程师	2005 年前
刘必先	男	1935.12	嘉禾县	研究生	中国科学院化学所	教　授	2005 年前
黄义生	男	1936.01	嘉禾县	本科	武汉钢铁设计院	高级工程师	2005 年前
李贺苗	男	1936.03	嘉禾县	大专	广东梅县铅锌矿	高级工程师	2005 年前
周圣杰	男	1936.08	嘉禾县	本科	辽宁朝阳水文大队	高级工程师	2005 年前
胡贺元	男	1936.08	嘉禾县	本科	航天工业部研究所	高级工程师	2005 年前
李至仙	男	1936	嘉禾县	本科	江西南昌华东地勘局	高级工程师	2005 年前
雷如亮	男	1937	嘉禾县	本科	湖北大冶地质大队	高级工程师	2005 年前
李宗炳	男	1937.08	嘉禾县	本科	广州钢铁研究所	高级工程师	2005 年前
黄生汉	男	1938.04	嘉禾县	本科	新疆奎屯农七师供电公司	高级工程师	2005 年前
唐宜玮	男	1938.04	嘉禾县	本科	沈阳拖拉机厂	高级工程师	2005 年前
雷晋邦	男	1938.07	嘉禾县	中专	衡阳铁路建筑公司	高级工程师	2005 年前
王有义	男	1939.08	嘉禾县	本科	甘肃石化研究院	高级工程师	2005 年前
李宗太	男	1939.08	嘉禾县	本科	广西南宁机械厂	高级工程师	2005 年前
李太贤	男	1939.09	嘉禾县	本科	广州地铁设计处	高级工程师	2005 年前
彭日生	男	1939.10	嘉禾县	大学	天津理工学院	教　授	2005 年前
王功模	男	1939.12	嘉禾县	本科	广州有色金属研究院	高级工程师	2005 年前
李立凡	男	1940.04	嘉禾县	本科	深圳志健实业公司	高级工程师	2005 年前
李谱方	男	1940.12	嘉禾县	本科	甘肃水电刘家峡分局	高级工程师	2005 年前
单继益	男	1940	嘉禾县	本科	贵州省遵义钛厂	高级工程师	2005 年前
杨夏才	男	1941.03	嘉禾县	本科	重庆市煤矿设计研究院	高级工程师	2005 年前
李至器	男	1941.06	嘉禾县	本科	中国空空导弹研究院	高级工程师	2005 年前
李维展	男	1941.09	嘉禾县	本科	郴州市农业银行	高级工程师	2005 年前
彭路生	男	1941.12	嘉禾县	本科	中国中原对外工程公司	高级工程师	2005 年前
萧化仁	男	1941	嘉禾县	本科	贵州省国土局	高级工程师	2005 年前

续表（五）

姓　名	性别	出生年月	籍　贯	学历	工作单位	职　称	评定时间
唐基禄	男	1942.02	嘉禾县	本科	湘潭江南机器厂	高级工程师	2005 年前
雷子文	男	1943.07	嘉禾县	初中	湖南昆剧团	一级演员	1997 年
萧成虎	男	1943.09	嘉禾县	本科	北京化工研究院精细所	高级工程师	2005 年前
周亚平	男	1944.01	嘉禾县	本科	衡阳有色冶金机械总厂	高级工程师	2005 年前
李知福	男	1945.12	嘉禾县	本科	郴州市质量技术监督局	高级工程师	2005 年前
彭日生	男	1939.10	嘉禾县	大学	天津理工学院	教　授	2005 年前
雷石生	男	1946.12	嘉禾县	中专	白沙矿务局	高级工程师	2005 年前
张思聪	男	1947.01	嘉禾县	本科	郴州市质检所	高级工程师（研究员级）	2001 年
唐天生	男	1951.08	嘉禾县	本科	广州珠江电力有限公司	高级工程师	2005 年前
罗土光	男	1954.07	嘉禾县	本科	嘉禾县人民医院	主任医师	1999 年
胡金城	男	1954.10	嘉禾县	本科	长沙鸿林大酒店	高级工程师	2005 年前
夏晓敏	男	1955.10	嘉禾县	本科	湖南森林植物园	研究员	2005 年前
黄平生	男	1956.04	嘉禾县	本科	林业部西北调查规划设计院	高级工程师	2005 年前
李幼军	女	1957.11	嘉禾县	本科	电子工业部广州通讯研究所	高级工程师	2005 年前
罗云海	男	1958.08	嘉禾县	本科	湘南学院附属医院	主任医师	2002 年
胡　涛	男	1959.04	嘉禾县	本科	北京高等教育出版社	高级经济师	2005 年前
王爱成	男	1961.04	嘉禾县	本科	解放军总后勤部后勤科学院	高级工程师	2005 年前
李　军	男	1961.11	嘉禾县	本科	湘南学院	主任医师	2001 年
王泉龙	男	1962.08	嘉禾县	本科	哈尔滨电机厂	高级工程师	2005 年前
黄梅艳	女	1964.07	嘉禾县	本科	中国通用技术总公司	高级工程师	2005 年前
王健斌	男	1964.11	嘉禾县	本科	湖南省工商银行稽查中心	高级会计师	2005 年前
鲁玉桃	女	1965.05	嘉禾县	本科	郴州职业技术学院	教　授	2005 年
胡　泳	男	1965.06	嘉禾县	本科	中央电视台二台	高级记者	2005 年前
张英女	女	1965.11	嘉禾县	本科	辽宁盘锦辽河石油勘探局研究院	高级工程师	2005 年前
黄梅岭	女	1968.01	嘉禾县	本科	湖南省电力设计院	高级工程师	—
李永健	男	1928	临武县	本科	铁道第二勘察设计院	高级工程师	2005 年前
唐元棣	男	1930	临武县	本科	江西师范学院	教　授	2005 年前
陈举新	男	1934	临武县	本科	中科院上海技术物理研究所	教　授	2005 年前
陈道达	男	1934	临武县	本科	电子工业部	高级工程师	2005 年前
王贤成	男	1935	临武县	大学	衡阳市中心医院	主任医师	2005 年前

续表（五）

姓　名	性别	出生年月	籍　贯	学历	工作单位	职　称	评定时间
李彦福	男	1936	临武县	本科	广西教育厅研究所	研究员	2005 年前
李芳积	男	1936	临武县	本科	上海第二工业大学	研究员	2005 年前
曾兴兰	女	1938	临武县	本科	上海第二工业大学	高级工程师	2005 年前
邱显岳	男	1940	临武县	大学	河南省水利电力勘测设计院	高级工程师	2005 年前
刘诗县	男	1940	临武县	大学	贵州省贵阳发电厂	高级工程师	2005 年前
廖金亮	男	1940	临武县	大学	湖南省建材研究设计院	高级工程师	2005 年前
邓训嫦	女	1940	临武县	大学	重庆仪表材料研究所	高级工程师	2005 年前
周继圣	男	1940	临武县	大学	武汉钢铁厂	高级工程师	2005 年前
卢当信	男	1941.02	临武县	大学	机械工业部第二设计院	高级工程师	2005 年前
苏家澍	男	1941.07	临武县	本科	郴州市广电新闻中心	一级作家	1999 年
邓纯奇	男	1941.12	临武县	大学	安徽池州市港务局	高级工程师	2005 年前
刘士光	男	1941	临武县	大学	华中科技大学	教　授	2005 年前
黄寺训	男	1941	临武县	大学	成都 523 信箱	高级工程师	2005 年前
罗保生	男	1941	临武县	大学	武汉大学	教　授	2005 年前
黄国万	男	1942	临武县	大学	中科院原子能研究所	高级工程师	2005 年前
邝孔武	男	1942	临武县	硕士	北京信息工程学院	教　授	2005 年前
雷衍成	男	1942	临武县	大学	中国电子科技集团	高级工程师	2005 年前
陈选万	男	1942	临武县	大学	宁夏回族自治区石嘴山市古炭井矿务局	高级工程师	2005 年前
郭伊辉	男	1942	临武县	大学	常宁水口山矿	高级工程师	2005 年前
刘　航	男	1943	临武县	大学	长沙理工大学	教　授	2005 年前
曹　龙	男	1943	临武县	大学	大连日泰电机产品开发部	高级工程师	2005 年前
王太阳	男	1943	临武县	大学	益阳电容器厂	高级工程师	2005 年前
刘元贵	男	1943	临武县	大学	长沙电力学院	教　授	2005 年前
黄唯均	男	1944	临武县	大学	苏州市苏拓钢铁公司	总工程师	2005 年前
邓贻云	女	1944	临武县	大学	湖南轻工专科学校	教　授	2005 年前
骆湘兰	女	1944	临武县	大学	马鞍山机修厂	高级工程师	2005 年前
陈亮华	男	1944	临武县	大学	南昌有色金属研究院	高级工程师	2005 年前
王金保	男	1945.06	临武县	大学	辽宁石油化工大学	正高级编审	2005 年前
曾凡镇	男	1945	临武县	大学	郴州电视台	高级工程师	2005 年前
王道正	男	1945	临武县	大学	上海宝钢冶金建设公司	高级工程师	2005 年前
陈举尧	男	1945	临武县	大学	新乡市铁路处	高级工程师	2005 年前
秦双禄	男	1946	临武县	大学	海南钢铁总公司	高级工程师	2005 年前

续表（五）

姓 名	性别	出生年月	籍 贯	学历	工作单位	职 称	评定时间
陈 勇	男	1946	临武县	大学	资兴矿务局	高级工程师	2005年前
文宏吉	男	1947.09	临武县	博士	南宁市广播电视大学	教 授	2005年前
王灶芝	女	1947	临武县	大学	湖南华兴集团公司	高级工程师	2005年前
郭通宝	男	1947	临武县	大学	国营五一二四厂	高级工程师	2005年前
骆助文	男	1949	临武县	大学	株洲硬质合金厂	高级工程师	2005年前
王海成	男	1950.12	临武县	本科	湘南学院	主任医师	2002年
胡永才	男	1951.11	临武县	本科	郴州市第一人民医院	主任医师	2000年
李光生	男	1951.11	临武县	大学	郴州市气象局	高级工程师	2001年
曾凡林	男	1951	临武县	大学	铁道部第十四局	高级工程师	2005年前
李国亮	男	1954.01	临武县	本科	湘南学院附属医院	主任医师	2001年
王发兴	男	1954.03	临武县	本科	湘南学院	教 授	2000年
王发兴	男	1954	临武县	硕士	湖南师范大学	教 授	2005年前
罗发兴	男	1955.04	临武县	大学	华南理工大学	教 授	2005年前
雷志星	男	1955	临武县	大学	中南林学院	教 授	2005年前
邝丽敏	男	1956.04	临武县	本科	中共郴州市委党校	教 授	2003年
黄珍平	男	1956.12	临武县	本科	郴州市第二人民医院	主任医师	2002年
邓国强	男	1957.09	临武县	本科	临武县人民医院	主任医师	2000年
王 华	女	1957	临武县	大学	中国地质科学院岩溶地质研究所	高级工程师	2005年前
夏季叁	男	1957	临武县	大学	桂林市轻工业局	高级工程师	2005年前
李辅国	男	1957	临武县	大学	湖南水口山有色矿	高级经济师	2005年前
段大跃	男	1958	临武县	博士	美国内华达州立大学	教 授	2005年前
唐 红	女	1958	临武县	博士	重庆邮电大学	教 授	2005年前
唐 辉	男	1960	临武县	博士	德国明斯特大学	教 授	2005年前
钟小群	女	1960	临武县	大学	地质矿产部岩溶地质研究所	高级工程师	2005年前
曾晓彬	男	1962.06	临武县	本科	湘南学院	教 授	2004年
胡卫鲤	男	1962	临武县	博士	加拿大多伦多大学	教 授	2005年前
王贤军	男	1962	临武县	博士	浙江大学	教 授	2005年前
陈吉武	男	1962	临武县	博士	杭州计量学院	教 授	2005年前
罗剑平	男	1963.04	临武县	本科	郴州市第四人民医院	主任医师	2004年
贺红亮	男	1963	临武县	博士	成都基础物理研究院	研究员	2005年前
文 峰	男	1963	临武县	博士	中山大学	教 授	2005年前
唐世明	男	1964.01	临武县	本科	临武县人民医院	主任医师	2003年

续表（五）

姓 名	性别	出生年月	籍 贯	学历	工作单位	职 称	评定时间
李晓刚	男	1964.01	临武县	本科	郴州市第一人民医院	主任医师	2005 年
唐世明	男	1964.1	临武县	本科	郴州市第三人民医院	主任医师	2003 年
陶 明	男	1964	临武县	大学	长沙电力职业技术学院	副院长、教授	1996 年
杜加仁	男	1964	临武县	大学	深圳保安集团公司	高级工程师	2005 年前
文 青	男	1964	临武县	硕士	广州白云制药厂	高级工程师	2005 年前
李叶青	男	1964	临武县	硕士	湖北黄石华新水泥股份有限公司	高级工程师	2005 年前
彭建国	男	1965.03	临武县	本科	郴州市第三人民医院	主任医师	2004 年
黄卫华	男	1965.04	临武县	大学	湖南大学	教 授	2005 年前
黄朱秀	女	1965.08	临武县	大学	西安教育学院	教 授	2005 年前
陈临溪	男	1965	临武县	博士	美国圣地亚哥大学	教 授	2005 年前
陈显玉	男	1965	临武县	硕士	湖南医科大学附二医院	主任医师	2005 年前
曾昭槐	男	1923.12	汝城县	本科	中山大学	教 授	2005 年前
何辅兴	男	1924.04	汝城县	本科	湖南省水利水电勘测设计研究院	高级工程师	2005 年前
朱宾仑	男	1925.03	汝城县	大学	安徽省冶金厅	高级工程师	2005 年前
朱忠发	男	1929.12	汝城县	本科	岳阳君山农场	高级工程师	2005 年前
李孔怀	男	1930.01	汝城县	本科	航天总公司二院十七所	高级工程师	2005 年前
何作活	男	1930.09	汝城县	本科	湘西土家族自治州航道管理处	高级工程师	2005 年前
朱忠保	男	1931.04	汝城县	本科	中南林学院	教 授	2005 年前
郭诗惠	男	1931.08	汝城县	本科	广西柳州市棉纺厂	高级工程师	2005 年前
欧阳光	男	1932.08	汝城县	本科	广西南宁大沙田开发区	高级工程师	2005 年前
何辅攸	男	1934.04	汝城县	本科	沈阳飞机研究所	高级工程师	2005 年前
朱忠龙	男	1934.08	汝城县	本科	昆明市 300 号信箱 23 号	高级工程师	2005 年前
何谦泰	男	1934.10	汝城县	大专	兰州铁路局勘测设计院	高级工程师	2005 年前
范名复	男	1935.05	汝城县	大专	铁道部第一勘探设计院乌鲁木齐分院	高级工程师	2005 年前
陈有才	男	1935.12	汝城县	本科	郑州煤矿机械厂	高级工程师	2005 年前
袁水清	男	1935	汝城县	本科	山西省侯马市 874 研究所	高级工程师	2005 年前
罗家泽	男	1935	汝城县	本科	四川省广元市 122 信箱	高级工程师	2005 年前
朱孝嘉	男	1936	汝城县	本科	株洲南方摩托车厂	高级工程师	2005 年前
施镜明	男	1936.06	汝城县	本科	吉林铁路局	高级工程师	2005 年前
陈兴球	男	1936.08	汝城县	大专	中机国际工程咨询设计总院	高级工程师	2005 年前
谭其仁	男	1936.12	汝城县	本科	沈阳军区总医院	主任医师	2005 年前

续表（五）

姓　名	性别	出生年月	籍　贯	学历	工作单位	职　称	评定时间
何国干	男	1936.12	汝城县	本科	铁道部第四勘测设计院三处	高级工程师	2005 年前
谭扬柏	男	1936.12	汝城县	本科	冶金部攀枝花钢铁研究院	高级工程师	2005 年前
朱忠洪	男	1937.08	汝城县	大学	汝城县人民医院	主任医师	1995 年
朱舜华	女	1937.09	汝城县	本科	机械工业部北京机床研究所	高级工程师	1995 年
祝开智	男	1937.12	汝城县	本科	新疆石河子市第六建筑公司	高级工程师	2005 年前
朱宾礼	男	1937.05	汝城县	本科	上海玻璃机械厂	高级工程师	2005 年前
朱忠洪	男	1937.08	汝城县	本科	汝城县人民医院	主任医师	2005 年前
曾钊新	男	1937	汝城县	博士研究生	中南大学	教授、博士生导师	2005 年前
叶愈源	男	1937	汝城县	本科	湖南省气象局	正高级高级工程师	2005 年前
朱根林	男	1937	汝城县	大专	北京军械修理厂	高级工程师	2005 年前
陈春元	男	1938.02	汝城县	本科	机械电子工业部第 11 设计研究院	高级工程师	2005 年前
朱上诏	男	1938.06	汝城县	本科	湖南省医药管理局	高级工程师	2005 年前
范善松	男	1938.07	汝城县	本科	上海医药设计院	高级工程师	2005 年前
朱昭桂	女	1938	汝城县	本科	沈阳铝镁设计研究院	高级工程师	2005 年前
朱厚成	男	1939.10	汝城县	本科	安徽合肥轻工模具厂	高级工程师	2005 年前
范荣章	男	1939.10	汝城县	本科	湖南省水利水电勘测设计研究总院	高级工程师	2005 年前
卢正佳	男	1939.12	汝城县	本科	文化部、中国文联	编　审	2005 年前
宋明春	男	1940.01	汝城县	大专	核工业部研究设计院	高级工程师	2005 年前
黄体俊	男	1940.01	汝城县	本科	上海汽轮机有限公司	高级工程师	2005 年前
何伦中	男	1940.04	汝城县	本科	上海工业自动化仪表研究所	高级工程师	2005 年前
朱柏生	男	1940.08	汝城县	本科	广西桂林威达集团复印机厂	高级工程师	2005 年前
叶　畅	男	1940.10	汝城县	本科	湖南日报社	高级编辑	2005 年前
朱经梅	男	1940.12	汝城县	本科	中共郴州市委党校	教　授	1998 年
朱上翔	男	1940	汝城县	博士	美国波音飞机公司	高级工程师	2005 年前
罗有华	女	1940	汝城县	本科	四川省广元市 122 信箱	高级工程师	2005 年前
卢曙华	女	1942.03	汝城县	本科	广西柳州工人医院	主任医师	2005 年前
朱春莲	女	1942.04	汝城县	本科	株洲市电子研究所	高级工程师	2005 年前
朱谱林	男	1942.06	汝城县	本科	衡阳市二七二厂	高级工程师	2005 年前
谭扬经	男	1942.09	汝城县	本科	中建二局唐山建筑设计院	高级工程师	2005 年前

续表（五）

姓　名	性别	出生年月	籍　贯	学历	工作单位	职　称	评定时间
朱任安	男	1942	汝城县	本科	化学工业部办公厅	高级经济师	2005年前
朱孝水	男	1943.01	汝城县	本科	湖南电视台	高级工程师	2005年前
何润德	男	1943.10	汝城县	本科	贵州工业大学材料工程与冶金学院	教　授	2005年前
欧阳介	男	1943.11	汝城县	大专	铁道部十六局	高级工程师	2005年前
朱藻丽	女	1944.05	汝城县	本科	邯郸市钢铁厂	高级工程师	2005年前
朱登成	男	1944.09	汝城县	中专	安徽铜陵市冶金局	高级工程师	2005年前
朱绍文	男	1944.12	汝城县	本科	武汉大学	教　授	2005年前
刘庆明	男	1944	汝城县	本科	江西万平电子集团	高级工程师	2005年前
黄性敏	男	1945.10	汝城县	本科	南华大学附属二医院	主任医师	2005年前
郭名乐	男	1945.12	汝城县	本科	株洲市有色金属冶炼厂	高级工程师	2005年前
罗有礼	男	1946	汝城县	本科	株洲航空工业总公司608所	高级工程师	2005年前
朱康任	男	1950.06	汝城县	本科	核工业部230研究所	高级工程师	2005年前
谭解春	男	1950.09	汝城县	本科	中国航天研究院五一三研究所	高级工程师	2005年前
袁贤瑞	男	1950.10	汝城县	博士	中南大学湘雅医院	主任医师、博士生导师	2005年前
何超鹏	男	1951.01	汝城县	本科	海南省勘探设计院监理部	总工程师	2005年前
陈益生	男	1952.04	汝城县	本科	韶关市广播电视局	高级工程师	2005年前
郭新权	男	1952.06	汝城县	大专	深圳市中医院	主任医师	2005年前
廖进民	男	1952.08	汝城县	博士	广东医学院解剖教研室	教　授	2005年前
谭永才	男	1952.08	汝城县	大专	湖南省第一工业设计研究所	高级工程师	2005年前
朱上林	男	1952	汝城县	本科	长沙市电业局研究所	高级工程师	2005年前
何志华	男	1954.11	汝城县	研究生	湖南省电力厅电力试验研究中心（电力公司）	教授级高级工程师	2005年前
欧晓光	男	1955.03	汝城县	本科	中南大学湘雅医院	高级工程师	2005年前
朱昆芳	男	1955.03	汝城县	本科	中国石油长岭炼油化工有限公司	高级政工师	2005年前
宋松泉	男	1955.09	汝城县	硕士	中山大学	教　授	2005年前
何高大	男	1957.04	汝城县	硕士	华南农业大学外国语学院	教　授	2005年前
朱皖阳	男	1957	汝城县	本科	中国科技大学	高级工程师	1994年
何大庆	男	1959.08	汝城县	本科	资兴焦电股份有限公司	高级工程师	2005年前
朱　军	男	1959.11	汝城县	本科	武汉探矿机械厂	高级工程师	2005年前
欧阳玉	男	1960.07	汝城县	本科	湖南大学发展规划办公室	教　授	2005年前

续表（五）

姓 名	性别	出生年月	籍 贯	学历	工作单位	职 称	评定时间
欧红光	男	1960.09	汝城县	本科	中南勘测设计院	高级工程师	2005 年前
何 明	男	1960.09	汝城县	博士	上海交通学院	教授、博士生导师	2005 年前
何 竣	男	1962.03	汝城县	本科	湖南省五强溪电站	高级工程师	2005 年前
谭湘清	男	1962.03	汝城县	本科	郴电国际有限公司	高级工程师	2005 年前
周日光	男	1962.03	汝城县	本科	深圳市龙岗中心医院	主任医师	2005 年前
朱谷吕	男	1962.06	汝城县	硕士	中国有色金属矿产地质调查中心	教 授	2005 年前
谭发茂	男	1962.09	汝城县	博士	中国交通建设集团	教授级高级工程师	2005 年前
罗有干	男	1963.05	汝城县	本科	资兴市水利局	高级工程师	2005 年前
黎名高	男	1963.12	汝城县	大专	贵州水城铁厂医院	主任医师	2005 年前
欧星光	男	1964.01	汝城县	硕士	新西兰奥克兰市通讯公司	高级工程师	2005 年前
胡勇有	男	1964.01	汝城县	博士后	华南理工大学环境科学与工程学院	教授、博士生导师	2005 年前
袁贤贞	男	1964.03	汝城县	博士	广东省电讯器材有限公司	高级工程师	2005 年前
范高峰	男	1964.05	汝城县	博士	美国华盛顿高分子科学研究所	教 授	2005 年前
李建盛	男	1964.07	汝城县	博士	北京社会科学院	教授、研究员	2005 年前
何艳霞	女	1965.08	汝城县	本科	湘南学院组织部组织员	高级工程师	2005 年前
朱瑞平	男	1965.10	汝城县	硕士	郴州拓普电器工程有限公司	高级工程师	2005 年前
袁和明	男	1965.11	汝城县	本科	上海慧伦电气有限公司	高级工程师	2005 年前
朱前星	男	1965	汝城县	硕士	广西玉林师范学院	教 授	2005 年前
钟大勋	男	1922.04	桂东县	本科	湖南省水利厅	高级工程师	1984 年
李泽民	男	1929	桂东县	博士研究生	美国德州大学	教 授	2005 年前
钟柏材	男	1930.05	桂东县	本科	石油工业部北京设计院	正高级工程师	1984 年
郭谦立	男	1933	桂东县	本科	重庆市铁道学院	教 授	2005 年前
周 萍	男	1934.01	桂东县	大专	湘南学院附属医院	主任医师	1994 年
钟治东	男	1934.09	桂东县	本科	第四机械工业部	高级工程师（正高）	1989 年
张佑文	男	1934.11	桂东县	本科	赣南师范学院	教 授	1993 年
温品文	男	1934.12	桂东县	本科	交通部公路科学研究所	研究员	2005 年前
郭炳南	男	1935	桂东县	本科	北京理工大学	教 授	1989 年
邓仁亮	男	1935.06	桂东县	本科	北京理工大学	教 授	2005 年前
黄光前	男	1936.01	桂东县	本科	中国工程物理研究院	研究员	2005 年前

续表（五）

姓　名	性别	出生年月	籍 贯	学历	工作单位	职 称	评定时间
郭名荣	男	1936.12	桂东县	本科	湖南省干部学院	教 授	2005年前
陈　强	男	1937.11	桂东县	本科	湖南省人民医院	主任医师	2005年前
胡立平	男	1939.01	桂东县	本科	中央广播事业局	高级工程师	2005年前
郭垂辉	男	1941.08	桂东县	大专	郴州日报社	高级记者	1997年
李新生	男	1945.12	桂东县	本科	福建省委党校	教 授	2005年前
李仁发	男	1956	桂东县	博士研究生	湖南大学计算机与通信学院	教授、博士生导师	2005年前
胡萍萍	女	1957.06	桂东县	博士研究生	中山大学软件学院	教 授	2005年前
李植斌	男	1957.08	桂东县	博士研究生	浙江工程学院经贸管理学院	教 授	2005年前
黄久生	男	1959.12	桂东县	博士研究生	解放军总装备部	高级工程师	2005年前
刘一鸣	男	1960.06	桂东县	博士研究生	美国密西西比州杰克逊州立大学	教 授	2005年前
郭　春	男	1960	桂东县	本科	中南勘测设计院地质处	高级工程师	2005年前
刘志敏	男	1961.01	桂东县	博士研究生	湖南农业大学	教 授	2000年
李　诚	男	1961.07	桂东县	本科	长沙理工大学	教 授	2005年前
胡稳奇	男	1962.08	桂东县	博士研究生	加拿大西安大略医学院	生物研究员	2005年前
李春燕	女	1963.02	桂东县	本科	武汉市同济医科大学	教 授	2005年前
曹文熙	男	1963.03	桂东县	博士研究生	中科院南海海洋研究所	教授、博士生导师	2005年前
罗平华	男	1963.09	桂东县	本科	岳阳市长江动力机械厂	总工程师、高级工程师	2005年前
何耀华	男	1965.05	桂东县	研究生	香港大学	教 授	2005年前
郭晓明	男	1965.12	桂东县	博士研究生	湖南师范大学、澳门特别行政区教育暨青年局	教授、博士生导师	2005年前
郭志雄	男	1966	桂东县	博士研究生	美国罗格斯大学	终身教授	—
黄仁东	男	1967.07	桂东县	博士研究生	中南大学	教 授	2005年
张大炎	男	1922.06	安仁县	本科	海南冶金设计院	高级工程师	2005年前
曹竣华	男	1927	安仁县	本科	广州电视大学	教 授	2005年前
欧阳铭	男	1927	安仁县	本科	长春机械厂	高级工程师	2005年前
李冈陵	男	1929.09	安仁县	博士	华南理工大学	教 授	2005年前
何　强	男	1930.04	安仁县	本科	中国科学院物理研究所	研究员	1992年
段云章	男	1930.04	安仁县	博士	中山大学	教 授	2005年前

续表（五）

姓　名	性别	出生年月	籍　贯	学历	工作单位	职　称	评定时间
周龙溪	男	1930.06	安仁县	大专	郴州市外科分会	主任医师	2005年前
周仰贤	男	1930	安仁县	本科	北京防化研究院	高级工程师	2005年前
卢开恒	男	1930	安仁县	本科	湖南水利学院	教　授	2005年前
刘芷君	男	1930	安仁县	本科	广州铁路局第五工程公司	高级工程师	2005年前
卢任华	男	1931.12	安仁县	本科	上海第二军医大学一院	教　授	2005年前
李椿林	男	1931	安仁县	本科	中国汽车贸易总公司	高级工程师	2005年前
尹鸿发	男	1931	安仁县	本科	上海交通工程技术大学	教　授	2005年前
欧阳恒	男	1931	安仁县	本科	甘肃省兰州市水利工程处	高级工程师	2005年前
何九盈	男	1932.11	安仁县	博士	澳门大学	教　授	1987年
谭德初	男	1932.12	安仁县	本科	北京日报社	主任编辑	2005年前
谭国顺	男	1932	安仁县	本科	中国人民解放军总装备部某工厂	高级工程师	2005年前
周合元	男	1932	安仁县	本科	湖北省汉阳造纸厂	高级工程师	2005年前
彭仁罗	男	1932	安仁县	本科	湖南省湘雅医院	教　授	2005年前
刘文会	男	1933.01	安仁县	专科	山东省阳谷县水利局	高级工程师	2005年前
张　熙	男	1933.08	安仁县	本科	国家海洋局第二研究所	高级工程师	2005年前
周室辅	男	1933	安仁县	本科	湖南省电影机械厂	高级工程师	2005年前
李锦明	男	1933	安仁县	本科	铁道部第四设计院工程处	高级工程师	2005年前
李锦西	男	1933	安仁县	博士研究生	上海交通大学机械工程系	教　授	2005年前
张明通	男	1933	安仁县	本科	中南民族学院	教　授	2005年前
李　枝	男	1934.01	安仁县	本科	湖南省地矿局四一六队	高级工程师	2005年前
陈湘仁	男	1934	安仁县	本科	中国南方航空动力机械公司	高级工程师	2005年前
李材雄	男	1934	安仁县	本科	广州铁路工程总公司电算中心	高级工程师	2005年前
曹智礼	男	1934	安仁县	本科	岳阳君山农场	高级工程师	2005年前
张　平	男	1934	安仁县	本科	国防科工委	高级工程师	2005年前
谭奇才	男	1934	安仁县	本科	中国南方航空动力机械公司	高级工程师	2005年前
萧望琨	男	1935	安仁县	本科	中国航空工业总公司608研究所	高级工程师	2005年前
王成业	男	1935.09	安仁县	本科	中南大学湘雅医院	主任医师	2005年前
谭秀炳	男	1936.01	安仁县	本科	西安铁路运输职工大学	高级工程师	2005年前

续表（五）

姓 名	性别	出生年月	籍 贯	学历	工作单位	职 称	评定时间
李倡成	男	1936.08	安仁县	本科	安仁县人民医院	主任医师	1993年
卢学纯	男	1936.05	安仁县	本科	云南昆明有色冶金设计研究院	原副总工程师	2005年前
张观生	男	1936	安仁县	硕士研究生	天津大学	教 授	2005年前
龙 翱	男	1936	安仁县	本科	中国科学院兰州分院近代物理研究所	高级工程师	2005年前
曹忠键	男	1936	安仁县	本科	化工部湘东化工机械厂	高级工程师	2005年前
张 之	男	1936	安仁县	本科	株洲冶炼厂	高级工程师	2005年前
周 奔	男	1936	安仁县	本科	广西省南宁司法局	高级工程师	2005年前
谭迪远	男	1937.01	安仁县	本科	郴州铁路工务段	总工程师	2005年前
周全之	男	1937.02	安仁县	本科	湖南省新技术研究开发局	研究员	2005年前
窦以松	男	1937.08	安仁县	博士	北京大学工业大学分部	教 授	2005年前
陈甲生	男	1937	安仁县	硕士研究生	衡阳医学院	教 授	2005年前
张扬中	男	1937	安仁县	本科	航空航天部研究所41所	高级工程师	2005年前
刘长燃	男	1937	安仁县	本科	解放军炮兵研究所	高级工程师	2005年前
侯德永	男	1938.10	安仁县	本科	株洲车辆厂职工医院	主任医师	2005年前
侯清溪	男	1938	安仁县	本科	北京中国国际工程咨询公司	高级工程师	2005年前
李乐泉	男	1939.09	安仁县	本科	上海中捷有色金属有限公司	高级工程师	2005年前
陈湘飞	男	1939	安仁县	研究生	湖南大学	教 授	2005年前
刘炳富	男	1940.01	安仁县	本科	湖南师范大学医学院	主任医师	2005年前
李锦云	男	1940.12	安仁县	本科	湖南岳阳市起重电磁铁厂	高级工程师	2005年前
邓绪枫	男	1940	安仁县	本科	中国北方工业总公司国营红泉仪表厂	高级工程师	2005年前
樊守达	男	1940	安仁县	本科	贵阳车辆段教育处	高级工程师	2005年前
王德基	男	1940	安仁县	本科	中国航天工业总公司三院三部	高级工程师	2005年前
谭权华	男	1940	安仁县	本科	衡阳变压器厂	高级工程师	2005年前
黄建新	男	1940	安仁县	本科	山东省枣庄矿务局	高级工程师	2005年前
贺汪泽	男	1941.07	安仁县	本科	中共南昌市委党校	教 授	2005年前
何 海	男	1941	安仁县	本科	北京有色冶金设计研究总院	高级工程师	2005年前
颜享建	男	1941	安仁县	本科	机械电子工业部48研究所	高级工程师	2005年前

续表（五）

姓名	性别	出生年月	籍贯	学历	工作单位	职称	评定时间
肖望国	男	1942.08	安仁县	本科	化学工业出版社	编审	1999 年
王一心	男	1942.10	安仁县	博士	北京大学	教授级高级工程师	2005 年前
何书群	男	1942	安仁县	本科	核工业部甘肃 792 厂	高级工程师	2005 年前
陈远汉	男	1943.09	安仁县	研究生	中国舰船研究设计中心	研究员	2003 年
肖冬荣	男	1944.10	安仁县	博士	南京气象学院	教授	1992 年
张万生	男	1944.10	安仁县	本科	郴州市第一人民医院	主任医师	2005 年前
陈崇会	男	1944	安仁县	本科	北京石油化工研究院	高级工程师	2005 年前
欧阳献	男	1944	安仁县	本科	华南光学仪器厂	高级工程师	2005 年前
尹洪辉	男	1945.01	安仁县	硕士	华南理工大学外国语学院	高级工程师	1993 年
李文光	男	1945	安仁县	本科	广西地质勘探队 3095 队	高级工程师	2005 年前
阳本华	男	1946.12	安仁县	本科	郴州市卫生防疫站	主任医师	2001 年
卢刚	男	1947.03	安仁县	本科	甘肃海林中科科技股份有限公司	高级工程师	2005 年前
李松龄	男	1948.10	安仁县	博士	湖南大学	教授	2000 年
欧阳红	男	1948	安仁县	本科	广东煤炭总局	高级工程师	2005 年前
唐文华	男	1950.02	安仁县	本科	重庆晚报社新闻总编室	主任编辑	2005 年前
周邦达	男	1950.05	安仁县	大学	中国民航某管理局	特级飞行员	1994 年
颜享梅	男	1950.06	安仁县	硕士	湖南师范大学	教授	1995 年
谭兰香	女	1951.07	安仁县	博士	湖南中医学院	教授	2000 年
窦石武	男	1951	安仁县	大学	沈阳 87478 部队	高级工程师	2005 年前
李锦茴	男	1952.01	安仁县	本科	湘南学院	教授	2003 年
王珍	男	1952.11	安仁县	博士	安徽财经大学	教授、博士生导师	2005 年前
黄贤文	男	1952	安仁县	大学	广东湛江医院	主任医师	2005 年前
唐大寒	男	1953.09	安仁县	本科	中南大学湘雅二医院营养科	教授	2005 年前
何军生	男	1953.12	安仁县	本科	中国建筑材料工业协会	高级工程师	2005 年前
李大剑	男	1954.02	安仁县	大学	湖南省政协	一级编剧	2005 年前
罗甲生	男	1955.01	安仁县	本科	广州市建设资金管理办公室	总工程师	2005 年前
唐外星	男	1955.01	安仁县	博士	美国宾西法尼亚大学	教授	2005 年前
张恒	男	1955.05	安仁县	博士	美国康狄尼格大学	教授	1993 年
谭献民	男	1955.12	安仁县	博士	湖南师范大学	教授	1996 年
李大塘	男	1956.01	安仁县	本科	湖南科技大学化学化工学院	教授	2001 年

续表（五）

姓 名	性别	出生年月	籍 贯	学历	工作单位	职 称	评定时间
张扬珠	男	1956.03	安仁县	本科	湖南农业大学	教 授	2005年前
周一平	男	1956.08	安仁县	本科	湘南学院	主任医师	2000年
张超群	男	1956	安仁县	本科	福州市医科大学	教 授	2005年前
陈小平	男	1957.09	安仁县	本科	安仁县人民医院	主任医师	2005年
谢奇峰	男	1958.06	安仁县	博士	广东中山大学附属第三医院	主任医师	2005年前
谭远德	男	1958	安仁县	博士	广西桂林师范大学	教 授	2005年前
彭发吉	男	1959.03	安仁县	本科	郴州市第一人民医院	主任医师	2002年
陈光福	男	1959.09	安仁县	博士	深圳市第二人民医院儿科	主任医师	2005年前
唐细兰	女	1959.10	安仁县	本科	中山大学附属三医院	主任药师	2005年前
张汀汀	男	1959.11	安仁县	博士	加拿大WQVIRREL公司	高级程序员	2005年前
陈孝柏	男	1959.11	安仁县	本科	中国铁建总医院放射科	主任医师	2005年前
马正春	男	1960.01	安仁县	大学	湖南省第三工程有限公司工程部	高级工程师	2005年前
何矿林	男	1960.04	安仁县	本科	美国杜克大学	研究员	2005年前
刘向东	男	1960.05	安仁县	博士	新加坡制造技术研究院	高级研究员	2005年前
张文生	男	1962.03	安仁县	本科	安仁县人民医院	主任医师	2004年
黄南贵	男	1962.03	安仁县	研究生	中石化北京石油化工科学研究院	高级工程师	2005年前
李俊平	男	1962.11	安仁县	博士	中南大学数学科学与计算技术学院	教 授	2001年
何新闻	男	1963.07	安仁县	研究生	中南大学艺术学院	教 授	2005年前
黄桂发	男	1963.11	安仁县	本科	湖南华润电力鲤鱼江公司B厂	高级工程师	2005年前
徐文兵	男	1964	安仁县	本科	广东大亚湾核电站	高级工程师	2005年前
罗永华	男	1965.03	安仁县	本科	北京天纬油泵股份有限公司产品研究所	高级工程师	2005年前
侯清麟	男	1965.11	安仁县	博士	复旦大学	教 授	2005年前
彭华保	男	1966.06	安仁县	硕士	郴州市第一人民医院	主任医师	2005年
唐小松	男	1966.08	安仁县	博士	广东外语外贸大学外交学系	教 授	2004年

（六）1989—2005年外籍在郴州获正高级技术职称人员名录

姓 名	性别	出生年月	籍 贯	学历	工 作 单 位	职 称	评定时间
吴启箐	男	1946.03	湖南祁东	本科	安仁县人民医院	主任医师	1992年
张建文	男	1937.07	天津河北区	本科	郴州地区人民医院	主任医师	1992年

续表（六）

姓名	性别	出生年月	籍贯	学历	工作单位	职称	评定时间
罗宪敏	男	1933.05	湖南蓝山	本科	湘南学院	教授	1992年
余老佐	男	1938.01	江西南昌	本科	郴州地区人民医院	主任医师	1992年
曾连娣	女	1937.08	广东南海	本科	郴州地区人民医院	主任医师	1992年
张碧云	男	1930.03	湖南桃江	本科	郴州地区人民医院	主任医师	1992年
蒋啸云	男	1935.01	湖南益阳	本科	郴州地区人民医院	主任医师	1992年
郑碧璋	男	1934.08	湖南耒阳	本科	郴州地区人民医院	主任医师	1992年
蒋标	男	1933.09	湖南零陵	本科	郴州地区人民医院	主任医师	1993年
黄碧悟	女	1940.12	湖南湘潭	本科	郴州地区人民医院	主任医师	1993年
朱华雄	男	1938.12	湖南莲源	本科	郴州市立医院	主任医师	1993年
古平增	男	1937.01	广东梅州	本科	永兴县人民医院	主任医师	1993年
张诚	男	1944.08	湖南炎陵	本科	郴州市立医院	主任医师	1993年
徐慧中	女	1941.05	浙江嘉善	本科	资兴市人民医院	主任医师	1993年
杜用宽	女	1937.12	广东	本科	郴州地区传染病医院	主任医师	1994年
郭开冬	男	1948.11	江西	本科	郴州地区精神病医院	主任医师	1994年
黄绍清	男	1937.11	湖南耒阳	本科	郴州医专附属医院	主任医师	1994年
罗光汉	男	1938.08	湖南沅江	本科	郴州师范高等专科学校	教授	1994年
郭清江	男	1938.03	辽宁	本科	郴州地区人民医院	主任医师	1994年
杨向群	女	1941.11	湖南长沙	本科	郴州地区人民医院	主任医师	1994年
关吉云	男	1945.10	湖南蓝山	本科	郴州市第三人民医院	主任医师	1995.8
张凡鲜	男	1941.11	湖南湘乡	本科	郴州市中医院	主任医师	1995年
郭卫民	女	1952.12	江西省	大专	郴州市歌舞剧团	一级演员	1995年
杨毅生	男	1942.08	湖南衡阳	本科	桂东县人民医院	主任医师	1996年
谷梅荣	女	1942.12	湖南新田	中专	郴州市第一人民医院	主任护师	1996年
王炽冰	男	1945.10	湖南新田	本科	郴州市第三人民医院	主任医师	1997.9
冯志国	男	1947.11	湖南涟源	高中	郴州艺研所	一级编剧	1997年
王炽冰	男	1945.09	湖南新田	本科	郴州市第三人民医院	主任医师	1997年
刘功成	男	1951.01	湖南耒阳	大专	郴州市第一人民医院	主任医师	1998年
陈国忠	男	1945.09	福建龙岩	本科	永兴县人民医院	主任医师	1998年
熊波	男	1958.04	湖南道县	博士	郴州市第一人民医院	主任医师	1999年
陈亚光	男	1956.01	湖南长沙	本科	郴州市第一人民医院	主任医师	1999年
廖有祥	男	1957.04	湖南新田	本科	郴州医专附属医院	主任医师	1999年
李选发	男	1950.08	湖南耒阳	大专	桂阳县人民医院	主任医师	1999年
熊初利	女	1950.11	江西樟树	大专	宜章县中医院	主任医师	1999年
关章顺	男	1940.11	湖北京山	本科	郴州师范高等专科学校	教授	2000年

续表（六）

姓 名	性别	出生年月	籍 贯	学历	工 作 单 位	职 称	评定时间
聂志元	男	1944.01	湖南涟源	本科	郴州市第三人民医院	主任医师	2000 年
廖恒运	男	1951.09	湖南耒阳	本科	郴州市第一人民医院	主任医师	2000 年
武正清	男	1957.01	湖南湘潭	本科	郴州市第一人民医院	主任医师	2000 年
刘兼善	男	1943.04	湖南娄底	本科	永兴县人民医院	主任医师	2000 年
罗一民	男	1956.01	湖南湘潭	本科	郴州市第一人民医院	主任医师	2001 年
陈家玉	男	1954.01	湖南耒阳	本科	郴州医专附属医院	主任医师	2001 年
廖六生	男	1956.04	湖南耒阳	研究生	湘南学院	教 授	2001 年
邹亚超	男	1959.08	广东五华	本科	湘南学院	教 授	2001 年
焦国洪	男	1942.11	湖南长沙	本科	中共郴州市委党校	教 授	2001 年
唐凤鸣	男	1950.12	湖南衡阳	本科	湘南学院	教 授	2001 年
周新华（音乐）	男	1953.04	湖南耒阳	本科	湘南学院	教 授	2001 年
陈家玉	男	1954.10	湖南耒阳	本科	湘南学院	教 授	2001 年
周新华（体育）	男	1956.01	湖南平江	本科	湘南学院	教 授	2001 年
陈家玉	男	1954.01	湖南耒阳	本科	郴州医专	教 授	2002 年
邓作生	男	1949.08	湖南耒阳	本科	郴州市第一人民医院	主任医师	2002 年
黄仁彬	男	1962.08	湖南永州	本科	郴州市第一人民医院	主任医师	2002 年
吴 俊	男	1961.11	湖南永州	本科	郴州市第一人民医院	主任医师	2002 年
王彭龄	男	1954.12	辽宁沈阳	本科	湘南学院	主任医师	2002 年
陈安平	男	1962.08	湖南祁东	本科	郴州师范高等专科学校	教 授	2003 年
罗洪英	女	1955.12	湖南耒阳	本科	郴州医学高等专科学校	教 授	2003 年
廖有祥	男	1957.04	湖南新田	本科	郴州医学高等专科学校	教 授	2003 年
蒋家国	男	1953.09	湖南衡阳	本科	郴州师范高等专科学校	教 授	2003 年
刘剑萍	女	1958.01	湖南攸县	本科	郴州医学高等专科学校	主任医师	2003 年
陈安平	男	1962.08	湖南祁东	硕士	湘南学院	教 授	2003 年
刘剑萍	女	1958.10	湖南攸县	本科	湘南学院	主任医师	2003 年
蒋家国	男	1953.09	湖南衡阳	本科	湘南学院	教 授	2003 年
喻泽兰	女	1953.11	湖南宁乡	本科	湘南学院	教 授	2004 年
刘文奇	男	1961.09	湖南常德	硕士研究生	湘南学院	教 授	2004 年
李晓玲	女	1962.01	湖南衡阳	本科	湘南学院	主任医师	2004 年
郭皖北	男	1962.03	安徽利辛	本科	湘南学院	教 授	2004 年
王晓萍	女	1963.06	湖南石门	博士研究生	湘南学院	教 授	2004 年

续表（六）

姓名	性别	出生年月	籍贯	学历	工作单位	职称	评定时间
周和平	男	1951.10	湖南耒阳	本科	湘南学院	教授	2004年
李明	男	1953.01	湖南湘潭	本科	湘南学院	教授	2004年
高守平	男	1965.12	湖南醴县	博士研究生	湘南学院	教授	2004年
刘伦巾	男	1946.05	湖南衡阳	本科	北湖区重点业余体校	教授	2004.6
严国南	男	1952.12	江西清江	本科	郴州市第一人民医院	主任医师	2004年
支校衡	男	1956.06	山东济南	本科	郴州职业技术学院	教授	2004年
罗艳	女	1964.11	湖南新化	研究生	湖南省昆剧团	一级演员	2005年
石伟元	男	1964.01	湖南株洲	本科	郴州市第一人民医院	主任医师	2005年
李衍军	男	1962.09	辽宁大连	本科	郴州市第一人民医院	主任医师	2005年
陈艺	女	1964.02	河北唐山	本科	郴州市第一人民医院	主任医师	2005年
阳建军	男	1966.04	湖南邵阳	本科	郴州市第一人民医院	主任药师	2005年
傅艺萍	女	1964.08	湖南祁阳	中专	湖南省昆剧团	一级演员	2005年前
罗光汉	男	1938	湖南沅江	本科	湘南学院	教授	2005年前
关章顺	男	1940.08	湖北京山	本科	湘南学院	教授	2005年前
丁锡广	男	1937.07	江苏省	中专	湘南地质勘察院	高级工程师	2005年前

（七）1989—2005年郴州市（地区）享受国务院特殊津贴及地方专项津贴专家名录

姓名	批准时间	津贴类别	性别	出生年月	籍贯	所在单位	职称	从事专业
陈传孟	1992年	政府特殊津贴	男	—	—	郴州地区烟草专卖局	副总农艺师	烟草技术
李洪光	1993年	政府特殊津贴	男	1933	汝城县	汝城县科委	副研究员	动力学研究
袁伯霖	1994年	政府特殊津贴	男	1940.10	江苏省	资兴市文化馆	副研究馆员	文学创作
何国瑞	1991年	政府特殊津贴	男	1933.01	资兴市	湖北省武汉大学	教授	文学艺术
郭卫民	1993年	政府特殊津贴	女	1952.12	江西省	郴州市歌舞剧团	一级演员	表演艺术
钟拔阶	1991年	100元/月	男	1940	—	安仁县科技局	研究员	农业技术
首章北	1991年	100元/月	男	1934.10	—	郴州地区农校	高级农艺师	农业技术
杨名远	1991年	政府特殊津贴	男	1930.02	宜章县	华中农业大学	教授	经济管理
雷亚必	1992年	政府特殊津贴	男	1928.10	湖南祁东县	永兴县林业局	高级工程师	油茶研究
曹剑三	1993年	政府特殊津贴	男	1934.09	—	郴州地区建委	高级工程师	建筑工程
周观祥	1993年	政府特殊津贴	男	1937.04	—	郴州地区农业局	高级农艺师	农业技术
侯广钊	1994年	政府特殊津贴	男	1934.10	—	郴州地区面粉厂	高级工程师	粮食加工

续表（七）

姓　名	批准时间	津贴类别	性别	出生年月	籍　贯	所在单位	职　称	从事专业
曹向东	1993 年	政府特殊津贴	男	1951.02	—	郴州教育学院	副教授	教　育
王　凡	1993 年	政府特殊津贴	女	1946.01	—	郴州公路机械厂	高级工程师	机械工程
李言松	1993 年	政府特殊津贴	男	1940.10	—	郴州市科技局	工程师	机械工程
李汉英	1993 年	政府特殊津贴	男	1937.09	—	桂阳县农业局	高级农艺师	农业技术
雷亚必	1992 年	100 元 / 月	男	1940	祁东县	永兴县林业局	高级工程师	林业经济
刘昌孝	1992 年	政府特殊津贴	男	1942.05	永兴县	北京医药工业研究院	研究员、中国工程院院士	医药工业
刘英杰	1992 年	政府特殊津贴	男	1934.10	资兴市	中国科学院自动化研究所	研究员	自动化研究
王敬芳	1992 年	政府特殊津贴	男	1941.08	资兴市	湖北省武汉大学	教　授	空调物理
陈昭国	1993 年	政府特殊津贴	男	1945	永兴县	湖北工业大学	教授、博士生导师	物化教研
熊显南	1994 年	政府特殊津贴	男	1936.03	—	郴州种子公司	高级农业师	农业技术
王　智	1994 年	政府特殊津贴	男	1957.06	—	郴州地区柴油机厂	高级工程师	机械工程
杜用宽	1994 年	政府特殊津贴	女	1937.12	—	郴州地区传染病医院	主任医师	西医临床医学
蒋子凡	1993 年	100 元 / 月	男	1955.02	—	郴县科技局	高级工程师	机械工程
曹秀星	1994 年	政府特殊津贴	男	1938.03	永兴县	郴州地区人民医院	主任医师	西医临床医学
张建文	1994 年	政府特殊津贴	男	1937.07	—	郴州地区人民医院	主任医师	西医临床医学
陈万生	1993 年	政府特殊津贴	男	1937	—	郴州地区农科所	副研究员	农业技术
黄裕民	1992 年	政府特殊津贴	男	1940.02	—	郴州师范高等专科学校	教　授	数学教研
杨国兴	1994 年	政府特殊津贴	男	1936.11	—	郴州地区科委	副研究员	农业技术
吴代芳	1993 年	政府特殊津贴	男	1931.06	—	郴州师范高等专科学校	教　授	中文教研
罗宪敏	1992 年	政府特殊津贴	男	1933.05	—	郴州师范高等专科学校	教　授	中文教研
谷光荣	1993 年	政府特殊津贴	男	1951.11	永兴县	湖南师范大学	教　授	科技与经济
曹子丹	1993 年	政府特殊津贴	男	1929.05	永兴县	中国政法大学	教授、教研室主任	法　学
蒋子凡	1994 年	政府特殊津贴	男	1955	资兴市	苏仙区经委	高级工程师	机械工程
邓维琪	1994 年	政府特殊津贴	男	1939.07	苏仙区	苏仙区水电局	高级工程师	水电工程
周　萍	1994 年	政府特殊津贴	男	1934.10	—	郴州医学高等专科学校	主任医师	中　医

续表（七）

姓　名	批准时间	津贴类别	性别	出生年月	籍　贯	所在单位	职　称	从事专业
欧阳涛	1993年	政府特殊津贴	男	1939.09	桂阳县	郴州地区林业科学研究所	副研究员	林业科学
钟拔阶	1994年	政府特殊津贴	男	1940.02	安仁县	安仁县科技局	农艺师	农业技术
黄　耀	1995年	100元/月	男	1958	嘉禾县	郴州市高新技术开发中心	高级工程师	机械科研
谭　斌	1996年	政府特殊津贴	男	1942.08	资兴市	国家图书馆	常务副馆长	档案管理
杨辛牙	1996年	一次性5000元	男	1951	—	郴州市化工局	高级工程师	化工工程
张富光	1996年	一次性5000元	男	1957.03	—	湖南省昆剧团	一级演员	表演艺术
王抗援	1997年	一次性5000元	男	1950.01	—	郴州建工集团	高级工程师	机械工程
孙建湘	1998年	一次性5000元	男	1956.08	—	郴州化工集团	高级工程师	化工工程

（八）1993—2005年郴州市（地区）获省部级表彰见义勇为人员名录

姓　名	性别	籍　贯	工作单位	获奖时间	获奖名称	授奖单位
李荣京	女	宜章县	宜章县建设银行	1993	全国见义勇为先进分子	中共中央宣传部、公安部
陈靖社	男	永兴县	永兴县塘门口镇关王村	1994	全省见义勇为先进分子	湖南省社会治安综合治理委员会
刘绍焜	男	永兴县	永兴县高亭乡	1995	全省见义勇为先进分子	湖南省社会治安综合治理委员会
陈世华	男	安仁县	安仁县龙市乡纪委	1995	全国见义勇为先进分子	中共中央宣传部、公安部
黄建光	男	资兴市	资兴市矿务局唐洞煤矿	1995	全国见义勇为先进分子	中共中央宣传部、公安部
王得春	男	宜章县	宜章县梅田镇竹坪联村	1996	全国见义勇为先进分子	中共中央宣传部、公安部
吴美荣	男	安仁县	安仁县牌楼乡谢古村	1998	全国见义勇为先进分子	中共中央宣传部、公安部
唐金春（十级伤残）	男	临武县	临武县花塘乡炮金山村	1998	全省见义勇为先进分子	湖南省社会治安综合治理委员会
邓佑义	男	桂阳县	桂阳县雷坪乡上岗村	1999	全省见义勇为先进分子	湖南省综治委、省人事厅、省见义勇为基金会
肖贵新	男	苏仙区	苏仙区荷叶坪乡兰王庙村	1999	全省见义勇为先进分子	湖南省社会治安综合治理委员会
苏　明	男	—	107国道管理处	2001	全国见义勇为先进分子	中共中央宣传部、公安部
李清平	男	耒阳市	郴州市人民政府办公室	2001	全省见义勇为先进分子	湖南省社会治安综合治理委员会
李永明	男	资兴市	资兴市黄草镇金腊村	2003	全省见义勇为先进分子	湖南省社会治安综合治理委员会
朱雄文	男	资兴市	资兴市黄草镇丰林村	2003	全省见义勇为先进分子	湖南省社会治安综合治理委员会

郴州市志（1989—2005）

附录

一、文献选辑

中华人民共和国国务院《关于同意湖南省撤销郴州地区设立地级郴州市的批复》

国函〔1994〕136号

湖南省人民政府：

你省《关于撤销郴州地区设立郴州地级市的请示》（湘政〔1993〕26号）和有关补充报告收悉。现批复如下：

一、同意撤销郴州地区、县级郴州市和郴县，设立郴州市（地级）。市人民政府驻新设立的北湖区人民东路。

二、郴州市新设北湖区和苏仙区。

北湖区辖原郴州市的人民路、北湖、下湄桥3个街道办事处和郴江、市郊、安和3个乡，原郴县的华塘镇和鲁塘、同和、保和、小溪、南溪、芙蓉、大塘、月峰、永春、江口10个乡。区人民政府驻人民西路。

苏仙区辖原郴州市的苏仙、南塔2个街道办事处和许家洞镇，原郴县的栖凤渡、白露塘、桥口、良田4个镇和五里牌、马头岭、塘溪、大奎上、坳上、廖家湾、岗脚、邓家塘、太坪、荷叶坪、廖王坪11个乡。区人民政府驻橘井路。

三、郴州市辖原郴州地区的桂阳县、宜章县、永兴县、嘉禾县、临武县、汝城县、桂东县、安仁县和新设立的北湖区、苏仙区。原郴州地区的资兴市由省直辖。

中华人民共和国国务院

一九九四年十二月十七日

中共郴州市委 郴州市人民政府《关于进一步扩大对外开放加快发展外向型经济的决定》

（1995年6月30日）

为贯彻落实省委、省政府郴州现场办公会议和市委一届一次全体（扩大）会议精神，全面实施开放兴郴战略，进一步扩大对外开放，加快发展外向型经济，促进我市经济快速、持续、健康发展，特作如下决定。

一、增强扩大开放发展外向型经济的紧迫感

党的十一届三中全会以来，我市对外开放和利用外资、出口创汇工作取得了很大成绩，在国内外的知名度逐步提高，为今后在更大范围走上国际经济舞台奠定了基础。但是，也应该看到，我市与沿海地区和周边地市相比还有很大差距，与省委、省政府的要求还很不相适应，与所拥有的区位优势、资源优势还很不相称。从现在起到本世纪末，是我市建设社会主义现代化开放城市打基础的关键时期，我们既面临挑战和考验，又面临发展的大好时机。实践证明，大开放大发展，小开放小发展，不开放就难发展。今后五年要实现郴州经济的全面振兴，取得建设现代化开放城市的重大进展，必须在扩大对外开放、发展外向型经济上有一个大的突破。我们要进一步解放思想，转变观念，统一行动，形成合力，紧紧抓住当前世界经济结构调整和沿海地区外商投资企业大量内移的历史性机遇，确立“无外不快，无外不活，无外不富”的指导思想，坚定不移地全面实施开放兴郴战略，不失时机地把经济发展的立足点由内向型转向内外双向型，以外向型为主的轨道，更大胆、更积极地利用国际市场，参与国际经济大循环。全市上下要破除内陆意识和因循守旧、安于现状、无所作为的观念，树立不开放就会落后，就没有出路的危机感，增强以开放求发展的紧迫感，提高全民开放意识和外向型经济意识，坚持以“三个有利于”为标准，把眼光放远、胆子放大、思想放宽，在更大规模和更深的程度上实行全方位对外开放，加大发展外向型经济的力度，使我市经济建设和社会事业跃上一个新台阶。

二、明确扩大开放发展外向型经济的主要目标

今后五年，我市扩大开放、发展外向型经济的基本要求是，进一步向世界敞开大门，全方位、多元化地扩大对外经济技术合作和对外贸易，更加广泛地参与国际交换和国际竞争，把经济发展的立足点转向以外向型为主，形成“立足粤港，面向世界，全面开放，重点突破，整体推进，加快发展”的新格局，在建设社会主义现代化开放城市的进程中取得显著成效。主要目标：外经外贸的增长幅度高于全省平均水平，到本世纪末，全市外贸收购总值达到10亿元以上，自营出口创汇达到2亿美元以上，实际利用外资累计达到5亿美元以上，年均递增分别为22%、45%和68%；利用外资和出口创汇对经济发展的加速作用不断扩大，全市外贸收购总值占国民生产总值的比重和外商投资企业出口创汇占出口创汇总额的比重，分别从1994年的4.4%、18%提高到2000年的20%、50%以上；50%左右的工业行业经过大面积外资改造，20%以上的工业企业成为嫁接式企业，吸引一批国际国内的大财团、大企业到郴州来投资合作，建成一批规模经营、高创汇、效益好的项目；外商投资企业累计达到300家以上，年创汇200万美元以上的出口产品达到20个以上，100%的县（市）区、100%的行业、30%的乡镇办有外商投资企业和创汇企业；力争有一批有实力的企业、有竞争力的产品参与国际市场竞争；对外经济技术合作、对外贸易总体规模和水平进入全省先进行列，湖南“南大门”的作用得到充分发挥；对外开放的良好环境随之形成，按国际惯例办事的运行机制逐步建立，以国际市场为导向、有一定竞争力的外向型经济体系初步确立起来。

三、确定扩大开放开展外向型经济的重点领域

按照“拓宽领域、突出重点、引导投向、优化结构”的方针，坚持多种经济成份一齐上，大中小项目一齐上，一、二、三产业一齐上，外贸与外经一齐上，促进全市对外经济贸易上规模、上水平、上效益。

实施“百家工业企业引资嫁接计划”，大面积改造老企业。从能源、建材、有色金属、食品烟草、化工、机械电子等工业支柱行业，选择100家企业（含乡镇企业）进行重点扶植，向外招商引资，嫁接改造。可以采取整体嫁接、单项嫁接、一厂多制、授权代营、产权出让等多种形式，引进国外资金、技术、设备，加速老企业改造，大力发展高附加值、高技术含量、高出口创汇、高市场占有率产品，使一大批工业企业以新的面貌进入国际市场。计划“九五”期间，全市出口创汇过1000万美元的企业达到5至10家，过500万美元至1000万美元的企业达到15家左右，并争取办成一、两个出口创汇过3000万美元的大企业。

充分挖掘农业对外开放的潜力，加快发展外向型农业。鼓励外商投资开发丘岗山地、红壤和水面，建设农业商品基地，发展林牧业和农产品加工。重点扶植粮食、林果、渔业、菜篮子四大招商引资工程。粮食引资着重改造中、低产田，建设吨粮田，兴修和完善农业基础设施；林果引资着重大面积改造低产茶园、果园、竹林，大力发展名、特、优、稀果树和杉、松、优良油茶；渔业引资着重发展拦网、网箱、池塘、稻田养鱼；菜篮子引资着重利用外资引进新品种、新技术，开发禽、畜、蛋、菜、食用菌生产，提高加工、保鲜、储藏技术。要通过引进外资大力发展名、优、特农产品和加工系列产品，促进商品生产基地的建设，创出一批国际市场竞争力强的名牌农产品。

加快乡镇企业对外开放，促进更多的乡镇企业走向国际市场。在铁路、公路沿线一带，选择有条件的重点乡镇、村和骨干乡镇企业，进行规划扶植，开展招商引资和对外贸易，带动更多的乡镇企业走向国际市场，尽快形成一批各具特色的外向型经济乡镇、企业群和工业小区，使之成为对外开放的生力军。

依靠对外开放和外向型经济，大力发展第三产业。重点鼓励外商投资开发旅游业，特别要突出五盖山国际狩猎场、东江湖、汝城温泉、莽山森林公园等旅游景点的开放开发，发展旅游创汇；按照国家有关规定，积极试办中外合营的租赁、广告、信息、工程设计、会计事务所等；大力发展劳务输出，积极创造条件进入国际市场承包工程；大胆进行外商投资商业批发零售、服务贸易等领域的试点；积极利用外资高起点、高标准进行房地产开发，兴建大型综合商场和商业大厦。

加大基础设施和基础产业利用外资的力度。鼓励外商参与电力、高速（高等级）公路、地方铁路、旧城改造、水库等重大项目的建设与开发，尽快形成一批大的利用外资项目。凡兴办基础设施和基础产业项目，根据有关规定给予政策优惠，以及允许外商采用综合补偿的办法，有限期租用公路、铁路规划范围内的土地使用权，用于建设配套设施，经营第三产业。并可对重大项目实施BOT（即投资——经营——收回）试点。要以“八五”计划续建和列入“九五”计划的重点项目为主，广泛招商引资寻求合作伙伴。

在重点领域招商引资，要积极推进成片开发。如外商独资从事基础设施大规模开发的模式，实行住宅小区、工业园区、商业区等各种专项划片开发模式，按五统一（统一征地、统一规划、统一开发、统一出让、统一管理）自筹资金开发模式，地方政府出地，客商（包括金融单位）出资合作开发共同分利的模式，公开拍卖土地、招商引进开发的模式和其他一切有利于开发建设的方式等，

都可以从实际出发，大胆运用。在稳定现有外商客户和办好现有外商投资企业的基础上，下决心引进一批大客商、大财团，办成几个大项目，形成集中连片开发的大气候。

无论农业、工业、乡镇企业还是第三产业，都要积极实施对外经济贸易多元化战略和出口产品结构优化战略。要完善外贸经营体系，优化外贸企业组织形式，加强企业集团或股份联营公司的组建工作。要抓紧落实申报企业进出口权的工作，尽快增加一批有条件的企业实行自营出口，扩大对外贸易。要积极推行符合国际标准系列的质量保证体系，不断提高出口商品质量和竞争力。在巩固老客户、传统市场的基础上，开拓远洋市场，更多地进入高价市场，形成一个多元化的对外贸易网络。

四、把开发区作为扩大开放发展外向型经济的试验区和示范区

要从指导思想到实际工作把省批六个经济技术开发区建设摆在重要位置，落实过硬措施，使之真正办成改革开放试验区和外向型经济示范区。

市、县（市）区各有关方面要从资金、物资、政策上支持开发区的发展。对开发区实行“小机构、大服务”的管理体制，并赋以某些县级管理权限。用好用足用活省给开发区的优惠政策，大量吸引国内外资金与技术，发展以加工出口为主的产业。对能进开发区的项目，要尽量安排进入开发区，以尽快形成一批支柱产业、特色产业和拳头产品。鼓励市、县（市）区各部门、各单位和各企业到开发区投资办厂，设立“窗口”。资兴东江、宜章南京洞、汝城三江口、市区城前岭开发区，已经省同意设立对外加工装配基地，要抓紧报批，办出成效、办出特色。

强化内部管理，启动内部活力，高起点、高标准建设好开发区。在开发区内率先建立社会主义市场经济体制，加速与国际惯例接轨，尽快形成外向型经济运行机制。开发区的领导体制、办事规则、劳动用工、企业管理等各项改革，都要走在全市的前头。

五、完善扩大开放发展外向型经济的各项政策

根据省委省政府郴州现场办公会议精神，制订和出台各项具体政策措施，以充分调动各方面扩大开放、发展外向型经济的积极性。

建立发展外经外贸的激励机制。对招商引资、出口创汇做出显著成绩的单位和个人，按同实绩和效益挂钩的原则给予奖励。招商引资按实际外资到位额的 0.1%~2%，补偿贸易按实际利用外资额的 0.2%，来料、来样加工和来件装配按实得工缴费的 1% 左右，进料加工按加工费的 1% 左右，一次性奖给引荐有功人员。对外经外贸抓得好的县（市）区、部门和单位，每年由市政府给予表彰奖励。国有、集体企业的厂长、经理，在与外商合资合作企业兼职、且企业经营好的，可就高一头享受工资待遇。把发展外经外贸的工作业绩，列为各级各部门特别是外经贸系统干部和职工考核、奖惩和晋升的重要依据，对业绩突出的干部提拔重用，对业绩突出的工人优先给予转干。对外商投资企业的中方代表，在出国考察、去香港往返证件、工作用车等方面适当放宽限制。鼓励和支持外经贸系统兴办经济实体，以增强自身实力和活力。

实行筹措配套资金优惠政策。各金融单位要大胆引进资金，特别是专业银行要发挥主渠道作用，每年要筹措 1 亿元以上的资金，作为外商投资项目配套资金和外商投资企业、外贸企业流动资金。地方政府按每个新增开工项目所筹措资金的一定比例，奖给引进资金有贡献的人员。计划规模内的引进资金按 1.0‰~2‰的比例提奖，计划规模外的引进资金按 2‰~2.5‰的比例提奖，项目完工时

一次性奖给。市、县（市）区要从当年的财政周转金、向外商出让土地使用权的出让收入、向外商拍卖国有中小型企业的拍卖收入和技术改造专项资金中，集中一部分资金，用于招商引资的配套资金。建立外经外贸发展基金，每年从市财政收入增长部分中提取5%作为基金主要来源，连续提取三年，由财政专项管理，有偿投入使用，支持重点外商投资企业和外贸企业。从1995年到1998年，外贸企业上交的所得税中，每年按5%左右的比例提取集中，建立出口风险基金。

完善外商投资土地政策。向外商投资企业出让的土地，给予优于沿海地区的地价政策，特别是对外商投资的能对郴州经济发展起长效作用的重大项目，要敢于让利。按照国家有关规定，对外商投资兴建的产品企业和先进技术企业给予特别优惠的基础上，其土地开发费和综合费按规定标准再优惠20%；其他外商投资项目优惠10%。抓紧制定分级基准地价，引入竞争机制和差别优惠办法，把土地推向市场，在全市范围内和外商中进行土地使用权的公开拍卖。

用好用活过渡试验区的各项政策，鼓励和支持大胆试验，为全省改革开放探路。对上面已经明确肯定的政策放手用好，原则同意的政策放心用好，不便再放宽的政策最大限度用好。积极探索有利改革开放和经济发展的新的政策，特别要大胆采用广东沿海地区成功的政策，用足用好。实行优惠政策，积极引导、推动，努力扩大南下人员向家乡回流，带回资金、技术、人才、信息，促进本地经济发展。市一级政府出台的政策，应作为检查、审计的依据。抓紧湖南对郴州市保税仓库经营公司的组建工作，使保税业务尽快开展起来。

六、创造一个扩大开放发展外向型经济的良好环境

切实加强基础设施建设，努力改善电力、交通、通讯、供水和涉外服务机构等硬环境的同时，要下大力气改善招商引资的软环境，努力为外商创造一个“方便、有利、安全”的宽松环境。

强化全民开放意识。通过广泛的宣传、教育，使全市人民树立“人人都是投资环境，个个代表郴州形象”的观念。适应进一步扩大对外开放的要求，提高郴州全体人民的素质，强化适应市场经济的竞争观念、效益观念、信息观念、信誉观念。教育公民学会与外商打交道，做到遵纪守法，讲究文明礼貌，树立良好的对外形象。

规范收费和检查，由市物价局牵头，市财政局、市外经贸委配合，在对全市所有外商投资企业行政事业性收费进行清理的基础上，建立外商投资企业收费卡制度。对外商投资企业收费实行让利优惠的原则，并坚决禁止乱收费、乱罚款、乱摊派和其他“吃、拿、卡、要”行为。确属必要的检查，须持市、县有关部门签发的介绍信，经外资主管部门同意办理检查许可手续后，方可进行。没有许可证件的检查，没有在收费卡上列入的收费项目，外商投资企业有权抵制和拒付。要强化监督约束机制，每年对收费单位和检查单位的执法行为，进行一次全面检查，发现问题，及时查处。

保护外商投资企业合法权益。外商投资企业较集中或规模较大的外商投资企业所在地，要作为社会治安综合治理的重点，加强安全防范工作。对外商举报的治安案件，要及时查处。对违反涉外法规条例、随意干预外商投资企业内部事务的，企业可依法提出行政诉讼。外商在郴州境内的活动，在遵守国家法律法规的前提下，不得随意干预，如确需查询，必须经过当地党政领导同意才能进行。司法部门处理涉外案件，应严格履行法律程序。执法人员介入涉外纠纷，应依法办事，文明执法，未经批准，不得随意传讯外商或查抄外商投资企业。

按国际惯例逐步建立外经外贸发展需要的经营管理机制。要转变旧的管理观念，树立新的服务意识，为发展外经外贸开绿灯。要实行“一条龙”办公、“一站式”服务，减少层次，简化手续，

提高效率，优先审批，优质服务。要制定一系列适应市场经济需要、与国际惯例接轨、方便外商的办事程序和规章。

营造整体开放环境。各级各部门要通力协作，密切配合，相互支持，形成合力。全市各个方面各项工作都要围绕开放来进行，都为开放事业服务。计划、外经贸、招商等部门要切实负起发展外向型经济的组织协调工作。经济综合和行业管理部门都要把发展外向型经济纳入本部门的重要内容。海关、商检、工商、财政、税务、物价、审计、统计、外汇等管理部门，要进一步转变工作作风，既要把好关，更要服好务。纪检、政法部门要尽快制定保护外商投资和合法权益的具体办法，主动为发展外向型经济保驾护航。组织、人事部门要认真选配好涉外部门的领导班子和干部，并把支持和服务发展外向型经济的情况，作为对干部考核、奖惩和晋升的重要依据。外事、统战部门要扩大与海外各界的联系，为发展外向型经济牵线搭桥。新闻舆论部门要加大对外宣传的力度，让世界更多的了解郴州。

建立健全为外商投资企业排忧解难的多种服务组织。逐步建立外商投资企业协会、涉外宾馆协会、外商投资企业投诉协调中心、涉外律师事务所、涉外会计师事务所等，更好地为外商投资企业提供优质服务。

七、努力培养造就一支适应扩大开放发展外向型经济需要的人才队伍

要加强现有人才的涉外知识、法规政策培训，强化职工教育，重点抓好外语、财务会计、工程技术、国际营销、国际金融、国际条法等方面人才的培养，造就一支思想好、事业心强、精明能干、通晓业务、懂外语的对外经济贸易技术干部队伍。打破行业、地区界限，建立社会招聘录用制度，公开考试选拔涉外人才。抓紧市内学非所用外经外贸人才的归队工作，充分发挥现有人才的作用。制定优惠政策，努力吸引外经贸专业毕业的郴州籍大学生回郴州工作，大力引进国内外经贸人才到郴州工作。定期选送科级以上干部及外经贸系统干部到外向型经济发达的沿海地区跟班学习，在实践中培养人才。境外海外企业可以直接招聘、录用当地留学人员和华侨中的专门人才作为常驻人员，鼓励聘用外籍雇员。建立工贸干部双向交流制度，优化人员结构，提高干部素质和经营管理水平。对在发展外向型经济中有突出贡献的人员，实行重奖。

八、切实加强对扩大开放发展外向型经济的领导

各级党委、政府要强化开放意识，进一步解放思想，拓宽思路，敢于创新，大胆实践，改进作风，提高驾驭对外开放的能力。要把发展外向型经济作为全面振兴郴州经济、提前实现第二步战略目标的战略任务来抓。市委常委每半年召开一次常委会，市政府每季度安排一次常务会议，听取汇报，研究解决一些重大问题；外经贸行政主管部门每月召开一次调度会，研究、检查有关政策和工作落实情况；各县（市）区党政领导要定期讨论对外开放工作；党政一把手要亲自抓招商引资和外向型经济，县、乡政府都要有一名领导分管外经贸工作。进一步理顺领导管理体制，市里成立由党政主要领导参加的外经贸工作领导小组，并组建招商局，负责全市招商引资工作的规划、指导、综合、协调和服务；各县（市）区都要成立相应的外经外贸领导小组，保留外贸局，并成立外贸公司。切实做好引进外资项目前期准备工作和基础工作，编制全市外向型经济的总体发展规划，建立利用外资项目库，在沿海地区或境外海外建立招商代理网络。加强对发展外向型经济的宏观协调，提高外

资项目的资金到位率、开业投产率、出口创汇率和利税效益水平。市、县（市）区两级财政要安排经费预算，支持外经外贸的发展。建立各级党政和有关部门领导的外资项目责任制，每人联系1~2个重点项目，实行跟踪落实，全程协调指导。外经贸系统要把招商引资、出口创汇的指标量化到人、考核到人。各级领导应经常深入外商投资企业，及时帮助解决基建、生产、经营和管理中遇到的实际问题。每年要有计划的在境外、沿海或市内组织1至2次重大的招商引资活动，以加快外向型经济的发展。

中共郴州市委 郴州市人民政府《关于进一步加快发展个体私营经济的决定》

（1997年12月1日）

为了进一步加快我市个体私营经济发展步伐，促进整个经济再上台阶，根据中央和省有关规定，结合我市实际，特作如下决定：

一、解放思想，提高认识，明确个体私营经济的发展方向和目标

1. 转变观念，充分认识个体私营经济的重要地位和作用。党的十五大明确提出："非公有制经济是我国社会主义市场经济的重要组成部分。对个体、私营等非公有制经济要继续鼓励、引导，使之健康发展。"这是所有制理论上的重大突破，必将带动个体私营经济的快速发展。实践证明，个体私营经济的发展，对于促进社会生产，调整产业结构，繁荣城乡市场；扩大劳动就业，方便人民生活，增加财政收入，保持社会稳定等方面都具有十分重要的作用。全市各级各部门必须深刻领会党的十五大精神，从发展和完善社会主义市场经济的战略高度，真正把发展个体私营经济作为振兴郴州的战略重点来抓，坚决克服轻视、歧视、限制个体私营经济发展的旧观念，进一步解放思想，统一认识，放心、放胆、放手发展个体私营经济。

2. 正视我市个体私营经济发展的现状和差距。改革开放以来，特别是近几年来，我市个体私营经济有了长足的发展，但从总体上看，个体私营经济仍然是总量少、规模小、速度慢、水平低，还处于起步阶段。要进一步加快发展步伐，全市各级各部门必须在政策上给予扶持，在经营上加强引导，在服务上提供方便，为个体私营经济的发展创造良好的环境。

3. 明确指导思想和发展目标。加快个体私营经济发展，必须以邓小平理论和党的十五大精神为指导，以"三个有利于"为标准，抢抓机遇，放手发展。"九五"期间，全市个体私营经济的户数、人数、产值、税收等主要指标要以每年15%以上的速度增长。同时，要培育一批资产过1000万元，产值过5000万元的私营企业大户。

4. 发展个体私营经济要从我市实际出发，做到"三个结合一个并重"。即与国有企业改革相结合，与小城镇建设相结合，与农业产业化发展相结合，坚持速度与效益并重。要重点引导个体私营经济向生产型、科技型、外向型方向发展，促进其上规模、上档次、上水平。

二、放宽政策，优化服务，创造个体私营经济发展的宽松环境

5．继续实行“四个放宽”和“四个不限制”。除国家法律、法规明令禁止个体私营企业经营的行业和商品外，全部放开。放宽登记条件、经营范围、经营地域和从业人员；不限制性质、比例、规模和速度。

简化办理证照手续。凡申请从事个体私营经营的，除国家法律、法规规定实行专项审批或许可证的以外，只凭居民身份证和计划生育证即可核发营业执照；其他部门自行规定的审批手续及许可证一律不作登记发照的前置条件。对种养业加工和边远贫困地区要“放水养鱼”，实行“先发展后规范，边发展边规范，先见效后收费”的政策；凡个人或多人投资兴办种养业收入占年收入60%以上的，可登记注册发照，并根据实际情况适度减免有关登记费和管理费，有的只登记，不发照，不收费，待条件成熟后再办理营业执照。

6．要充分发挥我市矿产资源优势，走深加工、精产出、远销售的路子，允许个体私营企业经有关部门批准后从事除国家法律、法规明文禁止的矿种外的矿产品经营；充分发挥我市农业资源优势，大力发展个体私营种养业和农产品加工业以及名优产品，提高农副产品的商品率和附加值；充分发挥我市的区位优势，鼓励发展深购远销，增强城市的辐射功能。

7. 鼓励个体私营企业参与国有、集体企业改革。个体私营企业可以承包、租赁、兼办和购买国有、集体企业。支持个体私营企业与国有、集体企业开展参股、合作等多种形式的联合。支持个体私营企业与外商及港、澳、台商兴办合资、合作企业。

8．积极为个体私营经济的发展创造条件。个体私营企业因生产经营需要用地、用水、用电的，有关部门要及时帮助解决，在资金、人才、技术、信息、能源等方面提供有效保证。金融部门每年都要安排一定规模的资金，对个体私营企业给予贷款支持，在开户、结算等方面提供方便。教育部门要为个体私营企业主及从业人员的子女入托、入学提供方便。其它各职能部门都要切实履行职责，搞好服务，密切配合，形成推动个体私营经济发展的强劲合力。

9．国家出台的扶持个体私营经济发展的税收优惠政策，要认真贯彻落实。私营业主将税后利润用于发展生产和扩大经营的部份，免征个人所得税。在农村的工农业生产建设投资项目（县城以下）固定资产投资方向调节税，可适用零税率。

对大型市场的各种税费可试行“一家统收，划入财政专户，按户分拨”的办法收取。对私营企业及有一定规模的个体工商户，在税收上要引导其加强核算，规范建帐，按实征收；对规模较小的个体户可采用一年一定，全年不变的办法征收，做到不漏征、不重复征收。

10．对个体私营企业的产品或科研成果，有关部门要及时给予鉴定，合格者应发给证书。对从业人员的专业技术职称的评定、晋升，由有关部门按政策规定予以评审，符合条件的，应为其评定专业技术职称任职资格。

11．鼓励个体私营企业通过与有外贸进出口权的企业联营、委托代理等方式开展外贸业务，具备条件的可以申请外贸进出口权。个体私营企业人员因业务需要出国（出境），可由本人提出申请，市工商联、市个私协审核提出意见，报市外事和公安部门审批办理出国（出境）手续。

12．积极鼓励下岗人员从事个体经营。凡困难企业的困难职工和企业下岗职工申请从事个体经营的，可凭解困办核发的“困难职工证”和“下岗职工证”，到有关职能部门优惠办理登记手续，其工商管理费、治安管理费、经营占道费等有关费用第一年均减半征收。

下岗人员从事个体经营和到个体私营企业工作的，保持原身份不变，企业好转后，仍可回原单位工作，按规定及时、足额交纳了养老保险金的，可连续计算工龄。

三、规范管理，加强监督，维护个体工商户和私营企业的合法权益

13. 个体私营企业的营业执照是生产经营的合法凭证，除工商行政管理机关可依照法定程序收缴或吊销外，其他任何单位和个人都不得擅自扣押或收缴。

14. 实行个体私营企业“税外费负担卡”制度，坚决制止“三乱”。除中央和省规定的收费项目外，其他收费一律取消。个体私营业主只承担卡内规定应交的有关税外费，对不按卡征收或收费不开具合法票据的，个体私营业主有权拒绝缴纳。1996 年 1 月市物价局、财政局、工商局建立的个体工商户私营企业“收费登记卡”制度继续执行。

加强执法监督。各级“个私办”应公开设立举报电话，对滥用职权任意向个体私营企业索、拿、卡、要者，要严肃处理。触犯刑律的，要依法追究其刑事责任。要教育引导个体私营企业增强法制观念和纳税意识，提高依法经营和自我保护能力，自觉抵制“三乱”行为。对规模大、效益好、贡献突出的个体私营企业大户，有关部门可进行挂牌保护。

15. 个体私营企业主在生产经营中发生经济纠纷或人身财产受到不法侵害时，公安、司法等有关部门要及时受理，依法保护。但对制假贩假、欺行霸市等不法行为，要严厉打击，规范管理。

16. 规范行政执法行为。行政执法人员对个体私营企业实施检查时，应严格依照法定程序进行，确保行政执法的公正性和准确性，禁止随意处罚或滥施处罚，不得随意到个体私营企业中抽查商品，收取有关费用，违者，依法追究有关人员的责任。

四、加强领导，建立激励机制，推动个体私营经济快速健康发展

17. 各级党委、政府要把发展个体私营经济列入重要议事日程，成立领导小组。市委、市政府设立“个体私营经济领导小组办公室”，挂靠市工商局，“个私办”要调整充实专职人员，切实抓好全市个体私营经济的规划指导和宏观管理，担负起协调服务、督查综合职能。各县（市、区）也要有相应的工作机构和专职人员，并严格实行目标责任制，把发展个体私营经济作为考核各级党政领导班子政绩的重要内容，每年全市进行一次检查评比和总结表彰。

18. 各县（市、区）政府可在个体私营经济税收中提取 5‰作为发展个体私营经济奖励基金，奖励发展工作成绩突出的单位、个人，贡献大的个体工商户和私营企业。

对合法经营，照章纳税，且年纳税 20 万元以上者，除了给予相应物质奖励外，可评选为市、县“优秀企业家”；对贡献突出，表现特别优秀的可申报为市、省和国家劳动模范，还可推荐为各级人大代表、政协委员。

19. 新闻舆论部门要把握好舆论导向，加强对个体私营企业的正面报道，大力宣传先进人物和先进典型，同时对有损于个体私营经济发展的行为加强舆论监督。营造一种有利于个体私营经济快速、健康发展的良好氛围。

中共郴州市委 郴州市人民政府《关于发展旅游支柱产业 创建中国优秀旅游城市的决定》

（1999年7月20日）

为了加快发展我市旅游业，尽快将我市丰富的旅游资源优势转化为经济优势，带动郴州经济全面发展，把我市建设成为中国优秀旅游城市和社会主义现代化开放城市，根据湘发〔1998〕11号文件精神，结合郴州实际，特作如下决定。

一、提高认识，增强发展旅游支柱产业的紧迫感和责任感

旅游业是全球新兴的朝阳产业，是扩大第三产业、促进经济结构调整的最佳选择；是带动相关产业和区域经济发展的强大动力；是脱贫致富和解决就业问题的有效途径；是实施“开放兴郴”战略的必然要求。同时，旅游业又是“窗口”行业、“形象工程”，是建设社会主义精神文明的重要阵地。旅游活动能使人们增长知识，陶冶情操，增进友谊，提高文化和道德修养，增强爱国主义精神。

我市旅游资源十分丰富，是湖南首批历史文化名城之一。现有义帝陵、三绝碑、唐家大屋、湘南年关暴动旧址、桂阳东塔、永兴观音岩等一批国家和省级历史文物保护单位；有五盖山、东江湖、莽山、飞天山、仰天湖、苏仙岭、万华岩等一批国家级森林公园、国家和省级自然保护区、风景名胜区、旅游度假区以及狩猎、漂流等专项旅游项目。我市是湖南改革开放的“南大门”，毗邻粤港澳台和东南亚地区，客源市场广阔。京广铁路、107国道、京珠高速公路贯通全市，交通便捷。具有创建中国优秀旅游城市的基础和有利条件，更有发展旅游支柱产业的巨大潜力。各级党委、政府和有关部门要从我市经济和社会长远发展的战略高度，充分认识旅游业在我市国民经济和社会发展中的重要地位和作用，把发展旅游业作为我市经济发展和对外开放的切入点、国民经济的新的支柱产业、第三产业的龙头产业、提高人民生活水平和脱贫致富的高效产业来培育和发展。围绕发展旅游支柱产业，创建中国优秀旅游城市的工作目标，把旅游业发展纳入国民经济和社会发展的总体计划，从组织领导、产业政策、资金投入、工作部署等各方面，全面扶持旅游支柱产业发展。

市委、市政府成立市发展旅游支柱产业领导小组。由市委书记李大伦、市长龙定鼎任顾问；市委副书记周政坤任组长；市委常委、常务副市长宋甲武，市人大副主任罗相朝，市政府副市长李新泉，市政协副主席李清生，市政协副主席、市旅游局局长潘碧灵任副组长。负责对全市旅游业发展的组织领导，协调解决旅游产业建设和发展中的重大问题，研究制订《关于我市创建中国优秀旅游城市的总体方案》和《郴州市旅游发展规划编制工作方案》。各县（市、区）也要结合本地实际，建立健全旅游管理机构，加强对旅游业的领导，积极配合开展创建中国优秀旅游城市的活动，发挥旅游业在我市国民经济中的主导地位和作用。

二、明确思路，突出特色，科学合理地规划和开发旅游资源

我市旅游业发展的总体思路是：以加快旅游资源优势向经济优势转化，把我市建成中国优秀旅

游城市和粤港澳“后花园”为目标，以资源、区位优势为依托，以市场为导向，以效益为中心，以科技为动力，坚持政府主导和重点带动，实施精品战略与可持续发展战略，强化行业管理，狠抓市场促销，不断提高旅游业的社会、经济、环境效益，突出专项旅游特色，结合创建国家级卫生城市活动，力争用3~5年时间把我市建设成为融自然风光与历史文化、民族文化、宗教文化于一体的中国优秀旅游城市。

2000年至2010年，我市旅游业发展的战略目标是：全市旅游综合收入占全市国内生产总值(GDP)的比重，前3年达到6%，后7年达到12%以上。

由市计委和市旅游局牵头，建设和规划部门配合，会同有关部门制定全市旅游产业十年发展计划和建设规划。计划和建设规划要坚持科学性和实用性相统一，微观活力和宏观调控相统一，旅游总量增长和优化结构相统一，旅游资源保护和开发利用相统一的原则，分步实施，做到切实可行。全市旅游业发展总体规划经市人大常委会通过后，付诸实施。各县(市、区)、各有关单位和旅游景区、旅游企业必须在全市旅游业发展总体规划的指导下，结合实际，编制详细规划。

旅游景区景点的建设必须抓住重点，突出特色，重视挖掘旅游资源的文化内涵，提高旅游资源的文化品位，建设旅游精品，适应旅游客源市场的需求。加强对旅游生态环境和旅游资源的保护，坚持在保护的基础上进行深度开发和配套建设，为游客提供食、住、行、游、购、娱配套完善的旅游产品，为我市创建中国优秀旅游城市和发展旅游支柱产业，提供更有利的条件。各县(市、区)以及市环保局、市公安局、市林业局、市市政局、市文化局、市旅游局、市园林处和市文物事业管理处等部门负责制定旅游景区景点的资源和环境保护措施，根据规划要求，列出保护目录，划定保护范围，报市政府批准后实施。

三、加强宣传促销，开拓旅游客源市场

我市旅游市场的定位是：立足国内市场，开拓国际市场。以粤港澳市场为重点，大力发展国内旅游，积极发展入境旅游，适当发展出境旅游。逐步设立我市旅游宣传促销专项经费，加大宣传力度，努力推介我市丰富多彩的旅游资源及富有特色的旅游产品和旅游项目，提高我市旅游知名度，大力开拓我市旅游客源市场。各县(市、区)应根据本地旅游资源特点，认真研究搞好旅游产品市场定位，做好旅游宣传的总体策划，走旅游产业联合促销的路子，加强整体形象宣传，提高宣传效应。市旅游、外事、外宣、侨务、台办、招商等涉外部门要共同配合，通过多种渠道，以多种形式加强对外宣传，提高郴州旅游知名度。各级宣传部门和新闻媒体要进一步加大对旅游的宣传力度，开设更多旅游专题或专栏，对旅游资源、旅游理论、旅游新闻等进行广泛、深入地宣传，形成全社会宣传旅游业、关心旅游业、支持旅游业的良好氛围。

坚持每年举办重大旅游节庆活动，不断提高旅游宣传促销的轰动效应和旅游节庆的综合效应，促进我市物质文明和精神文明的发展。

四、强化旅游行业管理，塑造旅游整体形象

强化旅游行业管理，是全面提高我市旅游业服务质量的关键。要进一步强化旅游主管部门对旅游企业依法行使全行业管理职能，搞好统筹安排、规划和指导，把好旅游新建项目的审批关。从2000年开始，凡旅游景区景点新建的旅游项目，必须经所在的县(市、区)旅游行政主管部门和市

旅游行政主管部门根据旅游业发展规划提出审批意见后，再按国家规定的有关建设管理程序报批。旅游行政管理部门要加强对全市所有旅游企业的旅游活动、旅游业务和旅游设施的行业管理和指导。市旅游局是统一管理全市旅游行业的职能部门，各县（市、区）旅游行政管理部门按照统一领导、分级管理的原则，搞好本地区的旅游行业管理。旅游行政管理部门要积极协同有关部门依法对旅游市场和旅游环境进行治理和整顿，坚决取缔无证经营，严肃查处无证上岗。按照有关文件规定，设立旅游服务质量投诉中心，负责受理旅游投诉，保证旅游服务质量，维护旅游者和旅游企业的合法权益。市旅游行业协会要充分发挥零流、服务、业界公约作用，在旅游企业和旅游主管部门之间发挥桥梁和纽带作用，成为行业管理的有效补充。

五、拓宽聚资渠道，加大旅游投人

大产业必须有大投入。要按照我市旅游发展总体目标，建立健全“国家、集体、个体一起上”、“内资、外资一起上”的多元投资机制，充分调动全社会的力量投资开发大旅游，开辟大市场，开拓大产业，产生高效益。

增加政府对旅游业的引导性投入和制定优惠扶持政策。①从2000年开始，市财政每年安排100万元用于旅游基础设施建设和旅游开发贷款贴息，逐项目报批，财政监督使用。②全市旅游基础设施建设项目视同重点工程对待。③经市政府批准列入市级重点开发的景区（点）的旅游设施建设项目按政策、法规规定办理用地手续。其土地出让金的市县分成部分，从2000年开始连续5年返回给该景区（点），用于景区（点）建设。④对旅游车船队的养河费、运管费、养路费、坐位费实行减半征收。⑤金融部门每年从中长期贷款中安排一定的信贷资金用于旅游支柱产业的发展，对经济效益好的旅游企业要积极给予贷款支持。⑥根据旅游业发展需要，积极探索组建旅游集团，采取股份制等形式进行资产重组，并力争上市。⑦由市物价局牵头，市财政局、市旅游局配合，在对全市旅游行业各类收费进行清理的同时，建立旅游企业收费卡制度，坚决禁止乱收费、乱罚款、乱摊派和其他“索、拿、卡、要”行为，优化旅游经济环境。

加大旅游业招商引资力度。各级招商主管部门要把旅游项目作为招商项目的重点，对外进行推介，积极引进国内外资金，加强重点旅游基础设施和景区景点建设。鼓励外商和私营经济通过股份制、股份合作制和承包、租赁等多种形式，投资开发旅游产业，经营管理旅游景点和旅游项目。

各级各部门要高度重视和大力支持旅游基础设施的建设。一做到重点景区在哪里，水、电、通信、公路等基础设施就建设配套到哪里，创造良好的社会和经济发展环境。

六、抓好旅游商品生产和销售，扩大创收渠道

旅游商品是旅游创汇创收中的重要途径，是旅游业发展程度的重要标志，也是旅游牵动经济发展的重要环节。因此，必须采取得力措施，抓好这项工作。工业部门和乡镇企业要充分利用本地资源，研制和开发富有地方特色、产销对路的旅游商品；商业供销部门和旅游企业要积极做好旅游商品的营销工作，逐步建立旅游商品销售网络，繁荣郴州旅游商品市场。

七、强化旅游队伍建设，提高从业人员素质

旅游业是“窗口”行业，从业人员的素质直接影响服务水平和服务质量。市旅游行政主管部门

要切实加强领导和管理。一是要按照《湖南省旅游企业岗位培训管理暂行办法》的统一要求，制定全市旅游人才培训管理办法，统一规划全市旅游培训工作。二是市旅游行政主管部门与有关高等院校合作建立“郴州旅游教育培训基地”，为全市旅游从业人员培训创造条件；鼓励和支持各级、各类大专院校、职业学校和技工学校开设旅游专业，培养旅游人才。各旅游企业要强化员工内部培训。三是要进一步加强对市民的文明素质教育。各级宣传、教育部门和共青团、工会、妇联等组织要积极开展一系列群众性精神文明创建活动，推行文明用语、杜绝服务忌语，讲文明，树新风，树立中国优秀旅游城市的新形象。

中共郴州市委 郴州市人民政府
《关于加快农业产业结构调整 大力推进农业产业化经营的意见》

（2000 年 12 月 29 日）

为贯彻落实全省、全市农村工作会议精神，促进我市农村经济体制和经济增长方式的转变，推动农业和农村经济持续、快速、健康发展，现就加快我市农业产业结构调整，大力推进农业产业化经营提出如下意见：

一、明确加快农业产业结构调整，推进农业产业化经营的指导思想和目标任务

加快农业产业结构调整，大力推进农业产业化经营，是新形势下提高全市农业和农村经济整体素质和效益的内在要求；是解决当前农业、农村重大矛盾和问题的有效途径；是转移农村剩余劳动力，推进城乡一体化进程的迫切需要；是农业适应新世纪世界经济发展形势，应对WTO的必然选择；是实现全市农业现代化的必由之路。各级党委和政府要充分认识加快农业产业结构调整，大力推进农业产业化经营的重要性和紧迫性，把它作为现阶段农业、农村工作的重要任务抓紧抓好，抓出成效。

我市加快农业产业结构调整，推进农业产业化经营总的指导思想是：立足“南大门”的区位优势，面向粤港澳大市场，坚持以质量和效益为中心，坚持适应性调整向战略性调整转变，坚持抓结构调整促产业化经营的路子，着力把产业结构调优、调大、调强、调特、调外和产业化龙头企业做大做强，着力提升农业农村经济的素质，着力实现农业增效、农民增收、财政增长和农村稳定。在具体工作中必须坚持以下四条原则：

一要坚持以市场为导向。结构调整和产业化经营，必须按经济规律办事，坚持以市场为导向。凡是没有市场或市场前景不好的产品和产业，要坚决压缩或淘汰；凡是市场前景广阔的产品和产业，要重点扶持，形成规模。特别是要通过培育市场体系，完善服务网络，尽快形成连结小生产与大市场的纽带，切实解决产销脱节的问题。在结构调整和产业化经营的指导方式、资金投入等方面，要根据市场导向原则，实现相应转变。

二要坚持以科技进步为支撑。要把结构调整和产业化经营建立在科技进步的基础上，大力发展优质高效农业。积极引进和推广良种良法，切实抓好种苗工程，提高农产品和整个农业产业的科技含量；要加快引进研究先进加工技术和设备，做好农产品的储存、保鲜，推进农产品的加工升级升

值，尽快建立与我市市情相适应的农业科技创新体系，促进农科教、产学研相结合。

三要坚持全面规划，突出重点。市、县两级都要把农业产业结构调整、培育和发展主导产业和龙头企业列为“十五”计划的重要内容。坚持因地制宜，因势利导，合理布局，稳步推进的原则，与农业综合开发、丘岗山地开发、扶贫开发和发展乡镇企业、小城镇建设结合起来，力求使规划全面合理。在作好全面规划的同时，要集中力量，实行重点突破，全市要把资郴桂高等级公路和107国道沿线“两区一市三县”21个乡镇和市开发区形成的“大十字经济走廊”作为重点区域，突出发展高效农业、生态农业、旅游休闲农业和精品农业，在全市发挥示范和辐射带动作用，努力在近两三年内形成一批成气候、有特色的产业。

四要坚持高起点建设，高效能管理。各地重点扶持的主导产业、龙头企业、农产品基地和农产品批发市场，都必须进行科学论证，按程序审批。既要充分利用现有基础和条件，又要努力开拓创新。对审批立项的重点项目，要建立激励约束机制，加强管理，做到抓一个，成一个，见效一个，高标准推进农业产业化经营。

根据上述原则和要求，我市“十五”时期农业产业结构调整和农业产业化经营的目标任务是：通过结构调整，提高优质产品比重，提高养殖业比重，提高农产品加工业比重，提高非农产业比重，提高非农人口比重，逐步建立起符合市场经济要求的现代农业新格局。通过推进农业产业化经营，全市基本形成10大有规模、有特色的主导产业，创建30家上规模、上档次的农业产业化经营龙头企业，其中跻身省级的3至5个，市级的10个左右，力争全市40%的农户、50%的产品实行产业化经营，农产品优质率达到60%以上，农产品商品率达到70%以上。

二、突出加快农业产业结构调整，推进农业产业化经营的工作重点

（一）加强农产品基地建设，大力培育和发展主导产业。根据我市的实际情况，全市重点扶持发展粮、果、茶、蔬菜、烟草、中药材、畜禽、水产、杂交稻制种、竹木等10大主导产业。围绕培育主导产业，加大农产品商品基地建设。经过2至3年的努力，逐步形成200万亩优质稻、70万亩饲料（玉米）、50万亩优质果、10万亩优质茶、60万亩优质蔬菜、40万亩优质烟、10万亩中药材、600万头瘦肉型生猪、50万只优质羊、20万头菜牛（奶牛）、30万亩模式化稻田养鱼、10万亩杂交稻制种、120万亩楠竹、600万亩用材林基地。各县（市、区）要依据本地资源优势和现有条件，重点扶持2至3个名优农产品，逐步形成“一乡一品”“多乡一品”“一县几品”“一县一品”的农村特色经济格局。

（二）加强龙头企业建设，大力推进龙头企业和主导产业晋档升级。全市围绕主导产业开发，大力加强以农产品加工为重点的龙头企业建设。当前，市本级重点培育和扶持市种子公司、郴州方利米业公司、市蔬菜产业发展总公司、红旗造纸厂、市绿丰竹木制品有限公司、临武舜华鸭业公司、永兴冰糖橙开发公司、资兴东江渔业开发公司、桂东竹胶板厂等企业。各县（市、区）重点培育和扶持2至3个农产品加工企业。按照省、市、县三个层次确定主导产业和龙头企业，并实行分级管理和动态管理。省、市、县主导产业和龙头企业的标准是：①省级主导产业必须要年产值过2亿元，利税过2000万元；龙头企业必须要年销售收入1亿元以上，利税1000万元以上。②市级主导产业必须要年产值过亿元，利税过1000万元；龙头企业必须要年销售收入5000万元以上，利税500万元以上。③县级主导产业必须要年产值过5000万元，利税过500万元；龙头企业必须要年销售收入1000万元以上，利税100万元以上。省、市、县龙头企业必须是直接从事农产品加工、贮运、

销售和实行现代企业制度的各类所有制独立法人企业。与农户或专业生产合作社结成“利益共享，风险共担”的经济共同体，并具有较强的经济支撑和辐射带动功能。对龙头企业的管理实行年度考核、动态晋档升级和淘汰制。每年年初由市农业产业结构调整和农业产业化经营领导小组组织相应的力量，对上年已确定和当年申报的省、市级龙头企业进行年度考核。经考核，凡符合省级龙头企业标准的，由市里上报省里审查认定，纳入省属档次龙头企业管理；凡符合市级龙头企业标准的，纳入市属档次龙头企业管理，并由市委、市政府颁发证书、证牌。对原已认定但经考核退坡脱标的省、市级龙头企业，一律实行淘汰制。县（市、区）级龙头企业的管理和年度考核，由县（市、区）参照市里的作法，结合自己的实际制定相应的办法。

（三）加强市场建设，大力支持农产品流通服务实体和营销大户。加快建立多层次的市场网络，使乡镇集贸市场、县城农贸市场和区域性农产品中心批发市场逐步联网，形成运转灵活、城乡互通的市场体系。全市重点抓好罗家井、七星、流丰等10个交易额超亿元的营销市场。抓好广州、长沙两个营销窗口，开拓境外、国外市场。同时要大力培育土地、劳动力、技术、资金等生产要素市场，在发挥国合商业流通渠道作用的同时，大力支持各种农副产品流通服务实体和营销大户，鼓励多形式、多渠道参与农产品流通。

（四）加强小城镇建设，大力拓展农业结构调整和产业化经营的空间。遵循“政府引导、市场运作”的原则，大力加强以市场为依托、以产业为支撑的小城镇建设，不断提高农业工业化、农村城镇化水平，加快农村劳动力转移的步伐，为农业产业结构调整和产业化经营拓展发展空间。全市重点抓好苏仙区良田镇和宜章县白石渡镇等2个省级小城镇试点镇，以及嘉禾塘村、桂阳流峰、永兴柏林、安仁安平、临武金江、北湖石盖塘、资兴黄草、汝城三江口、桂东沙田9个市级试点镇的建设，力争建成一批年财税过千万元的经济大镇。各县（市、区）要抓好县城的扩容提质和1~2个中心镇建设。

三、落实加快农业产业结构调整，推进农业产业化经营的政策措施

（一）资金投入政策。积极拓宽融资渠道，增加农业产业结构调整和产业化经营投入。

1. 充分发挥农民群众投资主体作用，积极引导和鼓励农民增加对农业产业结构调整和农业产业化的投入。

2. 积极推行股份制和股份合作制，多方筹集资金。鼓励多种成份的经济实体和个人投入农业产业结构调整和农业产业化开发。对产品科技含量高、企业发展前景好但资产负债率比较高的龙头企业，可实行债转股；对具备上市条件的农业产业化龙头企业，要争取尽快上市。

3. 加大招商引资力度。改善投资环境，吸引境外、国外客商来郴投资农业开发。创办产业化龙头企业。参加省农博会和市里举办的生态旅游节要把农业招商作为一个重要内容。

4. 积极向上争取各项农业、林业、水利开发资金以及扶贫开发、以工代赈、商品基地、农业综合开发和科技开发等专项资金，重点用于农业产业结构调整和农业产业化开发。

5. 金融部门投入。金融机构要对农业产业结构调整和农业产业化经营给予重点支持。市农业银行、农业发展银行和农村信用合作社要扩大贷款，集中资金支持农业产业结构调整和农业产业化经营中重点项目的建设，其他银行要积极支持出口农产品加工企业和出口商品基地建设，对省、市、县（市、区）认定扶持的主导产业和龙头企业，金融部门要落实银行主办制度，实施项目跟踪管理。

6. 财政投入。市、县（市、区）两级按照“分级管理、分级负责”的要求，加大对农业产业结构调整和农业产业化经营的财政支持力度。要相对集中一些资金用于支持农业主导产业和龙头企

业发展。市财政每年安排300万元，支持主导产业和龙头企业的发展。对考核合格的企业和产业给予贴息、奖励等方面的扶持。各县（市、区）财政也要作出相应的安排。

（二）税费优惠政策。认真贯彻落实省政府湘政发〔1999〕6号，省委、省政府湘发〔2000〕22号，省委、省政府湘发〔1996〕18号和市政府郴政发〔1998〕13号文件的有关规定，对已出台的各项政策措施，一定要不折不扣地落实到位。要本着欲取先予、涵养税源的原则，对已经明确给予农产品加工龙头企业、商品生产基地、农产品收购等优惠政策一定要给足；对外商合资、合作或独资兴办的农副产品加工企业，在出口配额、退税、免税等方面的优惠一定要按规定抓好落实；特别是根据有关政策规定对龙头企业、商品基地可以减、免的各种收费一定要落实到位。

（三）科技投入政策

1. 抓好农业科技的推广应用，实行主导产业高起点开发。重点实施优质种苗工程，大力选育和引进品质优良的农林牧渔业的种子种苗，通过攻关、繁育、推广，提高农产品的质量和效益。要在抓好现有种苗基地建设的同时，尽快建立几个优质种苗引进示范中心，集中一部分资金把国内外的优质种苗引进来。加快种苗配套工程建设，尽快形成比较完整的优质种苗开发、生产、供应体系。大力扶持发展科技型农产品加工企业，建立农业科技示范区（园、场），扶持发展各类专业大户、科技示范户。

2. 鼓励和支持农产品加工企业与高等院校、科研机构联合协作，实行技术资本、产业资本、人才资本的优化组合。

3. 鼓励和支持农科院所、农业科研推广单位和科技人员到农业开发第一线，与生产企业、基地和农户共同研制开发新产品、新技术，积极创办科2T贸、产加销一体化实体，为结构调整和产业化经营提供技术支撑和高效服务。鼓励科技人员以技术专利等生产要素作价入股，参加龙头企业经营和分配，让农业高科技人才通过技术、创业率先致富。

4. 围绕实施农业产业化经营，办好各类职业学校，为主导产业开发培养适用的初、中级技术人才。鼓励和支持农业院校、广播学校、农科教中心等发展农村职业教育和农村成人教育，开展各种专业和实用技术培训，全面提高农民的科技素质。

（四）奖励政策。允许以带动农户或饲养生猪、牛、羊为主的农业龙头企业和年产肉猪5000头、牛1000头、羊5000只以上的企业设点自行屠宰和收购周边乡镇生猪、牛、羊屠宰上市经营。分级、分档次、分年度对农业产业化龙头企业实行以奖代投。经年度考核，凡达到标准升为省、市级龙头企业的，由市里给予以奖代投资金。凡达到标准升为县级龙头企业的，由县（市、区）政府予以奖励。以奖代投资金中可适当安排用于奖励发展龙头企业的有功人员。鼓励机关干部、科技人员、离退休人员创办农产品基地，承包或领办农业龙头企业，兴办经济实体。凡进入农业龙头企业的机关干部和科技人员3年内职级不变，3年后允许继续回原单位工作；成绩突出者经组织考查，可提拔重用，并给予奖励。充分发挥农村经济能人的示范带头作用。市里每年表彰10名在农业农村经济结构调整和农业产业化经营中成绩突出、贡献较大的经济能人。具体奖励标准和操作办法由市农办会同有关部门拟定，报市委、市政府批准实施。各县（市、区）可参照进行。

四、切实加强对农业产业结构调整和产业化经营的领导

（一）成立市农业产业结构调整和农业产业化经营领导小组。由市委副书记张万才任组长，副市长易佩康、人大副主任曾来庆、市政协副主席李泽余任副组长，市农办、市农业开发办、市计委、

市科委、市建委、市财政局、市农业局、市林业局、市水利水电局、市畜牧水产局、市粮食局、市供销社、市蔬菜局、市乡镇企业局、市地税局、市工商局、市农行、市农发行等部门负责人为成员；领导小组下设办公室，办公室设在市农办，由徐哨军同志兼任办公室主任。

（二）建立领导联系和部门分工帮助管理责任制。对农业产业结构调整和农业产业化工作，各级党委、政府的主要领导要亲自抓，分管领导要具体抓。省、市、县已确定和重点培育的主导产业、龙头企业，要落实好领导联系和牵头承办责任制单位。凡创办和发展的省、市级主导产业和龙头企业，每个项目要安排 1 名市级领导联系，市直相关部门负责人帮助抓；凡创办和发展的县级主导产业和龙头企业，每个项目要安排 1 名县级领导联系，县直相关部门负责人帮助抓。各级每年要组织检查评比，对结构调整和产业化经营搞得好的单位给予表彰奖励。

（三）加强社会化服务体系建设。各级各部门要进一步强化服务意识，建立健全促进农业产业结构调整和产业化经营的服务体系。重点要抓好信息、科技、培训、销售、融资、保险等服务体系建设，尤其要认真研究解决如何准确把握市场信息和把信息传递到农民手里的问题，下大力抓好农产品营销。各级政府要坚持从实际出发，认真研究制定鼓励和促进农产品流通的政策措施。

（四）统筹协调，形成合力。各级领导都要关心和重视农业产业结构调整和农业产业化工作，深入实际，调查研究，及时发现和解决工作中出现的问题，总结和推介先进典型经验。各级各部门要密切配合，互相支持，建立和完善有利于推动结构调整和产业化经营的市场培育、利益分配、资源流转、协调保障、政策激励等机制，打破条块分割、部门分割、所有制分割的界限，为加快农业产业结构调整和推进农业产业化经营创造良好的环境。

中共郴州市委 郴州市人民政府《关于加快市经济技术开发区建设与发展的通知》

（2001 年 9 月 5 日）

一、统一思想，提高认识。开发区是我市改革开放的窗口与试验田。开发区的建设与发展事关郴州对外开放整体水平的提高、郴资桂经济一体 化建设的顺利实施以及用 5~8 年再造一座新城区战略目标的实现，对加 快建设好“一点一线”和树立湖南“南大门”的新形象，增强我市综合经济实力具有十分重要的意义。因此，全市上下必须齐抓共促，真正把开发区作为我市的“特区”来兴办，按照“封闭式管理，开放式运行”的原则，赋予开发区管委会市级综合经济管理权限，建立“高效灵活、事权集中”的管理体制，真正做到“一个窗口对外，一条龙服务，一站式办事”。

二、明确开发区的发展目标。着力培育壮大开发区新优势，实现主要经济指标高于“一点一线”和郴资桂经济一体化区域的平均增长速度，力争用 5~8 年实现“一五一”目标，即区内人口 10 万人，年工业总产值 50 亿元，财税收入过亿元，把开发区办成我市对外开放的示范区、综合改革的试验区、高新技术产业的龙头、实施中心城市南延东进和郴资桂经济一体化战略的带动区，经济发展新的增长极。并进一步在体制创新、科技创新、管理创新和产业建设等方面发挥示范、辐射和带动作用，实现经济和社会事业跨越式发展。

三、界定开发区的管理范围。开发区实行统一有效管理的范围是：在现定 14.79 平方千米的基础上，增加湖片科技工业园 5 平方千米和七里洞洞商住宅 2 平方千米（具体范围以市政府批准下达的市开发区总体规划方案为准），规划总面积22平方千米。凡在开发区规划控制范围内的征地、项目建设（含村居民用地建房），必须先征得开发区管委会同意并批准。在开发区规划范围内的所有行政村组，保持现有行政隶属关系不变，但享受开发区的优惠政策，服从开发区党委、管委的统一协调管理。

四、完善内部管理体制。在开发区设立党委和管理委员会，作为市委、市政府的派出机构，代表市委、市政府对开发区实行统一领导、统一规划、统一管理，在区内行使市级综合经济管理权。开发区的“三定”工作，与政府机关机构改革同步进行，对在编干部实行国家公务员管理。开发区管理机构的设置，要按照精简、务实、高效、小机构、大服务的原则，建立灵活高效的运行机制。组织人事部门要按干部管理权限，加强对开发区干部的考核培养，并纳入全市干部交流范围。开发区在用人制度上要大胆改革，全面推行竞争上岗、聘用制，形成干部职工能进能出、能上能下的用人机制。

五、全面落实开发区的管理权限。赋予开发区管委会部分政府管理职能，过去按规定下放给开发区的权限，要继续留给开发区，应放而没有放的权限，按照“委托授权、备案监督”的原则，市直有关部门要大胆对开发区管委会放权或委托授权。实行垂直管理的部门，如税务、工商、银行等部门，根据需要并经主管部门批准，在开发区设立分支机构（分局），主要行使为开发区服务的职能，服从开发区的协调管理。规划、国土、建设、房产等市直部门在开发区内所行使的全部职能委托授权给开发区管委会，其业务指导归口市职能主管部门。市有关部门要积极配合，大力支持开发区管委会及其职能机构行使职权。涉及到由市政府及有关职能部门统一核发的各种证书，在具体操作上，由各职能部门在证书上加盖法定公章、登记证号后，全权委托开发区管委会办理登记发证事宜。

（一）项目审批。在开发区注册的内外资项目，在市级审批权限内的，开发区管委会负责审批项目建议书、可行性论证报告和外商投资企业合同章程，下达有关基建和技改计划，颁发全省统一编号的外商投资企业批准证书。须报省、国家审批的项目，市直各有关部门应予认可并转报省有关部门并帮助落实。审批项目应符合国家产业导向目录。

（二）规划管理。由市规划局、市发展计划委员会以及有关部门会同开发区管委会负责组织编制开发区建设总体规划和详细控制性规划，并按有关规定报批。开发区管委会依据批准的总体规划和详细规划，审批开发区内各类建设项目的选址定点，组织规划评审，颁发全市统一编号的《建设项目选址意见书》、“建设用地规划许可证”、“建设工程规划许可证”等证书。

（三）土地管理。在开发区设立国土资源分局，代表市政府行使规划区内的土地管理有关工作。开发区管委会根据《中华人民共和国土地管理法》，负责制订区内土地利用方案，确定土地出让、出租价格。开发区国土资源分局组织对区内土地评估定价，办理土地出让、出租、转让、抵押、变更等登记手续，核发市政府统一编号的“国有土地使用权证”。未经开发区管委会同意，任何单位和个人不得擅自在开发区规划管辖区内征地和进行项目建设。规划范围内的新征土地出让金，由开发区财政统一收取，其中75%留给开发区，25%上缴市财政。

（四）建筑市场管理。开发区管委会负责区内的各类建设项目的报建审批，建筑市场管理按照《中华人民共和国招标投标法》规定，需要招投标的项目进入全市统一的招投标市场，颁发市政府统一编号的“建设施工许可证”。

（五）房产管理。开发区管委会负责管理规划区内的房地产开发和房屋产权、产籍以及房地产市场，直接办理房地产交易、出租、转让、抵押、变更登记手续，颁发全市统一编号的“房屋所有权证”、“商品房预售证”等证书。

（六）财政管理。开发区建立一级财政，并设立国库。正确处理予与取的关系，在保障市财政的既得利益并递增的原则下，鼓励开发区以发展促增量、以增量促发展。实施分税制的财政体制，其体制细则，由市财政局会同开发区拿出方案报市政府批复实施。

（七）工商行政管理。在开发区兴办企业，除法律、行政法规和国家另有规定外，由开发区工商分局自行审批。开发区工商行政管理部门依法办理国内企业和个体工商户的登记注册手续，颁发营业执照，进行年检年审。办理由国家工商局授权的外商投资企业的注册登记，并负责开发区内的市场、商标、广告、合同管理，核发广告经营许可证。

（八）政法综治管理。在开发区设立公安分局和派出所，实行“两块牌子，一套人马”，负责辖区内治安管理及相关业务。开发区法庭和开发区检察联络室负责区内的审判和检察工作，其行政隶属关系按现有体制不变。

（九）社会事业和其他管理。开发区管委会负责管理和协调管理辖区范围内的科学、文化、教育、卫生、计划生育、环卫、绿化等社会公益事业；负责辖区范围内的劳动用工等管理工作，委托负责辖区内的劳动保障监察、劳动争议仲裁等管理。

（十）环保和消防管理。涉及开发区的环保与消防问题，由市主管部门按照“办事快、收费低、手续简、管理严”的原则，会同开发区管委会共同管理开发区环保、消防工作。

（十一）开发区管委会行使政府授予的职权，进行各项审批和办证收取的各项规费，开发区与市直主管部门实行六四分成。

（十二）市政府授予和市直有关部门委托的各项职权，开发区要依法依规行使，并承担相应的法律和行政责任。开发区的各项审批和发证要及时到市直主管部门备案，接受指导和监督。发现违规行为，主管部门有权责令其改正；情节严重的，政府及其有关部门有权收回授予、委托的职权；违法的，追究有关人员的法律和行政责任。

六、大力发展高新技术产业。在开发区设立增湖科技工业园，规划建设面积5平方千米。为了集中力量，高起点、高品位、高质量、高效率地建设好科技工业园，在园区确立新型的管理体制，采取更加优惠的政策措施，以吸引高科技人才、高新技术成果和高新技术企业，把科技工业园建设成为全市高新技术产业的龙头，现代化工业生产基地，国民经济的重要增长点。科技工业园的管理体制和优惠政策由市委、市政府另行发文明确。

七、营造优良的发展环境。各级各部门要按照“不干预、多支持”的原则，为开发区的建设和发展提供一个良好的环境。严禁乱收费、乱集资、乱摊派。对按规定应该收取的规费，由开发区统一征收，代缴市财政。禁止开发区以外的部门、单位直接向开发区内企业收取费用。对于争权争利，影响开发区建设与发展的部门和个人要严肃查处。

八、切实加强对开发区的领导。为加强对全市开发区建设与管理，成立郴州市开发区工作领导小组，由市领导担任正副组长，市直有关部门主要负责人任成员。领导小组下设开发区管理办公室，办公室设在市发展计划委员会，负责全市开发区的综合、协调、统计汇总、目标考核等日常管理工作。领导小组每年召开两至三次专题会议，及时解决全市开发区工作中面临的问题和困难，并按权、责、利统一的原则，对开发区实行严格的目标责任制。开发区要始终坚持以江总书记“三个代表”重要思想为指导，加强领导班子建设，努力提高人员素质和工作水平，以进取的精神、科学的态度、务实的作风，把开发区的建设与管理不断推上新台阶。

中共郴州市委 郴州市人民政府《关于加快推进工业化进程的实施意见》

（2002 年 1 月 17 日）

现阶段我市仍处于工业化中期的初始阶段，工业化水平不高，已成为制约我市经济发展的主要矛盾。为加快推进工业化进程，努力实现郴州经济的跨越式发展，特制定本实施意见。

一、指导思想

坚持以邓小平理论和“三个代表”重要思想为指导，按照“一三五”经济工作总体构思，以市场为导向，以企业为主体，以富民强市为目标，以改革开放和科技进步为动力，大力推进经济结构战略性调整，突出体制创新、技术创新、管理创新，努力实现经济发展由追赶型向跨越型的转变，力争用 5~8 年时间，把郴州建设成为“五个基地，一个‘后花园’”，即粤港台产业梯度转移的承接基地、农产品及初级产品的深加工基地、全国有色金属工业基地、华南地区重要能源生产基地、劳务输出基地和向粤港奥提供生态旅游的“后花园”。

二、总体要求

（一）坚持用农业产业化推进工业化。各级党委政府要用组织工业生产的方式来组织农业生产，把推进农业产业化作为加快工业化的必由之路。大力发展农产品加工业，培育壮大主导产业，做大做强农业龙头企业，加快特色产业基地建设，促进现代工业对农业资源的整合、开发和转换，加速县域经济由农业主导型向工业主导型转变。

（二）坚持用城镇化拓展工业化。把工业整合提高与城镇扩容提质结合起来，实现工业化与城镇化的协调发展。突出产业兴市兴镇，高起点规划建设工业园区，加快乡镇企业向小城镇和园区的转移集中，形成规模工业经济。

（三）坚持用信息化带动工业化。有选择地发展信息产业，努力开发信息技术应用和信息资源，逐步建立政务、企业、电子商贸、农业、城镇建设和管理、社会公共服务、金融、社区等八大信息服务系统，形成较强的城乡信息化综合服务能力。

（四）坚持用市场化推进工业化。减少行政干预，发挥市场机制对配置工业资源的基础性作用。放宽企业市场准入，搞好资本运营，吸引各种经济成份参与工业建设。实施联大靠强，发展上市公司，推进工业项目向资本市场直接融资。

（五）坚持用外向型推动工业化。利用毗邻珠江三角洲的区位优势，发挥产业梯度转移的辐射带动作用，吸引更多的市外、境外资金、技术、人才为工业化服务。利用独特的资源优势，积极主动参与国际国内产业分工，大力培育和壮大支柱产业。充分利用两个市场，努力开拓市外市场，提高产品的市场占有率。

三、发展目标

围绕建设“五个基地、一个‘后花园’”的奋斗目标，积极发展高新技术产业和以高新技术改造传统产业，确保主要经济指标以高于全省2个百分点的幅度增长，促进产业结构优化升级和经济跨越式发展，把郴州建设成为湖南内地与珠江三角洲地区跟进对接的工业化示范区。争取用5~8年的时间，基本达到较为成熟的工业化中期的发展水平。

到2005年全市工业化的主要预期目标是：

（1）GDP总量达到373亿元，年均递增10%；人均GDP达到8000元。

（2）三次产业结构比重调整到20∶40∶40，工业增加值占当年GDP的比重达到34%。

（3）工业内部结构不断优化：规模以上工业总产值占当年工业总产值的43%以上；加工业产值占当年规模以上重工业产值的70%以上；高新技术产品产值占当年规模以上工业增加值的30%左右；工业支柱产业产值占当年规模以上工业总产值60%以上。

（4）非农业劳动力占当年全社会劳动力的比重达到40%以上，每年转移农业劳动力10万人。

（5）城镇化率达到45%左右，每年提高3个百分点，累计新增城镇人口50万人左右。

四、重点任务

“十五”期间，我市推进工业化的重点任务是：立足于现有基础和条件，坚持政府引导、市场运作、突出特色、聚集发展的原则，大力实施“工业强市”战略，推动工业发展从资源型、粗放型向加工型、科技型转变。

（一）大力发展一批以支柱产业为核心的优势产业

1. 有色金属工业。充分利用“有色金属之乡”的资源优势和物质技术条件，着力发展以锡、铋、钨、铅、锌为主的有色金属工业。重点加快锡、钨、铋、钽铌加工基地建设，使郴州成为全国较大的锡、钨、钽铌加工基地。

2. 电力工业。立足丰富的煤炭、水能资源，面向广东珠江三角洲地区，大力发展电力工业。“十五”期间新增装机容量120万千瓦，装机总量达到238万千瓦，使郴州成为华南重要的电力生产供应基地，成为联合国国际小水电中心在国内具有影响的基地。

3. 建材工业。依靠改造重组、深度开发，发展以高标号水泥、玻璃系列、石墨深加工、新型建筑装饰材料为主的建材工业。加快形成年水泥生产能力610万吨以上，年玻璃生产能力480万重量箱以上，年石墨深加工产值6亿元以上的规模效益，使郴州成为全国最大的微晶石墨制品生产基地。

4. 烟草食品工业。利用高新技术和先进适用技术，对现有企业和优势资源改造提升，发展以卷烟、啤酒、精制面条、特色饮料、绿色食品、合成香料、大豆制品、优质饮用水为重点的烟草食品工业。努力使年卷烟实际生产量达到40万大箱，销售收入达到40亿元，利税10亿元以上；年啤酒生产能力达到20万吨；成为湘江沿线优质饮用水供应基地。

5. 化学工业。加快发展以高效复合肥、生物肥、尿素、PVC糊树脂、新型涂料、饲料（食品）添加剂为主的化学工业，使郴州成为全省重要的化学工业基地。

6. 机械电子工业。围绕发展公路机械、环保机械、农用机械、农产品加工机械和高精电器机械设备配件产品等系列机械电器产品，抓紧抓好现有企业的技术改造，主动承接珠江三角洲地区先进电器机械产品、技术的扩散转移，提高机电一体化水平，尽快把机电工业做大做强。

7. 轻纺工业。加快承接珠江三角洲地区向外转移的轻工纺织产品，发展一批以制鞋、服装、纺织品、玩具、文具、日用塑料制品、纸品加工、草（竹）编制品等为主体的劳动密集型的轻工纺织工业。

8. 医药工业。以丰富的中草药资源为依托，以现有企业为基础，加大引进三九集团技术、资金和管理机制的力度，改造扩大中药饮片、药用淀粉、药酒等传统产品的生产规模，加快发展氨基酸系列产品原料药、普通药物制剂、普通中成药制剂、中药现代化新产品和国家一、二、三类新药等新型医药产品，培育和壮大医药工业。

9. 电子信息工业。按照“有所作为，有限目标”的方针，积极引进、改造和提升传统电子信息产品，有选择地发展现代电子信息产品及其配件，使电子信息成为全市工业新的增长点。

（二）发展调大一批以龙头企业为基础的企业集团

1. 加快对郴烟、郴化、郴工、郴建、郴玻、郴柴、郴电、山河、金磊等企业集团的股份制改革和技术改造。

2. 抓紧组建培育石墨、锡业、铋业、钼银、钨业、铅锌、制药、水务等企业集团。

3. 鼓励金箭焊料、晨光科技、超声波清洗、顺兴铁路器材、鸿达环保设备、裕湘面条等一批民营科技企业壮大规模，提高竞争力。

4. 到2005年，培育发展烟草、电力、有色3个年产值达15亿元、税利过1亿元的一级企业集团，化工、啤酒、铋业、钨业、石墨、钼铌、建材、制药、供水、旅游10个年产值过3亿元以上、税利过3000万元的二级企业集团，一批年产值过亿元、税利过1000万元的龙头企业，形成多元灵活的企业组织结构。

（三）努力打造一批具有特色的名牌产品

1. 重点培育“金磊”水泥、康拜克A型桥、“三九”药品、“998”植物营养素、青岛（东江湖）啤酒、PVC糊树脂、浮法玻璃、“华人”香烟、裕湘面条、绿丰竹地板等“拳头”产品。

2. 抓好桂阳烤烟、杂交稻种子、郴州名茶、临武麻鸭、东江鱼、嘉禾辣椒、资兴脐橙、苏仙牌猪、桂东黄菌、永兴冰糖橙、安仁黑米等土特产品牌的提纯升优和精深加工。

（四）加快建设一批以高新技术企业为依托的工业园区

“十五”期间，要办成一批连片开发、适度规模的工业园，特别是6个省级开发区要起好工业化的带头示范作用。到2005年，全市工业园区年总产值、销售收入、税收要占全市总量的40%以上。

（五）着力抓好一批以产业项目为重点的骨干项目建设

按照“合理布局、突出重点、注重实效、扩大税源”的方针，大力推进产业项目建设。切实抓好一批有市场有效益的骨干生产经营性项目（包括技改项目），继续建设一批规模化、高质量、高水平的城镇项目以及能源、交通、通讯、水利等基础设施项目。

五、主要措施

（一）抓紧制定专项规划，搞好区域布局。各级政府要尽快制定出台工业化总体规划和分产业规划，特别要细化优势产业规划、工业园功能规划、工业带发展规划、工业经济区布局规划。按照突出比较优势的原则，优化工业布局，形成以“园、带、区”为核心的工业发展布局。即每个县（市、区）建设一个高标准的工业园区；以城区为中心，构建以107国道、京珠高速公路为纵轴和郴资桂经济一体化区域为横轴的“两纵一横”工业带；形成若干各具特色的工业经济区，实现资源配置的聚集效应。

（二）发挥产业政策的引导作用，大力调整工业产业结构。各级各部门要实行积极的财政、土地、金融和产业政策，加快产业结构调整步伐。壮大产业建设引导资金规模。2002年市级财政通过集中统筹方式预算安排产业建设引导资金1200万元，各县（市、区）财政也要相应作出安排，主要用于重点产业项目的前期扶持、贷款贴息以及奖励等。对国家和省每年安排给我市的基建贷款、地方企业债券发行规模，主要安排用于重点产业项目的建设。完善中小企业信贷担保公司运行机制，切实解决企业流动资金和技改资金贷款难的问题。建立政府、企业、银行贷款协调会议制度，引导金融机构对列入国家、省、市计划的重点技改、科技等鼓励发展的项目择优提供信贷支持。对重点工业项目经报请市政府批准后，可以协议出让方式供地，如企业一次性交纳土地出让金确有困难，经协商可以在五年内分期给付。第一年付清与此项征地拆迁和政策、法规规定缴纳的其他费用相当的资金，剩余土地出让金在四年内交清。其后四年分期交纳的土地出让金，经市政府批准，可计算作为政府借给企业引进重点项目的先期铺底资金。重点企业扩大再生产，经市政府批准，也可以协议的方式供地。鼓励企业以租赁方式取得国有土地使用权，用于投资兴办产业项目。优先安排工业项目用地计划，政府储备土地按工业项目规划布局优先用于工业项目建设。要按照“高新技术产业化、传统产业高新化”的要求，抓紧制订全市工业产业结构调整方案，尽快组织实施。调整内容主要包括产品结构、技术结构、组织结构、区域结构等。

（三）积极推进体制创新，加快企业股份制改造步伐。继续推进所有制结构的调整，把民营企业作为最有潜力、最具活力的经济增长点来抓。深化国有企业改革，力争用2年左右的时间基本完成企业股份制改造的任务。改革国有资产管理体制，尽快建立国有资产管理委员会—资产经营公司—企业集团三个层次的国有资产管理体制，抓紧组建工业、商贸、城建、社会事业等资产经营公司。整顿规范和大力发展中介机构，更好地为企业发展提供服务。改革国有企业领导管理体制，努力建设一支高素质的企业家队伍。继续搞好各项配套改革，进一步强化政府服务职能。

（四）加大技术创新和技术改造力度，积极培养、引进和用好各类人才。加快以企业为主体的技术创新体系建设，积极推进产学研联合，鼓励和引进技术开发类科研机构进入企业或改制为企业。支持大中型企业建立技术开发中心，建立“郴州市企业技术创新服务中心”，为中小企业提供信息、中介、培训、咨询等服务。建立“郴州市科技合作促进奖”，对全市在执行国家级科技合作项目、开发和推动对外科技合作与交流、引进先进适用技术等方面取得显著经济效益或做出重要贡献的，给予奖励。积极引进国内外高层次、复合型人才，特别是带资金、带技术、带产品、带项目的开发人才、企业家和经营管理人才，对特殊人才实行特殊待遇。建立和完善各类人才以技术、管理等要素作价入股，参予企业分红，其股权比例由合作各方议定即可。对年纳税总额排名前20名的市属各类所有制企业经营管理人才和有突出贡献的专业技术人才，由市委、市政府授予荣誉称号。

（五）多渠道增加对工业的投入。抓住国家继续发行国债的机遇，精心筛选一批工业和高新技术产业项目，争取国家、省重点专项和技改贴息的支持。鼓励出售、拍卖、转让一部分优良资产或优势企业，减持部分国有股份，筹集资金用于工业发展。积极改善信贷环境，继续发挥银行投资主渠道作用，增加工业贷款在银行贷款中的比重。大力实施“开放带动”战略，开展以面向广东为重点的全民招商引资。建立宽松的企业市场准入机制，降低企业设立的门槛，鼓励民间资本投资创业。

（六）大力优化工业发展环境。加大优化改善投资发展环境的力度，深化行政审批制度改革，逐步实行“一站式”集中办理和并联审批。需报请上级审批的，由分管领导牵头组织有关部门汇报争取尽快审批。做好对各类投资者投诉的受理和查处工作。建立为企业服务的“两卡一册”制度，即“企业收费登记卡”、“检查登记卡”、《郴州市行政审批手册》，实行对企业收费与审批的规范化管理。

（七）切实加强对工业化的领导。各级党委、政府要更新观念，强化工业的主导地位，真正把加快推进工业化进程作为战略任务，形成全党抓工业化、全社会抓工业化的浓厚氛围。党政一把手要用主要精力抓工业发展，各职能部门要服从和服务于推进工业化。以“三个有利于”标准和良好的作风，为加快工业化进程创造一个公平的市场环境、公正的司法环境、高效的管理环境。选配懂业务、会管理、善经营的干部充实到市、县（市、区）、乡三级领导班子。每半年进行一次推进工业化的情况汇报，年底召开总结表彰大会。主管部门要抓紧制定工业化评价考核指标体系，作为指导推进工业化的衡量标准，以增强各级各部门加快推进工业化的责任感。

中共郴州市委 郴州市人民政府
《关于加大招商引资力度鼓励外来投资的若干规定》

（2002年4月9日）

为进一步改善和优化我市投资环境，鼓励外来投资者到我市投资置业，实现增加总量、提高质量、加快发展的战略目标，特作如下规定：

一、认真按WTO规则办事，积极扩大利用外资的领域

各级政府和各部门都要主动适应WTO的要求，转变政府职能，简化办事程序，提高办事效率，为招商引资营造一个公平、公正、公开的发展环境。

要积极扩大利用外资的领域。除国家产业政策禁止的行业和污染严重的行业外，我市对招商引资项目实行不限制产业、不限制规模、不限制方式。对投向我市“三高”农业、高新技术产业、贸易服务业、教育卫生、基础设施等给予积极鼓励，形成全方位、多层次、宽领域的招商引资格局。

二、对外来投资者实行“一条龙”服务制度

（一）实行“一个窗口办事”。凡外来投资者来郴投资置业，由外经贸部门负责代办项目审批、发证、登记等手续。凡各项资料齐全且符合国家产业政策的项目，各有关部门在职权范围内的，一般应在3个工作日内办好有关手续。

（二）实行“一个口子收费”。外来投资者投资生产性项目需缴纳的规费，由财政设立专门服务窗口，并按有关标准和政策统一收取，然后再由财政分流给各有关部门。

三、对外来投资项目用地、租赁厂房和厂房建设实行优惠

（一）工业用地。外来投资者在开发区和工业园区投资生产性项目实行下列用地优惠：

1. 以出让方式取得土地使用权的，如企业一次性交纳土地出让金确有困难，经协商可在5年内分期给付。第一年付清征地成本费（市开发区工业园区征地成本费最高限价为每平方米150元；其他开发区、工业园区征地成本费最高限价为每平方米100元）。剩余土地出让金，可由政府借给企业用作项目基础设施建设，借款年限为土地出让合同约定的使用年限。如改变用途或发生土地转让，将依法收回政府先期铺底资金再办理土地转让审批手续。

2．鼓励企业以租赁方式使用土地，分年度计缴土地租金。

3．对投资（自有资金）3000 万元以上的生产经营性项目，可实行比前述 1、2 项更为特殊的优惠政策。

（二）农业用地。鼓励外来投资者参与农业结构调整，对外来投资者兴办规模型农业项目、农产品加工型企业所需用地，视同农业生产用地，按农业用地流转办法办理，政府不收取任何土地使用费。

（三）鼓励扶持兴建出租工业厂房。鼓励外来投资者在工业规划区内建出租工业厂房，引进和扩大加工贸易。外来投资者在各类工业园区投资兴建出租工业厂房的，比照本规定第三条第（一）款第 1 项的规定予以优惠。

（四）外来投资者租赁开发区或工业园区自有厂房兴办生产经营性项目，实行租金最高限价。具体标准为：配套设施齐全的标准新厂房，租金为每平方米 5 元以下；旧标准厂房，月租金为每平方米 3 元以下；普通厂房，月租金为每平方米 2 元以下。

四、对外来投资项目实行收费优惠

外来投资者兴办的生产性工业项目（含厂房、宿舍及其他附属基建工程），免收除按规定应上缴国家和省的行政事业性规费以外的其他规费。有偿服务费按现有最低标准减半收取。办证工本费按物价部门批准的标准收取。

五、对外来投资项目实行奖励

外来投资者兴办生产性项目投产后 3 年内，由受益地方财政按其所得部分税收的 30% 奖励给企业，用于扩大再生产。

六、对外来投资者实行服务优惠

（一）对投资额较大、贡献大、知名度高的外来投资者，经本人同意，可授予外来投资者“荣誉市民”称号。

（二）凡外来投资者，由市政府发给“一牌一证一卡”。“一牌”即外来投资企业合法权益保护牌；“一证”即外来投资者证；“一卡”即外来投资企业缴费登记卡。部门收费时，要在卡上登记，凡未列入卡上的收费项目或不符合收费标准的，企业有权拒交，对持有“一牌一证一卡”的投资者，切实保护其合法权益。对持有外来投资者证的车辆，在市辖范围内，免收过路过桥费。

七、加强督查工作，切实抓好本规定的贯彻落实

市计划、外经贸、经贸、建设、工商、税务、国土、规划、劳动保障、环保、外事侨务、对台、公安、消防、卫生、技术监督、外汇管理、供电、供水、邮政、电信、计划生育、海关、检验检疫、公用事业等部门，必须根据本规定的精神，结合本部门的职能，制定并向社会公布贯彻落实本规定有关条款的具体实施办法，及时按规定兑现有关优惠政策，提供优质服务。

八、本规定自颁布之日起执行。

中共郴州市委 郴州市人民政府《关于加快引进战略投资者的若干意见》

（2005 年 11 月 18 日）

引进战略投资者，就是引进国内外拥有雄厚实力的大企业、大集团、大公司，通过实施大项目

或资本大融合，给企业或行业注入发展资金、先进技术、管理经验、营销网络等要素，对产业升级和区域发展发挥重要促进作用。加快引进战略投资者是我市积极适应经济全球化趋势、整体提升招商引资水平、加快发展的重大战略举措。为有效推进全市引进战略投资者工作，特提出如下意见。

一、确定引进战略投资者的目标和原则

（一）战略投资者必须具有较好的资质条件，拥有比较雄厚的资金、核心的技术、先进的管理、发达的营销网络、较好的实业基础和较强的投融资能力，重点是世界500强、国内500强企业和其他国内外大型企业、上市公司。

（二）引进战略投资者，要在我市形成一定的固定资产投资规模，特别是产业项目建设的投资规模，原则上投资额内资在1亿元人民币或外资在1000万美元以上，且项目具有较高的财政收益，其中重大战略投资者投资额内资在10亿元人民币或外资在1亿美元以上。或者引进大公司、大集团的加工总部、销售总部、研发中心和用知名品牌嫁接我市企业。

（三）引进战略投资者的投资项目要符合国家产业政策，坚决拒绝高能耗、高污染、低科技含量、低产业水平和不利于企业可持续发展的投资项目，突出引进高新技术特别是拥有自主知识产权的项目，提升我市发展质量。

二、明确引进战略投资者的总体要求

（一）指导思想。以科学发展观为指导，以推进“三化”特别是新型工业化为目标，站在全局高度，以现代眼光、战略思维，把引进战略投资者与深化改革开放、转变经济增长方式、加强资源综合利用结合起来，以此作为优化经济结构、做大经济规模、提高自主创新能力、打造企业品牌的重要推进器来抓，用最大的诚意、最优的政策和环境、最大的激励，通过独资、合资、合作、转让、兼并、增资扩股、上市等形式引进战略投资者，建设一批大项目，大力发展外向型经济、集约型经济、循环经济和环境友好型经济，突出壮大核心企业，加速形成和壮大我市的优势产业和产业集群，推动我市跨越式发展。

（二）主要目标。“十一五”期间，我市努力引进战略投资者40家以上，其中重大战略投资者10家以上。郴州出口加工区、市科技工业园、市有色金属科技工业园和郴资桂经济一体化区域的县（市、区），每年要引进战略投资者1家以上；骨干优势企业在“十一五”期间基本实现与战略投资者的合作。

三、突出引进战略投资者产业发展布局和重点

（一）突出重点区域

1．郴资桂经济一体化区域。充分发挥郴资桂经济一体化区域的区位、资源和产业优势，优化区域功能定位和生产力空间布局，大力引进一批战略投资项目，引进上下游配套项目和企业，形成关联度大、配套性好、动力强的产业链条，培育区域核心增长极。

2．各类开发园区。开发园区在加大基础设施、生态环境和政策环境建设的同时，加强产业配套建设，突出产学研联合，建立高新技术产业发展的“孵化器”，重点建设好郴州出口加

工区、市科技工业园、市有色金属科技工业园等“一区两园”，构筑环境新优势，引导战略投资者向园区集中，促进要素集聚、资源集约、产业集群。原则上战略投资者的工业项目进入“一区两园”。

3. 重点城镇。以优势资源和重大项目为依托，以中心城区、各县（市、区）城区和招商引资重点乡镇为支点，构建引进战略投资者的网络布局，强力推动城镇扩容提质和产业建设。

（二）突出重点产业。根据我市国民经济和社会发展规划，依托优势资源和骨干优势企业，做大做强电子信息、能源、有色金属、医药食品、新型建材、机械化工、旅游等优势产业，到“十一五”期末，力争电子信息、能源、有色金属、医药食品等产业的年销售收入过100亿元，尽快把我市建成全国有色金属深加工基地、全国出口加工基地、华南地区重要能源生产基地、全省电子信息产业基地、沿海地区产业梯度转移承接基地和粤港澳“后花园”。

（三）突出重点企业。鼓励各类企业积极引进战略投资者。在全市范围内选择实力雄厚、管理规范、效益优良的骨干优势企业作为首批引进战略投资者的重点企业，“一企一策”地制定引进战略投资者规划，力求在5年内通过资产转让、项目合资、品牌嫁接、技术和管理合作、配套服务等方式引进战略投资者，完成企业的资源整合和技术、规模升级，努力打造高斯贝尔、华录数码、华润电力、资兴矿业、郴电国际、钻石钨、金贵银业、西河铅业、兴光冶炼、金海岸、长沙烟厂郴州分厂、青啤郴州公司等年销售收入过10亿元的骨干优势企业，培植一批科技含量高、效益好、成长快的“小巨人”式企业，实现企业核心竞争力的跨越式提升，成为在同行业有较强带动力的骨干企业。

四、注重引进战略投资者的方式

（一）以优势资源引进战略投资者。充分发挥我市在资源、劳动力成本和区位等方面的比较优势，特别是要充分利用我市有色金属、煤炭、石墨、生态旅游、农产品等优势资源在国内外具有较大影响的明显优势，以丰富的低端产品吸引战略投资者开发精深加工产品，发展循环经济，形成产业链和品牌优势，使潜在的资源优势转化为现实生产力。利用区位和交通优势，鼓励战略投资者投资具有较大辐射力的区域性现代物流中心，发展新兴第三产业。

（二）鼓励市内优势企业特别是优势国有企业拿出优质资产吸引战略投资者。各类企业包括经营基础设施、加工、旅游、物流等企业都要着眼长远，与深化改革结合起来，加快企业产品结构、资本结构、内部组织结构等方面的调整，敢于主动拿出一批优质资产、优良品牌、优选项目吸引战略投资者，实现与战略投资者在机制、技术、管理等方面的对接。加快同一产业内不同企业之间、上下游企业之间、不同所有制企业之间的强强联合，整合各自优势资源，特别要提高自主创新能力，增加对战略投资者的吸引力。

（三）以重大项目为依托引进战略投资者。要有针对性地收集战略投资者信息，分析其投资动机、投资特点、投资方式、投资战略布局等，认真策划和包装电子信息、资源精深加工、新材料、物流、环保、电力、公路、水利、城市建设等一批重大产业和基础设施项目，找准突破口和切入点，采取合资合作、独资等形式引进战略投资者。

（四）以现有的优势外来投资企业引进战略性投资者。建立市委、市政府与现有外来优势企业定期联席或联谊制度，突出优质服务，以外引外，建设新项目，努力形成外来投资企业不断扩大投资、不断引进新的战略合作伙伴的格局。

五、营造引进战略投资者的最优环境

（一）用最优惠的政策吸引战略投资者。引进的战略投资者项目，除房地产项目外，在规费、用地财税、服务上暂时享受《郴州市鼓励投资暂行规定》（郴政发〔2005〕1号），今后享受修改完善的优惠政策。对重大战略投资者的产业项目、新上年税收收入超过1000万元的战略投资者产业项目和战略性投资者连续在郴州投资的产业项目（达到文件要求的投资规模），采取“一事一议”、“一项一策”的方式，在规费、用地、财税上给予更大优惠。

（二）实行全程最优服务。按照“一家受理、全程代办”的服务模式，由市政务服务中心或市政府指定的部门（单位）受理引进战略投资者项目，会同有关职能部门分别指定专人组成协调工作小组，明确一名市级领导负总责，全程代办，限时办结项目投产、运营前的全部手续；项目建设过程中，协调工作小组要努力创造一流的施工环境。

（三）加大资金支持力度。市、县（市、区）财政要安排专门经费，用于引进战略投资者的项目筛选、论证和包装等前期工作。对引进的战略投资者的项目要积极创造条件，争取国家、省级的政策支持。各金融机构要适应引进战略投资者的需要，转变观念，深化改革，加强调查研究，改进信贷管理方式，建立和完善项目融资体系，同时积极引进外地商业银行，努力保障战略投资者的融资需求。市、县（市、区）产业引导资金和信用担保公司要向战略投资者倾斜。

（四）突出诚信服务。要深化改革，加强监管，不断完善市场经济体制。各级各部门要诚实守信，对战略投资者提出的合作条件一经承诺，坚决兑现，切实为已引进项目（企业）搞好协调服务，发挥示范作用。企业也要自觉遵守市场法则，诚实守信，履行合同，依法纳税，按时还贷，保证产品质量，优化售后服务。

（五）重视人才服务。市委、市政府将选派人员到沿海地方政府和大企业挂职。人事部门对引进精通专业知识、熟悉国内外市场动态、掌握外语和国际谈判技巧的复合型高素质招商人才要特事特办，敢于破格使用。招商主管部门要定期组织轮训班，帮助企业有针对性地培训专业招商人员。健全和完善配套服务设施，在生活、居住、子女入学、医疗保健、休闲娱乐等方面，相关部门要开辟绿色通道，为战略投资者和各类人才创造良好的工作和生活条件。

六、建立引进战略投资者的协调与责任机制

（一）以强有力的领导引进战略投资者。各级党委、政府要把引进战略投资者作为一项长期的重大任务来抓，注重研究掌握国内外大企业发展动态，建立稳定的联系沟通渠道。各级党委、政府主要领导要把引进战略投资者作为招商引资工作的重中之重来抓，对于重大项目和关键问题，要亲自过问，亲自协调，亲自落实，以最大的诚意吸引战略投资者。

（二）以强有力的工作体系吸引战略投资者。由市招商引资工作领导小组负责引进战略投资者的工作。领导小组要集中主要时间、精力抓引进战略投资者工作，包括分解任务、制定政策措施、筛选和确认战略投资者项目，定期召集有关部门、企业等共同参加的联席会议，实行“一事一议、专题调度”，协调解决引进战略投资者中遇到的重大问题。领导小组办公室负责协调处理日常工作。市直有关部门和单位要尽快制订引进战略投资者的工 作方案。近期，市发改委要筛选出一批供战略投资者选择的投资项目，并建立经常性的筛选机制；市经委、市国资委、市乡企局要筛选出引进

战略投资者的骨干优势企业；市招商局要制定引进战略投资者的考核办法。

（三）以强有力的工作落实和激励机制引进战略投资者。各级各部门要解决思想、转变观念，认真贯彻执行市委、市政府的有关政策和措施，从严追究有令不行的部门和单位负责人、直接责任人的责任，确保营造良好的投资环境。建立健全战略投资者高层与市领导走访机制，对引进的战略投资者项目都要有一名市级领导负总责，实行“一个项目、一名领导、一套班子、一个方案、一抓到底”。制定专门的考核办法，把引进战略投资者工作纳入招商引资工作的重要内容。严格执行市委、市政府《关于市直单位招商引资目标管理考核和奖励的暂行规定》（郴发〔2004〕2号），形成激励机制。严格奖惩制度，市委、市政府把引进战略投资者工作作为各级党委、政府和领导干部年度考核的重要内容，对引进投资大、效益高、带动作用强的战略投资者的公务员给予重奖和重用，非公务员给予重奖，有关单位给予重奖；对因工作不力而未能完成引进战略投资者任务的或导致战略投资项目流失的或已落户企业撤离的，要依法依规追究相关单位和主要负责人的责任。

二、诗词碑文选录

（一）诗词

湘南行（二首）

杨得志[①]

（1988 年）

纪念湘南起义六十周年

细雨迷蒙觅旧踪，黄花落尽松柏青。
湘南星火四方燃，井冈会师一脉通。
回首犹见路崎岖，远眺更觉阔心胸。
纪念碑前久默立，当年新兵思老兵。

参军旧址重游

六十沧桑从何说？感慨郴州举标梭。
纤尘幸留小痕印，滴水远去大江河。
踏碎关山峰火路，吟成横刀马上歌。
若问来路英雄人，无名更比有名多。

为湘南起义六十周年作

曹里怀[②]

（1988 年）

“八一”起义在南昌，朱陈转战到湘南。
武装斗争风雷激，农民协会分田忙。
热火朝天闹革命，拥护红军共产党。
起义受挫意志坚，朱毛会师在井冈。

① 杨得志（1911—1994），湖南株洲人。中国人民解放军高级将领。1928 年 2 月上旬，杨得志和兄杨海堂等人在郴州城北 5 千米的板子楼做工修桥时，加入工农革命军参加湘南起义。上将军衔，曾任中华人民共和国国防部副部长、中国人民解放军总参谋长、中央政治局委员、中央书记处书记等职。

② 曹里怀（1909—1998），资兴市七里镇人。中国人民解放军高级将领（参见“人物”篇“人物传略”）。

嘉禾烈士纪念碑揭幕（外一首）

萧 克[①]

（1988 年）

嘉禾当日阵云横，乡里前驱壮烈魂。
老去归来一酹酒，浩歌天宇似犹闻。

乡 情

郴州豆腐宜章酒，六十年前闻名久。
熊掌茅台倍是珍，何如土产亲而友。

为《湘南起义在宜章》题诗

欧阳毅[②]

（1988 年）

朱陈痛歼许克祥，湘南暴动炮声响。
宜章建立苏维埃，工农携手力量强。
赤白斗争殊死战，为操胜券上井冈。
灿烂历史切莫忘，团结一致奔前方。

踏莎行·重访苏仙岭

刘 正

（1990 年）

几易春秋，重迷当渡，桃源沦作囚贤处，壮哉少帅斥天低，大鹏难越郴山去。
还我钟山，频传束素，神州新意无重数。郴江今日更娇娆，游人倍惜花千树。

（作者曾任中共湖南省委副书记、湖南省人民政府省长）

郴州感怀

秦子卿

（1990 年）

一九九〇年十二月，全国第三次秦少游学术研讨会在苏仙宾馆举行筹备会，并登山观摩三绝碑，午

① 萧克（1908—2008），嘉禾县泮头乡人。上将，曾任国防部副部长、农垦部副部长、中国人民解放军军事学院院长兼第一政委等职，是中共第八、十一、十二、十三届中央委员，第十三届中共中央顾问委员会常委，政协第五届全国委员会副主席。

② 欧阳毅（1910—2005），宜章县麻田镇人。中将，原中国人民解放军第二炮兵部队第一副政委，曾任第六届全国人大常委会委员（参见“人物”篇“人物传略”）。

夜闻雨有作。

先祖当年寓此城，江山无主作流人。
那堪新法作儿戏，岂忍神州竟陆沉。
心系庙堂归是梦，情深郴水去留痕。
碧云暮合残阳树，夜半帘栊听雨场。

（作者系杨州师院教授，宋·秦观（秦少游）第33代孙）

为《嘉禾英烈》题诗

谷子元[①]

（1990年）

钟水从天降，南岭气贯缸。
嘉禾好儿女，代代出英雄。
为民谋幸福，碧血洒长空。
寄语后来者，继业立丰功。

到莽山

康濯

翠微春光到莽山，逶迤五岭四周环。
当年血溅红军路，今日林张绿树天。
古柏凌冰神更壮，新松斗雪骨尤坚！
争输四化擎梁柱，竞采勤营万木喧。

（作者系全国著名作家和文艺评论家，曾任湖南省文联主席）

视察烟叶大县桂阳

袁伯霖

（1995年）

桂阳烟草竞群芳，几度经风又历霜。
金叶飘香连万户，良田吐玉醉千乡。
远朋有意寻佳句，近友无由觅浅章。
休道农家汗作雨，心花依旧报春光。

（作者曾任郴州市作协名誉主席，资兴市政协副主席，省政协委员）

---

① 作者谷子元，耒阳人，土地革命时期为中共湘南地下组织领导人之一，中华人民共和国成立后曾任湖南省政协副主席。

南楼令

李宗赐[1]

（1998 年）

丙穴探清幽，珠泉涌月流，晋屏山翠叠清浮，麻地河旁渔唱晚，故园美，不胜收。

引领望神州，苍茫五十秋，对西风怕上高楼，远处传来乡土话，浓情谊。

（每闻乡音乡语，辄兴故土之思，因填此词以记怀。戊寅秋李宗赐于台北）

献给黄克诚将军[2]诞生 100 周年

何大祥

（2002 年）

克倒三山除顽凶，诚兴华夏四海红。
将志鞠躬为黎庶，军魂关慰九州同。
功如湘江长流水，德比南岳祝融峰。
永树革命风范帜，驻留千秋看劲松。

（作者为中国人民解放军少将，曾任防化研究院政治部主任）

（二）碑（杯）文

郴州地区消灭宜林荒山纪念杯杯文

古“郴”字者，林木茂盛之象意也。郴州地区，素有“南国福地”之称，“绿色宝库”之誉。然则。人世沧桑，历经天灾人祸，森林横遭破坏。至公元二十世纪中叶，生态环境恶化，水土流失严重，旱涝灾害频仍。时有中共郴州地委、行政公署，察自然规律之不可违逆，痛人为破坏之遗害弥深，于 1989 年，下决心，筹规则，订措施，层层立军令状，村村树样板山，立誓“五年消灭宜林荒山，八年绿化郴州”。各级党政领导挂帅，党员、干部带头，人造、飞播、封育并举，国家、集体、个体联营齐上，造林绿化，声势浩荡。短短五年，全区投资 1.2 亿元，投劳 3 亿工日。人工造林 152 万亩，飞播造林 151 万亩，新增封山育林 500 万亩，义务植树 1.5 亿株。至 1993 年春，全区灭荒达标。爰之铭文，赞绿化决策之英明，昭后世千秋之永鉴。

湖南省绿化委员会

一九九三年十二月

---

① 作者李宗赐，嘉禾县石羔乡麻池塘村人，曾在国民党军队任职，现居中国台湾省。

② 黄克诚（1902—1986），永兴县三塘乡人。中国人民解放军高级将领。曾任中华人民共和国国防部副部长、中央书记处书记、中国人民解放军总参谋长、中共中央委员、中央纪律检查委员会常务书记等职。大将军衔，被中共中央军委确定为当代 33 位军事家之一。

永兴北大桥建成通车纪念碑碑文

永兴北大桥，桥长235米，总投资1300万元，由郴州市水电建设公司经一年之功，于乙亥年（公元1995年）冬建成通车。至此，旧城新市融为一体，南来北往，货畅其流，便江碧水，再添佳景。桥之落成，赖60万便江子弟积金攒银，各界义士贤达，捐资相助，或德善举，实可嘉彰，刻石铭记，以励后来。

永兴县人民政府

一九九六年一月

嘉禾县桐梁桥[①]碑记

行廊，由陆达两粤之古道也。一六三七年，乡人刘新宇、刘秀宇兄弟率数千香花岭矿工起义，两年之间兵力达四万多人，摧枯拉朽，横扫湘赣诸省。崇祯十二年（1639），明大臣杨嗣昌率重兵围禾仓，新宇就义于桐梁桥，义军败，嘉禾设县。

一九三四年十一月，红一方面军西征，行廊村人王柏生（后改名吴云清）率部分铁匠在宜章白石渡加入彭德怀之红二军团，旋即经临桂入嘉禾。在行廊摧敌碉堡两座，杀土豪四人，十一月十七日，八军团后卫在桐梁桥与追敌激战，互有伤亡。十九日，八军团全部过境。

为弘扬先烈，继承遗愿，中共嘉禾县委、县政府，在庆祝“红军长征胜利六十周年”之际，委托县团委、史志办、国防教育办、行廊镇党委、镇人民政府勒石刻碑，以纪丰功，以昭后人。

嘉禾县人民政府

一九九六年十月

功德铭

台湾同胞欧阳文华先生，系我县长策乡新屋村人。欧阳先生一生自立、自强、爱国、爱乡，虽旅居宝岛，却情系故乡。近十年来，欧阳先生夫妇慷慨捐资人民币三十万元，合乡亲之力，发展公益事业，造福乡梓。为铭记先生夫妇之功德，激励后人，特立此铭。

宜章县人民政府

一九九九年六月十九日

---

① 此桥位于嘉禾县行廊镇沙坪村东北1千米处，始建于明嘉靖三十年（1551），料石半圆拱桥，有三拱，拱跨8米，桥长35.2米，宽5.4米。桥建于芹溪河悬岩峭壁之上，历为兵家必争之地。亦为嘉禾八景之一。

三、《郴州地区志》勘误

篇	章	节	页	行	误（表述欠妥）	正
总述			3	6	年迳流量	年径流量
总述			9	11	精简职工	精减职工
总述			10	倒 2	劳动纪律松驰	劳动纪律松弛
总述			14	6	支援国家开通	支援国家修通
地理	1	3	158	倒 3	大平乡	太平乡
党群	1	1	274	倒 8	12 月 3 日	11 月 8 日
党群	1	1	275	21	改称农村政治部	改称农村政治工作部
党群	1	1	275	27	委员会升半格	委员会升半级
党群	1	2	283	倒 2	收集枪枝弹药	收集枪支弹药
党群	1	6	313	12	水稻单产	水稻亩均单产
党群	2	2	318	倒 10	随即飞函嘉禾李国柱	随即致函嘉禾李国柱
党群	3	序	323	12	原文记述民主党派排序为民革、民建、民盟	排序应为民革、民盟、民建
党群	3	1	324	16	评为办学先进单位	评为社会办学先进单位
党群	3	1	324	17	设职业技术等 7 个门类	设职业技术教育门类 7 个
党群	3	2	325	条目标题	开展“三胞”联宜工作	开展“三胞”联谊工作
政务	3	1	356	11（表）	陈淑红	陈叔红
政务	3	2	358	倒 14	发动群众捐献飞机、大炮	发动群众筹资捐献飞机、大炮
政务	3	2	366	12	1982 年改，属中国有色金属工业总公司	1982 年改属中国有色金属工业总公司
政务	3	3	373	倒 9	社会主义教育运动运动	社会主义教育运动
政务	3	3	380	10	黄砂坪铅锌矿	黄沙坪铅锌矿
政务	3	3	382	倒 2 格（表）	值保	植保
民政	2	1	413	4	革命残废军人	革命伤残军人
民政	5	4	442	20	龙塘乡	龙潭乡
公安·司法	2	2	471	12	77	77%
公安·司法	2	5	482	倒 4	虐待罪犯案	虐待劳教人员案
公安·司法	3	1	485	4	迳向	径向

续表：《郴州地区志》勘误

篇	章	节	页	行	误（表述欠妥）	正
公安·司法	3	3	496	16	经济审判厅	经济审判庭
公安·司法	4	5	512	22	群众性纠纷	群体性纠纷
农业	1	2	646	12	对…孤、独实行“五保”	对…孤、独者实行“五保”
烟草业	5	3	813	倒7	春陵江	舂陵江
煤炭工业	6	1	902	4	落实盈亏。包干政策	落实盈亏包干政策
建材工业	3	1	957	1	1983年，资兴市建材厂	1983年，资兴县建材厂
交通	3	1	1086	10	代号1818	代号1818线
人物			1866	6	500余万	500余万钱银两
人物			1868	10	英州	英德

郴州市志（1989—2005）

索引

索 引

说明：

1. 本索引将本志的篇、章、节标题和传记人物姓名按汉语拼音字母顺序排列；
2. 索引名称后的阿拉伯数字表示内容所在的页码。

一、标题索引

A

B

C

D

E

F

R

S

T

W

X

二、传记人物和补遗人物索引

C

D

郴州市志（1989—2005）

后记

后记

郴州纂修地方志历史悠久。中华人民共和国成立后，郴州修志工作愈益受到各级党委和政府的重视。自20世纪90年代始，郴州相继完成首轮和第二轮地（市）、县两级志书编修，并纂就《湖南乡镇简志·郴州卷》和部门志、行业志、军事志、学校志、乡（镇）村志等230余部。

2004年3月，郴州市人民政府办公室下发《关于编修首部〈郴州市志（1989—2005）〉的通知》。2005年初，成立以市长戴道晋为主任委员的《郴州市志》编纂委员会，同年3月，市政府召开《郴州市志（1989—2005）》编修动员大会，随即市志编修工作全面铺开。从始至终，《郴州市志（1989—2005）》编纂历时十二年，先后四改篇目，九易其稿，总纂成书385万字。回顾本轮修志，大体经历四个阶段。

动员组织，落实任务。2005年3月召开市志编修动员会议后，市志编委会通过采取组织市志编修人员下到承编单位督查、分战线召开会议和推介先进典型等办法，进行市志编纂工作再宣传、再发动。同年6月上旬，举办《郴州市志》编修业务培训班。市志编委会依照“以系统分块组织实施”的原则，分系统确定25个部、办、委（局）作为承编单位的牵头单位。继后，郴州市政府办主持召开牵头单位负责人会议，部署各牵头单位抓好本系统参编单位的组织、协调、督促、指导和初稿内审工作。到2005年底，市志编修按拟定篇目一一分解落实到142个市直承编单位，基本做到“领导、机构、人员、经费、办公条件”五落实，组成市志专职、兼职修志人员队伍计600余人。

收集资料，编写初稿。自2006年始，市志编修全面进入收集资料，编写专志初稿阶段。市志编委会制定下发《郴州市志编写方案》，编纂人员实行“定单位、定进度、包质量”的“两定一包”的办法，上门帮助承编单位按篇目收集资料，编写初稿。部分承编单位采取“任务到科室、发函公开征集”等办法，广泛收集积累资料。2006—2007年，由市政府督查室牵头对部门编修工作进行2次督查，市志编辑部先后6次召开编修工作协调会及座谈会，协调协助承编单位撰写初稿。至2012年，全市68%以上承编单位基本完成资料收集整理，撰写部门专志初稿的任务。累计收集资料8500多万字，报送初稿700余万字。

审改汇编，总纂合成。2013年，市志编修进入分纂、总纂的汇编合成阶段。市地方志办公室调整充实编纂班子。唐璨负责总纂，张让前负责日常管理，李小如协调编辑部事务。刘洪杰、邓福良、胡承桂、邵国栋、贺湘汉、陈锡仁、王宗衡、谷安平、曾福查先后进入总纂队伍。当年，为彰显志书的时代特征、地方特点和记述内容的重点、亮点，对篇目设置进行了一次大的修改和调整，郴州市地方志编纂委员会行文发至全市各承编单位。据此，2014年市政府主持召开市志修改督办会。市志编辑部对承编单位报送的初稿在成篇分纂时，实行专人初审、集体评议、定人修改。郴州市地方志办公室采取办领导和编辑部人员“包联络、包指导、包质量”的办法，重点帮助修改一些质量较差的初稿。至2016年，总纂编辑部人员调整，刘洪杰、胡承桂、王宗衡、谷安平、曾福查、刘和平进入编辑部，彭婷协调编辑部事务。市地志办按《地方志书质量规定》制定总纂方案，志稿总纂修改完善实行“任务到人、集体评审、总编把关”的工作制度。经反复修改形成总纂稿后，2016年6月市政府主持召开《郴州市志（1989—2005）》评审交办会，将总纂志稿全部返回142个承编单位进行复核审查，力求记述内容准确、完善。同时将评审样稿分送市级领导及部分离退休老领导审阅，征求修改意见。

修改定稿，送审验收。2016年11月28—30日，湖南省地方志编纂委员会在郴州召开《郴州市志（1989—2005）》稿评审会议，湖南省地方志编纂委员会、湖南14个市州及广东韶关、江西赣州地志办领导和专家，中共郴州市委、市人大常委会、市政府、市政协领导及部分老领导，以及市直机关、中省属驻郴有关单位负责人，各县市区政府分管领导及史志办人员共230人参会。与会领导和专家在肯定《郴州市志》整体质量的同时，提出许多宝贵意见。会后，市地志办认真梳理《郴州市志（1989—2005）》评审会的修改意见，形成《〈郴州市志（1989—2005）〉修改大纲》，再次组织总编人员对志稿进行一次全面修改，重点是调整篇目、补充资料、核准史实、删繁去杂。志书篇幅由原410万字精减到385万字。经《郴州市志（1989—2005）》编委会审稿小组审查定稿后，从资料应用到行文规范，均进行了大幅度的调整、加工和润色，主编审改后送省验收。2018年4月，经湖南省地方志编纂委员会终审复查后批准成为定稿。2018年7月送方志出版社审稿。

编纂地方志书，是一项意义深远且纷繁浩大的文化建设工程。《郴州市志（1989—2005）》的编修，从启动至完成，全市11个县市区和140多个部门成立工作班子，数百人参与编纂，是名副其实的“众手成志”。中共郴州市委、郴州市人民政府自始至终高度重视，强化领导，全力支持。湖南省地方志编纂委员会悉心指导，大力帮助。各承编单位认真组稿，通力协作。全体编纂人员不辞辛劳，潜心耕耘，付出艰辛劳动。方志出版社精心统校核查，严把质量关。赵毅拯、龙定鼎、杨重喜、王镇鑫、易昌前、周建国、王本义、易佩康等老领导对志书修改提出许多宝贵意见，市统计局陈临轩认真审核数据，湘南学院张新媛翻译了总目录，市摄影家协会段移生、王槐普、黄建华、欧阳彪、何正祥、兰敏、袁自安、张九绩、刘衡、邓加亮、凡忠达、张湘鄗、曹广文、刘维湘、邓康平、雷云生、江文辉、贺茂峰、傅小闰、张逸夫、朱主洪、廖新、黄民乐、黄春涛、曹黎明、李海勇、戴作郴，及郴州市人民检察院、汝城县史志办、宜章县史志办等提供了大量图片资料，市档案局积极主动提供档案资料，市保密部门参与内容审查，阳启明、李志军、张湖平、王日明、黄润强、黄利华、李碧等参与修改。在此，谨向为此书编纂完成做出贡献的单位和个人致以诚挚的敬意和感谢！

编纂《郴州市志（1989—2005）》，由于时间跨度大，涉及面广，加之有的资料保存欠完整和编纂水平所限，此书难免出现错误和纰漏。敬祈批评和指正，俟今后续修纠缪补遗。

郴州市地方志编纂委员会

2018年11月